파고다 HSK

6급 실전모의고사

해설서

PAGODA Books

파고다 HSK 6급 실전모의고사

초판 1쇄 인쇄 2017년 7월 3일
초판 7쇄 발행 2022년 7월 29일

지 은 이	장미라 파고다교육그룹 언어교육연구소
펴 낸 이	박경실
펴 낸 곳	Wit&Wisdom 도서출판 위트앤위즈덤
임프린트	PAGODA Books
출판등록	2005년 5월 27일 제 300-2005-90호
주 소	06614 서울특별시 서초구 강남대로 419, 19층(서초동, 파고다타워)
전 화	(02) 6940-4070
팩 스	(02) 536-0660
홈페이지	www.pagodabook.com

저작권자 | ⓒ 2017 장미라, 파고다 아카데미

이 책의 저작권은 출판사에 있습니다. 서면에 의한 저작권자와 출판사의 허락 없이
내용의 일부 혹은 전부를 인용 및 복제하거나 발췌하는 것을 금합니다.

Copyright ⓒ 2017 by Mi-Ra Jang, Pagoda Academy

All rights reserved. No part of this publication may be reproduced, stored
in a retrieval system, or transmitted, in any form, or by any means, electronic,
mechanical, photocopying, recording or otherwise, without the prior written
permission of the copyright holder and the publisher.

ISBN 978-89-6281-799-7(13720)

도서출판 위트앤위즈덤	www.pagodabook.com
파고다 어학원	www.pagoda21.com
파고다 인강	www.pagodastar.com
테스트 클리닉	www.testclinic.com

PAGODA Books는 도서출판 Wit&Wisdom의 성인 어학 전문 임프린트입니다.
낙장 및 파본은 구매처에서 교환해 드립니다.

머리말

'경력'에서 '노하우'가 나온다
'경력자 우대' 어떤 일에 오랫동안 종사했다는 것은 그만큼 그 분야에서 익숙하고 많은 노하우가 축적되었다는 얘기일 것입니다. 강사라는 직업은 이러한 경력이 더욱 더 필요한 직업 중의 하나일 것입니다. 제가 HSK를 강의한 지 벌써 10년도 훌쩍 지나고 20년을 향해 가고 있습니다. 구HSK가 저물면서 신HSK가 탄생했고 어떤 과도기를 거치면서 지금의 안정기에 이르렀는지 현장에서 몸소 체험하면서 쌓아온 세월에, HSK 관련 내공 또한 고스란히 묻어 있습니다. 이러한 노하우를 바탕으로 6급 학습자들에게 최적화된 모의고사집을 선보이게 되었습니다.

HSK 최고의 급수 6급에 도전하세요!
'6급 취득자' 이 얼마나 뿌듯한 결과물일까요? HSK가 중국어 실력을 평가하는 최고의 시험이라는 것에 별 이견이 없는 것처럼, HSK 6급 역시 중국어 실력을 인정하는 최고의 급수임은 어느 누구도 반론을 제기하지 않습니다. 중국어 자격증이라는 굴레의 마지막 길목이며, 가지고 있다는 그 자체만으로도 가치가 있는, HSK 최고의 급수 '6급'에 도전하시는 여러분들을 위해, 그런 분들을 생각하며 집필했습니다. 기출문제를 최대한 반영한 문제와 과한 의역을 자제한 간결한 직역, 학습자의 입장에 서서 자세히 풀어낸 해설로 여러분의 합격에 힘을 실어 드릴 수 있을 것이라 자신합니다.

"참 많이 감사합니다"
저에게 또 한 권의 HSK 저서를 집필할 수 있는 기회를 주신 파고다 관계자 분들에게 먼저 깊은 감사의 인사를 드립니다. 존재만으로 힘이 되는 박경실 회장님, 고루다 대표님, 이재호 실장님, 그리고 바쁘신 와중에도 조언을 아끼지 않으신 김혜영 디렉터님께 깊은 감사를 드리며, 항상 제게 힘이 되어 주고 아픔도 같이 해주는 김미나 점수보장반 식구들 정말 감사 드립니다. 마지막으로 집필 기간 동안 배려해준 사랑하는 가족에게도 미안함과 고마움을 함께 전합니다.

2017. 06
저자 장미라 · R&D 연구진 일동

파고다 HSK 6급
그것이 알고 싶다!

Q. 6급의 구성과 시험 시간은 어떻게 되나요?

A. HSK 6급은 총 101문항으로 듣기, 독해, 쓰기 3부분으로 나뉘며, 101문항을 약 135분 동안 풀게 됩니다. 듣기 시험을 마치고 나면 답안 작성 시간이 5분 주어집니다.

시험구성		문항 수		배점	시험시간
듣기	제1부분	15	50문항	100점	약 35분
	제2부분	15			
	제3부분	20			
듣기 영역에 대한 답안지 작성 시간					5분
독해	제1부분	10	50문항	100점	50분
	제2부분	10			
	제3부분	10			
	제4부분	20			
쓰기	작문	1문항		100점	45분
총계		101문항		300점	약 135분

- 듣기 시험 시작 전, 응시자 개인 정보를 작성하는 시간(5분)이 주어진다.
- 응시자 개인 정보 작성을 포함한 총 시험 시간은 140분이다.

Q. 몇 점이면 합격인가요?

A. 총 300점 만점에서 180점 이상이면 합격입니다. 영역별 과락 없이 총점만 180점을 넘으면 급수를 획득할 수가 있지만, 성적표에는 영역별로 성적이 모두 표기되기 때문에 점수가 현저히 낮은 영역이 있는 것은 좋지 않습니다.

Q 영역별 배점은 어떻게 되나요?

영역별 배점은 아래와 같습니다. 쓰기영역은 배점이 큰 영역인 만큼 중국어 및 문장부호를 정확하게 쓰는 연습이 필요합니다.

영역	문항 수	한 문제당 배점	총점
듣기	50문항	2점	100점
독해	50문항	2점	100점
쓰기	1문항	100점	100점

Q 얼마나 공부하면 6급을 받을 수 있나요?

A 사람마다 각기 가진 중국어의 기본기와 투자할 수 있는 시간이 다르기 때문에, 한달, 두 달 이렇게 학습기간을 확실히 정하는 것은 무의미합니다. 하지만 일반적으로 5급을 취득한 학습자가 20일 플랜으로 종합서를 통해 기본기를 마스터하고, 모의고사 문제집을 통해 실전문제풀이를 한다면 6급을 취득할 수 있습니다.

Q 기출문제가 중요하나요?

A 기출문제는 문제의 난이도 및 출제경향을 파악하는 가장 중요한 정보이며 자료입니다. 기출문제를 많이 접하게 되면 출제포인트와 빈출어휘, 빈출 문제유형이 눈에 들어오기 마련입니다. '지피지기면 백전백승'이라고 했듯이, 다량의 기출문제풀이를 통해 좀 더 빠르게 합격의 길로 들어설 수 있는 것은 명백한 사실입니다.

Q 6급 시험 난이도는 어떤가요?

A 6급은 HSK 중 가장 높은 급수이기에 결코 쉽다고 할 수 없습니다. HSK 6급 역시 실력을 가늠하는 인증시험이기에 전체 난이도 면에서는 어느 정도 정해진 기준이 있기 마련입니다. 단, 매번 시험마다 각 파트 별로 난이도의 높고 낮음의 변화는 존재하며, 이는 다시 말해 체감 난이도면에서 변화의 폭이 클 수 있음을 시사합니다. 따라서 6급 어휘와 출제 경향 파악 및 기출 문제 풀이로 실력을 쌓아놓는 것이 중요합니다.

목차 6급

- 머리말
- 파고다 HSK 6급 그것이 알고 싶다!
- HSK 시험 소개
- HSK 6급 영역별 공략법
- 이 책의 구성 및 특징
- 원고지 작성법

모의고사 문제집

실전모의고사 ❶회 · 3
실전모의고사 ❷회 · 25
실전모의고사 ❸회 · 47
실전모의고사 ❹회 · 69
실전모의고사 ❺회 · 91

모의고사 해설서

실전모의고사 ❶회 해설서 · 23
실전모의고사 ❷회 해설서 · 117
실전모의고사 ❸회 해설서 · 211
실전모의고사 ❹회 해설서 · 307
실전모의고사 ❺회 해설서 · 403

HSK 시험 소개

HSK란 무엇인가?
汉语水平考试(중국어 능력시험)의 한어병음인 Hànyǔ Shuǐpíng Kǎoshì의 앞 글자를 딴 것으로, 중국어가 제1언어가 아닌 사람이 중국어 능력을 측정하기 위해 만든 표준화 시험이다.

HSK 용도
- 중국·한국 대학(원) 입학·졸업 시 평가 기준
- 한국 특목고 입학 시 평가 기준
- 각급 업체 및 기관의 채용, 승진을 위한 기준
- 중국 정부 장학생 선발 기준
- 교양 중국어 학력 평가 기준

HSK 각 급수 구성
HSK는 필기시험(HSK 1급 ~ 6급)과 회화시험(HSK 초급·중급·고급)으로 나뉘며, 필기시험과 회화시험은 각각 독립적으로 실시하고 있다. 필기시험은 급수별로, 회화시험은 등급별로 각각 응시할 수 있다.

급수		어휘량
HSK 6급	기존 고등 HSK에 해당	5,000개 이상
HSK 5급	기존 초중등 HSK에 해당	2,500개
HSK 4급	기존 기초 HSK에 해당	1,200개
HSK 3급	중국어 입문자를 위해 신설된 시험	600개
HSK 2급		300개
HSK 1급		150개

HSK 시험 접수
❶ 인터넷 접수   HSK 한국사무국 홈페이지(http://www.hsk.or.kr) 에서 접수

❷ 우편 접수   구비 서류 | 응시원서(반명함판 사진 1장 부착) 및 별도 사진 1장, 응시비 입금 영수증

❸ 방문 접수   준비물 | 응시원서, 사진 3장
접수처 | 서울 공자 아카데미(서울 강남구 테헤란로 5길 24 장연빌딩 2층)
접수 시간 | 평일 오전 9시 30분 ~12시
　　　　　　평일 오후 1시 ~ 5시 30분
　　　　　　토요일 오전 9시 30분 ~ 12시

HSK 시험 당일 준비물

수험표, 신분증, 2B 연필, 지우개

HSK 시험 성적 확인

❶ 성적 조회

시험 본 당일로부터 1개월 후 HSK 한국사무국 홈페이지(http://www.hsk.or.kr) 우측의
QUICK MENU에서 성적조회 ➡ 중국 고시 센터 성적조회 GO 에서 조회가 가능하다.

입력 정보 | 수험증 번호, 성명, 인증번호

❷ 성적표 수령 방법

HSK 성적표는 시험일로부터 45일 이후 발송된다.
우편 수령 신청자의 경우, 등기우편으로 성적표가 발송된다.
방문 수령 신청자의 경우, 홈페이지에서 해당 시험일 성적표 발송 공지문을 확인한 후,
신분증을 지참하여 HSK 한국사무국으로 방문하여 수령한다.

❸ 성적의 유효기간

증서 및 성적은 시험일로부터 2년간 유효하다.

HSK 6급
영역별 공략법

 듣기

	제1부분(第一部分)	제2부분(第二部分)	제3부분(第三部分)
문제 형식	별도의 질문 없이 단문을 듣고 녹음 내용과 일치하는 보기 고르기	700자 정도의 인터뷰를 듣고 이와 관련된 질문에 대한 정답 고르기, 3개의 인터뷰로 구성되며, 한 인터뷰당 5개의 문제가 주어짐	300~400자 정도의 장문을 듣고 이와 관련된 질문에 대한 정답 고르기, 한 지문당 3~4문제가 주어짐
시험 목적	녹음 내용을 이해하고 전체 내용과 관련된 세부 정보를 파악하여 정답을 고를 수 있는지를 테스트	인터뷰의 대상 및 주제와 관련된 세부 정보를 파악하고 해당 전문 용어에 대한 이해도를 테스트	지문의 내용 전개 및 세부 정보를 파악하고, 이해할 수 있는지를 테스트
문항 수	15문항(1~15번)	15문항(16~30번)	20문항(31~50번)
시험 시간	약 35분		

문제는 이렇게 풀어라!

제1부분

Step 1 녹음을 듣기 전 보기를 먼저 살펴보며 지문 유형을 파악하라!

제1부분은 다른 부분에 비해 상대적으로 쉬운 부분이므로 4개의 보기만 미리 살펴보아도 지문이 설명문인지, 논설문인지, 이야기 글인지 파악할 수 있고 지문의 대략적인 내용도 유추할 수 있다.

이야기 글의 보기 예시 (실생활과 밀접한 어휘로 구성)

A 那位演员很生气
B 中学生不认识那位演员
C 中学生觉得演员的衣服很普通
D 那位演员马上离开了饭店

논설문(사회, 철학)의 보기 예시 (의견을 피력하는 어휘 사용)
A 要意气用事 B 要宽容他人 C 要及时释放情绪 D 要在意他人对自己的评价

Step 2 보기에서 핵심어를 찾아 체크해두자!
보기에 반복적으로 제시된 단어라면 녹음에서 중점적으로 언급될 가능성이 크므로 반드시 체크해두어야 한다.

보기 예시
A 松花砚起源于宋代 B 松花砚颜色繁多 C 松花砚现存量很多 D 松花砚大多为紫色

Step 3 처음과 끝을 놓치지 말자!
제1부분은 주로 화자가 설명하거나 주장하고자 하는 것이 무엇인지 파악할 수 있는 첫 문장과 마지막 문장에 정답이 있을 가능성이 크다. 특히 결론을 도출해주는 '所以', '因此', '因而', '这样' 등이 언급되면 그 부분부터는 집중해서 들어야 한다.

녹음 내용과 정답 예시
按照自己和环境的变化速度，五年计划和十年计划似乎并不怎么符合实际。因此，顺其自然的态度要比做长期计划更有意义。 정답 : 顺其自然的态度更重要

제2부분

Step 1 인터뷰의 흐름 파악이 중요하다!

문제는 보통 인터뷰의 흐름에 따라 차례대로 출제되므로 해당 인터뷰의 첫 번째 문제에 제시된 보기를 살펴보며 핵심어를 찾아내고, 이후 문제 번호 순서대로 시선을 옮겨가며 녹음을 듣고 관련 내용이 언급되면 바로 정답으로 체크하는 것이 중요하다.

> 女：经历过那么多大赛，拿过无数的冠军奖杯，我以为我会很淡定。16 但在里约拿到冠军的那一瞬间，就感觉是自己第一次拿到冠军一样兴奋和激动。
> 男：我们都知道，您的教练任期还有一年，那之后您有什么打算吗？
> 女：17 如果体育总局给我机会的话，我还想再继续担任国家女排教练这个角色。
>
> 16. 女排在里约奥运会上拿到冠军时，女的是怎样的心情？
> 정답：非常兴奋
>
> 17. 문제：女的教练任期结束后，想做什么？
> 정답：连任主教练

Step 2 인터뷰 진행자의 질문이 곧 문제이므로 그의 질문에 귀 기울여라!

대부분의 문제가 인터뷰 진행자의 질문과 동일하다고 할 수 있다. 따라서 인터뷰 하나 당 평균 4~5개로 구성되는 인터뷰 진행자의 모든 질문은 놓치지 말고 듣고, 질문에 대한 답변에서 핵심 내용을 파악한 후 정답을 찾도록 하자.

> 女：你认为滑冰产业的挑战和机遇分别在哪里？
> 男：要说挑战，18 人才的缺失就是这个行业面临的最大挑战。另外水价的上涨也使滑冰场的经营成本大幅提升。
>
> 18. 男的认为滑冰产业面临的最大挑战是什么？
> 정답：人才难求

Step 3 첫 부분과 마지막 부분은 절대 놓치지 말자!

녹음의 첫 시작은 보통 인터뷰 진행자의 인사말이 된다. 그 부분에서 바로 인터뷰 대상자의 개인 정보 및 인터뷰에서 전반적으로 다루게 될 내용을 언급하고 있으며, 마지막 부분에서 향후 계획 및 포부 등을 밝히는 내용이 언급되므로 반드시 집중해서 듣자.

첫 부분 (전반적으로 다루게 될 내용)

女: 最近一项调查数据显示，近几年国内拍卖市场不景气。与去年相比，今年拍卖行业的业绩下滑近四成，您怎样看待这种现象呢？

男: 我认为以前是太景气了，那是不正常的。21 我觉得不景气反而是在恢复理性、往正常方向发展的一个标志。

21. 男的怎么看待拍卖行业不景气这一现象？
    정답 : 正在恢复理性

마지막 부분 (향후 계획, 방향)

女: 政府在扶持拍卖业发展方面应该做哪些工作呢？

男: 24 首先要帮拍卖行业构建出一个政策宽松的平台；其次要加强专业的培训。我们明年一系列的工作就是要做好拍卖行业的培训，请国外一些经验丰富的拍卖行业专家给我们讲一讲应该怎么管理、怎么经营，让大家找到一个正确的方式。

24. 政府在扶持方面该采取哪些措施？
    정답 : 放宽政策

Step 4 메모를 하면서 듣자!

듣기 제2부분에서 인터뷰 대상자의 개인 정보와 관련된 문제는 주로 5개의 문제 중 가장 마지막에 나오지만, 정답은 인터뷰 녹음의 처음이나 중간 부분에 있기 때문에 간단하게 메모를 하면서 듣는 습관을 길러야 한다.

첫 부분 (개인 정보와 관련된 내용)

女: 30 以前是以运动员的身份拿过奥运会冠军，当然感觉非常不一样。记得13年刚当上女排主教练的时候，那时候的目标就是要在下一届奥运会上拿到冠军。经历过那么多大赛，拿过无数的冠军奖杯，我以为我会很淡定。但在里约拿到冠军的那一瞬间，就感觉是自己第一次拿到冠军一样兴奋和激动。

30. 关于女的，正确的一项是？
    정답 : 曾是运动选手

제3부분

Step 1 매 지문마다 출제되는 문제 수를 체크하라!

듣기 제3부분은 다른 부분과 달리 하나의 지문에 출제되는 문제 개수가 일정하지 않으므로 해당 지문의 문제 범위를 반드시 체크해두어야 혼동하지 않고 문제를 풀 수 있다.

> 第31到33题是根据下面一段话 : 31~33번 문제는 다음 내용에 근거한다

Step 2 보기를 먼저 살펴보고 지문 유형을 파악하자!

녹음을 듣기 전 보기를 먼저 살펴보면 지문의 유형을 유추할 수 있다. 지문이 어떤 형태인지 또 어떤 내용이 전개될지 대략 예측할 수 있다면 문제 풀이가 보다 쉬워진다는 점을 유념하자.

> **보기 예시 – 이야기 글 (일상적인 내용)**
>
> A 怕丢面子
> B 不相信他的朋友
> C 他们的关系不好
> D 已经找到了方法

> **보기 예시 – 설명문 (특정 대상 언급)**
>
> A 鱼都是短命者
> B 鱼鳞片的生长速度与季节无关
> C 鱼鳞片春夏生长较快
> D 金鱼寿命最短

Step 3 지문 내용의 흐름을 놓치지 말자!

듣기 제2부분과 마찬가지로 대부분의 문제는 지문 내용의 흐름에 따라 순서대로 출제된다. 녹음을 듣기 전 4개의 보기에 제시된 핵심어를 찾은 후 녹음에서 관련 내용이 언급되면 바로 정답으로 체크하는 것이 중요하다.
(단, 주제나 제목을 묻는 문제 혹은 세부 내용의 일치 여부를 판단하는 문제는 내용 전개 순서에 따르지 않는 경우가 많으므로 이 점은 반드시 주의해야 한다.)

독해

	제1부분(第一部分)	제2부분(第二部分)	제3부분(第三部分)	제4부분(第四部分)
문제 형식	보기 4개 중 오류가 있는 문장 1개 찾기	빈칸에 알맞은 어휘 고르기	지문을 읽고 빈칸에 알맞은 문장 채우기	긴 지문을 읽고, 질문에 알맞은 정답 고르기
시험 목적	문장구조 및 어휘의 용법과 의미를 정확하게 파악하고 있는지를 테스트	지문의 문맥을 정확하게 파악하고 유의어, 허사, 고정 어휘, 성어 등에 대한 이해가 있는지를 테스트	지문의 문맥과 내용을 이해하고 문장간의 연결성을 정확하게 파악하고 있는지를 테스트	긴 지문을 시간내에 읽고 지문의 세부 내용, 주제, 제목 등을 파악할 수 있는지를 테스트
문항 수	10문항(51~60번)	10문항(61~70번)	10문항(71~80번)	20문항(81~100번)
시험 시간	50분			

문제는 이렇게 풀어라!

제1부분

Step 1 중국어 어법에 관한 기본적인 지식을 마스터하라!

문장에서 오류를 찾아내려면 중국어의 어법적 특징을 정확히 알고 있어야 한다. 따라서 문장 어순, 문장의 구성 성분, 고정 격식, 특수 문장 등에 관한 기본적인 내용과 형식을 반드시 숙지하도록 하자.

> 这座大型立交桥由南引桥、主桥和北引桥组成。 고정격식
> 恐怖分子被国际警察逮捕了。 특수 문장 (被자문)
> 今天晚上我一定要把这份材料翻译完。 특수 문장 (把자문)

Step 2 관건은 문장 구조 분석이다!

독해 제1부분에서는 문장 해석을 통해 의미를 파악하지 않고도 문장 구조 분석만으로도 정답을 찾을 수 있는 경우가 많다. 따라서 문장을 주요 성분(주어, 술어, 목적어)과 수식 성분(관형어, 부사어, 보어)으로 나누어 각각의 성분을 표시해가며 그 구조를 분석하는 연습이 매우 중요하다.

> 我 / 已经深深地 / 喜欢 / 上了 / 现代化的 / 深圳。
> 주어   부사어   술어   보어   관형어   목적어

Step 3 자주 출제되는 빈출 유형을 익혀두면 정답이 보인다!

독해 제1부분 문제는 출제되는 유형이 거의 정해져 있으므로 그 출제 포인트만 잘 익혀두면 보다 쉽게 문제를 풀 수 있다. 각 공략 비법에 소개되는 핵심 유형들을 반드시 알아두도록 하자.

1) 基因序列在确认一个人的身份信息方面比指纹还要特别精确。
   불필요한 문장 성분 추가
   ➡ 基因序列在确认一个人的身份信息方面比指纹还要精确。

2) 北半球的英仙座流星雨近日将迎来超常规模的大规模爆发。
   문장 성분 추가로 의미 중복
   ➡ 北半球的英仙座流星雨近日将迎来超常规模的爆发。
   ➡ 北半球的英仙座流星雨近日将迎来大规模爆发。

3) 我估计他这道题肯定做错了。
   문맥상 모순 관계
   ➡ 我估计他这道题做错了。
   ➡ 我认为他这道题肯定做错了。

제2부분

Step 1 확신 있는 빈칸부터 공략하라!

독해 제2부분은 문제 당 3~5개의 빈칸이 주어지는데, 빈칸에 알맞은 단어를 모두 채우지 않더라도 정답을 고를 수 있는 문제가 많다. 따라서 빈칸을 순서대로 풀려고 하기 보다는 본인이 확실히 아는 단어가 있는지 살펴보고 해당 빈칸이 제시된 문장부터 읽고 분석하여 정답을 찾는 것이 더 효과적으로 문제를 풀 수 있는 방법이다.

Step 2 빈칸과 짝을 이루는 것을 찾아라!

4개의 보기에 제시된 단어 간의 차이점을 찾는 것도 중요하지만, 이보다 더 중요한 것은 빈칸 전후의 호응 관계를 파악하는 것이다. 빈칸 앞뒤 내용을 살펴보고 빈칸과 짝을 이루는 단어를 빈칸 주변에서 찾아내도록 하자. 짝을 이루는 단어는 의미상 어울려 쓰이는 것도 있고, 어법상 반드시 함께 써야 하는 것도 있으므로 짝을 이루는 단어만 정확하게 알고 있으면 쉽게 정답을 고를 수 있다.

Step 3 자주 출제되는 빈출 어휘의 의미 및 호응 구조를 반드시 익혀라!

독해 제2부분의 문제는 빈출 어휘의 용법과 의미만 정확히 익혀두더라도 쉽게 정답을 찾을 수 있는 경우가 많다. 따라서 각 공략비법 중 내공 쌓기에 소개된 빈출 어휘는 반드시 암기하도록 하자. 단어를 암기할 때는 품사와 뜻 외에도 긍정, 부정 등의 감정 색채 또한 함께 알아두면 문제를 푸는 데 크게 도움이 되므로 이 점 또한 유념하도록 하자.

제3부분

Step 1 성급하게 보기 내용부터 보지 말고 일단 지문부터 읽어 나가자!

전체적인 글의 흐름을 알지 못하는 상태에서 빈칸이 제시되어 있는 부분만 읽고 정답을 고르려고 하면 오히려 문제 풀이가 더 어려워질 수 있다. 따라서 지문을 처음부터 속독으로 읽어 나가면서 무슨 내용인지 파악하고, 첫 번째 빈칸이 제시된 부분에서 보기를 전체적으로 살펴보자. 그리고 이때 보기 중 키워드가 될 만한 단어를 체크해놓고 빈칸에 들어갈 알맞은 답을 하나씩 선택해나가는 것이 더 빠르고 정확하게 문제를 풀 수 있는 방법이다.

Step 2 확실한 빈칸부터 채워나가자!

빈칸에 들어갈 정답을 확신할 수 없을 경우, 해당 부분을 계속 보고 있지 말고 확실한 빈칸부터 먼저 채우는 전략을 써야 시간을 절약할 수 있다. 4개의 빈칸에 알맞은 답만 정확히 고를 수 있다면 남은 하나의 빈칸에 들어갈 답은 저절로 채워지는 것이므로 문제 풀이에서 빈칸의 순서는 그리 중요하지 않다.

Step 3 본인이 선택한 답이 글의 문맥에 맞는지 빠르게 검토하자!

독해 제3부분은 5개의 문제에 해당하는 정답으로 나열한 보기 순서에서 하나만 잘못되어도 나머지 문제에 영향을 끼칠 가능성이 높아 한꺼번에 많은 점수를 잃게 될 수도 있다. 그러므로 전체 문제를 7~8분 안에 풀고, 본인이 선택한 정답이 전체 글의 내용에 맞는지 빠른 속도로 다시 한 번 체크하도록 하자.

제4부분

Step 1 문제와 보기를 먼저 보고 키워드를 파악한 후 지문을 읽어라!

독해 제4부분은 지문 속독과 이해 능력이 문제 풀이의 관건이다. 5개 지문에 제시되는 20개 문제를 보통 16~18분 안에 풀어야 하므로 모든 지문 내용을 자세히 읽고 해석할 수 없다. 따라서 반드시 문제와 보기를 먼저 읽고 핵심 키워드를 파악한 후 지문에서 그 키워드를 찾아 해당하는 내용을 살펴보며 정답을 선택해야 한다.

Step 2 문제는 대부분 글의 흐름에 따라 출제된다는 점을 유념하라!

문제는 지문의 흐름에 따라 차례대로 출제되는 경우가 많으므로, 그 흐름을 파악하면 지문에서 정답과 관련된 내용을 보다 쉽게 찾아낼 수 있다. 단, 내용의 옳고 그름을 묻는 문제는 지문의 흐름 순서대로 출제되지 않는 경우도 있으므로 이 점은 주의하도록 하자.

Step 3 다양한 글을 많이 접하라!

독해 제4부분은 인물, 사물, 사회, 문화, 역사, 자연, 과학, 경제 등에 관한 다양한 내용을 담은 지문이 출제되므로 평소 여러 유형의 글을 많이 읽는 연습이 필요하다. 특히 중국과 관련된 내용의 지문이 자주 출제되므로 중국에 관한 배경 지식이 있을 경우 지문 내용이 생소하지 않아 쉽게 문제를 풀 수 있는 경우도 많다.

제1부분(第一部分)	
문제 형식	약 1,000자의 지문을 읽고 10분간 읽은 뒤, 35분동안 1,000자의 내용을 400자로 요약하기
시험 목적	주어진 시간내에 지문을 읽고, 지문의 내용을 요약하여 원고지의 활용법에 맞게 요약할 수 있는지를 테스트
문항 수	1문항
시험 시간	45분

문제는 이렇게 풀어라!

Step 1 지문 독해는 10분의 시간을 4분-3분-3분으로 나누어 세 번을 하자!

지문 독해 시간 10분 중 처음 4분 동안은 글의 전체적인 흐름을 파악하며 시간, 장소, 인물, 사건을 꼼꼼하게 체크하자. 이어서 3분 동안에는 단락별로 주된 것과 부차적인 것을 구분하여 이야기의 발단, 전개 과정, 결말에 관한 내용을 기억해두자. 마지막 3분 동안에는 스토리 전개상 핵심이 되는 단어나 문장을 외우도록 하자. 만약 핵심 문장에 너무 어려운 단어가 있을 경우 무작정 외우려고 하지 말고 유사한 의미를 지닌 쉬운 표현으로 바꾸어 외우는 편이 좋다.

Step 2 줄거리 요약은 '기-승-전-결'의 구조대로 하자!

출제되는 지문은 대부분 '기-승-전-결'의 흐름이 명확하고 주제가 분명한 한 편의 서사문(敍事文)이다. 줄거리를 요약할 때는 우선 이야기의 시간적, 공간적 배경 및 등장 인물을 기억하고 각 단락의 키워드를 바탕으로 한 중심 내용을 순서대로 연결하면 어렵지 않게 글을 써낼 수 있다. 요약 시 너무 자세하게 서술된 내용은 과감하게 버리고, 결말 부분에 제시되는 주제 문장은 글의 핵심 내용이므로 이는 반드시 포함시켜야 한다.

Step 3 기본적인 쓰기 테크닉을 익히자!

100점 만점 중 글의 제목에만 배점이 약 10점이므로 제목을 꼭 잊지말고 작성하도록 하자. 지문의 주제와 관련된 단어나 구를 사용하여 제목을 정해야 한다. 또한 원고지와 문장 부호 사용법도 숙지해두어야 하며, 가능한 400자 분량을 채우는 것이 좋다. 이 밖에도 한자 쓰기나 어법 사용 등에서도 기본적인 오류가 발생하지 않도록 주의해야 한다.

이 책의 구성 및 특징

특장점 1
충분한 실전 연습이 가능한 모의고사 5회분 문제집

최근 1~2년간 출제된 문제들을 면밀히 분석해 최신 출제 경향을 완벽히 반영했다. 오래된 문제는 배제하고, 최근 시험에 자주 출제되는 문제만 골라 5회분 모의고사로 구성했다.

특장점 2
학습자의 편의를 고려한 친절하고 깔끔한 해설서

문제 하나하나에 대한 친절하고 깔끔한 해설뿐만 아니라, 구문, 어법까지 Tip으로 제공했다. 특히 문제의 키포인트가 되는 문장에는 컬러로 구분을 해줘 쉽게 답을 찾는데 도움이 될 수 있도록 했다.

따로 사전을 찾아볼 필요가 없도록 어휘를 한눈에 볼 수 있게 충분히 정리했으며, 6급에 해당되는 어휘는 로 표시를 해 두어 6급 빈출 어휘만 익힐 수 있도록 했다.

HSK 6급 원고지 작성법

1 제목

글의 제목은 첫 행의 중간에 쓴다. 비교적 긴 제목일 경우 네 칸을 띄고 다섯 번째 칸부터 쓰면 된다.

예:

					小	蚂	蚁	的	力	量					

2 단락

글이 한 단락으로 이루어졌든 여러 단락으로 이루어졌든 매 단락 첫 문장은 두 칸을 띄고 세 번째 칸부터 쓴다.

예:

		在	终	年	冰	雪	覆	盖	的	北	极	,	探	险	者	经	常	会	看
到	美	丽	而	神	奇	的	一	幕	。										
		有	人	推	测	这	可	能	是	冰	雪	被	某	种	矿	物	或	岩	石
所	污	染	而	形	成	的	。												

3 글자와 숫자

❶ 글자가 한자일 경우 한 칸에 한 글자씩 쓴다.
❷ 글자가 영문 알파벳일 경우 대문자는 한 칸에 한 자씩 쓰고, 소문자는 한 칸에 두 자씩 쓴다.
❸ 아라비아 숫자는 한 칸에 두 자씩 쓰는 것이 원칙인데, 한 자리 숫자일 경우 한 칸에 쓴다.

예:

	A	P	E	C	是	亚	洲	太	平	洋	经	济	合	作	组	织	的	英
文	缩	写	。	19	89	年	1	月	澳	大	利	亚	总	理	R	ob	er	t	访
问	韩	国	时	表	示	,	非	常	希	望	下	次	有	机	会	访	问	汉	城	。

4 문장 부호

❶ 마침표(。), 물음표(？), 느낌표(！), 쉼표(，), 모점(、), 쌍점(：), 쌍반점(；)은 행이 시작되는 첫 칸에는 쓸 수 없다. 따라서 행의 마지막 칸을 글자로 채웠을 시 이 부호들은 다음 행으로 내려가지 않고 글자와 같은 칸에 함께 쓴다.

예1

		说	起	香	料	，	似	乎	总	带	有	异	域	色	彩	。	胡	椒	一
直	被	称	之	为	香	料	之	王	。	又	名	：	昧	履	支	、	坡	洼	热。
花	杂	性	，	通	常	雌	雄	同	株	；	花	与	叶	对	生	，	呈	杯	状；
丝	粗	短	。																

예2

		难	道	冰	雪	还	会	选	时	间	变	颜	色	？	答	案	是	否	定
的	！	科	学	家	告	诉	我	们	，	其	实	是	因	为	藻	类	引	起	的，
这	种	藻	类	被	称	之	为	血	红	藻	。								

❷ 큰따옴표(" ")와 겹화살괄호(《 》)는 앞뒤 부호를 한 칸에 하나씩 쓴다. 앞쪽 부호는 행의 첫 칸에는 쓸 수 있지만 마지막 칸에는 쓸 수 없다. 이와 반대로, 뒤쪽 부호는 행의 마지막 칸에는 쓸 수 있지만, 첫 칸에는 쓸 수 없다.

예

		"	狐	假	虎	威	"	是	汉	语	成	语	，	出	自	《	战	国	策》
狐	狸	假	借	老	虎	之	威	吓	退	百	兽	的	故	事	。				

❸ 큰따옴표(" ")의 앞뒤 부호는 다른 부호와 함께 쓰일 때 한 칸에 같이 들어가며, 앞쪽 부호가 행의 마지막 칸에 쓰일 경우에는 다음 행으로 내려가서 써야 한다.

예

| | | 有 | 一 | 位 | 大 | 臣 | 自 | 告 | 奋 | 勇 | 地 | 劝 | 说 | ， | 他 | 对 | 昭 | 君 | 说: |
| "有 | 一 | 块 | 玉 | 做 | 成 | 的 | 酒 | 器 | 却 | 没 | 底 | ， | 它 | 能 | 盛 | 水 | 吗 | ?" | |

❹ 줄표(──)와 줄임표(……)는 두 칸에 걸쳐서 써야 하지만, 위아래 두 행으로 나누어 쓸 수는 없다.

예1

| | | 此 | 外 | ， | 屏 | 风 | 的 | 样 | 式 | 也 | 发 | 生 | 了 | 改 | 变 | ── | ── | 从 | 原 |
| 来 | 的 | 独 | 扇 | 发 | 展 | 到 | 由 | 多 | 扇 | 屏 | 拼 | 合 | 而 | 成 | 的 | 曲 | 屏 | 。 | |

예2

| | | 所 | 谓 | 改 | 编 | ， | 就 | 是 | 把 | 小 | 说 | 、 | 话 | 剧 | 、 | 歌 | 剧 | 、 | 报 |
| 告 | 文 | 学 | … | … | 等 | 等 | 文 | 艺 | 作 | 品 | 改 | 成 | 电 | 影 | 剧 | 本 | 的 | 意 | 思。|

HSK（六级）答题卡

HSK (6급) 답안지 작성법

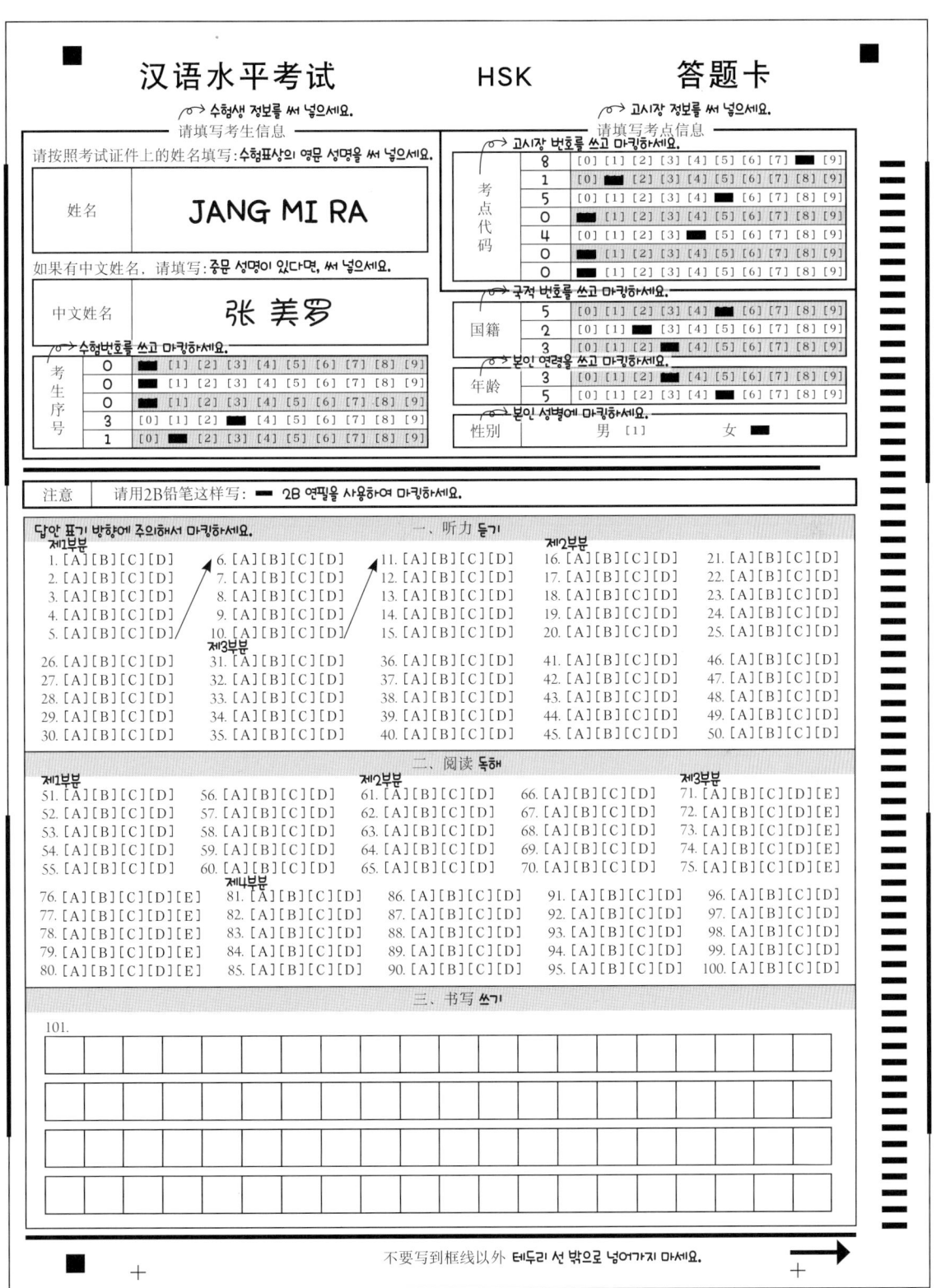

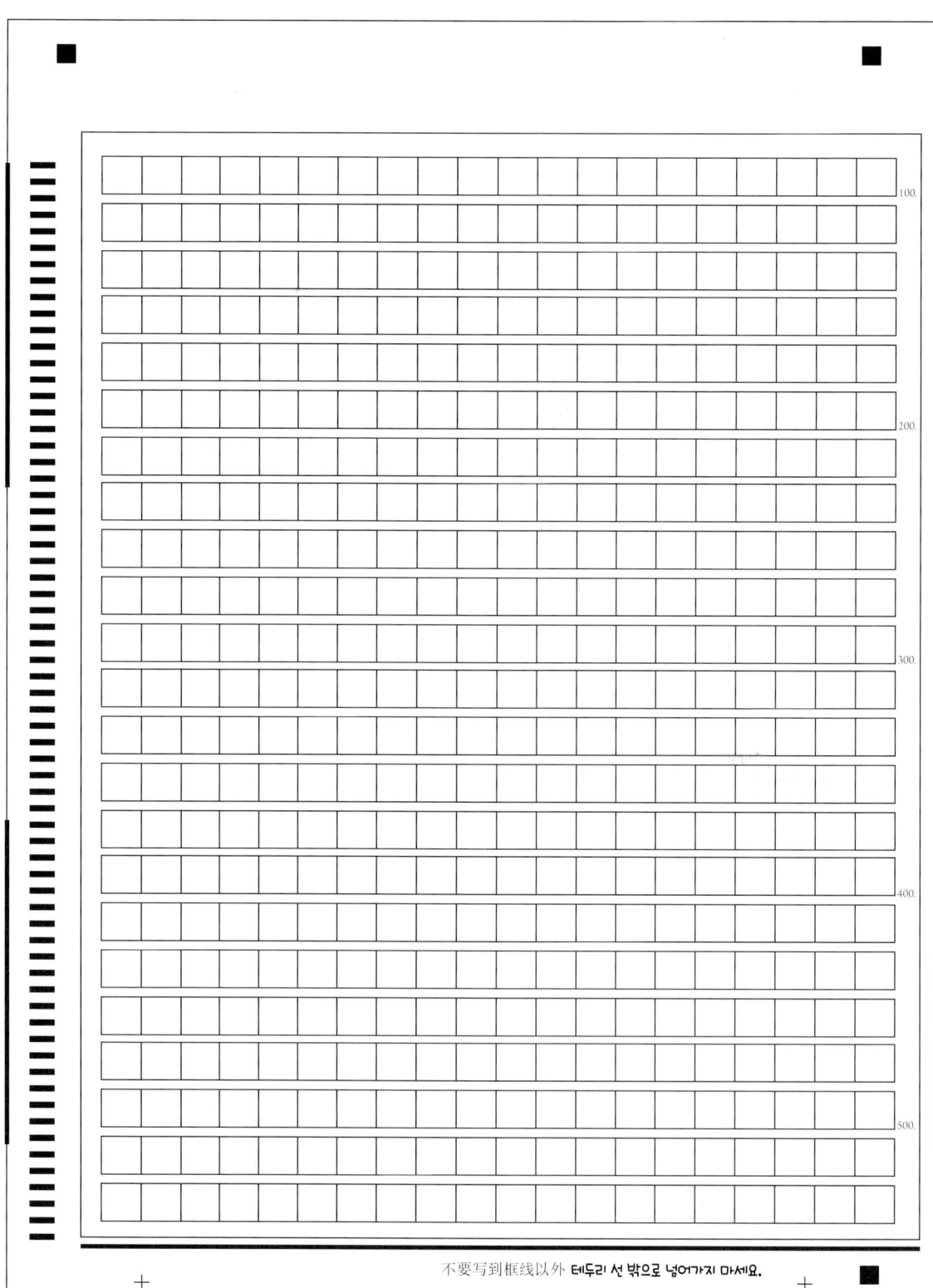

HSK 6급

실전모의고사 1회

大家好！欢迎参加HSK(六级)考试。
大家好！欢迎参加HSK(六级)考试。
大家好！欢迎参加HSK(六级)考试。

HSK(六级)听力考试分三部分，共50题。
请大家注意，听力考试现在开始。

第一部分

第1到15题请选出与所听内容一致的一项。

现在开始第一题：

1

拍集体照对摄影师来说是非常头疼的问题。因为当摄影师喊完一、二、三后，总会有人闭眼。为了解决这个问题，有一位摄影师，要求大家先闭眼，等他喊到三时再睁眼，没想到用这个方法后果然没有人闭眼了。

2

保鲜膜是一种塑料包装制品，主要用于冰箱食物保存。虽然用保鲜膜保存食物可以使食物免受细菌感染，但并不能起到杀菌的作用，仍然会滋生许多危害人体的细菌。因此专家建议最好吃多少做多少，不要过于依赖保鲜膜。

3

绿萝是喜高温、高湿、半阴环境的阴性植物，被称为"生命之花"。它的生命力十分顽强，只要有一点点水便可以长出绿色的枝叶。环保学家发现，绿萝能吸收空气中甲醛和苯等有害气体，因此有绿色净化器等美名。

4

"冰心散文奖"是中国一项具有权威的散文大奖，它代表了中国散文最高、最专业的水准。此奖项每三年一届，自2000年以来已经评选了七届。此奖项旨在彰显中国散文创作的成就，不断评选出优秀的散文，来繁荣中国的散文事业。

5

唱商指歌手对一首歌曲的理解、把握和表现程度。唱商主要体现在演唱技巧、情绪饱满度和层次感等方面。此外，它还体现在演唱时断句、吐字的轻重以及话筒的远近等方面。

6

哈萨克人靠驯养猎鹰狩猎已具有悠久的历史，是哈萨克人传承下来的非物质文化遗产之一。每逢冬季，猎手会骑着马带着猎鹰驰骋于白雪皑皑的草原上，捕捉黄羊、狐狸和野兔，不得不说猎鹰是哈萨克人捕猎的好帮手。

7

很多失败者会用"怀才不遇"来安慰自己。其实,"怀才不遇"是人们走向成功的最大陷阱。机遇一直都青睐有准备的人,不要总抱怨社会没给自己提供施展才能的舞台。一个渴望成功的人应该主动创造机遇,而不是等待机遇。

8

衡量教育成功与否的标准是什么?对于这一问题,众说纷纭。很多家长会用孩子分数的高低来判断教育是不是成功。衡量教育成功与否不应该看成绩,而应该看孩子是否对学习感兴趣。如果孩子对学习的兴趣逐渐增大,就能说明教育是成功的。

9

在古代,"领袖"分别指的是领口和袖口。由于领口和袖口都最易脏,最易破损,所以古人在做衣服时,会用一些较好的面料缝制,因此这两处看上去又醒目又高贵。后来人们就用领袖一词来表示国家的最高领导者。

10

由于冬季气温降低,并且没有充足的食物,因此一些哺乳动物会冬眠。冬眠对动物有许多益处。它们苏醒后,抗菌、抗病能力都会提高,而且动作更灵敏,食欲更旺盛,体内器官机能也能得到提升。

11

研究发现,人类的左耳和右耳是有分工的。右耳能更容易听清楚人的话语,对听到的话记得更牢。如果想练习外语,最好用右耳;而左耳擅长辨别带有感情色彩的声音,如果想欣赏音乐,最好把音响放在左耳处。

12

小明是个十分调皮的孩子。一天,他踢足球时把一户人家的玻璃弄碎了,被主人逮了个正着。主人愤怒地问道:"你这个孩子怎么这么淘气?你叫什么名字?我必须要告诉你父母"。小明镇定地说:"我父母知道我的名字,不用你告诉。"

13

在人际交往中,人们为了不想让对方知道自己的缺点,都会想方设法隐藏缺点。然而如果适当地暴露自己的缺点,能让对方看到真实的你,能让对方感受到你想与他交往的诚意,这样更有助于交往。

14

板凳要坐十年冷,文章不写半句空。说的是治学要持之以恒、有毅力,其实这个道理适用于生活和工作的各个方面。在全民普遍追求速成的年代,应该弘扬这种"坐冷板凳"的精神。

15

毕业照是即将离开校园的学生对分别时刻的纪念。近几年,各种动作搞怪、文艺类型的毕业照层出不穷。有的摆出了各种几何图形,有的加入了故事情节。毕业生们用富有创意的方式为自己美好的大学生活画上了圆满的句号。

第二部分

第16到30题请选出正确答案。

现在开始第16到20题：

第16到20题是根据下面一段采访：

女：作为第一位获得"国际安徒生奖"的中国作家，得奖时您的心情如何？

男：我的心情比较平静。因为之前我已经做好了充分的思想准备。反而我身边的亲朋好友比较激动。

女：我发现您在小说中常常用大量笔墨描写风景，这样安排有什么特别的原因吗？

男：在我看来，风景描写是写作的基本要素。每个人在四季轮回中内心世界都会发生或多或少的细微变化。风景描写可以从侧面揭示人物性格形成的原因。

女：您是在盐城度过的童年，"苦难"是您童年记忆中的一个关键词，充满苦难的童年生活对您的文学创作有什么帮助？

男：说实话，当苦难进入我的童年生活时，我内心是拒绝的。但我无法改变童年生活，只能默默接受。如今，我当了作家，回过头来想想，以前经历的那些苦难已经转换为财富了。

女：您的作品充满了想象力，您的这种想象力是如何培养的呢？

男：我认为富有想象力的一个因素是人生的不完满。刚才已经提到我的童年是充满苦难的，因此得不到的东西比较多。我记得当时常常通过想象来满足自己的需求。无形中培养了我的想象力。当然，知识也是重要的因素。我给你打个比方，想象力就像火箭，如果没有知识，火箭是无法飞向宇宙的。

女：有许多读者都说写作太难了，您作为作家可以提几点建议吗？

男：当然可以，我有三点建议，大家可以参考一下。第一，我们每个人都有自己独特的经历，可以把自己的经历作为写作的内容。第二，我们应该学会观察，仔细观察生活中的点点滴滴。第三，要充分发挥想象力，写作时既可以写真实的经历，也可以创造出不可能发生的故事情节。

女：您觉得如何才能成为一个好的作家？

男：我觉得作家的情感是至关重要的，是文学的生命。作家要用真实的情感去进行创作。只有富有情感的作品，才能感动读者，引起读者的共鸣。

16 男的为什么用大量笔墨描写风景？

17 充满苦难的童年生活对于男的意味着什么？

18 男的把想象力比作什么？

19 有许多读者说写作很难，下列哪项不是男的给读者的建议？

20 关于男的下列哪项正确？

第21到25题是根据下面一段采访：

男：由于面临很大的就业压力，许多年轻人在毕业后选择了自主创业，对于这种现象您有什么样的看法？

女：我认为应该鼓励年轻人自主创业，在当前全球化竞争日益激烈的情况下，积极推进年轻人自主创业具有重大的现实意义。不仅有助于缓解大学生的就业压力，而且有助于提高大学生实践能力。

男：您觉得年轻人创业前应该做哪些准备？

女：年轻人创业前的准备是十分重要的，准备不好或者准备不充分都会导致失败，多次失败后创业者将不再有信心继续做自己的事业。我认为在众多的准备工作中做好心理上的准备是比较实用的。创业需要投入大量的时间和金钱，存在一定的风险性和不确定性，是充满荆棘的。如果创业失败了，将一无所有，因此心理上的准备是十分必要的。

男：您觉得年轻人在自主创业中什么能力最重要？

女：我认为不断创新是创业者应具备的核心能力。创新是对未知世界、未知领域的探索性活动。在创业过程中，无论是发现新的创意、寻找新的市场，还是撰写一份有潜质的创业计划书，融资等都要包含创新内容。

男：您觉得创业者应该有一个什么样的团队？

女：团结协作的团队是自主创业的基础。有了这样的团队，既能有效进行技术创新，又能形成最大的合力，从而在市场竞争中取胜，达到企业所追求的目标，取得创业的成功。

男：那么您认为创业者在创业过程中应该着重积累些什么东西呢？

女：我认为在创业过程中应该着重积累的是成熟度和处理问题的方法。这些会帮助创业者和他的团队脱离困境。只有积累了这些，创业者才会不断地全面发展，只有个人全面发展了，事业才会随之向前发展，走得更远。

21 女的对于年轻人毕业之后自主创业持什么态度？

22 女的认为失败多了会有什么后果？

23 女的认为创业者应具备的核心能力是什么？

24 自主创业的基础是什么？

25 女的认为事业的发展跟什么有关？

第26到30题是根据下面一段采访：

女：观众朋友们，大家好，我们今天请到了著名钢琴家李云迪。李云迪，你好，作为一个年轻有为的钢琴家，你一路走来似乎都很顺利，四岁开始学手风琴，七岁开始改为钢琴。在成长过程中，你有特别辛苦的时候吗？

男：其实很多人觉得我这一路走来似乎十分顺利，但其实在这过程中我付出了许多努力。尤其是小时候，放学之后我还要练至少六小时的钢琴，几乎没有和小伙伴玩耍的时间，真的挺累。但是因为我热爱音乐，所以非常享受练琴的过程，为喜欢的事付出汗水是值得的。

女：虽然你是一位古典音乐家，但是常常会在娱乐新闻中看到你的新闻，你会不会为此担心自己和自己的音乐被"娱乐化"？

男：我觉得不存在是否被娱乐化的问题。因为如今面临的时代背景不同了，人们对古典音乐家的评价会带有时代的色彩。无论别人如何评价我，我始终都是一个钢琴家，一个纯粹的音乐家。我最重要的部分一直都是音乐，这是不会改变的。

女：你也尝试过各种古典与现代的跨界创作，接下来会有什么新的挑战？

男：当时我没有刻意去跨界，只是恰巧遇到了这样的好机会。用这个时代的方式让古典音乐有一些新的表现，用大家更容易接受的方式来介绍古典音乐，我觉得很有意义。接下来也要看契机，看看会有什么新的方式能让更多的人了解古典音乐。

女：有人说，你是为钢琴而生的。你觉得学习钢琴或者学习乐器，最重要的是什么？

男：我觉得不管学习什么做什么，最重要的是你要热爱和专注你做的事情，你只有喜欢它，才会有持续不断的动力。

女：在音乐普及和教育这个方面，还想做一些什么？

男：我会继续举办大师课，走进校园举办一些音乐方面的讲座等。如果有机会，也希望能够在音乐教育方面做更多的事情。

26 男的觉得自己小时候学琴的过程怎么样？

27 男的对古典与现代的跨界有什么看法？

28 男的认为学习乐器最重要的是什么？

29 在普及音乐方面，男的在以后的道路上想做什么？

30 关于男的可以知道什么？

第三部分

第31到50题请选出正确答案。

现在开始第31到33题：

第31到33题是根据下面一段话：

　　北宋皇帝宋徽宗喜欢绘画，他善于画花鸟。他绘画时特别注意画本身的意境，所以他常以诗句为题考画家，让画家画出诗句所表达的内容。有一次，他让考官出了一个诗句："踏花归去马蹄香"。这句诗的意思是人们在春天骑马赏花，马蹄由于踩到了飘落在地上的花瓣也变香了。从各地纷纷来到京城的画家，看到考题后面面相觑，无从下笔。但过了一会儿，大家便开始动笔画了。有的在认真地画着马，有的画着花。然而，有一位别具匠心的画家画了一匹马，而且在马蹄的旁边画了几只蝴蝶。考试结束后，只有这位画家的画得到了考官的赞赏，其他画家露出了疑惑不解的神情。考官解释说他用几只蝴蝶就把诗句中无形的"香"字生动地表现了出来。听完考官的解释后，画家们对这幅画赞不绝口。

31　关于北宋皇帝可以知道什么？

32　看到题目后，大多数画家的反应是什么？

33　那位画家是用什么来表达"香"这个字的？

第34到36题是根据下面一段话：

　　近期，位于江西省的庐山小天池吸引了大量游客，因为小天池出现了瀑布云景观。远远望去，云雾飞流直下，洁白的云流如瀑布般直泻而下，景色十分壮观。那这种壮观的景色是如何形成的呢？专家认为小天池的独特地形是瀑布云形成的重要因素。小天池位于庐山牯岭的东北面，南坡的下面是鄱阳湖，地势高而险峻，这为层积云的形成提供了条件。层积云在风力的作用下很容易形成云流，云流俯冲谷底，便形成了飞流直下的瀑布云。瀑布云形成之后持续的时间只有十几分钟，而此次庐山小天池的瀑布云持续了几个小时。这是由于近几日的持续降雨使庐山周边地区产生了大量的水汽。

34　关于瀑布云，可以知道什么？

35　小天池瀑布云形成的主要因素是什么？

36　这段话主要谈的是什么？

第37到39题是根据下面一段话：

　　眼睛是人的视觉器官，但是眼睛除了作为视觉器官以外，还能表达人的丰富情感。通过观察人的眼睛我们可以了解他人的心理状态。某大学的教授曾经做过这样一项实验：她随机给参与者一些照片，然后观察他们瞳孔有无变化。她发现当女生看到漂亮服装的照片时，瞳孔比原来扩大了18%。这个实验说明，人类瞳孔的大小会受到对所看到的事物感兴趣程度的影响。教授建议在与人交谈时，可以观察对方的瞳孔。当你们讨论某一话题时，如果对方的瞳孔在渐渐扩大，那么基本可以断定他对这个话题比较感兴趣。除了观察瞳孔的大小外，还可以观察对方的视线。当你侃侃而谈时，对方时不时回避视线，拒绝与你进行视线上的交流，那就说明对方已经厌烦你所说的话题了。这个时候你就要考虑换一个他可能比较感兴趣的话题，或者结束你们之间的对话。

37　那位大学教授给参与者看的是什么？

38　那个实验说明了什么？

39　听者厌烦交谈话题时，会有什么样的表现？

第40到43题是根据下面一段话：

　　铁棍山药是众多山药品种之一，至今已有三千年种植历史。铁棍山药上有像铁锈一样的痕迹，故得名铁棍山药。它有较高的营养价值，是珍贵的药材。而且富含丰富的多种氨基酸及矿物质，既能调节心肺功能，促进新陈代谢，又能抗衰老，抗疲劳。同时，铁棍山药中还含有大量的钙，经常食用可预防骨质疏松等疾病。铁棍山药中水分含量少，含糖量比较高，因此口感比较香甜，味道极佳。

　　虽然铁棍山药有极高的药用价值和食用价值，但曾一度因为经济效益低而鲜有人种植。近几年，铁棍山药的销售量逐年上升，因为人们越来越关注养生的问题，对健康饮食的重视程度大大提高，而且很多电视台的养生节目多次介绍了铁棍山药的价值。如今在很多餐厅和酒店，铁棍山药已成为高档的健康菜肴。

40　关于铁棍山药，可以知道什么？

41　铁棍山药的口感怎么样？

42　为什么之前很少有人种植铁棍山药？

43　根据这段话，下列哪项正确？

第44到47题是根据下面一段话：

　　小小的雨滴和蚊子的大小差不多，在大千世界是非常渺小的。但它的重量是蚊子的50倍。人们所谓的淅淅沥沥的小雨对蚊子来说相当于一辆辆汽车从天而落。即便是在遭遇高速坠落的雨滴碰撞时，蚊子依然能够顽强地存活下来。这是为什么呢？

　　不久前科学家通过实验破解了这个谜题，指出蚊子极轻的体重是它在雨中存活下来的秘诀。科学家们将数以百计的蚊子装入了一个细高的容器中，采用了"水枪打蚊群"的策略来模拟蚊子被雨滴击中的过程，并进行了高速摄像，观察它们被雨滴击中的瞬间反应。科学家拍摄的高速视频显示，蚊子不会刻意去躲避雨滴，而且被雨滴击中时，也不会和雨滴抵抗，而是和雨滴融为一体，顺应雨滴的趋势落下。当雨滴击中蚊子翅膀或腿部时，蚊子会向击中的那一侧倾斜，并做一个高难度的侧身翻滚的动作，让雨滴滑落；如果雨滴直接击中身体时，蚊子会先顺应雨滴与之一同落下，然后迅速向左或右微调自己的身体，与雨滴分离后恢复飞行。

44　人们所谓的淅淅沥沥的小雨对蚊子来说，相当于什么？

45　科学家对实验进行高速摄像是想观察蚊子的哪种行为？

46　如果被雨滴击中翅膀，蚊子会怎么做？

47　关于蚊子，下列哪项正确？

第48到50题是根据下面一段话：

　　随着网络的不断发展，各种社交软件层出不穷。人们在使用社交软件的过程中，不再使用简单的文字和网络表情，而是使用各种搞怪、新奇的表情包来表达情绪。表情符号已被社会广泛接受，是人们网络社交必不可少的一部分了。如今的表情符号不再只是简单的调皮微笑，而是有了更多新的内容。例如有人大胆创造出新奇有趣的漫画来表达自己独特的想法，有人将电视剧里人物的表情制作成表情包在社交中广泛使用，也有人运用简单的黑色线条画出夸张的人物，这种形象可以给人一种幽默的心理暗示。不得不说，表情符号的不断丰富使网络社交变得更加轻松也更加有趣。使用者用几个幽默风趣的表情不仅可以避免误解，也可以轻松地表达出自己想说的话，在这样愉快的氛围中进行交际可以更快地达到社交目的。随着表情符号的不断创新与丰富，使用者越来越多。使用表情符号已成为一种社交趋势。

48　关于表情符号，下列哪项正确？

49　关于用黑色线条刻画的夸张人物，可以知道什么？

50　根据这段话，表情包有什么作用？

HSK 6급 1회 모의고사 정답

문제집 p. 3

一、听力

第一部分

1. D 2. C 3. A 4. D 5. D 6. C 7. B 8. A 9. D 10. C
11. C 12. D 13. D 14. B 15. D

第二部分

16. D 17. A 18. A 19. B 20. C 21. A 22. D 23. C 24. C 25. D
26. B 27. A 28. C 29. B 30. D

第三部分

31. D 32. C 33. B 34. B 35. A 36. C 37. B 38. C 39. D 40. C
41. D 42. A 43. D 44. C 45. D 46. D 47. A 48. A 49. C 50. C

二、阅读

第一部分

51. C 52. B 53. C 54. B 55. C 56. A 57. A 58. D 59. B 60. B

第二部分

61. C 62. B 63. D 64. B 65. A 66. C 67. D 68. A 69. B 70. D

第三部分

71. C 72. E 73. A 74. B 75. D 76. B 77. C 78. D 79. E 80. A

第四部分

81. D 82. C 83. A 84. D 85. D 86. A 87. C 88. D 89. B 90. A
91. B 92. D 93. C 94. A 95. B 96. A 97. C 98. B 99. D 100. A

三、书写

101.

好运来敲门

　　他出生在内蒙古大草原，小时候特别不听话，经常伤母亲的心。
　　小学时，他的人生中出现了第一次转折。因为贪玩儿，有一次他考了倒数第二名。班主任把成绩单贴在了黑板上，这让他非常没面子，他就把成绩单撕下来。班主任觉得他还想上进，于是把他叫到办公室，对他说："只要努力，好运总会来敲门的。"在班主任的鼓励下，他成了爱学习的孩子。
　　他人生的第二次转折是哥哥带给他的。高考后，哥哥考上了大学，这刺激了他，希望像哥哥那样成为大学生，可是他当时的成绩不好。但他想起了班主任的话：只要努力，好运总会来敲门的。于是，通过努力学习，他终于考上了北京广播学院。
　　他人生中的第三次转折是在大学的时候出现的。毕业前，他进入了中央广播电台，成为了一名编辑。空闲时，他写了很多文章，逐渐显现出才华。这让他得到了去中央电视台试镜的机会。通过面试，他顺利地成为了《东方时空》这个新栏目的主持人。随着节目热播，他的知名度也越来越高。他就是央视著名主持人白岩松。
　　白岩松认为要想成功，只要努力，好运总会来敲门的。

HSK 6급 1회 듣기

제1부분 1~15번 문제는 단문을 듣고 일치하는 내용을 고르는 문제입니다.

1

拍集体照对摄影师来说是非常头疼的问题。因为当摄影师喊完一、二、三后，总会有人闭眼。为了解决这个问题，有一位摄影师，要求大家先闭眼，等他喊到三时再睁眼，没想到用这个方法后果然没有人闭眼了。

A 摄影技术易掌握
B 闪光灯会伤害眼睛
C 拍照时表情不要太严肃
D 那位摄影师的办法效果显著

단체사진을 찍는 것은 사진사에게는 굉장히 골치 아픈 일이다. 사진사가 하나, 둘, 셋이라고 외치고 나면 누군가는 꼭 눈을 감기 때문이다. 이 문제를 해결하기 위해서, 한 사진사는 모두에게 먼저 눈을 감고 그가 셋을 외친 후에 눈을 뜨라고 했는데, 뜻밖에도 이 방법을 사용한 후에는 과연 눈 감는 사람이 아무도 없었다.

A 촬영기술은 쉽게 마스터할 수 있다
B 플래시는 눈을 상하게 할 수 있다
C 사진을 찍을 때 표정이 너무 진지하면 안 된다
D 그 사진사의 방법은 효과가 뚜렷했다

[지문 어휘] 集体照 jítǐzhào 명 단체사진 | 摄影师 shèyǐngshī 명 사진사, 사진작가 | 喊 hǎn 동 외치다, 소리치다, 큰 소리로 부르다 | 闭眼 bì yǎn 동 눈을 감다 | 睁眼 zhēng yǎn 동 눈을 뜨다 | 果然 guǒrán 부 과연, 생각한대로

[보기 어휘] 掌握 zhǎngwò 동 마스터하다, 숙달하다 | 闪光灯 shǎnguāngdēng 명 플래시 | 伤害 shānghài 동 상하게 하다, 다치게 하다 | 严肃 yánsù 형 진지하다, 엄숙하다 | 显著 xiǎnzhù 형 뚜렷하다, 두드러지다, 현저하다 ★

[해설] 의미파악형 문제이다. 사진을 찍을 때 사람들이 눈을 감는 문제를 해결하기 위해 사진사가 방법을 고안했다고 했고, 생각과 결과가 일치한다는 의미의 '果然(과연)'과 뒤이어 나온 '没有人闭眼了(눈 감은 사람이 아무도 없었다)'라는 문장을 통해 사진사가 사용한 방법이 효과가 있었음을 알 수 있으므로, 정답은 D이다.

[정답] D

2

保鲜膜是一种塑料包装制品，主要用于冰箱食物保存。虽然用保鲜膜保存食物可以使食物免受细菌感染，但并不能起到杀菌的作用，仍然会滋生许多危害人体的细菌。因此专家建议最好吃多少做多少，不要过于依赖保鲜膜。

랩은 일종의 플라스틱 포장제품으로, 주로 냉장고에 음식물을 보관하는 데 쓰인다. 랩을 사용해서 식품을 보관하면 음식물이 세균에 감염되지 않을 수는 있지만, 살균작용은 전혀 할 수 없고 여전히 인체에 해가 되는 세균이 번식할 수 있다. 이 때문에 전문가들은 먹을 만큼만 만드는 게 가장 좋으며, 랩에 지나치게 의존하지는 말라고 제안했다.

A 隔夜菜中有很多细菌 B 一周要清理一次冰箱 C 保鲜膜没有杀菌的作用 D 保鲜膜所用材料危害人体健康	A 하루 밤을 넘긴 음식에는 세균이 많다 B 일주일에 한 번씩 냉장고를 깨끗이 정리해야 한다 C 랩은 살균작용이 없다 D 랩에 사용되는 소재는 인체 건강에 해롭다

지문 어휘 保鲜膜 bǎoxiānmó 명 랩(wrap) | 塑料 sùliào 명 플라스틱 | 包装 bāozhuāng 동 포장하다 ★ | 免受 miǎn shòu 동 받지 않다, 당하지 않다 | 细菌 xìjūn 명 세균 ★ | 感染 gǎnrǎn 동 감염되다, 전염되다, 옮다 ★ | 杀菌 shā jūn 동 살균하다 | 滋生 zīshēng 동 번식하다 | 危害 wēihài 동 해가 되다, 해롭다, 해를 끼치다 | 过于 guòyú 부 지나치게 ★ | 依赖 yīlài 동 의존하다, 의지하다 ★

보기 어휘 隔夜菜 géyè cài 하룻밤을 넘긴 음식 | 清理 qīnglǐ 동 깨끗이 정리하다 ★

해설 유의표현을 통해 정답을 유추하는 문제이다. 본문에서 언급된 '不能起到杀菌的作用(살균작용을 할 수 없다)'을 '没有杀菌的作用(살균작용이 없다)'으로 바꾸어 제시해 놓은 C가 정답이다.

정답 C

3

绿萝是喜高温、高湿、半阴环境的阴性植物，被称为"生命之花"。它的生命力十分顽强，只要有一点点水便可以长出绿色的枝叶。环保学家发现，绿萝能吸收空气中甲醛和苯等有害气体，因此有绿色净化器等美名。	담쟁이넝쿨은 고온다습하고 어두운 환경을 좋아하는 음지식물로, '생명의 꽃'이라고 불린다. 담쟁이넝쿨의 생명력은 굉장히 강해서 약간의 물만 있어도 녹색 잎이 틔울 수 있다. 환경학자들은 담쟁이넝쿨이 공기 중의 포름알데히드와 벤젠 등 유해가스를 빨아 들인다는 것을 발견했고, 이 때문에 담쟁이넝쿨은 '녹색(친환경)정화기'라는 멋진 이름을 가지고 있다.
A 绿萝能净化空气 B 绿萝的生长周期短 C 绿萝属于阳性植物 D 绿萝没有顽强的生命力	A 담쟁이넝쿨은 공기를 정화할 수 있다 B 담쟁이넝쿨의 생장주기는 짧다 C 담쟁이넝쿨은 양지식물에 속한다 D 담쟁이넝쿨은 강한 생명력이 없다

지문 어휘 绿萝 lǜluó 명 담쟁이넝쿨 | 阴性植物 yīnxìng zhíwù 명 음지식물 | 顽强 wánqiáng 형 강하다, 완강하다 ★ | 枝叶 zhīyè 명 잎, 나뭇잎 | 甲醛 jiǎquán 명 포름알데히드(Formaldehyde) | 苯 běn 명 벤젠(Benzene) | 有害气体 yǒuhài qìtǐ 명 유해가스 | 净化器 jìnghuàqì 명 정화기, 청정기

보기 어휘 周期 zhōuqī 명 주기 ★ | 属于 shǔyú 동 ~에 속하다 | 阳性植物 yángxìng zhíwù 명 양지식물

해설 보기를 통해 담쟁이넝쿨에 관한 내용임을 알 수 있다. 담쟁이넝쿨은 '阴性植物(음지식물)'이고, '生命力十分顽强(생명력은 굉장히 강하다)'이라고 했기에 C와 D는 정답이 아니다. 마지막에 공기 중의 유해가스를 빨아 들이는 담쟁이넝쿨은 '绿色净化器(녹색 정화기)'라는 멋진 이름이 있다고 했는데, 이는 다시 말해 담쟁이넝쿨이 공기를 정화시킬 수 있다는 뜻이므로, 정답은 A이다.

정답 A

4

　　"冰心散文奖"是中国一项具有权威的散文大奖，它代表了中国散文最高、最专业的水准。此奖项每三年一届，自2000年以来已经评选了七届。此奖项旨在彰显中国散文创作的成就，不断评选出优秀的散文，来繁荣中国的散文事业。

A 该奖一年评选一次
B 该奖评选的是小说
C 该奖只颁给年轻作家
D 该奖旨在繁荣散文事业

'빙신(冰心)산문문학상'은 중국의 권위 있는 산문문학상으로, 중국산문의 가장 높고 가장 전문적인 수준을 상징한다. 이 상은 3년에 한 번씩, 2000년 이래로 이미 7회 선정되었다. 이 상은 중국산문의 창작 성과를 드러내고, 끊임없이 우수한 산문을 선정하여 중국의 산문사업을 번영시키는 데 그 목적이 있다.

A 이 상은 1년에 한 번 선정한다
B 이 상이 선정하는 것은 소설이다
C 이 상은 젊은 작가에게만 수여한다
D 이 상은 산문사업을 번영시키는데 목적이 있다

지문 어휘 冰心 Bīng Xīn 고유 빙신(중국 현대문학 작가) | 散文 sǎnwén 명 산문 ★ | 权威 quánwēi 형 권위 있다 ★ | 水准 shuǐzhǔn 명 수준, 레벨 | 奖项 jiǎngxiàng 명 상 | 届 jiè 양 회, 차 | 评选 píngxuǎn 동 선정하다 | 旨 zhǐ 명 목적, 취지 | 彰显 zhāngxiǎn 동 잘 드러내다, 충분히 나타내다 | 创作 chuàngzuò 동 창작하다 ★ | 成就 chéngjiù 명 성과, 성취 | 事业 shìyè 명 사업 ★

보기 어휘 颁给 bāngěi 동 수여하다, 주다

해설 보기를 통해 어떠한 상에 대한 내용임을 알 수 있으며, 들리는 게 정답인 문제유형이다. 본문에서 이 상은 '三年一届(3년에 한 번씩)' 선정된다고 했기에 A는 정답이 아니며, 뒷부분에서 '此奖项旨在⋯，⋯，繁荣散文事业(이 상의 목적이 산문사업을 번영시키는 데 있다)'라고 했으므로, 이를 그대로 언급한 D가 정답이다.

정답 D

5

　　唱商指歌手对一首歌曲的理解、把握和表现程度。唱商主要体现在演唱技巧、情绪饱满度和层次感等方面。此外，它还体现在演唱时断句、吐字的轻重以及话筒的远近等方面。

A 智力与唱商有关
B 创作型歌手唱商高
C 唱商高的歌手层次感差
D 歌手的情绪能体现唱商

가창력(唱商)은 가수의 노래에 대한 이해, 파악, 그리고 표현 정도를 가리킨다. 가창력은 주로 보컬테크닉과 감정 충만도(호소력), 그리고 중저음과 고음을 넘나드는 능력(层次感) 등의 방면에서 드러난다. 이 밖에 그것은 또 노래 부를 때의 마디 끊기나 노래를 부르는 힘 및 마이크의 멀고 가까움 등에서도 나타난다.

A 지능과 가창력은 관계가 있다
B 창작형 가수는 가창력이 높다
C 가창력이 높은 가수는 중저음과 고음을 넘나드는 능력이 떨어진다
D 가수의 감정은 가창력을 드러낼 수 있다

> **지문 어휘** 唱商 chàngshāng 몡 가창력 | 指 zhǐ 동 가리키다, 지적하다 | 首 shǒu 양 곡(노래를 세는 단위) | 歌曲 gēqǔ 명 노래 | 表现 biǎoxiàn 명 표현, 태도 | 把握 bǎwò 동 파악하다, 장악하다 | 体现 tǐxiàn 동 드러내다, 구현하다, 나타내다 | 演唱 yǎnchàng 동 노래 부르다, (노래, 오페라 등을) 공연하다 | 技巧 jìqiǎo 명 기교, 테크닉 ★ | 情绪 qíngxù 명 감정, 정서, 기분 | 饱满 bǎomǎn 형 충만하다, 가득 차다 | 层次 céngcì 명 단계, 순서 ★ | 此外 cǐwài 명 이 밖에, 이 외에 | 断句 duàn jù 동 (구두점이 없는 글의) 마디를 끊다, 끊어 읽다 | 吐字 tǔ zì 동 (노래나 대사 등을) 정확하게 발음하다 | 轻重 qīngzhòng 명 경중, 절도 | 话筒 huàtǒng 명 마이크 ★
>
> **보기 어휘** 智力 zhìlì 명 지능, 지력 | 创作 chuàngzuò 동 창작하다 ★
>
> **해설** 가창력에 관한 내용으로, 본문에서 '唱商主要体现在…情绪饱满度…等方面(가창력은 주로 …, 감정 충만도, … 등의 방면에서 드러난다)'이라고 했다. 가수의 감정이 얼마나 풍부한 지를 의미하는 감정 충만도에서 가창력을 느낄 수 있다는 말은 다시 말해 가수의 감정이 가창력을 드러낼 수 있다는 것을 의미하므로, 정답은 D이다.
>
> **정답** D

6

哈萨克人靠驯养猎鹰狩猎已具有悠久的历史，是哈萨克人传承下来的非物质文化遗产之一。每逢冬季，猎手会骑着马带着猎鹰驰骋于白雪皑皑的草原上，捕捉黄羊、狐狸和野兔，不得不说猎鹰是哈萨克人捕猎的好帮手。

A 猎鹰的视力极好
B 哈萨克人能歌善舞
C 猎鹰是哈萨克人的好帮手
D 哈萨克人驯养猎鹰的历史较短

카자크인이 보라매를 길들여 사냥을 하는 것은 이미 오랜 역사를 가지고 있고, 카자크인이 계승해 오는 무형문화유산 중의 하나이다. 매년 겨울이면 사냥꾼들은 말을 타고 보라매와 함께 새하얀 백설의 초원을 누비며 몽골 가젤이나 여우, 산토끼 등을 잡기 때문에 보라매는 카자크인의 훌륭한 사냥 조력자라고 말할 수 밖에 없다.

A 보라매의 시력은 굉장히 좋다
B 카자크인은 노래와 춤에 능하다
C 보라매는 카자크인의 훌륭한 조력자이다
D 카자크인이 보라매를 훈련시킨 역사는 비교적 짧다

> **지문 어휘** 哈萨克人 Hāsàkèrén 고유 카자크인(Kazak) | 驯养 xùnyǎng 동 길들이다 | 猎鹰 lièyīng 명 보라매 | 狩猎 shòuliè 동 사냥하다 | 悠久 yōujiǔ 형 오래되다, 유구하다 | 传承 chuánchéng 동 계승하다, 전승하다, 이어오다 | 遗产 yíchǎn 명 유산 ★ | 非物质文化遗产 fēiwùzhì wénhuà yíchǎn 무형문화유산 | 逢 féng 동 (시기, 때 등을) 만나다, 맞이하다 ★ | 每逢 měiféng ~때(가 되)면, ~때마다 | 猎手 lièshǒu 명 사냥꾼 | 驰骋 chíchěng 동 (말을 타고) 누비다, 질주하다, 내달리다 | 皑皑 ái'ái 형 새하얗다 | 白雪皑皑 báixuě'ái'ái 성 백설이 새하얗다 | 捕捉 bǔzhuō 동 잡다, 포획하다 ★ | 黄羊 huángyáng 명 몽골 가젤(Mongolian gazelle) | 狐狸 húli 명 여우 | 野兔 yětù 명 산토끼 | 好帮手 hǎo bāngshǒu 명 훌륭한 조력자, 훌륭한 조수
>
> **보기 어휘** 视力 shìlì 명 시력 ★ | 能歌善舞 nénggēshànwǔ 성 노래와 춤에 능하다
>
> **해설** 보기를 통해 카자크인과 보라매에 관한 내용을 알 수 있으며, 들리는 게 정답인 문제유형이다. 본문에서 카자크인이 보라매를 길들여 사냥하는 것은 '已具有悠久的历史(이미 오랜 역사를 가지고 있다)'라고 했기에 D는 정답이 아니다. 이런 문화유산 덕분에 '猎鹰是哈萨克人捕猎的好帮手(보라매는 카자크인의 훌륭한 사냥 조력자이다)'라고 했으므로, 이를 그대로 언급한 C가 정답이다.
>
> **정답** C

7

　　很多失败者会用"怀才不遇"来安慰自己。其实，"怀才不遇"是人们走向成功的最大陷阱。机遇一直都青睐有准备的人，不要总抱怨社会没给自己提供施展才能的舞台。一个渴望成功的人应该主动创造机遇，而不是等待机遇。

A 细节决定成败
B 要积极创造机遇
C 做事不要半途而废
D 人要挖掘自己的潜力

실패한 사람들은 대부분 '회재불우(능력은 있지만 기회를 만나지 못했다)'라며 스스로를 위로하지만, 사실 '회재불우'는 사람들이 성공을 향해 걸어가는 가장 큰 함정이다. 기회는 늘 준비된 사람을 좋아하기에, 늘상 사회가 자신에게 재능을 펼칠 무대를 제공하지 않았다고 불평하지 말아야 한다. 성공을 갈망하는 사람이라면 주도적으로 기회를 만들어야지, 기회를 기다려서는 안 된다.

A 세부사항이 성공과 실패를 결정짓는다
B 적극적으로 기회를 만들어야 한다
C 일을 할 때는 중도에 포기하면 안 된다
D 사람은 자신의 잠재력을 발굴해야 한다

지문 어휘 怀才不遇 huáicáibúyù 성 재능과 학문이 있으면서도 펼칠 기회를 만나지 못하다 | 安慰 ānwèi 동 위로하다 | 陷阱 xiànjǐng 명 함정 ★ | 机遇 jīyù 명 (좋은) 기회, 찬스 ★ | 青睐 qīnglài 동 좋아하다 | 抱怨 bàoyuàn 동 불평하다, 원망하다 ★ | 施展 shīzhǎn 동 펼치다, 발휘하다 ★ | 渴望 kěwàng 동 갈망하다 ★ | 创造 chuàngzào 동 만들다, 창조하다

보기 어휘 细节 xìjié 명 세부사항, 디테일 | 半途而废 bàntú'érfèi 성 중도에 포기하다 ★ | 挖掘 wājué 동 발굴하다 ★ | 潜力 qiánlì 명 잠재력 ★

 기회에 관한 화자의 견해를 언급한 논설문으로, 보기에 있는 당위성을 나타내는 조동사가 힌트이다. 본문에서 '一个渴望成功的人应该主动创造机遇(성공을 갈망하는 사람은 주도적으로 기회를 만들어야 한다)'라고 하면서 본문의 '应该主动'을 '要积极'로 바꾸어 '적극적으로 기회를 만들어야 한다'고 한 B가 정답이다.

정답 B

8

　　衡量教育成功与否的标准是什么？对于这一问题，众说纷纭。很多家长会用孩子分数的高低来判断教育是不是成功。衡量教育成功与否不应该看成绩，而应该看孩子是否对学习感兴趣。如果孩子对学习的兴趣逐渐增大，就能说明教育是成功的。

A 兴趣能判断教育是否成功
B 家长要关注孩子的心理问题
C 家庭教育无法代替学校教育
D 应试教育遏制了学生的想象力

교육의 성공여부를 평가하는 기준은 무엇일까? 이 문제에 대해서는 의견이 분분하다. 많은 학부모들은 아이 점수의 높낮이로 교육이 성공했는지 아닌지를 판단한다. 하지만 교육의 성공여부를 평가할 때는 성적을 볼 것이 아니라 아이가 공부에 흥미를 느끼는지 아닌지를 봐야 한다. 만일 아이의 학습에 대한 흥미가 점차 커진다면, 교육은 성공적이라고 설명할 수 있다.

A 흥미는 교육의 성공여부를 판단할 수 있다
B 학부모는 아이의 심리문제를 주목해야 한다
C 가정교육은 학교교육을 대체할 수 없다
D 시험위주의 교육은 학생들의 상상력을 억제한다

| 지문 어휘 | 衡量 héngliáng 동 평가하다, 판단하다, 가늠하다 | 与否 yǔfǒu 명 여부 | 众说纷纭 zhòngshuōfēnyún 성 의견이 분분하다, 여론이 분분하다 | 逐渐 zhújiàn 부 점차, 점점 | 增大 zēngdà 동 커지다, 증대하다

보기 어휘 | 代替 dàitì 동 대체하다 | 应试教育 yìngshì jiàoyù 명 시험 위주의 교육 | 遏制 èzhì 동 억제하다, 저지하다 ★

해설 | 교육의 성공여부에 관한 논설문으로, '不应该…, 而应该…'의 구문을 이용해 화자의 견해를 드러냈다. 본문에서 교육의 성공여부는 '不应该…, 而应该看孩子是否对学习感兴趣(~할 것이 아니라, 아이가 공부에 흥미를 느끼는지 아닌지를 봐야 한다)'고 했으므로, 정답은 A이다.

정답 | A

9

在古代,"领袖"分别指的是领口和袖口。由于领口和袖口都最易脏,最易破损,所以古人在做衣服时,会用一些较好的面料缝制,因此这两处看上去又醒目又高贵。后来人们就用领袖一词来表示国家的最高领导者。

A 古代的官员很廉洁
B 古代人靠织布维持生活
C 古时勤劳的人被称为"领袖"
D "领袖"一词古今意义不同

고대에 '领袖'는 각각 옷깃과 소매를 가리켰다. 옷깃과 소매는 쉽게 더러워지고 쉽게 손상되었기에 옛날 사람들은 옷을 만들 때 비교적 좋은 천을 사용해서 봉제했다. 이 때문에 이 두 곳은 굉장히 돋보이고 고급스러워 보였다. 후에 사람들은 '领袖'라는 이 말로 국가의 최고 통치자를 나타냈다.

A 고대의 관리들은 매우 청렴했다
B 고대인들은 베를 짜서 생활을 유지했다
C 옛날에는 근면한 사람을 '领袖'라 불렀다
D '领袖'라는 말은 옛날과 지금의 의미가 다르다

지문 어휘 | 领袖 lǐngxiù 명 옷깃과 소매, 〈비유〉 지도자 ★ | 分别 fēnbié 부 각각 | 领口 lǐngkǒu 명 옷깃, 네크라인, 목둘레 | 袖口 xiùkǒu 명 소매 | 破损 pòsǔn 형 손상되다, 파손되다 | 缝制 féngzhì 동 (옷 등을) 봉제하다, 짓다, 만들다 | 醒目 xǐngmù 형 돋보이다, 눈에 띄다, 남의 주의를 끌다 | 高贵 gāoguì 형 고급스럽다, 고귀하다

보기 어휘 | 廉洁 liánjié 형 청렴하다 ★ | 织 zhī 동 (직물을) 짜다 | 布 bù 명 베, 천 | 维持 wéichí 동 유지하다 ★ | 勤劳 qínláo 동 근면하다, 열심히 일하다 ★ | 称为 chēngwéi 동 ~라고 부르다

해설 | 본문의 앞부분과 뒷부분에 언급된 시간 '在古代'와 '后来'가 힌트이다. 본문에서 '在古代, …是领口和袖口(고대에는 옷깃과 소매이다)'와 '后来…表示国家的最高领导者(후에는 국가의 최고통치자를 나타냈다)'라고 했으므로, 옛날과 지금의 의미가 다르다고 한 D가 정답이다.

정답 | D

10

由于冬季气温降低，并且没有充足的食物，因此一些哺乳动物会冬眠。冬眠对动物有许多益处。它们苏醒后，抗菌、抗病能力都会提高，而且动作更灵敏，食欲更旺盛，体内器官机能也能得到提升。

겨울철에는 기온이 내려가고 충분한 음식물이 없기 때문에 그래서 일부 포유동물들은 겨울잠을 잔다. 겨울잠을 자는 것은 동물에게 많은 이로운 점이 있다. 그들은 잠에서 깨어난 뒤 항균 능력과 질병 저항력이 모두 향상될 것이고, 또한 동작은 더욱 민첩하고, 식욕은 더욱 왕성해지며 체내 기관의 기능 역시 향상될 수 있다.

A 动物冬眠是因为疲倦
B 动物苏醒后会比较迟钝
C 动物冬眠后会更有食欲
D 动物冬眠时不易受到袭击

A 동물이 겨울잠을 자는 것은 피곤하기 때문이다
B 동물은 잠에서 깨어난 뒤 비교적 둔해질 것이다
C 동물은 겨울잠을 잔 후에 더욱 식욕이 생길 것이다
D 동물은 겨울잠을 잘 때 쉽게 습격을 받지 않는다

지문 어휘 冬季 dōngjì 명 겨울철, 겨울, 동계 | 降低 jiàngdī 동 내려가다, 떨어지다 | 充足 chōngzú 형 충분하다 ★ | 食物 shíwù 명 음식물 | 哺乳 bǔrǔ 동 젖을 먹이다 ★ | 哺乳动物 bǔrǔ dòngwù 명 포유동물 | 冬眠 dōngmián 동 겨울잠을 자다, 동면하다 | 益处 yìchù 명 이로운 점, 이점, 좋은 점 | 苏醒 sūxǐng 동 깨어나다, 소생하다, 정신을 차리다 ★ | 抗菌 kàng jūn 동 향균하다, 세균에 저항하다 | 抗病 kàng bìng 동 질병에 저항하다, 병과 싸우다 | 灵敏 língmǐn 형 민첩하다, 재빠르다 ★ | 食欲 shíyù 명 식욕, 입맛 | 旺盛 wàngshèng 형 왕성하다, 강하다 | 器官 qìguān 명 (생물체의) 기관 ★ | 提升 tíshēng 동 향상되다, 높이다

보기 어휘 疲倦 píjuàn 형 피곤하다, 지치다 ★ | 迟钝 chídùn 형 (행동, 반응 등이) 둔하다, 느리다, 굼뜨다 ★ | 不易 búyì 형 쉽게 ~하지 않다, 잘 ~하지 않다 | 袭击 xíjī 명 습격, 기습 ★

해설 동물의 겨울잠에 관한 내용으로, 본문에서 '由于冬季气温降低，并且没有充足的食物，因此一些哺乳动物会冬眠(겨울철에는 기온이 내려가고 충분한 음식물이 없기 때문에 일부 포유동물들은 겨울잠을 잔다)'이라고 했으므로 피곤해서 잔다고 언급한 A는 정답이 아니다. 그 뒤에 겨울잠의 장점을 설명하면서 '苏醒后……，动作更灵敏，食欲更旺盛(잠에서 깨어난 뒤 동작은 더욱 민첩하고, 식욕은 더욱 왕성해진다)'이라고 했으므로 B 역시 정답이 아니며, '食欲更旺盛'을 '更有食欲'라고 바꿔 언급한 C가 정답이다.

정답 C

11

研究发现，人类的左耳和右耳是有分工的。右耳能更容易听清楚人的话语，对听到的话记得更牢。如果想练习外语，最好用右耳；而左耳擅长辨别带有感情色彩的声音，如果想欣赏音乐，最好把音响放在左耳处。

연구에 따르면, 사람의 왼쪽 귀와 오른쪽 귀는 역할이 나뉘어 있다고 한다. 오른쪽 귀는 사람의 말을 더 분명하게 알아들을 수 있고, 들은 말을 더 확실하게 기억할 수 있다. 만일 외국어를 연습하고 싶다면 오른쪽 귀를 사용하는 것이 가장 좋다. 반면에 왼쪽 귀는 감정적인 색채를 지닌 소리를 잘 구분하기 때문에, 만일 음악을 감상하고 싶다면 음향기기를 왼쪽 귀 쪽에 두는 것이 가장 좋다.

A 音响声不宜调大	A 음향기기의 볼륨을 확대하는 것은 좋지 않다
B 噪音使人心情烦躁	B 소음은 사람의 마음을 초조하게 한다
C 欣赏音乐时最好用左耳	**C 음악을 감상할 때는 왼쪽 귀를 사용하는 것이 가장 좋다**
D 长期戴耳机听音乐有损听力	D 오랫동안 이어폰으로 음악을 들으면 청력이 손상된다

지문 어휘 分工 fēngōng 동 역할(업무)을 나누다, 분업하다 | 话语 huàyǔ 명 말 | 牢 láo 형 확실하다, 견고하다 | 擅长 shàncháng 동 잘하다, 뛰어나다 ★ | 辨别 biànbié 동 구분하다, 판별하다 | 欣赏 xīnshǎng 동 감상하다 | 音响 yīnxiǎng 명 음향기기, 스피커 ★

보기 어휘 不宜 bùyí 동 (~하는 것은) 좋지 않다, 적합하지 않다 | 调大 tiáo dà (소리나 글자 크기 등을) 확대하다, 크게 조절하다 | 噪音 zàoyīn 명 소음 ★ | 烦躁 fánzào 형 초조하다 | 戴 dài 동 착용하다, 끼다, 쓰다 | 耳机 ěrjī 명 이어폰

해설 사람의 왼쪽 귀와 오른쪽 귀의 역할에 관한 연구 결과를 소개한 글로, 본문에서 '如果想欣赏音乐，最好把音响放在左耳处(음악을 감상하고 싶다면 음향기기를 왼쪽 귀 쪽에 두는 것이 가장 좋다)'라고 했고, 이는 왼쪽 귀를 사용하는 것이 좋다는 의미이므로, 정답은 C이다.

정답 C

12

小明是个十分调皮的孩子。一天，他踢足球时把一户人家的玻璃弄碎了，被主人逮了个正着。主人愤怒地问道："你这个孩子怎么这么淘气？你叫什么名字？我必须要告诉你父母"。小明镇定地说："我父母知道我的名字，不用你告诉。"	샤오밍(小明)은 굉장히 장난이 심한 아이이다. 하루는 축구를 하다가 남의 집 유리를 깨트렸고, 현장에서 주인에게 딱 걸렸다. 주인이 분노하며 '너 이 놈! 왜 이렇게 장난이 심한 거니? 이름이 뭐야? 너네 부모님께 필히 알려야겠구나.'하고 묻자, 샤오밍은 태연하게 '저희 부모님은 제 이름을 아니까 알려주실 필요 없어요.'라고 말했다.
A 小明是孤儿	A 샤오밍은 고아이다
B 主人称赞了小明	B 주인은 샤오밍을 칭찬했다
C 小明十分有礼貌	C 샤오밍은 굉장히 예의가 있다
D 小明把玻璃弄碎了	**D 샤오밍은 유리를 깨트렸다**

지문 어휘 调皮 tiáopí 형 장난이 심하다, 짓궂다 | 户 hù 양 세대, 호, 가구 | 人家 rénjiā 명 남의 집 ★ | 玻璃 bōli 명 유리 | 弄碎 nòngsuì 동 깨트리다, 산산조각 내다 | 逮个正着 dǎi ge zhèngzháo 현장을 포착하다 | 愤怒 fènnù 형 분노하다 ★ | 淘气 táoqì 형 장난이 심하다 | 镇定 zhèndìng 형 태연하다, 침착하다 ★

보기 어휘 孤儿 gū'ér 명 고아 | 称赞 chēngzàn 동 칭찬하다

해설 장난이 심한 샤오밍에 관한 에피소드로, 들리는 것이 정답인 문제유형이다. 본문에서 '他把⋯玻璃弄碎了(그는 유리를 깼다)'라고 했으므로, 이를 그대로 언급한 D가 정답이다.

정답 D

13

　　在人际交往中，人们为了不想让对方知道自己的缺点，都会想方设法隐藏缺点。然而如果适当地暴露自己的缺点，能让对方看到真实的你，能让对方感受到你想与他交往的诚意，这样更有助于交往。

A 不要骄傲自满
B 要听取他人的意见
C 交往中要善于倾听
D 适当地暴露缺点有助于交往

　　인간관계에서 사람들은 상대방이 자신의 단점을 모르게 하려고 온갖 방법을 생각하여 단점을 숨기곤 한다. 하지만 만일 자신의 단점을 적당히 드러낸다면, 상대방에게 진실한 당신을 보여줄 수 있고 상대방으로 하여금 자신과 교류하고 싶어하는 당신의 진심을 느끼게 할 수 있기 때문에, 이렇게 하면 교류하는 데 훨씬 도움이 된다.

A 거만하고 자만해서는 안 된다
B 타인의 의견을 귀담아 들어야 한다
C 교류 중에는 경청을 잘해야 한다
D 적당히 단점을 드러내면 교류하는 데 도움이 된다

지문 어휘 人际交往 rénjì jiāowǎng 명 인간관계, 대인관계, 사교 | 想方设法 xiǎngfāngshèfǎ 성 온갖 방법을 다 생각하다 | 隐藏 yǐncáng 동 숨기다, 감추다 | 暴露 bàolù 동 드러내다, 폭로하다 ★ | 交往 jiāowǎng 동 교류하다, 왕래하다 | 诚意 chéngyì 명 진심, 성의

보기 어휘 骄傲 jiāo'ào 형 거만하다 | 自满 zìmǎn 형 자만하다 ★ | 听取 tīngqǔ 동 귀담아듣다, 귀를 기울이다 | 善于 shànyú 동 ~을 잘하다 | 倾听 qīngtīng 동 경청하다 ★

해설 글의 앞부분에서 단점에 대한 사람들의 보편적인 행동을 언급했고, 전환관계 접속사 '然而'의 뒤에 화자의 주장을 담아냈다. 본문에서 '然而如果适当地暴露自己的缺点(만일 자신의 단점을 적당히 드러낸다면)'과 '这样更有助于交往(이렇게 하면 교류하는 데 훨씬 도움이 된다)'이라고 언급했다. 따라서 정답은 D이다.

정답 D

14

　　板凳要坐十年冷，文章不写半句空。说的是治学要持之以恒、有毅力，其实这个道理适用于生活和工作的各个方面。在全民普遍追求速成的年代，应该弘扬这种"坐冷板凳"的精神。

A 不要留恋过去
B 做事要有恒心
C 治学要讲究效率
D 要借鉴前人的经验

　　걸상에 고독히 앉은 10년 동안, 글은 조금도 거짓을 쓰지 않았다(板凳宁坐十年冷，文章不写半句空). (이것이) 이야기하는 것은 학문을 할 때는 끈기있게 꾸준히 해야 하고 강한 의지력이 있어야 한다는 것으로, 사실 이 이치는 생활과 일의 각 방면에서도 적용된다. 전 국민이 보편적으로 속성을 추구하는 시대에 반드시 이런 '坐冷板凳(오랜 시간 참고 견딤)'의 정신을 드높여야 한다.

A 과거에 연연해하지 말아야 한다
B 일을 할 때는 변함없는 꾸준함이 있어야 한다
C 학문을 할 때는 효율에 신경 써야 한다
D 선인들의 경험을 교훈으로 삼아야 한다

지문 어휘 板凳 bǎndèng 명 (등받이가 없는) 걸상, 벤치, 의자 | 治学 zhì xué 통 학문을 하다 | 持之以恒 chízhīyǐhéng 성 끈기있게 꾸준히 하다 | 毅力 yìlì 명 강한 의지, 굳센 의지 ★ | 道理 dàolǐ 명 이치, 도리 | 适用于 shìyòng yú ~에 적용되다, ~에 적합하다 | 全民 quánmín 명 전 국민 | 普遍 pǔbiàn 형 보편적이다, 일반적이다 | 追求 zhuīqiú 통 추구하다 | 速成 sùchéng 통 속성하다, 빨리 이루다 | 年代 niándài 명 시대, 시기 | 弘扬 hóngyáng 통 드높이다, 발전시키다, 선양하다 | 坐冷板凳 zuòlěngbǎndèng 차가운 걸상에 앉다 〈비유〉오랜 시간 참고 견디다 | 精神 jīngshén 명 정신

보기 어휘 留恋 liúliàn 통 연연해하다, 미련을 두다 ★ | 恒心 héngxīn 명 변함없는 꾸준함, 끈기 | 讲究 jiǎngjiu 통 중시하다, 신경 쓰다 | 效率 xiàolǜ 명 효율, 능률 | 借鉴 jièjiàn 통 교훈으로 삼다, 본보기로 삼다 ★ | 前人 qiánrén 명 선인, 옛사람

해설 학문을 하는 태도에 관해 소개한 글이다. 본문에서 '治学要有恒心、有毅力(학문을 할 때는 끈기있게 꾸준히 해야 하고 강한 의지력이 있어야 한다)'라고 하면서 '这个道理适用于生活和工作的各个方面(이 이치는 생활과 일의 각 방면에도 적용된다)'이라고 이야기했다. 이는 다시 말해 학문뿐만이 아니라 일을 할 때도 변함없이 꾸준히 해야 한다는 뜻이므로, 정답은 B이다.

정답 B

15

毕业照是即将离开校园的学生对分别时刻的纪念。近几年，各种动作搞怪、文艺类型的毕业照层出不穷。有的摆出了各种几何图形，有的加入了故事情节。毕业生们用富有创意的方式为自己美好的大学生活画上了圆满的句号。

A 要珍惜校园时光
B 毕业生的压力大
C 拍毕业照的人很少
D 毕业照越来越有创意

졸업사진은 곧 캠퍼스를 떠나는 학생들의 이별하는 순간에 대한 기념이다. 최근 몇 년간 익살스런 포즈나 예술(작품) 유형의 다양한 졸업사진들이 끊임없이 나타나고 있다. 어떤 이는 각종 기하학적 도형들을 늘어놓고, 어떤 이는 스토리를 집어넣는 등 졸업생들은 창의성 가득한 방식으로 자신의 아름다웠던 대학생활에 원만한 마침표를 그려 놓는다.

A 캠퍼스 시절을 소중히 여겨야 한다
B 졸업생의 스트레스는 심하다
C 졸업사진을 찍는 사람들이 매우 적다
D 졸업사진이 갈수록 더 독창적이다

지문 어휘 毕业照 bìyèzhào 명 졸업사진 | 即将 jíjiāng 부 곧, 머지않아 ★ | 校园 xiàoyuán 명 캠퍼스 | 搞怪 gǎoguài 통 익살스럽다, 재미나다 | 文艺 wényì 명 예술, 문학과 예술, 문예 ★ | 类型 lèixíng 명 유형 | 层出不穷 céngchūbùqióng 성 끊임없이 나타나다 ★ | 摆出 bǎichū 통 늘어놓다, 보이다, 펼치다 | 几何图形 jǐhé túxíng 명 기하학적 도형 | 情节 qíngjié 명 스토리, 줄거리 ★ | 创意 chuàngyì 명 창의성, 독창적인 아이디어 | 圆满 yuánmǎn 형 원만하다 ★ | 句号 jùhào 명 마침표

보기 어휘 珍惜 zhēnxī 통 소중히 여기다, 아끼다 | 时光 shíguāng 명 시절, 시기, 시간 ★

해설 첫 문장에 '毕业照'라고 설명대상이 언급되었고, 이하 '졸업사진'의 다양함에 관해 설명하고 있다. 본문에서 최근에는 졸업생들이 '富有创意的方式(창의성 가득한 방식)'를 이용하여 사진을 찍는다고 했으므로, 졸업사진이 갈수록 더 독창적이다라고 언급한 D가 정답이다.

정답 D

제2부분

16~30번 문제는 인터뷰를 듣고 질문에 알맞은 답을 고르는 문제입니다.

第16到20题是根据下面一段采访:

女: **20** 作为第一位获得"国际安徒生奖"的中国作家，得奖时您的心情如何？

男: 我的心情比较平静。因为之前我已经做好了充分的思想准备。反而我身边的亲朋好友比较激动。

女: 我发现您在小说中常常用大量笔墨描写风景，这样安排有什么特别的原因吗？

男: **16** 在我看来，风景描写是写作的基本要素。每个人在四季轮回中内心世界都会发生或多或少的细微变化。风景描写可以从侧面揭示人物性格形成的原因。

女: 您是在盐城度过的童年，"苦难"是您童年记忆中的一个关键词，充满苦难的童年生活对您的文学创作有什么帮助？

男: 说实话，当苦难进入我的童年生活时，我内心是拒绝的。但我无法改变童年生活，只能默默接受。**17** 如今，我当了作家，回过头来想想，以前经历的那些苦难已经转换为财富了。

女: 您的作品充满了想象力，您的这种想象力是如何培养的呢？

男: 我认为富有想象力的一个因素是人生的不完满。刚才已经提到我的童年是充满苦难的，因此得不到的东西比较多。我记得当时常常通过想象来满足自己的需求。无形中培养了我的想象力。当然，知识也是重要的因素。我给你 **18** 打个比方，想象力就像火箭，如果没有知识，火箭是无法飞向宇宙的。

女: 有许多读者都说写作太难了，您作为作家可以提几点建议吗？

여: **20** '국제안데르센상'을 수상한 최초의 중국 작가로서, 수상할 때 기분이 어떠셨나요？

남: 기분은 편안했습니다. 사전에 이미 충분한 마음의 준비를 했었으니까요. 그런데 오히려 제 주변의 친구들이 좀 흥분하더군요.

여: 당신의 소설 속에서는 많은 문장을 활용하여 풍경을 묘사하는 것이 자주 눈에 띄었는데, 그렇게 계획한 무슨 특별한 이유라도 있으신가요？

남: **16** 저는 풍경묘사가 글쓰기의 기본 요소라고 생각합니다. 모든 사람들은 사계절의 변화 속에서 내면세계의 크고 작은 미세한 변화가 생기기 마련이죠. 풍경묘사는 어떤 측면에서는 인물의 성격 형성의 원인을 보여줄 수 있습니다.

여: 당신은 옌청(盐城)에서 어린 시절을 보냈는데요. '고난'은 당신의 어린 시절 기억 속의 키워드죠. 고난으로 가득했던 어린 시절이 문학적 창작에 어떤 도움이 되었나요？

남: 솔직히 말하면 고난이 제 어린 시절로 들어왔을 때, 제 마음속에서는 거절했습니다. 하지만 저는 어린 시절을 바꿀 방법이 없었고, 그저 묵묵히 받아들일 수밖에 없었습니다. **17** 지금 저는 작가가 되었고, 돌이켜 생각해 보니 예전에 겪었던 그 고난들은 이미 (저에겐) 재산으로 변했네요.

여: 당신의 작품은 상상력으로 가득한데 그런 상상력은 어떻게 키우셨나요？

남: 상상력이 풍부한 이유 중 하나는 원만하지 못했던 인생이라고 생각합니다. 방금 전에 이미 제 어린 시절은 고난으로 가득했다고 말씀드렸는데, 이 때문에 얻지 못한 것이 많았습니다. 제가 기억하기로는, 그 당시 종종 상상을 통해서 스스로의 요구를 만족시켰던 것 같아요. 무의식중에 제 상상력이 길러진 것이죠. 물론 지식 역시 중요한 요소입니다. **18** 예를 들자면, 상상력은 바로 로켓과도 같아서 지식이 없다면 로켓은 우주로 날아갈 수 없습니다.

여: 많은 독자들이 글 쓰는 게 너무 어렵다고 얘기하는데, 작가로서 제안 좀 몇 가지 해 주실 수 있으십니까？

男: 当然可以，19 我有三点建议，大家可以参考一下。第一，我们每个人都有自己独特的经历，可以把自己的经历作为写作的内容。第二，我们应该学会观察，仔细观察生活中的点点滴滴。第三，要充分发挥想象力，写作时既可以写真实的经历，也可以创造出不可能发生的故事情节。
女: 您觉得如何才能成为一个好的作家？
男: 我觉得作家的情感是至关重要的，是文学的生命。作家要用真实的情感去进行创作。只有富有情感的作品，才能感动读者，引起读者的共鸣。

남: 물론입니다. 19 제가 세 가지를 말씀 드릴테니 참고해 보세요. 첫째로 우리는 모두 다 자기만의 독특한 경험이 있을 테니, 그 경험을 글쓰기의 내용으로 삼으면 됩니다. 둘째 우리는 관찰하는 법을 배워야 합니다. 생활 속에서의 아주 작은 것까지도 꼼꼼히 관찰해야 합니다. 세 번째로는 상상력을 충분히 발휘해야 합니다. 글을 쓸 때는 진짜 경험을 써도 될 뿐만 아니라, 일어나기 힘든 스토리를 창작해내도 됩니다.
여: 어떻게 해야 좋은 작가가 될 수 있다고 생각하십니까?
남: 저는 작가의 감정이야말로 굉장히 중요한 문학의 생명이라 생각합니다. 작가는 진실한 감정으로 창작을 해야 합니다. 감정이 풍부한 작품만이 독자를 감동시킬 수 있고, 독자의 공감을 끌어 낼 수 있습니다.

지문 어휘 作为 zuòwéi 전 ~로서 | 安徒生 Āntúshēng 고유 안데르센(Andersen) | 平静 píngjìng 형 편안하다, 차분하다 | 反而 fǎn'ér 접 오히려 | 亲朋好友 qīnpénghǎoyǒu 친한 친구, 친척과 친구 | 笔墨 bǐmò 명 글, 붓과 먹 | 描写 miáoxiě 동 묘사하다 | 要素 yàosù 명 요소 ★ | 轮回 lúnhuí 동 순환하다 | 或多或少 huòduō huòshǎo 크고 작은, 많든 적든, 어느 정도 | 细微 xìwēi 형 미세하다, 자잘하다 | 侧面 cèmiàn 명 어떤 측면, 어떤 방면 ★ | 揭示 jiēshì 동 보여주다, 드러내다, 밝히다 | 盐城 Yánchéng 고유 옌청 | 童年 tóngnián 명 어린 시절, 유년 시절 | 关键词 guānjiàncí 명 키워드, 핵심어 | 创作 chuàngzuò 명 창작(품) 동 창작하다 ★ | 拒绝 jùjué 동 거절하다 | 默默 mòmò 부 묵묵히 ★ | 转换 zhuǎnhuàn 동 변하다, 바뀌다 | 财富 cáifù 명 재산 ★ | 完满 wánmǎn 형 원만하다 | 需求 xūqiú 명 요구, 수요 ★ | 无形中 wúxíngzhōng 부 무의식 중에 | 比方 bǐfang 명 예, 비유 ★ | 打比方 dǎ bǐfang 동 예를 들다 | 火箭 huǒjiàn 명 로켓 ★ | 宇宙 yǔzhòu 명 우주 ★ | 独特 dútè 형 독특하다 | 观察 guānchá 동 관찰하다, 살피다 | 点点滴滴 diǎndiandīdī 형 아주 작다 | 真实 zhēnshí 형 진실하다 | 情节 qíngjié 명 줄거리 ★ | 情感 qínggǎn 명 감정, 느낌 | 至关重要 zhìguān zhòngyào 굉장히 중요하다 | 共鸣 gòngmíng 명 공감 ★

16

男的为什么用大量笔墨描写风景？

A 情节安排的需要
B 对风景情有独钟
C 四季风景皆不同
D 是写作的基本要素

남자는 왜 많은 문장을 활용하여 풍경을 묘사하였는가?

A 스토리 계획상 필요해서
B 풍경에 각별한 애정이 있어서
C 사계절의 풍경이 모두 다르기 때문에
D 글쓰기의 기본요소이니까

보기 어휘 情有独钟 qíngyǒudúzhōng 각별한 애정이 있다, 특별한 감정을 가지다 | 皆 jiē 부 모두 ★

해설 인터뷰어의 질문이 그대로 문제로 나온 것으로, 본문에서 남자는 '在我看来，风景描写是写作的基本要素, 즉 풍경묘사가 글쓰기의 기본 요소라고 생각한다'고 대답했으므로, 정답은 D이다.

정답 D

17

充满苦难的童年生活对于男的意味着什么?	고난으로 가득했던 어린 시절은 남자에게 무엇을 의미하는가?
A 是一笔财富 B 是心中的伤痕 C 是痛苦的回忆 D 是无法忘记的烦恼	A 하나의 재산이다 B 마음 속의 상처이다 C 고통스러운 기억이다 D 잊을 수 없는 괴로움이다

보기어휘 意味着 yìwèizhe 동 의미하다 ★ | 伤痕 shānghén 명 상처 | 烦恼 fánnǎo 명 괴로움, 고민거리

해설 고난으로 가득했던 어린 시절이 문학적 창작에 어떤 도움을 주었냐는 인터뷰어의 질문에 남자는 마음 속으로 거절했으나 받아들일 수 밖에 없던 그 고난들이 '如今，…，回过头来想想，…已经转换为财富了'라며 지금 돌이켜 생각해 보니 이미 재산으로 변했다고 대답했다. 따라서 하나의 재산이라고 언급한 A가 정답이다.

정답 A

18

男的把想象力比作什么?	남자는 상상력을 무엇에 비유했는가?
A 火箭 B 宇宙 C 燃料 D 发动机	A 로켓 B 우주 C 연료 D 엔진

보기어휘 比作 bǐzuò 동 비유하다 | 燃料 ránliào 명 연료

해설 상상력으로 가득한 남자의 작품에 대해 인터뷰어가 상상력의 근원을 묻자, 본문에서 남자는 '打个比方，想象力就像火箭'이라며 예를 들면 상상력은 로켓과 같다고 대답했다. 따라서 정답은 A이다.

정답 A

19

有许多读者说写作很难，下列哪项不是男的给读者的建议?	많은 독자들이 글 쓰는 것이 어렵다고 이야기하는데, 다음 중 남자가 독자에게 해준 제안이 아닌 것은?
A 观察生活 B 游历世界 C 发挥想象力 D 把经历写下来	A 생활을 관찰해라 B 세계일주를 해라 C 상상력을 발휘하라 D 경험을 써라

보기어휘 游历 yóulì 동 (여러 곳을) 돌아다니다, 두루 여행하다

| 해설 | 본문에서 남자는 '我有三点建议'라며 세 가지 제안을 했는데, '第一，我们把自己的经历作为写作的内容，第二，我们应该学会观察，第三，要充分发挥想象力．즉 경험을 글 쓰기의 내용으로 삼고, 생활을 관찰하고, 상상력을 발휘하라'고 했다. 하지만 세계일주에 대한 언급은 없었기에 정답은 B이다. |

| 정답 | B |

20

关于男的下列哪项正确?

A 他曾经当过翻译
B 他的学习成绩优异
C 他获得过国际安徒生奖
D 他从小的梦想是当一名作家

남자에 관하여, 다음 중 옳은 것은 무엇인가?

A 그는 예전에 통역을 한 적이 있다
B 그의 학업 성적은 특히 우수했다
C 그는 국제안데르센상을 받은 적이 있다
D 그는 어릴 때부터의 꿈이 작가가 되는 것이었다

| 보기 어휘 | **优异** yōuyì 형 특히 우수하다, 특출나다 ★ |

| 해설 | 보기를 통해 인터뷰 대상에 관해 묻는 문제임을 알 수 있다. 일반적으로 인터뷰 대상에 대한 기본 소개는 인터뷰 첫 부분에 언급된다. 인터뷰어가 첫 번째 질문을 하면서 '作为第一位获得"国际安徒生奖"的中国作家, 즉 국제 안데르센상을 탄 최초의 중국 작가'라고 언급했으므로, 정답은 C이다. |

| 정답 | C |

第21到25题是根据下面一段采访：

男： 由于面临很大的就业压力，许多年轻人在毕业后选择了自主创业，对于这种现象您有什么样的看法?

女： **21** 我认为应该鼓励年轻人自主创业，在当前全球化竞争日益激烈的情况下，积极推进年轻人自主创业具有重大的现实意义。不仅有助于缓解大学生的就业压力，而且有助于提高大学生实践能力。

男： 您觉得年轻人创业前应该做哪些准备?

女： 年轻人创业前的准备是十分重要的，准备不好或者准备不充分都会导致失败，**22** 多次失败后创业者将不再有信心继续做自己的事业。我认为在众多的准备工作中做好心理上的准备是比较实用的。创业需要投入大量的时

남: 심한 취업 스트레스에 직면하면서 많은 젊은이들이 졸업 후에 자발적 창업을 선택했는데요, 이런 현상에 대해 어떤 생각을 가지고 계십니까?

여: **21** 저는 젊은이들이 스스로 창업하는 것을 격려해줘야 한다고 생각합니다. 오늘날 글로벌경쟁이 나날이 치열해지는 상황에서, 젊은이들의 자발적 창업을 적극적으로 추진하는 것은 중요한 현실적 의미를 지니고 있습니다. (이는) 대학생들의 취업 스트레스를 완화시키는 데 도움이 될 뿐 아니라, 대학생들의 실행력을 향상하는데도 도움이 됩니다.

남: 당신은 젊은이들이 창업하기 전에 어떤 준비를 해야 한다고 생각하시나요?

여: 젊은이들의 창업 전 준비는 굉장히 중요합니다. 준비를 제대로 못하거나 또는 준비가 부족하면 실패를 초래할 수 있기 때문이죠. **22** 수차례의 실패를 겪고 나면 창업자들은 더 이상 자신의 사업을 계속해서 해나갈 자신감이 없어지게 됩니다. 제 생각에는 수많은 준비작업을 하는 동안 심리적인 준비를 하는 것이 실용적인 것 같습니다. 창업은 많은

间和金钱，存在一定的风险性和不确定性，是充满荆棘的。如果创业失败了，将一无所有，因此心理上的准备是十分必要的。

男：您觉得年轻人在自主创业中什么能力最重要？

女：23 我认为不断创新是创业者应具备的核心能力。创新是对未知世界、未知领域的探索性活动。在创业过程中，无论是发现新的创意、寻找新的市场，还是撰写一份有潜质的创业计划书，融资等都要包含创新内容。

男：您觉得创业者应该有一个什么样的团队？

女：24 团结协作的团队是自主创业的基础。有了这样的团队，既能有效进行技术创新，又能形成最大的合力，从而在市场竞争中取胜，达到企业所追求的目标，取得创业的成功。

男：那么您认为创业者在创业过程中应该着重积累些什么东西呢？

女：我认为在创业过程中应该着重积累的是成熟度和处理问题的方法。这些会帮助创业者和他的团队脱离困境。只有积累了这些，创业者才会不断地全面发展，25 只有个人全面发展了，事业才会随之向前发展，走得更远。

시간과 돈을 쏟아부어야 하며, 어느 정도의 리스크와 불확실성이 존재하는 가시밭길입니다. 창업이 실패할 경우, 가진 것이 아무것도 없게 될 수도 있기 때문에 심리적인 준비가 굉장히 필요합니다.

남: 당신은 젊은이들이 창업할 때 어떤 능력이 가장 중요하다고 생각하십니까?

여: 23 저는 끊임없이 새로운 것을 만들어내는 것이 창업자라면 반드시 갖추어야 할 핵심 능력이라고 생각합니다. 창조는 미지의 세계와 미지의 영역에 대한 탐구 활동입니다. 창업하는 과정에서 새로운 독창적인 아이디어를 발견하고, 새로운 시장을 찾아내거나 아니면 잠재력 있는 창업기획서를 작성하고 융자를 받을 때도 모두 창의적인 내용이 포함되어야 합니다.

남: 창업자들은 어떤 팀이 있어야 한다고 생각하시나요?

여: 24 응집력 있는 팀은 자발적 창업의 기초입니다. 이러한 팀이 있어야만 기술창조를 효과적으로 할 수 있고, 가장 큰 협력을 이룰 수 있습니다. 그렇게 함으로써 시장경쟁에서 승리하고 기업에서 추구하는 목표를 달성하여 창업에서 성공을 거둘 수 있습니다.

남: 그럼 당신은 창업을 하는 과정 중에 창업자가 어떤 부분을 쌓는 데 중점을 두어야 한다고 생각하십니까?

여: 창업 과정 중에 중점을 두어 쌓아야 할 하는 부분은 성숙도와 문제를 처리하는 방식이라고 생각합니다. 이것들은 창업자와 그들의 팀이 곤경에서 벗어나도록 도와줄 것입니다. 오직 이러한 것들을 쌓아야만이 창업자는 끊임없이 전반적으로 발전할 수 있으며, 25 개인이 전반적으로 두루 발전하기만 하면 사업도 그에 따라 앞으로 발전해 나가며 더 멀리 나아갈 것입니다.

지문 어휘

面临 miànlín 동 직면하다 | 就业 jiùyè 동 취업하다, 취직하다 ★ | 自主 zìzhǔ 동 자발적이다, 자주적이다 ★ | 创业 chuàngyè 동 창업하다 ★ | 当前 dāngqián 명 오늘날, 현재 ★ | 全球化 quánqiúhuà 글로벌화, 세계화 | 日益 rìyì 부 나날이 ★ | 推进 tuījìn 동 추진하다 | 实践 shíjiàn 동 실천, 실행 | 投入 tóurù 동 투입하다, 투자하다 | 风险性 fēngxiǎnxìng 명 리스크 | 不确定性 búquèdìngxìng 명 불확실성 | 荆棘 jīngjí 명 가시덤불, 가시나무 | 一无所有 yìwúsuǒyǒu 성 가진 게 아무 것도 없다 | 创新 chuàngxīn 동 새로운 것을 만들어내다, 창조하다 ★ | 核心 héxīn 명 핵심 | 未知 wèizhī 동 미지의 동 아직 모르다 | 探索 tànsuǒ 동 탐색하다 ★ | 寻找 xúnzhǎo 동 찾다, 구하다 | 撰写 zhuànxiě 동 쓰다, 작성하다 | 潜质 qiánzhì 명 잠재력 | 融资 róngzī 동 융자하다 명 융자 | 包含 bāohán 동 포함하다 | 团队 tuánduì 명 팀, 단체 | 团结 tuánjié 동 단결하다, 뭉치다 ★ | 协作 xiézuò 동 협력하다, 협업하다 | 基础 jīchǔ 명 기초, 토대 | 取胜 qǔshèng 동 승리하다 | 着重 zhuózhòng 동 중점을 두다, 치중하다 ★ | 积累 jīlěi 동 쌓다, 쌓이다 | 脱离 tuōlí 동 벗어나다, 이탈하다 ★ | 困境 kùnjìng 명 곤경

21

女的对于年轻人毕业之后自主创业持什么态度?

A 鼓励
B 怀疑
C 反对
D 中立

여자는 젊은이들이 졸업으로 후에 자발적으로 창업하는 것에 대해 어떤 태도를 지니고 있는가?

A 격려한다
B 의심한다
C 반대한다
D 중립적이다

보기 어휘 持 chí 동 (어떤 태도나 생각 등을) 지니다, 품다, 가지다 | 中立 zhōnglì 동 중립적이다, 중도적이다 ★

해설 보기를 통해 태도를 묻는 문제임을 유추할 수 있다. 인터뷰어가 자발적 창업에 대한 여자의 견해를 묻자 여자는 '我认为应该鼓励年轻人自主创业, 즉 젊은이들이 스스로 창업하는 것을 격려해줘야 생각한다'고 했고, 이는 다시 말해 여자도 격려하고 있다는 뜻이므로, 정답은 A이다.

정답 A

22

女的认为失败多了会有什么后果?

A 职员纷纷跳槽
B 导致倾家荡产
C 浪费宝贵的青春
D 失去再创业的信心

여자는 실패가 많으면 어떤 나쁜 결과가 생길 것이라고 생각하는가?

A 직원들이 연이어 이직한다
B 가산탕진을 초래한다
C 귀중한 청춘을 낭비한다
D 재창업을 하려는 자신감을 잃는다

보기 어휘 纷纷 fēnfēn 부 연이어, 잇달다 | 跳槽 tiàocáo 동 이직하다, 직업을 바꾸다 | 倾家荡产 qīngjiādàngchǎn 성 가산을 모두 탕진하다

해설 수차례의 실패가 초래하게 되는 결과를 묻는 문제로, 본문에서 여자는 실패를 거듭하게 되면 '创业者将不再有信心继续做自己的事业, 즉 창업자는 더 이상 사업을 지속해 나갈 자신감이 없어지게 된다'라고 했으므로, 정답은 D이다.

정답 D

23

女的认为创业者应具备的核心能力是什么? | 여자는 창업자들이 마땅히 구비해야 하는 핵심 능력이 무엇이라 생각하는가?

A 果断决定的能力
B 善于交际的能力
C 不断创新的能力
D 判断是非的能力

A 결단력 있게 결정하는 능력
B 인간관계에 능한 능력
C 끊임없이 창조하는 능력
D 옳고 그름을 판단하는 능력

보기 어휘 果断 guǒduàn 형 결단력이 있다 ★ | 是非 shìfēi 명 옳고 그름, 시비 ★

해설 창업자들이 구비해야 하는 핵심 능력에 대해 묻는 문제로, 여자는 '我认为不断创新是创业者应具备的核心能力'라며 끊임없이 새로운 것을 만들어내는 것이 창업자가 갖추어야 할 핵심 능력이라고 생각하고 있음을 언급했으므로, 정답은 C이다.

정답 C

24

自主创业的基础是什么? | 자발적 창업의 기초는 무엇인가?

A 充足的资金
B 了解客户需求
C 团结协作的团队
D 相关行业的人脉

A 충분한 자금
B 고객의 수요를 이해하는 것
C 응집력 있는 팀
D 관련업계의 인맥

 보기 어휘 充足 chōngzú 형 충분하다 ★ | 资金 zījīn 명 자금 | 客户 kèhù 명 고객 ★ | 需求 xūqiú 명 수요 ★ | 人脉 rénmài 명 인맥

해설 자발적 창업의 기초를 묻는 문제로, 이는 창업자들에게 필요한 팀을 묻는 인터뷰어의 질문에 대한 대답에 언급되었다. 본문에서 여자는 '团结协作的团队是自主创业的基础, 즉 응집력 있는 팀이 자발적 창업의 기초라고 했으므로, 이를 그대로 언급한 C가 정답이다.

정답 C

25

女的认为事业的发展跟什么有关? | 여자는 사업의 발전이 무엇과 관계가 있다고 생각하는가?

A 国家的政策
B 新产品的研发
C 新市场的开拓
D 个人的全面发展

A 국가의 정책
B 신제품의 연구개발
C 새로운 시장의 개척
D 개인의 전반적인 발전

보기 어휘 政策 zhèngcè 명 정책 ★ | 开拓 kāituò 동 개척하다 ★

해설 사업이 발전할 수 있는 조건을 묻는 문제로, 여자의 마지막 대답에 그 답이 있다. 본문에서 여자는 조건관계 접속사 '只有A，才B'를 이용하여 '只有个人全面发展了，事业才会随之向前发展. 즉 개인이 전반적으로 두루 발전하기만 하면 사업도 그에 따라 발전할 것'이라고 언급했으므로, 정답은 D이다.

정답 D

第26到30题是根据下面一段采访：

女：观众朋友们，大家好，我们今天请到了著名钢琴家李云迪。李云迪，你好，作为一个年轻有为的钢琴家，你一路走来似乎都很顺利，四岁开始学手风琴，七岁开始改为钢琴。在成长过程中，你有特别辛苦的时候吗？

男：其实很多人觉得我这一路走来似乎十分顺利，但其实在这过程中我付出了许多努力。尤其是小时候，放学之后我还要练至少六小时的钢琴，几乎没有和小伙伴玩耍的时间，真的挺累。但是 26 因为我热爱音乐，所以非常享受练琴的过程，为喜欢的事付出汗水是值得的。

女：虽然你是一位古典音乐家，但是常常会在娱乐新闻中看到你的新闻，你会不会为此担心自己和自己的音乐被"娱乐化"？

男：我觉得不存在是否被娱乐化的问题。因为如今面临的时代背景不同了，人们对古典音乐家的评价会带有时代的色彩。无论别人如何评价我，我始终都是一个钢琴家，一个纯粹的音乐家。30 我最重要的部分一直都是音乐，这是不会改变的。

女：你也尝试过各种古典与现代的跨界创作，接下来会有什么新的挑战？

여: 시청자 여러분 안녕하세요. 저희는 오늘 유명한 피아니스트 리윈디(李云迪)씨를 모셨습니다. 리윈디씨, 안녕하세요. 젊고 유망한 피아니스트로서 당신은 줄곧 매우 순조로운 길을 걸어온 것 같습니다. 4살 때 아코디언을 배우기 시작했고 일곱 살 때 피아노로 바꾸셨네요. 자라면서 특별히 힘들었던 적이 있었나요?

남: 사실 많은 사람들이 제가 걸어온 길이 매우 순조롭다고 생각하시는데요, 사실은 그 과정에서 저 역시 많은 노력을 기울였답니다. 특히 어렸을 때 저는 학교가 끝난 뒤에도 최소한 6시간은 피아노를 더 연습해야 했습니다. 친구들과 놀 시간이 거의 없었고 정말 힘들었죠. 하지만 26 저는 음악을 정말 사랑했고, 그래서 피아노를 연습하는 과정을 무척이나 즐겼습니다. 좋아하는 일을 위해 땀을 흘리는 것은 가치 있는 일입니다.

여: 당신은 비록 클래식 음악가이지만 연예뉴스에서도 자주 당신의 뉴스를 볼 수가 있었습니다. 혹시 이 때문에 자신과 자신의 음악이 '예능화'되는 것을 걱정하지는 않으십니까?

남: 저는 예능화가 되는지 아닌지의 문제는 존재하지 않는다고 생각합니다. 왜냐하면 지금은 처해있는 시대적 배경이 다르기에, 클래식 음악가에 대한 사람들의 평가에도 시대적 색채를 띠기 마련입니다. 다른 사람이 저를 어떻게 평가하든지 관계없이 저는 시종일관 한 명의 피아니스트이자 순수한 음악가입니다. 30 저에게 있어 가장 중요한 부분은 계속해서 음악이었고, 이는 변하지 않을 것입니다.

여: 당신 역시 클래식과 현대의 경계를 뛰어넘는 크로스오버 창작을 시도해본 적이 있으신데요. 앞으로 어떤 새로운 도전을 하실 계획인가요?

男 : 当时我没有刻意去跨界，只是恰巧遇到了这样的好机会。27 用这个时代的方式让古典音乐有一些新的表现，用大家更容易接受的方式来介绍古典音乐，我觉得很有意义。接下来也要看契机，看看会有什么新的方式能让更多的人了解古典音乐。

女 : 有人说，你是为钢琴而生的。28 你觉得学习钢琴或者学习乐器，最重要的是什么？

男 : 我觉得不管学习什么做什么，最重要的是你要热爱和专注你做的事情，你只有喜欢它，才会有持续不断的动力。

女 : 29 在音乐普及和教育这个方面，还想做一些什么？

男 : 我会继续举办大师课，走进校园举办一些音乐方面的讲座等。如果有机会，也希望能够在音乐教育方面做更多的事情。

남 : 그 당시 저는 일부러 경계를 넘은 것은 아닙니다. 그저 때마침 이런 좋은 기회를 만났을 뿐이었죠. 27 이 시대의 방식으로 클래식 음악을 새롭게 표현하고 대중들이 더 쉽게 받아들이는 방식으로 클래식 음악을 소개하는 것이 저는 매우 의미 있다고 생각했습니다. 앞으로도 어떤 새로운 방식으로 더 많은 대중들에게 클래식 음악을 알게 할 수 있을지 기회를 엿봐야겠죠.

여 : 어떤 사람들은 당신이 피아노를 위해 태어났다고 합니다. 28 피아노를 배우거나 혹은 악기를 배우는 데 가장 중요한 점이 무엇이라 생각합니까?

남 : 무엇을 배우고 무엇을 하는지에 관계없이 가장 중요한 것은 자신이 하는 일에 열정을 가지고 집중하는 것이라 생각합니다. 스스로 그것을 좋아해야만 끊임없이 지속할 수 있는 원동력을 가질 수 있는 거죠.

여 : 29 음악을 보급하고 교육하는 분야에서 어떤 일들을 더 하고 하고자 하십니까?

남 : 저는 계속해서 거장들의 수업을 열고, 학교에 가서 음악 방면의 강좌를 열고 싶습니다. 만일 기회가 된다면 음악교육 분야에 있어 더 많은 일들을 해내고 싶습니다.

지문 어휘 李云迪 Lǐ Yúndí 고유 리윈디 | 有为 yǒuwéi 형 유망하다, 장래성이 있다 | 似乎 sìhū 부 마치 ~인 듯하다 | 手风琴 shǒufēngqín 명 아코디언 | 改为 gǎiwéi 동 ~로 바꾸다, 변하여 ~이 되다 | 付出 fùchū 동 기울이다, 들이다, 지불하다 | 至少 zhìshǎo 부 최소한, 적어도 | 伙伴 huǒbàn 명 친구, 파트너, 동반자 | 玩耍 wánshuǎ 동 놀다 | 享受 xiǎngshòu 동 즐기다, 누리다 | 汗水 hànshuǐ 명 땀 | 值得 zhídé 동 ~할 가치가 있다, ~할 만하다 | 古典 gǔdiǎn 명 클래식, 고전 | 娱乐新闻 yúlè xīnwén 명 연예뉴스, 연예계 소식 | 面临 miànlín 동 처해있다, 직면하다 | 时代 shídài 명 시대 | 背景 bèijǐng 명 배경 | 色彩 sècǎi 명 색채 | 始终 shǐzhōng 부 시종일관, 한결같이, 줄곧 | 纯粹 chúncuì 형 순수하다 ★ | 尝试 chángshì 동 시도해 보다 ★ | 跨界 kuàjiè 명 크로스오버 | 创作 chuàngzuò 명 창작 ★ | 挑战 tiǎozhàn 명 도전 | 刻意 kèyì 부 일부러, 애써서 | 恰巧 qiàqiǎo 부 때마침 ★ | 契机 qìjī 명 기회, 계기 | 乐器 yuèqì 명 악기 | 专注 zhuānzhù 동 집중하다 | 动力 dònglì 명 원동력 ★ | 普及 pǔjí 동 보급하다, 대중화시키다 ★

| 男的觉得自己小时候学琴的过程怎么样？ | 남자는 자신이 어렸을 때 피아노를 배우는 과정이 어땠다고 생각하는가? |

A 时间短
B 很享受
C 不值得
D 非常枯燥

A 시간이 짧았다
B 즐겼다
C 가치가 없었다
D 굉장히 따분했다

| 보기 어휘 | **枯燥** kūzào 형 따분하다, 지루하다, 무미건조하다 ★

| 해설 | 어린 시절 피아노를 배웠던 과정에 관한 남자의 생각을 묻는 문제로, 본문에서 남자는 어린 시절 친구들과 놀 시간도 없이 피아노 연습을 하느라 힘들긴 했지만, '因为我热爱音乐，所以非常享受练琴的过程, 즉 음악을 사랑했기에 피아노 치는 과정을 무척 즐겼다'고 했다. 따라서 정답은 B이다.

| 정답 | B

27

男的对古典与现代的跨界有什么看法?	남자는 클래식과 현대가 크로스오버 되는 것을 어떻게 보는가?
A 有意义 B 浪费精力 C 是一种挑战 D 为了娱乐观众	A 의미가 있다 B 에너지 낭비이다 D 일종의 도전이다 C 관객을 즐겁게 하기 위해서다

| 보기 어휘 | **精力** jīnglì 명 에너지, 정력

| 해설 | 클래식과 현대가 크로스오버 되는 것에 대한 남자의 견해를 묻는 문제이다. 본문에서 남자는 일부러 크로스오버를 시도한 것은 아니였지만, '用这个时代的方式让古典音乐有一些新的表现，……，我觉得很有意义, 즉 이 시대의 방식으로 클래식 음악을 새롭게 표현하는 것은 매우 의미가 있다'라고 했으므로, 정답은 A이다.

| 정답 | A

28

男的认为学习乐器最重要的是什么?	남자는 악기를 배우는 데 가장 중요한 것은 무엇이라고 생각하는가?
A 要有节奏感 B 身体要协调 C 热爱和专注 D 要有识乐谱的能力	A 리듬감이 있어야 한다 B 신체 균형이 맞아야 한다 C 열정과 집중 D 악보를 보는 능력이 있어야 한다

| 보기 어휘 | **节奏** jiézòu 명 리듬 ★ | **协调** xiétiáo 형 어울리다 ★ | **乐谱** yuèpǔ 명 악보 ★

| 해설 | 피아노 등의 악기를 배우는 데 있어 가장 중요한 점을 묻는 인터뷰어의 질문에 남자는 '不管学习什么做什么，最重要的是你要热爱和专注你做的事情'이라며 무엇을 배우고 무엇을 하는지에 관계없이 가장 중요한 점은 자신이 하는 일에 열정을 가지고 집중하는 것이라고 대답했다. 따라서 열정과 집중이라고 언급한 C가 정답이다.

| 정답 | C

29

在普及音乐方面，男的在以后的道路上想做什么?

A 建立基金会
B 到校园办讲座
C 组建交响乐团
D 打算设立培训学校

음악을 보급시키는 데 있어 남자는 앞으로의 과정에서 무엇을 하고 싶은가?

A 재단을 만들고 싶다
B 학교에 가서 강좌를 열고 싶다
C 교향악단을 만들고 싶다
D 사설학원을 설립할 계획이다

보기 어휘 基金 jījīn 명 기금 ★ | 基金会 jījīnhuì 명 재단 | 乐团 yuètuán 명 악단 | 交响乐团 jiāoxiǎng yuètuán 명 교향악단 | 设立 shèlì 동 설립하다 ★

해설 인터뷰어가 음악을 보급하고 교육하는 분야에서의 계획을 묻자, 남자는 계속해서 거장들의 수업을 개설할 것이라고 하면서 '走进校园举办一些音乐方面的讲座, 즉 학교에 가서 음악 강좌를 열고 싶다'고 했다. 따라서 정답은 B이다.

정답 B

30

关于男的可以知道什么?

A 缺乏大赛经验
B 热衷于环保事业
C 曾经拍过电视剧
D 最重要的部分是音乐

남자에 관하여 알 수 있는 것은 무엇인가?

A 큰 대회 경험이 부족하다
B 환경보호 사업에 열중한다
C 드라마를 찍은 적이 있다
D 가장 중요한 부분은 음악이다

보기 어휘 缺乏 quēfá 동 부족하다, 결핍되다 | 热衷于 rèzhōng yú 동 ~에 열중하다 | 事业 shìyè 명 사업 ★

해설 남자에 대한 전반적인 상황을 파악해야 하는 문제이다. 본문에서 인터뷰어가 남자에게 음악가로서 점차 예능화되는 것에 대한 걱정을 묻자, 남자는 '我最重要的部分一直都是音乐，这是不会改变的'라며 자신에게 가장 중요한 부분은 계속 음악이었고, 이는 변하지 않을 것이라고 대답했다. 따라서 정답은 D이다.

정답 D

제3부분

31~50번 문제는 지문을 듣고 질문에 알맞은 답을 고르는 문제입니다.

第31到33题是根据下面一段话：

31 北宋皇帝宋徽宗喜欢绘画，他善于画花鸟。他绘画时特别注意画本身的意境，所以他常以诗句为题考画家，让画家画出诗句所表达的内容。有一次，他让考官出了一个诗句："踏花归去马蹄香"。这句诗的意思是人们在春天骑马赏花，马蹄由于踩到了飘落在地上的花瓣也变香了。从各地纷纷来到京城的画家，**32** 看到考题后面面相觑，无从下笔。但过了一会儿，大家便开始动笔画了。有的在认真地画着马，有的画着花。然而，有一位别具匠心的画家画了一匹马，而且在马蹄的旁边画了几只蝴蝶。考试结束后，只有这位画家的画得到了考官的赞赏，其他画家露出了疑惑不解的神情。考官解释说 **33** 他用几只蝴蝶就把诗句中无形的"香"字生动地表现了出来。听完考官的解释后，画家们对这幅画赞不绝口。

31 북송 황제 송휘종(宋徽宗)은 그림 그리는 것을 좋아했으며, 화조화에 능했다. 그는 그림을 그릴 때 그림 자체의 예술적 경지를 특히나 신경 썼는데, 그래서 종종 시 구절을 문제로 내어 화가들에게 시구가 나타내는 내용을 그려보도록 시험했다. 한 번은 그가 시험관에게 '踏花归去马蹄香(답화귀거마제향)'라는 시 한 소절을 출제하게 했다. 이 시의 의미는 '봄에 사람들이 말을 타고 꽃을 감상하는데, 말발굽이 바닥에 흩날리는 꽃잎을 밟아서 말 발굽도 향기로워졌다'는 것이다. 각지에서 잇달아 경성(京城)으로 모여든 화가들은 **32** 시험문제를 보고 서로 얼굴만 쳐다볼 뿐, 붓을 들지 못했다. 하지만 얼마쯤 지나자 모두들 그림을 그리기 시작했다. 어떤 이는 진지하게 말을 그리고, 어떤 이는 꽃을 그렸다. 그런데 어떤 창의성이 있는 화가가 말을 한 필 그리더니 말발굽 옆에다가는 나비 몇 마리를 그려 넣었다. 시험이 끝난 후, 오직 이 화가의 그림만이 시험관의 칭찬을 받았고 다른 화가들은 의구심이 가득한 표정을 드러냈다. 시험관은 **33** 그가 몇 마리의 나비로 시구 중의 무형의 '香(향기)'이라는 글자를 생동감 있게 표현해 냈다고 설명했다. 시험관의 설명을 듣고 나서 화가들은 이 그림에 대해 끊임없이 칭찬했다.

지문 어휘 皇帝 huángdì 명 황제 ★ | 宋徽宗 Sòng Huīzōng 고유 송휘종 | 绘画 huì huà 동 그림을 그리다 | 善于 shànyú 동 ~에 능하다, ~을 잘하다 | 本身 běnshēn 명 자체 ★ | 意境 yìjìng 명 예술적 경지 | 诗句 shījù 명 시구, 시 | 赏花 shǎng huā 동 꽃을 감상하다 | 马蹄 mǎtí 명 말(발)굽 | 踩 cǎi 동 밟다 | 飘落 piāoluò 동 흩날리다, 날리며 떨어지다 | 花瓣 huābàn 명 꽃잎 ★ | 面面相觑 miànmiànxiāngqù 성 서로 얼굴만 쳐다보다, 어리둥절해하다 | 下笔 xià bǐ 동 붓을 들다, 붓을 움직이다, 글을 쓰다 | 别具匠心 biéjùjiàngxīn 성 창의성이 있다, 독창적인 생각을 가지고 있다 | 蝴蝶 húdié 명 나비 | 赞赏 zànshǎng 동 칭찬하다 | 露出 lùchū 동 드러내다 | 疑惑 yíhuò 명 의구심, 의혹, 의심 ★ | 无形 wúxíng 형 무형의 | 赞不绝口 zànbùjuékǒu 성 끊임없이 칭찬하다, 칭찬이 마르지 않다

31

关于北宋皇帝可以知道什么？

A 思维灵活
B 做事谨慎
C 欺辱百姓
D 善于画花鸟

북송황제에 관하여 알 수 있는 것은 무엇인가?

A 생각이 유연하다
B 일처리가 신중하다
C 백성을 업신여긴다
D 화조화에 능했다

| 보기 어휘 | 思维 sīwéi ❷ 생각, 사유 ★ | 灵活 línghuó ❸ 유연하다, 융통성 있다, 민첩하다 | 谨慎 jǐnshèn ❸ 신중하다 |
欺辱 qīrǔ ❹ 업신여기다, 괴롭히다

| 해설 | 북송 황제에 관한 문제이며, 들리는 것이 정답인 문제유형이다. 본문에서 '他善于画花鸟, 즉 그는 화조화에 능했다'라고 했으므로, 이를 그대로 언급한 D가 정답이다.

| 정답 | D

32

看到题目后，大多数画家的反应是什么?

A 胸有成竹
B 泪流满面
C 无从下笔
D 非常惊喜

시험문제를 보고 대부분의 화가들 반응은 어떠했는가?

A 이미 모든 준비가 되어 있었다
B 눈물 범벅이 되었다
C 붓을 들지 못했다
D 깜짝 놀라며 기뻐했다

| 보기 어휘 | 胸有成竹 xiōngyǒuchéngzhú ❺ 모든 준비가 되어있다 | 泪流满面 lèiliú mǎnmiàn 온 얼굴이 눈물 범벅이다 |
惊喜 jīngxǐ ❹ 놀라며 기뻐하다

| 해설 | 시험문제를 본 후 화가들의 반응을 묻는 문제로, 들리는 것이 정답인 문제유형이다. 본문에서 시험문제를 보고난 뒤에 '面面相觑，无从下笔, 즉 서로 얼굴만 쳐다볼 뿐, 붓을 들지 못했다'고 했으므로, 이를 그대로 언급한 C가 정답이다.

| 정답 | C

33

那位画家是用什么来表达"香"这个字的?

A 地上的花瓣
B 飞舞的蝴蝶
C 飞翔的雄鹰
D 可爱的小蜜蜂

그 화가는 무엇으로 '香(향기)'이라는 글자를 표현했는가?

A 땅 위의 꽃잎
B 날아다니는 나비
C 하늘을 나는 매
D 귀여운 꿀벌

| 보기 어휘 | 飞翔 fēixiáng ❹ 하늘을 빙빙 돌며 날다 ★ | 雄鹰 xióngyīng ❷ 힘차고 용맹한 매 | 蜜蜂 mìfēng ❷ 꿀벌

| 해설 | 화가가 '香'을 표현한 방법을 묻는 문제이다. 보기 속 '的' 뒤의 '花瓣、蝴蝶、雄鹰、小蜜蜂'이 힌트로, 이들 중 들리는 것이 정답이다. 본문에서 '他用几只蝴蝶就把…"香"字…表现了出来'라며 몇 마리의 나비로 생동감 있게 '香(향기)'을 표현해 냈다고 했으므로, 정답은 B이다.

| 정답 | B

第34到36题是根据下面一段话：

近期，位于江西省的庐山小天池吸引了大量游客，因为小天池出现了瀑布云景观。远远望去，云雾飞流直下，洁白的云流如瀑布般直泻而下，34 景色十分壮观。那这种壮观的景色是如何形成的呢？35 专家认为小天池的独特地形是瀑布云形成的重要因素。小天池位于庐山牯岭的东北面，南坡的下面是鄱阳湖，地势高而险峻，这为层积云的形成提供了条件。层积云在风力的作用下很容易形成云流，云流俯冲谷底，便形成了飞流直下的瀑布云。34 瀑布云形成之后持续的时间只有十几分钟，而此次庐山小天池的瀑布云持续了几个小时。这是由于近几日的持续降雨使庐山周边地区产生了大量的水汽。

최근 장시성(江西省)의 루산(庐山)에 위치한 샤오톈츠(小天池)가 많은 관광객을 끌어들이고 있는데, 이는 샤오톈츠에 구름폭포가 나타났기 때문이다. 멀리서 보면 운무가 아래로 세차게 떨어져 내려, 새하얀 구름 무리가 마치 폭포처럼 쏟아져 내리는 것이 34 경치가 굉장히 장관이다. 그렇다면 이런 장관을 이루는 경치는 어떻게 형성된 것일까? 35 전문가들은 샤오톈츠의 독특한 지형이 구름폭포를 형성하는 주요 요소라고 생각했다. 소천지는 루산 구링(牯岭)의 동북쪽에 위치했고 남쪽 언덕 아래에는 포양호(鄱阳湖)가 있으며, 지세가 높고 험준하다. 이것은 층적운이 형성될 수 있는 조건을 제공했다. 층적운은 풍력의 작용으로 구름 무리가 쉽게 형성되는데, 구름 무리가 깊은 골짜기로 급강하면서 세차게 떨어져 내리는 구름폭포를 만들었다. 34 (일반적으로) 구름폭포가 형성된 후 지속되는 시간은 겨우 10여 분 정도이지만, (이번) 루산 샤오톈츠의 구름폭포는 몇 시간 동안이나 지속되었다. 이것은 최근 며칠 동안 지속된 비가 루산의 주변 지역에 대량의 수증기를 발생시켰기 때문이다.

지문 어휘 庐山 Lúshān 고유 루산 | 小天池 Xiǎotiānchí 고유 샤오톈츠 | 瀑布云 pùbùyún 명 구름폭포, 안개폭포 | 景观 jǐngguān 명 경치 | 云雾 yúnwù 명 운무(구름과 안개) | 飞流直下 fēiliú zhíxià 폭포가 높은 곳에서 세차게 떨어 지다 | 洁白 jiébái 형 새하얗다 | 云流 yúnliú 명 구름무리 | 泻 xiè 동 쏟아지다 | 壮观 zhuàngguān 형 (경치 등이) 장관이다 ★ | 因素 yīnsù 명 요소, 원인 | 鄱阳湖 Póyánghú 고유 포양호 | 地势 dìshì 명 지세 ★ | 险峻 xiǎnjùn 형 험하다 | 层积云 céngjīyún 명 층적운 | 俯冲 fǔchōng 동 급강하하다 | 谷底 gǔdǐ 명 골짜기의 밑바닥 | 持续 chíxù 동 지속하다 | 周边 zhōubiān 명 주변, 주위 ★ | 水汽 shuǐqì 명 수증기

34

关于瀑布云，可以知道什么？

A 容易融化
B 景色壮观
C 可持续数月
D 对人体危害较大

구름폭포에 관하여 알 수 있는 것은 무엇인가?

A 쉽게 녹는다
B 경치가 장관이다
C 수개월간 지속된다
D 인체에 끼치는 피해가 비교적 크다

보기 어휘 融化 rónghuà 동 (얼음 등이) 녹다 ★ | 数月 shùyuè 명 수개월, 여러 달

해설 구름폭포에 관해 묻는 문제로, 들리는 것이 정답인 문제유형이다. 본문의 첫 부분에서 구름폭포의 모양을 묘사한 후에 '景色十分壮观, 즉 경치가 장관이다'라고 했으므로, 이를 그대로 언급한 B가 정답이다. 마지막 부분에서 구름폭포의 지속 시간을 언급했는데, 보통 10여 분 정도만 나타나는 구름폭포가 루산 샤오톈츠의 경우 '持续了几个小时, 즉 몇 시간 동안이나 지속되었다'고 했다. 따라서 수개월간 지속된다고 한 C는 정답이 아니다.

정답 B

35

小天池瀑布云形成的主要因素是什么?

A 地形独特
B 昼夜温差大
C 强烈的阳光
D 地壳运动频繁

샤오톈츠 구름폭포가 형성된 주된 요인은 무엇인가?

A 독특한 지형
B 낮과 밤의 큰 온도 차
C 강렬한 햇빛
D 빈번한 지각운동

보기 어휘 昼夜 zhòuyè 명 낮과 밤, 주야 ★ | 地壳 dìqiào 명 (지리) 지각 | 频繁 pínfán 형 빈번하다, 잦다 ★

해설 샤오톈츠 구름폭포의 형성 요인을 묻는 문제로, 본문에서 '小天池的独特地形是瀑布云形成的重要因素'라며 샤오톈츠의 독특한 지형이 구름폭포를 형성하는 주요 요소라고 했으므로, 정답은 A이다.

정답 A

36

这段话主要谈的是什么?

A 庐山游览攻略
B 如何防御泥石流
C 小天池瀑布云的成因
D 如何保护小天池的动植物

이 글이 주로 이야기하는 것은 무엇인가?

A 루산 관광 전략
B 어떻게 산사태를 예방하는가
C 샤오톈츠 구름폭포의 형성 원인
D 어떻게 샤오톈츠의 동식물을 보호하는가

보기 어휘 攻略 gōnglüè 명 전략, 공략 | 防御 fángyù 동 예방하다, 방어하다 ★ | 泥石流 níshíliú 명 산사태

해설 글의 주제를 묻는 문제이다. 앞부분에서는 샤오톈츠 구름폭포의 장관을 묘사하고 뒤이어 샤오톈츠에 구름폭포가 형성된 요인을 지형과 함께 설명하며 샤오톈츠 구름폭포만의 특징으로 마무리했다. 따라서 이 글은 전반적으로 샤오톈츠 구름폭포의 형성원인을 서술하고 있으므로, 정답은 C이다.

정답 C

第37到39题是根据下面一段话：

眼睛是人的视觉器官，但是眼睛除了作为视觉器官以外，还能表达人的丰富情感。38 通过观察人的眼睛我们可以了解他人的心理状态。37 某大学的教授曾经做过这样一项实验：她随机给参与者一些照片，然后观察他们瞳孔有无变化。她发现当女生看到漂亮服装的照片时，瞳孔比原来扩大了18%。38 这个实验说明，人类瞳孔的大小会受到对所看到的事物感兴趣程度的影响。教授建议在与人交谈时，可以观察对方的瞳孔。当你们讨论某一话题时，如果对方的瞳孔在渐渐扩大，那么基本可以断定他对这个话题比较感兴趣。除了观察瞳孔的大小外，还可以观察对方的视线。39 当你侃侃而谈时，对方时不时回避视线，拒绝与你进行视线上的交流，那就说明对方已经厌烦你所说的话题了。这个时候你就要考虑换一个他可能比较感兴趣的话题，或者结束你们之间的对话。

눈은 사람의 시각기관이다. 하지만 눈은 시각기관인 것 외에 사람의 풍부한 감정을 표현하는 것도 가능하다. 38 사람의 눈을 관찰하는 것으로 타인의 심리상태를 알 수 있다. 37 모 대학의 교수가 예전에 다음과 같은 실험을 했었다. 그녀는 참가자들에게 무작위로 몇 장의 사진을 준 뒤에 그들의 동공의 변화 유무를 관찰했다. 그녀는 여성들이 예쁜 옷 사진을 보았을 때 동공이 원래보다 18% 확대된 것을 발견했다. 38 이 실험은 사람의 동공 크기는 눈으로 보게 되는 사물에 대한 흥미의 정도에 영향을 받는다는 것을 설명한다. 교수는 사람들과 교류할 때 상대방의 동공을 관찰할 것을 제안했다. 당신들이 어떤 화제로 토론을 할 때, 만일 상대방의 동공이 점점 커진다면 그가 이 화제에 대해 흥미를 느끼고 있다고 거의 단정 지을 수 있다. 동공의 크기를 관찰하는 것 외에도 상대방의 시선을 관찰해봐도 된다. 39 당신이 자신 있게 얘기할 때, 상대방이 자꾸만 시선을 회피하면서 당신과의 시선 교류를 거부한다면, 그것은 바로 상대방은 이미 당신이 말하는 화제를 지겨워하고 있다는 것을 설명한다. 이럴 때 당신은 그가 흥미 있어 하는 화제로 전환하거나 혹은 당신들 사이의 대화를 끝낼 생각을 해야 한다.

지문 어휘 视觉 shìjué 명 시각 | 器官 qìguān 명 (생물체의) 기관 ★ | 随机 suíjī 부 무작위로, 임의로 | 瞳孔 tóngkǒng 명 동공 | 服装 fúzhuāng 명 옷, 의상 | 扩大 kuòdà 동 확대하다, 커지다 | 渐渐 jiànjiàn 부 점점, 차츰 | 断定 duàndìng 동 단정짓다, 단정하다 ★ | 话题 huàtí 명 화제 | 视线 shìxiàn 명 시선, 주의력 ★ | 侃侃而谈 kǎnkǎn'értán 성 자신 있게 이야기하다, 당당하게 말하다 ★ | 时不时 shíbùshí 부 자꾸, 자주, 수시로 | 回避 huíbì 동 회피하다 ★

37

那位大学教授给参与者看的是什么？

A 数据
B 照片
C 畅销书
D 纪录片

그 대학교수가 참가자들에게 보여준 것은 무엇인가?

A 데이터
B 사진
C 베스트셀러
D 다큐멘터리

보기 어휘 数据 shùjù 명 데이터, 수치 | 畅销 chàngxiāo 형 잘 팔리다 ★ | 畅销书 chàngxiāoshū 명 베스트셀러 | 纪录片 jìlùpiàn 명 다큐멘터리

| 해설 | 대학교수가 참가자들에게 보여준 것을 묻는 문제로, 들리는 것이 정답인 문제유형이다. 본문에서 모 대학교수는 한 실험에서 '她随机给参与者一些照片'라며 참가자들에게 사진을 주었다고 했으므로, 정답은 B이다. |

| 정답 | B |

38

| 那个实验说明了什么? | 그 실험은 무엇을 설명했는가? |

A 男性的瞳孔比女性大
B 瞳孔变大是疾病的征兆
C 眼睛反映人的心理活动
D 大学生善于隐藏内心想法

A 남성의 동공은 여성보다 크다
B 동공이 커지는 것은 질병의 징후이다
C 눈은 사람의 심리활동을 반영한다
D 대학생들은 마음 속 생각을 잘 숨긴다

| 보기 어휘 | 疾病 jíbìng 명 질병 ★ | 征兆 zhēngzhào 명 징후, 징조, 조짐 | 隐藏 yǐncáng 동 숨기다 |

| 해설 | 본문 첫머리에 '通过观察人的眼睛我们可以了解他人的心理状态'라고 눈을 관찰하면 심리상태를 알 수 있다고 언급하며, 모 대학교수의 실험을 예로 들어 증명했다. 실험 결과, '人类瞳孔的大小会受到对所看到的事物感兴趣程度的影响, 즉 사람의 동공 크기는 사물에 대한 흥미 정도에 영향을 받는다'고 했다. 따라서 눈은 사람의 심리활동을 반영한다라고 한 C가 정답이다. |

| 정답 | C |

39

| 听者厌烦交谈话题时, 会有什么样的表现? | 청자가 대화의 화제를 지겨워할 때 어떤 태도를 보이는가? |

A 摸耳朵
B 紧握双手
C 突然打断
D 回避视线

A 귀를 만진다
B 두 손을 꽉 잡는다
C 갑자기 (대화를) 끊는다
D 시선을 회피한다

| 보기 어휘 | 摸 mō 동 만지다 | 紧握 jǐn wò 동 꽉 잡다, 움켜쥐다 |

| 해설 | 대화를 지겨워할 때의 상대방의 태도를 묻는 문제로, 들리는 것이 정답인 문제유형이다. 본문에서 '当你侃侃而谈时, 对方时不时回避视线, …, 那就说明对方已经厌烦你所说的话题了'라고 시선을 회피하는 것은 상대방이 당신의 화제를 지겨워하고 있다는 것을 설명한다고 했으므로, '回避视线'을 그대로 언급해 놓은 D가 정답이다. |

| 정답 | D |

第40到43题是根据下面一段话：

铁棍山药是众多山药品种之一，至今已有三千年种植历史。铁棍山药上有像铁锈一样的痕迹，故得名铁棍山药。**40 它有较高的营养价值，是珍贵的药材。** 而且富含丰富的多种氨基酸及矿物质，既能调节心肺功能，促进新陈代谢，又能抗衰老，抗疲劳。同时，铁棍山药中还含有大量的钙，经常食用可预防骨质疏松等疾病。铁棍山药中水分含量少，含糖量比较高，因此 **41 口感比较香甜**，味道极佳。

虽然铁棍山药有极高的药用价值和食用价值，但 **42 曾一度因为经济效益低而鲜有人种植**。近几年，铁棍山药的销售量逐年上升，因为人们越来越关注养生的问题，对健康饮食的重视程度大大提高，而且很多电视台的养生节目多次介绍了铁棍山药的价值。**43 如今在很多餐厅和酒店，铁棍山药已成为高档的健康菜肴。**

철곤산약은 무수한 마의 일종으로, 오늘날까지 3,000년의 재배 역사를 가진다. 철곤산약에는 녹슨 것과 같은 흔적이 있어서 '철곤(쇠몽둥이)산약'이라는 이름이 생겼다. **40 철곤산약은 비교적 영양가가 높은 진귀한 약재이다.** 게다가 다양한 아미노산과 미네랄을 풍부하게 함유하고 있어서, 심폐기능을 조절해주고 신진대사를 촉진하며 노화와 피로를 방지해준다. 동시에 철곤산약에는 다량의 칼슘이 함유되어 있어 자주 복용하면 골다공증 등의 질병을 예방할 수 있다. 철곤산약 속에는 수분 함량이 적고 당분 함량이 높기 때문에 **41 식감이 달고 맛이 아주 좋다.**

비록 철곤산약은 높은 약용가치와 식용가치를 지니고 있지만 **42 이전에는 경제적 수익이 낮다는 이유로 한동안 재배하는 이가 거의 없었다.** 최근 몇 년 들어 철곤산약의 판매량이 해마다 상승하고 있는데, 이는 사람들이 점점 더 보양 문제에 주목하며 헬시푸드(건강식품)에 대한 중시도가 크게 높아졌을 뿐만 아니라, 많은 TV 방송국의 건강프로그램에서도 여러 차례 철곤산약의 가치를 소개해 주었기 때문이다. **43 현재 많은 식당과 호텔에서 철곤산약은 이미 고급 건강요리가 되었다.**

지문 어휘 铁棍山药 tiěgùn shānyào 명 철곤산약 | 山药 shānyào 명 마, 산약 | 品种 pǐnzhǒng 명 품종 ★ | 种植 zhòngzhí 동 재배하다 ★ | 铁锈 tiěxiù 명 녹, 쇳물 | 痕迹 hénjì 명 흔적, 잔흔 ★ | 珍贵 zhēnguì 형 진귀하다 ★ | 氨基酸 ānjīsuān 명 아미노산 | 矿物质 kuàngwùzhì 명 미네랄(Mineral) | 调节 tiáojié 동 조절하다 ★ | 功能 gōngnéng 명 기능 | 新陈代谢 xīnchéndàixiè 신진대사 | 抗 kàng 동 저항하다 | 衰老 shuāilǎo 명 노화 형 노쇠하다 ★ | 疲劳 píláo 명 피로 형 피곤하다 | 钙 gài 명 칼슘 | 骨质疏松 gǔzhìshūsōng 골다공증 | 疾病 jíbìng 명 질병 ★ | 口感 kǒugǎn 명 식감, 맛 | 一度 yídù 부 한동안, 한때 ★ | 销售量 xiāoshòuliàng 명 판매량 | 效益 xiàoyì 명 수익 ★ | 逐年 zhúnián 부 해마다 ★ | 养生 yǎngshēng 동 보양하다 | 饮食 yǐnshí 명 음식 ★ | 高档 gāodàng 형 고급의 | 菜肴 càiyáo 명 요리

40

关于铁棍山药，可以知道什么？

A 种植历史短
B 没有药用价值
C 富含营养物质
D 是历代皇室的贡品

철곤산약에 관하여 알 수 있는 것은 무엇인가?

A 재배 역사가 짧다
B 약용 가치가 없다
C 영양물질이 풍부하게 함유되어 있다
D 역대 황실의 진상품이었다

보기 어휘 皇室 huángshì 명 황실 | 贡品 gòngpǐn 명 진상품, 공물

해설 철곤산약에 관한 문제로, 본문에서 '它有较高的营养价值'라며 철곤산약이 영양가치가 높다고 했으므로, C가 정답이다.

정답 C

41

铁棍山药的口感怎么样?

A 油腻
B 有些苦涩
C 又麻又辣
D 比较香甜

철곤산약의 식감은 어떠한가?

A 느끼하다
B 약간 씁쓸하다
C 얼얼하고 맵다
D 달달한 편이다

> **보기 어휘** 油腻 yóunì 형 느끼하다, 기름지다 ★ | 苦涩 kǔsè 형 씁쓸하다, 떫다 ★ | 麻 má 형 얼얼하다, 아리다

> **해설** 철곤산약의 식감을 묻는 문제로, 들리는 게 정답인 문제유형이다. 본문에서 '口感比较香甜, 즉 식감이 달콤하다'고 했으므로, 이를 그대로 언급한 D가 정답이다.

> **정답** D

42

为什么之前很少有人种植铁棍山药?

A 经济效益低
B 土壤不肥沃
C 生长周期过长
D 种植技术很难掌握

예전에는 왜 철곤산약을 재배하는 사람이 적었는가?

A 경제적 수익이 낮아서
B 토양이 비옥하지 않아서
C 생장주기가 지나치게 길어서
D 재배기술을 배우기 어려워서

> **보기 어휘** 土壤 tǔrǎng 명 토양 ★ | 肥沃 féiwò 형 비옥하다 ★ | 周期 zhōuqī 명 주기 ★

> **해설** 예전에 철곤산약을 재배하는 사람이 적었던 이유를 묻는 문제로, 들리는게 정답인 문제유형이다. 본문에서 '因为经济效益低而鲜有人种植'라며 경제수익이 낮아 재배하는 이가 거의 없었다고 했으므로, '经济效益低'가 그대로 언급된 A가 정답이다.

> **정답** A

43

根据这段话，下列哪项正确?

A 铁棍山药容易变质
B 儿童不宜食用铁棍山药
C 铁棍山药不可以做成菜肴
D 铁棍山药的市场逐渐打开

이 글에 근거하여, 다음 중 옳은 것은 무엇인가?

A 철곤산약은 쉽게 변질된다
B 어린이는 철곤산약을 먹기에 적합하지 않다
C 철곤산약은 요리로 적합하지 않다
D 철곤산약 시장이 점차 생겨나고 있다

> **보기 어휘** 变质 biànzhì 동 변질되다 ★ | 逐渐 zhújiàn 부 점차, 점점

| 해설 | 글의 전반적인 내용을 파악해야 하는 문제이다. 이 글의 구성을 보면 '철곤산약의 가치 소개 → 처음엔 사람들이 재배하기를 꺼림 → 최근에 판매량 증가 → 고급식당의 건강요리가 되었음'이라는 연결고리로 진행되고 있다. 따라서 요리로 적합하지 않다는 C는 정답이 아니며, 점차 판로, 즉 시장이 생겨나고 있다고 언급한 D가 정답이다.

| 정답 | D

第44到47题是根据下面一段话：

　　小小的雨滴和蚊子的大小差不多，在大千世界是非常渺小的。但它的重量是蚊子的50倍。**44** 人们所谓的淅淅沥沥的小雨对蚊子来说相当于一辆辆汽车从天而落。即便是在遭遇高速坠落的雨滴碰撞时，蚊子依然能够顽强地存活下来。这是为什么呢？

　　不久前科学家通过实验破解了这个谜题，指出 **47** 蚊子极轻的体重是它在雨中存活下来的秘诀。科学家们将数以百计的蚊子装入了一个细高的容器中，采用了"水枪打蚊群"的策略来模拟蚊子被雨滴击中的过程，**45** 并进行了高速摄像，观察它们被雨滴击中的瞬间反应。科学家拍摄的高速视频显示，蚊子不会刻意去躲避雨滴，而且被雨滴击中时，也不会和雨滴抵抗，而是和雨滴融为一体，顺应雨滴的趋势落下。**46** 当雨滴击中蚊子翅膀或腿部时，蚊子会向击中的那一侧倾斜，并做一个高难度的侧身翻滚的动作，让雨滴滑落；如果雨滴直接击中身体时，蚊子会先顺应雨滴与之一同落下，然后迅速向左或右微调自己的身体，与雨滴分离后恢复飞行。

아주 작은 빗방울과 모기의 크기는 비슷하다. 광활한 세계에서는 굉장히 보잘것없지만, 빗방울의 무게는 모기의 50배이다. **44** 사람들이 소위 말하는 부슬부슬한 보슬비는 모기에게 있어서 수많은 자동차가 하늘에서 떨어지는 것과 맞먹는다. 설사 빠르게 떨어지는 빗방울을 만나서 부딪혔다 할지라도 모기는 여전히 강인하게 생존할 수 있다. 이것은 왜일까?

얼마 전에 과학자들은 실험을 통해서 이 수수께끼를 풀었는데, **47** 모기의 극히 가벼운 체중이 (바로) 빗속에서 살아남는 비결이라고 설명했다. 과학자들은 수백 마리에 달하는 모기를 얇고 긴 용기에 넣고 '물총으로 모기떼를 쏜다'는 전략으로 모기가 빗방울에 맞는 과정을 모의 실험했다. **45** 고속촬영을 통해, 그들이 빗방울에 맞을 때의 순간적 반응을 관찰했다. 과학자들이 촬영한 고속동영상에서 밝혀지기를, 모기는 애써서 빗방울을 피하지 않았다. 게다가 빗방울에 맞을 때조차 빗방울에 저항하지 않고, 빗방울과 한 몸이 되어 빗방울을 따라 낙하했다. **46** 빗방울이 모기의 날개나 다리를 칠 때면 모기는 빗방울을 맞은 쪽으로 기울였고 몸을 옆으로 돌린 채 너울거리는 고난도 동작을 취하여 빗방울을 떨어뜨렸다. 만일 빗방울이 몸통을 바로 명중시키면, 모기는 빗방울에 순응하여 같이 낙하한 후에 신속하게 자신의 몸을 좌측이나 우측으로 미세하게 조정해서 빗방울과 분리된 후 다시금 날았다.

| 지문 어휘 | **雨滴** yǔdī 명 빗방울 | **蚊子** wénzi 명 모기 | **大千世界** dàqiānshìjiè 성 (끝없이) 광활한 세계, 거대한 세상 | **渺小** miǎoxiǎo 형 보잘것없다, 매우 작다 ★ | **所谓** suǒwèi 형 소위, 이른 바 | **淅淅沥沥** xīxīlìlì 부 부슬부슬, 추적추적 | **相当于** xiāngdāng yú 동 ~와 맞먹다 | **即便** jíbiàn 접 설사 ~하더라도, 설령 ~일지라도 ★ | **遭遇** zāoyù 동 만나다, 맞닥뜨리다 ★ | **坠落** zhuìluò 동 떨어지다, 추락하다 | **依然** yīrán 형 여전하다 | **顽强** wánqiáng 형 강인하다 ★ | **破解** pòjiě 동 풀다, 파헤치다 | **谜题** mítí 명 수수께끼, 퍼즐 | **秘诀** mìjué 명 비결 | **装入** zhuāngrù 동 넣다 | **细高** xìgāo 형 얇고 길다, (물건이) 날렵하다 | **容器** róngqì 명 용기, 그릇 ★ | **采用** cǎiyòng 동 이용하다, 채택하다, 쓰다 | **策略** cèlüè 명 전략, 책략 ★ | **模拟** mónǐ 동 모의 실험하다, 시뮬레이션하다 | **击中** jīzhòng 동 맞다, 명중하다 | **高速摄像** gāosù shèxiàng 고속촬영 | **瞬间** shùnjiān 명 순간 ★ | **视频** shìpín 명 동

영상, 영상 ★ | **显示** xiǎnshì 동 분명하게 밝히다, 보여주다, 나타내다 | **刻意** kèyì 부 애써서, 힘껏 | **躲避** duǒbì 동 피하다 | **抵抗** dǐkàng 동 저항하다 ★ | **融为一体** róngwéiyìtǐ 한 몸이 되다, 일체가 되다 | **顺应** shùnyìng 동 따르다, 순응하다 | **翅膀** chìbǎng 명 날개 | **倾斜** qīngxié 동 기울(이)다 ★ | **侧身** cèshēn 동 몸을 옆으로 돌리다, 몸을 기울이다 | **翻滚** fāngǔn 동 너울거리다, 출렁이다 | **滑落** huáluò (미끄러져) 떨어지다, 하락하다 | **微调** wēitiáo 동 미세하게 조정하다

44

人们所谓的淅淅沥沥的小雨对蚊子来说，相当于什么?	사람들이 소위 말하는 부슬부슬 내리는 보슬비는 모기에게 있어서 무엇과 맞먹는가?
A 一场暴雨 B 浪漫的美景 C 汽车从天而落 D 最美味的蛋糕	A 한 차례 폭우 B 낭만적인 풍경 C 하늘에서 자동차가 떨어지는 것 D 가장 맛있는 케이크

보기 어휘 **暴雨** bàoyǔ 명 폭우

해설 들리는 것이 정답인 문제유형이다. 본문에서 '人们所谓的淅淅沥沥的小雨对蚊子来说相当于一辆辆汽车从天而落, 즉 모기에게 있어 보슬비는 하늘에서 자동차가 떨어지는 것과 맞먹는다고 했으므로, 이를 그대로 언급한 C가 정답이다.

정답 C

45

科学家对实验进行高速摄像是想观察蚊子的哪种行为?	과학자들이 실험에 고속촬영을 한 것은 모기의 어떤 행동을 관찰하고 싶어서인가?
A 交流的过程 B 挥动翅膀的频率 C 如何选择攻击对象 D 被雨滴击中的反应	A 교류하는 과정 B 날개를 흔드는 빈도 C 어떻게 공격대상을 선택하는가 D 빗방울에 맞을 때의 반응

보기 어휘 **挥动** huīdòng 동 흔들다 | **频率** pínlǜ 명 빈도 ★ | **攻击** gōngjī 동 공격하다 ★

해설 과학자들이 고속촬영을 통해 실험한 목적을 묻는 문제로, 들리는 것이 정답인 문제유형이다. 본문에서 '并进行了高速摄像，观察它们被雨滴击中的瞬间反应, 즉 고속촬영을 통해 모기가 빗방울에 맞을 때의 순간적 반응을 관찰했다'라고 했으므로, D가 정답이다.

정답 D

如果被雨滴击中翅膀，蚊子会怎么做? | 만일 빗방울에 날개를 맞는다면 모기는 어떻게 하는가?

A 奋力抵抗
B 想方设法躲避雨滴
C 头部冲下迅速降落
D 向被击中的一侧倾斜

A 열심히 저항한다
B 온갖 방법을 생각해서 빗방울을 피한다
C 머리부터 빠르게 떨어진다
D 맞은 쪽으로 기울인다

보기 어휘 想方设法 xiǎngfāngshèfǎ 성 온갖 방법을 다 생각하다 ★

해설 빗방울이 날개에 맞았을 때 모기의 반응을 묻는 문제로, 본문에서 '当雨滴击中蚊子翅膀或腿部时，蚊子会向击中的那一侧倾斜'라며 날개나 다리에 맞으면 모기는 맞은 쪽으로 기울인다고 했다. 따라서 이를 그대로 언급해 놓은 D가 정답이다.

정답 D

关于蚊子，下列哪项正确? | 모기에 관하여, 다음 중 옳은 것은 무엇인가?

A 体重极轻
B 以血液为食
C 喜欢雨天活动
D 在隐蔽的地方栖息

A 체중이 굉장히 가볍다
B 피를 먹는다
C 비 오는 날 활동하는 것을 좋아한다
D 은폐된 곳에 서식한다

보기 어휘 血液 xuèyè 명 피, 혈액 | 隐蔽 yǐnbì 동 은폐하다 ★ | 栖息 qīxī 동 서식하다

해설 모기에 관해 묻는 문제이다. 이 글에서는 수많은 자동차가 하늘에서 떨어지는 것 같은 보슬비에도 강인하게 살아남을 수 있는 모기의 생존 비결을 소개했다. 본문에서 '蚊子极轻的体重是它在雨中存活下来的秘诀, 즉 모기의 극히 가벼운 체중이 빗속에서 살아남는 비결'이라면서 모기의 체중이 굉장히 가벼움을 언급했다. 따라서 정답은 A이다.

정답 A

第48到50题是根据下面一段话：

随着网络的不断发展，各种社交软件层出不穷。人们在使用社交软件的过程中，不再使用简单的文字和网络表情，而是使用各种搞怪、新奇的表情包来表达情绪。**48 表情符号已被社会广泛接受**，是人们网络社交必不可少的一部分了。如今的表情符号不再只是简单的调皮微笑，而是有了更多新的内容。例如有人大胆创造出新奇有趣的漫画来表达自己独特的想法，有人将电视剧里人物的表情制作成表情包在社交中广泛使用，也有人 **49 运用简单的黑色线条画出夸张的人物**，这种形象可以给人一种幽默的心理暗示。不得不说，表情符号的不断丰富使网络社交变得更加轻松也更加有趣。使用者 **50 用几个幽默风趣的表情不仅可以避免误解**，也可以轻松地表达出自己想说的话，在这样愉快的氛围中进行交际可以更快地达到社交目的。随着表情符号的不断创新与丰富，使用者越来越多。使用表情符号已成为一种社交趋势。

인터넷의 끊임없는 발전에 따라, 다양한 소셜앱들이 계속해서 생겨나고 있다. 사람들은 소셜앱을 사용하는 과정에서 더 이상 간단한 문자와 이모티콘이 아닌 익살스러우면서도 신기한 이모티콘팩(表情包)으로 기분을 표현한다. 48 이모티콘은 이미 사회적으로 광범위하게 받아들여지고 있으며, 사람들이 SNS를 함에 있어 없어서는 안 되는 부분이 되었다. 현재의 이모티콘은 더 이상 그저 단순한 장난스러운 웃음만이 아니라, 더 많은 새로운 내용들이 생겨났다. 예를 들면 어떤 사람은 과감하게 신기하고 재미있는 만화를 이용하여 자신의 독특한 생각을 표현하기도 하고, 어떤 사람은 TV드라마 속 인물의 표정을 이모티콘팩으로 만들어 SNS에서 광범위하게 사용하며, 또 어떤 사람은 49 심플한 검은색 선을 활용하여 과장된 인물을 그려내기도 하는데 이러한 이미지는 사람에게 일종의 유머러스한 심리적 암시를 준다. 이모티콘이 풍부해짐에 따라 SNS가 더욱 부담 없고 더욱 재미있어진다는 것은 어쩔 수 없는 사실이다. 사용자는 50 몇 개의 재미있는 표정만으로도 오해를 피할 수 있을 뿐 아니라 수월하게 자신이 하고 싶은 말을 전달할 수도 있다. 이렇게 유쾌한 분위기 속에서 교류하면 소통의 목적에 더 빨리 다다를 수 있다. 이모티콘이 끊임없이 창조되고 풍부해짐에 따라 사용자는 점점 더 많아지고 있으며 이모티콘 사용은 이미 일종의 소셜 트렌드가 되었다.

지문 어휘 社交软件 shèjiāo ruǎnjiàn 명 소셜앱 | 层出不穷 céngchūbùqióng 성 계속해서 생겨나다, 끊임없이 나타나다 ★ | 网络表情 wǎngluò biǎoqíng 명 이모티콘 | 搞怪 gǎo guài 동 익살스럽다, 재미나다 | 新奇 xīnqí 형 신기하다 | 表情包 biǎoqíngbāo 이모티콘팩 | 符号 fúhào 명 기호, 부호 ★ | 表情符号 biǎoqíng fúhào 명 이모티콘 | 广泛 guǎngfàn 형 광범위하다, 폭넓다 | 必不可少 bìbùkěshǎo 성 없어서는 안 된다 | 调皮 tiáopí 형 장난스럽다 | 例如 lìrú 동 예를 들다 | 大胆 dàdǎn 형 과감하다, 대담하다 | 漫画 mànhuà 명 만화 ★ | 线条 xiàntiáo 명 선, 라인 ★ | 夸张 kuāzhāng 형 과장하다 | 形象 xíngxiàng 명 이미지 | 暗示 ànshì 명 암시 동 암시하다 ★ | 风趣 fēngqù 형 재미있다, 유머러스하다 ★ | 误解 wùjiě 동 오해하다 ★ | 氛围 fēnwéi 명 분위기 | 创新 chuàngxīn 동 창조되다 ★ | 趋势 qūshì 명 트렌드, 추세, 경향

关于表情符号，下列哪项正确？

이모티콘에 관하여, 다음 중 옳은 것은 무엇인가?

A 已被广泛接受
B 用户需要付费
C 图案比较传统
D 更新速度较慢

A 이미 광범위하게 받아들여졌다
B 사용자는 돈을 내야 한다
C 이미지가 전통적이다
D 업데이트 속도가 느린 편이다

보기 어휘 **用户** yònghù 명 사용자, 가입자 ★ | **图案** tú'àn 명 이미지, 그림 ★ | **更新** gēngxīn 동 업데이트되다, 갱신하다, 새롭게 바꾸다 ★

해설 이모티콘에 관해 묻는 문제로, 들리는 것이 정답인 문제유형이다. 본문에서 '表情符号已被社会广泛接受'라며 이모티콘이 이미 사회적으로 광범위하게 받아들여지고 있다고 했으므로, '已被广泛接受'를 그대로 언급한 A가 정답이다.

정답 **A**

49

关于用黑色线条刻画的夸张人物，可以知道什么?

A 神态优雅
B 表现出害羞的心理
C 给人幽默的心理暗示
D 对眼睛进行了细致刻画

검은색 선을 사용해서 그린 과장된 인물에 관하여 알 수 있는 것은 무엇인가?

A 표정이 우아하다
B 부끄러운 심리를 나타낸다
C 유머러스한 심리적 암시를 준다
D 눈을 정교하게 그려냈다

보기 어휘 **神态** shéntài 명 표정, 기색, 태도 ★ | **优雅** yōuyǎ 형 우아하다 | **细致** xìzhì 형 정교하다 ★

해설 검은색 선으로 그린 과장된 인물에 관해 묻는 문제로, 들리는 것이 정답인 문제유형이다. 본문에서 심플한 검은색 선으로 그린 과장된 이미지는 '可以给人一种幽默的心理暗示, 즉 유머러스한 심리적 암시를 준다'고 했으므로, 이를 그대로 언급한 C가 정답이다.

정답 **C**

50

根据这段话，表情包有什么作用?

A 节约聊天的时间
B 扩大人的交际范围
C 营造愉快的聊天氛围
D 可以增进家人之间的感情

이 글에 근거하면, 이모티콘팩은 어떤 역할을 하는가?

A 이야기 나누는 시간을 절약할 수 있다
B 사람들의 교류범위를 넓힐 수 있다
C 유쾌한 대화분위기를 조성해 준다
D 가족 간의 감정을 증진시킬 수 있다

보기 어휘 **扩大** kuòdà 동 넓히다, 확대하다 | **营造** yíngzào 동 조성하다, 만들다 | **增进** zēngjìn 동 증진시키다, 증진하다

해설 이모티콘팩의 역할에 관한 문제이다. 본문에서 '用几个幽默风趣的表情不仅可…, 也可以…'라며 몇 개의 재미있는 표정만으로도 나올 수 있는 장점을 나열했고, 이어서 '在这样愉快的氛围中进行交际可以更快地达到社交目的, 즉 유쾌한 분위기 속에서 교류하면 소통의 목적에 더 빨리 다다를 수 있다'고 했으므로, C가 정답이다.

정답 **C**

HSK 6급 1회 독해

제1부분 51~60번 문제는 제시된 4개의 보기 중 틀린 문장을 고르는 문제입니다.

51

A 富春江两岸景色秀丽，江水清澈见底。
B 俗话说一天之计在于晨，一年之计在于春。
C 在当今社会，科学技术是提拔生产力的重要前提。
D 想要保持身材，健康的饮食习惯和适当的运动是缺一不可的。

A 푸춘강(富春江)의 양쪽 기슭은 경치가 수려하고 강물이 맑아 바닥까지 보인다.
B 옛말에 하루의 계획은 아침에 있고 일 년의 계획은 봄에 있다고 했다.
C 현대사회에서 과학기술은 생산력을 향상시키는 중요한 전제(조건)이다.
D 몸매를 유지하려면 건강한 식습관과 적당한 운동 어느 하나도 부족해선 안 된다.

어휘 秀丽 xiùlì 형 수려하다 | 清澈 qīngchè 형 맑다, 맑고 투명하다 ★ | 俗话 súhuà 명 옛말, 속담 ★ | 在于 zàiyú 동 ~에 있다 | 提拔 tíbá 동 발탁하다 ★ | 前提 qiántí 명 전제 | 饮食 yǐnshí 동 먹고 마시다 ★ | 缺一不可 quēyībùkě 성 하나라도 부족해선 안 된다

해설 부적절한 어휘의 사용 오류문제이다. '提拔'는 인재 등을 '발탁하다, 등용하다'의 뜻으로 '生产力(생산력)'와 호응하지 않는다. '生产力'는 끌어올리고 향상시킨다는 동사와 호응하므로, '提拔'를 '提高'로 바꿔야 한다.

정답 C 在当今社会，科学技术是提拔生产力的重要前提。
➡ 在当今社会，科学技术是提高生产力的重要前提。

52

A 他因没有尽到做儿子的责任而感到内疚。
B 对舞者来说，每一个肢体语言都是表达思想、抒发情感。
C 这家银行为世界各地的1300万客户提供服务。
D 窑洞是生活在中国西北黄土高原上的居民的古老居住形式。

A 그는 아들로서의 책임을 다하지 못했기에 가책을 느꼈다.
B 무용수에게 있어서 모든 신체언어는 전부 생각을 표현하고 감정을 나타내는 방식이다.
C 이 은행은 세계 각지의 1,300만 고객들에게 서비스를 제공한다.
D 토굴집은 중국 서북 황토고원에서 생활하는 주민들의 오래된 주거형태이다.

어휘 尽 jìn 동 (임무, 책임 등) 다하다, 해내다, 완수하다 | 责任 zérèn 명 책임 | 内疚 nèijiù 형 가책을 느끼다, 죄책감을 느끼다, 부끄럽다 | 舞者 wǔzhě 명 무용수, 댄서 | 肢体 zhītǐ 명 (인체) 신체, 사지 | 表达 biǎodá 동 표현하다, 나타내다 | 抒发 shūfā 동 (감정 등을) 나타내다, 토로하다 | 情感 qínggǎn 명 감정, 느낌 | 窑洞 yáodòng 명 토굴집 | 居民 jūmín 명 주민, 거주민 ★ | 古老 gǔlǎo 형 오래되다 | 居住 jūzhù 동 주거하다, 거주하다 ★

해설 　**목적어의 부족 오류문제이다.** 이 문장의 주어는 '肢体语言'이며, 술어는 '是'이다. 의미상 '신체언어'는 생각을 표현하고 감정을 나타내는 하나의 방식이라는 뜻이므로, 문장 끝에 '是'의 목적어인 '방식, 방법' 등의 어휘를 써야 한다.

정답 　B 对舞者来说，每一个肢体语言都是表达思想、抒发情感。
➡ 对舞者来说，每一个肢体语言都是表达思想、抒发情感的方式。

53

A 孩子们之间会把去快餐店的次数当作炫耀的资本。
B 根据记忆的规律，在情绪低落的情况下学习是记不住东西的。
C 淡水资源是江河湖泊中的水、高山积雪、冰川以及地下水组成的。
D 钟表店里挂满了琳琅满目的新式挂钟，有中国制造的，也有外国制造的。

A 아이들 사이에서는 패스트푸드점에 가는 횟수를 자랑거리의 하나로 여기기도 한다.
B 기억의 법칙에 따르면, 기분이 가라앉은 상태에서 공부하면 기억을 (잘) 못한다.
C 담수 자원은 강과 호수의 물, 산에 쌓인 눈, 빙하 및 지하수로 구성된 것이다.
D 시계 상점 안에는 눈앞 가득 아름다운 신식 괘종시계가 잔뜩 걸려 있는데, 중국에서 만든 것도 있고 외국에서 만든 것도 있다.

어휘 　**快餐店** kuàicāndiàn 명 패스트푸드점 | **次数** cìshù 명 횟수 | **炫耀** xuànyào 동 자랑하다, 과시하다 ★ | **资本** zīběn 명 밑천, 자본 ★ | **规律** guīlǜ 명 법칙, 규칙, 규율 | **低落** dīluò 동 가라앉다, 떨어지다, 하락하다 | **淡水** dànshuǐ 명 담수, 민물 ★ | **湖泊** húpō 명 호수 ★ | **积雪** jīxuě 명 쌓인 눈 | **组成** zǔchéng 동 구성하다 | **钟表店** zhōngbiǎodiàn 명 시계 상점 | **琳琅满目** línlángmǎnmù 성 눈 앞에 아름다운 물건이 가득하다, 아름다운 물건이 아주 많다 | **挂钟** guàzhōng 명 괘종시계

해설 　**전치사의 부족 오류문제이다.** '组成'은 구성요소가 언급되었을 경우 '由…组成 (~으로 구성되다)'의 형식으로 써야 하므로 '江河湖泊' 앞에 전치사 '由'를 넣어야 한다.

정답 　C 淡水资源是江河湖泊中的水、高山积雪、冰川以及地下水组成的。
➡ 淡水资源是由江河湖泊中的水、高山积雪、冰川以及地下水组成的。

54

A 此次峰会的主题是构建创新、活力、包容的世界经济。
B 双子座流星雨是北半球三大流星雨，它的特点是持续时间长。
C 我们不得不承认交通拥堵是一个城市经济高速发展的必然现象。
D 音乐是反映人类现实生活情感的一种艺术，可分为声乐和器乐两大类型。

A 이번 정상회담의 주제는 '창조적이고 활기차고 포용하는 세계 경제를 구축하자'이다.
B 쌍둥이자리 유성우는 북반구의 3대 유성우 중의 하나로, 그것의 특징은 지속시간이 길다는 것이다.
C 우리는 교통체증이 도시 경제 고속발전의 필연적인 현상이라고 인정할 수밖에 없다.
D 음악은 인류의 현실 생활의 감정을 반영한 예술로, 성악과 기악이라는 두 개의 큰 유형으로 나눌 수 있다.

어휘 　**峰会** fēnghuì 명 정상회담 | **构建** gòujiàn 동 구축하다, 세우다 | **创新** chuàngxīn 동 창조하다 명 창의성, 창조성 ★ | **活力** huólì 명 활기, 활력 ★ | **包容** bāoróng 동 포용하다 | **双子座流星雨** shuāngzǐzuò liúxīngyǔ 명 쌍둥이자리 유성우 | **北半球** běibànqiú 명 북반구 | **持续** chíxù 동 지속하다 | **承认** chéngrèn 동 인정하다 |

交通拥堵 jiāotōng yōngdǔ 명 교통체증 | 声乐 shēngyuè 명 성악 | 器乐 qìyuè 명 기악

해설 어휘의 호응 오류문제이다. 쌍둥이자리 유성우는 북반구의 3대 유성우가 아니라 3대 유성우 중의 하나일 뿐이므로 반드시 범위를 나타내 주는 '之一'를 써서 '是…之一'로 표현해야 한다. 참고로 북반구의 3대 유성우에는 페르세우스 유성우, 사분의자리 유성우, 쌍둥이자리 유성우가 있다.

정답 B 双子座流星雨是北半球三大流星雨，它的特点是持续时间长。
➡ 双子座流星雨**是**北半球三大流星雨**之一**，它的特点是持续时间长。

55

A 他博士毕业后，在一家外资企业担任高层管理职务。
B 令人瞩目的春季全国商品交易大会在天津落下了帷幕。
C 桂林在于广西壮族自治区东北部，这里的山平地拔起，千姿百态。
D 《重庆森林》没有像《春光乍泄》一样，在国际影坛赢得巨大的声誉。

A 그는 박사 졸업 후에 외국계 기업에서 고위관리직을 맡았다.
B 사람들이 주목했던 춘계 전국 상품무역 박람회가 톈진(天津)에서 막을 내렸다.
C 구이린(桂林)은 광시 장족자치구(广西壮族自治区)의 동북부에 위치하며, 이곳의 산은 평지에서 솟구쳐 올라와 모양이 천태만상이다.
D 《중경삼림(重庆森林)》은 《해피투게더(春光乍泄)》만큼 세계 영화계에서 큰 명성을 얻지는 못했다.

어휘 外资企业 wàizī qǐyè 명 외국계기업 | 担任 dānrèn 동 맡다 | 职务 zhíwù 명 직무 ★ | 瞩目 zhǔmù 동 주목하다 | 交易 jiāoyì 명 무역, 교역, 거래 ★ | 帷幕 wéimù 명 막 | 落下帷幕 luòxià wéimù 막을 내리다 | 桂林 Guìlín 고유 구이린 | 广西壮族自治区 Guǎngxī Zhuàngzú zìzhìqū 고유 광시 장족자치구 | 千姿百态 qiānzībǎitài 성 천태만상이다, 모양이 제각각이고 서로 다르다 ★ | 重庆森林 chóngqìngsēnlín 고유 중경삼림(영화 이름) | 春光乍泄 chūnguāngzhàxiè 고유 해피투게더(영화 이름) | 影坛 yǐngtán 명 영화계 | 声誉 shēngyù 명 명성, 명예 ★

해설 부적절한 어휘의 사용 오류문제이다. '桂林'과 '广西壮族自治区东北部'는 장소이다. 하지만 이들을 연결하는 술어 '在于'는 '就是(바로~이다)' 또는 '决定于(~에 달려있다, ~에 결정되다)'의 뜻으로 뒤에 장소를 이끌지 않는다. 따라서 '在于'를 장소와 장소 사이에 쓰여 '~에 위치하다'의 뜻을 지닌 '位于'로 바꿔야 한다.

정답 C 桂林在于广西壮族自治区东北部，这里的山平地拔起，千姿百态。
➡ 桂林**位于**广西壮族自治区东北部，这里的山平地拔起，千姿百态。

56

A 胃病患者、肝病患者不宜适合饮用葡萄酒。
B 只要站起来的次数比倒下去的次数多一次，那就是成功。
C 不管是有氧慢跑还是进行器械训练，开始前最好都做做拉抻运动。
D 人之所以会觉得"越睡越冷"，是因为人进入睡眠状态后，体温会降低。

A 위 질환 환자와 간 질환 환자가 포도주를 마시는 것은 좋지 않다.
B 일어서는 횟수가 넘어지는 횟수보다 한 번이라도 (더) 많기만 하다면, 그것이 바로 성공이다.
C 유산소 걷기 운동이든 기구 운동이든 상관없이, 시작 전에는 스트레칭을 좀 해주는 게 가장 좋다.
D '잘수록 춥다'고 느끼는 이유는, 사람이 수면 상태에 들어선 후에는 체온이 떨어지기 때문이다.

| 어휘 | 肝病 gānbìng 명 간 질환 | 患者 huànzhě 명 환자 ★ | 不宜 bùyí 동 (~하는 것은) 좋지 않다, 적당하지 않다 | 有氧慢跑 yóuyǎng mànpǎo 명 유산소 걷기 운동 | 器械训练 qìxiè xùnliàn 명 기구 운동 | 拉抻运动 lāchēn yùndòng 명 스트레칭 (운동) | 睡眠 shuìmián 명 수면

해설 의미의 중복 오류문제이다. '不宜'의 '宜'는 '적당하다, 알맞다'의 의미로, '适合'와 의미가 중복된다. 따라서 '宜' 나 '适合' 둘 중 하나를 없애야 한다.

정답 A 胃病患者、肝病患者不宜适合饮用葡萄酒。
➡ 胃病患者、肝病患者不适合饮用葡萄酒。
➡ 胃病患者、肝病患者不宜饮用葡萄酒。

57

A 深秋的岳麓山是人们登高、赏红叶的最好时候。
B 北京四合院的院子比例大小适中，冬天的太阳光可照进室内。
C 抒发思乡之情是中国古典文学作品中的一个经久不衰的主题。
D 云锦至今已有1600年的历史，因其色泽鲜艳，美如天上的云霞而得名。

A 위에루산(岳麓山)의 늦가을은 사람들이 산에 오르고, 단풍을 감상하기에 가장 좋은 때이다.
B 베이징 쓰허위안 마당은 비율과 크기가 적당해서 겨울에 햇살이 실내로 비춰 들어올 수 있다.
C 고향을 그리워하는 감정을 토로하는 것은 중국 고전문학 작품에서 오래도록 시들지 않는 주제이다.
D 윈진(云锦)은 오늘날까지 이미 1,600년의 역사를 가지는데, 그 색깔과 광택이 선명하고 화려해서 아름답기가 천상의 꽃구름과 같다 하여 이름을 얻었다.

어휘 岳麓山 Yuèlùshān 고유 위에루산 | 赏 shǎng 동 감상하다 | 红叶 hóngyè 명 단풍 | 四合院 sìhéyuàn 명 쓰허위안 | 比例 bǐlì 명 비율, 비중 | 适中 shìzhōng 형 (정도가) 적당하다, 알맞다 | 抒发 shūfā 동 토로하다 | 经久 jīngjiǔ 부 오랫동안 | 云锦 yúnjǐn 명 윈진(고급비단) | 色泽 sèzé 명 색깔과 광택 | 鲜艳 xiānyàn 형 선명하고 화려하다 | 云霞 yúnxiá 명 꽃구름

해설 주어와 목적어의 호응관계 오류문제이다. 주어가 시간이면 목적어도 시간, 주어가 장소이면 목적어도 장소로 주어와 목적어를 동등관계에 일치 시켜주어야 한다. 따라서 '위에루산'을 주어로 둘 경우 '时候'를 '地方'으로 바꿔야 하고, '时候'를 목적어로 그대로 둘 경우에는 주어를 '深秋'로 바꿔야 한다.

정답 A 深秋的岳麓山，是人们登高、赏红叶的最好时候。
➡ 深秋的岳麓山是人们登高、赏红叶的最好地方。
➡ 岳麓山的深秋是人们登高、赏红叶的最好时候。

58

A 每一次货币形态的更新，无疑都表明了人类文明的发展进入到一个新的历史时期。
B 白噪音听上去像下雨声，像波浪拍打岩石的声音，还像微风抚摸树叶时发出的沙沙声。

A 매번 화폐의 형태가 새롭게 바뀌는 것은 의심할 것도 없이 인류 문명의 발전이 하나의 새로운 역사적 시기에 들어섰음을 보여주었다.
B 백색소음은 듣자니 빗소리 같기도 하고, 파도가 바위를 치는 소리 같기도 하고 또 미풍이 나뭇잎을 어루만질 때 내는 쏴쏴하는 소리 같기도 하다.

C 《清明上河图》以长卷形式，生动地记录了北宋的城市面貌和当时社会各个阶层人民的生活状况。
D 每个人都有自己的天赋，但如果用是否会飞的标准来评判一头牛有能力，那是极其愚蠢的。

C 《청명상하도(清明上河图)》는 긴 두루마리 형식으로 북송(北宋)의 도시 모습과 당시 사회 각계각층 사람들의 생활상을 생동감 있게 기록했다.
D 모든 사람들은 다 자기만의 타고난 재능이 있다. 하지만 만약에 날 수 있는지 없는지를 기준으로 소가 능력이 있는지 없는지를 판단한다면, 그것은 아주 어리석은 것이다.

어휘 货币 huòbì 명 화폐 ★ | 形态 xíngtài 명 형태 ★ | 更新 gēngxīn 동 새롭게 바뀌다, 갱신하다 ★ | 无疑 wúyí 형 의심할 여지 없다 | 噪音 zàoyīn 명 소음 ★ | 白噪音 báizàoyīn 명 백색소음 | 波浪 bōlàng 명 파도 ★ | 拍打 pāida 동 (가볍게) 치다, 때리다, 두드리다 | 岩石 yánshí 명 바위, 암석 ★ | 微风 wēifēng 명 미풍, 산들바람 | 抚摸 fǔmō 동 어루만지다 ★ | 沙沙声 shāshāshēng 의 쏴쏴하는 소리(바람이 초목을 스치거나 모래바람이 물건을 때리는 소리) | 长卷 chángjuàn 명 긴 두루마리, 가로로 긴 서화 | 面貌 miànmào 명 모습, 면모, 상태 ★ | 阶层 jiēcéng 명 계층, 층 ★ | 天赋 tiānfù 명 타고난 재능, 천부적 재능 ★ | 评判 píngpàn 동 판단하다, 판정하다 | 极其 jíqí 부 아주, 굉장히 | 愚蠢 yúchǔn 형 어리석다, 우매하다 ★

해설 양면사 오류문제이다. '是否会飞的标准'이라고 양쪽 면을 다 언급했다. 따라서 뒤절에도 능력이 있는지 없는지를 판단하다로 나와야 한다. 하지만 '有能力'라며 한 방면만 언급했기에 '有能力'를 '有没有能力'로 고쳐야 한다.

Tip 양면사(两面词)는 상반된 의미를 모두 포함한 어휘를 나타내는 말로, 예를 들면 '是否、能否、好坏、高低' 등이 이에 속한다.

정답 D 每个人都有自己的天赋，但如果用是否会飞的标准来评判一头牛有能力，那是极其愚蠢的。
➡ 每个人都有自己的天赋，但如果用是否会飞的标准来评判一头牛有没有能力，那是极其愚蠢的。

59

A 《世说新语》是中国魏晋南北朝时期"笔记小说"的代表作，是中国最早的一部文言志人的小说集。
B 今年7月暑期档的电影票房比去年同期的电影票房低尤其多，而且在口碑上引发了广大影迷的争议。
C 燕子是众所周知的益鸟，在冬天来临之前它们都要进行每年一次的长途旅行——成群结队地由北方飞向南方。
D 一个健康的成年人一次献血200—400毫升，只占到全身总血液量的5%，献血后身体会自动调节，使血流量很快恢复正常。

A 《세설신어(世说新语)》는 중국 위진남북조시기 '필기 소설'의 대표작으로, 중국 최초의 문언 지인(志人) 소설집이다.
B 올해 7월 여름의 영화 흥행수입은 작년 같은 기간에 비해 굉장히 낮았고, 게다가 평판 면에서도 많은 영화팬들의 논쟁을 불러일으켰다.
C 제비는 모든 사람들이 다 아는 익조(益鸟)이다. 겨울이 오기 전에 제비들은 매년 한 번씩 무리를 지어 북쪽에서 남쪽으로 날아가는 장거리 여행을 하려 한다.
D 건강한 성인은 한 번에 200–400ml의 헌혈을 해도 몸 전체 총혈액량의 5%밖에 차지하지 않고, 헌혈 후 신체는 저절로 조절되어 혈액량을 빠르게 정상화시킨다.

어휘 魏晋南北朝 Wèi Jìn Nán Běi Cháo 고유 위진남북조 | 暑期档 shǔqīdàng 명 여름 | 票房 piàofáng 명 흥행수입, 박스오피스 | 口碑 kǒubēi 명 평판 | 影迷 yǐngmí 명 영화팬 | 争议 zhēngyì 명 논쟁, 이견 ★ | 燕子 yànzi 명 제비 | 众所周知 zhòngsuǒzhōuzhī 성 모든 사람들이 다 알고 있다 ★ | 益鸟 yìniǎo 명 익조, 이로운 새 | 成群结队 chéngqúnjiéduì 성 모여서 무리를 이루다 | 献血 xiàn xuè 동 헌혈하다 | 毫升 háoshēng 양 밀리리터(ml) | 调节 tiáojié 동 조절하다 ★

해설 비교문에서의 정도표현 사용 오류문제이다. 'A 比 B 술어 + 대략적 차이'는 비교문 유형 중의 하나로, '술어 + 一点儿、一些'는 차이의 정도가 적음을, '술어 + 得多、多了、很多'는 차이의 정도가 큼을 나타낸다. 따라서 '比去年同期的电影票房低尤其多'에서 '低尤其多'를 '低得多'로 고쳐야 한다.

정답 B 今年7月暑期档的电影票房比去年同期的电影票房低尤其多，而且在口碑上引发了广大影迷的争议。
➡ 今年7月暑期档的电影票房比去年同期的电影票房低得多，而且在口碑上引发了广大影迷的争议。

60

A 泥石流发生的时间规律与集中降雨的时间规律一致，具有明显的季节性。
B 红糖变硬时，可以放在碗里把结块儿的红糖，并用湿纸巾覆盖，过一夜糖就会散开。
C 女儿红属于发酵酒中的黄酒，含有大量人体所需的氨基酸，江南的冬天空气潮湿寒冷，人们常饮用此酒来增强抵抗力。
D 全世界的科学家正在进行一项空前的合作计划，为所有的海洋生物进行鉴定和编写名录，这项计划预计要花10年时间。

A 산사태가 발생하는 시간의 법칙과 집중호우가 쏟아지는 시간의 법칙은 일치하며, 뚜렷한 계절성을 가지고 있다.
B 흑설탕이 딱딱하게 굳었을 때는 덩어리진 흑설탕을 그릇에 넣고 물티슈로 덮어두면 되는데, 하룻밤 지나면 설탕은 풀어질 것이다.
C 뉘얼훙(女儿红)은 발효주 중에서 황주(黄酒)에 속하며 인체에 필요한 다량의 아미노산을 함유하고 있다. 장난(江南)의 겨울은 공기가 습하고 추워서 사람들은 이 술을 자주 마심으로써 면역력을 높인다.
D 전 세계 과학자들은 전에 없던 합동 프로젝트를 진행 중으로, 모든 해양 생물을 감정하고 명단을 작성하고 있다. 이 프로젝트는 10년의 시간이 걸릴 것이라 예측하고 있다.

어휘 泥石流 níshíliú 명 산사태 | 红糖 hóngtáng 명 흑설탕, 갈색 설탕 | 硬 yìng 형 굳다, 딱딱하다 | 结块儿 jiékuàir 동 덩어리지다, 뭉치다 | 碗 wǎn 명 그릇 | 湿纸巾 shīzhǐjīn 명 물티슈 | 覆盖 fùgài 동 덮다, 가리다 ★ | 散开 sànkāi 동 흩어지다 | 属于 shǔyú 동 ~에 속하다 | 发酵 fājiào 동 발효하다 | 氨基酸 ānjīsuān 명 아미노산 | 潮湿 cháoshī 형 습하다 | 抵抗力 dǐkànglì 명 면역력, 저항력 | 空前 kōngqián 형 전에 없던, 전례 없는 | 鉴定 jiàndìng 동 감정하다, 평가하다 ★ | 编写 biānxiě 동 작성하다, 집필하다 | 名录 mínglù 명 명단, 명부

해설 전치사구의 위치 오류문제이다. 전치사 '把'는 '~을, ~를'의 뜻으로, 처치 대상과 함께 전치사구를 이루어 '주어 + [전치사구(把 + 처치 대상)] + 술어~'의 문장구조를 가진다. 또한 조동사와 부사 등은 '把'로 이루어진 전치사구 앞에 위치해야 한다. 따라서 전치사구인 '把结块儿的红糖'을 조동사 '可以'의 뒤, 술어 '放'의 앞에 써야 한다.

정답 B 红糖变硬时，可以放在碗里把结块儿的红糖，并用湿纸巾覆盖，过一夜糖就会散开。
➡ 红糖变硬时，可以把结块儿的红糖放在碗里，并用湿纸巾覆盖，过一夜糖就会散开。

제2부분
61~70번 문제는 빈칸에 들어가는 알맞은 어휘를 고르는 문제입니다.

美好的事物似乎具有一种<u>神奇</u>的力量，它能<u>唤</u>起人们内在的某种情绪。好的摄影作品同样也具有这样的力量，能使欣赏它的人一直站在它的面前，久久<u>凝视</u>不愿离开，甚至能让人忘记时间的存在。

아름다운 사물은 마치 <u>신기한</u> 힘이라도 가지고 있는 것처럼 사람들에게 내재된 어떠한 감정을 <u>불러</u> 일으킨다. 우수한 사진 작품 역시 마찬가지로 이러한 힘을 가지고 있기에, 그것을 감상하는 사람들을 계속 그 앞에 서서 오랫동안 <u>응시하면서</u> 떠나고 싶지 않게 만들고, 심지어는 사람들로 하여금 시간의 존재조차 잊게끔 한다.

A 可观 ✗	捞 ✗	严峻 ✗		A 상당하다	건지다	가혹하다
B 庄严 ✗	拽 ✗	瞄准 ✗		B 장엄하다	잡아당기다	겨냥하다
C 神奇 ✓	唤 ✓	凝视 ✓		C 신기하다	부르다	응시하다
D 深奥 ✗	瞪 ✗	监督 ✗		D 심오하다	부릅뜨다	감독하다

지문 어휘 美好 měihǎo 형 아름답다 | 似乎 sìhū 부 마치 ~와 같다 | 具有 jùyǒu 동 가지고 있다, 지니고 있다 | 内在 nèizài 형 내재하는, 내재적인 | 欣赏 xīnshǎng 동 감상하다

해설

1번 빈칸

A 可观 kěguān 형 상당하다, 굉장하다 ★
B 庄严 zhuāngyán 형 장엄하다, 엄숙하다 ★
C 神奇 shénqí 형 신기하다 ★
D 深奥 shēn'ào 형 심오하다 ★

빈칸 뒤의 '力量(힘)'이 힌트이다. 보기 중에 이를 수식해 주는 어휘는 'C 神奇'로, '神奇'는 '神奇的 + 力量(힘) / 现象(현상)' 등으로 쓴다. 'A 可观'은 '收入(수입) / 数目(액수) + 可观'과 같이 수입이나 액수가 '상당하다'는 의미이고, 'B 庄严'은 '庄严地(장엄하게) + 说(말하다) / 宣布(선포하다)' 등과 같이 말하는 태도나 분위기가 '장엄하다, 엄숙하다'는 뜻을 나타낸다. 'D 深奥'는 '深奥的 + 道理(이치) / 哲理(철리)'로 쓰인다.

2번 빈칸

A 捞 lāo 동 (액체 속에서) 건지다, 잡다 ★
B 拽 zhuài 동 (힘껏) 잡아당기다 ★
C 唤 huàn 동 부르다, 외치다
D 瞪 dèng 동 (눈을) 부릅뜨다 ★

빈칸 뒤의 보어 '起'가 힌트로, 빈칸에 들어갈 단어는 보어 '起'와 짝을 이루고 목적어인 '情绪'와 호응하는 동사여야 한다. 보기 중에 'C 唤'만이 가능하며 '唤起'는 '唤起 + 情绪(감정) / 记忆(기억)'로 쓰여 감정이나 추억을 '불러일으키다, 자아내다'의 뜻이다. 'A 捞'는 물 속에서 구체적인 사물을 건져 올리는 동작이며, 'B 拽'는 세차게 잡아당기는 동작이고, 'D 瞪'은 눈을 크게 부릅뜸을 의미한다.

3번 빈칸

A 严峻 yánjùn 형 가혹하다, 모질다 ★
B 瞄准 miáozhǔn 동 겨냥하다, 겨누다 ★
C 凝视 níngshì 동 응시하다 ★
D 监督 jiāndū 동 감독하다 ★

빈칸 앞 '站在它的面前'과 빈칸 뒤 '不愿离开'가 힌트이다. 따라서 동작의 순서대로 나열하면 '서다 → 보다 → 못 떠난다'이므로, '오랫동안 보다', 즉 '응시하다'라는 뜻의 'C 凝视'가 정답이다. 'A 严峻'은 '严峻的 + 考验(시련) / 形势(정세)'로 쓰여 시련이나 정세가 '가혹하다, 심하다'의 뜻이고, 'B 瞄准'은 '瞄准 + 目标(목표) / 靶心(과녁)'과 같이 쓰여 '겨냥하다, 겨누다'의 뜻이며, 'D 监督'는 잘하는지 못하는지를 '감독하다'는 뜻이다.

정답 C

如今易拉罐的内嵌式拉环要比外掀式拉环的市场占有率更高。这是因为，内嵌式拉环在用户<u>体验</u>上更胜一筹。但它也会产生卫生问题，比如拉开拉环后，铁片就会<u>浸泡</u>在饮料中，把饮料弄<u>脏</u>。

현재 원터치 캔의 팝탑 방식의 캔 뚜껑은 풀탭 방식의 캔 뚜껑보다 시장점유율이 높다. 이는 팝탑 캔 뚜껑이 사용자들의 <u>체험</u>상 훨씬 우세했기 때문이다. 하지만 또한 위생상의 문제도 발생할 수 있는데, 예를 들면 캔 뚜껑을 잡아당긴 후에 쇳조각이 음료 속에 <u>잠겨서</u> 음료를 <u>더럽힐</u> 수 있다는 것이다.

A 服务 ✗	暴露 ✗	腥 ✗
B 体验 ◎	浸泡 ◎	脏 ◎
C 感觉 ✗	泄露 ✗	折 ✗
D 性能 ✗	流露 ✗	碎 ✗

A 서비스	폭로하다	비린내가 나다
B 체험	잠기다	더럽다
C 느낌	누설하다	꺾다
D 성능	드러내다	깨지다

지문 어휘 易拉罐 yìlāguàn 명 원터치 캔 | 内嵌式 nèiqiànshì 명 팝탑(Pop-Top) 방식 | 拉环 lāhuán 명 캔 뚜껑, 캔 고리 | 外掀式 wàixiānshì 명 풀탭(Pull-Tab) 방식 | 更胜一筹 gèng shèng yìchóu 훨씬 우세하다 | 铁片 tiěpiàn 명 쇳조각

해설

1번 빈칸

A 服务 fúwù 명 서비스 동 서비스하다
B 体验 tǐyàn 명 체험
C 感觉 gǎnjué 명 느낌, 감각
D 性能 xìngnéng 명 성능 ★

빈칸 앞의 '用户'가 힌트이다. 캔을 따는 두 가지 방식 중 팝탑(Pop-Top) 캔뚜껑이 점유율이 더 높은 이유가 사용자들이 우세하다고 느꼈기 때문인데, 어떻게 해서 그렇게 느꼈는지를 유추해보면 직접 사용해봤기 때문이다. 따라서 '체험'의 뜻인 'B 体验'이 정답이다. 'A 服务'는 '用户服务'로 쓸 경우 '고객 서비스'를 나타내기에 문맥의 의미상 맞지 않고, 'C 感觉'는 '感觉有点儿冷(좀 춥다고 느끼다)'과 같이 신체적으로 '~하다고 느끼다'의 뜻의 동사이면서, 또한 '奇怪的感觉(이상한 느낌)'와 같이 명사로도 쓰인다. 'D 性能'은 '手机(핸드폰) / 电脑(컴퓨터)' 등과 호응하여 기계의 '성능'을 의미한다.

2번 빈칸

A 暴露 bàolù 동 폭로하다 ★
B 浸泡 jìnpào 동 (물 속에) 잠기다, 담그다 ★
C 泄露 xièlòu 동 누설하다 ★
D 流露 liúlù 동 (무심코) 드러내다 ★

빈칸 앞 '铁片'과 빈칸 뒤 '在饮料中'이 힌트로, 빈칸에는 쇳조각이 음료 속에 '빠지다, 들어가다' 등의 뜻을 지닌 동사가 위치해야 한다. 따라서 '물에 잠기다'의 의미인 'B 浸泡'가 정답이다. 'A 暴露'는 '暴露 + 问题(문제) / 身份(신분)'과 같이 쓰며, 'C 泄露'는 '泄露 + 机密(기밀)'와 같이 기밀 등을 '누설하다'는 뜻이고, 'D 流露'는 '流露出 + 感情(감정) / 情绪(기분)'로 쓰여 어떠한 감정을 은연중에 '드러내다, 나타내다'는 의미이다.

3번 빈칸

A 腥 xīng 형 비린내가 나다 ★
B 脏 zāng 형 더럽다, 지저분하다
C 折 zhé 동 꺾다, 부러뜨리다 ★
D 碎 suì 동 깨지다, 부서지다

빈칸 앞의 '弄'이 힌트이다. 보기 중에 이와 함께 쓰여 결과를 나타내는 것은 'B 脏'과 'D 碎'가 가능한데, '쇳조각'이 음료 속에 빠져서 나타날 수 있는 결과는 음료가 더럽게 되어 오염되는 것이지, 깨지거나 부서지는 것은 아니다. 따라서 'B 脏'이 정답이다.

정답 B

63

　　一项关于婴幼儿大脑的研究表明：大脑皮层<u>成熟</u>与否和手指运动的刺激强度息息相关。如果父母重视孩子动手能力的<u>培养</u>，那么孩子大脑发育得就快。因此，提高大脑两个半球机能的有效<u>方法</u>之一就是加强手指的灵活运动。

영유아 대뇌에 관한 한 연구에서 밝혀진 바에 따르면, 대뇌피질의 <u>성숙</u> 여부는 손가락 운동의 자극강도와 밀접한 관계가 있다고 한다. 만일 부모가 아이의 손 활동 능력 <u>기르는 것</u>을 중시한다면 아이의 대뇌는 빠르게 발육할 것이다. 그러므로 두 개의 대뇌반구 기능을 향상시키는 효과적인 <u>방법</u>의 하나는 바로 손가락의 민첩성 운동을 강화하는 것이다.

A 智慧 ✗	培育 ✗	政策 ✗	A 지혜 | 기르다 | 정책
B 机灵 ✗	培训 ✗	战略 ✗	B 영리하다 | 양성하다 | 전략
C 敏捷 ✗	塑造 ✗	手法 ✗	C 민첩하다 | 만들다 | 수법
D 成熟 ○	培养 ○	方法 ○	D 성숙하다 | 기르다 | 방법

지문 어휘 婴幼儿 yīngyòu'ér 명 영유아 | 表明 biǎomíng 동 분명하게 밝히다 | 大脑皮层 dànǎopícéng 명 대뇌피질 | 手指 shǒuzhǐ 명 손가락 | 刺激 cìjī 명 자극 | 息息相关 xīxīxiāngguān 성 밀접한 관계가 있다 | 发育 fāyù 동 발육하다, 자라다 ★ | 大脑半球 dànǎo bànqiú 명 대뇌반구 | 有效 yǒuxiào 형 효과적이다, 유용하다 | 加强 jiāqiáng 동 강화하다 | 灵活 línghuó 형 민첩하다

해설

1번 빈칸

A 智慧 zhìhuì 명 지혜　　　　　B 机灵 jīling 형 영리하다 ★
C 敏捷 mǐnjié 형 민첩하다 ★　　D 成熟 chéngshú 형 성숙하다

빈칸 앞의 '大脑皮层'이 힌트로 이는 대뇌 표면을 구성하는 세포층을 말한다. 따라서 이러한 대뇌피질이 발달하고 성장하는 것을 의미하는 'D 成熟'가 정답이다. 'A 智慧'는 사람이나 동물의 정신적인 능력인 '지혜'를 의미하며, 'B 机灵'은 '영리하다, 똑똑하다'는 뜻이고, 'C 敏捷'는 '头脑(두뇌) / 思维(생각) / 动作(동작) / + 敏捷'로 쓰여 머리가 '좋다', 생각이 '빠르다', 동작이 '민첩하다'는 뜻이다.

2번 빈칸

A 培育 péiyù 동 기르다, 키우다, 재배하다 ★　　B 培训 péixùn 동 양성하다, 육성하다 ★
C 塑造 sùzào 동 만들다, (인물을) 형상화하다 ★　　D 培养 péiyǎng 동 기르다, 키우다, 길러내다

빈칸 앞의 '动手能力'가 힌트이다. 보기 중 '能力'의 수식을 받는 것은 'D 培养'이며, 이는 주로 '培养 + 能力(능력) / 兴趣(흥미)' 등으로 쓴다. 'A 培育'는 '培育 + 新品种(신품종)'으로 쓰고, 'B 培训'은 주로 '培训 + 技术人员(기술자) / 职员(직원)'과 호응해서 사람을 '양성하다, 육성하다'의 뜻이며, 'C 塑造'는 주로 '塑造 + 形象(이미지)'으로 쓰여 작품 속에서 언어나 문자로 이미지를 '만들다, 형상화하다'의 뜻이다.

3번 빈칸

A 政策 zhèngcè 명 정책 ★　　　B 战略 zhànlüè 명 전략 ★
C 手法 shǒufǎ 명 수법, 수완 ★　D 方法 fāngfǎ 명 방법

빈칸 앞뒤의 내용을 파악해야 한다. 손가락의 민첩성 운동을 강화하는 것은 대뇌를 빠르게 발육하게 하는 하나의 '방법'이 될 수 있으므로 정답은 'D 方法'이다. 'A 政策'와 'B 战略'는 각각 회사나 조직에서 내놓는 '정책'과 '전략'을 뜻하며 'C 手法'는 예술적 '수법, 기교'의 뜻이다.

정답　D

近年来，活性炭饮料逐渐走入人们的视线，已成为一种潮流。实际上这种新型饮料也并非光有益处而无害处。因为它虽然可以阻止身体吸收有毒物质，但与此同时也会影响人体对重要营养素的吸收。因此，应谨慎饮用。

최근 몇 년간 활성탄 음료(차콜디톡스 음료)가 점차 사람들의 시선 속으로 들어오면서 이미 일종의 흐름이 되었다. 사실 이런 신종 음료도 결코 이익만 있고 해로움이 없는 것은 아니다. 왜냐하면, 이 음료는 비록 몸에서 유독물질을 흡수하는 것을 막아줄 수는 있지만, 이와 동시에 인체가 중요한 영양소를 흡수하는 것에도 영향을 끼칠 수 있기 때문에 신중하게 마셔야 한다.

A 趋势 ◯	同时 ✗	干涉 ✗	坚实 ✗
B 潮流 ◯	并非 ◯	阻止 ◯	谨慎 ◯
C 气氛 ✗	进而 ✗	遏制 ✗	清醒 ✗
D 迹象 ✗	从而 ✗	针对 ✗	随意 ✗

A 추세	동시에	간섭하다	튼튼하다
B 흐름	결코 ~은 아니다	막다	신중하다
C 분위기	더 나아가서	억제하다	맑고 깨끗하다
D 흔적	따라서	겨냥하다	뜻대로

지문 어휘 活性炭饮料 huóxìngtàn yǐnliào 몡 활성탄 음료(차콜디톡스 음료) | 逐渐 zhújiàn 뷔 점차, 차츰 | 视线 shìxiàn 몡 시선 | 光 guāng 뷔 오직, 단지 | 有毒物质 yǒudú wùzhì 몡 유독물질 | 营养素 yíngyǎngsù 몡 영양소

해설

1번 빈칸

A 趋势 qūshì 몡 추세, 경향
B 潮流 cháoliú 몡 흐름, 추세 ★
C 气氛 qìfēn 몡 분위기
D 迹象 jìxiàng 몡 흔적, 조짐, 기미 ★

빈칸 앞의 '활성탄 음료가 점차 사람들의 시선 속으로 들어오다'가 힌트로, 보기 중에 이러한 현상을 나타내는 단어는 'B 潮流'와 'A 趋势'이다. 'B 潮流'는 지금 현재의 시대적인 '흐름, 추세'를 의미하며, 'A 趋势'는 발전되는 방향, 즉 '추세, 경향'의 뜻이다. 'C 气氛'은 '公司的(회사의) / 上课的(수업의) + 气氛'처럼 공간적인 분위기를 의미하며, 'D 迹象'은 '种种(갖가지) / 成功的(성공의) + 迹象'처럼 추상적인 '흔적, 조짐'을 의미한다.

2번 빈칸

A 同时 tóngshí 졉 동시에, 또한
B 并非 bìngfēi 뷔 결코 ~은 아니다 ★
C 进而 jìn'ér 졉 더 나아가서 ★
D 从而 cóng'ér 졉 따라서, 그리하여

빈칸 뒤의 내용 파악을 통해 정답을 선택해야 한다. '光有益处而无害处'란 '이익만 있고 해로움이 없다'라는 뜻인데, 뒤의 내용은 유독물질의 흡수를 저지한다는 이점과 중요 영양소의 흡수에 영향을 끼친다는 단점을 다 언급했다. 따라서 '결코 이익만 있고 해로움이 없는 것은 아니다'의 뜻으로 쓰여야 하므로 빈칸에는 'B 并非'가 위치해야 한다.

3번 빈칸

A 干涉 gānshè 통 간섭하다 ★
B 阻止 zǔzhǐ 통 막다, 저지하다
C 遏制 èzhì 통 억제하다, 저지하다 ★
D 针对 zhēnduì 통 겨냥하다, 초점을 맞추다

빈칸 앞뒤의 접속사 '虽然 A, 但 B'가 힌트이다. '但'의 뒤에 언급된 '인체가 중요한 영양소를 흡수하는 것에 영향을 끼칠 수 있다'는 좋지 않은 결과이므로, '虽然'은 '但' 이후의 내용과 상반되는 좋은 의미를 이끌어야 한다. 따라서 흡수를 '막다, 저지하다'의 뜻을 지닌 'B 阻止'가 정답이다. 'A 干涉'는 주로 '干涉 + 内政(내정) / 私事(개인적인 일) / 自由(자유)'로 쓰며, 'C 遏制'는 '遏制 + 自己(자신) / 情绪(기분)' 등과 같이 주로 자신의 감정을 '억제하다, 저지하다'의 의미이고, 'D 针对'는 '针对 + 青少年(청소년) / 老年人(노인)' 등과 같이 뒤에 나오는 대상에 '겨냥하다, 초점을 맞추다'의 뜻을 나타낸다.

4번 빈칸

A 坚实 jiānshí 형 튼튼하다, 견고하다 ★
B 谨慎 jǐnshèn 형 신중하다
C 清醒 qīngxǐng 형 (머릿속이) 맑고 깨끗하다 ★
D 随意 suíyì 부 뜻대로, 하고 싶은 대로 ★

빈칸 앞의 '因此'와 빈칸 뒤의 '饮用'이 힌트이다. 보기 중 '饮用'을 수식해 줄 수 있는 것은 'B 谨慎'과 'D 随意'지만, 글의 전개상 활성탄 음료의 장단점을 언급했고, 그 결과로 올바른 음용방식이나 태도를 제안하고 있다. 따라서 함부로 마시는 것이 아닌 신중하게 마셔야 한다는 의미여야 하므로 'B 谨慎'이 정답이다. 'A 坚实'는 '基础(기초) / 身体(몸) + 坚实'로 쓰며, 'C 清醒'은 '清醒 + 头脑(머리)'와 같이 쓰인다.

정답 B

65

马斯洛认为，人最主要的<u>需求</u>是自我价值的<u>实现</u>，即为了一个你所认同的目标去努力拼搏，而并非只是简单的平衡，或者说那种不紧张的状态。要是你<u>千方百计</u>地想消除紧张的状态，那是心理健康上一种既危险又错误的<u>观念</u>。

매슬로(Maslow)는 사람의 가장 주된 <u>요구(욕구)</u>는 자아 가치의 <u>실현</u>이라고 생각했다. 즉, 당신이 인정하는 하나의 목표를 위해 열심히 끝까지 노력하는 것이지 단순하게 간단한 균형이나 혹은 긴장하지 않는 상태를 말하는 것이 아니라는 것이다. 만일 당신이 <u>온갖 방법을 다 생각해서</u> 긴장된 상태를 없애고 싶다면, 그것은 정신건강 면에서 위험하고도 잘못된 <u>생각</u>이다.

A 需求 ○	实现 ○	千方百计 ○	观念 ○	A 요구	실현하다	온갖 방법을 다 생각하다	생각
B 欲望 ✕	表现 ✕	想方设法 ○	信仰 ✕	B 욕망	표현하다	온갖 방법을 다 생각하다	신앙
C 毅力 ✕	实践 ✕	急于求成 ✕	意识 ✕	C 굳센 의지	실천하다	서둘러 성공을 거두려 하다	의식
D 野心 ✕	爆发 ✕	包罗万象 ✕	信号 ✕	D 야망	폭발하다	포함하지 않는 것이 없다	신호

지문 어휘 马斯洛 Mǎsīluò 고유 매슬로(Abraham H. Maslow) | 即 jí 부 즉, 곧 | 认同 rèntóng 동 인정하다 | 拼搏 pīnbó 동 끝까지 싸우다, 전력을 다해 싸우다 | 平衡 pínghéng 명 균형, 평형 | 状态 zhuàngtài 명 상태 | 消除 xiāochú 동 없애다, 제거하다

해설

1번 빈칸

A 需求 xūqiú 명 요구, 수요 ★
B 欲望 yùwàng 명 욕망 ★
C 毅力 yìlì 명 굳센 의지 ★
D 野心 yěxīn 명 야망, 야심 ★

빈칸 앞의 주어 '人'과 빈칸 뒤의 '自我价值的…'가 힌트이다. '자아 가치'란 사람의 가장 주된 필요성, 즉 '욕구'를 뜻하므로 'A 需求'가 정답이다. 'B 欲望'은 탐하는 마음, 즉 '욕망'의 뜻으로, 사람이 가질 수 있는 마음이지만 '자아 가치'와는 어울리지 않는다. 'C 毅力'는 일반적으로 '顽强的(완강한) + 毅力'로 쓰며, 'D 野心'은 부정적인 색채를 띠는 단어이다.

2번 빈칸

A 实现 shíxiàn 동 실현하다
B 表现 biǎoxiàn 동 표현하다
C 实践 shíjiàn 동 실천하다
D 爆发 bàofā 동 폭발하다, 발발하다, 터지다 ★

빈칸 앞의 '自我价值的'가 힌트로, 이와 호응하는 것은 바라던 것을 '실현하다'는 'A 实现'이다. '实现'은 또한 '实现 + 梦想(꿈) / 目标(목표)'로도 쓴다. 'C 实践'은 생각한 바를 행동에 옮기는 것을 뜻하며, 'D 爆发'는 '火山(화산) + 爆发'나 '爆发 + 战争(전쟁)' 등과 같이 화산이 '폭발하다', 전쟁이 '발발하다'는 뜻이다.

3번 빈칸

A 千方百计 qiānfāngbǎijì ㉟ 온갖 방법을 다 생각하다 ★
B 想方设法 xiǎngfāngshèfǎ ㉟ 온갖 방법을 다 생각하다 ★
C 急于求成 jíyúqiúchéng ㉟ 서둘러 성공을 거두려 하다 ★
D 包罗万象 bāoluówànxiàng ㉟ 포함하지 않는 것이 없다, 모든 것을 망라하다

힌트는 빈칸 뒤 '~地想消除紧张的状态'에서의 '~地想'이다. '생각하다'와 관련된 성어는 'A 千方百计'와 'B 想方设法'이다.

4번 빈칸

A 观念 guānniàn ㊅ 생각, 관념   B 信仰 xìnyǎng ㊅ 신앙 ★
C 意识 yìshí ㊅ 의식 ★   D 信号 xìnhào ㊅ 신호

'要是' 뒤의 내용이 힌트이다. '당신이 온갖 방법을 다 생각해서 긴장된 상태를 없애고 싶다면'은 사람이 품고 있는 하나의 '생각'을 의미한다. 그러므로 '생각, 관념'의 뜻인 'A 观念'이 정답이다. 'D 信号'는 빈칸이 위치한 문장, 즉 '정신적인 건강면에서 위험하고도 잘못된 신호'라고는 쓸 수 있으나, '要是' 뒤의 문장과는 어울리지 않기에 정답이 될 수 없다. 'B 信仰'은 종교적인 색채를 가진 단어이며 'C 意识'는 '环境保护(환경보호) + 意识'처럼 쓰여 '의식'이라는 의미에 더 가깝다.

정답 A

66

一项最近的研究结果表明：狼吞虎咽不利于消化，更不利于节食减肥。这是因为，在摄取量相同的状况下，吃得快的人饭后消耗的能量比较少。咀嚼次数越少，体内的消化和吸收越慢，因而消耗的热量也就越少。

최근 한 연구결과에서 밝히길, 허겁지겁 먹는 것은 소화에 이롭지 않으며 다이어트에는 더욱 좋지 않다고 한다. 이는 섭취량이 같은 상황에서 빨리 먹는 사람은 식후에 소모하는 에너지가 적은 편이기 때문이다. 씹는 횟수가 적을수록 체내에서의 소화와 흡수는 더디기 때문에 소모하는 열량도 점점 적어지게 된다.

A 阐述 ✗	形势 ✗	魅力 ✗	增进 ✗	A 상세히 논술하다	정세	매력	증진시키다
B 验证 ✗	情节 ✗	能源 ✗	进化 ✗	B 검증하다	스토리	에너지원	진화하다
C 表明 ○	状况 ○	能量 ○	吸收 ○	C 분명하게 밝히다	상황	에너지	흡수하다
D 声明 ✗	格局 ✗	资源 ✗	摄取 ✗	D 성명하다	구조	자원	섭취하다

지문 어휘 狼吞虎咽 lángtūnhǔyàn ㉟ 허겁지겁 먹다, 게걸스럽게 먹다 ★ | 不利于 búlìyú ~에 이롭지 않다, ~에 좋지 않다 | 节食减肥 jiéshí jiǎnféi ㊌ 다이어트하다, 음식을 조절하여 살을 빼다 | 摄取量 shèqǔliàng ㊅ 섭취량 | 消耗 xiāohào ㊌ 소모하다 ★ | 咀嚼 jǔjué ㊌ 씹다 ★

해설 **1번 빈칸**

A 阐述 chǎnshù ㊌ 상세히 논술하다 ★   B 验证 yànzhèng ㊌ 검증하다 ★
C 表明 biǎomíng ㊌ 분명하게 밝히다   D 声明 shēngmíng ㊌ 성명하다 ★

빈칸 앞의 '研究结果'와 빈칸 뒤의 ':(콜론)'이 힌트이며, ':(콜론)'의 뒤에는 연구결과를 통해 나온 내용이 소개되고 있다. 따라서 빈칸에는 결과를 통해 '분명하게 밝히다'의 뜻인 'C 表明'이 정답이다. '表明'은 '研究' 외에도 '调查(조사) / 数据(데이터) / 结果(결과) + 表明'으로도 쓴다. 'A 阐述'는 '阐述 + 观点(관점)'으로 쓰며, 'B 验证'은 검사를 통해서 증명하는 것을 의미하고, 'D 声明'은 사람이 공개적으로 어떠한 정보를 발표하는 행위나 또는 발표하는 문서를 뜻한다.

2번 빈칸

A 形势 xíngshì 명 정세, 형세, 상황
B 情节 qíngjié 명 스토리, 줄거리 ⭐
C 状况 zhuàngkuàng 명 상황
D 格局 géjú 명 구조, 짜임새와 격식 ⭐

빈칸 앞뒤의 전치사구 '在…下'가 힌트로, 이는 전제조건이나 상황, 상태하를 뜻한다. 따라서 '상황'의 뜻인 'C 状况'이 정답이다. 'A 形势'는 '国际(국제) + 形势'와 같이 큰 범위의 '정세, 상황'이란 뜻이고, 'B 情节'는 '电影(영화) / 小说(소설)'와 함께 호응한다. D 格局는 '房子的(가옥의) + 格局'나 '发展(발전) + 格局'로 쓰여 가옥의 '구조, 짜임새' 또는 '발전 방식'을 뜻한다.

3번 빈칸

A 魅力 mèilì 명 매력
B 能源 néngyuán 명 에너지원
C 能量 néngliàng 명 에너지, 열량 ⭐
D 资源 zīyuán 명 자원

빈칸 앞의 '消耗'가 힌트이다. '消耗'는 다 써서 없애 버리는 것으로, 주로 '消耗 + 力量(힘) / 能量(에너지)'으로 쓴다. 따라서 정답은 'C 能量'이다.

4번 빈칸

A 增进 zēngjìn 동 증진시키다
B 进化 jìnhuà 동 진화하다 ⭐
C 吸收 xīshōu 동 흡수하다
D 摄取 shèqǔ 동 섭취하다 ⭐

빈칸 앞의 '和'와 빈칸 뒤의 술어 '慢'이 힌트이다. '和'는 앞과 뒤의 내용을 병렬로 이어주므로, 빈칸에는 체내에서 일어나는 '소화'와 관련된 일련의 과정이 언급되어야 하며, 또한 그 과정의 진행이 '慢'과 이어져야 한다. 따라서 '흡수하다'의 뜻인 'C 吸收'가 정답이다. 'A 增进'은 '增进 + 感情(감정) / 友谊(우정)'와 같이 쓰여 감정적인 요소가 늘어나고 그 세기가 커짐을 나타내며, 'D 摄取'는 '摄取 + 食物(음식) / 维生素(비타민)' 등과 같이 음식물이나 영양소를 '섭취하다'의 뜻으로, 빈칸 뒤의 술어 '慢'과 어울리지 않는다.

| 정답 | C |

67

人体在运动后的恢复过程中，体内被消耗的能量不仅能恢复到原来的水平，而且在一段时间内可出现超过之前水平的现象，这称为"超量恢复"。因此运动后必须严格控制饮食，否则摄入的能量越多，体重增加得越快。

운동 후 인체가 회복되는 과정에서, 체내에서 소모되는 에너지는 원래의 수준까지 회복될 수 있을 뿐 아니라, 게다가 일정 시간 내에 직전 수준을 초과하는 현상까지도 나타나는데, 이것을 '초과회복(super compensation)'이라고 부른다. 그러므로 운동 후에는 반드시 엄격하게 음식을 통제해야 한다. 그렇지 않으면 섭취하는 에너지가 많을수록 체중은 더욱 빠르게 증가하게 된다.

A	消磨 ✗	初步 ✗	零食 ✗	投入 ✗
B	消费 ✗	首要 ✗	食材 ✗	融入 ✗
C	储存 ✗	初次 ✗	材料 ✗	输入 ✗
D	消耗 ○	原来 ○	饮食 ○	摄入 ○

A	소모하다	초보적인	간식	투입하다
B	소비하다	가장 중요하다	식재료	유입되다
C	저장하다	처음	재료	입력하다
D	소모하다	원래	음식	섭취하다

지문 어휘 能量 néngliàng 명 에너지, 열량 ⭐ | 超过 chāoguò 동 초과하다 | 现象 xiànxiàng 명 현상 | 称为 chēng wéi 동 ~라고 부르다 | 必须 bìxū 부 반드시 ~해야 한다 | 控制 kòngzhì 동 통제하다 | 否则 fǒuzé 접 그렇지 않으면

해설

1번 빈칸

A 消磨 xiāomó 동 소모하다
B 消费 xiāofèi 동 소비하다
C 储存 chǔcún 동 저장하다, 모아두다 ★
D 消耗 xiāohào 동 소모하다 ★

빈칸 뒤의 '能量(에너지)'이 힌트로, 이와 호응하는 것은 'D 消耗'이다. '消耗'는 '消耗 + 力量(힘) / 能量(에너지)'으로 쓰여 다 써서 없애버리는 것을 의미한다. 'A 消磨'는 '消磨 + 时间(시간) / 意志(의지)'로 쓰여 시간이나 의지를 '소모하다, 점차 없어지게 하다'는 뜻이며, 'C 储存'은 주로 물건 등을 '저장하다'는 뜻이다.

2번 빈칸

A 初步 chūbù 형 처음 단계의, 초보적인 ★
B 首要 shǒuyào 형 가장 중요하다 ★
C 初次 chūcì 명 처음, 첫 번째
D 原来 yuánlái 명 원래, 본래

의미상 다 썼던 에너지를 다시 원래 상태로 끌어올리는 것, 즉 '원래 상태를 회복한다'는 뜻이므로 'D 原来'가 정답이다. 'A 初步'는 일을 하는 단계에서의 그 '처음 단계'를 나타내며 주로 '初步 + 调查(조사)'로 쓴다.

3번 빈칸

A 零食 língshí 명 간식, 군것질
B 食材 shícái 명 식재료, 식자재
C 材料 cáiliào 명 재료
D 饮食 yǐnshí 명 음식 ★

운동 후의 소모된 열량은 먹을 것으로 채워야 하며, 에너지 과부하를 막기 위해 사람이 엄격하게 통제해야 할 것 역시 먹거리이다. 따라서 '음식'의 뜻인 'D 饮食'가 정답이다. 'A 零食'는 '간식'을, 'B 食材'는 음식이 되기 전의 '식재료'를, 'C 材料'는 '재료, 자재'를 의미한다.

4번 빈칸

A 投入 tóurù 동 투입하다, 몰입하다
B 融入 róngrù 동 유입되다, ~로 녹아 들다
C 输入 shūrù 동 입력하다
D 摄入 shèrù 동 섭취하다

빈칸 뒤의 '能量'이 힌트로, 이를 수식해주는 것은 'D 摄入'이다. '摄入'는 '摄入 + 食物(음식물) / 能量(에너지)' 등과 같이 음식물이나 에너지 등을 '섭취하다'는 뜻이다. 'A 投入'는 어떤 일에 정신과 체력을 쏟아 붓는다, 즉 '투입하다, 몰입하다'의 뜻이며, 'C 输入'는 '输入 + 密码(비밀번호)'로 쓴다.

정답 D

68

《中国植物志》记载了中国三万多种植物的科学名称、形态特征、地理分布和经济用途等，是世界各国已出版的植物志中种类数量最多的一部巨著之一，它对科研和经济建设都有着重要的价值。

《중국 식물도감(中国植物志)》은 중국에 있는 3만여 종의 식물 학명과 형태적 특징, 지리적 분포 및 경제적 용도 등을 기록했다. (이는) 세계 각국에서 이미 출판한 식물보감 중에서 종류와 수량이 가장 많은 대작 중의 하나로, 과학연구와 경제 구축에 대해서도 중요한 가치를 가지고 있다.

A 记载 ○	形态 ○	出版 ○	建设 ○
B 展览 ✕	姿态 ✕	发行 ○	修建 ✕
C 刊登 ✕	状态 ✕	发表 ✕	维护 ✕
D 编辑 ✕	神态 ✕	印刷 ○	建立 ✕

A 기록하다 | 형태 | 출판하다 | 구축하다
B 전시하다 | 자태 | 발행하다 | 짓다
C 게재하다 | 상태 | 발표하다 | 유지하고 보호하다
D 편집하다 | 표정 | 인쇄하다 | 세우다

지문 어휘 植物志 zhíwùzhì 명 식물도감 | 科学名称 kēxué míngchēng 명 학명, 과학적 명칭 | 分布 fēnbù 동 분포하다 | 用途 yòngtú 명 용도, 사용처 | 巨著 jùzhù 명 대작, 거작 | 科研 kēyán 명 과학연구

해설

1번 빈칸

A 记载 jìzǎi 동 기록하다, 기재하다 ★
B 展览 zhǎnlǎn 동 전시하다
C 刊登 kāndēng 동 게재하다 ★
D 编辑 biānjí 동 편집하다

빈칸 앞의 '《中国植物志》'가 힌트이다. 보기 중에서 '책'을 주어로 둘 수 있는 것은 '기록하다, 기재하다'의 뜻인 'A 记载'뿐이다. 'B 展览'은 전시회에서 그림 등을 '전시하다'는 뜻이며, 'C 刊登'은 '게재하다, 등재하다'의 뜻으로 일반적으로 주어가 '신문, 잡지'이며, '편집하다'란 의미의 'D 编辑'는 사람이 주어이어야 한다.

2번 빈칸

A 形态 xíngtài 명 형태 ★
B 姿态 zītài 명 자태
C 状态 zhuàngtài 명 상태
D 神态 shéntài 명 표정, 기색

주어인 '《中国植物志》'와 빈칸 앞의 '三万多种植物的', 그리고 빈칸 뒤의 '特征'이 힌트이다. 식물도감에 실린 3만여 종의 식물의 특징이란 식물 각각의 외형적 특징, 즉 꽃잎은 몇 개고, 크기가 어떠며, 꽃송이가 작다 혹은 크다 등의 '형태, 모습'을 뜻하는 것이므로, 정답은 'A 形态'이다. 'B 姿态'는 몸가짐과 맵시를 나타내는 것이라 특징이 될 수 없고, 'C 状态'는 주로 '精神(정신) / 健康(건강) + 状态'로 쓰이며, 'D 神态'는 마음의 작용으로 얼굴에 드러나는 '표정, 기색'을 의미한다.

3번 빈칸

A 出版 chūbǎn 동 출판하다, 출간하다
B 发行 fāxíng 동 (서적, 화폐 등을) 발행하다 ★
C 发表 fābiǎo 동 발표하다
D 印刷 yìnshuā 동 인쇄하다

빈칸 앞의 '世界各国'와 빈칸 뒤의 '植物志'가 힌트이다. 세계 각국에서는 식물도감이라는 책을 출판할 수도, 발행할 수도, 인쇄할 수도 있다. 따라서 보기 중에서 'A 出版'과 'B 发行', 'D 印刷'가 의미상 모두 가능하다.

4번 빈칸

A 建设 jiànshè 동 구축하다, 세우다
B 修建 xiūjiàn 동 짓다, 건설하다, 시공하다 ★
C 维护 wéihù 동 유지하고 보호하다 ★
D 建立 jiànlì 동 세우다, 건립하다

빈칸 앞의 '经济'가 힌트로, 빈칸에는 '경제'를 세워나간다는 의미가 있어야 한다. 따라서 '思想(사상) / 经济(경제)' 등과 같이 쓰여 나라에서 계획에 따라 새로운 사업을 만들어내는 것, 즉 '구축하다'라는 뜻인 'A 建设'가 정답이다. 'B 修建'은 '修建 + 桥(다리) / 房屋(집)'로 쓰여 구체적인 것을 '짓다, 건설하다'의 뜻이며, 'C 维护'는 '维护 + 和平(평화) / 秩序(질서) / 尊严(존엄성)' 등으로 쓴다.

정답 A

书信在人类的交流和沟通的历史上<u>占据</u>重要地位。无论是过去还是现在，亲笔给亲戚朋友写信，不仅可以<u>传递</u>自己的思念之情，而且还能给收信人"见字如面"的亲切感。在交通和通讯设备都不发达的古代，收信人在收到书信之前要经历<u>相对</u>漫长的等待，因而古人对时空有<u>遥远</u>而漫长的感知。

편지는 인류의 교류와 소통의 역사에서 중요한 위치를 <u>차지한다</u>. 과거이든 현대이든 상관없이 친필로 가족과 친구들에게 편지를 쓰면 자신의 그리워하는 마음을 <u>전달</u>할 수 있을 뿐만 아니라, 받는 사람에게도 '직접 만나는 것 같다'라는 친근감을 줄 수 있다. 교통과 통신시설이 발달하지 않았던 옛날에는 수신인이 편지를 받기 전에 <u>상대적으로</u> 길고 긴 기다림을 겪어야 했기에, 옛사람들은 시공에 대해 <u>멀고도</u> 길다는 인식을 가지고 있었다.

A	借鉴 ✗	携带 ✗	终究 ✗	宽敞 ✗
B	占据 ◎	传递 ◎	相对 ◎	遥远 ◎
C	采纳 ✗	领悟 ✗	统统 ✗	辽阔 ✗
D	迟缓 ✗	扩散 ✗	相互 ✗	贫乏 ✗

A	거울로 삼다	휴대하다	결국	널찍하다
B	차지하다	전달하다	상대적으로	멀다
C	받아들이다	깨닫다	전부	광활하다
D	느리다	확산하다	서로	부족하다

지문 어휘 书信 shūxìn 명 편지, 서신 | 沟通 gōutōng 동 소통하다 | 亲笔 qīnbǐ 동 친필로 쓰다 | 亲戚 qīnqi 명 가족, 친척 | 思念 sīniàn 동 그리워하다 | 亲切感 qīnqiègǎn 명 친근감 | 通讯设备 tōngxùn shèbèi 명 통신시설 | 经历 jīnglì 동 겪다, 경험하다 | 漫长 màncháng 형 (시간, 공간이) 길다 | 时空 shíkōng 명 시공, 시간과 공간 | 感知 gǎnzhī 명 인식, 감지, 지각

해설

1번 빈칸

A 借鉴 jièjiàn 동 거울로 삼다, 참고로 하다 ★　　B 占据 zhànjù 동 차지하다, 점거하다 ★
C 采纳 cǎinà 동 받아들이다 ★　　D 迟缓 chíhuǎn 동 느리다, 굼뜨다 ★

빈칸 뒤의 '重要地位'가 힌트이다. 보기 중에 이와 호응을 이루는 동사는 우위나 지위를 '차지하다, 점하다'는 뜻의 'B 占据' 뿐이다. 'A 借鉴'은 '借鉴 + 经验(경험)'으로 쓰여 경험을 '거울로 삼다, 참고로 하다'의 뜻이며, 'C 采纳'는 '采纳 + 意见(의견) / 建议(건의)'로 쓰고, 'D 迟缓'은 동작이 '느리다, 굼뜨다'는 의미이다.

2번 빈칸

A 携带 xiédài 동 휴대하다 ★　　B 传递 chuándì 동 전달하다, 건네다
C 领悟 lǐngwù 동 깨닫다, 납득하다 ★　　D 扩散 kuòsàn 동 확산하다 ★

빈칸 뒤의 '思念之情'이 힌트이다. 친필 편지를 보내는 것은 그리운 마음을 전달하는 하나의 도구라고 할 수 있다. 따라서 '전달하다'의 뜻인 'B 传递'가 정답이다. '传递'는 주로 '传递 + 信息(정보) / 消息(소식)'로 쓴다. 'A 携带'는 물건을 '휴대하다'는 뜻으로 주로 '携带方便(휴대하기가 편하다)'으로 쓰며, 'D 扩散'은 '病毒(바이러스) / 消息(소식) + 扩散'으로 쓰여 바이러스가 '확산되다', 소식이 '퍼지다'의 뜻이다.

3번 빈칸

A 终究 zhōngjiū 부 결국 ★　　B 相对 xiāngduì 부 상대적으로, 비교적
C 统统 tǒngtǒng 부 전부 ★　　D 相互 xiānghù 부 서로(간에), 상호(간에)

힌트는 빈칸 앞의 '在交通和通讯设备都不发达的古代'로, 옛날에 수신인이 편지를 받기 전까지 겪은 '길고 긴 기다림'이란 현재와 비교해 봤을 때 긴 것이다. 따라서 비교의 느낌을 가진 'B 相对'가 정답이다.

4번 빈칸

A 宽敞 kuānchang 형 널찍하다, 훤히 트이다
B 遥远 yáoyuǎn 형 (아득히) 멀다 ★
C 辽阔 liáokuò 형 광활하다 ★
D 贫乏 pínfá 형 부족하다 ★

빈칸 앞의 '对~时空'과 빈칸 뒤의 '感知'가 힌트로, 빈칸에는 '시공에 대한 느낌'을 나타내는 형용사가 위치해야 한다. 따라서 시간적, 공간적으로 거리가 '멀다'의 뜻을 지닌 'B 遥远'이 정답이다. 'A 宽敞'은 어떠한 공간이 탁 트여 '널찍하다'의 뜻이며, 'C 辽阔'는 '草原(초원) + 辽阔'로 호응하여 끝이 보이지 않을 정도로 넓음, 즉 '광활하다'의 뜻이다. 'D 贫乏'는 '资源(자원) / 经验(경험) + 贫乏'로 쓴다.

정답 B

70

芦画这种传统工艺，起源于宋朝，盛行于康熙年间。人们用赋诗作画这种喜闻乐见的形式，在葫芦上刻画出了花草虫鱼、名山大川，赋予了葫芦鲜活的艺术性，从而使葫芦艺术品具有了一定的收藏价值，它一直被人们视为吉祥之物。

조롱박 낙화(烙画)라는 이 전통공예는 송나라에서 기원했고 강희제 시기에 성행했다. 사람들은 시를 짓거나 그림을 그리는 이런 즐겨 보고 듣는 형식을 이용해서 조롱박 위에 화초, 곤충, 물고기, 명산대천(名山大川)을 새겨 넣음으로써 조롱박에 생생한 예술성을 부여했다. 따라서 조롱박 예술작품은 상당한 소장가치가 있었고 줄곧 사람들에게 길한 물건으로 여겨졌다.

A 来源 ✗ 一如既往 ✗ 予以 ✗ 考验 ✗ 繁华 ✗
B 启蒙 ✗ 博大精深 ✗ 辅助 ✗ 投资 ◯ 和谐 ✗
C 创造 ✗ 见多识广 ✗ 给予 ✗ 采集 ✗ 和睦 ✗
D 起源 ◯ 喜闻乐见 ◯ 赋予 ◯ 收藏 ◯ 吉祥 ◯

A 유래하다 | 지난날과 다름없다 | ~해주다 | 시험하다 | 변화하다
B 계몽하다 | 넓고 심오하다 | 보조하다 | 투자하다 | 조화롭다
C 창조하다 | 박학다식하다 | 주다 | 채집하다 | 화목하다
D 기원하다 | 즐겨 보고 듣다 | 부여하다 | 소장하다 | 길하다

지문 어휘 芦画 lúhuà 명 조롱박 낙화 | 盛行于 shèngxíng yú ~에(서) 성행하다 | 康熙年间 Kāngxī niánjiān 고유 강희제 시기 | 赋诗 fù shī 동 시를 짓다 | 刻画 kèhuà 동 새기다, 그리다, 묘사하다 | 鲜活 xiānhuó 형 생생하다, 선명하고 생동적이다 | 视为 shìwéi 동 ~로 여기다

해설 **1번 빈칸**

A 来源 láiyuán 동 유래하다 ★
B 启蒙 qǐméng 동 계몽하다 ★
C 创造 chuàngzào 동 창조하다
D 起源 qǐyuán 동 기원하다 ★

빈칸 뒤의 '于宋朝, 盛行于康熙年间'이 힌트이다. 빈칸의 뒤에서 강희제 시기에 성행했다고 했으므로, 빈칸은 처음 생겨 난 시기를 나타내야 한다. 따라서 전치사 '于'와 함께 쓰여 '~에서 기원하다'라는 의미로 처음을 강조하는 'D 起源'이 정답이다. 'A 来源'은 주로 '主要来源(주된 근원) / 收入来源(수입원)'과 같이 '근원, 출처'의 명사로 쓰며, 동사의 경우 전치사 '于'와 함께 쓰여 '这些作品来源于一个动人的童话(이 작품들은 한 감동적인 동화에서 유래했다)'와 같이 '~에서 유래하다'의 뜻으로 역시 출처나 그 근원의 속뜻을 가지고 있다. 'B 启蒙'은 '계몽하다', 즉 가르쳐 깨우치게 함을 의미하며, 주로 '启蒙 + 老师(교사)'로 쓰여 '첫 선생님'을 나타낸다. 'C 创造'는 주로 '创造 + 幸福(행복) / 奇迹(기적) / 记录(기록)' 등으로 쓰여 추상적인 것을 새로이 만들어내는 것, 즉 '창조하다'는 뜻이다.

2번 빈칸

A 一如既往 yìrújìwǎng ⓢ 지난날과 다름없다 ⭐
B 博大精深 bódàjīngshēn ⓢ (이론, 학문 등이) 넓고 심오하다 ⭐
C 见多识广 jiànduōshíguǎng ⓢ 박학다식하다, 식견이 넓다 ⭐
D 喜闻乐见 xǐwénlèjiàn ⓢ 즐겨 보고 듣다 ⭐

빈칸 앞의 '赋诗作画这种'이 힌트이다. 시를 짓거나 그림을 그리는 것은 즐길 수 있는 일종의 형식이나 방식이므로 '즐겨 보고 즐겨 듣는다'의 뜻을 지닌 성어 'D 喜闻乐见'이 정답이다.

3번 빈칸

A 予以 yǔyǐ ⓓ ~(해)주다
B 辅助 fǔzhù ⓓ 보조하다, 거들어 주다 ⭐
C 给予 jǐyǔ ⓓ 주다 ⭐
D 赋予 fùyǔ ⓓ 부여하다 ⭐

빈칸 뒤의 '艺术性'이 힌트로, 빈칸에는 이와 호응하는 동사술어가 있어야 한다. 의미상으로 조롱박 위에 물고기나 명산대천 등을 새겨 넣어서 조롱박에 예술성을 '부여하다, 불어넣다'이므로, 'D 赋予'가 정답이다. '赋予'는 또한 '赋予 + 权力(권력) / 意义(의미)'로 쓰인다. 'B 辅助'는 '보조하다'는 뜻으로, 주로 '起 + 辅助作用(보조작용을 하다)'의 형식으로 쓰며, 'C 给予'는 주로 '给予 + 支持(지지하다) / 帮助(돕다)'로 쓴다.

4번 빈칸

A 考验 kǎoyàn ⓓ 시험하다, 시련을 주다 ⭐
B 投资 tóuzī ⓓ 투자하다
C 采集 cǎijí ⓓ 채집하다 ⭐
D 收藏 shōucáng ⓓ 소장하다, 수집하여 보관하다 ⭐

빈칸 뒤의 '价值'가 힌트이다. 조롱박에 조각을 함으로써 예술성을 부여해줬다고 했기에, 빈칸에는 예술성이 풍부하기 때문에 지닐 수 있는 가치가 언급되어야 한다. 따라서 '소장하다, 수집하다'의 뜻을 지닌 'D 收藏'과 '투자하다'의 뜻인 'B 投资'가 가능하다. 'A 考验'은 '面临(직면하다) + 考验'이나 '严峻的(가혹한) + 考验'으로 쓰이며, 'B 采集'는 '采集 + 标本(표본)'으로 쓴다.

5번 빈칸

A 繁华 fánhuá ⓗ 번화하다 ⭐
B 和谐 héxié ⓗ 조화롭다 ⭐
C 和睦 hémù ⓗ 화목하다 ⭐
D 吉祥 jíxiáng ⓗ 길하다 ⭐

빈칸 뒤의 '物'가 힌트이다. 보기 중 물건을 꾸며줄 수 있는 것은 '길하다'는 의미를 지닌 'D 吉祥'뿐이며, 행운을 가져다 주는 물건을 '吉祥物'라고 한다. 'A 繁华'는 '繁华的 + 城市(도시) / 街道(거리)'와 같이 도시나 거리가 '번화하다'는 뜻이며, C와 D는 각각 '和谐 + 社会(사회)'와 '家庭(가정) + 和睦'로 쓴다.

정답 D

제3부분

71~80번 문제는 빈칸에 들어가는 알맞은 문장을 고르는 문제입니다.

71-75

"不锈钢"一词不是单纯指一种不锈钢，**(71) C** <u>而是表示一百多种工业不锈钢</u>。不锈钢以其漂亮的外观、不易损坏等优点，越来越受到人们的喜爱。锅碗瓢盆、城市雕塑、建筑等使用不锈钢的领域逐渐增多。大部分人对不锈钢的认识有个误区，就是会认为不锈钢不会生锈。但其实不锈钢不像大家认为的那样是"金刚不坏之身"，**(72) E** <u>只是相对来说不容易生锈而已</u>。

不锈钢为什么会不容易生锈？原来是因为不锈钢表面在空气或氧化环境中，能自然形成一层稳定而牢固的钝化膜，**(73) A** <u>铬是钝化膜的重要元素</u>。合格的不锈钢制品不仅要含铬，而且还要含足够的铬。通常情况下，不锈钢制品中铬的含量在13%以上，才能避免生锈腐蚀。劣质不锈钢之所以容易生锈，**(74) B** <u>正是因为其中铬的含量不达标</u>。

那么在生活中我们应该怎样挑选不锈钢制品呢？首先，我们要仔细看材质，不同材质的不锈钢都有自己的代号，我们最好选择代号为304的不锈钢。

其次，**(75) D** <u>我们还可以仔细观察不锈钢制品的"长相"</u>。因为一般好的不锈钢色泽光亮、表面光滑、厚度适中，千万不要挑选那种表面存在缺陷的不锈钢。

A 铬是钝化膜的重要元素
B 正是因为其中铬的含量不达标
C 而是表示一百多种工业不锈钢
D 我们还可以仔细观察不锈钢制品的"长相"
E 只是相对来说不容易生锈而已

'스테인리스강(이하 스테인리스)'라는 단어는 단순히 한 종류의 스테인리스를 가리키는 것이 아니라 **(71) C** <u>백여 종이 넘는 공업용 스테인리스를 의미한다</u>. 스테인리스는 예쁜 외관과 쉽게 손상되지 않는 등의 장점으로 갈수록 사람들에게 사랑받고 있다. 취사도구, 도시의 조각품, 건축물 등 스테인리스를 사용하는 영역이 점차 늘고 있다. 대부분의 사람들은 스테인리스에 대해 잘못된 인식을 가지고 있는데, 바로 스테인리스는 녹슬지 않을 것이라고 생각하는 것이다. 하지만 사실 스테인리스는 모두가 생각하는 것처럼 그런 '강철의 손상되지 않는 몸'이 아니라, **(72) E** <u>단지 상대적으로 말해서 쉽게 녹슬지 않을 뿐이다</u>.

스테인리스는 왜 쉽게 녹슬지 않는 것일까? 알고 보니 스테인리스 표면은 공기 중이나 산소와 결합하는 환경에서 안정적이며 견고한 부동태피막이 저절로 형성될 수 있고, **(73) A** <u>크롬은 (이) 부동태피막의 중요한 요소이다</u>. 합격한 스테인리스 제품은 반드시 크롬을 함유해야 하고, 또한 반드시 충분한 (양의) 크롬을 함유해야 한다. 일반적으로 스테인리스 제품의 크롬 함량이 13% 이상일 때 비로소 녹슬고 부식되는 것을 피할 수 있다. 저품질의 스테인리스가 쉽게 녹스는 까닭은 **(74) B** <u>바로 그 안에 크롬의 함량이 기준에 못 미치기 때문이다</u>.

그렇다면 생활 속에서 우리는 스테인리스 제품을 어떻게 골라야 할까? 우선, 재질을 꼼꼼히 살펴봐야 한다. 재질이 다른 스테인리스는 각각 자기만의 일련번호를 가지고 있는데, 우리는 일련번호가 304인 스테인리스를 선택하는 것이 가장 좋다.

그다음으로 **(75) D** <u>우리는 스테인리스 제품의 '생김새'를 자세히 관찰해볼 수도 있다</u>. 왜냐하면, 보통 좋은 스테인리스는 색깔과 광택이 밝고 표면은 반들반들 윤이 나며 두께가 적당하기 때문에, 절대로 표면에 결함이 있는 스테인리스를 골라서는 안 된다.

A 크롬은 부동태피막의 중요한 요소이다
B 바로 그 안에 크롬의 함량이 기준에 못 미치기 때문이다
C 백여 종이 넘는 공업용 스테인리스를 의미한다
D 우리는 스테인리스 제품의 '생김새'를 자세히 관찰해볼 수도 있다
E 단지 상대적으로 말해서 쉽게 녹슬지 않을 뿐이다

지문 어휘 不锈钢 búxiùgāng 명 스테인리스강(stainless steel) | 单纯 dānchún 부 단순히 | 损坏 sǔnhuài 동 손상되다, 파손되다 ★ | 锅碗瓢盆 guōwǎnpiáopén 명 취사도구, 주방용품 | 雕塑 diāosù 명 조각품 ★ | 误区 wùqū 명 잘못된 인식 | 生锈 shēng xiù 동 녹슬다 ★ | 氧化 yǎnghuà 동 산소와 결합하다, 산화하다 | 稳定 wěndìng 형 안정적이다, 안정되다 | 牢固 láogù 형 견고하다, 튼튼하다 ★ | 钝化膜 dùnhuàmó 명 부동태피막 | 铬 gè 명 크롬(Cr) | 含量 hánliàng 명 함량 | 避免 bìmiǎn 동 피하다, 모면하다 | 腐蚀 fǔshí 동 부식하다 ★ | 劣质 lièzhì 형 저(품)질이다, 질이 나쁘다 | 挑选 tiāoxuǎn 동 고르다 | 材质 cáizhì 명 재질 | 代号 dàihào 명 일련번호, 코드번호 | 色泽 sèzé 명 색깔과 광택 | 光亮 guāngliàng 형 밝게 빛나다 | 表面 biǎomiàn 명 표면, 겉 | 光滑 guānghuá 형 반들반들 윤이 나다, 매끄럽다 | 厚度 hòudù 명 두께 | 适中 shìzhōng 형 (정도가) 적당하다, 알맞다 | 缺陷 quēxiàn 명 결함, 결점 ★

보기 어휘 元素 yuánsù 명 요소 ★ | 达标 dábiāo 기준에 미치다, 기준에 도달하다 | 长相 zhǎngxiàng 명 생김새 | 相对来说 xiāngduì lái shuō 상대적으로 말해서 | 只是 A 而已 zhǐshì A éryǐ 단지 A일 뿐이다

71

해설 빈칸 앞부분 접속사 '不是'가 힌트이다. '不是'는 '而是'와 함께 쓰여 '不是 A, 而是 B (A가 아니라 B이다)'라는 선택 관계 접속사이다. 따라서 '而是'가 언급되어 있는 C가 정답이다.

정답 C 而是表示一百多种工业不锈钢

72

해설 빈칸 앞에서 스테인리스는 '金刚不坏之身'이 아니라고 했는데, 빈칸 뒤에서는 '不锈钢为什么会不容易生锈(스테인리스는 왜 쉽게 녹슬지 않는 것일까?)'가 언급되어 있다. 따라서 빈칸에는 쉽게 녹슬지 않는다는 내용이 나와야 하므로, 정답은 E이다.

정답 E 只是相对来说不容易生锈而已

73

해설 빈칸 앞부분에서 스테인리스가 쉽게 녹슬지 않는 이유를 '钝化膜(부동태피막)'가 생기기 때문이라고 언급했고, 빈칸 뒤에서 '合格的不锈钢制品…必须含铬, …必须含足够的铬(합격한 스테인리스는 반드시 크롬을 함유해야 할 뿐만 아니라 또한 반드시 충분한 (양의) 크롬을 함유해야 한다)'라고 언급했으므로, 크롬이 부동태피막의 중요 요소라고 한 A가 정답이다.

정답 A 铬是钝化膜的重要元素

74

해설 빈칸 앞부분의 접속사 '之所以'가 힌트이다. '之所以 A, 是因为 B'는 'A한 까닭은 B때문이다'의 뜻으로 원인과 결과가 도치된 인과관계 접속사 호응구조이다. 따라서 빈칸 앞의 '劣质不锈钢之所以容易生锈(저품질의 스테인리스가 쉽게 녹슨다)'의 원인을 나타내며 '是因为'가 언급되어 있는 B가 정답이다.

정답 B 正是因为其中铬的含量不达标

75

해설 빈칸 뒤에 언급된 '色泽光亮、表面光滑、厚度适中', 즉 색깔이나 매끄러움 또는 두께 등은 눈으로 볼 수 있는 것들이며, 이들은 다시 말해 '长相(생김새)'를 뜻하기에 이들을 힌트로 D가 정답임을 알 수 있다.

정답 D 我们还可以仔细观察不锈钢制品的 "长相"

76-80

"佛跳墙"又名"满坛香、福寿全",是福州的传统名菜。它是用18种主要原料制成的,味道香浓,且营养价值极高,享有"中华第一汤"的美誉。关于"佛跳墙"的由来,**(76) B** 福建民间流传着这样一个传说。

有一天,布政司周莲受到一位钱庄老板的邀请,前去赴宴。**(77) C** 钱庄老板娘亲自下厨做了一道拿手菜。这道菜是将鸡、鸭、猪脚、羊肉以及海鲜等10多种原料一并装入绍兴酒的酒坛内煨制而成的。此菜端上桌后,坛盖儿一打开酒香与各种香气扑鼻而来满屋飘香。一直吃到坛底朝天,周莲仍意犹未尽。

回府后,**(78) D** 周莲对这道菜念念不忘,还向府上的厨子郑春发有声有色地描述了此菜的用料和烹调方法。郑春发根据周莲的描述,反复尝试,终于做出了这道美味佳肴。后来,郑春发一有时间就琢磨,在用料上加以改进的同时,制作方法也因料制宜。做出成品后,周莲觉得这个创新的味道比之前吃过的味道更鲜美。

后来,郑春发离开了周府,自己经营了一家名为"聚春园"的饭店,他继续研究,又充实了这道菜的原料,**(79) E** 制出的菜肴香味更加浓郁,他还将其作为饭店的招牌菜。

不久,有几位秀才慕名而来点了这道菜。店小二拿出坛子到秀才桌前,坛盖儿揭开,香气袭人,**(80) A** 秀才们纷纷赞叹。其中一位秀才即兴唱道:"坛启菜香飘四邻,佛闻弃禅跳墙来"。众人异口同声说:"好诗!好诗!"从此,"佛跳墙"就成了此菜的正名。

'포탸오창(佛跳墙)'은 '만탄샹(满坛香), 푸서우추안(福寿全)'라고도 불리는, 푸젠(福建)의 유명 전통요리이다. 이것은 18가지 주재료를 이용해 만든 것으로, 맛이 진하고 또한 영양가도 굉장히 높아서 '중화 제일의 탕'이라는 명성을 누리고 있다. '포탸오창'의 유래에 관해서 **(76) B** 푸젠의 민간에서는 이런 전설이 전해지고 있다.

어느 날 포정사(布政司)인 주롄(周莲)이 한 관전국(钱庄) 사장의 초청을 받아 연회에 참석하러 갔다. **(77) C** 관전국 사장 부인이 직접 주방에 들어가 가장 자신 있는 요리를 만들었는데, 이 요리는 닭과 오리, 돼지 족발, 양고기, 해산물 등 10여 종의 재료를 전부 사오싱주(绍兴酒)단지에 넣고 푹 고아서 만들었다. 요리가 나온 뒤에 뚜껑을 열자 술향과 각종 냄새가 진동하며 코를 찌르고, 온 집안 가득 향기를 풍겼는데, 술단지가 바닥을 드러낼 때까지 먹었음에도 주롄은 여전히 더 즐기고 싶어했다.

집에 돌아온 후에도 **(77) D** 주롄은 이 요리를 한시도 잊지 못하고, 집안의 요리사인 정춘발(郑春发)에게 이 요리의 재료와 조리법을 생생하게 묘사까지 했다. 정춘발은 주롄의 설명대로 반복해서 시도했고, 결국에는 이 맛있는 요리를 만들어냈다. 후에 정춘발은 시간이 날 때마다 연구했는데, 재료들을 개선하는 동시에 만드는 방법 역시 재료에 맞게 바꿨다. 최종요리가 완성된 후 주롄은 이 새로운 맛이 이전에 먹었던 맛보다 훨씬 맛있다고 생각했다.

후에 정춘발은 주롄의 집을 떠나 직접 '쥐춘위안(聚春园)'이라는 이름의 식당을 경영했다. 그는 계속해서 연구하면서 요리의 재료도 보강했기에 **(79) E** 만든 요리의 향이 더욱 진해졌고, 그는 이것을 식당의 대표 메뉴로 삼았다.

오래 지나지 않아 몇 명의 문인들이 명성을 듣고 찾아와서 이 요리를 주문했다. 종업원이 술단지를 들고 와 문인들 식탁 앞에서 단지뚜껑을 열자, 냄새가 확 풍겨왔고 **(80) A** 문인들은 쉴 새 없이 감탄했다. 그 중 한 명의 문인이 즉흥적으로 '坛启菜香飘四邻, 佛闻弃禅跳墙来(단계채향표사린, 불문기선도장래): 항아리 뚜껑을 여니 그 향기가 사방에 진동하여, 참선하던 스님도 이 향기를 맡고 참선을 포기하고 담을 뛰어넘네'라며 읊었다. 많은 사람들은 '좋은 시다! 좋은 시로구나!'라고 이구동성으로 외쳤고, 이때부터 '포탸오창(불도장)'은 이 요리의 정식 이름이 되었다.

A 秀才们纷纷赞叹
B 福建民间流传着这样一个传说
C 钱庄老板娘亲自下厨做了一道拿手菜
D 周莲对这道菜念念不忘
E 制出的菜肴香味更加浓郁

A 문인들은 쉴 새 없이 감탄했다
B 푸젠의 민간에서는 이런 전설이 전해지고 있다
C 관전국 사장 부인이 직접 주방에 들어가 가장 자신 있는 요리를 만들었다
D 주련은 이 요리를 한시도 잊지 못했다
E 만든 요리의 향이 더욱 진해졌다

지문 어휘 佛跳墙 fótiàoqiáng 명 포타오창(요리명) | 名 míng 동 (이름을) ~라고 부르다, ~라고 하다 | 传统 chuántǒng 형 전통적이다 | 原料 yuánliào 명 재료, 원료 | 香浓 xiāngnóng 형 (맛이나 향이) 진하다, 짙다 | 营养 yíngyǎng 명 영양 | 价值 jiàzhí 명 가치 | 享有 xiǎngyǒu 동 누리다, 지니다, 가지다 | 美誉 měiyù 명 명성, 명예 | 由来 yóulái 명 유래, 출처 | 布政司 bùzhèngsī 명 포정사(명·청대 민정과 재정을 맡아보던 지방장관) | 周莲 Zhōu Lián 고유 주련 | 钱庄 qiánzhuāng 명 관전국(전장을 관리하는 곳) | 前去 qiánqù 동 가다 | 赴宴 fùyàn 연회에 참석하다 | 海鲜 hǎixiān 명 해산물 | 原料 yuánliào 명 재료, 원료 | 一并 yībìng 부 전부, 모두 | 绍兴酒 shàoxīngjiǔ 명 사오싱주(사오싱 지역에서 나는 황주의 일종) | 酒坛 jiǔtán 명 술단지, 술항아리 | 煨 wēi 동 (약한 불에 천천히) 고다, 삶다 | 端 duān 동 받쳐 들다 ★ | 盖儿 gàir 명 뚜껑, 덮개 | 扑鼻 pūbí 동 (냄새가) 코를 찌르다, 진동하다 | 朝天 cháotiān 동 위로 향하다 | 坛底朝天 tándǐ cháotiān 술단지가 바닥을 드러내다 〈비유〉 다 비우다 | 意犹未尽 yìyóuwèijìn 성 더 즐기고 싶다, 여운이 남다 | 府 fǔ 명 집, 저택 | 厨子 chúzi 명 요리사 | 郑春发 Zhèng Chūnfā 고유 정춘발 | 有声有色 yǒushēngyǒusè 성 생생하다, 실감나다, 생동감이 넘치다 | 描述 miáoshù 동 묘사하다, 설명하다 | 用料 yòngliào 명 재료, 원자재 | 烹调 pēngtiáo 동 조리하다, 요리하다 | 反复 fǎnfù 부 반복하여, 거듭 | 尝试 chángshì 동 시도해 보다, 테스트해보다 ★ | 佳肴 jiāyáo 명 맛있는 요리 | 琢磨 zuómo 동 깊이 연구하다, 궁리하다 ★ | 改进 gǎijìn 동 개선하다, 발전시키다 | 因 A 制宜 yīn A zhìyí A에 맞게 대처하다 | 成品 chéngpǐn 명 완성품 | 创新 chuàngxīn 동 창조하다 ★ | 鲜美 xiānměi 형 맛있다 | 经营 jīngyíng 동 경영하다, 운영하다 | 充实 chōngshí 동 보강하다, 보완하다 ★ | 招牌菜 zhāopáicài 명 대표 메뉴, 간판 요리 | 秀才 xiùcai 명 문인, 서생 | 慕名 mùmíng 동 명성을 듣다, 명성을 흠모하다 | 店小二 diànxiǎo'èr 명 종업원, 심부름꾼 | 揭开 jiēkāi 동 열다, (덮은 것을) 떼다, 벗기다 | 袭 xí 동 엄습하다, 파고들다 | 即兴 jíxìng 동 즉흥적으로 하다 | 四邻 sìlín 명 사방, 주변, 이웃 | 异口同声 yìkǒutóngshēng 성 이구동성으로 말하다

보기 어휘 纷纷 fēnfēn 부 쉴 새 없이, 연달아 | 赞叹 zàntàn 동 감탄하다, 찬탄하다 ★ | 民间 mínjiān 명 민간 ★ | 流传 liúchuán 동 전해지다, 세상에 널리 퍼지다 | 传说 chuánshuō 명 전설 | 老板娘 lǎobǎnniáng 명 사장 부인, 안주인 | 亲自 qīnzì 부 직접, 손수, 친히 | 下厨 xià chú 동 (주방에 가서) 음식을 만들다 | 拿手 náshǒu 형 (어떤 기술에) 자신 있다, 뛰어나다 ★ | 拿手菜 náshǒucài 명 가장 자신 있는 요리, 가장 잘하는 음식 | 念念不忘 niànniànbúwàng 성 (마음에 두고) 한시도 잊지 않다, 오래도록 잊지 못하다 | 菜肴 càiyáo 명 요리, 음식 | 浓郁 nóngyù 형 (향기 등이) 진하다, 짙다, 그윽하다

76

해설 빈칸의 앞뒤 문장의 해석을 통해서 정답을 유추할 수 있다. 빈칸 앞부분에서 ""佛跳墙"是福建的一道传统名菜('포타오창'은 푸젠의 유명 전통요리이다)'라고 포타오창을 소개하고 있고 빈칸 뒤에는 일화가 소개되어 있다. 따라서 일화, 즉 전해지는 이야기가 언급되어 있는 B가 정답이다.

정답 B 福建民间流传着这样一个传说

77

해설 빈칸 뒤의 '这道菜是将鸡…(이 요리는 닭을~)'에서 지시대명사 '这'가 힌트이다. 빈칸 앞에서 초대했다는 말이 나왔고 뒤쪽에는 내놓은 요리에 관해서 서술하고 있으니 문맥상 요리를 만들었다는 내용이 나와야 하므로 C가 정답이다.

정답 **C** 钱庄老板娘亲自下厨做了一道拿手菜

78

해설 빈칸 앞의 '回府后(집으로 돌아온 후)'와 빈칸 뒤의 '还向…郑春发…描述了(정춘발에게 묘사했다)'가 힌트이다. 빈칸에는 집으로 돌아간 주체와 정춘발에게 묘사를 한 주체가 언급되어야 한다. 따라서 이 두 동작의 주체인 '周莲'이 언급된 D가 정답이다.

정답 **D** 周莲对这道菜念念不忘

79

해설 빈칸 앞의 '又充实了这道菜的原料(요리의 재료도 보강했다)'와 빈칸 뒤의 '他还将其作为饭店的招牌菜 (그는 이것을 식당의 대표메뉴로 삼았다)'가 힌트로, 빈칸에는 재료를 보강하여 나올 수 있는 결과와 대표메뉴로 삼게 된 이유가 언급되어야 하므로, 요리의 향이 더욱더 진해졌다고 한 E가 정답이다.

정답 **E** 制出的菜肴香味更加浓郁

80

해설 빈칸 뒤의 '其中一位秀才(그 중 한 명의 문인)'가 힌트이다. '其中'은 앞에 언급된 큰 범위 중에서라는 의미이므로 '秀才们'이라고 여러 명의 문인들이 언급되어 있는 A가 정답이다.

정답 **A** 秀才们纷纷赞叹

제4부분   81~100번 문제는 지문을 읽고 질문에 알맞은 답을 고르는 문제입니다.

第81到84题是根据下面一段话：

1957年，在美国的新泽西发生了一件趣事。在一家电影院里，人们正津津有味地看着电影。可是在电影放映的过程中，屏幕上时不时地会出现用柔弱的光线打出的"请喝可口可乐"或"请吃爆米花"的字样。[81] 当观众全神贯注地观看电影时，这些隐约出现的广告信息是很难被注意到的，但其实眼睛无意识地"读到"了这些信息。令人感到意外的是，那年整个夏季的可口可乐和爆米花的销量都上升了。其中，可口可乐的销量上升了17%，而爆米花的销量更是骤增了50%。

1957년, 미국 뉴저지에서 한 가지 재미난 일이 발생했다. 한 영화관에서 사람들이 흥미진진하게 영화를 보고 있었는데 영화가 상영되는 중에, 스크린에 희미한 빛으로 쓴 '코카콜라를 마셔요' 또는 '팝콘을 드세요'라는 문구가 자주 나타났다. [81] 관람객들이 집중해서 영화를 보고 있을 때 희미하게 나타나는 이러한 광고 정보는 알아차리기 쉽지 않지만, 사실 눈은 무의식적으로 이 정보들을 '읽었다'. 놀라웠던 점은, 그해 여름 내내 코카콜라와 팝콘의 판매량이 모두 상승했다는 것이었다. 그중 코카콜라의 판매량은 17%가 올랐고, 팝콘의 판매량은 50%나 더 급증했다.

[82] 其实这是著名的调研专家维卡瑞做的一项实验。旨在说明，潜意识视觉广告也能够左右消费者的认知或行为，从而刺激消费。

然而更有意思的是，潜意识听觉广告也在潜移默化地影响着人们的购买行为。

譬如，音乐节奏的快慢会决定消费者在消费场所停留的时间。我们常常会有这样的体验，**[83]** 如果在商场逛街时，商场里播放的音乐舒缓悠扬，那么我们的心情也会变得不急不躁，停留时间长，购物的可能性就大了很多。与此相反，如果音乐紧张急促，我们就会自然而然地加快脚步，迅速结束购买行为。

另外，我们在购买商品时同样也会受到潜意识听觉广告的影响。这个猜想是这样被证实的：两名英国研究人员依次在同一家酒吧播放法国乐曲和德国乐曲。播放法国乐曲时，77%的顾客选择购买法国葡萄酒；而在播放德国乐曲时，大多数顾客选择购买德国酒。

[84] 由此可见，消费者总是会轻易地被看到或者听到的东西"催眠"。若商家能够熟知并运用这些商业"催眠术"，肯定会对提高产品销量大有裨益。

[82] 사실 이것은 유명한 리서치 전문가 비커리가 한 실험으로, 실험목적은 시각적 잠재의식 광고 역시 소비자의 인지와 행동을 좌지우지 할 수 있고, 이로써 소비를 자극할 수 있다는 것을 설명하고자 함에 있었다.

그러나 더 재미있는 것은, 청각적 잠재의식 광고 역시 은연중에 사람들의 구매행위에 영향을 주고 있다는 것이다.

예를 들어, 음악 리듬의 빠르고 느림은 소비자가 소비장소에 머무는 시간을 결정지을 수 있다. 우리는 종종 이러한 체험을 한 적이 있다. **[83]** 백화점에서 쇼핑할 때, 백화점 안에서 나오는 음악이 느리고 잔잔하면 우리의 마음도 여유로워지며 머무는 시간이 길어지므로 구매 가능성은 크게 증가하게 된다. 이와 반대로, 만약 음악이 빠르다면 우리는 자연스레 발걸음을 더 빨리할 것이고 쇼핑을 신속하게 마칠 것이다.

이 밖에 구매와 선택을 할 때도 마찬가지로 청각적 잠재의식 광고의 영향을 받을 수 있다. 이 추측은 이렇게 증명되었다. 영국인 연구원 두 명이 한 술집에서 프랑스 음악과 독일 음악을 차례대로 틀었는데, 프랑스 음악을 틀었을 때는 77%의 고객이 프랑스 와인 구매를 선택했고, 독일 음악을 틀었을 때는 대다수의 고객이 독일 술 구매를 택했다.

[84] 이로써 알 수 있듯이, 소비자들은 항상 보거나 듣게 되는 것에 의해 쉽게 '최면에 걸린다'. 만약 상점이 이러한 상업적 '최면술'을 숙지하고 활용할 수 있다면, 상품 판매량 증가에 분명히 큰 도움이 될 것이다.

지문 어휘 | 新泽西 Xīnzéxī 고유 뉴저지(New Jersey) | 趣事 qùshì 명 재미난 일 | 津津有味 jīnjīnyǒuwèi 성 흥미진진하다 ★ | 放映 fàngyìng 동 상영하다, 방영하다 | 屏幕 píngmù 명 스크린 ★ | 时不时 shíbùshí 부 자주 | 柔弱 róuruò 형 희미하다, 약하다 | 爆米花 bàomǐhuā 명 팝콘 | 字样 zìyàng 명 문구, 글자 | 全神贯注 quánshénguànzhù 성 온 정신을 집중하다, 전념하다 | 隐约 yǐnyuē 형 희미하다 ★ | 意识 yìshi 명 의식 동 의식하다, 깨닫다 ★ | 意外 yìwài 형 놀라운, 의외의 | 销量 xiāoliàng 명 판매량 | 上升 shàngshēng 동 상승하다, 오르다 | 骤增 zhòuzēng 동 급증하다 | 调研 diàoyán 동 리서치 하다, 조사 연구하다 | 专家 zhuānjiā 명 전문가 | 维卡瑞 Wéikǎruì 고유 비커리(James Vicary) | 旨 zhǐ 명 목적, 의도 | 潜意识 qiányìshí 명 잠재의식 | 左右 zuǒyòu 동 좌지우지하다, 지배하다, 통제하다 | 潜移默化 qiányímòhuà 성 은연중에 영향을 받아 변하다, 무의식 중에 감화되다 ★ | 譬如 pìrú 동 예를 들다 ★ | 节奏 jiézòu 명 리듬, 박자 ★ | 停留 tíngliú 동 머물다 | 体验 tǐyàn 명 체험, 경험 | 舒缓 shūhuǎn 형 느리다, 온화하다 ★ | 悠扬 yōuyáng 형 잔잔하다, 은은하다 | 不急不躁 bùjíbúzào 여유롭다, 급하지 않다 | 停留 tíngliú 동 머물다 | 急促 jícù 형 빠르다 | 自然而然 zìrán'érrán 성 자연스레, 저절로 | 脚步 jiǎobù 명 발걸음 | 猜想 cāixiǎng 명 추측 동 추측하다 | 证实 zhèngshí 동 증명하다 ★ | 播放 bōfàng 동 틀다, 방송하다 | 依次 yīcì 부 차례대로 | 由此可见 yóucǐ kějiàn 이로써 알 수 있다 | 轻易 qīngyì 형 쉽다, 간단하다 | 催眠 cuīmián 동 최면에 걸리다 | 若 ruò 접 만약, 만일 | 熟知 shúzhī 동 숙지하다 | 运用 yùnyòng 동 활용하다, 운용하다 | 裨益 bìyì 명 도움, 이익, 보탬 | 大有裨益 dàyǒubìyì 크게 도움이 되다

81

根据第1段，下面正确的是：

A 广告的光线很强
B 影院禁止喝可乐
C 影院发生了火灾
D 观众捕捉到了广告

첫 번째 단락에 근거하여 다음 중 옳은 것은?

A 광고의 빛은 매우 강했다
B 영화관은 콜라 마시는 것을 금지했다
C 영화관에 화재가 발생했다
D 관람객들은 광고를 포착했다

보기 어휘 影院 yǐngyuàn 명 영화관, 극장 | 火灾 huǒzāi 명 화재 | 捕捉 bǔzhuō 동 포착하다, 잡다 ★

해설 첫 번째 단락에서 영화 화면에 희미하게 영사된 광고 정보는 알아차리기 쉽지 않지만 '但其实眼睛无意识地"读到"了这些信息, 즉 눈은 무의식적으로 이러한 정보를 읽었다'고 했다. '읽었다'는 것은 달리 말하면 '인식했다, 포착했다'는 말이므로, 관람객들이 광고를 포착했다라고 한 D가 정답이다.

정답 D

82

维卡瑞的实验说明了：

A 观众在乎影院的环境
B 影院靠周边产品盈利
C 潜意识广告会刺激消费
D 观看电影时请勿大声喧哗

비커리의 실험이 증명한 것은 무엇인가?

A 관람객들은 영화관의 환경에 신경 쓴다
B 영화관은 주변제품으로 수익을 창출한다
C 잠재의식 광고는 소비를 자극할 수 있다
D 영화 감상시, 큰 소리로 떠들면 안 된다

보기 어휘 在乎 zàihu 동 신경 쓰다, 마음에 두다 | 周边 zhōubiān 명 주변, 주위 ★ | 盈利 yínglì 동 수익을 창출하다, 이윤을 얻다 ★ | 勿 wù 부 ~해서는 안 된다 | 喧哗 xuānhuá 형 떠들다, 소란을 피우다 ★

해설 비커리의 실험에 관한 문제로, 두 번째 단락에 언급되어 있다. 본문에서 '旨在说明，潜意识视觉广告也能够左右消费者的认知或行为，从而刺激消费, 즉 실험의 목적은 시각적 잠재의식 광고 역시 소비자의 인지나 행위를 좌지우지할 수 있고, 이로써 소비를 자극할 수 있다는것을 설명하고자 함에 있다'고 했으므로, 정답은 C이다.

정답 C

83

商场怎么做才能让消费者多逗留一段时间？

A 播放舒缓的音乐
B 放置柔软的沙发
C 举行大型促销活动
D 提供更优良的服务

백화점은 어떻게 해야지 소비자를 더 오래 머물게 할 수 있는가?

A 느리고 잔잔한 음악을 튼다
B 부드러운 소파를 놓아 둔다
C 대규모 판촉행사를 진행한다
D 더 우수한 서비스를 제공한다

| 보기 어휘 | 逗留 dōuliú 통 머물다 | 放置 fàngzhì 통 놓아 두다, 배치하다 | 柔软 róuruǎn 형 부드럽다 | 促销 cùxiāo 통 판촉하다, 판매를 촉진시키다 ★ | 优良 yōuliáng 형 우수하다, 아주 좋다

| 해설 | 백화점에 머무는 시간은 네 번째 단락에 언급되어 있다. 본문에서 '商场里播放的音乐舒缓悠扬，那么…，停留时间长'이라며 백화점 안에서 나오는 음악이 느리고 잔잔하면 머무는 시간이 길어진다고 했으므로, A가 정답이다.

| 정답 | A

84

下列最适合做上文标题的是：

A 如何做市场调查
B 酒吧的经营秘诀
C 和银幕广告说再见
D 神奇的商业"催眠术"

다음 중 윗글의 제목으로 가장 적합한 것은?

A 어떻게 시장조사를 해야 하는가
B 술집의 경영 비결
C 스크린 광고와의 이별
D 신기한 상업적 '최면술'

| 보기 어휘 | 标题 biāotí 명 제목, 타이틀 ★ | 银幕 yínmù 명 스크린, 은막 | 神奇 shénqí 형 신기하다 ★

| 해설 | 결론을 나타내는 '由此可见'이 힌트이다. 이 글은 앞에서 비커리의 실험을 비롯하여 백화점과 술집에서의 실험사례를 들어 시각적 잠재의식과 청각적 잠재의식이 구매행위에 영향을 미침을 증명했다. 그리고 마지막 단락에서 '由此可见'을 이용하여 소비자들은 보고 듣는 것에 의해 '轻易地被催眠, 즉 쉽게 최면에 걸린다'고 정리하고 있기 때문에 이런 '商业催眠术, 즉 상업적 최면술'을 잘 활용할 수 있다면 수익에 큰 도움이 될 것이라고 결론을 밝혔다. 따라서 정답은 D이다.

| 정답 | D

第85到88题是根据下面一段话：

随着社会的发展和生活水平的提高，肥胖人数逐渐增多。人们认为肥胖的根本原因就是体内脂肪过多，因而有人提出 [85] 减少脂肪的摄入量，坚持素多荤少的原则，可以达到减肥的目的。这就是"低脂饮食"最初的来源。

[86] 营养学家指出碳水化合物、脂肪和蛋白质是人体的三大营养物质，能够为新陈代谢提供所需的能量。其中，蛋白质并不是主要的能源物质，但在需要时，蛋白质也可以转化成热量供身体使用。而当身体过多摄入这三种营养物质时，过剩的能量就会变为脂肪储存在体内。这就是所谓的"中心法则"。这个法则启示我

사회가 발전하고 생활 수준이 향상됨에 따라, 비만인 사람들이 점차 많아지고 있다. 사람들은 비만의 근본 원인이 바로 체내의 지방 과다라고 생각한다. 그래서 누군가는 [85] 지방 섭취량을 줄이고, 채소를 많이 먹고 고기를 적게 먹는 원칙을 유지하면 다이어트 목표를 달성할 수 있다고 제안했다. 이것이 바로 '저지방 식사'의 최초 유래이다.

[86] 영양학자들은 탄수화물, 지방, 단백질은 인체의 3대 영양소로써 신진대사에 필요한 열량을 제공할 수 있다고 밝혔다. 그중 단백질은 주요 에너지원은 아니지만, 필요 시 단백질 역시 열량으로 전환되어 신체 사용에 제공될 수 있다. 그러나 몸이 이 3대 영양소를 과도하게 섭취하게 되면, 과잉된 열량은 지방으로 변해 체내에 저장될 것이다. 이것이 바로 소위 말하는 '중심원리'이다. 이 원리는 우리에게 다이어트를 하고 싶다면 총열량 섭취를 통제해야 한다는 것을 시사

们，要想减肥必须要控制总能量的摄入。但是蛋白质在体内是不断代谢与更新的，即蛋白质是每天必备的物质，不能减少其摄入量。因此，我们必须在碳水化合物和脂肪上想办法，于是营养学家提出了以减少主食（因碳水化合物主要在米、面等主食中）为特点的"低碳水化合物饮食"方法。

营养学家在对世界各地日常饮食习惯的调查中发现，[87] 地中海地区的居民脂肪摄入的总量与其他国家比起来相差不多，可是心血管疾病的发病率相对来说比较低，而且记忆力减退的风险也较低。营养学家调查后发现，这得益于他们的特殊饮食结构：以蔬菜水果、鱼类、五谷杂粮、豆类为主，而且更多地选择植物油来进行烹调。因此，营养学家提出了"地中海饮食"的概念，即：营养搭配要均衡，食物来源也要健康。

那么，在 [88] 低脂饮食、低碳水化合物饮食、地中海饮食中哪种方式对减肥更行之有效呢？研究人员对这三种饮食方式进行深入对比分析后发现，虽然三种饮食方式均可以达到减肥的效果，但低碳的饮食方式最为显著。

85

什么是"低脂饮食"?

A 只吃荤，不吃素
B 用动物油烹饪食物
C 倡导食用未加工的食物
D 减少食物中脂肪的摄入量

무엇이 '저지방 식사'인가?

A 고기만 먹고 채소는 먹지 않는 것
B 동물성 기름으로 음식을 조리하는 것
C 가공되지 않은 음식을 먹자 주장하는 것
D 음식물 내 지방 섭취량을 줄이는 것

보기 어휘 动物油 dòngwùyóu 명 동물성 기름 | 烹饪 pēngrèn 동 조리하다 ★ | 倡导 chàngdǎo 동 주장하다, 제창하다, 선도하다 ★ | 食用 shíyòng 동 먹다 | 加工 jiāgōng 동 가공하다 ★

해설 첫 번째 단락 '这就是"低脂饮食"最初的来源'에서 지시대명사 '这'가 힌트로, 그 앞부분을 살펴봐야 한다. 본문에서 '减少脂肪的摄入量，坚持素多荤少的原则，可以达到减肥的目的'라고 지방 섭취량을 줄이고, 채소를 많이 먹고 고기를 적게 먹는 원칙을 유지하면 다이어트 목표를 달성할 수 있다고 했고, 이것이 바로 저지방 식사의 최초 유래라고 했다. 따라서 A는 정답이 아니고, 지방 섭취량을 줄이는 것이라고 한 D가 정답이다.

정답 D

86

关于三大营养物质，下列正确的是：

A 都可以提供能量
B 蛋白质不能转化成热量
C 脂肪是主要的能源物质
D 碳水化合物可以分解脂肪

3대 영양소에 관하여, 다음 중 옳은 것은?

A 모두 열량을 제공할 수 있다
B 단백질은 열량으로 전환될 수 없다
C 지방은 주요 에너지원이다
D 탄수화물은 지방을 분해할 수 있다

보기 어휘 分解 fēnjiě 동 분해하다 ★

해설 힌트는 '三大营养物质'로, 이는 두 번째 단락에 언급되어 있다. 탄수화물, 지방, 단백질은 3대 영양소로써 '能够为新陈代谢提供所需的能量, 즉 신진대사에 필요한 열량을 제공할 수 있다'라고 했기에, 정답은 A이다. 그 밖에 필요 시 단백질은 '可以转化成热量供身体使用'이라며 열량으로 전환이 가능하다고 했으므로, B는 정답이 아니다.

정답 A

87

地中海地区居民较少得心血管病的原因是：

A 阳光充沛
B 常吃保健品
C 饮食结构比较合理
D 饮用水富含多种矿物质

지중해 지역 거주자가 심혈관 질환을 비교적 적게 앓는 원인은?

A 햇빛이 충분하다
B 건강보조식품을 자주 먹는다
C 식사 구조가 합리적인 편이다
D 마시는 물에 여러 종류의 미네랄이 풍부하게 함유되어 있다

| 보기 어휘 | 充沛 chōngpèi 형 충분하다. 넘쳐흐르다 ★ | 保健品 bǎojiànpǐn 명 건강보조식품 | 合理 hélǐ 형 합리적이다 |
矿物质 kuàngwùzhì 명 미네랄(Mineral)

| 해설 | 지중해 지역 거주자들에 관해서는 세 번째 단락에 언급되어 있다. 지중해 지역 거주자들이 심혈관질환이 적은 이유가 '这得益于他们的特殊饮食结构, 즉 그들의 특수한 식사 구조 덕분'이라고 했으므로, 식사 구조가 합리적이라고 언급한 C가 정답이다.

| 정답 | C

88

根据上文，下列正确的一项是：

A 减肥易导致衰老
B 低碳饮食对减肥没有益处
C 运动减肥容易使体重反弹
D 三种饮食方式都有减肥功效

윗글에 근거하여, 다음 중 옳은 것은?

A 다이어트는 쉽게 노화를 초래한다
B 저탄수화물 식사는 다이어트에 좋은 점이 없다
C 운동 다이어트는 체중회복(요요)이 쉽게 온다
D 3가지 식사 방법 모두 다이어트 효과가 있다

| 보기 어휘 | 衰老 shuāilǎo 명 노화 형 늙다. 노쇠하다 ★ | 反弹 fǎntán 동 원래대로 회복하다, 내렸다가 다시 오르다 | 功效 gōngxiào 명 효과. 효능 ★

| 해설 | 질문에서 힌트를 찾을 수 없는 보기대조형 문제이다. 이 글은 다이어트를 위해 3가지 식사법을 소개했는데, 마지막 단락에서 저지방 식사, 저탄수화물 식사, 지중해 식사 모두 '可以达到减肥的效果, 즉 다이어트 효과를 달성할 수 있다'고 했다. 따라서 B는 정답이 아니며, 이것을 그대로 언급한 D가 정답이다.

| 정답 | D

第89到92题是根据下面一段话：

柳琴戏是传统的戏曲剧种之一，起源于清乾隆年间，形成于清代中叶。柳琴戏已被列入第一批国家级非物质文化遗产名录。[89] 其主要的演奏乐器是形似柳叶的柳琴，于1953年正式定名为柳琴戏。如今，主要分布在山东、江苏、安徽、河南四省交界的地区。

关于它的产生，有两种说法。一种说法是以鲁南民间小调为基础，受当地柳子戏的影响发展起来的。另一种说法是源于江苏海州，受到了"太平歌"、"猎户腔"的影响而形成的。

柳琴戏的产生和发展大致分为四个时期。[90] 第一个是最早的说唱时期，单

유금희(柳琴戏)는 전통 희극 중의 하나로, 청대 건륭(乾隆) 시기에서 기원하여 청대 중엽에 형성되었다. 유금희는 이미 첫 번째 국가(급) 무형문화유산 목록에 들어갔다. [89] 유금희의 메인 연주악기가 버들잎과 모양이 비슷한 유금(柳琴)이라서 1953년에 유금희라고 정식으로 명명되었다. 현재는 산둥(山东), 장쑤(江苏), 안후이(安徽), 허난(河南) 4개 성(省)의 접경지역에 주로 분포되어 있다.

유금희의 탄생과 관련해서 두 가지 설이 있다. 첫 번째 설은 산둥 남쪽 지역의 민간노래를 토대로 하고, 그 지역 유자희(柳子戏)의 영향을 받아 발전되었다는 것이고, 또 다른 설은 장쑤(江苏)의 하이저우(海州)에서 기원하여 '태평가(太平歌)'와 '엽호공(猎户腔)'의 영향을 받아 형성되었다는 것이다.

유금희의 탄생과 발전은 대체로 4개의 시기로 나뉜다. [90] 첫 번째는 가장 초기의 설창(说唱)시기로, 한 사람 혹은 두 사

人或者双人在没有弦乐伴奏、也没有专业服装的情况下，以板子或梆子打节拍沿街说唱。第二个是萌芽时期。到了清咸丰年间，柳琴戏有了专业艺人和班社的雏形，此时有了小生、小旦甚至小丑的角色，艺人也有了简单的服装道具。第三个是班社时期。清末民初，**[92] A** 柳琴戏已经有了由七八个甚至十多个艺人组成的职业班社，其演出形式也由原来单一的"唱对子"发展出多种形式，角色行当也日益完善。第四个是舞台演出时期。**[92] B** 1920年左右，随着班社人员增多，一些班社离开农村，进入城市演出，每日表演剧目多达十台。后来，随着大型剧班的出现，开始在专门的戏院演出，柳琴戏被搬上了舞台。

二十世纪五六十年代，柳琴戏得到了迅速的繁荣和发展，**[92] C** 七八十年代柳琴戏的剧目在全国上演，唱响了大江南北，受到了全国人民的瞩目。此时柳琴剧团的成立，使柳琴戏这种地方剧种登上了文艺剧种的大雅之堂。但是自八十年代末开始，柳琴戏却逐渐退出人们的视线。

[91] 柳琴戏日渐式微的主要原因在于随着社会的进步，人们的娱乐方式日新月异，因而逐渐失去了年轻人的市场。其次是缺乏创新，柳琴戏并没有跟上时代的步伐，依旧保持着原来的唱腔模式，**[92] D** 然而现代人越来越不适应这种慢节奏的戏剧。

람이 현악기 반주도 없고 전용 의상도 없는 상황에서 판자나 딱따기(梆子)로 박자를 맞춰 길거리에서 불렀다. 두 번째는 발달 초기 시기이다. 청대 함풍(咸丰)시기에 이르러 유금희는 전문연기자와 극단의 틀을 갖추게 되었는데, 이때 소생과 소단, 심지어 소축 배역까지 생겼고, 연기자들에게도 간단한 의상과 소품이 생겼다. 세 번째는 극단시기이다. 청말민초(清末民初) 시기에 **[92] A** 유금희는 이미 7~8명에서 심지어 10여 명의 연기자로 구성된 직업극단이 생겼고, 그 공연 형식도 기존의 단일화된 '대구(对子)' 부르기'에서 다양한 형식으로 발전되었으며 배역의 종류도 나날이 완벽해졌다. 네 번째는 무대공연 시기이다. **[92] B** 1920년 전후, 극단인원이 증가함에 따라 일부 극단은 농촌을 떠나 도시에 가서 공연했고, 매일의 공연 레퍼토리는 많게는 10편 정도에 달했다. 후에 대형 극단이 출현하면서 전문극장에서 공연하기 시작했고, 유금희는 무대로 옮겨졌다.

20세기 50~60년대, 유금희는 신속한 번영과 발전을 거두었고, **[92] C** 70~80년대 유금희의 레퍼토리는 전국에서 상연되었으며, 양쯔강(大江) 이남과 이북에서 인기를 누렸고, 전 국민의 주목을 받았다. 이때의 유금희 극단 창립은 유금희와 같은 지방극을 문예극의 전당에 오르게 했다. 하지만 80년대 말부터 시작해서 유금희는 점차 사람들의 시선에서 사라졌다.

[91] 유금희가 나날이 쇠락해간 주원인은 사회가 발전함에 따라 사람들의 오락방식이 점차 새로워졌고, 이로 인해 점차 젊은이들(을 상대로 한) 시장을 잃게 된 데 있다. 그다음은 혁신이 부족했다. 유금희는 시대의 발걸음에 전혀 따르지 않고 여전히 기존의 노래 스타일을 고수했다. **[92] D** 그러나 현대인들은 이런 느린 박자의 희극에 점점 더 적응하지 못했다.

지문 어휘 柳琴戏 liǔqínxì 명 유금희(중국 전통희극) | 起源 qǐyuán 동 기원하다 ★ | 年间 niánjiān 명 연간, 시기 | 清乾隆年间 Qīng Qiánlóng niánjiān 고유 청대 건륭시기 | 列入 lièrù 동 (~에) 넣다, 끼워 넣다 | 遗产 yíchǎn 명 유산 ★ | 非物质文化遗产 fēiwùzhì wénhuà yíchǎn 명 무형문화유산 | 演奏 yǎnzòu 동 연주하다 ★ | 形似 xíngsì 동 모양이 비슷하다, 겉모습이 닮다 | 柳叶 liǔyè 명 버들잎 | 柳琴 liǔqín 명 유금(악기명) | 交界 jiāojiè 동 두 지역이 접하다, 인접하다 | 鲁 Lǔ 명 산동의 다른 이름 | 民间 mínjiān 명 민간 ★ | 小调 xiǎodiào 명 노래, 곡조 | 源于 yuányú ~에서 기원하다 | 大致 dàzhì 부 대체로, 대략 ★ | 说唱 shuōchàng 명 설창(이야기와 노래로 표현하는 민간예술) | 弦乐 xiányuè 명 현악기 | 伴奏 bànzòu 명 반주 | 专业服装 zhuānyè fúzhuāng 명 전용의상, 전문의상 | 板子 bǎnzi 명 판자, 널빤지 | 梆子 bāngzi 명 딱따기 | 节拍 jiépāi 명 박자, 장단 | 沿街 yánjiē 거리에서, 거리를 따라 | 萌芽 méngyá 동 싹트다, 움트다 ★ | 清咸丰年间 Qīng Xiánfēng niánjiān 고유 청대 함풍시기 | 班社 bānshè 명 극단 | 雏形 chúxíng 명 틀, 형태 | 小生 xiǎoshēng 명 소생(젊은 남자 역) | 小旦 xiǎodàn

몡 소단(젊은 여자 역) | **小丑** xiǎochǒu 몡 소축(어릿광대 역) | **角色** juésè 몡 배역, 역할 | **服装道具** fúzhuāng dàojù 몡 의상과 소품 | **行当** hángdang 몡 (중국 전통극) 배역의 종류 | **日益** rìyì 부 나날이, 날로 ★ | **完善** wánshàn 혱 완벽하다 | **表演剧目** biǎoyǎn jùmù 몡 공연 레퍼토리 | **剧班** jùbān 몡 극단 | **专门** zhuānmén 혱 전문적이다 | **戏院** xìyuàn 몡 극장 | **上演** shàngyǎn 동 상연하다, 공연하다 | **唱响** chàngxiǎng 동 ~에서 (울려 퍼져) 인기를 누리다 | **瞩目** zhǔmù 동 주목하다, 눈여겨보다 | **登上** dēngshàng 오르다, 올라 서다 | **文艺** wényì 몡 문예, 문학과 예술 | **大雅之堂** dàyǎzhītáng 전당, 문예의 고상한 경지 | **视线** shìxiàn 몡 시선, 눈길 ★ | **日渐** rìjiàn 부 나날이 | **式微** shìwēi 동 쇠락하다, 몰락하다 | **日新月异** rìxīnyuèyì 성 나날이 새로워지다 ★ | **缺乏** quēfá 동 부족하다, 결핍되다 | **创新** chuàngxīn 동 혁신, 창의성, 창조성 ★ | **跟上** gēnshàng 동 따르다, 쫓다 | **步伐** bùfá 몡 발걸음 ★ | **依旧** yījiù 부 여전히 ★ | **模式** móshì 몡 스타일, 패턴 ★ | **节奏** jiézòu 몡 박자, 리듬 ★

89

第1段的主要内容是:

A 柳琴的构造
B 柳琴戏的由来
C 柳琴戏的文化价值
D 柳琴戏的历史背景

첫 번째 단락의 주요 내용은?

A 유금의 구조
B 유금희의 유래
C 유금희의 문화적 가치
D 유금희의 역사적 배경

보기 어휘 **构造** gòuzào 몡 구조 | **由来** yóulái 몡 유래

해설 첫 번째 단락에서는 무형문화유산인 중국의 전통 희극 유금희에 대해 소개하고 있다. 본문에서 '其主要的演奏乐器是形似柳叶的柳琴，于1953年正式定名为柳琴戏'라며 유금희라고 명명된 유래를 설명했고, 이어서 현재 분포 지역을 언급했다. 따라서 정답은 B이다.

정답 B

90

下列哪项是柳琴戏说唱时期的特点:

A 无弦乐伴奏
B 道具种类多样
C 有专门的班社
D 角色行当完善

다음 중, 유금희의 설창시기 특징은 어느 것인가?

A 현악기 반주가 없었다
B 공연소품의 종류가 다양했다
C 전문극단이 있었다
D 배역의 종류가 완벽했다

보기 어휘 **种类** zhǒnglèi 몡 종류

해설 힌트는 '说唱时期'로, 세 번째 단락에 나와 있다. 유금희의 탄생과 발전을 나눈 시기 중 최초의 시기인 설창시기를 설명하면서 '单人或者双人在没有弦乐伴奏、也没有专业服装的情况下, 즉 현악기 반주도 없고 전용 의상도 없는 상황에서'라고 언급했으므로, 정답은 A이다.

정답 A

91

与最后一段中划线词语"日渐式微"的意思最相近的是：

A 生机盎然
B 日渐衰落
C 无微不至
D 烟消云散

마지막 단락에서 밑줄친 '日渐式微'와 의미가 가장 근접한 것은?

A 생기가 넘친다
B 나날이 쇠락하다
C 세심하게 챙기다
D 깨끗이 사라지다

보기 어휘 生机 shēngjī 명 생기, 생명력, 활력 ★ | 盎然 àngrán 형 넘치다, 충만하다 | 衰落 shuāiluò 동 쇠락하다, 몰락하다 | 无微不至 wúwēibúzhì 성 세심하게 챙기다, 세세한 것까지 신경쓰다 ★ | 烟消云散 yānxiāoyúnsàn 성 깨끗이 사라지다

해설 '日渐式微'의 뒷부분을 해석해서 정답을 유추해야 한다. 본문에서 '柳琴戏日渐式微的主要原因在于…, 因而逐渐失去了年轻人的市场'이라고 유금희가 ~로 인해서 점차 젊은이들의 시장을 잃었다라고 했다. 시장을 잃었다는 말은 그만큼 사람들에게서 인기와 관심을 받지못한다는 뜻이므로, '日渐式微'는 나날이 쇠락해간다는 뜻임을 유추할 수 있다. 따라서 정답은 B이다.

정답 B

92

根据上文，下列哪项正确?

A 职业班社人数固定不变
B 柳琴戏戏院只分布在农村
C 四五十年代柳琴戏最受瞩目
D 现代人不适应柳琴戏的慢节奏

윗글에 근거하여, 다음 중 옳은 것은 무엇인가?

A 직업극단의 인원수는 고정불변이다
B 유금희 극장은 오직 농촌에만 분포되어 있다
C 40-50년대에 유금희는 가장 주목을 받았다
D 현대인들은 유금희의 느린 박자에 적응하지 못한다

보기 어휘 固定 gùdìng 형 고정되다

해설 질문을 통해 힌트를 찾을 수 없는 보기대조형 문제이다. 각각 세 번째 단락과 네 번째 단락에서 직업극단은 7명에서 10여 명이며, 농촌을 벗어나 도시에서 공연을 했다고 했고, 70~80년대에 가장 주목을 받았다고 했기에 A, B, C는 모두 정답이 아니다. 마지막 단락에서 '现代人越来越不适应这种慢节奏的戏剧, 즉 현대인들이 느린 박자의 희극에 점점 더 적응하지 못했다'고 했으므로, 정답은 D이다.

정답 D

第93到96题是根据下面一段话：

很多人都喜欢百日菊，因为它外形美观，易于种植。如今，在太空中也可以看到它的身影了。据报道，美国宇航员在空间站植物实验室的LED灯箱里培育出了一朵百日菊，它是第一株在外太空开放的花朵，有着重大意义。这朵百日菊生长周期大概在60到80天之间，花叶碧绿，花朵是由黄变红的渐变色，与地球上的差异不大。**[93]** 但遗憾的是因为在零重力的生长环境下，它的花瓣无法呈现出像在地球上那样优美的弧度。

在此之前，美国宇航员在空间站成功完成了多项实验，比如种植了中国的大白菜。为了能做好这个实验，他们搜集了与百日菊有关的资料。他们认为，此次的百日菊的栽培方法与之前其他植物的栽培方法不同，相比之下百日菊种植起来更加困难，因为它对温度、光线等环境有一定的要求。

宇航员刚开始种植百日菊的时候，就遇到了困难。发现百日菊无法吸收水分，水分会通过叶子向外一点一点渗透出来，这是植物吐水的现象。在10天内，这种现象越来越严重，造成其生长环境过于湿润，从而使它的根系受到了影响。为了尽快解决这个问题，宇航员给地球上的工作者打了个求救电话。在地球上的工作人员马上联系了植物学的专家们，**[95]** 他们给宇航员制定了解决方案。宇航员立即按照方案做了：先切掉了百日菊受伤的部分，然后在灯箱里放一个小型的电风扇，这是为了给百日菊一个干燥一些的环境。大概一个星期后，百日菊奇迹般地存活了下来。而且没过多久有了开花的迹象，长出了小花苞，最终开出了美丽的花朵。需要强调的是，**[94]** 这些百日菊是可食用的，可放在沙拉中当做蔬菜吃。

科学家认为，百日菊的培育是植物在极端条件下生长的一次成功尝试。这个实验不仅为宇航员提供了营养物质，而且为研究植物在外太空的生长情况做出了贡献。

接下来，[96] 宇航员们还计划在空间站中种植其他的蔬菜，并期望在2018年培育出西红柿。

과학자들은 백일홍의 재배는 식물이 극단적인 조건에서 생장하는 한 번의 성공적인 시도였다고 생각한다. 이 실험은 우주비행사에게 영양분을 제공해 주었을 뿐 아니라 식물이 우주 공간에서 생장하는 환경을 연구하는 데도 기여했다.

이어서 [96] 우주비행사들은 우주 정거장에서 다른 채소도 재배할 계획이며, 2018년에는 토마토를 재배해 낼 수 있기를 기대하고 있다.

지문 어휘 百日菊 bǎirìjú 명 백일홍 | 美观 měiguān 형 아름답다 ★ | 易于 yìyú ~하기 쉽다 | 种植 zhòngzhí 동 재배하다, 심다 ★ | 太空 tàikōng 명 우주 ★ | 身影 shēnyǐng 명 모습 | 报道 bàodào 명 보도 | 宇航员 yǔhángyuán 명 우주비행사 | 空间站 kōngjiānzhàn 명 우주정거장 | 灯箱 dēngxiāng 명 램프상자 | 培育 péiyù 동 재배하다 ★ | 株 zhū 양 송이, 포기 ★ | 花朵 huāduǒ 명 꽃송이 | 周期 zhōuqī 명 주기 | 花叶 huāyè 명 잎 | 碧绿 bìlǜ 형 푸르다 | 渐变 jiànbiàn 동 점차 변하다 | 差异 chāyì 명 차이 | 零重力 língzhònglì 명 무중력 | 花瓣 huābàn 명 꽃잎 ★ | 呈现 chéngxiàn 동 보여주다, 드러내다 ★ | 优美 yōuměi 형 아름답다 | 弧度 húdù 명 각도 | 搜集 sōují 동 수집하다 | 栽培 zāipéi 동 재배하다 ★ | 相比 xiāngbǐ 동 비교하다 | 光线 guāngxiàn 명 빛, 광선 | 渗透 shèntòu 동 배어들다, 스며들다 ★ | 吐水现象 tùshuǐxiànxiàng 명 일액현상(guttation) | 造成 zàochéng 동 야기하다, 초래하다 | 过于 guòyú 부 지나치게, 과하게 | 湿润 shīrùn 형 습하다, 촉촉하다 | 根系 gēnxì 명 뿌리 | 尽快 jǐnkuài 부 되도록 빨리 ★ | 求救 qiújiù 동 도움을 청하다 | 制定 zhìdìng 동 정하다, 확정하다 | 立即 lìjí 부 즉시 | 切掉 qiēdiào 동 잘라 내다, 잘라 버리다 | 电风扇 diànfēngshàn 명 선풍기 | 干燥 gānzào 형 건조하다 | 奇迹 qíjì 명 기적 | 般 bān 조 ~같은 | 存活 cúnhuó 동 살아남다, 생존하다 | 迹象 jìxiàng 명 조짐, 기미 ★ | 花苞 huābāo 명 꽃봉오리 | 沙拉 shālā 명 샐러드 | 极端 jíduān 형 극단적이다, 지독하다 ★ | 尝试 chángshì 동 시도해 보다, 시험해 보다 ★ | 贡献 gòngxiàn 명 기여, 공헌 | 期望 qīwàng 동 기대하다 ★ | 西红柿 xīhóngshì 명 토마토

93

为什么那朵百日菊的花瓣不如地球上的美?

A 缺少水分
B 栽培方法不对
C 空间站无重力
D 缺少阳光照射

그 백일홍의 꽃잎은 왜 지구에서만큼 아름답지 않았는가?

A 수분이 부족해서
B 재배 방법이 잘못되어서
C 우주정거장이 무중력 상태여서
D 햇빛 비침이 부족해서

보기 어휘 无重力 wúzhònglì 명 무중력 | 照射 zhàoshè 동 비추다, 쪼이다

해설 우주에서 핀 백일홍의 꽃잎이 지구에서보다 아름답지 않은 이유를 묻는 문제로, 이는 첫 번째 단락에 언급되어 있다. 첫 번째 단락에서 우주정거장에서 핀 백일홍은 생장주기나 꽃잎의 색깔변화가 지구에서와 큰 차이가 없음을 언급한 뒤에 '但遗憾的是因为在零重力的生长环境下，它的花瓣无法呈现出像在地球上那样优美的弧度'라며 단 아쉬운 점은 무중력 생장환경 탓에 지구에서만큼 그렇게 아름다운 각도를 보여줄 수 없었다고 했다. 따라서 정답은 C이다.

정답 C

94

关于那朵百日菊，可以知道：

A 可食用
B 品种少
C 体积庞大
D 颜色比较暗

그 백일홍에 관하여 알 수 있는 것은?

A 식용이 가능하다
B 품종이 적다
C 부피가 방대하다
D 색이 어두운 편이다

보기 어휘 品种 pǐnzhǒng ⑲ 품종 ★ | 体积 tǐjī ⑲ 부피 ★ | 庞大 pángdà ⑲ 방대하다, 매우 크다 ★

해설 백일홍에 관한 정보를 찾아야 한다. 본문에서는 백일홍의 품종이나 부피, 색에 대해서는 언급되지 않았으며, 세 번째 단락에서 '这些百日菊是可食用的'라고 백일홍은 식용이 가능하다고 했으므로, 정답은 A이다.

정답 A

95

为了解决环境过于湿润的问题，植物学专家给宇航员的方案是什么？

A 减少浇水的次数
B 在灯箱内开风扇
C 用塑料膜包住根系
D 抑制灯箱温度升高

환경이 지나치게 습해지는 문제를 해결하기 위해 식물학자가 우주비행사에게 준 방안은 무엇인가?

A 물을 주는 횟수를 줄여라
B 램프상자 안에 선풍기를 틀어라
C 랩으로 뿌리를 감싸라
D 램프 상자의 온도상승을 막아라

보기 어휘 浇 jiāo ⑧ (액체를) 주다, 뿌리다, 관개하다 | 塑料膜 sùliàomó ⑲ 랩(wrap), 비닐팩 | 抑制 yìzhì ⑧ 막다, 억제하다 ★ | 升高 shēnggāo ⑧ 상승하다, 오르다

해설 힌트는 '植物学专家给宇航员的方案'으로 식물학자가 언급된 단락을 찾아야 한다. 마지막 단락에서 '宇航员立即按照方案做了：先…，然后在灯箱里放一个小型的电风扇'이라고 언급하며 우주비행사는 알려준 방법대로 램프 상자 속에 소형 선풍기를 놓았다고 했다. 따라서 선풍기가 언급된 B가 정답이다.

정답 B

96

根据上文，下列哪项正确？

A 空间站尚未培育出西红柿
B 转基因食物越来越受到关注
C 宇航员不懂种植蔬菜的方法
D 宇航员在太空站的生活很丰富

윗글에 근거하여, 다음 중 옳은 것은 무엇인가?

A 우주정거장에서는 아직 토마토를 재배하지 않았다
B 유전자변형식품이 점점 더 주목을 받고 있다
C 우주비행사는 채소를 재배하는 방법을 모른다
D 우주비행사의 우주정거장 생활은 매우 풍족하다

| 보기 어휘 | 尚未 shàng wèi 부 아직 ~하지 않았다 | 基因 jīyīn 명 (생물) 유전자 ★ | 转基因 zhuǎnjīyīn 명 유전자변형

| 해설 | 마지막 단락에서 '宇航员们…, 并期望在2018年培育出西红柿, 즉 우주비행사는 2018년에는 토마토를 재배해 낼 수 있기를 기대하고 있다'고 했다. 기대한다는 의미는 아직 이루어지지 않았음을 의미하므로 토마토는 아직 재배하지 않았다는 A가 정답이다.

| 정답 | A

第97到100题是根据下面一段话：

第五代移动电话行动通信标准，也称第五代移动通信技术，外语缩写为5G。**[97]** 5G不是一个单一的无线接入技术，而是多种新型无线接入技术和现有无线技术集成后解决方案的总称。从2G、3G、4G到5G，移动通信技术正朝着融合化的方向发展。

你可能听说过"物联网"这个当前颇为时尚的名词。所谓的"物联网"是用来形容未来的一个由各种各样的设备组成的网络，如汽车与汽车之间还没有通讯。如果有了5G网络，就能让汽车和汽车、汽车和数据中心、汽车和其他智能设备进行通讯，这样一来一旦有大量汽车进入这个网络，就能实现智能交通。**[98]** 毋庸置疑的是物联网是未来的发展趋势，更高速的5G网络必然是其发展的动力。

[99] 与4G相比，5G的传输速度更快，是4G传输速度的数百倍，而且在传输中稳定性高、功耗低。举例来说，对大众用户而言，以前用4G网络下载一部电影，耗时很久，而5G可真正实现用一眨眼的功夫就下载一部高清画质的电影，全面提升用户体验。

中国在2013年由工信部牵头成立了推进组，正式启动了5G标准化研究，投入了约三亿元。**[100] D** 国内三大运营商华为、中兴、大唐近几年也一直在不断加大对5G的投入。而全球各大运营商也都在加速进行5G移动技术试验。

5세대 이동전화 행동통신 표준은 5세대 이동통신 기술이라고도 부르며, 외국어 약자는 '5G'로 표기한다. **[97]** 5G 는 단일한 무선접속 기술이 아니라 다양한 신형 무선접속 기술과 현존하는 무선 기술을 통합한 해결방안의 총칭이다. 2G, 3G, 4G에서 5G까지 이동통신 기술은 융합화 방향으로 발전하고 있다.

당신은 아마도 '사물인터넷'이라는 현재 상당히 유행하고 있는 명사(단어)를 들어본 적이 있을 것이다. 소위 '사물인터넷'이라는 것은 여러 가지 다양한 설비로 구성된 미래의 인터넷을 묘사하는 말이다. 예를 들면, 자동차끼리 아직은 통신을 할 수 없는데, 만일 5G 인터넷이 생긴다면 자동차와 자동차, 자동차와 데이터 센터, 자동차와 다른 스마트 디바이스가 통신을 할 수 있다. 이렇게 되면 수많은 자동차가 일단 이 인터넷에 접속만 하면 스마트 교통 실현이 가능하다. **[98]** 의심할 필요가 없는 점은 사물인터넷은 미래의 발전 추세이며, 더욱 더 빠른 5G 인터넷은 분명 그 발전의 원동력이라는 것이다.

[99] 4G와 비교하면, 5G의 전송속도는 훨씬 빠르며 4G 전송속도의 수백 배이다. 게다가 전송할 때 안정성은 높고 소비 전력은 낮다. 예를 들어 설명하면, 일반 사용자 입장에서 예전 4G 인터넷으로 영화를 한 편 다운받을 때 걸리는 시간은 길었으나 5G는 정말로 눈 깜짝할 새에 고화질 영화의 다운로드를 실현시키면서 사용자의 체험을 전면적으로 향상시킬 수 있다.

중국은 2013년 공신부(공업정보부)가 앞장서서 추진팀을 만들었고, 정식으로 5G 표준화 연구에 시동을 걸고 약 3억 위안을 투자했다. **[100] D** 국내 3대 운영사인 화웨이(华为), 중싱(中兴), 다탕(大唐)은 최근 몇 년간 계속해서 끊임없이 5G에 대한 투자를 늘리고 있다. 또한 전 세계 대형 운영사들 역시 5G 이동통신 기술 실험을 가속하고 있는 중이다.

【100】 A 5G目前仍处于技术标准的研究阶段，今后几年4G还将保持主导地位。【100】 C 全球各大运营商都预计在2020年5G网络可以投入商用。【100】 B 因为3G和4G分别于2000年和2010年投入商用，那么按照无线通信技术每10年更新一次的规律，5G在2020年投入商用也是符合其发展规律的。

【100】 A 5G는 현재 아직 기술 표준의 연구 단계에 있기에, 앞으로 몇 년간은 4G가 여전히 주도적인 위치를 유지할 것이다. 【100】 C 전 세계 대형 운영사들은 모두 2020년에는 5G 인터넷 상용화가 가능할 것으로 내다보고 있다. 【100】 B 왜냐하면 3G와 4G가 각각 2000년과 2010년에 상용화되었고, 그렇다면 무선통신 기술이 10년마다 한 번씩 새롭게 바뀐다는 규칙을 따랐을 때, 5G가 2020년에 상용화되는 것 역시 그 발전 규칙에 부합하기 때문이다.

지문 어휘 缩写 suōxiě 동 약자로 쓰다, 줄여서 쓰다 | 单一 dānyī 형 단일하다 | 集成 jíchéng 동 통합하다 | 总称 zǒngchēng 명 총칭 | 物联网 wùliánwǎng 명 사물인터넷 | 当前 dāngqián 명 현재 ★ | 颇为 pōwéi 부 상당히, 매우, 굉장히 | 时尚 shíshàng 형 유행하다 | 形容 xíngróng 동 묘사하다 | 各种各样 gèzhǒnggèyàng 성 여러 가지 | 通讯 tōngxùn 명 통신 ★ | 数据 shùjù 명 데이터, 수치 | 中心 zhōngxīn 명 센터 | 智能 zhìnéng 형 지능적인 ★ | 毋庸 wúyōng 부 ~할 필요가 없다 | 置疑 zhìyí 동 의심하다 | 实现 shíxiàn 동 실현하다 | 趋势 qūshì 명 추세, 흐름 | 动力 dònglì 명 동력 ★ | 传输 chuánshū 동 전송하다 | 功耗 gōnghào 명 전력 | 举例 jǔ lì 동 예를 들다 | 用户 yònghù 명 사용자, 가입자 ★ | 耗时 hàoshí 명 걸리는 시간, 소요시간 | 眨 zhǎ 동 (눈을) 깜박이다, 깜박거리다 ★ | 一眨眼 yìzhǎyǎn 명 눈 깜짝할 사이, 일순간 | 功夫 gōngfu 명 시간 | 高清画质 gāoqīng huàzhì 명 고화질, 고선명 화질 | 提升 tíshēng 동 향상하다, 끌어올리다 | 体验 tǐyàn 명 체험, 경험 | 工信部 gōngxìnbù 명 공신부, 중국 공업정보화부(**工业和信息化部**) 약칭 | 牵头 qiāntóu 앞장서다, 이끌다 | 启动 qǐdòng 동 시동을 걸다, 시작하다 | 加速 jiāsù 동 가속화하다, 속도를 내다 | 试验 shìyàn 명 실험, 테스트 ★ | 主导 zhǔdǎo 형 주도적인, 주도의 ★ | 分别 fēnbié 부 각각 | 更新 gēngxīn 동 새롭게 바뀌다, 갱신하다 ★

97

第1段的主要内容是:

A 4G的应用
B 2G的规模
C 5G的含义
D 互联网的利与弊

첫 번째 단락의 주요 내용은?

A 4G의 응용
B 2G의 규모
C 5G의 속뜻
D 인터넷의 이로움과 폐단

보기 어휘 应用 yìngyòng 명 응용 | 含义 hányì 명 속뜻, 내포된 뜻 ★ | 互联网 hùliánwǎng 명 인터넷 | 弊 bì 명 폐단, 폐해

해설 첫 번째 단락에서 5세대 이동통신 기술인 5G에 대해 소개하고 있다. 본문에서 '5G不是…，而是多种新型无线接入技术和现有无线技术集成后解决方案的总称'이라고 5G라는 것은 다양한 신형 무선접속 기술과 현존하는 무선 기술을 통합한 해결방안의 총칭이라고 언급했다. 이는 5G에 담겨있는 속뜻을 설명하고 있는 것으로, 따라서 정답은 C이다.

정답 C

98

举物联网的例子是为了说明什么?

A 3G已被淘汰
B 研发5G很有必要
C 全球移动数据激增
D 使用智能手机相当普遍

사물인터넷을 예로 든 것은 무엇을 설명하기 위함인가?

A 3G는 이미 도태되었다
B 5G를 연구개발하는 것이 매우 필요하다
C 전세계 이동데이터가 급증하고 있다
D 스마트폰 사용이 상당히 보편적이다

보기 어휘 淘汰 táotài 동 도태하다 ★ | 激增 jīzēng 동 급증하다

해설 힌트는 '物联网'으로 두 번째 단락에 언급되어 있다. 자동차끼리의 통신을 예로 들면서 마지막에 '物联网是未来的发展趋势，更高速的5G网络，必然是其发展的动力. 즉 사물인터넷은 미래의 발전 추세이며 더욱 더 빠른 5G 인터넷은 사물인터넷 발전의 원동력'이라고 했다. 이는 다시 말해 미래를 위한 5G 개발이 필요하다는 뜻이므로, 정답은 B이다.

정답 B

99

与4G相比，5G:

A 成本高
B 功耗更大
C 安全无漏洞
D 传输速度快

4G와 비교했을 때, 5G는 어떠한가?

A 원가가 높다
B 전력소모가 더 크다
C 안전하고 결점이 없다
D 전송속도가 빠르다

보기 어휘 成本 chéngběn 명 원가 ★ | 漏洞 lòudòng 명 결점, 빈틈, 구멍

해설 4G와 5G의 비교는 세 번째 단락에 언급되어 있다. 본문에서 '与4G相比，5G的传输速度更快，而且…，功耗低. 즉 4G와 비교하면 5G의 전송속도가 훨씬 빠르고, 게다가 소비 전력은 낮다'고 했다. 따라서 B는 정답이 아니며, 전송속도가 빠르다고 그대로 언급한 D가 정답이다.

정답 D

100

根据上文，下列哪项正确?

A 5G处于研究阶段
B 4G于2000年投入商用
C 运营商对5G商用的预期不同
D 华为企业并未加入对5G研究的队伍

윗글에 근거하여, 다음 중 옳은 것은 어느 것인가?

A 5G는 연구 단계에 있다
B 4G는 2000년에 상용화되었다
C 5G의 상용화에 대한 운영사들의 예측이 다르다
D 화웨이 기업은 5G의 연구 대열에 들어서지 않았다

| 보기 어휘 | **预期** yùqī 동 예측하다, 예상하다, 기대하다 ★ | **队伍** duìwu 명 대열, 대오 ★

| 해설 | 질문에서 힌트를 찾을 수 없는 보기대조형 문제이다. 네 번째 단락에서 '华为(화웨이)'를 비롯한 3대 운영사들이 5G에 투자를 늘리고 있다고 했고, 다섯 번째 단락에서 전 세계 대형 운영사들 모두 2020년에 5G 상용화를 예측하고 있다고 했으므로, C와 D는 정답이 아니다. 또한 4G는 2010년 이미 상용화되었다고 했으므로, B 역시 정답이 아니다. 본문에서 '5G目前仍处于技术标准的研究阶段, 즉 5G는 현재 아직 기술 표준 연구 단계에 있다'고 했으므로, 정답은 A이다.

| 정답 | A

HSK 6급 1회 쓰기

101번 문제는 한 편의 글을 읽고 요약쓰기를 하는 문제입니다.

第101题

（1）仔细阅读下面这篇文章，时间为10分钟，阅读时不能抄写、记录。
（2）10分钟后，监考收回阅读材料，请你将这篇文章缩写成一篇短文，时间为35分钟。
（3）标题自拟。只需复述文章内容，不需加入自己的观点。
（4）字数为400左右。
（5）请把作文直接写在答题卡上。

　　他出生于辽阔的内蒙古大草原，年幼时特别调皮。母亲望子成龙，为他操碎了心，可是他却一点儿也不明白母亲的良苦用心，经常伤母亲的心。

　　然而，他上小学时幸运之神降临到了他的身上，在他的人生中出现了第一次转折。因为上课不专心听讲，东张西望，过于贪玩儿，有一次考试他居然考了倒数第二名。更让他难过的是，班主任还把全班的成绩单用毛笔写下来，贴在了教室后面的黑板上。每次看到那张成绩单，他心如刀绞，感觉非常没面子。于是，放学后他偷偷地把那张成绩单撕掉了。

　　他的"杰作"被班主任看在了眼里。班主任认为他是可塑之才，便把他叫到了办公室，语重心长地说："你撕掉了成绩单，说明你还想上进。我相信你一定会越挫越勇的。"他问："我跟别人的差距这么大，能赶得上他们吗？"班主任坚定地回答："只要努力，好运总会来敲门的！"班主任的这句鼓励的话语一直萦绕在他的心中。从那以后，他变得爱学习了。

　　그는 광활한 네이멍구(内蒙古) 대초원에서 태어났고, 어린 시절 특히 장난이 심했다. 어머니는 아들이 훌륭한 인물이 되기를 바라며 아들 때문에 애간장을 태웠는데, 그는 오히려 어머니의 깊은 고심을 조금도 알지 못하고 자주 어머니의 마음을 아프게 했다.

　　그런데 그가 초등학교 다닐 때 행운의 신이 그에게 다가왔고, 그의 인생에 있어 첫 번째 전환점을 맞이하게 되었다. 그는 수업시간에 수업에 집중하지 않고 여기저기 두리번거리며 지나치게 노는 데만 빠져 있었는데, 한번은 시험에서 뜻밖에도 뒤에서 2등을 하게 되었다. 그를 더욱 힘들게 했던 것은 담임선생님이 반 전체의 성적표를 붓으로 써서 교실 뒤 칠판에 붙여 놓은 것이었다. 매번 그 성적표를 볼 때마다 그는 마음이 칼로 에이는 듯 아팠고 굉장히 창피하다고 느꼈다. 그래서 방과 후 그는 몰래 그 성적표를 찢어버렸다.

　　그의 '걸작(행동)'은 담임선생님의 눈에 띄었다. 담임선생님은 그가 '될 놈'이라 생각되어 그를 교무실로 불렀고, '네가 성적표를 찢어버렸다는 것은 네가 그래도 발전하고 싶어한다는 것을 의미한단다. 나는 네가 분명히 좌절하면 할수록 더 용감해질 것이라 믿는다'라고 간곡하게 이야기했다. 그는 '나와 다른 학생들의 차이가 이렇게나 큰데 그들을 따라잡을 수 있을까요?'라고 물었다. 담임선생님은 '노력만 한다면 행운은 늘 찾아와 노크할 거란다'라고 확고하게 대답했다. 담임선생님의 격려의 말은 계속해서 그의 마음 속에 맴돌았고, 그(날) 이후부터 그는 공부를 좋아하게 되었다.

他人生的第二次转折是哥哥带给他的。高考后，哥哥考上了梦寐以求的大学。这刺激了他，他希望自己也像哥哥一样成为一名人人羡慕的大学生。

然而梦想是美好的，现实却很残酷，以他当时的成绩是考不上大学的。但当他灰心丧气的时候，小学班主任的那句话就会浮现在他的脑海中：只要努力，好运总会来敲门的。于是，他刻苦学习，坚持不懈。果不其然，他的努力并没有付诸东流。最后，他凭优异的成绩考上了北京广播学院新闻系。

他人生的第三次转折是在大学的时候出现的。毕业前夕，他选择到国际广播电台实习，希望通过自己的努力，争取到这个工作机会。没想到，电台最后并没有留下他。走投无路之际，他买了张去往广东的火车票，想去那里碰碰运气。临走前一天，他意外地接到了学校的消息："你可以去中央人民广播电台试试，说不定还有机会。"最终，他进入了中央人民广播电台。只不过，他并不是台前的播音员，而只是一名编辑。

工作闲暇之时，他常常写文章来表达自己的想法。久而久之，他发表的文章越来越多，并逐渐显露出过人的才华。这为他争取了一个新的机遇。中央电视台要开办一个叫《东方时空》的新栏目，节目组让他去试镜，他轻而易举地通过面试并成为了《东方时空》的主持人。从此，中央电视台就多了一位思想有深度却又不拘泥于形式的节目主持人。

随着节目的热播，他的知名度也随之攀升。他就是曾荣获播音界最高奖项"中国金话筒奖"等多个奖项的著名节目主持人白岩松。

每当人们问他成功的秘诀时，他总是会心一笑地说："只要努力，好运总会来敲门的。"

지문 어휘 辽阔 liáokuò 형 광활하다 ★ | 内蒙古 Nèiměnggǔ 고유 네이멍구 | 年幼 niányòu 형 어리다 | 调皮 tiáopí 형 장난이 심하다, 말을 잘 듣지 않다 | 望子成龙 wàngzǐchénglóng 성 아들이 훌륭한 인물이 되기를 바라다 | 操碎了心 càosuìlexīn 애간장을 태우다, 속이 썩다 | 良苦 liángkǔ 매우 고생스럽다 | 用心 yòngxīn 형 마음을 쓰다 | 降临 jiànglín 동 다가오다, 도래하다, 일어나다 ★ | 转折 zhuǎnzhé 동 전환하다 ★ | 专心 zhuānxīn 형 집중하다, 열중하다 | 东张西望 dōngzhāngxīwàng 성 여기저기 두리번거리다 ★ | 贪玩儿 tānwánr 동 노는 데만 빠지다, 놀기만 좋아하다 | 居然 jūrán 부 뜻밖에, 의외로 | 倒数第二 dàoshǔ dì'èr 뒤에서 2등 | 贴 tiē 동 붙이다 | 心如刀绞 xīnrúdāogē 마음을 칼로 에이는 듯 아프다 | 撕 sī 동 찢다 | 看在眼里 kànzàiyǎnli 눈에 띄다, 직접 보다 | 可塑之才 kěsùzhīcái '될 놈', 육성할 만한 인재, 재목 감 | 语重心长 yǔzhòngxīncháng 성 말이 간곡하고 의미심장하다 | 赶得上 gǎn de shàng 따라잡을 수 있다 | 坚定 jiāndìng 형 확고하다, 굳세다 ★ | 鼓励 gǔlì 동 격려하다 | 萦绕 yíngrào 동 맴돌다, 감돌다 | 高考 gāokǎo 명 대학 입학시험(중국판 수능) ★ | 梦寐以求 mèngmèiyǐqiú 성 꿈에 그리다, 자나깨나 바라다 | 残酷 cánkù 형 처참하다, 참혹하다 ★ | 灰心丧气 huīxīnsàngqì 성 (실패나 좌절로) 낙담해서 풀이 죽다 | 浮现 fúxiàn 동 (지난 일이) 떠오르다 | 果不其然 guǒbuqírán 성 아니나 다를까, 과연 | 付诸东流 fùzhūdōngliú 허사로 돌아가다 | 优异 yōuyì 형 굉장히 우수하다 ★ | 争取 zhēngqǔ 동 쟁취하다 | 走投无路 zǒutóuwúlù 성 앞길이 막막하다, 막다른 골목에 이르다 | 之际 zhījì 명 (일이 발생한) 즈음, 때 | 碰运气 pèng yùnqi 운을 시험하다, 운에 맡기다 | 意外 yìwài 형 뜻밖이다, 의외이다 | 播音员 bōyīnyuán 명 아나운서 | 编辑 biānjí 명 편집자 동 편집하다 | 闲暇 xiánxiá 명 한가한 시간, 짬, 여유 | 久而久之 jiǔ'érjiǔzhī 성 오랜 시간이 지나다 | 逐渐 zhújiàn 부 점점, 점차 | 显露 xiǎnlù 동 드러내다, 내보이다 | 过人 guòrén 동 뛰어나다, 남을 능가하다 | 争取 zhēngqǔ 동 얻어내다, 따내다 | 才华 cáihuá 명 재능 | 机遇 jīyù 명 찬스, 기회 ★ | 中央电视台 Zhōngyāng diànshìtái 고유 중국 관영 CCTV | 栏目 lánmù 명 프로그램, 칼럼, 코너 ★ | 试镜 shì jìng 동 카메라테스트를 하다 | 轻而易举 qīng'éryìjǔ 성 매우 수월하다, 식은 죽 먹기이다 ★ | 深度 shēndù 깊이, 심도 | 拘泥 jūnì 동 얽매이다, 구애되다 | 热播 rèbō 인기리에 방영되다 | 攀升 pānshēng 동 상승하다, 오르다 | 荣获 rónghuò 동 영예롭게 (상을) 받다 | 奖项 jiǎngxiàng 명 상 | 白岩松 Bái Yánsōng 고유 바이옌쑹 | 会心一笑 huìxīn yíxiào 회심의 미소를 짓다

해설

★★★
이 이야기는 CCTV 의 유명한 MC 바이옌쑹의 성공비결을 소개한 글로, 시간의 순서에 따라 인생의 전환포인트를 기억하며 요약쓰기를 진행해야 한다.

	본문	요약
1단락	他出生于辽阔的内蒙古大草原，年幼时特别调皮。母亲望子成龙，为他操碎了心，可是他却一点儿也不明白母亲的良苦用心，<u>经常伤母亲的心</u>。	他出生在内蒙古大草原，小时候特别不听话，经常伤母亲的心。
	<u>그는 광활한 네이멍구(内蒙古) 대초원에서 태어났고, 어린 시절 특히 장난이 심했다.</u> 어머니는 아들이 훌륭한 인물이 되기를 바라며 아들 때문에 애간장을 태웠는데, 그는 오히려 어머니의 깊은 고심을 조금도 알지 못하고 <u>자주 어머니의 마음을 아프게 했다.</u>	그는 네이멍구 대초원에서 태어났고, 어린 시절 특히 장난이 심해서 자주 어머니의 마음을 아프게 했다.

1단락	[도입] 주인공에 관한 기본적인 소개
	(1) 인물: 他(그)
	(2) 장소: 内蒙古大草原(네이멍구 대초원)
	(3) 전개포인트:
	① 幼年时特别调皮 (어린 시절 특히 장난이 심했다)
	② 经常伤母亲的心 (자주 어머니의 마음을 아프게 하다)

	본문	요약
2-3 단락	然而，他上小学时幸运之神降临到了他的身上，在他的<u>人生中出现了第一次转折</u>。因为上课不专心听讲，东张西望，过于<u>贪玩儿</u>，有一次考试他居然考了倒数第二名。更让他难过的是，班主任还把全班的<u>成绩单</u>用毛笔写下来，<u>贴在了教室后面的黑板上</u>。每次看到那张成绩单，他心如刀绞，感觉非常没面子。于是，放学后他偷偷地把那张成绩单撕掉了。 他的"杰作"被班主任看在了眼里。班主任认为他是可塑之才，便把他叫到了办公室，语重心长地说："你撕掉了成绩单，说明你还想上进。我相信你一定会越挫越勇的。"他问："我跟别人的差距这么大，能赶得上他们吗？"班主任坚定地回答："<u>只要努力，好运总会来敲门的！</u>"班主任的这句鼓励的话语一直萦绕在他的心中。从那以后，<u>他变得爱学习了</u>。	小学时，他的人生中出现了第一次转折。因为贪玩儿，有一次他考了倒数第二名。班主任把成绩单贴在了黑板上，这让他非常没面子，他就把成绩单撕下来。班主任觉得他还想上进，于是把他叫到办公室，对他说："只要努力，好运总会来敲门的。"在班主任的鼓励下，他成了爱学习的孩子。
	그런데 그가 초등학교 다닐 때 행운의 신이 그에게 다가왔고, 그의 인생에 있어 첫 번째 전환점을 맞이하게 되었다. 그는 수업시간에 수업에 집중하지 않고 여기저기 두리번거리며 지나치게 노는 데만 빠져 있었는데, 한번은 시험에서 뜻밖에도 뒤에서 2등을 하게 되었다. 그를 더욱 힘들게 했던 것은 담임선생님이 반 전체의 <u>성적표</u>를 붓으로 써서 <u>교실 뒤 칠판에 붙여놓은</u> 것이었다. 매번 그 성적표를 볼 때마다 그는 마음이 칼로 에이는 듯 아팠고 굉장히 <u>창피하다고</u> 느꼈다. 그래서 방과 후 그는 몰래 그 성적표를 <u>찢어버렸다</u>.	초등학교 때 그의 인생에 있어 첫 번째 전환점이 나타났다. 그는 지나치게 노는 데 만 빠져 있었는데, 한번은 시험에서 뒤에서 2등을 했다. 담임선생님은 성적표를 칠판에 붙였고, 이는 그를 굉장히 창피하게 만들었기에 그는 성적표를 찢어버렸다. 담임선생님은 그가 그래도 발전하고 싶어한다고 생각되어 그를 교무실로 불러서 그에게 이야기했다. '네가 노력만 한다면 행운은 늘 찾아와 노크할 거란다.' 담임선생님의 격려 속에서 그는 공부를 좋아하는 아이가 되었다.

그의 '걸작(행동)'은 담임선생님의 눈에 띄었다. 담임선생님은 그가 '될 놈'이라 생각되어 그를 교무실로 불렀고, '네가 성적표를 찢어버렸다는 것은 네가 그래도 발전하고 싶어한다는 것을 의미한단다. 나는 네가 분명히 좌절하면 할수록 더 용감해 질 것이라 믿는다'라고 간곡하게 이야기했다. 그는 '나와 다른 학생들의 차이가 이렇게나 큰데 그들을 따라잡을 수 있을까요?'라고 물었다. 담임선생님은 '노력만 한다면 행운은 늘 찾아와 노크할 거란다'라고 확고하게 대답했다. 담임선생님의 격려의 말은 계속해서 그의 마음 속에 맴돌았고, 그(날) 이후부터 그는 공부를 좋아하게 되었다.

2-3단락

[전개1] 첫 번째 전환점
(1) 시간: 小学时(초등학교때)
(2) 인물: 他(그)、班主任(담임선생님)
(3) 장소: 办公室(교무실)
(4) 이유: 班主任的鼓励(담임선생님의 격려)
(5) 결과: 变得爱学习了(공부를 좋아하게 되다)
(6) 전개포인트:
  ① 上课贪玩 (수업시간에 노는데만 빠져있다)
  ② 有一次 (한번은)
  ③ 倒数第二名 (시험에서 뒤에서 2등)
  ④ 班主任 (담임선생님)
  ⑤ 把成绩单贴在黑板上 (성적표를 칠판에 붙이다)
  ⑥ 觉得没有面子 (굉장히 창피하다고 생각하다)
  ⑦ 把成绩单撕下来 (성적표를 찢다)
  ⑧ 叫到了办公室 (교무실로 불려가다)
  ⑨ 只要努力，好运总会来敲门的 (노력만 한다면 행운은 늘 찾아와 노크할 것이다)
  ⑩ 他变得爱学习了 (그는 공부를 좋아하게 되다)

4-5단락

본문		요약
他人生的第二次转折是哥哥带给他的。高考后，哥哥考上了梦寐以求的大学。这刺激了他，他希望自己也像哥哥一样成为一名人人羡慕的大学生。 然而梦想是美好的，现实却很残酷，以他当时的成绩是考不上大学的。但当他灰心丧气的时候，小学班主任的那句话就会浮现在他的脑海中：只要努力，好运总会来敲门的。于是，他刻苦		他人生的第二次转折是哥哥带给他的。高考后，哥哥考上了大学，这刺激了他，希望像哥哥那样成为大学生，可是他当时的成绩不好。但他想起了班主任的话：只要努力，好运总会来敲门的。于是，通过努力学习，他终于考上了北京广播学院

学习，坚持不懈。果不其然，他的努力并没有付诸东流。最后，他凭优异的成绩考上了北京广播学院新闻系。

그의 인생의 두 번째 전환점은 그의 형이 그에게 가져다 주었다. 대학입학 시험 후 형은 꿈에 그리던 대학에 합격했다. 이것은 그를 자극했고 그는 자신도 형처럼 사람들이 모두 부러워하는 대학생이 되기를 희망했다. 하지만 꿈은 근사하고 현실은 처참했다. 당시 그의 성적으로는 대학에 갈 수 없었던 것이었다. 그런데 그가 낙담해서 풀이 죽어 있던 그때, 초등학교 시절 담임선생님이 하셨던 '노력만 한다면 행운은 늘 찾아와 노크할 거란다'라던 그 말씀이 머리 속에 떠올랐다. 그리하여 그는 아주 열심히 공부했고 포기하지 않았다. 아니나 다를까 그의 노력은 결코 허사로 돌아가지 않았고 결국 그는 굉장히 우수한 성적으로 베이징광파학원(北京广播学院) 신문방송학과에 합격하게 되었다.	그의 인생의 두 번째 전환점은 그의 형이 그에게 가져다 주었다. 대학입학 시험 후 형은 대학에 합격했고 이것은 그를 자극했다. 그는 형처럼 그렇게 대학생이 되기를 희망했지만 당시 그의 성적은 좋지 않았다. 하지만 그는 담임선생님이 하셨던 '노력만 한다면 행운은 늘 찾아와 노크할 거란다'라던 그 말씀이 머릿속에 떠올랐다. 그리하여 열심히 공부한 끝에 그는 마침내 베이징광파학원 신문방송학과에 합격하게 되었다.

4-5 단락

[전개2] **두 번째 전환점**
(1) **시간**: 高考时(대입시험 때)
(2) **인물**: 他(그)、哥哥(형)
(3) **이유**: 班主任的那句话(담임선생님의 그 한 마디)
(4) **결과**: 考上了北京广播学院新闻系(베이징광파학원 신문방송학과에 합격하다)
(5) **전개포인트**:
　① 人生第二次转折 (인생의 두 번째 전환점)
　② 哥哥给他的 (그의 형이 가져다 주다)
　③ 高考后 (대학입학 시험 후)
　④ 哥哥考上了大学 (형은 대학에 합격하다)
　⑤ 希望自己也想哥哥一样 (자신도 형처럼 되기를 희망하다)
　⑥ 成绩不理想 (성적이 좋지 않다)
　⑦ 想起来了小学班主任的话 (초등학교 시절 담임선생님의 말이 떠오르다)
　⑧ 努力学习 (열심히 공부하다)
　⑨ 考上了 (합격하다)

본문	요약
他人生的第三次转折是在大学的时候出现的。毕业前夕，他选择到国际广播电台实习，希望通过自己的努力，争取到这个工作机会。没想到，电台最后并没有留下他。走投无路之际，他买了张去往广东的火车票，想去那里碰碰运气。临走前一天，他意外地接到了学校的消息："你可以去中央人民广播电台试试，说不定还有机会。"最终，他进入了中央人民广播电台。只不过，他并不是台前的播音员，而只是一名编辑。

工作闲暇之时，他常常写文章来表达自己的想法。久而久之，他发表的文章越来越多，并逐渐显露出过人的才华。这为他争取了一个新的机遇。中央电视台要开办一个叫《东方时空》的新栏目，节目组让他去试镜，他轻而易举地通过面试并成为了《东方时空》的主持人。从此，中央电视台就多了一位思想有深度却又不拘泥于形式的节目主持人。

随着节目的热播，他的知名度也随之攀升。他就是曾荣获播音界最高奖项"中国金话筒奖"等多个奖项的著名节目主持人白岩松。 | 他人生中的第三次转折是在大学的时候出现的。毕业前，他进入了中央广播电台，成为了一名编辑。空闲时，他写了很多文章，逐渐显现出才华。这让他得到了去中央电视台试镜的机会。通过面试，他顺利地成为了《东方时空》这个新栏目的主持人。随着节目热播，他的知名度也越来越高。他就是央视著名主持人白岩松。 |
| 그의 인생의 세 번째 전환점은 대학교 때 나타났다. 졸업하기 전 날, 그는 국제 라디오방송국에서 인턴을 하기로 선택하고, 자신의 노력을 통해서 이 취업기회를 쟁취하고 싶었다. 뜻밖에도 방송국에서는 결국 그를 채용하지 않았고, 앞 길이 막막할 즈음 그는 광둥(广东) 가는 기차표를 사고 그곳에 가서 운을 시험해보기로 했다. 떠나기 전날, 그는 학교로부터 '중앙인민라디오방송국에 한번 도전해봐라, 어쩌면 아직 기회가 있을지 모른다' 는 뜻밖의 연락을 받았다. 최종적으로 그는 중앙인민라디오방송국에 들어갔는데, 다만 무대 위의 아나운서가 아닌 편집자라는 것 뿐이었다.

일이 한가할 때면 그는 종종 글을 써서 자신의 생각을 표현했는데, 시간이 오래 지나면서 그가 발표하는 글이 점점 많아졌고 점차 뛰어난 재능을 드러냈다. 이것은 그에게 새로운 | 그의 인생의 세 번째 전환점은 대학교 때 나타났다. 졸업하기 전 날, 그는 중앙인민라디오방송국에 들어갔고 편집자가 되었다. 시간이 날 때, 그는 많은 글을 썼고 점차 재능을 드러냈다. 이것은 그에게 CCTV의 카메라 테스트 기회를 안겨줬고, 그는 면접을 통과하여 순조롭게 《동방시공》이라는 새프로그램의 MC가 되었다. 프로그램이 인기리에 방영되면서 그의 지명도 역시 점점 더 높아졌다. 그 사람이 바로 CCTV의 유명한 MC 바이옌쑹이다. |

찬스를 안겨주었다. 중국 관영 CCTV에서 《동방시공(东方时空)》이라는 새로운 프로그램을 만드는데, 프로그램팀에서 그에게 카메라 테스트를 하러 오라고 했고 그는 아주 수월하게 면접을 통과하여 《동방시공》의 MC가 되었다. 이때부터 CCTV에는 생각이 깊으면서도 형식에 얽매이지 않는 프로그램 MC가 한 명 더 늘어났다.

<u>프로그램이 인기리에 방영되면서. 그의 지명도 역시 더불어 상승했는데</u>, 그 사람은 바로 일찍이 아나운서계의 최고상인 '중국금화동상(中国金话筒奖)'을 비롯하여 여러 개의 상을 휩쓴 유명한 프로그램 MC 바이옌쑹(白岩松)이다.

6-8단락

[전개3] 세 번째 전환점
(1) 시간: 在大学时(대학 다닐 때)、工作时(일할 때)
(2) 인물: 他(그)
(3) 장소: 中央广播电台(중앙라디오방송국)、中央电视台(CCTV)
(4) 이유: 不放弃(포기하지 않음)
(5) 결과: 知名度攀升(지명도 상승)
(6) 전개포인트:
　① 第三次转折 (세 번째 전환점)
　② 进入中央人民广播电台 (중앙인민라디오 방송국에 들어가다)
　③ 编辑 (편집자)
　④ 闲暇之时 (한가할 때)
　⑤ 写文章 (글을 쓰다)
　⑥ 显示才华 (재능을 드러내다)
　⑦ 请他视镜 (그에게 카메라테스트를 받으라고 하다)
　⑧ 成为《东方时空》的主持人 (《동방시공》의 MC가 되다)
　⑨ 知名度攀升 (지명도가 상승하다)
　⑩ 著名节目主持人白岩松 (유명한 프로그램 MC 바이옌쑹)

9단락

본문	요약
每当人们问他成功的秘诀时，他总是会心一笑地说：" <u>只要努力，好运总会来敲门的。</u>"	白岩松认为要想成功，只要努力，好运总会来敲门的。
매번 사람들이 그에게 **성공의 비결**을 물을 때면 그는 항상 회심의 미소를 지으며 '<u>노력만 한다면 행운은 늘 찾아와 노크할 것입니다.</u>'라고 이야기한다.	바이옌쑹은 성공하려면, 노력만 한다면 행운은 늘 찾아와 노크할 것이라고 생각한다.

[결론] 주제

好运来敲门

　　他出生在内蒙古大草原，小时候特别不听话，经常伤母亲的心。

　　小学时，他的人生中出现了第一次转折。因为贪玩儿，有一次他考了倒数第二名。班主任把成绩单贴在了黑板上，这让他非常没面子，他就把成绩单撕下来。班主任觉得他还想上进，于是把他叫到办公室，对他说："只要努力，好运总会来敲门的。"在班主任的鼓励下，他成了爱学习的孩子。

　　他人生的第二次转折是哥哥带给他的。高考后，哥哥考上了大学，这刺激了他，希望像哥哥那样成为大学生，可是他当时的成绩不好。但他想起了班主任的话：只要努力，好运总会来敲门的。于是，通过努力学习，他终于考上了北京广播学院。

　　他人生中的第三次转折是在大学的时候出现的。毕业前，他进入了中央广播电台，成为了一名编辑。空闲时，他写了很多文章，逐渐显现出才华。这让他得到了去中央电视台试镜的机会。通过面试，他顺利地成为了《东方时空》这个新栏目的主持人。随着节目热播，他的知名度也越来越高。他就是央视著名主持人白岩松。

　　白岩松认为要想成功，只要努力，好运总会来敲门的。

HSK 6급

실전모의고사 2회

HSK 6급 2회 모의고사 듣기 스크립트

大家好！欢迎参加HSK(六级)考试。
大家好！欢迎参加HSK(六级)考试。
大家好！欢迎参加HSK(六级)考试。

HSK(六级)听力考试分三部分，共50题。
请大家注意，听力考试现在开始。

第一部分

第1到15题请选出与所听内容一致的一项。

现在开始第一题：

1

褪黑素是人体自然分泌的一种激素，能起到调节睡眠的作用。研究显示，如果在睡前使用一个小时以上的手机或者平板电脑等电子产品会抑制体内褪黑素的形成，从而会降低睡眠质量。因此，专家建议睡前最好不要使用电子产品。

2

很多人往往会因为还没准备好而放弃难得的机遇。其实，我们的人生是变幻莫测的，"都准备好"只是想象中的理想状态。因此与其等待"都准备好"，不如现在就勇敢大胆地去做，在过程中去扫除障碍。

3

在古汉语中，"令"和"尊"都是表示尊敬的词语，用来称呼对方的亲属或家人。比如，"令尊"是对他人父亲的敬称；"令堂"是对他人母亲的敬称；"令爱"是对他人女儿的敬称；"令郎"是对他人儿子的敬称。

4

如果你容易晕车，最好坐在副驾驶的位置或者前排靠窗的座位。因为视野很好，可以欣赏窗外的风景，从而分散注意力，减少晕车的症状。千万不要坐在车的后座，车的后部是最颠簸的地方，更容易导致晕车。

5

一位学者给学生做讲座时发生了一件尴尬的事情。他上台阶的时候不小心摔倒了。学生们捧腹大笑。学者从容不迫地站起来对学生们说："上台阶需要一步一步上，学习也是如此。"他的机智不仅很快化解了尴尬，还赢得了掌声。

6

坡芽歌书是用原始的图画文字将壮族民歌记录于土布上的民歌集。它是迄今为止发现的唯一用图画记录民歌的文献。它由81个图画文字组成，这些图画文字都带有明显的壮族文化特征，对研究壮族文化有重要意义。

7

著名教育家徐特立曾说过这样一句话："不动笔墨不读书"。意思是在阅读的过程中，要动笔把自己的读后感或者认为精彩的句子写下来。读书勤于动笔是良好的阅读方式，不仅可以帮助我们记忆，还能提高阅读效率。

8

在法庭上，法官要求证人一定要将自己亲眼所见的如实说出来。法官问证人的第一个问题是："你是什么时候出生的？"证人惊慌地回答："对不起！法官大人，这个不是我亲眼所见的，我没有办法回答您。"

9

百香果别名鸡蛋果，因其可散发出香蕉、菠萝、柠檬等多种水果的浓郁香味而得名。百香果中富含人体所需的各种微量元素，营养丰富，有消除疲劳，排毒养颜的功效，适合做成果汁、果冻、果酱等产品。

10

雾灵山位于河北承德市，森林覆盖率高达93%，主峰海拔2118米。雾灵山属于温带大陆性季风气候，冬长夏短，昼夜温差大。雾灵山地形地貌的复杂性决定了其气候的多样性，素有"三里不同天，一山有三季"之称。

11

春秋战国时期战事频繁，骑兵作战日益盛行，因此马的身价愈来愈高，相马师这个职业由此产生。相马师的工作是挖掘好马并评价马的优劣，相传古代的伯乐就是有名的相马师，特别善于发现千里马。

12

很少有人是做好了百分之百的准备后才开始行动的，一旦机会来了就要勇于尝试，不要以没准备好为借口逃避。生活中的某些机遇总是会迫使我们走出自己的舒适区，这就意味着刚开始的时候我们肯定会感到不舒服。

13

姑嫂饼是桐乡乌镇远近闻名的特产之一，距今已有一百多年的历史。姑嫂饼呈扁圆形，薄厚均匀，油而不腻，甜中带咸。姑嫂饼的用料跟酥糖相仿，有面粉、白糖、芝麻、猪油等。

14

在生活中翻阅学术期刊的人比较少。因为一提起学术期刊，人们就会感到枯燥乏味，甚至会感到反感。但是这本期刊为了改变原来的古板感觉，对形式进行了创新，它那自然清新并富有艺术感的封面设计会使读者眼前一亮。

15

在冬天由于空气干燥而产生的静电有时会让人感到疼痛。为了减少静电带来的疼痛感觉，在接触金属物品时可以先用手摸一下墙壁释放身体的静电，还可以用整个手掌去接触物体，通过增大接触面积来减小电流。

第二部分

第16到30题请选出正确答案。

现在开始第16到20题：

第16到20题是根据下面一段采访：

女：汪先生，您好！有机会采访您，我感到很荣幸！现在许多观众表示理解不了现代派画家的作品，甚至有的观众用语言抨击作品。您作为绘画大师，怎么看这些问题呢？

男：现代派画的特点是夸张、抽象，的确很难理解。我认为观众应该提升欣赏现代美术艺术作品的能力，这样有助于理解作品所要表达的内容。

女：我们常说，艺术来源于生活，而又高于生活。那么您如何看待艺术和生活的关系？在您的作品中是如何体现的呢？

男：我一直赞同艺术来源于生活这个说法。美术作品的创作与现实生活是密不可分的。现实生活是创造美术作品的源泉，也是唯一源泉。我在创作中，一直力求表现出自己真正的生活，我所有作品都与我的生活方式有关。

女：有许多人认为艺术作品逐渐商品化了，作品与艺术分离了，对于这样的说法您怎么看呢？

男：在当代社会，许多文化活动已经与经济发展融为了一体。艺术经济是文化经济的核心，艺术品走向艺术商品是一种与时俱进的体现，在当代社会进程中有积极意义。在我看来，艺术品是特殊的商品，因为它不仅具有商业价值，更重要的是它具有审美价值，能给人们带来欣赏的愉悦。

女：汪先生，您是如何评判一个作品是否是优秀作品的呢？

男：我认为真正优秀的作品除了要体现画家扎实的绘画功底外，更应该体现出画家的思想高度。也就是说，好的作品要体现画家的思想。

女：画家创作的作品总会有画评人来进行点评，那么您如何看待画家和画评人之间的关系呢？

男：这两者是相互促进、相互影响的关系。画评人的批评会影响画家的创作方向。科学的美术批评可以激发出画家的新想法，促进画家创作。而画家的新作品会影响画评人的思想，促进美术批评的发展。

16 汪先生认为，如果观众不理解现代派画家的作品应该怎么做？

17 关于汪先生的作品，下列哪项正确？

18 为什么说艺术品是特殊的商品？

19 汪先生评判优秀作品的标准是什么？

20 汪先生认为，画评人会从哪方面影响画家的创作？

第21到25题是根据下面一段采访：

男：《陪你走过小学六年》是您最近出版的新书，在这本书中讲了很多您和女儿的故事，为什么呢？

女：是的，我在书中讲了很多我和女儿在生活中发生的点点滴滴的故事，这些都是实例。我写这些实例是为了给家长介绍一些教育孩子的方法，让更多的家长知道教育孩子是要讲究方法的。

男：那您在书中介绍的这些教育孩子的方法，其他家长是不是可以直接用您的这些方法来教育孩子呢？

女：我在书中介绍的方法是给女儿量身定制的，不见得适合所有孩子，家长千万不要直接套用这些方法。家长应结合孩子的情况，制定适合自己孩子的教育方法。

男：孩子在小学、初中、高中这三个求学阶段，家长的角色应如何转变？

女：在孩子的成长过程中最重要的是家长的陪伴。但是每个阶段的陪伴方式有所不同。孩子上小学时，家长应该重视孩子的学习，帮助孩子养成良好的学习习惯。到了初中阶段，孩子处于青春期，家长应该更重视孩子的身心健康问题。到了高中阶段，家长应该把精力转移到孩子的人生规划上，家长可以给孩子讲一些自己过去的人生经历。

男：许多教育专家认为家长在教育孩子之前应该先接受教育，对于这一观点您怎么看？

女：我赞同这一观点。大多数家长认为孩子做错事情与自己无关，其实不然。可以这样说，每个家长都是孩子的启蒙老师，父母的教育观念对孩子的影响极大。所以，我建议家长教育孩子之前，先接受教育，树立正确的教育观念。

男：您的女儿是这本书的主人公，您认为女儿最宝贵的品质是什么？

女：我女儿无论是对待身边的人还是对待事情都很真诚，这是她最宝贵的品质。当然人无完人，我女儿也有很多缺点。比如，在公共场所如果她看到有人闯红灯，她就会用十分强硬的语气制止，说话太直接，一点儿都不委婉。

21　女的在书中为什么讲了很多自己和女儿的故事？

22　高中阶段家长应该把主要精力放在孩子的哪方面？

23　女的建议家长怎么做？

24　女的认为女儿有什么缺点？

25　关于女的可以知道什么？

第26到30题是根据下面一段采访：

女：作为一名室内设计师，如果让您设计一家餐厅，您会怎么设计呢？

男：在设计时，我会忘记自己是设计师的身份，而且我也不会从餐厅老板的角度考虑，而是会把自己当成一个普普通通的顾客，站在顾客的立场去考虑设计。我发现现在的快餐店设计虽然越来越高端，但是缺少温暖。所以我想设计一个居家风格的，想让顾客进店后有归属感。

女：那您的居家风格的设计会如何体现出来？

男：我认为灯光很关键。我会选择暖色调的灯，让顾客进店后瞬间得到放松。我还会选择不同款式的桌椅，我想以这种方式给顾客一种时间感，好像是自己在家里慢慢收集的家具，而不是买完一套就布置好的。另外，我会在快餐店里放一些绿色植物，不是塑料的，都是真的，这样才能给顾客一种清新自然的感受。

女：您设计的快餐店数不胜数。很多人走进您设计的店后，都会怀疑自己是不是走错地方了。对这些不像快餐店的设计您是怎么看的？

男：传统意义的快餐店就是一个你来不及看店内长什么样子，就已经吃完走人的地方。我认为快餐店的"快"强调的是在最短时间内把饭菜送到顾客面前，是对餐厅的要求，不是对顾客的要求。我想让顾客进入店后，能放慢自己的心情。为此我们还设计了一个舞台，让顾客可以随时站在舞台上展现自己。

女：快餐店人流量多，难免会嘈杂，您是如何创造出安静的环境的？

男：为了给顾客创造出安静的用餐空间，我们测量了客人与客人之间最适当的距离，设置了隔断。而且在餐厅的装修材料方面费了很多心思，我们选用了可以吸收噪音的天花板，这样不但美观好看，还可以减少噪音。

女：为什么您将餐厅的主色调定为米白色？

男：米白色看起来干净，很容易营造出温暖的感觉，而不是冰冷的感觉。另外，米白色在整个餐厅起到衬托其他物品的作用。

26 男的想设计一个什么样的餐厅？

27 关于餐厅中的桌椅，下列哪项正确？

28 餐厅是如何创造出安静的环境的？

29 关于男的，可以知道什么？

30 根据对话，下列哪项正确？

第三部分

第31到50题请选出正确答案。

现在开始第31到33题：

第31到33题是根据下面一段话：

　　一个老农上山砍柴，当他要砍一棵树的时候，发现树下面的杂草中有一个特别大的蚂蚁窝。他割掉了这些杂草后，蚂蚁窝破了，无数蚂蚁蜂拥而出。老农先是愣了一下，然后立刻将砍下的杂草围成了一个圈，用火点燃了。风吹火旺，蚂蚁四处逃命。但无论逃到哪个方向，都无法逃出去，因为它们已经被火墙挡住了。火势越来越大了，蚂蚁占据的空间越来越小，灭顶之灾即将到来。这时，不可思议的事情发生了，突然地上的蚂蚁迅速地抱成了一团，变成了一个黑球。这个黑球先是拳头大小，不断有蚂蚁爬上去，渐渐地变得和篮球一样大。后来，这个黑球向烈火滚去，终于冲出了火墙。老农捡起黑球最外层蚂蚁的尸体时，久久不愿放下，他被深深地感动了。

　　如果每一个蚂蚁都只顾自己逃生，结果会如何？蚂蚁为什么会有这种让人类都自叹不如的团队精神，至今科学家还不知道其中的奥秘。

31　老农上山砍柴时发现了什么？

32　关于那个黑球，可以知道什么？

33　这段话主要谈的是什么？

第34到36题是根据下面一段话：

　　绍兴以水乡著称，建在河道上的桥是绍兴的特色标志，八字桥是众多古桥中最具代表性的一个。八字桥始建于南宋时期，因形状像八字而得名。它以石材建成，有两个桥墩，起支撑作用，桥墩上有九根石柱，以牢固桥身。八字桥的设计特点是顺应绍兴城内已有的街道、房屋等布局，善用地形，不拆房不改街。当时八字桥建造在三条街道与三条河流交错在一起的位置上，建筑构思巧妙，古代匠师科学地解决了当地复杂的交通问题，因此专家学者称它为古代的立交桥。历经千年沧桑，八字桥完好无损地保存到今天，的确是一件令人称奇的事情。

34　八字桥因什么而得名？

35　那九根石柱有什么作用？

36　关于八字桥，可以知道什么？

第37到39题是根据下面一段话：

　　大部分人应该都有这样的体验，当我们在写文章时往往很难发现文中的错别字。为什么我们会看不见这些恼人的细节呢？心理学家解释说，我们之所以很难发现错别字，不是因为我们粗心大意，而是因为我们在写文章时，把全部精力放在了所要表达的思想上，这时我们的大脑在做非常高级的任务。大脑在做高级任务时，会将简单、零碎的部分概化，更专注于复杂的任务。我们的大脑不是电脑可以抓住每个细节。

　　相反，读者在读我们的文章时，很容易发现我们的问题。尽管我们在文章中使用的词汇是读者熟悉的，但是整个内容是他们第一次读，所以阅读时更注重的是细节。

37 大部分人都有什么样的体验？

38 大脑的高级任务是什么？

39 根据这段话，下列哪项正确？

第40到43题是根据下面一段话：

　　海洋中的潮汐蕴藏着巨大的能量。它是一种不污染环境、不影响生态平衡、取之不尽的可再生资源。潮汐能的利用方式主要是发电。最近，科学家利用潮汐能发电的原理研制出了一台试验样机——海下风车，并在部分地区进行了试运行。这台海下风车是将一个开放式的风车放置海底，利用海水的流动来转动叶片使之发电。科学家介绍说，由于海水水流中的能量密度在同比情况下比空气大许多，因此发电设备尺寸相对较小。比如，同为一兆瓦的普通发电机组，风力发电机风车的叶片直径需达到55米左右，但海下风车叶片的直径只需20米左右。海下风车与太阳能和风能发电相比，其优势在于不受天气影响。不过，科学家指出海下风车有一定的缺陷。第一，发电成本高，第二，海下风车转动时产生的能量很大，很容易对一些海洋生物造成伤害。

40 海下风车是利用什么原理来发电的？

41 关于海下风车，下列哪项正确？

42 海下风车有什么优点？

43 海下风车为什么会伤害部分海洋生物？

第44到47题是根据下面一段话：

魏文侯是战国时期魏国的开国国君。他学识渊博，尊重人才，善于纳谏。

一次宴会上，魏文侯与田子方一边听乐师奏乐一边饮酒。喝到尽兴时，魏文侯突然放下酒杯，表情十分严肃地问田子方："你刚才有没有听出今天乐师奏乐的声音不协调，左边的编钟声音有点儿高。"田子方听后没回答，只是笑了笑。魏文侯又认真听了一遍，发现编钟的声音确实有问题。他对田子方说："这么明显的问题你没听出来吗？不行，你先坐在这儿，我去问问乐师到底怎么回事儿？"田子方又笑了笑，继续饮酒，还是没回答。魏文侯疑惑不解地问："你为什么总笑？难道是我听错了吗？"田子方说："您没有听错。我认为您是国君，不用事必躬亲。编钟的声音有问题，乐官会负责。如果您亲自去问乐师，岂不是做了乐官应该做的事儿，这样的话以后管理乐师就会有问题。"

田子方把乐官叫到旁边，问左边的编钟声音为什么变高了。乐官低着头，忐忑不安地说："今天表演之前，其中有个编钟突然出了问题，但因时间紧，所以没来得及修。我保证下次不会再出现这样的问题了。"魏文侯笑着说："你说得确实有道理。我敬你一杯酒，要不是你的提醒，我怎么能知道乐官很称职呢？"

44 关于魏文侯，可以知道什么？
45 魏文侯为什么突然放下了酒杯？
46 田子方认为，国君应该怎么做？
47 魏文侯认为，那个乐官怎么样？

第48到50题是根据下面一段话：

百米短跑是田径赛中距离最短的比赛，它充分体现了人类的爆发力和速度极限，被誉为"挑战人类速度极限"的比赛。百米短跑是奥运会上最重要的赛事之一，很具有观赏价值，因此倍受众人关注。百米短跑是简单的运动，因为不需要任何运动工具，也不需要练习转弯技巧，运动员只需穿上一双跑鞋，迈开双腿，手臂一前一后摆动即可。但它又是技术性最高的运动项目，它的技术是不可分割的完整体，起跑时要有爆发力，反应快，加速时要调整好步伐，步幅大小要一致，途中跑时要注意节奏，不能忽快忽慢，冲刺时要全力加快步伐，在短短十几秒的时间内完成这四个阶段是相当难的。

48 百米短跑为什么倍受众人关注？
49 关于百米短跑，下面哪项正确？
50 这段话主要谈的是什么？

HSK 6급 2회 모의고사 정답

一、听力

第一部分

1. D 2. C 3. C 4. B 5. B 6. C 7. C 8. D 9. B 10. A
11. D 12. B 13. D 14. A 15. D

第二部分

16. B 17. C 18. D 19. D 20. A 21. D 22. B 23. D 24. B 25. A
26. B 27. A 28. A 29. C 30. B

第三部分

31. D 32. C 33. B 34. A 35. B 36. D 37. D 38. C 39. A 40. C
41. B 42. C 43. C 44. B 45. D 46. D 47. A 48. C 49. B 50. C

二、阅读

第一部分

51. B 52. C 53. C 54. B 55. A 56. A 57. B 58. C 59. D 60. C

第二部分

61. C 62. D 63. D 64. A 65. C 66. B 67. A 68. B 69. C 70. D

第三部分

71. E 72. D 73. A 74. C 75. B 76. C 77. B 78. D 79. E 80. A

第四部分

81. D   82. A   83. B   84. B   85. D   86. C   87. C   88. D   89. A   90. D
91. A   92. B   93. D   94. B   95. B   96. A   97. C   98. B   99. D   100. D

三、书写

101.

海曼的橡皮

　　有一位画家叫海曼，他在画画方面很有天赋。但是他的画不太受欢迎，因而生活贫困极了，但海曼依然坚持每天画画。
　　一天，海曼正在专心画画，没意识到橡皮掉了，直到用时才发现。没想到，他再次画画时橡皮又掉了，这是他唯一的一块橡皮。最后，他好不容易在床底下找到了。
　　这一次，海曼作画时手里握着橡皮，但是这样他就无法集中画画。突然，他想到一个办法，就是将橡皮用一根细绳绑在铅笔一头。不过没过多久，一个新问题又出现了。他作画时，橡皮总是会在笔的周围晃来晃去，影响他作画。于是，他又将橡皮和铅笔固定在一起。之后，海曼再也不用因为橡皮而烦恼了。
　　当海曼沉浸在自己的新发明时，他的朋友来做客，发现了这个小发明。于是，朋友建议海曼申请专利。第二天一早，海曼就去申请专利了。不出意料，他申请成功了，并把这项专利卖给了一家专门生产铅笔的公司。而这个无意间的小点子让他成为百万富翁。
　　人生就是这样，谁也不知道明天会发生什么，也许这就是人生最精彩的地方。因此，当我们遇到困难时，千万不要绝望。如果你的心态绝望了，你的人生就真的绝望了。

HSK 6급 2회 듣기

제1부분 1~15번 문제는 단문을 듣고 일치하는 내용을 고르는 문제입니다.

1

褪黑素是人体自然分泌的一种激素，能起到调节睡眠的作用。研究显示，如果在睡前使用一个小时以上的手机或者平板电脑等电子产品会抑制体内褪黑素的形成，从而会降低睡眠质量。因此，专家建议睡前最好不要使用电子产品。

A 失眠会引发焦虑情绪
B 浅睡眠会导致智力下降
C 褪黑素与人的睡眠无关
D 睡前玩电子产品会影响睡眠

멜라토닌은 인체에서 자연적으로 분비되는 일종의 호르몬으로, 수면을 조절하는 작용을 할 수 있다. 연구에 따르면, 잠자기 전에 휴대폰이나 태블릿PC 등의 전자제품을 한 시간 이상 사용할 경우 체내의 멜라토닌 형성을 억제해서 수면의 질을 떨어뜨릴 수 있다고 한다. 이 때문에 잠자기 전에는 전자제품을 사용하지 않는 것이 가장 좋다고 전문가는 제안한다.

A 불면증은 초조함을 유발할 수 있다
B 얕은 수면은 지능저하를 초래할 수 있다
C 멜라토닌은 사람의 수면과 무관하다
D 잠들기 전에 전자제품을 사용하면 수면에 영향을 줄 수 있다

지문 어휘 褪黑素 tuìhēisù 명 멜라토닌 | 分泌 fēnmì 동 분비하다 ★ | 激素 jīsù 명 호르몬 | 调节 tiáojié 동 조절하다 ★ | 平板电脑 píngbǎn diànnǎo 명 태블릿 PC | 抑制 yìzhì 동 억제하다 ★

보기 어휘 焦虑 jiāolǜ 형 초조하다 | 浅睡眠 qiǎnshuìmián 명 얕은 수면, 렘수면(REM sleep) | 导致 dǎozhì 동 초래하다, 야기하다 | 智力 zhìlì 명 지능, 지력 ★

해설 멜라토닌이라는 호르몬이 수면에 미치는 영향을 설명한 글로, 의미파악형 문제이다. 본문에서 '如果在睡前使用…电子产品…，从而会降低睡眠质量(잠자기 전에 전자제품을 사용하면 수면의 질을 떨어뜨릴 수 있다)'이라고 했기에, 이를 그대로 언급한 D가 정답이다.

정답 D

2

很多人往往会因为还没准备好而放弃难得的机遇。其实，我们的人生是变幻莫测的，"都准备好"只是想象中的理想状态。因此与其等待"都准备好"，不如现在就勇敢大胆地去做，在过程中去扫除障碍。

많은 사람들은 종종 아직 준비가 덜 되었다는 이유로 힘들게 얻은 기회를 포기한다. (그러나) 사실 우리의 인생은 변화무쌍하기 때문에, '완벽하게 준비가 됨'은 그저 상상 속에서의 이상적인 상태일 뿐이다. 따라서 '완벽하게 준비가 됨'을 기다리느니, 지금 바로 용감하고 대담하게 시도하고, 그 과정에서 장애물을 없애는 게 낫다.

A 要淡泊名利	A 명리에 대한 욕심을 버려야 한다
B 做人要谦逊	B 사람이라면 겸손해야 한다
C 要大胆地去做	C 대담하게 시도해야 한다
D 做事要谨慎	D 일을 할 때는 신중해야 한다

지문 어휘 放弃 fàngqì 동 포기하다 | 难得 nándé 형 힘들게 얻다, 얻기 어렵다 ★ | 机遇 jīyù 명 (좋은) 기회, 찬스 ★ | 变幻莫测 biànhuànmòcè 성 변화무쌍하다 | 与其 A, 不如 B yǔqí A, bùrú B A하느니 B하는 게 낫다 | 大胆 dàdǎn 형 대담하다 | 扫除 sǎochú 동 제거하다, 쓸어 버리다 | 障碍 zhàng'ài 명 장애물 ★

보기 어휘 淡泊 dànbó 형 욕심이 없다, 따지지 않다 | 名利 mínglì 명 명리, 명예와 이익 | 谦逊 qiānxùn 형 겸손하다 ★ | 谨慎 jǐnshèn 형 신중하다

해설 보기에 언급된 조동사 '要'를 통해 글의 주제를 선택하는 문제이며, 들리는 것이 정답인 문제유형이다. 선택관계 접속사 '与其 A, 不如 B', 특히 '不如' 뒤의 내용이 핵심이다. 본문에서 '与其等待"都准备好", 不如现在就勇敢大胆地去做('완벽하게 준비가 됨'을 기다리느니, 지금 바로 용감하고 대담하게 시도하는 게 낫다)'라고 했기에, 이를 그대로 언급한 C가 정답이다.

정답 C

3

在古汉语中,"令"和"尊"都是表示尊敬的词语,用来称呼对方的亲属或家人。比如,"令尊"是对他人父亲的敬称;"令堂"是对他人母亲的敬称;"令爱"是对他人女儿的敬称;"令郎"是对他人儿子的敬称。

고대 한어에서 '영(令)'과 '존(尊)'은 모두 존경을 표하는 단어로, 상대방의 친척이나 가족을 부를 때 사용했다. 예를 들면, '영존(令尊)'은 남의 아버지에 대한 존칭이고 '영당(令堂)'은 남의 어머니에 대한 존칭이다. '영애(令爱)'는 남의 딸에 대한 존칭이며, '영랑(令郎)'은 남의 아들에 대한 존칭이다.

A 令堂是对他人奶奶的敬称	A 영당은 남의 할머니에 대한 존칭이다
B 令爱是女子对自己的谦称	B 영애는 여자가 자신을 칭하는 겸칭이다
C 令尊是对他人父亲的敬称	C 영존은 남의 아버지에 대한 존칭이다
D 令郎是男子对自己的谦称	D 영랑은 남자가 자신을 칭하는 겸칭이다

지문 어휘 称呼 chēnghu 동 (이름 등을) 부르다 명 호칭 | 亲属 qīnshǔ 명 친척 | 敬称 jìngchēng 명 존칭

보기 어휘 谦称 qiānchēng 명 겸칭(자신을 낮추어 겸손하게 이르는 칭호)

해설 누구에 대한 호칭인지를 체크하며 들어야 하는 문제로, 들리는 것이 정답인 문제유형이다. 본문에서 '"令尊"是对他人父亲的敬称(영존은 남의 아버지에 대한 존칭이다)'이라고 했으므로, 이를 그대로 언급한 C가 정답이다.

정답 C

4

　　如果你容易晕车，最好坐在副驾驶的位置或者前排靠窗的座位。因为视野很好，可以欣赏窗外的风景，从而分散注意力，减少晕车的症状。千万不要坐在车的后座，车的后部是最颠簸的地方，更容易导致晕车。

A 靠窗的位置最安全
B 车的后部容易晕车
C 副驾驶的位置最颠簸
D 晕车与身体状况息息相关

　　만약 당신이 쉽게 차멀미를 한다면, 조수석이나 앞줄 창가 쪽 자리에 앉는 것이 가장 좋다. 왜냐하면, 시야가 좋아서(트여서) 창밖의 풍경을 감상할 수 있고, 이로써 주의력을 분산시켜 차멀미 증상을 줄일 수 있기 때문이다. (그리고) 절대로 차 뒷좌석에는 앉지 말아야 한다. 차의 뒷부분은 가장 흔들리는 곳으로 더욱 쉽게 차멀미를 야기한다.

A 창가 쪽 자리가 가장 안전하다
B 차 뒷부분은 차멀미를 하기 쉽다
C 조수석이 가장 흔들린다
D 차멀미 하는 것과 몸의 상태는 밀접한 관계가 있다

지문 어휘 晕车 yùn chē 동 차멀미하다 | 副驾驶 fùjiàshǐ 명 부조종사 | 前排 qiánpái 명 앞(줄) | 视野 shìyě 명 시야 ★ | 欣赏 xīnshǎng 동 감상하다 | 分散 fēnsàn 동 분산시키다 ★ | 症状 zhèngzhuàng 명 증상 ★ | 颠簸 diānbǒ 동 흔들리다 ★

보기 어휘 息息相关 xīxīxiāngguān 성 밀접하게 관련되어 있다

해설 차멀미와 자동차 좌석 위치의 관계에 관해 설명한 글로, 들리는 것이 정답인 문제유형이다. 본문에서 '车的后部是最颠簸的地方，更容易导致晕车(차의 뒷부분은 가장 흔들리는 곳으로 더욱 쉽게 차멀미를 야기한다)'라고 했기에, 조수석이 가장 흔들린다고 한 C는 정답이 아니며, 차 뒷부분은 멀미를 하기 쉽다고 언급한 B가 정답이다.

정답 B

5

　　一位学者给学生做讲座时发生了一件尴尬的事情。他上台阶的时候不小心摔倒了。学生们捧腹大笑。学者从容不迫地站起来对学生们说："上台阶需要一步一步上，学习也是如此。"他的机智不仅很快化解了尴尬，还赢得了掌声。

A 学者的腿骨折了
B 学者化解了尴尬
C 学生对讲座不满
D 学者的作品很畅销

　　한 학자가 학생들에게 강연할 때 난처한 일이 발생했다. 그는 계단을 올라갈 때 실수로 넘어졌고, 학생들은 모두 배를 잡고 웃었다. 학자는 매우 침착하게 일어나서 학생들에게 '계단을 올라갈 때는 한 걸음 한 걸음 올라가야 하죠. 공부 역시 그렇습니다.'라고 말했다. 그의 기지에 난처함은 금세 풀어졌으며, 게다가 박수까지도 자아냈다.

A 학자의 다리가 부러졌다
B 학자는 난처함을 풀었다
C 학생들은 강좌에 불만이다
D 학자의 작품은 매우 잘 팔린다

지문 어휘 尴尬 gāngà 형 난처하다, 민망하다 ★ | 台阶 táijiē 명 계단 | 摔倒 shuāidǎo 동 넘어지다 | 捧 pěng 동 (두 손으로) 움켜쥐다 ★ | 大笑 dàxiào 동 (크게) 웃다 명 큰 웃음 | 从容不迫 cóngróngbúpò 성 매우 침착하다 ★ | 机智 jīzhì 명 기지, 재치 ★ | 化解 huàjiě 동 풀다, 없애다, 해소하다 | 掌声 zhǎngshēng 명 박수, 박수소리

| 보기 어휘 | 骨折 gǔzhé 동 뼈가 부러지다, 골절되다 | 畅销 chàngxiāo 형 잘 팔리다 ★

| 해설 | 보기를 통해 학자에 관한 내용임을 알 수 있으며, 들리는 것이 정답인 문제유형이다. 본문에서 '他的机智不仅很快化解了尴尬(그의 기지에 난처함은 금세 풀어졌다)'라고 했으므로, 이를 그대로 언급한 B가 정답이다.

| 정답 | B

6

坡芽歌书是用原始的图画文字将壮族民歌记录于土布上的民歌集。它是迄今为止发现的唯一用图画记录民歌的文献。它由81个图画文字组成，这些图画文字都带有明显的壮族文化特征，对研究壮族文化有重要意义。

A 坡芽歌书是傣族民歌集
B 坡芽歌书记载了18首民歌
C 坡芽歌书用图画文字记录民歌
D 坡芽歌书是和舞蹈有关的文献

《파아가서(坡芽歌书)》는 원시 그림문자를 이용하여 장족(壮族)의 민요를 무명천에 기록한 민요집이다. 이것은 지금까지 발견된 것 중 그림으로 민요를 기록한 유일한 문헌이다. 파아가서는 81개의 그림문자로 구성되어 있으며, 이 그림문자들은 뚜렷한 장족 문화의 특징을 지니고 있기에, 장족 문화를 연구하는 데 있어 중요한 의의가 있다.

A 파아가서는 다이족(傣族)의 민요집이다
B 파아가서는 18곡의 민요를 기재했다
C 파아가서는 그림문자를 이용하여 민요를 기록했다
D 파아가서는 춤과 관련 있는 문헌이다

| 지문 어휘 | 坡芽歌书 Pōyágēshū 고유 파아가서 | 原始 yuánshǐ 형 원시의 ★ | 图画文字 túhuà wénzì 명 그림문자 | 壮族 Zhuàngzú 고유 장족 | 土布 tǔbù 명 무명천 | 民歌集 míngējí 명 민요집 | 迄今 qìjīn 동 지금까지 (이르다), 이제껏 | 迄今为止 qìjīnwéizhǐ 지금까지 ★ | 记录 jìlù 동 기록하다 명 기록 | 文献 wénxiàn 명 문헌 | 明显 míngxiǎn 형 뚜렷하다 | 特征 tèzhēng 명 특징

| 보기 어휘 | 傣族 Dǎizú 고유 다이족 | 记载 jìzǎi 동 기재하다, 기록하다 ★ | 舞蹈 wǔdǎo 명 춤 ★

| 해설 | 보기를 통해 파아가서에 관한 내용임을 알 수 있다. 본문에서 '坡芽歌书是用原始的图画文字将壮族民歌记录于土布上的民歌集(파아가서는 원시 그림문자를 이용하여 장족의 민요를 무명천에 기록한 민요집이다)'라고 했기에, 다이족의 민요집과 춤과 관련 있는 문헌이라고 한 A와 D는 정답이 아니며, 그림문자를 이용하여 민요를 기록했다고 언급한 C가 정답이다.

| 정답 | C

7

著名教育家徐特立曾说过这样一句话："不动笔墨不读书"。意思是在阅读的过程中，要动笔把自己的读后感或者认为精彩的句子写下来。读书勤于动笔是良好的阅读方式，不仅可以帮助我们记忆，还能提高阅读效率。

유명한 교육가인 쉬터리(徐特立)는 일찍이 '붓을 움직이지 않으면 독서가 아니다'라는 말을 했다. 독서를 할 때는 펜을 움직여 독후감이나 훌륭하다고 생각하는 글귀를 적어놔야 한다는 뜻이다. 독서하면서 열심히 필기하는 것은 좋은 독서 방식이며, 우리가 기억하는 것을 도울 뿐만 아니라, 독서효율도 향상시킬 수 있다.

A 书中自有黄金屋 B 要掌握写作技巧 C 读书时要做笔记 D 读万卷书，行万里路	A 책 속에 황금집(부귀영화의 삶)이 있다 B 작문테크닉을 마스터해야 한다 C 독서할 때는 필기를 해야 한다 D 만 권의 책을 읽고 만 리를 걷다 (책을 많이 읽어 지식을 쌓아야 한다)

지문 어휘 徐特立 Xú Tèlì 고유 쉬터리(중국의 교육자, 마오쩌둥의 스승) | 笔墨 bǐmò 명 붓과 먹 | 读后感 dúhòugǎn 명 독후감 | 勤于 qínyú 동 ~을 열심히 하다, ~에 열심이다

보기 어휘 技巧 jìqiǎo 명 테크닉, 기교 ★

해설 쉬터리의 명언을 이용하여 독서할 때의 필기의 중요성을 언급한 글이다. 본문에서 '读书勤于动笔是良好的阅读方式，不仅可以帮助…，还能提高…(독서하면서 열심히 필기하는 것은 좋은 독서 방식이며, ~을 도울 뿐 아니라, ~도 향상시킬 수 있다)'라며 독서 시 필기의 장점을 언급했다. 따라서 정답은 C이다.

정답 C

8

在法庭上，法官要求证人一定要将自己亲眼所见的如实说出来。法官问证人的第一个问题是："你是什么时候出生的？"证人惊慌地回答："对不起！法官大人，这个不是我亲眼所见的，我没有办法回答您。"	법정에서 판사는 증인에게 반드시 자신이 직접 본 것을 사실대로 말할 것을 요구했다. 판사가 증인에게 한 첫 번째 질문은 '당신은 언제 태어났습니까?' 였다. 증인은 당황해하며 '죄송합니다. 판사님! 그건 제가 직접 본 것이 아니기에 대답할 방법이 없습니다'라고 대답했다.
A 法官十分公正 B 证人对法官撒谎了 C 证人不知道自己的生日 D 法官让证人讲亲眼见到的事	A 판사는 굉장히 공정하다 B 증인은 판사에게 거짓말을 했다 C 증인은 자신의 생일을 모른다 D 판사는 증인에게 직접 본 것을 말하라고 했다

지문 어휘 法庭 fǎtíng 명 법정 | 法官 fǎguān 명 판사, 법관 | 证人 zhèngrén 명 증인 | 亲眼 qīnyǎn 부 직접 (눈으로) 보다, 친히 보다 | 如实 rúshí 부 사실대로 | 惊慌 jīnghuāng 형 당황하다, 놀라 허둥대다

보기 어휘 公正 gōngzhèng 형 공정하다 ★ | 撒谎 sāhuǎng 동 거짓말을 하다 ★

해설 판사와 증인에 관한 유머이야기로, 본문에서 '法官要求证人一定要将自己亲眼所见的如实说出来(판사는 증인에게 반드시 자신이 직접 본 것을 사실대로 말할 것을 요구했다)'라고 했기에, 이를 그대로 언급한 D가 정답이다.

정답 D

9

百香果别名鸡蛋果，因其可散发出香蕉、菠萝、柠檬等多种水果的浓郁香味而得名。百香果中富含人体所需的各种微量元素，营养丰富，有消除疲劳，排毒养颜的功效，适合做成果汁、果冻、果酱等产品。

A 百香果果壳坚硬
B 百香果果汁营养丰富
C 百香果适合人工培育
D 百香果栽培于热带地区

패션푸르츠의 또 다른 이름은 계란과일로, 바나나와 파인애플, 레몬 등 다양한 과일의 짙은 향을 내뿜기 때문에 (그런) 이름을 얻었다. 패션푸르츠에는 인체가 필요로 하는 각종 미량원소가 풍부하게 함유되어 있고, 영양이 풍부하며 피로해소, 독소배출, 피부미용의 효과가 있으며 주스, 젤리, 잼 등의 제품을 만드는 데 적합하다.

A 패션푸르츠의 껍질은 단단하다
B 패션푸르츠 주스는 영양이 풍부하다
C 패션푸르츠는 인공재배에 적합하다
D 패션푸르츠는 열대지역에서 재배된다

지문 어휘 百香果 bǎixiāngguǒ 명 패션푸르츠(passion fruit) | 富含 fùhán 동 풍부하게 함유하다 | 散发 sànfā 동 내뿜다, 발산하다 ★ | 菠萝 bōluó 명 파인애플 | 柠檬 níngméng 명 레몬 | 浓郁 nóngyù 형 짙다 | 微量 wēiliàng 명 미량, 적은 양 | 元素 yuánsù 명 원소 ★ | 消除 xiāochú 동 해소하다, 없애다 ★ | 排毒 pái dú 동 독을 배출하다 | 养颜 yǎng yán 동 피부미용하다, 얼굴을 가꾸다 | 功效 gōngxiào 명 효능 ★ | 果冻 guǒdòng 명 젤리

보기 어휘 坚硬 jiānyìng 형 단단하다 ★ | 人工 réngōng 형 인공의 ★ | 培育 péiyù 동 재배하다 ★ | 栽培 zāipéi 동 재배하다, 심어 가꾸다 ★

해설 보기를 통해 패션푸르츠에 관한 내용임을 알 수 있으며, 들리는 것이 정답인 문제유형이다. 본문에서 '百花果…, 营养丰富(패션푸르츠는 영양이 풍부하다)'라고 언급했고, 마지막에 '适合做成果汁、果冻、果酱等产品(주스, 젤리, 잼 등의 제품을 만드는 데 적합하다)'이라고 했기에, 패션푸르츠 주스는 영양이 풍부하다고 한 B가 정답이다.

정답 B

10

雾灵山位于河北承德市，森林覆盖率高达93%，主峰海拔2118米。雾灵山属于温带大陆性季风气候，冬长夏短，昼夜温差大。雾灵山地形地貌的复杂性决定了其气候的多样性，素有"三里不同天，一山有三季"之称。

A 雾灵山气候多样
B 雾灵山海拔不高
C 雾灵山动物种类繁多
D 雾灵山有1000多个景点

우링산(雾灵山)은 허베이(河北) 청더시(承德市)에 위치해 있고, 삼림분포율이 93%에 달하며 주봉은 해발 2,118m이다. 우링산은 온대 대륙성 계절풍 기후에 속하기 때문에 겨울이 길고 여름이 짧으며 일교차가 크다. 우링산의 지형과 지모의 복잡함이 기후의 다양성을 결정짓기에, 예로부터 '三里不同天，一山有三季(삼 리마다 날씨가 다르니, 산 하나에 세 개의 계절이 있다)'라는 말이 있다.

A 우링산은 기후가 다양하다
B 우링산은 해발이 높지 않다
C 우링산은 동물의 종류가 많다
D 우링산은 1,000여 개의 관광 포인트가 있다

지문 어휘 雾灵山 Wùlíngshān 고유 우링산 | 覆盖 fùgài 동 뒤덮다 ★ | 森林覆盖率 sēnlín fùgàilǜ 명 삼림분포율 | 主峰 zhǔfēng 명 주봉, 최고봉 | 海拔 hǎibá 명 해발 ★ | 属于 shǔyú 동 ~에 속하다 | 昼夜 zhòuyè 명 낮과 밤, 주야 ★ | 素有 sùyǒu 동 예로부터 (가지고) 있다

보기 어휘 繁多 fánduō 형 많다 | 景点 jǐngdiǎn 명 관광 포인트, 관광지, 명소

해설 보기를 통해 우링산에 관한 내용임을 알 수 있다. 본문에서 '雾灵山地形地貌的复杂性决定了其气候的多样性(우링산의 지형과 지모의 복잡함이 기후의 다양성을 결정짓는다)'이라고 했고, 이는 우링산의 기후가 다양하다는 말이므로, 정답은 A이다.

정답 A

11

春秋战国时期战事频繁, 骑兵作战日益盛行, 因此马的身价愈来愈高, 相马师这个职业由此产生。相马师的工作是挖掘好马并评价马的优劣, 相传古代的伯乐就是有名的相马师, 特别善于发现千里马。

춘추전국시기에 전쟁이 빈번해지고 기병전이 날로 성행하면서, 이 때문에 말의 몸값이 갈수록 높아졌고 말 감정사란 직업이 이로부터 생겨났다. 말 감정사의 업무는 좋은 말을 발굴하고 말의 우열을 평가하는 것으로, 고대의 백락(伯乐)이 바로 유명한 말 감정사로, 특히나 천리마를 발견하는 데 능했다고 전해진다.

A 相马师都能选出千里马
B 马的优劣取决于相马师
C 伯乐能培养出千里马
D 骑兵作战导致马的价格升高

A 말 감정사는 모두 천리마를 선출해낼 수 있다
B 말의 우열은 말 감정사에 의해 결정된다
C 백락은 천리마를 육성해낼 수 있다
D 기병전은 말의 가격 상승을 초래했다

지문 어휘 春秋战国 Chūnqiū Zhànguó 고유 춘추전국 | 时期 shíqī 명 시기 | 战事 zhànshì 명 전쟁 | 频繁 pínfán 형 빈번하다, 잦다 ★ | 骑兵 qíbīng 명 기병, 말을 타고 싸우는 병사 | 作战 zuòzhàn 동 싸우다, 전투하다 (전투)작전 | 日益 rìyì 부 날로, 나날이 ★ | 盛行 shèngxíng 동 성행하다, 널리 유행하다 ★ | 身价 shēnjià 명 몸값, 명성 | 愈 yù 부 ~하면 할수록 ~하다 ★ | 愈来愈 yùláiyù 갈수록, 점점 더 | 相马 xiàngmǎ 동 말의 좋고 나쁨을 가려 내다 〈비유〉 인재를 잘 알아보다 | 相马师 xiàngmǎshī 명 말 감정사 | 由此 yóucǐ 부 이로부터, 이에 따라 | 产生 chǎnshēng 동 생기다, 발생하다, 나타나다 | 挖掘 wājué 동 발굴하다, 찾아 내다 ★ | 评价 píngjià 동 평가하다 | 优劣 yōuliè 명 우열 | 相传 xiāngchuán 동 ~라고 전해지다, ~라고 전해 오다 | 伯乐 Bólè 고유 백락(중국 춘추시대 인물로, 훌륭한 말을 잘 알아봤다고 함) 〈비유〉 인재를 잘 알아보고 등용하는 사람 | 善于 shànyú 동 ~에 능하다, ~를 잘하다 | 千里马 qiānlǐmǎ 명 천리마 〈비유〉 뛰어난 인재

보기 어휘 选出 xuǎnchū 동 선출하다, 선발하다 | 取决于 qǔjué yú ~에 의해 결정된다, ~에 달려있다 | 培养 péixùn 동 육성하다, 키우다, 양성하다 | 导致 dǎozhì 동 초래하다, 야기하다 | 升高 shēnggāo 동 상승하다, 높이 오르다

해설 말 감정사에 관한 내용으로, 본문에서 '战事频繁, 骑兵作战日益盛行, 因此马的身价愈来愈高(전쟁이 빈번해지고 기병전이 날로 성행하면서, 이 때문에 말의 몸값이 갈수록 높아졌다)'라고 했다. 따라서 기병전이 말의 가격 상승을 초래했다고 한 D가 정답이다. 이 밖에 본문에서 '相马师的工作是…评价马的优劣(말 감정사의 업무는 말의 우열을 평가하는 것이다)'이고, 말 감정사인 백락은 '特别善于发现千里马(특히나 천리마를 발견하는 데 능했다)'라고 했으므로 A와 B는 정답이 아님을 알 수 있다.

정답 D

12

很少有人是做好了百分之百的准备后才开始行动的，一旦机会来了就要勇于尝试，不要以没准备好为借口逃避。生活中的某些机遇总是会迫使我们走出自己的舒适区，这就意味着刚开始的时候我们肯定会感到不舒服。

A 逃避现实不是个办法
B 要敢于走出舒适区
C 感到不舒服才能走出去
D 机会总是留给有准备的人

백퍼센트 준비가 다 되어야만 행동하기 시작하는 사람은 매우 적다. 일단 기회가 왔다면 바로 용감하게 시도하고, 준비가 되지 않았다는 핑계로 도망쳐서는 안 된다. 생활 속의 어떤 기회들은 늘 우리로 하여금 자신의 편안한 곳에서 나올 것을 강요할 텐데, 이는 막 시작했을 때는 우리가 틀림없이 불편함을 느끼게 될 것임을 의미한다.

A 현실에서 도망치는 것은 방법이 아니다
B 편안한 곳에서 용감하게 나와야 한다
C 불편함을 느껴야만 비로소 나올 수 있다
D 기회는 늘 준비된 자에게만 주어진다

지문 어휘 行动 xíngdòng 동 행동하다, 활동하다 | 一旦 yídàn 부 일단 ~한다면 | 勇于 yǒngyú 동 용감하게 ~하다 ★ | 尝试 chángshì 동 시도하다, 시험하다, 테스트하다 ★ | 借口 jièkǒu 명 핑계, 변명, 구실 | 逃避 táobì 동 도망가다, 도피하다 | 机遇 jīyù 명 (좋은) 기회, 찬스 | 迫使 pòshǐ 동 ~하도록 강요하다, 억지로 ~하게 하다 | 舒适 shūshì 형 편안하다 | 意味着 yìwèizhe 동 의미하다 ★ | 肯定 kěndìng 부 틀림없이, 분명히

보기 어휘 现实 xiànshí 명 현실 | 敢于 gǎnyú 동 용감하게 ~하다, 대담하게 ~하다

해설 본문에서 '一旦机会来了就要勇于尝试(일단 기회가 왔다면 바로 용감하게 시도하라)'라면서 도망치지 말라고 했다. 또한 '某些机遇会使我们走出舒适区，会感到不舒服(어떤 기회들은 우리로 하여금 편안한 곳에서 나오게 할 것이고 불편함을 느끼게 될 것이다)'라고도 언급했다. 이는 때에 따라서 기회라는 것이 우리를 불편하게 만들 수는 있으나, 피하지 말고 용감하게 시도해야 한다는 뜻이므로, 편안한 곳에서 용감하게 나와야 한다고 언급한 B가 정답이다.

정답 B

13

姑嫂饼是桐乡乌镇远近闻名的特产之一，距今已有一百多年的历史。姑嫂饼呈扁圆形，薄厚均匀，油而不腻，甜中带咸。姑嫂饼的用料跟酥糖相仿，有面粉、白糖、芝麻、猪油等。

A 姑嫂饼热量很高
B 姑嫂饼名字来历有趣
C 姑嫂饼口感不如酥糖
D 姑嫂饼有100多年历史

구사오빙(姑嫂饼)은 통샹(桐乡) 우전(乌镇)의 유명한 특산품 중의 하나로, 지금으로부터 이미 100여 년의 역사를 가지고 있다. 구사오빙은 둥글납작한 모양을 하고 있고 두께가 균일하며, 기름지나 느끼하진 않고 달콤함 속에 짠맛이 있다. 구사오빙의 재료는 쑤탕(酥糖)과 비슷한데, 밀가루와 백설탕, 참깨, 돼지기름 등이 있다.

A 구사오빙은 열량이 높다
B 구사오빙은 이름의 유래가 재미있다
C 구사오빙은 식감이 쑤탕만 못하다
D 구사오빙은 100여 년의 역사를 가지고 있다

지문 어휘 姑嫂饼 gūsǎobǐng 명 구사오빙(우전의 전통과자) | 桐乡 Tóngxiāng 고유 통샹 | 乌镇 Wūzhèn 고유 우전 | 远近闻名 yuǎnjìn wénmíng 유명하다, 명성이 자자하다 | 距今 jùjīn 동 지금으로부터 | 呈 chéng 동 (모양을) 갖추

다, 띠다, 나타나다 | **扁圆形** biǎnyuánxíng 명 둥글납작한 모양 | **薄厚** bóhòu 명 두께 | **均匀** jūnyún 형 균일하다, 균등하다 | **酥糖** sūtáng 명 쑤탕(실타래처럼 늘어진 엿에 콩고물 등을 입혀서 바삭하게 만든 과자) | **相仿** xiāngfǎng 동 (엇)비슷하다 | **芝麻** zhīmā 명 참깨 | **猪油** zhūyóu 명 돼지기름

[보기 어휘] **来历** láilì 명 유래, 내력 ⭐

[해설] 보기를 통해 구사오빙에 관한 소개글임을 알 수 있으며, 들리는 것이 정답인 문제유형이다. 본문에서 '距今已有一百多年的历史(지금으로부터 이미 100여 년의 역사를 가지고 있다)'라고 했기에, 이를 그대로 언급한 D가 정답이다.

[정답] D

14

在生活中翻阅学术期刊的人比较少。因为一提起学术期刊，人们就会感到枯燥乏味，甚至会感到反感。但是这本期刊为了改变原来的古板感觉，对形式进行了创新，它那自然清新并富有艺术感的封面设计会使读者眼前一亮。

A 这本期刊形式新颖
B 这本期刊售价较低
C 这本期刊采用竖排版
D 这本期刊很受读者青睐

살면서 학술지를 읽는 사람은 비교적 적다. 왜냐하면, 학술지라고 언급만 해도 사람들은 지루하다고 생각하고 심지어는 거부감까지 느끼기 때문이다. 하지만 이번 호에서는 기존의 고루한 느낌을 바꾸기 위해 형식에 혁신을 가했다. 이번 호의 자연스럽고 참신하며 예술 감각까지 풍부한 표지디자인은 독자의 눈을 사로잡을 것이다.

A 이번 호는 형식이 새롭다
B 이번 호는 판매가가 낮은 편이다
C 이번 호의 세로 조판을 사용했다
D 이번 호는 독자의 사랑을 많이 받는다

[지문 어휘] **翻阅** fānyuè 동 읽다, 쭉 훑어보다 | **期刊** qīkān 명 (정기) 간행물, 저널 | **学术期刊** xuéshù qīkān 명 학술지 | **枯燥** kūzào 형 지루하다, 무미건조하다 ⭐ | **乏味** fáwèi 형 재미 없다, 따분하다 | **反感** fǎngǎn 동 거부감을 느끼다, 반감을 가지다 ⭐ | **古板** gǔbǎn 형 고루하다, 틀에 박히다 | **创新** chuàngxīn 동 혁신, 창의성 ⭐ | **封面** fēngmiàn 명 표지 | **设计** shèjì 명 디자인

[보기 어휘] **新颖** xīnyǐng 형 새롭다 ⭐ | **售价** shòujià 명 판매가 | **竖** shù 형 세로의, 수직의 ⭐ | **排版** páibǎn 동 조판하다 | **青睐** qīnglài 명 사랑, 인기

[해설] 보기를 통해 잡지나 학술지에 관한 내용임을 알 수 있다. 본문에서 '这本期刊…, 对形式进行了创新(이번 호에서는 형식에 혁신을 가했다)'이라고 했으므로, 형식이 새롭다고 언급한 A가 정답이다.

[정답] A

15

在冬天由于空气干燥而产生的静电有时会让人感到疼痛。为了减少静电带来的疼痛感觉，在接触金属物品时可以先用手摸一下墙壁释放身体的静电，还可以用整个手掌去接触物体，通过增大接触面积来减小电流。

겨울철에 공기가 건조해서 발생하는 정전기는 때때로 사람에게 통증을 느끼게 한다. 정전기로 인한 아픈 느낌을 줄이기 위해서는 금속물체와 접촉할 때 우선 손으로 벽을 한번 만져서 몸 안의 정전기를 내보내면 된다. 또 손바닥 전체를 사용해서 물체를 만져 접촉면적을 넓히는 것으로 전류를 감소시킬 수 있다.

A 静电干扰信号	A 정전기는 신호를 방해한다
B 静电对孕妇有害	B 정전기는 임산부에게 해롭다
C 梳头发容易产生静电	C 머리를 빗을 때 정전기가 쉽게 생겨난다
D 增大接触面可减小电流	D 접촉면적을 넓히면 전류를 감소시킬 수 있다

[지문 어휘] **静电** jìngdiàn 명 정전기 | **疼痛** téngtòng 명 통증 형 아프다 | **接触** jiēchù 동 접촉하다, 닿다 | **金属物品** jīnshǔ wùpǐn 명 금속물체 | **摸** mō 동 만지다, 쓰다듬다 | **墙壁** qiángbì 명 벽 | **释放** shìfàng 동 내보내다, 방출하다 ★ | **手掌** shǒuzhǎng 명 손바닥

[보기 어휘] **干扰** gānrǎo 동 방해하다 ★ | **孕妇** yùnfù 명 임산부 | **梳头发** shū tóufa 머리를 빗다

[해설] 정전기에 관한 설명문으로, 들리는 것이 정답인 문제유형이다. 본문에서 '通过增大接触面积减小电流(접촉면적을 넓히는 것으로 전류를 감소시킬 수 있다)'라고 했으므로, 이를 그대로 언급해 놓은 D가 정답이다.

[정답] **D**

제2부분

16~30번 문제는 인터뷰를 듣고 질문에 알맞은 답을 고르는 문제입니다.

第16到20题是根据下面一段采访:

女：汪先生，您好！有机会采访您，我感到很荣幸！现在许多观众表示理解不了现代派画家的作品，甚至有的观众用语言抨击作品。您作为绘画大师，怎么看这些问题呢？

男：现代派画的特点是夸张、抽象，的确很难理解。**16 我认为观众应该提升欣赏现代美术艺术作品的能力，这样有助于理解作品所要表达的内容。**

女：我们常说，艺术来源于生活，而又高于生活。那么您如何看待艺术和生活的关系？在您的作品中是如何体现的呢？

男：我一直赞同艺术来源于生活这个说法。美术作品的创作与现实生活是密不可分的。现实生活是创造美术作品的源泉，也是唯一源泉。我在创作中，一直力求表现出自己真正的生活，**17 我所有作品都与我的生活方式有关。**

여: 왕 선생님, 안녕하세요! 선생님을 인터뷰할 기회를 갖게 되어 정말 영광입니다! 지금 많은 관중들이 모더니즘 미술 작가들의 작품은 이해할 수 없다고 하고, 심지어 어떤 관중은 말로 작품을 비난하기까지 했습니다. 회화의 거장으로서 이러한 문제를 어떻게 보십니까?

남: 모더니즘 미술 작품의 특징은 과장되고 추상적이기 때문에 확실히 이해하기 어렵기는 합니다. **16 저는 관람객들이 현대 미술 작품에 대한 감상능력을 키워야 한다고 생각합니다. 그래야만이 작품이 표현하려는 내용을 이해하는 데 도움이 되거든요.**

여: 우리는 흔히 예술은 생활 속에서 나오기도 하지만 생활을 벗어나기도 한다고 얘기합니다. 그렇다면 선생님께서는 예술과 생활의 관계를 어떻게 보시나요? 또 선생님의 작품 속에서는 어떻게 표현되고 있는지요?

남: 저는 예술이 생활에서 시작된다는 이 말에는 늘 동의합니다. 미술 작품의 창작은 현실생활과는 떼어놓을 수 없습니다. 현실생활은 미술 작품을 창조해내는 원천이며 또 유일한 원천이죠. 창작을 하면서 저는 항상 저의 실제 생활을 나타내려 애쓰고 있습니다. **17 저의 모든 작품은 전부 제 생활방식과 관련이 있습니다.**

女: 有许多人认为艺术作品逐渐商品化了，作品与艺术分离了，对于这样的说法您怎么看呢？

男: 在当代社会，许多文化活动已经与经济发展融为了一体。艺术经济是文化经济的核心，艺术品走向艺术商品是一种与时俱进的体现，在当代社会进程中有积极意义。在我看来，18 艺术品是特殊的商品，因为它不仅具有商业价值，更重要的是它具有审美价值，能给人们带来欣赏的愉悦。

女: 汪先生，您是如何评判一个作品是否是优秀作品的呢？

男: 19 我认为真正优秀的作品除了要体现画家扎实的绘画功底外，更应该体现出画家的思想高度。也就是说，好的作品要体现画家的思想。

女: 画家创作的作品总会有画评人来进行点评，那么您如何看待画家和画评人之间的关系呢？

男: 这两者是相互促进、相互影响的关系。20 画评人的批评会影响画家的创作方向。科学的美术批评可以激发出画家的新想法，促进画家创作。而画家的新作品会影响画评人的思想，促进美术批评的发展。

여: 많은 사람들이 예술 작품이 점차 상품화되었고, 작품과 예술이 분리되었다고 생각합니다. 이런 의견에 대해 선생님께서는 어떻게 보십니까?

남: 현대사회에서 수많은 문화활동은 경제발전과 이미 하나가 되어 있습니다. 예술경제는 문화경제의 핵심이며 예술 작품이 예술 상품으로 나아가는 것 역시 시대의 흐름에 발맞추고 있는 일종의 구체적인 표현이며, 현대사회의 발전에 긍정적인 의미를 지니고 있습니다. 제가 보기에 18 예술 작품은 특별한 상품입니다. 왜냐하면, 그것은 상업적 가치를 지니고 있을 뿐만 아니라, 더 중요한 점은 심미적 가치를 가지고 있기 때문에, 사람들에게 감상하는 기쁨을 가져다 줄 수 있습니다.

여: 왕 선생님, 선생님께서는 하나의 작품이 우수한 작품인지 아닌지를 어떻게 판단하시나요?

남: 19 저는 진정으로 우수한 작품은 화가의 탄탄한 그림 실력이 나타나는 것 외에 화가의 생각하는 수준이 더욱 드러나야 한다고 생각합니다. 다시 말해서 좋은 작품은 화가의 생각이 드러나야 한다는 것이죠.

여: 화가가 창작하는 작품은 항상 미술평론가들이 평가합니다. 그렇다면 선생님께서는 화가와 평론가 사이의 관계를 어떻게 생각하십니까?

남: 이 둘은 서로 촉진하고 서로 영향을 끼치는 관계로 20 평론가들의 논평은 화가의 창작 방향에 영향을 줄 수 있습니다. 과학적인 미술평론은 화가의 새로운 아이디어를 불러일으키고 화가의 창작을 촉진시킬 수 있죠. 반대로 화가의 새로운 작품은 평론가의 생각에 영향을 끼쳐서 미술비평의 발전을 촉진시킬 것입니다.

지문 어휘

荣幸 róngxìng 형 영광이다, 영광스럽다 ★ | **现代派** xiàndàipài 명 모더니즘, 현대파 | **抨击** pēngjī 동 비난하다 | **绘画** huìhuà 명 회화, 그림 | **夸张** kuāzhāng 동 과장되다, 과장하다 | **抽象** chōuxiàng 형 추상적이다 | **提升** tíshēng 동 키우다, 끌어올리다, 향상하다 | **欣赏** xīnshǎng 동 감상하다 | **来源** láiyuán 동 나오다, 기원하다 ★ | **如何** rúhé 대 어떻게, 왜 | **看待** kàndài 동 보다, 대하다 ★ | **体现** tǐxiàn 동 표현하다, 구현하다 | **赞同** zàntóng 동 동의하다, 찬성하다 | **创作** chuàngzuò 명 창작(품) 동 창작하다 ★ | **密不可分** mìbùkěfēn 떼어놓을 수 없다, 갈라 놓을 수 없는 | **源泉** yuánquán 명 원천 ★ | **力求** lìqiú 동 애쓰다, 온갖 노력을 다하다, 힘써 모색하다 ★ | **逐渐** zhújiàn 부 점차, 점점 | **分离** fēnlí 동 분리하다, 헤어지다 | **当代** dāngdài 명 현대, 그 시대 ★ | **融为一体** róngwéiyìtǐ 하나가 되다, 일체가 되다 | **核心** héxīn 명 핵심 | **与时俱进** yǔshíjùjìn 성 시대의 흐름에 발맞추다, 시대와 같이 전진하다 | **审美** shěnměi 형 심미적 명 심미 ★ | **愉悦** yúyuè 형 기쁨 형 기쁘다 | **评判** píngpàn 동 판단하다, 판정하다 | **扎实** zhāshi 형 탄탄하다, 견고하다 ★ | **功底** gōngdǐ 명 기초(실력) | **点评** diǎnpíng 동 평가하다, 논평하다 | **促进** cùjìn 동 촉진하다, 촉진시키다 | **激发** jīfā 동 불러일으키다 ★

16

汪先生认为，如果观众不理解现代派画家的作品应该怎么做？

A 询问专家
B 提升欣赏能力
C 去美术学院进修
D 上网搜集相关资料

왕 선생은 만약 관중이 모더니즘 미술 작가의 작품을 이해하지 못한다면 어떻게 해야 한다고 생각하는가?

A 전문가에게 물어봐야 한다
B 감상능력을 키워야 한다
C 미술대학으로 연수를 가야 한다
D 인터넷으로 관련 자료를 수집해야 한다

보기 어휘 询问 xúnwèn 동 물어보다, 알아보다 | 进修 jìnxiū 동 연수하다 | 搜集 sōují 동 수집하다

해설 대중들이 모더니즘 미술 작가의 작품을 이해하지 못하는 문제에 대해 왕 선생은 '我认为观众应该提升欣赏现代美术艺术作品的能力'라고 관람객들이 현대 미술 작품에 대한 감상능력을 키워야 한다고 했기에, 이를 그대로 언급한 B가 정답이다.

정답 B

17

关于汪先生的作品，下列哪项正确？

A 题材以花鸟为主
B 收藏于北京博物馆
C 与其生活方式有关
D 许多人模仿他的作品

왕 선생의 작품에 관하여, 다음 중 옳은 것은 무엇인가?

A 소재는 꽃과 새 위주이다
B 베이징박물관에 소장되어 있다
C 그의 생활방식과 관련이 있다
D 많은 사람들이 그의 작품을 모방한다

보기 어휘 题材 tícái 명 소재 ★ | 收藏 shōucáng 동 소장되다, 소장하다 ★ | 模仿 mófǎng 동 모방하다

해설 왕 선생의 작품에 관해 묻는 문제이다. 본문에서 왕 선생은 예술과 생활의 관계를 설명하면서 '我所有作品都与我的生活方式有关, 즉 나의 모든 작품은 전부 내 생활방식과 관련이 있다'고 했으므로, 이를 그대로 언급해 놓은 C가 정답이다.

정답 C

18

为什么说艺术品是特殊的商品？

A 包装精美
B 色调鲜艳
C 交易价格高
D 具有审美价值

왜 예술 작품은 특별한 상품이라고 말하는가?

A 포장이 아름다워서
B 색조가 화려해서
C 거래가격이 비싸서
D 심미적 가치를 가지고 있어서

| 보기 어휘 | 包装 bāozhuāng 명 포장 ★ | 精美 jīngměi 형 아름답다, 정교하다 | 色调 sèdiào 명 색조 | 鲜艳 xiānyàn 형 화려하다 | 交易 jiāoyì 명 거래, 교역, 장사 ★

해설 예술 작품을 특별한 상품이라고 한 이유를 묻는 문제이다. 본문에서 '艺术品是特殊的商品，因为它不仅具有商业价值，更重要的是它具有审美价值, 즉 예술 작품은 상업적 가치를 지니고 있을 뿐만 아니라 더 중요한 점은 심미적인 가치를 가지고 있기 때문'이라고 했으므로, 이를 그대로 언급한 D가 정답이다.

정답 D

19

汪先生评判优秀作品的标准是什么?

A 画家的知名度
B 画家的人生阅历
C 画家的绘画功底
D 是否能体现画家思想

왕 선생이 우수한 작품을 판단하는 기준은 무엇인가?

A 화가의 지명도
B 화가의 인생 경험
C 화가의 그림 실력
D 화가의 생각이 드러나 있는가

보기 어휘 阅历 yuèlì 명 경험, 경력 동 경험하다

해설 우수한 작품을 판단하는 왕 선생의 기준에 관한 문제로, 본문에서 그는 먼저 화가의 탄탄한 그림 실력을 언급했다. 하지만 이어서 '更应该体现出画家的思想高度，也就是说，好的作品要体现画家的思想'이라며, 화가의 생각하는 수준이 더욱 드러나야 한다고 했고, 이는 다시 말해 화가의 생각이 드러나야 한다는 것이라고 했으므로, 질문에 대한 정확한 답은 D이다.

정답 D

20

汪先生认为，画评人会从哪方面影响画家的创作?

A 创作方向
B 创作灵感
C 创作动机
D 创作技巧

왕 선생은 미술평론가들이 어떤 면에서 화가의 창작에 영향을 줄 수 있다고 생각하는가?

A 창작 방향
B 창작 영감
C 창작 동기
D 창작 테크닉

보기 어휘 灵感 línggǎn 명 영감 ★ | 动机 dòngjī 명 동기 ★ | 技巧 jìqiǎo 명 테크닉, 기교 ★

해설 평론가들이 화가의 창작에 끼치는 영향에 관한 문제로, 들리는 것이 정답인 문제유형이다. 본문에서 '画评人的批评会影响画家的创作方向, 즉 평론가들의 논평은 화가의 창작 방향에 영향을 줄 수 있다'고 했으므로, 이를 그대로 언급한 A가 정답이다.

정답 A

第21到25题是根据下面一段采访：

男：**25**《陪你走过小学六年》是您最近出版的新书，在这本书中讲了很多您和女儿的故事，为什么呢？

女：是的，我在书中讲了很多我和女儿在生活中发生的点点滴滴的故事，这些都是实例。**21** 我写这些实例是为了给家长介绍一些教育孩子的方法，让更多的家长知道教育孩子是要讲究方法的。

男：那您在书中介绍的这些教育孩子的方法，其他家长是不是可以直接用您的这些方法来教育孩子呢？

女：我在书中介绍的方法是给女儿量身定制的，不见得适合所有孩子，家长千万不要直接套用这些方法。家长应结合孩子的情况，制定适合自己孩子的教育方法。

男：孩子在小学、初中、高中这三个求学阶段，家长的角色应如何转变？

女：在孩子的成长过程中最重要的是家长的陪伴。但是每个阶段的陪伴方式有所不同。孩子上小学时，家长应该重视孩子的学习，帮助孩子养成良好的学习习惯。到了初中阶段，孩子处于青春期，家长应该更重视孩子的身心健康问题。**22** 到了高中阶段，家长应该把精力转移到孩子的人生规划上，家长可以给孩子讲一些自己过去的人生经历。

男：许多教育专家认为家长在教育孩子之前应该先接受教育，对于这一观点您怎么看？

女：我赞同这一观点。大多数家长认为孩子做错事情与自己无关，其实不然。可以这样说，每个家长都是孩子的启蒙老师，父母的教育观念对孩子的影响极大。所以，**23** 我建议家长教育孩子之前，先接受教育，树立正确的教育观念。

남：**25**《너와 함께 한 초등학교 6년 (陪你走过小学六年)》은 당신이 최근에 출간한 신간입니다. 이 책에서 당신은 딸과의 스토리를 굉장히 많이 다루었는데, 왜죠?

여：그렇습니다. 저는 책 속에서 딸과 생활하면서 일어난 소소한 이야기들을 다루었고 이것은 모두 실화입니다. **21** 제가 이런 실화들을 쓴 이유는 학부모들에게 자녀교육 방법을 소개하고, 더 많은 학부모에게 자녀를 교육할 때는 방법에 신경 써야 한다고 알려주기 위해서입니다.

남：그렇다면 당신이 책에서 소개한 자녀교육 방법들을 다른 학부모들이 바로 따라서 아이를 교육해도 되는 것인가요?

여：제가 책에 소개한 방법은 (제) 딸에게 맞춰진 것이기에, 꼭 모든 아이들에게 다 적합하다고 볼 수는 없습니다. 그러니 학부모님들께선 절대로 이 방법을 그대로 따라 쓰지 마시고 아이의 상황과 결합시켜서 자기 아이에게 맞는 교육방법을 정하셔야 합니다.

남：아이들이 초, 중, 고 이 세 개의 학업 단계에 있을 때, 학부모의 역할은 어떻게 바뀌어야 할까요?

여：아이가 성장하는 과정에서 가장 중요한 것은 학부모가 옆에서 함께 해주는 것입니다. 하지만 각 단계에서 함께 해주는 방식은 조금씩 다릅니다. 아이가 초등학교에 다닐 때는 학부모가 아이의 학습에 신경을 써서 좋은 공부습관을 기르도록 도와주어야 합니다. 중학교 단계에 들어서면 아이가 사춘기에 접어들기 때문에 학부모는 아이의 신체와 심리건강 문제에 더욱 신경을 써야 합니다. **22** 고등학교 단계가 되면 학부모는 모든 에너지를 아이의 인생설계로 옮겨야 하는데, 아이에게 본인의 과거 인생 경험을 이야기해 주어도 됩니다.

남：수많은 교육 전문가들은 자녀를 교육하기 전에 학부모가 먼저 교육을 받아야 한다고 생각합니다. 이 견해에 대해서는 어떻게 생각하십니까?

여：저는 이 생각에 찬성합니다. 대다수의 학부모들은 아이가 잘못된 행동을 하는 것이 자신과는 무관하다고 생각하지만 사실은 그렇지 않습니다. 이렇게 이야기할 수 있겠네요. 모든 학부모들은 아이에게 있어 첫 선생님이기에 부모의 교육관이 아이에게 미치는 영향은 상당히 큽니다. 그러므로 **23** 저는 학부모들이 아이를 교육하기 전에 먼저 교육을 받고 올바른 교육관을 세워야 한다고 말씀드리고 싶습니다.

男: 您的女儿是这本书的主人公，您认为女儿最宝贵的品质是什么？
女: 我女儿无论是对待身边的人还是对待事情都很真诚，这是她最宝贵的品质。当然人无完人，24 我女儿也有很多缺点。比如，在公共场所如果她看到有人闯红灯，她就会用十分强硬的语气制止，说话太直接，一点儿都不委婉。

남: 당신의 딸은 이 책의 주인공인데요, 당신이 생각하시기에 딸의 가장 소중한 품성은 무엇인가요?
여: 제 딸아이는 주변 사람을 대할 때나 일을 대할 때나 모두 진실합니다. 이것이 바로 그녀의 가장 소중한 품성이죠. 물론 완벽한 사람은 없듯이 24 제 딸아이 역시 많은 단점이 있답니다. 예를 들면, 공공장소에서 누군가 신호를 위반하는 것을 보면 굉장히 강한 어조로 제지하는데요, 말하는 게 너무 직설적이고 조금도 부드럽지 않답니다.

지문 어휘 出版 chūbǎn 동 출간하다, 출판하다 | 点点滴滴 diǎndiandīdī 형 소소하다 | 实例 shílì 명 실화, 실제 사례 | 量身定制 liángshēn dìngzhì 맞추다, 딱 맞게 맞추다 | 不见得 bújiàndé 부 꼭 ~한 것은 아니다 | 千万 qiānwàn 부 절대로, 부디 | 套用 tàoyòng 동 그대로 쓰다, 답습하다 | 制定 zhìdìng 동 정하다, 확정하다 | 角色 juésè 명 역할, 배역 | 转变 zhuǎnbiàn 동 바뀌다, 바꾸다 | 陪伴 péibàn 동 옆에서 함께하다, 동반하다 | 有所 yǒusuǒ 동 조금 ~하다, 다소 ~하다 | 青春期 qīngchūnqī 명 사춘기 | 精力 jīnglì 명 에너지, 정력 | 转移 zhuǎnyí 동 옮기다 ★ | 规划 guīhuà 명 설계, 기획, 계획 동 설계하다, 기획하다 ★ | 不然 bùrán 동 그렇지 않다 | 启蒙 qǐméng 동 기초 지식을 전수하다, 계몽하다 ★ | 启蒙老师 qǐméng lǎoshī 명 첫 선생님 | 树立 shùlì 동 세우다, 수립하다 ★ | 主人公 zhǔréngōng 명 주인공 | 宝贵 bǎoguì 형 소중하다, 고귀하다, 귀(중)하다 | 品质 pǐnzhì 명 품성, 인품, 품질 ★ | 对待 duìdài 동 대하다, 다루다 | 真诚 zhēnchéng 형 진실하다 | 人无完人 rénwúwánrén 완벽한 사람은 없다 | 闯红灯 chuǎng hóngdēng 신호를 위반하다 | 强硬 qiángyìng 형 강하다, 강경하다 | 语气 yǔqì 명 어조, 어투, 말투 | 制止 zhìzhǐ 동 제지하다 ★ | 直接 zhíjiē 형 직설적이다, 직접적이다 | 委婉 wěiwǎn 형 부드럽다, 유하다, 완곡하다

女的在书中为什么讲了很多自己和女儿的故事?

A 告诉老师要爱护学生
B 告诉孩子要孝敬父母
C 告诉父母应帮助孩子制定目标
D 告诉家长教育孩子应讲究方法

여자는 왜 책에서 자신과 딸의 이야기를 많이 다뤘는가?

A 선생님에게 학생을 사랑해야 한다고 말해주기 위해서
B 아이들에게 부모를 공경하라고 말해주기 위해서
C 부모에게 아이가 목표 세우는 것을 도와야 한다고 말해주기 위해서
D 학부모에게 아이를 교육할 때는 방법에 신경 써야 한다고 말해주기 위해서

보기 어휘 爱护 àihù 동 사랑하다, 소중히 하다 | 孝敬 xiàojìng 동 공경하다

해설 여자가 무엇때문에 책에서 자신과 딸의 이야기를 많이 다뤘는지, 그 주된 이유를 묻는 문제이다. 본문에서 '我写这些实例是为了…, 让更多的家长知道教育孩子是要讲究方法的, 즉 더 많은 학부모에게 아이를 교육할 때 방법에 신경 써야 한다고 알려주기 위함'이라고 했다. 따라서 이를 그대로 언급해 놓은 D가 정답이다.

정답 D

22

高中阶段家长应该把主要精力放在孩子的哪方面?

고등학교 단계가 되면 학부모는 주된 에너지를 아이의 어떤 부분에 두어야 하는가?

A 体育锻炼
B **人生规划**
C 综合实力
D 心理健康

A 체육단련
B **인생설계**
C 종합실력
D 심리건강

보기 어휘 综合 zōnghé 동 종합하다 | 实力 shílì 명 실력 ★

해설 고등학교 단계가 되면 학부모가 신경 써야 하는 부분에 관한 질문으로, 보기의 내용을 체크해가며 들어야 한다. 심리건강은 중학교 때 신경 써야 하는 것이라 했기에 D는 정답이 아니며, 본문에서 '到了高中阶段，家长应该把精力转移到孩子的人生规划上, 즉 고등학교 단계가 되면 모든 에너지를 아이의 인생설계로 옮겨야 한다'고 했으므로, 정답은 B이다.

정답 B

23

女的建议家长怎么做?

여자는 학부모들에게 어떻게 하라고 제안했는가?

A 不要惩罚孩子
B 给孩子一些奖励
C 多与班主任沟通
D **树立正确的教育观念**

A 아이를 벌하지 마라
B 아이에게 상을 주어라
C 담임선생님과 많이 교류하라
D **올바른 교육관을 세워라**

보기 어휘 惩罚 chéngfá 동 벌하다 ★ | 奖励 jiǎnglì 동 상을 주다, 장려하다 ★ | 班主任 bānzhǔrèn 명 담임선생님, 담임교사 | 沟通 gōutōng 동 교류하다, 소통하다 | 观念 guānniàn 명 이념, 관념, 생각

해설 모든 학부모는 아이에게 있어 첫 선생님이라고 하면서 본문에서 '我建议家长教育孩子之前，先接受教育，树立正确的教育观念'이라고 아이를 교육하기 전에 먼저 교육을 받고 올바른 교육관을 세워야 한다고 했다. 따라서 이를 그대로 언급한 D가 정답이다.

정답 D

24

女的认为女儿有什么缺点?

여자는 딸에게 어떤 단점이 있다고 생각하는가?

A 敢于冒险
B **说话不委婉**
C 做事有条不紊
D 没有独立生活的能力

A 용감하게 모험한다
B **말하는 것이 부드럽지 않다**
C 일을 함에 있어 일사분란하고 이치에 맞다
D 혼자서 생활하는 능력이 없다

| 보기 어휘 | 敢于 gǎnyú 동 용감하게 ~하다, 대담하게 ~하다 | 冒险 màoxiǎn 동 모험하다, 위험을 무릅쓰다 | 有条不紊 yǒutiáobùwěn 형 일사분란하고 이치에 맞다, 조리 있고 질서 정연하다 ⭐

| 해설 | 여자가 생각하는 딸의 단점에 관한 문제로, 본문에서 '说话太直接，一点儿都不委婉, 즉 말하는 게 너무 직설적이고 조금도 부드럽지 않다'고 했으므로, 이를 그대로 언급한 B가 정답이다.

| 정답 | B

25

关于女的可以知道什么？   여자에 관하여 알 수 있는 것은 무엇인가？

A 出版了新书   A 신간을 출간했다
B 是心理医生   B 정신과 의사이다
C 创办了幼儿园   C 유치원을 설립했다
D 打算出国深造   D 외국에 가서 더 깊이 공부할 생각이다

| 보기 어휘 | 创办 chuàngbàn 동 설립하다, 창설하다 | 幼儿园 yòu'éryuán 명 유치원 | 深造 shēnzào 동 더욱 깊이 연구하다

| 해설 | 인터뷰 대상에 관한 질문으로, 인터뷰 대상 소개는 주로 인터뷰 초반에 등장한다. 본문에서 '陪你走过小学六年》是您最近出版的新书'라며 《너와 함께 한 초등학교 6년》은 인터뷰 대상이 최근에 출간한 신간임을 언급했으므로, 정답은 A이다.

| 정답 | A

第26到30题是根据下面一段采访：

女：29 作为一名室内设计师，如果让您设计一家餐厅，您会怎么设计呢？

男：在设计时，我会忘记自己是设计师的身份，而且我也不会从餐厅老板的角度考虑，而是会把自己当成一个普普通通的顾客，站在顾客的立场去考虑设计。我发现现在的快餐店设计虽然越来越高端，但是缺少温暖。所以 26 我想设计一个居家风格的，想让顾客进店后有归属感。

女：那您的居家风格的设计会如何体现出来？

男：我认为灯光很关键。30 我会选择暖色调的灯，让顾客进店后瞬间得到放松。27 我还会选择不同款式的桌椅，我想以这种方式给顾客一种时间

여: 29 인테리어 디자이너로서 만일 당신에게 레스토랑을 인테리어 해달라고 하면 어떻게 디자인하시겠습니까?

남: 인테리어를 할 때 저는 저 자신이 디자이너 신분이라는 것을 잊어버립니다. 뿐만 아니라 레스토랑 사장의 입장에서 생각하지도 않습니다. 오히려 스스로를 한 명의 아주 평범한 고객이라 생각하고, 고객의 입장에서 디자인을 생각하죠. 저는 요즘 패스트푸드점의 인테리어가 갈수록 고급스러워지고는 있지만 따스함이 부족하다는 것을 발견했습니다. 그래서 26 홈스타일로 인테리어를 해서 고객들이 가게에 들어왔을 때 소속감을 가지게끔 하고 싶습니다.

여: 그렇다면 당신의 홈스타일 인테리어는 어떻게 표현해내실 건가요?

남: 제 생각에는 조명이 관건인 것 같습니다. 30 전 따뜻한 색조의 조명을 선택해서 고객이 가게에 들어선 순간 편안함을 느끼게 하고 싶습니다. 27 또한 각기 다른 스타일의 테이블과 의자를 선택할 생각인데, 이런 방식으로써 고객들

女: 感，好像是自己在家里慢慢收集的家具，而不是买完一套就布置好的。另外，我会在快餐店里放一些绿色植物，不是塑料的，都是真的，这样才能给顾客一种清新自然的感受。

女: 您设计的快餐店数不胜数。很多人走进您设计的店后，都会怀疑自己是不是走错地方了。对这些不像快餐店的设计您是怎么看的？

男: 传统意义的快餐店就是一个你来不及看店内长什么样子，就已经吃完走人的地方。我认为快餐店的"快"强调的是在最短时间内把饭菜送到顾客面前，是对餐厅的要求，不是对顾客的要求。我想让顾客进入店后，能放慢自己的心情。为此 30 我们还设计了一个舞台，让顾客可以随时站在舞台上展现自己。

女: 快餐店人流量多，难免会嘈杂，您是如何创造出安静的环境的？

男: 28 为了给顾客创造出安静的用餐空间，我们测量了客人与客人之间最适当的距离，设置了隔断。而且在餐厅的装修材料方面费了很多心思，我们选用了可以吸收噪音的天花板，这样不但美观好看，还可以减少噪音。

女: 为什么您将餐厅的主色调定为米白色？

男: 米白色看起来干净，很容易营造出温暖的感觉，而不是冰冷的感觉。另外，米白色在整个餐厅起到衬托其他物品的作用。

여: 에게 일종의 '시간 감각'을 주고 싶습니다. 가구를 사다가 그대로 배치한 것이 아닌, 마치 본인이 집 안에 천천히 모은 가구처럼 말입니다. 이 외에 패스트푸드점에 식물을 조금 놓아둘 것입니다. 플라스틱으로 된 것이 아닌 모두 진짜로요. 그렇게 해야만이 고객들에게 신선하고 자연스러운 느낌을 줄 수 있거든요.

여: 당신이 인테리어 하신 패스트푸드점이 셀 수 없이 많은데요. 많은 사람들이 당신이 디자인한 가게에 들어서면 자신이 혹시 장소를 잘못 들어온 건 아닌지 의심을 하게 된다고 합니다. 이런 패스트푸드점 같지 않은 인테리어에 대해 어떻게 생각하십니까?

남: 기존의 패스트푸드점은 가게 안이 어떻게 생겼는지 볼 여유도 없이 다 먹고 나면 바로 떠나는 곳이었습니다. 패스트푸드점의 '패스트'가 강조하는 것은 짧은 시간 내에 고객 앞에 음식을 대령해 주는 것으로, (이는) 레스토랑에 대한 요구이지 고객에 대한 요구가 아니라고 생각합니다. 저는 고객이 가게에 들어온 뒤에 심적으로 여유로워졌으면 했고, 이를 위해 30 저희는 무대 하나를 디자인했고, 고객이 언제든지 무대 위에서 자신을 표출할 수 있도록 했습니다.

여: 패스트푸드점은 유동인구가 많아서 소란스러울 수밖에 없는데, 당신은 어떻게 조용한 환경을 만들어 내셨죠?

남: 28 고객에게 조용한 식사공간을 만들어주기 위해서 저희는 고객과 고객 사이의 가장 적당한 거리를 측정해서 칸막이를 설치했습니다. 또한, 레스토랑의 인테리어 자재 방면에도 신경을 많이 썼는데요, 저희는 소음을 흡수할 수 있는 천장판을 사용했답니다. 이렇게 하면 아름답고 보기 좋을 뿐만 아니라 소음도 줄일 수 있습니다.

여: 왜 당신은 레스토랑의 메인 컬러를 밝은 아이보리색으로 정하셨나요?

남: 밝은 아이보리색은 깨끗해 보이기 때문에 차가운 느낌이 아닌 따뜻한 느낌을 쉽게 조성해 줍니다. 그 밖에도 밝은 아이보리색은 레스토랑 안에서 다른 물건을 돋보이게 하는 효과도 있답니다.

지문 어휘 室内设计师 shìnèi shèjìshī 명 인테리어 디자이너, 실내 디자이너 | 当成 dàngchéng 동 ~로 생각하다 (여기다), ~로 삼다 | 立场 lìchǎng 명 입장, 관점 ★ | 快餐店 kuàicāndiàn 명 패스트푸드점 | 高端 gāoduān 형 고급스럽다 | 缺少 quēshǎo 동 부족하다 | 温暖 wēnnuǎn 명 따스함, 포근함 형 따뜻하다 | 居家 jūjiā 명 홈, 집, 가정 | 风格 fēnggé 명 스타일 | 归属感 guīshǔgǎn 명 소속감, 귀속감 | 体现 tǐxiàn 동 표현하다, 구현하다, 드러내다 | 灯光 dēngguāng 명 조명, 등불 | 关键 guānjiàn 명 관건, 키 포인트 | 暖色调 nuǎn sèdiào 따뜻한 색조, 따뜻한 느낌의 색상 | 瞬间 shùnjiān 명 순간 ★ | 放松 fàngsōng 동 편안하다, (긴장을) 풀다 | 款式 kuǎnshì 명 스타일 ★ | 桌椅 zhuō yǐ 명 테이블과 의자 | 时间感 shíjiāngǎn 시간 감각 | 收集 shōují 동 모으다, 수집하다 | 布置 bùzhì

| 동 놓다, 배치하다 ★ | 塑料 sùliào 명 플라스틱 | 清新 qīngxīn 형 신선하다, 참신하다 | 自然 zìrán 형 자연스럽다 | 感受 gǎnshòu 명 느낌, 감상 동 느끼다 | 数不胜数 shǔbúshèngshǔ 성 셀 수 없이 많다, 일일이 다 셀 수 없다 | 放慢 fàngmàn 동 여유롭게 하다, 긴장을 풀다 | 舞台 wǔtái 명 무대 | 展现 zhǎnxiàn 동 표출하다, 보여주다, 드러내다 ★ | 人流量 rénliúliàng 명 유동인구, 유동량 | 难免 nánmiǎn 동 ~할 수 밖에 없다, 면하기 어렵다 ★ | 嘈杂 cáozá 형 소란스럽다, 떠들썩하다 ★ | 测量 cèliáng 동 측정하다, 측량하다 ★ | 设置 shèzhì 동 설치하다 ★ | 隔断 géduàn 명 칸막이 | 费心思 fèi xīnsi 신경 쓰다 | 噪音 zàoyīn 소음 ★ | 天花板 tiānhuābǎn 명 천장판, 천장 | 美观 měiguān 형 아름답다, 예쁘다 ★ | 主色调 zhǔsèdiào 명 메인 컬러, 주요색 | 定为 dìngwéi 동 ~로 정하다 | 米白色 mǐbáisè 명 아이보리색 | 营造 yíngzào 동 조성하다, 만들다 | 冰冷 bīnglěng 형 차갑다, 얼음같이 차다 | 衬托 chèntuō 동 돋보이게 하다, 부각시키다 ★

26

男的想设计一个什么样的餐厅?

A 高档的
B 家居风格的
C 田园风格的
D 复古典雅的

남자는 어떤 레스토랑을 디자인하고 싶은가?

A 고급스러운 스타일
B 홈스타일
C 전원 스타일
D 빈티지하고 우아한 스타일

보기 어휘 高档 gāodàng 형 고급의, 상등의 | 田园 tiányuán 명 전원, 농촌 | 复古 fùgǔ 형 빈티지하다, 복고적이다 동 복고하다 | 典雅 diǎnyǎ 형 우아하다

해설 남자가 하고 싶은 인테리어 스타일을 묻는 문제로, 들리는 것이 정답인 문제유형이다. 본문에서 '我想设计一个居家风格的，想让顾客进店后有归属感, 즉 고객들에게 소속감을 주고 싶어서 홈스타일로 인테리어를 하고 싶다'고 했으므로, '居家风格'를 그대로 언급한 B가 정답이다.

정답 B

27

关于餐厅中的桌椅, 下列哪项正确?

A 款式不统一
B 摆放不整齐
C 可回收利用
D 木材是进口的

레스토랑의 테이블과 의자에 관하여, 다음 중 옳은 것은 무엇인가?

A 스타일을 통일하지 않는다
B 진열이 가지런하지 않다
C 재활용해서 사용할 수 있다
D 목재는 수입품이다

보기 어휘 统一 tǒngyī 동 통일하다 | 摆放 bǎifàng 동 진열하다, 배열하다 | 进口 jìnkǒu 동 수입하다 | 回收 huíshōu 동 회수하다 ★

해설 남자는 홈스타일의 인테리어를 위해 몇 가지 생각을 내놓았고, 본문에서 '我还会选择不同款式的桌椅'라고 각기 다른 스타일의 테이블과 의자를 선택할 것이라고 했으므로, 스타일을 통일하지 않는다고 한 A가 정답이다.

정답 A

28

餐厅是如何创造出安静的环境的?	레스토랑은 어떻게 조용한 환경을 만들어 낸 것인가?
A 设置了隔断	A 칸막이를 설치했다
B 禁止大声喧哗	B 큰 소리로 떠드는 걸 금지했다
C 播放舒缓的音乐	C 느린 음악을 틀었다
D 安装了隔音玻璃	D 방음유리를 설치했다

보기 어휘 喧哗 xuānhuá 동 큰 소리로 떠들다, 떠들어대다 형 떠들썩하다 ★ | 播放 bōfàng 동 틀다, 방송하다 | 安装 ānzhuāng 동 설치하다, 장착하다 | 隔音 géyīn 동 방음하다 | 玻璃 bōli 명 유리

해설 레스토랑의 조용한 환경조성에 관한 질문으로, 유동인구가 많아 시끄러울 수밖에 없는 레스토랑이기에 조용한 식사공간을 만들어주기 위해서 '设置了隔断, 즉 칸막이를 설치했다'고 했으므로, 정답은 A이다.

정답 A

29

关于男的, 可以知道什么?	남자에 관하여 알 수 있는 것은 무엇인가?
A 有乐观的心态	A 낙관적인 마음을 가지고 있다
B 善于与人沟通	B 사람과의 소통에 능하다
C 是室内设计师	C 인테리어 디자이너이다
D 喜欢欧式的装修风格	D 유럽풍 인테리어 스타일을 좋아한다

보기 어휘 乐观 lèguān 형 낙관적이다 | 心态 xīntài 명 마음, 심리상태 ★ | 欧式 ōushì 명 유럽풍, 유럽스타일

해설 인터뷰 대상, 특히 인터뷰 대상의 신분에 관해서는 일반적으로 앞부분에서 소개한다. 본문에서 인터뷰어의 첫 마디가 '作为一名室内设计师'라고 남자의 신분이 인테리어 디자이너임을 언급했다. 따라서 정답은 C이다.

정답 C

30

根据对话, 下列哪项正确?	대화에 근거하여, 다음 중 옳은 것은 무엇인가?
A 餐厅灯光刺眼	A 레스토랑의 조명이 눈부시다
B 餐厅里设有舞台	B 레스토랑 안에 무대가 설치되어 있다
C 餐厅有各种优惠活动	C 레스토랑은 다양한 할인행사를 한다
D 餐厅提供免费葡萄酒	D 레스토랑에서는 포도주를 무료로 제공한다

보기 어휘 刺眼 cì yǎn 형 눈이 부시다, 눈이 시리다 | 优惠 yōuhuì 형 할인의, 특혜의 명 할인, 우대

> **해설** 인터뷰 초반, 남자는 홈스타일 인테리어를 설명하면서 고객이 편안함을 느끼도록 '我会选择暖色调的灯, 즉 따뜻한 색조의 조명을 선택할 것'이라고 했으므로, 조명이 눈부시다고 한 A는 정답에서 제외된다. 그후 후반부에서 고객이 언제든지 자신을 표출할 수 있도록 '我们还设计了一个舞台, 즉 무대를 하나 디자인했다'고 언급했으므로, 정답은 B이다.

> **정답** B

제3부분 31~50번 문제는 지문을 듣고 질문에 알맞은 답을 고르는 문제입니다.

第31到33题是根据下面一段话:

一个老农上山砍柴, **31** 当他要砍一棵树的时候，发现树下面的杂草中有一个特别大的蚂蚁窝。他割掉了这些杂草后，蚂蚁窝破了，无数蚂蚁蜂拥而出。老农先是愣了一下，然后立刻将砍下的杂草围成了一个圈，用火点燃了。风吹火旺，蚂蚁四处逃命。但无论逃到哪个方向，都无法逃出去，因为它们已经被火墙挡住了。火势越来越大了，蚂蚁占据的空间越来越小，灭顶之灾即将到来。这时，不可思议的事情发生了，**32** 突然地上的蚂蚁迅速地抱成了一团，变成了一个黑球。这个黑球先是拳头大小，不断有蚂蚁爬上去，渐渐地变得和篮球一样大。后来，这个黑球向烈火滚去，终于冲出了火墙。老农捡起黑球最外层蚂蚁的尸体时，久久不愿放下，他被深深地感动了。

如果每一个蚂蚁都只顾自己逃生，结果会如何? **33** 蚂蚁为什么会有这种让人类都自叹不如的团队精神，至今科学家还不知道其中的奥秘。

한 농부가 나무하러 산에 올라 **31** 나무를 한 그루 베려할 때 나무 아래에 있는 잡초 속에서 유난히 큰 개미집을 발견했다. 그가 이 잡초들을 베어버리자 개미집은 망가졌고 무수히 많은 개미들이 우르르 몰려나왔다. 농부는 처음에 잠깐 멍해졌다가 이내 베어낸 잡초를 동그랗게 만들어서 불로 태웠다. 바람이 불고 불길이 거세지자 개미들은 사방으로 달아났다. 하지만 어느 방향으로 도망치던지 탈출할 수가 없었는데, 왜냐하면 개미들은 이미 불의 장벽에 가로막혔기 때문이었다. 불길이 점점 더 거세지자 개미가 차지한 공간은 점점 더 좁아졌고, 재앙이 곧 도래하는 듯했다. 이때 믿을 수 없는 일이 벌어졌다. **32** 갑자기 땅에 있던 개미들이 빠르게 하나로 엉켜서 검은색 공으로 변한 것이었다. 이 검은색 공은 처음에는 주먹 크기였는데 개미들이 끊임없이 올라타면서 점차 농구공만큼 커졌고, 후에 이 검은색 공은 사나운 불길을 향해 굴러 들어가더니 마침내 불의 장벽을 뚫고 빠져나왔다. 농부는 검은색 공의 가장 바깥쪽 개미들의 시체를 주워 올리고는 크게 감동하여 오랫동안 내려놓지 못했다.

만약에 모든 개미들이 오직 자신이 살아남는 것에만 신경 썼다면 결과는 어땠을까? **33** 개미는 어째서 인간도 감탄해 마지않는 공동체 정신을 가질 수 있는지, 지금까지도 과학자들은 그 비밀을 아직 모르고 있다.

> **지문 어휘** 老农 lǎonóng 명 농부 | 砍柴 kǎn chái 동 나무를 하다, 장작을 패다 | 杂草 zácǎo 명 잡초 | 蚂蚁 mǎyǐ 명 개미 | 窝 wō 명 집, 굴(짐승들의 거처) ★ | 割掉 gēdiào 동 베어버리다 | 蜂拥 fēngyōng 동 벌 떼처럼 붐비다 | 愣 lèng 동 멍해지다, 어리둥절하다 ★ | 点燃 diǎnrán 동 불을 붙이다 | 旺 wàng 형 (기운이나 세력이) 세다, 맹렬하다 | 逃命 táo mìng 동 달아나다, 목숨을 건지다 | 火墙 huǒqiáng 명 불의 장벽 | 挡住 dǎngzhù 동 가로막다, 저지하다 | 火势 huǒshì 명 불길 | 占据 zhànjù 동 차지하다, 점거하다 ★ | 灭顶之灾 mièdǐngzhīzāi 명 재앙, 치명적인 재난 | 即将 jíjiāng 부 곧, 머지않아, 장차 ★ | 不可思议 bùkěsīyì 성 믿기 어렵다, 불가사의하다 ★ | 迅速 xùnsù 형 빠르다, 신속하다 | 拳头 quántóu 명 주먹 ★ | 烈火 lièhuǒ 명 사나운 불길, 드센 불길 | 滚 gǔn 동 구르다, 굴리다 | 尸体 shītǐ 명 시체 ★ | 捡 jiǎn 동 줍다 | 只顾 zhǐgù 동 오직 ~에만 신경쓰다 부 오로지 | 至今 zhìjīn 부 지금까지, 오늘까지 | 奥秘 àomì 명 비밀, 신비 ★

31

老农上山砍柴时发现了什么?

A 一颗钻石
B 一把猎枪
C 一座别墅
D 一个蚂蚁窝

농부가 나무하러 산에 올랐을 때 무엇을 발견했는가?

A 다이아몬드 한 개
B 사냥총 한 개
C 별장 한 채
D 개미집 한 개

보기 어휘 钻石 zuànshí 몡 다이아몬드 ★ | 猎枪 lièqiāng 몡 사냥총 | 别墅 biéshù 몡 별장 ★

해설 들리는 것이 정답인 문제유형이다. 본문에서 '当他要砍一棵树的时候，发现树下面的杂草中有一个特别大的蚂蚁窝'라고 나무를 한 그루 베려할 때 나무 아래에 있는 잡초 속에서 유난히 큰 개미집을 발견했다고 했으므로, 정답은 D이다.

정답 D

32

关于那个黑球, 可以知道什么?

A 变得越来越小
B 散发出臭味儿
C 是由蚂蚁组成的
D 可以变成其他颜色

그 검은색 공에 관하여 알 수 있는 것은 무엇인가?

A 점점 더 작아졌다
B 악취를 뿜어댔다
C 개미로 만들어진 것이다
D 다른 색으로 변할 수 있다

보기 어휘 散发 sànfā 동 내뿜다, 퍼지다, 발산하다 ★ | 组成 zǔchéng 동 만들다, 구성하다, 조직하다 | 臭味 chòuwèi 명 악취

해설 검은색 공에 관한 문제로, 본문에서 '突然地上的蚂蚁迅速地抱成了一团，变成了一个黑球'라고 갑자기 개미들이 빠르게 뒤엉켜서 하나의 검은색 공으로 변했다고 했으므로, 정답은 C이다.

정답 C

33

这段话主要谈的是什么?

A 怎样防治蚂蚁
B 蚂蚁的团队精神
C 蚂蚁的分布范围
D 蚂蚁如何寻找食物

이 글이 주로 이야기하는 것은 무엇인가?

A 어떻게 개미를 예방하고 퇴치하는가
B 개미의 공동체 정신
C 개미의 분포 범위
D 개미는 어떻게 음식물을 구하는가

보기 어휘 防治 fángzhì 동 예방하고 퇴치하다 ★ | 分布 fēnbù 동 분포하다 | 范围 fànwéi 명 범위 | 寻找 xúnzhǎo 동 구하다, 찾다

| 해설 | 주제를 묻는 문제이다. 농부에 의해 망가진 개미집에서 나온 개미떼가 불더미 속에서 살아나올 수 있었던 일화를 소개하면서, 마지막 부분에서 '蚂蚁为什么会有这种让人类都自叹不如的团队精神, 즉 개미는 어째서 인간도 감탄해 마지않는 공동체 정신을 가질 수 있을까'라고 했다. 따라서 개미의 공동체 정신이라고 언급한 B가 정답이다.

| 정답 | B

第34到36题是根据下面一段话：

绍兴以水乡著称，建在河道上的桥是绍兴的特色标志，八字桥是众多古桥中最具代表性的一个。36 八字桥始建于南宋时期，34 因形状像八字而得名。36 它以石材建成，有两个桥墩，起支撑作用，35 桥墩上有九根石柱，以牢固桥身。八字桥的设计特点是顺应绍兴城内已有的街道、房屋等布局，善用地形，不拆房不改街。36 当时八字桥建造在三条街道与三条河流交错在一起的位置上，建筑构思巧妙，古代匠师科学地解决了当地复杂的交通问题，因此专家学者称它为古代的立交桥。历经千年沧桑，36 八字桥完好无损地保存到今天，的确是一件令人称奇的事情。

샤오싱(绍兴)은 물의 고장으로 유명하다. 수로 위에 세워진 다리는 샤오싱의 특색 있는 상징으로, 바즈교(八字桥)는 수많은 옛 다리 중에서 가장 대표적인 다리이다. 36 바즈교는 남송 시기에 처음 지어졌는데, 34 모양이 팔자(八字)와 닮았다고 하여 이름이 붙여졌다. 36 바즈교는 돌로 지어졌으며, 두 개의 교각이 있어 (다리를) 지탱하는 작용을 한다. 35 교각 위에는 교량 본체를 튼튼하게 하기 위한 아홉 개의 돌기둥이 있다. 바즈교의 설계 특징은 샤오싱 성(城)내에 이미 존재하고 있는 길과 가옥 등의 배치에 맞게 지형을 잘 이용해서 가옥을 부수거나 길을 바꾸지 않았다는 점이다. 36 당시 바즈교는 세 개의 도로와 세 개의 하천이 교차하는 위치에 세워졌는데, 건축설계가 절묘하고 고대의 장인들이 현지의 복잡한 교통문제를 과학적으로 잘 해결했기 때문에 전문가들은 바즈교를 고대의 입체교라고 부른다. 천 년 동안의 온갖 풍파를 겪으면서도 36 바즈교가 지금까지 손상 없이 완전하게 보존되고 있는 것은 정말이지 기묘함에 탄복하게 하는 일이다.

| 지문 어휘 | **绍兴** Shàoxīng 고유 샤오싱 | **著称** zhùchēng 동 유명하다 | **河道** hédào 명 수로, 강줄기 | **标志** biāozhì 명 상징 | **八字桥** Bāzìqiáo 고유 바즈교 | **众多** zhòngduō 형 수많다, 아주 많다 | **建于** jiànyú 동 ~(시기)에 지어지다 | **形状** xíngzhuàng 명 모양, 겉모습, 형상 | **桥墩** qiáodūn 명 교각 | **支撑** zhīchēng 동 지탱하다, 버티다 ★ | **石柱** shízhù 명 돌기둥 | **牢固** láogù 형 튼튼하다, 견고하다 ★ | **桥身** qiáoshēn 명 교량 본체 | **顺应** shùnyìng 동 ~에 맞다, 순응하다 | **房屋** fángwū 명 가옥, 집, 주택 | **布局** bùjú 명 배치, 구도 ★ | **善用** shànyòng 동 잘 이용하다, 알맞게 사용하다 | **拆房** chāi fáng 동 가옥을 부수다, 철거하다 | **交错** jiāocuò 동 교차하다, 교착하다, 엇물리다 | **构思** gòusī 동 설계하다, 구상하다 ★ | **巧妙** qiǎomiào 형 교묘하다 | **匠师** jiàngshī 명 (기술)장인, 전문가 | **立交桥** lìjiāoqiáo 명 입체교, IC(인터체인지) ★ | **历经** lìjīng 동 (여러 번) 겪다, 경험하다 | **沧桑** cāngsāng 명 온갖 풍파 | **完好** wánhǎo 형 완전하다, 성하다, 완벽하다 | **无损** wúsǔn 동 손상이 없다 | **称奇** chēngqí 동 기묘함에 탄복하다

34

八字桥因什么而得名? | 바즈교는 무엇 때문에 이름이 붙여졌나?

A 形状
B 功能
C 善用地形
D 投资者的名字

A 모양
B 기능
C 지형을 잘 이용해서
D 투자자의 이름

보기 어휘 功能 gōngnéng 명 기능, 작용, 효과 | 投资者 tóuzīzhě 명 투자자

해설 바즈교라는 이름이 지어진 이유에 관한 질문으로, 본문에서 '因形状像八字而得名, 즉 모양이 팔자(八字)와 닮았다고 하여 이름이 붙여졌다'고 했으므로, 이를 그대로 언급한 A가 정답이다.

정답 A

35

那九根石柱有什么作用? | 그 아홉 개의 돌기둥은 어떤 작용을 하는가?

A 装饰桥体
B 牢固桥身
C 排泄洪水
D 起防护作用

A 교각을 장식한다
B 교량 본체를 튼튼하게 해준다
C 홍수(빗물)를 배출한다
D 방호작용을 한다

보기 어휘 排泄 páixiè 동 (빗물, 폐수 등을) 배출하다, 방출하다 | 洪水 hóngshuǐ 명 홍수, 빗물 ★ | 防护 fánghù 동 방호하다

해설 바즈교 교각 위의 돌기둥의 작용에 관한 문제로, 본문에서 '桥墩上有九根石柱，以牢固桥身, 즉 교각 위에는 교량 본체를 튼튼하게 하기 위한 아홉 개의 돌기둥이 있다'고 했다. 따라서 이를 그대로 언급해 놓은 B가 정답이다.

정답 B

36

关于八字桥，可以知道什么? | 바즈교에 관하여 알 수 있는 것은 무엇인가?

A 建于唐代
B 破损严重
C 是木结构的
D 建筑构思巧妙

A 당나라 때 지어졌다
B 손상이 심각하다
C 목재 구조물이다
D 건축설계가 절묘하다

보기 어휘 破损 pòsǔn 형 파손되다 | 结构 jiégòu 명 구조물, 구조, 조직

해설 본문에서 바즈교는 남송 시기에 지어졌고, 돌다리이며, 지금까지 손상 없이 잘 보존되어 있다고 했으므로 A, B, C는 정답이 아니다. 본문 중간에 바즈교의 설계 특징을 언급하면서 바즈교는 도로와 하천의 교차 지점에 있고 '建筑构思巧妙, 즉 건축설계가 절묘하다'라고 했으므로, 이를 그대로 언급한 D가 정답이다.

정답 D

第37到39题是根据下面一段话：

37 大部分人应该都有这样的体验，当我们在写文章时往往很难发现文中的错别字。为什么我们会看不见这些恼人的细节呢？心理学家解释说，我们之所以很难发现错别字，不是因为我们粗心大意，而是因为 38 我们在写文章时，把全部精力放在了所要表达的思想上，这时我们的大脑在做非常高级的任务。大脑在做高级任务时，会将简单、零碎的部分概化，更专注于复杂的任务。我们的大脑不是电脑可以抓住每个细节。

相反，读者在读我们的文章时，很容易发现我们的问题。39 尽管我们在文章中使用的词汇是读者熟悉的，但是整个内容是他们第一次读，所以阅读时更注重的是细节。

37 대부분의 사람들 모두 분명히 이런 경험이 있을 것이다. 우리는 글을 쓸 때 종종 글 속의 오탈자를 발견하기 어려운데, 이런 짜증 나는 세세한 부분들이 왜 우리는 잘 안 보이는 것일까? 심리학자들이 설명하길, 우리가 오탈자를 발견하기 어려운 이유는 부주의해서가 아니라, 38 글을 쓸 때 우리는 모든 에너지를 표현하고자 하는 생각에만 두는데, 이때 우리의 대뇌는 굉장히 고급단계의 임무를 하고 있기 때문이라고 한다. 대뇌는 고급임무를 할 때 간단하고 잡다한 부분은 단일화시키고 복잡한 임무에 더욱 집중한다. 우리의 대뇌는 세세한 부분까지 모두 잡아낼 수 있는 컴퓨터가 아니라는 것이다.

반대로 독자는 우리의 글을 읽을 때 우리의 문제를 쉽게 발견한다. 39 비록 우리가 글 속에서 사용하는 어휘가 독자들에게 익숙한 것이긴 해도 전체내용은 그들이 처음 읽는 것이고, 그래서 읽을 때 더 신경 쓰는 것은 세세한 부분이다.

지문 어휘 体验 tǐyàn 명 경험, 체험 ★ | 错别字 cuòbiézì 명 오탈자, 오자 | 恼人 nǎorén 형 짜증나다, 성가시게 하다 | 细节 xìjié 명 세세한 부분 | 粗心大意 cūxīndàyì 성 부주의하다, 세심하지 못하다 | 表达 biǎodá 동 표현하다, 드러내다 | 零碎 língsuì 형 잡다하다 | 概化 gàihuà 동 단일화하다, 일반화하다 | 专注于 zhuānzhù yú ~에 집중하다 | 抓住 zhuāzhu 동 잡다 | 词汇 cíhuì 명 어휘 ★ | 熟悉 shúxī 형 익숙하다 | 整个 zhěnggè 명 전체, 온 | 注重 zhùzhòng 동 신경 쓰다, 중시하다 ★

大部分人都有什么样的体验?

A 写作思路不清晰
B 喜欢用华丽的词汇
C 把握不好文章的要点
D 写作时难以发现错别字

대부분의 사람들은 어떤 경험이 있는가?

A 글쓰는 사고의 방향이 뚜렷하지 않다
B 화려한 어휘를 사용하는 것을 좋아한다
C 글의 요점을 잡지 못한다
D 글을 쓸 때 오탈자를 발견하기 어렵다

보기 어휘 **思路** sīlù 명 사고의 방향, 사고의 맥락 | **清晰** qīngxī 형 또렷하다 ⭐ | **华丽** huálì 형 화려하다 ⭐ | **把握** bǎwò 동 잡다, 파악하다 | **要点** yàodiǎn 명 요점, 중점 ⭐

해설 본문에서 사람들이 대부분 갖는 경험을 언급하고, 그 뒤에 '当我们在写文章时往往很难发现文中的错别字, 즉 글을 쓸 때 종종 글 속의 오탈자를 발견하기 어렵다'라고 했다. 따라서 이를 그대로 언급한 D가 정답이다.

정답 **D**

38

大脑的高级任务是什么?

A 咬文嚼字
B 查找生僻词
C 思考文章要表达的思想
D 找出文章中的语法错误

대뇌의 고급임무는 무엇인가?

A 글자 하나하나 꼼꼼히 따지는 것
B 잘 쓰지 않는 글자를 찾아내는 것
C 글에서 표현하고자 하는 생각을 사고하는 것
D 글의 문법 오류를 찾아내는 것

보기 어휘 **咬文嚼字** yǎowénjiáozì 성 글자 하나하나 꼼꼼히 따지다, 문구에 얽매이다 | **查找** cházhǎo 동 찾아내다, 조사하다 | **生僻词** shēngpìcí 명 잘 쓰지 않는 글자

해설 대뇌의 고급임무에 관한 질문으로, 본문에서 '我们在写文章时，把全部精力放在了所要表达的思想上，这时我们的大脑在做非常高级的任务, 즉 글을 쓸 때 우리는 모든 에너지를 표현하고자 하는 것에만 두는데, 이때 우리의 대뇌는 굉장히 고급단계의 임무를 하고 있다'라고 했다. 따라서 대뇌의 고급임무는 글에서 표현하고자 하는 생각을 사고하는 것이라고 한 C가 정답이다.

정답 **C**

39

根据这段话，下列哪项正确？

A 读者更注重细节
B 阅读能增长见识
C 要挖掘自己的潜力
D 写作需要丰富的想象力

이 글에 근거하여, 다음 중 옳은 것은 무엇인가?

A 독자는 세세한 부분에 더 신경 쓴다
B 독서는 식견을 넓혀준다
C 자신의 잠재력을 발굴해야 한다
D 글쓰기는 풍부한 상상력이 필요하다

보기 어휘 **见识** jiànshi 명 식견, 견문 | **挖掘** wājué 동 발굴하다, 파내다 ⭐ | **潜力** qiánlì 명 잠재력 ⭐

해설 글을 쓸 때 발생하는 오탈자 문제에 관한 글이다. 본문에서 글쓴이는 쉽게 발견하지 못하는 오탈자를 독자들은 쉽게 발견한다고 이야기하면서, 그 이유를 비록 독자입장에서 대부분의 어휘가 익숙해도 내용은 처음 읽는 것이고, '所以阅读时更注重的是细节, 즉 그래서 읽을 때 더 신경 쓰는 것이 세세한 부분이다'라고 했다. 따라서 정답은 A이다.

정답 **A**

第40到43题是根据下面一段话：

海洋中的潮汐蕴藏着巨大的能量。它是一种不污染环境、不影响生态平衡、取之不尽的可再生资源。40 潮汐能的利用方式主要是发电。最近，科学家利用潮汐能发电的原理研制出了一台试验样机——海下风车，41 并在部分地区进行了试运行。这台海下风车是将一个开放式的风车放置海底，利用海水的流动来转动叶片使之发电。科学家介绍说，由于海水水流中的能量密度在同比情况下比空气大许多，因此发电设备尺寸相对较小。比如，同为一兆瓦的普通发电机组，风力发电机风车的叶片直径需达到55米左右，但海下风车叶片的直径只需20米左右。海下风车与太阳能和风能发电相比，42 其优势在于不受天气影响。不过，科学家指出海下风车有一定的缺陷。第一，发电成本高，第二，43 海下风车转动时产生的能量很大，很容易对一些海洋生物造成伤害。

지문 어휘 潮汐 cháoxī 명 조석, 밀물과 썰물 | 蕴藏 yùncáng 동 잠재하다 ★ | 能量 néngliàng 명 에너지 ★ | 生态 shēngtài 명 생태 ★ | 平衡 pínghéng 명 균형, 평형 형 균형 잡히다 | 取之不尽 qǔzhībújìn 성 아무리 써도 없어지지 않는다 | 可再生资源 kězàishēng zīyuán 재생가능 에너지 | 潮汐能 cháoxīnéng 조석 에너지 | 发电 fā diàn 동 전기를 발생시키다, 발전하다 | 原理 yuánlǐ 명 원리 ★ | 研制 yánzhì 동 연구 제작하다 | 试验 shìyàn 동 실험하다, 테스트하다 | 样机 yàngjī 명 샘플 기계, 시제품 | 海下风车 hǎixià fēngchē 해저 풍력발전기, 수차 | 运行 yùnxíng 동 운행하다 ★ | 放置 fàngzhì 동 설치하다, 놓아 두다 | 海底 hǎidǐ 명 바다 밑, 해저 | 转动 zhuàndòng 동 돌리다 | 叶片 yèpiàn 명 (기계의) 날개 | 密度 mìdù 명 밀도 ★ | 设备 shèbèi 명 설비, 시설 ★ | 尺寸 chǐcun 명 크기, 치수, 사이즈 | 兆瓦 zhàowǎ 양 메가와트(mw) | 直径 zhíjìng 명 직경 ★ | 优势 yōushì 명 장점, 우세, 우위 | 缺陷 quēxiàn 명 결점, 결함 ★ | 成本 chéngběn 명 원가 ★ | 生物 shēngwù 명 생물 ★

海下风车是利用什么原理来发电的?   수차는 어떤 원리로 전기를 발생시키는가?

A 风能   A 풍력 에너지
B 太阳能   B 태양 에너지
C 潮汐能   C 조석 에너지
D 地热能   D 지열 에너지

| 보기 어휘 | 地热 dìrè 명 지열

| 해설 | 전기를 발생시키는 수차의 원리를 묻는 문제로, 본문에서 '潮汐能的利用方式主要是发电'이라며, 조석 에너지의 이용방식은 주로 전기를 발생시키는 것이라 했고, 뒤이어 '科学家利用潮汐能发电的原理研制出了一台试验样机'라고 조석 에너지의 원리를 이용해 수차를 연구 제작했다고 했으므로, 정답은 C이다.

| 정답 | C

41

关于海下风车，下列哪项正确？

A 制造成本低
B 已投入试运行
C 容易发生故障
D 由多国联合研发

수차에 관하여, 다음 중 옳은 것은 무엇인가?

A 제조 원가가 낮다
B 이미 시범운행에 들어갔다
C 쉽게 고장 난다
D 많은 나라들이 연합해서 연구 개발했다

| 보기 어휘 | 投入 tóurù 동 들어가다, 돌입하다, 뛰어들다 | 故障 gùzhàng 명 고장, 장애 ★

| 해설 | 수차에 관한 문제로, 본문에서 '海下风车在部分地区进行了试运行'이라고 수차가 일부 지역에서 이미 시범운행을 진행했다라고 했으므로, 정답은 B이다.

| 정답 | B

42

海下风车有什么优点？

A 没有噪声
B 无需发电机组
C 不受天气影响
D 能控制温室效应

수차는 어떤 장점이 있는가?

A 소음이 없다
B 발전기유닛이 필요 없다
C 날씨의 영향을 받지 않는다
D 온실효과를 막을 수 있다

| 보기 어휘 | 噪声 zàoshēng 명 소음, 잡음 | 控制 kòngzhì 동 막다, 통제하다, 억제하다 | 温室效应 wēnshì xiàoyìng 명 온실효과, 지구 온난화

| 해설 | 수차의 장점에 관한 문제로, 본문에서 '其优势在于不受天气影响', 즉 날씨의 영향을 받지 않는 것이 장점'이라고 했으므로, 이를 그대로 언급한 C가 정답이다.

| 정답 | C

43

海下风车为什么会伤害部分海洋生物？	수차는 왜 일부 해양생물을 다치게 할 수 있나?
A 会引发海啸	A 해일을 일으킬 수 있기 때문에
B 占地面积大	B 차지하는 면적이 크기 때문에
C 产生的能量大	C 발생하는 에너지가 크기 때문에
D 会释放有毒物质	D 유독물질을 배출할 수 있기 때문에

보기 어휘 海啸 hǎixiào 명 해일 | 释放 shìfàng 동 배출하다, 내보내다, 방출하다 ★

해설 해양생물을 다치게 하는 이유를 묻는 문제로, 본문에서 '海下风车转动时产生的能量很大, 很容易对一些海洋生物造成伤害'라고 수차가 회전할 때 발생하는 에너지가 크기 때문에 일부 해양생물에게 피해를 초래할 수 있다고 했다. 따라서 정답은 C이다.

정답 C

第44到47题是根据下面一段话：

　　魏文侯是战国时期魏国的开国国君。44 他学识渊博，尊重人才，善于纳谏。

　　一次宴会上，魏文侯与田子方一边听乐师奏乐一边饮酒。喝到尽兴时，45 魏文侯突然放下酒杯，表情十分严肃地问田子方："你刚才有没有听出今天乐师奏乐的声音不协调，左边的编钟声音有点儿高。"田子方听后没回答，只是笑了笑。魏文侯又认真听了一遍，发现编钟的声音确实有问题。他对田子方说："这么明显的问题你没听出来吗？不行，你先坐在这儿，我去问问乐师到底怎么回事儿？"田子方又笑了笑，继续饮酒，还是没回答。魏文侯疑惑不解地问："你为什么总笑？难道是我听错了吗？"田子方说："您没有听错。46 我认为您是国君，不用事必躬亲。编钟的声音有问题，乐官会负责。如果您亲自去问乐师，岂不是做了乐官应该做的事儿，这样的话以后管理乐师就会有问题。"

위문후(魏文侯)는 전국(战国)시대 위(魏)나라의 개국 군주이다. 44 그는 박학다식하고 인재를 존중했으며 충언을 잘 받아들였다.

한 번은 연회에서 위문후와 전자방(田子方)이 악사들의 음악 연주를 들으며 술을 마시고 있었다. 한창 흥이 올랐을 무렵 45 위문후는 갑자기 술잔을 내려놓더니 굉장히 엄숙한 표정으로 전자방에게 '자네, 오늘 악사들의 음악 연주 소리가 조화롭지 못하다는 거 방금 알아챘는가? 좌측의 편종 소리가 좀 높은 것 같네.'라고 물었다. 전자방은 듣고도 대답하지 않고 그냥 웃기만 했다. 위문후는 다시 한번 진지하게 들었고, 편종 소리에 확실히 문제가 있음을 알아차렸다. 그는 전자방에게 '이렇게 분명한 문제점을 자네는 알아채지 못했단 말인가? 안 되겠네. 일단 여기 앉아계시게, 내가 악사에게 도대체 어찌 된 일인지 좀 물어봐야겠어.'라고 말했다. 전자방은 또 웃으며 계속 술만 마실 뿐 여전히 대답하지 않았다. 위문후가 의아해하며 '자네는 왜 계속 웃기만 하는 건가? 설마 내가 잘못 들었단 말인가?'라고 묻자 전자방이 말했다. "잘못 듣지 않으셨습니다. 46 저는 당신은 군주이시니, 모든 일에 친히 나서실 필요는 없다고 생각합니다. 편종의 소리에 문제가 있다면 악관이 책임질 것입니다. 만일 당신께서 친히 악사에게 가서 물으신다면, (이는) 악관이 해야 할 일을 (대신) 하시는 것이 아니겠습니까? 그렇다면 앞으로 악사를 관리하는데 분명 문제가 생길 것입니다."

田子方把乐官叫到旁边，问左边的编钟声音为什么变高了。乐官低着头，忐忑不安地说："今天表演之前，其中有个编钟突然出了问题，但因时间紧，所以没来得及修。我保证下次不会再出现这样的问题了。" 47 魏文侯笑着说："你说得确实有道理。我敬你一杯酒，要不是你的提醒，我怎么能知道乐官很称职呢？"

전자방은 악관을 옆으로 불러서 좌측의 편종 소리가 왜 높아졌는지를 물었다. 악관은 고개를 숙인 채 안절부절못하며 '오늘 공연 전에 편종 하나에 갑자기 문제가 생겼는데, 시간이 촉박해서 고칠 시간이 없었습니다. 다음에 다시는 이런 문제가 생기지 않도록 책임지겠습니다.'라고 말했다. 47 위문후는 (전자방에게) '자네의 말이 확실히 일리가 있군. 내가 한 잔 올리겠네. 만일 자네의 깨우침이 아니었더라면 내 어찌 악관이 직무를 담당할 만하다는 것을 알 수 있었겠는가?'라고 웃으며 말했다.

지문 어휘 魏文侯 Wèi Wénhóu 고유 위문후 | 开国 kāiguó 동 개국하다, 나라를 세우다 | 国君 guójūn 명 군주, 군왕 | 学识 xuéshí 명 학식 | 渊博 yuānbó 형 깊고 넓다, 박식하다 | 纳谏 nà jiàn 동 충언을 받아들이다, 간언을 받아들이다 | 宴会 yànhuì 명 연회, 파티 | 田子方 Tián Zǐfāng 고유 전자방 | 乐师 yuèshī 명 악사 | 编钟 biānzhōng 명 편종 | 奏乐 zòu yuè 동 음악을 연주하다 | 饮酒 yǐn jiǔ 동 술을 마시다 | 尽兴 jìn xìng 동 흥이 오르다 | 严肃 yánsù 형 엄숙하다 | 协调 xiétiáo 형 조화롭다, 어울리다 ★ | 疑惑 yíhuò 명 의혹, 의심 ★ | 事必躬亲 shìbìgōngqīn 성 모든 일에 친히 나서다, 모든 일을 자신이 직접 하다 | 亲自 qīnzì 부 친히, 손수, 직접 | 岂不是 qǐbúshì (어찌) ~이 아니겠는가 | 忐忑不安 tǎntèbù'ān 성 안절부절 못하는 모양 | 道理 dàolǐ 명 일리, 도리 | 称职 chènzhí 동 직무를 담당할 만하다, 적임이다

关于魏文侯，可以知道什么？

A 欺辱百姓
B 尊重人才
C 赏罚分明
D 爱收集各种乐器

위문후에 관하여 알 수 있는 것은 무엇인가？

A 백성을 업신여긴다
B 인재를 존중한다
C 상과 벌이 분명하다
D 각종 악기를 수집하는 걸 좋아한다

보기 어휘 欺辱 qīrǔ 동 업신여기다, 괴롭히다 | 赏罚 shǎngfá 동 (잘한 것에) 상을 주고 (잘못한 것에) 벌을 주다 | 分明 fēnmíng 형 분명하다, 뚜렷하다 ★

해설 위문후에 관한 문제로, 본문에서 '他学识渊博，尊重人才，善于纳谏'이라며 그가 박학다식하고 인재를 존중했으며 충언을 잘 받아들였다고 했기에, 이를 그대로 언급한 B가 정답이다.

정답 B

魏文侯为什么突然放下了酒杯？

A 演奏者不够用心
B 乐师把琴弦弄断了
C 想起了伤心的往事
D 发现左侧编钟的音有问题

위문후는 왜 갑자기 술잔을 내려놓았는가？

A 연주자가 충분히 열심히 하지 않아서
B 악사가 거문고의 줄을 끊어트려서
C 슬픈 옛일이 떠올라서
D 좌측 편종의 음에 문제가 있는 걸 발견해서

| 보기 어휘 | 演奏 yǎnzòu 동 연주하다 ★ | 用心 yòngxīn 동 열심히 하다, 애쓰다 | 琴弦 qínxián 명 거문고의 줄 | 往事 wǎngshì 명 옛일, 지난 일 ★

| 해설 | 위문후가 갑자기 술잔을 내려놓은 이유를 묻는 문제로, 위문후가 엄숙한 표정으로 전자방에게 건넨 이야기에서 정답을 찾을 수 있다. 본문에서 '你刚才有没有听出…，左边的编钟声音有点儿高'라며 좌측의 편종 소리가 좀 높은 듯 하다고 했으므로, 정답은 D이다.

| 정답 | D

46

田子方认为，国君应该怎么做? 전자방은 군주가 어떻게 해야 한다고 생각하는가?

A 废除科举   A 과거제도를 폐지해야 한다
B 减少赋税   B 조세를 감해야 한다
C 爱民如子   C 백성을 자기 자식처럼 아껴야 한다
D 不必事事躬亲   D 모든 일에 친히 나설 필요 없다

| 보기 어휘 | 废除 fèichú 동 폐지하다, 취소하다, 없애다 ★ | 科举 kējǔ 명 과거 | 赋税 fùshuì 명 조세 | 爱民如子 àimínrúzǐ 성 백성을 자기 자식처럼 아끼다

| 해설 | 전자방이 언급한 군주의 도리를 묻는 문제로, 악사에게 직접 얘기하겠다는 위문후에게 '我认为您是国君，不用事必躬亲'이라고 군주가 모든 일에 친히 나설 필요는 없다고 생각한다고 했다. 따라서 이를 그대로 언급해 놓은 D가 정답이다.

| 정답 | D

47

魏文侯认为，那个乐官怎么样? 위문후가 생각하기에 그 악관은 어떠한가?

A 很称职   A 직무를 담당할 만하다
B 很廉洁   B 매우 청렴하다
C 得到了赏赐   C 하사품을 받았다
D 有艺术修养   D 예술적 소질이 있다

| 보기 어휘 | 廉洁 liánjié 형 청렴하다 ★ | 赏赐 shǎngcì 명 하사품 | 修养 xiūyǎng 명 소질, 교양, 수양 ★

| 해설 | 악관에 대한 위문후의 생각을 묻는 문제로, 이야기의 마지막 부분에서 그 답을 찾을 수 있다. 위문후는 전자방에게 '要不是你的提醒，我怎么能知道乐官很称职呢, 즉 자네의 깨우침이 아니었더라면 내 어찌 악관이 직무를 담당할 만하다는걸 알 수 있었겠는가'라고 했는데, 이 말에서 위문후는 악관이 직무를 담당할 만하다고 생각함을 알 수 있다. 따라서 정답은 A이다.

| 정답 | A

第48到50题是根据下面一段话：

百米短跑是田径赛中距离最短的比赛，它充分体现了人类的爆发力和速度极限，被誉为"挑战人类速度极限"的比赛。48 百米短跑是奥运会上最重要的赛事之一，很具有观赏价值，因此倍受众人关注。49 百米短跑是简单的运动，因为不需要任何运动工具，也不需要练习转弯技巧，运动员只需穿上一双跑鞋，迈开双腿，手臂一前一后摆动即可。但它又是技术性最高的运动项目，它的技术是不可分割的完整体，起跑时要有爆发力，反应快，加速时要调整好步伐，步幅大小要一致，途中跑时要注意节奏，不能忽快忽慢，冲刺时要全力加快步伐，在短短十几秒的时间内完成这四个阶段是相当难的。

100m 단거리 달리기는 육상경기 중에서 거리가 가장 짧은 시합이다. 100m 달리기는 인간의 (순간) 폭발력과 속도의 한계를 충분히 구현해냈기에 '인간의 속도 한계에 도전'하는 경기라고 불린다. 48 100m 단거리 달리기는 올림픽에서 가장 중요한 종목의 하나로, 볼만한 가치가 있고, 그래서 사람들에게 더욱 주목을 받고 있다. 49 100m 단거리 달리기는 단순한 운동이다. 그 어떤 운동기구도 필요하지 않고 커브 도는 기술을 연마할 필요도 없기 때문이다. 선수들은 그저 러닝화를 신고 두 다리를 내디디며 앞뒤로 팔만 흔들면 된다. 하지만 100m 달리기는 또 기술성이 가장 높은 운동 종목이며, 그 기술은 분리할 수 없는 완전체이다. 스타트 시에는 폭발력을 가지고 반응이 빨라야 하고, 가속 시에는 발걸음을 조절해서 보폭의 크기를 균일하게 만들어야 한다. 중간에는 리듬에 신경을 써야하고, 빨라졌다 느려졌다 하면 안 된다. 막판 스퍼트를 낼 때는 전력을 다해 발걸음 속도를 높여야 한다. 짧디짧은 10여 초의 시간 안에 이 네 개의 단계를 완성하는 것은 상당히 어렵다.

지문 어휘 短跑 duǎnpǎo 명 단거리 달리기 | 田径 tiánjìng 명 육상(경기) ★ | 体现 tǐxiàn 동 구현하다 | 爆发 bàofā 동 폭발하다, 터지다 ★ | 极限 jíxiàn 명 한계 ★ | 誉为 yùwéi 동 ~라고 부르다, ~라고 칭송하다 | 挑战 tiǎozhàn 동 도전하다 | 奥运会 àoyùnhuì 명 올림픽 | 赛事 sàishì 명 경기 | 观赏 guānshǎng 동 보다, 감상하다 | 倍受 bèishòu 동 더욱더 받다, 배로 받다 | 关注 guānzhù 명 주목, 관심 | 转弯 zhuǎnwān 동 커브 돌다, 모퉁이를 돌다 | 技巧 jìqiǎo 명 기술, 테크닉, 기교 ★ | 跑鞋 pǎoxié 명 러닝화, 스파이크 슈즈 | 迈开 màikāi 동 (발을) 내딛다 | 手臂 shǒubì 명 팔 | 摆动 bǎidòng 동 흔들다 | 分割 fēngē 동 분리하다, 갈라놓다 | 起跑 qǐpǎo 동 스타트하다, 출발하다 | 反应 fǎnyìng 명 반응 | 步伐 bùfá 명 발걸음 ★ | 步幅 bùfú 명 보폭 | 节奏 jiézòu 명 리듬, 박자 ★ | 冲刺 chōngcì 동 (막판)스퍼트를 내다

48

百米短跑为什么倍受众人关注？

A 普及最广
B 历史最悠久
C 具有观赏价值
D 是最磨练意志的项目

100m 단거리 달리기는 왜 사람들에게 더욱 주목받는가?

A 가장 대중화되어 있기 때문에
B 역사가 가장 오래되었기 때문에
C 볼만한 가치가 있기 때문에
D 의지단련에 최고인 종목이기 때문에

보기 어휘 普及 pǔjí 동 대중화시키다, 보급되다 ★ | 悠久 yōujiǔ 형 오래되다, 유구하다 | 磨练 móliàn 동 단련하다 | 意志 yìzhì 명 의지 ★

해설 100m 단거리 달리기가 관중의 주목을 끄는 이유를 묻는 문제로, 본문에서 '很具有观赏价值，因此倍受众人关注'라고 볼만한 가치가 있고, 그래서 사람들에게 더욱 주목을 받고 있다고 했으므로, 이를 그대로 언급한 C가 정답이다.

| 정답 | C |

49

关于百米短跑，下面哪项正确?

A 可以忽快忽慢
B 是最简单的运动
C 手臂要左右摇摆
D 过弯道时需要加速

100m 단거리 달리기에 관하여, 다음 중 옳은 것은 무엇인가?

A 빨라졌다 느려졌다 해도 된다
B 가장 단순한 운동이다
C 팔을 좌우로 흔들어야 한다
D 곡선 트랙을 돌 때 속도를 내야 한다

보기 어휘 摇摆 yáobǎi 동 흔들다 ★ | 弯道 wāndào 명 곡선 트랙

해설 100m 단거리 달리기에 관한 문제로, 들리는 것이 정답인 문제유형이다. 본문에 언급된 '手臂一前一后摆动即可, 즉 앞뒤로 흔들면 된다'와 '不能忽快忽慢, 즉 빨라졌다 느려졌다 하면 안 된다'로 인해 C와 A는 정답이 아님을 알 수 있다. 본문에서 '百米短跑是简单的运动'이라고 100m 단거리 달리기는 단순한 운동이라고 했으므로, 이를 그대로 언급한 B가 정답이다.

| 정답 | B |

50

这段话主要谈的是什么?

A 田径的发展史
B 肌肉的训练方法
C 百米短跑的特点
D 如何改革百米短跑

이 글이 주로 이야기하는 것은 무엇인가?

A 육상의 발전사
B 근육 훈련방법
C 100m 단거리 달리기의 특징
D 100m 단거리 달리기를 어떻게 개혁할 것인가

보기 어휘 肌肉 jīròu 명 근육 | 训练 xùnliàn 동 훈련하다 | 改革 gǎigé 동 개혁하다

해설 글의 주제를 묻는 문제로, 이 글은 육상경기 중 거리가 자장 짧은 시합인 100m 단거리 달리기를 소개하고 있다. 본문에서 올림픽에서 가장 중요한 종목의 하나인 100m 단거리 달리기는 '具有观赏价值'라며 볼만한 가치가 있고, 단순한 운동이지만 '技术性最高, 즉 기술성이 가장 높은' 운동이라고 했다. 이어서 그 기술에 대해 언급하는 등 전체적으로 100m 단거리 달리기의 특징에 대해 언급하고 있으므로, 정답은 C이다.

| 정답 | C |

HSK 6급 2회 독해

제1부분 51~60번 문제는 제시된 4개의 보기 중 틀린 문장을 고르는 문제입니다.

51

A 只要你敢向前走，路总会走得通的。
B 根据他诚恳的态度，让我最终决定原谅他。
C 这场灾难使人民的生命财产遭受了严重的损失。
D 比起盲目地相信权威，相信自己的判断力更为重要。

A 당신이 용감하게 앞으로 나아가려고만 한다면, 길은 늘 열려 있을 것이다.
B 그의 진실한 태도는 결국 내가 그를 용서하기로 결정하게 했다.
C 이번 재난은 국민들의 생명과 재산에 심각한 손실을 입혔다.
D 맹목적으로 권위를 믿는 것과 비교한다면, 자신의 판단력을 믿는 것이 더욱 중요하다.

어휘 诚恳 chéngkěn 형 진실하다 | 原谅 yuánliàng 동 용서하다, 양해하다 | 灾难 zāinàn 명 재난 ★ | 财产 cáichǎn 명 재산 | 遭受 zāoshòu 동 (불행, 손해 등을) 입다 ★ | 损失 sǔnshī 명 손실, 손해 | 盲目 mángmù 형 맹목적으로, 무작정 ★ | 权威 quánwēi 명 권위 ★ | 更为 gèngwéi 부 더욱, 훨씬

해설 주어의 부족 오류문제이다. 전치사가 문장의 맨 앞에 위치할 경우 뒤의 문장에는 주어가 있어야 한다. '根据'는 전치사이며 '让'은 사역동사이기에 이 문장은 주어가 없는 문장이다. 따라서 '根据'를 없애고 앞 문장을 '让'의 주어로 만들어 주거나, '让'을 없애고 '我'를 주어로 만들어야 한다.

정답 B 根据他诚恳的态度，让我最终决定原谅他。
➡ 他诚恳的态度，让我最终决定原谅他。
➡ 根据他诚恳的态度，我最终决定原谅他。

52

A 一批新出土的文物今日在历史博物馆展出了。
B 这家网站发布了很多与应届毕业生就业有关的信息。
C 将衣服卷起来放到行李箱里，既然不容易出褶，又节省了空间。
D 千百年来，科学家们一直在探索宇宙是什么时候、是如何形成的。

A 새로 출토된 문물들이 오늘 역사박물관에 전시되었다.
B 이 웹사이트에서는 당해 졸업생의 취업과 관련된 많은 정보를 발표했다.
C 옷을 말아서 트렁크에 넣으면 구김도 덜 가고 공간도 절약할 수 있다.
D 오랜 세월 동안 과학자들은 '우주가 언제, 어떻게 형성되었는가'를 계속해서 탐구하고 있다.

어휘 批 pī 양 무더기, 더미, 무리 | 出土 chūtǔ 동 출토되다, 출토하다 | 文物 wénwù 명 문물 ★ | 展出 zhǎnchū 동 전시하다 | 发布 fābù 동 발표하다, 선포하다 ★ | 应届 yīngjiè 형 당해의, 금년의, 올해의(졸업생에 한하여 쓰임) | 就业 jiùyè 동 취업하다, 취직하다 ★ | 卷 juǎn 동 (동그랗게) 말다, 감다 ★ | 出褶 chūzhě 동 구김이 가다, 구겨지다 | 节省 jiéshěng 동 절약하다, 아끼다 | 空间 kōngjiān 명 공간 | 如何 rúhé 대 어떻게 | 探索 tànsuǒ 동 탐구하다, 탐색하다 ★ | 宇宙 yǔzhòu 명 우주 ★

해설 부적절한 접속사의 사용 오류문제이다. '既然'은 '이왕에, 기왕에'의 뜻으로 뒤에 '就'와 호응을 이루어서 '既然 + 원인(과거), 就 + 미래'의 형식으로 쓴다. 이 문장에서 '구김이 덜 가는 것'은 '공간을 절약한 것'에 대한 원인이 아니며, '又节省了空间'의 문장도 미래형이 아니다. 단지 옷을 말아 트렁크에 넣었을 때 얻어지는 두 가지 장점을 나열한 것이므로, 'A하기도 하고 또 B하기도 한다'의 병렬 관계 접속사 '既 A, 又 B'를 사용하는 것이 적당하다. 따라서 '既然'을 '既'로 바꿔 써야 한다.

정답 C 将衣服卷起来放到行李箱里，既然不容易出褶，又节省了空间。
➡ 将衣服卷起来放到行李箱里，既不容易出褶，又节省了空间。

53

A 《史记》和《资治通鉴》素有中国史学"双壁"的美誉。
B 漫步在周庄的大街小巷，仿佛置身于一幅江南水乡的美丽画卷之中。
C 这场比赛异常激烈，我们队终将凭借加时赛拿到的2分进入了决赛。
D 据考古学家证实，在宁夏发现的人类生活遗迹距今已有三万年的历史。

A 《사기(史记)》와 《자치통감(资治通鉴)》은 예로부터 중국 역사학계의 '쌍벽'이라는 명성을 가지고 있다.
B 저우좡(周庄)의 거리 곳곳을 한가로이 걷고 있노라면, 마치 자신이 강남수향(江南水乡)의 아름다운 그림 속에 있는 듯하다.
C 이번 경기는 대단히 치열했으며, 우리 팀은 결국 연장전에서 얻은 2점으로 결승전에 진출했다.
D 고고학자의 실증에 따르면, 닝샤(宁夏)에서 발견된 인류생활유적은 오늘날까지 이미 3만 년의 역사를 지니고 있다.

어휘 素有 sùyǒu 동 예로부터 (가지고) 있다 | 美誉 měiyù 명 명성, 명예 | 漫步 mànbù 동 한가로이 걷다, 천천히 거닐다 | 周庄 Zhōuzhuāng 고유 저우좡 | 大街小巷 dàjiēxiǎoxiàng 성 거리 곳곳, 거리와 골목 ★ | 仿佛 fǎngfú 부 마치 ~인 듯하다 | 置身于 zhìshēn yú 동 (자신이) ~에 있다, (자신을) ~에 두다 | 画卷 huàjuàn 명 (두루마리)그림 | 异常 yìcháng 부 대단히 ★ | 激烈 jīliè 형 치열하다, 격렬하다 | 终将 zhōngjiāng 부 결국에는 ~일 것이다 | 凭借 píngjiè 전 ~으로(인해), ~에 의거하여 | 加时赛 jiāshísài 명 연장전 | 考古学 kǎogǔxué 명 고고학 | 证实 zhèngshí 동 실증하다 ★ | 宁夏 Níngxià 고유 닝샤 | 遗迹 yíjì 명 유적 | 距今 jùjīn 오늘날까지, 지금까지

해설 부적절한 어휘의 사용 오류문제이다. '终将'은 '결국에는 ~일 것이다'란 뜻으로 일어날 일을 추측할 때 쓰는 표현인데, 이 문장에서는 '进入了决赛'라고, 팀이 이미 결승전에 진출했다고 했다. 따라서 '终将'을 '결국, 마침내'의 뜻인 '终于'로 고쳐 써야 한다.

정답 C 这场比赛异常激烈，我们队终将凭借加时赛拿到的2分进入了决赛。
➡ 这场比赛异常激烈，我们队终于凭借加时赛拿到的2分进入了决赛。

54

A 超声波是频率高于两万赫兹的声波。
B 当老师说到这个令人感动的故事时，我想起了很多过去的往事。
C 青岛海湾大桥亦称胶州湾跨海大桥，全长36.48公里，投资额近100亿。
D 不同的选择会有不同的结局，好比走的路不同，你所看到的风景也不一样。

A 초음파란 주파수가 2만 헤르츠를 넘는 음파이다.
B 선생님께서 이 감동적인 이야기를 하셨을 때 나는 과거의 많은 지난 일들이 생각났다.
C 칭다오 하이완대교(青岛海湾大桥)는 자오저우 만 대교(胶州湾跨海大桥)라고도 부르며, 전체 길이가 36.48km이고, 투자액은 100억 위안 가까이 된다.
D 각기 다른 선택에는 각각 다른 결말이 있는데, 마치 가는 길이 다르면 당신이 보게 되는 풍경 역시 다른 것과 같다.

어휘 超声波 chāoshēngbō 명 초음파 | 频率 pínlǜ 명 (물리) 주파수 ★ | 赫兹 hèzī 양 헤르츠(Hz) | 声波 shēngbō 명 음파 | 往事 wǎngshì 명 지난 일, 옛일 ★ | 青岛海湾大桥 Qīngdǎo Hǎiwān dàqiáo 고유 칭다오 하이완대교 | 亦 yì 부 ~도, 역시 | 胶州湾跨海大桥 Jiāozhōuwān kuàhǎi dàqiáo 고유 자오저우 만 대교 | 投资额 tóuzī'é 명 투자액 | 结局 jiéjú 명 결말, 결과 ★ | 好比 hǎobǐ 동 마치 ~과 같다

해설 의미의 중복 오류문제이다. '往事'는 '过去的事, 즉 과거의 일'을 의미하므로 '过去'와 함께 쓰이면 의미가 중복된다. 따라서 '过去的'를 없애고 '很多往事'로 하거나 '往'를 없애고 '很多过去的事'로 해야 한다.

정답 B 当老师说到这个令人感动的故事时，我想起了很多过去的往事。
➡ 当老师说到这个令人感动的故事时，我想起了很多往事。
➡ 当老师说到这个令人感动的故事时，我想起了很多过去的事。

55

A 花园里那几朵玫瑰花被人摘走了美丽的。
B 普洱茶既可以降血脂，又可以抗衰老，被誉为"美容茶"。
C 独特的方块汉字是中华民族智慧的结晶，有着深厚的文化底蕴和魅力。
D 山有山的坚强，水有水的温柔，每个人都有自己的优点，没必要相互比较。

A 정원 안의 그 아름다운 장미꽃 몇 송이를 누군가가 꺾어 갔다.
B 보이차는 혈액 속 지방을 낮출 수 있고 노화도 방지할 수 있기에 '미용차'라고 칭송된다.
C 독특한 방괴자(方块汉字)는 중화 민족의 지혜의 결정체이며 깊은 문화적 식견과 매력을 가지고 있다.
D 산은 산만의 강인함이 있고 물은 물대로의 부드러움이 있듯이, 모든 사람은 다 자신만의 장점이 있으니 서로 비교할 필요가 없다.

어휘 朵 duǒ 양 송이(꽃을 세는 단위) | 玫瑰花 méiguīhuā 명 장미꽃 | 摘 zhāi 동 꺾다, 따다 | 普洱茶 pǔ'ěrchá 명 보이차 | 降 jiàng 동 낮추다, 내리다 | 血脂 xuèzhī 명 혈액 속 지방 | 衰老 shuāilǎo 동 노화하다, 노쇠하다 ★ | 誉为 yùwéi 동 ~라고 칭송되다, ~라고 불리다 | 独特 dútè 형 독특하다 | 方块汉字 fāngkuài hànzì 명 방괴자 (한자의 다른 이름) | 智慧 zhìhuì 명 지혜 | 结晶 jiéjīng 명 결정체 ★ | 深厚 shēnhòu 형 깊다, 깊고 두텁다 | 底蕴 dǐyùn 명 식견, 학식 | 魅力 mèilì 명 매력 | 坚强 jiānqiáng 형 강인하다, 굳건하다 | 温柔 wēnróu 형 부드럽다 | 必要 bìyào 명 필요(성)

해설 어순 오류문제이다. 이 문장은 피동문으로 '摘走了'의 주체인 '人'도 언급이 되어 있고, '被摘走了'된 객체인 '玫瑰花'도 언급이 되어 있기에 술어 뒤에 쓰인 '美丽的'는 불필요한 성분이다. 이 문장에서 '美丽的'는 장미꽃을 수식해주는 성분으로 '玫瑰花' 앞에 위치해야 한다.

정답 A 花园里那几朵玫瑰花被人摘走了美丽的。
➡ 花园里那几朵美丽的玫瑰花被人摘走了。

56

A 基因序列是辨认身份的重要手段，其精准性比指纹还要极其高。
B 你走的每一步都会影响你以后的人生，所以行事需谨慎。
C 小睡可以改善因睡眠不足而引起的警觉降低和压力增加等问题。
D "趵突泉"中的"趵突"二字实际应写为"爆渎"，它形容泉水流动的声音。

A 유전자 배열은 신분을 식별하는 중요한 수단으로, 그 정확도는 지문보다 더 높다.
B 당신이 내딛는 걸음 걸음은 모두 앞으로의 당신의 인생에 영향을 끼칠 것이므로 행동에 신중을 기해야 한다.
C 잠깐의 수면은 수면 부족으로 인해 야기되는 경계심 저하와 스트레스 증가 등의 문제를 개선할 수 있다.
D '趵突泉(바오투천)'의 '趵突'라는 두 글자는 사실 '爆渎'로 써야 하는데, 이는 샘물이 흐르는 소리를 묘사한 것이다.

어휘 基因 jīyīn 명 유전자 ★ | 序列 xùliè 명 배열, 순서, 행렬 | 辨认 biànrèn 동 식별하다, 분간하다 ★ | 手段 shǒuduàn 명 수단, 방법 | 精准 jīngzhǔn 형 매우 정확하다, 틀림없다 | 指纹 zhǐwén 명 지문 | 极其 jíqí 부 매우, 지극히 | 行事 xíngshì 명 행동, 행실 | 谨慎 jǐnshèn 형 신중하다 | 小睡 xiǎoshuì 잠깐 자다, 선잠 자다 | 改善 gǎishàn 동 개선하다 | 睡眠 shuìmián 명 수면, 잠 | 不足 bùzú 형 부족하다 | 警觉 jǐngjué 명 경계심, 경각심 | 降低 jiàngdī 동 저하되다, 내려가다 | 趵突泉 Bàotūquán 고유 바오투천 | 形容 xíngróng 동 묘사하다, 형용하다 | 泉水 quánshuǐ 명 샘물 | 流动 liúdòng 동 (기체, 액체가) 흐르다

해설 **불필요한 정도부사의 사용 오류문제이다.** 이 문장은 비교문으로, 비교문에서는 술어의 앞에 '更, 还'와 같은 비교부사는 사용할 수 있으나 정도부사는 사용할 수 없다. 따라서 술어 '高' 앞에 쓰인 정도부사 '极其'를 없애야 한다.

정답 A 基因序列是辨认身份的重要手段，其精准性比指纹还要极其高。
➡ 基因序列是辨认身份的重要手段，其精准性比指纹还要高。

57

A 世界上海拔最高的铁路车站是唐古拉山车站。
B 时间是一剂良药，可是绝对不是解决问题的。
C 文明能否被传承下去，取决于民众是否勤俭节约、发愤图强。
D 如果说友谊是一朵永不凋零的鲜花，那么照耀它的必定是从心中升起的太阳。

A 세계에서 해발고도가 가장 높은 기차역은 탕구라산(唐古拉山)역이다.
B 시간은 좋은 해결책이지만, 결코 문제를 해결할 수 있는 유일한 방법은 아니다.
C 문명을 계승해 나갈 수 있는지의 여부는 대중이 근검절약하고 발전하려 애쓰는지 아닌지에 달려 있다.
D 만약 우정을 영원히 시들지 않는 꽃이라고 한다면, 그것을 비추는 것은 분명히 마음속에서 떠오르는 태양일 것이다.

어휘 海拔 hǎibá 명 해발 ★ | 铁路 tiělù 명 철도 | 唐古拉山 Tánggǔlāshān 고유 탕구라산 | 剂 jì 양 제 (탕약을 셀 때 쓰는 단위) | 良药 liángyào 명 양약, 좋은 처방, 〈비유〉좋은 해결책 | 绝对 juéduì 부 결코, 절대 | 文明 wénmíng 명 문명 | 传承 chuánchéng 동 계승하다 | 取决于 qǔjué yú 동 ~에 달려있다 | 勤俭 qínjiǎn 형 근검하다 ★ | 节约 jiéyuē 동 절약하다 | 发愤 fāfèn 동 애쓰다, 분발하다 | 图强 túqiáng 동 발전을 도모하다, 향상을 도모하다 | 发愤图强 fāfèntúqiáng 성 분발하여 강해지려 노력하다 | 朵 duǒ 양 송이(꽃을 세는 단위) | 凋零 diāolíng 동 (초목,

꽃잎이) 시들다, 지다 | **照耀** zhàoyào 통 밝게 비추다 ★ | **必定** bìdìng 부 분명히, 반드시 | **升起** shēngqǐ 동 떠오르다, 솟아오르다

해설 **목적어의 부족 오류문제이다.** 이 문장의 전체 주어는 '时间'으로, 술어 '不是'와 이어지는 목적어가 있어야 한다. 따라서 문장 끝의 '的' 뒤에 '解决问题的'의 수식을 받는 '방법, 방식' 등의 목적어를 써야 한다.

정답 **B** 时间是一剂良药，可是绝对不是解决问题的。
➡ 时间是一剂良药，可是绝对不是解决问题的唯一方法。

58

A 梁启超先生在演讲时饱含深情，因而令人深受感动。
B 月亮像害羞的少女，时而藏进云里，时而露出笑脸，整个世界都好像变成了浪漫的城堡。
C 我们小组提出的保守治疗方案被黄医生否定了，他决定尽快给病人做手术，以免不耽误病情。
D 人们惟有接受、理解和掌握一种观念，并将其转化为整个社会的群体意识，才会把它作为自觉遵守和奉行的准则。

A 량치차오(梁启超) 선생은 강연할 때 정감이 넘쳐서, 이 때문에 사람들을 깊이 감동시킨다.
B 달은 수줍어하는 소녀처럼, 때로는 구름 속에 숨기도 하고, 때로는 웃는 얼굴을 드러내기도 하니, 온 세계가 마치 낭만적인 성으로 변한 듯했다.
C 우리 팀이 제안한 보존적 치료 방안을 닥터 황은 부정했고, 그는 병세를 지체시키지 않기 위해 재빨리 환자를 수술하기로 결정했다.
D 사람들이 오로지 하나의 관념만을 받아들이고 이해하고 숙달하며, 동시에 그것을 사회 전체의 집단의식으로 바꿀 때야 비로소 그것을 자발적으로 지키고 따르는 법칙으로 삼을 수 있다.

어휘 **梁启超** Liáng Qǐchāo 고유 량치차오(중국 근대 사상가) | **演讲** yǎnjiǎng 동 강연하다 | **饱含** bǎohán 동 넘치다, 가득하다, 충만하다 | **深情** shēnqíng 명 깊은 애정, 깊은 정 | **害羞** hàixiū 동 수줍어하다, 부끄러워하다 | **时而** shí'ér 부 때로는 ★ | **时而 A 时而 B** shí'ér A shí'ér B 때로는 A하고, 때로는 B하다 | **露出** lùchū 동 드러내다 | **笑脸** xiàoliǎn 명 웃는 얼굴 | **浪漫** làngmàn 형 낭만적이다, 로맨틱하다 | **城堡** chéngbǎo 명 성, 캐슬 ★ | **小组** xiǎozǔ 명 팀, 조 | **保守** bǎoshǒu 형 보수적이다 ★ | **保守治疗** bǎoshǒu zhìliáo 명 보존적 치료(conservative therapy), 비수술 치료 | **否定** fǒudìng 동 반대하다, 부정하다 | **尽快** jǐnkuài 부 재빨리, 되도록 빨리 | **以免** yǐmiǎn 접 ~하지 않도록 ★ | **耽误** dānwu 동 지체시키다, 지연시키다, (일을) 그르치다 | **病情** bìngqíng 명 병세 | **惟有** wéiyǒu 부 오로지, 오직 | **掌握** zhǎngwò 동 숙달하다, 파악하다 | **观念** guānniàn 명 관념, 생각 | **转化为** zhuǎnhuà wéi 동 ~로 바꾸다, ~로 전환하다 | **意识** yìshí 명 의식 ★ | **自觉** zìjué 형 자발적이다 | **遵守** zūnshǒu 동 지키다, 준수하다 | **奉行** fèngxíng 동 따르다, 받들어 수행하다 | **准则** zhǔnzé 명 법칙, 준칙 ★

해설 **불필요한 어휘의 사용 오류문제이다.** 접속사 '以免'은 '~하지 않도록'의 뜻으로 '以免 + 좋지 않은 결과'로, 뒤에 좋지 않은 결과를 수반하는 문장의 형태로 쓴다. 따라서 '以免' 뒤의 '不耽误病情(병세를 지체시키지 않는다)'에서 '不'를 없애야 한다.

정답 **C** 我们小组提出的保守治疗方案被黄医生否定了，他决定尽快给病人做手术，以免不耽误病情。
➡ 我们小组提出的保守治疗方案被黄医生否定了，他决定尽快给病人做手术，以免耽误病情。

59

A 专家指出，保护圆明园的当务之急是发掘并研究它的废墟价值，而非复建。
B 所谓中国"老油画"，即一批中国油画家在民国时期创作的不同于中国传统水墨画的作品。
C 时机并不是成功最重要的因素，只要我们有了目标，就应该积极创造条件，勇敢地迈向成功。
D 大型情景剧《天安门》以"幻影成像"与舞台真人互动的方式，营造出了远古"北京人"穿越时空向人们跑来的情景呈现在观众眼前。

A 전문가들은 위안밍위안(圆明园) 보호에 있어 급선무는 위안밍위안의 폐허의 가치를 찾아내고 연구하는 것이지, 복원하는 것이 아니라고 지적했다.
B 소위 중국의 '노유화(老油画)'란, 중국의 일부 유화 작가들이 민국(民国)시기에 창작한 것으로, 중국 전통 수묵화 작품과는 다르다.
C 타이밍은 결코 성공에 있어 가장 중요한 요소가 아니다. 우리에게 목표만 생긴다면 적극적으로 조건을 만들고 용감하게 성공을 향해 나아가야 한다.
D 대형 시트콤 《천안문(天安门)》은 '홀로그램 영상'과 무대 위 연기자들의 인터랙티브 방식으로, 먼 옛날의 '베이징사람'이 시공을 넘어 사람들을 향해 다가오는 광경을 만들어냈다.

어휘 指出 zhǐchū 동 지적하다, 밝히다 | 圆明园 Yuánmíngyuán 고유 위안밍위안 | 当务之急 dāngwùzhījí 성 급선무 ★ | 发掘 fājué 동 캐내다, 발굴하다 | 废墟 fèixū 명 폐허 ★ | 复建 fùjiàn 동 복원하다 | 所谓 suǒwèi 형 소위, 이른바 | 油画 yóuhuà 명 유화(oil painting) | 创作 chuàngzuò 동 창작하다 | 水墨画 shuǐmòhuà 명 수묵화 | 时机 shíjī 명 타이밍, 시기, 때 ★ | 因素 yīnsù 명 요소 | 创造 chuàngzào 동 만들다, 창조하다 | 迈 mài 동 나아가다, 내딛다 ★ | 大型 dàxíng 형 대형의 | 情景剧 qíngjǐngjù 명 시트콤 | 幻影成像 huànyǐng chéngxiàng 명 홀로그램 영상, 환영영상 | 舞台 wǔtái 명 무대, 스테이지 | 互动 hùdòng 동 인터랙티브(interactive)하다, 상호작용을 하다 | 营造 yíngzào 동 만들다, 조성하다 | 远古 yuǎngǔ 명 먼 옛날 | 穿越 chuānyuè 동 (시·공간을) 넘다, 통과하다, 지나가다 ★ | 时空 shíkōng 명 시공, 시간과 공간 | 情景 qíngjǐng 명 광경, 모습 | 呈现 chéngxiàn 동 나타나다, 드러나다 ★

해설 술어와 목적어의 호응 관계 오류문제이다. '营造'는 '만들다, 조성하다'의 뜻으로 위의 문장에서 '营造出了'의 목적어는 '观众眼前'이 아니라 '情景(광경, 상황)'이어야 한다. 따라서 '情景'의 뒤에 나온 '呈现在观众眼前'을 없애야 한다.

정답 D 大型情景剧《天安门》以"幻影成像"与舞台真人互动的方式，营造出了远古"北京人"穿越时空向人们跑来的情景呈现在观众眼前。
➡ 大型情景剧《天安门》以"幻影成像"与舞台真人互动的方式，营造出了远古"北京人"穿越时空向人们跑来的情景。

A 目前我们的重点是研发出新产品，至于精致、尖端，那是以后要考虑的问题。
B 世界上并没有严格意义上的悲、喜剧之分，要是你能化悲愤为力量，那就是喜剧。
C 央视《大国工匠》系列节目反响巨大，工匠们精益求精、无私奉献的精神引发了人们热烈的讨论和思考。
D 一个人如果不能把自己从某件事中抽离出来，那么很容易变得当局者迷，这就是所谓的"不识庐山真面目，只缘身在此山中"。

A 현재 우리의 중점은 신제품을 연구개발 하는 것이며, 정교함이나 첨단에 관한 것은 이후에 고려할 문제이다.
B 세상에는 엄격한 의미상의 희극과 비극의 구분은 없다. 만일 당신이 슬픔과 분노를 힘으로 바꿀 수 있다면 그게 바로 희극이다.
C 중국 관영 CCTV의《대국공장(大国工匠)》시리즈는 반향이 거셌다. 장인들의 더욱 완벽함을 추구하고, 사심 없이 헌신하는 정신은 사람들의 열띤 토론과 깊은 생각을 이끌어냈다.
D 사람이 만일 어떤 일에서부터 자신을 빼낼 수 없다면, 당사자는 잘 모르게 되기 쉬운데, 이것이 바로 소위 말하는 '루산(庐山)의 진면목을 알기 어려운 것은 내 몸이 산중에 있기 때문이네(不识庐山真面目, 只缘身在此山中)'인 것이다.

어휘 目前 mùqián 명 현재, 지금 | 研发 yánfā 동 연구 개발하다 | 至于 zhìyú 전 ~에 관해서는 | 精致 jīngzhì 형 정교하다 ★ | 尖端 jiānduān 형 첨단이다 ★ | 意义 yìyì 명 의미, 의의 | 悲愤 bēifèn 형 슬프고 분하다 | 力量 lìliang 명 힘 | 央视 yāngshì 명 중국 관영 CCTV(中央电视台의 약칭) | 系列 xìliè 명 시리즈 ★ | 反响 fǎnxiǎng 명 반향, 반응 | 巨大 jùdà 형 거세다, 아주 크다 | 工匠 gōngjiàng 명 장인, 기술자 | 精益求精 jīngyìqiújīng 성 이미 훌륭함에도 더욱 더 완벽을 추구하다 ★ | 无私 wúsī 형 사심이 없다 | 奉献 fèngxiàn 동 헌신하다, 공헌하다, 바치다 | 引发 yǐnfā 동 유발하다, 일으키다 | 深刻 shēnkè 형 깊다, 심도 있다 | 某 mǒu 대 어떤, 어느, 모 | 抽离 chōulí 동 빼내다 | 当局者 dāngjúzhě 명 당사자 | 当局者迷 dāngjúzhěmí 당사자는 잘 모른다 | 所谓 suǒwèi 형 소위 말하는 | 不识庐山真面目, 只缘身在此山中 bùshí Lúshān zhēn miànmù, zhǐ yuán shēn zài cǐ shānzhōng 루산의 진면목을 알기 어려운 것은 내 몸이 산중에 있기 때문이다, 숲 속에 있는 사람은 나무만 보고 숲을 보지 못한다

해설 부적절한 수식관계의 오류문제이다. '热烈的讨论和思考'에서 '热烈'는 '讨论'을 수식 할 수 있으나 '思考'와는 어울리지 않는다. 따라서 '思考'와 어울리는 '深刻'를 넣어주거나 '和思考'를 없애야 한다.

정답 C 央视《大国工匠》系列节目反响巨大，工匠们精益求精、无私奉献的精神引发了人们热烈的讨论和思考。
➡ 央视《大国工匠》系列节目反响巨大，工匠们精益求精、无私奉献的精神引发了人们热烈的讨论和深刻的思考。
➡ 央视《大国工匠》系列节目反响巨大，工匠们精益求精、无私奉献的精神引发了人们热烈的讨论。

제2부분
61~70번 문제는 빈칸에 들어가는 알맞은 어휘를 고르는 문제입니다.

"假如我休息，我将会生锈。"这句铭文是刻在一把古老的钥匙上的。<u>懒惰</u>的人可以将这句话作为座右铭；对勤奋的人而言也是一种<u>警示</u>。如果我们将自己的才能闲置，那我们就会像那把被<u>遗弃</u>的铁钥匙一样，逐渐生锈而变得一无是处。

'쉬면 녹슨다 (If I rest, I rust)'라는 이 명문은 낡은 열쇠 위에 새겨져 있는 것이다. <u>게으른</u> 사람은 이 말을 좌우명으로 삼을 수 있고, 근면한 사람에게도 일종의 <u>경고</u>가 된다. 만약 우리가 자신의 재능을 방치한다면, 우리는 그 <u>버려진</u> 열쇠처럼 차츰 녹슬어서 전혀 쓸모 없게 될 것이다.

A 迟钝 ✗	诱惑 ✗	抛弃 ✗	A 둔하다	유혹	버리다
B 灵活 ✗	暗示 ✗	淘汰 ✗	B 민첩하다	암시	도태하다
C 懒惰 ◎	警示 ◎	遗弃 ◎	C 게으르다	경고	버리다
D 狡猾 ✗	警惕 ✗	放弃 ✗	D 교활하다	경계	포기하다

지문 어휘 假如 jiǎrú 젭 만약, 만일 | 生锈 shēng xiù 동 녹이 슬다 ★ | 铭文 míngwén 명 (청동기에 새긴) 명문, 비문 | 刻 kè 동 새기다 | 古老 gǔlǎo 형 낡다, 오래 되다 | 作为 zuòwéi 동 ~으로 삼다, ~로 여기다 | 座右铭 zuòyòumíng 명 좌우명 ★ | 勤奋 qínfèn 형 근면하다, 부지런하다 | 才能 cáinéng 명 재능 | 闲置 xiánzhì 동 방치하다 | 逐渐 zhújiàn 부 차츰, 점차 | 一无是处 yìwúshìchù 성 전혀 쓸모가 없다, 취할 게 하나도 없다

해설

1번 빈칸

A 迟钝 chídùn 형 둔하다, 굼뜨다 ★   B 灵活 línghuó 형 민첩하다, 재빠르다
C 懒惰 lǎnduò 형 게으르다, 나태하다 ★   D 狡猾 jiǎohuá 형 교활하다

빈칸 뒤의 '人'과 ';(세미콜론)'이 힌트로, '人'을 수식해 주면서 뒤 절의 '勤奋(근면하다, 부지런하다)'과 대비되는 어휘를 찾아야 한다. 그러므로 '게으르다'의 뜻인 'C 懒惰'가 정답이다. 'A 迟钝'은 '反应(반응) + 迟钝'으로 쓰여 사람의 감각이나 생각, 행동 등의 반응이 '둔하다, 느리다'는 뜻이며, 'B 灵活'는 '头脑(두뇌) / 动作(동작) / 办事(일 처리) + 灵活'로 쓰여 두뇌가 '영리하다', 동작이 '민첩하다', 일처리가 '빠르다'는 의미이다.

2번 빈칸

A 诱惑 yòuhuò 명 유혹 ★   B 暗示 ànshì 명 암시 동 암시하다 ★
C 警示 jǐngshì 명 경고   D 警惕 jǐngtì 명 경계 ★

빈칸 앞의 ';(세미콜론)'이 힌트이다. '쉬면 녹슨다'라는 말에 대해 게으른 사람은 좌우명으로 삼으면 된다고 했기에, 뒤 절의 내용은 근면한 사람에게는 게으름을 피우면 안 된다는 경고의 메시지로 파악할 수 있다. 따라서 '경고'의 뜻인 'C 警示'가 정답이다. 'A 诱惑'는 좋지 않은 길로 꾀어내는 것을 뜻하며, 'D 警惕'는 맞부딪칠 위험에 대해 미리 조심한다는 '경계'의 의미이다.

3번 빈칸

A 抛弃 pāoqì 동 버리다, 포기하다 ★   B 淘汰 táotài 동 도태하다 ★
D 遗弃 yíqì 동 버리다, 유기하다   D 放弃 fàngqì 동 포기하다 ★

빈칸 앞뒤의 내용을 파악해야 한다. 재능을 방치하면 열쇠처럼 녹슬어 쓸모 없게 된다고 했으므로, 보기 중 열쇠를 수식해주는 것은 쓰던 것을 '버리다, 방치하다'의 뜻인 'C 遗弃'이다. 'A 抛弃'는 구체적인 물건을 내동댕이치며 '버려버린

다'의 뜻이면서 또한 '抛弃 + 传统(전통) / 根本(근본)'과 같이 전통이나 근본 등을 목적어로 갖기도 한다. 'B 淘汰'는 시합이나 경쟁 등에서 '도태하다, 뒤쳐지다'이며, 'D 放弃'는 주로 '放弃 + 机会(기회) / 希望(희망) / 权利(권리)'로 쓰여 원래 주어졌던 기회나 희망, 가지고 있던 권리 등을 '포기하다'는 뜻이다.

정답 C

62

玉米、小麦、水稻是人们主要的食物<u>来源</u>，这些农作物也是古代先民们曾经种植过的。据统计，古代先民们种植过的农作物多达几千种，而现在却只有约150种还在被栽培。这说明地球上的农作物品种在<u>日益</u>减少，很多农作物已经处于灭绝的<u>边缘</u>。

옥수수, 밀, 벼는 인간의 주요 음식물 <u>공급원</u>으로, 이 농작물들도 옛 선조들이 일찍이 재배했던 적이 있었다. 통계에 따르면, 옛 선조들이 재배했던 농작물은 많게는 몇천 종에 달했는데, 현재는 오히려 약 150종 만이 재배되고 있다고 한다. 이는 지구상의 농작물의 품종이 <u>나날이</u> 감소하고 있으며, 많은 농작물은 이미 멸종의 <u>위기</u>에 처해있다는 것을 설명한다.

A 渠道 ✕	屡次 ✕	边境 ✕
B 途径 ✕	陆续 ✕	极限 ✕
C 路线 ✕	纷纷 ✕	期限 ✕
D 来源 ◯	日益 ◯	边缘 ◯

A 경로	누차	국경지대
B 방법	연이어	최대한도
C 노선	연이어	기한
D 공급원	나날이	위기

지문 어휘 玉米 yùmǐ 명 옥수수 | 小麦 xiǎomài 명 밀 | 水稻 shuǐdào 명 벼 | 食物 shíwù 명 음식물 | 农作物 nóngzuòwù 명 농작물 | 种植 zhòngzhí 동 재배하다, 심다 | 统计 tǒngjì 명 통계 동 통계하다 ★ | 栽培 zāipéi 동 재배하다 ★ | 处于 chǔyú 동 ~에 처하다 | 灭绝 mièjué 동 멸종하다, 완전히 없애다

해설

1번 빈칸

A 渠道 qúdào 명 경로, 루트 ★
B 途径 tújìng 명 방법, 수단, 방식
C 路线 lùxiàn 명 노선, 코스
D 来源 láiyuán 명 공급원, 출처, 근원 ★

빈칸 앞의 '玉米、小麦、水稻'가 힌트이다. 이들은 사람들의 주요 먹거리인 주식에 해당하는 작물이기 때문에 '공급원, 근원, 출처'의 뜻을 지닌 'D 来源'이 정답이다. 'A 渠道'는 구체적으로는 '관개 수로'이지만, '营销(마케팅) + 渠道' 등과 같이 주로 상업 영역의 마케팅, 유통 '경로(채널)'로 사용된다. 'B 途径'은 '感染(감염) / 外交(외교) / 合法(합법적인) + 途径'과 같이 쓴다. 'C 路线'은 '旅游(관광) / 公共汽车的(시내버스의) + 路线'처럼 관광 '코스', 시내버스의 '노선'을 의미한다.

2번 빈칸

A 屡次 lǚcì 부 누차, 여러 번 ★
B 陆续 lùxù 부 연이어, 잇달아
C 纷纷 fēnfēn 부 연이어, 잇달아
D 日益 rìyì 부 나날이, 날로 ★

빈칸에는 농작물이 감소되는 상황이나 상태를 묘사하는 부사가 있어야 한다. 정답은 '나날이'의 'D 日益'로, 이는 감소 혹은 증가, 향상 또는 하락 등의 변화가 있는 동사와 호응하여 쓴다. 'B 陆续'는 '연이어, 잇달아'의 의미로 순서있게, 즉 '차례차례'의 뜻이며, 'C 纷纷'은 순서에 관계없이 우후죽순격인 '연이어, 잇달아'의 뜻이다.

3번 빈칸

A 边境 biānjìng 명 국경지대, 변경 ★
B 极限 jíxiàn 명 최대한도, 극한 ★
C 期限 qīxiàn 명 기한 ★
D 边缘 biānyuán 명 위기, 가장자리 ★

빈칸 앞의 '农作物品种…减少'와 '处于灭绝的'가 힌트이다. 농작물이 점차 감소되면서 이미 멸종에 처해있음을 뜻하므로 'D 边缘'이 정답이다. '边缘'은 원래 '가장자리, 끄트머리'의 뜻이지만 비유적인 의미로 더 이상의 여지가 없는 상태인 '위기, 직전'이라는 뜻이 있다.

정답 D

63

有一种外形和鹿茸差不多的<u>珍稀</u>食用菌类，名叫松茸。松茸一般只在<u>海拔</u>3500米以上的森林中生长，对环境的要求极高。松茸的生长速度缓慢，大概要五六年时间。至今，仍没有人能成功<u>栽培</u>。

외형이 녹용과 비슷한 <u>희귀한</u> 식용균류가 하나 있는데, 송이라고 부른다. 송이는 보통 <u>해발</u> 3,500m 이상의 숲 속에서 자라며, 환경에 대한 요구가 굉장히 까다롭다. 송이는 생장속도가 더뎌서 대략 5~6년의 시간이 필요한데, 지금까지 아직 <u>재배</u>에 성공한 사람이 없다.

A	贵重 ✗	高度 ✗	培育 ✗
B	宝贵 ✗	位置 ✗	饲养 ✗
C	充沛 ✗	方圆 ✗	种植 ✗
D	珍稀 ○	海拔 ○	栽培 ○

A	귀중하다	고도	기르다
B	귀중하다	위치	사육하다
C	넘쳐흐르다	주위	재배하다
D	희귀하다	해발	재배하다

지문 어휘 外形 wàixíng 명 외형, 겉모양 | 鹿茸 lùróng 명 녹용 | 食用菌 shíyòngjūn 명 식용균 | 松茸 sōngróng 명 송이 | 生长 shēngzhǎng 동 자라다, 생장하다 | 缓慢 huǎnmàn 형 느리다 | 至今 zhìjīn 부 지금까지, 여태껏

해설

1번 빈칸

A 贵重 guìzhòng 형 귀중하다
B 宝贵 bǎoguì 형 귀중하다
C 充沛 chōngpèi 형 넘쳐흐르다, 왕성하다 ★
D 珍稀 zhēnxī 형 희귀하다, 진귀하고 드물다 ★

힌트는 빈칸 뒤의 '食用菌类'이다. '식용'이란 먹을 수 있는 것이며, 글의 중간 부분에서 환경에 대한 요구가 까다롭다고 했으므로, 식물이나 동물이 구하기 힘들고, 보기 힘들어서 '귀하다, 희귀하다'의 뜻인 'D 珍稀'가 정답이다. 'A 贵重'은 '贵重的 + 物品(물품) / 礼物(선물)'로 쓰여 경제적인 가치가 높아서 '귀중하다'는 의미이며, 'B 宝贵'는 '宝贵的 + 经验(경험) / 时间(시간) / 意见(의견)' 등으로 쓰여 주로 추상적인 대상에 대해 대단히 가치 있고 구하기 어렵다는 의미에서 '귀중하다'의 뜻이다. 'C 充沛'는 '雨水(비) / 精力(사람의 에너지) + 充沛'로 쓰여 '넘쳐흐르다, 왕성하다'는 뜻이다.

2번 빈칸

A 高度 gāodù 명 고도, 높이
B 位置 wèizhi 명 위치
C 方圆 fāngyuán 명 주위, 주변 ★
D 海拔 hǎibá 명 해발 ★

빈칸 뒤의 '3500米以上的森林中生长'이 힌트로, 보기 중 산의 높이를 나타내 주는 것은 'D 海拔'이다. '海拔'는 평균 해수면을 기준으로 하여 잰 어떤 지점의 높이를 나타내며, 'A 高度'는 지평선을 기준으로 높이나 각도를 잰 것, 즉 하늘에 존재하는 것에 대한 높이를 나타낸 것으로 '비행 고도' 등으로 쓴다.

3번 빈칸

A 培育 péiyù 동 기르다 ★
B 饲养 sìyǎng 동 사육하다, 기르다 ★
C 种植 zhòngzhí 동 재배하다 ★
D 栽培 zāipéi 동 재배하다 ★

의미상 빈칸이 위치한 문장의 주어는 '송이'이다. 따라서 빈칸에는 이를 기르거나 재배한다는 뜻이 적당하므로 'A 培育'와 'C 种植', 'D 栽培'가 모두 정답이 될 수 있다. 'B 饲养'은 '饲养 + 动物(동물)'와 같이 동물을 '사육하다, 기르다'는 뜻이다.

정답 D

64

世界上单块<u>面积</u>最大的玻璃悬崖眺台是重庆武隆的天生三桥观景眺台。这座眺台<u>位于</u>海拔1200米高的悬崖顶端，垂直高度为280米，是由20多位国内外<u>一流</u>专家设计的。目前，天生三桥眺台现已进入最后的<u>安装</u>和调试阶段，预计今年国庆向游客开放。

단일 <u>면적</u>으로는 세계에서 가장 큰 유리전망대는 충칭(重庆) 우룽(武隆)의 톈성싼차오(天生三桥) 전망대이다. 이 전망대는 해발 1,200m 높이의 벼랑 끝에 <u>위치하고 있고</u> (수직) 높이는 280m로, 20여 명의 국내외 <u>일류</u> 전문가들이 설계한 것이다. 현재 톈성싼차오 전망대는 이미 마지막 <u>설치</u>와 테스트 단계에 들어섰고, 올해 국경절에 관광객에게 개방될 것으로 예상한다.

A 面积 ⭕	位于 ⭕	一流 ⭕	安装 ⭕
B 密度 ❌	落成 ❌	畅销 ❌	旋转 ❌
C 体积 ❌	覆盖 ❌	创新 ❌	防御 ❌
D 规模 ❌	在于 ❌	新颖 ❌	攀登 ❌

A 면적	~에 위치하다	일류	설치하다
B 밀도	준공되다	잘 팔리다	선회하다
C 부피	덮다	창조하다	방어하다
D 규모	~에 있다	참신하다	오르다

지문 어휘 悬崖 xuányá 명 벼랑, 낭떠러지 | 眺台 tiàotái 명 전망대 | 重庆 Chóngqìng 고유 충칭 | 武隆 Wǔlóng 고유 우룽 | 海拔 hǎibá 명 해발 ★ | 顶端 dǐngduān 명 끝부분, 끄트머리, 꼭대기 | 垂直 chuízhí 명 수직 ★ | 高度 gāodù 명 높이, 고도 | 调试 tiáoshì 동 테스트하다, 시험하다 | 阶段 jiēduàn 명 단계 | 预计 yùjì 동 예상하다 | 开放 kāifàng 동 개방하다

해설

1번 빈칸

A 面积 miànjī 명 면적
B 密度 mìdù 명 밀도 ★
C 体积 tǐjī 명 부피, 체적 ★
D 规模 guīmó 명 규모

빈칸 앞의 '单块'와 빈칸 뒤의 '大'가 힌트이다. '单块'는 '하나의 덩어리'라는 뜻이며, '大'는 크기가 크거나 면적이 넓음을 나타낸다. 따라서 정답은 'A 面积'이며, '单块面积'는 '단일 면적'이라는 뜻이다.

2번 빈칸

A 位于 wèiyú 동 ~에 위치하다 ★
B 落成 luòchéng 동 준공되다, 낙성되다 ★
C 覆盖 fùgài 동 덮다, 뒤덮다 ★
D 在于 zàiyú 동 ~에 있다

빈칸 앞의 '这座眺台'와 빈칸 뒤의 '悬崖顶端'이 힌트로, 이들은 장소를 나타낸다. 따라서 장소와 장소 사이에 쓰여 '~에 위치하다'의 뜻인 'A 位于'가 정답이다. 'B 落成'은 '落成于~'의 경우, 뒤에 장소나 시간을 나타낼 수 있지만 '~에 준공되다'의 뜻이므로 정답에서 배제된다. 'C 覆盖'는 '(뒤)덮다'의 뜻이며, 자주 쓰이는 '森林覆盖率(삼림분포율)'를 기억해두자.

3번 빈칸

A 一流 yīliú 명 일류 ★
B 畅销 chàngxiāo 동 잘 팔리다 ★
C 创新 chuàngxīn 동 창조하다 ★
D 新颖 xīnyǐng 동 참신하다, 새롭다 ★

빈칸 뒤의 '专家'가 힌트이다. 'A 一流'는 기술적으로 최고의 수준을 가졌다는 뜻으로 '专家'를 수식해 줄 수 있다. 'B 畅销'는 '잘 팔린다'는 의미로 주로 '畅销书(베스트셀러)'나 '畅销书作家(베스트셀러작가)'로 쓴다. 'D 新颖'은 '样式(스타일) / 构思(구상) + 新颖'으로 쓰여 스타일이나 구상이 '참신하다, 새롭다'의 뜻이다.

4번 빈칸

A 安装 ānzhuāng 동 설치하다
B 旋转 xuánzhuǎn 동 선회하다, 빙빙 돌다 ★
C 防御 fángyù 동 방어하다 ★
D 攀登 pāndēng 동 오르다, 등반하다 ★

주어인 '전망대'와 빈칸 뒤의 '和'가 힌트이다. '和'는 앞뒤를 병렬로 연결해주는 역할을 하므로 빈칸에는 '调试(테스트하다)'와 병렬로 연결될 수 있는 어휘가 와야 한다. 따라서 '설치하다'의 뜻인 'A 安装'이 정답이다. 'C 防御'는 '防御 + 敌人(적) / 风沙(모래바람)'로 쓰여 '방어하다'는 뜻이며, 'D 攀登'은 '攀登 + 高峰(정상)'으로, 정상이나 고지에 '오르다, 올라서다'의 의미이다.

정답 A

65

青稞酒是热情好客的藏族人招待远方客人的必备品之一。喝青稞酒讲究"三口一杯",即客人连续喝三口,每喝完一口,主人会唱着祝酒歌给客人倒满一次酒。喝前两杯酒时,可喝完,也可剩一点儿。当喝到第三杯酒时,客人得一饮而尽。倘若客人的酒量小或者不能喝酒,可用无名指蘸点儿酒向天空弹三下,然后把酒杯还给主人,这样主人就不再勉强客人喝完了。

칭커주(青稞酒)는 열정적이고 손님 접대하는 것을 좋아하는 장족(藏族) 사람들이 먼 곳에서 온 손님을 대접할 때의 필수품 중 하나이다. 칭커주를 마실 때는 '삼구일배(三口一杯)'를 중시하는데, 즉 손님이 연속으로 (술) 세 모금을 마시는데, 한 모금 마실 때마다 주인이 축주가(祝酒歌)를 부르며 손님에게 술을 한 잔 가득 따라준다. 앞의 두 잔의 술을 마실 땐 다 마셔도 되고 또 조금 남겨도 되지만, 세 번째 잔을 마실 때는 손님이 한입에 다 마셔야 한다. 만일 손님의 주량이 약하거나 혹은 술을 못 마신다면, 넷째 손가락으로 술을 찍어서 하늘을 향해 세 번 튕기고 난 다음 술잔을 주인에게 돌려주면 된다. 이렇게 하면 주인은 더 이상 손님에게 다 마시라고 강요하지 않는다.

A 严峻 ✗ 宰 ✗ 尽管 ✗ 强迫 ○
B 贤惠 ✗ 啃 ✗ 难免 ✗ 隐瞒 ✗
C 好客 ○ 倒 ○ 倘若 ○ 勉强 ○
D 慈祥 ✗ 滴 ✗ 何况 ✗ 款待 ✗

A 가혹하다 | 도살하다 | 비록 ~일지라도 | 강요하다
B 어질고 총명하다 | 갉아먹다 | 피하기 어렵다 | 숨기다
C 손님 접대를 좋아하다 | 따르다 | 만일 ~하다면 | 강요하다
D 인자하다 | 떨어지다 | 하물며 | 정성껏 대접하다

지문 어휘 青稞酒 qīngkējiǔ 명 칭커주 | 藏族 Zàngzú 고유 장족 | 招待 zhāodài 동 대접하다, 접대하다 | 远方 yuǎnfāng 명 먼 곳 | 必备品 bìbèipǐn 명 필수품 | 讲究 jiǎngjiu 동 중시하다, 신경 쓰다 | 连续 liánxù 동 연속하다, 계속하다 | 祝酒歌 zhùjiǔgē 명 축주가, 권주가 | 剩 shèng 동 남다 | 一饮而尽 yìyǐn'érjìn 성 (술, 물 등을) 한입에 마시다 | 酒量 jiǔliàng 명 주량 | 无名指 wúmíngzhǐ 명 넷째 손가락, 무명지, 약지 | 蘸 zhàn 동 찍다, 묻히다 | 天空 tiānkōng 명 하늘 | 弹 tán 동 (손가락으로) 튕기다

> 해설

1번 빈칸

A 严峻 yánjùn 형 가혹하다, 모질다 ★
B 贤惠 xiánhuì 형 어질고 총명하다 ★
C 好客 hàokè 동 손님 접대하는 것을 좋아하다 ★
D 慈祥 cíxiáng 형 인자하다, 자애롭다 ★

빈칸 앞의 '热情'이 힌트로, 사람을 초대해서 대하는 것을 묘사할 때 '热情好客(열정적이고 손님 접대를 좋아한다)'라고 한다. 따라서 정답은 'C 好客'이다. 'B 贤惠'는 여자가 어질고 지혜로울 때 쓰이는 표현이며, 'D 慈祥'은 나이가 많은 사람에게 쓰이는 말로, '인자하다, 자애롭다'의 뜻이다. 'A 严峻'은 '严峻的 + 考验(시련) / 形势(정세)'와 같이 시련이나 정세가 '가혹하다, 심하다'의 뜻도 있고, '严峻的 + 表情(표정)' 등과 같이 표정 등이 '위엄이 있다, 장엄하다'의 의미도 있다.

2번 빈칸

A 宰 zǎi 동 (가축 등을)도살하다, 잡다 ★
B 啃 kěn 동 갉아먹다 ★
C 倒 dào 동 따르다, 붓다
D 滴 dī 동 (액체가 한 방울씩) 떨어지다

빈칸 뒤의 '酒'가 힌트로, 이와 호응하는 것은 술이나 물을 '따르다, 붓다'라는 뜻의 'C 倒' 뿐이다.

3번 빈칸

A 尽管 jǐnguǎn 접 비록 ~일지라도
B 难免 nánmiǎn 형 피하기 어렵다 ★
C 倘若 tǎngruò 접 만일 ~하다면 ★
D 何况 hékuàng 접 하물며, 더군다나

빈칸 앞뒤의 내용을 파악해야 한다. 빈칸 앞에서 세 번째 잔은 다 마셔야 한다고 했고, 빈칸 뒤에서는 주량이 약하거나 한다면 무명지로 술을 찍어서 하늘로 세 번 튕겨도 된다고 했다. 따라서 '만일 ~하다면'의 뜻인 가정을 나타내는 접속사 'C 倘若'가 정답이다. 'B 难免'은 앞의 내용대로라면 뒤의 결과를 '면할 수 없다'는 뜻이며, 'D 何况'은 '连 A 也 B, 何况 C 呢?(A조차도 B한데 하물며 C는?)'의 점층구조에 쓰인다.

4번 빈칸

A 强迫 qiǎngpò 동 강요하다 ★
B 隐瞒 yǐnmán 동 숨기다, 속이다 ★
C 勉强 miǎnqiǎng 동 강요하다 부 억지로, 마지못해 ★
D 款待 kuǎndài 동 정성껏 대접하다, 환대하다 ★

빈칸 앞뒤의 내용을 파악해야 한다. 빈칸 앞의 '这样'이 받는 내용은 '可用无名指蘸点儿酒向天空弹三下，然后把酒杯还给主人'이며, 이와 같은 행동을 하면 손님에게 술을 다 마시게 하지 않는다는 내용이다. 따라서 빈칸에는 '강요하다'의 뜻인 'A 强迫'와 'C 勉强' 모두 가능하다.

> 정답 C

66

旅途中，如果背着一个很重的包袱，不但没有心思<u>欣赏</u>沿途的美景，而且还会跟不上别人的<u>步伐</u>。包袱重，心情自然沉重。柔弱的身躯背负着双重的压力，如何<u>自由自在</u>地旅行呢？又如何能用心感受旅行的<u>乐趣</u>呢？

A	考察 ✗	踪迹 ✗	狼吞虎咽 ✗	风趣 ✗
B	欣赏 ○	步伐 ○	自由自在 ○	乐趣 ○
C	鉴别 ✗	节奏 ○	人云亦云 ✗	品质 ✗
D	辨别 ✗	脚步 ○	爱屋及乌 ✗	气质 ✗

여행 도중, 만일 무거운 짐을 짊어지고 있다면, 길가의 아름다운 경치를 <u>감상할</u> 마음(여유)이 없을 뿐만 아니라, 게다가 다른 사람의 <u>발걸음</u>을 따라잡을 수도 없다. 짐이 무거우면 마음도 당연히 무겁다. 연약한 몸집으로 이중 스트레스를 부담하는데, 어떻게 <u>자유롭게</u> 여행을 할 수 있겠는가? 또한, 어떻게 집중해서 여행의 즐거움을 느낄 수 있겠는가?

A 현지 조사하다 | 종적 | 허겁지겁 먹다 | 재미
B 감상하다 | 발걸음 | 자유롭다 | 즐거움
C 감별하다 | 리듬 | 남이 말하는 대로 따라 말하다 | 품성
D 분별하다 | 발걸음 | 아내가 좋으면 처갓집 말뚝에 대고 절한다 | 기질

지문 어휘 旅途 lǚtú 명 여행 도중, 여정 | 包袱 bāofu 명 짐, 보따리 ★ | 心思 xīnsi 명 마음(여유), 생각 | 沿途 yántú 명 길(가) | 跟不上 gēn bu shàng 동 따라잡을 수 없다 | 沉重 chénzhòng 형 (기분, 부담 등이) 무겁다 ★ | 柔弱 róuruò 형 연약하다 | 身躯 shēnqū 명 몸집, 몸, 체구 | 背负 bēifù 동 부담하다, 짊어지다

해설

1번 빈칸

A 考察 kǎochá 동 현지 조사하다, 시찰하다 ★
B 欣赏 xīnshǎng 동 감상하다
C 鉴别 jiànbié 동 감별하다, 구별하다 ★
D 辨别 biànbié 동 분별하다, 판별하다

빈칸 뒤의 '美景'이 힌트이다. '아름다운 풍경'과 호응할 수 있는 것은 'B 欣赏'이다. '欣赏'은 '欣赏 + 音乐(음악) / 电影(영화)'과 같이 쓰여 '감상하다'의 뜻이며, 또한 '欣赏 + 人(사람) / 能力(능력)'처럼 사람이나 사람이 가진 능력을 '좋다고 여기다, 인정하다'의 뜻도 있다. 'A 考察'는 '考察 + 结果(결과) / 工作(작업)'로 쓰여 어떤 곳에 가서 직접 조사하고 상황을 알아보는 것, 즉 '현지 조사하다'의 뜻이다. 'C 鉴别'는 '鉴别 + 真伪(허위) / 好坏(좋고 나쁨)'와 같이 쓰이며, 주로 문물이나 골동품 등에서 '감별하다'라는 뜻이다. 'D 辨别'는 '辨别 + 字迹(필적) / 方向(방향) / 声音(소리) / 是非(옳고 그름)' 등과 같이 쓰인다.

2번 빈칸

A 踪迹 zōngjì 명 종적, 발자취 ★
B 步伐 bùfá 명 발걸음, 걸음걸이 ★
C 节奏 jiézòu 명 리듬, 박자 ★
D 脚步 jiǎobù 명 발걸음, 걸음걸이

빈칸 앞의 '跟不上'이 힌트로, 이와 호응하는 어휘를 찾아야 한다. 의미상 여행을 하면서 다른 사람과의 보조를 맞춰 따라가야 하므로 '跟不上'과 호응하고 '발걸음, 리듬'의 뜻을 지닌 'B 步伐'와 'C 节奏', 'D 脚步'가 정답으로 가능하다.

3번 빈칸

A 狼吞虎咽 lángtūnhǔyàn 성 허겁지겁 먹다, 게걸스럽게 먹다 ★
B 自由自在 zìyóuzìzài 성 자유롭다, 자유자재하다
C 人云亦云 rényúnyìyún 성 남이 말하는 대로 따라 말하다, 주관이 없다
D 爱屋及乌 àiwūjíwū 성 아내가 좋으면 처갓집 말뚝에 대고 절한다

빈칸 뒤의 '旅行'이 힌트로, 여행을 할 때의 상황을 묘사해주는 'B 自由自在'가 정답이다. 'A 狼吞虎咽'은 먹는 모습이 게걸스럽거나 허겁지겁 먹는 것을 묘사하며, 'C 人云亦云'은 '주관이 없이 남들이 하는 대로 따라서 말하다'는 뜻이다.

4번 빈칸

A 风趣 fēngqù 명 재미, 유머, 해학 ★
B 乐趣 lèqù 명 즐거움 ★
C 品质 pǐnzhì 명 품성, 인품, 품질 ★
D 气质 qìzhì 명 기질, 기품

빈칸 앞의 동사 '感受'가 힌트이다. '感受'는 외부세계를 접한 후 '느끼다, 깨닫다'의 뜻으로 주로 '感受 + 乐趣(즐거움) / 魅力 (매력) / 刺激 (자극)'로 쓴다. 따라서 정답은 'B 乐趣'이다. 'A 风趣'는 '재미, 해학'의 뜻으로 익살스럽거나 재미있는 말이나 행동을 뜻하며, 'C 品质'는 사람의 성품, 즉 '품성, 인품'을 의미하고, 'D 气质'는 '艺术家的气质(예술가의 기질)'처럼 사람이 태어나면서부터 가지는 여러 가지 성격이나 특징을 가리킨다.

정답 B

67

出汗是人体排泄和调节体温的一种生理功能。出汗的种类主要有三种：第一种是温热性出汗，这是由于气候炎热而引起的，会让人感到不舒服，使人产生不良情绪。第二种是精神性出汗，譬如人在精神紧张时手心会出冷汗。第三种是运动性出汗，它能够使人保持身体能量平衡，加速代谢。

발한(땀이 나는 것)은 인체에서 (노폐물을) 배출하고 체온을 조절하는 일종의 생리기능이다. 발한의 종류에는 주로 3가지가 있다. 첫 번째는 온열성 발한으로, 이것은 날씨가 무더워서 야기되는 것으로, 사람들에게 불편함을 느끼게 하거나, 안 좋은 기분을 생기게 할 수 있다. 두 번째는 정신성 발한인데, 예를 들면 사람은 정신적으로 긴장했을 때 손바닥에 식은땀이 날 수 있다. 세 번째는 운동성 발한으로, 이것은 사람이 신체에너지의 균형을 유지함으로써 대사를 상승시킬 수 있다.

A 调节 ⊙	炎热 ⊙	情绪 ⊙	代谢 ⊙
B 调剂 ✕	湿润 ⊙	心情 ✕	喘气 ✕
C 协调 ✕	柔和 ✕	气势 ✕	循环 ✕
D 妥协 ✕	干燥 ⊙	气色 ✕	恢复 ✕

A 조절하다 | 무덥다 | 기분 | 대사하다
B 조절하다 | 습윤하다 | 기분 | 숨을 헐떡거리다
C 조화롭다 | 부드럽다 | 기세 | 순환하다
D 타협하다 | 건조하다 | 안색 | 회복하다

지문 어휘 出汗 chū hàn 동 발한하다, 땀이 나다 | 排泄 páixiè 동 배출하다 | 生理 shēnglǐ 명 생리 ★ | 功能 gōngnéng 명 기능, 작용 | 引起 yǐnqǐ 동 야기하다, 불러 일으키다 | 譬如 pìrú 동 예를 들다 ★ | 手心 shǒuxīn 명 손바닥 | 冷汗 lěnghàn 명 식은땀 | 保持 bǎochí 동 유지하다, 지키다 | 能量 néngliàng 명 에너지 ★ | 平衡 pínghéng 명 균형, 평형 | 加速 jiāsù 동 속도를 높이다, 가속하다

해설 **1번 빈칸**

A 调节 tiáojié 동 (수량, 정도 등을) 조절하다, 조정하다 ★ B 调剂 tiáojì 동 조절하다, (약을) 조제하다
C 协调 xiétiáo 동 조화롭다, 어울리다 D 妥协 tuǒxié 형 타협하다 ★

빈칸 뒤의 '体温'이 힌트로, 보기 중 '体温'과 호응을 이루는 단어는 'A 调节'뿐이다. '调节'는 또한 '调节 + 湿度(습도) / 温度(온도) / 音量(음량) / 速度(속도)'로도 쓴다. 'B 调剂'는 '调剂 + 生活(생활) / 精神(정신) / 物资(물자)' 등과 같이 비교적 추상적인 것을 '조절하다, 조정하다'는 의미이다.

2번 빈칸

A 炎热 yánrè 형 (날씨가) 무덥다, 푹푹 찌다 ★
B 湿润 shīrùn 형 습윤하다, 촉촉하다
C 柔和 róuhé 형 부드럽다, 강렬하지 않다 ★
D 干燥 gānzào 형 건조하다

빈칸 앞의 '气候'가 힌트이다. '气候'는 '气候 + 炎热(무덥다) / 湿润(습윤하다) / 干燥(건조하다)'로 쓰이므로 보기의 A, B, D가 모두 정답이 될 수 있다. 'C 柔和'는 '声音(목소리) / 灯光(불빛) + 柔和'로 쓰며, 사람이 말하는 것이 '부드럽다' 또는 불빛 등이 '강렬하지 않다'를 뜻한다.

3번 빈칸

A 情绪 qíngxù 명 기분, 마음, 정서
B 心情 xīnqíng 명 기분, 심정, 마음
C 气势 qìshì 명 기세, 힘 ★
D 气色 qìsè 명 안색, 혈색, 기색 ★

빈칸 앞의 '产生'이 힌트이다. 보기 중에 '产生'과 호응해서 쓰일 수 있는 것은 '기분, 정서'의 뜻인 'A 情绪'이다. '产生不良情绪'는 '안 좋은 기분이 생겨나다'의 뜻이다. 'B 心情'도 대상이나 환경에 따라 생겨나는 '기분'을 뜻하긴 하지만 '产生'이나 '不良'과는 호응하지 않는다. 'C 气势'는 건축물이나 산이 기운차게 뻗어나가는 '힘' 또는 사람의 '기운, 기세'를 뜻하며, 'D 气色'는 사람의 얼굴빛이나 낯빛을 나타내는 '안색, 혈색'의 뜻이다.

4번 빈칸

A 代谢 dàixiè 동 (신진, 물질 등) 대사하다, 교체하다
B 喘气 chuǎnqì 동 숨을 헐떡거리다, 숨차다 ★
C 循环 xúnhuán 동 순환하다 ★
D 恢复 huīfù 동 회복하다

힌트는 '运动性出汗'과 '保持身体能量平衡'이다. 운동을 하면서 신체에너지의 균형을 유지하는 것은 '신진대사'와 관련이 있기에 정답은 'D 代谢'이다. 'B 喘气'는 호흡이 가빠져서 '숨을 헐떡이다'는 뜻이며, 'C 循环'은 주로 '血液循环(혈액순환)'으로 쓴다. 'D 恢复'는 '恢复 + 健康(건강) / 体力(체력)'로 쓰여 건강이나 체력을 원래의 상태로 '회복하다'는 뜻이다.

정답 A

68

搏击操是一种结合了拳击、跆拳道及太极拳基本动作的有氧运动。它遵循了健美操的编排方法，是随着强有力的音乐节拍而完成的一套动作。如今，很多人选择这种锻炼方式，是因为简单易学，而且能缓解身心疲劳。

태보는 권투, 태권도 및 태극권의 기본 동작을 결합한 일종의 유산소 운동이다. 태보는 에어로빅의 편성 방법을 따른 것으로 파워풀한 음악 리듬에 맞춰 완성된 한 세트의 동작이다. 현재 많은 사람들은 이러한 운동방식을 선택하고 있는데, 왜냐하면 간단하고 배우기 쉬운 데다가 심신의 피로까지 완화해 줄 수 있기 때문이다.

A 联络 ✗	遵守 ✗	局面 ✗	障碍 ✗
B 结合 ○	遵循 ○	节拍 ○	疲劳 ○
C 沟通 ✗	维持 ✗	旋律 ○	顾虑 ✗
D 夹杂 ✗	响应 ✗	元素 ✗	弊病 ✗

A 연락하다 | 준수하다 | 국면 | 장애물
B 결합하다 | 따르다 | 리듬 | 피로
C 소통하다 | 유지하다 | 선율 | 걱정
D 뒤섞이다 | 호응하다 | 요소 | 폐단

지문 어휘 搏击操 bójīcāo 명 태보(Tae-Bo) | 拳击 quánjī 명 권투 | 跆拳道 táiquándào 명 태권도 | 太极拳 tàijíquán 명 태극권 | 及 jí 접 및, ~와 | 有氧运动 yóuyǎng yùndòng 명 유산소 운동 | 健美操 jiànměicāo 명 에어로빅 | 编排方法 biānpái fāngfǎ 명 편성 방법 | 强有力 qiángyǒulì 형 파워풀하다, 강력하다 | 缓解 huǎnjiě 동 완화하다, 풀다, 완화시키다

> 해설

1번 빈칸

A 联络 liánluò 동 연락하다 ★
B 结合 jiéhé 동 결합하다
C 沟通 gōutōng 동 소통하다
D 夹杂 jiāzá 동 뒤섞이다, 한데 섞이다 ★

힌트는 빈칸 뒤의 '拳击、跆拳道及太极拳'으로 이 세 가지의 동작을 '합쳤다'라는 의미이기에 '결합하다'의 뜻인 'B 结合'가 정답이다. 'A 联络'는 '연락하다'의 뜻으로 주로 '联络网(연락망) / 联络处(연락처) / 联络图(연락맵)'처럼 쓰이며, 'C 沟通'은 사람과 사람, 사람과 조직 간에 '소통하다'는 뜻이다. 'D 夹杂'는 '空气中夹杂着花香(공기에 꽃향기가 섞여 있다)'처럼 어떤 공간에 냄새나 소리가 '뒤섞이다'를 뜻한다.

2번 빈칸

A 遵守 zūnshǒu 동 (시간, 규칙 등을) 준수하다, 지키다
B 遵循 zūnxún 동 (가르침, 법칙 등을) 따르다 ★
C 维持 wéichí 동 유지하다 ★
D 响应 xiǎngyìng 동 호응하다, 응하다, 대답하다 ★

빈칸 뒤의 '编排方法'가 힌트이다. '健美操的编排(에어로빅의 편성)'란 '테크닉, 음악, 무용' 등의 종합예술을 의미하는 것으로 태보가 이를 따른 것이기에 '따르고 지키다'의 뜻인 'B 遵循'이 정답이며, '遵循'은 주로 '遵循 + 路线(노선) / 原则(원칙) / 规律(규칙)' 등과 같이 쓰인다. 'A 遵守'는 '遵守 + 交通规则(교통규칙) / 时间(시간) / 规定(규정)' 등으로 쓰여, 위반하지 않고 규칙이나 시간 등을 '준수하다, 지키다'는 의미이다. 'C 维持'는 '维持 + 生活(생활) / 生命(생명) / 秩序(질서)' 등으로 쓰여 더 이상 나빠지지 않도록 '유지하다'는 뜻이다. 'D 响应'은 '响应 + 号召(호소)'로 쓴다.

3번 빈칸

A 局面 júmiàn 명 국면, 형세 ★
B 节拍 jiépāi 명 리듬, 박자, 장단
C 旋律 xuánlǜ 명 선율, 멜로디 ★
D 元素 yuánsù 명 요소 ★

빈칸 앞의 '音乐'가 힌트로, 보기 중에 이와 함께 쓰일 수 있는 것은 '리듬, 박자'의 뜻인 'B 节拍'와 '선율, 멜로디'의 의미인 'C 旋律'이다. 'A 局面'은 일의 '국면, 형세'를 나타내며 주로 '扭转(전환하다) + 局面(국면)'으로 쓴다.

4번 빈칸

A 障碍 zhàng'ài 명 장애물, 방해물 ★
B 疲劳 píláo 명 피로
C 顾虑 gùlǜ 명 걱정, 근심, 염려 ★
D 弊病 bìbìng 명 폐단, 문제점 ★

빈칸 앞의 '缓解'가 힌트로, '缓解'는 주로 '缓解 + 疲劳(피로) / 压力(스트레스)'로 쓰여 피로나 스트레스를 '풀다, 완화하다'의 뜻이다. 따라서 이와 호응하는 'B 疲劳'가 정답이다.

> 정답

B

69

　　3D街头地画源自西方街头文化。它与常规绘画不同，它利用焦点透视和二维透视让人产生身临其境的幻觉。3D街头地画的视觉<u>规律</u>是"近小远大"，以便让<u>平面</u>景物有虚拟的立体视觉效果，而常规绘画却是"近大远小"。创作3D街头地画时，首先要<u>构思</u>且设计出主题，然后用简单的<u>线条</u>画出立体效果，最后再着色。

　　3D 거리미술(3D Street Painting)은 서양의 거리문화에서 유래했다. 이것은 일반회화와 다르게 초점 투시원근법과 2D 투시원근법을 이용해서 사람들에게 마치 그 장소에 직접 간 듯한 착각을 일으키게 한다. 3D 거리미술의 시각 <u>규칙</u>은 '역원근법'으로, <u>평면</u> 경치에 가상의 입체시각효과가 있게끔 한 것이다. 그러나 일반회화는 오히려 '원근법'을 사용한다. 3D 거리미술을 그릴 때는 먼저 주제를 <u>구상하고</u> 디자인한 후에 간단한 <u>선</u>으로 입체 효과를 그려내고, 마지막에 색칠해야 한다.

A	规则 ✗	附近 ✗	预测 ✗	图案 ✗	A	규칙 | 근처 | 예측하다	| 도안	
B	模型 ✗	表面 ✗	思索 ✗	原理 ✗	B	모형 | 표면 | 깊이 생각하다	| 원리	
C	规律 ⭕	平面 ⭕	构思 ⭕	线条 ⭕	C	규칙 | 평면 | 구상하다	| 선	
D	模式 ✗	侧面 ✗	呈现 ✗	草案 ✗	D	모델 | 측면 | 나타나다	| 초안	

지문 어휘 街头地画 jiētóu dìhuà 몡 3D 거리미술(3D Street Painting), 3D 길거리 착시화 | 源自 yuánzì ~에서 유래하다 | 常规 chángguī 혱 일반적인, 통상적인 | 绘画 huìhuà 몡 회화, 그림 | 焦点透视 jiāodiǎn tòushì 몡 초점 투시원근법 | 二维透视 èrwéi tòushì 몡 2D 투시원근법 | 产生 chǎnshēng 동 일으키다, 생기다, 발생하다 | 身临其境 shēnlínqíjìng 성 그 장소에 직접 가다 | 幻觉 huànjué 몡 착각, 환각 | 视觉 shìjué 몡 시각 | 以便 yǐbiàn 접 ~하기 위해서 | 虚拟 xūnǐ 혱 가상의, 허구의, 가설의 | 立体视觉效果 lìtǐ shìjué xiàoguǒ 입체시각효과 | 着色 zhuósè 동 색칠하다

해설

1번 빈칸

A 规则 guīzé 몡 규칙, 규정　　　B 模型 móxíng 몡 모형 ⭐
C 规律 guīlǜ 몡 규칙, 규율　　　D 模式 móshì 몡 모델, 양식, 패턴 ⭐

빈칸 뒤의 '近小远大'가 힌트로, '역원근법'이란 눈으로 보는 것에 있어서의 '규칙'을 뜻하므로 정답은 'C 规律'이다. 'A 规则'는 '比赛(시합) / 交通 (교통) + 规则' 등으로 쓰여 경기나 시합에서 지켜야 하는 '규칙, 룰'을 뜻하며, 'B 模型'는 사물의 '모형'을 뜻하고, 'D 模式'는 '모델, 양식, 패턴'의 뜻으로 주로 '管理模式(관리모델)'라고 나타낸다.

2번 빈칸

A 附近 fùjìn 몡 근처, 부근　　　B 表面 biǎomiàn 몡 표면, 겉
C 平面 píngmiàn 몡 평면 ⭐　　D 侧面 cèmiàn 몡 측면, 옆면 ⭐

빈칸 뒤의 내용이 힌트이다. 빈칸에는 '가상의 입체시각효과'가 생기는 주체가 위치해야 하며, 의미상 '입체적이지 않은 풍경'의 뜻이어야 한다. 따라서 '평면'의 뜻을 가진 'C 平面'이 정답이다.

3번 빈칸

A 预测 yùcè 동 예측하다　　　B 思索 sīsuǒ 동 깊이 생각하다, 사색하다 ⭐
C 构思 gòusī 동 구상하다 ⭐　　D 呈现 chéngxiàn 동 나타나다, 드러나다, 양상을 띠다 ⭐

힌트는 빈칸 뒤의 '主题'이다. 빈칸에 들어갈 어휘는 3D 거리미술을 그릴 때 제일 먼저 하는 행동이어야 할 뿐만 아니라 '主题'와도 호응해야 한다. 따라서 정답은 '구상하다'의 뜻을 지닌 'C 构思이다. 'A 预测'는 기간 등을 '예측하다, 예상하다'는 뜻이며, 'B 思索'는 깊이 생각하고 연구하고 해답까지 구하는 모든 과정을 의미한다. 'D 呈现'은 '呈现出彩虹(무지개가 나타나다)'과 같이 구체적인 사물이 눈앞에 '나타나다, 드러나다'의 뜻이다.

4번 빈칸

A 图案 tú'àn 명 도안 ★
B 原理 yuánlǐ 명 원리 ★
C 线条 xiàntiáo 명 선, 라인
D 草案 cǎo'àn 명 초안 ★

선후관계 접속사 '首先…然后…最后…'와 빈칸 뒤의 '画出立体效果'가 힌트이다. 首先(먼저) 주제를 구상하고 最后(마지막) 색을 칠한다라고 했으므로, 然后 뒤에는 이들 중간에 들어가는 과정이면서도, '입체 효과를 그려낼 수 있는' 방식이 빈칸에 위치해야 한다. 따라서 '선'의 뜻인 'C 线条'가 정답이다.

정답 C

70

淬火效应是指金属工件加热到一定温度后，放入冷却剂中进行冷却处理，以使其工件的性能更好、更稳定。在教育领域也有类似的现象，被称之为"冷处理"。当学生犯了错误，老师过度指责的话，往往会使学生产生逆反心理，拒绝接受批评。此时，老师不必大动肝火，将其冷处理，不予理睬就可以了。久而久之，他的不良行为就会消失。

'담금질 효과'란 금속 부품이 일정 온도까지 가열된 후 그 부품의 성능을 더 좋게, 더 안정되게 하려고 냉각제를 넣어 냉각 처리하는 것을 가리킨다. 교육분야에도 (이와) 유사한 현상이 있는데, 이것을 '냉처리(냉정하게 생각하여 처리함)'라고 부른다. 학생이 잘못을 저질렀을 때 선생님이 지나치게 혼내게 되면 종종 학생들로 하여금 반발심을 일으켜 꾸짖음을 거부하게 한다. 이때 선생님은 격분하지 말고 이를 '냉처리'하고 상대해 주지 않으면 된다. (그렇게) 시간이 지나고 나면 학생의 안 좋은 행동은 사라질 것이다.

A 顽强 ✕ 深刻 ✕ 违反 ✕ 蔑视 ✕ 毁灭 ✕
B 坚硬 ✕ 严厉 ◯ 反射 ✕ 忽视 ✕ 撤销 ✕
C 坚定 ✕ 彻底 ✕ 背叛 ✕ 在乎 ✕ 灭亡 ✕
D 稳定 ◯ 过度 ◯ 逆反 ◯ 理睬 ◯ 消失 ◯

A 완강하다 | 깊다 | 위반하다 | 멸시하다 | 파멸시키다
B 단단하다 | 호되다 | 반사하다 | 소홀히 하다 | 철회하다
C 확고하다 | 철저하다 | 배반하다 | 마음에 두다 | 멸망하다
D 안정되다 | 지나치다 | 반발하다 | 상대하다 | 사라지다

지문 어휘 淬火效应 cuìhuǒ xiàoyìng 명 담금질 효과(Quenching effect) | 金属 jīnshǔ 명 금속 | 工件 gōngjiàn 명 부품, 부속품 | 加热 jiārè 동 가열하다 | 冷却剂 lěngquèjì 명 냉각제 | 以 yǐ 접 ~하기 위하여 | 性能 xìngnéng 명 성능 ★ | 领域 lǐngyù 명 분야, 영역 | 类似 lèisì 유사하다, 비슷하다 ★ | 现象 xiànxiàng 명 현상 | 冷处理 lěngchǔlǐ 동 냉처리하다, 냉정하게 생각하여 처리하다 | 犯 fàn 동 저지르다, 범하다 | 错误 cuòwù 명 잘못, 실수 | 指责 zhǐzé 동 혼내다, 질책하다 ★ | 大动肝火 dàdònggānhuǒ 성 격분하다, 분노하다 | 予 yǔ 동 ~해 주다 | 久而久之 jiǔ'érjiǔzhī 성 오랜 시간이 지나다 | 行为 xíngwéi 명 행동, 행위

해설 **1번 빈칸**

A 顽强 wánqiáng 형 완강하다, 억세다 ★
B 坚硬 jiānyìng 형 단단하다, 굳다 ★
C 坚定 jiāndìng 형 확고하다, 꿋꿋하다 ★
D 稳定 wěndìng 형 안정되다, 안정적이다

빈칸 앞의 '性能'이 힌트이다. 보기 중에 '성능'과 호응을 이루는 것은 '안정되다'의 뜻인 'D 稳定'이다. '稳定'은 이 외에도 '市场(시장) / 收入(수입) / 物价(물가) + 稳定' 등과 같이 변동이 적어서 '안정적이다'의 뜻이다. 'A 顽强'은 '顽强的 + 生命力(생명력)'와 같이 식물이나 동물의 생명력이 '강하다'는 뜻도 있고, '顽强的 + 毅力(의지)'와 같이 사람의 성격, 태도가 '완강하다, 억세다'의 뜻도 있다. 'B 坚硬'은 '坚硬的 + 外壳(껍질)'와 같이 껍질이나 물건이 '단단하다'를 의미하고, 'C 坚定'은 '坚定的 + 意志(의지) / 信念(신념)'처럼 의지나 신념 등이 '확고하다'는 뜻이다.

2번 빈칸

A 深刻 shēnkè 형 (인상 등이) 깊다, 강렬하다 B 严厉 yánlì 형 호되다, 엄격하다 ★
C 彻底 chèdǐ 형 철저(히)하다 D 过度 guòdù 형 지나치다, 과도하다 ★

빈칸 뒤의 '指责'와 질책의 결과를 나타내는 '拒绝接受批评'이 힌트이다. 의미상 아이들이 혼나는 걸 거부하게 되는 상황으로 '심하게' 혼낼 경우가 된다. 따라서 '호되다'의 의미인 'B 严厉'와 '지나치다'의 뜻인 'D 过度' 둘 다 정답이다. 'A 深刻'는 '深刻的 + 印象(인상) / 道理(도리)'와 같이 쓰인다.

3번 빈칸

A 违反 wéifǎn 동 위반하다, 어기다 B 反射 fǎnshè 동 반사하다 ★
C 背叛 bèipàn 동 배반하다, 배신하다 ★ D 逆反 nìfǎn 동 반발하다, 역행하다, 반대되다

빈칸 앞뒤의 내용을 파악해야 한다. 선생님께 혼나고 나서 학생에게 나타날 수 있는 '心理'이며, 이 '心理'로 인해 '拒绝接受批评'이라는 결과가 초래된다. 따라서 정답은 '반발하다'의 뜻을 지닌 'D 逆反'이며, '逆反心理'는 '반발심'이라는 뜻이다. 'A 违反'은 '违反 + 规定(규정) / 政策(정책)'와 같이 규정이나 정책 등을 '위반하다'를 의미한다.

4번 빈칸

A 蔑视 mièshì 동 멸시하다, 깔보다 ★ B 忽视 hūshì 동 소홀히 하다, 등한시하다
C 在乎 zàihu 동 마음에 두다, 신경 쓰다 D 理睬 lǐcǎi 동 상대하다, 거들떠보다 ★

빈칸 앞의 '不予'가 힌트로, 이와 호응을 이루는 것은 'D 理睬'뿐이며, '不予理睬'는 '상대해 주지 않다'의 뜻이다. 'A 蔑视'는 업신여기거나 하찮게 여겨 '멸시하다, 깔보다'는 뜻이며, 'B 忽视'는 '소홀히 하다, 등한시하다'를 의미한다. 'C 在乎'는 유쾌하지 않은 일을 '마음에 두다, 신경 쓰다'라는 뜻으로, 주로 부정형으로 사용한다.

5번 빈칸

A 毁灭 huǐmiè 동 파멸시키다 ★ B 撤销 chèxiāo 동 철회하다, 취소하다 ★
C 灭亡 mièwáng 동 멸망하다 ★ D 消失 xiāoshī 동 사라지다

빈칸 앞의 문맥을 파악해야 한다. 빈칸에는 '냉처리'하고 상대하지 않게 될 경우 나타나는 결과가 있어야 한다. 그러므로 눈에 보이던 것이 천천히 '사라지다, 없어지다'의 뜻인 'D 消失'가 정답이다. 'A 毁灭'는 '훼손시켜서 없애버리다'는 뜻으로 '毁灭 + 地球(지구)'로 종종 쓰이는데, 이 '지구를 없앤다'는 말은 예를 들면 '핵무기'로 지구를 섬멸시킨다는 뜻이다. 'B 撤销'는 '撤销 + 条款(조항) / 诉讼(소송)'으로 쓰여 조항, 소송 등을 '철회하다, 취소하다'를 뜻한다. 'C 灭亡'은 왕조나 나라, 인류 등이 '멸망하다'는 뜻이다.

정답   D

제3부분

71~80번 문제는 빈칸에 들어가는 알맞은 문장을 고르는 문제입니다.

71-75

在一定的温度和湿度下，食品中的细菌和霉菌会以惊人的速度繁殖，造成食品腐败受潮，不能食用。**(71) E 为了降低食品袋中的湿度**，防止食品变质，人们往往在食品袋中放入食品干燥剂。食品干燥剂一般无毒、无味、无接触腐蚀性、无环境污染。

食品干燥剂的种类主要有：生石灰干燥剂、硅胶干燥剂及氯化钙干燥剂。

生石灰的主要成分是氧化钙。氧化钙极易溶于水，而且遇水温度就会升高放热，因此可以吸收水分，干燥空气。**(72) D 不管外界的湿度有多高**，生石灰干燥剂都能保持大于自身重量35%的吸湿能力，具有极好的干燥吸湿效果，而且价格低廉。因此以前被广泛用于食品行业。但是，最近几年，它已逐渐被淘汰。因为，它在遇水时虽然可以吸收水分，但也会**(73) A 释放出大量的热量**，甚至可能发生爆炸。此外，如果儿童在吃零食时误食了生石灰干燥剂，**(74) C 极有可能造成口腔和食道灼伤**。

近些年，人们更倾向于使用硅胶干燥剂。因为它不仅无毒、无味、无嗅，化学性质稳定，还具有强烈的吸湿性能。美中不足的是，**(75) B 它的成本要比生石灰干燥剂高**。

A 释放出大量的热量
B 它的成本要比生石灰干燥剂高
C 极有可能造成口腔和食道灼伤
D 不管外界的湿度有多高
E 为了降低食品袋中的湿度

일정한 온도와 습도에서 식품 속의 세균과 곰팡이는 놀라운 속도로 번식하여 식품을 부패시키거나 눅눅하게 만들어 먹을 수 없게 된다. **(71) E 식품 봉지 안의 습도를 낮추고**, 식품의 변질을 방지하기 위해 사람들은 흔히 식품 봉지 안에 식품 방습제를 넣는다. 식품 방습제는 일반적으로 무독, 무미, 무접촉부식, 무환경오염 (물질)이다.

식품 방습제의 종류로는 주로 생석회 방습제와 실리카겔 방습제 및 염화칼슘 방습제가 있다.

생석회의 주요 성분은 산화칼슘이다. 산화칼슘은 물에 쉽게 녹을 뿐 아니라, 물에 닿으면 온도가 높아지고 열을 발생시켜서 수분을 흡수하고 공기를 건조하게 만들 수 있다. **(72) D 외부의 습도가 아무리 높아도**, 생석회 방습제는 자기 무게의 35% 이상의 흡습력을 유지할 수 있기에 뛰어난 방습과 흡습의 효과가 있고 가격 또한 저렴하다. 그래서 예전에 식품 업계에서 널리 사용됐었다. 그러나 최근 몇 년 새 점차 도태되었는데, 왜냐하면 생석회 방습제는 비록 물에 닿으면 수분을 흡수하기는 하나 **(73) A 엄청난 열을 방출할 수 있고**, 심지어는 폭발할 수도 있기 때문이다. 이 외에도, 만약에 어린이가 간식을 먹을 때 잘못해서 생석회 방습제를 먹게 된다면, **(74) C 구강과 식도에 화상을 입을 가능성이 굉장히 크다**.

최근 몇 년간 사람들은 실리카겔 방습제를 더 많이 사용하는 편인데, 이유는 이것이 무독, 무미, 무취일 뿐만 아니라 화학적 성질이 안정적이고, 거기에다가 강한 흡습성까지 가지고 있기 때문이다. 한 가지 아쉬운 점은 **(75) B 이것의 원가가 생석회 방습제보다 비싸다**는 것이다.

A 엄청난 열을 방출할 수 있다
B 이것의 원가가 생석회 방습제보다 비싸다
C 구강과 식도에 화상을 입을 가능성이 굉장히 크다
D 외부의 습도가 아무리 높아도
E 식품 봉지 안의 습도를 낮추기 위해서

지문 어휘 湿度 shīdù 명 습도 | 细菌 xìjūn 명 세균 ★ | 霉菌 méijūn 명 곰팡이 | 繁殖 fánzhí 동 번식하다 ★ | 腐败 fǔbài 동 부패하다 ★ | 受潮 shòu cháo 동 눅눅해지다, 습기차다 | 防止 fángzhǐ 동 방지하다 ★ | 变质 biànzhì 동 변질되다 ★ | 食品袋 shípǐndài 명 식품 봉지 | 干燥剂 gānzàojì 명 방습제, 건조제 | 接触 jiēchù 동 접촉

하다 | 腐蚀 fǔshí 동 부식하다 ★ | 种类 zhǒnglèi 명 종류 | 生石灰 shēngshíhuī 명 생석회 | 硅胶 guījiāo 명 실리카겔 | 钙 gài 명 칼슘(Ca) ★ | 氯化钙 lǜhuàgài 명 염화칼슘 | 氧化钙 yǎnghuàgài 명 산화칼슘 | 溶于 róngyú ~에 녹다, ~에 용해되다 | 吸收 xīshōu 동 흡수하다 | 大于 dàyú ~이상이다, ~보다 크다 | 重量 zhòngliàng 명 무게, 중량 | 吸湿 xīshī 동 흡습하다, 습기를 빨아들이다 | 低廉 dīlián 형 저렴하다 | 逐渐 zhújiàn 부 점차, 점점 | 淘汰 táotài 동 도태하다 ★ | 爆炸 bàozhà 동 폭발하다 ★ | 此外 cǐwài 명 이 외에, 이 밖에 | 零食 língshí 명 간식 | 误食 wù shí 동 잘못 먹다 | 倾向 qīngxiàng 동 (한쪽으로) 기울다, 쏠리다 ★ | 无嗅 wúxiù 동 무취이다, 냄새가 없다 | 美中不足 měizhōngbùzú 성 전체적으로 훌륭한 가운데 한 가지 아쉬운 점이 있다. 옥에도 티가 있다

보기 어휘 释放 shìfàng 동 방출하다 ★ | 成本 chéngběn 명 원가 ★ | 口腔 kǒuqiāng 명 구강 ★ | 食道 shídào 명 식도 | 灼伤 zhuóshāng 동 화상을 입다 | 外界 wàijiè 명 외부, 외계 ★

71

해설 힌트는 빈칸 뒤 '人们往往在食品袋中放入食品干燥剂(사람들은 흔히 식품 봉지 안에 식품 방습제를 넣는다)'이다. 방습제란 식품을 건조하게 만드는 것으로, 빈칸에는 이를 식품 봉지 안에 넣는 목적이나 이유가 언급되어야 한다. 따라서 식품 봉지 안의 습도를 낮추기 위함이라고 한 E가 정답이다.

정답 E 为了降低食品袋中的湿度

72

해설 힌트는 접속사이다. '不管'은 '~에 관계 없이'로 뒤 절에 '都, 也'와 호응을 이룬다. 따라서 빈칸 뒤에 '都, 也'의 언급 여부를 먼저 찾은 후 해석을 해야 한다. 빈칸 뒤의 문장에서 '生石灰干燥剂都能保持……'라 하여 '不管'과 호응을 이루는 부사 '都'를 찾을 수 있고, 해석상으로도 '외부 습도가 아무리 높아도 ……습도를 유지할 수 있다'이므로 D가 정답이다.

정답 D 不管外界的湿度有多高

73

해설 빈칸 뒤의 '甚至可能发生爆炸(심지어 폭발할 수도 있다)'가 힌트이다. '甚至'는 앞의 내용보다 정도가 더욱 심한 내용을 이끄는 부사로, 폭발 발생과 같은 유형이며 폭발 가능한 첫 번째 단계를 나타내는 '열 방출'을 언급한 A가 정답이다.

정답 A 释放出大量的热量

74

해설 힌트는 빈칸 앞의 '在吃零食时误食了生石灰干燥剂(간식을 먹을 때 잘못해서 생석회 방습제를 먹다)'이다. 빈칸에는 이를 잘못 먹으면 나타나는 결과가 언급되어야 한다. 따라서 잘못 먹게 되었을 경우의 결과인 '口腔和食道灼伤(구강과 식도의 화상)'이 언급된 C가 정답이다.

정답 C 极有可能造成口腔和食道灼伤

75

해설 빈칸 앞의 '美中不足的是(한 가지 아쉬운 점은)'가 힌트이다. 빈칸 앞에서 실리카겔 방습제의 장점을 나열했기에 빈칸에는 단점이 언급되어야 한다. 따라서 원가가 생석회 방습제보다 비싸다고 한 B가 정답이다.

정답 B 它的成本要比生石灰干燥剂高

76-80

乘舟泛游漓江，可观奇峰倒影，看碧水青山，宛如仙境。倘徉于这山水之中，**(76) C** 让人流连忘返。这么美的人间仙境，到底是如何形成的呢？

众所周知，桂林多是喀斯特地貌。而这种地貌形成的根本原因，就是水对石灰岩的溶蚀作用。石灰岩的成分是碳酸钙，碳酸钙能与水中的二氧化碳发生化学反应，最终溶于水中。可是桂林的石灰岩又是从何而来的呢？原来在几万年以前，广西一带被汪洋大海所淹没，大量石灰质沉积于海底，形成了很厚的石灰岩，分布非常广阔。之后因为地壳的运动，**(77) B** 海底逐渐变成了陆地。陆地上的石灰岩在水的作用下，慢慢被溶蚀，就形成了如今的喀斯特地貌。

与流水对岩石的侵蚀作用不同，石灰岩的溶蚀发生了化学反应。**(78) D** 只要石灰岩有裂缝，流水就会钻进去，持续不断地冲刷、发生反应。时间久了，裂缝就会被溶蚀成为溶洞。而如果这时裂缝是竖直的，那么这里就会被溶蚀成漏斗状的洼地。**(79) E** 当它们继续扩大并且彼此相通时，就会变成一根根孤立的残柱。

此外，溶蚀作用只是使石灰岩中的碳酸钙溶于水中，**(80) A** 并不会形成大量的泥沙，因此，漓江的水才会清澈见底。

A 并不会形成大量的泥沙
B 海底逐渐变成了陆地
C 让人流连忘返
D 只要石灰岩有裂缝
E 当它们继续扩大并且彼此相通时

배를 타고 리쟝(漓江)을 유람하다 보면 기이한 봉우리들이 물에 비치는 모습과 푸른 물, 푸른 산을 볼 수 있는데, 흡사 무릉도원 같다. 이 산천을 한가로이 거닐다 보면, **(76) C** 차마 발걸음을 뗄 수 없게 만든다. 이렇게 아름다운 인간 세계의 선경은 도대체 어떻게 형성된 것일까？

모든 사람들이 다 알고 있듯이 구이린(桂林)은 대부분 카르스트지형이다. 그리고 이런 지형이 형성된 근본 원인은 바로 석회암에 대한 물의 용식작용이다. 석회암의 성분은 탄산칼슘으로, 탄산칼슘은 물속의 이산화탄소와 화학반응을 일으킬 수 있고 최종적으로 물에 녹는다. 그런데 구이린의 석회암은 또 어디서 온 것일까？ 알고 보니 몇 만 년 전에 광시(广西)일대가 넓은 바다에 의해 수몰되면서 대량의 석회질이 바다 밑에 침적되어 두꺼운 석회암을 형성했는데, (그) 분포가 굉장히 넓었다. 후에 지각운동때문에 **(77) B** 바다 밑은 점차 육지로 변했고, 육지의 석회암은 물의 작용으로 천천히 용식 되어 오늘날의 카르스트 지형을 형성하게 되었다.

암석에 대한 물의 침식작용과는 달리, 석회암의 용식은 화학반응을 일으켰다. **(78) D** 석회암에 틈만 생겼다 하면 물이 흘러들어 가 끊임없이 침식되고 반응을 일으킨다. 시간이 오래 지나면 갈라진 틈은 용식에 의해 종유동이 된다. 그리고 만약 이때 틈이 수직(모양)이라면 이곳은 깔때기 모양의 움푹한 지대로 용식 될 것이다. **(79) E** 그것들이 계속해서 확대되어 서로 만나게 될 때 하나하나의 독립된 기둥으로 변할 것이다.

이 밖에 용식작용은 석회암 속의 탄산칼슘을 물에 녹게 할 뿐, **(80) A** 결코 많은 모래진흙을 형성시키지 않는다. 이 때문에 리장의 물은 바닥이 보일 정도로 맑을 수 있는 것이다.

A 결코 많은 모래진흙을 형성시키지 않는다
B 바다 밑은 점차 육지로 변했다
C 차마 발걸음을 뗄 수 없게 만든다
D 석회암에 틈만 생겼다 하면
E 그것들이 계속해서 확대되어 서로 만나게 될 때

지문 어휘 乘 chéng 동 (교통 수단을) 타다 ★ | 舟 zhōu 명 배 ★ | 泛游 fànyóu 동 유람하다 | 漓江 Líjiāng 고유 리쟝 | 奇峰 qífēng 명 기이한 봉우리 | 倒影 dàoyǐng 동 (거꾸로) 비치다 | 碧水 bìshuǐ 명 푸른 물, 벽수 | 青山 qīngshān 명 푸른 산, 청산 | 宛如 wǎnrú 동 흡사 ~과 같다, 마치 ~과 같다 | 仙境 xiānjìng 명 무릉도원, 선경 (마치 신선이 사는 곳처럼 경치가 신비롭고 아름다움을 비유) | 倘徉 chángyáng 동 한가로이 거닐다, 유유히 걷다 | 形成 xíngchéng 동 형성되다 | 众所周知 zhòngsuǒzhōuzhī 성 모든 사람들이 다 알고 있다 ★ | 桂林 Guìlín

고유 구이린 | **喀斯特地貌** kāsītè dìmào 명 카르스트 지형 (karst) | **石灰岩** shíhuīyán 명 석회암 | **溶蚀** róngshí 명 용식 | **碳酸钙** tànsuāngài 명 탄산칼슘 | **二氧化碳** èryǎnghuàtàn 명 이산화탄소 ★ | **汪洋大海** wāngyáng dàhǎi 성 넓은 바다, 망망대해 | **淹没** yānmò 동 수몰되다, 잠기다, (파)묻히다 ★ | **石灰质** shíhuīzhì 명 석회질 | **沉积** chénjī 동 침적하다 | **广阔** guǎngkuò 넓다, 광활하다, 광범위하다 ★ | **地壳** dìqiào 명 (지리) 지각 | **陆地** lùdì 명 육지 | **侵蚀** qīnshí 동 침식하다 | **钻** zuān 동 뚫고 들어가다, 침투하다 | **冲刷** chōngshuā 동 (흐르는 물에) 침식되다 | **裂缝** lièfèng 명 틈, 틈새, 균열 | **溶洞** róngdòng 명 종유동 | **竖直** shùzhí 명 수직 | **漏斗状** lòudǒuzhuàng 명 깔때기 모양 | **洼地** wādì 명 움푹한 지대, 저지대 | **孤立** gūlì 형 독립되다, 따로 떨어지다 ★ | **残柱** cánzhù 명 기둥 | **清澈** qīngchè 형 맑다, 맑고 투명하다 ★

보기 어휘 **泥沙** níshā 명 모래진흙 | **流连忘返** liúliánwàngfǎn 성 차마 발걸음을 뗄 수 없다 | **扩大** kuòdà 동 확대하다 | **彼此** bǐcǐ 명 서로, 상호 | **相通** xiāngtōng 동 서로 만나다, 서로 통하다

76

해설 빈칸 앞의 리쟝의 아름다운 경치를 묘사한 부분이 힌트이다. '流连忘返'은 경치가 너무 아름다워 사람의 발걸음을 붙잡는다는 뜻의 성어로, 경치 묘사가 주를 이루고 있는 첫 단락에 C가 위치한다.

정답 **C** 让人流连忘返

77

해설 힌트는 빈칸 앞의 접속사 '因为'와 빈칸 뒤의 동의 어휘 '陆地'이다. 앞의 '因为' 절의 내용으로 인해 빈칸에는 바다였던 곳이 지각운동으로 인해 나타난 결과가 언급되어야 하며, 또한 빈칸 뒤에 '陆地'가 나왔기에 '바다에서 → 지각운동으로 인해 → 육지가 되었다'의 순으로 글이 이어져야 한다. 따라서 정답은 B이다.

정답 **B** 海底逐渐变成了陆地

78

해설 접속사 '只要'가 힌트이다. '只要'는 '就'와 호응을 이루어 '~하기만 하면 ~하다'의 조건관계 접속사이다. 빈칸 뒤의 문장 '流水就会钻进去(물이 흘러 들어간다)'에 '就'가 있으며 의미상 '물이 흘러들 수 있는 조건으로 틈이 생기는 것을 들 수 있기에 정답은 D이다.

정답 **D** 只要石灰岩有裂缝

79

해설 먼저 '当……时'는 전치사구로 '。(마침표)'의 앞에는 쓰일 수 없다. 그러므로 76번, 77번의 자리에는 위치할 수 없다. 또 다른 힌트는 대명사 '它们'으로, 여기서는 '漏斗状的洼地(깔때기 모양의 움푹한 지대)'를 가리키며, 빈칸 뒤의 '就会变成一根根孤立的残柱(하나하나의 독립된 기둥으로 변할 것이다)'는 결과절이므로 빈칸에는 '漏斗状的洼地'가 어떻게 '残柱(기둥)'으로 변했는지 언급되어야 한다. 따라서 이들이 계속 확대되어 서로 만난다고 한 E가 정답이다.

정답 **E** 当它们继续扩大并且彼此相通时

80

해설 빈칸 뒤의 '因此，漓江的水才会清澈见底(이 때문에 리쟝의 물은 바닥이 보일 정도로 맑을 수 있다)'가 힌트이다. '因此'는 원인의 뒤에, 결과의 앞에 위치하는 접속사이며, 물이 맑은 이유로 모래진흙이 형성되지 않음을 들 수 있기에 정답은 A이다.

정답 **A** 并不会形成大量的泥沙

제4부분

81~100번 문제는 지문을 읽고 질문에 알맞은 답을 고르는 문제입니다.

第81到84题是根据下面一段话：

一提起金庸小说，大家首先想到的就是那些江湖大侠们，他们个个身怀绝技，武功非凡。这些小说还经常被拍成电视剧或者电影，而且一直受到海峡两岸读者乃至海外华人的青睐。说到这些作品中典型形象的创作者——金庸，在他身上发生过一件趣事。

那是1972年，【81】金庸宣布封笔，打算重新修订自己所写的武侠小说。可是在修订《天龙八部》时，金庸遇到了难题。因为在报上连载这部小说时，适逢金庸去欧洲出差，所以他找到好友倪匡，请其为自己代笔一个月。可是【81】金庸后来重新开始修订这部小说时，发现虽然倪匡写的6万字也非常精彩，但和小说的主要内容没有太大的关联。【82】所以他认为还是删去比较好。

于是，金庸仔细琢磨后决定与倪匡面谈。说到此事时，倪匡看起来有点儿气愤。其实倪匡只是故作生气，这让不知所措的金庸一下子平静了下来。【83】原来，倪匡觉得他和金庸是多年好友，金庸来问他的意见是多此一举。这回反而轮到金庸"批评"倪匡了。因为金庸觉得这6万字可是倪匡的心血，如果连询问都不询问而直接删掉，那才是对好友的不尊重。

这个故事后来成了文坛的一段佳话。从这个故事，我们可以了解到：【84】金庸不仅仅做学问时严谨，对待别人也是十分谦卑有礼，这才是真正的武侠大家。

진용(金庸)의 소설에 대해 언급할 때, 사람들이 가장 먼저 떠올리는 것은 바로 강호의 협객들이다. 그들은 저마다 매우 뛰어난 기예를 지녔으며 무공이 뛰어났다. 이 소설들은 또 자주 TV 드라마나 영화로도 제작되었고, 뿐만 아니라 중국과 타이완 독자들, 더 나아가서는 해외의 화교들에게까지 줄곧 사랑을 받아왔다. 이 작품들 속 전형적 이미지의 창작자를 언급하자면 바로 진용인데, 그에게는 한 가지 재미있는 일화가 있었다.

그것은 1972년으로, 【81】진용은 창작활동 중단을 선언하고 자신이 쓴 무협소설들을 새롭게 개정할 계획이었다. 그러나 《천룡팔부(天龙八部)》를 개정할 때 진용은 난관에 봉착했다. 왜냐하면, 신문에 이 소설을 연재할 당시 진용은 마침 유럽으로 출장을 가게 되었고, 그래서 절친한 친구인 니쾅(倪匡)을 찾아 자신을 위해 한 달 동안 대필해 달라고 부탁했었다. 하지만 【81】진용은 후에 이 소설을 새롭게 개정하기 시작하면서, 비록 니쾅이 쓴 6만 자도 굉장히 훌륭하긴 했으나 소설의 주요 내용과는 크게 연관이 없음을 발견했고, 【82】그래서 그는 역시나 삭제하는 편이 낫겠다고 생각했다.

그리하여 진용은 곰곰이 생각한 끝에 니쾅을 만나 얘기를 해보기로 결심했다. 이 일에 대해 언급했을 때 니쾅은 조금 화가 난 듯 보였는데, 사실 니쾅은 그저 일부러 화가 난 척 한 것뿐이었고, 이 사실은 어찌할 바를 모르던 진용을 순식간에 진정시켰다. 【83】알고 보니, 니쾅은 그와 진용이 오랜 절친이기에 진용이 찾아와 그의 의견을 묻는 것이 불필요하다고 생각했던 것이었다. 이번엔 오히려 진용이 니쾅을 '혼낼' 차례였다. 왜냐하면 진용은 이 6만 자는 니쾅의 피와 땀이라 할 수 있는데, 만약 묻지도 않고 바로 삭제해 버린다면 그것이야말로 친구에 대한 무시라고 생각했기 때문이다.

이 이야기는 후에 문단의 미담이 되었다. 이 이야기로부터 우리는 【84】진용은 학문할 때만 신중한 것이 아니라 다른 사람을 대할 때도 굉장히 겸손하고 예의 있고, 이야말로 진정한 무협의 대가임을 알 수 있다.

지문 어휘 **大侠** dàxiá 명 협객 | **身怀** shēnhuái 동 지니다, 품다 | **绝技** juéjì 명 매우 뛰어난 기예, 절기 | **武功** wǔgōng 명 무공, 무술 | **非凡** fēifán 형 뛰어나다, 비범하다 | **海峡两岸** hǎixiá liǎng'àn 명 중국과 타이완, 해협양안 | **乃至** nǎizhì 접 더 나아가서는, 심지어 | **青睐** qīnglài 명 사랑, 총애, 특별한 주목 | **典型** diǎnxíng 형 전형적이다 ★ | **形象** xíngxiàng 명 이미지 | **创作** chuàngzuò 동 창작하다 ★ | **封笔** fēng bǐ 동 창작활동을 중단하다, 절필하다 | **修订** xiūdìng 동 개정하다, 수정하다 | **武侠** wǔxiá 명 무협 ★ | **连载** liánzài 동 연재하다 | **适逢** shìféng 마침

(~시기)가 되다, 마침 (~시기)를 만나다 | **倪匡** Ní Kuāng 인명 니쾅 | **代笔** dàibǐ 동 대필하다 | **删去** shānqù 동 삭제하다 | **琢磨** zuómo 동 (깊이) 생각하다, 궁리하다 ★ | **面谈** miàntán 동 만나서 이야기하다, 면담하다 | **气愤** qìfèn 형 화내다 | **故作** gùzuò 동 일부러 ~하다 | **不知所措** bùzhīsuǒcuò 성 어찌할 바를 모르다 | **多此一举** duōcǐyìjǔ 성 불필요하다, 필요 이상의 짓을 하다 | **心血** xīnxuè 명 피와 땀, 심혈 ★ | **询问** xúnwèn 동 물어보다, 의견을 구하다 | **删掉** shāndiào 동 삭제하다 | **文坛** wéntán 명 문단, 문학계 | **佳话** jiāhuà 명 미담, 아름다운 이야기 | **严谨** yánjǐn 형 신중하다, 엄하다 | **谦卑** qiānbēi 형 겸손하다

81

对外宣布封笔以后，金庸： | 대외적으로 창작활동 중단을 선언한 후에 진용은?

A 去欧洲演讲
B 改行做了导演
C 致力于慈善事业
D 开始修订自己的作品

A 유럽으로 강연하러 갔다
B 전업해서 감독이 되었다
C 자선사업에 매진했다
D 자신의 작품을 개정하기 시작했다

보기 어휘 **改行** gǎi háng 동 전업하다, 직업을 바꾸다 | **致力** zhìlì 동 매진하다, 진력하다, 힘쓰다 ★ | **慈善** císhàn 형 자선하다, 자선을 베풀다 ★ | **事业** shìyè 명 사업 ★

해설 질문의 '对外宣布封笔以后'가 힌트로, 창작 중단을 선언한 이후의 일은 두 번째 단락에 언급되어 있다. 본문에서 '金庸宣布封笔，打算重新修订自己所写的武侠小说'라고 창작활동 중단을 선언한 후에 자신이 쓴 무협소설을 새롭게 개정할 계획이라고 했고, 뒤이어 '金庸后来重新开始修订这部小说时, 즉 후에 새롭게 개정을 시작하면서'라고 했으므로, 정답은 D이다.

정답 D

82

金庸打算如何处理倪匡代写的部分？ | 진용은 니쾅이 대필한 부분을 어떻게 처리할 계획이었나?

A 全部删除
B 缩写至4万字
C 作为附录发表
D 调到小说的高潮

A 전부 삭제할 계획이었다
B 4만 자로 축약할 계획이었다
C 부록으로 발표할 계획이었다
D 소설의 클라이맥스로 옮길 계획이었다

보기 어휘 **缩写** suōxiě 동 축약하다, 줄여 쓰다 | **附录** fùlù 명 부록 | **高潮** gāocháo 명 클라이맥스, 절정 ★

해설 힌트는 질문의 '倪匡代写'로, 니쾅이 대필한 부분은 두 번째 단락에 언급되어 있다. 진용은 니쾅이 쓴 6만 자가 글의 주요 내용과 크게 연관이 없음을 발견했고, '所以他认为还是删去比较好'라며 역시나 삭제하는 편이 낫겠다고 생각했다고 했으므로, 정답은 A이다.

정답 A

83

第3段中的划线词语是什么意思?

A 即将获得成功
B 做多余的事情
C 模仿他人的一举一动
D 话说多了一定会有失误

세 번째 단락의 밑줄 친 단어는 무슨 뜻인가?

A 머지않아 성공을 거둘 것이다
B 불필요한 짓을 하다
C 타인의 일거수일투족을 모방하다
D 말을 많이 하면 분명히 실수가 있다

보기 어휘 即将 jíjiāng 부 머지않아, 곧 ★ | 多余 duōyú 형 불필요한, 쓸데없는 | 一举一动 yìjǔyídòng 성 일거수일투족 | 失误 shīwù 명 실수, 실책 ★

해설 밑줄 친 '多此一举'의 뜻을 묻는 문제로, 앞뒤의 문맥을 파악해야 한다. 니쾅이 일부러 화가 난 척 한 이유는 진용과는 오랜 절친이기에 자신의 의견을 물을 필요가 없음에도 진용이 물어봤기 때문이었다. 따라서 밑줄 친 '多此一举'는 필요 없는 행동, 즉 불필요한 짓이라고 유추할 수 있다. 따라서 B가 정답이다.

정답 B

84

根据上文,下列哪项正确?

A 倪匡对人很苛刻
B 金庸治学态度严谨
C 武侠小说毫无历史根据
D 《天龙八部》原稿已丢失

윗글에 근거하여, 다음 중 옳은 것은 무엇인가?

A 니쾅은 사람들에게 매우 모질다
B 진용의 학문 연구 태도는 매우 신중하다
C 무협소설은 역사적 근거가 조금도 없다
D 《천룡팔부》의 초고는 이미 소실되었다

보기 어휘 苛刻 kēkè 형 모질다, 가혹하다 | 治学 zhìxué 동 학문을 연구하다 | 毫无 háowú 조금도 없다 ★ | 原稿 yuángǎo 명 초고, 원고

해설 질문에 힌트가 없는 보기 대조형 문제이다. 마지막 단락에서 '金庸不仅仅做学问时严谨, 즉 진용이 학문할 때만 신중한 것이 아니다'라고 했기에, 정답은 B이다.

정답 B

第85到88题是根据下面一段话：

土族是中国人口较少的民族之一，主要分布在青海省。土族有自己的语言，称为土语，使用的文字是自己创制的拼音文字。土族服饰比较独特。**[85]** 妇女一般穿绣花小领斜襟长衫。两袖由红、黄、绿、紫、蓝、白、黑七色彩布圈做成，鲜艳夺目，美观大方。俗称七彩袖，土乡也因此被称为"彩虹的故乡"。

除了引人注目的服饰外，**[88]** 土族的歌舞形式多样，内容丰富，具有观赏性和参与性。其中最著名的要数"安昭"和"轮子秋"了。

"安昭"舞以其舞蹈的基本动作而得名。**[86] C** 只要逢年过节或者有庆祝丰收、举行婚礼等喜庆的活动时，土族人民便身着民族服装，聚集于家中庭院或开阔的广场，按照男在前女在后的顺序，**[86] D** 结队围成圆圈，**[86] A** 由擅长舞蹈的一至两名长者领舞，众人在后载歌载舞。曲调节奏明快，与舞步配合紧密。

"轮子秋"是土族人民在长期劳动中创造出的男女老幼喜闻乐见的传统娱乐活动，刺激而惊险。**[87]** 它展现了土族人民能歌善舞、乐观豁达的民族特性，是土族人民勇敢、智慧、团结的结晶。

据说，土族从游牧民族转向农耕民族后有了木轮车。土族小伙子将木轮车改装成了集秋千、圆盘于一体的吊车，然后在上面起舞。表演时，土族姑娘和小伙子随着圆盘飞快地旋转，并不时地做出"雄鹰展翅"、"孔雀三点头"等各种高难度的动作。后来，土族人对"轮子秋"进行了改造，现在多以钢管为原料焊制而成，上面的圆盘也是钢制的，使用起来更加安全方便。圆盘将钢管分为两个部分，上端放置火炬，下端是底座。圆盘周围装饰着各色彩旗，宛如一道彩虹，再次印证了"彩虹之乡"的美誉。

近几年，轮子秋已被列为民族运动会上的比赛项目，以旋转时间长而头不晕者为胜。

장식되어 있는데, 마치 한줄기 무지개와 같은 것이 다시 한번 '무지개의 고향'이라는 명성을 인증했다.

최근 몇 년 사이 룬즈추는 이미 민족 운동회의 경기종목으로 선정되었는데, 회전시간이 길고 어지러워하지 않는(비틀거리지 않는) 사람이 이긴다.

지문 어휘 土族 Tǔzú 고유 토족 | 青海省 Qīnghǎishěng 고유 칭하이성 | 创制 chuàngzhì 동 창제하다 | 服饰 fúshì 명 복식, 의상과 장신구 | 妇女 fùnǚ 명 여성, 부녀자 | 绣花 xiù huā 동 (도안 등을) 수놓다 | 领 lǐng 명 옷깃, 칼라 | 斜襟 xiéjīn 동 (윗옷의 옷깃을) 비스듬히 여미다 | 长衫 chángshān 명 장삼(두루마기 모양의 중국 전통의상) | 鲜艳 xiānyàn 형 화려하다 | 夺目 duómù 형 눈부시다, 눈길을 끌다 | 美观 měiguān 형 아름답다 ★ | 大方 dàfang 형 (스타일, 색깔 등이) 세련되다, 우아하다 | 俗称 súchēng 동 흔히 ~라고 부르다, 속칭하다 | 引人注目 yǐnrénzhùmù 성 사람들의 눈길을 끌다 | 观赏 guānshǎng 동 보다, 감상하다 | 参与 cānyù 동 참여하다, 가담하다 | 数 shǔ 동 손꼽(히)다 | 舞蹈 wǔdǎo 명 무용, 춤 ★ | 逢年过节 féngniánguòjié 설이나 명절 때 | 丰收 fēngshōu 형 풍작, 풍년 ★ | 身着 shēnzhuó (옷을) 입고 있다 | 聚集 jùjí 동 모이다 | 庭院 tíngyuàn 명 마당, 뜰 | 开阔 kāikuò 형 넓다 ★ | 结队 jiéduì 동 무리를 짓다 | 圆圈 yuánquān 명 원, 동그라미 | 擅长 shàncháng 동 잘하다, 뛰어나다 ★ | 长者 zhǎngzhě 명 연장자, 윗사람 | 领舞 lǐng wǔ 동 춤을 리드하다, 군무를 리드하다 | 载歌载舞 zàigēzàiwǔ 성 노래하며 춤추다 | 曲调 qǔdiào 명 노래, 곡조, 가락 | 节奏 jiézòu 명 리듬, 템포 ★ | 舞步 wǔbù 명 춤의 스텝 | 配合 pèihé 동 서로 어울리다, 조화를 이루다 | 喜闻乐见 xǐwénlèjiàn 성 사랑하다, 환영하다, 기쁜 마음으로 보고 듣다 ★ | 刺激 cìjī 동 자극하다, 흥분시키다 | 惊险 jīngxiǎn 형 스릴있다, 아슬아슬하다 | 展现 zhǎnxiàn 동 보여주다, 나타내다, 드러내다 ★ | 能歌善舞 nénggēshànwǔ 성 가무에 능하다 | 豁达 huòdá 형 활달하다 | 团结 tuánjié 동 단결하다, 뭉치다 ★ | 结晶 jiéjīng 명 결정체, 귀한 성과 ★ | 木轮车 mùlúnchē 명 나무수레 | 改装 gǎizhuāng 동 개조하다 | 集~于一体 jí~yúyìtǐ ~를 하나로 합치다, ~를 한데 모으다 | 秋千 qiūqiān 명 그네 | 圆盘 yuánpán 명 원반 | 吊车 diàochē 명 기중기, 트레인 | 旋转 xuánzhuǎn 동 회전하다, 돌다 ★ | 不时 bùshí 부 수시로, 자주, 쉴 새 없이 ★ | 雄鹰 xióngyīng 명 독수리 | 展翅 zhǎnchì 동 날개를 펼치다 | 孔雀 kǒngquè 명 공작 | 改造 gǎizào 동 개조하다 | 钢管 gāngguǎn 명 쇠파이프 | 焊 hàn 동 납땜하다, 용접하다 | 放置 fàngzhì 동 놓아 두다 | 火炬 huǒjù 명 횃불 | 底座 dǐzuò 명 받침대, 밑받침 | 彩旗 cǎiqí 명 채색 깃발(무늬와 색상이 있는 천으로 만든 깃발) | 宛如 wǎnrú 동 마치~와 같다 | 印证 yìnzhèng 동 인증하다, 검증하다 | 美誉 měiyù 명 명성, 명예 | 头晕 tóu yūn 동 어지럽다, 현기증이 나다

85

土乡被称为"彩虹之乡"的主要原因是：

A 每个月出现彩虹
B 蕴藏大量彩色矿石
C 当地土壤色彩丰富
D 妇女身穿七色花袖的衣裳

토족의 고향이 '무지개의 고향'이라고 불리는 주된 이유는?

A 매달 무지개가 나타나기 때문에
B 대량의 채색 광석이 매장되어 있기 때문에
C 현지 토양의 색채가 풍부하기 때문에
D 여성이 7가지 색으로 된 소매의 옷을 입기 때문에

보기 어휘 蕴藏 yùncáng 동 매장되다 ★ | 矿石 kuàngshí 명 광석, 광물 | 土壤 tǔrǎng 명 토양 ★ | 衣裳 yīshang 명 옷, 의상 ★

| 해설 | 질문의 '彩虹之乡'이 힌트로, 첫 번째 단락에 언급되어 있다. 본문에서 '妇女一般穿……长衫。两袖由……七色彩布圈做成，……，……。俗称七彩袖，土乡也因此被称为 "彩虹的故乡"'이라며 여자들이 입는 장삼의 양 소매가 7가지 색의 천으로 빙 둘러져 있어서 칠색 저고리라 부르며 이 때문에 '무지개의 고향'이라고 부른다고 했으므로, 정답은 D이다.

| 정답 | D

86

关于"安昭"舞，可以知道：

A 没有领舞者
B 是一种宗教仪式
C 主要表达喜悦之情
D 只是由一对男女表演

'안자오' 춤에 관하여 알 수 있는 것은?

A 춤을 리드하는 사람이 없다
B 일종의 종교의식이다
C 주로 즐거움의 감정을 나타낸다
D 오직 한 쌍의 남녀만 공연한다

| 보기 어휘 | 宗教 zōngjiào 명 종교 ★ | 仪式 yíshì 명 의식 ★ | 喜悦 xǐyuè 형 즐겁다, 기쁘다 ★

| 해설 | 질문의 '安昭舞'가 힌트로, 세 번째 단락에 언급되어 있다. 본문에서 남녀가 무리를 이루어 원을 만들고, 연장자가 리드한다고 했으므로 D와 A는 정답이 아니며, '只要逢年过节或者有庆祝丰收, 举行婚礼等喜庆的活动时, 즉 설이나 명절 때 혹은 풍작을 기뻐하거나 혼례를 치르는 등의 경축 행사가 있을 때'라고 했으므로, 즐거움의 감정을 나타낸다고 한 C가 정답이다.

| 정답 | C

87

"轮子秋"舞展现了土族：

A 精湛的唱歌技巧
B 艰苦的生活现状
C 乐观豁达的民族特性
D 得天独厚的地理优势

'룬즈추' 춤은 토족의 어떠한 점을 보여주었는가?

A 뛰어난 노래 테크닉
B 고달픈 생활상
C 낙천적이고 활달한 민족적 특징
D 천혜의 지리적 이점

| 보기 어휘 | 精湛 jīngzhàn 형 뛰어나다, 능수능란하다 | 技巧 jìqiǎo 명 테크닉, 기교 ★ | 艰苦 jiānkǔ 형 고달프다, 고생스럽다 | 现状 xiànzhuàng 명 현상, 현 상태 ★ | 得天独厚 détiāndúhòu 성 천혜를 입다, 특별히 좋은 조건을 갖추다 ★

| 해설 | 힌트는 '轮子秋'로, 네 번째 단락에 언급되어 있다. 본문에서 '它展现了土族人民能歌善舞、乐观豁达的民族特性'이라고 언급하며 룬즈추가 가무에 능하고 낙천적이며 활달한 토족사람들의 민족적 특징을 보여준다고 했으므로, 정답은 C이다.

| 정답 | C

88

根据上文，下列哪项正确？

A 土族妇女勤劳善良
B 土族妇女讲究头饰
C 土族舞蹈以男性为主
D 土族歌舞参与性很强

윗글에 근거하여, 다음 중 옳은 것은 무엇인가?

A 토족 여성은 근면하고 선량하다
B 토족 여성은 머리 장신구를 중시한다
C 토족의 춤은 남성위주이다
D 토족의 가무는 참여성이 강하다

보기 어휘 勤劳 qínláo 형 근면하다 ★ | 头饰 tóushì 명 머리 장신구

해설 질문에 힌트가 없는 보기대조형 문제이다. 두 번째 단락에서 '土族的歌舞形式多样，内容丰富，具有观赏性和参与性, 즉 토족의 노래와 춤은 형식이 다양하고 내용이 풍부해서 보는 재미와 참여하는 즐거움이 있다'라고 했으므로, 참여도가 높다고 한 D가 정답이다.

정답 D

第89到92题是根据下面一段话：

为了将产品推向市场，扩大利润，很多企业往往采取这样一种营销方式：将部分商品的价格压低，甚至以赔本销售来扩大知名度，赢得顾客信赖，获得商业信誉，从而吸引消费者不断购买，最终实现整体利润最大化的目的。[89] 这就是所谓的牺牲商法。牺牲商法包括牺牲局部法、牺牲节日法、牺牲样品法和牺牲引导消费法。

[90] 一位药店老板为了赢得消费者的信任，将眼药水以低于进价的价格销售。如此听来，我们定会觉得这家店会赔本，甚至倒闭，实则相反。因为尽管眼药水的价格降低了许多，但是却吸引了大量的顾客。而顾客在购买眼药水的同时，往往也会购买其他的药。可是其他的药并不是让利销售的。如此一来，这家药店的整体销量就增加了，生意也越来越红火。药店老板就是利用牺牲局部法——牺牲了眼药水的利润，却提高了整体的利润。

제품을 시장에 밀어 넣고(출시하고) 이윤을 확대하기 위해서 많은 기업들은 종종 이런 마케팅방식을 취한다: 일부 제품의 가격을 낮추거나, 심지어는 손해를 보고 판매함으로써 인지도를 높여 고객의 신뢰를 얻고 상업적 신용을 얻음으로써 소비자들이 끊임없이 구매하도록 유도하여 최종적으로 전체 이윤의 최대화라는 목적을 달성한다. [89] 이것이 바로 소위 말하는 '희생의 법칙(The Law of Sacrifice)'이다. '희생의 법칙'은 국부 희생법(로스리더 마케팅), 기념일 희생법(데이 마케팅), 샘플 희생법(샘플 마케팅)과 소비 유도 희생법(사전 마케팅)을 포함한다.

[90] 어느 약국 사장은 소비자의 신뢰를 얻기 위해 안약을 매입가보다 낮은 가격으로 판매했다. 이렇게 들으면 우리는 분명히 이 약국은 손해를 볼 거고 심지어는 문을 닫게 될 것으로 생각하겠지만, 사실은 그 반대이다. 왜냐하면, 비록 안약의 가격을 엄청 낮추기는 했지만 (덕분에) 오히려 많은 고객을 끌어들였다. 그리고 고객들은 안약을 사는 동시에 종종 다른 약들도 살 수 있는데 다른 약은 결코 이윤을 낮춰서 팔지 않았다. 이렇게 하니 이 약국 전체 판매량은 증가했고 장사도 점점 더 잘됐다. 약국 사장은 바로 국부 희생법을 이용한 것인데, 즉 안약의 이윤을 희생함으로써 오히려 전체적인 이윤을 끌어올린 것이다.

一家面包店专门设立了一个柜台来陈列样品，供人们免费品尝。此举不仅可了解消费者的口味，而且还能避免盲目推出新品的问题。果不其然，面包店根据消费者的品尝结果推出新品后，销售量猛增。事实上这家面包店所利用的就是牺牲样品法。[91] 使用这种方法，不仅可以使企业减少风险，还可以增加产品的销售量，可以说是一举两得。我们在超市或商场中经常遇到的免费试用、免费试吃等活动，其实也属于牺牲样品法。

[92] 在日益激烈的市场竞争中，如果企业经营者事事把消费者放在首位，根据他们的需求制定相应的销售方案，那么会达到意想不到的效果。

89

第1段的主要内容是：

A 牺牲商法的含义
B 市场竞争十分激烈
C 牺牲局部法的作用
D 消费者的购物倾向

| 보기 어휘 | 含义 hányì 명 속뜻, 내포된 뜻 ★ | 倾向 qīngxiàng 명 경향, 추세 ★

| 해설 | 첫 번째 단락에서는 이윤확대를 위한 기업의 마케팅 방식을 언급하면서, 가격을 낮추거나, 심지어 손해를 보고 판매함으로써 최종적으로는 전체 이윤의 최대화를 달성한다고 소개했다. 그리고는 '这就是所谓的牺牲商法, 즉 이것이 바로 소위 말하는 희생의 법칙이다'라고 언급하면서 그 종류를 나열했다. 이는 희생의 법칙에 대해 전반적으로 소개하는 것이므로, 정답은 A이다.

| 정답 | A

90

关于那家药店, 可以知道:

A 最后倒闭了
B 进货渠道多
C 中药比西药多
D 眼药水十分便宜

그 약국에 관하여 알 수 있는 것은?

A 결국 망했다
B 제품을 들여오는 루트가 많다
C 중약(中药)이 양약보다 많다
D 안약이 굉장히 저렴하다

| 보기 어휘 | 渠道 qúdào 명 루트, 경로 ★

| 해설 | 질문의 '那家药店'이 힌트로, 약국 관련 내용은 두 번째 단락에 언급되어 있다. 본문에서 소비자의 신뢰를 얻기 위해 약국에서 취한 행동으로 '将眼药水以低于进价的价格卖给消费者, 즉 안약을 매입가보다 낮은 가격으로 판매했다'고 했다. 따라서 안약이 굉장히 저렴하다고 한 D가 정답이다.

| 정답 | D

91

牺牲样品法能带来什么好处?

A 可降低风险
B 扩大企业知名度
C 可达到融资的目的
D 能尽快处理掉滞销商品

샘플 희생법은 어떤 이익을 가져올 수 있나?

A 리스크를 낮출 수 있다
B 기업의 지명도를 높일 수 있다
C 융자의 목적을 달성할 수 있다
D 판매부진 상품을 빨리 처리할 수 있다

| 보기 어휘 | 融资 róngzī 명 융자 | 滞销 zhìxiāo 동 판매가 부진하다

| 해설 | 샘플 희생법이 가져오는 이익을 묻는 문제로, 이는 세 번째 단락에 언급되어 있다. 본문에서 빵집이 이용한 샘플 희생법 사례를 소개하면서 '使用这种方法, 不仅可以使企业减少风险, 즉 이 방법을 사용하면 기업은 리스크를 감소시킬 수 있다'고 했으므로, 정답은 A이다.

| 정답 | A

92

根据上文，企业应如何应对激烈的竞争：

A 提升产品质量
B 满足消费者的需求
C 增加广告费用的投入
D 不断设计生产创新产品

윗글에 근거하면, 기업은 치열한 경쟁에 어떻게 대처해야 하는가?

A 제품의 품질을 높여야 한다
B 소비자의 요구를 만족시켜야 한다
C 광고비 투자를 늘려야 한다
D 창조적인 제품 생산을 끊임없이 계획해야 한다

보기 어휘 提升 tíshēng 통 높이다, 향상시키다 | 投入 tóurù 명 투자(금) | 创新 chuàngxīn 통 창조적이다, 혁신하다 ★

해설 치열한 경쟁에 대한 내용은 마지막 단락에 언급되어 있다. 본문에서 '在日益激烈的市场竞争中, …把消费者放在首位，根据他们的需求制定相应的销售方案，那么会达到意想不到的效果, 즉 날로 치열해지는 시장 경쟁 속에서 소비자를 1순위로 두고 그들의 요구를 근거로 상응하는 마케팅 방안을 세운다면 뜻밖의 효과를 달성할 수 있을 것'이라고 했기에, 정답은 B이다.

정답 B

第93到96题是根据下面一段话：

[93] 沙暴和尘暴统称为沙尘暴。沙尘暴是指强风把地面大量沙尘物质吹起并卷入空中，使空气特别混浊，水平能见度小于一千米的严重风沙天气现象。

[94] C 沙尘暴的形成需要三个条件：一是地面上的沙尘物质，它是形成沙尘暴的物质基础。[94] A 二是大风，这是沙尘暴形成的动力基础，也是沙尘暴能够长距离运输的动力保证。[94] D 三是不稳定的空气状态，这是重要的热力条件。

从二十世纪九十年代开始，沙尘暴让人谈之色变，因为它带来的灾害，深深地影响着普通百姓的生活。然而，沙尘暴并不是"猛虎"，并非有百害而无一利。

众所周知，华夏文明的发祥地是黄土高原。而那里的黄土层就是由几百万年的沙尘堆积形成的。[95] D 沙尘暴也是自然生态系统中所不可或缺的部分。[95] C 例如澳大利亚的赤色风暴所夹带来的大量铁质，是南极海浮游生物重要的营养来源，而浮游植物又可以消耗大量的二氧化碳

[93] 모래바람과 먼지바람을 통칭하여 황사라고 한다. 황사는 강한 바람이 지면의 많은 모래 먼지 물질을 불러일으키고 공기 중으로 휩쓸려 들어가게 하여 공기를 굉장히 혼탁하게 만들어 수평 시정거리가 1천 미터도 안 되는 심각한 모래바람 기상현상을 가리킨다.

[94] C 황사의 형성에는 세 가지 조건이 필요하다. 첫째는 지면 위의 모래 먼지 물질로, 황사를 형성하는 물질적 기초이다. [94] A 두 번째는 강한 바람인데, 이것은 황사 형성 원동력의 기초이자 황사가 장거리 이동을 할 수 있게 해주는 원동력의 보장이다. [94] D 세 번째는 불안정한 대기 상태로 이는 중요한 열에너지 조건이다.

1990년대부터 황사는 말만 꺼내도 사람들을 두렵게 하기 시작했다. 왜냐하면, 황사가 초래하는 재해는 서민들의 생활에 깊은 영향을 끼쳤기 때문이었다. 그렇지만 황사는 결코 '맹호(猛虎)'도 아니고 백해무익한 것도 아니다.

모든 사람들이 다 알고 있듯이 화하문명(华夏文明)의 발상지는 황토고원이고, 그곳의 황토층은 바로 몇 백만 년 동안 모래먼지가 퇴적되어 형성된 것이다. [95] D 황사 역시 자연생태계에서 없어서는 안 되는 부분인데, [95] C 예를 들면 호주의 붉은 먼지폭풍이 같이 가져오는 대량의 철 물질은 남극의 해양 부유생물에게 있어 중요한 영양 공급원이고, 부유식물은 또 대

以减缓温室效应的危害。

可是我们不得不面对的一个事实就是，[95] A 沙尘暴还是弊大于利的。沙尘暴天气造成生态环境恶化。[95] B 严重时可造成生命财产的巨大损失，影响交通安全，并时刻危害着人体的健康。

沙尘暴也许是大自然对人类的惩罚，这也让我们思考这样一个问题：[96] 怎样做才能真正与自然和谐相处，怎样做才能可持续发展。

량의 이산화탄소를 소모할 수 있기에 온실효과의 피해를 줄일 수 있다.

그러나 우리가 어쩔 수 없이 마주해야 하는 한 가지 사실은 바로 [95] A 황사는 여전히 이로운 점보다는 해로운 점이 더 많다는 것이다. 황사날씨는 생태환경의 악화를 초래하고 [95] B 심각할 경우 생명과 재산의 커다란 손실을 야기하거나 교통안전에 영향을 주며 시시각각 인체의 건강에도 해를 끼친다.

황사는 어쩌면 인류에 대한 대자연의 징벌일 것이며, 이것은 또 우리에게 [96] '어떻게 해야 진정으로 자연과 조화롭게 공존할 수 있을까? 어떻게 해야만 지속적으로 발전할 수 있을까?'라는 이러한 문제에 대해 깊이 생각하게 만든다.

지문 어휘 沙暴 shābào 명 모래바람 | 尘暴 chénbào 명 먼지바람 | 沙尘暴 shāchénbào 명 황사 | 统称 tǒngchēng 동 통칭하여 부르다 | 强风 qiángfēng 명 강한 바람, 강풍 | 沙尘 shāchén 명 모래, 먼지 | 物质 wùzhì 명 물질 | 吹 chuī 동 (바람이) 불다 | 卷入 juǎnrù 동 휩쓸다, 말려들다 | 混浊 hùnzhuó 형 혼탁하다 ★ | 水平能见度 shuǐpíng néngjiàndù 수평시정거리(horizontal visibility) | 动力 dònglì 명 원동력 ★ | 运输 yùnshū 동 이동하다, 운반하다 | 稳定 wěndìng 형 안정되다, 안정적이다 | 状态 zhuàngtài 명 상태 | 热力 rèlì 명 열에너지 | 谈之色变 tánzhīsèbiàn 동 말만 꺼내도 두려워하다, 그것에 대해 말하자 마자 안색이 변하다 | 灾害 zāihài 명 재해 | 百害而无一利 bǎihài ér wú yílì 백해무익하다 | 众所周知 zhòngsuǒzhōuzhī 성 모든 사람이 다 알고 있다 ★ | 华夏文明 huáxià wénmíng 명 화하문명, 중화문명 | 发祥地 fāxiángdì 명 발상지 | 堆积 duījī 퇴적되다, 쌓이다 ★ | 生态 shēngtài 명 생태 ★ | 系统 xìtǒng 명 체계, 시스템 | 不可或缺 bùkěhuòquē 성 없어서는 안 된다, 필수적이다 | 澳大利亚 Àodàlìyà 고유 호주, 오스트레일리아 | 风暴 fēngbào 명 폭우, 폭풍우 ★ | 赤色风暴 chìsè fēngbào 명 붉은 먼지폭풍 | 铁质 tiězhì 명 철물질 | 南极 nánjí 명 남극 | 浮游 fúyóu 동 부유하다, 떠다니다 | 生物 shēngwù 명 생물 ★ | 营养 yíngyǎng 명 영양 | 来源 láiyuán 명 공급원, 근원, 출처 ★ | 消耗 xiāohào 동 소모하다 ★ | 二氧化碳 èryǎnghuàtàn 이산화탄소 ★ | 减缓 jiǎnhuǎn 동 줄이다, 늦추다 | 温室效应 wēnshì xiàoyìng 명 온실효과 | 恶化 èhuà 동 악화되다, 악화시키다 ★ | 损失 sǔnshī 명 손실, 손해 | 时刻 shíkè 부 시시각각, 언제나 | 惩罚 chéngfá 명 징벌 ★ | 和谐 héxié 형 조화롭다, 잘 어울리다 ★ | 相处 xiāngchǔ 동 공존하다, 함께 살다

93

第1段中，关于沙尘暴，我们可以知道：

A 沙尘暴发生时有石头
B 灰尘容易进入眼睛里
C 沙尘暴出现时能见度很高
D 沙尘暴是沙暴和尘暴的总称

첫 번째 단락에서, 황사에 관하여 우리가 알 수 있는 것은?

A 황사 발생 시, (그 안에) 돌이 있다
B 먼지는 쉽게 눈에 들어간다
C 황사가 나타날 때 가시거리는 높다
D 황사는 모래바람과 먼지 바람의 총칭이다

보기 어휘 灰尘 huīchén 명 먼지 | 能见度 néngjiàndù 명 가시거리, 가시도 | 总称 zǒngchēng 명 총칭, 통칭

해설 첫 번째 단락에서는 황사에 관한 과학적인 정의를 소개하고 있다. 첫 문장에서 '沙暴和尘暴统称为沙尘暴'라고 모래바람과 먼지바람을 통칭해서 황사라고 했기에, 'A 和 B 统称 C'를 'C 是 A 和 B 的总称'의 형식으로 바꾸어서 언급한 D가 정답이다.

정답 D

94

以下各项中不是沙尘暴形成的条件的是：

A 强风
B 日照
C 沙尘物质
D 不稳定的空气状态

다음 중 황사 형성의 조건이 아닌 것은?

A 강한 바람
B 햇볕
C 모래먼지 물질
D 불안정한 대기 상태

보기 어휘 日照 rìzhào 명 햇볕, 일조 동 햇볕이 내리쬐다

해설 황사의 형성 조건에 관한 문제로, 이는 두 번째 단락에서 확인할 수 있다. 본문에서 '一是地面上的沙尘物质(모래먼지 물질)', '二是大风(강한 바람)', '三是不稳定的空气状态(불안정한 대기 상태)'라며 세 가지 조건을 언급했고, 일조량은 언급하지 않았다. 따라서 정답은 B이다.

정답 B

95

根据上文，下列哪项是不正确的：

A 沙尘暴弊大于利
B 沙尘暴不会造成重大的损失
C 沙尘暴的影响也有积极意义
D 沙尘暴是生态系统中不可缺少的部分

윗글에 근거하여, 다음 중 틀린 것은 무엇인가?

A 황사는 이로운 점보다 해로운 점이 많다
B 황사는 중대한 손실을 초래할 리 없다
C 황사의 영향에는 긍정적인 의미도 있다
D 황사는 생태계에서 없어서는 안 되는 부분이다

보기 어휘 意义 yìyì 명 의미, 뜻 | 不可缺少 bùkěquēshǎo 성 없어서는 안 된다

해설 틀린 것을 찾는 문제로, 보기대조형 문제이다. 네 번째 단락에서 황사를 자연생태계에서 '不可或缺的部分, 즉 없어서는 안 되는 부분'이라고 소개하면서, 이어서 호주의 붉은 먼지폭풍의 긍정적인 부분에 대해 언급했으므로, C와 D는 정답이 아니다. 또한 다섯 번째 단락에서 '沙尘暴还是弊大于利的'라며 여전히 이로운 점보다는 해로운 점이 더 많다고 했기에 A 역시 정답이 아니다. 그 뒤에 해로운 점을 이야기하며 '严重时可造成…巨大损失, 즉 심각할 경우 커다란 손실을 야기한다'고 했으므로, 손실을 초래할 리 없다고 한 B가 정답이다.

정답 B

96

根据上文，我们应该怎样做？

A 与自然和谐相处
B 开展填海造地项目
C 研发新型汽车燃料
D 借助沙尘暴开发风能

윗글에 근거하면, 우리는 어떻게 해야 하는가?

A 자연과 조화롭게 공존해야 한다
B 간척(사업) 프로젝트를 전개해야 한다
C 신형 자동차 연료를 연구 개발해야 한다
D 황사의 힘을 빌려 풍력 에너지를 개발해야 한다

| 보기 어휘 | 开展 kāizhǎn 동 전개하다, 펼치다 ★ | 填海造地 tiánhǎi zàodì 명 간척(사업), 매립 동 간척하다 | 项目 xiàngmù 명 프로젝트, 과제 | 研发 yánfā 동 연구 개발하다 | 燃料 ránliào 명 연료 | 借助 jièzhù 동 힘을 빌리다, 도움받다 ★ | 开发 kāifā 동 개발하다 | 风能 fēngnéng 명 풍력 에너지

해설: 황사를 대하는 우리의 과제는 마지막 단락에 언급되어 있다. 글의 마지막에 '怎样做才能真正与自然和谐相处'라며 어떻게 해야 진정으로 자연과 조화롭게 공존할 수 있을까라는 문제에 대해 생각해 봐야 한다고 했으므로, 정답은 A이다.

정답: A

第97到100题是根据下面一段话：

据悉，2013年12月嫦娥三号探测器成功在月球表面着陆。该探测器包括着陆器和巡视器。其中，巡视器就是玉兔号月球车，是中国首辆月球车，原本预期服役3个月。2016年7月31日晚，玉兔号停止工作，超期服役了两年多。而嫦娥三号着陆器原本设计的寿命是一年，到目前为止仍坚守岗位，已在月面顺利工作超过三年，创造了人类探测器月面工作时间的最长纪录。

[97] "玉兔号"这个名字是由网友投票选出的，这个名字不仅跟"嫦娥怀抱玉兔奔月"的中国传统神话传说有关，而且玉兔善良、纯洁、敏捷的形象与月球车的构造、使命既形似又神似，反映了中国和平利用太空的立场。月球车的主要任务是能够在月球表面行驶并完成月球探测、考察、收集和分析样品等工作。

玉兔号搭载着一部测月雷达，**[98] C** 它完成了人类历史上首幅月球地质剖面图，**[98] D** 揭示了月球雨海区域火山演化的历史，也展现了月球表面以下330米深度的地质结构特征，**[98] A** 而且还在月球上发现了新的玄武岩类别。

[98] B 嫦娥三号与玉兔配合，首次发现了月球上没有水的证据。此前，美国哈勃望远镜所观测到月球地表的含水情况比中国此次观测的高两个数量级。而此次观测则直接得出了有史以来的最低值。这是国际首次明确验证月球上没有水。

소식에 따르면, 2013년 12월 창어 3호(嫦娥三号) 탐사선이 성공적으로 달 표면에 착륙했다고 한다. 이 탐사선은 착륙기와 순시기를 포함하고 있는데, 그 중 순시기인 위투(玉兔, 옥토끼)호 달 탐사차(로봇형태)는 중국 최초의 달 탐사차로, 원래는 3개월의 임무를 예상했었다. 2016년 7월 31일 저녁, 위투호는 작업을 멈췄고 2년 넘게 초과 임무를 수행했다. 게다가 창어 3호의 착륙기의 애초 설계된 수명은 1년이었으나 지금까지도 여전히 자리를 지키고 있고, 달 표면에서 순조롭게 작업한 지 이미 3년을 넘어서면서 인류의 달 탐사선 작업시간으로는 최장 기록을 세웠다.

[97] '위투호'라는 이 이름은 네티즌들의 투표로 선택된 것이다. 이 이름은 '(달의 여신) 창어(嫦娥)가 옥토끼(玉兔)를 품에 안고 달로 도망갔다'는 중국 전통 신화와 관련이 있을 뿐만 아니라, 옥토끼의 선량하고 순결하고 민첩한 이미지가 달 탐사차의 구조 및 사명이랑 겉모습뿐만 아니라 느낌까지도 비슷하다 하여 중국이 평화적으로 우주를 이용한다는 입장을 반영하고 있다. 달 탐사차의 주요 임무는 달 표면을 주행하면서 달 탐사와 고찰, 수집 그리고 샘플 분석 등의 작업을 완수해내는 것이다.

위투호에는 지표투과 레이더가 탑재되어 있는데, **[98] C** 이것은 인류 역사상 처음으로 달 지질 단면도를 완성했고 **[98] D** 달의 '비의 바다' 지역 화산의 변화 역사를 밝혔으며, 달 표면 아래 330m 깊이의 지질 구조 특징도 보여줬을 뿐만 아니라, **[98] A** 달 표면에서는 또 새로운 현무암 종류를 발견했다.

[98] B 창어 3호는 위투와 협력하여 최초로 달에 물이 없다는 증거를 발견했다. 이전에 미국의 허블(Hubble)우주망원경이 관측한 달 표면의 물 함량은 중국이 이번에 관측한 것보다 두 자릿수가 높았다. 그러나 이번 관측은 유사 이래 최저치를 직접 도출해냈고 이것은 국제적으로 달에는 물이 존재하지 않는다는 것을 처음으로 명확하게 검증한 것이었다.

[99] 作为一种在太空特殊环境下执行探测任务的月球车，玉兔号月球车需要面对诸多困难。例如，月球重力是地球的1/6，因此月球车在月球表面行进效率会降低。另外，月球昼夜温差非常大，白昼时温度高达150摄氏度，黑夜时低至零下180摄氏度，昼夜温差高达300摄氏度。因此月球车的轮胎要使用特殊材料，以克服温差。

玉兔号是中国在月球上留下的第一个足迹，意义深远。[100] 正是这些作为<u>垫脚石</u>的探测器，为将来进行的载人登月铺平了道路。

[99] 우주라는 특수 환경에서 탐사 임무를 수행하는 달 탐사차로써, 위투호는 수많은 어려움을 직면해야 했다. 예를 들면, 달의 중력은 지구의 1/6이기 때문에 달 탐사차는 달 표면에서 전진 효율이 떨어지게 된다. 이 외에 달은 일교차가 굉장히 큰데, 대낮에는 온도가 최고 150℃에 이르고 밤에는 영하 180℃까지 떨어져서, 일교차가 최대 300℃에 이른다. 이 때문에 달 탐사차의 타이어는 특수재료를 사용하여 온도차를 극복해야 한다.

위투호는 중국이 달에 남긴 첫 번째 발자국으로, 그 의의가 매우 큰데, [100] 바로 이런 <u>디딤돌</u> 역할을 하는 탐사선은 미래에 진행될 유인 달 착륙을 위해 길을 닦은 것이라고 할 수 있다.

지문 어휘 据悉 jùxī 동 소식에 따르면 ~라고 한다, 아는 바로는 ~라고 한다 ★ | 嫦娥三号 Cháng'é sān hào 고유 창어 3호 | 探测 tàncè 동 탐측하다 관측하다 ★ | 探测器 tàncèqì 명 탐사선 | 月球 yuèqiú 명 달 | 表面 biǎomiàn 명 표면 | 着陆 zhuólù 동 착륙하다 | 包括 bāokuò 동 포함하다 | 着陆器 zhuólùqì 명 착륙기 | 巡视 xúnshì 동 순시하다, 순찰하다 | 巡视器 xúnshìqì 명 순시기, 순찰기 | 玉兔号 Yùtùhào 고유 위투호 | 月球车 yuèqiúchē 명 달 탐사차, 달 탐사차량 | 预期 yùqī 동 예상하다, 기대하다 ★ | 服役 fúyì 동 임무를 수행하다, 복역하다 | 超期 chāoqī 동 기한을 초과하다, 기한이 넘다 | 设计 shèjì 동 설계하다, 디자인하다 | 寿命 shòumìng 명 수명 | 目前 mùqián 명 지금, 현재 | 坚守 jiānshǒu 동 굳게 지키다 | 岗位 gǎngwèi 명 자리, 근무처 ★ | 记录 jìlù 동 기록 | 网友 wǎngyǒu 명 네티즌 | 投票 tóupiào 동 투표하다 ★ | 怀抱 huáibào 동 품에 안다 | 神话 shénhuà 명 신화 | 善良 shànliáng 형 선량하다 | 纯洁 chúnjié 형 순결하다 ★ | 敏捷 mǐnjié 형 민첩하다 ★ | 形象 xíngxiàng 명 이미지, 형상 | 使命 shǐmìng 명 사명 | 形似 xíngsì 겉모습이 닮다 | 神似 shénsì 동 느낌이 비슷하다 | 太空 tàikōng 명 우주 ★ | 立场 lìchǎng 명 입장 ★ | 行驶 xíngshǐ 동 주행하다, 통행하다 | 考察 kǎochá 명 고찰 동 고찰하다 ★ | 分析 fēnxī 동 분석하다 | 样品 yàngpǐn 명 샘플 ★ | 搭载 dāzài 동 탑재하다, 장착하다 | 雷达 léidá 명 레이더(radar) ★ | 地质 dìzhì 명 지질 | 剖面图 pōumiàntú 명 단면도 | 揭示 jiēshì 동 밝히다, 드러내 보이다 | 雨海 Yǔhǎi 고유 비의 바다(Mare Imbrium) | 区域 qūyù 명 지역, 구역 ★ | 演化 yǎnhuà 동 변화하다 | 展现 zhǎnxiàn 동 보여주다, 펼쳐 보이다 ★ | 深度 shēndù 명 깊이, 심도 | 玄武岩 xuánwǔyán 명 현무암 | 类别 lèibié 명 종류 | 配合 pèihé 동 협력하다 | 证据 zhèngjù 명 증거 | 哈勃望远镜 Hābó wàngyuǎnjìng 고유 허블 우주망원경(Hubble Space Telescope) | 观测 guāncè 동 관측하다 | 数量级 shùliàngjí 명 자릿수 | 有史以来 yǒushǐyǐlái 성 유사 이래로 | 最低值 zuìdīzhí 명 최저치 | 明确 míngquè 형 명확하다 | 验证 yànzhèng 동 검증하다 ★ | 执行 zhíxíng 동 수행하다, 실시하다, 집행하다 ★ | 诸多 zhūduō 형 수많은 | 效率 xiàolǜ 명 효율, 능률 | 昼夜 zhòuyè 명 낮과 밤, 주야 | 温差 wēnchā 명 온도차 | 白昼 báizhòu 명 대낮, 백주 | 摄氏度 shèshìdù 명 ℃, 섭씨온도 ★ | 轮胎 lúntāi 명 타이어 ★ | 克服 kèfú 동 극복하다, 이겨내다 | 足迹 zújì 명 발자국, 발자취, 족적 | 深远 shēnyuǎn 형 (의의 등이) 크다, 깊다 | 垫脚石 diànjiǎoshí 명 디딤돌, 발판 | 载 zài 동 싣다, 적재하다 | 载人 zài rén 동 사람을 태우다 명 유인 | 铺平 pūpíng 동 평평하게 깔다 〈비유〉 길을 닦다, 전초작업을 하다

97

"玉兔号"这个名字是怎么产生的?

A 是随机产生的
B 是国家机构命名的
C 是网友投票选出的
D 是航天科学家命名的

'위투호'라는 이 이름은 어떻게 만들어졌나?

A 임의로 만들어진 것이다
B 국가 기관이 명명한 것이다
C 네티즌 투표로 선택된 것이다
D 우주항공과학자가 명명한 것이다

보기 어휘 随机 suíjī 🖣 임의의, 무작위로 | 机构 jīgòu 🖣 기관, 기구 ⭐ | 命名 mìng míng 🖣 명명하다, 이름을 짓다 ⭐ | 航天 hángtiān 🖣 우주항공, 항공우주 ⭐

해설 위투호의 이름에 관한 내용은 두 번째 단락에 언급되어 있다. 본문에서 '"玉兔号"这个名字是由网友投票选出的'라고 위투호란 이름이 네티즌들의 투표로 선택된 것이라고 했기에, 이를 그대로 언급해 놓은 C가 정답이다.

정답 C

98

下列不属于"玉兔号"月球车完成的任务的是:

A 发现了新的玄武岩
B 发现了月球上有水
D 完成了首幅月球地质剖面图
C 揭示了月球雨海区域火山演化的历史

다음 중 '위투호' 달 탐사차가 완수한 임무에 속하지 않는 것은?

A 새로운 현무암을 발견했다
B 달에 물이 있다는 것을 발견했다
C 처음으로 달 지질 단면도를 완성했다
D 달의 '비의 바다' 지역 화산의 변화 역사를 밝혔다

해설 위투호의 임무는 세 번째 단락에 언급되어 있다. 본문에서 달 지질 단면도를 완성했고, 달의 '비의 바다' 지역 화산의 변화 역사를 밝혔으며, 새로운 현무암 종류를 발견했다고 했기에 A, C, D는 정답이 아니다. 네 번째 단락에서 '嫦娥三号与玉兔配合,首次发现了月球上没有水的证据', 즉 위투호는 창어 3호와 협력하여 달에 물이 없다는 증거를 최초로 발견했다'고 했으므로, 정답은 B이다.

정답 B

99

第5段主要讲的是:

A "玉兔号"的特点
B "玉兔号"的作用
C "玉兔号"的主要成就
D "玉兔号"遇到的困难

다섯 번째 단락이 주로 이야기 하는 것은?

A '위투호'의 특징
B '위투호'의 작용
C '위투호'의 주요 성과
D '위투호'가 직면한 어려움

| 보기 어휘 | 成就 chéngjiù 몡 성과, 업적 |

| 해설 | 다섯 번째 단락에서 '玉兔号月球车需要面对诸多困难。例如，…'라며 달 탐사차로써 위투호가 직면한 수많은 어려움들을 나열했다. 따라서 이를 그대로 언급한 D가 정답이다. |

| 정답 | D |

100

最后一段中的划线词语最可能的意思是： 마지막 단락에서 밑줄 친 단어와 가장 가까운 뜻은?

A 月球上的岩石
B 自然界中的一种怪石
C 阻挡月球车行进的石头
D 比喻借以向上爬的人或事物

A 달의 암석
B 자연계에서의 일종의 괴석
C 달 탐사차의 전진을 막는 돌
D 그것을 통해 위로 올라가는 사람이나 사물을 비유

| 보기 어휘 | 岩石 yánshí 몡 암석, 바위 ★ | 怪石 guàishí 몡 괴석, 기이한 돌 | 阻挡 zǔdǎng 동 가로막다, 저지하다 | 比喻 bǐyù 동 비유하다 ★ | 借以 jièyǐ 동 ~을 통해서 ~하다 |

| 해설 | 앞뒤 문장의 해석을 통해 밑줄 친 단어의 의미를 유추해야 한다. 본문에서 바로 이런 탐사선들이 '为将来进行的载人登月铺平了道路, 즉 미래에 진행될 유인 달 착륙을 위해 길을 닦은 것'이라고 했다. 이는 다시 말해 길을 마련한 것, 즉 도움을 주는 역할을 한다는 뜻이므로, 정답은 D이다. 참고로 '垫脚石'는 '디딤돌, 발판'이라는 의미이다. |

| 정답 | D |

쓰기

HSK 6급 2회

101번 문제는 한 편의 글을 읽고 요약쓰기를 하는 문제입니다.

第101题

（1）仔细阅读下面这篇文章，时间为10分钟，阅读时不能抄写、记录。
（2）10分钟后，监考收回阅读材料，请你将这篇文章缩写成一篇短文，时间为35分钟。
（3）标题自拟。只需复述文章内容，不需加入自己的观点。
（4）字数为400左右。
（5）请把作文直接写在答题卡上。

　　有一位画家叫海曼，他在画素描上很有天赋。他为了维持生计常常去街边给人们画头像，可是他画的画并没有受到人们的青睐。因而，他的生活贫困极了，有时甚至连买一块橡皮的钱都没有。可即便如此，海曼依然坚持每天画画。

　　一天，海曼正全神贯注地创作，没有意识到手中的橡皮掉了。直到要用时他才发现。于是，他急忙捡起了地上的橡皮。但没想到当他想再次画画时，橡皮又掉了。然而，这次他到处找也没找到。这块橡皮是他唯一的一块橡皮，如果找不到的话，短时间内他就无法继续作画了。最后，海曼费了九牛二虎之力，才在床底下找到了那块宝贵的橡皮。

　　这一次，海曼为了不让橡皮再次掉在地上，小心翼翼地将橡皮握在了手心里。忽然，他觉得不能每次作画时都握着橡皮，因为不能集中作画。这时，脑中闪过一道灵光，他想到了一个办法，于是马上行动了起来。他将橡皮用一根细绳绑在了铅笔的一头。这样一来，他再也不用担

하이만(Hymen)이라는 화가가 있었는데, 그는 스케치에 천부적인 재능이 있었다. 그는 생계를 유지하기 위해 자주 거리로 나가 사람들에게 초상화를 그려주었는데, 그가 그린 그림은 사람들에게 전혀 사랑받지 못했다. 그래서 그의 생활은 굉장히 가난했고, 심지어 어떤 때는 지우개 하나 살 돈조차 없었다. 하지만 그럼에도 불구하고 하이만은 매일 꾸준히 그림을 그렸다.

어느 날, 하이만은 온 정신을 집중해서 창작하던 중에 손에 있던 지우개가 (바닥에) 떨어진 걸 의식하지 못하고 있다가 (지우개를) 사용하려 할 때가 되어서야 알아차렸다. 그래서 그는 황급히 바닥의 지우개를 주워들었는데, 뜻밖에도 그가 다시 그림을 그리려 할 때 지우개가 또 떨어졌다. 하지만 이번에는 그가 여기저기 아무리 찾아봐도 찾을 수가 없었다. 이 지우개는 그의 하나뿐인 지우개였기에, 만일 찾을 수 없다면 당분간 그는 계속해서 그림을 그릴 방법이 없게 된다. 결국, 하이만은 엄청난 노력을 기울인 끝에 비로소 침대 밑에서 그 소중한 지우개를 찾아냈다.

이번에 하이만은 지우개가 또 떨어지지 않게 조심조심 지우개를 손바닥에 쥐었다. 그러다 문득 그는 매번 그림을 그릴 때마다 지우개를 쥐고 있을 수는 없단 생각이 들었는데, 왜냐하면 그림 그리는 데 집중할 수가 없었기 때문이었다. 이때 좋은 아이디어 하나가 머릿속에 스치면서 그는 방법을 하나 생각해냈고 즉시 행동으로 옮겼다. 그는 얇은 끈으로 지우개를 연필

心橡皮会掉在地上了，也不用四处找橡皮了。

可是，没过多久，一个新的问题出现了：橡皮虽然不掉，可在画画时总是在笔周围晃来晃去，非常影响他作画。海曼为了解决这一难题，他的脑子又开始转了起来。他心想：要是把橡皮只固定在铅笔的一端，问题不就解决了吗？于是，他兴高采烈地找来了一片薄铁，将橡皮和铅笔紧紧地固定在了一起。之后，他试着在纸上画了几下，效果棒极了。海曼再也不用因为橡皮掉在地上或者晃来晃去而烦恼了。

当海曼沉浸于自己的新创意时，他的朋友来他家做客，看到了这个新奇的发明。朋友了解了事情的经过之后，他对海曼说："这项小发明太有创意了，你为何不去申请专利呢？这样既可以方便大家，又能为你带来一笔额外的收入。"朋友的话点醒了海曼，他激动地说："你看我就想着怎么画画方便了，居然没想到这个还可以申请专利。幸亏你提醒我，明天我就去申请。"朋友也笑着对海曼说："期待你的好消息，祝你好运！"

第二天一早，海曼拿着准备好的各种材料就去申请专利了。不出所料，他申请成功了，并顺利地将此专利卖给了一家专门生产铅笔的公司。正如朋友所说的那样，这项专利为他带来了一笔不菲的收入。海曼恐怕绞尽脑汁也想不到，自己在身无分文的困境中无意间想出的点子，竟然让他成为了百万富翁。

人生就是这样，谁也不知道明天会发生什么，谁也预测不了下一秒要发生什么。也许这就是人生最精彩的地方。在人生的道路上，我们难免会遇到重重困难。当我们遇到困难时，千万不要绝望。如果你的心态绝望了，你的人生就真的绝望了。

끝에 매달았다. 이렇게 하고 나니 더는 지우개가 바닥에 떨어질 걱정을 할 필요가 없었고, 또 사방으로 지우개를 찾을 필요도 없게 되었다.

하지만, 얼마 지나지 않아 새로운 문제가 나타났다. 비록 지우개가 떨어지지는 않았으나 그림 그릴 때 계속해서 연필 주위에서 흔들리다 보니 그가 그림을 그리는 데 굉장한 영향을 끼쳤다. 하이만은 이 난제를 해결하기 위해 다시 머리를 굴리기 시작했고, 마음속으로 '만일 지우개를 연필 끝에 고정해놓기만 한다면 문제는 해결되는 거 아닐까?'라고 생각하고는 신나서 얇은 쇳조각을 찾아와 지우개와 연필을 하나로 단단히 고정시켰다. 그런 다음 종이에 몇 번 그려보니 효과가 굉장히 좋았다. 하이만은 더 이상 지우개가 바닥에 떨어지거나 혹은 흔들리는 것으로 고민할 필요가 없게 되었다.

하이만이 자신의 새로운 아이디어에 심취해 있을 때 그의 친구가 그의 집을 방문했고 이 신기한 발명품을 보았다. 친구는 일의 자초지종을 알게 된 후에 하이만에게 '이 작은 발명품은 너무나도 기발한데, 너는 왜 특허를 신청하지 않니? 그러면 모두를 편리하게 해줄 뿐만 아니라 너에게도 별도의 수입이 생길 수 있는데 말이야.'라고 말했다. 친구의 말은 하이만을 일깨워 주었고, 그는 '나 좀 봐, 어떻게 하면 그림 그리는 데 편리할까만 궁리했지 이것으로 특허를 신청할 수 있다는 생각은 전혀 하지 못했어. 다행히 네가 나를 상기시켜 줬으니 내일 신청하러 가야겠다!'라며 흥분해서 말했다. 친구 역시 웃으며 하이만에게 '좋은 소식 기다릴게, 행운이 있기를 바란다!'고 말했다.

이튿날 아침 일찍 하이만은 준비한 모든 자료를 가지고 특허를 신청하러 갔다. 예상대로 그는 신청에 성공했고, 또 순조롭게 연필만을 전문적으로 생산하는 회사에 이 특허를 팔기까지 했다. 딱 친구의 말대로 이 특허는 그에게 적지 않은 수입을 가져다주었다. 아마도 하이만은 돈 한 푼 없는 어려움 속에서 무심코 생각해 낸 방법이 뜻밖에도 그를 백만장자로 만들어 줄 것이라고 전혀 생각하지 못했을 것이다.

인생이란 바로 이런 것이다. 누구도 내일 무슨 일이 생길지 모르며, 누구도 1초 후에 어떤 일이 발생할지 예측할 수 없다. 어쩌면 이것이 인생에서 가장 흥미진진한 부분일지 모른다. 인생의 길에서 우리는 갖가지 어려움을 만날 수밖에 없는데, 어려움에 직면했을 때 절대로 절망하지 말아야 한다. 만약 당신의 마음 상태가 절망적이라면 당신의 인생은 정말로 절망적이게 된다.

지문 어휘

海曼 Hǎimàn 고유 하이만(Hymen L. Lipman) | 素描 sùmiáo 명 스케치, 데생 | 天赋 tiānfù 명 천부적인 재능, 타고난 재능, 소질 | 维持 wéichí 동 유지하다 ★ | 头像 tóuxiàng 명 초상화 | 青睐 qīnglài 명 사랑, 인기, 호감 | 贫困 pínkùn 형 가난하다, 빈곤하다 ★ | 橡皮 xiàngpí 명 지우개 | 即便 jíbiàn 접 설령 ~하더라도 | 全神贯注 quánshénguànzhù 성 온 정신을 집중하다 | 创作 chuàngzuò 동 창작하다 ★ | 急忙 jímáng 부 황급히, 급히 | 捡 jiǎn 동 줍다 | 唯一 wéiyī 형 하나뿐이다, 유일하다 | 九牛二虎之力 jiǔniú'èrhǔzhīlì 성 엄청난 노력, 굉장히 큰 힘 | 小心翼翼 xiǎoxīnyìyì 성 조심조심하다, 매우 신중하다 ★ | 握 wò 동 (손으로) 쥐다 | 手心 shǒuxīn 명 손바닥 | 闪过 shǎnguò 스치다 | 灵光 língguāng 명 좋은 아이디어, 영감, 신기한 광채 | 绳 shéng 명 끈, 줄, 실 | 绑 bǎng 동 (줄 등으로) 매달다, 감다 | 兴高采烈 xìnggāocǎiliè 성 신나다, 매우 기쁘다 ★ | 铁 tiě 명 쇳조각, 쇠, 철 | 晃来晃去 huànglái huàngqù 이리저리 흔들리다 | 固定 gùdìng 동 고정시키다 | 烦恼 fánnǎo 형 고민하다 | 沉浸 chénjìn 동 (생각에) 심취하다, 잠기다 | 创意 chuàngyì 명 아이디어, 독창적인 생각, 창의성 | 做客 zuò kè 동 방문하다, 손님이 되다 | 新奇 xīnqí 형 신기하다 | 为何 wèihé 대 왜, 무엇 때문에 | 专利 zhuānlì 명 특허 ★ | 额外 éwài 형 별도의, 추가적인 ★ | 点醒 diǎnxǐng 동 일깨우다, 지적하여 깨닫게 하다 | 居然 jūrán 부 뜻밖에, 의외로 | 幸亏 xìngkuī 부 다행히, 덕분에 | 不出所料 bùchūsuǒliào 성 예상한 대로, 추측한 대로 | 专门 zhuānmén 부 전문적으로, 오로지 | 不菲 bùfěi 형 적지 않다 | 绞尽脑汁 jiǎojìnnǎozhī 성 온갖 방법을 다 생각하다 | 身无分文 shēnwúfēnwén 성 수중에 돈이 한 푼도 없다 | 无意间 wúyìjiān 부 무심코, 모르는 사이에 | 点子 diǎnzi 명 방법, 생각 | 百万富翁 bǎiwànfùwēng 명 백만장자 | 预测 yùcè 동 예측하다 | 难免 nánmiǎn 형 ~할 수 밖에 없다, 면하기 어렵다, 불가피하다 ★ | 重重 chóngchóng 부 갖가지 | 千万 qiānwàn 부 절대로, 부디 | 绝望 juéwàng 동 절망하다 ★

해설

★★★

이 이야기는 지우개 달린 연필을 발명한 화가 하이만에 관한 글로, 지우개 달린 연필을 발명하게 된 과정에 따라 요약쓰기를 진행해야 한다. 각각의 단락에서의 주요 포인트는 아래와 같다.

	본문	요약
1단락	有一位画家叫海曼，他在画素描上很有天赋。他为了维持生计常常去街边给人们画头像，可是他画的画并没有受到人们的青睐。因而，他的生活贫困极了，有时甚至连买一块橡皮的钱都没有。可即便如此，海曼依然坚持每天画画。	有一位画家叫海曼，他在画画方面很有天赋。但是他的画不太受欢迎，因而生活贫困极了，但海曼依然坚持每天画画。
	하이만(Hymen)이라는 화가가 있었는데, 그는 스케치에 천부적인 재능이 있었다. 그는 생계를 유지하기 위해 자주 거리로 나가 사람들에게 초상화를 그려주었는데, 그가 그린 그림은 사람들에게 전혀 사랑 받지 못했다. 그래서 그의 생활은 굉장히 가난했고, 심지어 어떤 때는 지우개 하나 살 돈조차 없었다. 하지만 그럼에도 불구하고 하이만은 매일 꾸준히 그림을 그렸다.	하이만이라는 화가가 있었는데, 그는 그림 그리는 데 천부적인 재능이 있었다. 그러나 그의 그림은 그리 인기를 끌지 못했고, 이로 인해 생활은 굉장히 가난했다. 하지만 (그럼에도) 하이만은 매일 꾸준히 그림을 그렸다.

1단락	[도입] 주인공에 관한 기본적인 소개 (1) **인물**: 画家海曼(화가 하이만) (2) **전개포인트**: ① 画画方面很有天赋 (그림 그리는 데 천부적인 재능이 있다) ② 没有受到人们的青睐 (사람들에게 사랑받지 못하다) ③ 生活贫困极了 (생활은 굉장히 가난했다) ④ 坚持每天画画 (매일 꾸준히 그림을 그리다)

	본문	요약
2단락	一天，海曼正全神贯注地创作，没有意识到手中的橡皮掉了。直到要用时他才发现。于是，他急忙捡起了地上的橡皮。但没想到当他想再次画画时，橡皮又掉了。然而，这次他到处找也没找到。这块橡皮是他唯一的一块橡皮，如果找不到的话，短时间内他就无法继续作画了。最后，海曼费了九牛二虎之力，才在床底下找到了那块宝贵的橡皮。 어느 날, 하이만은 온 정신을 집중해서 창작하던 중에 손에 있던 지우개가 (바닥에) 떨어진 걸 의식하지 못하고 있다가 (지우개를) 사용하려 할 때가 되어서야 알아차렸다. 그래서 그는 황급히 바닥의 지우개를 주워들었는데, 뜻밖에도 그가 다시 그림을 그리려 할 때 지우개가 또 떨어졌다. 하지만 이번에는 그가 여기저기 아무리 찾아봐도 찾을 수가 없었다. 이 지우개는 그의 하나뿐인 지우개였기에, 만일 찾을 수 없다면 당분간 그는 계속해서 그림을 그릴 방법이 없게 된다. 결국, 하이만은 엄청난 노력을 기울인 끝에 비로소 침대 밑에서 그 소중한 지우개를 찾아냈다.	一天，海曼正在专心画画，没意识到橡皮掉了，直到用时才发现。没想到，他再次画画时橡皮又掉了，这是他唯一的一块橡皮。最后，他好不容易在床底下找到了。 어느 날, 하이만은 열중해서 그림을 그리던 중에 지우개가 (바닥에) 떨어진 걸 의식하지 못하고 있다가 사용하려 할 때가 되어서야 알아차렸는데 뜻밖에도 그가 다시 그림을 그리려 할 때 지우개가 또 떨어졌다. 이것은 그의 하나뿐인 지우개였는데, 결국 그는 간신히 침대 밑에서 찾아냈다.
	[전개1] 발명의 원인_ 지우개가 계속 떨어짐 (1) **시간**: 一天(어느 날) (2) **인물**: 海曼(하이만) (3) **장소**: 床底下(침대 밑) (4) **전개포인트**: ① 创作时，橡皮掉了 (창작할 때 지우개가 떨어지다) ② 直到用时才发现 (사용하려 할 때가 되어서야 알아차리다) ③ 再次画画时又掉了 (다시 그림을 그리려 할 때 또 떨어지다) ④ 这是他唯一的一块橡皮 (이것은 그의 하나뿐인 지우개이다) ⑤ 好不容易在床底下找到 (간신히 침대 밑에서 찾다)		

본문	요약
这一次，海曼为了不让橡皮再次掉在地上，小心翼翼地将橡皮握在了手心里。忽然，他觉得不能每次作画时都握着橡皮，因为不能集中作画。这时，脑中闪过一道灵光，他想到了一个办法，于是马上行动了起来。他将橡皮用一根细绳绑在了铅笔的一头。这样一来，他再也不用担心橡皮会掉在地上了，也不用四处找橡皮了。 可是，没过多久，一个新的问题出现了：橡皮虽然不掉了，可在画画时总是在笔周围晃来晃去，非常影响他作画。海曼为了解决这一难题，他的脑子又开始转了起来。他心想：要是把橡皮只固定在铅笔的一端，问题不就解决了吗？于是，他兴高采烈地找来了一片薄铁，将橡皮和铅笔紧紧地固定在了一起。之后，他试着在纸上画了几下，效果棒极了。海曼再也不用因为橡皮掉在地上或者晃来晃去而烦恼了。	这一次，海曼作画时手里握着橡皮，但是这样他就无法集中画画。突然，他想到一个办法，就是将橡皮用一根细绳绑在铅笔一头。不过没过多久，一个新问题又出现了。他作画时，橡皮总是会在笔的周围晃来晃去，影响他作画。于是，他又将橡皮和铅笔固定在一起。之后，海曼再也不用因为橡皮而烦恼了。
이번에 하이만은 지우개가 또 떨어지지 않게 조심조심 지우개를 손바닥에 쥐었다. 그러다 문득 그는 매번 그림을 그릴 때마다 지우개를 쥐고 있을 수는 없단 생각이 들었는데, 왜냐하면 그림 그리는 데 집중할 수가 없었기 때문이었다. 이때 좋은 아이디어 하나가 머릿속에 스치면서 그는 방법을 하나 생각해냈고, 즉시 행동으로 옮겼다. 그는 얇은 끈으로 지우개를 연필 끝에 매달았다. 이렇게 하고 나니 더는 지우개가 바닥에 떨어질 걱정을 할 필요가 없었고, 또 사방으로 지우개를 찾을 필요도 없게 되었다. 하지만 얼마 지나지 않아 새로운 문제가 나타났다. 비록 지우개가 떨어지지는 않았으나 그림 그릴 때 계속해서 연필 주위에서 흔들리다 보니 그가 그림을 그리는 데 굉장한 영향을 끼쳤다. 하이만은 이 난제를 해결하기 위해 다시 머리를 굴리기 시작했고, 마음속으로 '만일 지우개를 연필 끝에 고정해놓기만 한다면 문제는 해결되는 거 아닐까?'라고 생각하고는 신나서 얇은 쇳조각을 찾아와 지우개와 연필을 하나로 단단히 고정시켰다. 그런 다음 종이에 몇 번 그려보니 효과가	이번에 하이만은 그림을 그릴 때 지우개를 손에 쥐었지만, 이러다 보니 그는 그림을 그리는 데 집중할 수가 없었다. 그러다 문득 그는 한 가지 방법을 생각해냈는데, 바로 지우개를 얇은 끈으로 연필 끝에 매달은 것이었다. 하지만 얼마 지나지 않아 새로운 문제가 나타났는데, 그가 그림을 그릴 때 지우개가 계속 연필 주위에서 흔들리다 보니 그가 그림을 그리는 데 영향을 끼쳤다. 그래서 그는 다시 지우개와 연필을 하나로 고정시켰다. 그런 다음 하이만은 더 이상 지우개로 인해 고민할 필요가 없게 되었다.

3-4 단락

광장히 좋았다. 하이만은 더 이상 지우개가 바닥에 떨어지거나 혹은 흔들리는 것으로 고민할 필요가 없게 되었다.

3-4 단락

[전개2] 발명의 과정_어떻게 하면 지우개를 더 편하게 사용할 수 있을까?
(1) **시간**: 这一次(이번)、没过多久(얼마 지나지 않아)、之后(그런 다음)
(2) **인물**: 海曼(하이만)
(3) **장소**: 手里(손)、铅笔的一头(연필 끝)、固定在铅笔的一端(연필 끝에 고정시키다)
(4) **전개포인트**:
　① 手里握着橡皮 (지우개를 손에 쥐다)
　② 不能集中画画 (그림 그리는 데 집중할 수가 없다)
　③ 想出一个办法 (방법을 하나 생각해내다)
　④ 把橡皮用细绳子绑在铅笔的一头 (얇은 끈으로 지우개를 연필 끝에 매달다)
　⑤ 晃来晃去影响作画 (이리저리 흔들려서 그림 그리는 데 영향을 끼치다)
　⑥ 将橡皮和铅笔固定在一起 (지우개와 연필을 하나로 고정시키다)
　⑦ 再也不用因为橡皮而烦恼了 (더 이상 지우개로 인해 고민할 필요가 없게 되다)

본문	➤	요약

5-6 단락

当海曼沉浸于自己的新创意时，他的朋友来他家做客，看到了这个新奇的发明。朋友了解了事情的经过之后，他对海曼说："这项小发明太有创意了，你为何不去申请专利呢？这样既可以方便大家，又能为你带来一笔额外的收入。"朋友的话点醒了海曼，他激动地说："你看我就想着怎么画画方便了，居然没想到这个还可以申请专利。幸亏你提醒我，明天我就去申请。"朋友也笑着对海曼说："期待你的好消息，祝你好运！"

　　第二天一早，海曼拿着准备好的各种材料就去申请专利了。不出所料，他申请成功了，并顺利地将此专利卖给了一家专门生产铅笔的公司。正如朋友所说的那样，这项专利为他带来了一笔不菲的收入。海曼恐怕绞尽脑汁也想不到，自己在身无分文的困境中无意间想出的点子，竟然让他成为了百万富翁。

当海曼沉浸在自己的新发明时，他的朋友来做客，发现了这个小发明。于是，朋友建议海曼申请专利。第二天一早，海曼就去申请专利了。不出意料，他申请成功了，并把这项专利卖给了一家专门生产铅笔的公司。而这个无意间的小点子让他成为百万富翁。

| 5-6 단락 | 하이만이 자신의 새로운 아이디어에 심취해 있을 때 그의 친구가 그의 집을 방문했고 이 신기한 발명품을 보았다. 친구는 일의 자초지종을 알게 된 후에 하이만에게 '이 작은 발명품은 너무나도 기발한데, 너는 왜 특허를 신청하지 않니? 그러면 모두를 편리하게 해줄 뿐만 아니라 너에게도 별도의 수입이 생길 수 있는데 말이야.'라고 말했다. 친구의 말은 하이만을 일깨워 주었고, 그는 '나 좀 봐, 어떻게 하면 그림 그리는 데 편리할까만 궁리했지 이것으로 특허를 신청할 수 있다는 생각은 전혀 하지 못했어. 다행히 네가 나를 상기시켜 줬으니 내일 신청하러 가야겠다!'라며 흥분해서 말했다. 친구 역시 웃으며 하이만에게 '좋은 소식 기다릴게, 행운이 있기를 바란다!'고 말했다.

이튿날 아침 일찍 하이만은 준비한 모든 자료를 가지고 특허를 신청하러 갔다. 예상대로 그는 신청에 성공했고, 또 순조롭게 연필만을 전문적으로 생산하는 회사에 이 특허를 팔기까지 했다. 딱 친구의 말대로 이 특허는 그에게 적지 않은 수입을 가져다주었다. 아마도 하이만은 돈 한 푼 없는 어려움 속에서 무심코 생각해 낸 방법이 뜻밖에도 그를 백만장자로 만들어 줄 것이라고 전혀 생각하지 못했을 것이다. | 하이만이 자신의 새로운 발명에 심취해 있을 때 그의 친구가 방문했고, 이 작은 발명품을 발견했다. 그러더니 친구는 하이만에게 특허를 신청할 것을 제안했다. 이튿날 아침 일찍 하이만은 특허를 신청하러 갔다. 예상대로 그는 신청에 성공했고 또 연필만을 전문적으로 생산하는 회사에 이 특허를 팔기까지 했다. 그리고 무심코 생각해 낸 이 방법은 그를 백만장자로 만들어 주었다. |

[전개3] 발명의 결과_특허를 신청하다
    (1) **시간**: 当……时(~했을 때)、第二天一早(이튿날 아침 일찍)
    (2) **인물**: 海曼(하이만)、他的朋友(그의 친구)
    (3) **장소**: 专门生产铅笔的公司(연필만을 전문적으로 생산하는 회사)
    (4) **전개포인트**:
        ① 朋友来做客 (친구가 방문하다)
        ③ 发现了新发明 (새로운 발명품을 발견하다)
        ④ 建议他申请专利 (그에게 특허를 신청할 것을 제안하다)
        ⑤ 去申请了 (신청하러 가다)
        ⑥ 专利卖给了一家专门生产铅笔的公司 (연필만을 전문으로 생산하는 회사에 특허를 팔다)
        ⑦ 无意间的小点子让他成了百万富翁 (무심코 생각해 낸 방법이 그를 백만장자로 만들어주다)

본문	요약
<u>人生就是这样，谁也不知道明天会发生什么</u>，谁也预测不了下一秒要发生什么。也许这就是人生最精彩的地方。在人生的道路上，我们难免会遇到重重困难。<u>当我们遇到困难时，千万不要绝望。如果你的心态绝望了，你的人生就真的绝望了。</u>	人生就是这样，谁也不知道明天会发生什么，也许这就是人生最精彩的地方。因此，当我们遇到困难时，千万不要绝望。如果你的心态绝望了，你的人生就真的绝望了。
<u>인생이란 바로 이런 것이다. 누구도 내일 무슨 일이 생길지 모르며</u>, 누구도 1초 후에 어떤 일이 발생할지 예측할 수 없다. 어쩌면 이것이 인생에서 가장 흥미진진한 부분일지 모른다. 인생의 길에서 우리는 갖가지 어려움을 만날 수밖에 없는데, <u>어려움에 직면했을 때 절대로 절망하지 말아야 한다. 만약 당신의 마음 상태가 절망적이라면 당신의 인생은 정말로 절망적이게 된다.</u>	인생이란 바로 이런 것이다. 누구도 내일 무슨 일이 생길지 모르며, 어쩌면 이것이 인생에서 가장 흥미진진한 부분일지 모른다. 때문에 어려움에 직면했을 때 절대로 절망하지 말아야 한다. 만약 당신의 마음 상태가 절망적이라면 당신의 인생은 정말로 절망적이게 된다.

7단락

[결론] 주제

모범 답안

　　　　　海曼的橡皮
　　有一位画家叫海曼，他在画画方面很有天赋。但是他的画不太受欢迎，因而生活贫困极了，但海曼依然坚持每天画画。
　　一天，海曼正在专心画画，没意识到橡皮掉了，直到用时才发现。没想到，他再次画画时橡皮又掉了，这是他唯一的一块橡皮。最后,他好不容易在床底下找到了。
　　这一次，海曼作画时手里握着橡皮，但是这样他就无法集中画画。突然，他想到一个办法，就是将橡皮用一根细绳绑在铅笔一头。不过没过多久，一个新问题又出现了。他作画时，橡皮总是会在笔的周围晃来晃去，影响他作画。于是，他又将橡皮和铅笔固定在一起。之后，海曼再也不用因为橡皮而烦恼了。

当海曼沉浸在自己的新发明时，他的朋友来做客，发现了这个小发明。于是，朋友建议海曼申请专利。第二天一早，海曼就去申请专利了。不出意料，他申请成功了，并把这项专利卖给了一家专门生产铅笔的公司。而这个无意间的小点子让他成为百万富翁。

人生就是这样，谁也不知道明天会发生什么，也许这就是人生最精彩的地方。因此，当我们遇到困难时，千万不要绝望。如果你的心态绝望了，你的人生就真的绝望了。

HSK 6급

실전모의고사 3회

HSK 6급 3회 모의고사 듣기 스크립트

大家好！欢迎参加HSK(六级)考试。
大家好！欢迎参加HSK(六级)考试。
大家好！欢迎参加HSK(六级)考试。

HSK(六级)听力考试分三部分，共50题。
请大家注意，听力考试现在开始。

第一部分

第1到15题请选出与所听内容一致的一项。
现在开始第一题：

1

上午十点和下午四点是吃甜食的最佳时间。在这两个时间段适当地品尝一点儿甜食可以消除疲劳，减轻压力。然而，专家建议饥饿的时候最好喝粥或者吃全麦面包，不要吃甜食，因为糖分不经消化就会立即被吸收，对健康不利。

2

龙虎山位于江西省，那里气候湿润，阳光充足，雨量充沛，是典型的丹霞地貌。龙虎山拥有丰富的动植物资源。据统计，有170多种鸟类、400多种阔叶林。2010年龙虎山被列入世界自然遗产名录。

3

当有人严厉地责备你时，千万不要觉得委屈，更不要怨恨他们，而应该由衷地感激他们。他们之所以会批评你，是因为在他们眼中，你是可塑之才，他们的每一句指责其实都是对你的满满期待。

4

印章是用来印在文件上表示签署的文具，是中国传统文化的代表之一。制作材质有玉石、金属、木头等。随着时代的进步，人们开始关注印章的艺术美和材质美。如今，印章不再是简单的文具，而已成为独具特色的艺术品。

5

热河泉是中国最短的河流，在地图上很难找到它的踪迹。热河泉的泉水清澈透明，一年四季都有不同的形态。更神奇的是，热河泉中含有大量的可溶性二氧化碳，喝起来甘甜可口，素有"天然汽水"之称。

6

杭白菊简称杭菊，因而很多人会误以为杭菊产自杭州。其实杭菊是浙江桐乡地区的特产。杭菊具有清热解毒，延年益寿的功效。再加上其价格合理，很多人会以杭菊代替茶叶每天冲泡饮用。因此，杭菊已成为最普遍的饮用菊花。

7

在高楼林立的城市中，我们经常可以看到攀爬在建筑物外墙上做清洁工作的蜘蛛人。他们靠一根保险绳和一根作业绳把自己悬挂在大楼外，从楼顶开始缓缓下滑，清洗建筑物的玻璃和外墙。

8

不少电视节目为了带动观众情绪，会在播放时插入事先录好的背景笑声。这种背景笑声又称罐头笑声。之所以叫罐头笑声，是因为它就像我们吃的罐头食品一样，味道千篇一律。

9

在大多数人看来，善于交际是一种能力，其实独处也是一种能力。虽然独处时有些寂寞，但这时候我们可以独自面对自己，和心灵进行对话，它是人生中的美好时刻和美好体验。

10

某高校对9500多名的在校学生做过一次调查问卷。其中有一个问题是：目前对你们而言，最重要的事情是什么？有9%的学生认为是挣钱，有13%的学生认为是积累经验，有78%的学生认为是寻找人生的价值和意义。

11

春节期间燃放烟花爆竹不仅可以营造出喜庆的气氛，还可以给人们带来欢乐。但随着人们环保意识的日益增强，许多人改变了庆祝春节的方式，用更多样的方式来迎接新年。譬如：与家人聚餐或者去国内外旅行等。

12

铜镜顾名思义就是用铜做的镜子，含锡量较高。在古代，它最早是以礼器出现的，后来逐步走进了人们的生活，成为人们不可缺少的生活用具。铜镜因其制作精良、形态美观、被称为"中国古代青铜艺术的瑰宝"。

13

旅行商数的简称是旅商。它评测的内容包含旅途规划、行程管理、应对突发问题等方面。旅商可以用于衡量旅行者在旅行过程中产生幸福感的程度。同样的旅行目的地，旅商高的人产生的幸福感高，相反则低。

14

心理学家研究发现，在餐馆、咖啡店等场所人们所选的座位会无意中透露出其性格特征。一般来说，喜欢坐在中央位置的人以自我为中心，表现欲强烈；而喜欢坐在角落的人遇事缺乏决断能力。

15

在孩子的成长过程中，父母是最好的老师。只有父母形成正确的、科学的教育理念，才能在陪伴孩子成长的每一天帮助他们树立理想，并朝着理想的目标不断前进。从这个角度来看，父母才是孩子长成参天大树的起点。

第二部分

第16到30题请选出正确答案。

现在开始第16到20题：

第16到20题是根据下面一段采访：

女：我发现您的摄影作品，大多是以环保为题材的。您拍摄的这组作品也不例外，可以给我们简单介绍一下这组作品吗？

男：我的这组作品拍摄的是候鸟保护者田志伟的故事。过去渤海湾区域是盗猎者的天堂，候鸟的地狱。田志伟为了守护96平方公里的候鸟迁徙区域，毅然辞掉了工作，用顽强的毅力守护着候鸟的家园，他和志愿者的努力改善了候鸟的栖息地。

女：您是如何拍摄这组作品的？

男：我拍摄这组照片并没有拍很长时间，大部分时间是跟随田志伟一起在保护区内做一些简单的工作，体验这些志愿者的生活，和他们交谈。在这个过程中我感受到了环保的力量，最后我才拿起相机开始进行了拍摄。

女：一些野生动物摄影爱好者常常会在拍摄时惊吓到动物，您觉得如何可以避免这样的问题发生？

男：伪装和防护装备可以减少对野生动物的惊扰。但我觉得更为重要的是摄影师应该有保护动物的意识。无论在什么情况下，都要把保护动物的意识放到第一位。

女：你为何这么关注环保题材？

男：我作为一个新闻记者有干预现实的使命感，我应该将真实的事件还原给社会大众。当今环境问题越来越严重，在报道中结合一些真实的影像，再加上具体的调查数据，会更有说服力，更能警醒人们关注环境问题。

女：您认为摄影的价值是什么？对未来有什么规划？

男：我是从1998年开始接触摄影的，后来成为了一名摄影记者。在我的十多年摄影记者生涯中，我不断地拿起相机按下快门，在按下快门的瞬间我看到了摄影的魅力。在我看来摄影的价值一共有三个：第一，向大众传递突发事件的真相；第二，通过拍摄，让大众广泛关注社会矛盾；第三，记录人类复杂的情感。在未来的道路上，我打算拓宽我关注的领域，继续用相机记录我眼中的世界。

16 关于田志伟下列哪项正确？
17 拍摄过程中男的用大部分时间来做什么？
18 男的认为摄影师在拍摄动物时如何可以避免不让动物受到惊吓？
19 男的如何看待新闻记者这个职业？
20 下列哪项不是男的所认同的摄影价值？

第21到25题是根据下面一段采访：

男：你好，首先非常感谢你能接受我的采访。我们都知道你是一名学生运动员，那么你是如何平衡学习和射击训练的关系呢？

女：作为学生，我知道自己的首要任务是学习，但我也非常热爱射击这项运动。所以我会合理安排有限的时间，尽量保证学业和射击训练两不耽误。通常情况下，我会用课余时间练习射击。平时训练三个小时，周末的时候集中练习射击，运动量相对来说比较大，练习七个小时左右。

男：在大型比赛前应该都会有紧张的情绪，你是怎么缓解的呢？

女：是的，在大型比赛前我时常会感到紧张。一般来讲，我会听一些舒缓的音乐，听音乐可以调节我的紧张情绪。另外，我也会听一些正能量的音乐，因为正能量音乐的歌词都充满了力量，能鼓励我不懈努力。

男：到今天为止，最让你感到骄傲的一件事是什么？

女：我觉得我是一个幸运儿，我万万没想到能在这么年轻的时候就有机会进入射击队，而且和奥运冠军、世界冠军一起参加了各种大型比赛。这对我来说是特别的经历，是值得骄傲的一件事。

男：你如何看待竞争对手呢？

女：我们作为射击运动员都是因为热爱这项运动而从事了体育事业，所以从这个角度来说，我和对手也算是志同道合的朋友。在赛场上虽然我们是竞争对手，但我会以积极的态度对待对手，多看对手身上的优点，来弥补我的缺点。我会尊重我的每个对手，因为我知道对手远远比我想象的强大。

男：你打算一直走射击这条路吗？

女：是的。我的梦想是成为一名职业的射击运动员，而且我的家人也非常支持我，他们是我坚强的后盾。当然，我知道在实现这个梦想的道路上会布满荆棘，但我会咬紧牙，勇敢地去扫除障碍。

21 女的周末一般做什么？
22 紧张的时候女的如何调节？
23 女的怎么看竞争对手？
24 对于女的想成为职业运动员的梦想，家人持什么态度？
25 关于女的，可以知道什么？

第26到30题是根据下面一段采访：

男：严老师，您如何看待故事、结构和语言这三者之间的关系？

女：我认为，故事、结构和语言都是一个作品必须具备的要素。一个作品如果没有吸引读者的故事，那么再好的结构和语言也不能帮助它成为好作品。但这并不表示结构和语言是可有可无的。从我们当代人的建筑风格中便可以看出，我们对结构有了各种各样的要求。另外，我认为语言在作品中起着关键作用，我一直希望语言和结构能同时存在于作品之中，但并不意味着一个作品有好的语言、好的结构这个故事就一定好。真正的好故事应该去看是否体现出了作者的人文素养和对现实的思考。

男：我觉得您的说话风格和您作品中的语言风格一致，我跟您聊天的时候经常能听到你小说当中人物的语言。

女：我一直追求简练的语言风格，所以我的用心之处就在于使语言简练一些。

男：您作品中的故事一直都很吸引读者，那么这些故事都来源于哪儿呢？

女：有许多故事都是我听来的。我作品中的故事都是因为受到了这些故事的启发而创作出来的。我非常不喜欢把故事按原状写成小说，因为那样就成报告文学了。

男：哪种来源的故事写起来最省力呢？

女：当然是亲身经历的故事。但是即便是亲身经历的故事也需要进行加工使其具有启示性。只有具有启示性的东西才能在不同时代被不同人群接受，引起不同人群的共鸣。

男：在您看来，什么样的小说才可以称为好小说？

女：好小说没有固定的标准和定义。在我看来，有好的人物和语言就可以说是好小说，有创新有突破的小说也是好小说。在中国的小说中，我最喜欢的是古典小说《红楼梦》，这部作品不仅有好的语言和复杂的人物关系，而且在哲学思想和美学方面都达到了难以超越的水平。

26　女的举建筑的例子是想说明什么？
27　女的追求什么样的语言风格？
28　女的觉得哪种故事写起来最省力？
29　女的认为什么样的东西能引起人们的共鸣？
30　关于女的下列哪项正确？

第三部分

第31到50题请选出正确答案。

现在开始第31到33题:

第31到33题是根据下面一段话:

　　清朝末期,山西有一位著名的商人,名叫乔致庸。一天,他在路上听到行人议论纷纷地说:"最近乔家复字号卖的胡麻油大不如前,掺假了。"乔致庸听后非常愤怒,他立即回到店里让掌柜调查此事,然后重重处罚了当事人。为了挽回信誉,他吩咐掌柜写一个告示,告诉老百姓复字号卖的油是假油,凡是近期到复字号买过胡麻油的顾客到店里可以全额退款,并可以以低价购买不掺假的胡麻油。以示赔罪之意。掌柜写完告示之后,乔致庸便派人将这个告示在天亮前贴遍全城。翌日,清晨,在复字号店的门前排队买油的队伍很长,老百姓认为还是老品牌值得信赖。

　　这看似自砸招牌的举动,给外界传达了乔家复字号以诚信经营的理念,让当地顾客对乔家字号更加信赖。到了年底,胡麻油的销售量不仅没有减少反倒比以前增加了。

31 乔致庸在路上听到了怎样的评价?

32 乔致庸让掌柜在告示上写什么?

33 根据这段话下列哪项正确?

第34到36题是根据下面一段话:

　　智能手机不仅给人们的生活带来了诸多便利,也给人们带来了种种健康隐患。比如颈椎病、视力模糊等各种疾病。

　　最近,一则"经常玩儿手机会变丑"的新闻引起了人们的广泛关注。新闻称长时间低头玩儿手机会长出双下巴、嘴角纹,而且脸颊会松弛。专家指出这些都是手机脸的典型症状。那长时间玩儿手机为什么会变成手机脸呢?原来是因为随着时间的流逝,皮肤中的胶原蛋白和皮下脂肪越来越少了,皮肤失去了弹性,无法对抗地心引力,因此皮肤会变得越来越松弛,容易出现双下巴。如果整天低着头,会加重地心引力的作用,加速脸颊松弛。另外,手机显示屏幕上的文字较小,看起来有些费力,人们在阅读时会不自觉地眯起眼睛,久而久之,眼角也容易形成皱纹。

　　如果想避免"手机脸"的话,首先应该减少低头看手机的时间,最好每隔30分钟做一做仰头运动。其次要采用正确的姿势,如挺直后背,将手机抬高与眼睛平行。除此之外,多做面部按摩。

34 下列哪项不属于手机脸的典型症状?

35 皮肤里的胶原蛋白和脂肪减少会造成什么问题?

36 根据这段话我们应该怎么做?

第37到39题是根据下面一段话：

依米花生长在荒无人烟的沙漠地带，一生只开一次花，所以很少有人注意过它。许多游人以为它只是一株草而已。依米花会在某个清晨绽放出无比绚烂的花朵，每朵依米花有四个花瓣，每个花瓣的花色都不一样，有红色、黄色、蓝色和白色。令人遗憾的是，这个绚丽的花朵花期极短，只能开放两天，两天后，便会凋谢，而且整个植株也会跟着枯萎。对依米花来说，开花意味着生命走到了尽头。

众所周知，沙漠地区的水分是很少的，因此生长在沙漠地区的植物一般都有强大的根系。但是，依米花却没有，它只有一条主根，孤独地蜿蜒盘曲着钻入地底深处。为了开花，依米花需要足够的养料和水分，它只能靠这个唯一的主根，不能去四面八方寻找，因此它开一次花需要准备五年的时间，到了第六年才可以开花。

依米花在恶劣的自然环境下顽强生长，经历六年的风霜雨雪，只为两天的尽情绽放，这需要很大的勇气。在遭遇困难和阻碍的时候，很多人选择了逃避。然而人生短暂，我们应从现在开始，为实现自己的理想而奋斗终生。

37 依米花的花瓣有什么特点？

38 关于依米花，可以知道什么？

39 这段话主要想告诉我们什么？

第40到43题是根据下面一段话：

很多家长会把电视当作哄孩子的"高级保姆"，但殊不知过多地看电视不仅影响视力，还会影响婴幼儿的语言表达能力，导致语迟问题。孩子在看电视的时候，很容易被电视的声音与画面吸引，减少了婴幼儿与家长之间的交流和说话机会。这无形中对婴幼儿语言的发育造成了潜在的威胁。此外，婴幼儿从出生起就具备了认知物体的能力。他们之所以可以认知物体是因为脑细胞受到反复刺激。但是，电视画面是不断变换的，这很难反复刺激婴幼儿的脑细胞。长此以往，会使婴幼儿的认知能力变迟钝，从而对其语言系统造成损伤，影响语言发育。

专家建议，不要让两岁以下的婴幼儿看电视，年龄稍大一点儿的儿童每天看电视的时间也不宜超过2小时，特别是哺乳期和进餐期间关掉电视。家长应加强与婴幼儿的直接交流，增加与孩子说话的机会，这样有助于提高他们的语言组织能力，而不要一味地用电视里的声音去引导孩子。

40 婴幼儿过多地看电视会带来什么影响？

41 婴幼儿为什么能对物体产生认知？

42 专家建议家长怎么做？

43 这段话主要谈的是什么？

第44到47题是根据下面一段话：

淘米水，是一种洗过米后的水，这种水呈碱性。人们在做饭时往往会把淘米水倒掉，认为它没什么用途，其实在日常生活中它有很多妙用。首先，淘米水是天然去污剂，淘米水的水分子可以很好地分离油垢、清理碗筷、去除案板异味、洗掉菜刀上的铁锈等。它与一般的去污产品相比，淘米水的去污能力更胜一筹，而且无副作用。其次，淘米水含有丰富的谷类物质，是肌肤所需的营养成分，用淘米水洗脸可以美白养颜，抗氧化，使皮肤变得光滑。另外，经常用淘米水洗头发还可以使头发变得乌黑亮丽。这是由于淘米水中富含B族维生素，而B族维生素能够帮助头发生成黑色素。据说，傣族姑娘的乌黑秀发就是长期坚持用淘米水洗头发的结果。最后，淘米水还具有很好的药用价值。淘米水含有蛋白质和矿物质，煮开后饮用对保护胃壁黏膜、消除积食和改善消化不良有帮助。

44　与一般去污产品相比，淘米水有什么特点？
45　傣族姑娘为什么用淘米水洗发？
46　淘米水的药用价值体现在哪儿？
47　这段话主要谈的是什么？

第48到50题是根据下面一段话：

民间有"满天星，明天晴"之说，意思是假如晚上看到的星星多，那么第二天的天气晴朗。这其实是有科学依据的。夜晚星星的多少和天空状况有十分密切的关系。在天空中有云层的时候，水汽比较多，星星会被云层遮去一部分，同时星光经过水滴，也会被反射和吸收掉一部分光。因此，从地面望去，星星看起来比较稀少，星星的亮度也较低。相反，如果天空中没有云层，空中的水汽比较少，从地面望去，星星就会多。尤其是在夏季，如果晚上看到很多星星，那么基本可以判断第二天就是大晴天，因为中国陆地的天气稳定性较强。然而，如果说星星越多，第二天的气温越高，这种说法不是十分准确。因为影响气温的因素颇多，所以很难根据星星的多少来判断第二天的气温。

48　晚上星星多，预示着什么？
49　夏季，中国陆地的天气有什么特点？
50　根据这段话，下列哪项正确？

HSK 6급 3회 모의고사 정답

문제집 p. 69

一、听力

第一部分

1. C   2. B   3. C   4. D   5. A   6. C   7. A   8. C   9. C   10. C
11. D   12. D   13. D   14. A   15. B

第二部分

16. C   17. B   18. D   19. D   20. A   21. A   22. C   23. A   24. D   25. D
26. A   27. B   28. D   29. C   30. C

第三部分

31. A   32. C   33. D   34. B   35. D   36. A   37. D   38. B   39. C   40. C
41. D   42. C   43. C   44. B   45. C   46. D   47. A   48. D   49. A   50. B

二、阅读

第一部分

51. D   52. C   53. C   54. D   55. A   56. B   57. B   58. C   59. C   60. D

第二部分

61. A   62. C   63. C   64. D   65. C   66. D   67. B   68. A   69. D   70. B

第三部分

71. E   72. C   73. B   74. D   75. A   76. E   77. A   78. D   79. B   80. C

第四部分

81. B 82. C 83. C 84. D 85. B 86. A 87. C 88. D 89. A 90. D
91. D 92. C 93. D 94. C 95. B 96. D 97. C 98. C 99. B 100. D

三、书写

101.

草船借箭

　　周瑜看到诸葛亮很有才华，非常妒忌，于是想为难诸葛亮。
　　有一天，周瑜问诸葛亮水上交战用什么兵器最好，诸葛亮建议用弓箭。但是军中缺箭，于是周瑜请诸葛亮做出十万支箭。诸葛亮答应了，而且说只要三天就可以完成，如果做不到的话甘愿受罚。周瑜很高兴，并派鲁肃跟踪诸葛亮，看看诸葛亮有什么计划。
　　后来，诸葛亮发现了鲁肃，并请鲁肃帮他准备二十条船，但不能让周瑜知道。鲁肃答应了，他偷偷地准备了二十条快船，每条船上有三十名士兵和一千多个草垛子。第一天和第二天诸葛亮没有什么动静。第三天四更时，诸葛亮把鲁肃请到船上，并把二十条船用绳索连起来，朝北岸开去。
　　这时候大雾弥漫，江上的能见度低。天还没亮，船已经靠近了曹军。诸葛亮下令把船一字摆开，又叫船上的士兵一边敲鼓，一边大喊。曹操听到声音，便命令一万多名弓箭手射箭。接着，诸葛亮又下令把船掉过来。天渐渐亮了，船两边的草垛子上都插满了箭。曹操知道被骗了，可是这时诸葛亮的船已经驶出了二十多里，要追也来不及了。
　　二十条船总共有十万多支箭。鲁肃见到周瑜，告诉了他借箭的经过。周瑜叹了一口气说："诸葛亮神机妙算，我真比不上他呀！"

HSK 6급 3회 듣기

제1부분 1~15번 문제는 단문을 듣고 일치하는 내용을 고르는 문제입니다.

1

上午十点和下午四点是吃甜食的最佳时间。在这两个时间段适当地品尝一点儿甜食可以消除疲劳，减轻压力。然而，专家建议饥饿的时候最好喝粥或者吃全麦面包，不要吃甜食，因为糖分不经消化就会立即被吸收，对健康不利。

A 全麦面包不易消化
B 喝粥会被立即吸收
C 肚子饿时不宜吃甜食
D 吃甜食易引发各种疾病

오전 10시와 오후 4시는 단 음식 먹기에 가장 좋은 시간이다. 이 두 시간대에 단 음식을 적당하게 섭취한다면 피로를 없애고, 스트레스를 완화시킬 수 있다. 하지만 전문가들은 배가 고플 때 죽을 먹거나 통밀빵을 먹는 것이 가장 좋고, 단 음식은 먹지 말 것을 제안했다. 왜냐하면, 당분은 소화를 거치지 않고 즉시 흡수되어 건강에 이롭지 않기 때문이다.

A 통밀빵은 쉽게 소화되지 않는다
B 죽을 먹으면 즉시 흡수된다
C 배가 고플 때 단 음식 먹는 것은 좋지 않다
D 단음식을 먹으면 각종 질병을 유발하기 쉽다

지문 어휘 甜食 tiánshí 명 단 음식 | 适当 shìdàng 형 적당하다, 알맞다 | 品尝 pǐncháng 동 섭취하다, 맛보다 ★ | 消除 xiāochú 동 없애다 ★ | 饥饿 jī'è 형 배고프다 ★ | 粥 zhōu 명 죽 ★ | 全麦面包 quánmài miànbāo 명 통밀빵 | 糖分 tángfèn 명 당분 | 消化 xiāohuà 동 소화하다 | 立即 lìjí 부 즉시, 바로

보기 어휘 不宜 bùyí 동 (~하는 것은) 좋지 않다, 적합하지 않다 | 引发 yǐnfā 동 유발하다, 일으키다 | 疾病 jíbìng 명 질병 ★

해설 단 음식에 관한 설명문으로, 전환관계 접속사 '然而' 뒤의 내용이 힌트이다. 본문에서 '饥饿的时候…不要吃甜食，因为…对健康不利(배고플 때 단 음식을 먹지 마라, 왜냐하면 건강에 이롭지 않기 때문이다)'라고 했으므로, C가 정답이다.

정답 C

2

龙虎山位于江西省，那里气候湿润，阳光充足，雨量充沛，是典型的丹霞地貌。龙虎山拥有丰富的动植物资源。据统计，有170多种鸟类、400多种阔叶林。2010年龙虎山被列入世界自然遗产名录。

룽후산(龙虎山)은 장시성(江西省)에 위치한다. 그곳은 기후가 습윤하고 햇빛이 충분하며, 강수량이 풍부한 전형적인 단샤(丹霞)지형이다. 룽후산에는 풍부한 동식물 자원이 있는데, 통계에 따르면 170여 종의 조류와 400여 종의 활엽수림이 있다고 한다. 2010년 룽후산은 세계자연유산 명단에 들어갔다.

A 龙虎山极其陡峭
B 龙虎山雨量充沛
C 龙虎山昼夜温差大
D 龙虎山森林覆盖率低

A 룽후산은 굉장히 험준하다
B 룽후산은 강수량이 풍부하다
C 룽후산은 일교차가 크다
D 룽후산은 삼림분포율이 낮다

지문 어휘 龙虎山 Lónghǔshān 고유 룽후산 | 湿润 shīrùn 형 습윤하다, 촉촉하다 | 充足 chōngzú 형 충분하다, 충족하다 ★ | 充沛 chōngpèi 형 풍부하다, 넘쳐흐르다 ★ | 典型 diǎnxíng 형 전형적인 ★ | 丹霞地貌 dānxiá dìmào 명 단샤 지형(노을처럼 붉은 지형) | 拥有 yōngyǒu 동 가지다, 보유하다 ★ | 统计 tǒngjì 명 통계 ★ | 阔叶林 kuòyèlín 명 활엽수림 | 列入 lièrù 동 들어가다, (집어)넣다 | 遗产 yíchǎn 명 유산 ★ | 名录 mínglù 명 명단

보기 어휘 极其 jíqí 부 굉장히, 아주 | 陡峭 dǒuqiào 형 험준하다 ★ | 昼夜 zhòuyè 명 낮과 밤, 주야 ★ | 覆盖 fùgài 동 뒤덮다 ★ | 森林覆盖率 sēnlín fùgàilǜ 명 삼림분포율

해설 보기를 통해 룽후산에 관한 내용임을 알 수 있으며, 들리는 게 정답인 문제유형이다. 본문에서 룽후산의 기후에 대한 소개를 하면서, '雨量充沛(강수량이 풍부하다)'라고 했으므로, 이를 그대로 언급한 B가 정답이다.

정답 B

3

当有人严厉地责备你时，千万不要觉得委屈，更不要怨恨他们，而应该由衷地感激他们。他们之所以会批评你，是因为在他们眼中，你是可塑之才，他们的每一句指责其实都是对你的满满期待。

A 人不能自满
B 要尊老爱幼
C 要感谢他人的批评
D 要善于发现自己的缺点

누군가가 호되게 당신을 질책할 때는, 절대로 억울하다고 생각하지 말고, 그들을 증오해서는 더더욱 안 되며, (반대로) 진심으로 그들에게 감사해야 한다. 그들이 당신을 꾸짖는 까닭은 그들의 눈에 당신은 재목감이기 때문이고, 그들의 질책 한 마디 한 마디는 사실 모두 당신에 대한 가득한 기대인 것이다.

A 사람은 자만하면 안 된다
B 어른을 공경하고 어린이를 사랑해야 한다
C 타인의 꾸짖음에 감사해야 한다
D 자신의 단점을 발견할 줄 알아야 한다

지문 어휘 严厉 yánlì 형 호되다, 심하다 ★ | 责备 zébèi 동 질책하다, 꾸짖다 | 委屈 wěiqu 형 억울하다 | 怨恨 yuànhèn 동 증오하다, 미워하다 | 由衷 yóuzhōng 형 진심으로, 마음속에서 우러나오는 | 感激 gǎnjī 동 감사하다, 감격하다 | 可塑之才 kěsùzhīcái 명 재목감 | 指责 zhǐzé 동 질책하다, 나무라다 ★

보기 어휘 自满 zìmǎn 형 자만하다 ★ | 尊老爱幼 zūnlǎo'àiyòu 성 어른를 공경하고 어린이를 사랑하다

해설 보기에 '要'나 '不能' 등이 제시된 것으로 보아 주제를 찾아야 하는 논설문임을 알 수 있다. 따라서 당위성을 나타내는 조동사에 집중해서 들어야 한다. 본문에서 '当有人严厉地责备你的时候, …, 而应该由衷地感激他们(누군가 호되게 당신을 질책할 때는 (반대로) 진심으로 그들에게 감사해야 한다)'이라고 했으므로, 정답은 C이다.

정답 C

4

　　印章是用来印在文件上表示签署的文具，是中国传统文化的代表之一。制作材质有玉石、金属、木头等。随着时代的进步，人们开始关注印章的艺术美和材质美。如今，印章不再是简单的文具，而已成为独具特色的艺术品。

A 印章种类繁多
B 印章材质单一
C 刻制印章价格昂贵
D 印章已成为一种艺术品

도장은 문서에 찍어 서명함을 나타내는 문구(文具)로, 중국 전통문화의 대표주자 중 하나이다. 제작에 사용되는 재료로는 옥, 금속, 나무 등이 있다. 시대가 발전함에 따라 사람들은 도장의 예술미와 재료미에 주목하기 시작했다. 오늘날 도장은 더 이상 단순한 문구가 아닌 이미 독특한 특색을 지닌 예술품이 되었다.

A 도장은 종류가 다양하다
B 도장 재료는 하나이다
C 도장을 새기는 가격이 비싸다
D 도장은 이미 일종의 예술품이 되었다

지문 어휘 印章 yìnzhāng 명 도장 | 印 yìn 동 찍다, 인쇄하다 | 签署 qiānshǔ 동 서명하다 ★ | 玉石 yùshí 명 옥, 옥석 | 金属 jīnshǔ 명 금속 | 木头 mùtou 명 나무, 목재 | 关注 guānzhù 동 주목하다 | 独具 dújù 동 독자적으로 갖추다

보기 어휘 繁多 fánduō 형 다양하다, 아주 많다 | 单一 dānyī 형 하나이다, 단일하다 | 刻制 kèzhì 동 새기다 | 昂贵 ángguì 형 비싸다 ★

해설 보기를 통해 도장에 관한 내용임을 알 수 있다. 본문에서 도장의 종류와 새기는 가격은 언급하지 않았고, '制作材质有玉石、金属、木头等(제작에 사용되는 재료로는 옥, 금속, 나무 등이 있다)'이라고 했기에, A, B, C는 모두 정답이 아니다. 본문에서 '已成为独具特色的艺术品(이미 독특한 특색을 지닌 예술품이 되었다)'이라고 했으므로, 정답은 D이다.

정답 D

5

　　热河泉是中国最短的河流，在地图上很难找到它的踪迹。热河泉的泉水清澈透明，一年四季都有不同的形态。更神奇的是，热河泉中含有大量的可溶性二氧化碳，喝起来甘甜可口，素有"天然汽水"之称。

A 热河泉的水味道甘甜
B 热河泉全长700多米
C 热河泉用于农业灌溉
D 热河泉是火山喷发形成的

러허천(热河泉)은 중국에서 가장 짧은 강으로, 지도에서 이 강의 흔적을 찾기는 매우 어렵다. 러허천의 샘물은 맑고 투명하며 일년 사계절 각기 다른 모습을 지니고 있다. 더욱 신기한 점은 러허천에는 가용성 이산화탄소가 다량 함유되어 있어서 마시면 달콤하고 맛있기에, 예로부터 '천연 탄산수'라는 이름이 있다.

A 러허천의 물맛은 달콤하다
B 러허천은 전체 길이가 700여 m이다
C 러허천은 농업용수 관개에 사용된다
D 러허천은 화산분출로 형성된 것이다

| 지문 어휘 | 热河泉 Rèhéquán 고유 러허천 | 河流 héliú 명 강, 하천 | 踪迹 zōngjì 명 흔적, 종적 ★ | 清澈 qīngchè 형 맑다, 맑고 투명하다 ★ | 透明 tòumíng 형 투명하다 | 形态 xíngtài 명 모습, 형태 ★ | 神奇 shénqí 형 신기하다 ★ | 含有 hányǒu 동 함유하다 | 可溶性 kěróngxìng 명 가용성 | 二氧化碳 èryǎnghuàtàn 명 이산화탄소 ★ | 甘甜 gāntián 형 달콤하다, 달다 | 可口 kěkǒu 형 맛있다 ★ | 素有 sùyǒu 동 예로부터 (가지고) 있다

| 보기 어휘 | 灌溉 guàngài 동 관개하다 ★ | 火山 huǒshān 명 화산 | 喷发 pēnfā 동 분출하다 | 形成 xíngchéng 동 형성되다

| 해설 | 보기를 통해 러허천에 관한 내용임을 알 수 있다. 본문에서 다량의 가용성 이산화탄소의 함유로, '喝起来甘甜可口(마시면 달콤하고 맛있다)'라고 했으므로, '甘甜'을 그대로 언급한 A가 정답이다.

| 정답 | A

6

杭白菊简称杭菊，因而很多人会误以为杭菊产自杭州。其实杭菊是浙江桐乡地区的特产。杭菊具有清热解毒，延年益寿的功效。再加上其价格合理，很多人会以杭菊代替茶叶每天冲泡饮用。因此，杭菊已成为最普遍的饮用菊花。

A 杭白菊产自杭州
B 杭白菊可以促进消化
C 杭白菊可代替茶叶饮用
D 杭白菊有悠久的栽培历史

항바이쥐(杭白菊)는 줄여서 '항쥐(杭菊)'라고 부른다. 이 때문에 사람들은 항쥐가 항저우(杭州)에서 생산된다고 오해하지만, 사실 항쥐는 저장(浙江)의 퉁샹(桐乡) 지역 특산품이다. 항쥐는 해열, 해독, 수명연장의 효능이 있다. 거기에다가 가격 또한 합리적이어서 많은 사람들은 찻잎 대신 매일 항쥐를 우려 마신다. 그래서 항쥐는 이미 가장 보편적인 마시는 국화가 되었다.

A 항바이쥐는 항저우에서 생산된다
B 항바이쥐는 소화를 촉진할 수 있다
C 항바이쥐는 찻잎 대용으로 마실 수 있다.
D 항바이쥐는 오랜 재배역사가 있다

| 지문 어휘 | 杭白菊 hángbáijú 명 항바이쥐(국화류) | 浙江 Zhèjiāng 고유 저장 | 桐乡 Tóngxiāng 고유 퉁샹 | 清热 qīng rè 동 해열하다, 열을 내리다 | 解毒 jiě dú 동 해독하다 | 延年益寿 yánnián yìshòu 성 수명을 연장하다, 장수하다 | 功效 gōngxiào 명 효능 ★ | 合理 hélǐ 형 합리적이다 | 代替 dàitì 동 대신하다, 대체하다 | 冲泡 chōngpào 동 우리다, (물에) 타다 | 菊花 júhuā 명 국화

| 보기 어휘 | 促进 cùjìn 동 촉진하다, 촉진시키다 | 悠久 yōujiǔ 형 오래되다, 유구하다 | 栽培 zāipéi 동 재배하다 ★

| 해설 | 보기를 통해 항바이쥐에 관한 내용임을 알 수 있다. 본문에서 이름때문에 항저우에서 생산된다고 오해받는 항쥐는 사실 '浙江桐乡地区的特产(저장의 퉁샹 지역 특산품)'이라고 했으므로, A는 정답이 아니다. 이어서 항쥐의 효능과 가격장점을 언급한 뒤, '很多人会以杭菊代替茶叶每天冲泡饮用(많은 사람들이 찻잎 대신 매일 항쥐를 우려 마신다)'이라고 했으므로, 정답은 C이다.

| 정답 | C

7

在高楼林立的城市中，我们经常可以看到攀爬在建筑物外墙上做清洁工作的蜘蛛人。他们靠一根保险绳和一根作业绳把自己悬挂在大楼外，从楼顶开始缓缓下滑，清洗建筑物的玻璃和外墙。

고층빌딩이 빽빽하게 들어선 도시에서 우리는 건물 외벽에 올라 청소일 하는 스파이더맨을 자주 볼 수 있다. 그들은 안전로프와 작업밧줄에 의존하여 자신을 빌딩 밖에 매달고는 건물 꼭대기에서부터 천천히 미끄러져 내려오며 건물의 유리와 외벽을 청소한다.

A 蜘蛛人要借助绳索
B 蜘蛛人指建筑工人
C 蜘蛛人从低往高攀爬
D 蜘蛛人负责室内装修

A 스파이더맨은 밧줄의 도움이 필요하다
B 스파이더맨은 건설 근로자를 지칭한다
C 스파이더맨은 아래에서부터 위로 올라간다
D 스파이더맨은 인테리어를 담당한다

지문 어휘 高楼 gāolóu 명 고층빌딩 | 林立 línlì 동 빽빽하게 들어서다, 숲을 이루다, 즐비하다 | 攀爬 pānpá 동 오르다, (어떤 것을 잡고) 올라가다 | 外墙 wàiqiáng 명 외벽 | 清洁 qīngjié 동 청소하다, 깨끗하게 하다 ★ | 蜘蛛人 zhīzhūrén 명 스파이더맨, 고층빌딩의 외벽 청소원(밧줄에 의존한 모습이 거미같다고 하여 붙여진 이름) | 靠 kào 동 의존하다, 의지하다 | 根 gēn 양 가닥, 개(가늘고 긴 것을 세는 단위) | 保险 bǎoxiǎn 형 안전하다, 믿음직스럽다 | 绳 shéng 명 밧줄, 끈 | 保险绳 bǎoxiǎnshéng 명 안전로프 | 作业绳 zuòyèshéng 명 작업밧줄 | 悬挂 xuánguà 동 매달다, 걸다 ★ | 大楼 dàlóu 명 빌딩, 고층 건물 | 楼顶 lóudǐng 명 꼭대기 층, 맨 윗층 | 缓缓 huǎnhuǎn 형 천천히, 느릿느릿하다 | 下滑 xiàhuá 동 내려오다, 미끄러지다 | 清洗 qīngxǐ 동 청소하다, 깨끗이 씻다 | 玻璃 bōli 명 유리

보기 어휘 借助 jièzhù 동 도움을 받다, 힘을 빌리다 ★ | 绳索 shéngsuǒ 명 밧줄 | 建筑 jiànzhù 동 건설하다, 건축하다 | 工人 gōngrén 명 근로자, 노동자 | 装修 zhuāngxiū 동 (가옥 등을) 장식하다, 꾸미다

 해설 고층빌딩의 외벽을 청소하는 '스파이더맨'에 관한 내용이다. 본문에서 '蜘蛛人, 他们靠一根保险绳和一根作业绳…从楼顶开始缓缓下滑, 清洗建筑物的玻璃和外墙(스파이더맨은 안전로프와 작업밧줄에 의존하여 건물 꼭대기에서부터 천천히 미끄러져 내려오며 건물의 유리와 외벽을 청소한다)'이라고 했다. 이는 다시 말해 위에서 아래로 내려오며 청소하는 스파이더맨은 밧줄이 있어야 한다는 뜻이므로, C와 D는 정답이 아니며, 밧줄의 도움이 필요함을 언급한 A가 정답이다.

정답 A

8

不少电视节目为了带动观众情绪，会在播放时插入事先录好的背景笑声。这种背景笑声又称罐头笑声。之所以叫罐头笑声，是因为它就像我们吃的罐头食品一样，味道千篇一律。

많은 TV 프로그램이 관중들의 감정을 움직이게 하기 위해 방송할 때 사전에 녹음해 둔 배경웃음을 삽입한다. 이런 배경웃음은 통조림 웃음소리라고도 칭하는데, 통조림 웃음소리라고 부르는 이유는 그것이 우리가 먹는 통조림 식품처럼 느낌이 천편일률적이기 때문이다.

A 娱乐节目不需要"罐头笑声"
B "罐头笑声"千变万化
C "罐头笑声"要提前录制
D 观众很喜欢"罐头笑声"

A 예능프로그램은 '통조림 웃음소리'가 필요하지 않다
B '통조림 웃음소리'는 변화무쌍하다
C '통조림 웃음소리'는 미리 녹음해야 한다
D 관중들은 '통조림 웃음소리'를 좋아한다

> **지문 어휘** 带动 dàidòng 동 움직이게 하다, 선도하다, 이끌다 | 情绪 qíngxù 명 감정, 기분 | 播放 bōfàng 동 방송하다, 방영하다, 틀다 | 插入 chārù 동 삽입하다, 꽂다 | 事先 shìxiān 명 사전에, 미리 | 录 lù 동 녹음하다, 기록하다 | 背景 bèijǐng 명 배경 | 罐头 guàntou 명 통조림 | 罐头笑声 guàntou xiàoshēng 명 통조림 웃음소리(laugh track), 웃음효과음 | 味道 wèidao 명 맛 〈비유〉 느낌, 기분, (마음으로 느끼는) 맛 | 千篇一律 qiānpiānyílǜ 동 천편일률적이다, 조금도 변화가 없다

> **보기 어휘** 娱乐 yúlè 명 예능, 오락 | 千变万化 qiānbiànwànhuà 동 변화무쌍하다, 끊임없이 변화하다 | 提前 tíqián 동 앞당기다 | 录制 lùzhì 동 녹음하다, 녹화하다

> **해설** 방송용 배경웃음에 관한 내용이다. 관중들의 감정을 움직이기 위해 '会在播放时插入事先录好的背景笑声, 这种背景笑声又称罐头笑声(방송할 때 사전에 녹음해 둔 배경웃음을 삽입하는데, 통조림 웃음소리라고도 칭한다)'이라고 통조림 웃음소리를 소개했다. 따라서 통조림 웃음은 미리 녹음해야 한다고 한 C가 정답이다. 이어서 통조림 웃음소리라고 부르는 이유를 '是因为…味道千篇一律(느낌이 천편일률적이기 때문)'라고 설명했으므로, 변화무쌍하다라고 표현한 B는 정답이 아니다.

> **정답** C

9

在大多数人看来，善于交际是一种能力，其实独处也是一种能力。虽然独处时有些寂寞，但这时候我们可以独自面对自己，和心灵进行对话，它是人生中的美好时刻和美好体验。

A 人要学会排解孤独
B 善于交际的人有人脉
C 独处是一种重要的能力
D 喜欢独处的人灵魂空虚

대다수의 사람들이 보기에는 사교에 능한 것이 하나의 능력이지만, 사실 혼자 지내는 것 역시 일종의 능력이다. 비록 혼자 있을 때면 약간 외롭기는 하지만 이때 우리는 혼자서 자기 자신과 마주할 수 있고, 영혼과 대화를 나눌 수 있다. 그것은 인생에서의 아름다운 시간이자 아름다운 체험이다.

A 사람은 고독함을 해소하는 것을 배워야 한다
B 사교에 능한 사람은 인맥이 있다
C 혼자 지내는 것은 일종의 중요한 능력이다
D 혼자 지내는 것을 좋아하는 사람은 마음이 공허하다

> **지문 어휘** 善于 shànyú 동 ~에 능하다, ~를 잘하다 | 交际 jiāojì 동 사교하다, 교제하다 | 独处 dúchǔ 동 혼자 지내다 | 寂寞 jìmò 형 외롭다 | 心灵 xīnlíng 명 영혼, 정신, 마음 ★ | 时刻 shíkè 명 시간, 시각 | 体验 tǐyàn 명 체험

> **보기 어휘** 排解 páijiě 동 해소하다 | 孤独 gūdú 명 고독함, 쓸쓸함 형 외롭다 ★ | 人脉 rénmài 명 인맥 | 灵魂 línghún 명 마음, 영혼 ★ | 空虚 kōngxū 형 공허하다, 텅 비다 ★

> **해설** 혼자 지내는 것에 관한 글로, 들리는 것이 정답인 문제유형이다. 본문에서 '独处也是一种能力(혼자 지내는 것 역시 일종의 능력이다)'라고 했으므로, 이를 그대로 언급한 C가 정답이다.

> **정답** C

10

某高校对9500多名的在校学生做过一次调查问卷。其中有一个问题是：目前对你们而言，最重要的事情是什么？有9%的学生认为是挣钱，有13%的学生认为是积累经验，有78%的学生认为是寻找人生的价值和意义。

A 调查人数极少
B 调查对象是新职员
C 少数学生认为赚钱最重要
D 大部分学生喜欢参加社团活动

모 대학에서 9,500여 명의 재학생에게 설문조사를 했다. 그 중 질문 하나가 현재 당신들에게 있어 가장 중요한 일은 무엇입니까? 였는데, 9%의 학생들은 돈을 버는 것이라 생각했고, 13%의 학생들은 경험을 쌓는 것이라 여겼으며, 78%의 학생들은 인생의 가치와 의미를 찾는 것이라고 생각했다.

A 조사한 인원 수가 굉장히 적었다
B 조사대상은 신입사원이다
C 소수의 학생들은 돈 버는 것이 가장 중요하다고 생각했다
D 대부분의 학생들은 동아리 활동에 참가하는 걸 좋아했다

지문 어휘 高校 gāoxiào 명 대학, 고등교육기관 | 调查 diàochá 동 조사하다 | 问卷 wènjuàn 명 설문 조사 | 挣钱 zhèng qián 동 (노동을 통해) 돈을 벌다 | 积累 jīlěi 동 쌓다, 축적하다 | 寻找 xúnzhǎo 동 찾다

보기 어휘 对象 duìxiàng 명 대상, 상대 | 赚钱 zhuàn qián 동 (이윤을 남겨) 돈을 벌다 | 社团 shètuán 명 동아리, 모임, 서클

해설 보기를 통해 수를 나타내는 표현에 주의해서 들어야 함을 알 수 있다. 본문에서 '9500多名的在校学生(9,500여 명의 재학생)'에게 설문조사를 했다고 했으므로, A와 B는 정답이 아니다. 이어서 9%와 13%, 78%의 비율이 등장했고 '有9%的学生认为是挣钱(9%의 학생들은 돈을 버는 것이라 생각했다)'이라고 했다. 따라서 9,500여 명 중 9%에 해당하는 소수의 학생들은 돈 버는 것이 가장 중요하다라고 언급한 C가 정답이다.

정답 C

11

春节期间燃放烟花爆竹不仅可以营造出喜庆的气氛，还可以给人们带来欢乐。但随着人们环保意识的日益增强，许多人改变了庆祝春节的方式，用更多样的方式来迎接新年。譬如：与家人聚餐或者去国内外旅行等。

A 燃放烟花爆竹很危险
B 节日带动了烟花的销量
C 节日出行需保管好贵重物品
D 庆祝春节的方式日趋多样化

춘절 때 폭죽을 터뜨리는 것은 즐겁고 경사스러운 분위기를 조성할 수 있을 뿐 아니라, 사람들에게 즐거움도 가져다줄 수 있다. 하지만 사람들의 환경보호 의식이 나날이 높아짐에 따라 많은 사람들이 춘절을 축하하는 방식을 바꾸었고, 더욱더 다양한 방식으로 새해를 맞이한다. 예를 들면, 가족과 모여서 식사를 한다거나 국내외로 여행을 가는 등이 있다.

A 폭죽을 터뜨리는 것은 매우 위험하다
B 명절은 폭죽의 판매량을 이끌었다
C 명절에 외출할 때는 귀중품을 잘 보관해야 한다
D 춘절을 축하하는 방식이 나날이 다양해진다

| 지문 어휘 | 期间 qījiān 몡 기간 | 燃放 ránfàng 동 (폭죽 등을) 터뜨리다 | 烟花爆竹 yānhuā bàozhú 몡 불꽃놀이, 폭죽 | 营造 yíngzào 동 조성하다, 만들다 | 喜庆 xǐqìng 몡 즐겁고 경사스럽다 | 欢乐 huānlè 몡 즐겁다, 유쾌하다 ★ | 意识 yìshí 몡 의식 ★ | 日益 rìyì 부 나날이, 날로 ★ | 庆祝 qìngzhù 동 축하하다, 경축하다 | 迎接 yíngjiē 동 맞이하다 | 譬如 pìrú 동 예를 들다 ★ | 聚餐 jùcān 동 모여서 식사하다

| 보기 어휘 | 带动 dàidòng 동 이끌다, 선동하다 | 销量 xiāoliàng 몡 판매량 | 保管 bǎoguǎn 동 보관하다 ★ | 日趋 rìqū 부 나날이, 날로

| 해설 | 춘절을 보내는 방식에 관한 내용으로, 본문에서 '许多人改变了庆祝春节的方式…用更多样的方式来迎接新年(많은 사람들이 춘절을 축하하는 방식을 바꾸었고… 더욱더 다양한 방식으로 새해를 맞이한다)'이라며 식사나 여행의 예를 들어 설명했다. 따라서 다양함을 언급한 D가 정답이다.

| 정답 | D

12

铜镜顾名思义就是用铜做的镜子，含锡量较高。在古代，它最早是以礼器出现的，后来逐步走进了人们的生活，**成为人们不可缺少的生活用具**。铜镜因其制作精良、形态美观、被称为"中国古代青铜艺术的瑰宝"。

동경(铜镜)은 이름 그대로 동으로 만든 거울이며, 주석함량이 높은 편이다. 고대에 동경은 예기(礼器)로써 처음 출현했는데, 후에 점차 사람들의 생활 속으로 들어와 사람들에게 없어서는 안 될 생활용품이 되었다. 동경은 그 제작이 정교하고 모양이 아름다워서 '중국 고대 청동 예술의 보배'라고 불린다.

A 铜镜携带不便
B 铜镜的制作粗糙
C 铜镜是吉祥的象征
D 铜镜是古人的生活用品

A 동경은 휴대하기가 불편하다
B 동경의 제작은 조잡하다
C 동경은 상서로움의 상징이다
D 동경은 옛날 사람들의 생활용품이다

| 지문 어휘 | 铜镜 tóngjìng 몡 동경, 구리 거울 | 顾名思义 gùmíngsīyì 셩 이름 그대로이다, 이름을 보고 그 뜻을 생각하다 | 含锡量 hánxīliàng 주석함량 | 礼器 lǐqì 몡 예기(의식에 사용되는 그릇) | 逐步 zhúbù 부 점차, 차츰 | 不可缺少 bùkěquēshǎo 없어서는 안 된다 | 精良 jīngliáng 몡 정교하다 | 形态 xíngtài 몡 모양, 형태 ★ | 美观 měiguān 몡 아름답다, 예쁘다 ★ | 瑰宝 guībǎo 몡 보배, 진귀한 보물

| 보기 어휘 | 携带 xiédài 동 휴대하다 ★ | 粗糙 cūcāo 몡 조잡하다, 엉성하다 | 吉祥 jíxiáng 몡 상서롭다, 길하다 ★ | 象征 xiàngzhēng 몡 상징

| 해설 | 청동거울인 '동경'에 관한 설명문으로써, 동경이 예기로 처음 출현했고 후에 생활 속으로 들어왔음을 소개하고 있다. 본문에서 '成为人们不可缺少的生活用具(사람들에게 없어서는 안 될 생활용품이 되었다)'라고 했으므로, '生活用具'를 '生活用品'으로 바꿔서 언급한 D가 정답이다.

| 정답 | D

13

旅行商数的简称是旅商。它评测的内容包含旅途规划、行程管理、应对突发问题等方面。旅商可以用于衡量旅行者在旅行过程中产生幸福感的程度。同样的旅行目的地，旅商高的人产生的幸福感高，相反则低。

여행지수(旅行商数)의 약칭은 '뤼상(旅商)'이다. 여행지수가 평가 및 예측하는 내용에는 여정 계획, 일정 관리, 돌발상황 대처 등의 부분이 포함된다. 뤼상은 여행자가 여행하는 과정에서 생겨나는 행복감의 정도를 판단하는데 쓸 수 있다. 같은 여행지라 하더라도 뤼상이 높은 사람은 생겨나는 행복감이 높지만, 그 반대는 낮다.

A 旅行可结识更多人
B 旅商高的人情商高
C 旅行前要准备充分
D 旅商高的人旅途更愉快

A 여행을 하면 더 많은 사람을 사귈 수 있다
B 뤼상이 높은 사람은 EQ가 높다
C 여행하기 전에 충분히 준비해야 한다
D 뤼상이 높은 사람은 여정이 더 즐겁다

지문 어휘 旅行商数 lǚxíng shāngshù 여행지수(Travel Quotient) | 简称 jiǎnchēng 명 약칭 | 评测 píngcè 동 평가 및 예측하다 | 包含 bāohán 동 포함하다 | 旅途 lǚtú 명 여정, 여행과정 | 规划 guīhuà 명 계획, 기획 ★ | 应对 yìngduì 동 대처하다, 응대하다 | 突发 tūfā 동 돌발하다 | 衡量 héngliáng 동 판단하다, 가늠하다

보기 어휘 结识 jiéshí 동 사귀다 | 情商 qíngshāng 명 EQ, 감성지수(Emotional Quotient)

해설 여행지수 '뤼상'에 관한 설명문이다. 본문에서 '同样的旅行目的地，旅商高的人产生的幸福感高(같은 여행지라 하더라도 뤼상이 높은 사람은 생겨나는 행복감이 높다)'라고 했고, 이는 다시 말해 뤼상이 높은 사람의 여정이 더 즐겁다는 것을 의미하므로, 정답은 D이다.

정답 D

14

心理学家研究发现，在餐馆、咖啡店等场所人们所选的座位会无意中透露出其性格特征。一般来说，喜欢坐在中央位置的人以自我为中心，表现欲强烈；而喜欢坐在角落的人遇事缺乏决断能力。

심리학자는 연구를 통해, 식당이나 카페 등의 장소에서 사람들이 선택하는 좌석은 무의식중에 성격의 특징을 드러낼 수 있다는 것을 발견했다. 일반적으로 중앙 자리에 앉는 걸 좋아하는 사람은 자기중심적인 사람으로 표현 욕구가 강한 반면, 구석에 앉는 것을 좋아하는 사람은 일이 닥쳤을 때 결단력이 부족하다고 한다.

A 座位选择会透露性格
B 角落的座位比较清静
C 久坐不利于骨骼生长
D 在公共场合要注意礼节

A 좌석 선택은 성격을 드러낼 수 있다
B 구석진 좌석은 비교적 조용하다
C 오래 앉아 있는 것은 골격 성장에 좋지 않다
D 공공장소에서는 예절에 주의해야 한다

지문 어휘 场所 chǎngsuǒ 명 장소 ★ | 无意中 wúyìzhōng 부 무의식 중에, 무심결에 | 透露 tòulù 동 드러내다, 밝히다, 누설하다 ★ | 中央 zhōngyāng 명 중앙 ★ | 位置 wèizhi 명 자리, 위치 | 表现欲 biǎoxiànyù 명 표현 욕구 | 强烈 qiángliè 형 강하다, 강렬하다 | 角落 jiǎoluò 명 구석, 모퉁이 ★ | 遇事 yù shì 동 일이 닥치다, 일이 생기다 | 决断能力 juéduàn nénglì 명 결단력

| 보기어휘 | **清静** qīngjìng 형 조용하다 | **骨骼** gǔgé 명 골격 | **公共** gōnggòng 형 공공의, 공중의 | **场合** chǎnghé 명 장소, 자리 ★ | **礼节** lǐjié 명 예절 ★

| 해설 | 공공장소에서의 좌석 선택과 성격의 연관성에 관한 글로, 본문에서 심리학자의 연구를 언급하면서 '人们所选的座位会无意中透露出其性格特征(사람들이 선택하는 좌석은 무의식중에 성격의 특징을 드러낼 수 있다)'이라고 했기에, 이를 요약해서 언급한 A가 정답이다.

| 정답 | A

15

在孩子的成长过程中，父母是最好的老师。只有父母形成正确的、科学的教育理念，才能在陪伴孩子成长的每一天帮助他们树立理想，并朝着理想的目标不断前进。从这个角度来看，父母才是孩子长成参天大树的起点。

A 要让孩子懂得感恩
B 父母要有正确的育儿观
C 小学生应多加强体育锻炼
D 父母要帮助孩子树立信心

아이들이 성장하는 과정에서 부모는 가장 좋은 선생님이다. 부모가 올바르고 과학적인 교육이념을 형성해야만 비로소 아이들이 성장하는 매일을 옆에서 함께 하며 아이들이 이상을 수립하고, 아울러 이상적인 목표를 향해 끊임없이 전진하도록 도와줄 수 있다. 이러한 관점에서 본다면 부모야말로 아이들이 거목으로 성장하는 출발점이라 할 수 있다.

A 아이들에게 감사함을 알게 해야 한다
B 부모는 올바른 양육관을 가지고 있어야 한다
C 초등학생은 체육단련을 강화해야 한다
D 부모는 아이가 자신감을 가질 수 있도록 도와줘야 한다

| 지문어휘 | **陪伴** péibàn 동 옆에서 함께 하다 | **树立** shùlì 동 수립하다, 세우다 ★ | **朝** cháo 전 ~를 향해 | **角度** jiǎodù 명 관점, 입장, 각도 | **长成** zhǎngchéng 동 ~로 성장하다, 자라다 | **参天大树** cāntiān dàshù 명 거목(하늘 높이 우뚝 솟은 커다란 나무) | **起点** qǐdiǎn 명 출발점, 기점

| 보기어휘 | **感恩** gǎn'ēn 동 감사하다, 은혜에 감사하다 | **育儿观** yù'érguān 명 양육관 | **加强** jiāqiáng 동 강화하다

| 해설 | 아이들이 바르게 성장하기 위한 부모의 역할을 설명한 글로, 조건관계 접속사 '只有 A 才 B'가 힌트이다. 본문에서 '只有父母形成正确的、科学的教育理念，才能…(부모가 올바르고 과학적인 교육이념을 형성해야만 비로소 ~할 수 있다)'이라고 했기에, 부모는 올바른 양육관을 가지고 있어야 한다고 언급한 B가 정답이다.

| 정답 | B

제2부분

16~30번 문제는 인터뷰를 듣고 질문에 알맞은 답을 고르는 문제입니다.

第16到20题是根据下面一段采访：

女：我发现您的摄影作品，大多是以环保为题材的。您拍摄的这组作品也不例外，可以给我们简单介绍一下这组作品吗？

男：**16** 我的这组作品拍摄的是候鸟保护者田志伟的故事。过去渤海湾区域是盗猎者的天堂，候鸟的地狱。田志伟为了守护96平方公里的候鸟迁徙区域，毅然辞掉了工作，用顽强的毅力守护着候鸟的家园，他和志愿者的努力改善了候鸟的栖息地。

女：您是如何拍摄这组作品的？

男：我拍摄这组照片并没有拍很长时间，**17** 大部分时间是跟随田志伟一起在保护区内做一些简单的工作，体验这些志愿者的生活，和他们交谈。在这个过程中我感受到了环保的力量，最后我才拿起相机开始进行了拍摄。

女：一些野生动物摄影爱好者常常会在拍摄时惊吓到动物，您觉得如何可以避免这样的问题发生？

男：**18** 伪装和防护装备可以减少对野生动物的惊扰。但我觉得更为重要的是摄影师应该有保护动物的意识。无论在什么情况下，都要把保护动物的意识放到第一位。

女：你为何这么关注环保题材？

男：**19** 我作为一个新闻记者有干预现实的使命感，我应该将真实的事件还原给社会大众。当今环境问题越来越严重，在报道中结合一些真实的影像，再加上具体的调查数据，会更有说服力，更能警醒人们关注环境问题。

女：您认为摄影的价值是什么？对未来有什么规划？

여: 저는 당신의 사진작품 대부분이 환경보호를 소재로 하고 있는 것을 발견했는데요, 선생님께서 촬영하신 이(번) 작품들도 예외가 아니더군요. 저희에게 간단하게 이 작품들을 소개해 주실 수 있나요?

남: **16** 저의 이(번) 작품에서 촬영한 것은 철새 지킴이인 톈즈웨이(田志伟)의 이야기입니다. 과거에 보하이만(渤海湾) 지역은 밀렵꾼들의 천국이자 철새들의 지옥이었습니다. 톈즈웨이는 96km²의 철새도래지를 지키기 위해 단호히 일을 그만두고, 강한 의지로 철새의 고향을 지키고 있으며, 그와 자원봉사자들의 노력은 철새 서식지를 개선시켰습니다.

여: 당신은 이 작품들을 어떻게 찍으셨나요?

남: 제가 이 사진들을 찍는 데는 결코 오랜 시간 촬영하지 않았습니다. **17** 대부분의 시간은 톈즈웨이를 따라서 함께 보호 구역 내에서 간단한 작업을 하거나 자원봉사자들의 생활을 체험하고 그들과 이야기를 나눴습니다. 이 과정에서 저는 환경보호의 힘을 느끼게 되었고, 마지막에서야 비로소 카메라를 들어 촬영을 시작했습니다.

여: 일부 야생동물 촬영애호가들은 사진을 찍을 때 종종 동물을 놀라게 하기도 하는데, 어떻게 하면 이런 문제가 발생하는 것을 피할 수 있다고 생각하십니까?

남: **18** 위장과 보호 장비는 야생동물이 놀라는 것을 줄여줄 수 있습니다. 하지만 제 생각에 더욱 중요한 것은 사진작가들이 반드시 동물 보호 의식을 가지고 있어야 한다는 겁니다. 그 어떤 상황에서도 동물 보호 의식을 최우선에 두어야 하는 거죠.

여: 당신은 왜 이렇게 환경보호라는 소재에 주목하시나요?

남: **19** 저는 취재기자로서 현실에 개입해야 한다는 사명감을 가지고 있기에, 반드시 진실된 사건을 사회 대중에게 되돌려주어야만 합니다. 오늘날 환경문제는 점점 더 심각해지고 있습니다. 보도하면서 실제 영상들을 결합하고 구체적인 조사데이터까지 덧붙인다면, 좀 더 설득력을 가지게 될 것이고 사람들이 환경문제에 주목하도록 더 잘 일깨워줄 수 있을 것입니다.

여: 당신은 촬영의 가치가 무엇이라고 생각하시나요, 또 앞으로는 어떤 계획이 있으십니까?

男：我是从1998年开始接触摄影的，后来成为了一名摄影记者。在我的十多年摄影记者生涯中，我不断地拿起相机按下快门，在按下快门的瞬间我看到了摄影的魅力。20 在我看来摄影的价值一共有三个：第一，向大众传递突发事件的真相；第二，通过拍摄，让大众广泛关注社会矛盾；第三，记录人类复杂的情感。在未来的道路上，我打算拓宽我关注的领域，继续用相机记录我眼中的世界。

남: 저는 1998년에 촬영을 접하기 시작했고, 후에 사진기자가 되었습니다. 10여 년 동안의 사진기자 생활 동안 저는 끊임없이 카메라를 들어 셔터를 눌렀고, 셔터를 누르는 순간에 저는 촬영의 매력을 보았습니다. 20 제가 볼 때 촬영의 가치는 총 세 가지가 있습니다. 첫 번째는 대중에게 돌발 사건의 진상을 전달하는 것이고, 두 번째는 촬영을 통해서 대중들이 사회의 모순에 주목하게끔 하는 것입니다. 세 번째는 인류의 복잡한 감정을 기록하는 것입니다. 앞으로 저는 저의 관심 분야를 넓혀나가며, 계속해서 카메라를 이용하여 제 눈 속의 세계를 기록할 계획입니다.

지문 어휘 摄影作品 shèyǐng zuòpǐn 명 사진작품 | 题材 tícái 명 소재, 제재 ★ | 拍摄 pāishè 동 촬영하다 | 例外 lìwài 동 예외이다 명 예외 ★ | 候鸟 hòuniǎo 명 철새 | 田志伟 Tián Zhìwěi 고유 톈즈웨이 | 渤海湾 Bóhǎiwān 고유 보하이만 | 区域 qūyù 명 지역, 구역 ★ | 盗猎者 dàolièzhě 명 밀렵꾼 | 天堂 tiāntáng 명 천국, 천당 ★ | 地狱 dìyù 명 지옥 | 守护 shǒuhù 동 지키다 | 平方公里 píngfānggōnglǐ 양 km², 평방 킬로미터 | 迁徙 qiānxǐ 동 옮겨가다, 이동하다 ★ | 鸟迁徙区域 niǎoqiānxǐ qūyù 철새도래지 | 毅然 yìrán 부 단호히, 결연히 ★ | 顽强 wánqiáng 형 강하다, 완강하다 ★ | 毅力 yìlì 명 (강한) 의지 | 家园 jiāyuán 명 고향, 집 | 志愿者 zhìyuànzhě 명 지원자 | 栖息地 qīxīdì 명 서식지 | 跟随 gēnsuí 동 따르다 ★ | 体验 tǐyàn 동 체험하다 | 交谈 jiāotán 동 이야기를 나누다 | 感受 gǎnshòu 동 느끼다, 받다 | 野生动物 yěshēng dòngwù 명 야생동물 | 惊吓 jīngxià 동 깜짝 놀라다 | 避免 bìmiǎn 동 피하다 | 伪装 wěizhuāng 명 위장 동 위장하다 | 防护 fánghù 동 보호하다 | 装备 zhuāngbèi 명 장비 | 惊扰 jīngrǎo 동 놀라게 하다 | 意识 yìshí 명 의식 ★ | 新闻记者 xīnwén jìzhě 명 취재기자, 보도기자 | 干预 gānyù 동 개입하다, 관여하다 ★ | 使命感 shǐmìnggǎn 명 사명감 | 事件 shìjiàn 명 사건 ★ | 还原 huányuán 동 되돌리다, 환원하다 ★ | 结合 jiéhé 동 결합하다, 결부하다 | 影像 yǐngxiàng 명 영상 | 警醒 jǐngxǐng 동 일깨우다, 각성하다 | 规划 guīhuà 명 계획 동 기획하다 ★ | 生涯 shēngyá 명 생활, 생애 | 快门 kuàimén 명 (사진기의) 셔터 | 瞬间 shùnjiān 명 순간 ★ | 魅力 mèilì 명 매력 | 传递 chuándì 동 전달하다 | 真相 zhēnxiàng 명 진상 ★ | 情感 qínggǎn 명 감정, 느낌 | 拓宽 tuòkuān 동 넓히다, 확장하다 | 领域 lǐngyù 명 분야, 영역

16

关于田志伟下列哪项正确？

A 反对贿赂
B 故乡在渤海湾
C 是候鸟保护者
D 成立了慈善机构

톈즈웨이에 관하여, 다음 중 옳은 것은 무엇인가?

A 뇌물 주는 것을 반대한다
B 고향이 보하이만이다
C 철새 지킴이이다
D 자선단체를 만들었다

보기 어휘 贿赂 huìlù 동 뇌물을 주다 ★ | 故乡 gùxiāng 명 고향 ★ | 慈善 císhàn 형 자선하다, 자선을 베풀다 ★ | 机构 jīgòu 명 단체, 기구, 기관 ★

| 해설 | 보기를 통해 인물에 관해 묻는 문제임을 알 수 있다. 인터뷰 대상 외의 인물이 등장하면 인물의 이름에 신경 쓰며 들어야 한다. 본문에서 '我的这组作品拍摄的是候鸟保护者田志伟的故事'라며 톈즈웨이의 신분이 철새 지킴이임을 언급했으므로, 정답은 C이다. |

| 정답 | C |

17

拍摄过程中男的用大部分时间来做什么?

A 思索摄影的意义
B 感受志愿者的生活
C 等拍摄的最佳时机
D 阅读有关候鸟的文献

촬영 과정에서 남자는 대부분의 시간에 무엇을 했는가?

A 촬영의 의미에 대해 깊이 생각했다
B 자원봉사자들의 생활을 느꼈다
C 촬영의 최적기를 기다렸다
D 철새와 관련 있는 문헌을 읽었다

| 보기어휘 | 思索 sīsuǒ 동 깊이 생각하다 ★ | 时机 shíjī 명 시기, 때 ★ | 文献 wénxiàn 명 문헌 ★ |

| 해설 | 보기를 통해 인물의 행동이나 느낌에 관한 질문임을 알 수 있다. 본문에서 남자는 '大部分时间是…, 体验这些志愿者的生活'라며 대부분 시간은 자원봉사자들의 생활을 체험했다고 했으므로, '体验'을 '感受'로 바꿔서 언급한 B가 정답이다. |

| 정답 | B |

18

男的认为摄影师在拍摄动物时如何可以避免不让动物受到惊吓?

A 用长镜头拍摄
B 模仿动物的叫声
C 有敏锐的洞察力
D 有保护动物的意识

남자는 사진작가들이 동물을 촬영할 때 어떻게 하면 동물이 놀라는 것을 피할 수 있다고 생각하는가?

A 망원렌즈로 촬영한다
B 동물의 울음 소리를 모방한다
C 날카로운 통찰력을 가진다
D 동물 보호 의식을 가진다

| 보기어휘 | 镜头 jìngtóu 명 (카메라) 렌즈 ★ | 长镜头 chángjìngtóu 명 망원렌즈 | 模仿 mófǎng 동 모방하다 | 叫声 jiàoshēng 울음 소리, 우는 소리 | 敏锐 mǐnruì 형 날카롭다 ★ | 洞察力 dòngchálì 명 통찰력 |

| 해설 | 본문에서 '伪装和防护装备可以减少…惊扰。但我觉得更为重要的是摄影师应该有保护动物的意识'라며 동물이 놀라는 것을 줄이려면 위장이나 보호장비보다도 사진작가들이 동물 보호 의식을 가지는 것이 더 중요하다고 했다. 따라서 정답은 D이다. |

| 정답 | D |

19

男的如何看待新闻记者这个职业?　　　　　　　남자는 취재기자라는 이 직업을 어떻게 생각하는가?

A 学识渊博　　　　　　　　　　　　　　　　　A 박학다식하다
B 会多国语言　　　　　　　　　　　　　　　　B 여러 나라의 언어를 할 줄 안다
C 要敢于挑战　　　　　　　　　　　　　　　　C 용감하게 도전해야 한다
D 有干预现实的使命　　　　　　　　　　　　　D 현실에 개입하는 사명이 있다

보기 어휘 看待 kàndài 통 생각하다, 보다, 대하다 ★ | 渊博 yuānbó 형 박식하다 | 学识 xuéshí 명 학식 | 渊博 yuānbó 형 깊고 넓다, 박식하다 | 敢于 gǎnyú 통 용감하게 ~하다 | 使命 shǐmìng 명 사명, 책임, 임무 ★

해설 인터뷰어가 환경보호에 주목하는 이유를 묻자, 남자는 '我作为一个新闻记者有干预现实的使命感'이라며 취재기자로서 현실에 개입해야 한다는 사명감이 있다고 했으므로, 이를 그대로 언급한 D가 정답이다.

정답 D

20

下列哪项不是男的所认同的摄影价值?　　　　　다음 중 남자가 인정하는 촬영의 가치가 아닌 것은 무엇인가?

A 传授摄影技巧　　　　　　　　　　　　　　　A 촬영기술을 전수해 주는 것
B 关注社会矛盾　　　　　　　　　　　　　　　B 사회의 모순에 주목하는 것
C 记录人类情感　　　　　　　　　　　　　　　C 인류의 감정을 기록하는 것
D 向大众传递真相　　　　　　　　　　　　　　D 대중에게 진상을 전달하는 것

보기 어휘 认同 rèntóng 통 인정하다 | 传授 chuánshòu 통 전수하다, 가르치다 ★ | 技巧 jìqiǎo 명 기술, 테크닉 ★

해설 인터뷰어가 촬영의 가치를 묻자, 남자는 세 가지를 언급했다. 따라서 이 문제는 들리는 것에 표시를 해가며 들어야 한다. 본문에서 '第一，给大众传递突发事件的真相；第二，通过拍摄让大众广泛关注社会矛盾；第三，记录人类复杂的情感'이라며 진상 전달과 사회 모순 주목, 그리고 인류 감정 기록을 언급했으므로, B, C, D는 정답이 아니다. 따라서 언급되지 않은 A가 정답이다.

정답 A

第21到25题是根据下面一段采访：

男： 你好，首先非常感谢你能接受我的采访。我们都知道你是一名学生运动员，那么你是如何平衡学习和射击训练的关系呢？

女： 作为学生，我知道自己的首要任务是学习，但我也非常热爱射击这项运动。所以我会合理安排有限的时间，尽量保证学业和射击训练两不耽误。通常情况下，我会用课余时间练习射击。平时训练三个小时，**21 周末的时候集中练习射击**，运动量相对来说比较大，练习七个小时左右。

男： 在大型比赛前应该都会有紧张的情绪，你是怎么缓解的呢？

女： 是的，在大型比赛前我时常会 **22 感到紧张。一般来讲，我会听一些舒缓的音乐**，听音乐可以调节我的紧张情绪。另外，我也会听一些正能量的音乐，因为正能量音乐的歌词都充满了力量，能鼓励我不懈努力。

男： 到今天为止，最让你感到骄傲的一件事是什么？

女： 我觉得我是一个幸运儿，我万万没想到能在这么年轻的时候就有机会进入射击队，而且 **25 和奥运冠军、世界冠军一起参加了各种大型比赛**。这对我来说是特别的经历，是值得骄傲的一件事。

男： 你如何看待竞争对手呢？

女： 我们作为射击运动员都是因为热爱这项运动而从事了体育事业，所以从这个角度来说，我和对手也算是志同道合的朋友。在赛场上虽然我们是竞争对手，但我会以积极的态度对待对手，多看对手身上的优点，来弥补我的缺点。**23 我会尊重我的每个对手**，因为我知道对手远远比我想象的强大。

남: 안녕하세요. 먼저 저의 인터뷰에 응해주셔서 대단히 감사드립니다. 저희 모두 당신이 학생 운동선수라는 것을 알고 있는데요. 그렇다면, 당신은 학업과 사격 훈련 간의 균형을 어떻게 맞추시는지요?

여: 학생으로서 저 자신의 가장 중요한 임무는 학업이라는 것을 잘 알고 있습니다. 그러나 저는 또 사격이라는 이 스포츠를 굉장히 좋아합니다. 그래서 저는 제한된 시간을 합리적으로 안배해서, 최대한 학업과 사격 훈련 두 가지 모두 그르치지 않으려 노력합니다. 보통 때 저는 수업 외 시간을 이용하여 사격을 연습하는데요, 평소에는 3시간 동안 훈련하고, **21 주말에 집중적으로 사격을 연습하느라 (주말)** 운동량은 상대적으로 많은 편인데, 7시간 정도 훈련합니다.

남: 큰 시합 전에는 분명 모두가 긴장된 마음이 들 수 밖에 없는데요, 당신은 어떻게 푸십니까?

여: 그렇습니다. 큰 시합 전에 저는 항상 **22 긴장을 하게 되는데요, 보통 저는 느린 음악들을 듣습니다**. 음악을 들으면 긴장된 마음을 조절할 수 있거든요. 그 밖에 저는 또 긍정적인 에너지가 담긴 음악을 듣기도 하는데요, 왜냐하면 긍정 에너지의 음악 가사는 모두 힘이 넘쳐서 제가 꾸준하게 노력하도록 격려해줄 수 있거든요.

남: 지금까지 스스로 가장 자부심을 느끼게 했던 일은 무엇이신가요?

여: 저는 제가 행운아라고 생각합니다. 이렇게 어린 나이에 사격팀에 들어갈 기회가 있을 것이라고는 전혀 생각도 못 했습니다. 게다가 **25 올림픽 금메달리스트, 세계랭킹 1위 선수들과 함께 각종 큰 시합에 참가하기까지 했잖아요**. 이것은 저에게 있어 특별한 경험이자, 자부심을 느낄만한 가치가 있는 일입니다.

남: 당신은 라이벌을 어떻게 생각하시나요?

여: 저희 사격 선수들은 모두 사격이라는 이 운동을 매우 사랑하기에 스포츠 분야에 몸담고 있습니다. 그래서 이 관점에서 얘기한다면, 저와 상대는 서로 뜻을 같이하는 친구인 셈인 거죠. 경기장에서 저희는 비록 라이벌입니다만, 저는 긍정적인 태도로 상대를 대하고 또 상대의 장점을 잘 살펴서 저의 단점을 보완합니다. **23 저는 저의 모든 상대를 존중합니다**. 왜냐하면, 상대는 제가 상상한 것보다 훨씬 강하다는 것을 저는 알고 있기 때문이에요.

男: 你打算一直走射击这条路吗?
女: 是的。24 我的梦想是成为一名职业的射击运动员,而且我的家人也非常支持我,他们是我坚强的后盾。当然,我知道在实现这个梦想的道路上会布满荆棘,但我会咬紧牙,勇敢地去扫除障碍。

남: 당신은 앞으로도 계속 사격이라는 이 길을 가실 계획이신가요?
여: 네, 그렇습니다. 24 저의 꿈은 프로 사격선수가 되는 것입니다. 게다가 우리 가족 역시 저를 매우 지지하고 있습니다. 가족들은 저의 강력한 서포터즈입니다. 물론, 이 꿈을 실현하는 과정이 가시밭길일 것이라는 것을 알고 있습니다. 하지만 저는 이를 악물고 용감하게 장애물을 제거해 나갈 것입니다.

지문 어휘 采访 cǎifǎng 명 인터뷰, 취재 동 인터뷰하다, 취재하다 | 平衡 pínghéng 동 균형을 맞추다 | 射击 shèjī 동 사격하다 | 首要 shǒuyào 형 가장 중요하다 ★ | 尽量 jǐnliàng 부 최대한, 가능한 한 | 耽误 dānwu 동 (일을) 그르치다, 망치다 | 集中 jízhōng 형 집중적으로 동 집중하다 | 情绪 qíngxù 명 마음, 감정 | 缓解 huǎnjiě 동 (긴장을) 풀다, 완화시키다 | 舒缓 shūhuǎn 형 느리다 | 调节 tiáojié 동 조절하다 | 正能量 zhèngnéngliàng 긍정에너지, 건강하고 긍정적인 에너지 ★ | 歌词 gēcí 명 (노래)가사 | 不懈 búxiè 형 꾸준하다 | 骄傲 jiāo'ào 형 자부심을 느끼다, 자랑스럽게 여기다 | 幸运儿 xìngyùn'ér 명 행운아 | 万万 wànwàn 부 전혀, 결코, 절대 | 奥运 àoyùn 명 올림픽 | 冠军 guànjūn 명 챔피언, 1등, 우승자 | 值得 zhídé 동 ~할 가치가 있다 | 竞争 jìngzhēng 동 경쟁하다 | 对手 duìshǒu 명 상대, 적수 | 热爱 rè'ài 동 매우 사랑하다 | 志同道合 zhìtóngdàohé 성 뜻을 같이 하다, 서로 뜻이 같고 생각이 일치하다 | 赛场 sàichǎng 명 경기장 | 弥补 míbǔ 동 보완하다, 메우다 ★ | 坚强 jiānqiáng 형 강하다, 굳세다 | 后盾 hòudùn 명 서포터즈, 등 뒤의 방패 | 布满 bùmǎn 동 가득 널려 있다, 가득하다 | 荆棘 jīngjí 명 가시덤불, 가시나무 | 咬紧 yǎojǐn 동 (이를) 악물다 | 扫除 sǎochú 동 제거하다, 청소하다 | 障碍 zhàng'ài 명 장애물, 방해물 ★

21

女的周末一般做什么?

A 进行射击训练
B 参加同学聚会
C 在家看比赛视频
D 去图书馆复习功课

여자는 주말에 보통 무엇을 하는가?

A 사격 훈련을 한다
B 동창회에 참석한다
C 집에서 시합 영상을 본다
D 도서관에 가서 수업 내용을 복습한다

보기 어휘 聚会 jùhuì 명 모임 | 同学聚会 tóngxué jùhuì 명 동창회 | 视频 shìpín 명 영상

해설 보기를 통해 행동을 묻는 질문임을 알 수 있다. 본문에서 '周末的时候集中练习射击, 즉 주말에는 집중적으로 사격 연습을 한다'고 했으므로, '练习'를 '训练'으로 바꿔서 언급한 A가 정답이다.

정답 A

22

紧张的时候女的如何调节? | 긴장될 때 여자는 어떻게 조절하는가?

A 吃各地美食
B 找教练倾诉
C 听舒缓的音乐
D 做剧烈的运动

A 각지의 맛있는 음식을 먹는다
B 코치를 찾아서 하소연한다
C 느린 음악을 듣는다
D 격렬한 운동을 한다

보기 어휘 美食 měishí 명 맛있는 음식 | 倾诉 qīngsù 동 하소연하다 | 剧烈 jùliè 형 격렬하다 ★

해설 긴장될 때 어떻게 푸는지를 묻는 인터뷰어의 질문에 여자는 '一般来讲，我会听一些舒缓的音乐'라고 보통 느린 음악을 듣는다고 했으므로, 이를 그대로 언급한 C가 정답이다.

정답 C

23

女的怎么看竞争对手? | 여자는 라이벌은 어떻게 생각하는가?

A 值得尊重
B 实力较弱
C 极其挑剔
D 无法沟通

A 존중할만하다
B 실력이 비교적 약하다
C 지나치게 까다롭다
D 소통할 방법이 없다

보기 어휘 实力 shílì 명 실력 ★ | 挑剔 tiāotī 동 까다롭다 ★

해설 인터뷰어의 질문이 그대로 문제에 나온 것으로, 라이벌에 관한 여자의 견해를 물었다. 본문에서 여자는 '我会尊重我的每个对手, 즉 모든 상대를 존중한다'고 대답했으므로, 정답은 A이다.

정답 A

24

对于女的想成为职业运动员的梦想，家人持什么态度? | 프로 선수가 되고 싶다는 여자의 꿈에 대해 가족들은 어떤 태도를 가지고 있는가?

A 漠不关心
B 极端反对
C 十分犹豫
D 表示支持

A 전혀 관심이 없다
B 극도로 반대한다
C 무척 망설인다
D 지지를 표한다

보기 어휘 漠不关心 mòbùguānxīn 전혀 관심이 없다, 무관심하다 | 极端 jíduān 부 극도로, 심하게, 아주 ★ | 犹豫 yóuyù 형 망설이다

| 해설 | 보기를 통해 태도 관련 문제임을 알 수 있다. 본문에서 여자는 자신의 꿈을 '我的家人也非常支持我'라고 가족들도 지지하고 있다면서 그들이 자신의 강력한 서포터즈임을 밝혔다. 따라서 정답은 D이다. |

| 정답 | D |

25

关于女的，可以知道什么？	여자에 관하여 알 수 있는 것은 무엇인가?
A 颈椎受伤了	A 경추를 다쳤다
B 心理素质欠佳	B 심리적 소양이 좋지 않다
C 母亲是职业运动员	C 어머니는 프로선수이다
D 和奥运冠军一起参加过比赛	D 올림픽 금메달리스트와 함께 시합에 참가한 적이 있다

| 보기 어휘 | 颈椎 jīngzhuī 명 경추 ★ | 素质 sùzhì 명 소양, 자질 ★ | 欠佳 qiànjiā 형 좋지 않다 |

| 해설 | 보기를 통해 인터뷰 대상에 관한 질문임을 알 수 있다. 본문에서 여자는 자신이 행운아임을 어필하면서 그 이유에 대해 '和奥运冠军、世界冠军一起参加了各种大型比赛'라며 올림픽 금메달리스트, 세계랭킹 1위 선수들과 함께 각종 큰 시합에 참가했음을 언급했기에, 정답은 D이다. |

| 정답 | D |

第26到30题是根据下面一段采访:

| 男：严老师，您如何看待故事、结构和语言这三者之间的关系？ | 남: 옌 선생님, 당신은 이야기, 구조 그리고 언어라는 이 3가지의 관계를 어떻게 보십니까? |
| 女：我认为，故事、结构和语言都是一个作品必须具备的要素。一个作品如果没有吸引读者的故事，那么再好的结构和语言也不能帮助它成为好作品。但这并不表示结构和语言是可有可无的。 26 从我们当代人的建筑风格中便可以看出，我们对结构有了各种各样的要求。另外，我认为语言在作品中起着关键作用，我一直希望语言和结构能同时存在于作品之中，但并不意味着一个作品有好的语言、好的结构这个故事就一定好。真正的好故事应该去看是否体现出了作者的人文素养和对现实的思考。 | 여: 저는 이야기, 구조 그리고 언어 모두 하나의 작품이 반드시 갖추어야 할 요소라고 생각합니다. 작품에 만약 독자를 끌어당기는 이야기가 없다면, 아무리 좋은 구조와 언어라 할지라도 좋은 작품이 되도록 도와줄 수 없습니다. 하지만 이것은 절대 구조와 언어가 있어도 되고 없어도 되는 것을 의미하지는 않습니다. 26 우리 현대인들의 건축 스타일에서 바로 알 수 있듯이, 우리는 구조에 대해 다양한 요구가 생겼습니다. 그 밖에 저는 작품 속에서 언어가 결정적인 작용을 한다고 생각합니다. 저는 항상 언어와 구조가 작품 안에 동시에 존재하기를 희망했지만, (이는) 결코 훌륭한 언어와 훌륭한 구조가 있다고 해서 그 이야기가 꼭 좋으리라는 것을 의미하는 것은 아닙니다. 정말 좋은 이야기란 작가의 인문학적 소양과 현실에 대한 생각이 드러나 있는지 없는지를 반드시 살펴봐야 합니다. |

男: 我觉得您的说话风格和您作品中的语言风格一致，我跟您聊天的时候经常能听到你小说当中人物的语言。

女: 27 我一直追求简练的语言风格，所以我的用心之处就在于使语言简练一些。

男: 您作品中的故事一直都很吸引读者，那么这些故事都来源于哪儿呢？

女: 有许多故事都是我听来的。我作品中的故事都是因为受到了这些故事的启发而创作出来的。我非常不喜欢把故事按原状写成小说，因为那样就成报告文学了。

男: 28 哪种来源的故事写起来最省力呢？

女: 当然是亲身经历的故事。但是即便是亲身经历的故事也需要进行加工使其具有启示性。29 只有具有启示性的东西才能在不同时代被不同人群接受，引起不同人群的共鸣。

男: 在您看来，什么样的小说才可以称为好小说？

女: 30 好小说没有固定的标准和定义。在我看来，有好的人物和语言就可以说是好小说，有创新有突破的小说也是好小说。在中国的小说中，我最喜欢的是古典小说《红楼梦》，这部作品不仅有好的语言和复杂的人物关系，而且在哲学思想和美学方面都达到了难以超越的水平。

남: 제 생각에는 당신의 말씀하시는 스타일과 당신 작품 속의 언어 스타일이 일치하는 것 같습니다. 당신과 이야기를 나누면서 자주 당신 작품 속 인물의 언어를 들을 수 있거든요.

여: 27 저는 늘 간결한 언어 스타일을 추구합니다. 그래서 저의 집중포인트는 바로 언어를 좀 더 간결하게 하는 데 있지요.

남: 당신 작품 속의 이야기들은 늘 독자들을 사로잡았습니다. 그렇다면 이런 이야기는 전부 어디에서 생겨나는 건지요?

여: 수많은 이야기는 전부 다 제가 들은 것입니다. 제 작품 속의 이야기는 모두 이런 이야기의 영감을 받아 창작 된 것이죠. 저는 이야기를 원래 그대로 소설로 쓰는 것을 굉장히 싫어합니다. 왜냐하면 그렇게 하면 르포문학이 되기 때문이죠.

남: 28 어떤 출처의 이야기가 쓰는 데 있어서 가장 수월할까요?

여: 당연히 직접 경험한 이야기죠. 하지만 설령 직접 겪은 이야기라 해도 가공을 거쳐 시사점을 갖게끔 할 필요가 있습니다. 29 오직 시사점을 가진 작품만이 각기 다른 시대에서 각기 다른 부류의 사람들에게 받아들여 질 수 있고, 서로 다른 사람들의 공감을 이끌어 낼 수 있습니다.

남: 당신이 보시기에는 어떤 소설이 좋은 소설이라 할 수 있을까요?

여: 30 좋은 소설이라고 정해진 기준과 정의는 없습니다. 제가 볼 땐, 훌륭한 인물과 언어를 갖추었다면 좋은 소설이라고 할 수 있겠고, 독창적 아이디어와 돌파력이 있는 소설 역시 좋은 소설이라고 할 수 있을 것 같습니다. 중국소설 중에서 제가 제일 좋아하는 것은 고전소설인 《홍루몽》인데요, 이 작품은 좋은 언어와 복잡한 인물 관계를 가지고 있을 뿐만 아니라, 또한 철학사상과 미술 방면에서도 뛰어넘기 어려운 수준에 도달해 있습니다.

지문 어휘

结构 jiégòu 명 구조 | 要素 yàosù 명 요소 ★ | 可有可无 kěyǒukěwú 성 있어도 되고 없어도 된다 | 风格 fēnggé 명 스타일 | 意味着 yìwèizhe 동 의미하다 ★ | 体现 tǐxiàn 동 드러내다, 구현하다, 나타내다 | 人文 rénwén 명 인문 | 素养 sùyǎng 명 소양 | 一致 yízhì 형 일치하다 | 简练 jiǎnliàn 형 간결하다, 간결하고 세련되다 | 用心 yòngxīn 형 집중하다, 신경쓰다, 애쓰다 | 来源 láiyuán 동 생겨나다, 유래하다 ★ | 启发 qǐfā 명 영감, 깨우침 | 原状 yuánzhuàng 명 원래의 상태 | 报告文学 bàogào wénxué 명 르포문학 | 省力 shěnglì 동 수월하다, 힘이 덜 들다 | 启示 qǐshì 동 시사하다, 계시하다 ★ | 共鸣 gòngmíng 명 공감 ★ | 称为 chēngwéi 동 ~라고 부르다 | 固定 gùdìng 형 정해지다, 고정되다 | 定义 dìngyì 명 정의 ★ | 突破 tūpò 동 돌파하다 ★ | 哲学 zhéxué 철학 | 思想 sīxiǎng 명 사상 | 超越 chāoyuè 동 뛰어넘다, 초월하다 ★

26

女的举建筑的例子是想说明什么? | 여자는 건축물의 예를 들어 무엇을 설명하고자 했는가?

A 故事结构很关键
B 故事情节要曲折
C 坚实的基础很重要
D 作家要有独特的风格

A 이야기 구조가 관건이다
B 이야기의 줄거리는 굴곡이 있어야 한다
C 탄탄한 기초가 매우 중요하다
D 작가는 독특한 스타일을 가져야 한다

지문 어휘 例子 lìzi 명 예, 보기 | 情节 qíngjié 명 줄거리 ★ | 曲折 qūzhé 형 굴곡이 있다, 굽다 ★ | 坚实 jiānshí 형 탄탄하다 ★

해설 건축물을 예로 들어 설명하고자 하는 것을 묻는 질문으로, 여자는 작품이 갖추어야 할 3박자에 관해 설명하던 중 본문에서 '从我们当代人的建筑风格中便可以看出，我们对结构有了各种各样的要求'라며 건축 스타일에서 알수 있듯이 구조에 대해 다양한 요구가 생겼다고 했으므로, 정답은 A이다.

정답 A

27

女的追求什么样的语言风格? | 여자는 어떠한 언어 스타일을 추구하는가?

A 华丽
B 简练
C 犀利
D 风趣

A 화려함
B 간결함
C 날카로움
D 유머러스함

보기 어휘 华丽 huálì 형 화려하다 ★ | 犀利 xīlì 형 날카롭다 | 风趣 fēngqù 형 유머스러스하다, 재미있다 ★

해설 언어 스타일을 언급한 인터뷰어의 말에 여자는 '我一直追求简练的语言风格'라며 본인은 늘 간결한 언어 스타일을 추구하고 있음을 언급했다. 따라서 정답은 B이다.

정답 B

28

女的觉得哪种故事写起来最省力? | 여자는 어떠한 이야기가 쓰기에 가장 수월하다고 생각하는가?

A 报告文学
B 名人传记
C 奇闻趣事
D 亲身经历

A 르포문학
B 유명인사 전기
C 기이하고 재미있는 이야기
D 직접 경험한 것

보기 어휘 **传记** zhuànjì 명 전기(한 사람의 일생 동안의 행적을 적은 기록) ★ | **奇闻** qíwén 명 기이한 이야기 | **趣事** qùshì 명 재미있는 이야기, 재미난 일

해설 인터뷰어의 질문이 그대로 문제에 나온 것으로, 가장 쓰기 수월한 이야기를 묻는 남자의 질문에 여자는 '当然是亲身经历的故事, 즉 직접 겪은 것'이라고 대답했으므로, 정답은 D이다.

정답 D

29

女的认为什么样的东西能引起人们的共鸣?

A 通俗易懂的
B 揭露现实的
C 富有启示性的
D 人物关系复杂的

여자는 어떤 작품이 사람들의 공감을 이끌어 낼 수 있다고 생각하는가?

A 대중적이고 쉽게 이해할 수 있는 것
B 현실을 폭로하는 것
C 시사점이 풍부한 것
D 인물 관계가 복잡한 것

지문 어휘 **通俗** tōngsú 형 대중적이다, 통속적이다 ★ | **揭露** jiēlù 동 폭로하다 ★ | **富有** fùyǒu 동 풍부하다, 충분히 가지다

해설 사람들의 공감을 이끌어 낼 수 있는 것이 무엇인가를 묻는 문제로, 조건관계 접속사 '只有 A 才 B'가 힌트이다. 본문에서 '只有具有启示性的东西才能…, 引起不同人群的共鸣, 즉 시사점을 가진 작품만이 공감을 이끌어 낼 수 있다'고 했으므로, 정답은 C이다.

정답 C

30

关于女的下列哪项正确?

A 从小喜欢写作
B 刚完成新剧本
C 很推崇《红楼梦》
D 认为好小说有固定的标准

여자에 관하여, 다음 중 옳은 것은 무엇인가?

A 어려서부터 글쓰기를 좋아했다
B 막 새로운 시나리오를 완성했다
C 《홍루몽》을 추앙한다
D 좋은 소설이란 정해진 기준이 있다고 생각한다

보기 어휘 **写作** xiězuò 동 글을 쓰다 | **剧本** jùběn 명 시나리오, 대본 ★ | **推崇** tuīchóng 동 추앙하다, 떠받들다

해설 인터뷰 대상에 관한 문제이다. 본문에서 '好小说没有固定的标准和定义, 즉 좋은 소설은 정해진 기준과 정의가 없다'고 했기에 D는 정답이 아니다. 이어서 여자는 자신이 생각하는 좋은 소설에 대해 설명하면서, '在中国的小说中我最喜欢的是古典小说《红楼梦》, 즉 중국소설 중 제일 좋아하는 것이 《홍루몽》이다'라고 소개한 후, 뛰어넘기 어려운 수준임을 언급했다. 따라서 정답은 C이다.

정답 C

제3부분

31~50번 문제는 지문을 듣고 질문에 알맞은 답을 고르는 문제입니다.

第31到33题是根据下面一段话：

清朝末期，山西有一位著名的商人，名叫乔致庸。一天，**31** 他在路上听到行人议论纷纷地说："最近乔家复字号卖的胡麻油大不如前，掺假了。"乔致庸听后非常愤怒，他立即回到店里让掌柜调查此事，然后重重处罚了当事人。为了挽回信誉，**32** 他吩咐掌柜写一个告示，告诉老百姓复字号卖的油是假油，凡是近期到复字号买过胡麻油的顾客到店里可以全额退款，并可以以低价购买不掺假的胡麻油。以示赔罪之意。掌柜写完告示之后，乔致庸便派人将这个告示在天亮前贴遍全城。翌日，清晨，在复字号店的门前排队买油的队伍很长，老百姓认为还是老品牌值得信赖。

这看似自砸招牌的举动，给外界传达了乔家复字号以诚信经营的理念，**33** 让当地顾客对乔家字号更加信赖。到了年底，胡麻油的销售量不仅没有减少反倒比以前增加了。

청나라 말기, 산시(山西)에 교치용(乔致庸)이라는 이름의 유명한 상인이 한 명 있었다. 하루는 **31** 길에서 '요즘 교씨네 복자호(复字号)에서 파는 참기름이 예전만 못한 게, 가짜를 섞었다'라고 행인들이 이러쿵저러쿵 떠드는 것을 들었고, 교치용은 듣고 굉장히 분노했다. 그는 즉시 가게로 돌아와 지배인에게 이 일을 조사하게 했고, 그런 다음 (관련) 당사자들을 엄중히 처벌했다. 신뢰를 되찾기 위하여 **32** 그는 지배인에게 공고문을 쓰라고 지시했는데, 백성들에게 복자호에서 판매한 기름은 가짜였으며, 최근에 복자호에서 참기름을 샀던 고객이라면 누구나 가게에 와서 전액 환불받을 수 있고, 또한 저렴한 가격으로 가짜가 섞이지 않은 참기름을 구입할 수 있음을 알리며 사죄의 뜻을 전했다. 지배인이 공고문을 다 쓴 후, 교치용은 사람을 보내 날이 밝기 전 이 공고문을 마을 곳곳에 다 붙이게 했다. 이튿날 이른 아침, 복자호의 문 앞에는 기름을 사려는 행렬이 길게 늘어졌는데, 백성들은 그래도 오래된 브랜드가 믿을만한 가치가 있다고 생각한 것이었다.

이것은 마치 자기 손으로 브랜드를 망치는 행동 같아 보였지만, 교씨네 복자호는 신용을 지키는 경영을 한다는 이념을 외부에 알림으로써, **33** 그 지역 고객들로 하여금 교씨네 복자호를 더욱 신뢰하게 만들었다. 연말이 되자, 참기름 판매량은 줄어들기는커녕 오히려 이전보다 더 증가하였다.

지문 어휘 乔致庸 Qiáo Zhìyōng 고유 교치용 | 议论纷纷 yìlùnfēnfēn 성 이러쿵 저러쿵 떠들다, 의견이 분분하다 ★ | 复字号 Fùzìhào 고유 복자호(교치용이 운영하던 상점) | 胡麻油 húmáyóu 명 참기름 | 大不如前 dàbùrúqián 예전만 못하다, 예전 같지 않다 | 掺假 chān jiǎ 동 진짜에 가짜를 섞다 | 愤怒 fènnù 형 분노하다 | 掌柜 zhǎngguì 명 (가게) 지배인 | 重重 zhòngzhòng 형 엄중하다, 무겁다 | 处罚 chǔfá 동 처벌하다 | 挽回 wǎnhuí 동 되찾다, 만회하다 ★ | 信誉 xìnyù 명 신용 ★ | 吩咐 fēnfù 동 지시하다, 분부하다 ★ | 告示 gàoshi 명 공고문 | 凡是 fánshì 부 모든, 무릇, 대저 | 退款 tuìkuǎn 동 환불하다 | 以示 yǐshì 동 ~을 전하다, ~로써 ~을 나타내다 | 赔罪 péizuì 동 사죄하다 | 贴 tiē 동 붙이다 | 翌日 yìrì 명 이튿날 | 清晨 qīngchén 명 이른 아침 ★ | 队伍 duìwu 명 행렬, 대열 ★ | 品牌 pǐnpái 명 브랜드, 상표 | 值得 zhídé 동 ~할 가치가 있다 | 信赖 xìnlài 동 신뢰하다 ★ | 看似 kànsì 동 ~같아 보이다, 보기에 마치 ~같다 | 砸 zá 동 부수다, 못쓰게 만들다 | 招牌 zhāopai 명 간판 | 举动 jǔdòng 명 행동, 행위 ★ | 传达 chuándá 동 전하다 ★ | 诚信 chéngxìn 형 신용을 지키다 | 销售量 xiāoshòuliàng 명 판매량 | 反倒 fǎndào 부 오히려 ★

31

乔致庸在路上听到了怎样的评价? | 교치용은 길에서 어떠한 평가를 들었는가?

A 复字号掺假
B 掌柜性格急躁
C 掌柜服务周到
D 复字号缺斤短两

A 복자호는 가짜를 섞었다
B 지배인은 성격이 급하다
C 지배인은 서비스가 세심하다
D 복자호는 저울을 눈속임한다

보기 어휘 急躁 jízào 형 (조)급하다, 조바심내다 ★ | 周到 zhōudào 형 세심하다, 주도면밀하다 | 缺斤短两 quējīnduǎnliǎng 저울을 눈속임하다, 판매량을 눈속임하다

해설 교치용이 길에서 들은 평가를 묻는 문제로, 본문에서 '他在路上听到……最近乔家复字号卖的胡麻油大不如前，掺假了'라며 복자호에서 파는 참기름이 예전만 못하고 가짜기름을 섞었다는 이야기를 들었다고 했다. 따라서 정답은 A이다.

정답 A

32

乔致庸让掌柜在告示上写什么? | 교치용은 지배인에게 공고문에 무엇을 쓰라고 했는가?

A 复字号明天停业
B 复字号招聘售货员
C 复字号将赔偿客人
D 要建更多的连锁店

A 복자호는 내일 휴업한다
B 복자호는 점원을 모집한다.
C 복자호는 고객에게 배상할 것이다
D 더 많은 체인점을 열 것이다

보기 어휘 停业 tíngyè 동 휴업하다, 영업을 중단하다 | 招聘 zhāopìn 동 모집하다 | 赔偿 péicháng 동 배상하다 | 连锁店 liánsuǒdiàn 명 체인점

해설 교치용이 지배인에게 쓰라고 한 공고문의 내용에 관해 묻는 문제이다. 본문에서 '凡是近期到复字号买过胡麻油的顾客到店里可以全额退款, 즉 최근에 복자호에서 참기름을 샀던 고객이라면 누구나 전액을 환불받을 수 있다'고 지배인에게 공고문을 쓰도록 지시했다고 했으므로, 정답은 C이다.

정답 C

33

根据这段话下列哪项正确? | 이 글에 근거하여, 다음 중 옳은 것은 무엇인가?

A 掌柜离开了复字号
B 复字号的新产品很受欢迎
C 百姓对乔致庸失去了信任
D 复字号胡麻油的销量增加了

A 지배인은 복자호를 떠났다
B 복자호의 신제품은 인기가 있다
C 교치용은 사람들에게 신뢰를 잃었다
D 복자호의 참기름 판매량이 증가했다

| 보기 어휘 | 失去 shīqù 동 잃다 | 信任 xìnrèn 명 신뢰 동 신뢰하다

| 해설 | 전체 내용에 근거해서 맞는 것을 고르는 문제이다. 이 글의 흐름은 '가짜를 섞었다는 말을 들은 교치용' → '손해를 무릅쓰고 전액 배상해 준 교치용' → '인산인해를 이룬 복자호' → '신뢰를 회복함' → '참기름 판매량 증가'의 순서로 진행되고 있다. 마지막 부분에서 '让顾客更加信赖, 즉 고객들이 더욱 신뢰하게 만들었다'고 했으므로, C는 정답이 아니며, 연말이 되자 '胡麻油的销售量不仅没有减少反倒比以前增加了'라고 결과적으로 판매량이 이전보다 증가했다고 했기에, 정답은 D이다.

| 정답 | D

第34到36题是根据下面一段话：

智能手机不仅给人们的生活带来了诸多便利，也给人们带来了种种健康隐患。比如颈椎病、视力模糊等各种疾病。

最近，一则"经常玩儿手机会变丑"的新闻引起了人们的广泛关注。34 新闻称长时间低头玩儿手机会长出双下巴、嘴角纹，而且脸颊会松弛。专家指出这些都是手机脸的典型症状。那长时间玩儿手机为什么会变成手机脸呢？原来是因为随着时间的流逝，35 皮肤中的胶原蛋白和皮下脂肪越来越少了，皮肤失去了弹性，无法对抗地心引力，因此皮肤会变得越来越松弛，容易出现双下巴。如果整天低着头，会加重地心引力的作用，加速脸颊松弛。另外，手机显示屏幕上的文字较小，看起来有些费力，人们在阅读时会不自觉地眯起眼睛，久而久之，眼角也容易形成皱纹。

36 如果想避免"手机脸"的话，首先应该减少低头看手机的时间，最好每隔30分钟做一做仰头运动。其次要采用正确的姿势，如挺直后背，将手机抬高与眼睛平行。除此之外，多做面部按摩。

스마트폰은 사람들의 생활에 많은 편리함을 가져다주었을 뿐 아니라, 경추 질환이나 눈이 침침해지는 등의 질병과 같은 각종 잠재적인 건강문제도 초래했다.

최근 '휴대폰을 자주 사용하면 못생겨진다'라는 뉴스가 사람들의 많은 주목을 끌었다. 34 뉴스에 따르면, 장시간 고개를 숙이고 휴대폰을 하면 이중턱과 입가 주름이 생길 수 있고, 볼살도 처질 수 있다고 한다. 전문가들은 이런 것들 모두 휴대폰형 얼굴(手机脸)의 전형적인 증상이라고 이야기했다. 그렇다면 휴대폰을 장시간 사용하면 왜 휴대폰형 얼굴로 변하게 되는 것일까? 알고 보니 시간이 흐름에 따라 35 피부 속 콜라겐과 피하지방은 점점 줄어들게 되고, 피부는 탄성을 잃어 중력에 저항할 수 없게되기 때문에, 피부는 갈수록 탄력을 잃게 되어 쉽게 이중턱이 생기는 것이다. 만약 온종일 고개숙이고 있는다면 중력작용은 더욱 가중되어 볼 처짐이 가속화될 것이다. 이 밖에도 휴대폰 액정의 글자는 작은 편이라서, 보려면 힘이 들다 보니 사람들은 (화면을) 읽을 때 자신도 모르게 눈을 가늘게 뜨는데, 이런 상태가 오래되다 보면 눈가에도 쉽사리 주름이 생긴다.

36 만약 '휴대폰형 얼굴'을 피하고 싶다면, 우선 고개 숙이고 휴대폰을 보는 시간을 줄여야 하며, 30분에 한 번씩 고개 드는 운동을 좀 해주는 것이 가장 좋다. 그다음에는 올바른 자세를 취해야 하는데, 예를 들면 등을 곧게 펴고 휴대폰을 높이 들어 눈과 평행이 되게 하는 것이다. 이 외에 얼굴 마사지를 많이 해 준다.

| 지문 어휘 | 智能手机 zhìnéng shǒujī 명 스마트폰 | 诸多 zhūduō 형 많은 | 便利 biànlì 형 편리하다 ★ | 隐患 yǐnhuàn 명 잠재적인, 잠복해 있는 ★ | 颈椎病 jǐngzhuībìng 명 경추 질환 | 模糊 móhu 형 침침하다, 흐릿하다, 모호하다 | 变丑 biàn chǒu 못생겨지다 | 广泛 guǎngfàn 형 폭넓다, 광범위하다 | 双下巴 shuāngxiàbā 명 이중턱 | 嘴角 zuǐjiǎo 명 입가 | 脸颊 liǎnjiá 명 볼, 뺨 | 松弛 sōngchí 형 늘어지다 | 手机脸 shǒujīliǎn 명 휴대폰형 얼굴 | 症状 zhèngzhuàng 명 증상 ★ | 流逝 liúshì 동 (시간 등이) 흘러가다 | 胶原蛋白 jiāoyuándànbái 명 콜

라겐 | **脂肪** zhīfáng 명 지방 ★ | **弹性** tánxìng 명 탄성 ★ | **对抗** duìkàng 동 저항하다, 대항하다 ★ | **地心引力** dìxīnyǐnlì 명 중력 | **显示屏幕** xiǎnshì píngmù 액정 | **费力** fèilì 힘을 들이다, 애를 쓰다 | **阅读** yuèdú 동 (책 등을) 읽다 | **眯起** mīqǐ 가늘게 뜨다, 실눈을 뜨다 | **久而久之** jiǔ'érjiǔzhī 성 오랜 시일이 지나다 | **眼角** yǎnjiǎo 명 눈가 | **皱纹** zhòuwén 명 주름 | **避免** bìmiǎn 동 피하다 | **隔** gé 동 간격을 두다 | **仰头** yǎng tóu 동 고개를 들다 | **采用** cǎiyòng 동 취하다, 채택하다, 쓰다 | **姿势** zīshì 명 자세 | **挺直** tǐngzhí 동 곧게 펴다, 쭉 펴다 | **后背** hòubèi 명 등 | **抬高** táigāo 동 높이 들다 | **平行** píngxíng 동 평행하다 | **按摩** ànmó 동 안마하다 ★

34

下列哪项不属于手机脸的典型症状?

A 长嘴角纹
B 皮肤黯淡
C 脸颊松弛
D 长双下巴

다음 중 휴대폰형 얼굴의 전형적인 증상에 속하지 않는 것은?

A 입가에 주름이 생긴다
B 피부가 칙칙하다
C 볼살이 처진다
D 이중턱이 생긴다

보기 어휘 **长** zhǎng 동 생기다, 나다, 자라다 | **黯淡** àndàn 형 칙칙하다, 검다, 어둡다

해설 휴대폰형 얼굴의 증상이 아닌 것을 묻는 문제이다. 본문에서 '会长出双下巴、嘴角纹，而且脸颊会松弛'라며 이중턱, 입가 주름, 볼살 처짐 등을 이야기했지만, '皮肤黯淡'은 언급하지 않았기에, 정답은 B이다.

정답 B

35

皮肤里的胶原蛋白和脂肪减少会造成什么问题?

A 反应迟钝
B 视力下降
C 新陈代谢慢
D 皮肤失去弹性

피부 속 콜라겐과 지방의 감소는 어떤 문제를 야기하는가?

A 반응이 둔해진다
B 시력이 떨어진다
C 신진대사가 느려진다
D 피부가 탄성을 잃게 된다

보기 어휘 **迟钝** chídùn 형 둔하다 | **新陈代谢** xīnchéndàixiè 명 신진대사 ★

해설 들리는 것이 정답인 문제유형이다. 본문에서 휴대폰형 얼굴 증상이 생기는 원인으로 콜라겐과 지방 감소를 언급하면서, '皮肤失去了弹性，无法对抗地心引力'라고 피부가 탄성을 잃고, 중력에 저항할 수 없게 된다고 했다. 따라서 이를 그대로 언급한 D가 정답이다.

정답 D

36

根据这段话我们应该怎么做?

A 多做仰头运动
B 多补充维生素
C 多呼吸新鲜空气
D 多和周围的人沟通

이 글에 근거하면, 우리는 어떻게 해야 하는가?

A 고개 드는 운동을 많이 해야 한다
B 비타민을 많이 보충해야 한다
C 신선한 공기를 많이 마셔야 한다
D 주변사람들과 많이 소통을 해야 한다

보기 어휘 维生素 wéishēngsù 몡 비타민 ★ | 呼吸 hūxī 동 마시다, 호흡하다

해설 휴대폰형 얼굴을 피하는 방법에 대해 본문에서 '首先应该减少低头看手机的时间，最好每隔30分钟做一做仰头运动, 즉 고개를 숙이고 휴대폰 보는 시간을 줄이고 30분에 한 번씩 고개 드는 운동을 해주는 것이 가장 좋다'고 했다. 따라서 정답은 A이다.

정답 A

第37到39题是根据下面一段话：

依米花生长在荒无人烟的沙漠地带，一生只开一次花，所以很少有人注意过它。许多游人以为它只是一株草而已。依米花会在某个清晨绽放出无比绚烂的花朵，**37** 每朵依米花有四个花瓣，每个花瓣的花色都不一样，有红色、黄色、蓝色和白色。令人遗憾的是，**38** 这个绚丽的花朵花期极短，只能开放两天，两天后，便会凋谢，而且整个植株也会跟着枯萎。对依米花来说，开花意味着生命走到了尽头。

众所周知，沙漠地区的水分是很少的，因此生长在沙漠地区的植物一般都有强大的根系。但是，依米花却没有，**38** 它只有一条主根，孤独地蜿蜒盘曲着钻入地底深处。为了开花，依米花需要足够的养料和水分，它只能靠这个唯一的主根，不能去四面八方寻找，因此 **38** 它开一次花需要准备五年的时间，到了第六年才可以开花。

이미화(依米花)는 인적 없는 사막지대에서 자란다. 생애 단 한 번 꽃을 피우기 때문에 이 꽃을 눈여겨본 이는 매우 드물다. 많은 여행객들은 이 꽃을 그저 한 포기의 풀 정도로만 여길 뿐이다. 이미화는 어느 이른 아침 그 무엇에도 비할 수 없는 화려한 꽃을 피운다. **37** 모든 이미화는 꽃잎이 4개씩이고, 각 꽃잎의 색깔은 모두 다른데 빨간색, 노란색, 파란색 그리고 하얀색이 있다. 안타까운 것은 **38** 이 화려하고 아름다운 꽃잎의 개화(지속) 기간이 극히 짧다는 것이다. 겨우 이틀 동안만 피어 있고, 이틀 후에는 바로 시들어 떨어지면서 꽃 전체가 따라서 같이 시들어 버린다. 이미화에게 있어, 꽃이 핀다는 것은 생명이 막바지에 이르렀음을 의미하는 것이다.

모든 사람들이 다 알고 있듯이, 사막지역의 수분은 매우 적기 때문에 사막지역에서 자라는 식물들은 보통 강한 근계(根系)를 가지고 있다. 하지만 이미화는 **38** 근계는 없고, 단 하나의 주근(主根)만이 고독하게 땅속 깊은 곳까지 구불구불 뚫고 들어가 있다. 꽃을 피우기 위해서 이미화는 충분한 자양분과 수분이 필요한데, 이 꽃은 오로지 이 하나뿐인 주근에 의지할 수 있을 뿐, 사방팔방으로 (자양분과 수분을) 찾을 수가 없다. 이 때문에 **38** 이미화는 꽃을 한 번 피우는데 5년의 세월을 준비해야 하며 6년째 되는 해에 비로소 꽃을 피울 수 있다.

依米花在恶劣的自然环境下顽强生长，经历六年的风霜雨雪，只为两天的尽情绽放，这需要很大的勇气。在遭遇困难和阻碍的时候，很多人选择了逃避。然而人生短暂，39 我们应从现在开始，为实现自己的理想而奋斗终生。

이미화가 열악한 자연환경 속에서 강하게 생장하며 단 이틀 동안 마음껏 꽃을 피우기 위해 6년간의 온갖 풍상고초를 겪는다는 것은 매우 큰 용기가 필요하다. 어려움과 장애물을 마주했을 때 많은 이들은 도피를 선택한다. 하지만 인생은 짧다. 39 우리는 반드시 '지금 이 순간'부터 자신의 이상을 실현하기 위해 평생 최선을 다해 노력해야 한다.

지문 어휘 依米花 yīmǐhuā 명 이미화(Yimi Flower) | 荒无人烟 huāngwúrényān 성 (황량하고) 인적이 없다 | 沙漠 shāmò 명 사막 | 清晨 qīngchén 명 이른 아침 ★ | 绽放 zhànfàng 동 피다 | 无比 wúbǐ 형 비할 바가 없다, 아주 뛰어나다 ★ | 绚烂 xuànlàn 형 화려하다, 눈부시다 | 花朵 huāduǒ 명 꽃(잎) | 花瓣 huābàn 명 꽃잎 ★ | 花色 huāsè 명 꽃 색깔 | 绚丽 xuànlì 형 화려하고 아름답다 | 凋谢 diāoxiè 동 시들어 떨어지다 | 植株 zhízhū 명 식물체 | 枯萎 kūwěi 동 시들다 | 尽头 jìntóu 명 막바지, 끝 | 众所周知 zhòngsuǒzhōuzhī 성 모든 사람이 다 알고 있다 ★ | 根系 gēnxì 명 근계(root system) | 主根 zhǔgēn 명 주근, 일차근, 원뿌리(main root) | 孤独 gūdú 형 고독하다 ★ | 蜿蜒 wānyán 형 구불구불하다 | 盘曲 pánqū 형 구불구불하다 | 钻入 zuānrù 동 뚫고 들어가다 | 养料 yǎngliào 명 자양분 | 四面八方 sìmiànbāfāng 성 사방팔방, 방방곡곡 | 恶劣 èliè 형 열악하다 | 顽强 wánqiáng 형 강하다, 완강하다 ★ | 风霜 fēngshuāng 명 (인생에서의) 풍상, 고난 | 风霜风雪 fēngshuāngfēngxuě 명 온갖 풍상고초 | 尽情 jìnqíng 부 마음껏, 한껏 | 遭遇 zāoyù 동 (불행한 일을) 마주하다, 만나다 ★ | 阻碍 zǔ'ài 명 장애물 ★ | 逃避 táobì 동 도피하다 | 短暂 duǎnzàn 형 짧다 | 奋斗 fèndòu 동 최선을 다해 노력하다, 분투하다 | 终生 zhōngshēng 명 평생, 일생

依米花的花瓣有什么特点?　　이미화의 꽃잎은 어떠한 특징이 있나?

A 比较厚　　　　　　　　　　A 비교적 두껍다
B 形状各异　　　　　　　　　B 모양이 제각각이다
C 散发出臭味　　　　　　　　C 악취를 내뿜는다
D 颜色不一样　　　　　　　　D 색깔이 다르다

보기 어휘 形状 xíngzhuàng 명 모양, 모습 | 臭味 chòuwèi 명 악취

해설 이미화의 꽃잎에 관한 문제로, 본문에서 '每朵依米花有四个花瓣，每个花瓣的花色都不一样'이라고 꽃잎의 색깔이 모두 다르다고 했으므로, '花色'를 '颜色'로 바꿔서 언급해 놓은 D가 정답이다.

정답 D

38

关于依米花，可以知道什么? 　　　　　　이미화에 관하여 알 수 있는 것은 무엇인가?

A 花期很长 　　　　　　　　　　　　　　A 개화 기간이 길다
B 只有主根 　　　　　　　　　　　　　　B 주근만 있다
C 一年开五次花 　　　　　　　　　　　　C 일 년에 다섯 번 꽃을 피운다
D 果实又酸又甜 　　　　　　　　　　　　D 열매가 시고 달다

지문 어휘 果实 guǒshí 명 열매, 과실

해설 이미화에 관해 묻는 문제로, 본문에서 '花期极短, 즉 개화 기간이 극히 짧다'고 했고, 또 '开一次花需要…五年…' 이라고 꽃을 한 번 피우는데 5년이 필요하다고 했기에 A와 B는 정답이 아니다. 두 번째 단락에서 '它只有一条主根, 즉 단 하나의 주근만 있다'고 했으므로, B가 정답이다.

정답 B

39

这段话主要想告诉我们什么? 　　　　　　이 글이 주로 우리에게 알려주는 것은 무엇인가?

A 不要因小失大 　　　　　　　　　　　　A 소탐대실하면 안 된다
B 不要舍近求远 　　　　　　　　　　　　B 시행착오를 하면 안 된다
C 要为理想而奋斗 　　　　　　　　　　　C 이상을 위해서 최선을 다해 노력해야 한다
D 要及时抓住机遇 　　　　　　　　　　　D 즉시 기회를 잡아야 한다

보기 어휘 因小失大 yīnxiǎoshīdà 성 소탐대실하다, 작은 것을 탐하다가 큰 것을 잃다 | 舍近求远 shějìnqiúyuǎn 성 시행착오를 겪다, 일을 하는데 있어 헛수고를 하다 | 奋斗 fèndòu 동 노력하다, 분투하다 | 机遇 jīyù 명 (좋은) 기회, 찬스 ★

해설 글의 주제를 묻는 문제이다. 이 글은 열악한 자연환경 속에서 단 이틀동안의 개화를 위해 6년간의 풍상고초를 겪는 이미화를 통해 사람들에게 메세지를 전달하고 있다. 마지막 부분에서 '为实现自己的理想而奋斗终生, 즉 자신의 이상을 실현하기 위해 평생 최선을 다해 노력해야 한다'고 했으므로, 이를 그대로 언급해 놓은 C가 정답이다.

정답 C

第40到43题是根据下面一段话：

很多家长会把电视当作哄孩子的"高级保姆"，40 但殊不知过多地看电视不仅影响视力，还会影响婴幼儿的语言表达能力，导致语迟问题。孩子在看电视的时候，很容易被电视的声音与画面吸引，减少了婴幼儿与家长之间的交流和说话机会。这无形中对婴幼儿语言的发育造成了潜在的威胁。此外，婴幼儿从出生起就具备了认知物体的能力。41 他们之所以可以认知物体是因为脑细胞受到反复刺激。但是，电视画面是不断变换的，这很难反复刺激婴幼儿的脑细胞。长此以往，会使婴幼儿的认知能力变迟钝，从而对其语言系统造成损伤，影响语言发育。

42 专家建议，不要让两岁以下的婴幼儿看电视，年龄稍大一点儿的儿童每天看电视的时间也不宜超过2小时，特别是哺乳期和进餐期间关掉电视。家长应加强与婴幼儿的直接交流，增加与孩子说话的机会，这样有助于提高他们的语言组织能力，而不要一味地用电视里的声音去引导孩子。

많은 학부모들은 TV를 아이 달래는 '고급 보모'로 여긴다. 40 하지만 지나친 TV 시청은 시력에 영향을 줄 뿐만 아니라, 영유아의 언어 표현능력에도 영향을 끼쳐서 말문이 늦게 터지는 문제를 초래할 수 있다는 사실을 전혀 모르고 있다. 아이는 TV를 볼 때, TV 소리와 화면에 쉽게 빠져들기 때문에 영유아와 학부모 사이의 교류 및 대화 기회가 줄어든다. 이것은 무의식 중에 영유아의 언어 발달에 잠재적 위협을 초래한다. 이 밖에, 영유아는 태어나면서부터 사물을 인지하는 능력을 가지고 있는데, 41 영유아가 사물을 인지할 수 있는 이유는 뇌세포가 반복적으로 자극을 받기 때문이다. 그런데 TV 화면은 쉬지 않고 변하고 이것은 영유아의 뇌세포를 반복해서 자극하기 어렵다. 이런 상태로 계속 간다면, 영유아의 인지능력은 둔화될 것이고, 이로써 언어체계에 손상을 초래하여 언어 발달에 영향을 끼칠 수 있다.

42 전문가들은 2세 이하의 영유아는 TV를 보지 못하게 해야 하고, 나이가 조금 많은 아이들은 매일 TV를 보는 시간이 2시간을 넘는 것은 좋지 않으며, 특히 수유기나 이유식 기간에는 TV를 꺼놓으라고 제안했다. 부모는 영유아와의 직접적인 교류를 강화해서 아이와 대화하는 기회를 늘려야 한다. 이렇게 해야만 그들의 언어조직능력을 향상하는데 도움이 되지, 무턱대고 TV 속 소리로 아이들을 지도해서는 안 된다.

지문 어휘 当作 dàngzuò 동 ~로 여기다, ~로 삼다 | 哄 hōng 동 (어린아이를) 달래다 ★ | 保姆 bǎomǔ 명 보모, 가정부 ★ | 殊不知 shūbùzhī 전혀 모르다 | 婴幼儿 yīngyòu'ér 명 영유아 | 无形中 wúxíngzhōng 부 무의식중에, 어느새 | 发育 fāyù 동 발달하다, 발육하다 ★ | 威胁 wēixié 명 위협 동 위협하다 | 脑细胞 nǎoxìbāo 뇌세포 | 长此以往 chángcǐyǐwǎng 성 이런 상태로 계속 가다, 계속 이 상태로 나아가다 | 认知能力 rènzhī nénglì 인지능력 | 迟钝 chídùn 형 둔하다 | 损伤 sǔnshāng 명 손상 동 손상되다 | 不宜 bùyí 동 (~하는 것은) 좋지 않다, 적합하지 않다 | 哺乳期 bǔrǔqī 명 수유기간 | 一味 yíwèi 부 무턱대고, 단순히 | 引导 yǐndǎo 동 지도하다, 인도하다 ★

婴幼儿过多地看电视会带来什么影响？

A 易发脾气
B 引起好奇心
C 导致语迟问题
D 大脑保持兴奋状态

영유아의 지나친 TV 시청은 어떤 영향을 끼치는가？

A 쉽게 화를 낸다
B 호기심을 유발한다
C 말문이 늦게 터지는 문제를 초래한다
D 대뇌가 흥분상태를 유지한다

| 보기 어휘 | 好奇心 hàoqíxīn 명 호기심 | 状态 zhuàngtài 명 상태 |

해설 영유아의 지나친 TV 시청에 관한 문제로, 들리는 게 정답인 문제유형이다. '过多地看电视…导致语迟问题, 즉 지나친 TV 시청은 말문이 늦게 터지는 문제를 초래할 수 있다'라고 했으므로, 이를 그대로 언급한 C가 정답이다.

정답 **C**

41

婴幼儿为什么能对物体产生认知?

A 通过身体触摸
B 家长的正确引导
C 语言系统发育的结果
D 脑细胞受到反复刺激

영유아는 어떻게 사물에 대한 인지를 할 수 있는가?

A 신체접촉을 통해서
B 부모의 올바른 지도로 인해
C 언어체계 발달의 결과로 인해
D 뇌세포가 반복적으로 자극을 받아서

보기 어휘 触摸 chùmō 명 접촉, 터치

해설 영유아가 사물을 인지할 수 있는 이유를 묻는 문제로, 인과관계 접속사 '之所以…, 是因为…' 구문이 힌트이다. 본문에서 '他们之所以可以认知物体是因为脑细胞受到反复刺激, 즉 영유아가 사물을 인지할 수 있는 이유는 뇌세포가 반복적으로 자극을 받기 때문'이라고 했으므로, 정답은 D이다.

정답 **D**

42

专家建议家长怎么做?

A 让孩子走进大自然
B 督促孩子锻炼身体
C 加强与孩子的直接交流
D 培养孩子早睡早起的习惯

전문가는 부모에게 어떻게 하라고 제안했는가?

A 아이를 대자연 속으로 들어가게 한다
B 아이에게 체력단련을 재촉한다
C 아이와의 직접적인 교류를 강화한다
D 아이가 일찍 자고 일찍 일어나는 습관을 기르게 한다

보기 어휘 督促 dūcù 동 재촉하다, 독촉하다 ★ | 培养 péiyǎng 동 기르다, 양성하다 | 早睡早起 zǎoshuì zǎoqǐ 일찍 자고 일찍 일어나다

해설 전문가의 제안을 묻는 문제로, 본문에서 '专家建议…, 家长应加强与婴幼儿的直接交流, 즉 영유아와의 직접적인 교류를 강화할 것을 제안했다'라고 했다. 따라서 정답은 C이다.

정답 **C**

43

这段话主要谈的是什么?	이 글이 주로 이야기하는 것은 무엇인가?
A 婴幼儿母语习得的规律	A 영유아가 모국어를 습득하는 법칙
B 婴幼儿认知训练的方法	B 영유아의 인지 훈련 방법
C 婴幼儿长期看电视的坏处	C 영유아의 장시간 TV 시청의 단점
D 如何培养父母与孩子之间的感情	D 부모와 아이 간의 감정을 어떻게 기르는가

보기 어휘 习得 xídé 동 습득하다 | 如何 rúhé 대 어떻게

해설 이 글의 주제를 묻는 문제로, 앞부분에서 '过多地看电视不仅影响视力, 还会影响婴幼儿的语言表达能力, 导致语迟问题'라며 지나친 TV 시청은 시력 뿐만 아니라 영유아의 언어 표현에도 영향을 끼쳐 말문이 늦게 터지는 문제를 초래한다고 언급하면서, 이하 그렇게 되는 근거 및 해결방안을 제시하고 있다. 따라서 정답은 C이다.

정답 C

第44到47题是根据下面一段话:

淘米水, 是一种洗过米后的水, 这种水呈碱性。人们在做饭时往往会把淘米水倒掉, 认为它没什么用途, 其实 47 在日常生活中它有很多妙用。首先, 淘米水是天然去污剂, 淘米水的水分子可以很好地分离油垢、清理碗筷、去除案板异味、洗掉菜刀上的铁锈等。44 它与一般的去污产品相比, 淘米水的去污能力更胜一筹, 而且无副作用。其次, 淘米水含有丰富的谷类物质, 是肌肤所需的营养成分, 用淘米水洗脸可以美白养颜, 抗氧化, 使皮肤变得光滑。另外, 45 经常用淘米水洗头发还可以使头发变得乌黑亮丽。这是由于淘米水中富含B族维生素, 而B族维生素能够帮助头发生成黑色素。据说, 傣族姑娘的乌黑秀发就是长期坚持用淘米水洗头发的结果。最后, 淘米水还具有很好的药用价值。46 淘米水含有蛋白质和矿物质, 煮开后饮用对保护胃壁黏膜、消除积食和改善消化不良有帮助。

쌀뜨물은 쌀을 씻은 후의 물이며, 이런 물은 알칼리성을 띤다. 사람들은 밥을 지을 때 종종 쌀뜨물이 아무런 쓸모가 없다고 생각하고 쏟아 버리는데, 사실 47 일상 생활 속에서 쌀뜨물은 신기한 효능이 매우 많다. 우선, 쌀뜨물은 천연세제이다. 쌀뜨물의 물 분자는 기름때를 잘 분리하고, 밥그릇과 젓가락을 세척해주며, 도마의 이상한 냄새를 제거해주고, 부엌칼의 녹을 씻어줄 수 있다. 44 일반(합성)세제와 비교해 보았을 때, 쌀뜨물의 오염제거 능력은 탁월하며 게다가 부작용도 없다. 그다음은 쌀뜨물은 풍부한 곡류 물질을 함유하고 있는데 (이는) 피부에 꼭 필요한 영양성분으로, 쌀뜨물로 세수하면 미백, 스킨케어, 항산화(작용) 및 피부를 더욱 윤기 나게 가꿀 수 있다. 그 밖에도 45 자주 쌀뜨물로 머리를 감으면 머리카락을 새까맣고 빛나게 할 수 있다. 이것은 쌀뜨물 속에는 비타민 B군이 풍부하게 함유되어 있고, 비타민 B군은 머리카락에 멜라닌 색소의 생성을 도와줄 수 있기 때문이다. 듣기로는 다이족(傣族) 여자들의 검고 아름다운 머리카락이 바로 오랫동안 꾸준히 쌀뜨물로 머리를 감은 결과라고 한다. 마지막으로 쌀뜨물은 또 매우 훌륭한 약용 가치를 지니고 있다. 46 쌀뜨물은 단백질과 미네랄을 함유하고 있어서 끓여서 마시면 위 점막을 보호하고, 더부룩함을 없애주며 소화불량을 개선하는 데 도움이 된다.

지문 어휘 淘米水 táomǐshuǐ 명 쌀뜨물 | 呈 chéng 동 띠다, 나타내다 | 碱性 jiǎnxìng 명 알칼리성 | 妙用 miàoyòng 명 신기한 효능, 신통한 효험 | 去污剂 qùwūjì 명 세제, 오염 제거제 | 分离 fēnlí 동 분리하다 | 油垢 yóugòu 명 기름때 | 清理 qīnglǐ 동 세척하다 ★ | 去除 qùchú 동 제거하다 | 案板 ànbǎn 명 도마 | 异味 yìwèi 명 이상한 냄새 | 菜刀 càidāo 명 부엌칼, 과도, 식칼 | 铁锈 tiěxiù 명 (쇠에 스는) 녹 | 更胜一筹 gèngshèngyìchóu 탁월하다, 한 단계 앞서 나가다 | 副作用 fùzuòyòng 명 부작용 | 谷类 gǔlèi 명 곡류 | 肌肤 jīfū 명 피부 | 美白 měibái 명 미백, 화이트닝 | 养颜 yǎng yán 동 스킨케어하다, 얼굴을 관리하다 | 抗氧化 kàng yǎnghuà 항산화하다 | 光滑 guānghuá 형 윤기 나다, 매끄럽다 | 乌黑 wūhēi 형 새까맣다, 검다 ★ | 亮丽 liànglì 형 빛나다, 밝고 아름답다 | 维生素 wéishēngsù 명 비타민 ★ | 黑色素 hēisèsù 명 멜라닌 색소 | 傣族 Dǎizú 고유 다이족 | 蛋白质 dànbáizhì 명 단백질 ★ | 矿物质 kuàngwùzhì 명 미네랄(Mineral) | 煮开 zhǔkāi 끓다 | 胃壁 wèibì 명 위벽 | 黏膜 niánmó 명 점막 | 消除 xiāochú 동 없애다, 풀다, 제거하다 ★ | 积食 jīshí 명 더부룩함, 식적, 체기

44

与一般去污产品相比，淘米水有什么特点? 일반세제와 비교하였을 때, 쌀뜨물은 어떤 특징이 있는가?

A 见效快 A 효과를 빠르게 본다
B 无副作用 B 부작용이 없다
C 没有异味 C 이상한 냄새가 안 난다
D 价格低廉 D 가격이 저렴하다

보기 어휘 见效 jiàn xiào 동 효과를 보다 | 低廉 dīlián 형 저렴하다, 싸다

해설 세제로서의 쌀뜨물 특징을 묻는 문제로, 들리는 것이 정답인 문제유형이다. 본문에서 '它与一般的工业去污的产品相比，淘米水的去污能力更胜一筹，而且无副作用'이라고 일반(합성)세제와 비교했을 때 부작용이 없다고 했기에, 이를 그대로 언급한 B가 정답이다.

정답 B

45

傣族姑娘为什么用淘米水洗发? 다이족 여자들은 왜 쌀뜨물로 머리를 감는가?

A 傣族人勤俭节约 A 다이족 사람들은 근검절약하기 때문에
B 淘米水能延缓衰老 B 쌀뜨물이 노화를 늦출 수 있기 때문에
C 淘米水有护发功效 C 쌀뜨물이 모발 보호 효과가 있기 때문에
D 淘米水能防止脱发 D 쌀뜨물이 탈모를 방지해 줄 수 있기 때문에

보기 어휘 勤俭 qínjiǎn 형 근검하다 ★ | 延缓 yánhuǎn 동 늦추다 | 衰老 shuāilǎo 형 노화하다, 노쇠하다 ★ | 功效 gōngxiào 명 효과, 효능 ★ | 防止 fángzhǐ 동 방지하다 ★ | 脱发 tuōfà 동 탈모되다

해설 다이족 여자들이 쌀뜨물로 머리를 감는 이유를 묻는 문제이다. 본문에서 쌀뜨물로 머리를 감으면 '可以使头发变得乌黑亮丽'라고 모발을 새까맣고 빛나게 할 수 있다고 언급하며, 이어서 '傣族姑娘的乌黑秀发就是长期坚持用淘米水洗头发的结果, 즉 다이족 여자들의 검고 아름다운 머리카락이 바로 오랫동안 꾸준히 쌀뜨물로 머리를 감은 결과'라고 했다. 이는 다시 말해 모발을 상하지 않고 더욱 아름답게 가꿔준다는 말이므로, 정답은 C이다.

정답 C

46

淘米水的药用价值体现在哪儿?

A 降低血脂
B 防止皮肤瘙痒
C 促进血液循环
D 改善消化不良

쌀뜨물의 약용가치는 어디에서 나타나는가?

A 혈액 내 지방을 낮춘다
B 피부 가려움을 방지한다
C 혈액 순환을 촉진한다
D 소화 불량을 개선한다

보기 어휘 血脂 xuèzhī 명 혈액 내 지방, 혈액 지질 | 瘙痒 sàoyǎng 동 가렵다 | 循环 xúnhuán 동 순환하다 ★

해설 쌀뜨물의 약용가치를 묻는 문제로, 들리는 것이 정답인 문제유형이다. 본문에서 쌀뜨물은 단백질과 미네랄을 함유하고 있어서 '煮开后饮用对保护胃壁黏膜、消除积食和改善消化不良有帮助, 즉 끓여서 마시면 위 점막을 보호하고 소화불량을 개선하는 데 도움이 된다'고 했으므로, 이를 그대로 언급한 D가 정답이다.

정답 D

47

这段话主要谈的是什么?

A 淘米水的妙用
B 如何保养皮肤
C 傣族人的习俗
D 淘米水的主要成分

이 글이 주로 이야기하는 것은 무엇인가?

A 쌀뜨물의 신기한 효능
B 어떻게 피부를 보호하는가
C 다이족의 풍습
D 쌀뜨물의 주요 성분

보기 어휘 保养 bǎoyǎng 동 보호하다 ★ | 习俗 xísú 명 풍습 ★

해설 글의 주제를 묻는 문제이다. 이 글 첫부분에서 '在日常生活中它有很多妙用'이라고 쌀뜨물에 신기한 효능이 많이 있음을 언급하고 뒤이어 '首先…其次…最后…'로 그 효능들을 설명하고 있으므로, 정답은 A이다.

정답 A

第48到50题是根据下面一段话:

民间有"满天星,明天晴"之说,48 意思是假如晚上看到的星星多,那么第二天的天气晴朗。这其实是有科学依据的。夜晚星星的多少和天空状况有十分密切的关系。在天空中有云层的时候,水汽比较多,50 星星会被云层遮去一部分,同时星光经过水滴,也会被反射和吸收掉一部分光。因此,从地面望去,星星看起来

민간에서는 '하늘에 별이 가득하면 내일은 맑을 것이다.' 라는 말이 있는데, 48 저녁에 많은 별을 보게 되면 다음 날의 날씨가 맑다는 의미이다. 이것은 사실 과학적으로 근거가 있는 말이다. 늦은 밤 별의 갯수와 하늘의 상태는 상당히 밀접한 관계가 있다. 하늘에 구름층이 있을 때는 (공기 중에) 수분이 비교적 많기 때문에 별들은 구름층에 의해 일부 가려지게 되고, 50 동시에 별빛도 물방울을 거치면서 빛의 일부가 반사되고 흡수되어 버릴 것이다. 따라서 땅에서 바라보면 별이 적고 별의

比较稀少，星星的亮度也较低。相反，如果天空中没有云层，空中的水汽比较少，从地面望去，星星就会多。**49 尤其是在夏季**，如果晚上看到很多星星，那么基本可以判断第二天就是大晴天，因为**中国陆地的天气稳定性较强**。然而，如果说星星越多，第二天的气温越高，这种说法不是十分准确。因为影响气温的因素颇多，所以 **50 很难根据星星的多少来判断第二天的气温。**

밝기 역시 좀 어두워 보인다. 반대로 만약 하늘에 구름층이 없다면, 공기 중에 수분이 비교적 적어서 땅에서 바라보면 별이 많아 보일 것이다. 49 특히 여름철에, 만약 저녁에 별이 많이 보인다면 대체로 다음 날은 굉장히 맑은 날이라고 판단할 수 있다. 왜냐하면 중국 대륙의 날씨는 안정성이 뛰어난 편이기 때문이다. 하지만 별이 많을수록 다음날 기온이 더 높다고 한다면, 이런 이야기는 아주 정확하지는 않다. 왜냐하면, 기온에 영향을 미치는 요소는 상당히 많기 때문에, 50 별의 개수에 따라 다음날의 기온을 판단하기는 어렵다.

지문 어휘 假如 jiǎrú 접 만약 | 星星 xīngxing 명 별 | 晴朗 qínglǎng 형 맑다, 쾌청하다 ★ | 依据 yījù 명 근거 ★ | 密切 mìqiè 형 밀접하다 | 云层 yúncéng 명 구름층 | 遮去 zhēqù 가려지다, 덮어 감추다 | 星光 xīngguāng 명 별빛 | 水滴 shuǐdī 동 물방울 | 反射 fǎnshè 동 반사하다 ★ | 吸收 xīshōu 동 흡수하다 | 稀少 xīshǎo 형 적다, 희소하다 | 亮度 liàngdù 명 밝기 | 尤其 yóuqí 부 (그 중에서) 특히 | 大晴天 dàqíngtiān 명 매우 맑은 날 | 陆地 lùdì 명 대륙, 육지 | 稳定性 wěndìngxìng 안정성 | 准确 zhǔnquè 형 정확하다, 확실하다 | 颇 pō 부 상당히, 꽤 ★

48

晚上星星多，预示着什么?

A 正处于夏季
B 夜晚会降雨
C 会出现彩虹
D 次日天气晴朗

밤에 별이 많은 것은 무엇을 예시하는가?

A 지금이 여름임을 의미한다
B 저녁에 비가 내릴 것이라는 것을 의미한다
C 무지개가 나타날 수 있음을 의미한다
D 다음 날 날씨가 쾌청함을 의미한다

보기 어휘 处于 chǔyú 동 (~상태에) 있다, 처하다 | 彩虹 cǎihóng 명 무지개 | 次日 cìrì 명 다음 날, 이튿날 | 晴朗 qínglǎng 형 쾌청하다, 구름 한 점 없이 맑다 ★

해설 밤에 별이 많은 것으로 예측할 수 있는 것이 무엇인지 묻는 문제로, 본문에서 '满天星，明天晴'이라는 말을 인용하여 '意思是假如晚上看到的星星多，那么第二天的天气晴朗，즉 저녁에 많은 별을 보게 되면 다음 날 날씨가 맑다는 의미'라고 설명했다. 따라서 '第二天'을 '次日'로 바꿔서 언급한 D가 정답이다.

정답 D

49

夏季，中国陆地的天气有什么特点?　　여름철, 중국 대륙의 날씨는 어떠한 특징이 있는가?

A 稳定性强
B 雾霾严重
C 雨水充沛
D 昼夜温差大

A 안정성이 뛰어나다
B 스모그가 심각하다
C 강수량이 충분하다
D 일교차가 크다

보기 어휘 雾霾 wùmái 명 스모그, 연무 | 充沛 chōngpèi 형 충분하다, 넘쳐흐르다 ★ | 昼夜 zhòuyè 명 낮과 밤, 주야 ★

해설 여름철 중국 대륙의 날씨 특징을 묻는 문제로, 들리는 것이 정답인 문제유형이다. 본문에서 '尤其是在夏季，中国陆地的天气稳定性较强, 즉 특히 여름철 중국 대륙의 날씨는 안정성이 뛰어나다'고 했기에, 정답은 A이다.

정답 A

50

根据这段话，下列哪项正确?　　이 글에 근거하여, 다음 중 옳은 것은 무엇인가?

A 沿海地区空气湿润
B 水滴会吸收星星的光线
C 气候类型会影响人们的性格
D 星星的数量和温度变化有关

A 해안지역의 공기는 습윤하다
B 물방울은 별의 빛을 흡수할 수 있다
C 기후의 유형은 사람들의 성격에 영향을 끼친다
D 별의 개수와 온도 변화는 관련이 있다

보기 어휘 沿海 yánhǎi 명 해안, 연해, 연안 ★ | 地区 dìqū 명 지역, 지구 | 湿润 shīrùn 형 습윤하다 | 类型 lèixíng 명 유형

해설 본문에서 별의 갯수와 하늘의 상태는 밀접한 관계가 있음을 설명하면서, '星光经过水滴，也会被反射和吸收掉一部分光, 즉 별빛이 물방울을 거치면서 빛의 일부가 반사되고 흡수될 것'이기에 별이 많을수록 다음 날 날씨가 맑다고 언급했으므로, 정답은 B이다. 하지만 온도와의 관련성에 대해서는 영향을 미치는 요소가 많아서 별의 개수로 다음 날의 기온을 판단하기는 어렵다고 했기에 D는 정답이 아니다.

정답 B

HSK 6급 3회 독해

阅读

제1부분 51~60번 문제는 제시된 4개의 보기 중 틀린 문장을 고르는 문제입니다.

51

A 奇迹不过是努力的另一个名字而已。
B 这些见解是我总结出来的，希望能启发你们。
C 书籍就是一盏明灯，让我们看得更远、更清晰。
D 一打开瓶盖儿，空气中就开始飘散着浓郁的香气布满。

A 기적은 그저 노력의 또 다른 이름일 뿐이다
B 이 견해들은 내가 총정리한 것으로, 당신들을 일깨워 줄 수 있기를 희망한다.
C 책은 하나의 등불과 같아서, 우리가 더 멀리, 더 또렷하게 볼 수 있게 한다.
D 병뚜껑을 열자마자 공기 중에 진한 향기가 퍼지기 시작했다

어휘 奇迹 qíjì 몡 기적 | 而已 éryǐ 조 ~일 뿐이다 ★ | 不过是 A 而已 búguòshì A éryǐ 그저 A일 뿐이다 | 见解 jiànjiě 몡 견해, 소견 ★ | 总结 zǒngjié 동 총정리하다, 종합하다 | 启发 qǐfā 동 일깨우다, 깨우치다 | 书籍 shūjí 몡 책, 서적 ★ | 盏 zhǎn 양 잔 모양의 도구를 세는 단위 | 明灯 míngdēng 몡 등불 | 清晰 qīngxī 형 또렷하다 ★ | 瓶盖儿 pínggàir 몡 병뚜껑, 병마개 | 飘散 piāosàn 동 (기체 등이) 퍼지다, 사방으로 흩어지다 | 浓郁 nóngyù 형 (향기 등이) 진하다, 짙다 | 布满 bùmǎn 동 가득하다, 충만하다

해설 불필요한 목적어의 사용 오류문제이다. 이 문장은 존현문으로 '장소 + 술어 + 명사' 순의 문장구조를 이루어야 한다. 이 문장의 주어는 '空气中(공기 중)'이며, 술어는 '飘散着(퍼지고 있다)'이고, 목적어는 '香气(향기)'이므로 문장 맨 뒤에 쓰인 동사 '布满(가득하다)'을 없애야 한다.

정답 D 一打开瓶盖儿，空气中就开始飘散着浓郁的香气布满。
➡ 一打开瓶盖儿，空气中就开始飘散着浓郁的香气。

52

A 读书可以唤醒你体内沉睡着的"作家"。
B 近来，多地气温居高不下，医生提醒大家一定要注意避暑。
C 老虎是可以被驯服的动物，但老虎的攻击性永远也不会可能消失。
D 在非本人电子设备上登录网银后一定要退出，否则会威胁账户安全。

A 독서는 당신의 몸 안에 깊이 잠들어 있는 '작가'를 깨울 수 있다.
B 최근 들어 대부분 지역에서 고온이 지속되다 보니, 의사는 모두에게 더위를 피하는데 반드시 주의할 것을 상기시켜주었다.
C 호랑이는 길들여 질 수 있는 동물이긴 하나, 호랑이의 공격성은 영원히 사라질 리 없다.
D 본인 것이 아닌 전자기기에서 인터넷뱅킹에 로그인한 후에는 반드시 로그아웃을 해야 한다. 그렇지 않으면 계좌의 안전을 위협할 수 있다.

실전모의고사 3회 **257**

어휘 唤醒 huànxǐng 동 깨우다 | 沉睡 chénshuì 동 깊이 잠들다 | 近来 jìnlái 명 최근, 근래, 요즘 ★ | 居高不下 jūgāobúxià 높은 상태가 지속되다, 높은 상태로 떨어지지 않는다 | 避暑 bì shǔ 동 더위를 피하다 | 驯服 xùnfú 동 길들이다 | 攻击 gōngjī 동 공격하다 ★ | 非 fēi 동 ~이 아니다 | 本人 běnrén 명 본인, 당사자 ★ | 设备 shèbèi 명 기기, 장치, 설비 | 登录 dēnglù 동 (컴퓨터) 로그인하다 ★ | 网银 wǎngyín 명 인터넷뱅킹 | 退出 tuìchū 동 로그아웃하다, 퇴장하다 | 威胁 wēixié 동 위협하다 | 账户 zhànghù 명 계좌

해설 어휘의 중복 사용 오류문제이다. '永远也不会(영원히 ~할 리 없다)'는 강한 어조의 추측 표현으로, 조동사 '会'는 추측, 가능성을 나타내는데 다시 추측이나 가능성을 나타내는 부사 '可能'을 쓰면 의미상 중복이 된다. 따라서 '可能'을 없애야 한다.

정답 C 老虎是可以被驯服的动物，但老虎的攻击性永远也不会可能消失。
➡ 老虎是可以被驯服的动物，但老虎的攻击性永远也不会消失。

53

A 人们会选择性地记忆跟自己的兴趣、需要有关的信息。
B 家人的安慰就如同一碗鸡汤，可以温暖我们脆弱的心灵。
C 《茉莉花》是江苏民歌，因歌词通俗易懂，旋律优美，然而脍炙人口。
D 117大厦位于天津市高新技术产业园区，高度达597米，居世界第二。

A 사람들은 자신의 흥미나 필요에 관계되는 정보만을 선택적으로 기억한다.
B 가족의 위로는 닭고기 수프와 같아서, 우리의 연약한 마음을 따뜻하게 해 줄 수 있다.
C 《모리화(茉莉花)》는 장쑤(江苏) 민요로, 가사가 대중적이고 이해하기 쉬우며 선율이 아름다워서 사람들 입에 널리 회자되고 있다.
D 117빌딩은 톈진시(天津市) 최첨단기술 산업단지에 위치해 있고, 높이가 597m에 달해 세계에서 두 번째로 높다.

어휘 记忆 jìyì 동 기억하다 명 기억 | 安慰 ānwèi 명 위로 | 如同 rútóng 동 마치 ~과 같다 | 鸡汤 jītāng 명 닭고기 수프(온정이나 지혜가 담긴 말이나 문구를 의미함) | 温暖 wēnnuǎn 동 따뜻하게 하다 | 脆弱 cuìruò 형 연약하다 ★ | 心灵 xīnlíng 명 마음, 영혼, 정신 ★ | 通俗 tōngsú 형 대중적이다, 통속적이다 ★ | 旋律 xuánlǜ 명 선율 ★ | 优美 yōuměi 형 아름답다 | 脍炙人口 kuàizhìrénkǒu 성 (좋은 시문이나 사물이) 사람들 입에 널리 회자되다 | 位于 wèiyú ~에 위치하다 | 大厦 dàshà 명 빌딩 | 产业 chǎnyè 명 산업 ★ | 居 jū 동 (어떤 위치에) 있다, 차지하다, 속하다

해설 부적절한 접속사의 사용 오류문제이다. '모리화'가 사람들 입에 널리 오르내리는 것은 결과이며, 앞 절의 가사가 대중적이고 이해가 용이하며 선율이 아름다운 것이 그 이유가 된다. 따라서 전환관계 접속사 '然而'을 인과관계에서 결과를 나타내는 접속사 '所以'로 바꿔 써야 한다.

정답 C 《茉莉花》是江苏民歌，因歌词通俗易懂，旋律优美，然而脍炙人口。
➡ 《茉莉花》是江苏民歌，因歌词通俗易懂，旋律优美，所以脍炙人口。

54

A 节日里的公园到处都洋溢着欢乐的气氛。
B 三年来，这个县的粮食总产量持续增长。
C 先进的纺织技术促进了中国丝绸业的繁荣发展。
D 看着飞流直下的庐山瀑布，对大自然的神奇力量赞不绝口。

A 명절 동안의 공원은 곳곳이 모두 즐거운 분위기로 넘쳐난다.
B 3년 동안 이 현(县)의 식량 총 생산량은 지속해서 증가했다.
C 선진적인 방직기술은 중국 비단 산업의 번영과 발전을 촉진했다.
D 세차게 아래로 떨어지는 루산(庐山)폭포를 보면서, 사람들은 대자연의 신비한 힘에 대해 끊임없이 칭찬한다.

어휘 洋溢 yángyì 동 넘치다, 충만하다 | 欢乐 huānlè 형 즐겁다, 유쾌하다 ★ | 气氛 qìfēn 명 분위기 | 粮食 liángshi 명 식량, 양식 | 持续 chíxù 동 지속하다 | 先进 xiānjìn 형 선진적인, 진보적인 ★ | 纺织 fǎngzhī 동 방직 ★ | 促进 cùjìn 동 촉진하다, 촉진시키다 | 丝绸业 sīchóuyè 명 비단산업 | 繁荣 fánróng 형 번영하다 | 飞流直下 fēiliú zhíxià 세차게 아래로 떨어지다 | 瀑布 pùbù 명 폭포 | 庐山瀑布 Lúshānpùbù 고유 루산폭포 | 神奇 shénqí 형 신비롭다 ★ | 赞不绝口 zànbùjuékǒu 성 끊임없이 칭찬하다

해설 주어의 부족 오류문제이다. 루산폭포를 바라보는 주어도, 끊임없는 칭찬을 하는 주어도 없기에 동작의 주체인 사람을 주어로 써줘야 한다.

정답 D 看着飞流直下的庐山瀑布，对大自然的神奇力量赞不绝口。
➡ 看着飞流直下的庐山瀑布，**人们**对大自然的神奇力量赞不绝口。

55

A 兰花的香气易使人过度兴奋而失眠，因此不要摆放它在房间里。
B 若能够跟比自己年龄大的人相处并听取他们的忠告，这就意味着你长大了。
C 澜沧江是中国西南地区的河流之一，流出中国国境以后的河段称为湄公河。
D 一项研究表明，如果想让员工更有创造力，那么可以让其在休息时间多看搞笑视频。

A 난초의 향기는 사람을 지나치게 흥분시켜 잠을 이루지 못하게 하기 쉽다. 따라서 난초를 방 안에 놓지 말아야 한다.
B 만약에 자신보다 나이가 많은 사람들과 잘 지내고 그들의 충고를 받아들일 수 있다면, 이는 당신이 성장했다는 걸 의미한다.
C 란창강(澜沧江)은 중국 서남지역 강 중의 하나로, 중국 국경 너머로 흘러나간 이후의 구간은 메콩 강이라 부른다.
D 한 연구에서, 만일 직원들이 창의력을 더 많이 갖길 원한다면 휴식시간에 웃긴 동영상을 많이 보게끔 하면 된다고 밝혔다.

어휘 兰花 lánhuā 명 난초 | 过度 guòdù 형 지나치다, 과하다 ★ | 失眠 shī mián 동 잠을 이루지 못하다 | 摆放 bǎifàng 동 놓다, 놓아두다 | 若 ruò 접 만약, 만일 | 听取 tīngqǔ 동 (의견 등을) 받아들이다, 듣다, 귀기울이다 | 忠告 zhōnggào 명 충고 | 意味着 yìwèizhe 동 의미하다 ★ | 澜沧江 Láncāngjiāng 고유 란창강 | 地区 dìqū 명 지역, 지구 | 河流 héliú 명 강, 하천 | 国境 guójìng 명 국경 | 河段 héduàn 명 (하천의) 구간 | 湄公河 Méigōnghé 고유 메콩 강(Mekong R.) | 表明 biǎomíng 동 밝히다, 표명하다 | 员工 yuángōng 명 직원 | 搞笑 gǎoxiào 동 웃기다 | 视频 shìpín 명 동영상, 영상 ★

해설 전치사구의 위치 오류문제이다. 보어로 쓰이는 전치사구는 술어, 즉 동사나 형용사 뒤에 위치해야 한다. 위의 문장에서 '在房间里'는 대명사 '它'의 뒤에 위치할 수 없으므로 '把자문'으로 바꿔서 '在房间里'를 동사 '摆放' 뒤에 위치시켜야 한다.

정답 A 兰花的香气易使人过度兴奋而失眠，因此不要摆放它在房间里。
➡ 兰花的香气易使人过度兴奋而失眠，因此不要把它摆放在房间里。

56

A 一个公司的经营理念往往决定了其未来的发展前途。
B 这家百年老店在青阶灰瓦的四合院内，格调非常别致极了。
C 在说书这一行，单田芳可谓出身世家，因为他父母都是评书表演大师。
D 捐款不是每个公民的法定义务，虽值得提倡，但不宜用强制手段让人们去捐。

A 회사의 경영이념은 종종 그 회사 미래의 발전전망을 결정짓었다.
B 이 백년기업(百年老店)은 푸른색 계단과 회색 기와로 된 쓰허위안 내에 위치하며, 풍격이 굉장히 독특하다.
C 설서(说书)라는 이 분야에서 산텐팡(单田芳)은 명문세가 출신이라고 할 수 있는데, 왜냐하면 그의 부모가 모두 평서(评书) 공연의 대가이기 때문이다.
D 기부하는 것은 모든 국민의 법정의무는 아니기에 비록 제창할 만한 가치는 있지만, 강제적인 수단으로 사람들에게 기부를 강요하는 것은 맞지 않는다.

어휘 经营 jīngyíng 동 경영하다, 운영하다 | 前途 qiántú 명 전망, 비전 | 百年老店 bǎinián lǎodiàn 명 백년기업(오랜 전통을 지닌 우수한 기업을 일컬음) | 青阶 qīngjiē 푸른색 계단 | 灰瓦 huīwǎ 회색 기와 | 四合院 sìhéyuàn 명 쓰허위안(중국 북방지역의 전통가옥) | 格调 gédiào 명 풍격, 격조 | 别致 biézhì 형 독특하다, 색다르다 ★ | 说书 shuōshū 명 설서(사람들을 모아놓고 이야기를 해주는 공연) | 单田芳 Shàn Tiánfāng 고유 산텐팡 | 可谓 kěwèi 동 ~라고 할 만하다 | 出身 chūshēn 동 (어떤 신분) 출신이다 명 출신, 신분 ★ | 世家 shìjiā 명 명문세가 | 评书 píngshū 명 평서(설창문예의 일종, 장편고사를 이야기해주는 공연) | 捐款 juānkuǎn 동 기부하다 | 公民 gōngmín 명 국민, 공민 ★ | 义务 yìwù 명 의무 | 提倡 tíchàng 동 제창하다 | 强制 qiángzhì 동 강요하다, 강제로 하다 ★

해설 의미의 중복 오류문제이다. 형용사 앞에서 정도를 수식하는 정도부사와, 형용사의 뒤에서 정도를 보충해주는 정도보어는 의미가 중복되기에 함께 쓰지 않는다. 따라서 '非常别致极了'에서 '非常'이나 '极了' 중에 하나를 없애야 한다.

정답 B 这家百年老店在青阶灰瓦的四合院内，格调非常别致极了。
➡ 这家百年老店在青阶灰瓦的四合院内，格调别致极了。
➡ 这家百年老店在青阶灰瓦的四合院内，格调非常别致。

57

A 旧货市场里的工艺品琳琅满目，让人目不暇接。
B 这扇门不论破损严重，可是在木匠的细心修理下，依然能用。
C《昆虫记》是富含哲理的文学宝藏，曾对生物学界产生过重大的影响。
D 从世界范围来看，各国对儿童入学年龄的规定不尽相同，一般为六岁或七岁。

A 중고시장의 공예품은 아름다운 것들이 너무 많아서 사람들이 미처 다 볼 수가 없다.
B 이 문은 비록 파손이 심했지만, 목수의 정성스런 수리로 여전히 사용할 수 있다.
C《곤충기(昆虫记)》는 철학적인 이치가 풍부하게 담긴 문학의 보물로, 일찍이 생물학계에 굉장히 큰 영향을 미쳤다
D 세계적인 범위에서 보면, 어린이의 취학연령에 대한 각 나라의 규정이 다 같은 것은 아니지만, 일반적으로 6세나 7세이다.

어휘 旧货 jiùhuò 명 중고품, 고물 | 工艺品 gōngyìpǐn 명 공예품 ★ | 琳琅满目 línlángmǎnmù 성 아름다운 물건이 매우 많다 | 目不暇接 mùbùxiájiē 성 좋고 많아서 미처 다 볼 수 없다 | 扇 shàn 양 짝(문, 창문 등을 세는 단위) | 破损 pòsǔn 형 파손되다 | 木匠 mùjiang 명 목수 | 依然 yīrán 부 여전히, 예전처럼 | 昆虫 kūnchóng 명 곤충 | 哲理 zhélǐ 명 철학적인 이치, 철리 | 宝藏 bǎozàng 명 보물, 지하자원 | 生物 shēngwù 명 생물 ★ | 学界 xuéjiè 명 학계 | 范围 fànwéi 명 범위 | 不尽 bújìn 부 모두 ~한 것은 아니다

해설 부적절한 접속사의 사용 오류문제이다. 의미상 '可是'와 호응을 이루는 접속사는 '虽然'이며, '不论'은 뒤에 반드시 의문이나 병렬구조를 동반해야 한다. 하지만 '不论' 뒤의 '破损严重'은 의문구조도 병렬구조도 아니기에 문장의 구조상 '不论'을 쓸 수 없다. 따라서 '不论'을 '虽然'으로 고쳐 써야 한다.

정답 B 这扇门不论破损严重，可是在木匠的细心修理下，依然能用。
➡ 这扇门虽然破损严重，可是在木匠的细心修理下，依然能用。

58

A 由于冬天的空气干燥，所以在相同温度的房间里，人们的体感温度还是会比夏天低。
B "废寝忘食"这个成语的意思是专心努力地做某一件事，以致连睡觉吃饭都顾不上了。
C 所有从创业的第一天开始，你就要做好心理准备，你每天要面对的不是成功，而是困难和失败。
D 第六届魔术文化节在中国的魔术之乡——河南省宝丰县拉开了序幕，高规格的魔术竞技比赛及魔术道具展销吸引了来自各地的魔术爱好者和魔术大师。

A 겨울철 공기는 건조하기 때문에, 같은 온도의 방 안에 있더라도 사람들의 체감온도는 여전히 여름보다 낮다.
B '폐침망식(废寝忘食)'이라는 이 성어의 뜻은 전념해서 한 가지 일을 열심히 하다 보면, 잠자고 밥 먹는 것조차 생각할 겨를이 없게 된다는 것이다.
C 창업하는 첫날부터 당신은 마음의 준비를 잘해야 한다. 왜냐하면 당신이 매일 마주해야 하는 것은 성공이 아니라 어려움과 실패이기 때문이다.
D 제6회 마술문화제가 중국 마술의 고향인 허난성(河南省) 바오펑현(宝丰县)에서 서막을 열었다. 높은 수준의 마술경연대회 및 마술도구의 전시 판매는 각지에서 온 마술 애호가들과 마술 대가들을 사로잡았다.

어휘 干燥 gānzào 형 건조하다 | 体感温度 tǐgǎn wēndù 명 체감온도 | 废寝忘食 fèiqǐnwàngshí 성 잠자고 밥 먹는 것도 잊다, 침식을 잊다 ★ | 成语 chéngyǔ 명 성어, 고사성어 | 专心 zhuānxīn 형 전념하다, 몰두하다 | 以致 yǐzhì 접 ~하게 되다, ~에 이르다 ★ | 顾不上 gù bu shàng 동 생각할 겨를이 없다, 돌볼 틈이 없다 | 创业 chuàngyè 동 창업하다 ★ | 心理 xīnlǐ 명 심리 | 面对 miànduì 동 마주하다, 대면하다 | 届 jiè 양 회(횟수를 나타내는 단위) | 魔术 móshù 명 마술 ★ | 宝丰县 Bǎofēngxiàn 고유 바오펑현 | 拉开 lākāi 동 열다, 펼치다 | 序幕 xùmù 명 서막 | 规格 guīgé 명 수준, 규격 ★ | 竞技 jìngjì 동 경연하다, 실력을 겨루다(주로 체육 경기를 나타냄) | 道具 dàojù 명 (공연) 도구, 소품 | 展销 zhǎnxiāo 명 전시 판매

해설 부적절한 어휘의 사용 오류 및 접속사의 부족 오류문제이다. '从创业的第一天'은 단 하루를 나타내기에 '전체, 전부'를 의미하는 '所有'의 수식을 받을 수 없으므로 '所有'를 삭제해야 한다. 또한 '마음의 준비를 해야 한다'는 이유가 '매일 마주해야 하는 것이 성공이 아니라 어려움과 실패이다'이므로 원인을 나타내는 접속사 '因为'를 써서 도치되었음을 나타내 주어야 한다.

정답 C 所有从创业的第一天开始，你就要做好心理准备，你每天要面对的不是成功，而是困难和失败。
➡ 从创业的第一天开始，你就要做好心理准备，因为你每天要面对的不是成功，而是困难和失败。

59

A 电子表是根据电能转换为磁能，再由磁能转换为机械能的物理现象设计而成的。

B 郝景芳在《北京折叠》中构建了一个不同空间、不同阶层的社会背景，故事多源自她自己的日常生活。

C 随着时代的进步，电视逐渐被人们遗忘，有些家庭甚至彻底告别了电视，转而使用智能手机、平板电脑等获取信息，他们把称为"零电视家庭"。

D 酒精在人体内的代谢速度是有限度的，若饮酒过量，酒精就会储存在体内器官里，尤其会储存在肝脏和大脑中，储存到一定程度就会出现酒精中毒的症状。

A 전자 손목시계는 전기 에너지에서 자기 에너지로 전환되고, 다시 자기 에너지에서 역학적 에너지로 전환되는 물리현상에 근거해서 설계되어 만들어진 것이다.

B 하오징팡(郝景芳)은《북경절첩(北京折叠)》에서 각기 다른 공간과 다양한 계층의 사회배경을 만들었고, 스토리의 대부분은 그녀 자신의 일상생활에서 비롯됐다.

C 시대가 발전함에 따라 TV는 점차 사람들에게 잊혀져 갔고, 심지어 일부 가정에서는 TV와 완전히 이별하고는 스마트폰이나 태블릿PC 등으로 정보를 얻는데, 이들은 '제로 TV 가구'라고 불린다.

D 알코올이 체내에서 대사되는 속도는 한계가 있다. 만약 술을 지나치게 많이 마시면 알코올은 체내 기관에 저장되는데, 특히 간과 대뇌 속에 저장될 것이고, 어느 정도까지 저장되고 나면 알코올 중독증상이 나타나게 될 것이다.

어휘 电子表 diànzǐbiǎo 명 전자 손목시계 | 电能 diànnéng 명 전기 에너지(electric energy) | 转换为 zhuǎnhuàn wéi ~로 전환하다 | 磁能 cínéng 명 자기 에너지(magnetic energy) | 机械能 jīxiènéng 명 역학적 에너지(mechanical energy) | 郝景芳 Hǎo Jǐngfāng 고유 하오징팡 | 构建 gòujiàn 동 만들다, 세우다 | 空间 kōngjiān 명 공간 | 阶层 jiēcéng 명 계층, 계급 ★ | 源自 yuánzì ~에서 비롯되다, ~에서 발원하다 | 逐渐 zhújiàn 부 점차, 차츰 | 遗忘 yíwàng 동 잊다, 잊어버리다 | 彻底 chèdǐ 부 완전히, 철저히 | 告别 gàobié 동 이별하다, 헤어지다, 작별인사를 하다 | 转而 zhuǎn'ér 부 방향을 바꿔, 도리어 | 智能 zhìnéng 형 지능을 갖춘 | 平板电脑 píngbǎn diànnǎo 명 태블릿PC | 获取 huòqǔ 동 얻다, 취하다 | 酒精 jiǔjīng 명 알코올 ★ | 若 ruò 접 만약, 만일 | 过量 guòliàng 형 (한계) 양을 초과하다 | 储存 chǔcún 동 저장하다, 모아 두다 ★ | 器官 qìguān 명 (생물) 기관 ★ | 肝脏 gānzàng 명 간 | 中毒 zhòng dú 동 중독되다 | 症状 zhèngzhuàng 명 증상 ★

해설 부적절한 전치사의 사용 오류문제이다. 전치사 '把'는 '~을, ~를'의 뜻으로, 처지 대상과 함께 전치사구를 이루어 '주어 + [전치사구(把 + 처치 대상)] + 술어~'의 문장구조를 가지는데, 이 때 처치대상은 생략할 수 없다. 이 문장은 의미상 TV를 멀리하고 휴대폰이나 태블릿PC로 정보를 얻는 사람들을 '제로 TV 가구'라고 부르는 것이므로, '把'를 '~로 하여금 ~하게 하다'의 피동 전치사이면서 행위의 주체를 생략할 수 있는 '被'로 바꿔야 한다.

정답 C 随着时代的进步，电视逐渐被人们遗忘，有些家庭甚至彻底告别了电视，转而使用智能手机、平板电脑等获取信息，他们把称为"零电视家庭"。

➡ 随着时代的进步，电视逐渐被人们遗忘，有些家庭甚至彻底告别了电视，转而使用智能手机、平板电脑等获取信息，他们被称为"零电视家庭"。

60

A 出自《荀子》的"流言止于智者"这句话,其含义是捕风捉影的话传到了智者那里就不会再传下去了。

B 榴莲是热带著名水果之一,被誉为"水果之王",它的气味浓烈,爱之者赞其香,厌之者怨其臭。

C 有一座海拔超过3000米的山脉坐落在贡嘎山系和成都平原之间,爬到这座山脉的顶峰便可以欣赏到壮观的景色。

D 电子商务作为一个全新且迅速发展的行业,不仅在某种程度上改变了人们的生活方式,还对传统的商业模式打击了。

A 《순자》에서 나온 '유언지우지자(流言止于智者)'란 이 말의 속뜻은 전혀 근거 없는 이야기가 현자에게 전해지면 더 이상 퍼지지 않는다는 의미이다.

B 두리안은 유명한 열대 과일 중의 하나로 '과일의 왕'이라 불린다. 두리안의 냄새는 강해서 좋아하는 사람은 향기롭다 칭찬하고, 싫어하는 사람은 역겹다고 불만한다.

C 해발 3,000m가 넘는 어느 산맥 하나가 궁가(贡嘎)산계와 청두평원(成都平原) 사이에 자리잡고 있는데, 이 산맥의 정상에 오르면 멋진 장관을 감상할 수 있다.

D 전자상거래는 새로운 그리고 빠르게 발전하는 업종으로써, 어느 정도 사람들의 생활방식을 변화시켰을 뿐만 아니라 기존의 비즈니스 모델에도 타격을 주었다.

어휘 出自 chūzì 동 ~로부터 나오다 | 含义 hányì 명 속뜻, 내포된 뜻 ★ | 捕风捉影 bǔfēngzhuōyǐng 성 말이나 일이 전혀 근거가 없다 | 榴莲 liúlián 명 두리안(과일) | 气味 qìwèi 명 냄새 ★ | 浓烈 nóngliè 형 (냄새, 맛 등이) 강하다 | 赞 zàn 동 칭찬하다 | 厌 yàn 동 싫어하다 | 怨 yuàn 동 불만하다, 원망하다 | 臭 chòu 형 (냄새가) 역겹다, 지독하다 | 海拔 hǎibá 명 해발 ★ | 山脉 shānmài 명 산맥 ★ | 坐落 zuòluò 동 ~에 자리잡다, ~에 위치하다 | 贡嘎山系 Gònggā shānxì 명 궁가산계 | 平原 píngyuán 명 평원 ★ | 顶峰 dǐngfēng 명 정상 | 欣赏 xīnshǎng 동 감상하다 | 壮观 zhuàngguān 형 장관이다 ★ | 电子商务 diànzǐ shāngwù 명 전자상거래 | 全新 quánxīn 형 새롭다, 참신하다 | 迅速 xùnsù 형 빠르다, 신속하다 | 行业 hángyè 명 업종, 직종 | 商业 shāngyè 명 비즈니스, 상업 | 模式 móshì 명 모델, 패턴 ★ | 打击 dǎjī 동 타격을 주다 ★

해설 **부적절한 전치사의 사용 오류문제이다.** '对'는 대상을 나타내는 전치사로 '对…打击'의 형식은 쓰이지 않는다. 따라서 전치사 '对'를 없애고 '打击了传统的商业模式'로 써야 한다.

정답 **D** 电子商务作为一个全新且迅速发展的行业,不仅在某种程度上改变了人们的生活方式,还对传统的商业模式打击了。

➡ 电子商务作为一个全新且迅速发展的行业,不仅在某种程度上改变了人们的生活方式,还**打击**了传统的商业模式。

제2부분 61~70번 문제는 빈칸에 들어가는 알맞은 어휘를 고르는 문제입니다.

61

发烧时，除药物治疗外，既简便又安全的方法就是用<u>浓度</u>为25%-50%的酒精擦拭身体的物理降温法。因为酒精可提高皮肤的散热能力，有助于<u>达到</u>退烧的目的。具体做法是：将纱布或小毛巾用酒精蘸湿，然后轻轻擦拭身体的颈部、手心等<u>部位</u>即可。

A 浓度 ⊙	达到 ⊙	部位 ⊙
B 质量 ✕	抵达 ✕	部门 ✕
C 比例 ✕	造成 ✕	地区 ✕
D 程度 ✕	导致 ✕	区域 ✕

열이 날 때 약물치료 외에 간편하면서도 안전한 방법은 바로 <u>농도</u>가 25~50% 되는 알코올로 몸을 닦는 물리적인 냉각법(physical cooling)이다. 왜냐하면, 알코올은 피부의 열 발산 능력을 향상시켜줄 수 있어서 해열 목적을 <u>달성하는</u> 데 도움이 되기 때문이다. 구체적인 방법은 거즈나 손수건을 알코올로 적신 다음, 신체의 목 부분과 손바닥 등의 <u>부위</u>를 가볍게 닦으면 된다.

A 농도 | 달성하다 | 부위
B 품질 | 도착하다 | 부서
C 비중 | 초래하다 | 지역
D 정도 | 초래하다 | 구역

지문 어휘 发烧 fā shāo 동 열이 나다 | 治疗 zhìliáo 동 치료하다 | 简便 jiǎnbiàn 형 간편하다 | 酒精 jiǔjīng 명 알코올 ★ | 擦拭 cāshì 동 닦다 | 物理降温法 wùlǐ jiàngwēnfǎ 명 물리적인 냉각법(physical cooling) | 皮肤 pífū 명 피부 | 散热 sàn rè 열을 발산하다 | 有助于 yǒuzhù yú 동 ~에 도움이 되다 | 退烧 tuì shāo 동 해열하다, 열을 내리다 | 纱布 shābù 명 거즈 | 蘸湿 zhànshī 동 물에 적시다 | 颈部 jǐngbù 명 목 부분 | 手心 shǒuxīn 명 손바닥 | 即可 jíkě 부 ~하면 곧 ~하다

해설

1번 빈칸

A 浓度 nóngdù 명 농도   B 质量 zhìliàng 명 품질, 질
C 比例 bǐlì 명 비중, 비율   D 程度 chéngdù 명 정도, 수준

빈칸 뒤의 '25%–50%的酒精'이 힌트이다. 25%–50%의 알코올이라는 것은 알코올의 '농도'를 의미하므로 정답은 'A 浓度'이다. 'B 质量'은 제품이나 일의 좋고 나쁨의 정도를 의미하는 '품질, 질'의 뜻이며, 'D 程度'는 알맞은 한도나 우열 등에서 본 분량 또는 수준을 나타내는 '정도'이다.

2번 빈칸

A 达到 dádào 동 달성하다, 도달하다, (어느 정도 수준에) 이르다
B 抵达 dǐdá 동 도착하다, 도달하다 ★
C 造成 zàochéng 동 (좋지 않은 결과를) 초래하다, 야기하다
D 导致 dǎozhì 동 초래하다, 야기하다

빈칸 뒤의 '目的'가 힌트로, 보기 중 '달성하다'의 뜻을 나타내는 'A 达到'가 정답이다. '达到'는 达到 + 目的(목적) / 目标(목표) / 水平(수준)과 같이 쓴다. 'C 造成'과 'D 导致'는 동의어로 나쁜 결과를 '초래하다, 야기하다'의 뜻이며 'B 抵达'는 '抵达 + 北京(베이징)' 등 구체적으로 어느 장소에 '도착하다'의 뜻이므로 정답이 아니다.

3번 빈칸

A 部位 bùwèi 명 (인체) 부위, 위치 ★
B 部门 bùmén 명 부서, 부, 부문
C 地区 dìqū 명 지역, 지구
D 区域 qūyù 명 구역, 지역 ★

빈칸 앞의 '身体的颈部、手心'이 힌트이다. 목이나 손바닥은 신체의 한 부분이며 보기 중 이를 뜻하는 것은 'A 部位'뿐이다.

정답 A

62

猕猴桃的味道独特，是草莓、香蕉、菠萝三者混合在一起的口感，而且营养价值特别高，因而受到了人们的喜爱。在所有水果中，猕猴桃的维生素含量最高。此外，猕猴桃中的纤维素和果胶还可以促进肠胃消化。

키위의 맛은 독특한데, 딸기, 바나나, 파인애플 이 세 가지가 함께 혼합된 맛이며, 게다가 영양가도 굉장히 높아서 이로 인해 사람들의 사랑을 받았다. 모든 과일 중에서 키위의 비타민 함량이 가장 높고, 이 외에도 키위 속의 섬유소와 펙틴은 위장의 소화를 촉진할 수 있다.

A 滋味 ✗	因此 ○	督促 ✗	A 맛 | 이 때문에 | 독촉하다
B 风气 ✗	便于 ✗	阻碍 ✗	B 풍조 | ~하기 편하다 | 저해하다
C 味道 ○	因而 ○	促进 ○	C 맛 | 이로 인해 | 촉진하다
D 气味 ✗	况且 ✗	吸取 ✗	D 냄새 | 더군다나 | 받아들이다

지문 어휘 猕猴桃 míhóutáo 명 키위 | 独特 dútè 형 독특하다 | 菠萝 bōluó 명 파인애플 | 混合 hùnhé 동 혼합하다, 섞다 ★ | 口感 kǒugǎn 명 맛, 식감 | 喜爱 xǐ'ài 동 사랑하다, 좋아하다 | 维生素 wéishēngsù 명 비타민 ★ | 纤维素 xiānwéisù 명 섬유소 | 果胶 guǒjiāo 명 펙틴(pectin) | 肠胃 chángwèi 명 위장, 소화기관 | 消化 xiāohuà 명 소화 동 소화하다

해설

1번 빈칸

A 滋味 zīwèi 명 맛, 〈비유〉기분, 심정 ★
B 风气 fēngqì 명 (사회적) 풍조, 기풍 ★
C 味道 wèidao 명 맛, 냄새
D 气味 qìwèi 명 냄새 ★

빈칸 뒤의 '独特'와 '草莓、香蕉、菠萝'가 힌트이다. 따라서 이들의 '맛'을 나타내는 'C 味道'가 정답이며, '味道独特'는 '맛이 독특하다'로 자주 쓰는 표현이다. 'A 滋味'는 '心里不是滋味儿(기분이 정말 좋지 않다)'처럼 음식의 맛을 나타내기보다는 비유적인 표현의 '기분'을 뜻한다. 'B 风气'는 '社会 + 风气(사회 풍조)'로 쓰여 사회나 집단의 '풍조'나 '기풍'을 뜻한다.

2번 빈칸

A 因此 yīncǐ 접 이 때문에, 그래서
B 便于 biànyú 동 ~하기 편하다, ~하기 쉽다 ★
C 因而 yīn'ér 접 이로 인해, 그래서, 그러므로
D 况且 kuàngqiě 접 더군다나, 하물며, 게다가 ★

보기의 A, B, C가 모두 접속사이므로 빈칸의 앞뒤 내용파악이 관건이다. 영양가가 높아 사람들의 사랑을 받았다고 했는데, 이는 원인과 결과로 볼 수 있다. 따라서 보기 중 인과관계 접속사로서 결과의 앞에 쓰이는 'A 因此'와 'C 因而' 둘 다 가능하다. 'B 便于'는 '便于 + 了解(알다, 이해하다) / 联系(연락하다) / 观察(관찰하다)'와 같이 주로 동사 앞에 쓰여 '~하기 편하다'의 뜻이며, 'D 况且'는 점층관계 접속사이다.

3번 빈칸

A 督促 dūcù 통 독촉하다, 재촉하다 ★
B 阻碍 zǔ'ài 통 저해하다, 가로막다, 방해하다 ★
C 促进 cùjìn 통 촉진하다, 촉진시키다
D 吸取 xīqǔ 통 받아들이다, 흡수하다

빈칸 뒤의 '消化'가 힌트이다. 보기 중 이와 호응하는 것은 'C 促进'이다. '促进'은 '促进 + 消化(소화) / 交流(교류) / 关系(관계)'로 활용된다. 'B 阻碍'는 '阻碍 + 发展(발전) / 前进(전진)'으로 쓰여 '저해하다, 가로막다'의 뜻이며, 'D 吸取'는 '받아들이다, 취하다'라는 뜻으로 주로 '吸取 + 教训(교훈) / 经验(경험) / 优点(장점) / 精华(정수)'로 쓴다.

정답 C

63

给六个月以下的婴儿拍照时，最好不要开启闪光灯。这是由于在这个阶段婴儿的眼球尚未发育成熟，视网膜极其娇嫩。若婴儿的眼球受到强烈光线的刺激，容易造成其视网膜受损，距离越近，亮度越高，造成的损害也就越大。

6개월 미만의 갓난아기에게 사진을 찍어 줄 때는 플래시를 열지 않는 것이 가장 좋다. 이는 이 시기의 갓난아기의 안구는 아직 발육이 덜 되어 망막이 아주 얇기 때문이다. 만일 갓난아기의 안구가 강한 광선의 자극을 받게 된다면, 아기의 망막에 손상을 초래하기 쉽고, 거리가 가까울수록 밝기가 높아지기에 초래하는 손상 또한 더 커진다.

A 掩盖 ✗	孕育 ✗	厚度 ✗		A 덮어 감추다	잉태하다	두께
B 解除 ✗	生育 ✗	幅度 ✗		B 해제하다	출산하다	폭
C 开启 ◉	发育 ◉	亮度 ◉		C 열다	발육하다	밝기
D 使用 ◉	繁殖 ✗	宽度 ✗		D 사용하다	번식하다	폭

지문 어휘 婴儿 yīng'ér 명 갓난아기, 영아 ★ | 闪光灯 shǎnguāngdēng 명 플래시 | 眼球 yǎnqiú 명 안구, 눈 | 尚未 shàngwèi 부 아직 ~하지 않다 | 视网膜 shìwǎngmó 명 망막 | 极其 jíqí 부 아주, 굉장히 | 娇嫩 jiāonèn 형 얇다, 야들야들하다 | 光线 guāngxiàn 명 광선, 빛 | 受损 shòusǔn 통 손상을 입다 | 距离 jùlí 명 거리 | 损害 sǔnhài 통 손상시키다, 해를 입히다

해설

1번 빈칸

A 掩盖 yǎngài 통 덮어 감추다, 숨기다 ★
B 解除 jiěchú 통 해제하다, 해소하다 ★
C 开启 kāiqǐ 통 열다, 개방하다
D 使用 shǐyòng 통 사용하다

빈칸 뒤의 '闪光灯(플래쉬)'이 힌트로, 보기 중 이와 호응하는 것은 'C 开启'와 'D 使用'이다. '开启'는 문이나 병마개를 '열다'의 뜻이기도 하면서 어떤 설비를 작동시킬 때도 쓸 수 있으며, '开启闪光灯'은 '플래쉬를 터트리다'의 뜻이다. 'D 使用'은 구체적인 물건을 '사용하다'의 뜻으로, '使用闪光灯'은 '플래쉬를 사용하다'라는 의미이다. 'A 掩盖'는 '掩盖 + 事实(사실) / 真相(진상)'으로 쓰여 사람들이 모르고 못 보게 '덮어 감추다'의 뜻이며, 'B 解除'는 '解除 + 合同(계약) / 压力(스트레스) / 痛苦(고통)' 등으로 쓰여 계약, 정보 등을 '해제하다' 또는 스트레스, 고통 등을 '해소하다'는 뜻이다.

2번 빈칸

A 孕育 yùnyù 통 잉태하다, 〈비유〉내포하다 ★
B 生育 shēngyù 통 출산하다 ★
C 发育 fāyù 통 발육하다, 자라나다 ★
D 繁殖 fánzhí 통 번식하다 ★

빈칸 앞 '眼球'와 빈칸 뒤 '成熟'가 힌트이다. 갓난아기의 안구는 자라면서 성숙해지는 것이기에 '발육하다, 자라다'의 뜻인 'C 发育'가 정답이며, '发育成熟'는 '발육이 잘되다'의 뜻이다. 'A 孕育'는 '孕育 + 生命(생명) / 文明(문명)'으로 쓰여 생명이나 문명을 '잉태하다, 품다'의 뜻이며, 'D 繁殖'는 불고 늘어서 많이 퍼지다, 즉 '번식하다'의 뜻이다.

3번 빈칸

A 厚度 hòudù 명 두께
B 幅度 fúdù 명 폭, 범위 ★
C 亮度 liàngdù 명 밝기, 광도
D 宽度 kuāndù 명 폭, 범위

빈칸 앞의 '距离越近'이 힌트이다. 사진을 찍으면서 플래쉬를 터트릴 때 거리가 가까우면 더 환하게 번쩍이는데, 이를 나타내는 것은 '밝기'의 뜻인 'C 亮度'이다. 'B 幅度'는 '增长(성장) / 动作(동작) / 降价(가격 하락) + 幅度'로 쓰여 성장이나 증가하는 '폭' 또는 동작의 '범위'를 뜻한다.

정답 C

64

很多职场女性会因为明天穿什么而大伤脑筋。如果你自己拿不定主意穿什么，那就在手机上下载一个服装搭配的软件吧。这款软件不仅服饰种类繁多，琳琅满目，而且它可以给你搭建一个虚拟的试衣间，并让模特穿上你所中意的服饰，以便让你看到立体效果，这样比看平面图片好得多。

많은 직장여성들은 내일 무얼 입을까라는 것 때문에 심하게 골머리를 앓는다. 만약 무엇을 입을지 당신 혼자서 결정을 내리지 못한다면 휴대폰에서 패션 코디 앱을 하나 다운 받아보라. 이 앱은 옷과 액세서리 종류가 다양하고, 아름다운 물건들이 가득할 뿐만 아니라 게다가 당신에게 가상의 피팅룸까지 하나 만들어준다. 그리고 당신에게 입체적인 효과를 보여주기 위해 모델에게 당신 마음에 드는 옷을 입어보게도 해주는데, 이렇게 하면 평면 사진을 보는 것보다 훨씬 (효과가) 뛰어나다.

A 挑拨 ✗ 微不足道 ✗ 广阔 ✗ 附属 ✗
B 反馈 ✗ 层出不穷 ✗ 深厚 ✗ 清澈 ✗
C 挑剔 ✗ 与日俱增 ✗ 浓厚 ✗ 清晰 ✗
D 搭配 ◉ 琳琅满目 ◉ 虚拟 ◉ 立体 ◉

A 부추기다 | 하찮아서 말할 가치도 없다 | 광활하다 | 부속의
B 피드백되다 | 끊임없이 나타나다 | 깊고 두텁다 | 맑고 투명하다
C 트집잡다 | 날이 갈수록 늘어나다 | 짙다 | 또렷하다
D 코디하다 | 아름다운 물건이 가득하다 | 가상의 | 입체적이다

지문 어휘 伤脑筋 shāng nǎojīn 골머리를 앓다 ★ | 拿主意 ná zhǔyi 동 결정을 내리다. 생각을 정하다 | 下载 xiàzǎi 동 다운로드하다 | 服装 fúzhuāng 명 패션, 의류 | 软件 ruǎnjiàn 명 앱, 소프트웨어 | 服饰 fúshì 명 옷과 액세서리, 복식 | 繁多 fánduō 형 다양하다, 아주 많다 | 搭建 dājiàn 동 만들다, 짓다, 세우다 | 试衣间 shìyījiān 명 피팅룸, 탈의실 | 模特 mótè 명 모델 | 中意 zhòngyì 동 마음에 들다, 만족하다

해설 **1번 빈칸**

A 挑拨 tiǎobō 동 부추기다, 충동질하다 ★
B 反馈 fǎnkuì 동 (의견, 반응이) 피드백되다, 되돌아오다 명 피드백, 반응 ★
C 挑剔 tiāotī 동 (지나치게) 트집잡다, 까다롭다, 까다롭게 굴다 ★
D 搭配 dāpèi 동 코디하다, 조합하다, 배합하다 ★

접속사 '如果' 뒤의 내용이 힌트로, 무슨 옷을 입을지 결정 장애가 있는 여성들에게 추천하는 앱이다. 따라서 '코디하다, 조합하다'의 뜻인 'D 搭配'가 정답이다. 'A 挑拨'는 '挑拨 + 关系(관계) / 是非(시비)'로 쓰여 중간에서 '부추기다, 충동질하다' 혹은 '시비를 걸다'는 뜻이며 'B 反馈'는 '反馈 + 意见(의견)'으로 쓰여 의견 등을 되돌려 주는 것, 즉 '피드백되다'의 뜻이다. 'C 挑剔'는 사람이 단점을 들춰내어 '지나치게 트집잡다' 혹은 '까다롭다'라는 의미이다.

2번 빈칸

A 微不足道 wēibùzúdào 성 하찮아서 말할 가치도 없다 ★
B 层出不穷 céngchūbùqióng 성 끊임없이 나타나다 ★
C 与日俱增 yǔrìjùzēng 성 날이 갈수록 늘어나다 ★
D 琳琅满目 línlángmǎnmù 성 아름다운 물건이 가득하다 ★

주어는 '服饰'와 빈칸 앞의 '种类繁多'가 힌트로, 옷이나 악세서리의 종류가 많다는 것과 연관되는 성어는 '아름다운 물건이 가득하다'라는 뜻의 'D 琳琅满目'이다.

3번 빈칸

A 广阔 guǎngkuò 형 광활하다, 넓다 ★
B 深厚 shēnhòu 형 깊고 두텁다
C 浓厚 nónghòu 형 짙다, 농후하다 ★
D 虚拟 xūnǐ 형 가상의, 허구의, 가설의

빈칸 앞의 주어 '它'와 빈칸 뒤의 '试衣间'이 힌트이다. 它는 '앱'을 가리키며, 앱의 '피팅룸'이란 현실에서의 공간이 아니기 때문에 '가상의, 허구의'라는 뜻의 'D 虚拟'가 정답이다. 'A 广阔'는 '广阔的 + 草原(초원) / 大海(바다)'와 같이 초원이나 바다가 '광활하다, 넓다'의 뜻이며, 'B 深厚'는 '深厚的 + 感情(감정) / 友谊(우정)'처럼 쓰여 감정이나 우정 등이 '깊고 두텁다'는 뜻이다. 'C 浓厚'는 '浓厚的 + 气氛(분위기) / 兴趣(흥미)'로 쓰여, 분위기가 '짙다' 혹은 흥미, 특색 등이 '깊다, 크다'의 뜻이다.

4번 빈칸

A 附属 fùshǔ 형 부속의, 부설의, 종속된 ★
B 清澈 qīngchè 형 맑고 투명하다 ★
C 清晰 qīngxī 형 또렷하다 ★
D 立体 lìtǐ 형 입체적이다, 입체감을 주는 ★

뒤 절의 '平面图片'이 힌트이다. 피팅룸을 만들어 모델을 통해 옷을 입어보게 한 것이기에 평면 사진을 보는 것과 대비되는 효과임을 알 수 있다. 따라서 '입체적이다'의 뜻인 'D 立体'가 정답이다. 'A 附属'는 '附属小学(부속 초등학교)'와 같이 속해있고 딸려 있음을 뜻하며, 'B 清澈'는 '清澈的 + 湖水(호수)'와 같이 물이 '맑고 투명하다'는 뜻이고, 'C 清晰'는 '吐字(발음) / 图像(이미지, 영상) / 思路(사고, 생각의 갈피) / 条理(조리) + 清晰'와 같이 시청각적으로 보이고 들리는 것과 사고, 논리 등이 '또렷하다, 분명하다'는 의미이다.

> 정답 D

65

"烟晶"浑身透亮，是水晶家族的"无名小卒"。由于它含有微量放射性元素镭，颜色呈烟黄色，仿佛被烟熏过。尽管烟晶并不引人注目，但其特殊的美学价值让它成为了名贵的工艺品雕刻材料。除此以外，烟晶还有硬度大、抗风化能力强的特征，研磨之后的粉末可以做成金属抛光剂。

'연수정(smoky quartz)'은 전체가 투명하고 반짝이는, 크리스털계의 '무명 소졸(이름없는 하찮은 존재)'이다. (왜냐하면) 연수정은 방사성 원소인 라듐을 미량 함유하고 있어서 색상이 담황색을 띠는 탓에, 마치 연기에 그을린 듯하다. 비록 연수정은 결코 사람들의 주목을 끌지는 못하지만, 그 특수한 미적 가치는 연수정을 진귀한 공예품의 조각 재료가 되게 만들었다. 이 밖에, 또한 연수정은 경도가 높고 내후성이 뛰어나다는 특징이 있어서, 곱게 갈고 난 분말은 금속 광택제가 되기도 한다.

A 全体 ✗	比方 ✗	珍惜 ✗	症状 ✗	A 전체	예를 들다	소중히 여기다	증상
B 全局 ✗	类似 ✗	卓越 ✗	形状 ✗	B 전체 국면	유사하다	탁월하다	형상
C 浑身 ○	仿佛 ○	名贵 ○	特征 ○	C 전체	마치 ~인 듯하다	진귀하다	특징
D 局部 ✗	譬如 ✗	杰出 ✗	专长 ✗	D 일부	예를 들다	출중하다	특기

> **지문 어휘**
> 烟晶 yānjīng 명 연수정, 스모키 쿼츠(smoky quartz) | 透亮 tòuliàng 형 투명하고 반짝이다 | 水晶 shuǐjīng 명 크리스털, 수정 | 家族 jiāzú 명 같은 계열, 가족 | 微量 wēiliàng 명 미량, 적은 분량 | 放射性 fàngshèxìng 명 (물리) 방사성 | 元素 yuánsù 명 (화학) 원소, 요소 ★ | 镭 léi 명 라듐(Ra) | 呈 chéng 동 띠다, 나타내다 | 熏 xūn 동 (연기 등으로) 그을리다 | 引人注目 yǐnrénzhùmù 성 사람들의 주목을 끌다 | 雕刻 diāokè 명 조각 ★ | 除此以外 chúcǐ yǐwài 이 밖에, 이것 외에 | 硬度 yìngdù 명 경도, 굳기 | 抗风化能力 kàngfēnghuà nénglì 명 내후성(각종 기후, 외부환경에 견디는 성질) | 研磨 yánmó 동 곱게 갈다 | 粉末 fěnmò 명 가루 ★ | 金属 jīnshǔ 명 금속 | 抛光剂 pāoguāngjì 명 광택제

> **해설**

1번 빈칸

A 全体 quántǐ 명 전체
B 全局 quánjú 명 전체 국면 ★
C 浑身 húnshēn 명 (몸)전체, 전신, 온몸 ★
D 局部 júbù 명 일부(분), 국부 ★

빈칸 앞의 '烟晶'과 빈칸 뒤의 '透亮'이 힌트로, 연수정이 밝게 빛나는 '범위'를 골라야 한다. 따라서 사람이나 물체의 '전체, 온몸'의 뜻인 'C 浑身'이 정답이다. 'A 全体' 역시 '전체, 전부'의 뜻이지만 '全体会议(전체회의)', '全体人员(전체인원)'과 같이 사람으로 이루어진 구성의 '모든 사람, 모두'를 의미한다. 'B 全局'는 '整个局面'의 뜻으로 전체적인 '판국'이나 '대세'의 뜻이며, 'D 局部'는 '整体(전체)'의 반대말로 '부분'을 뜻한다.

2번 빈칸

A 比方 bǐfang 동 예를 들다, 비유하다 명 예, 비유 ★
B 类似 lèisì 형 유사하다, 비슷하다 ★
C 仿佛 fǎngfú 부 마치 ~인 듯하다
D 譬如 pìrú 동 예를 들다 ★

빈칸 앞의 '烟黄色'와 빈칸 뒤의 '被烟熏过'가 힌트이다. 연기에 그을린 듯 색이 '담황색'과 유사하다는 의미이므로, '마치 ~인 듯하다'의 비유의 뜻인 'C 仿佛'가 정답이다. 'B 类似'는 '유사하다'의 뜻이지만, 전치사 '被'의 앞에서 부사어로 쓰일 수 없다. 'A 比方'은 '打个比方', '比方说'로 쓰여 '예' 또는 '예를 들다'의 뜻이다. 'A 譬如'는 '例如'와 동의어로 예로 들어 설명할 때 쓴다.

3번 빈칸

A 珍惜 zhēnxī 동 소중히 여기다
B 卓越 zhuóyuè 형 탁월하다 ★
C 名贵 míngguì 형 진귀하다
D 杰出 jiéchū 형 출중하다, 빼어나다 ★

빈칸 뒤 '工艺品雕刻材料'가 힌트이다. '공예품 조각 재료'란 구체적인 물건이며, 이를 수식해 주는 것은 사물이 '진귀하다'는 뜻의 'C 名贵'이다. 'A 珍惜'는 '珍惜 + 时间(시간) / 生命(생명) / 友谊(우정)'로 쓰여, 시간이나 우정 등을 '소중히 여기다, 중시하고 아끼다'는 뜻이며, 'B 卓越'와 'D 杰出'는 둘 다 남보다 두드러지게 뛰어남을 뜻하지만, '卓越'는 '卓越的 + 成就(성과) / 贡献(공헌)'으로 쓰며, '杰出'는 '杰出的 + 人才(인재) / 人物(인물) / 成就(성과)'로 주로 사람이나 사람이 낸 성과와 호응하여 쓴다.

4번 빈칸

A 症状 zhèngzhuàng 명 증세, 증세 ★
B 形状 xíngzhuàng 명 모양, 형상
C 特征 tèzhēng 명 특징
D 专长 zhuāncháng 명 특기, 장기 ★

빈칸 앞의 '硬度大、抗风化能力强'이 힌트이다. 경도가 높고 내후성이 뛰어난 것은 연수정의 '특징'이므로, 정답은 'C 特征'이다. 'A 症状'은 질병의 '증상, 증후'의 뜻이며, 'B 形状'은 사물의 '모양'이고, 'D 专长'은 사람이 잘하는 것, 즉 '특기, 장기'의 뜻이다.

> **정답** C

66

我喜欢荷花，喜欢它出淤泥而不染的**品质**。每到盛夏我都会去外婆家附近的池塘边赏荷花。站在池边的一角，向远处望去，荷叶布满了池塘，**生机**盎然的景象呈现在眼前。高高低低的绿色荷叶**衬托**着粉色的荷花，看起来像一幅**美不胜收**的水彩画。

A 本能 ✗	姿势 ✗	代理 ✗	日新月异 ✗
B 本性 ✗	姿态 ✗	代替 ✗	饱经沧桑 ✗
C 性质 ✗	契机 ✗	沉淀 ✗	跋山涉水 ✗
D 品质 ○	生机 ○	衬托 ○	美不胜收 ○

나는 연꽃을 좋아하는데, 진흙에서 나왔으면서도 오염되지 않는 연꽃의 **품성**을 좋아한다. 매번 한여름이 되면 나는 늘 외할머니 집 근처에 있는 연못으로 연꽃을 감상하러 간다. 연못가 한편에 서서 먼 곳을 바라보면, 연못에 연잎이 가득한, **활기** 넘치는 광경이 눈 앞에 나타난다. 들쭉날쭉한 녹색의 연잎이 분홍색 연꽃을 **돋보이게 하는** 것이, 마치 **아름다운 것이 너무 많아 이루 다 볼 수 없는** 한 폭의 수채화 같다.

A 본능	자세	대행하다	나날이 새로워지다
B 본성	자태	대신하다	산전수전 다 겪다
C 성질	계기	가라앉다	여정이 고되다
D 품성	활기	돋보이게 하다	아름다운 것이 많아서 이루 다 볼 수 없다

지문 어휘 荷花 héhuā 몡 연꽃 | 淤泥 yūní 몡 진흙 | 染 rǎn 동 오염되다, 전염되다. 염색하다, 물들다 ⭐ | 盛夏 shèngxià 몡 한여름 | 外婆 wàipó 몡 외할머니 | 池塘 chítáng 몡 연못 | 荷叶 héyè 몡 연잎 | 布满 bùmǎn 동 가득하다, 가득 널려있다 | 盎然 àngrán 혱 넘쳐 흐르다 | 景象 jǐngxiàng 몡 광경 | 呈现 chéngxiàn 동 나타나다, 드러나다 ⭐ | 粉色 fěnsè 몡 분홍색, 핑크색 ⭐ | 水彩画 shuǐcǎihuà 몡 수채화

해설

1번 빈칸

A 本能 běnnéng 몡 본능 ⭐
B 本性 běnxìng 몡 본성, 천성
C 性质 xìngzhì 몡 성질
D 品质 pǐnzhì 몡 품성, 인품, 품질 ⭐

빈칸 앞의 '出淤泥而不染'이 힌트이다. 진흙 속에서도 오염되지 않는 것은 연꽃의 고귀함을 뜻하므로, '품성, 인품'의 뜻인 'D 品质'가 정답이다. '品质'는 '高尚的(고상한) + 品质'나 '道德(도덕) + 品质'와 같이 고상한 '품성'이나 도덕적 '인품'을 뜻한다. 'A 本能'은 '眨眼是人的本能(눈 깜빡이는 것은 사람의 본능이다)'과 같이 사람이나 동물이 배우지 않아도 할 수 있는 능력을 의미하며, 'B 本性'은 사람이나 동물의 잘 바뀌지 않는 본래의 성질을 뜻한다.

2번 빈칸

A 姿势 zīshì 몡 자세
B 姿态 zītài 몡 자태, 모습 ⭐
C 契机 qìjī 몡 계기, 동기
D 生机 shēngjī 몡 활기, 생기 ⭐

빈칸 뒤의 '盎然'이 힌트로, 이와 호응하는 것은 '생기, 활기'의 뜻인 'D 生机'뿐이며, '生机盎然'은 '활기가 넘친다'는 뜻이다. 'A 姿势'는 '正确的(정확한) / 错误的(잘못된) + 姿势' 등과 같이 사람이 몸을 움직이거나 가누는 모양인 '자세'의 뜻이며, 'B 姿态'는 '자태'라는 뜻으로 주로 여성의 고운 몸가짐과 맵시를 의미한다.

3번 빈칸

A 代理 dàilǐ 동 대행하다, 대리하다 ⭐
B 代替 dàitì 동 대신하다, 대체하다
C 沉淀 chéndiàn 동 가라앉다, 침전하다 ⭐
D 衬托 chèntuō 동 돋보이게 하다, 부각시키다 ⭐

빈칸 앞의 '绿色荷叶'와 빈칸 뒤의 '粉色的荷花'가 힌트이다. 녹색 연잎으로 가득한 연못에 분홍색 연꽃이 있는 것이므로, '돋보이다'의 뜻인 'D 衬托'가 정답이다. '衬托'는 'A 衬托 B'의 형식으로 쓰여 'A가 B를 돋보이게 하다'의 뜻이다. 'B 代替' 역시 'A 代替 B'의 형식으로 쓰이긴 하나, 'A가 B를 대체한다'라는 뜻이므로 정답이 아니다.

4번 빈칸

A 日新月异 rìxīnyuèyì ❸ 나날이 새로워지다 ⭐
B 饱经沧桑 bǎojīngcāngsāng ❸ 산전수전 다 겪다, 세상만사의 변화를 다 겪다 ⭐
C 跋山涉水 báshānshèshuǐ ❸ 여정이 고되다, 산을 넘고 물을 건너다
D 美不胜收 měibúshèngshōu ❸ 아름다운 것이 많아서 이루 다 볼 수 없다

빈칸 뒤 '水彩画'가 힌트로, 한 폭의 수채화 같은 아름다운 경치를 형용하는 성어는 '아름다운 것이 너무 많아 이루 다 볼 수가 없다'는 뜻의 'D 美不胜收'이다.

정답 D

　　"出门饺子进门面"是北方民间的传统习俗之一。每当亲人要出远门时，长辈就会包一顿饺子为其送行。因为饺子皮儿形圆，有圆满的寓意，希望远行者早日平安归来。面条儿细而长，形似一条绳子，象征"长"和"常"。家人希望归来的游子吃完面以后可以把在外漂泊的心收回来，期盼不再分离。

'집을 떠날 때는 만두를 먹고, 집에 돌아오면 면을 먹는 것(出门饺子进门面)'은 북방지역 민간의 전통풍습 중의 하나이다. 매번 가족이 먼 길을 나설 때면 연장자는 만두를 빚어서 그들을 배웅했다. 왜냐하면, 만두피는 모양이 둥글고, 원만하다는 속뜻이 있기에, 먼 길을 가는 사람이 일찍 무사하게 돌아오기를 희망했다. 면은 가늘고 긴데, 모양이 밧줄과 비슷하다 하여 '길다(长)'와 '일상(常)'을 상징한다. 가족들은 돌아온 나그네가 면을 먹은 후, 밖에서 떠도는 마음을 거두어들이길 바라고, 더는 헤어지지 않기를 기대한다.

A	规矩 ❌	永恒 ❌	蕴藏 ❌	懊悔 ❌	A	규율	영원하다	잠재하다	뉘우치다
B	习俗 ⭕	圆满 ⭕	象征 ⭕	期盼 ⭕	B	풍습	원만하다	상징하다	기대하다
C	风俗 ⭕	和谐 ❌	暗示 ❌	抑制 ❌	C	풍속	조화롭다	암시하다	억제하다
D	原则 ❌	周密 ❌	警戒 ❌	拜托 ❌	D	원칙	주도 면밀하다	경계하다	부탁하다

지문 어휘 长辈 zhǎngbèi ❸ 연장자, 어른 | 送行 sòngxíng ❸ 배웅하다, 전송하다 | 寓意 yùyì ❸ 속뜻 | 归来 guīlái ❸ 돌아오다 | 面条儿 miàntiáor ❸ 면, 국수 | 形似 xíngsì ❸ 모습이 비슷하다, 생김새가 닮다 | 绳子 shéngzi ❸ 밧줄, 끈 | 游子 yóuzǐ ❸ 나그네, 방랑객 | 漂泊 piāobó ❸ 떠돌다, 방랑하다, 떠다니다 | 分离 fēnlí ❸ 헤어지다, 이별하다

해설 **1번 빈칸**

A 规矩 guīju ❸ 규율
B 习俗 xísú ❸ 풍습, 풍속 ⭐
C 风俗 fēngsú ❸ 풍속
D 原则 yuánzé ❸ 원칙

빈칸 앞의 '出门饺子进门面'이 힌트로, 이는 중국 북방 사람들의 전통적인 습관이므로, '풍습, 풍속'의 뜻인 'B 习俗'와 'C 风俗'가 정답이다. 'A 规矩'는 '吃饭时筷子不能插在米饭上(밥 먹을 때 젓가락을 밥에 꽂으면 안 된다)' 등과 같이 사람들의 생활 속에서 해서는 안 되는 예의에 어긋나는 행동이나 범절, 규율을 뜻한다.

2번 빈칸

A 永恒 yǒnghéng 형 영원하다, 영원히 변치 않다 ★
B 圆满 yuánmǎn 형 원만하다 ★
C 和谐 héxié 형 조화롭다, 어울리다 ★
D 周密 zhōumì 형 주도 면밀하다, 꼼꼼하다 ★

빈칸 앞의 '形圆'이 힌트로, 둥근 모양의 만두피가 의미하는 속뜻을 찾아야 한다. '形圆'의 '圆'으로 인해 보기 중에 'B 圆满'을 정답으로 유추할 수 있다. '圆满'은 '圆满 + 成功(성공하다) / 解决(해결하다)'로 쓰여 순조로움을 나타내는 '원만하다'는 뜻이다. 'A 永恒'은 '영원히 변하지 않는다'는 뜻이며, 'C 和谐'는 '社会(사회) + 和谐'나 '和谐 + 相处(함께 지내다)'로 쓰여, 사회가 화목하고 서로 조화를 이루며 잘 지내는 것을 의미한다. 'D 周密'는 '分析(분석) / 计划(계획) + 周密'로 쓰여 분석이나 계획이 어느 것 하나 빠지지 않고 '주도면밀하다'는 뜻이다.

3번 빈칸

A 蕴藏 yùncáng 동 잠재하다, 매장되다 ★
B 象征 xiàngzhēng 동 상징하다
C 暗示 ànshì 동 암시하다 ★
D 警戒 jǐngjiè 동 경계하다, 경고하다

'面条儿'과 '长 / 常'이 힌트이다. '면'이 '밧줄'과 닮았고, 그리하여 '길다 / 일상'을 의미한다는 것이므로 '상징하다'의 뜻인 'B 象征'이 정답이다. '象征'은 '구체적인 것 + 象征 + 추상적인 것'의 형식으로 쓰인다. 'A 蕴藏'은 '蕴藏 + 潜能(잠재력) / 力量(힘) / 资源(자원)'과 같이 가능성이나 힘이 드러나지 않고 마음 속에 '잠재되어 묻혀 있다'는 뜻과 자원 등이 '매장되어 있다'는 뜻이 있다. 'D 警戒'는 주의하고 고치라고 '경고하다'는 뜻과 적의 급습을 방지하기 위해 '경계하다'의 뜻이 있다.

4번 빈칸

A 懊悔 àohuǐ 동 뉘우치다, 후회하다
B 期盼 qīpàn 동 기대하다, 바라다
C 抑制 yìzhì 동 억제하다
D 拜托 bàituō 동 부탁하다 ★

빈칸 뒤의 '不再分离'가 힌트이다. 빈칸에 들어가는 어휘는 목적어로 동사구나 문장을 둘 수 있으며, '더 이상 헤어지길 원하지 않는다'는 것은 일종의 바람이라고 할 수 있다. 따라서 '기대하다, 바라다'의 뜻인 'B 期盼'이 정답이다. 'D 拜托'는 '부탁하다'의 뜻으로, 예를 들면 '拜托你帮我做一件事'와 같이 '拜托 + 사람 + 부탁하는 일'의 형식을 띤다.

정답 B

68

有时妥协不是认输，而是一种豁达，是一种境界。在生活中适当地妥协不仅可以保持平静的<u>心态</u>，而且能够维持<u>良好</u>的人际关系。我们不要在各个方面都争强好胜，不要每件事情都与人一决高下，分出<u>胜负</u>。我们要学会以<u>宽容</u>之心来对待周围那些好强的朋友。

때로는 타협하는 것이 패배를 인정하는 것이 아닌 일종의 너그러움이자 일종의 경지이다. 살아가면서 적당하게 타협을 한다면 침착한 <u>심리상태</u>를 유지할 수 있을 뿐만 아니라, 또한 <u>좋은</u> 인간관계를 유지할 수도 있다. 우리는 모든 면에서 남을 이기려고만 해서는 안 되며, 모든 일에서 사람들과 실력을 겨뤄 <u>승부</u>를 가리려고만 해서도 안 된다. 우리는 <u>너그러운</u> 마음으로 주변의 승부욕이 강한 친구들을 대하는 것을 배워야 한다.

A 心态 ◎	良好 ◎	胜负 ◎	宽容 ◎	A 심리상태	좋다	승부	너그럽다
B 静态 ✕	高尚 ✕	软硬 ✕	安定 ✕	B 정지상태	고상하다	강함과 부드러움	안정되다
C 情形 ✕	崇高 ✕	强弱 ✕	镇定 ✕	C 정황	숭고하다	강약	침착하다
D 情况 ✕	精湛 ✕	优劣 ✕	悠闲 ✕	D 상황	정밀하고 뛰어나다	우열	한가하다

지문 어휘 妥协 tuǒxié 동 타협하다 ★ | 认输 rèn shū 동 패배를 인정하다 | 豁达 huòdá 형 너그럽다, 통이 크다 | 境界 jìngjiè 명 경지 ★ | 平静 píngjìng 형 침착하다, 차분하다 | 维持 wéichí 동 유지하다 ★ | 争强好胜 zhēngqiánghàoshèng 성 항상 남을 이기려고 하다 | 一决高下 yìjué gāoxià 실력을 겨루다, 맞대결을 벌이다 | 对待 duìdài 동 대하다, 다루다 | 好强 hàoqiáng 형 승부욕이 강하다

해설

1번 빈칸

A 心态 xīntài 명 심리상태, 마음가짐 ★
B 静态 jìngtài 명 정지상태, 정태
C 情形 qíngxing 명 정황, 형세, 일의 상황 ★
D 情况 qíngkuàng 명 상황, 사정

빈칸 앞의 '保持'와 '平静的'가 힌트이다. '保持'는 몸매나 건강, 태도 등을 꾸준히 '유지하다'는 뜻이며, '平静'이란 마음의 상태가 '침착하다, 차분하다'의 뜻이다. 따라서 '마음의 태도', 즉 '심리상태, 마음상태'의 뜻인 'A 心态'가 정답이다. 'B 静态'는 움직이지 않는 '정지된 상태'라는 뜻이다.

2번 빈칸

A 良好 liánghǎo 형 좋다, 양호하다
B 高尚 gāoshàng 형 고상하다, 품위 있다, 고매하다 ★
C 崇高 chónggāo 형 숭고하다, 고상하다 ★
D 精湛 jīngzhàn 형 정밀하고 뛰어나다, 훌륭하다

빈칸 뒤의 '人际关系'가 힌트이다. 'A 良好'는 '良好的 + 关系(관계) / 精神状态(정신상태)' 등으로 쓰여 좋은 면을 부각하는 단어로 '人际关系'를 수식할 수 있다. 따라서 'A 良好'가 정답이다. 'B 高尚'은 '高尚的 + 品德(품성) / 品质(인품)'로 쓰여, 사람의 품성이나 인품, 성품이 '고상하다, 고매하다'는 뜻이며, 'C 崇高'는 '崇高的 + 理想(이상) / 精神(정신)'으로 쓰여, 이상이 '높고 고귀하다' 혹은 정신이 '숭고하다, 고결하다'의 뜻이다. 'D 精湛'은 기술이 '정교하고 훌륭하다'는 뜻이다.

3번 빈칸

A 胜负 shèngfù 명 승부, 승패 ★
B 软硬 ruǎnyìng 명 강함과 부드러움
C 强弱 qiángruò 명 강약, 세기
D 优劣 yōuliè 명 우열

빈칸 앞의 '与人一决高下'가 힌트이다. 이는 사람과 대결을 펼쳐서 구분하는 것으로, 보기의 단어 모두 밑줄 앞 '分出'의 목적어가 될 수 있으나, 사람과 다툼을 해서 이기고 지고를 결정하는 것이기에 '승부'의 뜻인 'A 胜负'가 정답이다.

4번 빈칸

A 宽容 kuānróng 형 너그럽다 ★
B 安定 āndìng 형 안정되다
C 镇定 zhèndìng 형 침착하다 ★
D 悠闲 yōuxián 형 한가하다, 여유롭다

빈칸 뒤의 문장이 힌트이다. 보기 중 빈칸 뒤의 '心'과 호응하는 것은 'A 宽容'과 'B 安定'이지만, 승부욕 강한 주변의 친구들을 대하는 마음은 '너그럽다'의 뜻인 'A 宽容'이 가장 적합하다. 'B 安定'은 '마음' 외에 주로 '安定的 + 局面(국면) / 生活(생활)'와 같이 국면이나 생활이 변화없이 '안정되다'의 뜻이고, 'C 镇定'은 '镇定的 + 神色(낯빛) / 眼光(눈빛) / 表情(표정)'으로 쓰여 다급한 상황에서 당황하지 않고 '침착하다'는 뜻이다.

정답 A

69

　　员工的敬业度对企业有着重要影响。那如何提高员工的敬业度呢？一份调查报告<u>显示</u>：员工敬业度的变化70%要看企业的管理人员。也就是说好的管理者能<u>激发</u>员工的活力，有助于提高员工的营业额度，使<u>团队</u>工作更加高效。因此，企业要注意<u>结合</u>自身的实际情况，培养出优秀的管理者。

직원들의 조직 몰입도는 기업에게 있어 매우 중요한 영향을 미친다. 그렇다면 어떻게 직원들의 조직 몰입도를 높일 수 있을까? 한 조사보고서에서 <u>나타내기를</u>, 직원들 조직 몰입도의 변화는 70%가 기업의 관리자에게 달렸다고 했다. 다시 말해서 훌륭한 관리자는 직원의 활력을 <u>불러일으키고</u>, 직원들의 매출액 한도를 높이는 데 도움을 주며, <u>팀</u> 작업의 효율을 한층 더 높여줄 수 있다. 따라서 기업은 (기업의) 자체적인 실제상황을 <u>결합해서</u> 우수한 관리자를 양성하는 데 주의해야 한다.

A	展示 ✗	激化 ✗	集体 ✗	感受 ✗
B	体现 ✗	强化 ✗	协会 ✗	忍受 ✗
C	表示 ✗	加强 ✗	集团 ✗	感慨 ✗
D	显示 ○	激发 ○	团队 ○	结合 ○

A	드러내다	격화시키다	집단	느끼다
B	구현하다	강화화다	협회	참다
C	나타내다	강화하다	그룹	감격하다
D	나타내다	불러일으키다	팀	결합하다

지문 어휘 敬业度 jìngyèdù 명 몰입도 | 企业 qǐyè 명 기업 | 活力 huólì 명 활력 ★ | 营业额度 yíngyè édù 명 매출액 한도, 영업 성적 | 高效 gāoxiào 명 효율, 고효율 형 높은 효율의 | 培养 péiyǎng 동 양성하다, 기르다, 키우다 | 优秀 yōuxiù 형 우수하다

해설

1번 빈칸

A 展示 zhǎnshì 동 드러내다, 펼쳐 보이다 ★
B 体现 tǐxiàn 동 구현하다, 구체적으로 드러내다
C 表示 biǎoshì 동 나타내다, 표시하다, 의미하다
D 显示 xiǎnshì 동 나타내다, 보여주다

빈칸 앞의 '调查报告'와 문장부호 '：(콜론)'이 힌트이다. '：'은 앞의 내용을 보충 설명해주는 역할로 '：' 앞에는 조사와 보고에 '따르면'에 해당하는 어휘가 있어야 한다. 따라서 연구나 조사, 결과, 분석 등이 '나타내다, 보여주다'의 뜻인 'D 显示'가 정답이다. 'A 展示'는 '展示 + 文物(문물, 문화재) / 新汽车(신차)'와 같이 구체적인 사물을 '전시하고 보여준다'는 의미이며, 또한 '展示 + 才能(재능) / 自己(자신)'와 같이 추상적인 목적어를 수반하기도 한다. 'B 体现'은 주로 '体现出'로 쓰여 '体现出 + 精神(정신) / 思想(사상)' 등과 같이 정신이나 사상을 '구체적으로 드러낸다'는 뜻이다. 'C 表示'는 '绿灯亮表示能通行'과 같이 'A 表示 B'로 쓰이거나, '表示 + 同意(동의) / 反对(반대)'와 같이 동의나 반대, 지지 등의 입장과 태도를 '나타내다, 의미하다'는 뜻이다.

2번 빈칸

A 激化 jīhuà 동 격화시키다, 격화되다
B 强化 qiánghuà 동 강화하다
C 加强 jiāqiáng 동 강화하다
D 激发 jīfā 동 불러일으키다 ★

빈칸 뒤의 '活力'가 힌트로, 이와 호응하는 동사를 찾아야 한다. 정답은 'D 激发'로, '激发'는 '激发 + 潜力(가능성) / 活力(활력)' 등으로 쓰여 눈에 보이지 않는 가능성이나 활력(기운)을 '불러일으키다'의 뜻이다. 'A 激化'는 '激化 + 矛盾(갈등)'으로 쓰여 주로 갈등이 더 '심화되고 격화되다'는 뜻이며, 'C 加强'은 '加强 + 管理(관리) / 训练(훈련)'처럼, 관리나 훈련 등을 '강화하다'는 의미이다.

3번 빈칸

A 集体 jítǐ 명 집단, 단체
B 协会 xiéhuì 명 협회 ★
C 集团 jítuán 명 (기업)그룹, 집단, 무리 ★
D 团队 tuánduì 명 팀, 단체

빈칸 뒤가 힌트로, '일을 더 효율적이게 만드는' 주체를 찾아야 한다. 'A 集体'는 '个人(개인)'의 반의어로 많은 사람들이 함께하는 '단체'를 의미한다. '集体 + 生活(생활) / 利益(이익)'과 같이 쓰여 주로 행동적인 면을 강조하며, 'D 团队' 역시 '팀, 단체'의 뜻이나 공동의 이익이나 뚜렷한 목적이 있어서 뭉쳐졌다는 의미가 강하다. 또한 '团队精神(팀워크)'과 같이 정신적인 면에서의 '함께'를 더 강조한다. 회사에서의 일은 이윤추구의 목적성이 뚜렷하므로 정답은 'D 团队'이다.

4번 빈칸

A 感受 gǎnshòu 동 느끼다, (영향을) 받다
B 忍受 rěnshòu 동 참다, 견디어 내다 ★
C 感慨 gǎnkǎi 동 감격하다, 감개하다 ★
D 结合 jiéhé 동 결합하다

빈칸 뒤의 '实际情况'이 힌트이다. 보기 중에 '实际情况'과 호응하는 것은 'D 结合'뿐이다. '结合'는 둘 이상의 대상을 합치고 '결합하다'의 뜻이다. 'B 忍受'는 '忍受 + 痛苦(고통)'로 쓰이며, 'C 感慨'는 '感慨地说'와 같이 주로 말할 때 감동이나 느낌을 묘사할 때 쓴다.

정답 D

70

如果在炒菜过程中遇到因油温过高而引起燃烧的险情，大部分人会用以往的生活经验立刻拿起锅盖盖上。然而，一位消防员通过一档科普节目给我们演示了一个不可思议的处理方法——将食用油倒入起火的锅里。随着冷油的倒入，燃烧的火焰逐渐变小。消防员解释说这是因为低温油能够覆盖高温油，能迅速降低锅内的温度，从而使火苗熄灭。另外，他还说油锅起火时千万别用水浇，否则火势会更大。

만약에 요리하는 과정에서 기름 온도가 지나치게 높아서 불이 붙는 위험한 상황과 마주한다면, 대부분의 사람들은 이전의 생활경험을 살려 즉시 냄비 뚜껑을 들어서 덮어 버릴 것이다. 그런데 한 소방관이 생활과학 프로그램을 통해 우리에게 상상도 못 할 처리 방법을 시범 보여줬는데, 바로 식용유를 불이 난 냄비 속에 붓는 것이었다. 차가운 기름이 들어감에 따라 타오르는 불꽃은 점차 작아졌다. 소방관이 설명하기를, 이것은 낮은 온도의 기름이 뜨거운 온도의 기름을 덮어 신속하게 냄비 속의 온도를 낮출 수 있고, 따라서 불씨를 꺼트릴 수 있는 것이라고 했다. 이 밖에 그는 또 기름을 두른 냄비에 불이 붙었다면, 절대로 물을 뿌려서는 안 된다고 했는데, 그렇지 않으면(물을 뿌리면) 불길은 더욱 세질 것이라고 말했다.

A 瞬间 ✗ | 不由自主 ✗ | 将近 ✗ | 占有 ✗ | 必定 ✗
B 以往 ◉ | 不可思议 ◉ | 逐渐 ◉ | 覆盖 ◉ | 从而 ◉
C 原始 ✗ | 不相上下 ✗ | 即将 ✗ | 搅拌 ✗ | 难怪 ✗
D 曾经 ✗ | 不言而喻 ✗ | 迟早 ✗ | 依靠 ✗ | 以免 ✗

A 순간 | 자기도 모르게 | 거의 ~에 근접하다 | 점유하다 | 반드시
B 이전 | 상상도 못하다 | 점차 | 덮다 | 따라서
C 원시 | 막상막하다 | 곧 | 휘저어 섞다 | 어쩐지
D 일찍이 | 말하지 않아도 안다 | 조만간 | 의지하다 | ~하지 않도록

지문 어휘 炒菜 chǎocài 동 요리하다 | 燃烧 ránshāo 동 불이 붙다, 타다, 연소하다 | 险情 xiǎnqíng 명 위험한 상황 | 锅盖 guōgài 명 냄비 뚜껑 | 盖 gài 동 덮다, 뒤덮다 | 然而 rán'ér 접 그런데, 하지만 | 消防员 xiāofángyuán 명 소방관 | 科普 kēpǔ 명 생활과학, 과학상식 | 演示 yǎnshì 동 시범을 보이다 | 处理 chǔlǐ 동 처리하다 | 食用油 shíyòngyóu 명 식용유 | 倒 dào 동 붓다, 따르다 | 起火 qǐhuǒ 동 불이 나다, 화재가 발생하다 | 火焰 huǒyàn 명 불꽃, 화염 | 火苗 huǒmiáo 명 불씨, 불(길) | 熄灭 xīmiè 동 꺼지다 ★ | 油锅 yóuguō 명 (끓고 있는) 기름을 두른 냄비 | 千万 qiānwàn 부 절대, 부디 | 浇 jiāo 동 (액체를) 뿌리다 | 火势 huǒshì 명 불길

해설

1번 빈칸

A 瞬间 shùnjiān 명 순간, 눈 깜짝할 사이 ★
B 以往 yǐwǎng 명 이전, 과거 ★
C 原始 yuánshǐ 명 원시, 최초 ★
D 曾经 céngjīng 부 일찍이, 이전에

빈칸 뒤의 '生活经验'이 힌트로, 이를 수식해주는 것을 찾아야 한다. 생활 속 경험이란 사람들이 예전부터 겪어왔던 일을 말하므로 '이전, 과거'의 뜻을 지닌 'B 以往'이 정답이다. 'C 原始'는 '原始社会(원시사회)'처럼 원시인이 살았던 그 시절을 말하며, 'D 曾经'은 부사이므로 구조조사 '的' 앞에 위치하지 않는다.

2번 빈칸

A 不由自主 bùyóuzìzhǔ 성 자기도 모르게, 저절로
B 不可思议 bùkěsīyì 성 상상도 못하다, 불가사의하다 ★
C 不相上下 bùxiāngshàngxià 성 막상막하, 우열을 가릴 수 없다 ★
D 不言而喻 bùyán'éryù 성 말하지 않아도 안다, (굳이) 말할 필요 없다 ★

빈칸 앞의 '然而'이 힌트로, 그 앞뒤의 내용을 파악해야 한다. '然而'의 앞에서는 요리하며 불이 붙었을 때는 뚜껑을 덮는 일반적인 행동을 소개했고, 뒤에서는 오히려 냄비 속에 기름을 붓는 행동, 즉 사람들이 생각지도 못한 방법을 이야기 했다. '然而'은 전환관계 접속사이므로, 정답은 '상상할 수 없다'의 뜻을 지닌 'B 不可思议'가 정답이다. 'C 不相上下'는 기술이나 수준이 비슷해서 '막상막하'라는 뜻이다.

3번 빈칸

A 将近 jiāngjìn 동 거의 ~에 근접하다 ★
B 逐渐 zhújiàn 부 점차, 차츰
C 即将 jíjiāng 부 곧, 머지않아 ★
D 迟早 chízǎo 부 조만간, 머지 않아

빈칸 뒤의 '变小'가 힌트이다. 빈칸에는 술어인 '变小'를 수식해 주는 부사가 있어야 하며, 보기 중에 술어의 앞에서 술어의 상태를 나타내는 부사는 '점차, 차츰'의 뜻인 'B 逐渐'이다. 'A 将近'은 '将近 + 20个人(20명) / 1000元(1,000위안)'처럼 수량사 앞에 위치해서 어떠한 수량에 거의 근접했음을 나타내고, 'D 迟早'는 '조만간, 머지 않아 (~할 것이다)'의 뜻으로 주로 '会'와 함께 쓰여 추측을 의미한다.

4번 빈칸

A 占有 zhànyǒu 동 점유하다, 차지하다
B 覆盖 fùgài 동 덮다, 가리다 ★
C 搅拌 jiǎobàn 동 휘저어 섞다 ★
D 依靠 yīkào 동 의지하다, 기대다 ★

소방관의 시범이란 차가운 기름을 부으면 불꽃이 사그라지는 것이었으므로, 뜨거운 기름 위에 차가운 기름을 '붓는다'와 일맥상통하는 어휘를 찾아야 한다. 따라서 위에서 아래로 '덮다'의 뜻인 'B 覆盖'가 정답이다. 'A 占有'는 '占有 + 地位(지위) / 优势 (우위)'로 쓰여 중요한 지위나 우위를 '점유하다, 차지하다'는 뜻이며, 'C 搅拌'은 손으로 휘저어 섞는 동작이다. 'D 依靠'는 '의지하다, 기대다'의 뜻으로 'A 依靠 B + 동사'의 어순을 따른다. 그러므로 형식상 빈칸에 위치할 수는 있으나 의미상 정답이 될 수 없다.

5번 빈칸

A 必定 bìdìng 부 반드시, 꼭, 기필코
B 从而 cóng'ér 접 따라서, 그리하여
C 难怪 nánguài 부 어쩐지
D 以免 yǐmiǎn 접 ~하지 않도록 ★

빈칸 앞뒤의 내용을 파악해야 한다. 빈칸 앞의 '냄비의 온도를 낮춘다'는 빈칸 뒤의 '불꽃이 꺼진다'의 이유가 되므로 보기 중 인과관계 접속사이면서 결과를 나타내는 'B 从而'이 정답이다. 'C 难怪'는 '어쩐지'의 뜻인 부사로, 결과를 알고 더 이상 의아하지 않음을 의미한다. 'D 以免'은 '~하지 않도록'의 뜻으로 '以免 + 원치 않는 결과'의 형식으로 쓴다.

정답 B

제3부분

71~80번 문제는 빈칸에 들어가는 알맞은 문장을 고르는 문제입니다.

71-75

生活中有一些有趣的现象：两人握手时的摆动、挥手告别等，其动作节律要么是3秒钟，要么是3秒钟的倍数；在田径赛场上，从发出预备令到开始的时间间隔大约是3秒钟；莫扎特、贝多芬的音乐也都遵循3秒钟的节奏，所以听起来非常悦耳。不仅如此，**(71) E 我们的很多基本生理活动**，比如一次呼吸，持续时间也是3秒钟。这一系列的现象表明，**(72) C 人类行为的"三秒钟节奏"在生活中十分普遍**。

心理学家猜测感知生命的基本单位可能就是三秒钟。**(73) B 这个猜测简称为"三秒钟定则"**。

你可不要小看这短短的三秒钟。神经生物学家认为，人类自身和社会的进化就是由它决定的。倘若这个时间缩减到10毫秒，那么我们能清晰地看到一颗朝自己呼啸而来的子弹，这会让我们恐惧不已。与之相反，**(74) D 倘若这个时间延长至一分钟**，当发生地震时，我们需要一分钟才能反应过来，还没来得及逃跑，命可能就丢了。

为什么会有"三秒钟定则"呢？这个秘密就藏在我们的大脑中。科学家认为大脑每隔三秒就会重新调整对外界事物的

생활 속에는 일부 재미있는 현상들이 있다. 두 사람이 악수를 할 때 (손을 위아래로) 흔들거나, 손을 흔들며 헤어지는 이런 동작들의 리듬이 3초거나 아니면 3초의 배수라는 점이다. 육상경기장에서 준비 구령을 내보내고부터 스타트 시간까지의 간격은 대략 3초이다. 모차르트, 베토벤의 음악 역시 3초의 박자를 따랐고, 그래서 굉장히 듣기 좋다. 이뿐만이 아니다. **(71) E 우리의 많은 기본적인 생리적 활동**, 예를 들면 한 번의 호흡이 지속되는 시간 역시 3초이다. 이 일련의 현상들은 **(72) C 인류 행위의 '3초 리듬'이 생활 속에서 굉장히 보편적이라는 것을** 설명하고 있다.

심리학자들은 생명을 느끼는 기본 단위가 아마도 3초 일 것이라고 추측했고, **(73) B 이 추측을 줄여서 '3초 법칙'이라고 부른다**.

이 짧디짧은 3초를 절대 얕보면 안 된다. 신경생물학자들은 인류 자체와 사회의 진화를 바로 이 3초가 결정짓는다고 생각한다. 만약 이 시간이 10밀리초로 단축된다면, 우리는 자신을 향해 '쉬익' 하고 날아오는 총알을 분명하게 볼 수 있을 것이고 이는 우리를 두려워 마지않게 할 것 이다. 이와 반대로 **(74) D 만약 이 시간이 1분이 되어서야**, 지진이 발생했을 때 우리는 1분 있어야만 겨우 반응할 수 있고 미처 달아나기도 전에 목숨을 잃게 될 것이다.

왜 '3초 법칙'이 있는 것일까? 이 비밀은 우리의 대뇌에 숨어 있다. 과학자들은 대뇌가 3초 간격으로 외부 사물에 대한 인지를 재조절한다고 생각한다. 다시 말해서 **(75) A 객관적인 사물**

感知。也就是说，(75) A 客观事物刺激大脑，并让它做出反应，大概需要三秒钟，不足三秒钟容易出现差错，超过三秒钟则显得多余。

A 客观事物刺激大脑
B 这个猜测简称为"三秒钟定则"
C 人类行为的"三秒钟节奏"在生活中十分普遍
D 倘若这个时间延长至一分钟
E 我们的很多基本生理活动

이 대뇌를 자극하고 대뇌가 반응을 일으키게 하는 데에는 대략 3초가 필요하기에, 3초에서 부족하면 쉽사리 실수하게 되고, 3초가 넘으면 반대로 불필요해 보인다는 것이다.

A 객관적인 사물이 대뇌를 자극하다
B 이 추측을 줄여서 '3초 법칙'이라고 부른다
C 인류 행위의 '3초 리듬'이 생활 속에서 굉장히 보편적이다
D 만약 이 시간이 1분으로 늘어난다면
E 우리의 많은 기본적인 생리적 활동

지문 어휘 握手 wò shǒu 동 악수하다 | 摆动 bǎidòng 동 흔들다 | 挥手 huī shǒu 동 손을 흔들다 | 告别 gàobié 동 헤어지다, 작별 인사하다 | 节律 jiélǜ 명 리듬, 박자 | 要么 A 要么 B yàome A yàome B A거나 B거나, A하든지 B하든지 | 倍数 bèishù 명 배수 | 田径 tiánjìng 명 육상경기 ★ | 赛场 sàichǎng 명 경기장 | 间隔 jiàngé 명 간격 ★ | 莫扎特 Mòzhātè 고유 모차르트 | 贝多芬 Bèiduōfēn 고유 베토벤 | 遵循 zūnxún 동 따르다 ★ | 节奏 jiézòu 명 박자, 리듬 ★ | 悦耳 yuè'ěr 형 듣기 좋다 | 持续 chíxù 동 지속하다 | 系列 xìliè 명 시리즈, 계열 ★ | 猜测 cāicè 동 추측하다 | 感知 gǎnzhī 동 느끼다, 감지하다 | 小看 xiǎokàn 동 얕보다 | 神经 shénjīng 명 (생물) 신경 ★ | 进化 jìnhuà 동 진화하다, 발전하다 ★ | 倘若 tǎngruò 접 만일 ~한다면 | 缩减 suōjiǎn 동 단축하다, 축소하다 | 毫秒 háomiǎo 양 밀리초(1,000분의 1초) | 清晰 qīngxī 형 분명하다, 또렷하다 ★ | 呼啸 hūxiào 동 (쉬익, 쌩 등) 날카롭고 긴 소리를 내다 ★ | 子弹 zǐdàn 명 총알 ★ | 恐惧 kǒngjù 동 두려워하다, 겁먹다 ★ | 不已 bùyǐ ~해 마지않다 | 地震 dìzhèn 명 지진 | 逃跑 táopǎo 동 달아나다, 도망치다 | 藏 cáng 동 숨다, 감추다 | 外界 wàijiè 명 외부, 바깥세상 ★ | 差错 chācuò 명 실수, 착오 | 显得 xiǎnde 동 ~하게 보이다 | 多余 duōyú 형 불필요하다, 쓸데없다

보기 어휘 刺激 cìjī 동 자극하다 | 简称 jiǎnchēng 동 줄여서 부르다, 약칭하다 | 延长至 yáncháng zhì ~까지 늘이다, ~까지 연장하다 | 生理 shēnglǐ 명 생리 ★

71

해설 빈칸 뒤의 '比如(예를 들면)'가 힌트이다. '比如'의 뒤에 언급된 '一次呼吸(한 번의 호흡)'는 사람이 살아가면서 기본적으로 행하는 생리적 활동을 의미하므로, 정답은 E이다.

정답 E 我们的很多基本生理活动

72

해설 빈칸 앞의 '这一系列的现象(이 일련의 현상들)'이 힌트이다. 이 일련의 현상이란 앞에 소개한 악수할 때의 3초 상황, 육상경기에서의 3초 상황, 베토벤이나 모차르트의 음악 등에서의 3초 상황을 소개한 것이다. 이는 '3초 리듬'이 우리의 삶 속에서 쉽게 볼 수 있음을 의미하므로, 정답은 C이다.

정답 C 人类行为的"三秒钟节奏"在生活中十分普遍

73

[해설] 빈칸 앞의 '心理学家猜测(심리학자가 추측하다)'와 '可能就是三秒钟(아마도 3초 일 것이다)'이 힌트이다. 추측의 뜻인 '猜测'와 추측을 나타내는 부사 '可能'이라는 이 두 개의 어휘로 인해 정답을 유추할 수 있다. 따라서 '이 추측을 줄여서 '3초 법칙'이라고 부른다'라고 한 B가 정답이다.

[정답] B 这个猜测简称为"三秒钟定则"

74

[해설] 빈칸 앞의 '与之相反(이와 반대로)'이 힌트로 앞의 상황과 반대되는 상황을 뒤에서 언급하는 문장의 구조로 이루어져 있다. 앞쪽을 좀 더 살펴보면 '倘若这个时间缩减到10毫秒(만약 이 시간이 10밀리초로 단축된다면)'라고 했으므로, 이와 반대 상황인 '만약 이 시간이 1분으로 늘어난다면'이라고 한 D가 정답이다.

[정답] D 倘若这个时间延长至一分钟

75

[해설] 빈칸 앞의 '也就是说(다시 말해서)'와 뒤의 대명사 '它'가 힌트이다. '也就是说'는 앞 문장을 다시 한번 풀어서 설명해 주는 표현으로, 앞 절에서 '대뇌가 3초 간격으로 외부 사물에 대한 인지를 재조절한다'고 했고, 밑줄 뒤의 '它'가 가리키는 것은 대뇌이다. 또한 '对外界事物的感知(외부 사물에 대한 인지)'란 '客观事物的刺激(객관적인 사물의 자극)'로 볼 수 있기에, '객관적인 사물이 대뇌를 자극한다'라고 한 A가 정답이다.

[정답] A 客观事物刺激大脑

76-80

天气预报看似简单，实际上是一个复杂的系统工程。气象台使用的天气预报方法主要有三种。一种是天气图预报法，它属于"经验性预报"。第二种是数值预报法。第三种是统计预报法。

目前气象台发布的天气预报主要是在数值预报和预报员"经验性预报"的基础上，**(76) E** 由各气象专家多次商讨后得出的结论。但一般而言，预报员对短期和灾害性天气的预报比数值预报更有优势；而对中长期(3-7天)天气现象的预报，数值预报则更为准确。可是，若时效延长至15天，甚至30天时，**(77) A** 数值预报就没有什么太大的价值了。

尽管天气预报的方法越来越科学，设备越来越先进，**(78) D** 但不同天气预报的准确率仍有所不同。例如，高温、寒潮涉及范围较大、持续时间久，预报时准确率会相对较高。而冰雹、强降雨、龙卷风往

일기예보는 단순해 보이지만 사실은 하나의 복잡한 시스템 공정이다. 기상청에서 사용하는 일기예보 방법으로는 주로 세 가지가 있다. 하나는 기상도 예보법으로, 이것은 '경험성 예보'에 속한다. 두 번째는 수치 예보법이고, 세 번째는 통계 예보이다.

오늘날 기상청에서 발표하는 일기예보는 대체로 수치 예보와 기상 캐스터의 '경험성 예보'의 기초 위에 **(76) E** 각 기상 전문가들이 여러 차례 논의를 한 후에 얻어낸 결론이다. 그러나 일반적으로 단기와 재해성 날씨에 대한 기상 캐스터의 예보는 수치 예보보다 더 우세하다. 반면 중·장기(3~7일) 기상현상에 대한 예보는 수치 예보가 오히려 훨씬 정확하다. 하지만 만일 시효가 15일에서 심지어 30일까지 연장되면 **(77) A** 수치 예보는 그렇게 큰 가치가 없어지게 된다.

비록 일기예보 방법이 점점 더 과학적이고 설비도 점점 더 선진화되고 있긴 **(78) D** 하지만 다른 종류의 날씨(에 대한) 예보의 정확도는 여전히 조금씩 다르다. 예를 들면 고온이나 한파는 미치는 범위가 비교적 크고, 지속시간이 길기 때문에, 예보의 정확도가 상대적으로 높은 편이다. 하지만 우박이나 집중호우, 토네이도는 종종 돌발적으로 발생하고 **(79) B** 게다

往突然发生，(79) B 并且有很强的"局地性"特征，预报的准确率就会比较低。

此外，季节也会影响天气预报的准确率。春季冷暖空气接触频繁，天气变化无常，预报员很难准确把握。而夏季由于很容易出现对流天气，可能上午还是艳阳高照，(80) C 中午就会下倾盆大雨，这会让预报员十分头疼。可见，天气预报的种种"疑难杂症"，是很难使预报达到百分之百准确的。

A 数值预报就没有什么太大的价值了。
B 并且有很强的"局地性"特征
C 中午就会下倾盆大雨
D 但不同天气预报的准确率仍有所不同
E 由各气象专家多次商讨后得出的结论

가 매우 강한 '국지성' 특징을 가지고 있기에 예보의 정확도가 비교적 낮다.

이 밖에 계절 역시 일기예보의 정확도에 영향을 끼친다. 봄철에는 찬 공기와 따뜻한 공기의 접촉이 빈번해서 날씨가 변화무쌍하기에 기상 캐스터들이 정확하게 파악하기가 어렵다. 게다가 여름철에는 대류성 날씨가 자주 나타나기 때문에, 오전까지만 해도 햇빛이 따가웠는데, (80) C 점심때는 호우가 쏟아질 수도 있고, 이는 기상 캐스터를 매우 골치 아프게 할 것이다. 이로써 일기예보의 여러 가지 '난제'는 예보를 100% 정확함에 도달하기 어렵게 한다는 것을 알 수 있다.

A 수치 예보는 그렇게 큰 가치가 없어지게 된다
B 게다가 매우 강한 '국지성' 특징을 가지고 있다
C 점심때는 호우가 쏟아질 수도 있다
D 하지만 다른 종류의 날씨(에 대한) 예보의 정확도는 여전히 조금씩 다르다
E 각 기상 전문가들이 여러 차례 논의를 한 후에 얻어낸 결론

지문 어휘 看似 kànsì 동 ~하게 보이다 | 系统工程 xìtǒng gōngchéng 명 시스템 공정 | 气象台 qìxiàngtái 명 기상청 | 天气图 tiānqìtú 명 기상도 | 预报法 yùbàofǎ 명 예보법, 예보 방법 | 属于 shǔyú 동 ~에 속하다 | 数值 shùzhí 명 수치, 데이터 | 统计 tǒngjì 동 통계하다 명 통계 ★ | 发布 fābù 동 발표하다 ★ | 预报员 yùbàoyuán 명 기상 캐스터 | 灾害 zāihài 명 재해 | 优势 yōushì 명 우세 | 准确 zhǔnquè 형 정확하다 | 若 ruò 접 만일, 만약 | 时效 shíxiào 명 시효 | 延长 yáncháng 동 연장하다, 늘이다 | 先进 xiānjìn 형 선진화하다, 진보적이다, 앞서다 ★ | 寒潮 háncháo 명 한파 | 涉及 shèjí 동 미치다, 관련되다 ★ | 冰雹 bīngbáo 명 우박 ★ | 强降雨 qiángjiàngyǔ 명 집중호우 | 龙卷风 lóngjuǎnfēng 명 토네이도 | 频繁 pínfán 형 빈번하다 ★ | 变化无常 biànhuàwúcháng 성 변화무쌍하다 | 对流天气 duìliú tiānqì 대류성 날씨 | 艳阳 yànyáng 명 밝은 태양 | 艳阳高照 yànyáng gāozhào 햇빛이 따갑다 | 可见 kějiàn 접 ~라는 것을 알 수 있다 | 种种 zhǒngzhǒng 명 여러 가지, 갖가지 | 疑难杂症 yínán zázhèng 명 난치성 질병, 〈비유〉난제, 해결하기 어려운 문제

보기 어휘 倾盆大雨 qīngpényǔ 성 호우, 장대비, 폭우 | 气象 qìxiàng 명 기상, 기상학 ★ | 商讨 shāngtǎo 동 논의하다, 상의하다

76

해설 빈칸 앞의 내용이 힌트로, 주어는 '天气预报(일기예보)'이며 술어는 '是(이다)'이기에 목적어를 찾아야 한다. 또한 빈칸 앞의 전치사구 '在……的基础上'이란 결론을 내놓는 기초이며, 빈칸 앞뒤로 '预报员'이라는 동일 어휘가 계속 언급된다. 따라서 이를 힌트로 정답이 E임을 유추할 수 있다.

정답 E 由各气象专家多次商讨后得出的结论

77

해설 빈칸 앞의 접속사 '可是(하지만)'가 힌트로, '可是' 앞의 내용과 상반되는 것을 찾아야 한다. '可是' 앞에서 '数值预报则更为准确(수치 예보가 오히려 훨씬 정확하다)'라고 했으므로, 빈칸에는 이와 반대되는 얘기인 '수치 예보는 그렇게 큰 가치가 없어진다'라고 한 A가 정답이다.

정답 A 数值预报就没有什么太大的价值了

78

해설 빈칸 앞의 '尽管(비록)'과 빈칸 뒤의 '例如(예를 들면)'가 힌트이다. '尽管'은 '但是'와 함께 쓰여 '비록~, 하지만~'의 뜻이므로, 접속사 호응구조를 힌트로 보기 중의 D를 정답으로 유추할 수 있다. 또한 '例如'의 뒤에서 각기 다른 기상상황에서의 정확도 차이를 예로 들었으므로 정확도가 다르다라고 한 D가 정답이다.

정답 D 但不同天气预报的准确率仍有所不同

79

해설 빈칸 앞의 주어 '冰雹、强降雨、龙卷风(우박, 집중호우, 토네이도)'이 힌트이다. 이들은 한 지역에 집중적으로 나타날 수 있는 국지적인 특징을 가지므로 '局地性(국지성)'을 언급한 B가 정답이다.

정답 B 并且有很强的"局地性"特征

80

해설 빈칸 앞의 '上午还是艳阳高照(오전까지만 해도 햇빛이 따갑다)'와 빈칸 뒤의 '这会让预报员十分头疼(이것은 기상 캐스터를 매우 골치 아프게 할 것이다)'이 힌트이다. 앞에서 오전에 맑은 날씨가 제시되어 있기에, '上午'와 대비되는 시간대인 '中午'가 언급되었고, 오전 날씨와 상반되는 날씨 즉, 비가옴으로써 기상 캐스터들이 힘들어지는 것이므로, 정답은 C이다.

정답 C 中午就会下倾盆大雨

제4부분 81~100번 문제는 지문을 읽고 질문에 알맞은 답을 고르는 문제입니다.

第81到84题是根据下面一段话：

北宋时期，私人藏书之风盛行，文人士大夫家藏书数千卷的比比皆是。其中，有一位叫宋敏求的人出身书香世家，因父亲曾担任过"掌史"一职，所以家里的藏书也格外多。**[81]** 宋敏求为人慷慨豁达，乐于将书借给别人或者是让他们在自己家里阅读。

[82] 很多人为了成为宋敏求的近邻，便在他家附近的春明坊一带买房或是租房，成为邻居后借书、读书都比较方便。人们的这种搬家热潮导致春明坊一带的房价持续飞涨，而且高居不下。

북송 시기에는 개인이 책을 소장하는 것이 성행했으며, 문인 사대부 집에 수천 권의 책이 소장되어 있는 것은 무척이나 흔한 일이었다. 그 중에서 송민구(宋敏求)라 불리는 어떤 사람은, 대대로 내려오는 학자 집안 출신으로, 부친이 일찍이 '장사(掌史)'를 역임했던 터라 집안의 소장 도서 또한 특히 많았다. **[81]** 송민구는 인품이 관대하고 도량이 넓었으며 다른 사람에게 책을 빌려주거나 그들을 자신의 집에서 독서하게 하는 것을 즐겼다.

[82] 많은 사람들이 송민구의 가까운 이웃이 되고자 그의 집 근처인 춘밍팡(春明坊) 일대에 집을 사거나 세를 들었고, 이웃이 된 후에는 책을 빌리거나 책을 읽기가 비교적 편리했다. 사람들의 이러한 이사 열풍은 춘밍팡 일대 집값의 지속적인 폭등을 초래했고, 그 뿐만 아니라 (집값을) 고공행진하게 했다.

相传，王安石为了编《唐百家诗选》，就曾到宋敏求家查阅过大量相关资料。像王安石这样来借书的名人大家并不在少数。[83] 宋敏求不但不介意，还常常拿出私人藏书为他人做嫁衣。不仅如此，宋敏求有时还主动款待那些远道而来的借书人，让他们吃好住好，没有后顾之忧。相传史学家刘恕曾协助过司马光编写《资治通鉴》。由于家中藏书不足，便不远千里来到宋敏求家查阅资料。[84] 宋敏求十分敬佩不畏路途遥远而来的刘恕。他为刘恕提供了一个安静舒适的房间，让他安心编书。还吩咐人每天用各种佳肴款待刘恕。宋敏求的细心照顾令刘恕感动不已。

如今细想，宋敏求受欢迎的原因，不仅在于他家藏书多，更在于他的人格魅力。

전해지는 바에 따르면, 왕안석(王安石)이 《당백가시선(唐百家诗选)》을 편찬하기 위해, 일찍이 송민구의 집에 가서 대량의 관련자료를 찾아 본적이 있다고 한다. 왕안석처럼 이렇게 책을 빌리러 오는 유명인들이 결코 적지 않는데, [83] 송민구는 개의치 않았을 뿐만 아니라, 자주 개인 소장도서까지 꺼내어 남에게 도움이 되게 했다. 이뿐만이 아니다. 송민구는 때때로 멀리서 책을 빌리러 온 사람들을 자진해서 대접하며, 그들을 잘 먹고 잘 자게 함으로써 뒷걱정이 없게 했다. 전해지는 바에 따르면, 사학자 류서(刘恕)는 일찍이 사마광(司马光)이 《자치통감(资治通鉴)》 쓰는 것을 도와준 적이 있었는데, 집에 소장 도서가 부족하여 먼 길을 마다치 않고 송민구의 집에 와서 자료를 열람했다고 한다. [84] 송민구는 먼 길을 무릅쓰고 책을 빌리러 온 류서에게 굉장히 탄복하였고, 류서를 위해 조용하고 편안한 방을 제공하여 그가 안심하고 책을 편찬할 수 있게 했다. 또한 사람을 시켜 매일 맛있는 각종 요리로 그를 대접하도록 지시했다. 송민구의 세심한 보살핌은 류서를 매우 감동케 했다.

이제 와 곰곰이 생각해보면, 송민구가 인기 있었던 이유는 그의 집에 소장도서가 많아서인 것뿐만 아니라 그의 인격적인 매력에 더욱 그 원인이 있었다.

지문 어휘 | 私人 sīrén 형 개인의, 사적인 | 藏书 cáng shū 동 책을 소장하다 | 盛行 shèngxíng 동 성행하다 ★ | 士大夫 shìdàifū 명 사대부 | 比比皆是 bǐbǐjiēshì 성 흔하다, 비일비재하다 | 宋敏求 Sòng Mǐnqiú 고유 송민구 | 出身 chūshēn 동 (신분) 출신이다 ★ | 书香 shūxiāng 명 학자 집안 | 世家 shìjiā 명 집안, 세가, 가문 | 担任 dānrèn 동 역임하다, 맡다 | 掌史 zhǎngshǐ 명 장사(역사 편찬을 관장하는 직책) | 格外 géwài 부 특히, 유난히 | 为人 wéirén 명 인품, 인간성 | 慷慨 kāngkǎi 형 관대하다 ★ | 豁达 huòdá 형 도량이 넓다 | 乐于 lèyú 동 ~하는 것을 즐기다, 기꺼이 ~하다 | 近邻 jìnlín 명 가까운 이웃 | 春明坊 Chūnmíngfāng 고유 춘밍팡 | 热潮 rècháo 명 열풍, 붐, 열기 | 导致 dǎozhì 동 초래하다, 야기하다 | 持续 chíxù 동 지속하다 | 飞涨 fēizhǎng 동 폭등하다 | 高居不下 gāojūbúxià 고공행진하다 | 相传 xiāngchuán 동 전해지다 ★ | 王安石 Wáng Ānshí 고유 왕안석 | 编 biān 동 편찬하다, 엮다 | 查阅 cháyuè 동 찾아보다, 열람하다 | 介意 jièyì 동 개의하다, 마음에 두다 | 做嫁衣 zuò jiàyī 남에게 도움이 되다 | 款待 kuǎndài 동 대접하다, 환대하다 ★ | 远道 yuǎndào 명 먼 곳, 먼 길 | 后顾之忧 hòugùzhīyōu 성 뒷걱정 ★ | 刘恕 Liú Shù 고유 류서 | 协助 xiézhù 동 돕다 | 司马光 Sīmǎ Guāng 고유 사마광 | 编写 biānxiě 동 쓰다, 창작하다 | 不远千里 bùyuǎnqiānlǐ 성 먼 길을 마다하지 않다 | 敬佩 jìngpèi 동 탄복하다 | 不畏 búwèi 동 무릅쓰다, 두려워하지 않다 | 路途 lùtú 명 길, 거리, 여정 | 遥远 yáoyuǎn 형 멀다, 요원하다 ★ | 舒适 shūshì 형 편안하다, 쾌적하다 | 编书 biān shū 동 책을 편찬하다 | 吩咐 fēnfù 동 (말로) 시키다, 분부하다 ★ | 佳肴 jiāyáo 명 맛있는 요리 ★ | 如今 rújīn 명 이제, 지금 | 在于 zàiyú 동 ~에 있다 | 人格 réngé 명 인격, 인품 ★ | 魅力 mèilì 명 매력

81

根据第1段，宋敏求：

A 有很多徒弟
B 为人慷慨大方
C 继承了父亲的遗产
D 创立了私人图书馆

첫 번째 단락에 근거하면, 송민구는?

A 많은 제자가 있었다
B 인품이 관대하고 인색하지 않다
C 아버지의 유산을 물려받았다
D 개인 도서관을 세웠다

보기 어휘 徒弟 túdì 명 제자 ★ | 大方 dàfang 형 인색하지 않다, 대범하다 | 继承 jìchéng 동 물려받다, 이어받다 ★ | 遗产 yíchǎn 명 유산 ★ | 创立 chuànglì 동 세우다, 창립하다 ★

해설 첫 단락에 언급된 송민구라는 인물에 관해 묻는 문제이다. 본문에서 '宋敏求为人慷慨豁达'라며 송민구는 인품이 관대하고 도량이 넓다고 했으므로, '慷慨'를 그대로 언급한 B가 정답이다.

정답 B

82

人们为什么在春明坊一带买房子？

A 环境优美
B 是商业中心
C 想与宋敏求为邻
D 想结交有权有势的人

사람들은 왜 춘밍팡 일대에 집을 사는가?

A 환경이 아름다워서
B 상업의 중심이라서
C 송민구와 이웃이 되고 싶어서
D 권세 있는 사람과 친분을 맺고 싶어서

보기 어휘 优美 yōuměi 형 아름답다 | 商业 shāngyè 명 상업 | 中心 zhōngxīn 명 중심, 핵심 | 结交 jiéjiāo 동 친분을 맺다

해설 춘밍팡이 언급되어 있는 두 번째 단락에서 목적을 나타내는 접속사 '为了'가 힌트이다. 본문에서 '很多人为了成为宋敏求的近邻，便在他家附近的春明坊一带买房或是租房, 즉 많은 사람들이 송민구의 가까운 이웃이 되고자 그의 집 근처인 춘밍팡 일대에 집을 샀'고 했으므로, 정답은 C이다.

정답 C

83

第3段划线词语的意思是：

A 刻意讨好别人
B 为好友介绍伴侣
C 促成别人的好事
D 为他人设计婚纱

세 번째 단락의 밑줄 친 어구의 뜻은?

A 애써 다른 사람의 비위를 맞추다
B 친한 친구에게 반려자를 소개하다
C 다른 사람의 좋은 일을 촉진하여 성사시키다
D 타인을 위해 웨딩드레스를 디자인해 주다

| 보기 어휘 | 刻意 kèyì 부 애써서, 일부러 | 伴侣 bànlǚ 명 반려자, 짝 ☆ | 促成 cùchéng 동 촉진하여 성사시키다 | 婚纱 hūnshā 명 웨딩드레스

| 해설 | 밑줄 친 부분의 앞뒤를 해석하며 의미를 파악해야 하는 문제이다. 본문에서 왕안석과 류서의 예를 들어 송민구가 그들이 책을 완성하도록 성심성의껏 도와주었다는 얘기를 언급했으므로 C가 정답이다. '为他人做嫁衣'의 겉뜻은 '다른 사람에게 혼례복을 만들어준다'이며, 속뜻은 '다른 사람에게 도움을 주어 좋은 결과를 있게 하다'의 뜻이다.

| 정답 | C

84

根据上文，下列正确的一项是：

A 刘恕家境贫寒
B 王安石崇拜刘恕
C 王安石为人骄傲自满
D 刘恕受到了宋敏求的款待

윗글에 근거하여, 다음 중 옳은 것은?

A 류서는 집안 형편이 가난했다
B 왕안석은 류서를 숭배했다
C 왕안석은 인품이 거만하고 자만하다
D 류서는 송민구의 환대를 받았다

| 보기 어휘 | 家境 jiājìng 명 집안 형편 | 贫寒 pínhán 형 가난하다 | 崇拜 chóngbài 동 숭배하다 ☆ | 骄傲 jiāo'ào 형 거만하다 | 自满 zìmǎn 형 자만하다

| 해설 | 질문에서 힌트를 찾을 수 없는 보기대조형 문제로, 보기의 주어가 류서와 왕안석이기에 이들이 언급된 단락에서 정답을 찾을 수 있다. 세 번째 단락에서 '宋敏求…, 吩咐人每天用各种佳肴款待刘恕, 즉 송민구가 사람을 시켜 매일 각종 요리로 류서를 대접하도록 지시했다'라고 했는데, 이는 바꾸어 말하면 류서가 송민구의 환대를 받았다는 의미이므로, D가 정답이다.

| 정답 | D

第85到88题是根据下面一段话：

龙门石窟位于河南省洛阳市南郊的龙门山上。**(85)** "洛都四郊，山水之胜，龙门首焉。" 这是唐代诗人白居易对龙门山美景的赞誉。龙门石窟与莫高窟、云冈石窟和麦积山石窟并称中国四大石窟。

(88) D 龙门石窟开凿于北魏孝文帝时期，历经东西魏、北齐、北周、隋、唐和宋等朝代，连续大规模雕凿达400年之久。其中，**(88) B** 唐代开凿的洞窟最多，达60%，北魏次之，约占30%，其他朝代则相对较少。它南北长达1公里，今存有造像10万余尊，碑刻题记2800余品，它是中国石刻艺术宝库之一。

룽먼석굴(龙门石窟)은 허난성(河南省) 뤄양시(洛阳市) 남쪽 룽먼산(龙门山)에 위치해 있다. **(85)** "뤄양은 사면 모두 산수가 아름다운데, 그중에서도 룽먼이 제일이다". 이것은 당나라 시인 백거이(白居易)가 룽먼산의 아름다운 경치를 찬양한 말이다. 룽먼석굴은 모가오석굴(莫高窟), 윈강석굴(云冈石窟), 마이지산석굴(麦积山石窟)과 함께 중국의 4대 석굴로 불린다

(88) D 룽먼석굴은 북위(北魏) 효문제(孝文帝) 시기에 착굴하여 동서위(东西魏), 북제(北齐), 북조(北周), 수(隋), 당(唐), 그리고 송(宋)대 등의 왕조를 거치며 400년의 오랜 시간 동안 계속해서 대규모로 조각되었다. 그 중, **(88) B** 당대에 착굴된 동굴이 60%에 달해 가장 많고, 북위가 그 다음으로 대략 30%를 차지하며 다른 왕조 시기는 상대적으로 적은 편이다.

龙门石窟的造像，最小的只有2厘米，在莲花洞中，被称为"微雕"。而最大的造像据说是按照中国唯一的女皇帝武则天的形象塑造的，叫卢舍那大佛。它总高度为17.14米，头高4米，耳长1.9米，寓意为"光明普照"。

北魏和唐代造像在风格上截然不同。**[86]** 龙门石窟的北魏造像失去了云冈石窟造像粗犷、威严、雄健的特征，而变得坚韧质朴。因为北魏以瘦为美，所以造像通常脸部微长、双肩瘦窄，惯用平直刀法来雕刻。从北魏时期造像风格的不断变化，我们可以看到时代前进的印记。唐代造像在继承北魏造像优点的基础上，还融入了汉民族文化元素，创造了雄健生动而又淳朴自然的写实作风，达到了佛雕艺术的巅峰。唐代佛像与当时的审美一致，是以胖为美，佛像脸部圆润、双肩宽厚，雕刻时采用圆刀法，自然流畅。总之，魏唐时期的龙门石窟，随时代发展而变化丰富。

龙门石窟也是书法艺术史宝藏。**[87] A** 著名的书法精品——龙门二十品，就来自于龙门石窟北魏时期的二十方造像题记，**[87] C** 其内容不仅记录了当时造像的动机、目的，还为后人判断石窟分期和断代提供了依据，具有研究价值。龙门二十品的书法艺术是在汉隶和晋楷的基础上发展演化的，既有隶书的格调，又有楷书的独特风格。它不仅是北魏时期书法艺术的精华之作，也 **[87] D** 是魏碑书法的代表之作，而且对后世书法的影响也不容小觑。**[88] A** 至今，人们在标语和装潢中也常用魏碑体。另外，褚遂良的《伊阙佛龛之碑》是唐代楷书的艺术典范。

룽먼석굴은 남북의 길이가 1km이며, 현재 조각상 10만여 개, 비각과 제기(碑刻题记) 2,800여 점을 보유하고 있는 중국 석각 예술의 보고(宝库) 중 하나이다.

룽먼석굴의 조각상 중 가장 작은 건 불과 2cm밖에 되지 않는데, 연꽃 동굴에 있고 '미니 조각'이라고 불린다. 그리고 가장 큰 조각상은 듣건대 중국 유일의 여황제인 측천무후의 형상을 조각한 것으로 '루서나대불(卢舍那大佛)'이라고 부른다. 이것은 총 높이 17.14m, 머리 높이 4m, 귀 길이 1.9m로 '광명이 두루 비추다'는 의미를 내포하고 있다.

북위 시기와 당대의 조각상은 스타일면에서 확연히 다르다. **[86]** 룽먼석굴의 북위 조각상은 윈강석굴 조각상의 호방하고 위엄 있고 웅장한 특징을 잃어버리고 강인하면서도 소박하게 바뀌었다. 왜냐하면, 북위 시기에는 마른 것을 아름답다 여겼기에 조각상들은 통상적으로 얼굴이 약간 길고, 양쪽 어깨는 마르고 좁았으며, 주로 평평하게 깎는 조각법이 사용되었다. 북위 시기 조각상 스타일의 끊임없는 변화에서 우리는 시대가 발전한 흔적을 엿볼 수 있다. 당대 조각상은 북위 조각상의 장점을 계승한 기초 위에, 한민족의 문화적 요소까지 융합되어 웅장하고 생동감 있으면서도 순박하고 자연스러운 사실적 기풍을 창조하여, 불상 조각 예술의 정점에 이르렀다. 당대 불상은 당시의 심미와 일치했는데, 뚱뚱한 것을 아름답다고 여겨 불상의 얼굴은 동그랗고, 양쪽 어깨는 넓고 두꺼웠으며, 조각할 때 둥글게 깎는 조각법을 사용해서 자연스럽고 거침이 없었다. 한마디로 말하면 위, 당시기의 룽먼석굴은 시대가 발전함에 따라 변화가 풍부했다.

룽먼석굴은 또한 서예사의 보물창고이기도 하다. **[87] A** 유명한 서예작품인 룽먼 20품(龙门二十品)이 바로 룽먼석굴의 북위 시기 20방(二十方) 조각상의 비문에서 비롯되었는데, **[87] C** 그 내용에는 당시 조각상의 조각 동기, 목적이 기록되어 있을 뿐만 아니라, 또한 후대 사람들에게 석굴의 시기와 시대를 구분하는 근거를 제공하였기에 연구 가치가 있다. 룽먼 20품의 서예 예술은 한나라 예서(汉隶)와 진나라 해서(晋楷)의 기초에서 발전하고 변천 된 것으로, 예서의 격조를 가지고 있으면서 해서의 독특한 풍격도 가지고 있다. 룽먼 20품은 북위시기 서예예술의 최고작이자 **[87] D** 위비(魏碑) 서법의 대표작이고, 후대 서법에 미친 영향 또한 간과할 수 없다. **[88] A** 오늘날까지도 사람들은 표어와 장식에 위비체를 자주 사용하고 있다. 그 외에 추쑤이량(褚遂良)의 《이궐불감지비(伊阙佛龛之碑)》는 당나라 해서 예술의 본보기이다.

지문 어휘 龙门石窟 Lóngménshíkū 고유 룽먼석굴 | 位于 wèiyú 동 ~에 위치하다 | 洛阳市 Luòyángshì 고유 뤄양시 | 白居易 Bái Jūyì 고유 백거이 | 赞誉 zànyù 동 찬양하다, 칭찬하다 | 莫高窟 Mògāokū 고유 모가오굴(모가오석굴) | 云冈石窟 Yúngāngshíkū 고유 윈강석굴 | 麦积山石窟 Màijīshānshíkū 고유 마이지산석굴 | 开凿 kāizáo 동 착굴하다, 파다 | 孝文帝 Xiàowéndì 고유 효문제 | 历经 lìjīng 동 두루 거치다, 겪다 | 连续 liánxù 동 계속하다, 연속하다 | 规模 guīmó 명 규모, 범위 | 雕凿 diāozáo 동 (칼이나 끌로) 조각하다 | 次之 cìzhī 동 (순서, 품질 등이) 그 다음이다, 그 뒤이다 | 相对 xiāngduì 부 상대적으로, 비교적 | 造像 zàoxiàng 명 조각상 | 尊 zūn 양 개(조각상을 세는 단위) | 碑刻 bēikè 명 비각(비석에 새겨진 글자나 그림) | 题记 tíjì 명 제기 | 石刻 shíkè 명 석각 | 宝库 bǎokù 명 보고, 보물창고 | 厘米 límǐ 양 cm | 莲花洞 liánhuādòng 명 연꽃동굴 | 唯一 wéiyī 형 유일하다, 하나밖에 없다 | 皇帝 huángdì 명 황제 ★ | 武则天 Wǔzétiān 고유 측천무후, 무측천 | 形象 xíngxiàng 명 형상, 이미지 | 塑造 sùzào 동 조각하다 ★ | 卢舍那大佛 Lúshěnàdàfó 고유 루사나대불 | 寓意 yùyì 명 함축된 의미 | 光明 guāngmíng 명 광명, 빛 | 普照 pǔzhào 동 두루 비추다 | 风格 fēnggé 명 스타일, 기풍 | 截然 jiérán 부 확연히, 철연히 | 失去 shīqù 동 잃어버리다, 잃다 | 粗犷 cūguǎng 형 호방하다 | 威严 wēiyán 형 위엄 있다 | 雄健 xióngjiàn 동 웅장하다 | 特征 tèzhēng 명 특징 | 坚韧 jiānrèn 형 강인하다, 단단하다 ★ | 质朴 zhìpǔ 형 소박하다 | 惯用 guànyòng 동 통상적으로 사용하다 | 平直刀法 píngzhí dāofǎ 평평하게 깎는 조각법 | 雕刻 diāokè 동 조각하다 ★ | 前进 qiánjìn 동 발전하다 | 印记 yìnjì 명 흔적 | 继承 jìchéng 동 계승하다, 이어받다 ★ | 融入 róngrù 동 융합되다 | 元素 yuánsù 명 요소, 원소 ★ | 生动 shēngdòng 형 생동감 있다, 생생하다 | 淳朴 chúnpǔ 형 순박하다, 소박하다 | 写实 xiěshí 형 사실적이다 | 作风 zuòfēng 명 기풍 ★ | 佛雕 fódiāo 명 불상 조각 | 巅峰 diānfēng 명 정점, 최고봉 | 审美 shěnměi 명 심미 ★ | 一致 yīzhì 형 일치하다 | 圆润 yuánrùn 형 동그랗다, 동글동글 매끄럽다 | 宽厚 kuānhòu 형 넓고 두껍다 | 流畅 liúchàng 형 거침없다 | 总之 zǒngzhī 접 한 마디로 말하면, 아무튼 | 宝藏 bǎozàng 명 보물창고, 보물 | 动机 dòngjī 명 동기 ★ | 断代 duàn dài 동 시대를 구분하다 | 依据 yījù 명 근거 ★ | 演化 yǎnhuà 동 변천하다 | 隶书 lìshū 명 예서(서체의 일종) | 格调 gédiào 명 격조, 품격 | 楷书 kǎishū 명 해서(서체의 일종) | 精华 jīnghuá 명 정수 ★ | 不容 bùróng 동 ~하면 안 된다, 허락하지 않다 | 小觑 xiǎoqù 동 간과하다, 얕보다 | 标语 biāoyǔ 명 표어 | 装潢 zhuānghuáng 명 장식 | 魏碑体 Wèibēitǐ 고유 위비체 | 褚遂良 Chǔ Suìliáng 고유 추쑤이량 | 典范 diǎnfàn 명 본보기, 전형

85

第1段划线部分的意思是：

A 龙门山地势平坦
B 龙门山风光秀丽
C 洛阳科技实力雄厚
D 洛阳曾经十分繁华

첫 번째 단락의 밑줄 친 부분의 의미는?

A 룽먼산은 지세가 평탄하다
B 룽먼산은 풍경이 수려하다
C 뤄양은 과학기술 실력이 충분하다
D 뤄양은 예전에 무척 번화했었다

보기 어휘 地势 dìshì 명 지세 ★ | 平坦 píngtǎn 형 평탄하다 ★ | 风光 fēngguāng 명 풍경, 경치 ★ | 秀丽 xiùlì 형 수려하다, 곱다 | 实力 shílì 명 실력 ★ | 雄厚 xiónghòu 형 충분하다, 풍부하다 ★ | 曾经 céngjīng 부 예전에, 일찍이, 이미 | 繁华 fánhuá 형 변화하다 ★

해설 밑줄 뒤의 내용에서 정답을 유추할 수 있는 문제이다. 지시대명사 '这'로 밑줄 친 문장을 대신했으며, 이 구절이 룽먼산의 아름다운 경치에 대한 당나라 시인 백거이의 찬양이라 했기에, 룽먼산의 풍경이 수려함을 언급한 B가 정답이다.

정답 B

86

龙门石窟北魏造像的特点是：

A 很质朴
B 双肩宽厚
C 以圆刀法为主
D 融入了汉族文化

룽먼석굴의 북위 조각상의 특징은?

A 소박하다
B 양쪽 어깨가 넓고 두껍다
C 둥글게 깎는 조각법이 주를 이뤘다
D 한족의 문화를 융합했다

해설 북위 조각상이 언급된 네 번째 단락에서 정답을 찾을 수 있다. 본문에서 '龙门石窟北魏造像……，而变得坚韧质朴，双肩瘦窄，惯用平直刀法来雕刻, 즉 룽먼석굴의 북위 조각상은 강인하면서도 소박하게 바뀌었는데, 양쪽 어깨는 마르고 좁았으며, 주로 평평하게 깎는 조각법이 사용되었다'라고 했다. 따라서 B와 C는 정답이 아니며, 소박하다고 언급한 A가 정답이다.

정답 A

87

关于龙门二十品，我们可以知道：

A 是白居易所作
B 大部分已被毁坏
C 记录了造像目的
D 被誉为唐楷的典范

룽먼 20품에 관하여, 우리가 알 수 있는 것은?

A 백거이가 만든 것이다
B 대부분 이미 훼손되었다
C 조각 목적이 기록되어 있다
D 당나라 해서의 대표주자로 불린다

보기 어휘 毁坏 huǐhuài 동 훼손하다 | 记录 jìlù 동 기록하다

해설 룽먼 20품은 마지막 단락에 언급되어 있다. 본문에서 '龙门二十品来自于龙门石窟的二十方造像题记，…记录了造像的目的，…是魏碑书法的代表之作, 즉 룽먼 20품은 룽먼석굴의 20방 조각상 비문에서 비롯되었고, 조각 목적이 기록되어 있는 위비 서법의 대표작이다'라고 언급했다. 따라서 A와 D는 정답이 아니며, 조각 목적을 언급한 C가 정답이다.

정답 C

88

根据上文，下列哪项正确？

A 魏碑体现已失传
B 龙门石窟中宋代洞窟最多
C 卢舍那大佛被称为"微雕"
D 龙门石窟的雕凿历时很久

윗글에 근거하여, 다음 중 옳은 것은 무엇인가?

A 위비체는 현재 이미 전해지지 않고 있다
B 룽먼석굴에는 송대의 동굴이 가장 많다
C 루서나대불은 '미니 조각'이라 불린다
D 룽먼석굴의 조각은 매우 오래 걸렸다

보기 어휘 失传 shīchuán 동 전해지지 않다, 전해 내려오지 않다 | 历时 lìshí 동 시간이 지나다, 경과되다

| 해설 | 질문에서 힌트를 찾을 수 없는 보기대조형 문제이다. 두 번째 단락에서 '龙门石窟连续大规模雕凿达400年之久，唐代开凿的洞窟最多，达60%, 즉 룽먼석굴은 400년의 오랜 시간 동안 계속해서 대규모로 조각되었고, 당대에 착굴된 동굴이 60%로 가장 많다'고 했다. 따라서 B는 정답이 아니며, 조각이 오래 걸렸다고 한 D가 정답이다. 또한 '至今，人们…常用魏碑体'라며 오늘날까지도 사람들은 위비체를 자주 사용한다고 했기에 A 역시 정답이 아니다. |

정답 D

第89到92题是根据下面一段话：

所谓家庭理财，就是学会有效、合理地处理和运用钱财，让自己的花费发挥最大的效用，以达到最大限度地满足日常生活所需的目的。**[92]** 家庭理财要遵循以下几个定律。

[89] "4321"定律：合理配置家庭资产。"4321"定律是说家庭资产合理的配置比例应为：家庭收入40%用于供房及其他方面投资；30%用于家庭生活开支；20%用于银行存款以备应急之需；10%用于购买保险。

[90] "80"定律：可承受的投资风险。"80"定律可以推算出你能承受多大的投资风险，高风险的投资占总资产的合理比重＝(80－年龄)%。所以，该定律与年龄有很大的关系。年龄越大，投资时越要保证本金，而不是一味地追求收益。比如，30岁时股票可占总资产50%，50岁时则占30%为宜。

[91] "双十"定律：合理配置家庭保险。保险是家庭的必需品，为了以较少的投入获得尽可能多的保障，保额和保费的设定比例应为： 保险额度为家庭年收入的10倍，总保费支出为家庭年收入的10%。比如一个白领年收入10万元，那么他的养老、医疗、财产保险等的总额度可简单界定在100万元以下，而每年的保险费则不能超过1万元。

소위 말하는 가계 재테크란, 효과적이고 합리적으로 자금을 처리하고 운용할 줄 아는 것으로, 자신의 소비가 최대 효용을 발휘하게 만들어서 일상생활의 수요를 최대로 만족시키는 목적에 다다르기 위함이다. **[92]** 가계 재테크는 다음의 몇 가지 법칙을 따라야 한다.

[89] '4321' 법칙: 합리적인 가계 자산 배분. '4321' 법칙은 가계 자산의 합리적인 배분 비율이 가계 수입의 40%는 주택공급 및 다른 부분 투자에 쓰고, 30%는 가계 생활 지출에 사용하며, 20%는 응급 상황에 대비하여 은행 저축에 쓰며, 10%는 보험 가입에 사용되어야 한다고 얘기한다.

[90] '80' 법칙: 감당할 수 있는 투자 리스크. '80' 법칙은 당신이 감당할 수 있는 투자 리스크가 얼마나 되는지 추산해 낼 수 있는데, 높은 리스크의 투자가 총자산에서 차지하는 합리적 비중이 (80－연령)%라는 것이다. 그래서 이 법칙은 연령과 매우 큰 관계가 있다. 연령이 높을수록, 투자 시 더욱 원금을 보장받아야 하는 것으로, 무턱대고 수익을 추구하는 것이 아니다. 예를 들어, 30세 때 주식이 총자산의 50%라면, 50세 때는 30%를 차지하는 것이 좋다.

[91] '10-10' 법칙: 합리적인 가계 보험 배분. 보험은 가계의 필수품으로, 비교적 적은 투자로 가능한 많은 보장을 얻기 위해서는 보장액과 보험료의 설정 비율이 보장액 한도는 가계 연 수입의 10배, 보험료 총지출은 가계 연 수입의 10%여야 한다. 예를 들어, 어느 화이트칼라 계층의 연 수입이 10만 위안이라고 하자. 그러면 그의 양로, 의료, 자산 보험 등의 총한도는 대충 100만 위안 이하로 정하면 된다. 하지만 매년 보험료는 1만 위안을 넘어선 안 된다.

"31"定律：每月负担的房贷金额。"31"定律想告诉大家，一个家庭每月负担的房贷，通常以不超过家庭当月总收入的三分之一为宜。例如，你的家庭月收入是1万元，那么房贷就不应超过3300元。

此外，还有"墨菲"定律、"11"定律等，但无论我们选择哪种理财方法，都要根据自己家庭的实际情况来决定。只有这样，才能既不出大问题，又能保证稳定的收益。

'31' 법칙: 매달 부담하는 주택 담보 대출금. '31' 법칙은 우리에게 한 가정이 매달 부담하는 주택 담보 대출은 통상 가계의 그달 총수입의 1/3을 넘지 않는 것이 좋다고 알려준다. 예를 들어, 당신의 가계 월 수입이 1만 위안이라고 한다면, 주택 담보 대출은 3,300 위안을 넘지 않아야 한다.

이 밖에도 '머피'의 법칙, '11' 법칙 등이 있다. 그러나 우리가 어떤 재테크 방법을 선택하든지 간에 자기 가계의 실제 상황을 근거로 결정해야 한다. 이렇게 해야만 큰 문제가 생기지 않을 수 있고, 또 안정적인 수익을 보장할 수 있다.

지문 어휘 理财 lǐcái 명 재테크 | 家庭理财 jiātíng lǐcái 명 가계 재테크 | 学会 xuéhuì 동 할 줄 알다, 습득하다 | 处理 chǔlǐ 동 처리하다 | 运用 yùnyòng 동 운용하다 | 钱财 qiáncái 명 자금, 돈 | 发挥 fāhuī 동 발휘하다 | 效用 xiàoyòng 명 효용 | 遵循 zūnxún 동 따르다 ★ | 定律 dìnglǜ 명 법칙, 규칙 | 配置 pèizhì 동 배분하다, 할당하다 | 资产 zīchǎn 명 자산 ★ | 比例 bǐlì 명 비율 | 供房 gòng fáng 주택을 공급하다 | 投资 tóuzī 명 투자 동 투자하다 | 开支 kāizhī 명 지출 동 지출하다 ★ | 存款 cúnkuǎn 명 저축, 저금 동 저축하다 | 以备 yǐbèi 동 ~에 대비하다 | 应急 yìngjí 동 응급상황에 대비하다, 긴급 상황에 대처하다 | 保险 bǎoxiǎn 명 보험 | 承受 chéngshòu 동 감당하다, 견디다 | 风险 fēngxiǎn 명 리스크, 위험 | 推算 tuīsuàn 동 추산하다 | 比重 bǐzhòng 명 비중 ★ | 本金 běnjīn 명 원금 | 一味 yíwèi 부 무턱대고, 무작정 | 追求 zhuīqiú 동 추구하다 | 收益 shōuyì 명 수익 ★ | 股票 gǔpiào 명 주식 | 为宜 wéiyí 동 (~하는 것이) 좋다 | 必需品 bìxūpǐn 명 필수품 | 保障 bǎozhàng 명 보장 동 보장하다 ★ | 保额 bǎo'é 명 보장액, 보험금 | 保费 bǎofèi 명 보험료 | 设定 shèdìng 동 설정하다, 정하다 | 支出 zhīchū 명 지출 동 지출하다 ★ | 白领 báilǐng 명 화이트칼라 계층 | 养老 yǎnglǎo 명 양로 동 노후를 보내다 | 财产 cáichǎn 명 자산, 재산 | 总额度 zǒng'édù 명 총한도 | 界定 jièdìng 동 (범위 등을) 정하다 | 负担 fùdān 동 부담하다, 책임지다 명 부담 | 房贷 fángdài 명 주택 담보 대출 | 墨菲定律 mòfēi dìnglǜ 명 머피의 법칙 |

89

根据第2段，下列哪项正确？

A 日常开销占三成
B 固定储蓄的比例最高
C 市场环境影响家庭收入
D 收入越高，幸福指数越高

두 번째 단락에 근거하여, 다음 중 옳은 것은?

A 일상적인 지출이 30%를 차지한다
B 고정 저축의 비율이 가장 높다
C 시장 환경은 가계 수입에 영향을 준다
D 수입이 높을수록 행복지수가 높다

보기 어휘 开销 kāixiāo 명 지출, 씀씀이 | 三成 sānchéng 30%, 3할 | 固定 gùdìng 형 고정되다 | 储蓄 chǔxù 명 저축 동 저축하다 ★ | 幸福 xìngfú 명 행복 | 指数 zhǐshù 명 지수

해설 두 번째 단락은 '4321 법칙'에 관한 내용이다. 합리적인 가계 자산 배분 비율이 소개되면서 '30%用于家庭生活开支，20%用于银行存款, 즉 30%는 가계 생활 지출에 사용하고 20%는 은행 저축에 쓴다'고 했다. 따라서 B는 정답이 아니며, '家庭生活开支'를 '日常开销'로 바꿔서 언급한 A가 정답이다.

정답 A

90

"80"定律主要强调什么?

A 投资项目很重要
B 不投资就没有风险
C 风险愈高收益愈大
D **高风险投资要考虑年龄**

'80' 법칙이 주로 강조하는 것은 무엇인가?

A 투자 항목이 중요하다
B 투자하지 않으면 리스크도 없다
C 리스크가 높을수록 수익이 크다
D **높은 리스크의 투자는 연령을 고려해야 한다**

> 보기 어휘 │ 项目 xiàngmù 명 항목, 사항 │ 愈 A 愈 B yù A yù B A할수록 B하다

> 해설 │ '80 법칙'이 언급된 세 번째 단락에서 정답을 찾아야 한다. 높은 리스크의 투자가 차지하는 합리적 비중을 추산할 수 있는 '80 법칙'은 연령과 매우 큰 관계가 있고, '年龄越大, 投资时越要保证本金, 而不是一味地追求收益, 즉 연령이 높을수록 더욱 원금을 보장받아야 한다'라고 했으므로, 정답은 D이다.

> 정답 │ D

91

关于"双十"定律, 可以知道什么?

A 不适用于医疗保险
B 保险费完全由公司支付
C 保险费需要连续缴纳十年
D **能以最少的钱获得更多的保障**

'10-10법칙'에 관하여 알 수 있는 것은 무엇인가?

A 의료보험에는 적용하지 않는다
B 보험료는 전적으로 회사에서 지불한다
C 보험료는 10년 연속 납부해야 한다
D **가장 적은 돈으로 더 많은 보장을 얻을 수 있다**

> 보기 어휘 │ 适用于 shìyòng yú ~에 적용하다 │ 支付 zhīfù 동 지불하다 │ 缴纳 jiǎonà 동 납부하다 ★

> 해설 │ '10-10법칙'이 언급된 네 번째 단락에서 정답을 찾을 수 있다. 본문에서 '为了以较少的投入获得尽可能多的保障, 즉 적은 투자로 가능한 많은 보장을 얻기 위해서'라고 언급하면서, 뒤이어 보장액과 보험료의 설정 비율을 설명했다. 따라서 '10-10법칙'은 적은 돈으로 더 많은 보장을 얻기 위한 법칙이므로, 정답은 D이다.

> 정답 │ D

92

上文的主题是:

A 当前的股票市场形势
B 保险公司的生存法则
C **家庭理财的基本原则**
D 家庭理财方式的优缺点

윗글의 주제는 무엇인가?

A 현재의 주식시장 상황
B 보험회사의 생존 법칙
C **가계 재테크의 기본 원칙**
D 가계 재테크 방식의 장단점

| 보기 어휘 | **当前** dāngqián 명 현재, 목전 ☆ | **形势** xíngshì 명 상황, 정세 | **生存** shēngcún 명 생존 동 생존하다 ☆ | **法则** fǎzé 명 법칙 | **原则** yuánzé 명 원칙

| 해설 | 이 글은 첫 단락에서 '家庭理财'를 설명했고, '家庭理财要遵循以下几个定律, 즉 가계 재테크는 몇 가지 규칙을 따라야 한다'고 하면서, 이어서 그 규칙을 소개하고 있다. 따라서 이 글의 주제는 재테크를 하는 기본 원칙이라고 한 C가 정답이다.

| 정답 | **C**

第93到96题是根据下面一段话：

当你察觉到一种情绪时，它已经在影响你的身体了。来自芬兰的科学家观察了人们经历不同情绪时身体所做出的不同反应后，绘制了一幅热度分布图，**[93]** 它描绘了不同情绪在人体哪个部位呈现出最强烈的表征。这幅图被称为"情绪地图"。

第一次实验时，参与者要通过想象自己经历的情绪，对愤怒、恐惧、厌恶、快乐、悲伤及惊讶6种"基本情绪"和焦虑、爱、抑郁、轻蔑、骄傲、羞愧、嫉妒7种"复合情绪"做出反应。当身体出现不同反应时，研究人员就将这些反应在人体模型上用不同颜色进行标记。比如，人们在最开心时，身体所有区域会被激活。此时用红色标记，**[94]** 因为红色代表身体的某些区域被激活，感觉更加灵敏。而人们在极度忧伤时，会伤及肺部，出现气短，呼吸频率会改变。此时用蓝色标记，因为蓝色代表身体被抑制。研究结果显示，无论哪种情绪，胸部和头部区域总是会做出相应的反应，这可能与呼吸、心率以及面部表情的改变有很大的关系。

第二次实验时使用了"唤醒"的方法。主要是让参与者自然地沉浸在一段故事、一部电影或者某些面部表情的图片中，并让参与者尝试绘制情绪地图。研究人员收集了这些图像并进行了对比，发现这次实验的结果与第一次大同小异。

당신이 어떠한 감정을 느꼈을 때 그 감정은 이미 당신의 몸에 영향을 주고 있다. 핀란드 출신의 한 과학자는 사람들이 다양한 감정을 겪을 때 신체에 나타나는 각기 다른 반응을 관찰한 후 '열 분포도'를 제작했다. **[93]** 이 분포도는 서로 다른 감정들이 인체의 어느 부위에서 가장 강렬한 특징을 나타내는지 그렸고, 이 그림은 '감정지도'라고 불린다.

첫 번째 실험에서 참가자는 자신이 경험한 감정을 상상하는 것을 통해 분노, 공포, 혐오, 기쁨, 슬픔과 놀람이라는 6가지 '기본 감정'과 초조, 사랑, 우울, 무시, 자만, 부끄러움, 질투의 7가지 '복합 감정'에 대해 반응을 보였다. 신체에 서로 다른 반응이 나타날 때, 연구원들은 즉시 이 반응들을 마네킹 위에 각기 다른 색으로 표시했다. 예를 들어, 사람들이 가장 기쁠 때는 신체의 모든 부분이 활성화되었고, 이때는 빨간색으로 표시했다. **[94]** 왜냐하면 빨간색은 신체의 어떤 부분들이 활성화되고 (그 부분의) 감각이 더욱 예민함을 상징하기 때문이다. 반면 사람들이 극도로 우울할 때면 폐가 상하고 숨이 가빠지며 호흡의 빈도수가 변하게 된다. 이때는 파란색으로 표시했는데, 왜냐하면 파란색은 신체가 억압됨을 상징하기 때문이다. 연구 결과는 어떤 감정이든지 흉부와 머리 부분은 항상 상응하는 반응을 일으키게 되는데, 이는 아마도 호흡, 심박수 및 얼굴 표정의 변화와 커다란 관계가 있음을 분명히 보여주었다.

두 번째 실험 때는 '각성'의 방법을 사용했다. 주로 참가자를 어떤 이야기나 영화 혹은 어떠한 얼굴 표정 사진에 자연스럽게 빠져들게 만들면서, 참가자에게 감정지도를 만들어 보게 했고 연구원은 이 그림들을 수집하여 대조했는데 이번 실험의 결과가 첫 번째 실험과 대동소이하다는 것을 발견했다.

研究的参与者大多来自瑞典和芬兰。为了观察不同文化背景的人们在经历相同情绪时所产生的反应，研究人员还对来自亚洲的人员进行了测试。研究发现，参与者的差异并不显著。[95] 也就是说文化差异并不会影响他们对相同情绪做出的反应。

[96] 未来该项研究可用于医学领域，医生们可以根据"情绪地图"和脑电图，改进抑郁、焦虑等精神疾病的治疗方法。

연구에 참여한 사람들은 대부분 스웨덴과 핀란드 출신이었다. 각기 다른 문화 배경의 사람들이 같은 감정을 겪을 때 생기는 반응을 관찰하기 위해서 연구원은 아시아에서 온 사람들에게도 테스트를 진행했고, 연구 결과 참가자들 간의 차이는 그리 두드러지지 않음을 발견했다. [95] 다시 말하면, 문화 차이는 그들이 같은 감정에 대해 나타내는 반응에 결코 영향을 주지 않는다는 것이다.

[96] 앞으로 이 연구는 의학 분야에 사용될 수 있고, 의사들은 '감정지도'와 뇌전도를 근거로 우울, 초조 등의 정신질환 치료법을 개선할 수 있을 것이다.

지문 어휘 察觉 chájué 동 느끼다 | 情绪 qíngxù 명 감정, 기분, 마음 | 芬兰 Fēnlán 고유 핀란드 | 观察 guānchá 동 관찰하다, 살피다 | 绘制 huìzhì 동 제작하다 | 分布 fēnbù 동 분포하다 | 描绘 miáohuì 동 그리다, 묘사하다 ★ | 部位 bùwèi 명 (신체) 부위 ★ | 呈现 chéngxiàn 동 나타나다 | 强烈 qiángliè 형 강렬하다, 뚜렷하다 | 表征 biǎozhēng 명 (겉으로 드러나는) 특징 | 实验 shíyàn 동 실험하다 명 실험 | 参与 cānyù 동 참여하다, 참가하다 | 想象 xiǎngxiàng 동 상상하다 | 愤怒 fènnù 형 분노하다 | 恐惧 kǒngjù 공포를 느끼다, 겁먹다 ★ | 厌恶 yànwù 동 혐오하다 ★ | 惊讶 jīngyà 동 놀라다 ★ | 焦虑 jiāolǜ 동 초조하다 | 抑郁 yìyù 형 우울하다 | 轻蔑 qīngmiè 형 무시하다 | 羞愧 xiūkuì 형 부끄럽다 | 嫉妒 jídù 동 질투하다 ★ | 模型 móxíng 명 모형, 모본 | 人体模型 réntǐ móxíng 명 마네킹 | 标记 biāojì 동 표시하다 ★ | 区域 qūyù 명 부분, 구역 | 激活 jīhuó 동 활성화하다 | 灵敏 língmǐn 형 예민하다, 영민하다 ★ | 极度 jídù 부 극도로, 매우 | 忧伤 yōushāng 형 우울하다 | 气短 qìduǎn 형 숨이 가쁘다 | 呼吸 hūxī 명 호흡 | 频率 pínlǜ 명 빈도수 | 抑制 yìzhì 동 억압하다, 억제하다 | 显示 xiǎnshì 동 분명히 보여주다, 나타내다 | 相应 xiāngyìng 동 상응하다, 어울리다 | 心率 xīnlǜ 명 심박수 | 表情 biǎoqíng 명 표정 | 唤醒 huànxǐng 동 각성하다 | 沉浸 chénjìn 동 빠져들다 | 尝试 chángshì 동 시도해 보다, 시험해 보다 ★ | 对比 duìbǐ 동 대조하다 | 大同小异 dàtóngxiǎoyì 성 대동소이하다 | 瑞典 Ruìdiǎn 고유 스웨덴 | 测试 cèshì 명 테스트 | 显著 xiǎnzhù 형 두드러지다, 뚜렷하다 ★ | 领域 lǐngyù 명 분야, 영역 | 脑电图 nǎodiàntú 명 뇌전도 | 改进 gǎijìn 동 개선하다 | 精神 jīngshén 명 정신 | 疾病 jíbìng 명 질환, 병 ★ | 治疗 zhìliáo 동 치료하다

93

科学家根据什么绘制出了"情绪地图"?

A 各种面部表情
B 不同情绪出现的频率
C 大脑对词汇的联想记忆
D 人体对各种情绪的反应

과학자는 무엇을 근거로 '감정지도'를 그렸나?

A 다양한 얼굴 표정
B 여러 감정이 나타나는 빈도수
C 어휘에 대한 대뇌의 연상기억
D 다양한 감정에 대한 인체의 반응

보기 어휘 词汇 cíhuì 명 어휘 | 联想 liánxiǎng 동 연상하다 ★ | 记忆 jìyì 명 기억

해설 감정지도를 그린 근거에 관한 질문이므로, '情绪地图'가 처음 언급된 첫 단락에서 정답을 찾을 수 있다. 본문에서 '它描绘了不同情绪在人体哪个部位呈现出最强烈的表征, 즉 서로 다른 감정이 인체의 어느 부위에서 가장 강렬한 특징을 나타내는지를 그렸다'고 했으므로, 감정에 대한 인체의 반응이라고 한 D가 정답이다.

정답 D

94

关于第一次实验，下列哪项正确？ | 첫 번째 실험에 관하여, 다음 중 옳은 것은 무엇인가?

A 人体模型存在漏洞
B 抑郁时全身会被激活
C 红色区域表示感觉更灵敏
D 参与者只想象自己经历的"复合情绪"

A 마네킹에 허점이 존재한다
B 우울할 때 전신이 활성화된다
C 빨간색 부분은 감각이 더욱 예민함을 나타낸다
D 참가자는 자신이 겪은 '복합 감정'만을 상상한다

보기 어휘 漏洞 lòudòng 명 허점, 빈틈, 구멍

해설 첫 번째 실험이 언급된 두 번째 단락에서 정답을 찾을 수 있다. 본문에서 '因为红色代表身体的某些区域被激活，感觉更加灵敏, 즉 빨간색은 신체의 어떤 부분들이 활성화되고 (그 부분의) 감각이 더욱 예민함을 상징하기 때문'이라고 했으므로, 정답은 C이다.

정답 C

95

根据第4段，可以知道： | 네 번째 단락에 근거하여, 알 수 있는 것은?

A 参与者年龄相仿
B 身体的反应不受文化影响
C 实验结果与第一次截然不同
D 职位高低会影响情绪的反应

A 참가자의 연령은 비슷하다
B 신체반응은 문화의 영향을 받지 않는다
C 실험결과는 첫 번째와 확연히 다르다
D 직위의 높고 낮음은 감정의 반응에 영향을 줄 수 있다

보기 어휘 相仿 xiāngfǎng 형 비슷하다, 큰 차이가 없다 | 截然 jiérán 부 확연히, 분명히 | 职位 zhíwèi 명 직위 ★

해설 네 번째 단락에서 기존의 연구 참여자들이 대부분 스웨덴과 핀란드 출신이었기에 아시아인에게도 테스트를 진행했다고 했다. 그 결과 차이는 두드러지지 않았고, 이것은 '文化差异并不会影响他们对相同情绪做出的反应, 즉 문화 차이는 같은 감정에 대한 반응에 결코 영향을 주지 않는다'는 것이라고 했으므로, 정답은 B이다.

정답 B

96

最后一段主要谈的是： | 마지막 단락에서 주로 이야기하는 것은?

A 要及时发泄不满
B 如何绘制"情绪地图"
C 情绪波动危害身心健康
D "情绪地图"的应用前景

A 즉시 불만을 해소해야 한다
B '감정지도'는 어떻게 제작하는가
C 감정 파동은 신체 건강을 해친다
D '감정지도'의 응용 전망

| 보기 어휘 | 发泄 fāxiè 동 해소하다, 털어놓다 | 波动 bōdòng 명 파동 | 危害 wēihài 동 해치다, 손상시키다 | 应用 yìngyòng 명 응용 | 前景 qiánjǐng 명 전망, 앞날 ★

| 해설 | 마지막 단락에서 앞으로 이 연구가 의학 분야에 사용될 수 있음을 언급하면서, '可以根据"情绪地图"和脑电图，改进抑郁、焦虑等精神疾病的治疗方法, 즉 감정지도와 뇌전도를 근거로 우울, 초조 등의 정신질환 치료법을 개선할 수 있을 것'이라고 했다. 따라서 이 단락의 내용은 '감정지도'의 응용 전망이라고 한 D가 정답이다.

| 정답 | D

第97到100题是根据下面一段话：

在宣纸和绢素上所作的书画，因其墨色的胶质作用，画面多皱折不平，易破碎，不便观赏、流传和收藏。因此，为了保护和美化书画以及碑帖，产生了书画装裱工艺。装裱技术不仅让书画作品的色彩更丰富，还增添了作品的艺术性。

书画装裱艺术历史悠久，魏晋南北朝是萌芽成长期，唐代在书画装裱上运用了挂轴、册页形式，它标志着书画装裱的三大基本形制已基本完成。

[97] A 宋代因书画繁荣，装裱亦获得空前发展，进入了成熟阶段。宋徽宗对书画和装裱十分重视，在宫廷内设立了翰林图书院，**[97] C** 专门装裱书画的作坊也应运而生。此外，丝织技术的发展也使得 **[97] D** 绢类织物成为装裱材料的主力。但是，书画大家米芾却反对用绢类织物来装裱，因为绢比纸硬，会磨损书画，其观点影响了后世书画的保存方法。

明代的书画兴盛繁荣，出现了一些以地区为中心的名家与流派，此时的装裱艺术也达到了黄金期。**[98]** 以苏州为中心的"苏裱"横空出世并大受欢迎。那时苏州也叫"吴中"，因此当时有书画装裱"普天之下，独逊吴中"的说法。中国历史上第一部书画装裱理论著作——周嘉胄的《装潢志》也在此时出现。

화선지와 명주 위에 그린 서화는 그 먹색의 교결작용으로 인하여 표면에 주름이 많이 생겨 평평하지 않고 쉽게 부서지는 탓에, 감상하거나 전파하거나 소장하기에 적당하지 않았다. 그래서 서화와 비첩을 보호하고 아름답게 하기 위해 서화 표구 공예가 생겨났다. 표구기술은 서화 작품의 색채를 더욱 풍부하게 해줄 뿐만 아니라 작품의 예술성까지 더해주었다.

서화 표구예술의 역사는 유구하다. 위진남북조(魏晋南北朝)는 발달 초기였고, 당(唐)대에는 서화 표구에 족자와 서화첩 형식을 활용했는데, 이는 서화 표구의 3대 기본 모양과 형태가 거의 완성되었음을 상징하고 있다.

[97] A 송(宋)대에는 서화의 번영으로 인해 표구 또한 전례 없던 발전을 거듭하며, 성숙 단계로 접어들었다. 송휘종(宋徽宗)은 서화와 표구를 상당히 중시하여, 궁궐 내에 한림도서원(翰林图书院)을 설립하였고, **[97] C** 전문적으로 서화를 표구하는 작업장도 생겨났다. 이 외에 견직기술의 발전 역시 **[97] D** 견직물이 표구 재료의 핵심이 되도록 만들었다. 그러나 서화의 대가인 미불(米芾)은 오히려 견직물로 표구하는 것을 반대했는데, 왜냐하면 견직물은 종이보다 단단해서 서화를 마모시킬 수 있기 때문이었다. 이 관점은 후대의 서화 보존 방법에 영향을 주었다.

명대의 서화가 크게 발전하고 번영하면서, 지역을 중심으로 한 명가와 유파가 일부 출현했고, 이 시기의 표구예술 역시 황금기를 맞았다. **[98]** 쑤저우(苏州)를 중심으로 한 '소표(苏裱)'는 매우 특출났으며 큰 인기를 얻었다. 그 시기 쑤저우를 '오중(吴中)'이라고도 불렀는데, 그래서 당시에는 '세상에 오중만한 것은 없다'는 말의 서화 표구가 있었다. 중국 역사상 첫 번째 서화 표구 이론 저서인 주가주(周嘉胄)의 《장황지(装潢志)》도 이 시기에 나왔다.

清代，北京地区出现了装裱艺术的另一个主要流派——"京裱"。[99] B "京裱"在宫廷的影响下，高贵华丽，质地古朴厚重，又因北方气候干燥，所以更注重防燥、防裂。[99] D 而"苏裱"则用料精良，[99] A 讲究防霉、防蛀。它们所用材料基本是一样的，只是手法、做法、工艺上有一些不同。总的来说，"京裱"奔放，气势磅礴；"苏裱"典雅，小巧玲珑，书香味浓厚。

正是因为有了装裱艺术，如今我们才能看到《兰亭集序》、《清明上河图》等传世佳作。

청대에는 베이징 지역에선 표구예술의 또 다른 주요 유파인 '경표(京裱)'가 출현했다. [99] B 경표는 궁궐의 영향으로 고귀하고 화려했는데, 재질이 소박하고 두꺼우며 무거운 데다가 북방은 기후가 건조한 까닭에 건조 방지 및 균열 방지에 더욱 치중했다. [99] D 반면 소표는 오히려 재료가 우수하여 [99] A 곰팡이 방지와 좀 방지를 중시했다. 이들에 사용된 재료는 기본적으로 똑같았는데, 다만 기법이나 방법, 공예기술 면에서 약간의 차이점이 있었을 뿐이다. 종합해 보자면, '경표'는 힘차고 기세가 드높았으며, '소표'는 우아하고 작고 정교하며 학자 느낌이 짙었다.

바로 (이런) 표구예술이 있었기에, 오늘날 우리는 《난정집서(兰亭集序)》, 《청명상하도(清明上河图)》 등 대대로 전해오는 뛰어난 걸작들을 볼 수 있는 것이다.

지문 어휘 | 宣纸 xuānzhǐ 명 화선지 | 绢素 juànsù 명 명주 | 墨色 mòsè 명 먹색 | 胶质作用 jiāozhì zuòyòng 명 교결작용 | 皱折 zhòuzhé 동 주름이 생기다 | 破碎 pòsuì 동 부서지다, 산산조각나다 | 不便 búbiàn 동 ~하기에 적당하지 않다 | 观赏 guānshǎng 동 감상하다, 보다 | 流传 liúchuán 동 전파하다, 전해지다 | 收藏 shōucáng 동 소장하다 ★ | 美化 měihuà 동 아름답게 하다, 미화하다 | 碑帖 bēitiè 명 비첩 | 装裱 zhuāngbiǎo 동 표구하다 | 增添 zēngtiān 동 더하다 ★ | 悠久 yōujiǔ 형 유구하다 | 魏晋南北朝 Wèi Jìn Nán Běi Cháo 고유 위진남북조 | 萌芽 méngyá 동 발생하기 시작하다 ★ | 运用 yùnyòng 동 활용하다, 운용하다 | 挂轴 guàzhóu 명 족자 | 册页 cèyè 명 서화첩 | 形制 xíngzhì 명 형태, 모양과 구조 | 繁荣 fánróng 형 번영하다, 번창하다 | 亦 yì 부 또한, 역시 | 空前 kōngqián 형 전례 없는 | 宋徽宗 Sòng Huīzōng 고유 송휘종 | 宫廷 gōngtíng 명 궁궐, 궁중 | 设立 shèlì 동 설립하다 ★ | 翰林图书院 Hànlín túshūyuàn 고유 한림도서원 | 专门 zhuānmén 부 전문적으로, 오로지 | 作坊 zuōfang 명 작업장, (수공업) 공장 | 应运而生 yìngyùn'érshēng 성 시대의 요구에 의해 생겨나다 | 丝织技术 sīzhī jìshù 명 견직기술, 니팅(knitting)기술 | 使得 shǐde 동 ~로 하여금 ~하게 하다 | 织物 zhīwù 명 직물 | 主力 zhǔlì 명 핵심, 주력 | 米芾 Mǐ Fú 고유 미불 | 绢 juàn 명 견 | 硬 yìng 형 단단하다, 딱딱하다 | 磨损 mósǔn 동 마모되다 | 保存 bǎocún 동 보존하다 | 兴盛 xīngshèng 형 크게 발전하다, 번창하다 | 流派 liúpài 명 유파, 파벌 | 横空出世 héngkōngchūshì 성 매우 특출하다, 세상에 보기 드물다 | 著作 zhùzuò 명 저서, 작품 ★ | 周嘉胄 Zhōu Jiāzhòu 고유 주가주 | 华丽 huálì 형 화려하다 ★ | 质地 zhìdì 명 재질 | 古朴 gǔpǔ 형 소박하다 | 厚重 hòuzhòng 형 두껍다, 무겁다 | 注重 zhùzhòng 동 치중하다, 중시하다 ★ | 防燥 fáng zào 건조함을 방지하다 | 防裂 fáng liè 균열을 방지하다 | 用料 yòngliào 명 재료, 원자재 | 精良 jīngliáng 형 우수하다, 정교하다 | 防霉 fáng méi 곰팡이를 방지하다 | 防蛀 fáng zhù 좀을 방지하다 | 手法 shǒufǎ 명 기법, 수법 ★ | 奔放 bēnfàng 동 힘차다, 역동적이다 | 气势 qìshì 명 기세 ★ | 气势磅礴 qìshìpángbó 성 기세가 드높다 | 典雅 diǎnyǎ 형 우아하다 | 小巧玲珑 xiǎoqiǎolínglóng 성 (물건이) 작고 정교하다 | 书香味 shūxiāngwèi 명 학자느낌, 학자풍 | 浓厚 nónghòu 형 짙다, 농후하다 ★ | 传世 chuánshì 동 대대로 전해지다, 후대에 전해지다 | 佳作 jiāzuò 명 뛰어난 작품, 걸작

97

关于宋代的书画装裱，下列哪项正确？

A 发展缓慢
B 宋徽宗亲自装裱
C 有专门的书画装裱作坊
D 宣纸被广泛用做装裱材料

송대의 서화 표구에 관하여, 다음 중 옳은 것은 무엇인가?

A 발전이 느렸다
B 송휘종이 직접 표구했다
C 전문 서화 표구 작업장이 있었다
D 화선지가 표구 재료로 광범위하게 사용되었다

보기 어휘 缓慢 huǎnmàn 형 느리다 | 亲自 qīnzì 부 직접, 친히 | 广泛 guǎngfàn 형 광범위하다

해설 질문에 언급된 '宋代'가 힌트로, 송대의 이야기는 세 번째 단락에 소개되어 있다. 본문에서 '宋代…装裱亦获得空前发展，进入了成熟阶段, 즉 송대에 전례 없던 발전으로 표구는 성숙 단계에 접어들었다'고 했기에 발전이 느렸다는 A는 정답이 아니며, '绢类织物, 즉 견직물'이 표구 재료의 핵심이었다고 했으므로 D 또한 정답이 아니다. 송휘종의 서화와 표구 중시로, '专门装裱书画的作坊也应运而生, 즉 전문적으로 서화를 표구하는 작업장이 생겨났다'라고 했으므로, 정답은 C이다.

정답 C

98

第4段中，画线部分说明：

A 苏州交通闭塞
B 苏州丝绸驰名全国
C 苏州书画装裱最佳
D 苏州是当时的经济中心

네 번째 단락 중, 밑줄 친 부분의 뜻은?

A 쑤저우는 교통체증이 심하다
B 쑤저우 비단은 전국에서 명성을 떨쳤다
C 쑤저우의 서화 표구가 가장 아름답다
D 쑤저우는 당시의 경제 중심이었다

보기 어휘 闭塞 bìsè 동 체증이 심하다, 막히다 ★ | 丝绸 sīchóu 명 비단 | 驰名 chímíng 동 명성을 떨치다, 널리 알려지다

해설 밑줄 친 부분의 앞뒤 내용 파악을 통해 정답을 유추해야 한다. 밑줄 앞에서 쑤저우를 중심으로 한 소표가 큰 인기를 끌었고, '那时苏州也叫"吴中"'이라며 吴中이 쑤저우의 다른 이름이라 했으므로, 밑줄 친 표현 속의 '吴中' 이 쑤저우임을 유추할 수 있다. 따라서 밑줄 친 표현은 쑤저우의 서화 표구의 아름다움을 표현했음을 알 수 있기에, 정답은 C이다.

정답 C

99

"京裱"有什么特点?

A 防蛀
B 古朴
C 裱件柔软
D 用料精良

'경표'는 어떤 특징이 있는가?

A 좀을 방지한다
B 소박하다
C 표구가 부드럽다
D 재료가 우수하다

보기 어휘 裱件 biǎojiàn 명 표구 | 柔软 róuruǎn 형 부드럽다, 연하다

해설 경표가 언급된 다섯 번째 단락에서 정답을 찾을 수 있다. 본문에서 '质地古朴厚重'이라며 재질이 소박하고 두껍고 무겁다고 했으므로 정답은 B이다. 한편 그 뒤에 언급된 '苏裱则用料精良，讲究防霉、防蛀'를 통해 A와 D는 경표가 아닌 소표의 특징임을 알 수 있다.

정답 B

100

上文主要谈的是:

A 古代的装裱理论
B 中国书画的艺术特点
C 历代书画作品的收藏价值
D 中国书画装裱的历史沿革

윗글이 주로 이야기하는 것은 무엇인가?

A 고대의 표구 이론
B 중국 서화의 예술적 특징
C 역대 서화 작품의 소장가치
D 중국 서화 표구의 역사 연혁

보기 어휘 理论 lǐlùn 명 이론 | 历代 lìdài 명 역대 ★ | 沿革 yángé 명 연혁

해설 이 글은 서화 표구 공예에 대해 소개한 글로, 서화 표구 공예의 생성 이유부터 송대, 명대, 청대의 서화 표구 특징까지 시간 순서에 따라서 소개하고 있다. 따라서 주요 내용이 서화 표구의 역사 연혁이라고 한 D가 정답이다.

정답 D

HSK 6급 3회 쓰기

101번 문제는 한 편의 글을 읽고 요약쓰기를 하는 문제입니다.

第101题

（1）仔细阅读下面这篇文章，时间为10分钟，阅读时不能抄写、记录。
（2）10分钟后，监考收回阅读材料，请你将这篇文章缩写成一篇短文，时间为35分钟。
（3）标题自拟。只需复述文章内容，不需加入自己的观点。
（4）字数为400左右。
（5）请把作文直接写在答题卡上。

周瑜看到诸葛亮很有才干，心里很妒忌，于是想为难诸葛亮。

有一天，周瑜请诸葛亮商议军事，说："我们就要跟曹军水上交战了，你觉得用什么兵器最好？"诸葛亮说："用弓箭最好。"周瑜说："对，先生跟我想的一样。现在军中缺箭，想请先生负责做十万支箭。"诸葛亮说："都督让我办的事，当然照办。不知道这十万支箭什么时候用。"周瑜问："十天能造完吗？"诸葛亮说："既然马上就要交战，十天造好必然会误了大事。我预计只要三天。"周瑜说："军情紧急，可不能开玩笑。"诸葛亮说："三天造不好，我甘愿接受惩罚。"周瑜很高兴，摆了酒席招待他。诸葛亮说："从明天起，到第三天，请派五百个士兵到江边来搬箭。"诸葛亮喝了几杯酒就走了。周瑜马上派了一个叫鲁肃的人跟踪诸葛亮，看看诸葛亮到底有什么计划。

주유(周瑜)는 제갈량(诸葛亮)이 재주가 매우 많다는 걸 알고 속으로 질투가 났다. 그래서 제갈량을 난처하게 만들고 싶었다.

어느 날, 주유는 제갈량에게 군사작전을 상의하자고 청하면서 '우리가 곧 조조군과 수상전을 치르게 될 텐데, 어떤 무기를 사용하는 것이 가장 좋을 것 같습니까?'라고 하니, 제갈량은 '화살을 사용하는 것이 가장 좋습니다.'라고 말했다. 주유가 '맞습니다. 당신은 저와 생각하는 바가 같으시군요. (허나) 지금 진영에 화살이 부족한데 당신께서 책임지고 화살 10만 개를 만들어 주셨으면 합니다.'라고 하자, 제갈량은 '도독께서 제게 시키신 일인데 당연히 해야지요. (그런데) 이 10만 개의 화살을 언제 사용하실지 모르겠군요.'라고 말했다. '10일이면 준비가 다 되겠습니까?'라고 주유가 묻자, 제갈량은 '어차피 곧 교전을 해야 하는데 10일 동안 만들면 대사를 그르칠 것이 분명합니다. 제가 예상하건대 3일이면 됩니다.'라고 했다. 주유는 '상황이 급하기는 하나 농담을 하시면 안 됩니다.'라고 했고 제갈량은 '3일 동안 다 만들지 못한다면 저는 기꺼이 벌을 받겠습니다.'라고 말했다. 주유는 매우 기뻐하며 술자리를 베풀어 그를 대접했다. 제갈량은 '내일로부터 삼 일째 되는 날 500명의 병사를 강가로 보내 화살을 옮기도록 해 주십시오.'라고 말하고 술 몇 잔 마신 뒤 자리를 떠났다. 주유는 즉시 노숙(鲁肃)이라는 사람을 보내 제갈량을 미행하면서 그가 도대체 어떤 계획이 있는 건지 알아보게 했다.

后来，诸葛亮发现了鲁肃，说道："三天之内要造十万支箭，得请你帮我。"鲁肃说："这是你自己的事情，我帮不了你。"诸葛亮说："你借我二十条船，每条船上要有三十名士兵。船上要放一千多个草垛子，然后把草垛子放在船的两边。第三天保证有十万支箭。不过不能让都督知道。他要是知道了，我的计划就不能完成了。"鲁肃听后觉得是他能力范围内的事，于是答应了。他回来向周瑜报告的时候，没说借船的事，只说诸葛亮不用造箭用的材料，这令周瑜感到很疑惑。

鲁肃偷偷地准备了二十条快船，每条船上有三十名士兵和一千多个草垛子。第一天，诸葛亮没有什么动静；第二天，诸葛亮仍然没有什么动静；直到第三天四更时，诸葛亮秘密地把鲁肃请到了船上。鲁肃问他："你叫我来做什么？"诸葛亮说："请你一起去取箭。"诸葛亮吩咐把二十条船用绳索连接起来，朝北岸开去。

这时候大雾漫天，江上的能见度低。天还没亮，船已经靠近了曹军。诸葛亮下令把船头朝西，船尾朝东，一字摆开，又叫船上的士兵一边擂鼓，一边大声呐喊。鲁肃吃惊地说："如果曹兵出来怎么办？"诸葛亮笑着说："雾这么大，曹操一定不敢派兵出来。我们现在痛快地喝酒就可以了，天亮了就回去。"

曹操听到鼓声和呐喊声，就命令一万多名弓箭手朝他们射箭，箭如雨下。接着，诸葛亮又下令把船掉过来，船头朝东，船尾朝西，仍旧擂鼓呐喊。

天渐渐亮了，雾还没有散。这时候，船两边的草垛子上都插满了箭。诸葛亮吩咐士兵齐声高喊："谢谢曹丞相的箭！"曹操知道被骗了，可是这时诸葛亮的船顺风顺水，已经驶出了二十多里，要追也来不及了。

후에 제갈량이 노숙을 발견하고는 '3일 이내에 10만 개의 화살을 만들어야 하니 저를 도와주셔야겠습니다.'라고 말하자 노숙은 '이건 당신의 일이니 저는 도와 드릴 수 없습니다.'라고 했다. 제갈량은 '제게 배 20척을 빌려주십시오. 그리고 각 배에는 병사가 30명씩 있어야 합니다. 선상에는 1,000여 개의 짚단을 놓아야 하는데, 짚단은 배의 양쪽에 놓아주십시오. 셋째 날에 10만 개의 화살이 있을 것이라 보증합니다. 하지만 도독이 알게 해서는 안 됩니다. 만일 그가 알게 되면 제 계획은 완성할 수 없습니다.'라고 말했다. 노숙은 (이를) 듣고 나서 자신의 능력 범위 내의 일이라 생각했고 그래서 동의했다. 그는 돌아와서 주유에게 보고할 때 배를 빌려준다는 말은 하지 않고 단지 제갈량이 화살을 만드는 재료가 필요 없다고만 말하니, 이는 주유로 하여금 의구심을 품게 했다.

노숙은 몰래 20척의 쾌속선을 준비했고, 각 배에는 30명의 병사와 1,000여 개의 짚단이 있었다. 첫째 날 제갈량은 아무런 움직임이 없었고, 둘째 날에도 제갈량은 여전히 별다른 움직임이 없었다. 셋째 날 사경(四更)이 되었을 때 제갈량은 비밀스럽게 노숙을 배로 불렀다. 노숙이 '저더러 무엇을 하라는 건지요?'라고 그에게 묻자, 제갈량은 '함께 화살을 주우러 가십시다.'라고 말하고는 20척의 배를 밧줄로 연결시켜 북쪽 강기슭으로 이동하라고 명했다.

이때는 안개가 자욱해서 강 위의 가시거리가 짧았다. 날이 아직 밝지 않았음에도 배는 이미 조조의 군영에 접근했다. 제갈량은 선두는 서쪽으로, 선미는 동쪽을 향하게 해서 한 일(一)자로 배열하도록 명령하고, 배 위의 병사들에게는 북을 치면서 함성을 지르라고 시켰다. 노숙이 놀라서 '만일 조조의 병사들이 나오면 어떡합니까?'라고 하자 제갈량이 웃으며 말하기를 '안개가 이렇게나 짙기 때문에 조조는 분명히 병사를 보낼 엄두를 못 낼 것입니다. 우린 지금부터 실컷 술이나 마시면 됩니다. 날이 밝으면 바로 돌아갑시다.'

조조는 북소리와 함성소리를 듣고는 바로 1만여 명의 궁수에게 그들을 향해 활을 쏘라고 명령했고, 화살은 비 오듯 쏟아졌다. 이어서 제갈량은 배를 돌려 선두는 동쪽, 선미는 서쪽을 향하게 하곤 계속해서 북을 두드리고 함성을 지르라고 또 명령을 내렸다.

날은 점차 밝아왔고 안개는 아직 흩어지지 않았다. 이때 배의 양쪽 짚단에는 모두 화살이 가득 꽂혀 있었다. 제갈량은 병사들에게 일제히 큰소리로 '조조 승상! 화살을 주셔서 고맙습니다!'라고 외치게 시켰다. 조조는 속았다는 것을 알았지만, 이때 제갈량의 배는 바람을 타고 물결을 따라 이미 20여 리나 가버려서 쫓아가기에도 늦었다.

二十条船靠岸的时候，周瑜派来的五百个士兵已经来到了江边。每条船大约有五六千支箭，二十条船总共有十万多支。鲁肃见了周瑜，告诉了他借箭的经过。周瑜长叹了一声，说："诸葛亮神机妙算，我真比不上他啊！"	20척의 배가 강기슭에 닿았을 때 주유가 보낸 500여 명의 병사는 이미 강가에 도착해 있었다. 배마다 대략 5,000~6,000개의 화살이 있었으니, 20척의 배에는 모두 합쳐 10만여 개가 있었다. 노숙은 주유를 만나서 화살을 빌린 과정을 말해 주었고, 주유는 길게 탄식하며 '제갈량은 신묘한 지략과 기묘한 계책을 가진 사람이로군, 나는 정말이지 그에게 비할 바가 못 되는구나.'라고 말했다.

지문 어휘 周瑜 Zhōu Yú **고유** 주유(삼국시대 오(吳)나라의 신하) | 诸葛亮 Zhūgě Liàng **고유** 제갈량(삼국시대 촉(蜀)나라의 정치가이자 군사전략가, 자(字)는 공명(孔明)) | 才干 cáigàn **명** 재주, 능력 ★ | 妒忌 dùjì **동** 질투하다, 샘내다 | 为难 wéinán **동** 난처하게 만들다, 곤란하게 하다 ★ | 商议 shāngyì **동** 상의하다 | 曹军 cáojūn **명** 조조군, 조조의 군영 | 交战 jiāozhàn **동** 전쟁을 치르다, 교전하다 | 兵器 bīngqì **명** 무기, 병기 | 弓箭 gōngjiàn **명** 화살 | 都督 dūdu **명** 도독(옛날 주(州)의 군사령관) | 都督 dūdu **명** 도독(옛날 주(州)의 군사령관) | 照办 zhào bàn **동** 그대로 처리하다 | 误事 wù shì **동** 일을 그르치다 | 预计 yùjì **동** 예상하다 | 紧急 jǐnjí **형** 급하다, 긴급하다 | 甘愿 gānyuàn **동** 기꺼이 ~하다 | 惩罚 chéngfá **명** 징벌 ★ | 摆 bǎi **동** 벌이다, 열다, 차리다 | 酒席 jiǔxí **명** 술자리, 주연, 연회 | 招待 zhāodài **동** 접대하다 ★ | 鲁肃 Lǔ Sù **고유** 노숙(삼국시대 오(吳)나라의 정치인) | 跟踪 gēnzōng **동** 미행하다 ★ | 草垛子 cǎoduòzi **명** 짚단, 풀단 | 疑惑 yíhuò **동** 의(구)심을 품다, 의심하다 ★ | 动静 dòngjing **명** 움직임, 인기척 | 四更 sìgēng 사경(새벽 1시부터 3시 사이) | 吩咐 fēnfù **동** 명하다, 분부하다 ★ | 绳索 shéngsuǒ **명** 밧줄 | 连接 liánjiē **동** 연결하다 | 大雾 dàwù **명** 자욱한 안개 | 漫天 màntiān **동** 온 하늘에 가득하다 | 能见度 néngjiàndù **명** 가시거리 | 船头 chuántóu **명** 선두, 뱃머리 | 船尾 chuánwěi **명** 선미, 배꼬리 | 摆开 bǎikāi **동** 배열하다, 늘어놓다 | 擂 léi **동** 치다, 두들이다 | 鼓 gǔ **명** 북 | 呐喊 nàhǎn **동** 함성을 지르다, 고함치다 | 弓箭手 gōngjiànshǒu **명** 궁수 | 射箭 shè jiàn **동** 활을 쏘다 | 仍旧 réngjiù **부** 계속해서, 여전히, 변함없이 ★ | 散 sàn **동** 흩어지다 | 插 chā **동** 꽂다, 끼우다 | 齐声 qíshēng **부** 일제히, 이구동성으로 | 高喊 gāohǎn **동** 큰 소리로 외치다 | 丞相 chéngxiàng **명** 승상(고대 군주를 보좌하던 최고 대신) | 顺风 shùn fēng **동** 바람을 타다(진행방향이 바람방향과 일치하다) | 顺水 shùn shuǐ **동** 물결을 따르다 | 驶 shǐ **동** (교통 수단을) 몰다, 운전하다 | 长叹 chángtàn **동** 길게 탄식하다 | 神机妙算 shénjīmiàosuàn **성** 신묘한 지략과 교묘한 계책 | 草船借箭 cǎochuánjièjiàn 초선차전(짚단 실은 배로 화살 10만개를 빌린 제갈공명의 고사에서 유래)

해설

★★★
이 이야기는 삼국지에서 가장 유명한 전투 적벽대전의 전술 중의 하나인 '짚단 실은 배로 화살 10만개를 빌렸다'는 '초선차전(草船借箭)'의 일화를 소개한 글이다. 제갈량이 10만 개의 화살을 빌리는 과정에 따라 요약쓰기를 진행해야 한다.

	본문	요약
1단락	周瑜看到诸葛亮很有才干，心里很妒忌，于是想为难诸葛亮。	周瑜看到诸葛亮很有才华，非常妒忌，于是想为难诸葛亮。
	주유(周瑜)는 제갈량(诸葛亮)이 재주가 매우 많다는 걸 알고 속으로 질투가 났다. 그래서 제갈량을 난처하게 만들고 싶었다.	주유는 제갈량이 재주가 매우 많다는 걸 알고 굉장히 질투가 났다. 그래서 제갈량을 난처하게 만들고 싶었다.

1단락

[도입] 주인공에 관한 기본적인 소개
(1) **인물:** 周瑜(주유)、诸葛亮(제갈량)
(2) **전개포인트:**
　① 很有才干 (재주가 매우 많다)
　② 妒忌 (질투나다)
　③ 想为难诸葛亮 (제갈량을 난처하게 만들고 싶다)

2단락

본문

有一天，周瑜请诸葛亮商议军事，说：“我们就要跟曹军水上交战了，你觉得用什么兵器最好？”诸葛亮说：“用弓箭最好。”周瑜说：“对，先生跟我想的一样。现在军中缺箭，想请先生负责做十万支。”诸葛亮说：“都督让我办的事，当然照办。不知道这十万支箭什么时候用。”周瑜问：“十天能造完吗？”诸葛亮说：“既然马上就要交战，十天造好必然会误了大事。我预计只要三天。”周瑜说：“军情紧急，可不能开玩笑。”诸葛亮说：“三天造不好，我甘愿接受惩罚。”周瑜很高兴，摆了酒席招待他。诸葛亮说：“从明天起，到第三天，请派五百个士兵到江边来搬箭。”诸葛亮喝了几杯酒就走了。周瑜马上派了一个叫鲁肃的人跟踪诸葛亮，看看诸葛亮到底有什么计划。

요약

有一天，周瑜问诸葛亮水上交战用什么兵器最好，诸葛亮建议用弓箭。但是军中缺箭，于是周瑜请诸葛亮做出十万支箭。诸葛亮答应了，而且说只要三天就可以完成，如果做不到的话甘愿受罚。周瑜很高兴，并派鲁肃跟踪诸葛亮，看看诸葛亮有什么计划。

어느 날, 주유는 제갈량에게 군사작전을 상의하자고 청하면서 '우리는 곧 조조군과 수상전을 치르게 될 텐데, 어떤 무기를 사용하는 것이 가장 좋을 것 같습니까?'라고 하니, 제갈량은 '화살을 사용하는 것이 가장 좋습니다.'라고 말했다. 주유가 '맞습니다. 당신은 저와 생각하는 바가 같으시군요. (허나) 지금 진영에 화살이 부족한데 당신께서 책임지고 화살 10만 개를 만들어 주셨으면 합니다.'라고 하자, 제갈량은 '도독께서 제게 시키신 일인데 당연히 해야지요. (그런데) 이 10만 개의 화살을 언제 사용하실지 모르겠군요.'라고 말했다. '10일이면 준비가 다 되겠습니까?'라고 주유가 묻자, 제갈량은 '어차피 곧 교전을 해야 하는데 10일 동안 만들면 대사를 그르칠 것이 분명합니다. 제가 예상하건대 3일이면 됩니다.'라고 했다. 주유는 '상황이 급하기는 하나 농담을 하시면 안

어느 날, 주유는 제갈량에게 수상전을 치룰 때 어떤 무기를 사용하는 것이 가장 좋을지 물었고, 제갈량은 화살을 사용하라고 제안했다. 하지만 진영에 화살이 부족했고, 그리하여 주유는 제갈량에게 10만 개의 화살을 만들어 주기를 청했다. 제갈량은 동의했고, 게다가 3일이면 완성할 수 있다고 하면서 만일 만들지 못한다면 기꺼이 벌을 받겠다고 했다. 주유는 매우 기뻐했고, 그리고는 노숙을 보내 제갈량을 미행하면서 제갈량에게 어떤 계획이 있는 건지 알아보게 했다.

됩니다.'라고 했고 제갈량이 '3일 동안 다 만들지 못한다면 저는 기꺼이 벌을 받겠습니다.'라고 말했다. 주유는 매우 기뻐하며 술자리를 베풀어 그를 대접했다. 제갈량은 '내일로부터 삼 일째 되는 날 500명의 병사를 강가로 보내 화살을 옮기도록 해 주십시오.'라고 말하고 술 몇 잔 마신 뒤 자리를 떠났다. 주유는 즉시 노숙(鲁肃)이라는 사람을 보내 제갈량을 미행하면서 그가 도대체 어떤 계획이 있는 건지 알아보게 했다.

2단락

[전개1] 10만개의 화살을 만들게 된 원인
(1) 시간: 有一天(어느 날)、三天(3일)
(2) 인물: 诸葛亮(제갈량)、周瑜(주유)、鲁肃(노숙)
(3) 전개포인트:
① 水上交战用什么兵器最好 (수상전을 치를 때 어떤 무기를 사용하는 것이 가장 좋은가)
② 弓箭最好 (화살이 가장 좋다)
③ 军中缺少弓箭 (진영에 화살이 부족하다)
④ 请求做出十万支箭 (화살 10만 개를 만들어 주기를 청하다)
⑤ 答应了 (응하다)
⑥ 只要三天 (3일이면 된다)
⑦ 做不出甘愿受罚 (다 만들지 못하면 기꺼이 벌을 받겠다)
⑧ 派鲁肃跟踪 (노숙을 보내 미행하다)

3-4단락

본문	요약
后来，诸葛亮发现了鲁肃，说道：“三天之内要造十万支箭，得请你帮我。”鲁肃说：“这是你自己的事情，我帮不了你。”诸葛亮说：“你借我二十条船，每条船上要有三十名士兵。船上要放一千多个草垛子，然后把草垛子放在船的两边。第三天保证有十万支箭。不过不能让都督知道。他要是知道了，我的计划就不能完成了。”鲁肃听后觉得是他能力范围内的事，于是答应了。他回来向周瑜报告的时候，没说借船的事，只说诸葛亮不用造箭用的材料，这令周瑜感到很疑惑。鲁肃偷偷地准备了二十条快船，每条船上有三十名士兵和一千多个草垛子。第一天，诸葛亮没有什么动静；第二天，诸葛亮仍然没有什么动静；直到	后来，诸葛亮发现了鲁肃，并请鲁肃帮他准备二十条船，但不能让周瑜知道。鲁肃答应了，他偷偷地准备了二十条快船，每条船上有三十名士兵和一千多个草垛子。第一天和第二天诸葛亮没有什么动静。第三天四更时，诸葛亮把鲁肃请到船上，并把二十条船用绳索连起来，朝北岸开去。

第三天四更时，诸葛亮秘密地把鲁肃请到了船上。鲁肃问他："你叫我来做什么？"诸葛亮说："请你一起去取箭。"诸葛亮吩咐把二十条船用绳索连接起来，朝北岸开去。

후에 제갈량은 노숙을 발견하고는 '3일 이내에 10만 개의 화살을 만들어야 하니 저를 도와주셔야겠습니다.'라고 말하자 노숙은 '이건 당신의 일이니 저는 도와 드릴 수 없습니다.'라고 했고, 제갈량은 '제게 배 20척을 빌려주십시오. 그리고 각 배에는 병사가 30명씩 있어야 합니다. 선상에는 1,000여 개의 짚단을 놓아야 하는데, 짚단은 배의 양쪽에 놓아주십시오. 셋째 날에 10만 개의 화살이 있을 것이라 보증합니다. 하지만 도독이 알게 해서는 안 됩니다. 만일 그가 알게 되면 제 계획은 완성할 수 없습니다.'라고 말했다. 노숙은 (이를) 듣고 나서 자신의 능력 범위 내의 일이라 생각했고 그래서 동의했다. 그는 돌아와서 주유에게 보고할 때 배를 빌려준다는 말은 하지 않고 단지 제갈량이 화살을 만드는 재료가 필요 없다고만 말하니, 이는 주유로 하여금 의구심을 품게 했다.

3-4 단락 노숙은 몰래 20척의 쾌속선을 준비했고, 각 배에는 30명의 병사와 1,000여 개의 짚단이 있었다. 첫째 날 제갈량은 아무런 움직임이 없었고, 둘째 날에도 제갈량은 여전히 별다른 움직임이 없었다. 셋째 날 사경(四更)이 되었을 때 제갈량은 비밀스럽게 노숙을 배로 불렀다. 노숙이 '저더러 무엇을 하라는 건지요?'라고 그에게 묻자, 제갈량은 '함께 화살을 주우러 가십시다.'라고 말하고는 20척의 배를 밧줄로 연결시켜 북쪽 강기슭으로 이동하라고 명했다.

후에 제갈량은 노숙을 발견했고, 노숙에게 그를 도와 20척의 배를 준비해 달라고 하면서 주유가 알게 하면 안 된다고 했다. 노숙은 알겠다고 하고는 몰래 20척의 쾌속선을 준비했는데, 각 배에는 병사 30명과 짚단 1,000여 개씩이 있었다. 첫째 날과 둘째 날 제갈량은 어떠한 움직임도 보이지 않더니 셋째 날 사경이 되었을 때 노숙을 배로 불렀고 20척의 배를 밧줄로 연결시켜 북쪽 강기슭으로 이동했다.

[전개2] 10만개의 화살을 만드는 준비
  (1) 시간: 后来(후에)、第一天(첫째 날)、第二天(둘째 날)、第三天四更(셋째 날 사경)
  (2) 인물: 诸葛亮(제갈량)、鲁肃(노숙)
  (3) 장소: 船上(배 위)
  (4) 전개포인트
    ① 发现了鲁肃 (노숙을 발견하다)
    ② 借二十条船 (20척의 배를 빌리다)
    ③ 不能让都督(=周瑜)知道 (도독이 알게 하면 안 된다)
    ④ 鲁肃答应了 (노숙이 동의하다)
    ⑤ 偷偷准备了二十条快船 (몰래 20척의 쾌속선을 준비하다)
    ⑥ 每条船三十名士兵，一千多个草垛子 (배마다 병사 30명과 짚단 1,000여 개씩)
    ⑦ 第一天第二天没动静 (첫째 날, 둘째 날 움직임 없다)
    ⑧ 第三天四更邀请鲁肃上船 (셋째 날 사경에 노숙을 배로 초대하다)
    ⑨ 把二十条船用绳索连起来，朝北岸开去 (20척의 배를 밧줄로 연결시켜 북쪽 강기슭으로 이동하다)

본문	요약
这时候大雾漫天，江上的能见度低。天还没亮，船已经靠近了曹军。诸葛亮下令把船头朝西，船尾朝东，一字摆开，又叫船上的士兵一边擂鼓，一边大声呐喊。鲁肃吃惊地说："如果曹兵出来怎么办？"诸葛亮笑着说："雾这么大，曹操一定不敢派兵出来。我们现在痛快地喝酒就可以了，天亮了就回去。" 曹操听到鼓声和呐喊声，就命令一万多名弓箭手朝他们射箭，箭如雨下。接着，诸葛亮又下令把船调过来，船头朝东，船尾朝西，仍旧擂鼓呐喊。 天渐渐亮了，雾还没有散。这时候，船两边的草垛子上都插满了箭。诸葛亮吩咐士兵齐声高喊："谢谢曹丞相的箭！"曹操知道被骗了，可是这时诸葛亮的船顺风顺水，已经驶出了二十多里，要追也来不及了。	这时候大雾弥漫，江上的能见度低。天还没亮，船已经靠近了曹军。诸葛亮下令把船一字摆开，又叫船上的士兵一边敲鼓，一边大喊。曹操听到声音，便命令一万多名弓箭手射箭。接着，诸葛亮又下令把船掉过来。天渐渐亮了，船两边的草垛子上都插满了箭。曹操知道被骗了，可是这时诸葛亮的船已经驶出了二十多里，要追也来不及了。
이때는 안개가 자욱해서 강 위의 가시거리가 짧았다. 날이 아직 밝지 않았음에도 배는 이미 조조의 군영에 접근했다. 제갈량은 선두는 서쪽으로, 선미는 동쪽을 향하게 해서 한 일(一)자로 배열하도록 명령하고, 배 위의 병사들에게는 북을 치면서 함성을 지르라고 시켰다. 노숙이 놀라서 '만일 조조의 병사들이 나오면 어떡합니까?'라고 하자 제갈량이 웃으며 말하기를 '안개가 이렇게나 짙기 때문에 조조는 분명히 병사를 보낼 엄두를 못 낼 것입니다. 우린 지금부터 실컷 술이나 마시면 됩니다. 날이 밝으면 바로 돌아갑시다.' 조조는 북소리와 함성소리를 듣고는 바로 1만여 명의 궁수에게 그들을 향해 활을 쏘라고 명령했고, 화살은 비 오듯 쏟아졌다. 이어서 제갈량은 배를 돌려 선두는 동쪽, 선미는 서쪽을 향하게 하곤 계속해서 북을 두드리고 함성을 지르라고 또 명령을 내렸다. 날은 점차 밝아왔고 안개는 아직 흩어지지 않았다. 이때 배의 양쪽 짚단에는 모두 화살이 가득 꽂혀 있었다. 제갈량은 병사들에게 일제히 큰소리로 '조조 승상 화살을 주셔서 고맙습니다!' 라고 외치도록 시켰다. 조조는 속았다는 것을 알았지만, 이때 제갈량의 배는 바람을 타고 물결을 따라 이미 20여 리나 가버려서 쫓아가기에도 늦었다.	이때는 안개가 자욱해서 강 위의 가시거리가 짧았다. 날이 아직 밝지 않았음에도 배는 이미 조조의 군영에 접근했다. 제갈량은 배를 한 일(一)자로 배열하라고 명령하고, 배 위의 병사들에게는 북을 치며 함성을 지르라고 시켰다. 조조는 소리를 듣고는 바로 1만여 명의 궁수들에게 활을 쏘라고 명령했다. 이어서 제갈량은 배를 돌리라고 또 명령을 내렸다. 날이 점차 밝았고 배의 양쪽 짚단에는 모두 화살이 가득 꽂혀 있었다. 조조는 속았다는 것을 알았지만 이때 제갈량의 배는 이미 20여 리나 가버려서 쫓아가기에도 늦었다.

5-7 단락	**[전개3]** 10만개의 화살을 만드는 과정 (1) 시간: 天还没亮(날이 아직 밝지 않음), 天渐渐亮了(날이 점차 밝아옴) (2) 인물: 诸葛亮(제갈량), 鲁肃(노숙), 船上的士兵(배 위의 병사), 曹操(조조), 一万多弓箭手(1만여명의 궁수) (3) 장소: 江上(강 위), 船上(배 위) (4) 전개포인트: ① 大雾弥漫，能见度低 (안개가 자욱해서 가시거리가 짧다) ② 下令把船一字摆开 (배를 한 일(一)자로 배열하라고 명령하다) ③ 船上的士兵一边敲鼓，一边大喊 (배 위의 병사들은 북을 치며 함성을 지르다) ④ 命令一万多名弓箭手放箭 (1만여 명의 궁수들에게 활을 쏘라고 명령하다) ⑤ 把船调过来 (배를 돌리다) ⑥ 船两边的草垛子上都插满了箭 (배의 양쪽 짚단에는 모두 화살이 가득 꽂혀 있었다) ⑦ 知道被骗了 (속았다는 것을 알다) ⑧ 驶出二十多里 (20여 리나 가버리다) ⑨ 追也来不及了 (쫓아가기에도 늦었다)

	본문	요약
8 단락	二十条船靠岸的时候，周瑜派来的五百个士兵已经来到了江边。每条船大约有五六千支箭，<u>二十条船总共有十万多支</u>。<u>鲁肃见了周瑜，告诉了他借箭的经过</u>。<u>周瑜长叹了一声，说：" 诸葛亮神机妙算，我真比不上他啊！"</u>	二十条船总共有十万多支箭。鲁肃见到周瑜，告诉了他借箭的经过。周瑜叹了一口气说："诸葛亮神机妙算，我真比不上他呀！"
	20 척의 배가 강기슭에 닿았을 때 주유가 보낸 500여 명의 병사는 이미 강가에 도착해 있었다. 배마다 대략 5,000~6,000개의 화살이 있었으니, 20척의 배에는 모두 합쳐 10만여 개가 있었다. 노숙은 주유를 만나서 화살을 빌린 과정을 말해주었고, 주유는 길게 탄식하며 '제갈량은 신묘한 지략과 기묘한 계책을 가진 사람이로군, 나는 정말이지 그에게 비할 바가 못 되는구나.'라고 말했다.	20척의 배에는 모두 합쳐 10만여 개의 화살이 있었다. 노숙은 주유를 만나서 화살을 빌린 과정을 말해주었고, 주유는 길게 탄식하며 '제갈량은 신묘한 지략과 기묘한 계책을 가진 사람이로군, 나는 정말이지 그에게 비할 바가 못 되는 구나.'라고 말했다.

[결론] 결말

草船借箭

周瑜看到诸葛亮很有才华,非常妒忌,于是想为难诸葛亮。

有一天,周瑜问诸葛亮水上交战用什么兵器最好,诸葛亮建议用弓箭。但是军中缺箭,于是周瑜请诸葛亮做出十万支箭。诸葛亮答应了,而且说只要三天就可以完成,如果做不到的话甘愿受罚。周瑜很高兴,并派鲁肃跟踪诸葛亮,看看诸葛亮有什么计划。

后来,诸葛亮发现了鲁肃,并请鲁肃帮他准备二十条船,但不能让周瑜知道。鲁肃答应了,他偷偷地准备了二十条快船,每条船上有三十名士兵和一千多个草垛子。第一天和第二天诸葛亮没有什么动静。第三天四更时,诸葛亮把鲁肃请到船上,并把二十条船用绳索连起来,朝北岸开去。

这时候大雾弥漫,江上的能见度低。天还没亮,船已经靠近了曹军。诸葛亮下令把船一字摆开,又叫船上的士兵一边敲鼓,一边大喊。曹操听到声音,便命令一万多名弓箭手射箭。接着,诸葛亮又下令把船掉过来。天渐渐亮了,船两边的草垛子上都插满了箭。曹操知道被骗了,可是这时诸葛亮的船已经驶出了二十多里,要追也来不及了。

二十条船总共有十万多支箭。鲁肃见到周瑜,告诉了他借箭的经过。周瑜叹了一口气说:"诸葛亮神机妙算,我真比不上他呀!"

HSK 6급

실전모의고사 4회

HSK 6급 4회 모의고사 듣기 스크립트

大家好！欢迎参加HSK(六级)考试。
大家好！欢迎参加HSK(六级)考试。
大家好！欢迎参加HSK(六级)考试。

HSK(六级)听力考试分三部分，共50题。
请大家注意，听力考试现在开始。

第一部分

第1到15题请选出与所听内容一致的一项。
现在开始第一题：

1

海洋蓝洞是海底突然下沉形成的巨大深洞，从海面上看，这个海底深洞的颜色比周边的水域昏暗，呈深蓝色。蓝洞一般有数百英尺深，极度缺氧，无法支持海洋生命存活，但是它颇具科学研究价值。

2

海洋像矿山一样蕴藏着丰富的资源。在世界水产品中，85%左右的产品均产自海洋，这些产品满足了三百亿人对蛋白质的需求。合理利用并开发海洋资源有利于缓解当前因人口增长而带来的资源短缺的问题。

3

香槟酒是由白葡萄酒酿制的，酒内含有大量的二氧化碳，一瓶香槟里大概有1万多个气泡，这些气泡产生的气压非常大。因此如果想保证香槟酒的品质，就一定要使用抗压性极强的瓶塞。

4

曲剧是主要流传于河南地区的汉族戏曲剧种之一，是国家级非物质文化遗产。曲剧的表演贴近生活，而且内容丰富。有表现活泼愉快情绪的，有表现悲伤哀愁情绪的，有表现激昂愤慨情绪的。此外，曲剧的歌词通俗易懂，传播速度非常快。

5

白头叶猴体型纤细，头部较小，十分机警，善于跳跃。白头叶猴的主食是树叶、新鲜的花朵及水果等。其平均寿命为25岁，分布狭窄，数量稀少，是被公认的世界最稀有的猴类。

6

魔方最初只是一种帮助学生增强空间思维能力的教学工具。如今，它不仅是孩子们的益智玩具，而且也是成人娱乐休闲时离不开的伙伴。常见的玩法有竞速、盲拧、单拧。它的受欢迎程度是智力运动界的奇迹。

7

我们现在看到的五彩斑斓的焰火其实要归功于火药的发明家。他们在夜间燃放火药时偶然发现火光中有颜色，觉得十分美丽。因此他们开始尝试在火药中加入不同的染色剂使火光有颜色，这才制造出了绚丽多彩的焰火。

8

不少家庭筷子使用了一年以上都不更换。其实筷子最好三个月换一次，经常更换筷子可以避免细菌滋生。另外定期给筷子消毒、把筷子放到通风的地方都能延长其使用寿命。

9

科学家研究发现，学习语言可以锻炼大脑，开发智力，能使大脑得到充分利用。此外，熟练掌握两种及两种以上语言的人做事情的时候能更好地集中注意力，而且擅长应对接踵而来的各种困难与挑战。

10

对于刚到太空的人来说，姿态的适应需要时间，许多地面上的高难度动作，在太空中就会变得十分简单，譬如翻跟头。在太空中移动时，主要依靠上肢的力量，所以，航天员登太空前，要着重锻炼这些部位的肌肉。

11

人的脑细胞不会一直不停地工作，在人们过度劳累时，一些脑细胞会打盹儿。这时候，其实大脑已经处于微睡眠状态了。这就是人们疲惫时，突然会忘记下一秒要做什么，思路容易中断的原因。

12

密云水库位于燕山之中，形似等边三角形，是北京最大的也是唯一的饮用水源供应地。水库旁的建筑群隐现在青山绿水之中，景象万千，因此这里成为了北京著名的旅游风景区之一。

13

真正的成功者，即使失败了，也会将一次次的失败作为宝贵的经验，永不言败，继续前行。相反，真正的失败者，面对困难时，经不起风雨的考验，会低下头，并且会因畏惧挫折而选择逃避，不能鼓起再次奋斗的勇气。

14

当今做父母的大多都会溺爱孩子，但却没有意识到溺爱孩子的危害。"溺"字在词典上解释为"淹没"，如果父母给予孩子的爱过多的话，也会"淹没"孩子。如果父母失去理智地去爱孩子，会抑制孩子的自由，会摧残儿童的身心健康。

15

氢是宇宙中分布最广泛的物质。氢燃烧后的产物是水，而且水又可以产生源源不断地氢气。在能源短缺的紧张局势下，氢以其无污染、可循环使用、可运输和储存等优点被视为目前最实用的能源。

第二部分

第16到30题请选出正确答案。

现在开始第16到20题：

第16到20题是根据下面一段采访：

女：我们知道您师从梁思成先生，那么梁思成先生的哪些观念影响了您呢？

男：我现在推崇的"中国建筑要走中而新"就是老师提出的观点，老师认为中国的建筑要在保持中国传统风格的基础上，有新的创造。我觉得老师的观点非常正确，中国的建筑要保持原有的精髓，也要与时俱进。

女：您为什么80岁高龄时还选择到罗布泊考察汉长城呢，考察汉长城有什么特殊的意义吗？

男：在我国历史上曾经出现了三个修筑长城的高峰，分别是秦长城、汉长城、明长城。其中，汉长城西起新疆，东到辽东，是中国历史上修筑长城最长的朝代。研究这段汉长城对于研究长城史有重大的意义。众所周知，长城是中国古代的军事防御工程。然而，我认为长城是中国最早的对外开放的见证。因为在丝绸之路上修筑的那段长城没有城墙，有很多烽火台。当时，丝绸之路荒无人烟，这些烽火台是商旅休息的驿站，为商旅提供了各种便利，保证了丝绸之路的畅通。

女：现在您带着很多年轻人一起从事古建筑的保护工作，您认为这些年轻人最需要学习什么？

男：我觉得最重要的是掌握基本技能，学好基本理论知识。从事建筑方面的工作，要有绘图能力。所以他们一定要把绘图的基础打好，还得阅读大量的建筑文献。掌握基本技能的过程是枯燥乏味的，但年轻人要耐得住寂寞，认真学习，不能偷懒。

女：对于古建筑保护，您最担心的是什么？

男：我最担心的是技术的传承。现在许多建筑的工艺都失传了，人们一味地保护古建筑的完整性，却忘记了将这些建筑中精美的工艺传承下去。

女：您一生的精力都花在了研究古建筑上，那么在您看来，古建筑是什么呢？

男：历史有两个，一个是文字的，一个是实物的。在我看来，古建筑就是见证历史的实物。

16 梁思成先生的什么观念，给男的留下了深刻的印象？

17 男的为什么说长城是对外开放的见证？

18 男的认为从事古建筑保护的年轻人，最需要学什么？

19 在古建筑保护中，男的最担心什么？

20 男的如何看待古建筑？

第21到25题是根据下面一段采访：

男：作为新闻记者，您是如何看待新闻给大众带来的感受？

女：作为记者，我们的职责就是将真实情况如实地呈现在大家眼前，所以一定会有让人温暖的新闻，也一定会有令人愤怒的新闻。

男：如果让你换位思考一下，请说一说被采访者的感受。

女：我认为采访这个行为就是比较冒犯的，特别是新闻采访。记者和被采访者之间是素不相识的关系，在短时间内让被采访者在陌生人面前说出内心深处的想法是比较难的。我非常理解被采访者的这种心情。因此，如果我的提问冒犯了被采访者，我会事先向他表示抱歉，然后再提问，并告诉他，我十分乐意倾听他与我分享的内容。

男：在采访的过程中，你注重采访技巧吗？

女：我刚从事这个工作时，会经常总结采访的技巧。可后来工作久了，发现采访技巧是我采访过程中最大的障碍。采访技巧会使我采访时分散注意力，不能让我顺畅地与被采访者沟通。我认为采访时，只要用心感受，就能问出一些预想不到的问题，能让被采访者敞开心扉，畅所欲言。

男：社会总是对新闻媒体寄予很大期望，作为一个新闻人，您怎么看待这个问题呢？

女：社会夸大了新闻媒体的职责。记者的工作并不能改造世界，记者的责任就是代替广大的民众前往新闻事件发生的现场，或者是近距离接触新闻事件的当事人，并将事情的真相报道出来。而不是通过新闻舆论改造社会，改造世界。

男：您现在也是国内炙手可热的记者之一，很多人把您看做明星，您愿意大家这样看你吗？

女：我并不认为我是一个明星，我只是在尽力做好我自己的本职工作，近几年我写了几本书，人气也涨了，但是我写书也并不是为了提高知名度，而是为了跟大家分享我所做的工作和真实的自己。我不想扮演其他角色，我只想做一名真正的记者。

男：在工作和生活中，您有感觉恐惧的时候吗？

女：当然也有感觉恐惧的时候，我认为这很正常。我觉得应该通过不断地认识世界、认识自己来克服恐惧的心理。积累的知识越多，自然就不会害怕了。

21 如果提问时冒犯了别人，女的会怎么办？
22 女的如何看待采访技巧？
23 女的认为，记者的职责是什么？
24 女的觉得，应该怎样克服恐惧？
25 关于女的，可以知道什么？

第26到30题是根据下面一段采访：

女：罗教授您好！近10年来，您获得了医学界大大小小的各种荣誉和奖项。尤其是这次您获得了中国医师协会金刀奖。您能给我们介绍一下这个奖项吗？

男："金刀奖"表彰的是在临床一线并取得杰出成就的医师，是心血管外科临床领域的最高奖项。每年评选一次，每次在全国只评选五个人。这个奖对我来说确实是最高的荣誉。

女：您认为要想成为一名优秀的心血管外科医生应该具备哪些素质？

男：首先要有爱心，还要不断地学习，不断开拓进取，并要有团队协作精神。心血管外科风险大，工作辛苦，技术要求高，协作性强，所以对医生的要求也更严格。

女：您总在不断地挑战高难度手术，每当完成这样一台手术，您是什么样的心情？

男：每当完成一台高难度手术后，我非常激动，甚至是兴奋，越是高难度的手术，我越想攻克。

女：如今，医患关系是非常敏感的话题，您是如何看待医患关系的？

男：我行医已经30多年了，作为医生，在和患者接触的过程中，我深深地体会到我和患者是一个队伍中的战友，我们共同的敌人是病魔，共同的目标是打败病魔。最近几年，各种医患关系的纠纷事件层出不穷。患者对医生越来越不信任，一旦出现矛盾，就会马上升级。如果医患关系处理不好，我们肯定会打败仗。在对抗病魔的道路上，医生会使出浑身解数，我希望患者和家属能主动配合治疗，理解医生，与医生一起打败这个敌人。

女：如果让您重新选择职业，您还会选择从医吗？

男：当然。我从小的梦想就是当一名医生，我非常热爱这个事业。医生的职责是救死扶伤，是伟大而又神圣的。当看到患者痊愈时，我会感到无比幸福。患者的健康和幸福是我人生最大的心愿和追求，我要对得起医生这个称号，要为社会做一些有意义的事情。

26 关于金刀奖，下列哪项正确？
27 男的认为，作为心血管外科医生首先应具备什么素质？
28 男的将医患关系比作什么？
29 在对抗病魔的道路上，患者应该怎么做？
30 男的觉得自己的职业怎么样？

第三部分

第31到50题请选出正确答案。

现在开始第31到33题：

第31到33题是根据下面一段话：

　　所谓慢阅读是指用足够的时间，沉浸在一本书中，不急于"赶路"，而是"慢慢地欣赏"。在这个比较浮躁的时代，慢阅读显得十分重要。慢阅读既可以培养一个人的心境，也可以培养人的鉴赏能力，更重要的是可以培养人的思考能力。在信息爆炸的互联网时代，人们在阅读时存在以下三个问题。其一，速成化。无论看什么书，不去细细品味，只是蜻蜓点水，从上到下一目十行，大概看一遍。其二，俗浅化。只看内容庸俗的笑话，不愿意看蕴含深刻哲理的文章。其三，碎片化。阅读模式不完整，断断续续。这些阅读的问题不仅浪费了我们的阅读时间，而且会影响我们的做事风格。因此，我们提倡慢阅读的读书方式，如放慢自己的节奏，静下心去阅读一本高品质文字的书，从文字中寻觅乐趣。虽然慢阅读满足不了我们的物质需求，但能给我们的心灵带来绝对的享受。

31 这段话中的"蜻蜓点水"最有可能是什么意思？

32 下列哪项不是人们阅读时存在的问题？

33 说话人提倡怎么做？

第34到36题是根据下面一段话：

　　一位美国的心理学家指出每个人都有自卑情绪，因此，或多或少都会喜欢别人的赞美。然而，人们并非总是喜欢被人称赞。比如说，如果我们听到了千篇一律的赞美，时间一久，就不会有初次听到时的那种新鲜感和自豪感了。相对而言，人们比较喜欢听到恰如其分的称赞，因为可以从中了解自己应该发扬的优点及需要改正的缺点。心理学家还发现了一个比较有趣的现象，就是倘若经常批评自己的人赞美自己的话，人们就会极其重视这种赞美的价值。心理学家解释：这是因为受到了得失效应的影响。即人们在日常生活中不喜欢那些对自己的喜爱逐渐减少的人，而喜欢那些对自己的喜爱逐渐增加的人。因此老生常谈的称赞可能会起到适得其反的效果。

34 恰如其分的称赞有什么优点？

35 人们会重视哪种人的称赞？

36 根据得失效应，下面哪项正确？

第37到39题是根据下面一段话：

　　高速铁路简称"高铁"。与传统的高速公路和航空运输相比，高铁的主要优势有载客量高、速度较快、安全性好、正点率高、舒适方便等。因此高铁日渐成为人们中长距离出行的首选。但高铁有一个劣势，那就是没有无线网络。这影响了乘客进行移动办公和娱乐消遣，无法满足乘客对网络的需求。

　　业内人士说这是由于高铁无线网络的技术难度和高铁时速是成正比的。速度越快，难度就越大。另外过隧道的时候，信号可能会受到影响。不过整体而言，高铁无线网络的投资成本、技术难度比空中的无线网络要低，覆盖人群也更广，经济性更好。

37　下列哪一项不是高铁的优势？

38　高铁无线网络的技术难度与什么相关？

39　和空中无线网络相比高铁无线网络怎么样？

第40到43题是根据下面一段话：

　　海马具有独特的外形，它的头部长长的，嘴不能张合，只能吸食水中的小动物，眼睛可以向左右或前后转动，颈部弯曲，外观看起来和马相似。海马生活在沿岸一带，行动迟缓，主要捕捉的生物是小型甲壳虫，比如桡足生物、虾类等。其中，桡足生物对捕食者靠近时产生的水纹波动极其敏感。一旦感知到捕食者靠近，便会迅速逃离。让人不可思议的是它们每秒游动的距离可以超过自身长度的500倍。以飞快奔驰著称的猎豹，每秒奔跑的距离只是它们身长的30倍而已。

　　由此可见，桡足生物的游动速度是极快的。在一般人看来，海马要想捕捉到桡足生物简直是做白日梦。可是，动物学家通过观察发现，海马不仅能捕捉到桡足生物，而且还是捕捉高手。这其中的奥秘竟然就在于海马行动迟缓。当海马朝桡足生物移动时，由于它动作缓慢，因此它身体周围的水纹几乎不动，桡足生物是感知不到的。如果海马接近了猎物，它就会用弓形的颈部捕捉猎物，偷袭成功率超过90%。

　　行动迟缓本来是海马的最大弱点，但它恰恰利用这个弱点，成为了捕捉桡足生物的冠军。有时弱点不见得是一件坏事，它有时也能转化为优点。

40　海马的外形有什么特点？

41　桡足生物是通过什么感知敌人的？

42　海马为什么能捕捉到桡足生物？

43　这段话主要想告诉我们什么？

第44到47题是根据下面一段话：

位于中国与尼泊尔边境上的喜马拉雅山脉的顶峰高达8848.13米，堪称世界之最。近半个世纪以来，地质学家对喜马拉雅山脉进行了研究。发现喜马拉雅山脉升高了500米，即每年升高5厘米。人们不禁会问："喜马拉雅山脉会不会超过一万米？"地质学家认为，地球上的山脉是绝对不会超过一万米的。为了让大家便于理解，地质学家举了生活中的一个例子。如果我们用雪白细嫩的豆腐来叠罗汉，不需要叠很多层，最下面那一层的豆腐必定会因为承受不了压力而坍塌。山脉升高和用豆腐叠罗汉是一样的道理，只不过山脉是用泥土、岩石不断堆积而成的。在山体不断升高之际，山体的底层所承受的压力也是随之增大的，一旦到了极限，庞大的山体就会像豆腐那样崩塌。

经过推算，地质学家认为山体所能承受压力的极限是当山体上升至一万米时的负荷。同时，这个结论也解释了地球上没有万米高山的原因。

然而，喜马拉雅山脉还在不断上升，如果按照目前的上升速度继续上升的话，不用25万年，其高度将超过一万米。到那时候，喜马拉雅山脉是坍塌的还是会依然耸立在地球上，只能由后人来验证了。

44 关于喜马拉雅山脉，可以知道什么？

45 地质学家举用豆腐叠罗汉的例子，是为了说明什么？

46 下列哪项，能验证地质学家关于那个极限负荷的推算？

47 根据这段话，下列哪项正确？

第48到50题是根据下面一段话：

地球上储量最多的矿物并不是石英和云母，而是一种在地球表面看不到的，蕴藏在地球深处的矿物。

这种矿物一直处于地球内部的下地幔，70%的地幔都是由它组成的。但是它在过去很长一段时间都没有名字。为什么科学家不给它起名字呢？原来根据国际矿物学会的规定，要命名一种矿物的话，必须要对其自然样本进行分析。可是，这种矿物只有处于极端的高温高压中的状态才比较稳定。所以，科学家一直没有机会得到它的样本。直到2014年12月，科学家在分析1879年坠落到澳大利亚的一块陨石的时候，才找到这个矿物的自然标本。陨石落到地球时产生了剧烈的碰撞，在碰撞的过程中，陨石经历了极端的高温高压环境，因此科学家在这块陨石的表面找到了和下地幔成分一样的斑点。最终，科学家获得了这个矿物的自然样本。

对这种矿物进行一系列分析之后，科学家决定用诺贝尔物理奖获得者布里奇曼的名字来命名。于是，地球上最多的矿物由于一块陨石而获得了自己的名字。

48 给矿物命名需要先做什么？

49 关于那块陨石，可以知道什么？

50 那种矿物最终是以什么来命名的？

HSK 6급 4회 모의고사 정답

문제집 p. 91

一、听力

第一部分

1. A 2. C 3. B 4. A 5. D 6. C 7. A 8. B 9. C 10. A
11. D 12. B 13. A 14. B 15. A

第二部分

16. B 17. C 18. C 19. D 20. D 21. A 22. D 23. C 24. B 25. A
26. C 27. D 28. C 29. A 30. A

第三部分

31. B 32. A 33. B 34. D 35. C 36. A 37. D 38. B 39. A 40. B
41. A 42. C 43. D 44. A 45. D 46. A 47. D 48. A 49. D 50. B

二、阅读

第一部分

51. B 52. C 53. C 54. D 55. B 56. C 57. B 58. A 59. B 60. C

第二部分

61. D 62. C 63. B 64. B 65. A 66. A 67. C 68. B 69. B 70. B

第三部分

71. C 72. E 73. A 74. B 75. D 76. D 77. A 78. E 79. B 80. C

第四部分

81. B 82. C 83. A 84. A 85. C 86. C 87. B 88. B 89. B 90. D
91. A 92. D 93. A 94. B 95. B 96. D 97. B 98. A 99. C 100. B

三、书写

101.

神笔和马良

  从前，有个孩子叫马良。他的父母死得早，就靠自己打柴生活。他从小喜欢画画，可是连一支笔也没有。
  马良每天都练习画画，到山上打柴时画画，到河边割草时画画，家里的墙壁上也到处都是他画的画。年复一年，马良的进步很快。有一次，他在山后画了一只狼，吓得牛羊不敢在山后吃草了。
  有一天晚上，马良太累了，就在山洞里睡着了。突然，来了个白胡子的老人。他送给了马良一支神笔，并告诉马良要好好用它帮助穷人。第二天，马良用神笔画了一只鸟，没想到鸟变成真的飞走了，马良高兴极了。自从有了这支神笔以后，马良天天帮助穷人画画。
  皇帝很快知道了这件事，于是派人将马良抓走了。马良知道皇帝常欺负穷人，所以非常厌恶这个皇帝。皇帝让他画摇钱树，马良先画了一个大海，然后在大海中央画了一个小岛，在岛上画了一棵摇钱树，又画了一只船。皇帝和几个大臣都上了船。接着，马良又画了大风，又画了大雨。最后船翻了，皇帝和船上的大臣都沉到了海底。
  后来大家都不知道马良到什么地方去了。有的说他回到自己的家乡和伙伴在一起；有的说他到处流浪，给穷人画画。

HSK 6급 4회 듣기

제1부분 1~15번 문제는 단문을 듣고 일치하는 내용을 고르는 문제입니다.

1

海洋蓝洞是海底突然下沉形成的巨大深洞，从海面上看，这个海底深洞的颜色比周边的水域昏暗，呈深蓝色。蓝洞一般有数百英尺深，极度缺氧，无法支持海洋生命存活，但是它颇具科学研究价值。

A 海洋蓝洞没有生命
B 海洋蓝洞富含氧气
C 海洋蓝洞不具研究价值
D 海洋蓝洞有数千英尺深

해양 블루홀은 바다 밑바닥이 갑자기 가라앉아 형성된 거대한 구멍이다. 해수면에서 보면, 이 해저구멍은 주변 수역보다 어둡고, 짙은 남색을 띈다. 블루홀은 보통 수백 피트 정도로 깊고 산소가 극도로 부족하여 해양생명의 생존을 지탱할 방법은 없지만 상당한 과학적 연구가치를 가진다.

A 해양 블루홀은 생명이 없다
B 해양 블루홀은 산소를 풍부하게 함유하고 있다
C 해양 블루홀은 연구가치가 없다
D 해양 블루홀은 수천 피트의 깊이이다

지문 어휘 海洋 hǎiyáng 명 해양, 바다 | 蓝洞 lándòng 명 블루홀 | 海底 hǎidǐ 명 바다 밑(바닥), 해저 | 下沉 xiàchén 동 가라앉다 | 形成 xíngchéng 동 형성하다 | 巨大 jùdà 형 거대하다, 아주 크다 | 洞 dòng 명 구멍, 동굴 | 水域 shuǐyù 명 수역 | 昏暗 hūn'àn 형 어둡다, 어두컴컴하다 | 呈 chéng 동 (색깔, 형태 등을) 띄다 | 英尺 yīngchǐ 명 피트 | 极度 jídù 부 극도로, 몹시, 아주 | 氧 yǎng 명 산소 | 无法 wúfǎ 동 ~할 방법이 없다 | 支持 zhīchí 동 지탱하다, 견디다 | 存活 cúnhuó 동 생존하다, 살아 남다 | 颇 pō 부 상당히 ★ | 价值 jiàzhí 명 가치

보기 어휘 富含 fùhán 동 풍부하게 함유하다 | 氧气 yǎngqì 명 산소 ★

해설 해양 블루홀에 관한 내용으로, 본문에서 '蓝洞一般有数百英尺深，极度缺氧，无法支持海洋生命存活，但是它颇具科学研究价值(블루홀은 보통 수백 피트 정도로 깊고 산소가 극도로 부족하여 해양생명의 생존을 지탱할 방법은 없지만 상당한 과학적 연구가치를 지닌다)'라고 했다. 따라서 수천 피트의 깊이라고 한 D와 산소가 풍부하다고 한 B, 그리고 연구가치가 없다라고 한 C는 모두 정답이 아니며, 생명이 없다고 한 A가 정답이다.

정답 A

2

海洋像矿山一样蕴藏着丰富的资源。在世界水产品中，85%左右的产品均产自海洋，这些产品满足了三百亿人对蛋白质的需求。合理利用并开发海洋资源有利于缓解当前因人口增长而带来的资源短缺的问题。

바다에는 광산처럼 풍부한 자원이 매장되어 있다. 전 세계 수산물 중 85% 정도의 생산물이 모두 바다에서 생산되며, 이 생산물들은 3백억 명의 단백질에 대한 수요를 만족시킨다. 해양자원을 합리적으로 이용하고 개발하는 것은 현재 인구증가가 가져오는 자원 부족 문제를 완화하는 데 도움이 된다.

A 蛋白质对健康有益
B 矿产资源具有隐蔽性
C 要合理利用海洋资源
D 不能忽视海洋污染问题

A 단백질은 건강에 이롭다
B 광산자원은 겉으로 드러나 있지 않은 특징이 있다
C 해양자원을 합리적으로 이용해야 한다
D 해양 오염문제를 소홀히 해서는 안 된다

지문 어휘 海洋 hǎiyáng 명 바다, 해양 | 矿山 kuàngshān 명 광산 | 蕴藏 yùncáng 동 매장되다 ★ | 资源 zīyuán 명 자원 | 水产品 shuǐchǎnpǐn 명 수산물 | 满足 mǎnzú 동 만족시키다 | 蛋白质 dànbáizhì 명 단백질 ★ | 缓解 huǎnjiě 동 완화되다 | 短缺 duǎnquē 동 부족하다, 모자라다

보기 어휘 矿产资源 kuàngchǎn zīyuán 명 광산자원 | 隐蔽 yǐnbì 형 겉으로 드러나지 않는, 은폐된 ★ | 忽视 hūshì 동 소홀히 하다

해설 해양자원에 관한 설명문으로, 본문에서 '合理利用并开发海洋资源有利于缓解…(해양자원을 합리적으로 이용하고 개발하는 것은 … 완화하는 데 도움이 된다)'라고 했으므로, C 가 정답이다.

정답 C

3

香槟酒是由白葡萄酒酿制的，酒内含有大量的二氧化碳，一瓶香槟里大概有1万多个气泡，这些气泡产生的气压非常大。因此如果想保证香槟酒的品质，就一定要使用抗压性极强的瓶塞。

삼페인은 백포도주로 양조한 것으로, 술 안에는 대량의 이산화탄소가 함유되어 있는데, 삼페인 한 병에 대략 1만여 개의 탄산이 들어있다. 이 탄산들이 만들어 내는 기압은 굉장히 높기 때문에 만일 삼페인의 품질을 보장하고 싶다면, 반드시 항압력이 아주 강한 코르크 마개를 사용해야 한다.

A 香槟酒的味道醇美
B 香槟酒的瓶塞抗压性极好
C 香槟酒的瓶塞要留有空隙
D 香槟酒素有酒中之王的美称

A 삼페인의 맛이 깔끔하고 달콤하다
B 삼페인의 코르크 마개는 항압력이 굉장히 좋다
C 삼페인의 코르크 마개는 틈을 남겨둬야 한다
D 삼페인은 예로부터 '술 중의 왕'이라는 아름다운 이름이 있었다

지문 어휘 香槟酒 xiāngbīnjiǔ 명 삼페인 | 酿制 niàngzhì 동 양조하다 | 二氧化碳 èryǎnghuàtàn 명 이산화탄소 ★ | 气泡 qìpào 명 탄산, 기포 | 气压 qìyā 명 기압 ★ | 品质 pǐnzhì 명 품질 ★ | 抗压性 kàngyāxìng 명 항압력 (압력에 저항하는 성질) | 瓶塞 píngsāi 명 코르크 마개

보기 어휘 醇美 chúnměi 형 (맛이) 깔끔하고 달콤하다 | 空隙 kòngxì 명 (빈)틈 ★ | 素有 sùyǒu 예로부터 (가지고) 있다

해설 보기를 통해 삼페인에 관한 내용임을 알 수 있다. 본문에서 삼페인의 품질을 보장하고 싶다면 '就一定要使用抗压性极强的瓶塞(반드시 항압력이 아주 강한 코르크 마개를 사용해야 한다)'라고 했다. 이는 다시 말해 코르크 마개의 항압력이 좋아야 한다는 것이므로, 정답은 B이다.

정답 B

4

曲剧是主要流传于河南地区的汉族戏曲剧种之一，是国家级非物质文化遗产。**曲剧的表演贴近生活，而且内容丰富。** 有表现活泼愉快情绪的，有表现悲伤哀愁情绪的，有表现激昂愤慨情绪的。此外，曲剧的歌词通俗易懂，传播速度非常快。

곡극(曲剧)은 허난(河南) 지역에 전해지는 한족(汉族)의 희곡 종류의 하나로, 국가급 무형문화유산이다. 곡극 공연은 생활과 밀접하며 내용 또한 풍부하다. 활기차고 유쾌한 감정을 표현한 것도 있고, 슬프고 아픈 감정을 표현한 것도 있으며, 격앙되고 분개하는 감정을 표현한 것도 있다. 이 외에도 곡극의 가사는 대중적이고 쉽게 이해할 수 있기에 전파 속도가 굉장히 빠르다.

A 曲剧接近生活
B 曲剧濒临消亡
C 曲剧的内容单一
D 曲剧的传播范围广

A 곡극은 생활과 가깝다
B 곡극은 사라질 위기에 처해있다
C 곡극의 내용은 하나이다
D 곡극의 전파 범위는 넓다

지문 어휘 曲剧 qǔjù 명 곡극 | 剧种 jùzhǒng 명 중국 전통극의 종류 | 非物质文化遗产 fēiwùzhì wénhuà yíchǎn 명 무형문화유산 | 贴近 tiējìn 동 밀접하다, 접근하다 | 活泼 huópo 형 활기차다 | 情绪 qíngxù 명 감정, 정서 | 悲伤 bēishāng 형 몹시 슬퍼하다 | 哀愁 āichóu 형 (마음이) 아프다, 슬프다 | 激昂 jī'áng 형 격앙되다 | 愤慨 fènkǎi 형 분개하다 | 通俗 tōngsú 형 대중적이다, 통속적이다 ★ | 传播 chuánbō 동 전파하다

보기 어휘 濒临 bīnlín 동 ~에 처하다, 이르다, 임박하다 ★ | 消亡 xiāowáng 동 사라지다

해설 보기를 통해 중국 전통극 '곡극'에 관한 내용임을 알 수 있다. 본문에서 '曲剧的表演贴近生活，而且内容丰富(곡극 공연은 생활과 밀접하며 내용 또한 풍부하다)'라고 했으므로, 곡극의 내용이 하나라고 한 C는 정답이 아니다. 밀접하다란 뜻의 '贴近'과 같은 의미인 '接近'을 써서 생활과 가깝다고 한 A가 정답이다.

정답 A

5

白头叶猴体型纤细，头部较小，十分机警，善于跳跃。白头叶猴的主食是树叶、新鲜的花朵及水果等。其平均寿命为25岁，分布狭窄，**数量稀少**，是被公认的世界最稀有的猴类。

흰머리 랑구르원숭이는 체형이 호리호리하고, 머리가 작은 편이고 굉장히 눈치가 빠르며, 점프를 잘한다. 흰머리 랑구르원숭이의 주식은 나뭇잎과 신선한 꽃잎 및 과일 등이다. 이들의 평균 수명은 25살이며, 분포범위가 좁고, 수가 극히 적어서 세계적으로 가장 희귀하다고 인정받는 영장류이다.

A 白头叶猴适应力强
B 白头叶猴十分凶猛
C 白头叶猴喜欢群居
D 白头叶猴数量稀少

A 흰머리 랑구르원숭이는 적응력이 뛰어나다
B 흰머리 랑구르원숭이는 굉장히 사납다
C 흰머리 랑구르원숭이는 무리 지어 사는 것을 좋아한다
D 흰머리 랑구르원숭이는 수가 극히 적다

지문 어휘 白头叶猴 báitóu yèhóu 명 흰머리 랑구르원숭이 | 体型 tǐxíng 명 체형 | 纤细 xiānxì 형 호리호리하다 | 机警 jījǐng 형 눈치가 빠르다 | 善于 shànyú 동 ~를 잘하다 | 跳跃 tiàoyuè 동 점프하다, 뛰어오르다 ★ | 寿命

shòumìng 명 수명 | 狭窄 xiázhǎi 형 (비)좁다 ★ | 稀少 xīshǎo 형 극히 적다, 희소하다 | 公认 gōngrèn 동 모두가 인정하다 ★ | 稀有 xīyǒu 형 희귀하다

보기 어휘 凶猛 xiōngměng 형 사납다 | 群居 qúnjū 동 무리 지어 살다, 집단서식하다

해설 보기를 통해 흰머리 랑구르원숭이에 관한 내용임을 알 수 있으며, 들리는 게 정답인 문제유형이다. 본문에서 '数量稀少(수가 극히 적다)'라고 했으므로, 이를 그대로 언급한 D가 정답이다.

정답 D

6

魔方最初只是一种帮助学生增强空间思维能力的教学工具。如今，它不仅是孩子们的益智玩具，而且也是成人娱乐休闲时离不开的伙伴。常见的玩法有竞速、盲拧、单拧。它的受欢迎程度是智力运动界的奇迹。

A 魔方老少皆宜
B 益智玩具种类繁多
C 魔方深受人们喜爱
D 魔方可以调节心情

루빅스 큐브는 처음에는 그저 학생들의 공간사고능력 강화를 돕는 일종의 교구일 뿐이었다. 오늘날 이것은 어린이들의 지능계발 완구일 뿐만 아니라, 또한 성인들이 한가로이 즐기는 여가시간에 떨어질 수 없는 파트너가 되었다. 흔한 놀이 방법으로는 스피드 솔빙, 눈 가리고 맞추기, 한 손으로 맞추기가 있다. 루빅스 큐브의 인기 정도는 두뇌 스포츠계의 기적이다.

A 루빅스 큐브는 노인과 어린이 모두에게 적합하다
B 지능계발 완구의 종류는 매우 많다
C 루빅스 큐브는 사람들에게 깊은 사랑을 받고 있다
D 루빅스 큐브로 감정컨트롤이 가능하다

지문 어휘 魔方 mófāng 명 루빅스 큐브(Rubik's Cube) | 增强 zēngqiáng 동 높이다 | 思维能力 sīwéi nénglì 명 사고력 | 益智 yìzhì 동 지능을 계발하다 | 玩具 wánjù 명 완구, 장난감 | 娱乐 yúlè 동 휴식을 즐기다, 오락하다 | 休闲 xiūxián 동 한가롭게 보내다 | 伙伴 huǒbàn 명 파트너, 동반자 | 玩法 wánfǎ 명 게임 방법 | 竞速 jìng sù 명 (루빅스 큐브) 스피드 솔빙 동 속도를 겨루다 | 盲拧 máng níng 명 (루빅스 큐브) 눈 가리고 맞추기 | 单拧 dān níng 명 (루빅스 큐브) 한 손으로 맞추기 | 奇迹 qíjì 명 기적

보기 어휘 皆 jiē 부 모두 ★ | 宜 yí 형 적합하다 | 调节 tiáojié 동 컨트롤하다, 다스리다, 조절하다 ★

해설 보기를 통해 루빅스 큐브에 관한 내용임을 알 수 있다. 본문에서 '它的受欢迎程度是智力运动界的奇迹(루빅스 큐브의 인기 정도는 두뇌 스포츠계의 기적이다)'라고 했는데, 이것은 그만큼 인기가 많다는 뜻이므로 사람들에게 깊은 사랑을 받고 있다고 한 C가 정답이다.

정답 C

7

我们现在看到的五彩斑斓的焰火其实要归功于火药的发明家。他们在夜间燃放火药时偶然发现火光中有颜色，觉得十分美丽。因此他们开始尝试在火药中加入不同的染色剂使火光有颜色，这才制造出了绚丽多彩的焰火。

현재 우리가 보는 오색찬란한 폭죽은 사실 화약 발명가에게 그 공을 돌려야 한다. 그들은 밤에 화약을 터트리면서 우연히 불빛 속에 색깔이 있음을 발견하고는 굉장히 아름답다고 생각했다. 그래서 그들은 화약 속에 다양한 염색제를 넣어서 불빛에 색이 있도록 시도하기 시작했고, 이렇게 해서 비로소 화려하고 다채로운 폭죽을 만들어 냈다.

A 焰火来源于火药 B 焰火被用于军事领域 C 染色剂提炼方法简易 D 一线城市禁止燃放焰火	A 폭죽은 화약에서 기원했다 B 폭죽은 군사 분야에 쓰였다 C 염색제의 추출방법은 간단하고 쉽다 D 일선 도시에서는 폭죽을 터뜨리는 것을 금지한다

> **지문 어휘** 五彩 wǔcǎi 명 오색 | 斑斓 bānlán 형 찬란하다, 다채롭다 | 焰火 yànhuǒ 명 폭죽, 불꽃 | 归功于 guīgōng yú ~에게 공을 돌리다, ~덕분이다 | 火药 huǒyào 명 화약 ★ | 燃放 ránfàng 동 (폭죽 등을) 터뜨리다 | 偶然 ǒurán 부 우연히 | 火光 huǒguāng 명 불빛 | 尝试 chángshì 동 시도해 보다 ★ | 加入 jiārù 넣다 | 染色剂 rǎnsèjì 명 염색제 | 制造 zhìzào 동 만들다, 제조하다 | 绚丽 xuànlì 화려하다, 눈부시게 아름답다 | 多彩 duōcǎi 형 다채롭다

> **보기 어휘** 来源于 láiyuán yú ~에서 기원하다 | 领域 lǐngyù 명 분야 | 提炼 tíliàn 동 추출하다 ★ | 简易 jiǎnyì 형 간단하고 쉽다 | 一线 yíxiàn 명 일선 | 禁止 jìnzhǐ 동 금지하다

> **해설** 폭죽의 기원에 대해 설명한 글로, 본문에서 화약 발명가들이 화약 불빛 속 색깔을 발견하고는 '在火药中加入不同的染色剂使火光有颜色(화약 속에 다양한 염색제를 넣어서 불빛에 색이 있도록 했다)'라고 했다. 따라서 폭죽이 화약에서 기원했다고 한 A가 정답이다.

> **정답** A

8

不少家庭筷子使用了一年以上都不更换。其实筷子最好三个月换一次，经常更换筷子可以避免细菌滋生。另外定期给筷子消毒、把筷子放到通风的地方都能延长其使用寿命。	적지 않은 가정에서 젓가락을 1년 이상 사용하고도 바꾸지 않는다. 사실 젓가락은 3개월에 한 번씩 바꿔주는 것이 가장 좋은데, 젓가락을 자주 바꾸면 세균 번식을 피할 수 있다. 이 밖에도 정기적으로 젓가락을 소독해주거나 젓가락을 바람이 통하는 곳에 두면 젓가락의 사용수명을 연장할 수 있다.
A 木筷子不易清洗 B 筷子要定期消毒 C 一次性筷子不环保 D 筷子应该每个星期更换	A 나무젓가락은 깨끗이 씻기 어렵다 B 젓가락은 정기적으로 소독해야 한다 C 일회용 젓가락은 비친환경적이다 D 젓가락은 매주 교환해야 한다

> **지문 어휘** 家庭 jiātíng 명 가정 | 筷子 kuàizi 명 젓가락 | 更换 gēnghuàn 동 바꾸다, 교환하다 | 避免 bìmiǎn 동 피하다 | 细菌 xìjūn 명 세균 ★ | 滋生 zīshēng 동 번식하다 | 定期 dìngqī 형 정기적으로 ★ | 消毒 xiāodú 동 소독하다 ★ | 通风 tōngfēng 동 바람이 통하다, 통풍되다 | 延长 yáncháng 동 연장하다

> **보기 어휘** 清洗 qīngxǐ 동 깨끗이 씻다 | 一次性 yícìxìng 형 일회용(의)

> **해설** 보기를 통해 젓가락에 관한 내용임을 알 수 있으며, 들리는 것이 정답인 문제유형이다. 본문에서 '筷子最好三个月换一次(젓가락은 3개월에 한 번씩 바꿔주는 것이 가장 좋다)'고 했기에 매주라고 한 D는 정답이 아니다. 그 뒤에 '定期给筷子消毒…能延长其使用寿命(정기적으로 젓가락을 소독하면 젓가락의 사용수명을 연장할 수 있다)'이라고 했으므로, 정답은 B이다.

> **정답** B

9

科学家研究发现，学习语言可以锻炼大脑，开发智力，能使大脑得到充分利用。此外，熟练掌握两种及两种以上语言的人做事情的时候能更好地集中注意力，而且擅长应对接踵而来的各种困难与挑战。

과학자들은 연구를 통해, 언어를 배우면 대뇌를 단련시켜 지능을 개발할 수 있고 대뇌를 충분히 이용할 수 있다는 것을 발견했다. 이 외에도 두 개 혹은 두 개 이상의 언어에 능통한 사람은 일을 할 때 더 잘 집중할 수 있고, 또한 계속되는 각종 어려움과 도전에 대처를 잘한다.

A 环境会分散注意力
B 应该勇敢地面对挑战
C 掌握新语言能提升智力
D 父母要帮助孩子开发智力

A 환경은 집중력을 분산시킬 수 있다
B 용감하게 도전에 맞서야 한다
C 새로운 언어를 마스터하면 지능을 향상시킬 수 있다
D 부모는 아이들이 지능을 계발하도록 도와주어야 한다

지문 어휘 智力 zhìlì 명 지능 ★ | 熟练 shúliàn 동 능숙하다, 숙련되다 | 掌握 zhǎngwò 동 마스터하다, 숙달하다 | 及 jí 접 및 | 擅长 shàncháng 동 ~를 잘하다, ~에 뛰어나다 ★ | 应对 yìngduì 동 대처하다 | 接踵而来 jiēzhǒng'érlái 계속되다, 잇달아 오다 | 挑战 tiǎozhàn 명 도전 동 도전하다

보기 어휘 分散 fēnsàn 동 분산시키다 ★ | 勇敢 yǒnggǎn 형 용감하다 | 提升 tíshēng 동 향상시키다, 높이다

해설 언어학습의 장점에 관한 글로, 본문에서 '学习语言可以锻炼大脑, 开发智力(언어를 배우면 대뇌를 단련시켜 지능을 개발할 수 있다)'라고 했다. 따라서 새로운 언어를 마스터하면 지능을 향상시킬 수 있다고 한 C가 정답이다.

정답 C

10

对于刚到太空的人来说，姿态的适应需要时间，许多地面上的高难度动作，在太空中就会变得十分简单，譬如翻跟头。在太空中移动时，主要依靠上肢的力量，所以，航天员登太空前，要着重锻炼这些部位的肌肉。

막 우주에 도착한 사람의 입장에서 말하자면, 자세 적응에 시간이 필요하다. 땅에서 하기 힘든 여러 가지 고난도 동작이 우주에서는 굉장히 수월하게 변할 것으로, 예를 들면 텀블링하기이다. 우주에서 이동 시에는 주로 팔의 힘에 의지하여야 하는데, 그래서 우주비행사들은 우주를 밟기 전에 이 부위의 근육을 단련하는 데 치중해야 한다.

A 在太空翻跟头非常轻松
B 在太空中上肢会很僵硬
C 在太空中很难保证生命安全
D 航天员要多锻炼腿部肌肉

A 우주에서 텀블링하는 것은 굉장히 수월하다
B 우주에서 팔은 매우 뻣뻣해질 것이다
C 우주에서는 생명의 안전을 보장하기가 어렵다
D 우주비행사는 다리근육 훈련을 많이 해야 한다

지문 어휘 太空 tàikōng 명 우주 ★ | 姿态 zītài 명 자세, 자태, 모습 ★ | 适应 shìyīng 동 적응하다 | 十分 shífèn 부 굉장히, 대단히 | 譬如 pìrú 동 예를 들다 ★ | 翻跟头 fāngēntóu 동 텀블링하다 명 텀블링(tumbling) | 移动 yídòng 동 이동하다, 옮기다 | 依靠 yīkào 동 의지하다, 기대다, 의존하다 ★ | 上肢 shàngzhī 명 팔, 상지 | 力量 lìliang 명 힘, 역량, 능력 | 航天员 hángtiānyuán 명 우주비행사 | 登 dēng 동 밟다, 딛다 | 着重 zhuózhòng 동 치중하다, 중시하다, 역점을 두다 ★ | 部位 bùwèi 명 (인체) 부위 ★ | 肌肉 jīròu 명 근육

| 보기 어휘 | 轻松 qīngsōng 형 수월하다, 쉽다 | 僵硬 jiāngyìng 형 (사지가) 뻣뻣하다, 경직되다 ★

| 해설 | 우주 공간에서의 인간의 신체 상황에 관한 내용으로, 우주에서 이동 시에는 팔의 힘에 의지해야 하기 때문에 '航天员要着重锻炼这些部位的肌肉(우주비행사들은 이 부위의 근육을 단련하는 데 치중해야 한다)'라고 했다. 이는 즉 팔의 근육훈련을 의미하므로 다리근육을 언급한 D는 정답이 아니며, '许多地面上的高难度动作，在太空中就会变得十分简单，譬如翻跟头(땅에서 하기 힘든 많은 고난도 동작들이 우주에서는 굉장히 수월하게 변하는데, 예를 들면 텀블링 하기이다)'라고 했으므로, '十分简单'을 '非常轻松'으로 바꿔 언급한 A가 정답이다.

| 정답 | A

11

　　人的脑细胞不会一直不停地工作，在人们过度劳累时，一些脑细胞会打盹儿。这时候，其实大脑已经处于微睡眠状态了。这就是人们疲惫时，突然会忘记下一秒要做什么，思路容易中断的原因。

A 微睡眠能改善记忆
B 压力大会导致失眠
C 脑细胞的数量有限
D 人疲惫时思路会中断

　　사람의 뇌세포는 쉬지 않고 계속 일할 수는 없다. 사람이 지나치게 피곤할 때는 뇌세포 일부가 졸기도 하는데, 이때 사실 대뇌는 이미 마이크로 수면 상태에 처해 있다. 이것이 바로 사람이 피곤할 때 바로 다음 순간 무엇을 해야 할지를 갑자기 잊게 되거나 생각이 쉽게 중단되는 원인이다.

A 마이크로 수면은 기억을 개선할 수 있다
B 스트레스가 심하면 불면증을 초래할 수 있다
C 뇌세포 수는 한계가 있다
D 사람은 피곤할 때 생각이 중단될 수 있다

| 지문 어휘 | 细胞 xìbāo 명 세포 ★ | 脑细胞 nǎoxìbāo 명 뇌세포 | 过度 guòdù 형 지나치다 ★ | 劳累 láolèi 형 피곤하다, 피로하다 | 打盹儿 dǎ dǔnr 동 졸다 | 微睡眠 wēishuìmián 명 마이크로 수면 | 疲惫 píbèi 형 피곤하다 ★ | 思路 sīlù 명 생각 | 中断 zhōngduàn 동 중단하다 ★

| 보기 어휘 | 记忆 jìyì 명 기억 | 导致 dǎozhì 동 초래하다 | 失眠 shīmián 동 잠을 이루지 못하다 | 有限 yǒuxiàn 형 한계가 있다

| 해설 | 깜빡 조는 것, 즉 마이크로 수면에 관한 내용이며, 들리는 것이 정답인 문제유형이다. 본문에서 '这就是人们疲惫时，…，思路容易中断的原因(이것이 바로 사람이 피곤할 때, …, 생각이 쉽게 중단되는 원인이다)'이라고 했으므로, 이를 그대로 언급한 D가 정답이다.

| 정답 | D

12

　　密云水库位于燕山之中，形似等边三角形，是北京最大的也是唯一的饮用水源供应地。水库旁的建筑群隐现在青山绿水之中，景象万千，因此这里成为了北京著名的旅游风景区之一。

　　미윈(密云)저수지는 옌산(燕山)에 위치하며, 모양은 정삼각형과 비슷하고, 베이징에서 가장 크면서도 또 유일한 식수원이다. 저수지 옆의 건축물들은 청산녹수에 보일 듯 안 보일 듯 숨어있어 풍경이 매우 다채롭다. 이 때문에 이곳은 베이징의 유명 관광지 중의 하나가 되었다.

A 密云水库地势险峻	A 미윈저수지는 지세가 험준하다
B 密云水库风光秀丽	B 미윈저수지는 풍경이 수려하다
C 密云水库水位较高	C 미윈저수지는 수위가 높은 편이다
D 密云水库盛产珍珠	D 미윈저수지에서는 진주가 많이 난다

지문 어휘 密云水库 Mìyún shuǐkù 고유 미윈저수지 | 形似 xíngsì 동 모습이 비슷하다, 모습이 닮다 | 等边三角形 děngbiān sānjiǎoxíng 명 정삼각형 | 唯一 wéiyī 형 유일하다 | 水源 shuǐyuán 명 수원 | 供应地 gōngyìngdì 명 공급처 | 隐现 yǐnxiàn 동 보였다 안 보였다 하다, 은은하게 보이다 | 青山绿水 qīngshānlǜshuǐ 성 청산녹수 | 景象 jǐngxiàng 명 풍경, 정경 | 万千 wànqiān 형 다채롭다, 다양하다 | 风景区 fēngjǐngqū 명 관광지, 풍경구

보기 어휘 地势 dìshì 명 지세 ★ | 险峻 xiǎnjùn 형 험준하다 | 风光 fēngguāng 명 풍경, 경치 | 秀丽 xiùlì 형 수려하다, 아름답다, 곱다 | 盛产 shèngchǎn 동 많이 나다 ★ | 珍珠 zhēnzhū 명 진주 ★

해설 베이징의 식수를 공급해주는 미윈저수지를 소개한 설명문으로, 본문에서 '景象万千，因此这里成为了北京著名的旅游风景区之一(풍경이 다채로워서 베이징의 유명 관광지 중의 하나가 되었다)'라고 했다. 따라서 이를 풍경이 수려하다고 바꿔서 언급한 B가 정답이다.

정답 B

13

真正的成功者，即使失败了，也会将一次次的失败作为宝贵的经验，永不言败，继续前行。相反，真正的失败者，面对困难时，经不起风雨的考验，会低下头，并且会因畏惧挫折而选择逃避，不能鼓起再次奋斗的勇气。	진정한 성공자는 설령 실패했다 할지라도 실패 하나하나를 소중한 경험으로 여기며, 영원히 실패를 말하지 않고 계속해서 전진할 것이다. 반대로, 진정한 실패자는 어려움에 직면하면 혹독한 시련을 이겨내지 못하고 고개를 숙이고는 좌절이 두려워 도피를 선택할 것이며, 다시 최선을 다해 열심히 하려는 용기를 내지 못할 것이다.
A 不要畏惧挫折 B 要有远大的目标 C 时刻保持清醒的头脑 D 遇到挫折不要找借口	A 좌절을 두려워하지 말아야 한다 B 원대한 목표를 가져야 한다 C 늘 맑은 머리를 유지해야 한다 D 좌절을 맞닥뜨려도 변명거리를 찾지 말아야 한다

지문 어휘 将 jiāng 전 ~을, 를 | 宝贵 bǎoguì 형 귀중하다 | 经不起 jīng bu qǐ 동 이겨내지 못하다, 견디지 못하다 | 风雨 fēngyǔ 명 혹독한 시련, 고통, 비바람 | 考验 kǎoyàn 명 시험, 시련 ★ | 畏惧 wèijù 동 두려워하다 ★ | 挫折 cuòzhé 명 좌절 동 좌절하다 ★ | 逃避 táobì 동 도피하다 | 鼓起 gǔqǐ 동 (용기를) 내다, 북돋다 | 勇气 yǒngqì 명 용기 | 奋斗 fèndòu 동 최선을 다해 열심히 하다, 분투하다

보기 어휘 远大 yuǎndà 형 원대하다 | 目标 mùbiāo 명 목표 | 时刻 shíkè 부 늘, 시시각각 | 清醒 qīngxǐng 형 (정신이) 맑다, 또렷하다 ★ | 借口 jièkǒu 변명거리, 핑계

해설 보기의 '要'나 '不能' 등을 통해 주제를 찾는 문제임을 알 수 있다. 본문에서 성공자와 실패자를 비교하며, '真正的失败者，……会因畏惧挫折而选择逃避(진정한 실패자는 좌절이 두려워 도피를 선택할 것이다)'라고 했는데, 이는 다시 말해 성공하려면 좌절을 두려워하지 말아야 한다는 뜻이므로, 정답은 A이다.

정답 A

14

当今做父母的大多都会溺爱孩子，但却没有意识到溺爱孩子的危害。"溺"字在词典上解释为"淹没"，如果父母给予孩子的爱过多的话，也会"淹没"孩子。如果父母失去理智地去爱孩子，会抑制孩子的自由，会摧残儿童的身心健康。

A 孩子要学会孝顺父母
B 溺爱会抑制孩子的自由
C 孩子不应过于依赖父母
D 儿童要尽早接受学前教育

요즘 부모들은 대부분 다 아이들을 애지중지한다. 하지만, 아이를 지나치게 예뻐함의 폐해는 오히려 의식하지 못하고 있다. '溺'라는 글자는 사전에서 '침몰시키다'로 해석되는데, 만약 부모가 아이에게 주는 사랑이 지나치게 많아도 아이를 '침몰시킬 수' 있다. 만일 부모가 이성을 잃고 아이를 사랑한다면, 아이의 자유를 억압할 수도 있고 아이의 심신건강을 파괴할 수도 있다.

A 아이들은 부모에게 효도할 줄 알아야 한다
B 지나친 사랑은 아이의 자유를 억압할 수 있다
C 아이는 부모에게 지나치게 의지해서는 안 된다
D 어린이는 되도록 일찍 조기교육을 받아들여야 한다

지문 어휘 溺爱 nì'ài 됭 애지중지하다, 지나치게 예뻐하다 | 意识 yìshí 몡 의식 ★ | 危害 wēihài 몡 폐해, 손해, 피해 | 解释 jiěshì 동 해석하다 | 淹没 yānmò 동 침몰시키다, 잠기다 ★ | 给予 jǐyǔ 동 주다 ★ | 理智 lǐzhì 몡 이성 ★ | 抑制 yìzhì 동 억압하다, 억제하다 ★ | 摧残 cuīcán 동 파괴하다 ★ |

보기 어휘 孝顺 xiàoshùn 동 효도하다 | 依赖 yīlài 동 의지하다 ★ | 过于 guòyú 부 지나치게, 과도하게 ★ | 尽早 jǐnzǎo 부 되도록 일찍

해설 아이를 지나치게 예뻐하는 것에 대한 폐해를 설명한 글로, 주제어는 '溺爱'이며 들리는 것이 정답인 문제유형이다. 본문에서 '溺爱, 즉 지나치게 예뻐할' 경우 '会抑制孩子的自由(아이의 자유를 억압할 수 있다)'라고 했으므로, 이를 그대로 언급한 B가 정답이다.

정답 B

15

氢是宇宙中分布最广泛的物质。氢燃烧后的产物是水，而且水又可以产生源源不断地氢气。在能源短缺的紧张局势下，氢以其无污染、可循环使用、可运输和储存等优点被视为目前最实用的能源。

A 氢是环保能源
B 氢用做燃料代价高
C 氢不可以循环利用
D 氮化氢燃烧会产生水

수소는 우주에서 분포가 가장 광범위한 물질이다. 수소가 연소된 후의 생산물은 물이며, 물은 또 끊임없이 수소가스를 생산할 수 있다. 에너지원이 부족한 긴박한 상황에서 수소는 무공해, 순환사용 가능, 운송 및 저장 가능 등의 장점으로 현재 가장 실용적인 에너지원으로 여겨지고 있다.

A 수소는 친환경 에너지이다
B 수소를 연료로 만드는 비용이 높다
C 수소는 순환해서 이용할 수 없다
D 암모니아의 연소는 물을 생산할 수 있다

지문 어휘 氢 qīng 몡 수소 ★ | 宇宙 yǔzhòu 몡 우주 | 广泛 guǎngfàn 형 광범위하다 | 物质 wùzhì 몡 물질 | 燃烧 ránshāo 동 연소하다 | 产物 chǎnwù 몡 생산물, 부산물 | 源源不断 yuányuánbúduàn 성 끊임없이, 연이어 계속되다 | 氢气 qīngqì 몡 수소가스 | 能源 néngyuán 몡 에너지원 | 短缺 duǎnquē 동 부족하다, 모자라다 | 局势

júshì 명 상황, 정세 ★ | 循环 xúnhuán 동 순환하다 ★ | 运输 yùnshū 동 운송하다 | 储存 chǔcún 동 저장하다, 모아 두다 ★

보기 어휘 代价 dàijià 명 비용, 가격 ★ | 氨化氢 dànhuàqīng 명 암모니아

해설 무공해 에너지원으로 각광받고 있는 수소에 관한 설명문으로, 본문에서 '氢……无污染(수소는 무공해이다)'이라고 했고, 이는 다시 말해 친환경 에너지라는 뜻이므로, 정답은 A이다.

정답 A

제2부분
16~30번 문제는 인터뷰를 듣고 질문에 알맞은 답을 고르는 문제입니다.

第16到20题是根据下面一段采访：

女：我们知道您师从梁思成先生，那么梁思成先生的哪些观念影响了您呢？

男：16 我现在推崇的"中国建筑要走中而新"就是老师提出的观点，老师认为中国的建筑要在保持中国传统风格的基础上，有新的创造。我觉得老师的观点非常正确，中国的建筑要保持原有的精髓，也要与时俱进。

女：您为什么80岁高龄时还选择到罗布泊考察汉长城呢，考察汉长城有什么特殊的意义吗？

男：在我国历史上曾经出现了三个修筑长城的高峰，分别是秦长城、汉长城、明长城。其中，汉长城西起新疆，东到辽东，是中国历史上修筑长城最长的朝代。研究这段汉长城对于研究长城史有重大的意义。众所周知，长城是中国古代的军事防御工程。然而，17 我认为长城是中国最早的对外开放的见证。因为在丝绸之路上修筑的那段长城没有城墙，有很多烽火台。当时，丝绸之路荒无人烟，这些烽火台是商旅休息的驿站，为商旅提供了各种便利，保证了丝绸之路的畅通。

여: 당신이 량쓰청(梁思成) 선생님을 스승으로 모신다는 것을 우리 모두 알고 있는데요, 그렇다면 량쓰청 선생님의 어떠한 관점이 당신에게 영향을 끼쳤는지요?

남: 16 제가 현재 숭배하는 '중국의 건축물은 중국 스타일 속에서 새로운 창조가 있어야 한다'가 바로 스승님께서 제안하신 관점입니다. 스승님께서는 중국의 건축물은 중국 전통 스타일을 유지하면서, 그 위에 새로운 창조가 있어야 한다고 생각하셨습니다. 저는 스승님의 관점이 굉장히 옳다고 생각합니다. 중국의 건축물은 원래의 정수를 유지해야 하고, 또 시대와 함께 나아가야 합니다.

여: 당신은 왜 80세라는 고령으로 뤄부호(罗布泊)까지 가셔서 한(汉)장성을 조사하는 선택을 하셨나요? 한장성을 조사하는 것에 어떤 특별한 의미라도 있나요?

남: 우리나라 역사상, 일찍이 만리장성 축조에는 세 번의 전성기가 나타나는데, 각각 진(秦)장성, 한(汉)장성, 명(明)장성으로 나뉩니다. 그 중 한장성은 서쪽의 신장(新疆)에서 시작해서 동쪽의 랴오둥(辽东)까지, 중국 역사상 만리장성 축조를 가장 길게 한 시대였습니다. 이 구간의 한장성을 연구하는 것은 만리장성의 역사를 연구함에 있어 중요한 의의가 있습니다. 모두 다 알고 있듯이, 만리장성은 중국 고대의 군사 방어 공정입니다. 하지만 17 저는 만리장성이 중국 최초의 대외개방 증거라고 생각합니다. 왜냐하면 실크로드에 세워진 그 구간의 장성에는 성벽이 없고 봉화대가 많습니다. 당시 실크로드는 황량하고 인적이 드물었는데, 이 봉화대는 행상들이 쉬는 역참으로, 행상들을 위해 각종 편의를 제공하면서, 실크로드의 원활한 통행을 책임졌기 때문입니다.

女: 现在您带着很多年轻人一起从事古建筑的保护工作，您认为这些年轻人最需要学习什么？

男: **18** 我觉得最重要的是掌握基本技能，学好基本理论知识。从事建筑方面的工作，要有绘图能力。所以他们一定要把绘图的基础打好，还得阅读大量的建筑文献。掌握基本技能的过程是枯燥乏味的，但年轻人要耐得住寂寞，认真学习，不能偷懒。

女: 对于古建筑保护，您最担心的是什么？

男: **19** 我最担心的是技术的传承。现在许多建筑的工艺都失传了，人们一味地保护古建筑的完整性，却忘记了将这些建筑中精美的工艺传承下去。

女: 您一生的精力都花在了研究古建筑上，那么在您看来，古建筑是什么呢？

男: 历史有两个，一个是文字的，一个是实物的。**20** 在我看来，古建筑就是见证历史的实物。

여: 현재 당신은 많은 젊은이들을 데리고 함께 고건축물 보호 사업에 종사하시고 계신데요. 이 젊은이들이 무엇을 가장 배워야 한다고 생각하십니까?

남: **18** 제 생각에 가장 중요한 것은 기본기술을 익히고, 기본적인 이론지식을 마스터하는 것이라 생각합니다. 건축 쪽 일에 종사하려면, 제도 능력이 있어야 합니다. 그래서 그들은 반드시 제도의 기본기를 잘 다져야 하고, 많은 건축 관련 문헌도 읽어야 합니다. 기본 기술을 익히는 과정은 지루하고 재미가 없습니다만, 젊은이들은 외로움을 견뎌내고 열심히 공부해야 하며, 게으름을 피워서는 안 됩니다.

여: 고건축물 보호에 관해서, 당신이 가장 걱정하는 점은 무엇입니까?

남: **19** 제가 가장 걱정하는 것은 기술의 계승입니다. 현재 많은 건축기술이 대가 끊겼습니다. 사람들은 단순히 고건축물의 완벽함을 보호하려고만 할 뿐, 이 건축물들 속의 정교한 기술들을 계승시켜 나가야 함을 잊고 있습니다.

여: 당신은 인생의 에너지를 모두 고건축물 연구에 쏟으셨는데요, 그렇다면 선생님이 생각하시는 고건축물이란 무엇입니까?

남: 역사에는 두 가지가 있습니다. 하나는 문자로 된 것이고, 하나는 실물입니다. **20** 저는 고건축물은 바로 역사를 증명하는 실물이라고 생각합니다.

지문 어휘 师从 shīcóng 동 스승으로 모시다 | 梁思成 Liáng Sīchéng 고유 량쓰청(중국 현대건축의 대가) | 推崇 tuīchóng 동 숭배하다, 추앙하다 | 建筑 jiànzhù 명 건축물 | 提出 tíchū 동 제안하다, 언급하다 | 保持 bǎochí 동 유지하다 | 风格 fēnggé 명 스타일, 풍격 | 正确 zhèngquè 형 옳다, 정확하다 | 精髓 jīngsuǐ 명 정수 | 与时俱进 yǔshíjùjìn 성 시대와 같이 나아가다 | 罗布泊 Luóbùpō 고유 뤄부호 | 高龄 gāolíng 명 고령 | 考察 kǎochá 동 조사하다 ★ | 汉长城 Hàn chángchéng 고유 한장성 | 特殊 tèshū 형 특별하다, 특수하다 | 修筑 xiūzhù 동 축조, 건설 동 축조하다, 건설하다 | 高峰 gāofēng 명 전성기 ★ | 分别 fēnbié 부 각각 | 新疆 Xīnjiāng 고유 신장 | 辽东 Liáodōng 고유 랴오둥 | 朝代 cháodài 명 시대, 시기, 왕조 | 众所周知 zhòngsuǒzhōuzhī 성 모든 사람들이 다 알고 있다 ★ | 防御 fángyù 동 방어하다 ★ | 工程 gōngchéng 명 공정, 공사 | 见证 jiànzhèng 명 증거 | 丝绸之路 sīchóuzhīlù 명 실크로드 | 城墙 chéngqiáng 명 성벽 | 烽火台 fēnghuǒtái 명 봉화대 | 荒无人烟 huāngwúrényān 성 황량하고 인적이 드물다 | 商旅 shānglǚ 명 행상 | 驿站 yìzhàn 명 역참 | 便利 biànlì 명 편의, 편리함 형 편리하다 | 保证 bǎozhèng 동 책임지다 | 畅通 chàngtōng 동 원활하다 ★ | 掌握 zhǎngwò 동 익히다, 마스터하다, 숙달하다 | 技能 jìnéng 명 기능 ★ | 绘图 huìtú 명 제도 동 제도하다, 도면을 그리다 | 打基础 dǎ jīchǔ 기초를 다지다 | 文献 wénxiàn 명 문헌 ★ | 枯燥 kūzào 형 지루하다, 무미건조하다 ★ | 乏味 fáwèi 형 재미없다, 따분하다 | 耐得住 nài de zhù 견딜 수 있다, 참을 수 있다 | 偷懒 tōulǎn 동 게으름을 피우다 | 传承 chuánchéng 동 전수하고 계승하다 | 失传 shīchuán 동 대가 끊기다, 전해 내려오지 않다 | 一味 yíwèi 부 단순히, 무턱대고 | 完整性 wánzhěngxìng 명 완벽함, 완전성 | 精美 jīngměi 형 정교하다 | 精力 jīnglì 명 에너지, 정신과 체력 | 实物 shíwù 명 실물 | 见证 jiànzhèng 동 증명하다 명 증거

16

梁思成先生的什么观念，给男的留下了深刻的印象？

량쓰청 선생님의 어떤 관점이 남자에게 깊은 인상을 남겼는가?

A 新建筑应尝试不同材料
B 新建筑要体现传统和创新
C 建筑师要有敏锐的观察力
D 建筑师要有丰富的想象力

A 새로운 건축물은 다양한 재료로 시도해 봐야 한다
B 새로운 건축물은 전통과 새로움을 구현해야 한다
C 건축가는 날카로운 관찰력을 가지고 있어야 한다
D 건축가는 풍부한 상상력을 가지고 있어야 한다

보기 어휘 尝试 chángshì 동 시도해 보다 ★ | 体现 tǐxiàn 동 구현하다 | 创新 chuàngxīn 명 새로움, 창조 ★ | 敏锐 mǐnruì 형 날카롭다, 예리하다 ★

해설 남자에게 깊은 인상을 준 량쓰청 선생님의 관점이 무엇인지를 묻는 문제로, 본문에서 남자는 '我现在推崇的"中国建筑要走中而新"就是老师提出的观点, 즉 현재 숭배하는 중국의 건축물은 중국 스타일 속에서 새로운 창조가 있어야 한다는 것이 바로 스승님이 제안하신 관점이다'라고 했다. 따라서 전통과 새로움을 구현해야 한다고 한 B가 정답이다.

정답 B

17

男的为什么说长城是对外开放的见证？

남자는 왜 만리장성이 대외개방의 증거라고 말했나？

A 是军事防御工程
B 是最早的贸易场所
C 保护了丝绸之路的畅通
D 引来许多有政治抱负的人

A 군사 방어 공정이기에
B 최초의 교역장소이므로
C 실크로드의 원활한 통행을 보호했기에
D 정치적인 포부를 가진 많은 사람들을 끌어들였기에

보기 어휘 场所 chǎngsuǒ 명 장소 ★ | 抱负 bàofù 명 포부 ★

해설 만리장성이 대외개방의 증거라고 여기는 이유에 대해 묻는 문제이다. 본문에서 남자는 인적이 드문 실크로드에서 세워진 봉화대가 역참역할을 하면서, '为商旅提供了各种便利，保证了丝绸之路的畅通, 즉 행상들을 위해 각종 편의를 제공하면서 실크로드의 원활한 통행을 책임졌다'고 했고, 그렇기때문에 만리장성이 중국 최초의 대외개방 증거라고 생각한다고 언급했다. 따라서 정답은 C이다.

정답 C

18

男的认为从事古建筑保护的年轻人，最需要学什么? | 남자는 고건축물 보호에 종사하는 젊은이들이 무엇을 가장 배울 필요가 있다고 생각하는가?

A 提升审美能力
B 要经常实地考察
C 掌握扎实基本功
D 要借鉴国外的经验

A 심미능력을 끌어올려야 한다
B 현장조사를 자주 해야 한다
C 튼튼한 기본기를 익혀야 한다
D 외국의 경험을 본보기로 삼아야 한다

보기 어휘 提升 tíshēng 통 끌어올리다 | 审美 shěnměi 명 심미 ★ | 实地 shídì 부 현장에서, 실지로 | 考察 kǎochá 통 조사하다, 시찰하다 ★ | 扎实 zhāshi 형 튼튼하다 ★ | 基本功 jīběngōng 명 기본기 | 借鉴 jièjiàn 통 본보기로 삼다, 참고로 하다 ★

해설 고건축물을 보호하는 일에 종사하는 젊은이들이 갖추어야 할 것을 묻는 문제이다. 본문에서 남자는 '最重要的是掌握基本技能，学好基本理论知识，즉 가장 중요한 것은 기본기술을 익히고, 기본적인 이론지식을 마스터하는 것'이라고 했기에, 튼튼한 기본기를 언급한 C가 정답이다.

정답 C

19

在古建筑保护中，男的最担心什么? | 고건축물을 보호하는 과정에서 남자가 가장 걱정하는 것은 무엇인가?

A 缺乏资金
B 无人关注
C 文物损坏严重
D 技术传承困难

A 자금이 부족한 점
B 관심 갖는 사람이 없다는 점
C 문화재 훼손이 심각한 점
D 기술계승이 어려운 점

보기 어휘 文物 wénwù 명 문화재, 문물 ★ | 损坏 sǔnhuài 명 훼손 통 훼손하다 ★

해설 고건축물을 보호하는 데 있어 남자의 걱정거리를 묻는 문제로, 본문에서 '我最担心的是技术的传承，现在许多建筑的工艺都失传了'라고 지금 가장 걱정하는 것은 기술의 계승이며, 현재 많은 건축기술이 대가 끊겼다며 우려를 표했다. 따라서 기술계승이 어려운 점이라고 한 D가 정답이다.

정답 D

20

男的如何看待古建筑?	남자는 고건축물을 어떻게 생각하는가?
A 具有研究价值	A 연구가치가 있다
B 超越了现代建筑	B 현대건축물을 넘어섰다
C 是古人智慧的结晶	C 옛 선인들의 지혜의 결정체이다
D 可以见证过去的历史	D 과거사를 증명할 수 있다

보기 어휘 看待 kàndài 동 생각하다, 보다 ★ | 超越 chāoyuè 동 넘(어서)다 ★ | 结晶 jiéjīng 명 결정체 ★

해설 고건축물에 관한 남자의 생각을 묻는 문제로, 본문에서 '在我看来，古建筑就是见证历史的实物'라며 남자는 고건축물이 역사를 증명하는 실물이라고 생각한다고 했으므로, 정답은 D이다.

정답 D

第21到25题是根据下面一段采访：

男：作为新闻记者，您是如何看待新闻给大众带来的感受？

女：作为记者，我们的职责就是将真实情况如实地呈现在大家眼前，所以一定会有让人温暖的新闻，也一定会有令人愤怒的新闻。

男：如果让你换位思考一下，请说一说被采访者的感受。

女：我认为采访这个行为就是比较冒犯的，特别是新闻采访。记者和被采访者之间是素不相识的关系，在短时间内让被采访者在陌生人面前说出内心深处的想法是比较难的。我非常理解被采访者的这种心情。因此，**21** 如果我的提问冒犯了被采访者，我会事先向他表示抱歉，然后再提问，并告诉他，我十分乐意倾听他与我分享的内容。

男：在采访的过程中，你注重采访技巧吗？

남: 취재기자로서, 당신은 뉴스가 대중에게 주는 느낌에 대해 어떻게 생각하십니까?

여: 기자로서 우리의 본분은 바로 실제상황을 사실대로 대중의 눈앞에 드러내는 것입니다. 그렇기 때문에 분명히 사람의 마음을 따뜻하게 하는 뉴스도 있을 것이고, 사람들을 분노하게 만드는 뉴스도 있을 것입니다.

남: 입장을 바꿔서 생각해본다고 가정했을 때, 인터뷰 대상의 느낌에 대해서 한번 말씀해 주십시오.

여: 저는 인터뷰라는 이 행동이 좀 무례하다고 생각합니다. 특히나 취재 인터뷰가 그렇죠. 기자와 인터뷰 대상은 전혀 모르는 사이인데, 짧은 시간 안에 인터뷰 대상에게 낯선 사람 앞에서 마음 속 깊은 곳에 있는 생각을 말하도록 하는 것은 비교적 어렵습니다. 저는 인터뷰 대상의 이런 기분을 너무나 잘 알고 있습니다. 따라서 **21** 만일 제 질문이 인터뷰 대상에게 무례를 범한다면, 우선 그에게 미안함을 표하고, 그런 다음 다시 질문할 것입니다. 또한, 저는 그 사람이 저와 나누는 내용을 무척 즐겁게 경청하고 있음을 이야기해 줄 것입니다.

남: 인터뷰 과정에서, 당신은 인터뷰 스킬을 중시하십니까?

女: 我刚从事这个工作时，会经常总结采访的技巧。**22 可后来工作久了，发现采访技巧是我采访过程中最大的障碍。** 采访技巧会使我采访时分散注意力，不能让我顺畅地与被采访者沟通。我认为采访时，只要用心感受，就能问出一些预想不到的问题，能让被采访者敞开心扉，畅所欲言。

男: 社会总是对新闻媒体寄予很大期望，作为一个新闻人，您怎么看待这个问题呢？

女: 社会夸大了新闻媒体的职责。记者的工作并不能改造世界，**23 记者的责任就是代替广大的民众前往新闻事件发生的现场，或者是近距离接触新闻事件的当事人，并将事情的真相报道出来。** 而不是通过新闻舆论改造社会，改造世界。

男: 您现在也是国内炙手可热的记者之一，很多人把您看做明星，您愿意大家这样看你吗？

女: 我并不认为我是一个明星，我只是在尽力做好我自己的本职工作，**25 近几年我写了几本书**，人气也涨了，但是我写书也并不是为了提高知名度，而是为了跟大家分享我所做的工作和真实的自己。我不想扮演其他角色，我只想做一名真正的记者。

男: 在工作和生活中，您有感觉恐惧的时候吗？

女: 当然也有感觉恐惧的时候，我认为这很正常。**24 我觉得应该通过不断地认识世界、认识自己来克服恐惧的心理。** 积累的知识越多，自然就不会害怕了。

지문 어휘 　**作为** zuòwéi 〈전〉 ~로서 | **看待** kàndài 〈동〉 생각하다, 보다 ⭐ | **大众** dàzhòng 〈명〉 대중 | **职责** zhízé 〈명〉 본분 | **如实** rúshí 〈부〉 사실대로 | **呈现** chéngxiàn 〈동〉 드러내다, 보이다, 나타내다 ⭐ | **愤怒** fènnù 〈형〉 분노하다 ⭐ | **换位** huànwèi 〈동〉 입장을 바꾸다, 위치를 바꾸다 | **思考** sīkǎo 〈동〉 생각하다, 사고하다 | **冒犯** màofàn 〈동〉 무례하다 | **素不相识** sùbùxiāngshí 〈성〉 전혀 모르는 사이이다 | **提问** tíwèn 〈명〉 질문 | **事先** shìxiān 〈부〉 우선, 사전에 | **乐意**

| lèyì 동 즐겁게 ~하다, 기꺼이 ~하다 ★ | 倾听 qīngtīng 동 경청하다 ★ | 分享 fēnxiǎng 동 (함께) 나누다 | 注重 zhùzhòng 동 중시하다 ★ | 技巧 jìqiǎo 명 스킬, 기교 | 总结 zǒngjié 동 (총)정리하다, 총결산하다, 총괄하다 | 障碍 zhàng'ài 명 장애물, 방해물 | 分散 fēnsàn 동 분산시키다 ★ | 顺畅 shùnchàng 형 순조롭다 | 用心 yòngxīn 동 마음을 쓰다, 주의를 기울이다 | 预想 yùxiǎng 동 예상하다 ★ | 敞开 chǎngkāi 동 활짝 열다 ★ | 心扉 xīnfēi 명 마음의 문, 마음 | 畅所欲言 chàngsuǒyùyán 성 하고 싶은 말을 마음껏 하다 | 媒体 méitǐ 명 매체, 미디어 ★ | 寄予 jìyǔ 동 (기대, 희망 등을) 걸다 | 期望 qīwàng 동 기대하다 ★ | 夸大 kuādà 동 부풀리다, 과장하다 | 职责 zhízé 명 본분, 직책 | 改造 gǎizào 동 바꾸다, 개조하다 | 代替 dàitì 동 대신하다 | 现场 xiànchǎng 명 현장 ★ | 接触 jiēchù 동 접촉하다 | 当事人 dāngshìrén 명 당사자 ★ | 真相 zhēnxiàng 명 진상 ★ | 舆论 yúlùn 명 여론 ★ | 炙手可热 zhìshǒukěrè 성 핫하다, 아주 인기가 있다 | 明星 míngxīng 명 스타, 유명인 | 尽力 jìnlì 동 최선을 다하다, 온 힘을 다하다 | 本职 běnzhí 명 주어진 업무, 본직 | 人气 rénqì 명 인기 | 涨 zhǎng 형 (수위, 물가 등이) 오르다 | 真实 zhēnshí 형 리얼하다, 진실하다 | 扮演 bànyǎn 동 (역할을) 맡다 ★ | 恐惧 kǒngjù 동 두려워하다, 겁먹다 ★ | 克服 kèfú 동 극복하다 | 积累 jīlěi 동 쌓다 | 自然 zìrán 형 자연스럽다

21

如果提问时冒犯了别人，女的会怎么办?

만일 질문할 때 다른 이에게 무례를 범하게 된다면, 여자는 어떻게 하는가?

A 事先表示道歉
B 立刻停止采访
C 转移采访话题
D 做出无奈表情

A 우선 사과를 한다
B 즉시 인터뷰를 중지한다
C 인터뷰 화제를 바꾼다
D 어쩔 수 없다는 표정을 짓는다

[보기 어휘] 转移 zhuǎnyí 동 바꾸다, 옮기다 ★ | 话题 huàtí 명 화제, 주제 | 无奈 wúnài 동 어쩔 수 없다, 방법이 없다

[해설] 인터뷰 질문이 무례를 범했을 때 여자의 태도를 묻는 문제로, 본문에서 '如果我的提问冒犯了被采访者，我会事先向他表示抱歉'이라고 우선 상대방에게 미안함을 표할 것이라고 했으므로, 정답은 A이다.

[정답] A

22

女的如何看待采访技巧?

여자는 인터뷰 스킬을 어떻게 생각하는가?

A 是润滑剂
B 不可忽视
C 会激化矛盾
D 是一种障碍

A 윤활제이다
B 소홀히 할 수 없다
C 갈등을 격화시킬 수도 있다
D 일종의 장애물이다

[보기 어휘] 润滑剂 rùnhuájì 명 윤활제 | 激化 jīhuà 동 격화시키다

[해설] 인터뷰 스킬에 관한 여자의 견해를 묻는 문제로, 본문에서 여자는 '发现采访技巧是我采访过程中最大的障碍, 즉 인터뷰 스킬이 오히려 인터뷰를 하는데 있어 가장 큰 장애물임을 깨달았다'고 했으므로, 이를 그대로 언급한 D가 정답이다.

[정답] D

23

女的认为，记者的职责是什么? | 여자는 기자의 본분이 무엇이라고 생각하는가?

A 积极改造世界
B 提出解决方案
C 揭露事情的真相
D 唤醒人们的安全意识

A 적극적으로 세상을 바꾸는 것
B 해결방안을 제시하는 것
C 사건의 진상을 폭로하는 것
D 사람들의 안전의식을 일깨워 주는 것

보기 어휘 揭露 jiēlù 동 폭로하다 ★ | 唤醒 huànxǐng 동 일깨우다, 깨우치다

해설 기자의 본분에 관한 여자의 생각을 묻는 문제로, 본문에서 '记者的责任就是将事情的真相报道出来，而不是…改造社会，改造世界'라고 기자의 책임은 사건의 진상을 보도하는 것이지, 사회나 세상을 바꾸는 것이 아니라고 했다. 따라서 A는 정답이 아니며, 진상을 폭로하는 것이라고 한 C가 정답이다.

정답 C

24

女的觉得，应该怎样克服恐惧? | 여자는 공포를 어떻게 극복해야 한다고 생각하는가?

A 要知足常乐
B 要主动认知
C 依靠家人的支持
D 要学会自我暗示

A 만족할 줄 알고 항상 즐거워야 한다
B 자발적으로 인지해야 한다
C 가족의 지지에 의지해야 한다
D 자기암시를 할 줄 알아야 한다

보기 어휘 知足常乐 zhīzúchánglè 성 만족을 알면 항상 즐겁다 ★ | 认知 rènzhī 동 인지하다, 인식하다 | 依靠 yīkào 동 의지하다, 의존하다 ★ | 暗示 ànshì 명 암시 동 암시하다 ★

해설 공포를 극복하는 방법에 관한 여자의 생각을 묻는 문제로, 본문에서 '我觉得应该通过不断地认识世界、认识自己来克服恐惧的心理, 즉 끊임없이 세상을 인식하고, 자신을 인식함을 통해 공포심리를 극복해야 한다'고 했으므로, 자발적으로 인지해야 한다고 언급한 B가 정답이다.

정답 B

25

关于女的，可以知道什么? | 여자에 관하여 알 수 있는 것은 무엇인가?

A 出版过书
B 打算跳槽
C 博士毕业
D 当过编剧

A 책을 출간한 적이 있다
B 이직을 할 계획이다
C 박사를 졸업했다
D 시나리오 작가를 한 적이 있다

334 파고다 HSK 6급

| 보기 어휘 | 跳槽 tiàocáo 동 이직하다 | 编剧 biānjù 명 시나리오 작가

| 해설 | 여자에 관해 묻는 문제로, 본문에서 '近几年我写了几本书'라며 최근 몇 년간 책을 몇 권 썼다고 했는데, 이는 다시 말해 책을 출간한 적이 있다는 것을 의미하므로, 정답은 A이다.

| 정답 | A

第26到30题是根据下面一段采访：

女：罗教授您好！近10年来，您获得了医学界大大小小的各种荣誉和奖项。尤其是这次您获得了中国医师协会金刀奖。您能给我们介绍一下这个奖项吗？

男："金刀奖"表彰的是在临床一线并取得杰出成就的医师，是心血管外科临床领域的最高奖项。26 每年评选一次，每次在全国只评选五个人。这个奖对我来说确实是最高的荣誉。

女：您认为要想成为一名优秀的心血管外科医生应该具备哪些素质？

男：27 首先要有爱心，还要不断地学习，不断开拓进取，并要有团队协作精神。心血管外科风险大，工作辛苦，技术要求高，协作性强，所以对医生的要求也更严格。

女：您总在不断地挑战高难度手术，每当完成这样一台手术，您是什么样的心情？

男：每当完成一台高难度手术后，我非常激动，甚至是兴奋，越是高难度的手术，我越想攻克。

女：如今，医患关系是非常敏感的话题，您是如何看待医患关系的？

男：我行医已经30多年了，28 作为医生，在和患者接触的过程中，我深深地体会到我和患者是一个队伍中的战友，我们共同的敌人是病魔，共同的目标是打败病魔。最近几年，各种医患关系的纠纷事件层出不穷。患者对医生越来越不信任，一旦出现矛盾，

여: 뤄 교수님, 안녕하세요! 최근 10년간, 선생님께서는 의학계의 크고 작은 다양한 영예와 상을 받으셨습니다. 특히나 이번에 당신께서는 중국 의사협회의 '금도상(金刀奖)'을 수상하셨는데요, 저희에게 이 상을 좀 소개해주실 수 있나요?

남: '금도상'이 표창하는 사람은 임상 치료 일선에 있으면서 뛰어난 성과를 거둔 의사로, 심혈관 외과 임상 분야 최고의 상입니다. 26 매년 한 차례씩, 매번 전국에서 다섯 명만을 선정합니다. 이 상은 제게 있어 그야말로 최고의 영예입니다.

여: 선생님께서는 뛰어난 심혈관 외과 의사가 되려면 반드시 어떤 자질을 갖추어야 한다고 생각하십니까?

남: 27 우선 사랑하는 마음이 있어야 합니다. 또한, 끊임없이 공부하고, 끊임없이 개척하고 전진해야 하며, 팀워크 정신도 지녀야 합니다. 심혈관 외과는 위험이 크고, 일이 고되며, 기술적인 요구가 높고, 협업성이 강합니다. 그렇기 때문에 의사에 대한 요구사항 역시 훨씬 엄격합니다.

여: 선생님께서는 늘 고난도 수술에 계속해서 도전하고 계시는데요, 매번 이러한 수술을 마치실 때마다 어떤 기분이신가요?

남: 고난도 수술을 마칠 때마다 저는 매우 감격스럽고, 심지어는 흥분되기까지 합니다. 어려운 수술이면 수술일수록 저는 더 정복하고 싶어집니다.

여: 요즘 의사와 환자의 관계가 굉장히 민감한 화제입니다. 선생님께서는 의사와 환자의 관계에 대해 어떻게 생각하십니까?

남: 제가 의료업에 종사한 지 벌써 30여 년이 되었습니다. 28 의사로서 환자와 접촉하는 과정에서 저는, 저와 환자는 군대 전우라는 것을 깊이 느꼈습니다. 우리의 공동의 적은 병마이며, 공동 목표는 병마를 물리치는 것입니다. 최근 몇 년간, 의사와 환자의 관계에서 다양한 분쟁사건이 끊이지 않고 있습니다. 환자는 갈수록 의사를 믿지 않고, (그래서)

就会马上升级。如果医患关系处理不好，我们肯定会打败仗。²⁹ 在对抗病魔的道路上，医生会使出浑身解数，我希望患者和家属能主动配合治疗，理解医生，与医生一起打败这个敌人。

女：如果让您重新选择职业，您还会选择从医吗？

男：当然。我从小的梦想就是当一名医生，我非常热爱这个事业。³⁰ 医生的职责是救死扶伤，是伟大而又神圣的。当看到患者痊愈时，我会感到无比幸福。患者的健康和幸福是我人生最大的心愿和追求，我要对得起医生这个称号，要为社会做一些有意义的事情。

일단 갈등이 생겼다하면 바로 증폭됩니다. 만일 의사와 환자의 관계를 잘 처리하지 못하면 우리는 분명 패전하게 될 것입니다. ²⁹ 병마에 대항하는 노정에서, 의사는 혼신의 힘을 다할 것입니다. 저는 환자와 가족들이 자발적으로 치료에 협조하고 의사를 이해하며, 의사와 함께 이 적군을 무찌를 수 있기를 바라고 있습니다.

여: 만일 선생님께 다시 한번 직업을 선택하라고 한다면 그래도 의료업 종사를 택하시겠습니까?

남: 당연하죠. 제 어렸을 때부터의 꿈이 바로 의사가 되는 것이었고, 저는 이 일을 굉장히 사랑합니다. ³⁰ 의사의 본분은 죽어가는 사람을 구하고 다친 이를 도와주는 것으로, 위대하고 또 신성한 것입니다. 환자가 병이 완치되는 것을 볼 때면 저는 더없는 행복을 느낄 수 있습니다. 환자의 건강과 행복은 제 인생의 가장 큰 염원이고 추구하는 바입니다. 저는 의사라는 이 칭호에 떳떳할 것이고, 사회를 위해 의미 있는 일들을 할 것입니다.

지문 어휘 | **荣誉** róngyù 명 영예 | **奖项** jiǎngxiàng 명 상 | **表彰** biǎozhāng 동 표창하다 ★ | **临床** línchuáng 동 임상 치료하다 ★ | **一线** yíxiàn 명 일선 | **杰出** jiéchū 형 뛰어나다 걸출하다 ★ | **成就** chéngjiù 명 성과, 성취 | **心血管** xīnxuèguǎn 명 심혈관 | **领域** lǐngyù 명 분야, 영역 | **评选** píngxuǎn 동 선정하다 | **素质** sùzhì 명 자질, 소질, 소양 ★ | **爱心** àixīn 명 사랑하는 마음, 사랑, 관심과 사랑 | **开拓** kāituò 동 개척하다 ★ | **进取** jìnqǔ 동 전진하다, 앞으로 나아가다 | **协作** xiézuò 동 협력하다, 협업하다 | **风险** fēngxiǎn 명 위험 | **挑战** tiǎozhàn 동 도전하다 | **攻克** gōngkè 동 정복하다 ★ | **敏感** mǐngǎn 형 민감하다 ★ | **行医** xíng yī 동 의료업에 종사하다 | **接触** jiēchù 동 접촉하다 | **体会** tǐhuì 동 느끼다, 이해하다, 알다 | **队伍** duìwu 명 군대 ★ | **战友** zhànyǒu 명 전우 | **敌人** dírén 명 적, 적군 | **病魔** bìngmó 명 병마 | **打败** dǎ bài 동 무찌르다, 싸워 이기다 | **纠纷** jiūfēn 명 분쟁, 갈등 ★ | **层出不穷** céngchūbùqióng 성 끊임없이 나타나다 ★ | **矛盾** máodùn 명 갈등, 모순 | **升级** shēngjí 동 증폭되다, 업그레이드 하다 | **医患** yīhuàn 의사와 환자 | **打败仗** dǎ bàizhàng 동 지다, 패배하다 | **对抗** duìkàng 동 대항하다, 저항하다 ★ | **使出** shǐchū 동 (능력, 힘을) 다하다, 발휘하다 | **浑身解数** húnshēnxièshù 성 혼신의 힘을 다하다, 전력을 다하다, 최선을 다하다 | **家属** jiāshǔ 명 가족 ★ | **配合** pèihé 동 협조하다 | **从医** cóng yī 동 의료업에 종사하다 | **职责** zhízé 명 본분, 직책 | **救死扶伤** jiùsǐfúshāng 성 죽어가는 사람을 구하고 다친 사람을 돕다 | **神圣** shénshèng 형 신성하다 ★ | **痊愈** quányù 동 완쾌되다 | **无比** wúbǐ 형 더 없다, 더 비할 바가 없다 ★ | **对得起** duì de qǐ 떳떳하다 | **称号** chēnghào 명 칭호, 호칭 ★

26

关于金刀奖，下列哪项正确?

A 奖金丰厚
B 没有权威性
C 每年评选一次
D 只评选一个人

금도상에 관하여, 다음 중 옳은 것은 무엇인가?

A 상금이 후하다
B 권위성이 없다
C 매년 한 차례 선정한다
D 한 명만 선정한다

보기 어휘 奖金 jiǎngjīn 명 상금 | 丰厚 fēnghòu 형 후하다, 많다 | 权威性 quánwēixìng 명 권위성

해설 금도상에 관해 묻는 문제로, 들리는 것이 정답인 문제유형이다. 본문에서 '每年评选一次，每次在全国只评选五个人, 즉 매년 한 차례, 매번 전국에서 다섯 명만을 선정한다'고 했기에, 한 명만 선정한다고 한 D는 정답이 아니며, 매년 한 차례를 그대로 언급한 C가 정답이다.

정답 C

27

男的认为，作为心血管外科医生首先应具备什么素质?

A 应急能力
B 遇事镇定
C 团队精神
D 爱心

남자는 심혈관 외과 의사는 우선적으로 어떤 자질을 갖추어야 한다고 생각하는가?

A 응급대처 능력
B 일이 생겼을 때의 침착함
C 팀워크 정신
D 사랑하는 마음

보기 어휘 应急 yìngjí 동 응급상황에 대처하다 | 镇定 zhèndìng 형 침착하다 ★

해설 심혈관 외과 의사가 우선적으로 갖추어야 하는 자질에 관한 남자의 생각을 묻는 문제로, 들리는 것이 정답인 문제유형이다. 본문에서 '首先要有爱心, ……, ……, 并要有团队协作精神, 즉 우선 사랑하는 마음이 있어야 하고, 팀워크 정신도 지녀야 한다'고 했다. 이는 팀워크 정신보다도 우선적인 조건이 사랑하는 마음임을 나타내기에 정답은 C가 아닌 D이다.

정답 D

28

男的将医患关系比作什么?

A 亲戚
B 同事
C 战友
D 校友

남자는 의사와 환자의 관계를 무엇에 비교했나?

A 친척
B 동료
C 전우
D 동창

보기 어휘 校友 xiàoyóu 명 동창

해설 의사와 환자와의 관계를 묻는 문제로, 본문에서 남자는 '我深深地体会到我和患者是一个队伍中的战友'라며 자신과 환자는 군대 전우임을 깊이 느꼈다고 했다. 따라서 정답은 C이다.

정답 C

29

在对抗病魔的道路上，患者应该怎么做? | 병마에 대항하는 노정에서, 환자는 어떻게 해야 하는가?

A 理解医生
B 与家属沟通
C 勇敢面对病情
D 签手术同意书

A 의사를 이해해야 한다
B 가족과 소통해야 한다
C 용감하게 병과 마주해야 한다
D 수술동의서에 사인해야 한다

보기 어휘 家属 jiāshǔ 명 가족 ★ | 病情 bìngqíng 명 병, 병세 | 签 qiān 동 사인하다, 서명하다

해설 병마에 대항하는 환자의 태도를 묻는 문제이다. 본문에서 남자는 '在对抗病魔的道路上，……，我希望患者…，理解医生，…'이라며 병마에 대항하는 노정에서 환자가 의사를 이해하길 바란다고 말했다. 따라서 정답은 A이다.

정답 A

30

男的觉得自己的职业怎么样? | 남자는 자신의 직업이 어떻다고 생각하는가?

A 十分伟大
B 前途光明
C 福利待遇好
D 社会地位高

A 굉장히 위대하다
B 장래가 밝다
C 급여와 복리후생이 좋다
D 사회적 지위가 높다

보기 어휘 前途 qiántú 명 장래, 전망 | 光明 guāngmíng 형 밝다, 환하다 | 福利 fúlì 명 복지 ★ | 待遇 dàiyù 명 대우, 처우

해설 남자가 생각하는 자신의 직업에 관한 문제로, 본문에서 '医生的职责是救死扶伤，是伟大而又神圣的, 즉 의사의 본분이 죽어가는 사람을 구하고 다친 이를 도와주는 일이기에 위대하고 신성하다'라고 했으므로, 정답은 A이다.

정답 A

제3부분

31~50번 문제는 지문을 듣고 질문에 알맞은 답을 고르는 문제입니다.

第31到33题是根据下面一段话：

所谓慢阅读是指用足够的时间，沉浸在一本书中，不急于"赶路"，而是"慢慢地欣赏"。在这个比较浮躁的时代，慢阅读显得十分重要。慢阅读既可以培养一个人的心境，也可以培养人的鉴赏能力，更重要的是可以培养人的思考能力。在信息爆炸的互联网时代，人们在阅读时存在以下三个问题。32 其一，速成化。31 无论看什么书，不去细细品味，只是蜻蜓点水，从上到下一目十行，大概看一遍。32 其二，俗浅化。只看内容庸俗的笑话，不愿意看蕴含深刻哲理的文章。32 其三，碎片化。阅读模式不完整，断断续续。这些阅读的问题不仅浪费了我们的阅读时间，而且会影响我们的做事风格。33 因此，我们提倡慢阅读的读书方式，如放慢自己的节奏，静下心去阅读一本高品质文字的书，从文字中寻觅乐趣。虽然慢阅读满足不了我们的物质需求，但能给我们的心灵带来绝对的享受。

소위 슬로우 리딩(slow reading) 이라 하는 것은 충분한 시간을 들여 책 한 권에 빠져들고, 급하게 '서두르지' 않고 '천천히 감상'하는 것을 가리킨다. 비교적 조급한 이 시대에서 슬로우 리딩은 무척 중요해 보인다. 슬로우 리딩은 사람의 마음을 길러줄 수 있고, 또 사람의 감상 능력도 길러줄 수 있으며, 더욱 중요한 것은 사람의 사고력을 길러줄 수 있다는 것이다. 정보(량)가 폭증하는 인터넷 시대에서 사람들이 책을 읽을 때는 아래의 세 가지 문제점이 존재한다. 32 첫 번째는 속성화이다. 31 무슨 책을 보든지 간에 세세하게 의미를 새기지 않고, 그저 수박 겉핥기식으로 위에서 아래로 빨리 읽어 내려간다. 32 두 번째는 비속화이다. 그저 저속한 내용의 웃기는 이야기만 볼 뿐, 깊은 철리를 내포한 글은 보려고 하지 않는다. 32 세 번째는 파편화이다. 읽기의 패턴이 불완전해서 끊어졌다 이어졌다 한다. 이러한 읽기의 문제점들은 우리의 읽기 시간을 낭비할 뿐만 아니라, 우리가 일하는 스타일에도 영향을 끼칠 수 있다. 33 그래서 우리는 슬로우 리딩이라는 독서 방식을 주장하는데, 예를 들면 자신의 리듬을 늦추고 마음을 가라앉힌 채 고퀄리티 글의 책을 읽으며 글에서 즐거움을 찾는 것이다. 비록 슬로우 리딩이 우리의 물질적 수요는 만족시켜주지 못하지만, 우리의 마음에 절대적인 즐거움을 가져다줄 수는 있다.

지문 어휘 | 所谓 suǒwèi 형 소위, 이른 바 | 沉浸 chénjìn 동 빠져들다 | 欣赏 xīnshǎng 동 감상하다 | 浮躁 fúzào 형 조급하다 | 显得 xiǎnde 동 ~하게 보이다 | 心境 xīnjìng 명 마음, 심경 | 鉴赏 jiànshǎng 동 감상하다 | 爆炸 bàozhà 동 폭증하다 ★ | 互联网 hùliánwǎng 명 인터넷 ★ | 速成化 sùchénghuà 명 속성화 동 속성화하다 | 品味 pǐnwèi 동 의미를 새기다, 깊이 음미하다 | 蜻蜓点水 qīngtíngdiǎnshuǐ 성 수박 겉핥기, 속 내용은 제대로 파악하지 않고 겉만 슬쩍 보아 넘기다 | 一目十行 yīmùshíháng 성 (책을) 빨리 읽다, 한눈에 열 줄씩 읽다 | 俗浅化 súqiǎnhuà 명 비속화 동 비속화하다 | 庸俗 yōngsú 형 저속하다, 비속하다 ★ | 蕴含 yùnhán 내포하다, 담고 있다 | 哲理 zhélǐ 명 철리, 철학의 이치 | 碎片化 suìpiànhuà 명 파편화 동 파편화하다 | 模式 móshì 명 패턴, 모드 ★ | 完整 wánzhěng 형 완전하다, 온전하다 | 断断续续 duànduàn xùxù 형 끊어졌다 이어졌다 하다 ★ | 提倡 tíchàng 동 주장하다 | 放慢 fàngmàn 동 늦추다 | 节奏 jiézòu 명 리듬, 템포 ★ | 静心 jìng xīn 동 마음을 가라앉히다 | 品质 pǐnzhì 명 퀄리티, 질 ★ | 寻觅 xúnmì 동 찾다 | 乐趣 lèqù 명 즐거움, 재미 ★ | 需求 xūqiú 명 수요 | 心灵 xīnlíng 명 마음, 정신 ★ | 绝对 juéduì 형 절대적인 | 享受 xiǎngshòu 동 즐기다, 누리다, 만끽하다

31

这段话中的"蜻蜓点水"最有可能是什么意思?

A 歪曲事实
B 做事肤浅
C 注意力集中
D 按时完成工作

이 글에서 '蜻蜓点水'는 무슨 뜻일 가능성이 가장 큰가?

A 사실을 왜곡한다
B 일을 함에 깊이가 없다
C 주의력을 집중한다
D 제때에 일을 완수한다

보기 어휘 歪曲 wāiqū 동 왜곡하다 ★ | 肤浅 fūqiǎn 형 깊이가 없다, 얄팍하다, 부족하다

해설 성어 '蜻蜓点水'의 뜻을 묻는 문제로, 앞뒤 내용을 살펴야 한다. 본문에서 '不去细细品味,只是蜻蜓点水, …, 大概看一遍, 즉 세세하게 의미를 새기지 않고, 그저 蜻蜓点水하며 빨리 읽어 내려간다'라고 했다. 이는 다시 말해 꼼꼼하지 않고 대충 빨리 함을 뜻하므로, 일을 함에 깊이가 없다고 한 B가 정답이다. '蜻蜓点水'는 '수박 겉 핥기'를 의미한다.

정답 B

32

下列哪项不是人们阅读时存在的问题?

A 功利化
B 速成化
C 碎片化
D 俗浅化

다음 중 사람들이 읽기를 할 때 존재하는 문제점이 아닌 것은 어느 것인가?

A 공리화
B 속성화
C 파편화
D 비속화

보기 어휘 功利化 gōnglìhuà 명 공리화

해설 읽기를 할 때 존재하는 문제점이 아닌 것을 묻는 문제로, 병렬적 순서를 나타내는 '其一、其二、其三'이 힌트이다. 본문에서 '其一,速成化;其二,俗浅化;其三,碎片化'라고 속성화, 비속화, 파편화를 언급했다. 따라서 언급되지 않은 A가 정답이다.

정답 A

33

说话人提倡怎么做?

A 熟悉写作手法
B 追求心灵享受
C 定期写读书笔记
D 了解作者的创作背景

화자는 어떻게 할 것을 주장하는가?

A 글쓰기 테크닉을 익혀야 한다
B 마음의 즐거움을 추구해야 한다
C 정기적으로 독서 노트를 써야 한다
D 작가의 창작 배경을 알아야 한다

> **보기 어휘** 手法 shǒufǎ 명 테크닉, 기교 ★ | 心灵 xīnlíng 명 마음 ★ | 定期 dìngqī 형 정기적인 ★ | 笔记 bǐjì 동 쓰다, 필기하다

> **해설** 화자의 주장을 묻는 문제로, '因此' 뒤가 힌트이다. 본문에서 '因此，我们提倡选择慢阅读的读书方式，如…，…阅读一本…书，从文字中寻觅乐趣, 즉 우리는 슬로우 리딩이라는 독서방식을 주장하는데, 예를 들면 책을 읽으며 글에서 즐거움을 찾는 것이다.'라고 했다. 따라서 정답은 B이다.

> **정답** B

第34到36题是根据下面一段话：

一位美国的心理学家指出每个人都有自卑情绪，因此，或多或少都会喜欢别人的赞美。然而，人们并非总是喜欢被人称赞。比如说，如果我们听到了千篇一律的赞美，时间一久，就不会有初次听到时的那种新鲜感和自豪感了。相对而言，34 人们比较喜欢听到恰如其分的称赞，因为可以从中了解自己应该发扬的优点及需要改正的缺点。心理学家还发现了一个比较有趣的现象，35 就是倘若经常批评自己的人赞美自己的话，人们就会极其重视这种赞美的价值。36 心理学家解释：这是因为受到了得失效应的影响。即人们在日常生活中不喜欢那些对自己的喜爱逐渐减少的人，而喜欢那些对自己的喜爱逐渐增加的人。36 因此老生常谈的称赞可能会起到适得其反的效果。

미국의 한 심리학자는 모든 사람들은 다 열등의식을 가지고 있고, 그렇기 때문에 어느 정도는 다른 사람의 칭찬을 좋아하겠지만, 그렇다고 사람들이 칭찬받는 것을 항상 좋아하는 것은 결코 아니라고 지적했다. 예를 들어 만약 우리가 천편일률적인 칭찬을 듣는다고 하자. 시간이 오래 지나면 처음 들었을 때의 그러한 신선함과 자부심이 생길 리 없다. 상대적으로 34 사람들은 적당한 칭찬을 듣기 좋아하는 편인데, 왜냐하면 그 안에서 자신이 더욱더 발전시켜야 하는 장점 및 고쳐야 하는 단점을 알 수 있기 때문이다. 심리 학자는 또 비교적 재미있는 현상을 하나 발견했는데, 35 만약에 항상 자신을 질책하던 사람이 칭찬해준다면, 사람들은 그 칭찬의 가치를 아주 중시하게 된다는 것이다. 36 심리학자는 이것이 득실효과의 영향을 받기 때문이라고 설명했다. 즉, 사람들은 일상생활 속에서 자신에 대한 호감이 점점 줄어드는 사람을 싫어하고, 자신에 대한 호감이 점점 늘어가는 사람을 좋아한다. 36 이 때문에 상투적인 칭찬은 아마도 정반대의 효과를 내게 될 것이다.

> **지문 어휘** 自卑 zìbēi 형 열등하다, 스스로 남보다 못하다고 느끼다 ★ | 或多或少 huòduōhuòshǎo 어느 정도, 많게든 적게든 | 赞美 zànměi 명 칭찬 동 칭찬하다, 찬미하다 | 然而 rán'ér 접 그렇지만, 그러나 | 并非 bìngfēi 동 결코 ~이 아니다 ★ | 称赞 chēngzàn 동 칭찬하다 | 千篇一律 qiānpiānyílǜ 성 천편일률적이다 | 自豪感 zìháogǎn 명 자부심 | 恰如其分 qiàrúqífèn 성 적당하다, 매우 적절하다 | 发扬 fāyáng 동 더욱더 발전시키다, 드높이다, 발휘하다 ★ | 及 jí 접 및, ~와 | 改正 gǎizhèng 동 고치다, 바로잡다 | 倘若 tǎngruò 접 만약에 ~한다면, 만일 ~한다면 ★ | 极其 jíqí 부 아주 | 价值 jiàzhí 명 가치 | 得失 déshī 명 득실 | 效应 xiàoyìng 명 효과 | 即 jí 부 즉 | 逐渐 zhújiàn 부 점점, 점차 | 老生常谈 lǎoshēngchángtán 성 상투적인 말, 진부한 말 | 适得其反 shìdéqífǎn 성 결과가 바라는 것과 정반대가 되다

34

恰如其分的称赞有什么优点?	적당한 칭찬은 어떤 장점이 있는가?
A 可增加个人魅力	A 개인의 매력을 늘릴 수 있다
B 能使自己心情舒畅	B 자신의 기분을 유쾌하게 만들 수 있다
C 可以从中获得自信	C 그 안에서 자신감을 얻을 수 있다
D 能了解自己的优缺点	**D 자신의 장단점을 알 수 있다**

보기 어휘 魅力 mèilì 명 매력 | 舒畅 shūchàng 형 유쾌하다, 상쾌하다 ★

해설 적당한 칭찬의 장점을 묻는 문제이다. 사람들은 적당한 칭찬 듣기를 좋아한다고 언급하면서, '因为可以从中了解自己应该发扬的优点及应该改正的缺点, 즉 그 안에서 자신의 장점과 단점을 알 수 있기 때문'이라고 그 이유를 설명했다. 이것은 적당한 칭찬의 역할이자 장점으로 볼 수 있으므로, 정답은 D이다.

정답 D

35

人们会重视哪种人的称赞?	사람들은 어떤 사람의 칭찬을 중시하는가?
A 自己尊敬的长辈	A 자신이 존중하는 웃어른
B 公司的最高领导	B 회사의 가장 높은 리더
C 经常批评自己的	**C 항상 자신을 질책하는 사람**
D 与自己关系亲密的	D 자신과 관계가 친밀한 사람

보기 어휘 长辈 zhǎngbèi 명 웃어른, 연장자 ★ | 领导 lǐngdǎo 명 리더, 지도자 | 亲密 qīnmì 형 친밀하다, 친하다

해설 본문에서 '就是倘若经常批评自己的人赞美自己的话，人们就会极其重视这种赞美的价值'라며 항상 자신을 질책하던 사람이 칭찬을 했을 때 그 칭찬을 아주 중시하게 된다고 했다. 따라서 이를 그대로 언급한 C가 정답이다.

정답 C

36

根据得失效应，下面哪项正确?	득실효과에 근거하여, 다음 중 옳은 것은 무엇인가?
A 老生常谈的赞扬会贬值	**A 상투적인 칭찬은 가치가 떨어진다**
B 要善于倾听他人的意见	B 타인의 의견을 잘 경청할 줄 알아야 한다
C 不要过分在意别人的评价	C 다른 사람의 평가를 지나치게 마음에 두지 말아야 한다
D 在人际交往中要掩饰自己的短处	D 대인 관계에서는 자신의 단점을 숨겨야 한다

보기 어휘 赞扬 zànyáng 동 칭찬하다 | 贬值 biǎnzhí 동 가치가 하락하다 | 善于 shànyú 동 ~를 잘하다 | 倾听 qīngtīng 동 경청하다, 귀 기울여 듣다 ★ | 过分 guòfèn 동 지나치다 | 在意 zàiyì 동 마음에 두다 ★ | 掩饰 yǎnshì 동 (덮어) 숨기다 ★ | 短处 duǎnchu 명 단점, 결점

| 해설 | 본문에서 항상 질책하던 사람이 칭찬하면 그 칭찬의 가치를 중시한다고 언급했다. 심리학자는 이것이 '得失效应, 즉 득실효과'의 영향을 받았다고 했고, 글의 마지막에서 '因此老生常谈的称赞可能会起到适得其反的效果'라며 이 때문에 상투적인 칭찬은 정반대의 효과를 내게 될 것이라고 했다. 이는 다시 말해 칭찬의 가치가 떨어진다고 볼 수 있기에 정답은 A이다. |

| 정답 | A |

第37到39题是根据下面一段话:

高速铁路简称"高铁"。与传统的高速公路和航空运输相比，37 高铁的主要优势有载客量高、速度较快、安全性好、正点率高、舒适方便等。因此高铁日渐成为人们中长距离出行的首选。37 但高铁有一个劣势，那就是没有无线网络。这影响了乘客进行移动办公和娱乐消遣，无法满足乘客对网络的需求。

业内人士说这是由于 38 高铁无线网络的技术难度和高铁时速是成正比的。速度越快，难度就越大。另外过隧道的时候，信号可能会受到影响。不过整体而言，39 高铁无线网络的投资成本、技术难度比空中的无线网络要低，覆盖人群也更广，经济性更好。

고속철도는 줄여서 '가오톄(高铁)'라고 한다. 기존의 고속도로나 항공운송과 비교해 보면 37 가오톄의 주된 강점으로는 여객수송율이 높고, 속도가 비교적 빠르며, 안전성이 좋고, 정시 운항률이 높으며 쾌적하고 편리하다는 점 등이 있다. 이 때문에 가오톄는 점차 사람들이 중장거리를 나설 때의 우선적인 선택이 되고 있다. 37 하지만 가오톄에는 약점이 하나 있는데, 그것은 바로 와이파이가 없다는 것이다. 이는 승객들이 모바일 오피스와 오락활동을 하는데 영향을 미쳤고, 인터넷에 대한 승객들의 수요를 만족시킬 방법이 없다.

관련 업계 인사에 따르면, 이것은 38 가오톄 와이파이의 기술적 난도와 가오톄 시속이 정비례하기 때문이라고 한다. 속도가 빨라질수록 난도는 높아지는 것이다. 이 밖에 터널을 지날 때 신호는 영향을 받을 수 있다. 하지만 전체적으로 보면 39 가오톄 와이파이는 투자 원가와 기술적 난도가 기내 와이파이보다 낮고, 커버 인원 또한 훨씬 광범위하고 경제성도 더 좋다.

| 지문 어휘 | 高速铁路 gāosù tiělù 명 고속철도 | 简称 jiǎnchēng 동 줄여서 부르다 | 航空 hángkōng 형 항공의 ★ | 运输 yùnshū 동 운송하다, 수송하다 | 相比 xiāngbǐ 동 비교하다 | 优势 yōushì 명 강점, 장점 | 载客量 zàikèliàng 명 여객 수송률 | 正点率 zhèngdiǎnlǜ 명 정시 운항률 | 舒适 shūshì 형 쾌적하다, 편안하다 | 日渐 rìjiàn 부 점차, 나날이, 차츰 | 首选 shǒuxuǎn 명 우선적 선택 | 劣势 lièshì 명 약점, 열세, 단점 | 网络 wǎngluò 명 인터넷, 네트워크 | 无线网络 wúxiàn wǎngluò 명 와이파이(Wi-Fi), 무선 인터넷 | 移动办公 yídòng bàngōng 모바일 오피스 | 娱乐 yúlè 동 오락하다, 휴식을 즐기다 | 消遣 xiāoqiǎn 동 한가하게 시간을 보내다 | 需求 xūqiú 명 수요 ★ | 正比 zhèngbǐ 명 정비례 | 成正比 chéng zhèngbǐ 정비례하다 | 隧道 suìdào 명 터널 ★ | 成本 chéngběn 명 원가 ★ | 覆盖 fùgài 동 커버하다, 덮다 ★ |

37

下列哪一项不是高铁的优势？

A 载客量很高
B 正点率比较高
C 既舒适又方便
D 可以上无线网络

다음 중 고속철도의 강점이 아닌 것은 어느 것인가?

A 여객 수송률이 높다
B 정시 운항률이 비교적 높다
C 쾌적하고 편리하다
D 무선 인터넷을 할 수 있다

보기 어휘	既 A 又 B jì A yòu B 접 A하고 (또) B하다, A하면서도 B하다

해설   가오테의 강점이 아닌 것을 묻는 문제이다. 본문에서 '高铁的主要优势有载客量高、…、…、正点率高、舒适方便等'이라고 여객 수송률과 정시 운항률이 높고, 쾌적하고 편리하다고 했으므로 A, B, C는 정답이 아니다. 그 뒤에 약점을 언급하며 '那就是没有无线网络, 즉 그것은 바로 와이파이가 없는 것'이라고 했으므로, 정답은 D이다.

정답   D

38

高铁无线网络的技术难度与什么相关?   가오테 와이파이의 기술적 난도는 무엇과 관련이 있는가?

A 自然灾害   A 자연재해
B 高铁时速   B 가오테 시속
C 雷雨天气   C 천둥 치고 비 오는 날씨
D 乘客数量   D 승객수

보기 어휘	灾害 zāihài 명 재해	雷雨 léiyǔ 동 천둥 치고 비 오다, 뇌우가 내리다

해설   가오테 와이파이의 기술적 난도를 묻는 문제로, 본문에서 '高铁无线网络的技术难度和高铁时速是成正比的, 즉 가오테 와이파이의 기술적 난도와 가오테의 시속은 정비례한다'고 했으므로, '시속'이라고 언급한 B가 정답이다.

정답   B

39

和空中无线网络相比高铁无线网络怎么样?   기내 와이파이와 비교해 봤을 때, 가오테의 와이파이는 어떠한가?

A 覆盖人群广   A 커버 인원이 광범위하다
B 投资成本高   B 투자원가가 높다
C 传输速度快   C 전송속도가 빠르다
D 技术难度大   D 기술적 난도가 높다

보기 어휘	传输 chuánshū 동 전송하다

해설   가오테의 와이파이와 기내 와이파이의 비교는 마지막에 언급되어 있다. 본문에서 '高铁无线网络的投资成本、技术难度比空中的无线网络要低，覆盖人群也更广, 즉 가오테 와이파이는 투자 원가와 기술적 난도가 기내 와이파이보다 낮을 뿐 아니라, 커버 인원 또한 훨씬 광범위하다'라고 했다. 따라서 원가와 난도가 높다고 한 B와 D는 답이 아니며, 커버 인원이 광범위하다고 언급한 A가 정답이다.

정답   A

第40到43题是根据下面一段话：

海马具有独特的外形，它的头部长长的，嘴不能张合，只能吸食水中的小动物，40 眼睛可以向左右或前后转动，颈部弯曲，外观看起来和马相似。海马生活在沿岸一带，行动迟缓，主要捕捉的生物是小型甲壳虫，比如桡足生物、虾类等。其中，41 桡足生物对捕食者靠近时产生的水纹波动极其敏感。一旦感知到捕食者靠近，便会迅速逃离。让人不可思议的是它们每秒游动的距离可以超过自身长度的500倍。以飞快奔驰著称的猎豹，每秒奔跑的距离只是它们身长的30倍而已。

由此可见，桡足生物的游动速度是极快的。在一般人看来，海马要想捕捉到桡足生物简直是做白日梦。可是，动物学家通过观察发现，海马不仅能捕捉到桡足生物，而且还是捕捉高手。这其中的奥秘竟然就在于海马行动迟缓。42 当海马朝桡足生物移动时，由于它动作缓慢，因此它身体周围的水纹几乎不动，桡足生物是感知不到的。如果海马接近了猎物，它就会用弓形的颈部捕捉猎物，偷袭成功率超过90%。

43 行动迟缓本来是海马的最大弱点，但它恰恰利用这个弱点，成为了捕捉桡足生物的冠军。有时弱点不见得是一件坏事，它有时也能转化为优点。

해마는 독특한 외형을 지니고 있다. 해마의 머리 부분은 매우 길고, 입은 벌렸다 다물기를 할 수 없어서 물속의 작은 동물을 빨아들여 먹는 수밖에 없다. 40 눈은 좌우 또는 앞뒤로 돌리는 것이 가능하고, 목 부분은 굽어 있어서 겉모습이 말과 비슷하게 보인다. 해마는 연안 일대에서 생활하며, 행동이 느리고, 주로 포획하는 생물은 소형 갑각류로 예를 들면 요각류와 새우류 등이다. 그 중 41 요각류는 포식자가 가까이 다가올 때 발생하는 물결 파동에 아주 민감하다. 일단 포식자가 접근하는 것을 감지하면, 곧바로 신속하게 달아난다. 불가사의한 것은 그들 (요각류)의 초당 유동 거리는 자기 (몸)길이의 500배를 초과할 수 있다는 것이다. 재빠르게 질주하는 것으로 이름난 치타가 초당 질주하는 거리는 고작 그들 몸길이의 30배일 뿐인데 말이다.

이로써 요각류의 유동 속도는 굉장히 빠르다는 것을 알 수 있다. 보통사람이 보기에, 해마가 요각류를 포획하려고 하는 것은 그야말로 헛된 꿈을 꾸는 것처럼 보인다. 그러나, 동물 학자들은 관찰을 통해 해마가 요각류를 포획할 뿐만 아니라, 또한 포획의 고수라는 것도 발견했다. 그 안의 비밀은 뜻밖에도 해마의 행동이 느린 것에 있다. 42 해마가 요각류를 향하여 이동할 때, 해마는 동작이 느리기 때문에 몸 주변에 물결이 거의 일지 않고, (그래서) 요각류가 감지하지 못하는 것이다. 해마는 사냥감에 접근했을 경우, 아치형의 목을 이용해 사냥감을 잡는데, 기습 성공률이 90%를 넘는다.

43 행동이 느린 것은 원래 해마의 가장 큰 약점이다. 그러나 해마는 바로 이 약점을 이용해서 요각류를 잡는 챔피언이 되었다. 때로는 약점이 꼭 나쁜 것만은 아니며, 그것은 때때로 장점으로 바뀌기도 한다.

지문 어휘 海马 hǎimǎ 명 해마 | 独特 dútè 형 독특하다 | 外形 wàixíng 명 외형 | 张合 zhānghé 벌리고 다물다 | 吸食 xīshí 동 입으로 빨아들이다 | 转动 zhuǎndòng 동 돌리다, 돌다 | 颈 jǐng 명 목 | 弯曲 wānqū 형 굽다, 구불구불하다 | 相似 xiāngsì 형 비슷하다, 닮다 | 沿岸 yán'àn 명 연안 | 迟缓 chíhuǎn 형 느리다 ★ | 捕捉 bǔzhuō 동 포획하다, 잡다 ★ | 甲壳虫 jiǎkéchóng 명 갑각류 | 桡足生物 ráozú shēngwù 명 요각류 | 虾 xiā 명 새우 | 捕食者 bǔshízhě 명 포식자 | 靠近 kàojìn 동 가까이 다가오다, 접근하다 | 水纹 shuǐwén 명 (잔)물결 | 波动 bōdòng 명 파동 | 极其 jíqí 부 아주, 몹시, 극히 | 敏感 mǐngǎn 형 민감하다 | 一旦 yídàn 부 일단 ~하면 | 逃离 táolí 동 달아나다, 도망치다 | 不可思议 bùkěsīyì 성 불가사의하다, 믿기지 않다 ★ | 游动 yóudòng 동 유동하다, 이동하다, 움직이다 | 距离 jùlí 명 거리 | 自身 zìshēn 대 자신, 자체 | 长度 chángdù 명 길이 | 奔驰 bēnchí 동 질주하다 ★ | 著称 zhùchēng 동 이름나다, 유명하다 | 猎豹 lièbào 명 치타 | 只是 A 而已 zhǐshì A éryǐ 고작 A일 뿐이다, 단지 A일 뿐이다 | 由此可见 yóucǐ kějiàn 이로써 알 수 있다 | 简直 jiǎnzhí 부 그야말로, 참으로 | 做白日梦 zuò báirìmèng 헛된 꿈을 꾸다 | 奥秘 àomì 명 비밀, 신비 ★ | 竟然 jìngrán 부 뜻밖에도, 의외로

在于 zàiyú 동 ~에 있다 | 缓慢 huǎnmàn 형 느리다 | 周围 zhōuwéi 명 주변, 주위 | 几乎 jīhū 부 거의 | 猎物 lièwù 명 사냥감 | 弓形 gōngxíng 명 아치형, 궁형 | 偷袭 tōuxí 동 기습하다, 습격하다 | 弱点 ruòdiǎn 명 약점, 단점 ★ | 恰恰 qiàqià 부 바로 | 冠军 guànjūn 명 챔피언 | 不见得 bújiànde 꼭 ~한 것(만)은 아니다, 반드시 ~한 것은 아니다 | 坏事 huàishì 명 나쁜 일 | 转化为 zhuǎnhuà wéi ~으로 바꾸다, 전환하다

40

海马的外形有什么特点? | 해마의 외형은 어떤 특징이 있는가?

A 耳朵较长
B 颈部弯曲
C 嘴巴是红色
D 眼部无法转动

A 귀가 비교적 길다
B 목이 굽어 있다
C 입이 빨간색이다
D 눈 부위를 움직일 수 없다

보기 어휘 嘴巴 zuǐba 명 입

해설 해마의 외형적 특징을 묻는 문제이다. 본문에서 '眼睛可以向左右或前后转动'이라며 눈은 좌우 또는 앞뒤로 돌리는 것이 가능하다고 했기에 D는 정답이 아니며, 이어서 '颈部弯曲, 즉 목 부분이 굽어 있다'고 했으므로, 정답은 B이다.

정답 B

41

桡足生物是通过什么感知敌人的? | 요각류는 무엇을 통해 적을 감지하는가?

A 水纹的波动
B 水温的变化
C 水压的高低
D 水流的快慢

A 물결의 파동
B 수온의 변화
C 수압의 높낮이
D 물살의 속도

보기 어휘 水压 shuǐyā 명 수압 | 水流 shuǐliú 명 물살

해설 요각류의 적 감지 수단을 묻는 문제로, 본문에서 '桡足生物对…水纹波动极其敏感, 즉 요각류는 물결 파동에 아주 민감하다'라고 했고, 이어서 '一旦感知到捕食者靠近, 便会迅速逃离'라며 일단 포식자가 접근하는 것을 감지하면, 곧바로 신속하게 달아난다고 언급했다. 따라서 '물결의 파동'이라고 한 A가 정답이다.

정답 A

海马为什么能捕捉到桡足生物? | 해마는 어째서 요각류를 포획할 수 있는가?

A 嗅觉灵敏
B 听觉发达
C 动作缓慢
D 有双千里眼

A 후각이 예민해서
B 청각이 발달해서
C 동작이 느려서
D 천리안을 가지고 있어서

보기 어휘 嗅觉 xiùjué 형 후각 ★ | 灵敏 língmǐn 형 민감하다 ★ | 千里眼 qiānlǐyǎn 명 천리안

해설 물결파동에 민감한 요각류를 해마가 포획할 수 있는 이유를 묻는 문제로, 인과관계 접속사 '由于…, 因此…'가 힌트이다. 본문에서 '由于它动作缓慢, 因此…水纹几乎不动, 桡足生物是感知不到的, 즉 해마의 동작이 느리기 때문에 물결이 거의 일지 않아서 요각류가 감지하지 못한다'라고 했기에, 정답은 C이다.

정답 C

这段话主要想告诉我们什么? | 이 글은 우리에게 주로 무엇을 알려주려고 하는가?

A 勤能补拙
B 要学会谦让
C 做事要斩钉截铁
D 要善于利用弱点

A 부지런함이 재능의 부족함을 보완할 수 있다
B 겸손하게 사양할 줄 알아야 한다
C 일할 때 맺고 끊음이 확실해야 한다
D 약점을 잘 이용할 줄 알아야 한다

보기 어휘 勤能补拙 qínnéngbǔzhuō 성 부지런함으로 재능이 부족함을 보완할 수 있다 | 谦让 qiānràng 동 겸손하게 사양하다, 겸양하다 | 斩钉截铁 zhǎndīngjiétiě 성 맺고 끊는 것이 확실하다 ★

해설 주제를 묻는 문제이다. 본문에서 '有时弱点不见得是一件坏事, 它有时也能转化为优点, 즉 약점이 꼭 나쁜 것만은 아니며 때때로 장점으로 바뀌기도 한다'고 언급하면서, 해마가 행동이 느린 자신의 약점을 이용하여 요각류를 잡는 챔피언이 되었다고 했다. 이는 약점을 잘 이용한 사례이므로, 따라서 정답은 D이다.

정답 D

第44到47题是根据下面一段话：

位于中国与尼泊尔边境上的喜马拉雅山脉的顶峰高达8848.13米，堪称世界之最。近半个世纪以来，地质学家对喜马拉雅山脉进行了研究。**44** 发现喜马拉雅山脉升高了500米，即每年升高5厘米。人们不禁会问："喜马拉雅山脉会不会超过一万米？"地质学家认为，地球上的山脉是绝对不会超过一万米的。为了让大家便于理解，地质学家举了生活中的一个例子。**45** 如果我们用雪白细嫩的豆腐来叠罗汉，不需要叠很多层，最下面那一层的豆腐必定会因为承受不了压力而坍塌。山脉升高和用豆腐叠罗汉是一样的道理，只不过山脉是用泥土、岩石不断堆积而成的。在山体不断升高之际，山体的底层所承受的压力也是随之增大的，一旦到了极限，庞大的山体就会像豆腐那样崩塌。

46 经过推算，地质学家认为山体所能承受压力的极限是当山体上升至一万米时的负荷。同时，这个结论也解释了地球上没有万米高山的原因。

然而，喜马拉雅山脉还在不断上升，如果按照目前的上升速度继续上升的话，不用25万年，其高度将超过一万米。**47** 到那时候，喜马拉雅山脉是坍塌的还是会依然耸立在地球上，只能由后人来验证了。

중국과 네팔의 국경지대에 위치한 히말라야 산맥의 최고봉은 높이가 8848.13m에 달해서, 세계 최고라고 할 만하다. 근반세기 동안 지질학자들은 히말라야 산맥에 대해 연구를 진행했고, **44** 히말라야 산맥이 500m 높아졌다는 것을 발견했는데, 즉 매년 5cm씩 높아진 것이다. 사람들은 자신도 모르게 '히말라야 산맥이 1만 m를 넘게 되지 않을까?'라고 물을 것이다. 지질학자들은 지구 상의 산맥들은 절대로 1만 m를 넘지 않을 것으로 생각한다. 모두가 쉽게 이해하도록 지질학자들은 생활 속의 예를 하나 들었다. **45** 만약 우리가 새하얗고 부드러운 두부를 이용해서 피라미드를 쌓는다고 하자. 여러 층을 쌓을 필요는 없다. 가장 아래층의 두부는 압력을 견디지 못하고 반드시 붕괴될 것이다. 산맥이 높아지는 것은 두부로 피라미드를 쌓는 것과 같은 이치이다. 다만 산맥은 토양과 암석이 끊임없이 퇴적되어 만들어졌을 뿐이다. 산이 계속해서 높아질 때, 산의 저층부가 받는 압력 또한 그에 따라 증가하게 된다. 일단 최대 한계에 도달하게 되면, 거대한 산은 두부처럼 그렇게 붕괴될 것이다.

46 추산을 통해, 산이 견딜 수 있는 압력의 최대 한계는 산이 1만 m까지 상승했을 때의 하중이라고 전문가들은 생각하고 있다. 동시에 이 결론은 지구 상에 1만 m 되는 고산이 없는 원인을 설명해주었다.

그러나 히말라야 산맥은 여전히 계속해서 상승하고 있다. 만약 현재의 상승 속도대로 계속해서 상승한다면 25만 년이 되기도 전에 그 높이는 1만 m를 넘어설 것이다. **47** 그때가 되면 히말라야 산맥이 붕괴될 것인지 아니면 여전히 지구 상에 우뚝 솟아 있을지는 오직 후세 사람들만이 검증할 수 있다.

지문 어휘 尼泊尔 Níbó'ěr 고유 네팔 | 边境 biānjìng 명 국경 지대 ★ | 喜马拉雅山脉 Xǐmǎlāyǎ shānmài 히말라야 산맥 | 顶峰 dǐngfēng 명 최고봉, 정상 | 堪称 kānchēng 동 ~라고 할 만하다 | 升高 shēnggāo 동 높아지다, 위로 오르다 | 厘米 límǐ 양 센티미터(cm) | 不禁 bùjīn 부 자신도 모르게, 절로 ★ | 绝对 juéduì 부 절대로, 반드시 | 举例子 jǔ lìzi 예를 들다 | 雪白 xuěbái 형 새하얗다, 눈처럼 희다 | 细嫩 xìnèn 형 곱고 부드럽다 | 豆腐 dòufu 명 두부 | 叠罗汉 dié luóhàn 피라미드를 쌓다, 탑을 쌓다 | 承受 chéngshòu 동 견디다, 감당하다 | 坍塌 tāntā 동 붕괴되다, 무너지다 | 泥土 nítǔ 명 토양, 흙 | 岩石 yánshí 명 암석, 바위 ★ | 堆积 duījī 동 퇴적되다, 쌓이다 ★ | 山体 shāntǐ 명 산 | 之际 zhījì 명 때, 즈음 | 底层 dǐcéng 명 저층, 밑바닥 | 极限 jíxiàn 명 최대 한계, 최대 한도 ★ | 庞大 pángdà 형 거대하다 | 崩塌 bēngtā 동 붕괴되다, 무너지다 | 推算 tuīsuàn 동 추산하다 | 上升 shàngshēng 동 상승하다 | 负荷 fùhè 명 하중, 부하 | 依然 yīrán 부 여전히 | 耸立 sǒnglì 동 우뚝 솟다 | 验证 yànzhèng 동 검증하다 ★

44

关于喜马拉雅山脉，可以知道什么? | 히말라야 산맥에 관하여 무엇을 알 수 있는가?

A 在持续上升
B 昼夜温差大
C 植被类型少
D 动物种类繁多

A 지속해서 상승하고 있다
B 일교차가 크다
C 식생 유형이 적다
D 동물의 종류가 다양하다

보기 어휘 昼夜 zhòuyè 명 낮과 밤, 주야 ★ | 植被 zhíbèi 명 식생 | 繁多 fánduō 형 다양하다, 아주 많다

해설 히말라야 산맥에 관해 묻는 문제이다. 본문에서 히말리야 산맥이 매년 5cm씩 500m 높아졌음을 언급하고, 뒤이어 '喜马拉雅山脉会不会超过一万米?'라며 1만 m를 넘길 수 있을까라는 사람들의 궁금증을 언급했다. 이는 히말라야 산맥이 계속 상승 중임을 의미하기에, 정답은 A이다.

정답 A

45

地质学家举用豆腐叠罗汉的例子，是为了说明什么? | 지질학자들이 두부로 피라미드를 쌓은 예를 들은 것은 무엇을 설명하기 위한 것인가?

A 豆腐营养丰富
B 岩石大密度大
C 要勇于表现自己
D 物体底部承重有限

A 두부는 영양이 풍부하다
B 암석이 크면 밀도가 높다
C 용감하게 자신을 표현해야 한다
D 물체의 아랫부분이 하중을 견디는 데 한계가 있다

보기 어휘 营养 yíngyǎng 명 영양 | 密度 mìdù 명 밀도 ★ | 勇于 yǒngyú 동 용감하게 ~하다 ★ | 承重 chéngzhòng 동 하중을 견디다

해설 히말라야 산맥이 1만 m를 넘지 않을 것이라는 것을 증명하기 위해 두부로 피라미드를 쌓은 예를 들었다. 본문에서 '如果我们用…豆腐来叠罗汉，…，最下面那一层的豆腐必定会因为承受不了压力而坍塌, 즉 만약 두부로 피라미드를 쌓으면 가장 아래층의 두부는 압력을 견디지 못하고 붕괴될 것이다'고 했다. 따라서 물체 아랫부분이 하중을 견디는 데 한계가 있다고 한 D가 정답이다.

정답 D

46

下列哪项，能验证地质学家关于那个极限负荷的推算？

A 地球上没有超过万米的高山
B 喜马拉雅山脉地势结构不对称
C 喜马拉雅山脉曾是一片汪洋大海
D 喜马拉雅山脉的形成源于地质变化

다음 중 최대 한계 하중에 관한 지질학자의 추산을 검증할 수 있는 것은 어느 것인가?

A 지구상에 1만 m를 넘는 높은 산이 없다
B 히말라야 산맥의 지세 구조가 비대칭이다
C 히말라야 산맥은 일찍이 망망대해였다
D 히말라야 산맥의 형성은 지질 변화에서 기원했다

보기 어휘 地势 dìshì 몡 지세 ★ | 对称 duìchèn 혱 대칭이다 ★ | 汪洋大海 wāngyángdàhǎi 성 망망대해

해설 지질학자가 추산하는 최대 한계 하중이란, 산이 견디는 최대 압력의 한계가 1만 m 상승할 때까지의 하중이며, 본문에서 '这个结论也解释了地球上没有万米高山的原因, 즉 지질학자가 추산한 이 같은 결론이 지구상에 1만 m 되는 고산이 없는 원인을 설명했다'라고 했으므로, 정답은 A이다.

정답 A

47

根据这段话，下列哪项正确？

A 测量过程不够严谨
B 地质学家已经勘探了10年
C 喜马拉雅山脉地震带很活跃
D 喜马拉雅山脉是否会崩塌是个谜

이 글에 관하여, 다음 중 옳은 것은 무엇인가?

A 측량 과정이 그다지 엄격하지 못했다
B 지질학자는 이미 10년 동안 탐사했다
C 히말라야 산맥의 지진대는 매우 활발하다
D 히말라야 산맥의 붕괴여부는 하나의 수수께끼이다

보기 어휘 测量 cèliáng 동 측량하다 ★ | 严谨 yánjǐn 혱 엄격하다 | 勘探 kāntàn 동 탐사하다, 조사하다 ★ | 地震带 dìzhèndài 몡 지진대 | 活跃 huóyuè 혱 활발하다, 활동적이다 | 谜 mí 몡 수수께끼

해설 본문에서 '到那时候, 喜马拉雅山是坍塌的, 还是会依然耸立在地球上, 只能由后人来验证了'라며 후에 히말라야산맥이 1만 m가 넘었을 때 붕괴될지 우뚝 솟아 있을지는 오직 후세 사람만이 검증할 수 있다고 했기에, 히말라야산맥의 붕괴여부는 수수께끼라고 한 D가 정답이다.

정답 D

第48到50题是根据下面一段话：

地球上储量最多的矿物并不是石英和云母，而是一种在地球表面看不到的，蕴藏在地球深处的矿物。

지구상에 매장량이 가장 많은 광물은 석영이나 운모가 아닌, 지구 표면에서는 볼 수 없는 지구 깊은 곳에 묻혀있는 광물이다.

这种矿物一直处于地球内部的下地幔，70%的地幔都是由它组成的。但是它在过去很长一段时间都没有名字。为什么科学家不给它起名字呢？原来根据国际矿物学会的规定，48 要命名一种矿物的话，必须要对其自然样本进行分析。可是，这种矿物只有处于极端的高温高压中的状态才比较稳定。所以，科学家一直没有机会得到它的样本。49 直到2014年12月，科学家在分析1879年坠落到澳大利亚的一块陨石的时候，才找到这个矿物的自然标本。陨石落到地球时产生了剧烈的碰撞，在碰撞的过程中，陨石经历了极端的高温高压环境，因此科学家在这块陨石的表面找到了和下地幔成分一样的斑点。最终，科学家获得了这个矿物的自然样本。

对这种矿物进行一系列分析之后，50 科学家决定用诺贝尔物理奖获得者布里奇曼的名字来命名。于是，地球上最多的矿物由于一块陨石而获得了自己的名字。

이 광물은 쭉 지구 내부의 하부맨틀에 위치하고 있었는데, 맨틀의 70%가 모두 이것으로 구성되어 있다. 그런데 이 광물은 과거 오랜 시간 동안 이름이 없었다. 왜 과학자들은 이 광물에 이름을 지어주지 않았던 걸까? 알고 보니 국제 광물 학회의 규정에 의하면, 48 광물에 이름을 붙이려면 반드시 그 천연 샘플에 대해 분석을 해야 한다. 그러나 이 광물은 오직 극도의 고온고압 상태에서만 안정적인 편이고, 그래서 과학자들은 줄곧 이것의 샘플을 얻을 기회가 없었다. 49 그러다가 2014년 12월 과학자들이 1879년 오스트레일리아에 떨어진 운석 한 조각을 분석할 때서야 비로소 이 광물의 천연 표본을 찾게 되었다. 운석이 지구로 떨어질 때 격렬한 충돌이 발생했는데, 이 충돌 과정에서 운석은 극도의 고온고압 환경을 겪었다. 이 때문에 과학자들은 이 운석조각의 표면에서 하부맨틀 성분과 같은 반점을 찾아냈고, 마침내 과학자들은 이 광물의 천연 샘플을 얻게 되었다.

이 광물에 대해 일련의 분석을 진행한 후, 50 과학자들은 노벨 물리학상 수상자 브리지먼의 이름을 따서 명명하기로 결정했다. 그래서 지구상에 가장 많은 광물은 운석 한 조각으로 인해 자신의 이름을 얻게 되었다.

지문 어휘 储量 chǔliàng 명 매장량 | 矿物 kuàngwù 명 광물 | 石英 shíyīng 명 석영(quartz) | 云母 yúnmǔ 명 운모(mica) | 蕴藏 yùncáng 동 묻히다, 매장되다 ★ | 地幔 dìmàn 명 맨틀 | 下地幔 xiàdìmàn 명 하부맨틀 | 起名字 qǐ míngzi 이름을 짓다 | 命名 mìng míng 동 이름 붙이다, 명명하다 ★ | 自然 zìrán 형 천연의, 자연의 | 样本 yàngběn 명 샘플, 견본 | 分析 fēnxī 동 분석하다 | 极端 jíduān 부 극도로, 아주, 몹시 ★ | 稳定 wěndìng 형 안정적이다 | 坠落 zhuìluò 동 떨어지다, 추락하다 | 澳大利亚 Àodàlìyà 고유 오스트레일리아 | 陨石 yǔnshí 명 운석 | 标本 biāoběn 명 표본 ★ | 剧烈 jùliè 형 격렬하다, 극렬하다 ★ | 碰撞 pèngzhuàng 명 충돌 동 충돌하다 | 斑点 bāndiǎn 명 반점 | 一系列 yíxìliè 형 일련의 | 诺贝尔物理奖 Nuòbèi'ěr wùlǐjiǎng 명 노벨 물리학상 | 布里奇曼 Bùlǐqímàn 고유 브리지먼(Perey Williams Bridgman)

48

给矿物命名需要先做什么?

A 分析其自然样本
B 预测其研究价值
C 探索其形成过程
D 了解其具体成因

광물에 이름을 붙이려면 먼저 무엇을 해야 하는가?

A 그것의 천연 샘플을 분석해야 한다
B 그것의 연구 가치를 예측해야 한다
C 그것의 형성 과정을 탐색해야 한다
D 그것의 구체적인 형성원인을 알아야 한다

| 보기 어휘 | 预测 yùcè 동 예측하다 | 探索 tànsuǒ 동 탐색하다 ★ | 成因 chéngyīn 명 형성원인 |

해설 : 광물의 이름을 짓는 조건에 관해 묻는 문제로, 본문에서 '要命名一种矿物的话，必须要对其自然样本进行分析'라고 광물에 이름을 붙이려면 반드시 그것의 천연 샘플을 분석해야 한다고 했으므로, 정답은 A이다.

정답 : A

49

| 关于那块陨石，可以知道什么？ | 그 운석 조각에 관하여 알 수 있는 것은 무엇인가? |

A 辐射大
B 属于月球陨石
C 坠落于2014年
D 经历了高温高压

A 방사량이 많다
B 달의 운석에 속한다
C 2014년에 떨어졌다
D 고온고압을 겪었다

| 보기 어휘 | 辐射 fúshè 동 방사하다 ★ | 属于 shǔyú 동 ~에 속하다 | 月球 yuèqiú 명 달 |

해설 : 하부맨틀에 위치하고 있는 광물의 샘플을 얻기 힘들었던 과학자들은 '直到2014年12月，科学家在分析1879年坠落到澳大利亚的一块陨石的时候, 즉 2014년 12월이 되어서야 1879년에 오스트레일리아에 떨어진 운석을 분석했다'고 했으므로, B는 정답이 아니다. 이어서 그 광물에 대해 '经历了极端的高温高压环境, 즉 고온고압의 환경을 겪었다'고 언급했으므로, 정답은 D이다.

정답 : D

50

| 那种矿物最终是以什么来命名的？ | 그 광물은 최종적으로 무엇을 근거로 명명되었는가? |

A 以化学成分命名
B 物理学家的名字
C 以形态特点命名
D 陨石坠落的地点

A 화학 성분
B 물리학자의 이름
C 형태의 특징
D 운석 추락 지점

| 보기 어휘 | 化学 huàxué 명 화학 | 成分 chéngfèn 명 성분 |

해설 : 그 광물이 최종적으로 이름이 지어지게 된 근거를 묻는 문제로, 본문에서 '科学家决定用诺贝尔物理奖获得者布里奇曼的名字来命名'라며 노벨 물리학상 수상자인 브리즈먼의 이름을 따서 명명했다고 했기에, 정답은 B이다.

정답 : B

HSK 6급 4회 독해

> **제1부분** 51~60번 문제는 제시된 4개의 보기 중 틀린 문장을 고르는 문제입니다.

51

A 教授的讲座使我受益匪浅。
B 一幕一幕的往事发生在我眼前。
C 《现代汉语词典》是由中国社会科学院语言研究所编纂的。
D 碧螺春因产自江苏太湖的洞庭山一带，所以又称"洞庭碧螺春"。

A 교수님의 강좌는 나에게 많은 도움을 주었다.
B 지난 일들이 한 장면 한 장면 내 눈앞에 펼쳐졌다.
C 《현대한어사전(现代汉语词典)》은 중국사회과학원 언어연구소에서 편찬한 것이다.
D 비뤄춘(碧螺春)은 장쑤(江苏) 타이후(太湖)의 둥팅산(洞庭山) 일대에서 생산되기에 '둥팅비뤄춘'이라고도 한다.

어휘 受益匪浅 shòuyìfěiqiǎn 성 많은 도움을 주다, 꽤 많은 이득을 얻다 | 一幕 yímù 명 (생활 속의) 한 장면 | 往事 wǎngshì 명 지난 일 ★ | 编纂 biānzuǎn 동 편찬하다 | 碧螺春 bìluóchūn 명 비뤄춘(녹차의 일종) | 一带 yídài 명 일대

해설 부적절한 어휘의 사용 오류문제이다. '发生'은 '사건, 변화, 문제' 등이 '발생하다'의 뜻인데, 이 문장의 주어는 '往事(과거의 일)'이다. 따라서 '发生'을 과거의 일, 이미지, 인상 등이 '펼쳐지다'의 뜻을 지닌 '浮现'으로 고쳐야 한다.

정답 B 一幕一幕的往事发生在我眼前。
➡ 一幕一幕的往事浮现在我眼前。

52

A 近日，京津地区的日平均气温持续走高。
B 诗歌的教学方法来源于对诗歌本质的理解。
C 地球上有很多物种濒临灭绝，是由于人类贪婪造成的原因。
D 有关国内飞机托运行李的规定每年都在变化，请留意机场的相关信息。

A 최근 베이징(京)과 톈진(津) 지역의 일평균 기온이 오름세를 지속하고 있다.
B 시가의 교수법은 시가 본질에 대한 이해에서 왔다.
C 지구상의 수많은 종(种)이 멸종(위기)에 처한 것은 인류의 탐욕이 초래한 것이다.
D 국내 항공 수하물 운송 관련 규정이 매년 바뀌고 있으니, 공항 관련 정보에 유의해 주세요.

어휘 京 Jīng 명 베이징의 다른 이름 | 津 Jīn 명 톈진의 다른 이름 | 地区 dìqū 명 지역, 지구 | 日平均 rìpíngjūn 명 일평균 | 持续 chíxù 동 지속하다, 계속되다 | 走高 zǒugāo 동 오르다 | 诗歌 shīgē 명 시가, 시 | 来源 láiyuán 동 오다, 유래하다, 생겨나다 ★ | 本质 běnzhì 명 본질 | 物种 wùzhǒng 명 (생물) 종 | 濒临 bīnlín 동 ~에 처하다, ~에 이르다 ★ | 灭绝 mièjué 동 멸종하다, 완전히 없어지다 | 贪婪 tānlán 명 탐욕 | 造成 zàochéng 동 초래하다, 만들다 | 托运 tuōyùn 동 운송하다, 탁송하다 ★ | 留意 liúyì 동 유의하다, 주의하다 | 相关 xiāngguān 동 관련되다, 상관되다

| 해설 | 불필요한 어휘의 사용 오류문제이다. '由于'는 원인을 나타내는 접속사이기도 하지만, 이 문장에서는 '是由于…造成的'로 쓰여 '~으로 인해 초래되다, ~이 초래하다'의 뜻인 초래하고 야기하는 주체를 강조하는 전치사이다. 따라서 불필요하게 쓰여진 '原因'을 없애야 한다.

| 정답 | C 地球上有很多物种濒临灭绝，是由于人类贪婪造成的原因。
→ 地球上有很多物种濒临灭绝，是由于人类贪婪造成的。

53

A 建立新秩序往往比打破一个旧秩序更难。
B《尔雅》是中国传统文化的核心组成部分。
C 夏天的太阳像一个大火炉，被油漆马路烤得发烫。
D 研究显示，和拉伸运动相比，有氧运动更能改善大脑的健康状况。

A 새로운 질서를 세우는 것은 종종 옛 질서를 타파하는 것보다 더 어렵다.
B《이아(尔雅)》는 중국 전통문화의 핵심 구성 부분이다.
C 여름의 태양은 마치 하나의 커다란 화로처럼 페인트칠 된 도로를 뜨겁게 달구었다.
D 스트레칭과 비교했을 때 유산소운동이 대뇌의 건강상태를 더욱 개선시킬 수 있다고 연구는 밝혔다.

| 어휘 | 建立 jiànlì 동 세우다, 건립하다 | 秩序 zhìxù 명 질서 | 打破 dǎpò 동 타파하다 | 核心 héxīn 명 핵심 | 组成 zǔchéng 동 구성하다, 조성하다 | 火炉 huǒlú 명 화로 | 油漆 yóuqī 명 페인트 ★ | 发烫 fātàng 동 뜨겁다, 끓다, 달아오르다 | 显示 xiǎnshì 동 (구체적으로) 밝히다, 보여주다, 나타내다 | 拉伸运动 lāshēn yùndòng 명 스트레칭 | 有氧运动 yóuyǎng yùndòng 명 유산소운동 | 改善 gǎishàn 동 개선하다 | 状况 zhuàngkuàng 명 상태

| 해설 | 피동문에서의 주어 위치 오류문제이다. 피동문의 기본구조는 '행위객체 + 被 + 행위주체 + 술어~'이며, 행위의 주체는 생략할 수 있다. 이 문장에서 술어는 '烤得发烫(뜨겁게 달구다)'으로 뜨겁게 달군 주체는 '태양'이며, 그 대상인 행위객체는 '페이트칠 된 도로'이기에 '油漆马路'를 '被'앞에 위치시켜야 한다.

| 정답 | C 夏天的太阳像一个大火炉，被油漆马路烤得发烫。
➡ 夏天的太阳像一个大火炉，油漆马路被烤得发烫。

54

A 今年的国际护士节以"变革的力量"为主题。
B 红薯不但营养丰富，而且具有减肥、抗癌等功效。
C 他每次接受采访时都免不了要回答奥运会的目标是什么这个问题。
D 大部分人认为，理想的工作不在于职位的高低，而在于找到合适的用武之地。

A 올해 국제 간호사의 날은 '변혁의 힘'을 주제로 한다.
B 고구마는 영양이 풍부할 뿐만 아니라 다이어트, 항암 등의 효과도 가지고 있다.
C 그는 매번 인터뷰 때마다 올림픽 목표가 무엇이냐는 이 질문에 대답하지 않을 수 없었다.
D 대부분의 사람들은 이상적인 직업은 직위의 높고 낮음이 아니라, 재능을 펼칠 알맞은 무대를 찾을 수 있는지 없는지 라고 생각한다.

| 어휘 | 变革 biàngé 명 변혁 | 力量 lìliang 명 힘 | 主题 zhǔtí 명 주제 | 红薯 hóngshǔ 명 고구마 | 抗癌 kàng ái 항암, 암을 예방하고 치료하다 | 功效 gōngxiào 명 효과, 효능 ★ | 采访 cǎifǎng 동 인터뷰하다 | 免不了 miǎn bu liǎo 동 ~하지 않을 수 없다, 면하기 어렵다 | 奥运会 àoyùnhuì 명 올림픽 | 职位 zhíwèi 명 직위 ★ | 用武之地 yòngwǔzhīdì 성 자신의 재능을 펼칠 무대

해설 **양면사 오류 문제이다.** 앞 문장에서 양면사를 사용하여 두 가지 면, 즉 '高低(높고 낮음)'을 다 언급하였는데, 뒤 문장에서는 오직 한 가지 면, 즉 '找到合适的用武之地(재능을 펼칠 알맞은 무대를 찾다)'만을 얘기하고 있다. 따라서 의미상 뒤 문장의 내용도 정반(正反)을 모두 언급해야 한다.

정답 D 大部分人认为，理想的工作不在于职位的高低，而在于找到合适的用武之地。
➡ 大部分人认为，理想的工作不在于职位的高低，而在于能否找到合适的用武之地。

55

A 团队的力量总是大于个人的力量。
B 专家指出同时食用西兰花和西红柿，可以达到防癌效果会更佳。
C 驴打滚是以大米面、黄豆面及白砂糖等原料制成的北京传统小吃。
D 气候是大气物理特征的长期平均状态，它与气温不同，具有稳定性。

A 단체의 힘은 늘 개인의 힘보다 크다.
B 전문가들은 브로콜리와 토마토를 동시에 먹으면 암 예방 효과에 이를 수 있다고 밝혔다.
C 뤼다군(驴打滚)은 쌀가루, 콩가루 및 백설탕 등의 재료로 만든 베이징 전통 먹거리이다.
D 기후란 대기의 물리적 특징의 장기적 평균상태로, 이는 기온과는 다르게 안정성을 갖추고 있다.

어휘 团队 tuánduì 명 단체 | 力量 lìliang 명 힘 | 大于 dàyú ~보다 크다 | 专家 zhuānjiā 명 전문가 | 西兰花 xīlánhuā 명 브로콜리 | 达到 dádào 동 이르다, 도달하다 | 防癌 fáng ái 암을 예방하다 | 驴打滚 lǘdǎgǔn 명 뤼다군(음식명) | 大米 dàmǐ 명 쌀 | 黄豆 huángdòu 명 콩 | 白砂糖 báishātáng 명 백설탕 | 原料 yuánliào 명 재료, 원료 | 大气 dàqì 명 (천문) 대기 | 特征 tèzhēng 명 특징 | 状态 zhuàngtài 명 상태 | 稳定性 wěndìngxìng 명 안정성

해설 **불필요한 술어의 사용 오류문제이다.** 이 문장의 술어는 '达到'로 이는 어떠한 정도나 효과에 다다르다, 또는 목표나 목적을 달성한다는 동사이다. 따라서 '达到'의 목적어는 '效果(효과)'이다. 그러므로 뒤에 언급된 '会更佳'는 없애야 한다.

정답 B 专家指出同时食用西兰花和西红柿，可以达到防癌效果会更佳。
➡ 专家指出同时食用西兰花和西红柿，可以达到防癌效果。

56

A 黎明时分，参加马拉松比赛的运动员便陆陆续续地赶到了比赛地点。
B 硅藻泥是一种以硅藻土为主要原材料的新一代室内装饰材料。
C 清明节又叫踏青节，始于周代到现在，距今已有两千五百多年的历史。
D 她为了预防花粉过敏，一到春暖花开的季节，便把自己捂得严严实实的。

A 동틀 무렵, 마라톤 경기에 참가하는 선수들이 속속 서둘러 시합장소에 도착했다.
B 실리콘은 규조토(Diatomite)를 주원료로 하는 차세대 실내 인테리어 재료이다.
C 청명절(清明节)은 답청절(踏青节)이라고도 부르며, 주(周)나라 때 시작되어 오늘날까지 이미 2,500여 년의 역사를 가진다.
D 그녀는 꽃가루 알레르기를 예방하기 위해 꽃피는 따뜻한 봄만 되면 자신을 빈틈없이 가린다.

어휘 黎明 límíng 명 동틀 무렵, 여명 ⭐ | 时分 shífēn 명 무렵 | 马拉松 mǎlāsōng 명 마라톤 | 陆陆续续 lùlùxùxù 부 속속, 계속해서 | 硅藻泥 guīzǎoní 명 실리콘 | 硅藻土 guīzǎotǔ 명 규조토(Diatomite) | 装饰 zhuāngshì 동 인테리어하다 | 清明节 Qīngmíngjié 고유 청명절 | 踏青节 Tàqīngjié 고유 답청절 | 距今 jùjīn 오늘날까지, 지금으로부터 | 预防 yùfáng 동 예방하다 | 花粉 huāfěn 명 꽃가루 | 过敏 guòmǐn 명 알레르기 | 春暖花开 chūnnuǎnhuākāi 성 봄이 되어 날씨가 따뜻해지고 꽃이 피다 | 捂 wǔ 동 가리다 | 严严实实 yányánshíshí 형 빈틈없다, 치밀하다

해설 의미의 중복 오류문제이다. '始于周代到现在(주나라 때 시작되어 지금까지)'에서의 '到现在'는 뒤에 언급된 '距今 (오늘날까지)'의 뜻으로 이 둘의 의미가 같다. 따라서 같은 의미가 중복되어 쓰였기에 '到现在'를 없애야 한다.

정답 C 清明节又叫踏青节，始于周代到现在，距今已有两千五百多年的历史。
➡ 清明节又叫踏青节，始于周代，距今已有两千五百多年的历史。

57

A 人类文明的发展和社会的进步同金属材料关系十分密切。
B 罗汉果又称神仙果，主要分布于广西省永福县，被誉为"罗汉果之乡"。
C 这部科幻电影是同事推荐给我的，好看极了，堪称科幻领域的经典之作。
D 丰子恺以中西融合画法创作漫画而著名，儿童时期就已表现出对美术的兴趣。

A 인류 문명의 발전과 사회의 발전은 금속재료와 관계가 매우 밀접하다.
B 나한과는 신선의 열매라고도 부르는데, 주로 광시성 융푸현에 분포하고 있기에 융푸현은 '나한과의 고향'이라고 칭송되고 있다.
C 이 SF영화는 직장 동료가 나에게 추천해 준 것으로 너무 재미있어서 SF 영역의 고전이라고 할 만하다.
D 펑쯔카이(丰子恺)는 중·서양의 융합화법으로 만화를 창작하는 것으로 유명한데, 어린 시절 이미 미술에 대한 흥미를 드러냈다.

어휘 进步 jìnbù 명 발전, 진보 | 同 tóng 접 ~와,~과 | 金属 jīnshǔ 명 금속 | 密切 mìqiè 형 밀접하다 | 罗汉果 luóhànguǒ 명 나한과, 개여주 | 称 chēng 동 부르다, 칭하다 | 神仙 shénxiān 명 신선 ⭐ | 分布 fēnbù 동 분포하다 | 广西省 Guǎngxīshěng 고유 광시성 | 永福县 Yǒngfúxiàn 고유 융푸현 | 誉为 yùwéi 동 ~라고 칭송되다 | 科幻 kēhuàn 명 SF, 공상과학 | 推荐 tuījiàn 동 추천하다 | 堪称 kānchēng 동 ~라고 할 만하다 | 领域 lǐngyù 명 영역 | 经典之作 jīngdiǎnzhīzuò 명 고전, 걸작 | 丰子恺 Fēng Zǐkǎi 고유 펑쯔카이 | 融合 rónghé 동 융합하다 ⭐ | 画法 huàfǎ 명 (미술) 화법 | 创作 chuàngzuò 동 창작하다, 만들다 ⭐ | 漫画 mànhuà 명 만화 ⭐

해설 주어의 부족 오류문제이다. 신선의 열매로 불리고 광시성 융푸현에 분포되어 있는 것은 '罗汉果'이다. 하지만 마지막 문장에서 '나한과의 고향'으로 칭송되는 곳은 '罗汉果'가 아닌 '永福县'이어야 하므로 '被誉为' 앞에 주어인 '永福县'을 써야 한다.

정답 B 汉果又称神仙果，主要分布于广西省永福县，被誉为"罗汉果之乡"。
➡ 罗汉果又称神仙果，主要分布于广西省永福县，永福县被誉为"罗汉果之乡"。

58

A 中山装既吸收了欧美服饰的优点，反倒具有鲜明的民族风格。
B 早在公元前2800年，中国人便开始栽培大豆，大豆的种植历史已长达5000年。
C 过去的已经过去，将来的还未来临。如果只是沉湎于过去，会阻碍我们前进的脚步。
D 随着自然科学的大量涌现，人们对客观世界的认识也不断深化，因而越加发现自然界是一个统一的整体。

A 중산복은 유럽과 미국 의상의 장점을 받아들였음에도 오히려 뚜렷한 민족적 스타일을 가지고 있다.
B 일찍이 기원전 2,800년경부터 중국인들은 콩을 재배하기 시작하여 콩 재배 역사는 이미 5천 년에 달한다.
C 과거의 일은 이미 지나간 것이고 미래의 일은 아직 오지 않았다. 만일 그저 과거에만 빠져 있다면 우리가 발전하는 발걸음을 가로막게 될 것이다.
D 자연과학이 대량으로 출현함에 따라 객관적인 세계에 대한 사람들의 인식 역시 끊임없이 심화되었고, 이로써 자연계는 하나의 통일된 덩어리라는 것을 더욱더 잘 알게 되었다.

어휘 中山装 zhōngshānzhuāng 명 중산복, 마오룩(Mao look) | 吸收 xīshōu 동 받아들이다 | 欧美 Ōu Měi 명 유럽과 미국 | 优点 yōudiǎn 명 장점 | 反倒 fǎndào 부 오히려, 반대로 | 鲜明 xiānmíng 형 뚜렷하다 ★ | 风格 fēnggé 명 스타일, 풍격 | 公元前 gōngyuánqián 기원전 | 栽培 zāipéi 동 재배하다 ★ | 大豆 dàdòu 명 콩 | 种植 zhòngzhí 동 재배하다 ★ | 来临 láilín 동 오다, 다가오다 | 沉湎于 chénmiǎn yú ~에 빠지다 | 阻碍 zǔ'ài 동 가로막다 ★ | 脚步 jiǎobù 명 발걸음 | 涌现 yǒngxiàn 동 출현하다, 한꺼번에 나타나다 ★ | 深化 shēnhuà 동 심화되다 | 因而 yīn'ér 접 이로써, 이로 인해 | 越加 yuèjiā 부 더욱더, 한층 더 | 整体 zhěngtǐ 명 덩어리, 전체

해설 부적절한 접속사 호응 오류문제이다. '既'는 '~하고 또 ~하다'의 병렬관계 접속사로, 뒤 절에 '又'나 '也'와 호응을 이루며, '反倒(오히려)'는 전환관계에 쓰이는 부사이다. 따라서 '反倒'를 '又'나 '也'로 고쳐야 한다.

정답 A 中山装既吸收了欧美服饰店优点，反倒具有鲜明的民族风格。
➡ 中山装既吸收了欧美服饰店优点，又具有鲜明的民族风格。

59

A 在路面照明条件较好的情况下，应该禁止使用远光灯，因为远光灯容易影响对面司机的视线。
B 百花山位于北京市门头沟区清水镇，那里拥有丰富的动植物资源，素有华北"天然动植物园"。
C 艾青是一位现代诗人，他对现代诗的内容和形式审美标准的探讨，大大推动了中国新诗的规范化和现代化进程。
D 自驾游是有组织、有计划，以自驾车为主要交通手段的旅游形式。它填补了年轻人追求人格独立及心性自由的心理需求。

A 도로의 조명조건이 비교적 좋은 상황에서는 반드시 상향등 사용을 금지해야 한다. 왜냐하면, 상향등은 맞은편 운전자의 시야에 영향을 끼치기 쉽상이기 때문이다.
B 바이화산(百花山)은 베이징시 먼터궈구(门头沟区) 칭쉐진(清水镇)에 위치해 있다. 그곳은 풍부한 동식물 자원을 가지고 있어서, 예로부터 화베이(华北)의 '천연 동·식물원'이라는 이름이 있다.
C 아이칭(艾青)은 현대시인의 한 명으로, 현대시의 내용과 형식, 심미적 기준에 대한 탐구는 중국 신시(新诗)의 규범화와 현대화의 진행을 크게 촉진했다.
D 자동차 여행이란 조직적이고 계획적이며, 자가용을 주요 교통수단으로 하는 여행방식이다. 이것은 젊은이들이 인격적 독립과 심적 자유를 추구하는 심리적 수요를 보충해주었다.

어휘 照明 zhàomíng 명 조명 | 禁止 jìnzhǐ 동 금지하다 | 远光灯 yuǎnguāngdēng 명 상향등 | 视线 shìxiàn 명 시야, 시선 ★ | 位于 wèiyú 동 ~에 위치하다 | 拥有 yōngyǒu 동 가지다, 보유하다 ★ | 资源 zīyuán 명 자원 | 素有 sùyǒu 동 예로부터 (~이) 있다 | 艾青 Ài Qīng 고유 아이칭 | 诗人 shīrén 명 시인 | 审美 shěnměi 형 심미적 | 探讨 tàntǎo 동 탐구하다 ★ | 推动 tuīdòng 동 촉진하다 | 规范化 guīfànhuà 동 규범화하다 | 进程 jìnchéng 명 진행 | 自驾游 zìjiàyóu 명 자동차 여행 | 组织 zǔzhī 동 조직하다 | 自驾车 zìjiàchē 명 자가용 | 填补 tiánbǔ 동 보충하다 | 追求 zhuīqiú 동 추구하다 | 人格 réngé 명 인격 ★ | 独立 dúlì 동 독립하다 | 需求 xūqiú 명 수요 ★

해설 목적어의 부족 오류문제이다. '素有'는 '예로부터 ~을 가지고 있다'의 뜻으로 일반적으로 '호칭, 칭호' 등의 목적어를 수반한다. 이러한 목적어가 없다면 말 그대로 바이화산에 '천연동식물원'이 정말 있다는 뜻이 되므로, 의미적으로나 용법적으로도 적당하지 않다. 따라서 '天然动植物园' 뒤에 '的美誉'를 넣어서 '素有…的美誉(예로부터 ~한 이름이 있다)'로 만들어야 한다.

정답 B 百花山位于北京市门头沟区清水镇，那里拥有丰富的动植物资源，素有华北"天然动植物园"。
➡ 百花山位于北京市门头沟区清水镇，那里拥有丰富的动植物资源，素有华北"天然动植物园"的美誉。

60

A 羽毛球超级联赛的这种创新求变的赛制还处于摸索阶段，很多方面还有待改进和完善。
B 由中央电视台、故宫博物院联合拍摄的12集大型纪录片《故宫》荣获了最佳长篇人文类纪录片、最佳摄影两项大奖。
C 不管什么事情，如果你没有尝试的心，否则你的能力就永远停留在一个位置上。所以，应该前不怕狼，后不怕虎，努力去尝试，这样才会有意想不到的结果。
D 诺贝尔奖是以瑞典著名化学家诺贝尔的部分遗产为基金设立的，以基金每年的利息或投资收益授予世界上在物理、化学等6个领域做出重大贡献的人。

A 배드민턴 슈퍼리그의 변화를 추구하는 혁신적인 이러한 경기제도는 아직 모색 단계에 있으며, 여러 방면에서 여전히 개선하고 완벽하게 만들 필요가 있다.
B 중국 관영 CCTV와 고궁박물관이 연합해서 찍은 12부작의 대형 다큐멘터리 《고궁(故宫)》은 최고 장편 인문 다큐멘터리상, 최고 촬영상이라는 두 개의 상을 받는 영예를 누렸다.
C 어떤 일이든지 간에, 만일 당신이 시도해 볼 마음이 없다면 당신의 능력은 영원히 한곳에 머물러 있을 것이다. 그러니 쓸데없는 걱정하지 말고 열심히 시도해야 하고, 이렇게 해야만 생각지도 못한 결과가 생길 수 있다.
D 노벨상은 스웨덴의 유명한 화학자 노벨의 일부 유산을 기금으로 하여 설립한 것으로, 기금은 매년 이자나 투자수익을 가지고 전 세계 물리, 화학 등 6개 분야에서 큰 공헌을 한 사람들에게 수여한다.

어휘 联赛 liánsài 명 리그 | 超级 chāojí 형 슈퍼(급), 최상급 | 联赛 liánsài 명 (체육) 리그전, 연맹전 | 创新 chuàngxīn 동 혁신하다, 창조하다 ★ | 赛制 sàizhì 명 경기제도 | 摸索 mōsuǒ 동 모색하다 ★ | 有待 yǒudài 동 ~할 필요가 있다 | 改进 gǎijìn 동 개선하다 | 完善 wánshàn 동 완벽하게 하다 | 联合 liánhé 동 연합하다 | 纪录片 jìlùpiàn 명 다큐멘터리 | 荣获 rónghuò 동 (상을) 획득하는 영예를 누리다 | 最佳 zuìjiā 형 최고의, 최상의 | 摄影 shèyǐng 동 촬영하다 | 尝试 chángshì 동 시도해 보다 ★ | 意想 yìxiǎng 동 생각하다, 예상하다 | 诺贝尔奖 nuòbèi'ěrjiǎng 명 노벨상 | 瑞典 Ruìdiǎn 고유 스웨덴 | 诺贝尔 Nuòbèi'ěr 고유 노벨(알프레드 노벨, 노벨상 설립자) | 遗产 yíchǎn 명 유산 ★ | 基金 jījīn 명 기금 ★ | 设立 shèlì 동 설립하다, 건립하다 ★ | 利息 lìxī 명 이자 | 投资 tóuzī 동 투자하다 | 收益 shōuyì 명 수익 ★ | 授予 shòuyǔ 동 수여하다 ★ | 领域 lǐngyù 명 분야, 영역 | 贡献 gòngxiàn 명 공헌, 기여

| 해설 | **부적절한 접속사 호응 오류문제이다.** '如果'는 접속사 '那么'와 호응을 이루어서, '만일 ~하다면, 그렇다면~'의 뜻이다. '否则'는 '그렇지 않으면'의 의미로 가정관계에 쓰이기는 하나, '如果'와는 함께 호응하지 않으며, 또한 의미적으로도 적합하지 않다. 따라서 '否则'를 '那么'로 고쳐야 한다.

| 정답 | C 不管什么事情，如果你没有尝试的心，否则你的能力永远停留在一个位置上。所以，应该前不怕狼，后不怕虎，努力去尝试，这样会有意想不到的结果。
➡ 不管什么事情，如果你没有尝试的心，那么你的能力永远停留在一个位置上。所以，应该前不怕狼，后不怕虎，努力去尝试，这样会有意想不到的结果。

제2부분   61~70번 문제는 빈칸에 들어가는 알맞은 어휘를 고르는 문제입니다.

61

儿童文学作品要求通俗易懂，且要站在"保护儿童"的<u>立场</u>上，遵循儿童思维的发展<u>规律</u>。儿童文学历史悠久，好的作品应该<u>传递</u>古老传统中的善与美。

아동문학 작품은 대중적이고 이해하기 쉬워야 하며, 또한 '아동을 보호한다'는 <u>입장</u>에 서서 아동이 사고하는 발전<u>규칙</u>을 따라야 한다. 아동문학은 역사가 유구하기 때문에 좋은 작품은 반드시 오랜 전통 속의 선(善)과 미(美)를 <u>전달</u>해야 한다.

A 角度 ✗   秩序 ✗   转达 ✗   A 관점 | 질서 | 전달하다
B 场合 ✗   规定 ✗   继承 ✗   B 상황 | 규정 | 계승하다
C 视野 ✗   特点 ✗   传授 ✗   C 시야 | 특징 | 전수하다
D 立场 ◎   规律 ◎   传递 ◎   D 입장 | 규칙 | 전달하다

| 어휘 | 通俗 tōngsú 형 대중적이다, 통속적이다 ★ | 易懂 yìdǒng 형 이해하기 쉽다 | 遵循 zūnxún 동 따르다 ★ | 思维 sīwéi 동 사고하다, 생각하다 ★ | 悠久 yōujiǔ 형 유구하다 | 古老 gǔlǎo 형 오래 되다

| 해설 | **1번 빈칸**

A 角度 jiǎodù 명 관점, 각도   B 场合 chǎnghé 명 상황, 자리, 장소 ★
C 视野 shìyě 명 시야 ★   D 立场 lìchǎng 명 입장 ★

빈칸 앞의 '站在'가 힌트로, 이와 함께 쓰는 것은 'D 立场'이다. '站在…的立场上'은 '~의 입장에 서서'의 뜻이다. 'A 角度'는 전치사 '从'과 함께 쓰여 '从…角度来看 / 说'로서, '~의 관점에서 보다 / 말하다'의 뜻이다. 'B 场合'는 '正式(정식의) / 特殊(특수한) / 外交(외교적) + 场合'로 쓰여 특정한 환경을 나타내는 '상황, 경우'의 뜻이며 'C 视野'는 '开阔(넓히다) + 视野'로 쓴다.

2번 빈칸

A 秩序 zhìxù 명 질서   B 规定 guīdìng 명 규정
C 特点 tèdiǎn 명 특징   D 规律 guīlǜ 명 규칙, 법칙, 규율

빈칸 앞의 '遵循'이 힌트로, 이와 호응하는 명사를 찾아야 한다. '遵循'은 '遵循 + 原则(원칙) / 规律(규칙)'로 쓰여 원칙이나 규율을 '따르다'의 뜻이다. 따라서 'D 规律'가 정답이다. 'A 秩序'는 따르는 것이 아닌 유지하고 지켜야 하는 것이기에 주로 '维持(유지하다) + 秩序'로 쓴다. 'B 规定'은 '遵守(준수하다) + 规定'과 같이 쓴다.

3번 빈칸

A 转达 zhuǎndá 동 전달하다, 전하다 ★
B 继承 jìchéng 동 계승하다, 이어받다 ★
C 传授 chuánshòu 동 전수하다, 가르치다 ★
D 传递 chuándì 동 전달하다

빈칸의 주어는 '好的作品'이며, 목적어는 '善与美'이다. 따라서 빈칸에는 이들을 이끌고 받쳐주는 술어가 와야 한다. 'A 转达'는 '转达 + 意见(의견) / 旨意(취지, 의도)'로 쓰여 주로 말을 '전달하다'의 뜻이고, 'B 继承'은 '遗址 + (유지) / 皇位(황위)'로 쓰여 '계승하다, 이어받다'의 뜻이며, 'C 传授'는 알고 있는 지식이나 기술을 '전수하다'는 뜻이다. 'D 传递'는 '传递 + 信息(정보) / 文化(문화) / 东西(물건)'로 쓰여 정보나 문화 또는 구체적인 물건을 '전달하다'는 뜻이다. 빈칸 뒤의 '오래된 전통 속의 선과 미'는 계승해야 하는 전통이자 일종의 문화를 의미하므로 'B 继承'과 'D 传递'가 가능하다.

정답 D

62

秋天，晶莹剔透的葡萄挂在藤条上，每一粒葡萄像一颗紫色的水晶球，尤其是那些又大又圆的紫葡萄。剥开薄薄的葡萄皮，酸甜的汁水就流了出来，令人垂涎欲滴。

A 艘 ✗	过于 ✗	软软 ✓
B 卷 ✗	甚至 ✗	窄窄 ✗
C 颗 ✓	尤其 ✓	薄薄 ✓
D 株 ✗	格外 ✗	浓浓 ✗

가을이면, 매우 윤기 나고 투명한 포도들이 넝쿨에 걸려있고 포도 한 알 한 알은 마치 한 알의 보라색 수정구슬 같은데, 특히 크고 둥근 보라색 포도들이 더욱 그러하다. 아주 얇은 포도 껍질을 벗기면 새콤달콤한 즙이 흘러나와서 사람들의 입안에 군침을 돌게 한다.

A 척	지나치게	아주 부드럽다
B 권	심지어	아주 좁다
C 알	특히	아주 얇다
D 그루	유난히	아주 진하다

지문 어휘 晶莹剔透 jīngyíngtītòu 성 매우 윤기 나고 투명하다 | 藤条 téngtiáo 명 넝쿨, 등나무 덩굴 | 水晶球 shuǐjīngqiú 명 수정 구슬 | 剥 bāo 동 (가죽, 껍질 등을) 벗기다, 까다 | 酸甜 suāntián 형 새콤달콤하다 | 汁水 zhīshuǐ 명 즙 | 垂涎欲滴 chuíxiányùdī 성 (먹고 싶거나 탐나서) 입안에 군침이 돌다

해설

1번 빈칸

A 艘 sōu 양 척(선박을 세는 단위) ★
B 卷 juǎn 양 권, 통, 롤(roll) (원통형, 두루마리로 말아 놓은 물건을 세는 단위) ★
C 颗 kē 양 알(둥글고 작은 알맹이 모양을 세는 단위)
D 株 zhū 양 그루(나무를 세는 단위) ★

양사를 고르는 문제로, 힌트는 '水晶球'이다. 따라서 '明珠(명주) / 星星(별)' 등과 같이 둥글고 작은 알맹이 모양을 세는 단위인 'C 颗'가 정답이다. 'A 艘'는 배(선박)를 세는 단위이고, 'D 株'는 나무를 세는 단위이다.

2번 빈칸

A 过于 guòyú 부 지나치게 ★
B 甚至 shènzhì 부 심지어
C 尤其 yóuqí 부 특히, 더욱이
D 格外 géwài 부 유난히, 각별히

빈칸 앞뒤의 내용을 파악해야 한다. 빈칸 앞에서 '每一粒葡萄'라는 큰 범위가 언급되고, 빈칸 뒤에는 '那些又大又圆的紫葡萄'라고 작은 범위를 이끌어 냈다. 따라서 '(그 중에서) 특히'를 뜻하는 'C 尤其'가 정답이다. 'A 过于'는 '过于 + 谨慎(신중하다) / 乐观(낙관적이다)'으로 일반적으로 형용사 앞에 쓰여 정도가 지나침을 나타내며, 'B 甚至'는 '심지

어'의 뜻으로 '甚至' 뒤에는 앞의 내용보다 한층 더 심화된 내용이 나와야 하고, 'D 格外'는 정도부사로 형용사를 수식한다.

3번 빈칸

A 软软 ruǎnruǎn 형 아주 부드럽다
B 窄窄 zhǎizhǎi 형 아주 좁다
C 薄薄 báobáo 형 아주 얇다
D 浓浓 nóngnóng 형 아주 진하다

빈칸 뒤 '葡萄皮'가 힌트로, 포도 껍질을 형용하는 것은 '두껍다' 혹은 '얇다' 또는 '부드럽다'이다. 따라서 '얇다'는 뜻인 'C 薄薄'와 사물이 부드럽거나 푹신푹신함을 뜻하는 'A 软软'이 정답으로 가능하다. 'B 窄窄'는 폭이 '좁다'며, 'D 浓浓'은 향이나 향기가 '진하다'는 뜻이다.

정답 C

63

被誉为"国之瑰宝"的东阳木雕因产自浙江东阳而得名，自唐至今已有千余年历史。它最鲜明的特色是以平面浮雕为主，且保留了原木的天然纹理，格调高雅。

'국보'라고 칭송받는 동양목조(东阳木雕)는 저장(浙江)성 동양(东阳)에서 생산되기 때문에 이름이 붙여졌으며, 당나라 때부터 지금까지 이미 1,000여 년의 역사를 가지고 있다. 동양목조의 가장 뚜렷한 특색은 평면 부조(浮雕)를 위주로 하면서 또한 원목 천연의 무늬를 (그대로) 간직하고 있어서 풍격이 고상하다는 것이다.

A 夸 ✗	分明 ✗	优雅 ✗	A 칭찬하다 | 분명하다 | 우아하다
B 誉 ◎	鲜明 ◎	高雅 ◎	B 칭송하다 | 뚜렷하다 | 고상하다
C 占 ✗	显著 ✗	高档 ✗	C 차지하다 | 현저하다 | 고급의
D 评 ✗	正宗 ✗	灵活 ✗	D 평하다 | 정통의 | 민첩하다

지문 어휘 瑰宝 guībǎo 명 진귀한 보물, 보배 | 木雕 mùdiāo 명 목조, 목공예 | 浮雕 fúdiāo 명 부조, 돋을새김 | 保留 bǎoliú 동 간직하다, 보존하다 | 纹理 wénlǐ 명 무늬, 결 | 格调 gédiào 명 풍격, 격조

해설

1번 빈칸

A 夸 kuā 동 칭찬하다
B 誉 yù 동 칭송하다, 찬양하다
C 占 zhàn 동 차지하다
D 评 píng 동 평하다, 논하다

힌트는 빈칸 뒤의 '国之瑰宝'로, 이는 동양목조를 달리 부르는 말이다. 따라서 빈칸에는 '부르다'의 의미가 필요한데, 국보라고 부른다는 것은 그만큼 높이 평가하여 칭한다는 것이므로, '칭송하다, 찬양하다'의 뜻인 'B 誉'가 정답이다. 'A 夸'는 'A 夸 B + 칭찬내용'의 형식을 취해 'A가 B를 ~라고 칭찬하다'로 쓰인다. 'C 占'은 '차지하다'의 뜻으로 뒤에 얼마를 혹은 무엇을 차지하는지 범위가 언급된다.

2번 빈칸

A 分明 fēnmíng 형 분명하다, 명확하다 ★
B 鲜明 xiānmíng 형 뚜렷하다, 선명하다 ★
C 显著 xiǎnzhù 형 현저하다, 뚜렷하다 ★
D 正宗 zhèngzōng 형 정통의, 진정한 ★

빈칸 뒤의 '特色'가 힌트로, 이를 수식하는 것은 'B 鲜明'과 'C 显著'이다. '鲜明'은 '观点(관점) / 色彩(색채) + 鲜明'으로 쓰여 관점이 '뚜렷하다', 색이 '선명하다'의 뜻이며, '显著'는 '效果(효과) / 成绩(성적) + 显著' 등과 같이 효과나 성적의 변화가 눈에 띄게 드러나 '현저하다, 뚜렷하다'의 뜻이다. 'A 分明'은 '四季(사계절) + 分明'과 같이 구분이 명확해서 '분명하다'는 뜻이며, 'D 正宗'은 '正宗的 + 中国菜(중국요리)'처럼 오리지널(원조)을 나타낼 때 쓰인다.

3번 빈칸

A 优雅 yōuyǎ 형 우아하다
B 高雅 gāoyǎ 형 고상하다, 격조가 있다
C 高档 gāodàng 형 고급의, 상등의
D 灵活 línghuó 형 민첩하다, 재빠르다

빈칸 앞의 '格调'가 힌트로, 이와 호응하는 것은 'B 高雅'이며 '格调高雅'는 '격조가 높고 우아하다'는 뜻이다. 'A 优雅'는 사람의 자태나 거동이 '우아하다'의 뜻이고, 'C 高档'은 물건이 고급스러움을 의미하며, 'D 灵活'는 '头脑(두뇌) / 动作(동작) / 办事(일 처리) + 灵活'로 쓰여 두뇌가 '영리하다', 동작이 '민첩하다', 일 처리가 '융통성 있다'라는 뜻이다.

정답 B

64

智能家居通过物联网将家中的视频设备、照明系统、窗帘控制等设备连接到一起，为人们提供多种功能。与普通家居相比，智能家居更便于用户操作。此外，它利用网络通信技术、安全防范技术，提升了家居的安全性，从而优化了人们的生活方式。

스마트 홈(Smart Home)은 사물인터넷을 통해서 집 안의 영상설비, 조명시스템, 커튼조절 등의 설비를 한데 연결하여, 사람들에게 다양한 기능을 제공한다. 평범한 집과 비교했을때 스마트 홈은 사용자가 조작하기 더욱 편리하다. 이 밖에도 스마트 홈은 인터넷 통신기술과 안전방비기술을 이용하여 집의 안전성을 높였고, 그리하여 사람들의 생활방식을 최적화해 주었다.

A 凝聚 ✗	控制 ✗	预防 ✗	公式 ✗	A 응집하다	통제하다	예방하다	공식
B 连接 ○	操作 ○	防范 ○	方式 ○	B 연결하다	조작하다	방비하다	방식
C 融合 ✗	弥补 ✗	防止 ✗	格式 ✗	C 융합하다	메우다	방지하다	양식
D 融化 ✗	宣扬 ✗	停滞 ✗	模式 ○	D 녹다	널리 알리다	정체되다	유형

지문 어휘 智能家居 zhìnéng jiājū 명 스마트 홈(smart home) | 物联网 wùliánwǎng 명 사물인터넷 | 视频 shìpín 명 영상, 동영상 ★ | 照明 zhàomíng 명 조명 | 窗帘 chuānglián 명 커튼 | 控制 kòngzhì 동 조절하다, 통제하다 | 功能 gōngnéng 명 기능 | 用户 yònghù 명 사용자 ★ | 提升 tíshēng 동 높이다, 끌어올리다 | 优化 yōuhuà 동 최적화하다

해설 **1번 빈칸**

A 凝聚 níngjù 동 응집하다, 모으다, 맺히다 ★
B 连接 liánjiē 동 연결하다, 잇다
C 融合 rónghé 동 융합하다
D 融化 rónghuà 동 (얼음, 눈 등이) 녹다 ★

빈칸 앞의 '将…等设备'와 빈칸 뒤의 '到一起'가 힌트이다. 각종 설비는 서로 한데 연결이 되어야 하므로 '연결하다'는 뜻인 'B 连接'가 정답이다. 'A 凝聚'는 '凝聚着 + 智慧(지혜) / 力量(힘)'과 같이 지혜나 힘을 한곳에 모이게 하는 것, 즉 '응집하다'의 뜻이며, 'C 融合'는 주로 '把…融合在一起(~을 같이 융합하다)'의 형식으로 쓰인다.

2번 빈칸

A 控制 kòngzhì 동 통제하다, 제어하다
B 操作 cāozuò 동 조작하다, 다루다 ★
C 弥补 míbǔ 동 메우다, 보충하다 ★
D 宣扬 xuānyáng 동 널리 알리다, 선양하다 ★

빈칸 앞의 '智能家居更便于用户'가 힌트이다. 스마트 홈은 하나의 설비이며, 이 설비, 즉 기기에 대해 가입자들이 할 수 있는 동작을 찾아야 한다. 따라서 기기 등을 '조작하다'는 의미인 'B 操作'가 정답이다. 'A 控制'는 '控制 + 情况(상황) / 感情(감정)'처럼 상황을 '통제하다' 또는 감정을 '제어하다'는 의미이며, 'C 弥补'는 부족함을 '메우다'는 뜻으로 주로 '弥补 + 不足(부족함)'로 쓴다. 'D 宣扬'은 '宣扬 + 思想(사상) / 精神(정신)'으로 쓴다.

3번 빈칸

A 预防 yùfáng 동 예방하다
B 防范 fángfàn 동 방비하다, 막다
C 防止 fángzhǐ 동 방지하다 ★
D 停滞 tíngzhì 동 정체되다, 침체하다 ★

빈칸 앞의 '安全'이 힌트이다. 'B 防范'은 '防范 + 安全(안전)'처럼 범죄가 생기지 않도록 안전에 신경써서 미리 막는 것을 뜻한다. 따라서 '安全'과 호응하는 'B 防范'이 정답이다. 'A 预防'과 'C 防止'는 '预防 / 防止 + 좋지 않은 일'로, 좋지 않은 일이 발생하는 것을 '예방하다, 방지하다'는 뜻이다.

4번 빈칸

A 公式 gōngshì 명 공식 ★
B 方式 fāngshì 명 방식
C 格式 géshi 명 양식, 서식 ★
D 模式 móshì 명 유형, 패턴, 모델 ★

빈칸 앞의 '人们的生活'가 힌트로, 사람들이 살아가는 방법, 즉 방식의 뜻인 'B 方式'와 '유형, 패턴, 모델'의 뜻인 'D 模式'가 정답이다. 'A 公式'는 수학 등의 공식을 뜻하며, 'C 格式'는 '写作(작문) / 文件(문서) + 格式'처럼 쓰여 작문의 격식이나 문서의 종류를 뜻한다.

정답 B

65

"杀青"一词与古代制作竹简的过程有关。先秦时代人们在竹简上刻字以前为防蛀虫，有一个最重要的工序，就是把竹简用火烤一下，这叫"杀青"。到了秦代，人们要想修改在竹青上写的字，需先削掉竹青，然后把定稿写在上面，因此"杀青"就意味着定稿。如今"杀青"一词是指影视作品完成了前期的拍摄工作，开始步入到后期制作阶段的意思。

A 工序 ○	削 ○	意味 ○	拍摄 ○
B 战术 ✕	挖 ✕	陶醉 ✕	扮演 ✕
C 状况 ✕	扭 ✕	沉湎 ✕	筹备 ✕
D 手续 ✕	挤 ✕	演变 ✕	摄影 ✕

'살청(杀青)'이란 단어는 고대의 죽간(竹简) 제작과정과 관련이 있다. 선진(先秦)시대에 사람들이 죽간 위에 글자를 새기기 전에 좀 방지를 위한 가장 중요한 공정이 하나 있었는데, 바로 죽간을 불로 그을리는 것으로, 이를 '살청'이라 불렀다. 진(秦)대에 이르러 사람들은 죽청(竹青)에 쓴 글자를 고치려면 먼저 죽청을 깎아낸 다음 (그) 위에 최종본을 써야 했다. 이 때문에 '살청'은 곧 탈고를 의미한다. 오늘날 '살청'이란 이 단어는 영화와 TV 작품이 전반부 촬영작업을 마치고, 후반부 제작 단계로 들어서기 시작했음을 가리킨다.

A 공정	깎다	의미하다	촬영하다
B 전술	파내다	도취하다	맡다
C 상황	비틀다	~에 빠지다	기획하고 준비하다
D 수속	붐비다	변천하다	사진을 찍다

지문 어휘 杀青 shāqīng 명 살청(대나무를 불에 쬐어 대나무의 푸른빛을 빼는 일) | 竹简 zhújiǎn 명 죽간(종이가 발명되기 전에 문자를 적는데 쓰인 대쪽) | 先秦 Xiānqín 고유 선진(진나라 통일 이전) | 刻字 kè zì 글자를 새기다 | 蛀虫 zhùchóng 명 좀(벌레) | 定稿 dìnggǎo 명 최종본, 탈고본 동 탈고하다 | 影视作品 yǐngshì zuòpǐn 명 영화와 TV 작품, 영상물 | 步入 bùrù 동 (일정 단계에) 들어서다, 이르다

해설

1번 빈칸

A 工序 gōngxù 명 (제조) 공정, 작업 과정
B 战术 zhànshù 명 전술 ★
C 状况 zhuàngkuàng 명 상황, 상태, 정황
D 手续 shǒuxù 명 수속, 절차

빈칸 앞뒤의 내용을 파악해야 한다. 죽간의 제작과정과 관련 있는 '杀青'을 설명하면서 좀 방지를 위해 죽간을 불로 그을린다고 했는데, 이는 죽간 제작과정 중의 하나로 볼 수 있다. 따라서 빈칸에는 '과정', 즉 '공정'을 나타내는 'A 工序'가 가장 적합하다.

2번 빈칸

A 削 xiāo 동 깎다 ★
B 挖 wā 동 파내다, 파다
C 扭 niǔ 동 비틀다
D 挤 jǐ 동 붐비다, 빽빽이 들어차다

빈칸 앞의 '修改在竹青上写的字'가 힌트이다. 새긴 글자를 수정하는 방법, 즉, 수정하는 동작을 찾는 것으로, 의미상 '깎다'의 뜻인 'A 削'가 가장 적당하다. 'B 挖'와 'C 扭'는 손과 관련된 동작으로 각각 손으로 '파내다'와 '비틀다'의 뜻이다.

3번 빈칸

A 意味 yìwèi 동 의미하다 ★
B 陶醉 táozuì 동 도취하다 ★
C 沉湎 chénmiǎn 동 ~에 빠지다, 탐닉하다
D 演变 yǎnbiàn 동 변천하다, 변화하다 ★

빈칸 뒤의 동태조사 '着'가 힌트이다. 'A 意味'는 '着'와 함께 쓰여서 '의미하고 있다'의 뜻으로, 용법적으로도 의미적으로도 'A 意味'가 정답이다. 'B 陶醉'와 'C 沉湎'은 주로 '陶醉于…(~에 도취되다)'와 '沉湎于…(~에 빠지다)'와 같이 전치사 '于'와 호응하여 쓴다.

4번 빈칸

A 拍摄 pāishè 동 촬영하다
B 扮演 bànyǎn 동 (~배역을) 맡다 ★
C 筹备 chóubèi 동 기획하고 준비하다 ★
D 摄影 shèyǐng 동 사진을 찍다, 촬영하다

빈칸 앞의 '影视作品'이 힌트로, '영화'와 관련된 작업을 나타내는 어휘를 찾아야 한다. 'A 拍摄'와 'D 摄影'은 모두 '촬영하다'의 뜻이지만, 'D 摄影'은 '拍照片', 즉 '사진을 찍다'의 뜻이다. 따라서 정답은 영상물을 '촬영하다'는 뜻의 'A 拍摄'이다. 'B 扮演'은 '扮演 + 角色(역할)'로 쓰여 배역이나 역할을 '맡다'는 뜻이다.

정답 A

"汉桂"又名桂花树，是桂花中的佼佼者，享誉国内外，是历史文化名城汉中市的象征。汉桂的主干<u>直径</u>达2.32米，高13米，树冠<u>覆盖</u>面积达400多平方米。在饱经了两千三百多年的<u>风霜雨雪</u>后，每逢花期汉桂依然盛开出朵朵鲜花，随处都可以闻到它的芬芳，吸引<u>无数</u>游客前来观赏。

'한구이(汉桂)'는 계화나무라고도 부르는데, 계화 중에서도 최고이고, 국내외로 명성을 누리고 있으며, 역사와 문화의 도시인 한중시(汉中市)의 상징이다. 한구이의 줄기는 <u>직경</u>이 2.32m, 높이가 13m에 달하고, 수관(树冠)이 <u>뒤덮은</u> 면적은 400여 ㎡에 달한다. 2,300여 년 동안 <u>온갖 고난과 풍파</u>를 다 겪은 후, 매번 개화기가 되면 변함없이 한 송이 한 송이 꽃을 활짝 피우기에 어디서나 한구이의 향기를 맡을 수 있고, <u>수많은</u> 관광객들을 감상하러 오게끔 매료시킨다.

A 直径 ◎	覆盖 ◎	风霜雨雪 ◎	无数 ◎
B 体积 ✗	遮挡 ✗	锦上添花 ✗	巨大 ✗
C 平衡 ✗	阻挠 ✗	欣欣向荣 ✗	广泛 ✗
D 平行 ✗	揭露 ✗	斩钉截铁 ✗	众多 ◎

A 직경	뒤덮다	온갖 고난과 풍파	수많다
B 부피	막다	금상첨화이다	거대하다
C 균형	방해하다	활기차게 발전하다	광범위하다
D 평행	폭로하다	과단성 있고 단호하다	매우 많다

지문 어휘

桂花树 guìhuāshù 명 계화나무(Osmanthus fragrans), 목서나무 | **佼佼者** jiǎojiǎozhě 명 최고(출중한 사람 혹은 사물) | **享誉** xiǎngyù 동 명성을 누리다 | **汉中市** Hànzhōngshì 고유 한중시 | **象征** xiàngzhēng 명 상징 | **主干** zhǔgàn 명 줄기 | **树冠** shùguān 명 수관 | **平方米** píngfāngmǐ 양 제곱미터(m²) | **饱经** bǎojīng 동 다 겪다 | **每逢** měiféng ~할 때마다, ~때가 되면 | **依然** yīrán 부 변함없이, 여전히 | **盛开** shèngkāi 동 활짝 피다, 만개하다 | **随处** suíchù 부 어디서나, 도처에 | **芬芳** fēnfāng 명 향기 | **观赏** guānshǎng 동 감상하다

해설

1번 빈칸

A **直径** zhíjìng 명 직경 ★
B **体积** tǐjī 명 부피, 체적 ★
C **平衡** pínghéng 명 균형, 평형
D **平行** píngxíng 명 평행 ★

빈칸 앞의 '主干'과 빈칸 뒤의 '2.32米'가 힌트로, 'm(미터)'를 단위로 사용하는 것을 골라야 한다. 따라서 '지름'을 뜻하는 'A 直径'이 정답이다. 'B 体积'는 '부피, 크기'를 뜻하며, 'C 平衡'은 '균형', 즉 '밸런스(balance)'를 의미하고 'D 平行'은 두 개가 서로 만나지 않는다는 '평행'의 뜻이다.

2번 빈칸

A **覆盖** fùgài 동 뒤덮다 ★
B **遮挡** zhēdǎng 동 막다, 가리다 ★
C **阻挠** zǔnáo 동 방해하다, 제지하다 ★
D **揭露** jiēlù 동 폭로하다, 까발리다 ★

빈칸 뒤의 '面积'가 힌트로, 이와 호응하는 동사를 찾아야 한다. 따라서 보기 중 뒤덮고 있는 범위를 나타내는 'A 覆盖'가 정답이다. 'B 遮挡'은 '遮挡 + 阳光(햇빛) / 风沙(모래바람)'로 쓰여, 햇빛이나 모래바람을 '막다, 차단하다'는 뜻이며, 'D 揭露'는 주로 '揭露 + 现实(현실) / 内幕(내막) / 本质(본질)' 등으로 쓰여 말이나 행동으로 '폭로하다'는 뜻이다.

3번 빈칸

A **风霜雨雪** fēngshuāngyǔxuě 명 온갖 고난과 풍파
B **锦上添花** jǐnshàngtiānhuā 성 금상첨화이다 ★
C **欣欣向荣** xīnxīnxiàngróng 성 활기차게 발전하다, 나날이 번영하다 ★
D **斩钉截铁** zhǎndīngjiétiě 성 과단성 있고 단호하다 ★

빈칸 앞의 '饱经'이 힌트이다. '饱经'은 온갖 풍파나 고난을 '다 겪다'의 뜻이기에, 인생에서의 모진 '고난'을 의미하는 성어인 'A 风霜雨雪'가 정답이다.

4번 빈칸

A **无数** wúshù 형 수많다, 무수하다, 매우 많다
B **巨大** jùdà 형 거대하다, 아주 크다
C **广泛** guǎngfàn 형 광범위하다, 폭 넓다 ★
D **众多** zhòngduō 형 매우 많다

빈칸 뒤의 '游客'가 힌트로, 사람을 수식해주는 어휘를 찾아야 한다. 따라서 '무수하다, 매우 많다'의 뜻인 'A 无数'와 사람이나 문제 등이 '매우 많다'의 뜻인 'D 众多'가 정답이다. 'B 巨大'는 규모나 수량 등이 '많다, 크다'는 뜻이며 'C 广泛'은 '分布(분포) / 兴趣(흥미) + 广泛'과 같이 분포가 '광범위하다' 또는 흥미나 용도가 '다양하다'는 뜻이다.

정답 A

67

　　最近的选秀节目层出不穷，很多选秀节目中的选手<u>明明</u>知道自己在唱歌方面没有天赋，却依然不放弃自己的音乐<u>梦想</u>。我认为如果盲目地坚持，可能会适得其反。有时我们走错方向时，<u>与其</u>一味地坚持，不如先停下来静静地思考，因为此时<u>哪怕</u>不走都是一定程度上的进步。

　　최근에 오디션 프로그램이 잇달아 등장하면서, 오디션 프로그램의 많은 참가자들이 자신이 노래하는 쪽으로는 타고난 재능이 없음을 <u>분명히</u> 알고 있음에도 여전히 자신의 음악의 <u>꿈</u>을 포기하지 않는다. 내 생각에는 만약 무작정 고집한다면 아마도 역효과를 낼 것 같다. 때로는 우리가 길을 잘못 들었을 때 무턱대고 고집<u>하느니</u>, 우선 멈춰 서서 조용히 생각해 보는 것이 낫다. 왜냐하면, 이때는 <u>설령</u> (앞으로) 나아가지 않는다 해도 어느 정도의 발전이기 때문이다.

A	偷偷 ✗	魄力 ✗	幸亏 ✗	尚未 ✗
B	偏偏 ✗	妄想 ✗	究竟 ✗	除非 ✗
C	明明 ✓	梦想 ✓	与其 ✓	哪怕 ✓
D	默默 ✗	野心 ✗	假使 ✗	反之 ✗

A	남몰래	패기	다행히	아직 ~하지 않다
B	기어코	망상	도대체	오직 ~하여야지만
C	분명히	꿈	~하느니	설령 ~라 해도
D	묵묵히	야망	만약	이와 반대로

지문 어휘 选秀 xuǎnxiù 명 오디션 동 오디션하다 | 层出不穷 céngchūbùqióng 성 잇달아 등장하다, 끊임없이 나타나다 ★ | 选手 xuǎnshǒu 명 참가자, 선수 ★ | 天赋 tiānfù 명 타고난 재능, 소질 ★ | 放弃 fàngqì 동 포기하다 | 盲目 mángmù 형 맹목적인, 무작정 ★ | 适得其反 shìdéqífǎn 성 역효과가 나다, 결과가 바라는 것과 정반대가 되다 | 一味 yíwèi 부 무턱대고, 덮어놓고

해설

1번 빈칸

A 偷偷 tōutōu 부 남몰래, 슬그머니
B 偏偏 piānpiān 부 기어코, 일부러, 굳이 ★
C 明明 míngmíng 부 분명히, 명백히 ★
D 默默 mòmò 부 묵묵히, 말없이 ★

빈칸 뒤의 '却'가 힌트이다. 부사 '明明'은 '분명히, 명백히(~함에도 불구하고)'의 의미까지 포함하기에 '明明…, 但是、却…'의 구조로 쓰인다. 따라서 정답은 'C 明明'이다. 'A 偷偷'는 다른 사람 눈에 안 띄게 '몰래, 슬쩍'이라는 뜻이며, 'B 偏偏'은 '기어코, 일부러'의 뜻으로 객관적인 요구나 상황에 상반되게 행동하는 것을 뜻하거나 '마침, 공교롭게도'의 뜻으로 바람이나 예측이 어긋날 때 쓴다. 'D 默默'는 말 없이 '묵묵하다'의 뜻이다.

2번 빈칸

A 魄力 pòlì 명 패기, 박력 ★
B 妄想 wàngxiǎng 명 망상, 공상 ★
C 梦想 mèngxiǎng 명 꿈
D 野心 yěxīn 명 야망, 야심 ★

빈칸 앞의 '不放弃'가 힌트로, 이와 호응하는 명사이면서 가수가 되고자 하는 사람이 가진 '꿈과 희망'을 나타내는 명사가 위치해야 하므로 정답은 'C 梦想'이다. 'B 妄想'은 분수에 맞지 않는, 비현실적인 '망상, 공상'의 뜻이며, 'D 野心'은 품고 있는 '야망, 야심'을 의미하며, 부정적인 색채를 지닌다.

3번 빈칸

A 幸亏 xìngkuī 부 다행히, 운 좋게　　B 究竟 jiūjìng 부 도대체
C 与其 yǔqí 접 ~하느니 (차라리), ~하기 보다는 (차라리)　D 假使 jiǎshǐ 접 만약, 만일

빈칸 뒤의 '不如'가 힌트이다. '与其⋯, 不如⋯(~하느니 ~하는 것이 낫다)'는 선택관계 접속사이다. 따라서 정답은 'C 与其'이다. 'A 幸亏'는 '幸亏 + 고마운 일, 다행스러운 일'로 쓰여 '다행히, 덕분에'의 뜻으로, 뒤 절에는 보통 '否则 / 才'와 함께 쓴다. 'B 究竟'은 '도대체'의 뜻으로 뒤에 의문구조를 동반해야 하며, 'D 假使'는 '만약, 가령'의 뜻으로, 주로 '假使~, 就~'의 형태로 쓰이는 가정관계 접속사이다.

4번 빈칸

A 尚未 shàngwèi 부 아직 ~하지 않다　　B 除非 chúfēi 접 오직 ~하여야지(만), ~한다면 몰라도
C 哪怕 nǎpà 접 설령 ~라 해도, 가령 ~라 해도　D 反之 fǎnzhī 접 이와 반대로 ★

빈칸 앞뒤의 내용을 파악해야 한다. 길을 잘못 들었을 때는 멈춰 서서 조용히 생각해 보는 것이 나은데, 그 이유가 나아가지 않아도 일종의 발전이기 때문이라고 했다. 따라서 빈칸에는 가정관계 접속사인 'C 哪怕'가 가장 적합하다. 'B 除非'는 '除非⋯, 否则 / 才 ⋯(오직 ~해야 한다, 그렇지 않으면 / 비로소~)'로 쓴다. 또한 빈칸의 위치상, 문장의 맨 앞에서 단독으로 쓰이는 'D 反之'도 정답이 아니다.

정답 C

68

《晏子春秋》是一部记录春秋时期齐国思想家、外交家晏婴言行的历史典籍。全书由史料和民间的故事组成。书中有很多生动的情节，用朴实的笔墨塑造了晏婴劝谏君主、爱护百姓、勤俭节约的形象，同时反映了春秋后期齐国的社会历史风貌。由于《晏子春秋》的思想非儒非道，所以自古以来不太被人重视。

《안자춘추(晏子春秋)》는 춘추시대 제(齐)나라의 사상가이자 외교관이었던 안영(晏婴)의 언행을 기록한 역사고서이다. 책은 역사 사료와 민간에서 전해지는 이야기들로 구성되어 있다. 책 속에는 생동감 넘치는 스토리가 많이 있는데, 안영이 군주에게 간언하고 백성을 보호하며 근검절약하는 모습을 꾸밈없는 문장으로 묘사했고, 동시에 춘추시대 후기 제나라의 사회와 역사의 면모도 반영했다. 《안자춘추》의 사상은 유가도 도가도 아니었기 때문에, 예로부터 사람들에게 그리 주목을 받지 못했다.

A 讲述 ✗	合成 ✗	照耀 ✗	部分 ✗
B 记录 ✓	组成 ✓	塑造 ✓	风貌 ✓
C 描写 ✗	构成 ✗	伪造 ✗	作风 ✗
D 叙述 ✗	形成 ✗	营造 ✗	风俗 ✗

A 이야기하다	합성하다	밝게 비추다	부분
B 기록하다	구성되다	묘사하다	면모
C 묘사하다	구성하다	위조하다	기풍
D 서술하다	형성하다	조성하다	풍속

지문 어휘 晏子 Yànzi 고유 안자(안영에 대한 존칭) | 齐国 Qíguó 고유 제나라 | 外交家 wàijiāojiā 명 외교관, 외교가 | 晏婴 Yàn Yīng 고유 안영(안자의 이름) | 典籍 diǎnjí 명 고서, 고전, 옛날 책 | 史料 shǐliào 명 역사 사료, 역사 자료 | 民间 mínjiān 명 민간 ★ | 生动 shēngdòng 형 생동감이 넘치다 | 情节 qíngjié 명 스토리, 줄거리 ★ | 朴实 pǔshí 형 꾸밈이 없다, 소박하다 ★ | 笔墨 bǐmò 명 문장, 문구 | 劝谏 quànjiàn 동 (윗사람에게) 간언하다 | 君主 jūnzhǔ 명 군주 | 勤俭 qínjiǎn 형 근검하다, 부지런하고 알뜰하다 ★ | 儒 rú 명 유가 | 道 dào 명 도가 | 自古以来 zìgǔyǐlái 예로부터, 자고로

> 해설

1번 빈칸

A 讲述 jiǎngshù 동 이야기하다, 서술하다
B 记录 jìlù 동 기록하다
C 描写 miáoxiě 동 묘사하다, 그려내다
D 叙述 xùshù 동 서술하다, 설명하다

힌트는 《晏子春秋》로, 이 책은 안영의 언행을 소개한 책이다. 따라서 '쓰다, 기록하다'의 뜻인 'B 记录'가 정답이다. 'A 讲述'와 'D 叙述'의 주어는 사람이어야 하며, 'A 讲述'는 '讲述 + 故事(이야기) / 始末(자초지종) / 经历(경험)' 등을 '이야기하다'의 뜻이며, 'D 叙述'는 생각 등을 '서술하다'는 의미이다.

2번 빈칸

A 合成 héchéng 동 합성하다, 합쳐서 ~가 되다 ★
B 组成 zǔchéng 동 구성되다, 구성하다, 조성하다
C 构成 gòuchéng 동 구성하다
D 形成 xíngchéng 동 형성하다

빈칸 앞의 '由'가 힌트이다. 보기 중 'B 组成'과 'C 构成'은 둘 다 전치사 '由'와 쓰이지만, 책의 구성으로 봤을때, '由…组成'은 책의 내용 면에서의 구성을 설명하며, '由…构成'은 책 자체가 가지고 있는 구성성분, 예를 들면 종이, 삽화, 글자 등을 나타낸다. 빈칸 앞의 '史料和民间的故事'라는 것은 책의 내용상의 구성요소를 의미하므로, 정답은 'B 组成'이다. 'D 形成'은 오랜 기간 서서히 '형성되다'는 의미이며, 주로 '形成 + 性格(성격) / 习惯(습관) / 价值观(가치관)'으로 쓴다.

3번 빈칸

A 照耀 zhàoyào 동 밝게 비추다, 눈부시게 비치다 ★
B 塑造 sùzào 동 (인물을) 묘사하다, 형상화하다 ★
C 伪造 wěizào 동 위조하다, 날조하다 ★
D 营造 yíngzào 동 조성하다, 만들다, 짓다

빈칸 뒤의 '形象'이 힌트이다. 보기 중 '形象'과 호응하여 쓰는 것은 'B 塑造'로, '塑造'는 언어나 문자 또는 예술적인 수단을 통해 이미지를 '묘사하다, 형상화하다'는 뜻이며, 주로 '塑造 + 形象(이미지)'으로 쓴다. 'D 营造'는 '营造 + 气氛(분위기) / 效果(효과)'로 쓰여 분위기나 효과를 '조성하다'의 뜻이다.

4번 빈칸

A 部分 bùfen 명 부분, 일부(분)
B 风貌 fēngmào 명 면모, 풍격과 면모
C 作风 zuòfēng 명 기풍, 풍격 ★
D 风俗 fēngsú 명 풍속

빈칸 앞의 '齐国的社会历史'가 힌트이다. 보기 중에 'B 风貌'만이 '齐国的社会历史'와 호응할 수 있다. '风貌'는 사회의 '면모' 뿐만 아니라, 어떤 시기의 '분위기'까지 포괄할 수 있다. 따라서 정답은 'B 风貌'이다. 'C 作风'은 '个人(개인) / 工作(작업) / 生活(생활) + 作风'으로 쓰여 나와 가까운 것에 대한 '기풍'이나 '태도'를 나타낸다.

> 정답

B

69

众所周知，蚕丝可做成服装、蚕丝被等物品。最近，科学家们发现了它的很多新__用途__。__比如__蚕丝可以做成杯子，因为蚕丝既可以__消融__在生物体内，又可以被自然环境降解。这说明用蚕丝做成的杯子比用聚苯乙烯做成的杯子更__有利__于环保。此外，蚕丝还可制成药品、电子制品等。

모든 사람들이 다 알고 있듯이, 잠사(蚕丝)는 의류나 잠사이불 등의 물품으로 만들 수 있다. 최근, 과학자들은 잠사의 많은 새로운 용도를 발견했다. 예를 들면 잠사로 컵을 만들 수 있는데, 왜냐하면 잠사는 생물의 체내에서 용해 가능하고 또 자연환경에 의해 분해될 수 있기 때문이다. 이것은 잠사로 만든 컵이 폴리스타이렌으로 만든 컵보다 환경보호에 더욱 유리하다는 것을 설명한다. 이 외에도 잠사로 약품이나 전자제품 등을 만들 수 있다.

A	功效 ✗	譬如 ◎	融洽 ✗	擅长 ✗
B	用途 ◎	比如 ◎	消融 ◎	有利 ◎
C	职能 ✗	仿佛 ✗	腐蚀 ✗	善用 ✗
D	劣势 ✗	犹如 ✗	渗透 ✗	优越 ✗

A	효능	예를 들다	사이가 좋다	뛰어나다
B	용도	예를 들면	용해하다	유리하다
C	직능	마치 ~인 듯 하다	부식하다	충분히 활용하다
D	열세	마치 ~와 같다	스며들다	우월하다

지문 어휘 众所周知 zhòngsuǒzhōuzhī 성 모든 사람이 다 알고 있다 ★ | 蚕丝 cánsī 명 잠사, silk, 누에고치실 | 服装 fúzhuāng 명 의류, 의복 | 蚕丝被 cánsībèi 명 잠사이불 | 降解 jiàngjiě 동 (화합물이) 분해되다 | 聚苯乙烯 jùběnyǐxī 명 폴리스타이렌(polystyrene) | 环保 huánbǎo 명 환경보호, 친환경

해설

1번 빈칸

A 功效 gōngxiào 명 효능, 효과 ★
B 用途 yòngtú 명 용도
C 职能 zhínéng 명 직능, 직책과 기능 ★
D 劣势 lièshì 명 열세

빈칸 앞의 '科学家们发现了它的很多'가 힌트이다. 이 문장 속의 '它'가 가리키는 것은 '蚕丝'인데, 잠사는 옷과 이불은 물론 이제는 컵과 약품, 전자제품도 만들 수 있다고 했다. 따라서 과학자들이 발견한 것은 잠사의 여러 가지 '용도, 쓰임새'임을 알 수 있으므로, 'B 用途'가 정답이다.

2번 빈칸

A 譬如 pìrú 동 예를 들다 ★
B 比如 bǐrú 접 예를 들면, 예컨대
C 仿佛 fǎngfú 부 마치 ~인 듯 하다
D 犹如 yóurú 동 마치~와 같다 ★

빈칸 앞뒤의 내용을 파악해야 한다. 과학자들이 잠사의 새로운 용도를 발견했는데, 컵을 만들 수 있다고 했다. 이는 새로운 용도에 대한 예를 든 것이므로 'A 譬如'와 'B 比如' 둘 다 가능하다. 'C 仿佛'와 'D 犹如'는 '마치~와 같다'의 뜻으로 비유의 의미를 지닌다.

3번 빈칸

A 融洽 róngqià 형 사이가 좋다, 조화롭다 ★
B 消融 xiāoróng 동 용해되다, 녹다
C 腐蚀 fǔshí 동 부식하다, 썩다 ★
D 渗透 shèntòu 동 스며들다, 침투하다 ★

병렬관계 접속사 '既 A，又 B'와 빈칸 뒤의 '在生物体内'가 힌트이다. '又'의 뒤에서 '자연환경에 분해될 수 있다'라고 했기에 既의 뒤에서도 '분해되다'와 유사한 의미를 지닌 어휘가 있어야 한다. 또한 생물체내에서 작용할 수 있는 동작이어야 한다. 따라서 '용해되다, 녹다'의 뜻인 'B 消融'이 정답이다. 'A 融洽'는 '气氛(분위기) / 关系(관계) + 融洽'로 쓰여 분위기가 '화기애애하다' 또는 (사람과의) 관계에서 '사이가 좋다'의 뜻이며 'C 腐蚀'는 사물이 '녹슬다, 부식하다'의 뜻이다. 'D 渗透'는 '文化渗透到生活中(문화가 생활 속에 스며든다) / 渗透到血液里(혈액 속으로 스며든다)'와 같이 쓴다.

4번 빈칸

A 擅长 shàncháng 동 (~방면에) 뛰어나다, 잘하다 ★
B 有利 yǒulì 형 유리하다
C 善用 shànyòng 충분히 활용하다, 잘 쓰다
D 优越 yōuyuè 형 우월하다, 뛰어나다 ★

빈칸 뒤의 '…于环保'가 힌트이다. 'B 有利'는 '于'와 함께 쓰여 '~에 이롭다'의 뜻이므로 정답은 'B 有利'이다. 'A 擅长'은 '擅长 + 画画(그림 그리기) / 做菜(요리하기)'와 같이 어떤 방면에서 '뛰어나다, 잘하다'는 뜻이며 'C 善用'은 '善用 + 人才(인재) / 时间(시간) / 资源(자원)'으로 쓰여 인재를 잘 부리거나 시간이나 자원을 '잘 이용하다, 선용하다'는 뜻이다. 'D 优越'는 '优越的 + 成绩(성적) / 环境(환경) / 条件(조건)'으로 쓰여 성적이 '우월하다' 또는 환경이나 조건이 '뛰어나다'는 뜻이다.

정답 B

70

草编是以柔韧的草本植物为原料编制成的各种生活**用品**。其原料生长地域广泛，制作时往往就地取材。为了使作品流传更久，有的制作者用事先**染**成的各种彩色的草来编织**图案**；有的在编好后再印上**装饰**的花纹。草编既经济实用，又**美观**大方，在中国民间十分流行，已被列入国家级非物质文化遗产名录。

짚공예품은 부드럽고 질긴 초본 식물을 원료로 삼아 엮어 만든 다양한 생활**용품**이다. 그 원료는 자라는 지역이 넓어서, 만들면서 종종 재료의 현지조달이 가능하다. 작품을 더 오래도록 전해지게 하기 위해, 어떤 제작자는 사전에 **염색해** 놓은 다양한 색깔의 짚으로 **도안**을 짜기도 하고, 또 어떤 사람은 다 엮은 후에 다시 **장식한** 무늬를 찍기도 한다. 짚공예품은 경제적이고 실용적이며, 또 **아름답고** 세련되서 중국의 민간에서 굉장히 유행하고 있으며, 이미 국가급 무형문화유산 명단에 들어갔다.

A 样品 ✗	绣 ✗	符号 ✗	装潢 ✗	壮观 ✗
B 用品 ○	染 ○	图案 ○	装饰 ○	美观 ○
C 标本 ✗	揉 ✗	情形 ✗	挑选 ✗	清楚 ✗
D 造型 ✗	熨 ✗	轮廓 ✗	筛选 ✗	舒畅 ✗

A 샘플	수놓다	기호	꾸미다	장관이다
B 용품	염색하다	도안	장식하다	아름답다
C 표본	비비다	정황	고르다	분명하다
D 형상	다림질하다	윤곽	걸러내다	상쾌하다

지문 어휘 草编 cǎobiān 명 짚공예품(식물의 잎이나 줄기로 기물을 만드는 민간 수공예) | 柔韧 róurèn 형 부드럽고 질기다 | 草本植物 cǎoběn zhíwù 명 초본 식물 | 编制 biānzhì 동 엮어서 만들다 | 地域 dìyù 명 지역 | 就地取材 jiùdì qǔcái 성 현지에서 재료 또는 인재를 구하다, 현지에서 해결하다 | 事先 shìxiān 명 사전에, 미리 | 编织 biānzhī 동 엮다 | 花纹 huāwén 명 무늬 | 实用 shíyòng 형 실용적이다 | 大方 dàfāng 형 세련되다, 고상하다 | 列入 lièrù 동 들어가다, 집어 넣다 | 非物质文化遗产 fēiwùzhì wénhuà yíchǎn 명 무형문화유산 | 名录 mínglù 명 명단, 명부

해설

1번 빈칸

A 样品 yàngpǐn 명 샘플, 표본 ★
B 用品 yòngpǐn 명 용품
C 标本 biāoběn 명 표본, 샘플 ★
D 造型 zàoxíng 명 형상, 이미지 ★

빈칸 앞의 '生活'가 힌트이며, 이와 호응을 이루는 것은 'B 用品'뿐이다.

2번 빈칸

A 绣 xiù 동 수놓다 ★ B 染 rǎn 동 염색하다 ★
C 揉 róu 동 (손으로) 비비다, 문지르다 ★ D 熨 yùn 동 다림질하다, 다리다 ★

빈칸 뒤의 결과보어 '成'과 '各种彩色的草'가 힌트이다. 이는 다시 말해 다양한 색깔의 짚은 빈칸 동작의 결과물인 셈이다. 따라서 '염색하다'의 뜻인 'B 染'이 정답이다.

3번 빈칸

A 符号 fúhào 명 기호, 표기 ★ B 图案 tú'àn 명 도안, 무늬, 패턴 ★
C 情形 qíngxing 명 정황, 형세, 일의 상황 ★ D 轮廓 lúnkuò 명 윤곽, 테두리 ★

빈칸 앞의 '用…草来编织'가 힌트로, 빈칸에는 짚을 사용해서 엮고 짤 수 있는 것이 언급되어야 한다. 따라서 정답은 '도안, 패턴'의 뜻인 'B 图案'이다.

4번 빈칸

A 装潢 zhuānghuáng 동 꾸미다, 장식하다 B 装饰 zhuāngshì 동 장식하다, 꾸미다
C 挑选 tiāoxuǎn 동 고르다, 선택하다 D 筛选 shāixuǎn 동 걸러내다, 골라내다 ★

빈칸 뒤의 '花纹'이 힌트로, 무늬란 예쁘게 꾸며놓은 것을 뜻한다. 따라서 보기 중 '장식하다'의 뜻인 'B 装饰'가 정답이다. 'A 装潢' 역시 예쁘게 '꾸미다, 장식하다'의 뜻이지만, 일반적으로 집의 벽이나 천정 등 집안 내부를 예쁘게 '인테리어하다'는 뜻이다. 따라서 무늬와는 어울리지 않는다.

5번 빈칸

A 壮观 zhuàngguān 형 장관이다 ★ B 美观 měiguān 형 아름답다, 보기 좋다 ★
C 清楚 qīngchu 형 분명하다, 또렷하다 D 舒畅 shūchàng 형 상쾌하다, 후련하다 ★

빈칸 앞의 '既 A, 又 B'가 힌트이다. '既 A, 又 B'는 병렬관계 접속사로, '既' 뒤의 구절과 '又' 뒤의 구절은 문장의 구조상 같거나 비슷한 형식을 가진다. 따라서 '经济'와 '实用'의 구조와 흡사한 구조를 가지며 '大方'과 어울리는 '아름답다'의 뜻인 'B 美观'이 정답이다. 'A 壮观'은 풍경, 경치가 '장관이다'의 뜻이며, 'D 舒畅'은 '心情(기분) + 舒畅'으로 쓰여, 기분이 '상쾌하다'는 뜻이다.

정답 B

제3부분

71~80번 문제는 빈칸에 들어가는 알맞은 문장을 고르는 문제입니다.

71-75

中国有句俗话：有眼不识泰山。意思是：虽然有眼睛，却不认识泰山。这里的"泰山"不是指位于山东省的那座"五岳之首"的名山，**(71) C** 而是指古代的一位著名的木匠。

相传春秋时代的鲁班是一位有名的木匠，他的技艺巧夺天工，非常人所能及。如今木匠们常使用的刨子、墨斗等，**(72) E** 据说都是他发明的。可就是这样伟大的人物，也有看走眼的时候。

鲁班曾收过很多徒弟，他为了维护自己的名誉，所以每隔一段时间，就会淘汰一些"不可雕琢"的人。在他的众多徒弟当中，有一个年轻人叫泰山，看上去笨手笨脚的。他跟鲁班学了数月，**(73) A** 技艺居然一点儿进步都没有。因此鲁班经过慎重考虑后将他扫地出了门。

事隔八年后，鲁班逛集市时，偶然发现很多做工精细的家具，甚至很多样式连他自己都没见过。鲁班十分想认识这位能工巧匠，**(74) B** 便去打听这些家具出自谁手。旁边的人告诉鲁班，这正是他的徒弟泰山所做的！鲁班听后猛地想起了当年他亲自淘汰的徒弟泰山，不禁深感惭愧。于是感叹道："我真是有眼不识泰山啊！"

从此，人们就用"有眼不识泰山"来形容自己见识短浅，竟然认不出就在自己眼前的才华横溢的人，**(75) D** 这是一种比较恭敬的说法。

A 技艺居然一点儿进步都没有
B 便去打听这些家具出自谁手
C 而是指古代的一位著名的木匠
D 这是一种比较恭敬的说法
E 据说都是他发明的

중국에 '유안불식태산(有眼不识泰山)'이라는 속담이 있다. 눈이 있음에도 태산을 알아보지 못한다는 뜻으로, 여기서의 '태산'은 산둥성(山东省)에 위치한 '오악 중의 으뜸'이라는 그 명산이 아니라 **(71) C** 고대의 한 유명한 목공을 지칭한다.

전해지는 바에 따르면, 춘추시대의 노반(鲁班)은 유명한 목공으로, 그의 솜씨는 굉장히 뛰어나서 일반인들은 미치지 못할 정도였다고 한다. 오늘날 목수들이 흔히 사용하는 대패나 먹통 등은 **(72) E** 듣기로 모두 그가 발명한 것이라 한다. 하지만 바로 이렇게 위대한 인물조차도 잘못된 판단을 할 때가 있다.

노반은 예전부터 많은 제자를 받았었는데, 자신의 명예를 지키기 위해 일정 기간마다 '조각을 못하는' 사람들을 도태시켰다. 그의 수많은 제자 중에 태산이라는 젊은이가 있었는데, 손발이 굼떠 보였다. 그는 노반에게 수개월이나 배웠음에도 **(73) A** 솜씨는 의외로 조금도 향상이 되지 않았다. 이 때문에 노반은 신중하게 생각한 끝에 그를 내쫓았다.

그 일이 있고 난 뒤 8년 후, 노반은 시장을 구경하다가 우연히 제작 솜씨가 정교한 가구들을 발견했는데, 심지어 (그 중) 많은 모양들은 그 자신조차 본 적이 없는 것들이었다. 노반은 솜씨 좋은 이 장인을 너무나 알고 싶어서 **(74) B** 이 가구들이 누구의 손에서 나온 것인지를 알아봤다. 옆 사람은 노반에게 이것이 바로 그의 제자 태산이 만든 것이라고 알려주었다. 노반은 (그 말을) 듣고 문득 그 당시 그가 직접 도태시켰던 제자 태산을 떠올렸고, 절로 깊이 부끄러워짐에 '내가 정말이지 눈이 있음에도 태산을 알아보지 못했구나!'라고 탄식하며 말했다.

이 때부터, 사람들은 '유안불식태산'이라는 말로 자신의 식견이 얕아 바로 자기 눈 앞에 있는 재능 넘치는 이를 알아보지 못함을 묘사했는데, **(75) D** 이는 일종의 비교적 공손한 표현이다.

A 솜씨는 의외로 조금도 향상이 되지 않았다
B 이 가구들이 누구의 손에서 나온 것인지를 알아봤다
C 고대의 한 유명한 목공을 지칭한다
D 이는 일종의 비교적 공손한 표현이다
E 듣기로 모두 그가 발명한 것이라 한다

지문 어휘 俗话 súhuà 명 속담, 옛말 ★ | 位于 wèiyú 동 ~에 위치하다 | 五岳 wǔyuè 명 오악 | 相传 xiāngchuán 동 (~라고) 전해 오다 | 鲁班 Lǔ Bān 고유 노반 | 木匠 mùjiang 명 목공, 목수 | 技艺 jìyì 명 솜씨, 기술 | 巧夺天工 qiǎoduótiāngōng 성 솜씨가 굉장히 뛰어나다 | 常人 chángrén 명 일반인, 보통사람 | 如今 rújīn 명 오늘날 | 刨子 bàozi 명 대패 | 墨斗 mòdǒu 명 먹통 | 伟大 wěidà 형 위대하다 | 看走眼 kàn zǒuyǎn 잘못된 판단을 하다, 잘못 보다 | 收 shōu 동 받다 | 徒弟 túdì 명 제자 ★ | 维护 wéihù 동 지키다, 유지하고 보호하다 ★ | 名誉 míngyù 명 명예 ★ | 隔 gé 동 간격을 두다 | 淘汰 táotài 동 도태시키다, 내쫓다 ★ | 雕琢 diāozhuó 동 조각하다 | 笨手笨脚 bènshǒubènjiǎo 성 손발이 굼뜨다, 동작이 둔하다 | 慎重 shènzhòng 형 신중하다 ★ | 扫地出门 sǎodìchūmén 성 (모든 재산을 빼앗고) 내쫓다 | 集市 jíshì 명 재래 시장, 장터 | 偶然 ǒurán 부 우연히 | 做工 zuògōng 명 제작 솜씨, 가공 기술 | 精细 jīngxì 형 정교하다 | 样式 yàngshì 명 모양, 스타일 | 能工巧匠 nénggōngqiǎojiàng 성 솜씨 좋은 장인 | 猛地 měngde 부 문득, 갑자기 | 亲自 qīnzì 부 직접, 손수 | 不禁 bùjīn 부 절로, 참지 못하고, 자신도 모르게 ★ | 深感 shēngǎn 동 깊이 느끼다 | 惭愧 cánkuì 형 부끄럽다 | 感叹 gǎntàn 동 탄식하다, 감탄하다 | 道 dào 동 말하다 | 形容 xíngróng 동 묘사하다, 형용하다 | 见识 jiànshi 명 식견, 견문 | 短浅 duǎnqiǎn 형 (사물에 대한 인식이) 짧고 얕다 | 竟然 jìngrán 부 뜻밖에도, 놀랍게도 | 才华 cáihuá 명 재능, 재주 | 横溢 héngyì 동 (재능 등이) 넘치다

보기 어휘 居然 jūrán 부 의외로, 뜻밖에 | 进步 jìnbù 명 향상, 발전, 진보 | 打听 dǎting 동 알아보다, 탐문하다 | 出自 chūzì 동 ~에서 나오다 | 恭敬 gōngjìng 형 공손하다, 정중하다 ★ | 据说 jùshuō 동 듣자하니 ~라 한다

71

해설 힌트는 접속사 '而是'이다. '而是'는 '不是'와 호응을 이루며 '不是 A，而是 B (A가 아니라 B이다)'의 선택관계 접속 사이다. 빈칸 앞에 '不是'가 언급된 문장을 찾아서 그 뒤에 쓰면 된다. 따라서 C가 정답이다.

정답 C 而是指古代的一位著名的木匠

72

해설 힌트는 '他'와 '发明'이다. 빈칸의 앞에 '刨子(대패)、墨斗(먹통)'는 목수들이 사용하는 도구이며, 빈칸 앞의 '如今木匠们常使用的刨子、墨斗等'은 주어이므로 빈칸에는 이와 이어지는 술어 부분이 필요하다. 따라서 E가 정답이다.

정답 E 据说都是他发明的

73

해설 빈칸 앞뒤의 해석을 통해 정답을 유추해야 한다. 빈칸 뒤에 있는 인과관계에서 결과를 나타내는 '因此'가 힌트로, '因此 + 노반은 그를 쫓아냈다'이다. 따라서 노반이 태산을 쫓아낸 이유를 찾아보면, 솜씨가 조금도 향상되지 않아서라고 한 A가 정답이다.

정답 A 技艺居然一点儿进步都没有

74

해설 빈칸 뒤에 나온 '旁边的人告诉鲁班，这正是他的徒弟泰山所做的(옆 사람이 노반에게 그의 제자였던 태산이 만든 것이라고 알려주었다)'가 힌트로, 이는 누구냐고 물은 노반의 질문이 빈칸에 위치할 수 있음을 의미한다. 따라서 B가 정답이다.

정답 B 便去打听这些家具出自谁手

75

해설 힌트는 보기의 '这'와 '说法(표현)'로, 지시대명사 '这'에 해당하는 것은 빈칸 앞에 언급된 '有眼不识泰山'이며 이것은 하나의 표현, 즉 '说法'이다. 따라서 공손한 표현이라는 내용의 D가 정답이다.

정답 **D** 这是一种比较恭敬的说法

76-80

行走在茂密的树林中，经常会听到"哒哒哒"连续敲打树干的清脆声响，这是啄木鸟在为树木做"身体检查"的声音。啄木鸟用嘴敲打树木时，只要听到空声，**(76) D 就知道树干里面一定有虫**。于是，它便立即对树进行"外科手术"。

啄木鸟每天敲击树木约为500—600次，它的头部不可避免地要受到非常剧烈的震动。但它不会得脑震荡，因为它的头部结构可以防震。啄木鸟的嘴长而直，末端尖锐，不仅能啄开树皮，而且也能啄开坚硬的木质。它的舌头细长而柔软，而且还有一根很长的舌骨。其舌骨很发达，**(77) A 有特殊的弹簧作用**，可以使舌头伸缩自如。舌面布满了一层黏液，能粘住昆虫的幼虫；舌尖有向后倒长的小刺，能准确无误地把树中较大的昆虫钩出来。此外，它给树进行检查的路线极其科学，**(78) E 总是围绕着树干螺旋式地向上攀登**。这个方法避免了出现遗漏的问题。啄木鸟正是凭借着自身拥有的"医疗器材"和独特的治疗方法，保证了树木的健康。

由于啄木鸟过着树栖的生活，很少在空中活动，因此 **(79) B 翅膀变得既短又钝**，不能长距离飞翔。但它的四个脚趾强劲有力，可以紧贴着树干，将身体固定在树干的任何位置。另外，它还有坚硬有力的尾巴，**(80) C 可作为身体的支柱**，增强了身体的稳定性。可以说尾巴是它的"第三条腿"。

무성한 숲속을 걷다 보면 '탁탁탁'거리며 연속해서 나무줄기를 두드리는 낭랑한 소리를 자주 듣게 될 텐데, 이것은 딱따구리가 나무를 위해 '건강검진'을 해주는 소리이다. 딱따구리는 부리로 나무줄기를 쪼아댈 때 나무 속이 빈 소리가 들리기만 하면 **(76) D 나무줄기 안에 분명히 벌레가 있다는 것을 안다**. 그래서 그는 즉시 나무를 상대로 '외과수술'을 진행한다.

딱따구리는 매일 대략 500~600회 나무를 두드리기 때문에, 머리 부분은 불가피하게 격렬한 진동을 받을 수밖에 없다. 하지만 딱따구리는 뇌진탕에 걸리지 않는다. 왜냐하면, 머리 부분의 구조가 방진이 가능하기 때문이다. 딱따구리의 부리는 길고 곧으며 끝이 뾰족해서 나무껍질을 쪼을 수 있는 것은 물론 딱딱한 목재까지도 쫄 수 있다. 딱따구리의 혀는 가늘고 길며 유연하고, 게다가 매우 긴 설골이 있다. 설골은 매우 발달해 있는데, **(77) A 특수한 용수철 작용을 해서**, 혀를 자유자재로 늘렸다 줄였다 할 수 있다. 혓바닥은 끈끈한 점액으로 가득하여 곤충의 유충을 달라붙게 할 수 있다. 혀 끝에는 뒤쪽으로 돋은 작은 가시가 있어서 정확하고 실수 없이 나무 속에 있는 비교적 큰 곤충을 낚아챌 수 있다. 이 외에도 딱따구리가 나무에게 검진해주는 루트는 아주 과학적인데, **(78) E 항상 나무줄기를 나선형으로 돌면서 위로 올라가고** 이 방법으로 누락이 발생하는 문제를 피했다. 딱따구리는 자신이 가진 '의학 도구'와 독특한 치료방법을 빌어 나무의 건강을 책임진다.

딱따구리는 나무 위에서 서식하기 때문에 공중활동은 매우 적다. 이로 인해 **(79) B 날개는 짧고 무뎌졌으며** 장거리 비행은 불가능하다. 그러나 네 개의 발가락은 힘이 세서 나무줄기에 바싹 달라붙을 수 있고 몸을 나무줄기의 어느 위치에든 다 고정시킬 수 있다. 그 밖에 딱따구리는 또 단단하고 힘 있는 꼬리를 가지고 있는데, **(80) C 몸의 버팀목 역할을 해줄 수 있기 때문에** 몸의 안정성을 높여줬다. (때문에) 꼬리는 딱따구리의 '세 번째 다리'라고 얘기할 수 있다.

A 有特殊的弹簧作用
B 翅膀变得既短又钝
C 可作为身体的支柱
D 就知道树干里面一定有虫
E 总是围绕着树干螺旋式地向上攀登

A 특수한 용수철 작용을 한다
B 날개는 짧고 무뎌졌다
C 몸의 버팀목 역할을 해줄 수 있다
D 나무줄기 안에 분명히 벌레가 있다는 것을 안다
E 항상 나무줄기를 나선형으로 돌면서 위로 올라간다

지문 어휘 行走 xíngzǒu 통 걷다, 거닐다 | 茂密 màomì 형 (초목 등이) 무성하다 | 连续 liánxù 통 연속하다 | 敲打 qiāodǎ 통 두드리다 | 树干 shùgàn 명 나무 줄기 | 清脆 qīngcuì 형 (소리가) 낭랑하다 | 声响 shēngxiǎng 명 소리 | 啄木鸟 zhuómùniǎo 명 딱따구리 | 树木 shùmù 명 나무, 수목 | 立即 lìjí 부 즉시, 바로 | 外科 wàikē 명 (의학) 외과 | 敲击 qiāojī 통 두드리다 | 避免 bìmiǎn 통 피하다, 면하다 | 不可避免 bùkěbìmiǎn 형 불가피하다, 피할 수 없다 | 剧烈 jùliè 형 격렬하다 ★ | 震动 zhèndòng 명 진동 통 진동하다 | 脑震荡 nǎozhèndàng 명 뇌진탕 | 结构 jiégòu 명 구조 | 防震 fángzhèn 통 방진하다 | 末端 mòduān 명 끝, 끄트머리 | 尖锐 jiānruì 형 뾰족하다 ★ | 啄开 zhuókāi 통 부리로 쪼다 | 树皮 shùpí 명 나무껍질 | 坚硬 jiānyìng 형 딱딱하다, 단단하다 ★ | 舌头 shétou 명 혀 ★ | 细长 xìcháng 형 가늘고 길다, 호리호리하다 | 柔软 róuruǎn 형 유연하다 | 舌骨 shégǔ 명 설골, 목뿔뼈 | 伸缩 shēnsuō 통 늘었다 줄었다 하다 | 自如 zìrú 형 자유자재로 하다, 자유롭다 | 舌面 shémiàn 명 혓바닥 | 布满 bùmǎn 통 가득하다, 충만하다 | 黏液 niányè 명 점액 | 粘住 zhānzhù 통 달라붙다 | 昆虫 kūnchóng 명 곤충 | 幼虫 yòuchóng 명 (곤충의) 유충 | 舌尖 shéjiān 명 혀끝 | 准确 zhǔnquè 형 정확하다 | 无误 wúwù 통 실수가 없다, 틀림없다 | 钩 gōu 통 낚아채다, 끄집어 내다 | 路线 lùxiàn 명 루트, 노선, 방법 | 极其 jíqí 부 아주, 몹시, 대단히 | 遗漏 yílòu 통 누락되다, 빠뜨리다 | 凭借 píngjiè 통 ~에 빌다, 의지하다 | 自身 zìshēn 대 자신, 본인 | 拥有 yōngyǒu 통 가지다, 소유하다 ★ | 器材 qìcái 명 도구, 기자재 ★ | 治疗 zhìliáo 통 치료하다 | 树栖 shùqī 통 나무에 서식하다 | 飞翔 fēixiáng 통 날다, 비상하다 ★ | 脚趾 jiǎozhǐ 명 발가락 | 强劲 qiángjìng 형 세다 | 紧贴 jǐntiē 통 바싹 달라붙다 | 固定 gùdìng 통 고정시키다, 고정하다 | 尾巴 wěiba 명 꼬리

보기 어휘 弹簧 tánhuáng 명 용수철 | 翅膀 chìbǎng 명 날개 | 钝 dùn 형 무디다 | 支柱 zhīzhù 명 버팀목, 지주 ★ | 围绕 wéirào 통 주위를 돌다 | 螺旋式 luóxuánshì 형 나선형, 나선식 | 攀登 pāndēng 통 타고 오르다 ★

76

빈칸 앞의 접속사 '只要'가 힌트이다. '只要'는 부사 '就'와 호응을 이루어 '~하기만 하면 ~하다'의 뜻이므로 호응구조 '就'가 제시되어 있는 D가 정답이다.

정답 D 就知道树干里面一定有虫

77

빈칸 뒤의 '使舌头伸缩自如(혀를 자유자재로 늘렸다 줄였다 하다)'가 힌트이다. 이렇게 자유자재로 늘렸다 줄였다 하는 것은 일종의 '弹簧作用(용수철 작용)'이므로, 정답은 A이다.

정답 A 有特殊的弹簧作用

78

빈칸 앞의 '它给树进行检查的路线极其科学(딱따구리가 나무에게 검진해주는 루트는 아주 과학적이다)'와 빈칸 뒤의 '这个方法避免了出现遗漏的问题(이 방법으로 누락이 발생하는 문제를 피했다)'가 힌트이다. 보기 중에 나무에게 검진을 해주는 과학적인 방법과 누락발생을 피할 수 있는 이유는 나선형으로 돌면서 올라가는 것이라고 할 수 있으므로, 정답은 E이다.

정답 E 总是围绕着树干螺旋式地向上攀登

79

해설 빈칸 뒤의 '不能长距离飞翔(장거리 비행은 불가능하다)'이 힌트이다. '飞翔(날다)'은 보기 B에 언급된 '翅膀(날개)'과 관계가 있고, 날개가 짧고 무뎌진 것이 장거리 비행을 할 수 없게 된 이유이기에, 정답은 B이다.

정답 B 翅膀变得既短又钝

80

해설 빈칸 뒤의 '增强了身体的稳定性(몸의 안정성을 높였다)'이 힌트이다. 빈칸에는 단단하고 힘 있는 꼬리가 몸의 안전성을 높여줄 수 있는 방식이나 역할이 언급되어야 한다. 따라서 버팀목 역할을 해줄 수 있기 때문이라고 한 C가 정답이다.

정답 C 可作为身体的支柱

제4부분   81~100번 문제는 지문을 읽고 질문에 알맞은 답을 고르는 문제입니다.

第81到84题是根据下面一段话:

魏征是唐朝著名的政治家、思想家和史学家。唐太宗李世民非常重用他。魏征向李世民进谏过五十多次，因此以直言敢谏而闻名。然而，魏征在进谏时总是会让唐太宗下不了台，让他很难堪。

一次，唐太宗兴致勃勃地说想去郊外打猎。魏征却不让唐太宗出游。在场的人不知魏征为何如此反对，都百思不得其解。**(81) 于是魏征解释道：此时正是万物复苏、禽兽哺幼的时节，不适合狩猎。**唐太宗听罢龙颜大怒，在返回宫中后，扬言一定要杀了魏征，才能解心头之恨。而皇后问清事情的原委后，先默默地回到内室穿上礼服，然后面容庄重地来到唐太宗面前，恭敬地叩首。唐太宗不明白皇后为什么突然行大礼，便问皇后原因。**(82) 皇后柔声细语地说道：" 臣妾听闻，只有英明的君主，才会有敢于直言进谏的贤臣。现在魏征不惧生死，大胆直言，这说明皇上十分英明，因此我想恭祝您。"**唐太宗听后，原来的怒火烟消云散，并且打消了杀魏征的念头。

위정(魏征)은 당나라의 저명한 정치가이자 사상가이고 역사가이다. 당 태종 이세민(李世民)은 그를 굉장히 중용했다. 위정은 이세민에게 50여 차례가 넘게 간언을 했고, 그래서 솔직한 간언으로 유명했다. 그러나 위정은 간언할 때마다 항상 당 태종을 이러지도 저러지도 못하게 하며 그를 난처하게 했다.

한 번은 당 태종이 교외로 사냥하러 가고 싶다고 신이 나서 말했는데, 위정은 되려 당 태종을 못 가게 했다. 현장에 있던 사람들은 위정이 어찌하여 반대하는지 몰랐고 아무리 생각해도 이해할 수가 없었다. **(81)** 그래서 위정은 '지금은 바로 만물이 소생하고 짐승이 새끼에게 젖을 물리는 시기로 사냥에 적합하지 않다'라고 설명했다. 당 태종은 듣고 크게 노하여 궁으로 돌아온 뒤에 반드시 위정을 죽여야만 마음 속 분노를 풀 수 있다고 큰소리 쳤다. 황후는 사건의 경위를 자세히 물은 뒤, 먼저 조용히 내실로 돌아가 예복을 입고 그다음 점잖은 얼굴로 당 태종 앞에 와서 공손하게 머리를 조아렸다. 당 태종은 황후가 왜 갑자기 큰절을 올리는지 몰라 황후에게 그 이유를 물었다. **(82)** 황후는 부드러운 목소리로 '신첩이 듣기로는 '현명한 군주만이 용감하게 간언하는 어진 신하를 가진다'하였습니다. 지금 위정은 생사를 두려워하지 않고, 대담하게 직언을 했습니다. 이는 황상께서 무척 현명하시다는 것을 의미하기에, 이에 감축드리고 싶습니다.'라고 속삭였다. 당 태종은 (이 말을) 들은 후, 원래 있었던 분노가 깨끗이 사라졌고, 또한 위정을 죽이겠다는 생각도 버렸다.

[83] 魏征直言进谏，当然是忠臣所为之事，可是却差点儿惹来杀身之祸，可见其方法有待商榷。而皇后劝谏的方法非常高明，她从另一个角度说明了直言劝谏的臣子与开明的君王之间的关系。这不仅使魏征脱离了困境，还让唐太宗欣然接受了自己的劝谏。[84] 由此可见，同样是忠言，但顺耳的话与逆耳的话比起来更容易让人接受。这就如同味道甜的药比味道苦的药更容易让患者接受一样。

[83] 위정이 솔직하게 간언을 한 것은 당연히 충신이 해야 할 일이지만, 자칫하면 목숨을 잃는 재앙을 초래할 수도 있었기에 이 방법은 검토해 볼 필요가 있음을 알 수 있다. 반대로 황후가 간언한 방법은 매우 현명했다. 그녀는 또 다른 각도에서 솔직하게 간언하는 신하와 진보적인 군주의 관계에 대해 설명했다. 이것은 위정을 곤경에서 빠져나오게 했을 뿐만 아니라, 당 태종이 흔쾌히 자신의 간언을 받아들이게끔 했다. [84] 여기에서 알 수 있듯이, 같은 충언이라도 듣기 좋은 말은 귀에 거슬리는 말과 비교했을 때 사람들이 더 쉽게 받아들인다. 이는 마치 단 약을 쓴 약보다 환자가 더 쉽게 받아들이는 것과 같다.

지문 어휘 魏征 Wèi Zhēng 고유 위정 | 李世民 Lǐ Shìmín 고유 이세민 | 重用 zhòngyòng 동 중용하다 | 进谏 jìnjiàn 동 (군주에게) 간언하다 | 直言 zhíyán 동 솔직하게 말하다, 직언하다 | 闻名 wénmíng 형 유명하다 | 下不了台 xiàbuliǎotái 이러지도 저러지도 못하다, 난처하다 | 难堪 nánkān 형 난처하다, 난감하다 ★ | 兴致勃勃 xìngzhìbóbó 성 신이 나다, 흥미진진하다 ★ | 打猎 dǎliè 동 사냥하다 ★ | 出游 chūyóu 동 (놀러) 가다, 여행하다 | 为何 wèihé 부 어찌하여, 무엇 때문에 | 百思不得其解 bǎisī bùdé qíjiě 아무리 생각해도 이해할 수 없다, 도무지 모르겠다 | 复苏 fùsū 동 소생하다, 회복하다, 살아나다 | 禽兽 qínshòu 명 짐승, 금수(날짐승과 들짐승) | 哺 bǔ 동 젖을 물리다 | 幼 yòu 명 새끼, 어린이 | 狩猎 shòuliè 동 사냥하다 | 龙颜 lóngyán 명 임금, 군주 | 返回 fǎnhuí 동 돌아오다, 돌아가다 | 扬言 yángyán 동 큰소리치다 | 心头 xīntóu 명 마음 속 | 恨 hèn 명 분노, 원한 | 皇后 huánghòu 명 황후 ★ | 原委 yuánwěi 명 (일의) 경위, 자초지종 | 默默 mòmò 부 조용히, 말없이, 묵묵히 ★ | 礼服 lǐfú 명 예복 | 面容 miànróng 명 얼굴, 용모 | 庄重 zhuāngzhòng 형 점잖다, 정중하다 ★ | 恭敬 gōngjìng 형 공손하다 ★ | 叩首 kòushǒu 동 머리를 조아리다 | 行大礼 xíng dàlǐ 큰절을 올리다 | 细语 xìyǔ 동 속삭이다 | 说道 shuōdào 동 ~라고 말하다(소설 속에서 인물의 말을 직접화법으로 인용할 때 많이 쓰임) | 臣亲 chénqīn 명 신첩(임금에게 황후 등이 자신을 낮춰 이르는 말) | 听闻 tīngwén 동 듣다 | 英明 yīngmíng 형 현명하다 ★ | 敢于 gǎnyú 동 용감하게 ~하다 | 贤臣 xiánchén 명 어진 신하 | 惧 jù 동 두려워하다, 겁내다 | 生死 shēngsǐ 명 생사 | 皇上 huángshang 명 황상(황제를 부르는 칭호) | 恭祝 gōngzhù 동 감축드리다, 삼가 축하하다 | 怒火 nùhuǒ 명 분노, 노여움 | 烟消云散 yānxiāoyúnsàn 성 (분노, 원망 등이) 깨끗이 사라지다 | 打消 dǎxiāo 동 (생각 따위를) 버리다, 단념하다 | 念头 niàntou 명 생각 | 忠臣 zhōngchén 명 충신 | 惹 rě 동 초래하다, 불러일으키다, 야기하다 | 杀身之祸 shāshēnzhīhuò 성 목숨을 잃는 재앙 | 可见 kějiàn 접 ~임을 알 수 있다 | 有待 yǒudài 동 ~할 필요가 있다 | 商榷 shāngquè 동 검토하다, 논의하다 | 劝谏 quànjiàn 동 (윗사람에게) 간언하다 | 高明 gāomíng 형 현명하다, 고명하다, 출중하다 ★ | 臣子 chénzǐ 명 신하 | 开明 kāimíng 형 진보적이다 ★ | 脱离 tuōlí 동 빠져 나오다, 벗어나다 ★ | 困境 kùnjìng 명 곤경, 궁지 | 欣然 xīnrán 부 흔쾌히, 기쁘게 | 可见 kějiàn 접 ~라는 것을 알 수 있다 | 忠言 zhōngyán 명 충언 | 顺耳 shùn'ěr 형 듣기 좋다 | 逆耳 nì'ěr 형 귀에 거슬리다 | 如同 rútóng 동 마치 ~와 같다 | 患者 huànzhě 명 환자 ★

81

魏征为什么阻止唐太宗去狩猎？ | 위정은 왜 당 태종이 사냥 가는 것을 막았는가?

A 财政短缺
B 季节不适宜
C 突然爆发了战争
D 唐太宗朝政繁忙

A 재정이 부족해서
B 계절이 적합하지 않아서
C 갑자기 전쟁이 발발해서
D 당 태종의 국정이 바빠서

보기 어휘 财政 cáizhèng 명 재정 ★ | 短缺 duǎnquē 동 (물자가) 부족하다 | 适宜 shìyí 동 적합하다, 알맞다 ★ | 爆发 bàofā 동 발발하다, 폭발하다 ★ | 朝政 cháozhèng 명 국정 | 繁忙 fánmáng 형 바쁘다 ★

해설 위정이 당 태종의 사냥을 막은 이유는 두 번째 단락에서 찾을 수 있다. 원인에 다른 결과를 이끄는 접속사 '于是'가 힌트로, 본문에서 '于是魏征解释道：此时正是万物复苏、禽兽哺幼的时节，不适合狩猎, 즉 만물이 소생하고 짐승이 새끼에게 젖을 물리는 시기이므로 사냥에 부적절하다'고 했으므로, 계절이 적합하지 않다고 한 B가 정답이다.

정답 B

82

皇后是如何解释魏征直言进谏的？ | 황후는 위정이 솔직하게 간언한 것을 어떻게 설명했나?

A 魏征足智多谋
B 魏征知识渊博
C 唐太宗是位明君
D 唐太宗没有威严

A 위정은 지략이 풍부하다고
B 위정은 지식이 해박하다고
C 당 태종은 성군이라고
D 당 태종은 위엄이 없다고

보기 어휘 足智多谋 zúzhìduōmóu 성 지략이 풍부하다 | 知识 zhīshi 명 지식 | 渊博 yuānbó 형 해박하다 | 明君 míngjūn 명 성군 | 威严 wēiyán 명 위엄

 해설 두 번째 단락에서 황후는 이세민에게 현명한 군주만이 용감하게 간언하는 어진 신하를 가진다고 하면서, '现在魏征不惧生死，大胆直言，这说明皇上您十分英明'이라며 위정이 대담하게 직언한 것은 황제가 무척 현명함을 의미한다고 했다. 이는 바꿔말해서 이세민이 성군이기에 직언을 하는 위정같은 신하가 있다는 의미이므로, 정답은 C이다.

정답 C

83

作者对皇后的劝谏方法持什么态度？ | 작가는 황후의 간언 방법에 어떤 태도를 취하고 있나?

A 认可
B 讽刺
C 有待商榷
D 半信半疑

A 인정한다
B 풍자한다
C 검토할 필요가 있다
D 반신반의한다

| 보기 어휘 | 认可 rènkě 통 인정하다, 허락하다 ★ | 讽刺 fěngcì 통 풍자하다 | 半信半疑 bànxìnbànyí 성 반신반의하다 |

해설 작가의 태도는 마지막 단락에 언급되었다. 위정의 직언과 황후의 간언을 비교해서 작가는 '魏征直言进谏方法有待商榷，而皇后劝谏的方法非常高明. 즉 위정의 간언 방법은 검토해 볼 필요가 있지만, 황후의 간언 방법은 매우 영리했다'고 했으므로, 황후의 간언 방법에 긍정적임을 알 수 있다. 따라서 정답은 A이다.

정답 A

84

最适合做上文标题的是：

A 忠言未必逆耳
B 唐太宗的治国之道
C 不以物喜，不以己悲
D 水能载舟，亦能覆舟

윗글의 제목으로 가장 적합한 것은?

A 충언이라고 해서 반드시 귀에 거슬리는 것은 아니다
B 당 태종의 나라를 다스리는 방법
C 사물의 좋고 나쁨이나 자신의 득실로 인해 기뻐하거나 슬퍼하지 않는다
D 민중은 군주를 떠받들어 모실 수도 있지만 몰아 낼 수도 있다

보기 어휘 未必 wèibì 부 반드시 ~인 것은 아니다 | 治国 zhì guó 통 나라를 다스리다 | 不以物喜，不以己悲 bùyǐwùxǐ, bùyǐjǐbēi 사물의 좋고 나쁨이나 자신의 득실로 인해 기뻐하거나 슬퍼하지 않는다 | 覆舟 fùzhōu 통 전복시키다 〈비유〉 무너뜨리다, 멸망시키다 | 水能载舟，亦能覆舟 shuǐnéngzàizhōu, yìnéngfùzhōu 성 물은 배를 띄울 수 있지만 전복시킬 수도 있다. 〈비유〉 민중은 군주를 떠받들어 모실 수도 있지만 몰아 낼 수도 있다

해설 이 글은 솔직한 간언을 한 신하와 진보적인 군주에 관한 이야기로, 글의 마지막에 '由此可见'을 통해 글의 결론을 맺었다. 본문에서 '同样是忠言，但顺耳的话与逆耳的话比起来更容易让人接受, 즉 같은 충언이라도 듣기 좋은 말은 귀에 거슬리는 말과 비교했을 때 사람들이 더 쉽게 받아들인다'고 했다. 따라서 이 글의 주제이자 제목으로 적합한 것은 충언이 꼭 귀에 거슬리는 것은 아니라고 한 A가 정답이다.

정답 A

第85到88题是根据下面一段话：

在自然界中，青蛙属于小型动物，处于弱势的地位。那么它们是如何保护自己的呢？原来，**(87) C** 青蛙生存的法宝就是伪装自己。而伪装的方法有很多，比如保护色，就是让自己外表的颜色与周围环境相仿而不易被发现。还有警戒色，这与保护色的隐蔽性相反，主要起警示作用。伪装的最高境界是拟态。所谓拟态，是指一种生物不只是在颜色上，就连在形态、行为上都能成功地模拟另一种生物的现象，是动物在自然界长期演化中形成的行为。

자연계에서 청개구리는 작은 동물에 속하며, 약자의 위치에 있다. 그렇다면 그들은 어떻게 자신을 보호하는 것일까? 알고 보니, **(87) C** 청개구리의 생존 비결은 바로 자신을 위장하는 것이었다. 위장 방법은 매우 많았는데, 예를 들면 보호색같이 바로 자신의 겉표면색을 주위 환경과 비슷하게 만들어서 쉽게 눈에 띄지 않게 하는 것이다. 그리고 경계색인데, 이것은 보호색의 위장성과는 반대로 주로 경고의 역할을 한다. 위장의 최고 경지는 의태이다. 소위 의태라고 하는 것은 한 생물이 색깔에서 뿐만 아니라 형태와 행동에서까지 모두 성공적으로 다른 생물을 모방하는 현상을 가리키는 것으로, 동물이 자연계에서 장기간 진화하면서 형성된 행동이다.

在青蛙的大家族里，[87] C 就有一个种类的青蛙具有这种神奇的本领。它就是非洲热带稀树草原蛙。这种青蛙体态娇小玲珑，[87] D 外表拥有艳丽的色彩。[85] 热带稀树草原蛙在旱季一般整天都会待在地下巢穴中。之所以这样做，是因为非洲气候常年干旱，在地下不仅可以维持自己皮肤的湿度，还可以保护自己。为了生存它们会频繁地挖洞。可是，草原蛙在挖地下洞时，常常会闯入非洲臭蚁的巢穴中。[87] A 这种臭蚁十分危险，它们的腹部有毒针，谁来侵犯它们的领地，它们便会用毒针猛烈地攻击入侵者。

[86] 可是草原蛙即使误入了臭蚁的巢穴也不会被它们当作入侵者，能够安然无恙，甚至还能够与它们和平相处。这一事实让科学家们感到非常吃惊。究竟是为什么呢？

经过长期观察，科学家发现草原蛙最强大的秘密武器就是其皮肤上的分泌物。[87] B 蚂蚁是用触角来判断对方身份的，而草原蛙皮肤上的分泌物是含肽的化合物，这种化合物会使臭蚁的触角失去辨别的能力，使臭蚁误认为草原蛙是自己的同伴。因此它们自然就对草原蛙的入侵视而不见了。

청개구리라는 대가족 안에서 [87] C 오직 한 종류의 청개구리만이 이러한 신기한 능력을 가지고 있는데 그것은 바로 아프리카의 열대 사바나개구리이다. 이 개구리는 체형은 작고 깜찍하고, [87] D 같은 화려한 색채를 가졌다. [85] 열대 사바나개구리는 건기에는 보통 하루 종일 지하 은신처에서 머문다. 이렇게 하는 이유는 아프리카의 기후가 일 년 내내 건조하기 때문에, 지하에 있으면 피부의 습도를 유지할 수 있을 뿐만 아니라 자신을 보호할 수도 있어서이다. 생존을 위해 그들은 빈번하게 구멍을 판다. 그러나 사바나개구리는 구멍을 팔 때 종종 아프리카의 시베리아개미 집으로 난입하게 된다. [87] A 이 시베리아개미는 무척 위험한데, 그들의 복부에는 독침이 있어서 누군가가 그들의 영역을 침범한다면 바로 독침을 사용해 침입자를 맹렬히 공격한다.

[86] 그러나 사바나개구리는 설령 실수로 시베리아 개미집에 들어간다 할지라도 개미에게는 침입자가 되지 않고, 탈 없이 무사할 뿐만 아니라 심지어 그들과 평화롭게 공존할 수도 있다. 이 사실은 과학자들을 굉장히 놀라게 했다. 도대체 왜 그런 걸까?

장기간의 관찰을 통해 과학자들은 사바나개구리의 가장 강력한 비밀무기는 바로 피부의 분비물이라는 것을 발견했다. [87] B 개미는 촉각을 이용해서 상대의 정체를 파악한다. 그러나 사바나개구리의 피부 분비물은 '펩타이드'를 함유한 화합물이고, 이런 화합물은 시베리아개미의 촉각이 식별능력을 잃게 하여 사바나개구리가 자신들의 동료인 줄 착각하게 만든다. 따라서 개미들은 자연스레 사바나개구리의 침입을 보고도 알아채지 못하게 되는 것이다.

지문 어휘 | 青蛙 qīngwā 명 청개구리 | 弱势 ruòshì 명 약자, 약세 | 地位 dìwèi 명 위치, 지위 | 如何 rúhé 대 어떻게 | 生存 shēngcún 동 생존하다 명 생존 ★ | 法宝 fǎbǎo 명 비결 | 伪装 wěizhuāng 동 위장하다 | 保护色 bǎohùsè 명 보호색 | 外表 wàibiǎo 명 겉모면, 외관 ★ | 相仿 xiāngfǎng 형 비슷하다 | 警戒色 jǐngjièsè 명 경계색 | 隐蔽性 yǐnbìxìng 명 위장성, 은폐성 | 警示 jǐngshì 동 경고하다 | 境界 jìngjiè 명 경지 ★ | 拟态 nǐtài 명 의태, 가장 | 所谓 suǒwèi 형 소위, 이른바 | 生物 shēngwù 명 생물 ★ | 形态 xíngtài 명 형태 ★ | 行为 xíngwéi 명 행동, 행위 | 模拟 mónǐ 동 모방하다 | 演化 yǎnhuà 동 진화하다 | 种类 zhǒnglèi 명 종류 | 神奇 shénqí 형 신기하다 ★ | 本领 běnlǐng 명 능력 | 非洲热带稀树草原蛙 Fēizhōu rèdài xīshùcǎoyuánwā 명 아프리카 열대 사바나개구리 | 体态 tǐtài 명 체형, 몸매 | 娇小玲珑 jiāoxiǎolínglóng 성 작고 깜찍하다 | 拥有 yōngyǒu 동 가지다 ★ | 艳丽 yànlì 형 화려하다, 아름답다 | 旱季 hànjì 명 건기 | 巢穴 cháoxué 명 은신처, 소굴, 집 ★ | 干旱 gānhàn 형 건조하다, 가물다 ★ | 维持 wéichí 동 유지하다 ★ | 湿度 shīdù 명 습도 | 频繁 pínfán 형 빈번하다, 잦다 ★ | 挖 wā 동 파다 | 洞 dòng 명 구멍 | 闯入 chuǎngrù 동 난입하다, 뛰어들다 | 臭蚁 chòuyǐ 명 시베리아개미 | 腹部 fùbù 명 복부 | 毒针 dúzhēn 명 독침 | 侵犯 qīnfàn 동 침범하다 ★ | 领地 lǐngdì 명 영역, 영토 | 猛烈 měngliè 형 맹렬하다 ★ | 攻击 gōngjī 동 공격하다 ★ | 入侵者 rùqīnzhě 명 칩입자 |

误入 wùrù ~에 실수로 들어가다, ~에 잘못 빠지다 | 安然 ānrán 형 안전하다, 무사하다 | 无恙 wúyàng 형 무사하다, 탈이 없다 | 安然无恙 ānránwúyàng 성 탈 없이 무사하다 | 和平 hépíng 형 평화롭다, 평온하다 | 相处 xiāngchǔ 동 공존하다, (함께) 지내다 | 究竟 jiūjìng 부 도대체 | 观察 guānchá 동 관찰하다, 살피다 | 秘密 mìmì 명 비밀 | 武器 wǔqì 명 무기 ★ | 分泌 fēnmì 동 분비하다 ★ | 触角 chùjué 명 촉각 | 身份 shēnfen 명 정체, 신분 | 肽 tài 명 펩타이드 | 化合物 huàhéwù 명 화합물 | 辨别 biànbié 동 식별하다, 판별하다 | 同伴 tóngbàn 명 동료, 짝 | 视而不见 shì'érbújiàn 성 보고도 알아채지 못한다

85

热带稀树草原蛙待在地表之下，是为了： 열대 사바나개구리가 지하에 머무는 이유는 무엇을 위해서인가?

A 觅食
B 繁殖后代
C 维持皮肤湿度
D 躲避非洲臭蚁的攻击

A 먹이를 찾기 위해
B 후손 번식을 위해
C 피부 습도를 유지하기 위해
D 아프리카 시베리아개미의 공격을 피하기 위해

보기 어휘 觅食 mì shí 동 먹이를 찾다 | 繁殖 fánzhí 동 번식하다 ★ | 后代 hòudài 명 후손, 후세 ★ | 躲避 duǒbì 동 피하다

해설 힌트는 '待在地表之下'이며, 두 번째 단락에 언급되어 있다. 열대 사바나개구리가 건기에 지하에 머무는 까닭을 '是因为'로 설명했는데, '在地下不仅可以维持自己皮肤的湿度, 즉 지하에 있으면 피부의 습도를 유지할 수 있다'고 했다. 따라서 정답은 C이다.

정답 C

86

第3段中，划线词语"安然无恙"的意思是： 세 번째 단락에서 밑줄 친 安然无恙의 의미는?

A 反应敏捷
B 生活安定
C 没有受到伤害
D 没有自我保护的意识

A 반응이 민첩하다
B 생활이 안정되다
C 다치지 않았다
D 자기보호의식이 없다

보기 어휘 敏捷 mǐnjié 형 민첩하다 ★ | 安定 āndìng 형 안정되다 | 意识 yìshí 명 의식 ★

해설 밑줄 친 '安然无恙'의 뜻을 묻는 문제로, 앞뒤 내용을 살펴야 한다. 앞서 시베리아개미는 누군가 자기 영역에 침입하면 독침으로 공격을 하는데, 열대 사바나개구리는 개미의 영역에 들어가도 무사할 뿐만 아니라, '甚至还能够与它们和平相处, 즉 심지어 그들과 평화롭게 공존할 수도 있다'고 했다. 이것은 의미상 공격을 당하지 않는다, 즉 '다치지 않는다'는 의미로 유추될 수 있기에, 정답은 C이다.

정답 C

87

根据上文，下列哪项正确？

A 非洲臭蚁的头部有毒针
B 蚂蚁用触角辨别对方身份
C 热带稀树草原蛙没有变色的本领
D 热带稀树草原蛙的外表色彩暗淡

윗글에 근거하여, 다음 중 옳은 것은 무엇인가?

A 아프리카 시베리아개미의 머리부분에는 독침이 있다
B 개미는 촉각을 이용해 상대의 정체를 식별한다
C 열대 사바나개구리는 변색 능력이 없다
D 열대 사바나개구리의 겉은 색이 어둡다

보기 어휘 暗淡 àndàn 형 어둡다

해설 질문에 힌트가 없는 보기대조형 문제이다. 아프리카 시베리아개미는 '腹部有毒针, 즉 복부에 독침이 있다'고 했기에 A는 정답이 아니다. 또한, 청개구리의 위장 방법 중 하나인 보호색은 열대 사바나개구리만이 지닌 능력이라고 했으므로 C 역시 정답이 아니며, 이어서 '外表拥有艳丽的色彩, 즉 겉은 화려한 색채를 가졌다'고 했으므로 D도 정답이 아니다. 마지막 단락에서 '蚂蚁是用触角来判断对方身份的, 즉 개미는 촉각을 이용해서 상대의 정체를 파악한다'고 했으므로, 정답은 B이다.

정답 B

88

最适合做上文标题的是:

A 合作与共赢
B 和平共处的秘密
C 热带动物的生活习性
D 非洲动物大迁徙的特征

윗글의 제목으로 가장 적합한 것은?

A 협력과 윈윈(WIN-WIN)
B 평화 공존의 비밀
C 열대동물의 생활습성
D 아프리카 동물 대이동의 특징

보기 어휘 合作 hézuò 동 협력하다, 협조하다 | 共赢 gòngyíng 동 윈윈(WIN-WIN)하다, 다같이 이익을 얻다 | 迁徙 qiānxǐ 동 이동하다 ★

해설 글의 전반부에서는 의태의 능력을 지닌 열대 사바나개구리를 소개하고, 후반부에서는 이들이 시베리아개미의 영역을 침범하고도 무사할 수 있는 이유를 설명하면서 사바나개구리의 비밀무기인 펩타이드 함유 화합물 덕분이라고 언급하고 있으므로, 제목으로 가장 적합한 것은 B이다.

정답 B

第89到92题是根据下面一段话：

花轿是传统中式婚礼上使用的一种轿子。花轿在民间也称"大红花轿"，[89] 因为这种轿子的装饰是以象征着喜庆和吉祥的红色为主的。

据史料记载，[90] A 花轿的原名叫"舆"，[90] C 到后唐五代，开始称为"轿"。[90] D 北宋时对轿子的使用有个禁令，只供给皇室使用。[90] B 后来宋高宗废除了这个禁令，从那以后轿子才逐渐发展到民间，成为人们日常生活中的代步工具。

把轿子运用到娶亲上，最早见于宋代。古代娶亲的花轿选材要求既要轻又能承重。一般选用香樟、银杏等木材。古代花轿的样式繁多，因各地的习俗和主人的身份而略有不同。[92] A 普通人娶亲用的一般是两人抬的花轿，选用的是红色的大绸子，上面绣有代表富贵的花卉和吉祥图案，以烘托热闹喜庆的气氛。[92] A 家境比较好的用的是四人抬的大花轿，轿子的装饰与两人抬的相差不大。娶亲那天，新娘梳妆打扮完以后在家里等待新郎来接她。[91] A 凌晨的时候，[92] B 新郎就会骑着马，带一些随行人员把新娘娶回家，这些随行人员有的负责抬花轿，有的负责放鞭炮，这叫"赶时辰"。据说当天如果有好几家同时迎娶新娘的话，就互相比谁赶的时间早，[91] B 如果赶的时间早的话，将来的生活就会过得幸福美满。[91] D 这一习俗只有现在的泰安市宁阳县还保留着。

在传统的婚礼上除了"赶时辰"这个习俗以外，还有"跨火盆"。新娘乘坐着红色轿子被接到新郎家，[92] D 新娘下轿后还要过一个火盆，这表示婚后夫妻俩的日子会像火一样红红火火。

지문 어휘 花轿 huājiào 명 꽃가마 | 婚礼 hūnlǐ 명 혼례, 결혼식 | 轿子 jiàozi 명 가마 | 民间 mínjiān 명 민간 ★ | 装饰 zhuāngshì 명 장식(품) 동 장식하다 | 象征 xiàngzhēng 동 상징하다 | 喜庆 xǐqìng 명 경사 형 경사스럽다 | 吉祥 jíxiáng 형 길하다, 상서롭다 ★ | 史料 shǐliào 명 사료, 역사 자료 | 记载 jìzǎi 동 기록 ★ | 舆 yú 명 수레 | 禁令 jìnlìng 명 금지령 | 供给 gōngjǐ 동 제공하다, 공급하다 ★ | 皇室 huángshì 명 황실 | 废除 fèichú 동 없애다, 폐지하다 ★ | 逐渐 zhújiàn 부 점차, 점점 | 代步工具 dàibù gōngjù 명 교통수단 | 运用 yùnyòng 동 사용하다, 활용하다 | 娶亲 qǔ qīn 동 신부를 맞이하다 | 见于 jiànyú (출처나 자료 등이) ~에서 보이다, ~에 나타나다 | 选材 xuǎncái 동 재료를 선택하다 | 承重 chéng zhòng 동 하중을 견디다 | 香樟 xiāngzhāng 명 녹나무 | 银杏 yínxìng 명 은행나무 | 习俗 xísú 명 풍속 ★ | 略 lüè 부 약간, 조금 | 抬 tái 동 들다, 들어올리다 | 绸子 chóuzi 명 명주 | 绣 xiù 동 수놓다 ★ | 富贵 fùguì 동 부귀하다 | 花卉 huāhuì 명 화초 | 图案 tú'àn 명 무늬, 그림, 도안 ★ | 烘托 hōngtuō 동 부각시키다 | 气氛 qìfēn 명 분위기 | 家境 jiājìng 명 집안 형편 | 相差 xiāngchà 동 서로 차이가 나다 ★ | 新娘 xīnniáng 명 신부 ★ | 梳妆打扮 shūzhuāngdǎbàn 성 (여자가) 치장하다, 꾸미다 | 新郎 xīnláng 명 신랑 ★ | 凌晨 língchén 명 새벽 ★ | 随行 suíxíng 동 수행하다, 따라가다 | 人员 rényuán 명 인원, 요원 | 鞭炮 biānpào 명 폭죽 | 赶时辰 gǎn shíchen 시간을 서두르다 | 迎娶 yíngqǔ 동 신부를 맞이하다 | 美满 měimǎn 형 아름답고 원만하다 | 幸福美满 xìngfú měimǎn 행복이 넘치다 | 保留 bǎoliú 동 보전되다, 남겨두다, 간직하다 | 跨 kuà 동 뛰어넘다, 건너다 ★ | 火盆 huǒpén 명 화로 | 日子 rìzi 명 날, 시간 | 红红火火 hónghonghuǒhuǒ 형 (생계나 사업이) 흥성하다, 번창하다

89

装饰花轿为什么以红色为主？ | 왜 꽃가마 장식을 붉은색 위주로 하는가？

A 皇帝规定的
B 有喜庆的寓意
C 看起来更醒目
D 能更好地衬托新娘的美貌

A 황제가 규정했기 때문에
B 경사의 의미가 담겨 있기 때문에
C 눈에 더 잘 띄기 때문에
D 신부의 미모를 더 돋보이게 하기 위해서

보기 어휘 皇帝 huángdì 명 황제 ★ | 寓意 yùyì 명 의미 | 醒目 xǐngmù 형 눈에 띄다 | 衬托 chèntuō 동 돋보이다, 부각시키다 ★ | 美貌 měimào 명 미모

해설 첫 번째 단락에서 꽃가마를 '大红花轿'라고도 부르는 이유를 설명하면서 '因为这种轿子的装饰是以象征着喜庆和吉祥的红色为主的, 즉 장식이 경사와 길함을 상징하는 붉은색 위주이기 때문'이라고 했다. 따라서 이를 그대로 언급한 B가 정답이다.

정답 B

90

根据第2段，下列哪项正确？ | 두 번째 단락에 근거하여, 다음 중 옳은 것은 무엇인가？

A 花轿的原名是"轿"
B 宋高宗不喜欢坐轿子
C 唐五代时轿子就盛行于民间
D 北宋时只有皇室可以使用轿子

A 꽃가마의 원래 명칭은 '가마'이다
B 송 고종은 가마 타는 것을 좋아하지 않았다
C 당 5대 때, 가마는 민간에서 성행했다
D 북송 시기에는 황실에서만 가마를 사용할 수 있었다

| 보기 어휘 | 盛行 shèngxíng 동 성행하다 ★ |

해설 두 번째 단락에서 꽃가마의 원래 명칭은 '수레(舆)'였고, 송 고종은 가마 사용 금지령을 폐지한 인물이며, 후당 5대에 이르러 '가마(轿)'라고 불렀다고 했기에 A와 B, C 모두 정답이 아니다. '北宋时对轿子的使用有个禁令，只供给皇室使用'이라고 북송 시기에는 황실에서만 사용하도록 제공되었다고 했으므로, 정답은 D이다.

정답 D

91

关于"赶时辰"，可以知道：

A 多在凌晨开始
B 赶的时间越晚越好
C 有利于错开迎亲高峰
D 现在这个习俗已经完全消失

'시간 서두르기'에 관하여 알 수 있는 것은?

A 대부분 새벽에 시작했다
B 서두르는 시간은 늦으면 늦을수록 좋다
C 신부를 맞이하는 러시아워를 피하기 좋다
D 현재 이 풍습은 이미 완전히 사라졌다

| 보기 어휘 | 有利于 yǒulì yú 동 ~하기 좋다, ~하기 유리하다 | 错开 cuòkāi 동 (시간, 위치 등을) 피하다, 겹치지 않게 하다 | 高峰 gāofēng 명 러시아워, 절정 ★ | 消失 xiāoshī 동 사라지다 |

해설 '赶时辰'은 세 번째 단락에 언급되어 있다. '凌晨的时候, 즉 새벽 무렵'에 신부를 맞이하러 간다고 했으므로, 정답은 A이다. 이어서 '如果赶的时间早的话，将来的生活就会过得幸福美满'이라고 빨리 서두를수록 더 행복할 것이라고 했기에 B는 정답이 아니며, 현재 타이안시 닝양현에서 보전되고 있다고 했으므로 D 역시 정답이 아니다.

정답 A

92

根据上文，下列哪项正确？

A 共有8个人抬花轿
B 新郎一个人去迎娶新娘
C 新娘上花轿不能露面
D 新娘下轿后要跨一个火盆

윗글에 근거하여, 다음 중 옳은 것은 무엇인가?

A 전부 8명이 꽃가마를 든다
B 신랑 혼자 신부를 맞이하러 간다
C 신부는 꽃가마에 타고서 얼굴을 드러내면 안 된다
D 신부는 가마에서 내린 후에 화로를 넘어야 한다

| 보기 어휘 | 露面 lòu miàn 동 얼굴을 드러내다, 등장하다 |

해설 세 번째 단락에서 가마를 드는 인원은 보통 2인이며, 가정 형편이 좋은 경우 4인이 든다고 했고, 신랑이 수행원들을 데리고 간다고 했기에 A와 B는 정답이 아니다. 마지막 단락에서 '新娘下轿后还要过一个火盆, 즉 신부는 가마에서 내린 후에 화로 하나를 넘어야 한다'고 했으므로, 정답은 D이다.

정답 D

第93到96题是根据下面一段话：

　　长期以来，飞机起飞、降落时发出的震耳欲聋的噪音令机场附近的居民不胜其烦。尽管二十世纪六十年代以来，科学家们已经使飞机的噪音减少了80%，**[93]** 但是随着经济的发展，各机场的飞行航班大幅增加，这使得机场的噪音有增无减，成为机场进一步发展的拦路石。

　　科学家们经过三年的研究，**[95] A** 终于初步设计出了一种"无声飞机"，并且将在2030年投入使用。"无声"的意思并不是说完全听不到声音，而是指飞机升降时所发出的噪音会维持在40分贝左右，相当于洗衣机或者其他家电的音量，声音极弱。因此在飞机发动后不会给居住在机场的居民带来困扰。

　　为了使飞机不再发出巨大的轰鸣声，科学家们对飞机进行了重新设计。其中最关键的改造就是发动机置顶设计。不同于传统飞机，**[95] C** 无声飞机的发动机安装在飞机顶部，这样从机翼上方吸入空气，就能有效地降低噪音。其次，它采用的发动机功率是传统飞机的2倍，这意味着它能以较低的初始速度起飞，从而减少了噪音的产生。最后，一般而言，飞机在起飞和降落时，环绕机翼和机身的气流相遇会产生高分贝的噪音。**[94] C** 与传统飞机"机身与机翼"的设计模式不同，无声飞机整体就是一个翼形的设计。这种一体化的设计，**[94] B** 再加上机翼非常圆滑，不仅减少了气流的产生，**[94] A** 而且消除了机翼的抖动，**[95] D** 自然大大降低了噪音。有人担心这种设计会减少乘载乘客的数量，这种担心完全是多余的。因为无声飞机机身长44米，机翼长68米，外部成流线型，**[95] B** 内部空间十分宽敞，因而能乘载更多的乘客。

오랜 기간, 비행기가 이착륙 시 내는 고막이 터질 것 같은 심한 소음은 공항 근처에 사는 주민들을 괴로움에 견딜 수 없게 해왔다. 비록 1960년대 이래로 과학자들이 비행기의 소음을 이미 80% 줄이기는 했지만, **[93]** 경제가 발전함에 따라 각 공항들의 항공 운항편이 대폭 증가하면서 공항소음이 줄지 않고 늘어나게 만들었고, 공항이 한 단계 더 발전하는 데 걸림돌이 되었다.

과학자들은 3년간의 연구 끝에 **[95] A** 마침내 '무소음 비행기'의 초기 디자인을 완성했고, 2030년에 상용화될 예정이다. '무소음'이란 의미는 결코 소리가 완전히 안 들린다는 것이 아니라, 비행기가 이착륙 시 내는 소음을 40dB 정도로 유지시킬 수 있다는 것이다. (이는) 세탁기나 다른 가전제품의 소리크기 정도로, 소리가 굉장히 약하다. 이로써 비행기가 시동을 건 후에 공항 근처에 사는 주민들을 괴롭게 만들지 않을 것이다.

비행기가 더 이상 거대한 굉음을 내지 못하도록, 과학자들은 비행기를 새롭게 설계했다. 그중 가장 핵심적인 개조는 바로 엔진의 천장 배치 설계였다. 기존의 비행기들과는 다르게, **[95] C** 무소음 비행기의 엔진을 기체 천장에 설치했다. 이렇게 하면 비행기 날개 상단이 공기를 흡입하여 효과적으로 소음을 줄일 수 있다. 다음으로는 무소음 비행기가 사용한 엔진 출력률은 기존 비행기의 2배인데, 이것은 무소음 비행기가 비교적 낮은 초기속도에서 이륙할 수 있다는 것을 의미하며, 그렇게 함으로써 소음의 발생을 줄였다. 마지막은 일반적으로 비행기가 이착륙할 때 비행기의 날개와 몸체를 둘러싼 기류가 서로 만나면서 높은 데시벨의 소음이 발생하게 된다. **[94] C** 기존 비행기의 '몸체와 날개' 디자인 형태와는 다르게, 무소음 비행기는 (비행기) 전체가 바로 하나의 날개 모양 디자인이다. 이러한 일체형 디자인에 **[94] B** 비행기 날개의 둥그럼과 매끄러움이 더해져 기류 발생을 줄였을 뿐만 아니라 **[94] A** 날개의 진동까지 없애며 **[95] D** 자연스레 소음을 크게 줄였다. 어떤 사람들은 이러한 디자인이 비행기 탑승객 수를 감소시킬 거라고 걱정하지만, 이런 걱정은 완전히 불필요하다. 왜냐하면, 무소음 비행기는 몸체가 44m, 날개는 68m이며, 외부가 유선형이라 **[95] B** 내부 공간이 굉장히 넓고, 이로써 더 많은 승객을 태울 수 있다.

无声飞机不仅噪音非常低，而且还降低了温室气体排放量，十分环保。其燃油效率也比目前的客机提高了约25%。科学家们相信在不久的将来就能造福人类。

무소음 비행기는 소음이 굉장히 낮을 뿐만 아니라, 온실가스의 배출량도 낮추어서 매우 친환경적이다. 그 연료 효율 역시 현재의 여객기들보다 25% 정도 높아졌다. 과학자들은 머지않은 미래에 (무소음 비행기가) 인류를 행복하게 해줄 거라고 믿고 있다.

지문 어휘 以来 yǐlái 몡 (시간) 동안, 이래 | 降落 jiàngluò 동 착륙하다 | 发出 fāchū 동 (소리를) 내다 | 震耳欲聋 zhèn'ěryùlóng 성 고막이 터질 것 같이 소리가 심하다 | 噪音 zàoyīn 몡 소음 ★ | 居民 jūmín 몡 주민, 거주민 ★ | 不胜其烦 búshèngqífán 성 괴로움을 견딜 수 없다 | 大幅 dàfú 부 대폭으로, 대폭적으로 | 使得 shǐde 동 ~로 하여금 ~하게 하다 | 有增无减 yǒuzēngwújiǎn 성 줄지 않고 늘어나다, 늘어날 뿐 줄어들지 않다 | 拦路石 lánlùshí 몡 걸림돌 | 初步 chūbù 형 초기 단계의, 초보적인 ★ | 投入 tóurù 동 돌입하다, 개시하다 | 升降 shēngjiàng 동 (비행기가) 이착륙하다, 오르내리다 | 维持 wéichí 동 유지하다 ★ | 分贝 fēnbèi 몡 데시벨(dB) | 发动 fādòng 동 시동을 걸다 ★ | 困扰 kùnrǎo 동 괴롭히다 | 轰鸣声 hōngmíngshēng 몡 굉음, 요란한 소리 | 重新 chóngxīn 부 새롭게, 다시 | 安装 ānzhuāng 동 설치하다 | 机翼 jīyì 몡 비행기 날개 | 功率 gōnglǜ 몡 출력 | 意味着 yìwèizhe 동 의미하다 ★ | 初始 chūshǐ 형 초기, 처음 | 环绕 huánrào 동 둘러싸다 | 气流 qìliú 몡 기류 | 相遇 xiāngyù 동 서로 만나다 | 模式 móshì 몡 형태, 패턴 ★ | 整体 zhěngtǐ 몡 전체, 전부 | 翼形 yìxíng 몡 날개 모양 | 圆滑 yuánhuá 형 둥글고 매끄럽다, 둥글둥글하다 | 消除 xiāochú 동 없애다 ★ | 抖动 dǒudòng 몡 진동 | 乘载 chéngzài 동 태우다 | 多余 duōyú 형 불필요하다, 쓸데없다 | 流线型 liúxiànxíng 몡 유선형 | 空间 kōngjiān 몡 공간 | 宽敞 kuānchang 형 넓다 ★ | 气体 qìtǐ 몡 (물리) 가스, 기체 | 排放量 páifàngliàng 몡 배출량 | 环保 huánbǎo 형 친환경적이다 | 燃油 rányóu 몡 연료 | 效率 xiàolǜ 몡 효율, 능률 | 客机 kèjī 몡 여객기 | 造福 zàofú 동 행복하게 하다

93

机场噪音为什么有增无减?

A 航班增多了
B 飞机引擎老化
C 机场客流增多
D 没有防噪音的设施

공항소음은 왜 줄지 않고 증가했는가?

A 항공편이 증가해서
B 비행기 엔진이 낡아서
C 공항에 여행객이 증가해서
D 소음방지 시설이 없어서

보기 어휘 引擎 yǐnqíng 몡 엔진 ★ | 老化 lǎohuà 동 낡다, 노화되다 | 设施 shèshī 몡 시설

해설 힌트는 질문의 '有增无减'이다. 첫 번째 단락에서 '各机场的飞行航班大幅增加，这使得机场的噪音有增无减, 즉 항공 운항편의 대폭적인 증가는 공항소음이 줄지 않고 늘어나게 만들었다'고 했기에, 정답은 A이다.

정답 A

94

关于无声飞机的机翼，下面正确的是：

A 抖动剧烈
B 非常圆滑
C 与传统设计一样
D 比普通飞机的功能多

무소음 비행기의 날개에 관하여, 다음 중 옳은 것은?

A 진동이 심하다
B 굉장히 둥글고 매끄럽다
C 기존의 설계와 같다
D 일반 비행기 보다 기능이 많다

보기 어휘 剧烈 jùliè 형 심하다, 격렬하다 ★ | 功能 gōngnéng 명 기능

해설 무소음 비행기의 날개에 관한 문제로, 세 번째 단락에 언급되어 있다. 본문에서 '与传统飞机…的设计模式不同, 즉 기존 비행기의 디자인 형태와는 다르다'라고 했고, '消除了机翼的抖动, 즉 날개의 진동을 없애다'라고 했기에 C와 A는 정답이 아니다. 기존 비행기와는 다른 무소음 비행기의 일체형 디자인을 언급하며 '再加上机翼非常圆滑'라고 날개의 둥그럼과 매끄러움이 더해졌다고 했으므로, 정답은 B이다.

정답 B

95

根据上文，下列哪项正确？

A 无声飞机已投入使用
B 无声飞机内部空间大
C 无声飞机的发动机在机身底部
C 无声飞机降落时一点儿噪音都没有

윗글에 근거하여, 다음 중 옳은 것은 무엇인가?

A 무소음 비행기는 이미 상용화되었다
B 무소음 비행기 내부 공간은 크다
C 무소음 비행기의 엔진은 기체 아래쪽에 있다
D 무소음 비행기는 착륙 시 조금의 소음도 없다

해설 질문에 힌트가 없는 보기대조형 문제이다. 무소음 비행기에 관한 설명 중 두 번째 단락의 '将在2030年投入使用, 2030년에 상용화될 예정이다'와 세 번째 단락의 '发动机安装在飞机顶部, 엔진을 천장에 설치했다', 또한 '自然大大降低了噪音, 자연스레 소음을 크게 줄였다'로 인해 A와 C, D는 모두 정답이 아님을 알 수 있다. 세 번째 단락에서 '内部空间十分宽敞'이라고 내부 공간이 굉장히 넓음을 언급했으므로, 정답은 B이다.

정답 B

96

下列标题哪个最适合本文？

A 军用飞机的发展史
B 对航班延误说"不"
C 改善机场服务的方案
D 无声飞机：机场噪音的终结者

다음 중 윗글의 제목으로 가장 적합한 것은?

A 군용 비행기의 발전사
B 항공편 지연에 'No'라고 말하기
C 공항 서비스 개선 방안
D 무소음 비행기: 공항 소음 종결자

보기 어휘 延误 yánwù 통 지연되다, 지체하다 | 改善 gǎishàn 통 개선하다 | 方案 fāng'àn 명 방안 | 终结 zhōngjié 통 종결하다, 끝내다

해설 이 글은 소음으로 인한 고통을 줄이는 방법의 하나인 무소음 비행기에 관한 글로, 무소음 비행기와 기존 비행기와의 차별성 및 소음을 줄이는 원리 등을 설명하고 있다. 따라서 제목으로 가장 적합한 것은 보기 중 유일하게 소음을 언급하며 무소음 비행기를 공항 소음 종결자라고 표현한 D가 정답이다.

정답 D

第97到100题是根据下面一段话：

在信息碎片化、文化快餐化的今天，微博、微信、微小说等微文化大行其道，不得不说我们已跨入了"微时代"。而"微电影"作为一种新型视听方式，内容融合了幽默搞怪、时尚潮流、公益教育、商业合作等元素，以其题材丰富、制作精巧、收视方便、互动性强等特点，受到越来越多年轻人的喜爱。

[97] 微电影最初兴起于草根阶层，他们用相机、摄像机、手机等拍摄工具把生活中的点点滴滴记录下来，拍成了短片。后来，随着影视技术突飞猛进的发展及专业机构的出现，[100] 使微电影从个人的随意拍摄，逐步上升到电影的阶段。

近些年，在微电影类型方面，网民自创的作品不计其数，以推广营销为目的的商业微电影盛行了起来；[99] D 在制作规模方面，[98] 专业团队甚至知名导演都纷纷加入微电影制作的队伍，使得微电影的品质、格调大大提升，因而实现了华丽转身。另外，微电影的影响力逐渐增强，随之产生的微电影大赛、微电影节等活动也不断出现。

[99] A 微电影的主题包括幽默搞怪、时尚潮流、公益教育、商业定制等等，其内容可以相对独立，也可以成为一个系列。微电影形式简单，短小精悍，人们可以充分利用坐车、等人、排队等闲暇时间，用智能手机或平板电脑看完一部微电影。微电影的篇幅短，但主题仍立意深

정보는 파편화되고 문화는 패스트푸드화된 오늘날, 웨이보(微博), 위챗(微信), SNS소설(微小说) 등 마이크로(微) 문화가 크게 유행하고 있으며, 우리는 이미 '마이크로(微) 시대'에 진입했다고 말할 수 밖에 없다. 또한 '마이크로(微) 영화'는 새로운 시청방식으로써, 내용은 유머, 익살, 유행, 공익교육, 상업협력 등의 요소를 융합하였고 풍부한 소재, 정교한 제작, 편리한 시청, 강한 상호작용 등의 특징으로 점점 더 많은 젊은이들의 사랑을 받고 있다.

[97] 마이크로 영화는 처음에는 풀뿌리 계층 사이에서 유행하기 시작했다. 그들은 카메라, 캠코더, 휴대폰 등의 촬영 도구로 생활 속의 소소한 것들을 기록했고, 단편으로 만들었다. 후에 영상 기술의 비약적인 발전과 전문 기관의 출현에 따라, [100] 마이크로 영화는 개인이 자유롭게 촬영하던 것에서 점차 영화의 단계로 올라섰다.

최근 몇 년간, 마이크로 영화 유형 측면에서 네티즌의 창작품이 매우 많아지고, 판촉 확대를 목적으로 하는 상업용 마이크로 영화가 성행하기 시작했다. [99] D 제작 규모 면에서는 [98] 전문 단체 및 심지어는 유명감독들까지 잇달아 마이크로 영화 제작 대열에 합류하면서 마이크로 영화의 퀄리티와 격조를 크게 향상시켰고, 이로써 화려하게 변신하였다. 또한, 마이크로 영화의 영향력이 점차 커지면서 그에 따라 생겨난 마이크로 영화 대회, 마이크로 영화제 등의 행사도 끊임없이 나타났다.

[99] A 마이크로 영화의 주제는 유머, 익살, 유행, 공익교육, 상업제도 등 그 내용은 상대적으로 독립적일 수 있고 하나의 시리즈가 될 수도 있다. 마이크로 영화는 형식은 간단하고 짧지만, 힘이 있어서, 사람들은 차를 타거나, 누군가를 기다릴 때, 줄 서는 등의 여유 시간을 충분히 이용하여, 스마트폰이나 혹은 태블릿 PC로 마이크로 영화 한 편을 다 볼 수 있다. 마이크로 영화는 길이는 짧지만, 주제는 여전히 담긴 의미가 깊고 어

远，反映了一定的现实问题。譬如关注社会事件，倡导保护环境、热爱自然，关爱空巢老人等等。它在追求艺术形式的同时也担起了社会责任，旨在用艺术的力量发出正能量，影响受众，温暖人心。

[99] B 微电影的播放渠道从最初的网络新媒体拓展到传统的电视领域。不仅如此，在未来几年，微电影还可能跻身主流院线，进入电影发行体系，以更加成熟的姿态呈现在大众面前。

由此可见，微电影将会逐渐从非主流阶段走向主流阶段，从而掌握市场的主动权。

느 정도의 현실 문제를 반영한다. 예를 들면, 사회 이슈에 집중하거나, 환경보호 선도, 자연사랑, 독거노인에 관심을 가지는 등이다. 마이크로 영화는 예술 형식을 추구하는 동시에 사회적 책임을 짊어지고 있는데, 예술의 힘을 이용하여 긍정에너지를 발산하고, 관중에서 영향을 주며, 사람의 마음을 따뜻하게 하는 데 그 목적이 있다.

[99] B 마이크로 영화의 방영 경로는 초기의 인터넷이라는 뉴미디어에서 전통적인 TV 영역까지 확대되었다. 그뿐만 아니라, 앞으로 몇 년 안에 마이크로 영화는 아마도 주류 영화 대열에 들어서고, 영화 배급 체제에 진입하여, 더욱 성숙한 자태로 대중 앞에 선보일 것이다.

여기서 알 수 있듯이 마이크로 영화는 점차 비주류 (단계)에서 주류 (단계)로 나아갈 것이며, 이로써 시장의 주도권을 장악하게 될 것이다.

지문 어휘 | 碎片化 suìpiànhuà 명 파편화 | 快餐化 kuàicānhuà 명 패스트푸드화 | 微博 wēibó 명 웨이보 | 微信 wēixìn 명 웨이신, 위챗 | 微小说 wēixiǎoshuō 명 SNS소설 | 微文化 wēiwénhuà 명 마이크로 문화 | 大行其道 dàxíng qídào 크게 유행하다, 크게 성행하다 | 跨入 kuàrù 동 진입하다, 들어서다 | 微电影 wēidiànyǐng 명 마이크로 영화, 단편 영화 | 融合 rónghé 동 융합하다 | 搞怪 gǎoguài 동 익살스럽다 | 时尚 shíshàng 명 유행 | 潮流 cháoliú 명 흐름, 경향, 추세 ★ | 元素 yuánsù 명 요소 | 题材 tícái 명 소재 ★ | 精巧 jīngqiǎo 형 정교하다 | 收视 shōushì 동 시청하다 | 互动性 hùdòngxìng 명 상호작용, 호환성 | 喜爱 xǐ'ài 동 사랑, 관심 | 兴起 xīngqǐ 동 유행하기 시작하다, 발전하기 시작하다 | 草根 cǎogēn 명 풀뿌리 〈비유〉 일반인, 보통사람 | 阶层 jiēcéng 명 계층, 집단 ★ | 摄像机 shèxiàngjī 명 캠코더, 비디오카메라 | 点滴 diǎndī 형 소소하다 | 记录 jìlù 동 기록하다 | 突飞猛进 tūfēiměngjìn 성 비약적으로 발전하다 | 机构 jīgòu 명 기관, 기구 ★ | 随意 suíyì 부 자유롭게, 마음대로 ★ | 逐步 zhúbù 부 점차 | 阶段 jiēduàn 명 단계 | 网民 wǎngmín 명 네티즌 | 自创 zìchàng 동 창작하다, 스스로 만들다 | 不计其数 bújìqíshù 성 매우 많다, 부지기수이다 | 推广 tuīguǎng 동 널리 확대하다, 널리 보급하다 | 营销 yíngxiāo 동 판촉하다, 마케팅하다 | 盛行 shèngxíng 동 성행하다 ★ | 团队 tuánduì 명 단체, 팀 ★ | 知名 zhīmíng 형 유명하다, 저명하다 | 纷纷 fēnfēn 부 잇달아, 연이어 | 队伍 duìwu 명 대열 ★ | 品质 pǐnzhì 명 퀄리티, 품질 ★ | 格调 gédiào 명 격조, 품격 | 华丽 huálì 형 화려하다 ★ | 转身 zhuǎnshēn 동 변신하다, 몸을 돌리다 | 逐渐 zhújiàn 부 점차, 점점 | 主题 zhǔtí 명 주제 | 包括 bāokuò 동 포함하다 | 定制 dìngzhì 명 제도 | 系列 xìliè 명 시리즈 ★ | 短小精悍 duǎnxiǎojīnghàn 성 (글이나 연극 등이) 짧지만 힘이 있다 | 闲暇 xiánxiá 명 여가, 여유 | 平板电脑 píngbǎn diànnǎo 명 태블릿 PC | 篇幅 piānfu 명 길이 | 立意 lìyì 명 담긴 의미, 뜻 | 深远 shēnyuǎn 형 깊다 | 譬如 pìrú 동 예를 들다 ★ | 倡导 chàngdǎo 동 선도하다 ★ | 关爱 guān'ài 동 관심을 갖다, 돌보다 | 空巢老人 kōngcháo lǎorén 명 독거노인 | 担 dān 동 (책임이나 일을) 짊어지다, 맡다 | 旨 zhǐ 명 목적, 의도 | 正能量 zhèngnéngliàng 명 긍정에너지 | 温暖 wēnnuǎn 동 따뜻하게 하다 | 播放 bōfàng 동 방영하다, 방송하다 | 渠道 qúdào 명 경로, 채널 | 媒体 méitǐ 명 미디어, 대중매체 | 拓展 tuòzhǎn 동 확장하다 | 跻身 jīshēn 동 (어떤 대열에) 들어서다 | 主流 zhǔliú 명 주류 ★ | 发行 fāxíng 동 (영화를) 배급하다, (출판물을) 발행하다 ★ | 姿态 zītài 명 자태 ★ | 呈现 chéngxiàn 동 나타나다 ★ | 主动权 zhǔdòngquán 명 주도권

97

第2段中画线部分的意思是:

A 中产阶层
B 普通群众
C 贫困人口
D 电影协会

두 번째 단락에서 밑줄 친 부분의 의미는?

A 중산층
B 일반 대중
C 빈곤인구
D 영화 협회

보기 어휘 群众 qúnzhòng 명 대중 ★ | 贫困 pínkùn 형 빈곤하다 ★ | 协会 xiéhuì 명 협회 ★

해설 '草根阶层'의 의미를 묻는 문제이다. 본문에서 마이크로 영화는 '草根阶层'에서 처음 유행하기 시작했는데, 그들은 카메라, 캠코더, 휴대폰 등으로 생활 속 소소한 것들을 기록했다고 했고, 이어서 '后来，随着…专业机构的出现'이라며 후에 전문 기관의 출현에 따라 달라진 점을 언급하고 있다. 따라서 '草根阶层'이란 전문 기관이 아닌 보통사람, 즉 일반인임을 유추할 수 있으므로, 정답은 B이다.

정답 B

98

微电影为什么能"华丽转身"?

A 专业团队的加入
B 投入了更多的广告费
C 微电影大赛的成功举办
D 视频播放的工具逐渐增多

마이크로 영화는 왜 '화려하게 변신'할 수 있었나?

A 전문 단체가 합류했기 때문에
B 더 많은 광고비를 투입했기 때문에
C 마이크로 영화 대회의 성공적인 개최 때문에
D 영상 방송의 수단이 점차 증가했기 때문에

보기 어휘 加入 jiārù 동 합류하다, 들어가다, 가입하다 | 视频 shìpín 명 영상 ★

해설 힌트는 '华丽转身'으로, 세 번째 단락에서 '专业团队甚至知名导演都纷纷加入微电影制作的队伍，……，因而实现了华丽转身'이라고 전문 단체 심지어 유명한 감독들까지 마이크로 영화제작에 합류하면서 마이크로 영화가 화려하게 변신했다고 했으므로, 정답은 A이다.

정답 A

99

上文中没有提到"微电影"的:

A 电影主题
B 播放渠道
C 诞生背景
D 制作规模

윗글에서 '마이크로 영화'에 대해 언급하지 않은 것은?

A 영화 주제
B 방영 경로
C 탄생 배경
D 제작 규모

| 보기 어휘 | 诞生 dànshēng 동 탄생하다 ★

| 해설 | 질문에 힌트가 없는 보기대조형 문제이다. 세 번째 단락에서는 '在制作规模方面, 즉 제작 규모'를, 네 번째 단락에서는 '微电影的主题, 즉 주제'를, 다섯 번째 단락에서는 '微电影的播放渠道, 즉 방영 경로'를 언급했다. 하지만 탄생 배경에 대해서는 언급하지 않았으므로, 정답은 C이다.

| 정답 | C

100

关于微电影，下列正确的是：

A 只在网络播放
B 起初多比较随性
C 主题多比较肤浅
D 创作者是知名导演

마이크로 영화에 관하여, 다음 중 옳은 것은?

A 인터넷에서만 방영한다
B 초기에는 대부분 비교적 자유로운 형식이었다
C 주제는 대부분 깊이 있는 편이 아니다
D 창작자는 유명한 감독이다

| 보기 어휘 | 肤浅 fūqiǎn 형 깊이가 얕다, 얄팍하다

| 해설 | 두 번째 단락에서 마이크로 영화가 처음 일반인들에 의해 제작되었고, 후에 전문가들도 합류하게 되었다고 소개하면서, 뒤이어 '使微电影从个人的随意拍摄，逐步上升到电影的阶段, 즉 마이크로 영화는 개인이 자유롭게 촬영하던 것에서 점차 영화의 단계로 올라섰다'라고 했다. 따라서 초기에는 임의성이 강한 비교적 자유로운 형식이었음을 알 수 있으므로, 정답은 B이다.

| 정답 | B

쓰기

101번 문제는 한 편의 글을 읽고 요약쓰기를 하는 문제입니다.

第101题

(1) 仔细阅读下面这篇文章，时间为10分钟，阅读时不能抄写、记录。
(2) 10分钟后，监考收回阅读材料，请你将这篇文章缩写成一篇短文，时间为35分钟。
(3) 标题自拟。只需复述文章内容，不需加入自己的观点。
(4) 字数为400左右。
(5) 请把作文直接写在答题卡上。

　　从前，有个孩子叫马良。他父母亲死得早，就靠自己打柴、割草过日子。他从小喜欢画画，可是连一支笔也没有。

　　马良每天都练习画画。他到山上打柴时，就拿一根树枝，在地上画天上的鸟。他到河边割草时，就用草根蘸蘸河水，在岸边的石头上画河里的鱼。晚上回到家里，他拿一块木炭，在墙壁上把白天画过的画重新画一遍。

　　年复一年，马良画画一天都没有间断过。他家的墙壁上，画上叠画，密密麻麻全是画。当然，马良的进步也很快。有一次，他在村口画了一只小母鸡，天上的老鹰总是飞来飞去；他在山后画了一只狼，吓得牛羊不敢在山后吃草。

　　有一天晚上，马良躺在窑洞里，因为他整天到田里干农活、画画，非常疲倦，一躺下来，就迷迷糊糊地睡着了。突然，窑洞里亮起了一束五彩的光芒，来了个白胡子的老人，把一支笔送给了他，说："这是一支神笔，要好好用它帮助穷人！"马良接过来一看，那支神笔金光灿灿的；拿在手上，沉甸甸的。他高兴地

옛날에 마량(马良)이라는 아이가 있었다. 그는 부모님이 일찍 돌아가셔서 혼자서 나무를 하고, 풀을 베면서 생활해 나갔다. 그는 어릴 때부터 그림 그리는 것을 좋아했지만, 붓 한 자루조차 없었다.

마량은 매일같이 그림 그리는 것을 연습했다. 산에 가서 나무를 할 때면 그는 나뭇가지를 들고 땅에다가 하늘의 새를 그렸고, 강가에 가서 풀을 벨 때면 그는 풀뿌리에 물을 묻혀서 강가의 돌 위에 강 속의 물고기를 그렸다. 저녁에 집에 돌아오면 숯덩이를 들어 벽에다가 낮에 그렸던 그림을 다시 그렸다.

해가 바뀌어도 마량은 그림 그리는 것을 단 하루도 멈춘 적이 없었다. 그의 집 벽에는 그림 위에 그림이 겹쳐져서 빼곡하게 온통 다 그림이었다. 당연히 마량의 발전도 매우 빨랐다. 한 번은 그가 마을 입구에다 햇암탉 한 마리를 그리자 하늘에서 솔개가 계속 왔다 갔다 하며 날아다녔고, 그가 산 뒤편에 늑대를 그렸을 땐 소와 양이 놀라 산 뒤편에서 감히 풀을 뜯지 못했다.

어느 날 저녁, 마량은 동굴에 누워있었다. 하루 종일 밭에 가서 농사일하고 그림을 그리느라 매우 피곤했고, (그는) 눕자마자 정신없이 잠이 들었다. (그때) 갑자기 동굴 안으로 오색 빛 한 줄기가 비추더니 하얀 수염의 노인이 나타났고, 그에게 붓을 한 자루 주면서 '이것은 마법의 붓이니 이를 잘 사용해서 가난한 사람들을 도와주거라!'하고 말했다. 마량이 붓을 받아서 보니 그 마법의 붓은 금빛이 찬란했고, 손에 들어보니 굉장히

说：" 谢谢你，老爷爷！"马良说完以后，白胡子老人就消失了。

第二天，他用笔画了一只鸟，鸟拍拍翅膀，飞到了天上。他用笔画了一条鱼，鱼摆摆尾巴，游进了水里。马良自言自语："我有神笔了！"他高兴得手舞足蹈。

马良有了这支神笔以后，天天替村里的穷人画画。谁家没有斧子，他就给他画斧子；谁家没有牛，他就给他画牛；谁家没有水车，他就给他画水车。

可是天下没有不透风的墙，皇帝很快知道了这件事。皇帝下了一道圣旨，派人把马良抓走了。马良听到过许多皇帝欺侮穷人的事，很厌恶皇帝。皇帝叫他画摇钱树，马良什么话也没说，提起神笔一挥，一个无边的大海出现在皇帝的眼前。皇帝看了以后很不高兴，生气地骂道："叫你画摇钱树，谁叫你画海了！"马良在大海中央画了一个小岛，在岛上画了一棵又高又大的摇钱树。皇帝看见那棵摇钱树以后，眼睛马上亮了起来，对马良说："赶快画只船吧！"马良画了一只很大很大的木船，皇帝和几个大臣都上了船。马良又画了几笔，海上马上刮起了海风，掀起了海浪，海浪一个比一个高，大木船在海上摇摇晃晃，皇帝心里害怕极了，向马良摇手，大声地喊道："风够了！风够了！"马良装没有听见，不停地画着风。风更大了，吹来了许多厚厚的乌云，又打雷，又闪电，还下起了暴雨。海水像一堵倒塌的高墙一样，向木船压了过去。船翻了，皇帝和船上的大臣都沉到了海底。

后来大家都不知道马良到什么地方去了。有的说：他回到了自己的家乡，和那些种地的伙伴在一起。有的说：他到处流浪，专门给穷苦的人们画画。

묵직했다. 그가 기뻐하며 '감사합니다, 도사님!'하고 말을 마치자 하얀 수염의 노인은 바로 사라졌다.

이튿날 그가 붓으로 새를 한 마리 그리니 새가 날개를 푸드덕거리며 하늘로 날아갔고, 그가 붓으로 물고기를 그렸을 때는 물고기가 꼬리를 흔들면서 물속으로 헤엄쳐 들어갔다. 마량은 '나에게 마법의 붓이 생겼다!'라고 혼잣말을 하면서 기뻐서 덩실덩실 춤을 췄다.

마량은 이 마법의 붓이 생긴 후에, 날마다 마을의 가난한 사람들을 대신해서 그림을 그렸다. 도끼가 없는 집엔 도끼를 그려주었고, 소가 없는 집은 소를 그려줬으며, 수차(水車)가 없는 집은 수차를 그려주었다.

하지만 세상에 숨길 수 있는 비밀은 없는 법이라고, 황제가 금방 이 소식을 알게 되었다. 황제는 사람을 보내서 마량을 잡아 오라고 어명을 내렸다. 마량은 황제가 가난한 사람들을 능욕했던 많은 일들을 들었던 터라 황제를 매우 싫어했다. 황제는 그에게 돈나무를 그리라고 했는데, 마량은 아무 말 없이 마법의 붓을 들어 휘둘렀고, 끝없이 펼쳐진 바다가 황제의 눈앞에 나타났다. 이를 보고 나서 황제는 기분이 좋지 않아 화를 내며 '돈나무를 그리라고 했지, 누가 너더러 바다를 그리라고 했느냐!'라고 꾸짖었다. 마량은 바다 한가운데에 작은 섬을 하나 그렸고, 섬 위에 높고 커다란 돈나무를 한 그루 그렸다. 황제는 그 돈나무를 보자 금방 눈을 반짝이며 마량에게 '어서 배를 한 척을 그리도록 해라!'라고 말했다. 마량은 엄청나게 큰 목선(나무배)를 그렸고, 황제는 몇 명의 신하들과 배에 올랐다. 마량이 다시 붓을 몇 번 움직이니 바다에 곧 해풍이 불기 시작했고, 파도가 일기 시작하더니 점점 더 높아져 갔다. 커다란 나무배가 바다 위에서 흔들거리자, 황제는 굉장히 두려웠고 마량에게 손을 내저으며 '바람은 이제 충분하다! 충분해!' 라고 크게 소리쳤다. 마량은 못 들은 척하면서 계속해서 바람을 그렸다. 바람은 더욱 거세졌고, 커다란 먹구름들이 몰고 왔으며, 천둥과 번개가 치고 폭우까지 쏟아지기 시작했다. 바닷물은 무너져 내리는 높은 장벽처럼 목선을 덮쳐 눌렀고 배는 뒤집어지면서 황제와 배에 있던 신하들은 모두 바닷속으로 가라앉았다.

후에 마량이 어디로 갔는지는 아무도 모른다. 어떤 이는 '그가 자신의 고향으로 돌아가서 농사를 짓던 친구들과 함께 있다'고 하고, 어떤 이는 '그가 여기저기 떠돌아다니며 오직 가난한 사람들에게만 그림을 그려준다'고 했다.

지문 어휘

打柴 dǎ chái 동 나무를 하다, 땔감을 하다 | 割 gē 동 (칼로) 베다, 자르다, 절단하다 ★ | 树枝 shùzhī 명 나뭇가지 | 草根 cǎogēn 명 풀뿌리 | 蘸 zhàn 동 묻히다, 찍다 | 岸边 ànbiān 명 강가, 물가 | 木炭 mùtàn 명 숯, 목탄 | 墙壁 qiángbì 명 벽 | 重新 chóngxīn 부 다시, 새로이 | 间断 jiànduàn 동 멈추다, 중단하다, 중단되다 | 叠 dié 동 겹쳐지다, 포개다 | 密密麻麻 mìmìmámá 형 빼곡하다, 촘촘하다 | 老鹰 lǎoyīng 명 솔개 | 狼 láng 명 늑대, 이리 | 吓 xià 동 놀래다 | 躺 tǎng 동 눕다 | 窑洞 yáodòng 명 동굴 | 整天 zhěngtiān 명 하루 종일 | 农活 nónghuó 명 농사일 | 疲倦 píjuàn 형 피곤하다 ★ | 迷迷糊糊 mími hūhū 형 정신이 없다, 혼미하다, 모호하다 | 五彩 wǔcǎi 명 오색, 다채로운 빛깔 | 光芒 guāngmáng 명 빛, 광채 ★ | 神笔 shénbǐ 명 마법의 붓 | 灿灿 càncàn 형 찬란하다, 반짝반짝 빛나다 | 沉甸甸 chéndiāndiān 형 묵직하다, 아주 무겁다 | 翅膀 chìbǎng 명 날개 | 摆 bǎi 동 흔들다, 젓다 | 尾巴 wěiba 명 꼬리 | 自言自语 zìyánzìyǔ 성 혼잣말을 하다, 중얼거리다 | 手舞足蹈 shǒuwǔzúdǎo 성 너무 기뻐서 덩실덩실 춤추다 | 替 tì 동 대신하다 | 斧子 fǔzi 명 도끼 | 水车 shuǐchē 명 수차, 물레방아 | 透风 tòufēng 동 바람이 통하다, 〈비유〉 비밀이 새다 | 没有不透风的墙 méiyǒu bú tòufēng de qiáng 바람이 통하지 않는 벽이란 없다, 〈비유〉 숨길 수 있는 비밀이란 없다 | 皇帝 huángdì 명 황제 | 圣旨 shèngzhǐ 명 어명, 성지 | 欺侮 qīwǔ 동 능욕하다, 업신여기다 | 厌恶 yànwù 동 싫어하다 ★ | 摇钱树 yáoqiánshù 명 돈나무(신화 속에 나오는 흔들면 돈이 떨어진다는 나무) | 挥 huī 동 휘두르다 | 无边 wúbiān 형 끝없다 | 大臣 dàchén 명 신하, 대신 ★ | 海风 hǎifēng 명 해풍, 바닷바람 | 掀起 xiānqǐ 동 (파도가) 일다, 출렁거리다 ★ | 海浪 hǎilàng 명 파도 | 摇晃 yáohuàng 동 흔들리다 ★ | 摇 yáo 동 흔들다, 휘휘 젓다 | 喊 hǎn 동 크게 소리치다, 외치다 | 装 zhuāng 동 ~인 척하다 | 乌云 wūyún 명 먹구름 | 打雷 dǎ léi 동 천둥 치다 | 闪电 shǎn diàn 동 번개 치다 | 暴雨 bàoyǔ 명 폭우 | 堵 dǔ 양 담이나 울타리를 세는 단위 | 倒塌 dǎotā 동 무너지다, 붕괴되다 | 高墙 gāoqiáng 명 높은 장벽, 높은 담 | 压 yā 동 덮쳐 누르다, (내리)누르다 | 翻 fān 동 뒤집다 | 沉 chén 동 가라앉다 | 种地 zhòngdì 동 농사짓다 | 伙伴 huǒbàn 명 친구, 동료 | 流浪 liúlàng 동 떠돌다, 유랑하다 ★ | 专门 zhuānmén 부 오직, 전문적으로 | 穷苦 qióngkǔ 형 가난하다

해설

★★★
이 이야기는 가난하지만 그림 그리기를 너무 좋아했던 마량에게 마법의 붓이 생겨 착한 사람을 도와줬다는 글로, 시간의 경과에 따라 요약 쓰기를 진행해야 한다.

	본문	요약
1단락	从前，有个孩子叫马良。他父母亲死得早，就靠自己打柴、割草过日子。他从小喜欢画画，可是连一支笔也没有。 옛날에 마량(马良)이라는 아이가 있었다. 그는 부모님이 일찍 돌아가셔서 혼자서 나무를 하고, 풀을 베면서 생활해 나갔다. 그는 어릴 때부터 그림 그리는 것을 좋아했지만, 붓 한 자루조차 없었다.	从前，有个孩子叫马良。他的父母死得早，就靠自己打柴生活。他从小喜欢画画，可是连一支笔也没有。 옛날에 마량이라는 아이가 있었는데, 부모님이 일찍 돌아가셔서 혼자서 나무를 하면서 살아갔다. 그는 어릴 때부터 그림 그리는 것을 좋아했지만, 붓 한 자루조차도 없었다.

1 단락	**[도입]** 주인공에 관한 기본적인 소개 **(1) 시간:** 从前(옛날) **(2) 인물:** 马良(마량) **(3) 전개포인트:** 　① 父母死得早 (부모님이 일찍 돌아 가시다) 　② 自己打柴生活 (혼자서 나무를 하면서 살아가다) 　③ 喜欢画画 (그림 그리는 것을 좋아하다) 　④ 一支笔都没有 (붓 한 자루 조차 없다)	

	본문	요약
2-3 단락	马良每天都练习画画。他到山上打柴时，就拿一根树枝，在地上画天上的鸟。他到河边割草时，就用草根蘸蘸河水，在岸边的石头上画河里的鱼。晚上回到家里，他拿一块木炭，在墙壁上把白天画过的画重新画一遍。 年复一年，马良画画一天都没有间断过。他家的墙壁上，画上叠画，密密麻麻全是画。当然，马良的进步也很快。有一次，他在村口画了一只小母鸡，天上的老鹰总是飞来飞去；他在山后画了一只狼，吓得牛羊不敢在山后吃草。	马良每天都练习画画，到山上打柴时画画，到河边割草时画画，家里的墙壁上也到处都是他画的画。年复一年，马良的进步很快。有一次，他在山后画了一只狼，吓得牛羊不敢在山后吃草了。
	마량은 매일같이 그림 그리는 것을 연습했다. 산에 가서 나무를 할 때면 그는 나뭇가지를 들고 땅에다가 하늘의 새를 그렸고, 강가에 가서 풀을 벨 때면 그는 풀뿌리에 물을 묻혀서 강가의 돌 위에 강 속의 물고기를 그렸다. 저녁에 집에 돌아오면 숯덩이를 들어 벽에다가 낮에 그렸던 그림을 다시 그렸다. 해가 바뀌어도 마량은 그림 그리는 것을 단 하루도 멈춘 적이 없었다. 그의 집 벽에는 그림 위에 그림이 겹쳐져서 빼곡하게 온통 다 그림이었다. 당연히 마량의 발전도 매우 빨랐다. 한번은 그가 마을 입구에다 햇암탉 한 마리를 그리자 하늘에서 솔개가 계속 왔다 갔다 하며 날아다녔고, 그가 산 뒤편에 늑대를 그렸을 땐 소와 양이 놀라 산 뒤편에서 감히 풀을 뜯지 못했다.	마량은 매일같이 그림 그리는 것을 연습했다. 산에 가서 나무를 할 때도 그림을 그렸고, 강가에 가서 풀을 벨 때도 그림을 그렸으며, 집안의 벽도 온통 다 그가 그린 그림이었다. 해가 바뀌면서 마량의 발전은 매우 빨랐다. 한번은 그가 산 뒤편에 늑대를 그렸는데 소와 양이 놀라 산 뒤편에서 감히 풀을 뜯지 못했다.

2-3 단락	[전개1] 그림 그리기를 좋아했던 마량
	(1) 시간: 每天(매일)、年复一年(해가 바뀌다)、有一次(한번은)
	(2) 인물: 马良(마량)
	(3) 장소: 山上(산)、河边(강가)、墙上(벽)、山后(산 뒤편)
	(4) 전개포인트:
	① 每天练习画画 (매일같이 그림 그리는 것을 연습하다)
	② 山上打柴时 (산에 가서 나무를 할 때)
	③ 河边割草时 (강가에 가서 풀을 벨 때)
	④ 家里墙壁上 (집안의 벽)
	⑤ 练习画画 (그림 그리는 것을 연습하다)
	⑥ 进步非常快 (발전이 굉장히 빠르다)
	⑦ 后山画了一只狼 (산 뒤편에 늑대를 한 마리 그리다)
	⑧ 吓得牛羊不敢到后山吃草 (소와 양이 놀라 산 뒤편에서 감히 풀을 뜯지 못하다)

본문	요약
有一天晚上，马良躺在窑洞里，因为他整天到田地里干农活、画画，非常疲倦，一躺下来，就迷迷糊糊地睡着了。突然，窑洞里亮起了一束五彩的光芒，来了个白胡子的老人，把一支笔送给了他，说："这是一支神笔，要好好用它帮助穷人！"马良接过来一看，那支神笔金光灿灿的；拿在手上，沉甸甸的。他高兴地说："谢谢你，老爷爷！"马良说完以后，白胡子老人就消失了。 　　第二天，他用笔画了一只鸟，鸟拍拍翅膀，飞到了天上。他用笔画了一条鱼，鱼摆摆尾巴，游进了水里。马良自言自语："我有神笔了！"他高兴得手舞足蹈。 　　马良有了这支神笔以后，天天替村里的穷人画画。谁家没有斧子，他就给他画斧子；谁家没有牛，他就给他画牛；谁家没有水车，他就给他画水车。	有一天晚上，马良太累了，就在山洞里睡着了。突然，来了个白胡子的老人。他送给了马良一支神笔，并告诉马良要好好用它帮助穷人。第二天，马良用神笔画了一只鸟，没想到鸟变成真的飞走了，马良高兴极了。自从有了这支神笔以后，马良天天帮助穷人画画。

4-6 단락

어느 날 저녁, 마량은 동굴에 누워있었다. 하루 종일 밭에 가서 농사일하고 그림을 그리느라 매우 피곤했고, (그는) 눕자마자 정신없이 잠이 들었다. (그때) 갑자기 동굴 안으로 오색 빛 한 줄기가 비추더니 하얀 수염의 노인이 나타났고, 그에게 붓을 한 자루 주면서 '이것은 마법의 붓이니 이를 잘 사용해서 가난한 사람들을 도와주거라'하고 말했다. 마량이 붓

어느 날 저녁, 마량은 굉장히 피곤해서 동굴에서 잠이 들었는데, 갑자기 하얀 수염의 노인이 나타났다. 그는 마량에게 마법의 붓을 한 자루 선물해주면서 또 마량에게 이를 잘 이용하여 가난한 사람들을 도와주라고 했다. 이튿날 마량이 마법의 붓으로 새를 한 마리 그리니 뜻밖에도 새가 진짜로 변해 하늘로 날아갔고 마량은 매우 기뻐했다. 이 마법의 붓이

을 받아서 보니 그 마법의 붓은 금빛이 찬란했고, 손에 들어 보니 굉장히 묵직했다. 그가 기뻐하며 '감사합니다, 도사님!' 하고 말을 마치자 하얀 수염의 노인은 바로 사라졌다.

이튿날 그가 붓으로 새를 한 마리 그리니 새가 날개를 푸드덕거리며 하늘로 날아갔고, 그가 붓으로 물고기를 그렸을 때는 물고기가 꼬리를 흔들면서 물속으로 헤엄쳐 들어갔다. 마량은 '나에게 마법의 붓이 생겼다!'라고 혼잣말을 하면서 기뻐서 덩실덩실 춤을 췄다.

마량은 이 마법의 붓이 생긴 후에, 날마다 마을의 가난한 사람들을 대신해서 그림을 그렸다. 도끼가 없는 집엔 도끼를 그려주었고, 소가 없는 집은 소를 그려줬으며, 수차(水车)가 없는 집은 수차를 그려주었다.

생긴 후에 마량은 날마다 가난한 사람들에게 그림을 그려줬다.

4-6 단락

[전개2] 마법의 붓을 얻은 마량
(1) **시간**: 有一天晚上(어느 날 저녁)、第二天(이튿날)
(2) **인물**: 马良(마량)、白胡子老人(하얀 수염의 노인)、穷人(가난한 사람)
(3) **장소**: 窑洞里(동굴 안)
(4) **전개포인트**:
① 马良非常疲倦 (마량은 굉장히 피곤하다)
② 睡着了 (잠이 들다)
③ 送给马良一支神笔 (마량에게 마법의 붓을 선물로 주다)
④ 让马良帮助穷人 (마량에게 가난한 사람을 도와주라고 하다)
⑤ 画了一只鸟 (새를 한 마리 그리다)
⑥ 变成真的飞走了 (진짜로 변해 날아가다)
⑦ 每天帮助穷人 (매일 가난한 사람들을 도와 주다)

본문	요약
可是天下没有不透风的墙，皇帝很快知道了这件事。皇帝下了一道圣旨，派人把马良抓走了。马良听到过许多皇帝欺侮穷人的事，很厌恶皇帝。皇帝叫他画摇钱树，马良什么话也没说，提起神笔一挥，一个无边的大海出现在皇帝的眼前。皇帝看了以后很不高兴，生气地骂道："叫你画摇钱树，谁叫你画海了！"马良在大海中央画了一个小岛，在岛上画了一棵又高又大的摇钱树。皇帝看见那棵摇钱树以后，眼睛马上亮了起来，对马良说："赶快画只船吧！"马良画了一只很大很大的木船，皇帝和几个	皇帝很快知道了这件事，于是派人将马良抓走了。马良知道皇帝常欺负穷人，所以非常厌恶这个皇帝。皇帝让他画摇钱树，马良先画了一个大海，然后在大海中央画了一个小岛，在岛上画了一棵摇钱树，又画了一只船。皇帝和几个大臣都上了船。接着，马良又画了大风，又画了大雨。最后船翻了，皇帝和船上的大臣都沉到了海底。

7 단락

大臣都上了船。马良又画了几笔，海上马上刮起了海风，掀起了海浪，海浪一个比一个高，大木船在海上摇摇晃晃，皇帝心里害怕极了，向马良摇手，大声地喊道："风够了！风够了！"马良装没有听见，不停地画着风。风更大了，吹来了许多厚厚的乌云，又打雷，又闪电，还下起了暴雨。海水像一堵倒塌的高墙一样，向木船压了过去。船翻了，皇帝和船上的大臣都沉到了海底。

7단락

하지만 세상에 숨길 수 있는 비밀은 없는 법이라고, 황제가 금방 이 소식을 알게 되었다. 황제는 사람을 보내서 마량을 잡아오라고 어명을 내렸다. 마량은 황제가 가난한 사람들을 능욕했던 많은 일들을 들었던 터라 황제를 매우 싫어했다. 황제는 그에게 돈나무를 그리라고 했는데, 마량은 아무 말없이 마법의 붓을 들어 휘둘렀고, 끝없이 펼쳐진 바다가 황제의 눈앞에 나타났다. 이를 보고 나서 황제는 기분이 좋지 않아 화를 내며 '돈나무를 그리라고 했지, 누가 너더러 바다를 그리라고 했느냐!'라고 꾸짖었다. 마량은 바다 한가운데에 작은 섬을 하나 그렸고, 섬 위에 높고 커다란 돈나무를 한 그루 그렸다. 황제는 그 돈나무를 보자 금방 눈을 반짝이며 마량에게 '어서 배를 한 척을 그리도록 해라!'라고 말했다. 마량은 엄청나게 큰 목선(나무배)을 그렸고, 황제는 몇 명의 신하들과 배에 올랐다. 마량이 다시 붓을 몇 번 움직이니 바다에 곧 해풍이 불기 시작했고, 파도가 일기 시작하더니 점점 더 높아져 갔다. 커다란 나무배가 바다 위에서 흔들거리자, 황제는 굉장히 두려웠고 마량에게 손을 내저으며 '바람은 이제 충분하다! 충분해!'라고 크게 소리쳤다. 마량은 못 들은 척하면서 계속해서 바람을 그렸다. 바람은 더욱 거세졌고, 커다란 먹구름들이 몰고 왔으며, 천둥과 번개가 치고 폭우까지 쏟아지기 시작했다. 바닷물은 무너져 내리는 높은 장벽처럼 목선을 덮쳐 눌렀고 배가 뒤집어지면서 황제와 배에 있던 신하들은 모두 바닷속으로 가라앉았다.

황제는 금방 이 소식을 알게 되었고, 사람을 보내서 마량을 잡아 오도록 했다. 마량은 황제가 가난한 사람들을 자주 능욕했던 걸 알았던 터라 이 황제를 매우 싫어했다. 황제는 그에게 돈나무를 그리게 했지만 마량은 바다를 먼저 그렸고 그런 다음 바다 한가운데에 작은 섬을 하나 그렸고, 섬 위에 돈나무 한 그루를 그리고는 배도 한 척 그렸다. 황제와 몇 명의 신하들이 모두 배에 오르자 마량은 이어서 다시 세찬 바람을 그렸고, 폭우도 그렸다. 결국 배는 뒤집어졌고 황제와 배에 있던 신하들 모두 바다 속으로 가라앉았다.

7
단
락
	[전개3] 마량에게 그림 그리라고 시킨 황제
	(1) 시간: 很快(금방)
	(2) 인물: 马良(마량)、皇帝(황제)、大臣(신하)
	(3) 장소: 海上(바다)、岛上(섬 위)、海底(바다 속)
	(4) 전개포인트:
	  ① 皇帝知道了这件事，抓住了马良 (황제가 이 소식을 알게 되고 마량을 잡다)
	  ② 皇帝欺负穷人 (황제가 가난한 사람을 능욕하다)
	  ③ 马良非常厌恶皇帝 (마량은 황제를 굉장히 싫어하다)
	  ④ 皇帝让马良画摇钱树 (황제가 마량에게 돈나무를 그리게 하다)
	  ⑤ 马良画了大海 (마량은 바다를 그리다)
	  ⑥ 在大海中央画了小岛 (바다 한가운데 작은 섬을 그리다)
	  ⑦ 在岛上画了一棵摇钱树 (섬 위에 돈나무를 그리다)
	  ⑧ 马良画了一只船 (마량이 배를 한 척 그리다)
	  ⑨ 皇帝和大臣们都上了船 (황제와 신하들이 모두 배에 오르다)
	  ⑩ 马良画了海风、暴雨 (마량은 해풍과 폭우를 그리다)
	  ⑪ 船翻了 (배가 뒤집어지다)
	  ⑫ 皇帝和大臣都沉入了海底 (황제와 대신들은 모두 바다 속으로 가라앉다)

	본문	요약
8 단 락	后来大家都不知道马良到什么地方去了。有的说：他回到自己的家乡，和那些种地的伙伴在一起。有的说：他到处流浪，专门给穷苦的人们画画。	后来大家都不知道马良到什么地方去了。有的说他回到自己的家乡和伙伴在一起；有的说他到处流浪，给穷人画画。
	후에 마량이 어디로 갔는지는 아무도 모른다. 어떤 이는 '그가 자신의 고향으로 돌아가서 농사를 짓던 친구들과 함께 있다.'고 하고, 어떤 이는 '그가 여기저기 떠돌아다니며 오직 가난한 사람들에게만 그림을 그려준다'고 했다.	후에 마량이 어디로 갔는지는 아무도 모른다. 어떤 이는 그가 자신의 고향으로 돌아가서 친구들과 함께 있다고 했고, 어떤 이는 그가 여기저기 떠돌아다니며 가난한 사람들에게 그림을 그려준다 했다.

	[결론] 결말
	(1) 시간: 后来(후에)
	(2) 인물: 大家(모두들)、马良(마량)
	(3) 전개포인트:
	  ① 不知道马良到什么地方去了 (마량이 어디로 갔는지 모르다)
	  ② 回家乡和伙伴在一起 (고향으로 돌아가서 친구들과 함께 있다)
	  ③ 到处流浪给穷苦的人们画画 (여기저기 떠돌아다니며 가난한 사람들에게 그림을 그려주다)	

神笔和马良

　　从前，有个孩子叫马良。他的父母死得早，就靠自己打柴生活。他从小喜欢画画，可是连一支笔也没有。

　　马良每天都练习画画，到山上打柴时画画，到河边割草时画画，家里的墙壁上也到处都是他画的画。年复一年，马良的进步很快。有一次，他在山后画了一只狼，吓得牛羊不敢在山后吃草了。

　　有一天晚上，马良太累了，就在山洞里睡着了。突然，来了个白胡子的老人。他送给了马良一支神笔，并告诉马良要好好用它帮助穷人。第二天，马良用神笔画了一只鸟，没想到鸟变成真的飞走了，马良高兴极了。自从有了这支神笔以后，马良天天帮助穷人画画。

　　皇帝很快知道了这件事，于是派人将马良抓走了。马良知道皇帝常欺负穷人，所以非常厌恶这个皇帝。皇帝让他画摇钱树，马良先画了一个大海，然后在大海中央画了一个小岛，在岛上画了一棵摇钱树，又画了一只船。皇帝和几个大臣都上了船。接着，马良又画了大风，又画了大雨。最后船翻了，皇帝和船上的大臣都沉到了海底。

　　后来大家都不知道马良到什么地方去了。有的说他回到自己的家乡和伙伴在一起；有的说他到处流浪，给穷人画画。

HSK 6급

실전모의고사 5회

HSK 6급 5회 모의고사 듣기 스크립트

大家好！欢迎参加HSK(六级)考试。
大家好！欢迎参加HSK(六级)考试。
大家好！欢迎参加HSK(六级)考试。

HSK(六级)听力考试分三部分，共50题。
请大家注意，听力考试现在开始。

第一部分

第1到15题请选出与所听内容一致的一项。

现在开始第一题：

1

随着生活节奏的加快，城市中出现了一个特殊的群体——外食族。这是一个以家庭外饮食为主要生活方式的群体，以白领为主。他们工作忙碌，因此选择在餐馆吃饭，这样既能享受美味又能节省时间。

2

葡萄酒的香气是鉴定葡萄酒品质的重要指标，可以反映出葡萄酒的品种特色和酿造技术。葡萄酒的香气复杂，多样。按照来源，葡萄酒的香气可以分为三大类：品种香、发酵香和陈酿香。

3

父母作为子女的第一任启蒙老师，在家庭教育中，父母的生活态度、价值观，甚至很小的细节都会对子女个人素质的形成产生很深的影响。这种影响大于学校，他们在家庭中得到的体悟往往比从课本上学到的东西更深刻。

4

有一只蜈蚣，走路的姿态很优美，得到了许多动物的称赞。它十分好奇自己走路的姿态，于是决定观察自己是如何走每一步的。不料，它越是留心自己走路的过程，就越不会走了。结果，掉进了一口枯井里。

5

无锡泥塑是传统的民间艺术。它以泥土为原料，手工捏制而成，具有鲜明的民俗特色。在传承与发展的过程中，无锡泥塑的造型愈加生动，色彩艳丽，已成为人们家居生活的装饰品和送礼的佳品。

6

伟人之所以能成为伟人，是因为他们经历了常人没有经历过的磨难，并且战胜了这些磨难。尽管我们在人生的道路上不可避免地会遇到无数的挫折与磨难，但是如果用坚强的心去克服的话，那么我们的人生之路会越走越远，越走越宽。

7

司母戊鼎是商周时期青铜文化的代表作，最初是用来祭祀的。它是世界上出土最大、重量最重的青铜器。其鼎身和足的上部均有雕刻图案，造型庄严，而且展现出了中国青铜铸造的超高工艺水平。

8

大红袍产于福建省武夷山，其香气浓郁，味道醇厚，是武夷岩茶中的佼佼者。大红袍备受人们的喜爱，因为它的药用价值极高。它不仅具有降血脂、增强记忆力的功效，还可以抗辐射、抗衰老。

9

"杏坛"的典故出自《庄子》一书。据说孔子游历各地讲学，收了3000名弟子，每到一处就在杏林里授课。休息的时候，孔子就坐在杏坛上。于是，人们把孔子讲学的地方称作"杏坛"，现在泛指教书育人的场所，比如学校。

10

随着柔性显示技术的发展，可折叠显示屏已经走进了我们的生活。最近，某公司推出了一款8.7英寸的可折叠显示屏，是由柔软的材料制成的，像纸一样薄。该显示屏可以经受10万次折叠，体积小，便于携带。

11

杭州是无人不知，无人不晓的制扇名城。制作一把杭扇要经过86道工序，工艺精湛，扇面设计精美。南宋时期，杭扇就享有盛名。清朝中叶杭扇的发展达到了鼎盛时期。杭州的折扇与丝绸、龙井茶被誉为杭州三绝。

12

高速铁路始于日本，发展于欧洲，格局大变于中国。据统计，全世界已有16个国家拥有高速铁路，而且全球高速铁路总里程将近3万公里。有关专家预测，未来10年全球高速铁路里程将最少增加1倍。

13

俗话说得好：早晨吃三片姜，胜过人参汤。明代的徐霞客是著名的旅行家。他常常孤身上路，长途跋涉。在他的背包里必备的一样东西就是生姜。他有每天早晨都吃生姜的习惯。原来吃生姜可以提神、使人精力旺盛。

14

昆虫的飞行速度主要取决于扇动翅膀的频率。这也是它与其他飞行动物的标志性区别。昆虫扇动翅膀的频率最高可达每秒1,000次左右，着实令人惊讶。如果仔细观察放慢后的飞行影像，你会发现昆虫的翅膀不是简单地上下运动，而是在画八字形。

15

位于重庆市龙缸景区的云端廊桥是世界上最长的悬挑玻璃廊桥。它建在海拔一千多米的悬崖上，并且桥的地面和护栏都是用玻璃建造的。正式对外开放后，吸引了来自世界各地的游客驻足欣赏。

第二部分

第16到30题请选出正确答案。

现在开始第16到20题：

第16到20题是根据下面一段采访：

女：欢迎您来到我们的演播室！据统计，现实题材电视剧的数量和收视连续五年保持稳步增长，您对此有什么看法？

男：现实题材的电视剧紧扣时代主题，贴近百姓生活，没有回避尖锐的社会矛盾，真实地反映了社会现实，同时满足了人们日益增长的精神文化需求。我认为这是这类电视剧火爆的主要原因。

女：您当导演已经快15年了，您觉得拍电视剧和拍电影最大的区别是什么？

男：拍电视剧和拍电影的区别非常多。比如从时长上来说，电视剧就像长篇小说，电影是短篇小说。从盈利上来说，电视剧要靠收视率，电影的盈利来自于票房、植入广告等。但我觉得最大的区别是拍电影对手艺的考量要求更高、更严格，这也是我想要挑战的。

女：我知道您最欣赏的一句话是：没有艺术，只有艺术家。您如何理解这句话呢？

男：这句话出自《艺术的故事》，是我非常喜欢的一句话。我的理解是在我们的生活中实际上没有艺术这种东西，只有艺术家而已。因为作品是艺术家创作的，它永远不会独立于人而存在。最近有越来越多的人称我为艺术家，艺术家我不敢当，我希望他们能叫我影视圈里的手艺人。

女：这些年来您当导演最大的感受是什么？

男：我的导演之路走得非常艰辛，非常坎坷。上北京电影学院时，我的专业不是导演，而是表演专业。毕业后我虽然没当演员，但我积累的四年表演专业知识能让我了解演员的心理状态。后来有一段时间我写了小说和诗歌，这段经历对我创作影视剧剧本特别有帮助。现在觉得过去的经历都是值得的，正因为有了过去的经历，才有了今天的我。

女：在您看来，一个优秀的影视剧导演应该是什么样的？

男：一定要坚持，不要轻易放弃。时间会证明一切，总有一天你会知道你的心血没有白白付出。此外，不要太注重结果，把全身心的精力投入到过程中，要好好享受拍摄的过程。

16 关于现实题材电视剧可以知道什么？

17 男的认为拍电视剧和拍电影最大的区别是什么？

18 男的怎么理解"没有艺术，只有艺术家"这句话？

19 如何才能成为一名优秀的影视剧导演？

20 关于男的下列哪项正确？

第21到25题是根据下面一段采访：

男：大家都称您为"中国新民乐的代表人物"。请您说一说什么是新民乐？

女：新民乐是当代乐器演奏的一个重要趋势。它的特点是把具有民族特色的乐器与西方音乐融合在一起。它以一种创新的形式打破了受众的局限性，使更多的人开始关注民族音乐。同时，扩大了民族音乐的表现力。

男：在您看来，新民乐与传统音乐相比，有什么独特之处呢？

女：首先是视觉上。一直以来，大众对传统音乐的印象，一般都停留在表演者表情严肃和摇头晃脑地演奏上。新民乐几乎完全改变了传统音乐的舞台表现形式。它在舞台表现形式上多种多样。尤其是表演者穿着时尚的服饰，在舞台上尽情地表演。在展示音乐的同时，也展现了自身的个性，这种表演给观众带来了特别新鲜的感觉，其次是听觉上。新民乐的编配和时代紧密联系在一起，在保留民族音乐特色的同时，还要充分表现出音乐的时代性。因此，新民乐是集民族、古典、流行于一体的。

男：这几年您一直致力于新民乐的推广，在推广过程中遇到的最大困难是什么？

女：任何一种音乐形式要发扬光大，作品是基础。目前新民乐的作品太少，而且质量不佳。虽然我也一直在创作，但仅靠我一个人的努力是不能解决问题的。我知道现在有很多年轻人也在创作新民乐，但很多人抨击了他们的作品，打击了他们的积极性。我觉得大家不要急于批评，应该给他们更多的成长空间。在这里我呼吁大家关注并参与到新民乐的创作中。

男：有人认为新民乐忽略内容，注重形式，不会留下经典曲目。您也有这样的担忧吗？

女：传统音乐绵延几千年的历史，有数不胜数的经典曲目。正处于起步阶段的新民乐的核心是中国的传统音乐，我相信经过时间的积淀，一定会有能打动观众的好作品。

21　女的被称为什么？
22　关于新民乐，可以知道什么？
23　下列哪项是新民乐与传统民乐的不同之处？
24　女的认为，推广新民乐过程中最大的困难是什么？
25　女的对创作新民乐的年轻人持什么态度？

第26到30题是根据下面一段采访：

女：您创办的家事易网站主要是卖生鲜的。我知道您之前从事的是和计算机培训相关的工作，后来为什么走上做生鲜电商这条路了呢？

男：我选择转行做电商是因为这个行业有发展前景。当时做电商的大多是以服装和电子产品为主的。我觉得和大家做得一样的话不仅竞争激烈，而且机遇少。经过一番慎重考虑后，我决定做大家都没做过的，于是最终选择在网上卖蔬菜了。

女：那家事易主要是针对哪些消费人群？你们是如何锁定这些目标人群的呢？

男：我们针对的消费人群可以归为三类：第一类是腿脚不便的老人；第二类是在家里带孩子的家庭主妇；第三类是忙碌的年轻白领。根据我们的统计，老人和家庭主妇的消费习惯比较固定，这两大群体带动了家事易的销售。年轻白领虽然喜欢网购，熟悉网购，但他们是我们最困惑的群体。因为他们的饮食习惯不规律，消费习惯不固定，我们为了锁定这部分人群也一直在寻求方法。

女：做生鲜电商最重要的是一个鲜字，家事易是如何做到保鲜保质的呢？

男：是的，保鲜对我们做生鲜电商的来说是首要问题。我们做的是预售商品。所谓预售商品就是我们在网上销售的时候，蔬菜还在菜园子里。顾客下单后，我们在四小时内完成采摘、包装和配送。另外，在配送过程中我们采用的是冷链系统，这样就确保了产品的品质。以后我们将打造社区平价店，用两个小时完成整个过程。

女：那么家事易的生鲜原材料主要来源于哪里？

男：目前我们使用的是自营和联营的方式。在自营这方面，我们在武汉有自己的生态农业园，可以为市民配送每天必须的农产品。另一方面，我们联合了全国的农产品生产商，为全国各地的顾客提供尽可能多的农产品。

女：生鲜电商发展不易，家事易却一路向前，是什么支撑您走到今天的？

男：确实，家事易发展到今天一路很艰难。我认为既然做了，就一定要坚持到底，这和我坚韧的意志有关。

26 为什么年轻白领这个群体带来的困扰最大？

27 做生鲜电商首要的问题是什么？

28 关于男的可以知道什么？

29 是什么支撑男的走到今天？

30 根据对话，下列哪项正确？

第三部分

第31到50题请选出正确答案。

现在开始第31到33题：

第31到33题是根据下面一段话：

　　狐狸是一种狡猾的动物，不仅行动敏捷，而且灵活的耳朵能对声音进行准确定位。而刺猬身体肥胖矮小，毫不起眼。从早到晚只知道到处走动，忙着寻觅食物。尽管刺猬的先天条件不如狐狸，但每当遇到狐狸的进攻时，它都能百战百胜。为什么呢？因为刺猬每次都把长满尖刺的身体蜷缩成一个大圆球，然后朝狐狸进攻。

　　狐狸的本领很多，但思维凌乱分散；刺猬虽不如狐狸，但它有智慧。它懂得在危难的情形下把自己缩成一团，不轻易分散自己的资源，懂得专注于自己的核心竞争力，这足以使它从狐狸的魔掌中逃脱。其实人也可以分为这两种类型，一种是像狐狸一样，不能把自己的思想统一成一个整体的观点；一种是像刺猬一样，把复杂的世界简化成一个基本理念，发挥统帅的作用，赢得最后的胜利。

31　刺猬为什么能百战百胜呢？

32　狐狸的思维有什么特点？

33　刺猬理念给我们的启示是什么？

第34到36题是根据下面一段话：

　　宜家家居作为全球最大的家具商，近日推出了一款能将热能转化为电能的概念化餐桌。通常，我们习惯把冒着热气的饭菜端上餐桌，然后边吃边等饭菜冷却下来。而这款概念化餐桌能将这些无形中浪费掉的热能收集起来，转化成电能，从而可以实现通过无线方式为智能手机等电子设备充电。试想一下，每天早上用喝粥、喝豆浆的时间，便可以把手机充满电，这多么神奇啊！这款概念化餐桌主要由桌面和能量转化器两个部分组成。桌面不是普通的桌面，是由特殊材料制成的。因此能从放置在其上面的各种高温容器中收集热量，能量转化器可以将桌面收集的热量转化成电能。虽然这款概念化餐桌仍处于实验阶段，但研发人员表示已经解决了概念餐桌的实质性问题。在不久的将来，这款概念化餐桌会走进千家万户，使人们的生活更加便利。

34　宜家推出的这款餐桌的神奇之处是什么？

35　关于这款餐桌，下列哪项正确？

36　根据短文，可以知道什么？

第37到39题是根据下面一段话：

　　为了防止食物腐烂变质、延长食物的保质期，从古至今人们想了各种各样的办法。比如：日晒、腌制、罐藏及冷藏等。其中罐藏技术出现比较晚，但能使食物长期存放。很多人对罐藏食物有一个误区，就是认为罐藏食物里添加了防腐剂。其实不然，食物腐败变质是由于微生物的生长和大量繁殖而引起的。罐藏技术根据食物变质的原因，将食物进行加工处理后，装入了经过高温杀菌的包装容器内，然后通过加热排气的方法或者机械抽真空的方法，将容器内的空气排出，最后密封。密封是最关键的工序。密封可以使食物与外界隔绝，防止细菌进入容器内。这样食品便可以在室温条件下存放一段时间。由此可知，罐装食物之所以能够长期存放并非得益于防腐剂，而是得益于严格的贮存工序。

37　关于罐藏技术，可以知道什么？

38　食物变质的主要原因是什么？

39　根据这段话，下列哪项正确？

第40到43题是根据下面一段话：

　　自从发明了飞机以后，飞机日益成为现代文明不可或缺的交通工具。但总有人质疑飞机的安全性。很多人认为如果飞机在飞行时发生了故障，难以维修，而且逃脱后的生还率低。而在地面上行驶的交通工具，如果发动机出现了故障，可以停下来维修，也可以及时逃脱。因此，人们认为地面的交通工具更安全。其实，这种认知是错误的。现代的客机一般都有两台到四台发动机。如果飞行中，其中一台发动机出现故障，不会影响飞行，启动备用的发动机照样可以安全着陆。飞机确实容易受天气情况的影响，但是地面航空气象部门可以准确无误地预报天气，基本上可以避开恶劣天气。此外，飞机如果遇到强气流，会出现左右摇晃的颠簸现象。这时乘客也不必担心，空乘人员会及时广播，提示乘客系好安全带，只要听从空乘人员的指挥就可以了。

　　据统计，飞机发生事故造成的伤亡率为三百分之一，远远低于地面交通工具造成的伤亡率。而且地面交通工具的危险性是飞机的7倍以上。因此，不要质疑飞机的安全性，乘坐飞机其实是很安全的。

40　人们为什么认为地面交通工具更安全？

41　关于现代化的客机，可以知道什么？

42　遇到飞机颠簸时，乘客应该怎么做？

43　这段话主要想说明什么？

第44到47题是根据下面一段话：

　　植物的花香有很多作用。花朵的香气来自花瓣中的油细胞。它能不断分泌出带有香味的芳香油。芳香油很容易扩散到空气中，随风扑鼻而来的就是花香了。芳香油除了能散发香味外，它的蒸汽还可以减少花瓣中水分的蒸发、减少强烈的阳光和寒气对花朵的伤害，可以说是花朵的保护衣。植物的花香可以为花朵传宗接代。花朵靠着各种艳丽夺目的色彩与花香，引来昆虫采蜜。这样，花粉可以粘附在昆虫的身上，随着昆虫的飞行迁移而四处安家。植物的花香除了有益于自身的生长和繁衍外，对人类也有很多益处。花的香气能刺激人的呼吸中枢，从而促进人体吸进氧气，排出二氧化碳。由于大脑供氧充足，因此能使人保持旺盛的精力。不同的花香有不同的作用。桂花的花香能使人消除疲劳；金银花可以缓解头痛。有些花香也会带来副作用，如百合会使人反应迟钝等。

44 植物的花香对自身有什么好处？

45 关于芳香油的蒸汽，可以知道什么？

46 香气刺激人的呼吸中枢，能使人怎么样？

47 金银花的花香能起到什么作用？

第48到50题是根据下面一段话：

　　唐朝诗人白居易曾在杭州担任过刺史一职，他在担任刺史期间不仅颇有政绩，而且为官清廉。所以他离任回家的时候，心里非常坦然。但过了一段时间之后，他整理行李时发现两块奇形异状的石头。原来白居易在一次游览天竺山时，无意间发现了这两块石头，因十分喜欢便带回家了。他看着这两块石头，认真反省了一下。他认为自己不该私自将山石带回家并占为己有，如果人人都这样做，那天竺山的石头会越来越少，往日的好风光就不复存在了。他觉得自己的行为和贪污没什么区别。于是他满怀自责地写下了一首检讨诗。白居易的这首检讨诗流传至今，令后人不得不为之叹服。

48 白居易在游览天竺山时做了什么？

49 白居易对自己的做法感到怎么样？

50 关于白居易，可以知道什么？

HSK 6급 5회 모의고사 정답

一、听力

第一部分

1. D 2. D 3. D 4. B 5. C 6. D 7. B 8. D 9. C 10. A
11. A 12. D 13. D 14. C 15. A

第二部分

16. C 17. B 18. C 19. A 20. A 21. A 22. D 23. C 24. B 25. A
26. D 27. A 28. B 29. C 30. C

第三部分

31. C 32. D 33. D 34. D 35. B 36. B 37. C 38. B 39. A 40. B
41. C 42. A 43. D 44. C 45. D 46. C 47. B 48. B 49. A 50. C

二、阅读

第一部分

51. C 52. D 53. A 54. D 55. B 56. A 57. C 58. B 59. A 60. D

第二部分

61. D 62. A 63. A 64. D 65. D 66. D 67. B 68. A 69. D 70. C

第三部分

71. B 72. C 73. E 74. D 75. A 76. D 77. A 78. C 79. E 80. B

第四部分

81. A 82. C 83. B 84. A 85. C 86. B 87. A 88. D 89. B 90. D
91. A 92. C 93. A 94. B 95. A 96. C 97. D 98. A 99. B 100. B

三、书写

101.

瑞恩的井

　　一天，电视上的新闻吸引了一个6岁小男孩儿瑞恩，某地区的儿童因缺水而喝脏水。为此，瑞恩伤心极了。"70块钱就可以挖一口井"的介绍让瑞恩非常兴奋，他决心一定要为他们挖一口井！

　　新闻结束后，瑞恩便向妈妈要70块钱，可妈妈拒绝了。晚上，他再次向父母说起此事，但父母还是觉得瑞恩的想法不可能实现。

　　从那天起，瑞恩每天都坚持向父母要70块钱。由于瑞恩的坚持，他的父母想出了一个办法：让瑞恩靠自己的劳动赚钱。从此，瑞恩常常利用课后和周末的时间做家务。但是，瑞恩的爸爸依然觉得瑞恩的想法不可能实现。

　　转眼间半年过去了，瑞恩完全没有放弃的意思。久而久之，邻居们被瑞恩的坚持所感动，也纷纷加入到这个活动中。

　　过了一段时间，当地最有影响力的报社报道了瑞恩的故事。因此，他的故事迅速传遍了全国各地。一个星期后，瑞恩收到一张陌生人邮寄来的25万元的支票。不到一个月，瑞恩收到近3千万的汇款。5年后，瑞恩的梦想变成了上万人共同奋斗的慈善事业。

　　有一位记者问瑞恩坚持下去的动力是什么？瑞恩回答："就是让孩子能喝上干净的水。虽然很多人觉得我的梦想可笑，但是我相信只要坚持到底，就能实现心中的梦想。"

HSK 6급 5회 듣기

제1부분 1~15번 문제는 단문을 듣고 일치하는 내용을 고르는 문제입니다.

1

随着生活节奏的加快，城市中出现了一个特殊的群体——外食族。这是一个以家庭外饮食为主要生活方式的群体，以白领为主。他们工作忙碌，因此选择在餐馆吃饭，这样既能享受美味又能节省时间。

생활 리듬이 빨라지면서, 도시에서는 '외식족'이라는 하나의 특수한 집단이 나타났다. 외식족이란 집 밖에서 식사하는 것을 주된 생활 방식으로 삼는 집단으로, 화이트칼라 계층 위주이다. 그들은 일이 바쁘기 때문에 식당에서 밥 먹는 것을 선택하는데, 이렇게 하면 맛있는 음식을 즐길 수도 있고 시간도 절약할 수도 있다.

A 白领对饭菜很挑剔
B 外食族烹饪水平低
C 五星级饭店的菜营养均衡
D **生活节奏的加快催生了外食族**

A 화이트칼라 계층은 음식에 대해 까다롭다
B 외식족은 요리실력이 낮다
C 5성급 호텔의 요리는 영양이 균형적이다
D **생활 리듬이 빨라지는 것이 외식족을 탄생시켰다**

지문 어휘 节奏 jiézòu 명 리듬, 박자 ★ | 群体 qúntǐ 명 집단, 무리 | 饮食 yǐnshí 동 식사하다, 음식을 먹다 ★ | 白领 báilǐng 명 화이트칼라 계층 | 忙碌 mánglù 형 바쁘다 ★ | 享受 xiǎngshòu 동 즐기다, 누리다 | 节省 jiéshěng 동 절약하다

보기 어휘 挑剔 tiāotī 형 까다롭다 ★ | 烹饪 pēngrèn 동 요리하다 ★ | 均衡 jūnhéng 형 균형적이다, 균형 잡히다 | 催生 cuīshēng 동 탄생시키다, 탄생을 촉진하다

해설 외식족의 탄생배경에 관한 글로, 들리는 게 정답인 문제유형이다. 본문에서 '随着生活节奏加快，城市中出现了一个特殊的群体——外食族(생활 리듬이 빨라지면서 도시에서는 '외식족'이라는 하나의 특수한 집단이 나타났다)'라고 했고, 이는 다시 말해 빨라진 생활 리듬이 외식족을 탄생시켰다는 의미이므로, 정답은 D이다.

정답 D

2

葡萄酒的香气是鉴定葡萄酒品质的重要指标，可以反映出葡萄酒的品种特色和酿造技术。葡萄酒的香气复杂，多样。按照来源，葡萄酒的香气可以分为三大类：品种香、发酵香和陈酿香。

포도주의 향은 포도주 품질을 감정하는 중요한 지표로, 포도주의 품종 특색과 양조기술을 반영할 수 있다. 포도주의 향은 복잡하고 다양하다. 원산지에 따라 포도주의 향은 크게 품종향, 발효향 그리고 숙성향 3종류로 나눌 수 있다.

A 葡萄酒的香气很单一 B 传统的酿造工艺已失传 C 葡萄酒可以分为三大类 D 葡萄酒的香气能反映其品质	A 포도주의 향은 단일하다 B 전통적인 양조기법은 이미 전해지지 않는다 C 포도주는 크게 3종류로 나눌 수 있다 D 포도주의 향은 그 품질을 반영할 수 있다

지문 어휘 葡萄酒 pútáojiǔ 명 포도주 | 香气 xiāngqì 명 향, 향기 | 鉴定 jiàndìng 동 감정하다, 평가하다 ★ | 品质 pǐnzhì 명 품질, 질 ★ | 指标 zhǐbiāo 명 지표 ★ | 反映 fǎnyìng 동 반영하다 | 品种 pǐnzhǒng 명 품종, 종류 ★ | 特色 tèsè 명 특색, 특징 | 酿造 niàngzào 동 양조하다 | 来源 láiyuán 명 원산지, 출처, 근원 ★ | 发酵 fājiào 동 발효하다, 발효시키다 | 陈酿 chénniàng 명 (오래) 숙성된 술, 묵은 술

보기 어휘 单一 dānyī 형 단일하다, 하나이다 | 工艺 gōngyì 명 기법, 기술, 방법 | 失传 shīchuán 동 전해지지 않다, 실전되다

해설 포도주의 향에 관한 내용으로, 본문에서 '葡萄酒的香气是鉴定葡萄酒品质的重要指标(포도주의 향은 포도주 품질을 감정하는 중요한 지표이다)'라고 했으므로, 향이 품질을 반영할 수 있다고 언급한 D가 정답이다. 이어서 품질을 반영하는 포도주의 향은 '葡萄酒的香气复杂，多样，…可以分为三大类(포도주의 향은 복잡하고 다양하며, 크게 3종류로 나눌 수 있다)'라고 했기에 A와 C는 정답이 아니다.

정답 D

3

父母作为子女的第一任启蒙老师，在家庭教育中，父母的生活态度、价值观，甚至很小的细节都会对子女个人素质的形成产生很深的影响。这种影响大于学校，他们在家庭中得到的体悟往往比从课本上学到的东西更深刻。	부모는 자녀의 첫 번째 선생님으로서, 가정 교육에서 부모의 생활 태도나 가치관, 심지어 아주 작은 사소한 부분까지도 모두 자녀 개인의 자질 형성에 깊은 영향을 주게 된다. 이런 영향은 학교(에서 받는 것)보다 큰데, 그들이 가정에서 얻는 깨달음은 종종 교과서에서 배우는 것보다 훨씬 깊다.
A 失败乃成功之母 B 学校更注重成绩 C 课本内容更容易理解 D 家庭对个人素质的影响更大	A 실패는 성공의 어머니이다 B 학교는 성적을 훨씬 중시한다 C 교과서 내용이 훨씬 이해하기 쉽다 D 가정이 개인의 자질에 미치는 영향이 훨씬 크다

지문 어휘 作为 zuòwéi 전 ~로서 ★ | 启蒙 qǐméng 동 기초 지식을 전수하다, 초급(단계)이다 | 价值观 jiàzhíguān 명 가치관 | 细节 xìjié 명 사소한 부분 | 素质 sùzhì 명 자질, 소양 ★ | 大于 dàyú ~보다 크다 | 体悟 tǐwù 동 깨닫다, 체득하다

보기 어휘 注重 zhùzhòng 동 중시하다 ★

해설 가정에서의 부모의 역할을 강조한 글로, 의미파악형 문제이다. 본문에서 '在家庭教育中，父母的…、…很小的细节都会对子女个人素质的形成产生很深的影响(가정 교육에서 부모의 아주 작은 사소한 부분까지도 모두 자녀 개인의 자질 형성에 깊은 영향을 주게 된다)'이라고 했고, 이어서 '这种影响大于学校(이런 영향은 학교보다 크다)'라고 했기에, D가 정답이다.

정답 D

4

有一只蜈蚣，走路的姿态很优美，得到了许多动物的称赞。它十分好奇自己走路的姿态，于是决定观察自己是如何走每一步的。不料，它越是留心自己走路的过程，就越不会走了。结果，掉进了一口枯井里。

A 不要嫉妒他人
B 不要过分在意过程
C 要拓宽自己的视野
D 要挖掘自己的潜能

어떤 지네가 길을 걷는 모습이 우아하고 아름다워서 많은 동물들의 칭송을 받았다. 그 지네는 자신이 길을 걷는 모습이 무척 궁금했고, 그래서 자신이 매 걸음을 어떻게 걷는지 관찰하기로 결정했다. 뜻밖에도 지네는 자신이 길을 걷는 과정에 신경을 쓰면 쓸수록 잘 걸을 수 없었고, 그 결과 마른 우물에 빠져버렸다.

A 타인을 질투하지 말아야 한다
B 과정에 지나치게 신경 쓰지 말아야 한다
C 자신의 시야를 넓혀야 한다
D 자신의 잠재력을 발굴해야 한다

지문 어휘 蜈蚣 wúgōng 명 지네 | 姿态 zītài 명 모습, 자태 ★ | 优美 yōuměi 형 우아하고 아름답다 | 称赞 chēngzàn 명 칭송, 칭찬 | 好奇 hàoqí 형 궁금하다 | 如何 rúhé 부 어떻게 | 不料 búliào 부 뜻밖에 ★ | 留心 liúxīn 동 신경을 쓰다, 조심하다 | 枯井 kūjǐng 명 마른 우물

보기 어휘 嫉妒 jídù 동 질투하다 ★ | 在意 zàiyì 동 신경 쓰다, 마음에 두다 ★ | 拓宽 tuòkuān 동 넓히다 | 视野 shìyě 명 시야 ★ | 挖掘 wājué 동 발굴하다, 파내다 ★ | 潜能 qiánnéng 명 잠재력

해설 걷는 모습이 우아하고 아름다웠던 지네의 이야기로, 의미파악형 문제이다. 본문에서 '它越是留心自己走路的过程，就越不会走了(걷는 과정에 신경을 쓰면 쓸수록 잘 걸을 수 없었다)'라고 했으므로, 과정에 지나치게 신경 쓰면 안 된다라고 한 B가 정답이다.

정답 B

5

无锡泥塑是传统的民间艺术。它以泥土为原料，手工捏制而成，具有鲜明的民俗特色。在传承与发展的过程中，无锡泥塑的造型愈加生动，色彩艳丽，已成为人们家居生活的装饰品和送礼的佳品。

A 无锡泥塑容易破损
B 无锡泥塑盛于唐代
C 无锡泥塑民俗色彩鲜明
D 无锡泥塑面临传承困难

우시(无锡)의 점토 인형은 전통적인 민간 예술이다. 이것은 점토를 원료로 하여 손으로 빚어 만든 것으로, 뚜렷한 민속적 특색을 가지고 있다. 계승하고 발전하는 과정에서, 우시 점토 인형의 모양은 한층 더 생동감이 있어지고 색채는 아름다워져 이미 사람들 가정생활의 장식품이자 선물하기에 훌륭한 상품이 되었다.

A 우시 점토 인형은 쉽게 파손된다
B 우시 점토 인형은 당대(唐代)에 번성했다
C 우시 점토 인형은 민속적 색채가 뚜렷하다
D 우시 점토 인형은 계승의 어려움에 직면했다

지문 어휘 无锡 Wúxī 고유 우시 | 泥塑 nísù 명 점토인형 | 民间 mínjiān 명 민간 ★ | 泥土 nítǔ 명 점토 | 捏 niē 동 (손으로) 빚다 ★ | 捏制 niēzhì (손으로) 빚어 만들다 | 鲜明 xiānmíng 형 뚜렷하다 ★ | 传承 chuánchéng 동 전수하고

계승하다 | 造型 zàoxíng 명 모양, 형상 ★ | 愈加 yùjiā 부 더욱 | 色彩 sècǎi 명 색채 | 艳丽 yànlì 형 아름답다, 곱다 | 装饰品 zhuāngshìpǐn 명 장식품 | 送礼 sòng lǐ 동 선물하다 | 佳品 jiāpǐn 명 훌륭한 상품, 좋은 제품

보기 어휘 破损 pòsǔn 동 파손되다 | 盛于 shèngyú (~시기에) 번성하다 | 面临 miànlín 동 직면하다

해설 우시 점토 인형에 관한 설명문으로, 본문에서 '具有鲜明的民俗特色(뚜렷한 민속적 특색이 있다)'라고 했기에, 정답은 C이다.

정답 C

6

伟人之所以能成为伟人，是因为他们经历了常人没有经历过的磨难，并且战胜了这些磨难。尽管我们在人生的道路上不可避免地会遇到无数的挫折与磨难，但是如果用坚强的心去克服的话，那么我们的人生之路会越走越远，越走越宽。

A 要抓住时机
B 要有安全意识
C 要尊重他人的隐私
D 在磨难面前要坚强

위인이 위인이 될 수 있었던 이유는, 그들은 보통 사람들이 겪은 적 없는 시련을 겪었을 뿐만 아니라, 그러한 시련들을 이겨냈기 때문이다. 비록 우리는 살아가면서 불가피하게 무수한 좌절과 시련에 직면하게 되겠지만, 굳센 마음으로 극복해 나간다면 우리의 인생길은 걸으면 걸을수록 더 멀리 그리고 더 넓게 나아갈 수 있을 것이다.

A 기회를 잡아야 한다
B 안전의식이 있어야 한다
C 타인의 프라이버시를 존중해야 한다
D 시련 앞에서도 굳세야 한다

지문 어휘 伟人 wěirén 명 위인 | 常人 chángrén 명 보통사람, 평범한 사람 | 磨难 mónàn 명 시련, 고난 | 战胜 zhànshèng 동 이기다 | 不可 bùkě 동 ~할 수 없다 | 避免 bìmiǎn 동 피하다, 면하다 | 不可避免 bùkěbìmiǎn 성 피할 수 없다 | 挫折 cuòzhé 명 좌절, 실패 ★ | 坚强 jiānqiáng 형 굳세다, 강하다

보기 어휘 抓住 zhuāzhù 동 잡다, 붙잡다 | 时机 shíjī 명 기회, 찬스 ★ | 意识 yìshí 명 의식 ★ | 隐私 yǐnsī 명 프라이버시 ★

해설 위인이 될 수 있었던 이유를 설명한 글로, 본문에서 '遇到无数的挫折与磨难，但是如果用坚强的心去克服的话，那么…(무수한 좌절과 시련에 직면하게 되겠지만, 굳센 마음으로 극복해 나간다면…)'라고 했다. 따라서 시련 앞에서 굳세야 한다는 D가 정답이다.

정답 D

7

司母戊鼎是商周时期青铜文化的代表作，最初是用来祭祀的。它是世界上出土最大、重量最重的青铜器。其鼎身和足的上部均有雕刻图案，造型庄严，而且展现出了中国青铜铸造的超高工艺水平。

사모무정(司母戊鼎)은 상(商)나라와 주(周)나라 시기 청동기 문화의 대표작으로, 처음에는 제사를 지내는 데 쓰였다. 사모무정은 세계에서 출토된 것 중 가장 크면서 무게는 가장 무거운 청동기이다. 그 몸체와 다리 상부에는 모두 도안이 조각되어 있고, 모양이 웅장할 뿐만 아니라, 중국 청동기 주조의 아주 높은 공예 수준을 드러냈다.

A 司母戊鼎重量轻　　　　　　　　　　A 사모무정의 무게는 가볍다
B 司母戊鼎造型庄严　　　　　　　　　B 사모무정의 모양은 웅장하다
C 司母戊鼎出土于安阳　　　　　　　　C 사모무정은 안양(安阳)에서 출토되었다
D 司母戊鼎藏于国家博物馆　　　　　　D 사모무정은 국가박물관에 소장되어 있다

지문 어휘 司母戊鼎 sīmǔwùdǐng 고유 사모무정 | 祭祀 jìsì 통 제사 지내다 | 重量 zhòngliàng 명 무게, 중량 | 青铜器 qīngtóngqì 명 청동기 | 均 jūn 부 모두 | 雕刻 diāokè 통 조각하다 ★ | 图案 tú'àn 명 도안 ★ | 造型 zàoxíng 명 모양, 형상 | 庄严 zhuāngyán 형 웅장하다 ★ | 展现 zhǎnxiàn 통 드러내다, 보여주다 ★ | 铸造 zhùzào 통 주조하다 ★ | 超高 chāo gāo 아주 높다

보기 어휘 安阳 Ānyáng 고유 안양 | 藏于 cángyú ~에 소장되다, ~에 보관하다

해설 사모무정에 관한 설명문으로, 들리는 것이 정답인 문제유형이다. 본문에서 '它是世界上出土重量最重的青铜器(사모무정은 세계에서 출토된 것 중 가장 무거운 청동기이다)'라고 했으므로 A는 정답이 아니며, '造型庄严(모양이 웅장하다)'이라고 했으므로, 이를 그대로 언급한 C가 정답이다.

정답 B

8

大红袍产于福建省武夷山，其香气浓郁，味道醇厚，是武夷岩茶中的佼佼者。大红袍备受人们的喜爱，因为它的药用价值极高。它不仅具有降血脂、增强记忆力的功效，还可以抗辐射、抗衰老。

다훙파오(大红袍)는 푸젠성(福建省) 우이산(武夷山)에서 생산되며, 그 향이 그윽하고 맛이 깔끔하고 진해서 우이옌(武夷岩)차 중에서 최고이다. 다훙파오가 사람들에게 사랑받는 이유는 그것의 약용 가치가 굉장히 높기 때문이다. 다훙파오는 혈액 내 지방을 낮추고 기억력을 향상시키는 효능을 가졌을 뿐만 아니라, 전자파 차단과 노화 방지도 가능하다.

A 大红袍口感略苦　　　　　　　　　A 다훙파오는 맛이 약간 쌉쌀하다
B 喝大红袍可以杀菌　　　　　　　　B 다훙파오를 마시면 살균이 가능하다
C 茶区环境雨量充沛　　　　　　　　C 차 생산지의 환경은 강수량이 충분하다
D 大红袍有抗衰老的功效　　　　　　D 다훙파오는 노화 방지 효과가 있다

지문 어휘 大红袍 dàhóngpáo 명 다훙파오 | 福建省 Fújiànshěng 고유 푸젠성 | 武夷山 Wǔyíshān 고유 우이산 | 浓郁 nóngyù 형 (향기가) 그윽하다 | 醇厚 chúnhòu 형 깔끔하고 진하다 | 武夷岩茶 wǔyíyánchá 명 우이옌차 | 佼佼者 jiǎojiǎozhě 명 최고, 뛰어난 존재 | 备受 bèishòu 통 (사랑, 미움 등을) 받다 | 血脂 xuèzhī 명 혈액 내 지방 | 增强 zēngqiáng 통 향상시키다, 높이다, 증강하다 | 功效 gōngxiào 명 효능, 효과 ★ | 抗 kàng 통 차단하다, 막다, 저항하다 | 辐射 fúshè 명 전자파, 방사, 복사 통 방사하다, 복사하다 ★ | 衰老 shuāilǎo 형 노화하다, 늙다 ★

보기 어휘 口感 kǒugǎn 명 맛, 식감 | 杀菌 shā jūn 통 살균하다 | 充沛 chōngpèi 형 충분하다, 넘쳐흐르다 ★

해설 우이옌차 중의 한 종류인 다훙파오를 소개한 글로, 본문에서 다훙파오의 약용 가치를 설명하면서 '它不仅…, 还可以抗辐射、抗衰老(전자파 차단과 노화 방지도 가능하다)'라고 했기에, 이를 그대로 언급한 D가 정답이다.

정답 D

9

　　"杏坛"的典故出自《庄子》一书。据说孔子游历各地讲学，收了3000名弟子，每到一处就在杏林里授课。休息的时候，孔子就坐在杏坛上。于是，人们把孔子讲学的地方称作"杏坛"，现在泛指教书育人的场所，比如学校。

A 《庄子》是孔子的著作
B 庄子在杏林里讲学
C "杏坛"是学校的别名
D 庄子有3000名弟子

'행단(杏坛)'의 전고(典故)는 《장자(庄子)》라는 책에서 나왔다. 듣자 하니, 공자(孔子)는 각지를 돌아다니며 강의를 했고, 3,000명의 제자를 받아 들였으며 가는 곳마다 살구나무숲에서 수업했다고 한다. 쉴 때 공자가 '행단' 위에 앉았다고 하여 사람들은 공자가 강의하는 곳을 '행단'이라고 불렀는데, 지금은 일반적으로 글을 가르치고 인재를 육성하는 장소, 예를 들면 학교를 가리킨다.

A 《장자》는 공자의 저서이다
B 장자는 살구나무숲에서 강의했다
C '행단'은 학교의 다른 이름이다
D 장자는 3,000명의 제자가 있다

지문 어휘 杏坛 xìngtán 명 행단(공자가 강의한 장소), 학교, 교단 | 典故 diǎngù 명 전고, 고사 | 出自 chūzì 통 ~로부터 나오다 | 据说 jùshuō 통 듣자 하니 ~라고 하다 | 游历 yóulì 통 (여러 곳을) 돌아다니다 | 讲学 jiǎngxué 통 강의하다 | 弟子 dìzǐ 명 제자, 문하생 | 一处 yíchù 명 (어느) 곳, 장소 | 杏林 xìnglín 명 살구나무숲, 행림 | 授课 shòukè 통 강의하다 | 称 chēng 통 부르다, 칭하다 | 泛指 fànzhǐ 일반적으로 (~라고) 지칭하다 | 育人 yùrén 통 인재를 육성하다, 인재를 양성하다 | 场所 chǎngsuǒ 명 장소 ★

보기 어휘 著作 zhùzuò 명 저서, 저작 ★ | 别名 biémíng 명 다른 이름, 별명

해설 공자가 강의하던 장소인 '행단'에 관한 글로, 본문에서 '孔子…，收了3000名弟子，每到一处就在杏林里授课(공자는 3,000명의 제자를 받아 들였고 가는 곳마다 살구나무숲에서 수업했다)'라고 했으므로, '孔子'를 '庄子'로 언급한 B와 D는 정답이 아니다. 이어서 쉬는 시간에 앉았던 행단을 '现在泛指教书育人的场所，比如学校(지금은 일반적으로 글을 가르치고 인재를 육성하는 장소, 예를 들면 학교를 가리킨다)'라고 했으므로, 정답은 C이다.

정답 C

10

　　随着柔性显示技术的发展，可折叠显示屏已经走进了我们的生活。最近，某公司推出了一款8.7英寸的可折叠显示屏，是由柔软的材料制成的，像纸一样薄。该显示屏可以经受10万次折叠，体积小，便于携带。

A 可折叠显示屏已问世
B 柔性显示屏有防水功能
C 显示屏最多可折叠一万次
D 电子产品的前景不容乐观

플렉서블 디스플레이 기술이 발전함에 따라, 접이식 스크린은 이미 우리의 생활 속으로 들어왔다. 최근에 모 기업에서 8.7인치의 접이식 스크린을 출시했는데, 유연한 소재로 만들어졌고 종이처럼 얇다. 이 스크린은 10만 번의 접기를 견딜 수 있으며, 부피가 작아서 휴대하기 쉽다.

A 접이식 스크린은 이미 출시되었다
B 플렉서블 스크린은 방수 기능이 있다
C 스크린은 최대 1만 번까지 접을 수 있다
D 전자제품의 전망이 낙관적이지 않다

| 지문 어휘 | 柔性显示 róuxìng xiǎnshì 명 플렉서블 디스플레이(Flexible Display) | 折叠 zhédié 명 접기, 접이 동 접다 | 显示屏 xiǎnshìpíng 명 스크린, 화면, 액정 | 推出 tuīchū 동 출시하다 | 英寸 yīngcùn 양 인치(inch) | 柔软 róuruǎn 형 유연하다 | 薄 báo 형 얇다 | 经受 jīngshòu 동 견디다 | 体积 tǐjī 명 부피, 체적 ★ | 便于 biànyú 동 ~하기 쉽다, ~하기 편하다 ★ | 携带 xiédài 동 휴대하다 ★

| 보기 어휘 | 问世 wènshì 동 출시되다, 세상에 나오다 ★ | 防水 fángshuǐ 명 방수 동 방수하다 | 前景 qiánjǐng 명 전망, 장래, 앞날 ★ | 不容 bùróng ~하지 않다

| 해설 | 접이식 스크린에 관한 글로, 의미파악형 문제이다. 본문에서 '可折叠显示器已经走进了我们的生活(접이식 스크린은 이미 우리의 생활 속으로 들어왔다)'라고 했는데, 이는 다시 말해 이미 출시가 되었음을 의미하므로, 정답은 A이다. 이 밖에 '该显示屏可以经受10万次折叠(이 스크린은 10만 번의 접기를 견딜 수 있다)'라고 했으므로, 최대 1만 번이라고 언급한 C는 정답이 아니다.

| 정답 | A

11

杭州是无人不知，无人不晓的制扇名城。制作一把杭扇要经过86道工序，工艺精湛，扇面设计精美。南宋时期，杭扇就享有盛名。清朝中叶杭扇的发展达到了鼎盛时期。杭州的折扇与丝绸、龙井茶被誉为杭州三绝。

A 杭扇设计非常精美
B 杭扇制作工艺已失传
C 杭扇是用丝绸制成的
D 杭扇在明清时期走向衰弱

항저우(杭州)는 모르는 사람이 없는, 모든 사람이 다 아는 부채 제작으로 이름난 도시이다. 항저우 부채를 하나 만들려면 86가지 제조 공정을 거쳐야 하는데, 제작기술이 뛰어나고 부채면의 디자인이 정교하고 아름답다. 남송 시기에 항저우 부채는 이미 높은 명성을 누렸고, 청나라 중기에는 항저우 부채의 발전이 전성기에 이르렀다. 항저우의 접부채는 비단, 롱징차와 (더불어) 항저우 삼절(三绝, 3대 특산물)이라고 칭송된다.

A 항저우 부채는 디자인이 매우 정교하고 아름답다
B 항저우 부채의 제작 기술은 이미 전해지지 않는다
C 항저우 부채는 비단으로 만들어졌다
D 항저우 부채는 명청 시기에 쇠락해 갔다

| 지문 어휘 | 晓 xiǎo 동 알다 | 制扇 zhì shàn 부채를 제작하다 | 把 bǎ 양 손잡이가 있는 물건을 세는 단위 | 工序 gōngxù 명 제조 공정 | 精湛 jīngzhàn 형 뛰어나다 | 精美 jīngměi 형 정교하고 아름답다 | 享有 xiǎngyǒu 동 누리다 | 盛名 shèngmíng 명 높은 명성 | 鼎盛 dǐngshèng 형 가장 융성하다, 한창이다 | 鼎盛时期 dǐngshèng shíqī 명 전성기 | 折扇 zhéshàn 명 접부채, 접는 부채 | 丝绸 sīchóu 명 비단, 실크 | 龙井茶 lóngjǐngchá 명 롱징차 | 誉为 yùwéi 동 ~라고 칭송되다, ~라고 불린다

| 보기 어휘 | 失传 shīchuán 동 전해지지 않다 | 走向 zǒuxiàng 동 (~방향으로) 가다, 나아가다 | 衰弱 shuāiruò 형 쇠락하다, 쇠약해지다

| 해설 | 항저우 부채에 관한 설명문으로, 들리는 것이 정답인 문제유형이다. 본문에서 '扇面设计精美(부채면의 디자인이 정교하고 아름답다)'라고 했으므로, 이를 그대로 언급한 A가 정답이다.

| 정답 | A

12

高速铁路始于日本，发展于欧洲，格局大变于中国。据统计，全世界已有16个国家拥有高速铁路，而且全球高速铁路总里程将近3万公里。有关专家预测，未来10年全球高速铁路里程将最少增加1倍。

A 高铁时速达250公里以上
B 人们把动车和高铁混淆了
C 国家将减少对高铁的投资
D 全球高铁里程未来10年将翻番

고속철도는 일본에서 시작되어 유럽에서 발전하고 중국에서 패턴이 크게 바뀌었다. 통계에 따르면, 전 세계 16개국이 이미 고속철도를 보유하고 있으며 전 세계 고속철도의 총 길이는 거의 3만km 가까이 된다. 관련 전문가들은 향후 10년간 전세계 고속철도의 길이가 최소한 2배로 증가할 것으로 예측하고 있다.

A 고속철도의 시속은 250km 이상에 달한다
B 사람들은 둥차(动车)와 고속철도를 헷갈려 한다
C 국가는 고속철도에 대한 투자를 줄일 것이다
D 전 세계 고속철도의 길이는 향후 10년간 배로 늘 것이다

지문 어휘 高速铁路 gāosù tiělù 명 고속철도 | 欧洲 Ōuzhōu 명 유럽 | 格局 géjú 명 패턴, 구조, 양식 ★ | 统计 tǒngjì 명 통계 ★ | 拥有 yōngyǒu 동 보유하다, 가지다 ★ | 里程 lǐchéng 명 길이, 과정 | 预测 yùcè 동 예측하다 | 全求 quánqiú 명 전 세계

보기 어휘 时速 shísù 명 시속 | 动车 dòngchē 명 둥차(고속철 전 단계) | 混淆 hùnxiáo 동 헷갈리다 ★ | 投资 tóuzī 명 투자 동 투자하다 | 翻番 fānfān 동 배로 늘다

해설 고속철도에 관한 설명문으로, 동의표현을 통해 정답을 고르는 문제이다. 본문에서 '未来10年全球高速铁路里程将最少增加1倍(향후 10년간 전세계 고속철도의 길이가 최소한 2배로 증가할 것이다)'라고 했고, 이 중 2배 증가를 뜻하는 '增加1倍'와 '翻番'는 동의표현이다. 따라서 정답은 D이다.
참고로 '高铁'는 시속 300km 이상으로 운행하는 열차를 지칭하며, '动车'는 시속 200km로 달리기 때문에 고속철도에 속하지 않는다.

정답 D

13

俗话说得好：早晨吃三片姜，胜过人参汤。明代的徐霞客是著名的旅行家。他常常孤身上路，长途跋涉。在他的背包里必备的一样东西就是生姜。他有每天早晨都吃生姜的习惯。原来吃生姜可以提神，使人精力旺盛。

A 冬天不宜吃生姜
B 徐霞客精通医学
C 人参比生姜更名贵
D 吃姜能使人精力旺盛

'아침에 생강 세 조각을 먹는 것이 인삼탕을 먹는 것보다 낫다'는 옛말은 매우 적절하다. 명나라의 서하객(徐霞客)은 유명한 여행가로서, 그는 자주 홀로 멀고 험한 여정을 떠났는데, 그의 배낭 속에 꼭 있었던 한 가지가 바로 생강이었다. 그는 매일 아침에 생강을 먹는 습관이 있었는데, 알고 보니 생강을 먹으면 정신을 맑게 하고 기력을 왕성하게 할 수 있다.

A 겨울은 생강을 먹기에 적당하지 않다
B 서하객은 의학에 정통했다
C 인삼은 생강보다 훨씬 유명하고 진귀하다
D 생강을 먹는 것은 사람의 기력을 왕성하게 만들 수 있다

| 지문 어휘 | 俗话 súhuà 몡 옛말, 속담 ★ | 姜 jiāng 몡 생강 | 胜过 shèngguò ~보다 낫다 | 人参 rénshēn 몡 인삼 | 徐霞客 Xú Xiákè 고유 서하객 | 长途 chángtú 혱 먼 거리의, 장거리의 | 跋涉 báshè 동 고된 여정을 가다, 고생스럽게 먼길을 가다 | 背包 bèibāo 몡 배낭 | 原来 yuánlái 부 알고 보니 | 提神 tíshén 동 정신을 맑게 하다 | 精力 jīnglì 몡 기력, 에너지 | 旺盛 wàngshèng 혱 왕성하다

| 보기 어휘 | 不宜 bùyí 동 (~하는 것은) 적당하지 않다, 좋지 않다 | 精通 jīngtōng 동 정통하다 ★ | 名贵 míngguì 혱 진귀하다

| 해설 | 생강에 관한 설명문으로, 들리는 게 정답인 문제유형이다. 본문에서 '原来吃生姜可以提神，使人精力旺盛(생강을 먹으면 정신을 맑게 하고 기력을 왕성하게 할 수 있다)'이라고 했으므로, 이를 그대로 언급한 D가 정답이다.

| 정답 | D

14

昆虫的飞行速度主要取决于扇动翅膀的频率。这也是它与其他飞行动物的标志性区别。昆虫扇动翅膀的频率最高可达每秒1,000次左右，着实令人惊讶。如果仔细观察放慢后的飞行影像，你会发现昆虫的翅膀不是简单地上下运动，而是在画八字形。

A 昆虫是无脊椎动物
B 昆虫多在夜间觅食
C 昆虫飞行时翅膀扇动频率高
D 昆虫是地球上数量最多的动物群体

곤충의 비행 속도는 주로 날개를 흔드는 빈도수에 달려있다. 이는 곤충과 날아다니는 다른 동물들과의 대표적인 차이기도 하다. 곤충이 날개를 흔드는 빈도수는 최고 초당 1,000회 정도에 달하는데, 정말이지 사람들을 깜짝 놀라게 한다. 만약 느리게 플레이한 비행 영상을 자세히 본다면, 당신은 곤충의 날개가 단순히 상하 운동만 하는 것이 아닌 8자 형태를 그린다는 것을 발견하게 될 것이다.

A 곤충은 무척추동물이다
B 곤충은 주로 야간에 먹이를 찾는다
C 곤충은 비행할 때 날개를 흔드는 빈도수가 높다
D 곤충은 지구상에서 수량이 가장 많은 동물 집단이다

| 지문 어휘 | 昆虫 kūnchóng 몡 곤충 ★ | 取决于 qǔjué yú ~에 달려있다 | 扇动 shāndòng 동 (날개를) 흔들다 | 翅膀 chìbǎng 몡 날개 | 频率 pínlǜ 몡 빈도수 ★ | 着实 zhuóshí 부 정말이지, 확실히 | 惊讶 jīngyà 혱 놀라다 ★ | 放慢 fàngmàn 동 늦추다 | 影像 yǐngxiàng 몡 영상

| 보기 어휘 | 脊椎 jǐzhuī 몡 척추 | 觅食 mì shí 동 먹이를 찾다

| 해설 | 곤충의 비행 속도에 관한 설명문으로, 첫 문장에서 곤충의 비행 속도가 날개를 흔드는 빈도수에 달려있다고 언급하면서, 이어 '…最高可达每秒1,000次左右(최고 초당 1,000회 정도에 달한다)'라고 했다. 그러므로 날개를 흔드는 빈도수가 높다고 언급한 C가 정답이다.

| 정답 | C

15

位于重庆市龙缸景区的云端廊桥是世界上最长的悬挑玻璃廊桥。它建在海拔一千多米的悬崖上，并且桥的地面和护栏都是用玻璃建造的。正式对外开放后，吸引了来自世界各地的游客驻足欣赏。

충칭시(重庆市) 룽강(龙缸)풍경구에 위치한 원뚜안교(云端廊桥)는 세계에서 가장 긴 스카이워크이다. 원뚜안교는 해발 1,000여 m의 절벽 위에 세워졌으며, 다리의 바닥과 난간 모두 유리로 만들어졌다. 정식으로 개방된 이후 세계 각지에서 온 여행객들을 매료시켜 발길을 멈추고 감상하게 했다.

A 云端廊桥建在悬崖上
B 龙缸景区商业气息浓厚
C 云端廊桥的护栏是金属制的
D 秋季是龙缸景区的旅游旺季

A 윈뚜안교는 절벽 위에 세워졌다
B 룽강풍경구는 상업적인 느낌이 농후하다
C 윈뚜안교의 난간은 금속으로 만들어졌다
D 가을은 룽강풍경구 여행의 성수기이다

지문 어휘 龙缸景区 Lónggāng jǐngqū 고유 룽강풍경구 | 廊桥 lángqiáo 명 (아치형) 다리 | 云端廊桥 Yúnduānlángqiáo 고유 윈뚜안교 | 悬挑玻璃廊桥 xuántiǎo bōli lángqiáo 명 스카이워크, 유리다리 | 海拔 hǎibá 명 해발 ★ | 悬崖 xuányá 명 절벽, 벼랑 | 护栏 hùlán 명 난간, 가드레일 | 建造 jiànzào 동 만들다 | 驻足 zhùzú 동 발길을 멈추다

보기 어휘 气息 qìxī 명 느낌, 정취, 숨결 | 浓厚 nónghòu 형 농후하다, 짙다 ★ | 金属 jīnshǔ 명 금속 | 旺季 wàngjì 명 성수기

해설 세계에서 가장 긴 유리 구름다리인 윈뚜안교를 설명한 글로, 들리는 것이 정답인 문제유형이다. 본문에서 '它建在海拔一千多米的悬崖上(이것은 해발 1,000여 m의 절벽 위에 세워졌다)'이라고 했으므로, 이를 그대로 언급한 A가 정답이다.

정답 A

제2부분
16~30번 문제는 인터뷰를 듣고 질문에 알맞은 답을 고르는 문제입니다.

第16到20题是根据下面一段采访：

女：欢迎您来到我们的演播室！据统计，**16 现实题材电视剧的数量和收视连续五年保持稳步增长**，您对此有什么看法？

男：现实题材的电视剧紧扣时代主题，贴近百姓生活，没有回避尖锐的社会矛盾，真实地反映了社会现实，同时满足了人们日益增长的精神文化需求。我认为这是这类电视剧火爆的主要原因。

女：您当导演已经快15年了，您觉得拍电视剧和拍电影最大的区别是什么？

男：拍电视剧和拍电影的区别非常多。比如从时长上来说，电视剧就像长篇小说，电影是短篇小说。从盈利上来说，电视剧要靠收视率，电影的盈利来自于票房、植入广告等。但 **17 我觉得最大的区别是拍电影对手艺的考量要求更高、更严格**，这也是我想要挑战的。

여 : 저희 스튜디오에 오신 것을 환영합니다! 통계에 따르면 **16 현실 소재의 드라마 수와 시청(률)이 5년 연속 안정적인 증가(세)를 유지하고 있는데**, 당신은 이에 대해서 어떤 견해를 가지고 계신지요?

남 : 현실 소재의 드라마는 시대적인 주제와 밀접하게 연결되어 서민들의 생활에 근접해 있으며, 첨예한 사회적 갈등을 회피하지 않고 사회 현실을 사실적으로 반영하고 있습니다. 동시에 나날이 늘어가는 사람들의 정신적 문화 수요를 만족시켰습니다. 저는 이게 이런 부류의 드라마들이 폭발적인 인기를 얻는 주요 원인이라고 생각합니다.

여 : 감독이 되신지 벌써 15년이 다 되어가는데요, 드라마 촬영과 영화 촬영의 가장 큰 차이점은 무엇이라고 생각하십니까?

남 : 드라마 촬영과 영화 촬영의 차이점은 굉장히 많습니다. 예를 들어 시간의 길이 면에서 말하자면, 드라마는 장편소설 같고 영화는 단편소설 같습니다. 이윤상으로 말할 것 같으면, 드라마는 시청률에 달려있고, 영화 수익은 박스오피스와 PPL(간접광고) 등에서 옵니다. 하지만 **17 제가 생각하는 가장 큰 차이점은 영화 촬영이 (촬영)기술에 대한 고려와 요구가 훨씬 높고 엄격하다는 것입니다**. 이것은 또한 제가 도전하고 싶은 것이기도 합니다.

女： 我知道您最欣赏的一句话是：没有艺术，只有艺术家。您如何理解这句话呢？

男： 这句话出自《艺术的故事》，是我非常喜欢的一句话。我的理解是在我们的生活中实际上 **18 没有艺术这种东西，只有艺术家而已。因为作品是艺术家创作的，它永远不会独立于人而存在**。最近有越来越多的人称我为艺术家，艺术家我不敢当，我希望他们能叫我影视圈里的手艺人。

女： 这些年来您当导演最大的感受是什么？

男： 我的导演之路走得非常艰辛，非常坎坷。上北京电影学院时，我的专业不是导演，而是表演专业。毕业后我虽然没当演员，但我积累的四年表演专业知识能让我了解演员的心理状态。**20 后来有一段时间我写了小说和诗歌**，这段经历对我创作影视剧剧本特别有帮助。现在觉得过去的经历都是值得的，正因为有了过去的经历，才有了今天的我。

女： 在您看来，一个优秀的影视剧导演应该是什么样的？

男： **19 一定要坚持，不要轻易放弃**。时间会证明一切，总有一天你会知道你的心血没有白白付出。此外，不要太注重结果，把全身心的精力投入到过程中，要好好享受拍摄的过程。

여： 당신이 가장 좋아하는 말이 '예술은 없고, 오직 예술가만 있다.'라고 알고 있는데, 당신은 이 말을 어떻게 이해하시는지요?

남： 이 말은 《예술의 이야기》에서 나온 것으로, 제가 가장 좋아하는 구절입니다. 제가 이해하는 바로는 우리의 삶 속에는 사실 **18 예술이라는 것은 없고, 오직 예술가만이 존재할 뿐이라는 것입니다. 왜냐하면 작품이란 예술가가 창작하는 것이고, 그것은 절대 사람과 동떨어져서 독립적으로 존재할 수 없기 때문입니다**. 최근에 점점 더 많은 사람들이 저를 예술가라고 부르고 있습니다만, 예술가라는 것은 가당치도 않습니다. 저는 그분들이 저를 영화계의 장인이라고 불러 주기를 바랄 뿐입니다.

여： 요 몇 년간 감독으로서 가장 크게 느끼고 있는 점은 무엇입니까?

남： 제 감독의 길은 매우 고생스럽고, 굉장히 파란만장했습니다. 베이징 전영대학(北京电影学院)을 다닐 때, 제 전공은 연출이 아닌 연기였습니다. 졸업 후 저는 배우가 되지는 못했지만, 4년 동안 쌓은 연기 전공 지식은 제게 배우의 심리 상태를 이해할 수 있게 해주었죠. **20 후에 한동안 저는 소설과 시를 썼는데**, 이 시기의 경험은 제게 영화와 드라마 시나리오를 창작하는 데 특히 도움이 되었습니다. 지금 생각해보면 과거의 경험들은 다 가치 있는 것이었고, 바로 (그런) 과거의 경험들이 있었기에 비로소 오늘의 제가 있는 것 같습니다.

여： 당신께서는 뛰어난 영화나 드라마 감독은 어때야 한다고 보십니까?

남： **19 반드시 꾸준히 해야 하며 쉽게 포기하지 않아야 합니다**. 시간이 모든 것을 증명할 것입니다. 언젠가는 당신의 노력이 헛된 게 아님을 알게 될 거예요. 이 외에도 너무 결과를 중시하지 말고 온몸과 맘의 에너지를 과정에 쏟아부으면서, 촬영의 과정들을 마음껏 즐겨야 합니다.

지문 어휘

演播室 yǎnbōshì 명 스튜디오 | **统计** tǒngjì 명 통계 ★ | **题材** tícái 명 소재, 제재 ★ | **收视** shōushì 동 시청하다 | **稳步** wěnbù 부 안정적인, 점진적인 | **紧** jǐn 형 밀접하다, 빡빡하다 | **扣** kòu 동 (고리 등이) 연결되다, 걸다, 채우다 | **贴近** tiējìn 동 근접하다 | **回避** huíbì 동 회피하다 ★ | **尖锐** jiānruì 형 첨예하다 ★ | **日益** rìyì 부 나날이, 날로, 점차 ★ | **需求** xūqiú 명 수요 ★ | **火爆** huǒbào 형 폭발적으로 인기 있다, 핫하다 | **时长** shícháng 명 시간의 길이 | **盈利** yínglì 명 이윤 ★ | **收视率** shōushìlǜ 명 시청률 | **票房** piàofáng 명 박스오피스, 티켓 랭킹 | **植入广告** zhírù guǎnggào 명 PPL(Product PLacement), 간접광고 | **手艺** shǒuyì 명 기술, 솜씨 ★ | **考量** kǎoliáng 동 고려하다, 생각하다 | **挑战** tiǎozhàn 동 도전하다 | **欣赏** xīnshǎng 동 좋아하다, 좋다고 여기다 | **出自** chūzì ~에서 나오다 | **而已** éryǐ 조 ~뿐이다 ★ | **称 A 为 B** chēng A wéi B A를 B라고 부르다 | **不敢当** bùgǎndāng 〈겸어〉 가당치도 않습니다, 황송합니다 ★ | **影视圈** yǐngshìquān 명 영화계 | **手艺人** shǒuyìrén

명 장인 | **艰辛** jiānxīn **형** 고생스럽다 | **坎坷** kǎnkě **형** 파란만장하다, 순탄하지 못하다 | **积累** jīlěi **동** 쌓다, 쌓이다 |
剧本 jùběn **명** 시나리오, 극본 ★ | **值得** zhídé **동** ~할 만한 가치가 있다 | **轻易** qīngyì **부** 쉽게, 쉽사리, 함부로 |
证明 zhèngmíng **동** 증명하다 | **心血** xīnxuè **명** 노력, 심혈 ★ | **付出** fùchū **동** 바치다, 기울이다, 들이다 | **白白**
báibái **부** 헛되이, 괜히, 쓸데없이 | **注重** zhùzhòng **동** 중시하다 ★ | **享受** xiǎngshòu **동** 즐기다, 누리다

16

关于现实题材电视剧可以知道什么?

A 脱离现实生活
B 夸大社会矛盾
C 连续5年保持稳步增长
D 演员要严格按照剧本拍戏

현실 소재의 드라마에 관하여 알 수 있는 것은 무엇인가?

A 실생활에서 벗어났다
B 사회 갈등을 부풀린다
C 5년 연속 안정적인 증가(세)를 유지하고 있다
D 배우는 엄격하게 시나리오대로 촬영해야 한다

보기 어휘 **脱离** tuōlí **동** 벗어나다 ★ | **夸大** kuādà **동** 부풀리다, 과장하다 | **拍戏** pāi xì **동** (영화나 드라마를) 촬영하다, 찍다

해설 현실 소재 드라마에 관한 문제로, 들리는 것이 정답인 문제유형이다. 인터뷰어가 첫 번째 질문을 하면서 '现实题材电视剧的数量和收视连续五年保持稳步增长, 즉 현실 소재 드라마의 수와 시청률이 5년 연속 증가(세)를 유지하고 있다'고 했으므로, 이를 그대로 언급한 C가 정답이다.

정답 C

17

男的认为拍电视剧和拍电影最大的区别是什么?

A 电影的利润大
B 电影更能考量手艺
C 电视剧忠实于原著
D 电视剧有良好的群众基础

남자는 드라마 촬영과 영화 촬영의 가장 큰 차이점이 무엇이라고 생각하는가?

A 영화의 이윤이 크다
B 영화는 기술을 훨씬 고려한다
C 드라마는 원작에 충실하다
D 드라마는 훌륭한 대중 기반을 갖추고 있다

보기 어휘 **利润** lìrùn **명** 이윤 | **忠实** zhōngshí **형** 충실하다 ★ | **原著** yuánzhù **명** 원작 | **群众** qúnzhòng **명** 대중 ★

해설 영화와 드라마의 가장 큰 차이점을 묻는 인터뷰어의 두 번째 질문이 그대로 문제에 나왔다. 인터뷰어의 질문에 남자는 '我觉得最大的区别是拍电影对手艺的考量要求更高、更严格, 즉 가장 큰 차이점은 영화촬영이 기술에 대한 고려와 요구가 훨씬 높고 엄격하다'라고 했으므로, 정답은 B이다.

정답 B

18

男的怎么理解"没有艺术，只有艺术家"这句话？

A 艺术是充满想象的
B 只适用于绘画领域
C 作品不能独立于人而存在
D 艺术家更了解作品的内涵

남자는 '예술은 없고, 오직 예술가만 있다'라는 말을 어떻게 이해하고 있는가?

A 예술은 상상으로 가득한 것이다
B 오직 회화영역에만 적용된다
C 작품은 사람과 동떨어져서 독립적으로 존재할 수 없다
D 예술가는 작품의 함축적 의미를 훨씬 잘 이해한다

보기 어휘 适用 shìyòng 동 적용하다 | 绘画 huìhuà 명 회화, 그림 | 内涵 nèihán 명 함축적 의미, 속뜻 ★

해설 인터뷰어의 세 번째 질문이 문제로 나온 것으로, 들리는 것이 정답인 문제유형이다. 예술은 없고 예술가만 있다는 것에 대해 남자는 본문에서 '因为作品是艺术家创作的，它永远不会独立于人而存在'라며 작품이란 예술가가 창작하는 것으로 사람과 동떨어져서 독립적으로 존재할 수 없다고 했으므로, 이를 그대로 언급한 C가 정답이다.

정답 C

19

如何才能成为一名优秀的影视剧导演？

A 要坚持
B 要不耻下问
C 要看重结果
D 要专注于艺术

어떻게 해야만이 뛰어난 영화나 드라마 감독이 될 수 있는가?

A 꾸준히 해야 한다
B 아랫사람에게 묻는 것을 부끄러워하지 말아야 한다
C 결과를 중시해야 한다
D 예술에 집중해야 한다

보기 어휘 不耻下问 bùchǐxiàwèn 성 (나이, 지위 등) 아랫사람에게 묻는 것을 부끄러워하지 않다 | 专注于 zhuānzhù yú ~에 집중하다

해설 인터뷰어의 마지막 질문이 그대로 문제에 나온 것으로, 인터뷰어가 뛰어난 영화나 드라마 감독은 어때야 하는지 남자의 생각을 묻자, '一定要坚持，不要轻易放弃, 즉 반드시 꾸준히 해야 하며 쉽게 포기하지 않아야 한다'고 대답했다. 따라서 정답은 A이다.

정답 A

20

关于男的下列哪项正确？

A 写过小说
B 获过国际大奖
C 当过大学教授
D 即将拍摄新电影

남자에 관하여, 다음 중 옳은 것은 무엇인가?

A 소설을 쓴 적이 있다
B 국제적인 큰 상을 받은 적 있다
C 대학교수를 했었다
D 머지않아 새 영화를 찍는다

보기 어휘 即将 jíjiāng 🔹 머지않아, 곧 ⭐

해설 인터뷰 대상인 남자에 관한 질문으로, 본문에서 남자는 자신의 감독의 길을 설명하면서 '后来有一段时间我写了小说和诗歌, 즉 후에 한동안 소설과 시를 썼다'고 언급했다. 따라서 소설을 쓴 적이 있다고 한 A가 정답이다.

정답 A

第21到25题是根据下面一段采访:

男: 21 大家都称您为"中国新民乐的代表人物"。请您说一说什么是新民乐?

女: 新民乐是当代乐器演奏的一个重要趋势。22 它的特点是把具有民族特色的乐器与西方音乐融合在一起。它以一种创新的形式打破了受众的局限性, 使更多的人开始关注民族音乐。同时, 扩大了民族音乐的表现力。

男: 在您看来, 新民乐与传统音乐相比, 有什么独特之处呢?

女: 首先是视觉上。一直以来, 大众对传统音乐的印象, 一般都停留在表演者表情严肃和摇头晃脑地演奏上。新民乐几乎完全改变了传统音乐的舞台表现形式。它在舞台表现形式上多种多样。尤其是表演者穿着时尚的服饰, 在舞台上尽情地表演。在展示音乐的同时, 也展现了自身的个性, 这种表演给观众带来了特别新鲜的感觉, 其次是听觉上。23 新民乐的编配和时代紧密联系在一起, 在保留民族音乐特色的同时, 还要充分表现出音乐的时代性。因此, 新民乐是集民族、古典、流行于一体的。

男: 这几年您一直致力于新民乐的推广, 在推广过程中遇到的最大困难是什么?

남: 21 모두들 당신을 '중국 뉴에이지 음악의 대표 인물'이라고 부르는데요. 무엇이 뉴에이지 음악인지 좀 말씀해주십시오.

여: 뉴에이지 음악은 요즘 악기 연주의 중요한 추세입니다. 22 그것의 특징은 민족적 특색이 있는 악기와 서양음악을 한데 융합하는 것입니다. 이것은 하나의 창조적인 형식으로 청중의 제한성을 타파했고, 더 많은 사람들이 민족 음악에 관심을 갖기 시작하도록 했으며, 동시에 민족 음악의 표현력을 확대시켰습니다.

남: 당신이 보시기에 뉴에이지 음악은 전통 음악과 비교했을 때, 어떤 독특한 점이 있나요?

여: 우선은 시각적인 면입니다. 그동안 전통 음악에 대한 대중들의 이미지는 보통 연주자의 진지한 표정과 머리 흔들며 하는 연주에 머물러 있었습니다. 뉴에이지 음악은 전통 음악의 무대 표현 형식을 거의 완전히 바꾸었습니다. 뉴에이지 음악은 무대 표현 방식이 아주 다양합니다. 특히 연주자는 세련된 의상과 액세서리를 착용하고, 무대에서 마음껏 공연합니다. 음악을 보여주는 동시에, 자신의 개성 또한 보여주는 것이지요. 이런 공연은 관중에게 굉장히 신선한 느낌을 주었습니다. 그다음은 청각적인 부분입니다. 23 뉴에이지 음악의 편성은 시대와 서로 긴밀하게 결합되어 있습니다. 민족 음악의 특색은 보존하는 동시에 음악의 시대성도 충분히 표현해야 합니다. 그러므로 뉴에이지 음악은 민족, 클래식, 대중음악을 하나로 합친 것입니다.

남: 요 몇 년 동안 당신은 줄곧 뉴에이지 음악의 보급에 힘쓰고 계신데요, 보급하는 과정에서 겪으신 가장 큰 어려움은 무엇입니까?

女：任何一种音乐形式要发扬光大，作品是基础。24 目前新民乐的作品太少，而且质量不佳。虽然我也一直在创作，但仅靠我一个人的努力是不能解决问题的。25 我知道现在有很多年轻人也在创作新民乐，但很多人抨击了他们的作品，打击了他们的积极性。我觉得大家不要急于批评，应该给他们更多的成长空间。在这里我呼吁大家关注并参与到新民乐的创作中。

男：有人认为新民乐忽略内容，注重形式，不会留下经典曲目。您也有这样的担忧吗？

女：传统音乐绵延几千年的历史，有数不胜数的经典曲目。正处于起步阶段的新民乐的核心是中国的传统音乐，我相信经过时间的积淀，一定会有能打动观众的好作品。

여: 어떤 음악이든 형식을 더욱더 발전시키려면 작품이 기본입니다. 24 현재 뉴에이지 음악은 작품이 너무 적고, 퀄리티 또한 좋지 않습니다. 비록 저 역시 계속 창작을 하고는 있습니다만, 저 한 사람의 노력만으로는 문제를 해결할 수 없습니다. 25 현재 많은 젊은이들도 뉴에이지 음악을 창작하고 있는데요. 그런데 많은 사람들이 그들의 작품을 비난하고, 그들의 적극성을 공격했습니다. 저는 여러분께서 성급하게 비판하지 마시고, 그들에게 더 많은 성장의 공간을 주셔야 한다고 생각합니다. 여기에서 저는 여러분께 뉴에이지 음악의 창작에 관심을 갖고 참여해 주시기를 호소합니다.

남: 누군가는 뉴에이지 음악이 내용은 등한시하고 형식만 중시하기 때문에 명곡을 남길 수 없을 것이라고 생각합니다. 당신도 이러한 걱정이 있으십니까?

여: 전통 음악은 몇 천 년의 역사를 이어왔고, 셀 수 없이 많은 명곡이 있습니다. 지금 걸음마 단계에 있는 뉴에이지 음악의 핵심은 중국의 전통 음악입니다. 저는 시간이 지나 쌓이다 보면 분명히 관중을 감동시킬 수 있는 좋은 작품이 나올 것이라고 믿습니다.

지문 어휘 称 A 为 B chēng A wéi B A를 B라고 부르다 | 新民乐 xīnmínyuè 몡 뉴에이지 음악(new age music) | 当代 dāngdài 몡 당대, 그 시대 ★ | 乐器 yuèqì 몡 악기 | 演奏 yǎnzòu 몡 연주 동 연주하다 ★ | 趋势 qūshì 몡 추세, 흐름, 경향 | 具有 jùyǒu 동 있다, 가지고 있다 | 融合 rónghé 동 융합하다 | 创新 chuàngxīn 동 창조하다 ★ | 打破 dǎpò 동 타파하다 | 受众 shòuzhòng 몡 청중 | 局限 júxiàn 동 제한하다, 국한하다 ★ | 局限性 júxiànxìng 몡 제한성, 국한성 | 扩大 kuòdà 동 확대하다 | 停留 tíngliú 동 머물다 | 严肃 yánsù 형 진지하다, 엄숙하다 | 摇头晃脑 yáotóuhuàngnǎo 성 머리를 흔들다 | 多种多样 duōzhǒngduōyàng 성 아주 다양하다 | 尤其 yóuqí 부 특히 | 时尚 shíshàng 형 세련되다 | 服饰 fúshì 의상과 액세서리, 의복과 장신구 | 尽情 jìnqíng 부 마음껏, 한껏 | 展示 zhǎnshì 동 보여주다, 드러내다 ★ | 展现 zhǎnxiàn 동 보여주다, 드러내다 ★ | 编配 biānpèi 편성하다 | 紧密 jǐnmì 형 긴밀하다 | 集~于一体 jí~yúyìtǐ ~를 하나로 합치다 | 致力 zhìlì 동 힘쓰다, 애쓰다 ★ | 推广 tuīguǎng 동 널리 보급하다 | 发扬 fāyáng 동 더욱더 발전시키다, 드높이다 ★ | 发扬光大 fāyángguāngdà 성 더욱더 발전시키다 | 创作 chuàngzuò 동 창작하다 ★ | 抨击 pēngjī 동 비난하다 | 打击 dǎjī 동 공격하다 ★ | 呼吁 hūyù 동 (동정, 지지 등을) 호소하다 ★ | 参与 cānyù 동 참여하다 | 忽略 hūlüè 동 등한시하다, 소홀히 하다 ★ | 注重 zhùzhòng 동 중시하다 ★ | 曲目 qǔmù 몡 곡, 곡목 | 担忧 dānyōu 동 걱정하다 | 绵延 miányán 동 이어 오다, 길게 이어져 있다 | 数不胜数 shǔbúshèngshǔ 성 셀 수 없이 많다 | 起步 qǐbù 동 발걸음을 떼다, 〈비유〉(어떤 일을) 시작하다 | 阶段 jiēduàn 몡 단계 | 起步阶段 qǐbù jiēduàn 걸음마 단계 | 核心 héxīn 몡 핵심 | 积淀 jīdiàn 동 쌓이다, 누적되다 | 打动 dǎdòng 동 감동시키다

21

女的被称为什么?

A 新民乐的代表人物
B 舞台经验丰富的歌手
C 最具影响力的指挥家
D 研究古典音乐的大师

여자는 뭐라고 불리는가?

A 뉴에이지 음악의 대표 인물
B 무대 경험이 풍부한 가수
C 가장 영향력이 있는 지휘자
D 클래식 음악 연구의 거장

보기 어휘 指挥家 zhǐhuījiā 몡 지휘자

해설 인터뷰 대상인 여자에 관한 질문으로, 인터뷰어의 첫 질문 속에서 정답을 찾을 수 있다. 본문에서 '大家都称您为 "中国新民乐的代表人物", 즉 모두들 여자를 중국 뉴에이지 음악의 대표 인물이라고 부른다'고 언급했으므로, 정답은 A이다.

정답 A

22

关于新民乐, 可以知道什么?

A 没有人关注
B 不使用乐器
C 以流行音乐为基础
D 扩大了民族音乐的表现力

뉴에이지 음악에 관하여 알 수 있는 것은 무엇인가?

A 관심 갖는 사람이 없다
B 악기를 사용하지 않는다
C 대중음악을 기초로 한다
D 민족 음악의 표현력을 확대시켰다

보기 어휘 流行音乐 liúxíng yīnyuè 대중음악

해설 본문에서 여자는 뉴에이지 음악을 소개하면서 '它的特点是把具有民族特色的乐器与西方音乐融合在一起, 즉 뉴에이지 음악의 특징은 민족적 특색이 있는 악기와 서양음악을 한데 융합한 것이다'라고 했다. 그러므로 B와 C는 정답이 아니며, 이어서 언급된 '扩大了民族音乐的表现力, 즉 민족 음악의 표현력을 확대시켰다'를 통해 정답은 D임을 알 수 있다.

정답 D

23

下列哪项是新民乐与传统民乐的不同之处?

A 乐器是进口的
B 演出场地在室外
C 与时代结合紧密
D 表演者多是中老年人

다음 중 뉴에이지 음악이 전통 음악과 다른 점은 무엇인가?

A 악기가 수입산이다
B 공연장이 실외에 있다
C 시대와 긴밀하게 결합한다
D 연주자 대부분이 중노년층이다

| 보기 어휘 | 进口 jìnkǒu 동 수입하다 | 场地 chǎngdì 명 장소 |

해설 뉴에이지 음악이 전통 음악과 다른 점을 묻는 문제로, 인터뷰의 두 번째 질문에 대한 대답에서 정답을 찾을 수 있다. 본문에서 '新民乐的编配和时代紧密联系在一起'라며 뉴에이지 음악의 편성이 시대와 긴밀하게 결합되어 있다고 했으므로, 정답은 C이다.

정답 C

24

女的认为，推广新民乐过程中最大的困难是什么？

A 引起争议
B 佳作太少
C 没有赞助商
D 政策不支持

여자는 뉴에이지 음악 보급 과정에서 가장 큰 어려움이 무엇이라고 생각하는가?

A 논쟁을 불러일으킨다
B 좋은 작품이 너무 적다
C 스폰서가 없다
D 정책상 지지하지 않는다

보기 어휘 争议 zhēngyì 명 논쟁, 이견 ★ | 佳作 jiāzuò 명 우수한 작품 | 赞助商 zànzhùshāng 명 스폰서, 협찬상 | 政策 zhèngcè 명 정책 ★

해설 뉴에이지 음악 보급에 있어 어려운 점을 묻는 질문에 여자는 어떤 음악이든 발전시키려면 작품이 기본인데, '目前新民乐的作品太少，而且质量不佳, 즉 현재 뉴에이지 음악은 작품이 너무 적고 퀄리티도 좋지 않다'고 했다. 따라서 좋은 작품이 너무 적다고 한 B가 정답이다.

정답 B

25

女的对创作新民乐的年轻人持什么态度？

A 鼓励
B 批判
C 同情
D 质疑

여자는 뉴에이지 음악을 창작하는 젊은이에 대해 어떤 태도를 가지고 있는가?

A 격려
B 비판
C 동정
D 의문

보기 어휘 鼓励 gǔlì 동 격려하다 | 批判 pīpàn 동 비판하다 ★ | 质疑 zhìyí 동 의문을 제기하다, 질의하다

해설 본문에서 '我知道现在有很多年轻人也在创作新民乐'라고 많은 젊은이들이 뉴에이지 음악을 창작하고 있음을 언급하면서, 이어서 '我觉得大家不要急于批评，应该给他们更多的成长空间, 즉 성급한 비판보다는 더 많은 성장공간을 그들에게 주어야 한다고 생각한다'고 했다. 따라서 여자는 젊은이들을 옹호하고 격려해주고 있음을 알 수 있으므로, 정답은 A이다.

정답 A

第26到30题是根据下面一段采访：

女：您创办的家事易网站主要是卖生鲜的。28 我知道您之前从事的是和计算机培训相关的工作，后来为什么走上做生鲜电商这条路了呢？

男：我选择转行做电商是因为这个行业有发展前景。当时做电商的大多是以服装和电子产品为主的。我觉得和大家做得一样的话不仅竞争激烈，而且机遇少。经过一番慎重考虑后，我决定做大家都没做过的，于是最终选择在网上卖蔬菜了。

女：那家事易主要是针对哪些消费人群？你们是如何锁定这些目标人群的呢？

男：我们针对的消费人群可以归为三类：第一类是腿脚不便的老人；第二类是在家里带孩子的家庭主妇；第三类是忙碌的年轻白领。根据我们的统计，老人和家庭主妇的消费习惯比较固定，这两大群体带动了家事易的销售。26 年轻白领虽然喜欢网购，熟悉网购，但他们是我们最困惑的群体。因为他们的饮食习惯不规律，消费习惯不固定，我们为了锁定这部分人群也一直在寻求方法。

女：做生鲜电商最重要的是一个鲜字，家事易是如何做到保鲜保质的呢？

男：是的，27 保鲜对我们做生鲜电商的来说是首要问题。我们做的是预售商品。所谓预售商品就是我们在网上销售的时候，蔬菜还在菜园子里。顾客下单后，我们在四小时内完成采摘、包装和配送。另外，在配送过程中我们采用的是冷链系统，这样就确保了产品的品质。30 以后我们将打造社区平价店，用两个小时完成整个过程。

女：那么家事易的生鲜原材料主要来源于哪里？

男: 目前我们使用的是自营和联营的方式。在自营这方面，我们在武汉有自己的生态农业园，可以为市民配送每天必须的农产品。另一方面，我们联合了全国的农产品生产商，为全国各地的顾客提供尽可能多的农产品。
女: 生鲜电商发展不易，家事易却一路向前，29 是什么支撑您走到今天的？
男: 确实，家事易发展到今天一路很艰难。我认为既然做了，就一定要坚持到底，这和我坚韧的意志有关。

남: 현재 우리가 사용하는 것은 직접 경영(이하 직영)과 공동 경영 방식입니다. 직영 방면으로는, 저희가 우한(武汉)에 생태 농장이 있어서 시민들에게 매일 꼭 필요한 농산물을 배송할 수 있습니다. 다른 한편으로는, 전국의 농산물 생산자와 연합해서 전국 각지의 고객에게 가능한 한 많은 농산물을 공급합니다.
여: 신선식품 전자상거래는 발전하기가 쉽지 않습니다만, 자스이는 오히려 계속 발전했습니다. 29 무엇이 당신을 오늘까지 (걸어)올 수 있도록 지탱해주었나요?
남: 확실히 자스이가 오늘까지 발전해온 길은 어려웠습니다. 저는 기왕 일을 시작했으면 끝까지 버텨야 한다고 생각합니다. 이것은 저의 강인한 의지와 관계가 있습니다.

지문 어휘 | 创办 chuàngbàn 동 창립하다 | 家事易网站 Jiāshìyì wǎngzhàn 고유 자스이 웹사이트(justeasy.com) | 生鲜 shēngxiān 명 신선식품 | 培训 péixùn 명 교육, 훈련 동 양성하다 | 电商 diànshāng 명 전자 상거래 | 转行 zhuǎnháng 동 전업하다, 업종을 바꾸다 | 前景 qiánjǐng 명 전망, 앞날 ★ | 激烈 jīliè 형 심하다, 치열하다 | 机遇 jīyù 명 (좋은) 기회, 찬스 ★ | 慎重 shènzhòng 형 신중하다 ★ | 针对 zhēnduì 동 ~에 초점을 맞추다, 겨냥하다 | 锁定 suǒdìng 동 굳히다, 최종 확정하다 | 归为 guīwéi 분류되다, ~으로 귀결되다 | 家庭主妇 jiātíngzhǔfù 명 가정주부 | 忙碌 mánglù 형 바쁘다 ★ | 白领 báilǐng 명 화이트칼라 | 统计 tǒngjì 명 통계 ★ | 固定 gùdìng 동 고정되다 | 带动 dàidòng 동 이끌다 | 销售 xiāoshòu 명 매출, 판매 동 팔다 | 网购 wǎnggòu 인터넷 쇼핑 | 困惑 kùnhuò 형 곤혹스럽다 | 饮食 yǐnshí 동 (음식을) 먹고 마시다 | 规律 guīlǜ 명 규칙, 규율 | 寻求 xúnqiú 동 모색하다, 찾다 | 保鲜 bǎoxiān 동 신선도를 보장하다 | 保质 bǎozhì 동 품질을 보장하다 | 首要 shǒuyào 형 가장 중요하다 ★ | 预售 yùshòu 동 예약 판매하다 | 所谓 suǒwèi 형 소위, 이른바 | 菜园子 càiyuánzi 명 채소밭 | 下单 xiàdān 동 주문하다 | 采摘 cǎizhāi 동 채취하다, 따다 | 包装 bāozhuāng 동 포장하다 ★ | 配送 pèisòng 동 배송하다 | 采用 cǎiyòng 동 이용하다 | 冷链系统 lěngliàn xìtǒng 명 콜드 체인 시스템, 저온유통 시스템 | 确保 quèbǎo 동 확보하다, 확실히 보장하다 | 品质 pǐnzhì 명 품질, 퀄리티 ★ | 打造 dǎzào 동 만들다 | 社区 shèqū 명 지역 사회 ★ | 来源 láiyuán 명 공급원, 출처 ★ | 自营 zìyíng 명 직접경영, 직영 | 联营 liányíng 명 공동경영 | 生态 shēngtài 명 생태 | 农业园 nóngyèyuán 명 농장, 농원 | 向前 xiàngqián 동 발전하다, 앞으로 나아가다 | 支撑 zhīchēng 동 지탱하다, 버티다 ★ | 确实 quèshí 부 정말로, 확실히 형 확실하다 | 艰难 jiānnán 형 어렵다, 고생스럽다 ★ | 坚韧 jiānrèn 형 강인하다 ★ | 意志 yìzhì 명 의지 ★

26

为什么年轻白领这个群体带来的困扰最大？

A 爱熬夜
B 有焦虑症
C 没有购买力
D 饮食习惯不稳定

왜 젊은 화이트칼라 계층이 가져다주는 어려움이 가장 큰가？

A 밤새우는 것을 좋아해서
B 불안 장애가 있어서
C 구매력이 없어서
D 식습관이 불안정해서

[보기 어휘] **困扰** kùnrǎo 명 어려움 동 괴롭히다, 시달리게 하다 ★ | **熬夜** áoyè 동 밤을 새다 | **焦虑症** jiāolǜzhèng 명 불안장애

[해설] 자스이가 타깃으로 하는 소비층을 소개하면서 남자는 젊은 화이트칼라 계층이 가장 곤혹스러운 대상이라고 했고, 그 이유를 '因为他们的饮食习惯不规律，消费习惯不固定, 즉 식습관은 불규칙하고 소비습관이 고정적이지 않기 때문'이라고 했다. 따라서 '不规律'를 '不稳定'이라고 표현한 D가 정답이다.

[정답] D

27

做生鲜电商首要的问题是什么?

A 果蔬保鲜
B 售后服务
C 产品包装
D 推销方式

신선식품 전자상거래를 함에 있어서 가장 중요한 문제는 무엇인가?

A 과일과 채소의 신선도 보장
B 애프터 서비스
C 상품 포장
D 마케팅 방법

[보기 어휘] **售后服务** shòuhòufúwù 명 애프터 서비스, A/S | **推销** tuīxiāo 동 마케팅 하다 ★

[해설] 자스이의 '사전 예약 판매'에 대해 설명하면서 남자는 '保鲜对我们做生鲜电商的来说是首要问题, 즉 신선도 보장은 신선식품 전자상거래에 있어 가장 중요한 문제'임을 언급했다. 따라서 '保鲜'을 그대로 언급한 A가 정답이다.

[정답] A

28

关于男的可以知道什么?

A 自主研发了新产品
B 做过计算机培训
C 计划进军服装行业
D 学习了国外的网络技术

남자에 관하여 알 수 있는 것은 무엇인가?

A 신제품을 자체적으로 연구 개발했다
B 컴퓨터 교육을 해본 적이 있다
C 의류 업종에 진출할 계획이다
D 해외의 네트워크 기술을 배웠다

[지문 어휘] **自主** zìzhǔ 동 자체적으로 하다, 자주적으로 하다 ★ | **研发** yánfā 동 연구 개발하다

[해설] 인터뷰 대상인 남자에 관한 질문으로, 인터뷰어의 첫 질문 속에서 정답을 찾을 수 있다. 본문에서 '我知道您之前从事的是和计算机培训相关的工作'라며 남자가 이전에 컴퓨터 교육과 관련된 일에 종사했었음이 언급되었기에 정답은 B이다.

[정답] B

29

是什么支撑男的走到今天?

A 儿时的梦想
B 严谨的作风
C 坚韧的意志
D 创新的理念

무엇이 남자를 오늘까지 (걸어)오도록 지탱해주었나?

A 어린 시절의 꿈
B 빈틈없는 업무 스타일
C 강인한 의지
D 창조적인 생각

보기 어휘 儿时 érshí 명 어린 시절 | 严谨 yánjǐn 형 빈틈이 없다, 엄격하다 | 作风 zuòfēng 명 (일, 생활등의) 스타일, 태도, 방법 ★ | 创新 chuàngxīn 동 창조하다 ★

해설 인터뷰어의 마지막 질문이 그대로 문제로 나온 것으로, 남자는 이에 '这和我坚韧的意志有关, 즉 본인의 강인한 의지와 관계가 있다'고 대답했으므로, 정답은 C이다.

정답 C

30

根据对话，下列哪项正确?

A 家事易支持货到付款
B 顾客可以无理由退货
C 家事易将打造社区平价店
D 家事易的生产规模逐渐缩小

대화에 근거하여, 다음 중 옳은 것은 무엇인가?

A 자스이는 착불을 지지한다
B 고객은 이유 없이 반품할 수 있다
C 자스이는 지역 사회에 공정가격 거래 상점을 만들 것이다
D 자스이의 생산 규모는 점점 축소되고 있다

보기 어휘 付款 fù kuǎn 동 돈을 지불하다 | 货到付款 huòdào fùkuǎn 착불, 물건을 받고 돈을 내다 | 退货 tuì huò 동 반품하다 | 逐渐 zhújiàn 부 점점, 점차 | 缩小 suōxiǎo 동 축소하다

해설 들리는 것이 정답인 문제유형이다. 제품의 신선도 보장 방법을 소개하면서 '以后我们将打造社区平价店'이라며 앞으로 지역사회에 공정가격 거래 상점을 만들 것이라고 했다. 따라서 이를 그대로 언급한 C가 정답이다.

정답 C

제3부분

31~50번 문제는 지문을 듣고 질문에 알맞은 답을 고르는 문제입니다.

第31到33题是根据下面一段话：

狐狸是一种狡猾的动物，不仅行动敏捷，而且灵活的耳朵能对声音进行准确定位。而刺猬身体肥胖矮小，毫不起眼。从早到晚只知道到处走动，忙着寻觅食物。尽管刺猬的先天条件不如狐狸，**31** 但每当遇到狐狸的进攻时，它都能百战百胜。为什么呢？因为刺猬每次都把长满尖刺的身体蜷缩成一个大圆球，然后朝狐狸进攻。

32 狐狸的本领很多，但思维凌乱分散；刺猬虽不如狐狸，但它有智慧。**33** 它懂得在危难的情形下把自己缩成一团，不轻易分散自己的资源，懂得专注于自己的核心竞争力，这足以使它从狐狸的魔掌中逃脱。其实人也可以分为这两种类型，一种是像狐狸一样，不能把自己的思想统一成一个整体的观点；一种是像刺猬一样，把复杂的世界简化成一个基本理念，发挥统帅的作用，赢得最后的胜利。

여우는 교활한 동물로, 행동이 민첩할 뿐 아니라, 예민한 귀는 소리에 대한 정확한 위치 측정이 가능하다. 하지만 고슴도치는 몸이 뚱뚱하고 왜소해서 전혀 볼품없고, 아침부터 저녁까지 여기저기 돌아다니며 바쁘게 먹이 찾는 것밖에 모른다. 비록 고슴도치의 선천적 조건은 여우만 못하다 하더라도, **31** 여우의 공격에 맞닥뜨릴 때마다 고슴도치는 백전백승할 수 있다. 왜일까? 왜냐하면, 고슴도치는 매번 가시로 가득한 몸을 움츠려서 하나의 커다란 공처럼 만든 후 여우를 향해 공격한다.

32 여우는 재주는 많으나, 생각에 두서가 없고 분산되어 있다. 고슴도치는 비록 여우보다 못하지만, 지혜가 있다. **33** 고슴도치는 위험한 상황에서 자신을 움츠려 한 덩어리로 만들 줄 알고, 자신의 자원(가진 능력)을 쉽게 분산시키지 않으며 자신의 핵심 경쟁력에 집중할 줄 안다. 이것은 고슴도치를 여우의 손아귀에서 벗어나게 하기에 충분하다. 사실 사람도 이 두 가지 유형으로 나눌 수 있다. 한 가지 유형은 마치 여우 같아서, 자신의 생각을 하나의 전체적인 관점으로 통일시키지 못한다. (다른) 한 가지 유형은 고슴도치처럼 복잡한 세계를 하나의 기본 이념으로 단순화시켜 통솔력을 발휘해 최후의 승리를 얻어낸다.

지문 어휘 狐狸 húli 명 여우 | 狡猾 jiǎohuá 형 교활하다 | 敏捷 mǐnjié 형 민첩하다 ★ | 灵活 línghuó 형 예민하다, 융통성 있다, 민첩하다 | 准确 zhǔnquè 형 정확하다, 확실하다 | 定位 dìngwèi 동 위치를 측정하다 | 刺猬 cìwei 명 고슴도치 | 矮小 ǎixiǎo 형 왜소하다 | 不起眼 bùqǐyǎn 볼품없다, 보잘것없다 | 寻觅 xúnmì 동 찾다 ★ | 进攻 jìngōng 동 공격하다 ★ | 百战百胜 bǎizhànbǎishèng 성 백전백승하다 | 尖刺 jiāncì 명 가시 | 蜷缩 quánsuō 동 움츠리다 | 本领 běnlǐng 명 재주 | 思维 sīwéi 명 생각, 사고 ★ | 凌乱 língluàn 형 두서가 없다, 어수선하다 | 分散 fēnsàn 형 분산되다, 흩어지다 ★ | 危难 wēinàn 명 위험, 고난 | 情形 qíngxing 명 상황, 정황 ★ | 缩 suō 동 움츠리다, 줄이다 | 专注于 zhuānzhù yú ~에 집중하다 | 足以 zúyǐ 부 ~하기에 족하다 ★ | 魔掌 mózhǎng 명 손아귀, 마수 | 逃脱 táotuō 동 벗어나다 | 简化 jiǎnhuà 동 단순화하다, 간소화하다 ★ | 统帅 tǒngshuài 동 통솔하다

31

刺猬为什么能百战百胜呢？

A 钻入洞里
B 散发出臭味
C 身体缩成球
D 寻求同伴帮助

고슴도치는 왜 백전백승할 수 있는가?

A 구멍을 뚫고 들어가서
B 악취를 풍겨서
C 몸을 움츠려 공처럼 만들어서
D 동료의 도움을 구해서

| 보기 어휘 | 钻 zuān 동 (구멍을) 뚫다 | 散发 sànfā 동 풍기다, 내뿜다 ★ | 臭味 chòuwèi 명 악취 | 寻求 xúnqiú 동 구하다, 모색하다 | 同伴 tóngbàn 명 동료

| 해설 | 고슴도치가 여우에게 백전백승할 수 있었던 이유를 묻는 문제로, 본문에서 '百战百胜'을 들려주었고, '为什么'와 '因为'를 통해 설명했다. '因为' 뒤에 '刺猬每次都把长满尖刺的身体蜷缩成一个大圆球', 즉 고슴도치가 매번 가시로 가득한 몸을 움츠려서 하나의 커다란 공처럼 만들었다'고 이유를 설명했으므로, 정답은 C이다.

| 정답 | C

32

狐狸的思维有什么特点? | 여우의 생각은 어떤 특징이 있는가?

A 十分机械 | A 무척 고지식하다
B 迟缓盲目 | B 느리고 맹목적이다
C 非常灵活 | C 굉장히 융통성 있다
D 凌乱分散 | D 두서가 없고 분산되어 있다

| 보기 어휘 | 机械 jīxiè 형 고지식하다 ★ | 迟缓 chíhuǎn 형 느리다 ★ | 盲目 mángmù 형 맹목적이다 ★

| 해설 | 여우의 사고, 즉 생각의 특징을 묻는 문제로, 본문에서 '狐狸的本领很多，但思维凌乱分散'이라며 생각에 두서가 없고 분산되어 있다고 했다. 따라서 이를 그대로 언급한 D가 정답이다.

| 정답 | D

33

刺猬理念给我们的启示是什么? | 고슴도치의 이념이 우리에게 주는 교훈은 무엇인가?

A 学会抵制诱惑 | A 유혹을 거절할 줄 알아야 한다
B 要三思而后行 | B 깊이 생각해보고 행동해야 한다
C 不能安于现状 | C 현재 상황에 만족해서는 안 된다
D 要专注核心竞争力 | D 핵심 경쟁력에 집중해야 한다

| 보기 어휘 | 启示 qǐshì 명 교훈, 계시 ★ | 抵制 dǐzhì 동 거절하다, 억제하다 ★ | 诱惑 yòuhuò 명 유혹 ★ | 三思而后行 sānsī'érhòuxíng 성 깊이 생각해보고 행동하다, 심사숙고하다 | 安于 ānyú 동 ~에 만족하다 | 现状 xiànzhuàng 명 현재 상황, 현 상태 ★

| 해설 | 보기를 통해 주제를 묻는 문제임을 알 수 있다. 본문의 구성은 '여우와 고슴도치의 일화 소개 → 이를 통해 주는 깨달음'이다. 따라서 주제는 뒤에 언급되어 있다. 본문에서 '它懂得…，…，懂得专注于自己的核心竞争力'라고 고슴도치는 자신의 핵심 경쟁력에 집중할 줄 안다고 했고, 보기에서 이를 그대로 언급한 D가 정답이다.

| 정답 | D

第34到36题是根据下面一段话：

34 宜家家居作为全球最大的家具商，近日推出了一款能将热能转化为电能的概念化餐桌。通常，我们习惯把冒着热气的饭菜端上餐桌，然后边吃边等饭菜冷却下来。而这款概念化餐桌能将这些无形中浪费掉的热能收集起来，转化成电能，从而可以实现通过无线方式为智能手机等电子设备充电。试想一下，每天早上用喝粥、喝豆浆的时间，便可以把手机充满电，这多么神奇啊！这款概念化餐桌主要由桌面和能量转化器两个部分组成。35 桌面不是普通的桌面，是由特殊材料制成的。因此能从放置在其上面的各种高温容器中收集热量，能量转化器可以将桌面收集的热量转化成电能。虽然这款概念化餐桌仍处于实验阶段，但研发人员表示已经解决了概念餐桌的实质性问题。36 在不久的将来，这款概念化餐桌会走进千家万户，使人们的生活更加便利。

34 이케아(IKEA)는 전 세계 최대의 가구업체로서, 최근에는 열에너지를 전기에너지로 전환할 수 있는 스마트 식탁을 출시했다. 일반적으로 우리는 김이 나는 음식을 식탁에 가져와 먹으면서 음식이 식기를 기다리는 것에 익숙하다. 하지만 이 스마트 식탁은 모르는 사이에 낭비해버리는 이러한 열에너지를 모아서 전기에너지로 바꿀 수 있다. 따라서 무선 방식으로 스마트폰 등의 전자기기 충전을 실현시킬 수 있다. 한번 생각해 보자, 매일 아침 죽을 먹고 더우장(豆浆)을 마시는 시간을 이용해서, 핸드폰을 충전할 수 있다니, 이 얼마나 신기한가! 이 스마트 식탁은 주로 테이블 윗면과 에너지 전환기 두 부분으로 구성되어 있다. 35 테이블의 윗면은 평범한 테이블면이 아니라, 특수재료로 만들어진 것으로, 이 때문에 그 윗면에 놓아둔 각종 고온의 용기에서 열량을 끌어모을 수 있고, 에너지 전환기는 테이블면이 끌어모은 열량을 전기에너지로 전환할 수 있다. 비록 이 스마트 식탁은 여전히 실험 단계에 있지만, (개발)연구원은 스마트 식탁의 실질적인 문제를 이미 해결했다고 밝혔다. 36 머지않은 미래에 이 스마트 식탁은 수많은 가정 속으로 들어가 사람들의 생활을 더욱 편리하게 만들어줄 것이다.

 지문 어휘 宜家家居 Yíjiā jiājū 고유 이케아(IKEA) | 热能 rènéng 명 열에너지 | 电能 diànnéng 명 전기에너지 | 概念化 gàiniànhuà 명 개념화, 신개념 | 餐桌 cānzhuō 명 식탁 | 冒 mào 동 (김이) 나다, 내뿜다 | 热气 rèqì 명 김, 열기 | 端 duān 동 (음식, 차 등을) 가져오다, 내오다, 받쳐들다 ★ | 冷却 lěngquè 동 식다, 냉각되다 ★ | 收集 shōují 동 모으다 | 从而 cóng'ér 접 따라서 | 智能 zhìnéng 형 스마트하다, 지능이 있다 ★ | 充电 chōngdiàn 동 충전하다 | 试想 shìxiǎng 동 생각해 보다 | 粥 zhōu 명 죽 | 豆浆 dòujiāng 명 더우장(중국식 두유) | 神奇 shénqí 형 신기하다 ★ | 桌面 zhuōmiàn 명 테이블(윗)면 | 转化器 zhuǎnhuàqì 명 전환기 | 放置 fàngzhì 동 놓아 두다 | 容器 róngqì 명 용기 ★ | 处于 chǔyú 동 (~상황에) 있다, 처하다 | 研发 yánfā 동 연구 개발하다 | 实质 shízhì 명 실질, 본질 ★ | 千家万户 qiānjiāwànhù 성 수많은 가정, 많은 집들 | 便利 biànlì 형 편리하다 동 편리하게 하다 ★

34

宜家推出的这款餐桌的神奇之处是什么？

A 能自动清洁
B 可加热食物
C 能改变人的情绪
D 可将热能转化为电能

이케아가 출시한 이 식탁의 신기한 점은 무엇인가?

A 자동 세척이 가능하다
B 음식을 데울 수 있다
C 사람의 기분을 바꿀 수 있다
D 열에너지를 전기에너지로 바꿀 수 있다

| 보기 어휘 | 清洁 qīngjié 동 세척하다, 청소하다 형 깨끗하다 ★ | 加热 jiārè 동 데우다, 가열하다

| 해설 | 글의 앞부분에서 '宜家家居…, 近日推出了一款能将热能转化为电能的概念化餐桌, 즉 이케아에서 최근 열에너지를 전기에너지로 전환할 수 있는 스마트 식탁을 출시했다'고 소개했고, 이어서 이 식탁이 모르는 사이 낭비되는 열에너지를 모아서 전기에너지로 바꿀 수 있다면서, '这是多么神奇啊'라고 신기함을 표현했다. 따라서 스마트 식탁의 신기한 점은 D가 정답이다.

| 정답 | D

35

关于这款餐桌, 下列哪项正确?

A 便于拆解
B 能收集热量
C 是用陶瓷做的
D 可以随着温度的变化而变色

이 식탁에 관하여, 다음 중 옳은 것은 무엇인가?

A 분해하기 쉽다
B 열량을 끌어모을 수 있다
C 세라믹으로 만든 것이다
D 온도의 변화에 따라 색 변화가 가능하다

| 보기 어휘 | 便于 biànyú 동 ~하기 쉽다, ~하기 편하다 ★ | 拆解 chāi jiě 동 분해하다 | 陶瓷 táocí 명 세라믹, 도자기 ★

| 해설 | 스마트 식탁의 세부사항에 관한 문제이다. 본문에서 '桌面…, 是由特殊材料制成的, 즉 테이블의 윗면은 특수재료로 만들었다'라고 했으므로 C는 정답이 아니며, 뒤이어 '能从放置在其上面的各种高温容器中收集热量, 즉 윗면에 놓아둔 각종 고온의 용기에서 열량을 끌어모을 수 있다'라고 했다. 그러므로 B가 정답이다.

| 정답 | B

36

根据短文, 可以知道什么?

A 餐桌造价高昂
B 餐桌还未面市
C 餐桌没有使用价值
D 餐桌会带来负面影响

글에 근거하여 알 수 있는 것은 무엇인가?

A 식탁의 제작 비용이 매우 비싸다
B 식탁은 아직 출시되지 않았다
C 식탁은 사용 가치가 없다
D 식탁은 부정적인 영향을 초래할 것이다

| 보기 어휘 | 造价 zàojià 명 제작비용 | 高昂 gāo'áng 형 매우 비싸다 | 面市 miànshì 동 출시하다 | 负面影响 fùmiàn yǐngxiǎng 부정적인 영향

| 해설 | 보기를 통해 '식탁'에 관한 문제임을 유추할 수 있다. 본문에서 '在不久的将来, 这款概念化餐桌会走进千家万户, 즉 머지않은 미래에 이 스마트 식탁이 가정에 들어갈 것'이라 했기에 아직 시장에 출시되지 않았음을 알 수 있다. 따라서 정답은 B이다.

| 정답 | B

第37到39题是根据下面一段话：

为了防止食物腐烂变质、延长食物的保质期，从古至今人们想了各种各样的办法。比如：日晒、腌制、罐藏及冷藏等。37 其中罐藏技术出现比较晚，但能使食物长期存放。39 很多人对罐藏食物有一个误区，就是认为罐藏食物里添加了防腐剂。其实不然，38 食物腐败变质是由于微生物的生长和大量繁殖而引起的。罐藏技术根据食物变质的原因，将食物进行加工处理后，装入了经过高温杀菌的包装容器内，然后通过加热排气的方法或者机械抽真空的方法，将容器内的空气排出，最后密封。密封是最关键的工序。密封可以使食物与外界隔绝，防止细菌进入容器内。这样食品便可以在室温条件下存放一段时间。由此可知，罐装食物之所以能够长期存放并非得益于防腐剂，而是得益于严格的贮存工序。

음식물의 부패와 변질을 방지하고 음식물의 유통기간을 늘리기 위하여, 예로부터 지금까지 사람들은 여러 가지 방법들을 생각했다. 예를 들면 햇빛에 말리기, 절이기, 통조림 저장 및 냉장보관 등이다. 37 그중에서 통조림 저장기술은 비교적 늦게 출현했지만, 음식물을 장기간 보관할 수 있게 해주었다. 39 많은 사람들이 통조림 음식에 대해 한 가지 잘못된 인식을 가지고 있는데, (그것은) 바로 통조림 음식 안에 방부제를 첨가했다고 생각하는 것이다. 하지만 사실은 그렇지 않다. 38 음식물의 부패와 변질은 미생물의 생장과 대량 번식으로 인해서 야기되는 것이다. 통조림 저장기술은 음식물의 변질 원인에 근거하여 음식물을 가공 처리한 후 고온 살균을 거친 포장 용기 안에 넣고, 그런 다음에 가열해서 기체를 빼내는 방법 혹은 기계로 뽑아내 진공상태로 만드는 방법을 통해 용기 안의 공기를 빼내고, 마지막에 밀봉한다. 밀봉은 가장 중요한 공정이다. 밀봉은 음식물을 외부와 격리시킴으로써 세균이 용기 안으로 들어가는 것을 방지할 수 있는데, 이러면 식품은 실온의 조건에서 일정 시간 보관할 수 있다. 여기에서 알 수 있듯이, 통조림 음식을 장기간 보관할 수 있는 이유는 결코 방부제 덕분이 아니라 엄격한 저장 공정 덕분이다.

지문 어휘 防止 fángzhǐ 동 방지하다 ★ | 腐烂 fǔlàn 동 (물질이) 부패하다 ★ | 变质 biànzhì 동 변질되다 ★ | 延长 yáncháng 동 늘리다, 연장하다 | 各种各样 gèzhǒnggèyàng 성 여러 가지, 각종, 각양각색 | 日晒 rìshài 햇볕에 쬐다 | 腌制 yānzhì 절이다 | 罐 guàn 명 단지, 통, 항아리 ★ | 罐藏 guàncáng 통조림에 저장하다 | 冷藏 lěngcáng 냉장하다 | 存放 cúnfàng 동 보관해 두다 | 误区 wùqū 명 잘못된 인식 | 添加 tiānjiā 동 첨가하다, 보태다 | 防腐剂 fángfǔjì 명 방부제 | 不然 bùrán 동 그렇지 않다 | 腐败 fǔbài 동 부패하다 ★ | 微生物 wēishēngwù 명 미생물 | 繁殖 fánzhí 동 번식하다 ★ | 加工 jiāgōng 동 가공하다 ★ | 杀菌 shā jūn 동 살균하다 | 包装 bāozhuāng 동 포장하다 명 포장 ★ | 容器 róngqì 용기, 그릇 ★ | 排气 pái qì 동 기체를 (내)다, 기체를 배출하다 | 机械 jīxiè 명 기계 ★ | 抽 chōu 동 빼내다 | 真空 zhēnkōng 명 진공(상태) | 密封 mìfēng 동 밀봉하다 ★ | 工序 gōngxù 명 제조 공정 | 外界 wàijiè 명 외부, 바깥세상 | 隔绝 géjué 동 격리시키다 | 细菌 xìjūn 명 세균 ★ | 并非 bìngfēi 동 결코 ~이 아니다 ★ | 得益于 déyì yú ~덕분이다 | 贮存 zhùcún 동 저장하다

关于罐藏技术，可以知道什么？

A 原理复杂
B 有待提高
C 出现得较晚
D 逐渐被淘汰

통조림 저장기술에 관하여 알 수 있는 것은 무엇인가?

A 원리가 복잡하다
B 향상이 기대된다
C 비교적 늦게 출현했다
D 점점 도태되고 있다

| 보기 어휘 | 原理 yuánlǐ 명 원리 ★ | 淘汰 táotài 동 도태하다 ★ |

해설 : 음식물의 변질 방지와 유통기간을 늘리기 위한 여러가지 방법을 나열했고, 그 뒤에 '其中罐藏技术出现比较晚, 즉 통조림 저장기술은 비교적 늦게 출현했다'라고 언급했다. 따라서 C가 정답이다.

정답 : C

38

食物变质的主要原因是什么?

A 含糖量高
B 微生物生长
C 受高温影响
D 容器材料不符合标准

음식물 변질의 주요 원인은 무엇인가?

A 설탕 함유량이 높아서
B 미생물이 생장해서
C 고온의 영향을 받아서
D 용기 소재가 기준에 부합하지 않아서

보기 어휘 : 符合 fúhé 동 부합하다

해설 : 음식물 변질의 주된 원인에 관해 묻는 문제로, 본문에서 '食物腐败变质是由于微生物的生长和大量繁殖而引起的, 즉 음식물의 부패와 변질은 미생물의 생장과 대량 번식으로 인해 야기되는 것'이라고 했으므로, 정답은 B이다.

정답 : B

39

根据这段话, 下列哪项正确?

A 罐装食品不含防腐剂
B 罐装食品开启后需冷冻
C 腌制的食品有害人体健康
D 腌制食品存放时间比罐装食品长

이 글에 근거하여, 다음 중 옳은 것은 무엇인가?

A 통조림 식품은 방부제가 들어있지 않다
B 통조림 식품은 개봉 후 냉동이 필요하다
C 절인 식품은 인체 건강에 유해하다
D 절인 식품의 보존 시간은 통조림 식품보다 길다

보기 어휘 : 开启 kāiqǐ 동 개봉하다, 열다, 따다 ★ | 冷冻 lěngdòng 동 냉동하다

해설 : 본문에서 '很多人对罐藏食物有一个误区，就是认为罐藏食物里添加了防腐剂'라고 통조림 식품에는 방부제를 첨가했다는 사람들의 잘못된 인식을 언급하고, 그 뒤에 바로 '其实不然, 즉 사실은 그렇지 않다'라고 했다. 이는 다시 말해 통조림 식품에는 방부제가 들어있지 않다는 것을 의미하므로, 정답은 A이다.

정답 : A

第40到43题是根据下面一段话：

自从发明了飞机以后，飞机日益成为现代文明不可或缺的交通工具。但总有人质疑飞机的安全性。很多人认为如果飞机在飞行时发生了故障，难以维修，而且逃脱后的生还率低。40 而在地面上行驶的交通工具，如果发动机出现了故障，可以停下来维修，也可以及时逃脱。因此，人们认为地面的交通工具更安全。其实，这种认知是错误的。41 现代的客机一般都有两台到四台发动机。如果飞行中，其中一台发动机出现故障，不会影响飞行，启动备用的发动机照样可以安全着陆。飞机确实容易受天气情况的影响，但是地面航空气象部门可以准确无误地预报天气，基本上可以避开恶劣天气。此外，42 飞机如果遇到强气流，会出现左右摇晃的颠簸现象。这时乘客也不必担心，空乘人员会及时广播，提示乘客系好安全带，只要听从空乘人员的指挥就可以了。

据统计，飞机发生事故造成的伤亡率为三百分之一，远远低于地面交通工具造成的伤亡率。而且地面交通工具的危险性是飞机的7倍以上。43 因此，不要质疑飞机的安全性，乘坐飞机其实是很安全的。

40

人们为什么认为地面交通工具更安全？

A 司机沉着冷静
B 途中可停车维修
C 路面突发情况少
D 乘客对附近环境熟悉

사람들은 왜 지상 교통수단이 훨씬 안전하다고 여기는가?

A 기사가 침착하고 냉정해서
B 도중에 멈추고 수리할 수 있어서
C 도로는 돌발상황이 적어서
D 승객이 주변 환경에 익숙해서

보기 어휘 沉着 chénzhuó 형 침착하다 ★ | 路面 lùmiàn 명 도로, 노면

해설 비행기와 지상 교통수단의 안전성에 관한 내용으로, 사람들이 지상 교통수단을 비행기보다 안전하게 여기는 이유를 본문에서는 '如果发动机出现了故障，可以停下来维修，也可以及时逃脱, 즉 엔진에 고장이 나면 멈춰서 수리할 수 있고 즉시 대피할 수 있기 때문'이라고 했다. 따라서 정답은 B이다.

정답 B

41

关于现代化的客机，可以知道什么？

A 节省燃料
B 逃生舱门多
C 有多台发动机
D 机翼是三角形

현대화된 여객기에 관하여 알 수 있는 것은 무엇인가?

A 연료를 아낄 수 있다
B 비상 탈출문이 많다
C 엔진이 많다
D 비행기 날개가 삼각형이다

보기 어휘 燃料 ránliào 명 연료 | 逃生舱门 táoshēngcāngmén 명 비상 탈출문 | 机翼 jīyì 명 비행기 날개 | 三角形 sānjiǎoxíng 명 삼각형

해설 비행기가 더 안전하다는 점을 설명하는 과정에서 '现代的客机一般都有两台到四台发动机'라고 현대화된 여객기는 보통 2개에서 4개의 엔진이 있다고 했으므로, 엔진이 많다고 한 C가 정답이다.

정답 C

42

遇到飞机颠簸时，乘客应该怎么做？

A 系好安全带
B 准备降落伞
C 打急救电话
D 身体向前倾斜

비행기 흔들림을 겪을 때, 승객은 어떻게 해야 하는가?

A 안전벨트를 잘 맨다
B 낙하산을 준비한다
C 응급 구조 전화를 건다
D 몸을 앞으로 기울인다

보기 어휘 降落伞 jiàngluòsǎn 명 낙하산 | 倾斜 qīngxié 동 기울다, 경사지다 ★

| 해설 | 비행기가 흔들릴 때 승객의 행동에 관해 묻는 문제이다. 본문에서 흔들림 현상이 나타나도 승객들은 걱정할 필요가 없다고 이야기하면서 '空乘人员…提示乘客系好安全带，只要听从空乘人员的指挥就可以了, 즉 승무원은 안전벨트를 잘 매라고 일러줄 것이고, 그 지시만 잘 따르면 된다'고 했다. 따라서 정답은 A이다. |

| 정답 | A |

43

这段话主要想说明什么？

A 交通工具变革快
B 伤亡率统计有误
C 乘客最好购买意外保险
D 乘坐飞机出行并不危险

이 이야기는 주로 무엇을 설명하고자 하는가?

A 교통수단의 변혁이 빠르다
B 사상자 비율의 통계에 오류가 있다
C 승객들은 상해보험을 드는 것이 가장 좋다
D 비행기를 타고 여행하는 것은 결코 위험하지 않다

| 보기 어휘 | 变革 biàngé 동 변혁하다 | 意外保险 yìwài bǎoxiǎn 명 상해보험 |

| 해설 | 이 글의 주제를 묻는 문제로, 글의 앞부분에서는 비행기와 지상 교통수단의 안전성을 언급했고, 그 뒤에 비행기가 더 안전한 이유를 설명하며, 마지막에 '乘坐飞机其实很安全, 즉 비행기를 타는 것은 사실 안전하다'라고 이 글의 주제를 언급했다. 따라서 비행기로 여행하는 것이 위험하지 않다고 한 D가 정답이다. |

| 정답 | D |

第44到47题是根据下面一段话：

植物的花香有很多作用。花朵的香气来自花瓣中的油细胞。它能不断分泌出带有香味的芳香油。芳香油很容易扩散到空气中，随风扑鼻而来的就是花香了。**45** 芳香油除了能散发香味外，它的蒸汽还可以减少花瓣中水分的蒸发、减少强烈的阳光和寒气对花朵的伤害，可以说是花朵的保护衣。植物的花香可以为花朵传宗接代。**44** 花朵靠着各种艳丽夺目的色彩与花香，引来昆虫采蜜。这样，花粉可以粘附在昆虫的身上，随着昆虫的飞行迁移而四处安家。植物的花香除了有益于自身的生长和繁衍外，对人类也有很多益处。**46** 花的香气能刺激人的呼吸中枢，从而促进人体吸进氧气，排出二氧化碳。由于大脑供氧充足，因此能使人保持旺盛的精力。不同的花香有不同的作用。桂花的花香能使

식물의 꽃향기는 많은 작용을 한다. 꽃의 향기는 꽃잎의 지방세포에서 나오며, 지방세포는 향기를 지닌 방향유를 끊임없이 분비한다. 방향유는 쉽게 공기 중으로 확산되는데, 바람을 타고 풍겨오는 것이 바로 꽃향기이다. **45** 방향유가 향기를 발산하는 것 외에, 방향유의 수증기 또한 꽃잎의 수분 증발을 감소시키고 강렬한 햇빛과 차가운 공기가 꽃을 상하게 하는 것을 줄여줄 수 있다. 가히 꽃의 보호복이라 말할 수 있다. 식물의 꽃향기는 꽃이 종족보존을 하게 할 수 있다. **44** 꽃은 갖가지 눈부시게 아름다운 색과 향기로 곤충들이 꿀을 따러 오도록 끌어들인다. 이렇게 하면 꽃가루는 곤충의 몸에 달라붙게 될 것이고, 곤충들의 비행 이동을 따라 사방에 안착하게 될 것이다. 식물의 꽃향기는 (식물) 자체의 생장과 번식에 도움이 되는 것 외에, 인류에게도 역시 많은 이점이 있다. **46** 꽃의 향기는 사람의 호흡 중추를 자극해서 인체가 산소를 들이마시고 이산화탄소를 배출하는 것을 촉진시킬 수 있다. 대뇌에 산소가 충분히 공급되기 때문에, 사람이 왕성한 에너지를 유지할 수 있게 한다. 각기 다른 꽃향기는 각각 다른 작용을 한다. 계수나무 꽃의 꽃

人消除疲劳； 47 金银花可以缓解头痛。有些花香也会带来副作用，如百合会使人反应迟钝等。

향기는 피로를 없애 줄 수 있고, 47 금은화는 두통을 완화시켜 줄 수 있다. (반면) 어떤 꽃향기들, 예를 들면 백합은 사람의 반응을 느리게 만드는 등의 부작용을 가져오기도 한다.

지문 어휘 花香 huāxiāng 명 꽃향기 | 花朵 huāduǒ 명 꽃(잎) | 来自 láizì ~에서 오다 | 花瓣 huābàn 꽃잎 ★ | 细胞 xībāo 명 세포 ★ | 油细胞 yóuxìbāo 명 지방세포 | 分泌 fēnmì 동 분비하다 | 芳香油 fāngxiāngyóu 명 방향유 | 扩散 kuòsàn 동 확산하다 ★ | 扑鼻 pūbí (냄새가) 풍겨오다 | 蒸汽 zhēngqì 명 수증기 | 蒸发 zhēngfā 동 증발하다 ★ | 寒气 hánqì 명 차가운 공기 | 传宗接代 chuánzōngjiēdài 성 종족을 보존하다, 대를 잇다 | 艳丽 yànlì 형 아름답다, 곱다 | 夺目 duómù 형 눈부시다, 눈길을 끌다 | 昆虫 kūnchóng 명 곤충 | 采蜜 cǎi mì 꿀을 따다 | 花粉 huāfěn 명 꽃가루 | 粘附 zhānfù 동 달라붙다 | 迁移 qiānyí 동 이동하다, 옮겨가다 | 四处 sìchù 명 사방, 도처 | 安家 ānjiā 동 안착하다, 정착하다, 살림을 차리다 | 繁衍 fányǎn 동 번식하다 | 中枢 zhōngshū 명 중추 | 氧气 yǎngqì 명 산소 | 二氧化碳 èryǎnghuàtàn 명 이산화탄소 ★ | 供氧 gōng yǎng 산소를 공급하다 | 充足 chōngzú 형 충분하다 ★ | 旺盛 wàngshèng 형 왕성하다 | 桂花 guìhuā 명 계수나무 꽃 | 消除 xiāochú 동 없애다, 해소하다 ★ | 金银花 jīnyínhuā 명 금은화 | 缓解 huǎnjiě 동 완화시키다 | 副作用 fùzuòyòng 명 부작용 ★ | 百合 bǎihé 명 백합 | 迟钝 chídùn 형 (감각, 반응 등이) 느리다 ★

植物的花香对自身有什么好处？

식물의 향기는 (식물) 자체에 어떤 이점이 있는가?

A 使花期更长
B 使根系发达
C 吸引昆虫采蜜
D 防止细菌滋生

A 개화 기간을 훨씬 길게 만든다
B 뿌리를 발달시킨다
C 곤충이 꿀을 따러 오도록 유인한다
D 세균이 번식하는 것을 막아준다

보기 어휘 花期 huāqī 명 개화기간 | 根系 gēnxì 명 뿌리 | 防止 fángzhǐ 동 방지하다 ★ | 细菌 xìjūn 명 세균 ★ | 滋生 zīshēng 동 번식하다

해설 식물의 꽃향기의 여러 가지 작용을 설명하면서 본문에서 '花朵靠着…花香，引来昆虫采蜜'라고 꽃향기로 곤충들이 꿀을 따러 오도록 끌어들인다고 했다. 따라서 '引来'를 '吸引'으로 바꿔서 언급한 C가 정답이다.

정답 C

关于芳香油的蒸汽，可以知道什么？

방향유의 수증기에 관하여 알 수 있는 것은 무엇인가？

A 能产生油细胞
B 能保护人的皮肤
C 影响花香散发的速度
D 可减轻阳光对花的伤害

A 지방 세포를 만들 수 있다
B 사람의 피부를 보호할 수 있다
C 향기의 발산 속도에 영향을 준다
D 햇빛이 꽃을 상하게 하는 것을 줄여줄 수 있다

444 파고다 HSK 6급

보기 어휘 　皮肤 pífū 명 피부 ｜ 减轻 jiǎnqīng 동 줄이다, 감소시키다

해설 　방향유의 수증기 역할에 대해 본문에서 '它的蒸汽还可以减少…、减少…'라며 두 가지를 언급했고, 그중 하나인 '减少强烈的阳光和寒气对花朵的伤害, 즉 강렬한 햇빛과 차가운 공기가 꽃을 상하게 하는 것을 줄여줄 수 있다'라고 했다. 따라서 정답은 D이다.

정답 　D

46

香气刺激人的呼吸中枢，能使人怎么样？

A 心跳加快
B 增进食欲
C 保持旺盛的精力
D 缓解紧张的情绪

향기는 사람의 호흡 중추를 자극해서 사람을 어떻게 만들 수 있는가?

A 심박수를 빨라지게 한다
B 식욕을 증진시킨다
C 왕성한 에너지를 유지시켜 준다
D 긴장된 마음을 완화해 준다

보기 어휘 　心跳 xīntiào 명 심박수 ｜ 食欲 shíyù 명 식욕

해설 　보기를 통해 사람의 신체적 변화에 관한 내용임을 알 수 있다. 향기가 사람의 호흡 중추를 자극하게 되면 나타나는 증상, 즉 결과를 묻는 문제로 본문에서 '因此能使人保持旺盛的精力'라고 왕성한 에너지를 유지할 수 있게 한다고 했으므로, 이를 그대로 언급한 C가 정답이다.

정답 　C

47

金银花的花香能起到什么作用？

A 治疗过敏
B 减轻头痛
C 增强体质
D 促进睡眠

금은화의 향기는 어떠한 작용을 하는가?

A 알레르기를 치료한다
B 두통을 감소시킨다
C 체질을 강화시킨다
D 수면을 촉진한다

보기 어휘 　过敏 guòmǐn 동 알레르기 반응을 보이다 ｜ 增强 zēngqiáng 동 강화하다, 높이다 ｜ 促进 cùjìn 동 촉진하다

해설 　금은화의 향기에 관해 묻는 문제로, 본문에서, '金银花可以缓解头痛, 즉 금은화는 두통을 완화시켜줄 수 있다'고 했기에 '缓解'를 '减轻'으로 바꿔서 언급한 B가 정답이다.

정답 　B

第48到50题是根据下面一段话：

唐朝诗人白居易曾在杭州担任过刺史一职，50 他在担任刺史期间不仅颇有政绩，而且为官清廉。所以他离任回家的时候，心里非常坦然。但过了一段时间之后，他整理行李时发现两块奇形异状的石头。48 原来白居易在一次游览天竺山时，无意间发现了这两块石头，因十分喜欢便带回家了。他看着这两块石头，认真反省了一下。他认为自己不该私自将山石带回家并占为己有，如果人人都这样做，那天竺山的石头会越来越少，往日的好风光就不复存在了。49 他觉得自己的行为和贪污没什么区别。于是他满怀自责地写下了一首检讨诗。白居易的这首检讨诗流传至今，令后人不得不为之叹服。

당나라 시인 백거이(白居易)는 일찍이 항저우(杭州)에서 자사(刺史)직을 맡은 적이 있다. 50 그는 자사로 있는 동안 상당히 많은 정치적 업적을 남겼을 뿐만 아니라, 관료로서도 매우 청렴했다. 그래서 그는 임기를 마치고 고향으로 돌아갈 때, 마음이 굉장히 편안했다. 하지만 얼마의 시간이 지난 뒤 그는 짐을 정리하면서 기이한 형태의 돌 두 덩어리를 발견했다. 48 알고 보니 백거이가 톈주산(天竺山)을 유람할 때, 우연히 이 돌덩이 두 개를 발견하고는 무척 마음에 든 나머지 집으로 가지고 왔던 것이다. 그는 이 두 개의 돌덩이를 바라보며 진지하게 반성했다. 그는 산의 돌을 본인 마음대로 집으로 가져와서 자기 것으로 삼지 말았어야 했다고 생각했다. 만약 모든 사람이 다 이렇게 한다면, 톈주산의 돌은 점점 더 줄어들게 될 것이고 이전의 아름다운 풍경은 더 이상 존재하지 않을 것이다. 49 그는 자신의 행동이 횡령과 다를 바 없다고 생각했다. 그래서 그는 가슴 깊이 자책하며 반성의 시를 한 수 썼다. 백거이의 이 자기 반성시는 오늘날까지 전해지고 있으며, 후세 사람들로 하여금 탄복을 금치 못하게 하고 있다.

| 지문 어휘 | 白居易 Bái Jūyì 고유 백거이 | 担任 dānrèn 동 맡다 | 刺史 cìshǐ 명 자사(옛날의 지방장관) | 颇有 pō yǒu 상당히 많다, 적지 않다 | 政绩 zhèngjì 명 정치적 업적 | 清廉 qīnglián 형 청렴하다 | 为官清廉 wéiguān qīnglián 관료로서 매우 청렴하다, 청렴하게 관료 노릇을 하다 | 离任 lírèn 동 임기를 마치다 | 坦然 tǎnrán 형 마음이 편안하다 | 奇形 qíxíng 명 기이한 형태 | 游览 yóulǎn 동 유람하다 | 天竺山 Tiānzhúshān 고유 톈주산 | 无意间 wúyìjiān 부 우연히, 뜻밖에 | 反省 fǎnxǐng 동 반성하다 | 私自 sīzì 부 마음대로, 멋대로 ★ | 占为己有 jùwéijǐyǒu 성 자기 것으로 삼다, 자기의 소유로 만들다 | 往日 wǎngrì 명 이전 | 不复 búfù 부 더는 ~하지 않는다, 다시 ~하지 않는다 | 存在 cúnzài 동 존재하다 | 贪污 tānwū 동 횡령하다, 탐하다 ★ | 满怀 mǎnhuái gas 깊이 ~하다, 가슴에 맺히다 | 自责 zìzé 동 자책하다 | 检讨 jiǎntǎo 동 깊이 반성하다 ★ | 叹服 tànfú 동 탄복하다

白居易在游览天竺山时做了什么？

A 摘了很多果实
B 带走了两块石头
C 种了一棵苹果树
D 在石头上题了一首诗

백거이는 톈주산을 유람할 때, 무엇을 했는가?

A 많은 과일을 땄다
B 돌덩이 두 개를 가져갔다
C 한 그루의 사과나무를 심었다
D 돌 위에 시를 한 수 썼다

| 보기 어휘 | 摘 zhāi 동 따다 | 果实 guǒshí 명 과일 | 题 tí 동 쓰다

| 해설 | 백거이가 톈주산을 유람할 때 했던 일을 묻는 문제로, 본문에서 '无意间发现了这两块石头，因十分喜欢便带回家了, 즉 돌덩이 두 개를 발견하고 마음에 들어 집으로 가지고 왔다'고 했으므로, 정답은 B이다.

정답 B

49

白居易对自己的做法感到怎么样?

A 很自责
B 有些恐惧
C 颇为尴尬
D 非常镇定

백거이는 자신의 행동에 대해 어떻게 느꼈는가?

A 자책했다
B 약간 겁을 먹었다
C 상당히 난처했다
D 굉장히 침착했다

지문 어휘 恐惧 kǒngjù 동 겁먹다, 두려워하다 ★ | 尴尬 gāngà 형 난처하다 ★ | 镇定 zhèndìng 형 침착하다 ★

해설 돌을 가지고 온 자신의 행동에 대한 백거이의 느낌을 묻는 문제로, 본문에서 백거이는 자신의 행위가 횡령과 별반 다를 바 없다고 느꼈고, 뒤이어 '于是他满怀自责地写下了一首检讨诗'라며 가슴 깊이 자책하며 반성의 시를 썼다고 했다. 따라서 이를 그대로 언급한 A가 정답이다.

정답 A

50

关于白居易, 可以知道什么?

A 比较吝啬
B 穿着朴素
C 为官清廉
D 房屋简陋

백거이에 관하여 알 수 있는 것은 무엇인가?

A 비교적 인색했다
B 옷차림이 소박했다
C 관료로서 매우 청렴했다
D 집이 누추했다

보기 어휘 吝啬 lìnsè 형 인색하다 ★ | 穿着 chuānzhuó 명 옷차림 | 朴素 pǔsù 형 소박하다 ★ | 简陋 jiǎnlòu 형 누추하다, 초라하다 ★

해설 백거이에 대한 소개는 글의 앞부분에 언급되어 있다. 본문에서 그가 항저우에서 자사직을 맡는 동안 상당히 많은 정치적 업적을 남겼을 뿐만 아니라, '而且为官清廉, 즉 관료로서도 매우 청렴했다'고 했다. 따라서 이것을 그대로 언급한 C가 정답이다.

정답 C

HSK 6급 5회 독해

阅读

제1부분 51~60번 문제는 제시된 4개의 보기 중 틀린 문장을 고르는 문제입니다.

51

A 宁愿过着贫苦的生活，也要两袖清风。
B 每一个时代的文学作品归根到底都是社会生活的写照。
C 懂得为何而奋斗的人，几乎差不多任何挑战都能面对。
D 网络时代的到来使人们的交流方式发生了翻天覆地的变化。

A 빈곤한 생활을 할지언정 청렴결백해야 한다
B 모든 시대의 문학 작품들은 결국 모두 사회생활의 묘사이다.
C 무엇 때문에 열심히 하는지를 아는 사람은 거의 어떠한 도전에도 다 맞설 수 있다.
D 인터넷 시대의 도래는 사람들의 교류 방법을 완전히 변화시켰다.

어휘 宁愿 nìngyuàn 🔹 차라리 ~할 지 언정 ★ | 贫苦 pínkǔ 🔹 빈곤하다 | 两袖清风 liǎngxiùqīngfēng 🔹 (관료가) 청렴결백하다 | 归根到底 guīgēndàodǐ 🔹 결국, 끝내 ★ | 写照 xiězhào 🔹 묘사 | 为何 wèihé 🔹 무엇 때문에, 왜 | 奋斗 fèndòu 🔹 열심히 하다, 분투하다 | 挑战 tiǎozhàn 🔹 도전하다 | 面对 miànduì 🔹 맞서다, 마주하다 | 网络 wǎngluò 🔹 인터넷, 네트워크 | 到来 dàolái 🔹 도래하다 | 翻天覆地 fāntiānfùdì 🔹 완전히 변하다, 천지가 개벽되다

해설 의미의 중복 오류문제이다. '几乎'와 '差不多'는 부사로 둘 다 '거의'의 뜻을 지니고 있다. 따라서 둘 중 하나를 없애야 한다.

정답 C 懂得为何而奋斗的人，几乎差不多任何挑战都能面对。
➡ 懂得为何而奋斗的人，差不多任何挑战都能面对。

52

A 这些年付出的心血终究没有白费。
B 和谐的家庭关系是孩子身心健康发展的关键因素。
C 黄河流域是中华民族最主要的发祥地，所以黄河被称为"母亲河"。
D 专家指出，如果每天散步40分钟可降低患心血管疾病的几率显著。

A 요 몇 년 동안 바친 노력이 결국 헛되지 않았다.
B 화목한 가족 관계는 아이들의 몸과 마음이 건강하게 발전하게 하는 결정적인 요소이다.
C 황허(黄河) 유역은 중화 민족의 주요 발상지로, 그래서 황허는 '어머니 강(민족의 젖줄)'이라고 불린다.
D 만약 매일 40분씩 산책을 한다면 심혈관 질환의 발병률을 낮출 수 있다고 전문가들은 지적했다.

어휘 付出 fùchū 🔹 바치다, 지불하다 | 心血 xīnxuè 🔹 노력, 심혈 ★ | 终究 zhōngjiū 🔹 결국, 어쨌든 ★ | 白费 báifèi 🔹 헛되다, 헛수고하다, 괜한 노력을 하다 | 和谐 héxié 🔹 화목하다, 조화롭다, 잘 어울리다 ★ | 关键 guānjiàn 🔹 결정적이다, 핵심적이다, 매우 중요하다 | 因素 yīnsù 🔹 요소, 요인 | 流域 liúyù 🔹 유역 | 发祥地 fāxiángdì

명 발상지, 발원지 | **降低** jiàngdī 동 낮추다, 내리다 | **患** huàn 동 병이 나다, 병에 걸리다 | **疾病** jíbìng 명 질환, 병, 질병 ★ | **心血管疾病** xīnxuèguǎn jíbìng 명 심혈관 질환 | **几率** jīlǜ 명 확률 | **显著** xiǎnzhù 동 현저하다, 뚜렷하다 ★

[해설] 불필요한 목적어의 사용 오류문제이다. 뒤 절에서 술어는 '降低'이고, 목적어는 '几率'이다. 확률을 낮추는 것이지 현저함을 낮추는 것이 아니므로 문장 맨 뒤의 '显著'를 없애야 한다.

[정답] D 专家指出，如果每天散步40分钟可降低患心血管疾病的<u>几率</u><u>显著</u>。
➡ 专家指出，如果每天散步40分钟可降低患心血管疾病的<u>几率</u>。

53

A 美妙的小提琴曲在远处传来了。
B 激情是工作的灵魂，快乐是生活的动力。
C 大批的科技创业者聚集在北京的科技中心——中关村。
D 新京报书评周刊是分享图书资讯的微博账号，每周都会给读者推荐优秀的图书。

A 아름다운 바이올린 곡이 먼 곳에서부터 들려왔다.
B 열정은 일의 영혼이고, 즐거움은 삶의 원동력이다.
C 수많은 과학 기술 창업자들은 베이징의 과학기술 중심지인 중관춘(中关村)에 모였다.
D 신징바오(新京报)의 서평주간(书评周刊)은 도서 정보를 공유하는 웨이보 계정으로, 매주 독자들에게 우수한 도서를 추천한다.

[어휘] **美妙** měimiào 형 아름답다 ★ | **小提琴** xiǎotíqín 명 바이올린 | **传来** chuánlái 동 들려오다, (소리가) 나다 | **激情** jīqíng 명 열정, 격정 ★ | **灵魂** línghún 명 영혼, 핵심요소 ★ | **动力** dònglì 명 원동력 ★ | **大批** dàpī 형 수많은, 한 무리의, 대량의 | **创业** chuàngyè 동 창업하다 ★ | **聚集** jùjí 동 한데 모이다 | **中心** zhōngxīn 명 중심(지), 센터 | **书评** shūpíng 명 서평 | **周刊** zhōukān 명 주간(일주일에 한번씩 간행되는 간행물) | **分享** fēnxiǎng 동 공유하다, 함께 나누다 | **资讯** zīxùn 명 정보, 데이터 | **微博账号** wēibó zhànghào 명 웨이보 계정 | **推荐** tuījiàn 동 추천하다

[해설] 부적절한 전치사의 사용 오류문제이다. 이 문장에서의 술어는 '传来'이다. 따라서 어떠한 행위, 동작, 사건의 발생 장소를 나타내는 전치사 '在'가 아닌 '~로부터'의 뜻으로 장소의 출발점, 즉 기점을 나타내는 전치사 '从'을 써야 한다.

[정답] A 美妙的小提琴曲<u>在</u>远处传来了。
➡ 美妙的小提琴曲<u>从</u>远处传来了。

54

A 习惯形成性格，性格决定命运。
B 菊花茶起源于唐朝，是种植最广泛的一种传统名茶。
C 他的办公桌上摆放着很多可以防辐射的仙人掌。
D 我最后一次见面他在一家咖啡店里，那里的环境很温馨。

A 습관은 성격을 만들고, 성격은 운명을 결정짓는다.
B 국화차는 당나라에서 기원한 것으로, 가장 널리 재배되는 전통 명차이다.
C 그의 사무용 책상 위에는 전자파를 차단할 수 있는 선인장이 많이 놓여있다.
D 내가 마지막으로 그와 만난 곳은 한 커피숍이었고, 그곳의 환경은 매우 아늑했다.

| 어휘 | 形成 xíngchéng 통 만들다, 형성하다 | 命运 mìngyùn 명 운명 | 菊花茶 júhuāchá 명 국화차 | 起源 qǐyuán 동 기원하다 ★ | 种植 zhòngzhí 동 재배하다 ★ | 广泛 guǎngfàn 형 광범위하다 | 办公桌 bàngōngzhuō 명 사무용 책상 | 摆放 bǎifàng 동 놓다, 진열하다 | 防 fáng 동 차단하다, 막다 | 辐射 fúshè 명 전자파, 방사선 ★ | 仙人掌 xiānrénzhǎng 명 선인장 | 温馨 wēnxīn 형 아늑하다

| 해설 | 이합 동사의 목적어 위치 오류문제이다. '见面'은 이합 동사로 뒤에 목적어를 사용할 수 없으며, 전치사 '跟, 和'와 함께 쓰인다. 따라서 '见面他'를 '跟他见面'으로 바꿔야 한다. 더불어 의미의 전개상 '만난 곳은 커피숍이었다'이므로 '…是…'를 삽입해 준다.

| 정답 | D 我最后一次见面他在一家咖啡店里，那里的环境很温馨。
➡ 我最后一次跟他见面是在一家咖啡店里，那里的环境很温馨。

55

A 乘车前饮一杯加有几滴食醋的温开水可以预防晕车。
B 生活中有很多事我们无法左右，却我们可以左右自己的人生方向。
C 经过有关部门领导的协调，双方选择各退一步，最后达成了一致的意见。
D 广绣是粤绣之一，以其绚丽的色彩、多变的针法、形象的构图而闻名于世。

A 차를 타기 전에 식초 몇 방울을 넣은 따뜻한 물을 한 잔 마시면 멀미를 예방할 수 있다.
B 삶 속에는 우리가 통제할 수 없는 많은 일들이 존재한다. 하지만 우리는 자신의 인생 방향은 통제할 수 있다.
C 관련 부서 책임자의 협조를 통해 양측은 서로 한 걸음씩 양보하는 것을 택했고, 결국에는 일치된 의견을 얻어냈다.
D 광시우(广绣)는 위에시우(粤绣)중의 하나로, 화려한 색채와 다채로운 스티치, 이미지의 구도로 세계적으로 유명하다.

| 어휘 | 乘 chéng 동 (교통수단을) 타다 ★ | 饮 yǐn 동 마시다 | 滴 dī 양 방울(액체를 세는 단위) | 食醋 shícù 명 식초 | 温开水 wēnkāishuǐ 따뜻한 물(20-25℃) | 预防 yùfáng 동 예방하다 | 晕车 yùn chē 동 차멀미하다 | 无法 wúfǎ 동 ~할 수 없다 | 左右 zuǒyòu 동 통제하다, 좌지우지하다 | 部门 bùmén 명 부서, 부 | 退 tuì 동 양보하다, 물러서다 | 协调 xiétiáo 동 협조하다 ★ | 达成 dáchéng 동 얻다, 달성하다 ★ | 一致 yízhì 형 일치하다 | 广绣 guǎngxiù 명 광시우(광둥성에서 생산되는 자수) | 粤绣 yuèxiù 명 위에시우 (광둥성에서 생산되는 자수) | 绚丽 xuànlì 형 화려하고 아름답다 | 针法 zhēnfǎ 명 스티치, 바느질 방법 | 形象 xíngxiàng 명 이미지, 형상 | 构图 gòutú 명 구도 | 闻名于世 wénmíngyúshì 세계적으로 유명하다

| 해설 | 부사의 위치 오류문제이다. '却'는 '오히려, 도리어'의 뜻이며, 주어 뒤에 위치하는 부사이다. 따라서 '却我们'을 '我们却'로 고쳐 써야 한다.

| 정답 | B 生活中有很多事我们无法左右，却我们可以左右自己的人生方向。
➡ 生活中有很多事我们无法左右，我们却可以左右自己的人生方向。

56

A 一个人的智商主要与父母的遗传基因。
B 世界上最痛苦的事莫过于放弃了不该放弃的。
C 每年大约有1,000只丹顶鹤选择到盐城自然保护区越冬。
D 笑容是社交中的一个强有力的武器，能帮助我们迅速与他人打成一片。

A 사람의 IQ는 부모의 유전자와 주로 관련이 있다.
B 세상에서 포기하지 말아야 할 것을 포기하는 것보다 더 괴로운 일은 없다.
C 매년 대략 1,000여 마리의 두루미가 옌청(盐城)자연보호구역에 와서 겨울을 난다.
D 미소는 사람과의 교류에서 하나의 강력한 무기로, 우리가 다른 사람과 빨리 하나가 될 수 있게 도와준다.

어휘 智商 zhìshāng 명 IQ, 지능지수 ★ | 遗传 yíchuán 동 (생물) 유전하다 ★ | 基因 jīyīn 명 (생물) 유전자 ★ | 莫过于 mòguòyú 동 ~보다 더한 것은 없다 | 丹顶鹤 dāndǐnghè 명 두루미 | 盐城 Yáncheng 고유 옌청 | 越冬 yuèdōng 동 겨울을 나다 | 强有力 qiángyǒulì 형 강력하다 | 武器 wǔqì 명 무기 ★ | 迅速 xùnsù 형 빠르다, 신속하다 | 打成一片 dǎchéngyípiàn 성 하나가 되다

해설 술어의 부족 오류문제이다. 주어는 '智商'이고, '与遗传基因'은 전치사구이므로 술어를 전치사구 뒤에 써주어야 하는데 술어가 빠져있다. 따라서 의미상 이 둘이 '관련이 있다'는 술어 '有关'을 써야 한다.

정답 A 一个人的智商主要与父母的遗传基因。
➡ 一个人的智商主要与父母的遗传基因有关。

57

A 贵州的火龙果基地是集科研、采摘、休闲于一体的生态观光园。
B 一份研究报告显示，每年全世界约有6.4%—7.9%的鲨鱼被人类捕捞。
C 西安古城墙位于陕西省西安市中心，是中国现存保存最完好的古代城墙建筑。
D 保管轮胎时，请将轮胎置于阴暗凉爽的地方，否则会加快轮胎的老化速度。

A 구이주(贵州)의 드래곤후르츠 기지는 과학연구, 채취, 레저가 한데 모여있는 생태관광지이다.
B 한 연구보고서에서는 매년 전 세계의 약 6.4%~7.9%의 상어가 인류에 의해 어획되고 있다고 밝혔다.
C 시안구청창(西安古城墙)은 산시성(陕西省) 시안(西安)의 시내에 위치하며, 중국에서 보존이 가장 완벽한 고대 성벽 건축물이다.
D 타이어를 보관할 때는 어둡고 서늘한 곳에 타이어를 놓아야지, 그렇지 않으면 타이어의 노화 속도가 빨라지게 된다.

어휘 火龙果 huǒlóngguǒ 명 드래곤후르츠 | 基地 jīdì 명 기지, 근거지 ★ | 集~于一体 jí~yúyìtǐ ~를 한데 모으다, ~를 하나로 합치다 | 采摘 cǎizhāi 동 (꽃, 열매 등을) 채취하다, 따다 | 休闲 xiūxián 명 레저, 휴식 | 生态 shēngtài 명 생태 ★ | 观光 guānguāng 동 관광하다, 견학하다 ★ | 显示 xiǎnshì 동 밝히다, 보여주다 | 鲨鱼 shāyú 명 상어 | 捕捞 bǔlāo 동 어획하다, 물고기를 잡다 | 现存 xiàncún 동 현존하다 | 保存 bǎocún 동 보존하다 | 完好 wánhǎo 형 완벽하다, 완전무결하다 | 建筑 jiànzhù 명 건축물 | 保管 bǎoguǎn 동 보관하다 ★ | 轮胎 lúntāi 명 타이어 ★ | 放置 fàngzhì 동 놓아 두다 | 阴暗 yīn'àn 형 어둡다 | 凉爽 liángshuǎng 형 서늘하다

해설 의미의 중복 오류문제이다. '现存'은 '现在保存'의 뜻으로, 뒤의 '保存'과 중복된다. 따라서 둘 중 하나를 없애야 한다.

정답 C 西安古城墙位于陕西省西安市中心，是中国现存保存最完好的古代城墙建筑。
➡ 西安古城墙位于陕西省西安市中心，是中国保存最完好的古代城墙建筑。

58

A 按照消费者的目的性，消费需求可分为：初级的物质需求和高级的精神需求。
B《全宋文》的出版具有重大意义，对于完善宋代的文献资料、填补宋代文化研究的空白。
C 面试给公司和应聘者提供了进行双向交流的机会，从而增进了公司和应聘者之间的了解。

A 소비자의 목적성에 따라 소비 수요는 초급 단계의 물질적 수요와 고급 단계의 정신적 수요로 나눌 수 있다.
B《전송문(全宋文)》의 출판은 송대 문헌 자료를 완벽하게 만들어 주고 송대 문화 연구의 공백을 메우는 데 있어 중요한 의의를 지닌다.
C 면접은 회사와 지원자에게 서로 교류할 기회를 제공했고, 이로써 회사와 지원자 간의 이해를 증진시켰다.

D 倾听不仅仅是要用耳朵来听说话者的言辞，还需要用心去感受对方谈话过程中的言语信息。	D 경청이란 귀로 화자의 말을 들어야 하는 것뿐만 아니라, 마음으로 상대방의 이야기 속 언어정보를 느끼는 것도 필요하다.

어휘 需求 xūqiú 명 수요 ★ | 出版 chūbǎn 동 출판하다, 출간하다 | 重大 zhòngdà 형 중요하다, 중대하다 | 完善 wánshàn 동 완벽하게 만들다 | 文献 wénxiàn 명 문헌 ★ | 填补 tiánbǔ 동 메우다 | 空白 kòngbái 명 공백, 여백 ★ | 应聘者 yìngpìnzhě 명 지원자, 응시자 | 双向 shuāngxiàng 부 서로, 피차 | 倾听 qīngtīng 동 경청하다, 귀 기울이다 ★ | 不仅仅 A, 还 B bùjǐnjǐn A, hái B 접 A일 뿐 아니라, 또 B이다 | 言辞 yáncí 명 말, 언사 | 感受 gǎnshòu 동 느끼다 | 言语 yányǔ 명 언어, 말

해설 전치사구의 위치 오류문제이다. 이 문장에서 주어는 '出版', 술어는 '具有', 목적어는 '重大意义'로, 중국어의 어순에서 '对于'가 이끄는 전치사구는 문장에서 주로 부사어로 쓰여, 주어 앞이나 뒤 혹은 술어 앞에 위치한다. 따라서 '对于'가 이끌고 있는 전치사구의 위치를 이동시켜야 한다.

정답 B 《全宋文》的出版具有重大意义对于完善宋代的文献资料、填补宋代文化研究的空白。
➡ 《全宋文》的出版**对于**完善宋代的文献资料、填补宋代文化研究的空白**具有重大意义**。

59

A 参加过这个比赛以前，他曾在2015年世界游泳锦标赛的男子50米自由泳决赛中，以47秒70的成绩获得金牌。 B 台风的最高时速可达200千米，这巨大的能量会直接给人类带来灾难，但也能使地球保持热平衡。 C 幽默风趣的人在日常生活中有比较好的人缘，能在短时间内缩短人际交往的距离，赢得对方的好感和信赖。 D 吉林文庙中的每一处建筑都具有深刻的文化内涵，它与南京夫子庙、曲阜孔庙、北京孔庙并称为"中国四大文庙"。	A 이 시합에 참가하기 전에 그는 이미 2015년 세계수영선수권대회 남자 50m 자유형 결승전에서 47초7의 성적으로 금메달을 딴 적이 있다. B 태풍의 최고 시속은 200km에 달한다. 이 거대한 에너지는 인류에게 직접적으로 재난을 가져올 수 있지만, 지구가 열평형을 유지하도록 할 수도 있다. C 유머러스하고 재미있는 사람은 일상생활에서 비교적 좋은 인간관계를 가지며, 단시간 내에 대인관계의 거리를 좁혀 상대방의 호감과 신임을 얻을 수 있다. D 지린문묘(吉林文庙)의 모든 건축물들은 전부 깊은 문화적 의미를 가지고 있다. 지린문묘는 난징부자묘(南京夫子庙), 취푸공묘(曲阜孔庙), 베이징공묘(北京孔庙)와 함께 '중국 4대 문묘'로 불린다.

어휘 自由泳 zìyóuyǒng 명 자유형 | 决赛 juésài 명 결승전 | 金牌 jīnpái 명 금메달 | 台风 táifēng 명 태풍 ★ | 时速 shísù 명 시속 | 千米 qiānmǐ 양 km | 灾难 zāinàn 명 재난 ★ | 保持 bǎochí 동 유지하다, 지키다 | 热平衡 rèpínghéng 명 열평형 | 幽默 yōumò 형 유머러스하다 | 风趣 fēngqù 형 재미있다 | 人缘 rényuán 명 인간관계, 인맥 | 缩短 suōduǎn 동 좁히다, 단축하다 | 赢得 yíngdé 동 얻다 | 信赖 xìnlài 명 신임, 신뢰 동 신뢰하다 ★ | 吉林 Jílín 고유 지린 | 文庙 wénmiào 명 문묘(孔庙의 별칭), 공자의 위패를 모신 사당 | 庙 miào 명 사당, 사원, 사찰 | 内涵 nèihán 명 의미, 내용 ★ | 曲阜 Qūfù 고유 취푸(공자의 고향) | 孔庙 Kǒngmiào 명 공묘, 공자묘

해설 시제 사용의 오류문제이다. 지시대명사 '这'의 경우 지금 맞닥뜨린 상황을 의미하기에 과거의 경험을 나타내는 동태조사 '过'와 어울리지 않는다. 따라서 '参加过这个比赛以前'에서 '过'를 없애야 한다.

정답 A 参加过这个比赛以前，他曾在游泳世界赛的男子50米自由泳决赛中，以47秒70的成绩获得金牌。
➡ 参加这个比赛以前，他曾在游泳世界赛的男子50米自由泳决赛中，以47秒70的成绩获得金牌。

60

A 画眉鸟特别善于打斗，毫不示弱，打起架来抓、爬、滚、啄、插五艺俱全，因此被誉为"英雄鸟"。
B 从事中药和西药结合研究的屠呦呦出生于宁波，她是第一位获得诺贝尔生理医学奖的华人科学家。
C 茶卡盐湖与其它盐湖的不同之处在于茶卡盐湖是固液并存的卤水湖，镶嵌在雪山草地间而非戈壁沙漠中。
D 古琴至少有3000年以上的历史，蕴含着丰富而深刻的文化内涵，千百年来一直是中国古代文人士大夫爱不释手的乐器。

A 흰눈썹웃음지빠귀는 특히 싸움에 능하고 조금도 약한 모습을 보이지 않는다. 싸우기 시작했다 하면 잡고, 기고, 구르고, 쪼고, 찌르는 이 다섯 개의 기술을 모두 갖추기에 '영웅새'라고 칭송된다.
B 중약과 양약 결합 연구(분야)에 종사하는 투유유(屠呦呦)는 닝보(宁波)에서 태어났다. 그녀는 노벨 생리의학상을 수상한 최초의 중국인 과학자이다.
C 차카염호(茶卡盐湖, 차카소금호수)와 다른 소금호수의 차이점은 차카염호는 고체(소금)와 액체(호수)가 공존하는 염수호라는 점과 고비사막이 아닌 설산과 초원 사이에 있다는 것이다.
D 고금(古琴)은 적어도 3,000년의 역사를 가지며, 풍부하고도 깊은 문화적 의미를 포함하고 있기에 수천 수백 년 동안 줄곧 중국의 고대 문인사대부가 굉장히 아끼던 악기이다.

어휘 画眉鸟 huàméiniǎo 명 흰눈썹웃음지빠귀 | 善于 shànyú 동 ~에 능하다, ~를 잘하다 | 打斗 dǎdòu 동 싸우다 | 毫不 háobù 부 조금도 ~하지 않다 | 示弱 shìruò 동 약한 모습을 보이다 | 打架 dǎjià 동 (때리며) 싸우다 ★ | 抓 zhuā 동 꽉 쥐다 | 滚 gǔn 동 구르다 | 啄 zhuó 동 부리로 쪼다 | 插 chā 동 찌르다, 끼우다, 꽂다 | 俱全 jùquán 형 완전히 갖추다, 완비하다 | 誉为 yùwéi 동 ~라고 칭송하다 | 结合 jiéhé 동 결합하다 | 生理 shēnglǐ 명 (생물) 생리 ★ | 屠呦呦 Tú Yōuyōu 고유 투유유 | 宁波 Níngbō 고유 닝보 | 诺贝尔生理医学奖 Nuòbèi'ěr shēnglǐyīxuéjiǎng 명 노벨 생리의학상 | 华人 huárén 명 중국인 | 盐湖 yánhú 명 소금호수, 염호 | 茶卡盐湖 Chákǎ yánhú 고유 차카염호 | 在于 zàiyú 동 ~에 있다 | 并存 bìngcún 동 공존하다 | 卤水湖 lǔshuǐhú 명 염수호 | 镶嵌 xiāngqiàn 동 (사이에) 있다, 끼이다, 끼워 넣다 ★ | 戈壁沙漠 Gēbì shāmò 고유 고비사막 | 古琴 gǔqín 명 고금, 칠현금 | 蕴含 yùnhán 동 포함하다 | 爱不释手 àibúshìshǒu 성 너무 아껴서 손을 떼지 못하다 ★

해설 의미의 중복 오류문제이다. 수사의 경우, 앞에서 숫자들을 한정해주는 표현과 뒤에서 수사를 한정해 주는 표현을 함께 쓸 수 없다. 따라서 '古琴至少有3000年以上的历史'에서 '至少'와 '以上' 중 하나를 없애야 한다.

정답 D 古琴至少有3000年以上的历史，蕴含着丰富而深刻的文化内涵，千百年来一直是中国古代文人士大夫爱不释手的乐器。
➡ 古琴有3000年以上的历史，蕴含着丰富而深刻的文化内涵，千百年来一直是中国古代文人士大夫爱不释手的乐器。
➡ 古琴至少有3000年的历史，蕴含着丰富而深刻的文化内涵，千百年来一直是中国古代文人士大夫爱不释手的乐器。

제2부분 61~70번 문제는 빈칸에 들어가는 알맞은 어휘를 고르는 문제입니다.

61

货币基金是聚集社会闲散资金。为了保证稳定的 <u>收益</u>，它采取了由基金管理人 <u>运作</u>，基金托管人保管的投资方式。由于投资时 <u>风险</u> 小，因而安全性高。并具有高流动性的特征，此流动性还可与活期存款媲美。

머니마켓펀드(Money Market Fund, MMF)는 사회 유휴 자금을 모은 것이다. 안정적인 <u>수익</u>을 보장하기 위하여, 머니마켓펀드는 펀드매니저가 <u>운용</u>하고, 펀드 수탁자가 보관하는 투자방식을 취했다. 투자 시, <u>리스크</u>가 적기 때문에 안전성이 높다. 게다가 유동성이 높은 특징을 가지고 있는데, 이는 보통 예금과 견줄 만하다.

A 益处 ✗	预料 ✗	隐患 ✗
B 利润 ✗	预期 ✗	隐私 ✗
C 权益 ✗	运算 ✗	损失 ✗
D 收益 ◎	运作 ◎	风险 ◎

A 이점	전망하다	폐해
B 이윤	기대하다	프라이버시
C 권익	연산하다	손실
D 수익	운용하다	리스크

지문 어휘 货币基金 huòbì jījīn 명 머니마켓펀드(Money Market Fund, MMF) | 聚集 jùjí 동 (한데) 모으다 | 闲散资金 xiánsǎn zījīn 명 유휴 자금 | 稳定 wěndìng 형 안정되다 | 采取 cǎiqǔ 동 취하다, 채택하다 | 基金 jījīn 명 펀드, 기금 ★ | 基金管理人 jījīn guǎnlǐrén 명 펀드매니저 | 托管人 tuōguǎnrén 명 수탁자 | 投资 tóuzī 동 투자하다 | 流动性 liúdòngxìng 명 유동성 | 活期存款 huóqī cúnkuǎn 명 보통예금 | 媲美 pìměi 동 ~못지 않다, 견주다, 필적하다

해설

1번 빈칸

A 益处 yìchu 명 이점, 유익한 점
B 利润 lìrùn 명 이윤
C 权益 quányì 명 권익
D 收益 shōuyì 명 수익, 이득 ★

빈칸 앞뒤의 내용을 파악해야 한다. 안정적인 것을 보장하기 위한 머니마켓펀드의 투자방식과 장점을 언급했다. 따라서 빈칸에는 투자함에 있어서 나올 수 있는 '이익, 수익'이란 뜻의 'D 收益'가 정답이다. 'B 利润'은 사업을 하는데 있어서의 '이윤'을 뜻하며, 'C 权益'는 사회적으로 보호되는 '권리, 이익'을 뜻한다.

2번 빈칸

A 预料 yùliào 동 전망하다, 예상하다 ★
B 预期 yùqī 동 기대하다, 예기하다 ★
C 运算 yùnsuàn 동 연산하다 ★
D 运作 yùnzuò 동 운용하다, 운행하다

주어인 '货币基金'과 빈칸 앞의 '基金管理人', 그리고 빈칸 뒤의 '投资方式'가 힌트이다. 머니마켓펀드가 취한 투자방식을 설명하는 부분으로, 펀드수탁자가 돈을 맡기면, 펀드매니저가 맡긴 돈을 불리고 써서 수익을 내줘야하므로 '운용하다'의 뜻인 'D 运作'가 정답이다. 'A 预料'는 '전망하다'의 뜻이며, 'B 预期'는 '기대하다, 예상하다'는 뜻으로, 전망하고 기대하고 예상하는 것으로는 안정적인 투자수익을 보장할 수는 없으므로 정답이 아니다.

3번 빈칸

A 隐患 yǐnhuàn 명 폐해, (잠재적) 위험 ★
B 隐私 yǐnsī 명 프라이버시, 사적인 비밀 ★
C 损失 sǔnshī 명 손실, 손해
D 风险 fēngxiǎn 명 리스크, 위험, 모험

빈칸 앞뒤의 내용을 파악해야 한다. 인과관계 접속사 '由于 A, 因而 B'로 인해, 투자 시 안정성이 높아진다는 것은 하나의 결과임을 알 수 있다. 투자를 하는 경우, 수익이 날 수도 있고 손실이 발생할 수도 있다. 그러므로 안정성이 높다는

것은 그만큼 리스크가 적다는 뜻이므로, 정답은 'D 风险'이다. 'B 隐私'는 '个人隐私(프라이버시)'로 쓰여 드러나지 않는 사적인 생활을 뜻하며, 'C 损失'는 주로 '经济(경제) + 损失'로 쓴다.

정답 D

62

被誉为"天然氧吧"的梭布垭石林位于湖北省境内，<u>面积</u>达21平方千米。它与云南石林一样都属于<u>典型</u>的喀斯特地貌。整个石林犹如一座海底迷宫，化石古迹随处可见。其中溶纹景观深受游客<u>称赞</u>。

'천연 산소바'라고 불리는 쒀부야스린(梭布垭石林)은 후베이성(湖北省) 경내에 위치하고 있으며, <u>면적</u>은 21km²에 달한다. 쒀부야스린은 윈난스린(云南石林)과 마찬가지로 <u>전형적</u>인 카르스트 지형에 속하는데, 스린 전체가 마치 하나의 바닷속 미궁 같으며, 화석 유적들은 어디서나 볼 수 있다. 그 중 롱원경관(溶纹景观)은 관광객들의 굉장한 <u>칭찬</u>을 받고 있다.

A 面积 ⊙	典型 ⊙	称赞 ⊙
B 边境 ✕	经典 ✕	表扬 ✕
C 边疆 ✕	时期 ✕	表彰 ✕
D 界限 ✕	时光 ✕	歌颂 ✕

A 면적	전형적이다	칭찬하다
B 국경지대	전형적이고 영향력이 크다	칭찬하다
C 변방	시기	표창하다
D 경계	시간	찬양하다

지문 어휘 氧吧 yǎngbā 명 산소바 | 梭布垭石林 Suōbùyā shílín 고유 쒀부야스린 | 境内 jìngnèi 명 경내 | 平方千米 píngfāngqiānmǐ 양 제곱킬로미터(km²) | 云南石林 Yúnnán shílín 고유 윈난스린 | 属于 shǔyú 동 ~에 속하다 | 喀斯特地貌 kāsītè dìmào 명 카르스트 지형 | 犹如 yóurú 동 마치 ~같다 ★ | 迷宫 mígōng 명 미궁 | 化石 huàshí 명 화석 ★ | 古迹 gǔjì 명 유적, 고적 | 随处 suíchù 부 어디서나, 도처에 | 景观 jǐngguān 명 경관

해설

1번 빈칸

A 面积 miànjī 명 면적
B 边境 biānjìng 명 국경지대, 변경 ★
C 边疆 biānjiāng 명 변방, 국경지대 ★
D 界限 jièxiàn 명 경계, 한도 ★

빈칸 뒤의 '平方千米'가 힌트로, 이는 면적을 나타내는 단위이다. 따라서 정답은 'A 面积'이다.

2번 빈칸

A 典型 diǎnxíng 형 전형적이다, 대표적이다 ★
B 经典 jīngdiǎn 형 전형적이고 영향력이 크다
C 时期 shíqī 명 시기
D 时光 shíguāng 명 시간, 세월 ★

빈칸 뒤의 '喀斯特地貌'가 힌트로, 쒀부야스린은 카르스트 지형에 속한다고 했다. 카르스트 지형은 그것만의 특징이 있는 것으로, 한 부류의 특징을 잘 드러낸 것을 '전형적이다'라고 한다. 따라서 정답은 'A 典型'이다. 'B 经典'은 '经典 + 小说(소설) / 歌曲(곡)'와 같이 주로 문학작품이나 음악 등이 중요하고 권위가 있음을 나타낸다.

3번 빈칸

A 称赞 chēngzàn 동 칭찬하다
B 表扬 biǎoyáng 동 칭찬하다, 표창하다
C 表彰 biǎozhāng 동 표창하다 ★
D 歌颂 gēsòng 동 (시나 글로) 찬양하다 ★

빈칸 앞의 '深受'가 힌트로, 이와 호응하는 것은 'A 称赞'뿐이며, '深受称赞'은 '굉장히 칭찬을 받다'의 뜻이다. 'B 表扬' 역시 '칭찬하다'의 뜻이지만 '得到 + 表扬'으로 쓰이며, 주로 사람과 일에 대한 칭찬을 의미하고, 'C 表彰'은 '表彰 + 优秀职员(우수사원)'과 같이 사람을 '표창하다'의 뜻이다.

정답 A

63

"细菌灯"的创意很有趣，它并不需要电，而是细菌**利用**与氧气结合的机会，发生生理反应，从而散发出蓝绿色的**光芒**。这可以说是细菌在**释放**能量的过程。科学家认为在不久的将来，细菌灯能照亮我们回家的路。

'박테리아 전깃불'이라는 독창적인 아이디어는 매우 흥미롭다. 그것은 전기를 전혀 필요로 하지 않고, 박테리아가 산소와 결합하는 시기를 **이용해서** 생리적 반응을 발생시키고, 이에 따라 녹색 **빛**을 발산하는 것이다. 이는 박테리아가 에너지를 **방출하는** 과정이라고도 말할 수 있다. 과학자들은 머지않은 미래에 박테리아 전깃불이 우리의 귀갓길을 밝게 비춰줄 것으로 생각하고 있다.

A	利用 ⊙	光芒 ⊙	释放 ⊙
B	采取 ✕	光彩 ✕	转移 ✕
C	取缔 ✕	光辉 ✕	迁徙 ✕
D	散发 ✕	光荣 ✕	挖掘 ✕

A	이용하다	빛	방출하다
B	채택하다	광채	옮기다
C	단속하다	찬란한 빛	옮겨가다
D	발산하다	영광	발굴하다

지문 어휘 细菌 xìjūn 명 박테리아, 세균 ★ | 细菌灯 xìjūndēng 명 박테리아 전깃불 | 创意 chuàngyì 명 독창적인 아이디어, 독창성 | 氧气 yǎngqì 명 산소 | 生理 shēnglǐ 명 생리 ★ | 散发 sànfā 동 발산하다, 내뿜다 ★ | 能量 néngliàng 명 에너지, (사람이 가진) 능력, 역량 ★ | 将来 jiānglái 명 미래, 장래 | 照亮 zhàoliàng 동 밝게 비추다, 밝혀주다

해설

1번 빈칸

A 利用 lìyòng 동 이용하다 B 采取 cǎiqǔ 동 채택하다, 취하다
C 取缔 qǔdì 동 단속하다, 금지하다 ★ D 散发 sànfā 동 발산하다 ★

빈칸 뒤의 '机会'가 힌트로, 이와 호응하는 동사는 'A 利用'이다. 'B 采取'는 '采取 + 措施(조치) / 方式(방식) / 态度(태도)'로 쓰여, 정부나 조직에서 어떠한 조치나 대책 등을 세우고 '채택하다'는 뜻이다. 'C 取缔'는 '取缔 + 非法组织(불법조직)'로 쓰여 불법적인 것을 공개적으로 '단속하다, 금지하다'는 뜻이며 'D 散发'는 '散发 + 芳香(향기)'과 같이 냄새가 공기 중으로 '발산하다, 흩어지다'는 뜻이다.

2번 빈칸

A 光芒 guāngmáng 명 빛 ★ B 光彩 guāngcǎi 명 광채, 빛깔 ★
C 光辉 guānghuī 명 찬란한 빛, 눈부신 빛 ★ D 光荣 guāngróng 명 영광, 영예 ★

빈칸 앞의 '散发出'가 힌트로, 이와 호응하여 밝은 빛을 뜻하는 것은 'A 光芒'이다. 'C 光辉'는 '찬란한 빛'이라는 뜻으로 주로 '闪烁(번쩍거리다) / 闪耀(반짝이다) + 光辉'로 쓴다. 'B 光彩'는 색의 화려함을 강조하는 '광채'의 뜻으로 주로 '光彩 + 夺目(눈부시다)'로 쓰며, 또한 '不光彩的行为(수치스러운 행동)'와 같이 사람의 행동이 '영광스럽고 체면이 서다'라는 뜻의 형용사로도 쓰인다.

3번 빈칸

A 释放 shìfàng 동 (에너지 등을) 방출하다 ★ B 转移 zhuǎnyí 동 옮기다, 전이하다 ★
C 迁徙 qiānxǐ 동 옮겨가다, 이주하다 ★ D 挖掘 wājué 동 발굴하다, 파(내)다, 캐다 ★

빈칸 앞의 '这可以说'와 빈칸 뒤의 '能量'이 힌트이다. 지시 대명사 '这'는 앞 문장의 '散发出蓝绿色的~'를 의미하므로 빈칸에는 '散发'와 유사한 의미이면서, 또한 '能量'과 호응하는 동사가 있어야 한다. 따라서 '방출하다, 내보내다'의 뜻인 'A 释放'이 정답이다. '释放'은 주로 '释放 + 能量(에너지) / 压力(스트레스)'로 쓴다. 'D 挖掘'는 '挖掘 + 潜力(잠재력) / 宝藏(보물)'으로 쓰여, 잠재력이나 보물, 지하자원 등을 '발굴하다'라는 의미로 쓰인다.

> 정답   A

64

在人生之路上，如果所有事情都一帆风顺，<u>尽善尽美</u>，我们便不能体会通过努力奋斗后获得成功的喜悦。反之，当播下的种子没有<u>收获</u>，心中的<u>梦想</u>也没有绽放出美丽的花朵时，我们也不必灰心丧气，而应该<u>坦然</u>面对人生中的遗憾。

인생의 길에서, 만일 모든 일이 다 순조롭게 진행되고, <u>완벽하</u>다면, 우리는 고군분투를 통해 얻어낸 성공의 기쁨을 느끼지 못할 것이다. 바꾸어 말하면, 뿌린 씨앗에 <u>수확</u>이 없고 마음 속 <u>꿈</u>도 아름다운 꽃을 피우지 못할 때, 우리는 낙담할 필요 없이 <u>담담하</u>게 인생의 아쉬움을 대해야 한다.

A	一丝不苟 ✗	报酬 ✗	幻想 ✗	直率 ✗
B	精益求精 ✗	代价 ✗	抱负 ◉	果断 ✗
C	物美价廉 ✗	贡献 ✗	灵感 ✗	犹豫 ✗
D	尽善尽美 ◎	收获 ◎	梦想 ◉	坦然 ◎

A	조금도 소홀히 하지 않다	보수	환상	솔직하다
B	훌륭한데도 더 완벽하려 하다	대가	포부	결단력이 있다
C	상품의 질이 좋고 값도 저렴하다	공헌	영감	망설이다
D	완벽하다	수확	꿈	담담하다

지문 어휘 一帆风顺 yìfānfēngshùn 성 일이 순조롭게 진행되다 ★ | 体会 tǐhuì 동 느끼다, 체득하다, 실감하다 | 奋斗 fèndòu 동 분투하다, 싸우다 | 喜悦 xǐyuè 명 기쁨, 희열 ★ | 反之 fǎnzhī 접 바꾸어서 말하면, 이와 반대로 ★ | 播 bō 동 (씨를) 뿌리다, 파종하다 | 种子 zhǒngzi 명 씨앗, 종자 ★ | 绽放 zhànfàng 동 (꽃이)피다, 터지다 | 花朵 huāduǒ 명 꽃, 꽃송이 | 灰心丧气 huīxīnsàngqì 성 (실패나 좌절로) 낙담하다, 기가 죽다 | 遗憾 yíhàn 명 아쉬움, 여한

해설

1번 빈칸

A 一丝不苟 yìsībùgǒu 성 조금도 소홀히 하지 않다, 철저하다 ★
B 精益求精 jīngyìqiújīng 성 훌륭한데도 더 완벽하려 하다 ★
C 物美价廉 wùměijiàlián 형 상품의 질이 좋고 값도 저렴하다 ★
D 尽善尽美 jìnshànjìnměi 성 완벽하다, 더없이 훌륭하다

빈칸 앞의 '所有事情'과 '一帆风顺'이 힌트로, '일'과 관련 있으면서 '순조롭다'와 같은 긍정적인 뜻을 지닌 성어는 '완벽하다'의 뜻인 'D 尽善尽美'이다.

2번 빈칸

A 报酬 bàochou 명 보수, 사례금 ★
B 代价 dàijià 명 대가 ★
C 贡献 gòngxiàn 명 공헌, 기여
D 收获 shōuhuò 명 수확, 성과

빈칸 앞의 '播下的种子'가 힌트로, 씨앗을 뿌린 후에 거두는 '수확, 성과'를 뜻하는 'D 收获'가 정답이다. 'A 报酬'는 일을 한 후에 받는 '보수, 사례금'을 뜻하며, 'B 代价'는 주로 '付出(지불하다) + 代价'로 쓰며, 'C 贡献'은 '给…做出贡献(~을 위하여 공헌을 하다)'으로 쓰여 '공헌, 기여'의 의미이다.

3번 빈칸

A 幻想 huànxiǎng 명 환상
B 抱负 bàofù 명 포부 ★
C 灵感 línggǎn 명 영감 ★
D 梦想 mèngxiǎng 명 꿈

빈칸 뒤의 '没有绽放出美丽的花朵'가 힌트이다. 아름다운 꽃을 못 피웠다는 것은 '원하는 바'를 이루지 못했다는 뜻이므로 빈칸에는 마음에 지닌 '포부'나 '꿈'의 뜻인 'B 抱负'와 'D 梦想'이 가능하다. 'A 幻想'은 가능성이 없는 헛된 생각인 '환상'의 뜻이다.

4번 빈칸

A 直率 zhíshuài 형 솔직하다, 시원시원하다
B 果断 guǒduàn 형 결단력이 있다 ★
C 犹豫 yóuyù 동 망설이다, 주저하다
D 坦然 tǎnrán 형 담담하다, 마음이 편안하다

빈칸 앞의 조동사 '应该'와 빈칸 뒤의 동사 '面对'가 힌트로, 위치상 빈칸에는 부사나 부사어가 와야 한다. 정답은 'D 坦然'으로, '坦然'은 주로 '坦然 + 面对(맞서다) / 接受(받아들이다)'로 쓰여 일에 맞서거나 받아들이는 태도가 '담담하다, 태연하다'는 뜻이다. 'A 直率'는 성격이 '솔직하다, 직선적이다'는 뜻이며, 'B 果断'은 결정을 내림에 있어서 '결단력이 있다'는 뜻이고, 'C 犹豫'는 결정을 함에 있어 '망설이다, 주저하다'는 뜻이다.

정답 D

65

中国从古至今都有焚香净气的习俗。最初是为了驱虫醒脑，之后又成了祭祀的仪式。后来文人淑女为了营造"红袖添香夜读书"的<u>意境</u>，<u>通常</u>会在书房内焚香。制作香炉的材料在各个朝代有所不同。元末明初，铜香炉逐渐成为<u>主流</u>，明代宣德年间铜香炉的制作工艺达到了<u>巅峰</u>。

중국은 옛날부터 지금까지 향을 피워 공기를 정화하는 풍습이 있다. 처음에는 벌레를 없애고 머리를 맑게 하기 위함이었고, 후에는 또 제사의식이 되었다. 그 후에 문인과 여성들이 '밤에 미녀가 옆에서 함께 책을 읽는' <u>분위기</u>를 조성하려고 <u>통상</u> 서재에 향을 피웠다. 향로를 만드는 재료는 시대별로 다소 차이가 있었는데, 원나라 말·명나라 초 동(铜)향로는 점차 <u>주류</u>가 되었고, 명대 선덕연간에 동향로의 제작 기술은 <u>절정</u>에 달했다.

A 境界 ✗	一度 ✗	自主 ✗	荣誉 ✗
B 情景 ✗	向来 ✗	支撑 ✗	声誉 ✗
C 意图 ✗	从来 ✗	支柱 ✗	高潮 ✗
D 意境 ○	通常 ○	主流 ○	巅峰 ○

A 경계	한때	자주적이다	명예
B 광경	여태까지	지탱하다	명성
C 의도	지금까지	지주	절정
D 분위기	통상	주류	절정

지문 어휘 从古至今 cónggǔ zhìjīn 옛날부터 지금까지 | 焚香 fén xiāng 동 향을 피우다 | 净气 jìng qì 공기를 정화하다 | 习俗 xísú 명 풍습, 풍속 ★ | 驱虫 qū chóng 동 벌레를 없애다 | 醒脑 xǐng nǎo 동 머리를 맑게 하다 | 祭祀 jìsì 동 제사 지내다 | 仪式 yíshì 명 의식 ★ | 淑女 shūnǚ 명 여성, 숙녀 | 营造 yíngzào 동 조성하다, 만들다, 짓다 | 红袖添香 hóngxiùtiānxiāng 공부하는 데 미녀가 옆에서 함께 하다(청나라 시인 석패란(席佩兰)의 작품에서 유래, 옛날에 서생이 공부할 때 젊은 미녀가 등불을 밝히며 옆에서 같이 있어줌을 나타냄) | 香炉 xiānglú 명 향로 | 制作 zhìzuò 동 만들다, 제작하다 | 朝代 cháodài 명 시대, 왕조 ★ | 铜 tóng 명 동, 구리 ★ | 逐渐 zhújiàn 부 점차 | 宣德 Xuāndé 고유 선덕(명대 선종(宣宗)의 연호) | 年间 niánjiān 명 연간, 시기

해설 **1번 빈칸**

A 境界 jìngjiè 명 경계 ★
B 情景 qíngjǐng 명 광경, 장면
C 意图 yìtú 명 의도 ★
D 意境 yìjìng 명 분위기, 무드, 정취

빈칸 앞의 동사 '营造'가 힌트로, 이와 호응하는 명사를 골라야 한다. '营造'는 집을 짓거나 '만들다'는 뜻도 있지만, '营造 + 氛围(분위기) / 意境(분위기)'으로도 쓰여, 예술작품에서 분위기나 무드를 '조성하다'는 뜻도 있다. 따라서 정답은 'D 意境'이다.

2번 빈칸

A 一度 yídù 뷔 한때, 한동안 ★ B 向来 xiànglái 뷔 여태까지, 줄곧, 항상 ★
C 从来 cónglái 뷔 지금까지, 이제껏 D 通常 tōngcháng 뷔 통상, 보통, 평상시

빈칸 앞뒤의 내용을 파악해야 한다. 독서 분위기를 조성하기 위해 향을 피우는 것이므로, 의미상 '통상, 평상시, 일반'의 뜻인 'D 通常'이 가장 적당하다. 'A 一度'는 '한때'의 의미로 지금은 그렇지 않음을 뜻하며, 'B 向来'는 처음부터 '여태까지, 줄곧'의 뜻이다. 'C 从来'는 '지금까지, 이제껏'이란 뜻이며, 주로 '从来 + 不/没~'처럼 부정사와 함께 쓴다.

3번 빈칸

A 自主 zìzhǔ 통 자주적이다, 자신의 뜻대로 처리하다 ★ B 支撑 zhīchēng 통 지탱하다, 버티다 ★
C 支柱 zhīzhù 명 지주, 버팀목 ★ D 主流 zhǔliú 명 주류, 주된 경향 ★

빈칸 앞의 '成为'가 힌트로, '成为'는 일반적으로 좋은 의미의 목적어를 갖는다. 따라서 의미상 가장 적당한 것은 '주류, 대세'의 뜻인 'D 主流'가 정답이다. '主流'는 주로 '文化(문화의) + 主流'나 '成为(되다) + 主流'로 쓴다. 'C 支柱'는 '精神(정신적) + 支柱'로 쓰여 정신적으로 버티고 기댈 수 있는 '지주, 버팀목'의 뜻이다.

4번 빈칸

A 荣誉 róngyù 명 명예, 영예 ★ B 声誉 shēngyù 명 명성, 명예 ★
C 高潮 gāocháo 명 절정, 클라이맥스 ★ D 巅峰 diānfēng 명 절정, 최고봉

빈칸 앞의 '制作工艺'와 '达到'가 힌트이다. '达到'는 다다랐음을 의미함으로, 'C 高潮'와 'D 巅峰'이 가능하지만, 제작 기술처럼 기술적인 면에서의 '절정, 최고봉'은 'D 巅峰'이 정답이다. 'C 高潮'는 소설이나 영화의 절정, 즉 '클라이맥스'의 뜻이다.

정답 D

66

月食是一种特殊的天文现象。月食可以分为月偏食、月全食和半影月食三种。月球围绕地球<u>运行</u>的过程中，有时整个月亮都会进入地球的影子里，<u>朝</u>着地球的部分太阳光会被地球<u>遮挡</u>，便形成了月全食。此时太阳、地球、月球<u>恰好</u>在同一直线上。

월식은 일종의 특수한 천문 현상으로, 부분월식과 개기월식, 반영식 (이렇게) 세 종류로 나눌 수 있다. 달이 지구를 둘러싸고 <u>운행하는</u> 과정에서 때때로 달 전체가 지구의 그림자 속으로 들어가기도 하는데, 지구를 <u>향하는</u> 부분의 태양 빛이 지구에 <u>가려져서</u> 개기월식을 이루게 된다. 이때 태양과 지구와 달은 <u>딱</u> 일직선 상에 놓인다.

A 旋转 ⊙	巧 ✕	阻碍 ✕	反倒 ✕	A 선회하다	공교롭다	방해하다	오히려
B 运转 ⊙	妙 ✕	放置 ✕	反而 ✕	B 운행하다	아름답다	방치하다	오히려
C 飞行 ✕	晃 ✕	抵制 ✕	照常 ✕	C 비행하다	번쩍하고 지나가다	배척하다	평소대로 하다
D 运行 ⊙	朝 ⊙	遮挡 ⊙	恰好 ⊙	D 운행하다	향하다	가리다	딱

지문 어휘 月食 yuèshí 명 월식 | 特殊 tèshū 형 특수하다, 특별하다 | 天文 tiānwén 명 천문 ★ | 月偏食 yuèpiānshí 명 부분월식 | 月全食 yuèquánshí 명 개기월식 | 半影月食 bànyǐngyuèshí 명 반영식 | 月球 yuèqiú 명 달 | 围绕 wéirào 통 둘러싸다, 주위를 돌다 | 影子 yǐngzi 명 그림자 | 便 biàn 뷔 곧, 바로 | 直线 zhíxiàn 명 직선

해설   **1번 빈칸**

A 旋转 xuánzhuǎn 동 선회하다, 빙빙 돌다 ★   B 运转 yùnzhuǎn 동 운행하다, (기계가) 돌(아가)다
C 飞行 fēixíng 동 비행하다   D 运行 yùnxíng 동 (별, 차 등이) 운행하다 ★

빈칸 앞의 '围绕地球'가 힌트로, 달이 지구를 중심으로 하는 행위, 즉 '돌다, 운행하다'는 뜻인 'B 运转'과 'D 运行', 그리고 '선회하다'의 뜻인 'A 旋转'이 정답으로 가능하다.

2번 빈칸

A 巧 qiǎo 형 공교롭다, 꼭 들어맞다, 교묘하다   B 妙 miào 형 아름답다
C 晃 huǎng 동 번쩍하고 지나가다 ★   D 朝 cháo 동 ~로 향하다

빈칸 뒤의 동태조사 '着'가 힌트이다. 'A 巧'와 'C 妙'는 형용사이므로 '着'와 함께 쓰지 않으며, 'C 晃'과 'D 朝'는 동사로 '着'와 함께 쓰지만, '晃着'는 '흔들리고 있다'의 뜻이고, '朝着'는 '~을 향하고 있다'의 뜻이다. 의미상 빈칸 뒤에는 '지구를 향하고 있는 부분'이므로 방향을 나타내는 'D 朝'가 정답이다.

3번 빈칸

A 阻碍 zǔ'ài 동 방해하다, 가로막다 ★   B 放置 fàngzhì 동 방치하다, 놓아 두다
C 抵制 dǐzhì 동 배척하다, 막아내다 ★   D 遮挡 zhēdǎng 동 가리다, 막다, 저지하다 ★

빈칸 앞의 '太阳会被地球'가 힌트이다. 지구가 태양 빛에게 행할 수 있는 동작을 찾아야 하는데, 보기 중 가장 적절한 것은 '가리다'의 뜻인 'D 遮挡'이 정답이다. 'A 阻碍'는 '阻碍 + 发展(발전) / 前进的脚步(전진하는 발걸음)'와 같이 나아가려고 하는데 있어 '방해가 되고 저해되다'의 뜻이며 'C 抵制'는 '抵制 + 假冒产品(짝퉁)'과 같이 부정적인 것을 '배척하다, 저지하다'는 뜻이다.

4번 빈칸

A 反倒 fǎndào 부 오히려, 도리어   B 反而 fǎn'ér 부 오히려, 역으로
C 照常 zhàocháng 동 평소대로 하다   D 恰好 qiàhǎo 부 딱, (때)마침, 바로

빈칸 앞뒤의 내용을 파악해야 한다. 개기월식이 일어날 때 태양과 지구와 달은 일직선상에 놓이게 된다. 이는 일종의 특수한 천문 현상으로 이들이 일직선상에 놓이는 것 역시 흔한 현상이 아니다. 따라서 때마침 빈틈없이 맞아 들어가 알맞음을 나타내는 'D 恰好'가 정답이다. 'A 反倒'와 'B 反而'은 동의어로 일반적으로 생각지도 못했거나, 그러지 않아도 될 상황에서 그렇게 되었다는 '오히려, 도리어'의 뜻이다.

정답   **D**

有这样一类人，他们总是害怕暴露自己的缺点，一举一动都<u>小心翼翼</u>。他们为了<u>避免</u>犯错，总是会做好万全的准备才去行动，从不做没有把握的事。可是依我看，这样的人<u>往往</u>缺乏创造力，很难取得<u>进步</u>。

이런 부류의 사람들이 있다. 그들은 항상 자신의 단점을 드러내는 것을 두려워하며, 일거일동에 <u>매우 조심스럽다</u>. 그들은 실수하는 것을 <u>피하기</u> 위해 언제나 만반의 준비를 마친 뒤에야 비로소 행동으로 옮기며, 확신이 서지 않는 일은 절대 하지 않는다. 하지만 내가 보기에 이런 사람들은 <u>흔히</u> 창조력이 부족해서 <u>발전</u>을 거두기 어렵다.

A	各抒己见 ✗	逃避 ✗	依然 ✗	进行 ✗	A 각자 자기의 의견을 말하다	도피하다	여전히	진행하다
B	小心翼翼 ○	避免 ○	往往 ○	进步 ○	B 매우 조심스럽다	피하다	흔히	발전
C	吞吞吐吐 ✗	躲藏 ✗	一律 ✗	沿途 ✗	C 우물쭈물하다	숨다	일률적으로	길가
D	全神贯注 ✗	收藏 ✗	一致 ✗	长途 ✗	D 온 정신을 집중하다	소장하다	일제히	장거리

지문 어휘 暴露 bàolù 동 드러내다, 폭로하다 ★ | 一举一动 yìjǔyídòng 성 일거수일투족, 일거일동 | 犯错 fàn cuò 실수를 하다, 잘못을 저지르다 | 万全 wànquán 형 만전을 기하다 | 把握 bǎwò 명 확신, 믿음 | 依 yī 전 ~따라, ~대로 | 缺乏 quēfá 동 부족하다

해설

1번 빈칸

A 各抒己见 gèshūjǐjiàn 성 각자 자기의 의견을 말하다 ★
B 小心翼翼 xiǎoxīnyìyì 성 매우 조심스럽다, 거동이 신중하고 소홀함이 없다 ★
C 吞吞吐吐 tūntūntǔtǔ 성 우물쭈물하다, 떠듬거리다 ★
D 全神贯注 quánshénguànzhù 성 온 정신을 집중하다

빈칸 앞의 '害怕暴露自己的缺点'과 '一举一动'이 힌트이다. 자신의 단점이 폭로되는 것이 두려워 일거수일투족에 신경 쓴다는 의미이므로, 거동이 '신중하고 소홀함이 없다'는 뜻의 'B 小心翼翼'가 정답이다. 'A 各抒己见'은 회의석상에서 자신의 의견을 발표하는 것을 말하고, 'C 吞吞吐吐'는 말하는 것과 관련된 성어이다.

2번 빈칸

A 逃避 táobì 동 도피하다
B 避免 bìmiǎn 동 피하다
C 躲藏 duǒcáng 동 숨다, 피하다
D 收藏 shōucáng 동 소장하다, 수집하다 ★

빈칸 앞의 '他们'과 빈칸 뒤의 '犯错'가 힌트이다. '他们'이란 신중하게 행동하는 사람들을 가리키며, 의미상 이들은 실수를 하는 것을 원하지 않을 것이므로, '피하다'의 뜻인 'A 避免'이 정답이다. 'A 逃避'는 주로 '逃避 + 问题(문제) / 现实(현실)'로 쓰여 해야 될 일에 대해 몸을 사려 빠져나간다는 뜻으로 '도피하다'라는 의미이다. 'C 躲藏'은 주로 '躲藏在… (~에 숨다)'로 쓴다.

3번 빈칸

A 依然 yīrán 부 여전히
B 往往 wǎngwǎng 부 흔히, 종종
C 一律 yílǜ 부 일률적으로, 모두
D 一致 yízhì 부 일제히, 함께

빈칸 앞의 '这样的人'이 힌트이다. '这样的人'이란 자신의 단점이 폭로되는 걸 두려워해서 일련의 행동을 하는 사람들로, 의미상 이제까지 이러한 사람들의 행동 등을 종합했을 때 창조력이 부족하다고 하고 있다. 따라서 객관적인 상황을 종합할 때 쓰는 '흔히, 종종'의 뜻을 지닌 'B 往往'이 정답이다.

4번 빈칸

A 进行 jìnxíng 동 진행하다
B 进步 jìnbù 명 발전, 향상, 진보
C 沿途 yántú 명 길가
D 长途 chángtú 명 장거리

빈칸 앞의 '取得'가 힌트로, 이와 호응하는 것은 '진보, 발전'의 뜻인 'B 进步'이다. 'C 沿途'와 'D 长途'는 '沿途 + 风景(경치)'이나 '长途 + 汽车(버스)' 등과 같이 쓰며, 'A 进行'은 '进行 + 研究(연구) / 调查(조사) / 比赛(경기)'로 쓰여 '(진행)하다'의 뜻을 나타낸다.

정답 B

68

地震波<u>包括</u>纵波、横波和面波三种类型。纵波传播速度快，最先到达震中，破坏性较弱。与此<u>相反</u>，横波第二个到达震中，破坏性较强。面波只能沿地表面传播。所以当人们<u>监测</u>到纵波时，就会发出警报。换言之，地震警报是无线电波和地震横波的一<u>场</u>赛跑。

지진파는 종파와 횡파, 그리고 표면파라는 세 가지 유형을 <u>포함한다</u>. 종파는 전파 속도가 빨라서 진앙에 가장 먼저 도착하지만, 파괴력은 비교적 약하다. 이와 <u>반대로</u> 횡파는 두 번째로 진앙에 도착하고 파괴력은 비교적 강한 편이다. 표면파는 오직 지표면을 따라서만 전파된다. 그래서 사람들은 종파를 <u>관측했을</u> 때 경보를 내리게 된다. 바꿔 말하면, 지진경보는 무선 전자파와 지진 횡파의 한 <u>차례</u> 달리기 시합인 셈이다.

A	包括 ⭕	相反 ⭕	监测 ⭕	场 ⭕
B	组成 ❌	相关 ❌	推测 ❌	番 ❌
C	包裹 ❌	相似 ❌	考验 ❌	枚 ❌
D	组织 ❌	相对 ❌	探索 ❌	股 ❌

A	포함하다	반대되다	관측하다	차례
B	구성하다	관련되다	추측하다	번
C	소포	비슷하다	시험하다	개
D	조직하다	상대적이다	탐색하다	가닥

지문 어휘 地震 dìzhèn 명 지진 | 地震波 dìzhènbō 명 지진파(seismic wave) | 纵波 zòngbō 명 종파(longitudinal wave) | 横波 héngbō 명 횡파(transverse wave) | 面波 miànbō 명 표면파(surface wave) | 类型 lèixíng 명 유형 | 传播 chuánbō 동 전파하다 | 到达 dàodá 동 도착하다, 도달하다 | 震中 zhènzhōng 명 진앙 | 破坏 pòhuài 동 파괴하다 | 弱 ruò 형 약하다 | 沿 yán 전 ~을 따라 | 警报 jǐngbào 명 경보 | 换言之 huànyánzhī 바꿔 말하면, 다시 말해 | 电波 diànbō 명 전자파 | 赛跑 sàipǎo 명 달리기 시합

해설

1번 빈칸

A 包括 bāokuò 동 포함하다 B 组成 zǔchéng 동 구성하다, 짜다, 이루다
C 包裹 bāoguǒ 명 소포 D 组织 zǔzhī 동 조직하다, 만들다

빈칸 앞의 '地震波'와 빈칸 뒤의 '纵波、横波和面波'가 힌트이다. 종파, 횡파, 표면파는 모두 지진파의 세 가지 유형이므로 '포함하다'의 뜻인 'A 包括'가 정답이다.

2번 빈칸

A 相反 xiāngfǎn 동 반대되다, 상반되다 B 相关 xiāngguān 동 관련되다, 관계되다
C 相似 xiāngsì 형 비슷하다, 닮다 D 相对 xiāngduì 형 상대적이다

빈칸 앞뒤의 내용을 파악해야 한다. 빈칸 앞에서는 '종파 → 가장 빨리 도착 → 파괴력 약함'이며, 빈칸 뒤에는 '횡파 → 두 번째로 도착 → 파괴력 강함'이라고 했다. 의미상 이 두 지진파는 상반된 특징을 가지고 있으므로, 정답은 'A 相反'이다.

3번 빈칸

A 监测 jiāncè 동 관측하다, 모니터링하다 B 推测 tuīcè 동 추측하다 ★
C 考验 kǎoyàn 동 시험하다, 검증하다 ★ D 探索 tànsuǒ 동 탐색하다, 찾다 ★

빈칸 뒤의 '就会发出警报'가 힌트로, '人们'이 경보를 내려야 되는 상황은 '纵波'가 온 걸 보게 될 때를 의미하며, 지진은 감시하고 측정해야 하는 대상이다. 따라서 '관측하다'의 뜻인 'A 监测'가 정답이다. 'B 推测'는 '추측하다, 짐작하다'는 뜻이므로 경보를 내리는 결과와는 어울리지 않으며, 'D 探索'는 '探索 + 奥秘(신비) / 规律(규칙)'로 쓰여 답을 찾으려 '탐색하다, 탐구하다'는 뜻이다.

4번 빈칸

A 场 chǎng 양 차례, 번
B 番 fān 양 번, 차례, 바탕 ★
C 枚 méi 양 개, 매 ★
D 股 gǔ 양 가닥, 줄기

'赛跑'를 세는 양사를 고르는 문제로, '赛跑'는 일종의 시합이므로 경기, 시합을 세는 단위인 'A 场'이 정답이다. 'B 番'은 '一番 + 话(말) / 思考(생각) / 事业(사업)' 등 추상적인 것에 쓰인다. 'C 枚'는 '一枚 + 金牌(금메달) / 邮票(우표)'와 같이 주로 작고 동글거나 납작한 물건을 세는 단위이다. 'D 股'는 '一股 + 冷空气(찬공기) / 力量(힘) / 香味(향내)'와 같이 맛이나 기체, 힘 따위를 세는 단위이다.

정답 A

69

任何食品加工手段都会对食品有一定程度的<u>破坏</u>，而紫外线处理食物时则<u>相当</u>安全。紫外线加热食物时，能够保持食物的自然<u>状态</u>。总的来说，紫外线的穿透能力较差，所以要想让固体食物<u>均匀</u>地接受紫外线照射，非常有挑战性。

식품의 모든 가공 수단은 식품에 대해 어느 정도의 <u>파괴</u>가 있기 마련이지만, 자외선이 음식물을 처리할 때는 오히려 <u>상당히</u> 안전하다. 자외선이 음식물을 가열할 때는, 음식물의 원래 <u>상태</u>를 유지할 수 있다. 종합적으로 말하자면, 자외선의 투과력은 비교적 떨어지기 때문에, 고체 음식물이 <u>골고루</u> 자외선을 받게 하려는 것은 꽤 도전적인 일이다.

A 遭受 ✗	势必 ✗	事态 ✗	平静 ✗
B 保存 ✗	未必 ✗	事务 ✗	公平 ✗
C 磨损 ✗	千万 ✗	形象 ✗	均衡 ✗
D 破坏 ○	相当 ○	状态 ○	均匀 ○

A 당하다	반드시	사태	평온하다
B 보존하다	반드시 ~한 것은 아니다	사무	공평하다
C 마모되다	부디	이미지	균형 잡히다
D 파괴하다	상당히	상태	고르다

지문 어휘 加工 jiāgōng 명 가공 동 가공하다 ★ | 紫外线 zǐwàixiàn 명 자외선 | 处理 chǔlǐ 동 처리하다 | 食物 shíwù 명 음식물 | 加热 jiārè 동 가열하다, 데우다 | 总的来说 zǒngdeláishuō 종합적으로 말하자면 | 穿透能力 chuāntòu nénglì 명 투과력 | 固体 gùtǐ 명 고체 | 照射 zhàoshè 동 비추다, 쪼이다 | 挑战 tiǎozhàn 명 도전

해설

1번 빈칸

A 遭受 zāoshòu 동 (불행, 손해를) 당하다, 입다, 겪다 ★
B 保存 bǎocún 동 보존하다, 저장하다
C 磨损 mósǔn 동 마모되다, 닳다
D 破坏 pòhuài 동 파괴하다, 훼손하다

빈칸 뒤의 '而'과 '则'가 힌트로, 이들은 앞 문장과 상반된 문장을 이끌 때 쓰인다. 빈칸 뒤에 '安全'이 나왔으므로, 빈칸에는 이와 반대가 언급되어야 한다. 따라서 정답은 'D 破坏'이다. '破坏'는 '破坏 + 环境(환경) / 秩序(질서) / 建筑(건물)' 등으로 쓰여 '파괴하다, 훼손하다'의 뜻이므로, 가공 수단이 식품에게 주는 손상이라고 이해할 수 있다. 'A 遭受'는 '遭受 + 痛苦(고통) / 挫折(좌절)' 등으로 쓰여 고통을 '받다', 좌절을 '입다, 당하다'의 뜻이며, 'C 磨损'은 구체적인 물건이 '마모되다'는 뜻이다.

2번 빈칸

A 势必 shìbì 부 반드시, 꼭 ★
B 未必 wèibì 부 반드시 ~한 것은 아니다
C 千万 qiānwàn 부 부디, 제발
D 相当 xiāngdāng 부 상당히, 매우

빈칸 뒤의 '安全'이 힌트로, '安全'은 형용사이다. 따라서 형용사를 수식해 줄 수 있는 정도부사인 'D 相当'이 정답이다. 'A 势必'는 '(일의 진행대로라면) 반드시'의 뜻으로 주로 나쁜 결과를 예측할 때 쓰며, 'B 未必'는 '不一定 / 不见得'의 동의어로 '未必安全(안전하다고 할 수 없다)'은 내용 전개상 적당하지 않다. 'C 千万'은 '千万 + 要 / 不要 / 别' 등과 같이 주로 청유문에 쓰여 어감을 강조하는 부사이다.

3번 빈칸

A 事态 shìtài 명 사태 ★　　　　　　　　B 事务 shìwù 명 사무, 업무 ★
C 形象 xíngxiàng 명 이미지, 형상　　　D 状态 zhuàngtài 명 상태

빈칸 앞의 '自然'이 힌트이다. 이 문장에서의 '自然'이란 음식물 본연 그대로를 의미하므로 사물이 처해있는 모양이나 형편을 뜻하는 '상태'인 'D 状态'가 정답이다.

4번 빈칸

A 平静 píngjìng 형 평온하다, 고요하다　　B 公平 gōngpíng 형 공평하다, 공정하다
C 均衡 jūnhéng 형 균형 잡히다　　　　　D 均匀 jūnyún 형 고르다, 균등하다

빈칸 앞의 '固体食物'와 빈칸 뒤의 '接受紫外线照射'가 힌트로, 고체 음식물이 자외선을 쬐는 것을 묘사하는 어휘를 찾아야 한다. 따라서 빠진 곳 없이 골고루, 즉 '고르다'의 뜻인 'D 均匀'이 정답이다. 'A 平静'은 '平静的 + 湖水 (호수) / 心情(마음) / 表情(표정)'으로 쓰이며, 'B 公平'은 여러 개의 개체에 대해 차이가 없이 '공평하다'는 뜻이고, 'C 均衡'은 '营养(영양) + 均衡'과 같이 어느 한쪽에 치우치지 않고 '균형이 잡히다'란 뜻이다.

정답 D

70

科学家研究发现，人常与小动物接触能改善心情，而且能使心理上的病症会得到一定程度的<u>缓解</u>。因此，以动物代替家人陪伴患者的动物疗法便<u>应运而生</u>了。这种疗法并不需要药物和医疗<u>器械</u>，只是将<u>枯燥</u>的治疗与休闲活动相结合，就能达到意想不到的<u>神奇</u>效果。

과학자들은 연구를 통해 사람이 작은 동물과 자주 접촉하면 기분이 나아질 뿐만 아니라, 심리적 질병도 어느 정도 <u>호전됨</u>을 얻을 수 있다는 것을 발견했다. 따라서 동물이 가족을 대신해 환자를 돌보는 동물매개치료(Animal-assisted therapy)가 <u>시대적 요구에 의해 생겨났다</u>. 이런 치료법은 약물과 의료<u>기기</u>가 전혀 필요하지 않으며, 단지 <u>지루한</u> 치료와 여가활동을 서로 결합했을 뿐임에도, 예상치 못한 <u>신기한</u> 효과를 거둘 수 있다.

A 废除 ✗　相辅相成 ✗　仪器 ✗　残酷 ✗　美妙 ✗
B 清除 ✗　供不应求 ✗　容器 ✗　冷漠 ✗　巧妙 ✗
C 缓解 ○　应运而生 ○　器械 ○　枯燥 ○　神奇 ○
D 溶解 ✗　统筹兼顾 ✗　机械 ✗　沉闷 ✗　神圣 ✗

A 폐지하다 | 상부상조하다 | 측정 기구 | 잔혹하다 | 아름답다
B 완전히 없애다 | 공급이 수요를 따르지 못하다 | 용기 | 냉담하다 | 교묘하다
C 호전되다 | 시대적 요구에 의해 생겨나다 | 기기 | 지루하다 | 신기하다
D 용해하다 | 여러 방면의 일을 통일적으로 계획하고 두루 돌보다 | 기계 | 답답하다 | 신성하다

지문 어휘 接触 jiēchù 동 접촉하다, 접하다 | 改善 gǎishàn 동 나아지다, 개선하다 | 病症 bìngzhèng 명 질병 | 代替 dàitì 동 대신하다, 대체하다 | 陪伴 péibàn 동 함께 하다, 동반하다 | 患者 huànzhě 명 환자 ★ | 疗法 liáofǎ 명 치료법, 요법 | 动物疗法 dòngwù liáofǎ 명 동물매개치료(Animal-assisted therapy), 애니멀 테라피 | 治疗 zhìliáo 동 치료하다 | 休闲活动 xiūxián huódòng 명 여가활동 | 意想不到 yìxiǎngbúdào 예상치 못하다

해설

1번 빈칸

A 废除 fèichú 동 폐지하다, 취소하다 ★
B 清除 qīngchú 동 완전히 없애다 ★
C 缓解 huǎnjiě 동 호전되다, 완화되다
D 溶解 róngjiě 동 용해하다, 녹다 ★

빈칸 앞의 '病症'이 힌트로, 이와 호응하는 동사는 'C 缓解'이다. '缓解'는 '缓解 + 症状(증상) / 压力(스트레스) / 疲劳(피로)' 등과 함께 쓰여 '호전되다, 완화하다'는 뜻이다. 'A 废除'는 '废除 + 法令(법령) / 条约(조약) / 制度(제도)'로 쓰여 '폐지한다'의 뜻이며, 'B 清除'는 '清除 + 垃圾(쓰레기) / 积雪(쌓인 눈)' 등과 같이 깨끗이 치워 '완전히 없애다'의 뜻이다.

2번 빈칸

A 相辅相成 xiāngfǔxiāngchéng 성 상부상조하다 ★
B 供不应求 gōngbúyìngqiú 성 공급이 수요를 따르지 못하다, 공급이 부족하다
C 应运而生 yìngyùn'érshēng 성 시대적 요구에 의해 생겨나다
D 统筹兼顾 tǒngchóujiāngù 성 여러 방면의 일을 통일적으로 계획하고 두루 돌보다 ★

빈칸 앞의 인과관계 접속사 '因此'가 힌트로, 빈칸에는 과학자들의 연구로 인한 결과가 나와야 한다. 동물과의 접촉으로 심리적 질병의 호전을 발견했고 그에 따라 동물매개치료라는 것이 생겨난 결과이므로, '시대적 요구에 의해 생겨나다'의 뜻인 'C 应运而生'이 정답이다.

3번 빈칸

A 仪器 yíqì 명 측정 기구, 측정 기기 ★
B 容器 róngqì 명 용기, 그릇 ★
C 器械 qìxiè 명 기기, 기계
D 机械 jīxiè 명 기계 ★

빈칸 앞 '医疗'가 힌트로, 보기 중에 실험실에서 쓰는 각종 기구를 뜻하는 'A 仪器'와 '도구, 기구'를 뜻하는 'C 器械', 기계장치를 뜻하는 'D 机械'는 모두 정답이 될 수 있다. 'B 容器'는 물건을 담을 수 있는 용기이다.

4번 빈칸

A 残酷 cánkù 형 잔혹하다, 참혹하다 ★
B 冷漠 lěngmò 형 냉담하다, 차갑다, 냉정하다
C 枯燥 kūzào 형 지루하다, 무미건조하다 ★
D 沉闷 chénmèn 형 답답하다, 울적하다 ★

빈칸 앞의 '治疗'가 힌트로, 이 문장에서 의미하는 치료라는 것은 병원에서 행하는 보편적인 치료를 뜻한다. 따라서 '무미건조하고 지루하다'는 뜻의 'C 枯燥'가 가장 적합하다. 'A 残酷'는 '残酷的 + 手段(수단) / 现实(현실)' 등과 같이 수단이 '잔인하다' 또는 현실이 '비참하다'는 뜻이며, 'B 冷漠'는 사람이나 사물에 대해 '냉담하다, 무관심하다'는 의미이다. 'D 沉闷'은 '心情(마음) / 气氛(분위기) + 沉闷'과 같이 마음이 '답답하다', 분위기가 '무겁다'는 뜻이다.

5번 빈칸

A 美妙 měimiào 형 아름답다, (미)묘하다 ★
B 巧妙 qiǎomiào 형 교묘하다
C 神奇 shénqí 형 신기하다 ★
D 神圣 shénshèng 형 신성하다, 성스럽다 ★

빈칸 뒤의 '效果'가 힌트로, 이와 호응하는 형용사는 'C 神奇'이며, '神奇的效果'는 '신기한 효과'라는 뜻이다. 'A 美妙'는 '美妙的 + 音乐(음악) / 歌声(노랫소리)' 등과 같이 음악이나 노랫소리가 '아름답다, 더없이 좋다'의 뜻이며, 'B 巧妙'는 '巧妙的 + 方法(방법) / 构思(구상)'와 같이 쓴다.

정답 C

제3부분

71~80번 문제는 빈칸에 들어가는 알맞은 문장을 고르는 문제입니다.

71-75

茶树，属灌木或小乔木，常绿植物。很多人会有疑问，**(71) B 既然茶叶都是绿色的**，那为何还会有绿茶红茶之分呢？绿茶与红茶到底哪里不同呢？其实绿茶和红茶都是由新鲜的茶叶制成的，**(72) C 只是加工的方法不同罢了**。

绿茶的加工，简单分为杀青、揉捻和干燥三个步骤，其中 **(73) E 杀青对绿茶品质起着决定性的作用**。杀青以后，酶的活性钝化，这可以抑制多酚类物质氧化，从而防止叶子红变；又可以蒸发叶子内部水分，为揉捻创造条件。

红茶则属全发酵茶。和绿茶相比，它的制作工艺相对复杂，包括萎凋、揉捻、发酵、烘焙这几道工序。萎凋是将新鲜茶叶在一定温度、湿度条件下均匀摊放、晾晒，从而促进鲜叶酶的活性。然后 **(74) D 将晾好的茶叶揉捻成条状**，接着再将条状茶叶发酵。发酵是形成红茶色、香、味品质特征的关键性工序，是为了让多酚类物质发生氧化，从而使茶胚产生红变。最后将发酵适度的茶叶进行烘焙即可。

(75) A 不管绿茶还是红茶，都含有丰富的茶多酚、咖啡碱、脂多糖等元素。若常常饮用能够防衰老、降低心血管疾病的发病几率，因此对身体非常有益。

차나무는 관목 혹은 물레나무목에 속하는 상록식물이다. 많은 사람들이 의문을 가질 것이다. **(71) B 어차피 찻잎은 다 같은 녹색인데** 그렇다면 왜 또 녹차와 홍차로 구분하는 것일까? 녹차와 홍차는 도대체 뭐가 다른 걸까? 사실 녹차와 홍차는 모두 신선한 찻잎으로 만든 것으로, **(72) C 다만 가공방법이 다를 뿐이다**.

녹차의 가공은 간단하게 살청(杀青), 유념(揉捻) 그리고 건조(干燥) (이) 세 가지 순서로 나뉘는데, 그 중에서 **(73) E 살청은 녹차의 품질에 있어 결정적인 역할을 한다**. 살청 후에는 효소의 활성이 둔화되는데, 이것은 폴리페놀류의 산화를 억제시켜줄 수 있기에 잎이 붉게 변하는 것을 방지한다. 또한, 잎 속의 수분을 증발시켜 유념을 위한 조건을 만들어 준다.

홍차는 오히려 완전 발효차에 속한다. 녹차와 비교했을 때 홍차의 제조작업은 상대적으로 복잡한데, 위조(萎凋), 유념(揉捻), 발효(发酵), 홍배(烘焙)의 이 몇 번의 공정을 포함한다. 위조는 신선한 찻잎을 일정한 온도와 습도 조건 하에서 고르게 펼쳐놓고 말림으로써, 선엽 효소의 활성을 촉진시킨다. 그런 후에 **(74) D 잘 말린 찻잎을 스틱 모양으로 유념하고**, 이어서 다시 스틱모양의 찻잎을 발효시킨다. 발효는 홍차의 색과 향과 맛의 특징을 형성하는 핵심공정으로, 폴리페놀을 산화시켜 차의 싹을 붉게 변하게 만들기 위해서다. 마지막으로 알맞게 발효된 찻잎을 홍배하면 된다.

(75) A 녹차이든 홍차이든 상관없이 모두 풍부한 티폴리페놀과 카페인, 지질다당류 등의 요소를 함유하고 있다. 자주 마실 경우 노화 방지와 심혈관 질환의 발병률 저하가 가능하기에 건강에 굉장히 이롭다.

A 不管绿茶还是红茶
B 既然茶叶都是绿色的
C 只是加工的方法不同罢了
D 将晾好的茶叶揉捻成条状
E 杀青对绿茶品质起着决定性的作用

A 녹차이든 홍차이든 상관없이
B 어차피 찻잎은 다 같은 녹색이다
C 다만 가공방법이 다를 뿐이다
D 잘 말린 찻잎을 스틱 모양으로 유념한다
E 살청은 녹차의 품질에 있어 결정적인 역할을 한다

지문 어휘 茶树 cháshù 명 차나무 | 灌木 guànmù 명 관목 | 小乔木 xiǎoqiáomù 명 물레나무목 | 常绿 chánglǜ 형 (식물이) 일 년 내내 푸르다 | 常绿植物 chánglǜ zhíwù 명 상록식물 | 疑问 yíwèn 명 의문 | 为何 wèihé 부 왜 | 茶叶 cháyè 명 찻잎 | 加工 jiāgōng 명 가공 동 가공하다 ★ | 杀青 shāqīng 동 살청하다, 덖다, 덖음질하다 (중국의 제차용어, 찻잎을 가열하여 잎의 산화효소의 활성을 파괴하는 과정) | 揉捻 róuniǎn 동 유념하다 (중국의 제차용어, 살

청을 거친 찻잎을 손으로 비비고 문지르는 과정) | **步骤** bùzhòu 명 순서, 절차 ★ | **酶** méi 명 효소 | **钝化** dùnhuà 동 둔화되다, 무뎌지다 | **抑制** yìzhì 동 억제하다 | **多酚** duōfēn 명 폴리페놀 | **氧化** yǎnghuà 동 산화하다 | **防止** fángzhǐ 동 방지하다 ★ | **蒸发** zhēngfā 동 증발하다 ★ | **创造** chuàngzào 동 만들다 | **全发酵茶** quánfājiàochá 명 완전 발효차 | **相对** xiāngduì 부 상대적으로, 비교적 | **萎凋** wěidiāo 동 위조하다 (차의 생엽을 시들게 하는 과정) | **烘焙** hōngbèi 동 홍배하다 (건조 과정을 마친 차를 다시 약한 불에서 서서히 재건조시키면서 차의 향기를 붙돋아 주는 과정) | **工序** gōngxù 명 제조공정 | **均匀** jūnyún 형 고르다, 균일하다 | **摊放** tānfàng 동 펼쳐 놓다 | **晾晒** liàngshài 햇볕에 널어 말리다 | **适度** shìdù 형 (정도가) 적절하다, 적당하다 | **条状** tiáozhuàng 명 스틱 모양 | **发酵** fājiào 동 발효시키다 | **品质** pǐnzhì 명 품질, 질 ★ | **胚** pèi 명 싹 | **即可** jíkě ~하면 (바로) 된다, 가능하다 | **茶多酚** cháduōfēn 명 티폴리페놀 | **咖啡碱** kāfēijiǎn 명 카페인 | **脂多糖** zhīduōtáng 명 지질다당류 | **元素** yuánsù 명 요소, 원소 ★ | **若** ruò 접 만일 | **衰老** shuāilǎo 동 노화하다, 늙다 ★ | **疾病** jíbìng 명 질환, 병 ★ | **几率** jīlǜ 명 확률

보기 어휘 **既然** jìrán 접 어차피 | **只是 A 罢了** zhǐshì A bale 다만 A일 뿐이다 | **起作用** qǐ zuòyòng 역할을 하다

71
해설 보기 B의 '既然'과 빈칸 뒤의 '那'가 힌트이다. 접속사 '既然'은 '既然…, 那(么) / 就 …'의 구조로 쓰이는 인과관계 접속사이다. 따라서 빈칸 뒤의 '那'와 호응하는 '既然'이 언급되어 있는 C가 정답이다.

정답 **B** 既然茶叶都是绿色的

72
해설 빈칸 앞의 질문 '绿茶与红茶到底哪里不同呢?(녹차와 홍차는 도대체 뭐가 다른 걸까)'가 힌트이다. 이 질문에 대한 대답으로 '사실은 … 모두 신선한 찻잎으로 만들었다'라고 공통점을 언급했으므로 빈칸에는 차이점이 쓰여야 된다. 따라서 가공방법이 다르다고 한 C가 정답이다.

정답 **C** 只是加工的方法不同罢了

73
해설 빈칸 앞의 '其中'이 힌트이다. 이는 앞의 큰 범위 내에서 하나를 골라내는 역할을 하므로 앞에 언급된 '杀青、揉捻和干燥三个步骤' 중 한 가지가 빈칸에 언급되어야 한다. 게다가 빈칸 뒤에서 '杀青以后'라고 했으므로 살청에 대해 언급한 E가 정답이다.

정답 **E** 杀青对绿茶品质起着决定性的作用

74
해설 빈칸 앞뒤의 선후관계 접속사 '然后'와 '接着再'가 힌트로 녹차의 제작공정의 순서를 따라가면 된다. '然后' 앞에서는 '萎凋(위조하다)'가, '接着再' 뒤에는 '发酵(발효하다)'가, 마지막에는 '烘焙(홍배하다)'가 나왔기에, 빈칸에는 '揉捻(유념하다)'이 등장해야 한다. 따라서 정답은 D이다.

정답 **D** 将晾好的茶叶揉捻成条状

75
해설 빈칸 뒤의 '都'가 힌트이다. 보기 중 A에 부사 '都'와 짝을 이루어 '~에 관계없이 모두 ~이다'의 뜻을 나타내는 不管이 있고, 문맥상 '녹차이든 홍차이든 모두 티폴리페놀, 카페인, 지질다당류 등의 요소를 함유하고 있다'가 자연스러우므로, 정답은 A이다.

정답 **A** 不管绿茶还是红茶

76-80

先秦时期，人们为了运送物品和食物，制作了一种盒子。因其上面有对称的横梁，可用手提，所以被称为"提盒"。唐宋时期，提盒已经被普遍使用，那时提盒的形状多种多样。但是到了明代，**(76) D 长方形提盒的样式基本就被固定下来了**。

最初，人们多用竹子来制作提盒。因为竹子取材容易，价格低廉，便于携带。那时的提盒 **(77) A 外部用细小的竹片编成**，内部用颜料涂成。其主要作用是运送食物，因此也叫食盒。此时食盒以实用为目的，制作简单、造型并不十分美观。后来，文人发现了提盒的美妙之处，就亲自参与了设计。他们不仅对工艺讲究，对提盒材质也非常在意，因而，**(78) C 在文人审美趣味的影响下**，提盒才变得更加精巧。明清时期，文人使用的提盒多用黄花梨、紫檀和红木等珍贵木材制作。文人们在外出或野外聚会时，常常带上提盒，**(79) E 提盒里盛放着文房四宝、印章等**，这样便于进行文学艺术交流。此时，提盒便已不再仅仅是食盒了，它还变成了文房用具。

随着时代的发展，提盒慢慢淡出了人们的视线。因此，**(80) B 能够完好保存下来的提盒非常少**。只有用于盛放玉石印章、小件文玩的提盒才被保存下来，成为了珍贵的文物。

A 外部用细小的竹片编成
B 能够完好保存下来的提盒非常少
C 在文人审美趣味的影响下
D 长方形提盒的样式基本就被固定下来了
E 提盒里盛放着文房四宝、印章等

료를 구하다 | **低廉** dīlián 형 저렴하다 | **便于** biànyú 동 ~하기 편리하다, 하기 쉽다 ★ | **携带** xiédài 동 휴대하다 ★ | **颜料** yánliào 명 염료 | **涂** tú 동 칠하다 | **食盒** shíhé 명 찬합 | **造型** zàoxíng 명 모양, 형상, 이미지 ★ | **美观** měiguān 형 예쁘다, 보기 좋다 ★ | **美妙** měimiào 형 아름답다, 훌륭하다 ★ | **亲自** qīnzì 부 직접, 손수 | **参与** cānyù 동 참여하다 | **设计** shèjì 명 디자인 동 디자인하다 | **讲究** jiǎngjiu 중요시하다, 신경 쓰다 | **材质** cáizhì 명 재질 | **在意** zàiyì 동 신경 쓰다, 마음에 두다 ★ | **精巧** jīngqiǎo 형 정교하다 | **黄花梨** huánghuālí 명 황화배 | **紫檀** zǐtán 명 자단목 | **红木** hóngmù 명 홍목 | **珍贵** zhēnguì 형 진귀하다 ★ | **外出** wàichū 동 외출하다 | **野外** yěwài 명 야외 | **淡出** dànchū 동 소리소문없이 사라지다 | **视线** shìxiàn 명 시선 ★ | **玉石** yùshí 명 옥 | **印章** yìnzhāng 명 도장, 인장 | **文玩** wénwán 명 감상용 물건, 완상용 물건 | **保存** bǎocún 동 보존하다 | **文物** wénwù 명 문물 ★

보기 어휘 | **细小** xìxiǎo 형 아주 작다 | **编** biān 동 엮다 | **完好** wánhǎo 형 완전하다, 완벽하다 | **审美** shěnměi 형 심미적 명 심미 ★ | **趣味** qùwèi 명 기호, 취미 ★ | **长方形** chángfāngxíng 명 직사각형 | **样式** yàngshì 명 형태, 모양, 스타일 | **固定** gùdìng 동 굳어지다, 고정되다 | **盛放** chéngfàng 동 담다 | **文房四宝** wénfáng sìbǎo 명 문방사우(종이, 붓, 먹, 벼루)

76

해설 힌트는 빈칸 앞의 '形状多种多样'과 '但是'이다. '但是'는 앞 문장과 상반된 결과를 이끄는 접속사이므로 의미상 다양한 모양의 제합이 명대에 이르러 단순해졌음을 뜻한다. 따라서 직사각형 형태로 굳어졌다는 D가 정답이다.

정답 **D** 长方形提盒的样式基本就被固定下来了

77

해설 힌트는 빈칸 뒤의 '内部用颜料涂成'으로 문장의 구조상 '内部 → 外部 / 用 → 用 / 涂成 → 编成'이므로 구조적으로도 의미적으로도 적합한 A가 정답이다.

정답 **A** 外部用细小的竹片编成

78

해설 힌트는 빈칸 앞의 접속사 '因而'로 빈칸에는 원인에 따른 결과가 언급되어야 한다. 결과는 제합이 더욱 정교해진 것이므로 원인을 쫓아가보면 문인들이 공예를 중시했고, 재질에도 신경을 썼다고 했다. 따라서 문인들의 심미적 기호의 영향을 받았다고 한 C가 정답이다.

정답 **C** 在文人审美趣味的影响下

79

해설 힌트는 빈칸 뒤의 '这样'으로, '这样'은 앞의 내용을 통해서 뒤의 결과를 나타내는 어휘이다. 문학예술의 교류가 편하게 된 이유로 제합 안에 문방사우라든지 도장을 넣어 다녔음을 알 수 있다. 따라서 정답은 E이다.

정답 **E** 提盒里盛放着文房四宝、印章等

80

해설 힌트는 빈칸 앞의 '淡出人们的视线'과 빈칸 뒤의 '只有…才被保存下来'와 '成为了珍贵文物'이다. 사람의 시선에서 사라지게 되면서 '~만이 보존되어 왔고 진귀한 문물이 되었다'고 했으므로, 빈칸에는 완전하게 보존된 것이 적다고 한 B가 정답이다.

정답 **B** 能够完好保存下来的提盒非常少

제4부분

81~100번 문제는 지문을 읽고 질문에 알맞은 답을 고르는 문제입니다.

第81到84题是根据下面一段话：

在高原的上空，常常可以看到秃鹫在翱翔。秃鹫又名狗头雕，是高原上体格最大的猛禽。它体长约1.2米，翅膀展开后有2米多长，0.6米宽，**(81) C** 体重达7到11公斤。秃鹫多栖息于海拔2000到5000米的高山荒原上，常单独活动，**(81) B** 不善于鸣叫，**(81) A** 但可在高空翱翔达几小时。

秃鹫一般以食腐肉为生，但偶尔也捕捉活猎物。秃鹫在高空盘旋时，若发现猎物，便会俯冲而下，一举将猎物捕获。**(81) D** 有时甚至连凶猛的野狼也会成为它的手下败将。

一次，一个人偶然救助了一只受伤的秃鹫。他将秃鹫放在了一个 **(82) D** 四周有网的仅几平方米的围栏里。但是令人奇怪的是，**(82) C** 虽然围栏的顶部是敞开的，但秃鹫在伤好后也并没有飞离围栏，只是无奈地在围栏里挣扎。

(83) 原来，秃鹫若想腾空而起，必须先跑上几米，才能翱翔于天空。可是在这个狭窄的围栏内，并没有可以让秃鹫助跑的空间，所以它只能不情愿地做一个囚徒。

我们做人又何尝不是如此呢？许多年轻人刚步入社会就想一口吃成个胖子，名利双收。**(84)** 这样急于求成，不注重一步一步地积累，是很难飞向蓝天的。我们在生活中不如做个"秃鹫"，给自己搭建一个助跑的平台。这样我们的人生才能飞得更高、飞得更远。

고원의 상공에서는 종종 대머리수리가 선회하는 것을 볼 수 있다. 대머리수리는 번대수리라고도 부르며 고원에서 체격이 가장 큰 맹금류이다. 대머리수리의 몸길이는 약 1.2m이고, 날개를 펼친 후의 길이는 약 2m가 넘고, 폭은 0.6m이며, **(81) C** 체중은 7~11kg에 달한다. 대머리수리는 대부분 해발 2000~5000m의 고산 황야에서 서식하며, 주로 혼자 활동하고 **(81) B** 잘 울지 않지만, **(81) A** 고공에서 몇 시간 동안이나 비행이 가능하다.

대머리수리는 보통 썩은 고기를 먹고 사는데, 가끔은 살아있는 사냥감을 잡기도 한다. 대머리수리는 고공 선회 시, 사냥감을 발견하게 되면 바로 급강하하여 단번에 사냥감을 포획하고 **(81) D** 때로는 심지어 사나운 늑대조차도 그의 손안의 먹잇감이 된다.

한 번은 어떤 사람이 우연히 다친 대머리수리 한 마리를 구해주었다. 그는 대머리수리를 **(82) D** 사방이 그물로 되어있는 겨우 몇 제곱미터밖에 되지 않는 울타리 안에 넣어두었다. 그러나 이상한 것은, **(82) C** 울타리의 위쪽이 활짝 열려 있었지만, 대머리수리는 상처가 다 나은 후에도 울타리를 떠나지 않았고 그저 어쩌지 못하고 울타리 안에서 몸부림만치고 있었다.

(83) 알고 보니, 대머리수리가 하늘 높이 날아오르려면, 반드시 먼저 몇 미터를 뛰고 나서야만 비로소 하늘로 날 수 있었다. 그러나 이 비좁은 울타리 안은 대머리수리가 도움닫기를 할 수 있을 만한 공간이 되지 않았고, 그래서 대머리수리는 원치 않게 죄수가 될 수밖에 없던 것이었다.

우리도 언제 이렇지 않은 적이 있었는가? 많은 젊은이들은 막 사회에 들어서면 첫술에 배부르고 싶어 하고, 명예와 이익을 모두 얻고 싶어 한다. **(84)** 이처럼 급하게 성공을 바라며 하나하나 쌓아가는 것을 중시하지 않는다면, 푸른 하늘로 비상하기는 무척 힘들다. 우리는 살아가면서 '대머리수리'가 되어서 자신을 위해 도움닫기를 할 플랫폼을 세우는 것이 (더) 낫다. 그러면 우리 인생은 비로소 더 높이 더 멀리 날 수 있다.

지문 어휘 秃鹫 tūjiù 명 대머리수리 | 翱翔 áoxiáng 동 선회하다, 비행하다 | 狗头雕 gǒutóudiāo 명 번대수리 | 体格 tǐgé 명 체격, 몸집 | 猛禽 měngqín 명 맹금 | 翅膀 chìbǎng 명 날개 | 栖息 qīxī 동 서식하다 | 海拔 hǎibá 명 해발 ★ | 荒原 huāngyuán 명 황야 | 单独 dāndú 부 혼자서, 단독으로 | 鸣叫 míngjiào 동 울다, 지저귀다 | 食 shí 동 먹다 | 腐肉 fǔròu 명 썩은 고기 | 捕捉 bǔzhuō 동 포획하다, 잡다 ★ | 猎物 lièwù 명 사냥감 | 盘旋 pánxuán 동 선회하다, 맴돌다, 빙빙 돌다 ★ | 若 ruò 접 만일 | 俯冲 fǔchōng 동 (비행기나 맹금류 등이) 급강

하하다 | **一举** yìjǔ 🔵 단번에, 한번에 | **捕获** bǔhuò 🟢 잡다, 포획하다, 체포하다 | **凶猛** xiōngměng 🟡 사납다 | **手下败将** shǒuxiàbàijiàng 🟣 손 안의 먹잇감이다 | **偶然** ǒurán 🔵 우연히 | **救助** jiùzhù 🟢 구조하다 | **受伤** shòushāng 🟢 다치다, 부상을 입다 | **网** wǎng 🟠 그물 | **围栏** wéilán 🟠 울타리 | **顶部** dǐngbù 🟠 위쪽, 맨 꼭대기 | **敞开** chǎngkāi 🟢 활짝 열다 ⭐ | **无奈** wúnài 🟢 어쩌지 못하다, 어찌 해 볼 방법이 없다 | **挣扎** zhēngzhá 🟢 몸부림치다, 발악하다, 발버둥치다 ⭐ | **腾空** téngkōng 🟢 하늘로 오르다 | **狭窄** xiázhǎi 🟡 비좁다 ⭐ | **助跑** zhùpǎo 🟢 도움닫기하다 | **情愿** qíngyuàn 🟢 (마음으로) 바라다, 원하다 | **囚徒** qiútú 🟠 죄수 | **何尝** hécháng 🔵 언제 ~한 적이 있는가? | **步入** bùrù 🟢 들어서다, 걸어 들어가다 | **一口** yīkǒu 🟠 한 입 | **胖子** pàngzi 🟠 뚱보 | **一口吃成个胖子** yìkǒu chī chéng ge pàngzi 첫술에 배부르다 | **名利** mínglì 🟠 명예와 이익, 명리 | **名利双收** mínglìshuāngshōu 🟣 명예와 이익을 함께 얻다 | **急于求成** jíyúqiúchéng 🟣 급하게 성공을 바라다 ⭐ | **注重** zhùzhòng 🟢 중시하다 ⭐ | **积累** jīlěi 🟢 쌓다, 쌓이다 | **搭建** dājiàn 🟢 세우다, 짓다 | **平台** píngtái 🟠 플랫폼

81

关于秃鹫, 我们可以知道:

A 擅长高空飞翔
B 鸣叫声音很大
C 体重超过20公斤
D 是野狼的手下败将

대머리수리에 관하여 알 수 있는 것은?

A 고공 비행을 잘 한다
B 우는 소리가 크다
C 체중은 20kg이 넘는다
D 늑대의 먹잇감이다

보기 어휘 **擅长** shàncháng 🟢 잘하다, 뛰어나다 ⭐ | **飞翔** fēixiáng 🟢 비행하다, 비상하다, 날다 ⭐

해설 대머리수리에 관한 기본적인 소개는 글의 앞부분에 있다. 첫 번째 단락에서 대머리수리의 체중은 7~11kg이며, 잘 울지 않는다를 통해 B와 C는 정답이 아니며, 두 번째 단락에서 사나운 늑대도 먹잇감이 된다고 했으므로 D 역시 정답이 아니다. 본문에서 '但可在高空翱翔达几小时, 즉 고공에서 몇 시간 동안이나 비행이 가능하다'라고 했기에, 정답은 A이다.

정답 A

82

根据第3段, 那个围栏:

A 十分牢固
B 被锁得很严
C 顶部是敞开的
D 是用铁网围成的

세 번째 단락에 근거하면, 그 울타리는 어떠한가?

A 매우 견고하다
B 단단히 잠겨있다
C 위쪽이 활짝 열려있다
D 철망으로 둘러싸여 있다

보기 어휘 **牢固** láogù 🟡 견고하다, 튼튼하다 ⭐ | **锁** suǒ 🟢 잠그다, 채우다 | **铁网** tiěwǎng 🟠 철망

해설 세 번째 단락의 울타리에 관한 내용을 찾아가야 한다. 본문에서 다친 대머리수리를 '四周有网的…围栏, 즉 사방이 그물로 된 울타리'에 넣어두었다고 했기에 D는 정답이 아니며, 이어진 '虽然围栏的顶部是敞开的, 즉 울타리의 위쪽이 활짝 열려 있었다'를 통해 C가 정답임을 알 수 있다.

정답 C

83

秃鹫为什么飞不出围栏?

A 翅膀断了
B 无法助跑
C 越来越懒了
D 舍不得离开小秃鹫

대머리수리는 왜 울타리 밖으로 날아가지 못했는가?

A 날개가 부러져서
B 도움닫기를 할 수가 없어서
C 점점 게을러져서
D 새끼 대머리수리를 떠나기가 아쉬워서

보기 어휘 懒 lǎn 〔형〕 게으르다 | 舍不得 shě bu de 〔동〕 ~하기 아쉬워하다, 이별을 아쉬워하다

해설 대머리수리가 날지 못한 이유는 네 번째 단락에 언급되어 있고, 원인을 나타내는 부사 '原来'가 힌트이다. 본문에서 알고보니 대머리수리는 하늘 높이 날아오르기 전 먼저 몇 미터 뛰어야 한다고 '原来'를 이용하여 원인을 언급했고, 뒤이어 '可是在这个狭窄的围栏内，并没有可以让秃鹫助跑的空间, 즉 이 비좁은 울타리 안은 도움닫기를 할만한 공간이 되지 않았다'라고 했다. 이는 다시 말해 도움닫기를 할 수 없어서 밖으로 날아가지 못했다는 뜻이기에 정답은 B이다.

정답 B

84

上文主要想告诉我们:

A 要多积累
B 要勇于承认错误
C 不要做温室中的花朵
D 不能三天打鱼，两天晒网

윗글이 우리에게 주로 이야기하고자 하는 것은?

A (경험을) 많이 쌓아야 한다
B 용감하게 잘못을 인정해야 한다
C 온실 속 꽃이 되면 안 된다
D 작심삼일이 되어서는 안 된다

보기 어휘 承认 chéngrèn 〔동〕 인정하다 | 三天打鱼，两天晒网 sāntiāndǎyú, liǎngtiānshàiwǎng 〔성〕 작심삼일이다, 하다 말다 하다

해설 이 글은 대머리수리를 예로 들어 마지막 단락에서 작가의 관점을 언급한 논설문이다. 본문에서 '急于求成，不注重一步一步地积累，是很难飞向蓝天的, 즉 급하게 성공을 바라며 하나하나 쌓아가는 것을 중시하지 않는다면, 푸른 하늘로 비상하기 무척 힘들다'라고 했다. 따라서 많이 쌓아야 한다고 한 A가 정답이다.

정답 A

第85到88题是根据下面一段话：

　　说起文房，其用具可不止笔墨纸砚这么简单。镇纸、香炉、笔架、墨盒等，都在其列。此外还有一个臂搁，被誉为"文房第五宝"。**[85]** 其实臂搁的出现与当时人们的书写工具和书写方式有直接的关系。因为古人用毛笔写字时是从右往左写，而且那时衣袖比较宽松，所以未干的墨迹常常会沾染到衣袖上。**[86] B** 可是如果用了臂搁，既可以保持书写洁净，又可使腕部更舒服。

　　[86] D 臂搁是文房用品中的奢侈品。因为臂搁是可有可无的，在当时只有具备一定经济能力并且有收藏爱好的人才会使用它，收藏它，**[86] C** 不是每位文人都有的。

　　[87] 制成臂搁的材质有很多，包括竹、紫檀、黄杨木、红木、玉、象牙等，其中以竹制的最为常见。竹臂搁一般是将去节后的竹筒分劈成三块制成的，长不超一尺，宽大概是七八厘米。若单从材质上说，竹臂搁并不算价格最昂贵的。但若竹臂搁的雕刻作品出自名家之手，则价值连城。明清时期，竹雕工艺兴盛，雕刻名家喜欢在臂搁上雕刻诗画、座右铭、赠言等，这样更显精致。其中有几位代表人物的作品值得关注。濮仲谦刻的《滚马图》仿佛是用照相机拍摄的瞬间，神态动人，可以说是国宝；名家周子岩本身就有绘画功底，后来师从王原祁等书画大师，在竹刻方面取得了巨大的成就。这些名家在雕刻的过程中，加入了自己的创意和灵感，因此臂搁同时具有了实用价值和艺术价值。

[88] 臂搁艺术价值的高低取决于它上面的雕刻是否栩栩如生。因为同样是生活中常见的花鸟题材，雕刻名家的构思、力度、技艺不同，作品往往也截然不同。

[88] 팔받침대의 예술적 가치의 높고 낮음은 그 위(에 새긴) 조각의 생동감 여부에 달려 있다. 왜냐하면, 똑같이 생활 속에서 자주 보이는 꽃과 새를 소재로 하더라도, 조각 명인의 구상이나 역량, 기교의 차이로 인해 작품들 역시 종종 확연하게 차이가 난다.

지문 어휘 | 说起 shuōqǐ ~에 대해 말하자면, ~로 말하면 | 文房 wénfáng 명 문방 | 用具 yòngjù 명 도구 | 不止 bùzhǐ ~에 그치지 않다 ★ | 笔墨纸砚 bǐmòzhǐyàn 붓·먹·종이·벼루 (문방사우) | 镇纸 zhènzhǐ 명 서진, 문진 | 香炉 xiānglú 명 향로 | 笔架 bǐjià 명 붓걸이 | 墨盒 mòhé 명 먹통 | 臂搁 bìgē 명 팔받침대 | 衣袖 yīxiù 명 소매 | 宽松 kuānsōng 형 넓다 | 墨迹 mòjì 명 먹물 자국, 묵적 | 沾染 zhānrǎn 동 물들다 | 保持 bǎochí 동 유지하다 | 洁净 jiéjìng 형 깔끔하다, 청결하다 | 腕 wàn 명 팔목 | 奢侈 shēchǐ 형 사치하다 ★ | 奢侈品 shēchǐpǐn 명 사치품 | 可有可无 kěyǒukěwú 성 있어도 되고 없어도 된다 | 具备 jùbèi 동 갖추다, 구비하다 | 收藏 shōucáng 동 소장하다 ★ | 材质 cáizhì 명 재료, 재질 | 紫檀 zǐtán 명 자단 | 黄杨木 huángyángmù 명 황양목 | 玉 yù 명 옥 ★ | 象牙 xiàngyá 명 상아 | 最为 zuìwéi 부 가장, 제일 | 常见 chángjiàn 동 흔하다, 자주 보다 | 去 qù 동 자르다, 제거하다 | 节 jié 명 마디 | 竹筒 zhútǒng 명 죽통 | 分劈 fēnpī 동 쪼개다, 나누다 | 尺 chǐ 양 척(약 33.3cm) | 厘米 límǐ 양 센티미터(cm) | 单 dān 부 ~만, 단지 | 昂贵 ánggùi 형 비싸다 ★ | 雕刻 diāokè 동 조각하다 ★ | 出自 chūzì ~에서 나오다 | 名家 míngjiā 명 명인 | 连城 liánchéng 동 (가치가) 엄청나다, 대단하다, 값지다 | 兴盛 xīngshèng 형 흥성하다, 융성하다 | 座右铭 zuòyòumíng 명 좌우명 | 赠言 zèngyán 명 덕담 | 精致 jīngzhì 형 섬세하다 ★ | 关注 guānzhù 동 주목하다, 주시하다 | 濮仲谦 Pú Zhòngqiān 고유 복중겸 | 仿佛 fǎngfú 부 마치 ~인 것 같다 | 瞬间 shùnjiān 명 순간 ★ | 神态 shéntài 명 몸짓, 표정과 태도 ★ | 动人 dòngrén 형 감동적이다 | 周子岩 Zhōu Zǐyán 고유 주자암 | 本身 běnshēn 명 (그) 자체 ★ | 功底 gōngdǐ 명 기초 | 师从 shīcóng 동 (어떤 사람을) 스승으로 모시다 | 王原祁 Wáng Yuánqí 고유 왕원기 | 绘画 huìhuà 명 회화 | 成就 chéngjiù 명 업적, 성과, 성취 | 灵感 línggǎn 명 영감 ★ | 取决于 qǔjué yú ~에 달려있다 | 栩栩如生 xǔxǔrúshēng 형 생동감이 넘쳐흐르다 | 题材 tícái 명 소재 ★ | 构思 gòusī 명 구상 동 구상하다 ★ | 力度 lìdù 명 역량 | 技艺 jìyì 명 기교, 기술 | 截然不同 jiéránbùtóng 성 확연하게 차이가 나다, 분명히 다르다

85

臂搁的出现与什么有关?

A 绘画的发展
B 纸张的材质
C 书写工具与方式
D 活字印刷术的发明

팔받침대의 출현은 무엇과 관계가 있는가?

A 회화의 발전
B 종이의 재질
C 서예 도구와 방식
D 활자 인쇄술의 발명

보기 어휘 | 纸张 zhǐzhāng 명 종이 | 印刷 yìnshuā 동 인쇄하다 | 活字印刷术 huózì yìnshuāshù 명 활자 인쇄술

해설 | 팔받침대의 출현은 첫 번째 단락에 나와 있다. 본문에서 '其实臂搁的出现与当时人们的书写工具和书写方式有直接的关系, 즉 팔받침대의 출현은 당시 사람들의 서예 도구나 서예 방식과 직접적인 관계가 있다'고 했으므로, 정답은 C이다.

정답 | C

86

关于臂搁，下列正确的一项是？

A 盛行于宋代
B 能让腕部更舒服
C 所有文人都使用
D 是文房中的必需品

팔받침대에 관하여, 다음 중 옳은 것은?

A 송대에 성행했다
B 손목을 더 편안하게 할 수 있다
C 모든 문인이 사용했다
D 문방 중 필수품이다

보기 어휘 盛行 shèngxíng 동 성행하다 | 必需品 bìxūpǐn 명 필수품

해설 질문에 힌트가 없는 보기대조형 문제이다. 두 번째 단락에서 '臂搁是文房用品中的奢侈品, 즉 사치품이다'라고 했기에 D는 정답이 아니며, 그 뒤에 '不是每位文人都有的, 즉 모든 문인이 다 가지고 있던 것은 아니다'라고 했으므로 C 역시 정답이 아니다. 첫 번째 단락에서 팔받침대를 사용할 경우 '既可以…, 又可使腕部更舒服'라며 손목을 더 편안하게 해줄 수 있다고 했으므로, 이를 그대로 언급한 B가 정답이다.

정답 B

87

根据第3段，竹臂搁：

A 尤为常见
B 宽约5厘米
C 上面只雕刻图案
D 没有任何收藏价值

세 번째 단락에 근거하면, 대나무 팔받침대는 어떠한가?

A 특히 흔했다
B 폭은 대략 5cm이다
C 위쪽에 그림만 조각한다
D 어떤 소장 가치도 없다

보기 어휘 尤为 yóuwéi 부 특히 | 图案 tú'àn 명 그림, 도안 ★

해설 팔받침대 소재는 세 번째 단락에 언급되어 있다. 본문에서 '制成臂搁的材质有很多, 즉 팔받침대를 만드는 재료는 매우 다양하다'라고 소개하면서 '其中以竹制的最为常见'이라며 대나무 제품이 가장 보편적이라고 했다. 따라서 정답은 A이다.

정답 A

88

最后一段的主要内容是：

A 臂搁的种类
B 臂搁的文化内涵
C 臂搁的创新与发展
D 如何判断臂搁的艺术价值

마지막 단락의 주요 내용은?

A 팔받침대의 종류
B 팔받침대의 문화적 의미
C 팔받침대의 혁신과 발전
D 팔받침대의 예술적 가치 판단 기준

| 보기 어휘 | **内涵** nèihán 명 의미, 내용 ⭐ | **创新** chuàngxīn 명 혁신, 창의성 ⭐

| 해설 | 마지막 단락에서 '臂搁艺术价值的高低取决于它上面的雕刻是否栩栩如生, 즉 팔받침대의 예술적 가치의 높고 낮음은 조각의 생동감 여부에 달려있다'고 했다. 이는 다시 말해 팔받침대의 예술적 가치 판단 기준으로 볼 수 있기에, 정답은 D이다.

| 정답 | D

第89到92题是根据下面一段话：

杨树明原是云南腾冲的一名普通农民，后来逐渐成为一代玉雕大师。他极富开拓创新精神，他的玉雕作品取材广泛、手法多样，让人们叹为观止。

一次，杨先生花高价买了一块翡翠玉料。该玉料晶莹剔透，色彩丰富。他原想用这个玉料雕一个小山子摆件，**[89]** 可是雕着雕着，他却突然停了下来。因为他磨开表皮后发现了一个白点，这个白点让他之前的构思都付诸东流。

[90] 完美无瑕的玉石堪称上品，翡翠更是如此。可是这个小小的白点却是这块玉料的"败笔"。"败笔"的出现打破了他先前的设计。如果继续雕刻，很可能达不到原先想要的效果，而且可能会把一块优质的翡翠变成一块廉价的石头。杨先生不得不重新构思。

几经斟酌，他决定改雕成一个"自在罗汉"。经过精雕细刻，"自在罗汉"完成了。自在罗汉侧身而坐，面带微笑，双耳垂肩，右手拂蟾，左手持珠。**[91]** "自在罗汉"构思巧妙，堪称杰作，是一件难得的玉雕精品。

可是，那个"败笔"又去哪儿了呢？原来，罗汉左手所持的那颗智珠就是原来的白点。在杨先生巧妙的设计下，白点虽说是点缀，但在通身水绿色的罗汉身上，它变成了一颗熠熠生辉的明珠，使作品看起来充满了灵性。杨先生真是独具匠心啊！

양수밍(杨树明)은 원래 윈난(云南) 텅충(腾冲)의 평범한 농민이었는데, 후에 점차 한 시대를 풍미한 옥공예 대가가 되었다. 그는 개척과 창조의 정신이 매우 풍부해서 그의 옥공예 작품은 취하는(쓰는) 재료가 광범위하고 기법이 다양하여 사람들이 감탄을 금치 못한다.

한번은 양 선생이 비싼 돈을 들여 비취옥을 하나 샀는데, 그 옥은 매우 맑고 투명하며 색채가 풍부했다. 그는 원래 이 옥으로 작은 산 모양의 장식품을 하나 조각하려고 했는데, **[89]** 조각을 하다가는 갑자기 중지했다. 왜냐하면, 그는 (옥의) 표면을 갈고 나서 흰 점 하나를 발견했는데, 이 흰 점이 그의 이전 구상들을 모두 수포로 돌아가게 했기 때문이었다.

[90] 완전무결한 옥석만이 상등품이라 할 수 있으며, 비취는 더욱더 그러하다. 그러나 이 작디작은 흰 점은 이 비취의 '흠'이었고, '흠'의 출현은 그의 이전 디자인을 깨뜨려 버렸다. 만약 계속해서 조각한다면, 아마도 본래 원했던 효과에 다다를 수 없었을 뿐만 아니라 고품질의 비취를 저렴한 돌멩이 조각으로 전락시키게 될 것이다. 양 선생은 어쩔 수 없이 새로이 구상하기 시작했다.

몇 번의 심사숙고 끝에 그는 '자유로운 나한'을 조각하기로 결정했다. 심혈을 기울인 정교한 조각을 거쳐 '자유로운 나한'이 완성되었다. 자유로운 나한은 몸을 옆으로 하고 앉아 있는데, 얼굴엔 미소를 띠고, 두 귀는 어깨까지 늘어져 있으며, 오른손엔 두꺼비를, 왼손은 진주를 들고 있다. **[91]** 자유로운 나한은 구상이 절묘하여 걸작이라 칭할 만큼 얻기 힘든 명품 옥공예품이다.

그런데 그 '흠'은 또 어디로 간 것일까? 알고 보니 나한이 왼손에 들고 있는 그 진주가 원래의 흰 점이었다. 양 선생의 절묘한 구상 아래 흰 점은 비록 장식이라 하겠지만, 온몸이 연녹색인 나한의 몸에서 번쩍번쩍 빛나는 명주로 변했고, 이는 작품에 영성이 충만해 보이게끔 만들었다. 양 선생은 정말이지 뛰어난 독창성을 가진 사람이었다.

[92] 把瑕疵当成败笔就一定是败笔，可若换一种角度，把瑕疵当成明珠就一定能创造神奇。

[92] 흠을 흠으로 여긴다면 분명 흠이 되지만, 만약 시각을 달리하여 흠을 귀중한 보물로 여긴다면 분명히 기적을 만들 수 있을 것이다.

지문 어휘 杨树明 Yáng Shùmíng 고유 양수밍 | 云南 Yúnnán 고유 윈난 | 腾冲 Téngchōng 고유 텅충 | 逐渐 zhújiàn 부 점차, 점점 | 玉雕 yùdiāo 명 옥공예 | 大师 dàshī 명 대가 | 开拓 kāituò 동 개척하다 ★ | 创新 chuàngxīn 명 창조, 창의, 혁신 ★ | 取材 qǔ cái 동 재료를 취하다, 재료를 구하다 | 手法 shǒufǎ 명 기법, 솜씨 ★ | 叹为观止 tànwéiguānzhǐ 감탄을 금치 못하다, 감탄해 마지않다 | 翡翠 fěicuì 명 비취 | 玉料 yùliào 명 옥 | 晶莹剔透 jīngyíngtītòu 성 매우 맑고 투명하다 | 摆件 bǎijiàn 명 장식품 | 磨 mó 동 갈다, 문지르다 | 表皮 biǎopí 명 표면 | 构思 gòusī 명 구상 동 구상하다 ★ | 付诸东流 fùzhūdōngliú 성 수포로 돌아가다 | 完美 wánměi 형 완벽하다 | 无瑕 wúxiá 형 흠이 없다, 결점이 없다 | 堪称 kānchēng 동 ~라고 할 만하다 | 败笔 bàibǐ 명 (예술 작품의) 흠, 결함 | 打破 dǎpò 동 깨뜨리다, 깨다, 부수다 | 先前 xiānqián 명 이전, 예전 ★ | 雕刻 diāokè 동 조각하다 ★ | 廉价 liánjià 형 저렴하다 | 几经 jǐjīng 몇 번 겪다 | 斟酌 zhēnzhuó 동 심사숙고하다 ★ | 罗汉 luóhàn 명 나한, 불상 | 精雕细刻 jīngdiāoxìkè 성 (예술 작품을) 정밀하게 다듬다 | 侧身 cèshēn 동 몸을 옆으로 기울이다 | 垂 chuí 동 늘어뜨리다 | 蟾 chán 명 두꺼비 | 持 chí 동 들다, 쥐다 | 珠 zhū 명 진주, 구슬 | 巧妙 qiǎomiào 형 절묘하다, 교묘하다 | 堪称 kānchēng 동 ~라고 말할 수 있다 | 杰作 jiézuò 명 걸작 | 难得 nándé 형 얻기 힘들다 ★ | 精品 jīngpǐn 명 명품, 최고급품 | 颗 kē 양 알(둥근 알갱이 모양을 세는 단위) | 点缀 diǎnzhuì 동 장식하다 명 포인트 ★ | 通身 tōngshēn 명 온몸, 전신 | 熠熠生辉 yìyìshēnghuī 번쩍번쩍 빛나다 | 明珠 míngzhū 명 명주, 〈비유〉 귀중한 보물 | 灵性 língxìng 명 영성 | 独具匠心 dújùjiàngxīn 성 독창성을 갖추다 | 瑕疵 xiácī 명 흠, 하자 | 创造 chuàngzào 동 만들다, 창조하다 | 神奇 shénqí 명 기적 형 기묘하다, 신기하다 ★

89

发现白点儿后，杨先生：

A 找卖方退换
B 停止了操作
C 撕毁了设计图
D 将玉料转卖给他人

흰 점을 발견한 후, 양 선생은 어떻게 했는가?

A 판매자를 찾아 반품했다
B 작업을 중지했다
C 설계도를 찢어버렸다
D 옥을 다른 사람에게 되팔았다

보기 어휘 退换 tuìhuàn 동 반품하다, 교환하다 | 操作 cāozuò 명 작업, 조작 동 작업하다 ★ | 撕毁 sīhuǐ 동 찢어버리다 | 转卖 zhuǎnmài 동 되팔다

해설 질문의 '发现白点儿'이 힌트로 이는 두 번째 단락에서 언급되었다. 본문에서 '他却突然停了下来。因为他磨开表皮后发现了一个白点, 즉 표면을 갈고 나서 흰 점을 발견하고는 조각을 하다가 갑자기 중지했다'라고 했으므로, 정답은 B이다.

정답 B

90

根据第3段，什么样的玉石才堪称上品？

A 声音清脆
B 色泽明亮
C 表面光滑
D 没有任何瑕疵

세 번째 단락에 근거하면, 어떠한 옥석이 상등품인가?

A 소리가 맑은 것
B 색깔과 광택이 밝고 빛나는 것
C 표면이 매끄러운 것
D 어떠한 흠도 없는 것

보기 어휘 清脆 qīngcuì (형) (소리 등이) 맑다 | 色泽 sèzé (명) 색깔과 광택 | 明亮 míngliàng (형) 밝다, 빛나다 | 光滑 guānghuá (형) 매끄럽다, 반들반들 윤이 나다

해설 세 번째 단락에서 '完美无暇的玉石堪称上品, 즉 완전무결한 옥석만이 상등품이다'라고 했다. '완전무결하다'는 것은 다시 말하면 아무런 흠이 없이 완벽하다는 의미이기에 '没有任何瑕疵'라고 표현한 D가 정답이다.

정답 D

91

关于"自在罗汉"，可以知道：

A 构思巧妙
B 形态笨拙
C 象征权力
D 用废料雕成

'자유로운 나한'에 관하여 알 수 있는 것은?

A 구상이 절묘했다
B 형태가 둔탁하다
C 권력을 상징한다
D 폐품으로 만들었다

보기 어휘 形态 xíngtài (명) 형태 ★ | 笨拙 bènzhuō (형) 둔탁하다, 우둔하다 ★ | 象征 xiàngzhēng (동) 상징하다 | 废料 fèiliào (명) 폐품

해설 '自在罗汉'에 관한 내용은 네 번째 단락에 있다. 자유로운 나한의 모습을 묘사하면서, '自在罗汉构思巧妙, 즉 자유로운 나한은 구상이 절묘하다'고 했으므로, 정답은 A이다.

정답 A

92

上文主要想告诉我们什么？

A 万事开头难
B 吃一堑，长一智
C 要学会运用"败笔"
D 好的开始是成功的一半

윗글이 우리에게 주로 이야기하고자 하는 것은 무엇인가?

A 모든 일은 시작이 어렵다
B 한 번 실패를 겪고 나면 그만큼 현명해진다
C '흠'을 활용할 줄 알아야 한다
D 좋은 시작은 성공의 반이다

보기 어휘 开头 kāitóu (명) 시작, 처음 | 堑 qiàn (명) 실패, 좌절 | 长 zhǎng (동) 생기다, 나다 | 智 zhì (명) 지혜, 슬기 | 吃一堑，长一智 chīyíqiàn, zhǎngyízhì 한 번 실패를 겪고 나면 그만큼 현명해진다

> **해설** 글의 주제를 묻는 문제로, 마지막 단락에 정답이 있다. 흠을 흠으로만 보면 그냥 흠이 될 뿐이라고 언급하면서 '把瑕疵当成明珠就一定能创造神奇, 즉 흠을 귀중한 보물로 여긴다면 기적을 만들 수 있을 것이다'라고 했기에, 흠을 활용할 줄 알아야 한다고 한 C가 정답이다.

> **정답** C

第93到96题是根据下面一段话：

[93] B 干细胞是一种未充分分化，尚不成熟的原始细胞，它具有自我复制能力和多向分化潜能。干细胞在特定的微环境中能分化并发育成血液、肌肉、神经、心脏等不同的组织器官，因此 **[96]** 也被医学界称为"万用细胞"。

根据干细胞的发育潜能分为三类： **[93] C** 第一类是全能干细胞，它能分化成所有组织和器官，即具有形成完整个体分化潜能。用它就可以克隆人类。全能干细胞进一步分化，可形成各种组织干细胞，又称多能干细胞。 **[93] D** 它具有分化出各种细胞组织的潜能，但不能发育成完整的个体。多能干细胞进一步分化，可形成专能干细胞，专能干细胞只能分化成某一类型的细胞，如某些肝脏细胞、骨髓造血干细胞。

因脊髓损伤而瘫痪的患者，以及患有失明、艾滋病、心肌梗塞和糖尿病等疾病的绝大多数患者，都可以借助干细胞移植手术得到康复。 **[93] A** 干细胞治疗疾病的基本原理是对组织细胞损伤的修复、替代损伤细胞的功能、刺激机体自身细胞的再生功能。干细胞在治疗疾病时可以选用患者自身的皮肤细胞制成多能干细胞，这与传统的异体间的器官移植不同，不会受到免疫系统的排斥。

造血系统是由造血器官和造血干细胞组成的。在20世纪初，科学家推测血液中存在造血干细胞。直到第二次世界大战后，科学家通过实验证实了人体内和动物体内都存在造血干细胞。 **[95]** 造血干细胞

[93] B 줄기세포는 아직 충분히 분화되지 않고 아직은 성숙하지 않은 일종의 원시세포이다. 이것은 자아 복제능력과 다방면으로 분화하는 잠재력을 가지고 있다. 줄기세포는 특정한 미세환경 속에서 분화하고 혈액, 근육, 신경, 심장 등 서로 다른 조직기관으로 성장하기 때문에, **[96]** 의학계에서는 '만능 세포'라고도 불린다.

줄기세포의 성장 잠재력에 따라 3종류로 나눌 수 있다. **[93] C** 첫 번째는 전능성 줄기세포로, 모든 조직과 기관으로 분화될 수 있다. 즉, 완전한 개체를 형성할 수 있는 분화잠재력을 지니고 있어서 이것을 이용하여 인간복제가 가능하다. 전능성 줄기세포가 한층 더 분화되면 각종 조직의 줄기세포를 형성할 수 있어서 다능성 줄기세포라고도 불린다. **[93] D** 이것은 각종 세포조직으로 분화될 수 있는 잠재력을 가지고 있지만, 완전한 개체로 성장하지는 못한다. 다능성 줄기세포가 더 분화되면, 다분화능 줄기세포를 형성하게 된다. 다분화능 줄기세포는 일부 간세포나 골수 조혈모세포와 같은 어떤 한 종류의 세포로만 분화될 수 있다.

척수 손상으로 인한 마비환자 및 실명, 에이즈, 심근경색, 당뇨병 등의 질병을 앓고 있는 대다수의 환자들 모두 줄기세포 이식 수술의 힘을 빌려 건강을 회복할 수 있다. **[93] A** 줄기세포 치료의 기본원리는 조직 세포 손상에 대한 복원, 손상 세포의 기능 대체, 유기체 세포 자체의 재생기능 자극이다. 줄기세포는 질병을 치료할 때 환자 자신의 피부 세포를 이용하여 다능성 줄기세포를 만들 수 있다. 이것은 기존의 이체(異体) 간의 기관 이식과는 달라서, 면역체계의 거부반응이 생기지 않는다.

조혈 시스템은 조혈 기관과 조혈모세포로 구성되어 있다. 20세기 초, 과학자들은 혈액 내에 조혈모세포가 존재한다고 추측했다. 2차 세계대전 후에 이르러 과학자들은 실험을 통해 사람과 동물의 체내에 모두 조혈모세포가 존재한다는 것을 증명했다. **[95]** 조혈모세포는 주로 골수와 외주혈(外周血)에 존재하

主要存在于骨髓和外周血中，含量不多。造血干细胞的移植是治疗血液系统疾病、先天性遗传疾病的最有效方法。

干细胞在治疗帕金森氏症等脑疾病方面也有疗效。此外，科学家们还试图把人体干细胞移植到动物体中进行培育，形成嵌合体，并将这些源自人体干细胞的器官应用于临床移植治疗。

며, 함량은 많지 않다. 조혈 줄기세포의 이식은 혈액체계의 질병과 선천성 유전 질환을 치료하는 가장 효과적인 방법이다.

줄기세포는 파킨슨병 등 뇌 질환을 치료하는 방면에도 효과가 있다. 이외에, 과학자들은 또 인체 줄기세포를 동물의 체내에 이식하고 배양하여 키메라(Chimera)를 만들려고 시도하고 있으며, 이러한 인체 줄기세포에서 기인한 기관을 임상 이식 치료에 응용할 계획이다.

지문 어휘 细胞 xìbāo 몡 세포 ★ | 干细胞 gànxìbāo 몡 줄기세포 | 未 wèi 튀 아직 ~하지 않다 | 充分 chōngfèn 튀 충분히, 십분 | 分化 fēnhuà 동 분화하다 | 尚 shàng 튀 아직 | 原始 yuánshǐ 혱 원시의, 일차의 ★ | 复制 fùzhì 동 복제하다 | 多向 duōxiàng 혱 다방면의 | 潜能 qiánnéng 몡 잠재력 | 特定 tèdìng 혱 특정한 ★ | 微环境 wēihuánjìng 몡 미세환경 | 发育 fāyù 동 성장하다, 자라다, 발육하다 ★ | 肌肉 jīròu 몡 근육 | 神经 shénjīng 몡 신경 ★ | 心脏 xīnzàng 몡 심장 | 组织 zǔzhī 몡 조직 | 器官 qìguān 몡 (생물) 기관 ★ | 全能干细胞 quánnéng gànxìbāo 전능성 줄기세포(totipotent stem cell), 배아줄기세포 | 即 jí 튀 즉 | 完整 wánzhěng 혱 완전하다, 완벽하다 | 个体 gètǐ 몡 개체 ★ | 克隆 kèlóng 동 복제하다 | 多能干细胞 duōnéng gànxìbāo 다능성 줄기세포(Pluripotent stem cell) | 专能干细胞 zhuānnéng gànxìbāo 다분화성 줄기세포(adult stem cell), 성체줄기세포 | 肝脏细胞 gānzàng xìbāo 몡 간세포 | 骨髓 gǔsuǐ 몡 골수 | 造血 zàoxiě 동 조혈하다 | 造血干细胞 zàoxiě gànxìbāo 조혈모세포 | 脊髓 jǐsuǐ 몡 척수 | 损伤 sǔnshāng 동 손상되다 | 瘫痪 tānhuàn 동 (의학) 마비되다 ★ | 患者 huànzhě 몡 환자 ★ | 失明 shīmíng 동 실명하다 | 艾滋病 àizībìng 몡 에이즈(AIDS) | 心肌梗塞 xīnjī gěngsè 몡 심근경색 | 糖尿病 tángniàobìng 몡 당뇨병 | 疾病 jíbìng 몡 질병, 병, 질환 ★ | 借助 jièzhù 동 ~의 힘을 빌리다, ~의 도움을 받다 ★ | 移植 yízhí 동 (의학) 이식하다 | 康复 kāngfù 동 건강을 회복하다 | 治疗 zhìliáo 동 치료하다 | 原理 yuánlǐ 몡 원리 ★ | 修复 xiūfù 동 복원하다, 재생하다 ★ | 替代 tìdài 동 대체하다, 대신하다 | 功能 gōngnéng 몡 기능, 작용 | 刺激 cìjī 동 자극하다 | 机体 jītǐ 몡 유기체, 생물체 | 自身 zìshēn 대 자체, 자신 | 再生 zàishēng 동 재생하다, 소생하다 | 选用 xuǎnyòng 동 골라쓰다 | 异体 yìtǐ 몡 이체 | 免疫 miǎnyì 몡 (의학) 면역, 면역되다 ★ | 排斥 páichì 동 거부하다, 배척하다 | 推测 tuīcè 동 추측하다 ★ | 证实 zhèngshí 동 증명하다 | 外周血 wàizhōuxuè 몡 외주혈 | 先天 xiāntiān 몡 선천(적) | 遗传 yíchuán 동 (생물) 유전하다 ★ | 帕金森氏症 pàjīnsēnshìzhèng 몡 파킨슨병 | 疗效 liáoxiào 몡 (치료) 효과 | 试图 shìtú 동 시도하다 ★ | 培育 péiyù 동 배양하다, 기르다 ★ | 嵌合体 qiànhétǐ 몡 키메라(Chimera) | 临床 línchuáng 동 임상치료하다 ★

93

关于干细胞，下列正确的是：

A 可以再生各种组织器官
B 干细胞是成熟的原始细胞
C 所有干细胞都能克隆人类
D 多能干细胞能发育成完整个体

줄기세포에 관하여, 다음 중 옳은 것은?

A 각종 조직 기관을 재생시킬 수 있다
B 줄기세포는 성숙한 원시세포이다
C 모든 줄기세포는 모두 인간복제가 가능하다
D 다능성 줄기세포는 완전한 개체로 자랄 수 있다

해설 글 전체가 줄기세포에 관한 내용으로, 보기대조형 문제이다. 본문에서 줄기세포는 아직 성숙하지 않은 원시세포라고 했고, 전능성 줄기세포를 이용하여 인간복제가 가능하며, 다능성 줄기세포는 완전한 개체가 될 수 없다고 했기에 B와 C, D는 정답이 아니다. 세 번째 단락에서 '干细胞治疗疾病的**基本原理**对组织细胞损伤的**修复**、…、刺激…的**再生功能**, 즉 줄기세포 치료의 기본원리는 조직 세포 손상에 대한 복원, …, 재생기능 자극이다'라고 했기에, 정답은 A이다.

정답 A

94

第3段主要谈的是: | 세 번째 단락에서 주로 이야기 하는 것은?

A 预防疾病的方法
B 干细胞的医学价值
C 糖尿病的典型症状
D 器官移植的前提条件

A 질병을 예방하는 방법
B 줄기세포의 의학적 가치
C 당뇨병의 전형적인 증상
D 기관 이식의 전제조건

보기 어휘 预防 yùfáng 동 예방하다 | 典型 diǎnxíng 형 전형적이다 ★ | 症状 zhèngzhuàng 명 증상 ★ | 前提 qiántí 명 전제 ★

해설 세 번째 단락에서는 줄기세포 이식 수술로 회복될 수 있는 질병들이 언급되었고, 뒤이어 줄기세포 치료의 기본원리 및 기존의 이식 수술과의 차이점을 설명하고 있다. 따라서 이 단락의 주제는 의학분야에서의 줄기세포의 가치라고 할 수 있으므로 정답은 B이다.

정답 B

95

根据第4段, 可以知道: | 네 번째 단락에 근거하여 알 수 있는 것은?

A 造血干细胞含量极少
B 血液系统疾病无法治愈
C 造血干细胞存在于毛发中
D 造血干细胞是人类特有的

A 조혈모세포의 함량은 극히 적다
B 혈액체계 질병은 치유 방법이 없다
C 조혈모세포는 모발에 있다
D 조혈모세포는 사람에게만 있다

보기 어휘 治愈 zhìyù 동 치유하다, 완치하다 | 毛发 máofà 명 모발 | 特有 tèyǒu 동 ~만 (특별히) 가지다, 특유하다

해설 네 번째 단락은 조혈모세포에 관해 설명하고 있다. 본문에서 '造血干细胞主要存在于骨髓、外周血中, 含量不多'라며 조혈모세포의 함량이 많지 않다고 했으므로, 정답은 A이다.

정답 A

96

最适合做上文标题的是：

A 可以复制的生命
B 帕金森氏症者的福音
C 万用细胞——干细胞
D 克隆——另一个自己

윗글의 제목으로 가장 적합한 것은?

A 복제할 수 있는 생명
B 파킨슨병 환자의 복음
C 만능 세포 – 줄기세포
D 클론(clone) – 또 다른 나

보기 어휘 福音 fúyīn 명 (종교) 복음

해설 첫 번째 단락에서 줄기세포를 소개하면서 '也被医学界称为'万用细胞', 즉 의학계에서는 '만능 세포'라고도 불린다'라고 언급했다. 이어서 줄기세포의 형성과정 및 이용에 관해 설명한 글이므로, 제목으로는 줄기세포를 만능 세포라고 한 C가 정답이다.

정답 C

第97到100题是根据下面一段话：

没有人会否认口碑拥有成就或毁灭一个新产品的强大力量。营销专家自然了解口碑的重要性，但从未想到，(97) 网络特别是互联网论坛和社交网站的出现，让口碑拥有了惊人的传播速度，它们完全可以让一个产品迅速从巅峰跌落至谷底。一个互联网论坛上的帖子详细说明了怎样用一支圆珠笔撬开一个知名品牌自行车的车锁。谁也没想到，就是这样一个短短的帖子，让拥有50年信誉的品牌遭受了有史以来最大的质疑。尽管这家公司在8个工作日内便推出免费换锁计划，却仍无法阻挡互联网上信息的传播，以至全世界都知道了他们的设计缺陷。

营销大师们一直声称，比起向别人推荐好的产品和服务，消费者可能更容易指责令他们感到不满意之处。然而，研究结果表明，营销大师们的推断毫无根据。该研究小组对2000名消费者进行采访后发现，(98) 人们更愿意告诉别人好的消费体验，而不是对产品进行恶意评论。

평판이란 것이 신제품을 성공시키거나 혹은 파멸시키는 큰 힘을 가지고 있다는 것을 부인할 사람은 아무도 없을 것이다. 마케팅 전문가들은 자연스럽게 평판의 중요성을 알게 되었지만, (97) 인터넷 특히 인터넷 게시판과 SNS의 출현은 평판이 놀랄만한 전파속도를 갖게 만들었고 평판이 하나의 제품을 최정상에서 밑바닥으로 빠르게 떨어뜨리는 게 완전히 가능하다는 것은 생각지 못했다. 한 인터넷 게시판의 댓글은 볼펜 하나로 어떻게 유명 브랜드의 자전거 자물쇠를 여는지 상세하게 설명했다. (그리고) 이런 아주 짧은 댓글 하나로 인해 50년 명성의 브랜드가 창사 이래 최대 의혹 제기를 받게 될지 아무도 생각지 못했다. 비록 이 회사는 업무일 기준 8일 안에 바로 자물쇠 무료 교환 계획을 내놓았음에도 여전히 인터넷상의 정보 전파를 막을 방법이 없었고, 전 세계가 모두 그들의 설계 결함을 알게 되었다.

마케팅 전문가들은 다른 사람에게 좋은 상품이나 서비스를 추천하는 것과 비교했을 때 소비자들은 그들이 불만족스럽게 느끼는 점을 지적하는 경우가 더 많다고 계속 이야기했다. 그러나 마케팅 전문가들의 추정은 전혀 근거가 없는 것으로 밝혀졌다. 이 연구팀은 2,000명의 소비자를 대상으로 인터뷰를 진행한 후에 (98) 사람들이 타인에게 좋았던 소비 경험을 더 알리고 싶어 하지, 제품에 대한 악의적인 평가를 하고자 하는 것이 아니라는 것을 발견했다.

该研究小组还发现，行业领导者往往拥有最佳口碑，从而在众多竞争对手中占据优势。另外，传播坏口碑的消费者也不会一味地指出产品的缺陷，往往也会传播产品的正面内容。[99] 所以对商家来说，如果能赢得这样的消费者的"芳心"的话，那对提升口碑有着十分重要的意义。

这些研究结果包含着行之有效的营销见解，譬如要善于利用不满意的用户等。找出那些进行负面宣传的消费者是值得的，因为他们一旦开始进行负面宣传，就会"传染"给那些甚至从未尝试过某项产品的人，这种力量是巨大的。所以商家应该试图通过意见簿或者数据库，找出这些可能毁灭一个品牌的消费者，并进行良性沟通。

이 연구팀은 또 업계 리더는 종종 최고의 평판을 가지고 있고, 그로 인해 수많은 경쟁 상대들 가운데 우위를 차지한다는 것도 발견했다. 이 밖에 나쁜 평판을 전파하는 소비자 역시 무턱대고 제품의 결함만을 지적하는 것이 아니라 종종 제품의 긍정적인 내용도 전파한다. [99] 그러므로 업체의 입장에서는 만약 이러한 소비자들의 '환심'을 얻는다면, 평판 향상에 굉장히 중요한 의의를 갖게 될 것이다.

이러한 연구 결과는 불만족스러워 하는 사용자를 잘 이용해야 한다는 등의 효과적인 마케팅 전략을 포함하고 있다. 부정적인 홍보를 하는 소비자들을 찾아내는 것은 가치 있는 일이다. 왜냐하면, 그들이 만약 부정적인 홍보를 시작하면, 그 제품을 써본 적 없는 사람들까지도 '감염'시킬 수 있고, 그 힘은 엄청나기 때문이다. 그러므로 업체들은 고객의 소리나 데이터베이스를 통해 브랜드를 파멸시킬 수 있는 그런 소비자들을 찾아내어 건설적인 소통을 해야 한다.

지문 어휘 否认 fǒurèn 동 부인하다, 부정하다 | 口碑 kǒubēi 명 평판, 입소문 | 拥有 yōngyǒu 동 가지고 있다 ★ | 成就 chéngjiù 동 성공시키다, 이루다 | 毁灭 huǐmiè 동 파멸시키다 ★ | 营销 yíngxiāo 동 마케팅하다 | 专家 zhuānjiā 명 전문가 | 互联网 hùliánwǎng 명 인터넷 | 论坛 lùntán 명 게시판, 칼럼 ★ | 社交网站 shèjiāo wǎngzhàn 명 SNS | 惊人 jīngrén 형 사람을 놀라게 하다, 놀랍다 | 传播 chuánbō 동 전파하다 명 전파 | 巅峰 diānfēng 명 최정상, 절정 | 跌落 diēluò 동 떨어지다 | 谷底 gǔdǐ 명 밑바닥, 최저점 | 帖子 tiězi 명 댓글 | 圆珠笔 yuánzhūbǐ 명 볼펜 | 撬开 qiàokāi 동 (비틀어) 열다 | 知名品牌 zhīmíng pǐnpái 명 유명 브랜드 | 信誉 xìnyù 명 명성, 신용, 평판 ★ | 遭受 zāoshòu 동 (불행이나 손해를) 받다, 당하다, 입다 ★ | 有史以来 yǒushǐyǐlái 성 유사 이래로 | 质疑 zhìyí 동 의혹을 제기하다 | 推出 tuīchū 동 내놓다, 출시하다 | 阻挡 zǔdǎng 동 막다, 저지하다 | 以至 yǐzhì 접 ~에 이르다 ★ | 缺陷 quēxiàn 명 결함 | 声称 shēngchēng 동 이야기하다, 표명하다 | 推荐 tuījiàn 동 추천하다 | 指责 zhǐzé 동 지적하다 | 表明 biǎomíng 동 분명하게 밝히다 | 推断 tuīduàn 명 추정, 추론 | 毫无 háowú 전혀 ~가 없다, 조금도 ~이 없다 | 小组 xiǎozǔ 명 팀, 조, 그룹 | 采访 cǎifǎng 동 인터뷰하다 | 体验 tǐyàn 명 경험, 체험 | 恶意 èyì 형 악의적이다 | 评论 pínglùn 명 평가, 평론 ★ | 行业 hángyè 명 업계, 업종 | 领导 lǐngdǎo 명 리더, 책임자 | 占据 zhànjù 동 차지하다 | 优势 yōushì 명 우위, 우세, 장점 | 一味 yíwèi 부 무턱대고, 단순히 | 指出 zhǐchū 동 지적하다, 밝히다 | 正面 zhèngmiàn 명 긍정적인 면, 좋은 면 | 商家 shāngjiā 명 업체, 가게 | 赢得 yíngdé 동 얻다, 획득하다 | 芳心 fāngxīn 명 환심 | 提升 tíshēng 동 향상시키다, 끌어올리다 | 行之有效 xíngzhīyǒuxiào 성 효과적이다 | 见解 jiànjiě 명 견해 ★ | 譬如 pìrú 동 예를 들다 ★ | 负面 fùmiàn 명 부정적인 면 | 宣传 xuānchuán 동 홍보하다 | 值得 zhídé 동 가치가 있다, 의의가 있다 | 从未 cóngwèi 부 여태껏 ~한 적이 없다 | 尝试 chángshì 동 시도해 보다 ★ | 试图 shìtú 동 시도하다 ★ | 意见簿 yìjiànbù 명 고객의 소리, 고객의견 | 数据库 shùjùkù 명 데이터 베이스 | 良性 liángxìng 형 건설적인, 양성의 | 沟通 gōutōng 동 소통하다, 교류하다

97

第1段的案例说明互联网出现后： | 첫 번째 단락의 사례는 인터넷 출현 후의 무엇을 설명하는가?

A 产品质量快速下降 | A 제품의 품질이 빠르게 저하되었다
B 售后服务水平飙升 | B A/S 수준이 급격히 향상되었다
C 知名品牌易遭受质疑 | C 유명 브랜드가 쉽게 의혹을 받는다
D 口碑传播速度更为迅速 | D 평판의 전파속도가 더욱 빨라졌다

보기 어휘 案例 ànlì 명 사례 ★ | 售后服务 shòuhòu fúwù 명 A/S, 애프터서비스 | 飙升 biāoshēng 동 급격히 향상하다, 급격히 오르다

해설 첫 번째 단락에 언급된 사례는 50년 명성의 한 브랜드가 댓글 하나로 인해 창사 이래 최대 위기를 맞은 이야기이다. 그렇게 된 주요한 이유가 '互联网论坛和社交网站的出现，让口碑拥有了惊人的传播速度'라며 인터넷 게시판과 SNS의 출현으로 평판이 놀라운 전파속도를 갖게 되었기 때문이라고 했다. 따라서 정답은 D이다.

정답 D

98

根据第2段，消费者： | 두 번째 단락에 근거하면, 소비자는 어떠한가?

A 更倾向于传播好口碑 | A 좋은 평판을 전파하려는 경향이 더 많다
B 笃信营销大师的说法 | B 마케팅 전문가의 의견을 맹신한다
C 对大大小小的产品极其挑剔 | C 모든 상품에 대해 지나치게 트집을 잡는다
D 总是在网上对产品进行恶意评论 | D 항상 인터넷상에서 제품에 대해 악의적인 평가만 한다

보기 어휘 倾向 qīngxiàng 동 (한쪽으로) 기울다 명 경향, 추세 ★ | 笃信 dǔxìn 동 맹신하다 | 极其 jíqí 부 지나치게, 몹시, 아주 | 挑剔 tiāotī 형 트집을 잡다 ★

해설 두 번째 단락에서 마케팅 전문가들의 주장이 전혀 근거가 없음을 언급하였고, 또한 본문에서 '人们更愿意告诉别人好的消费体验，而不是对产品进行恶意评论, 즉 좋았던 소비 경험을 더 알리고 싶어한다'고 했기에, A가 정답이다.

정답 A

99

下面哪个词可以替换第3段中的画线词语？ | 다음 중 세 번째 단락의 밑줄 친 단어와 바꿀 수 있는 것은?

A 投诉 | A 신고
B 赞许 | B 칭찬
C 监督 | C 감독
D 原谅 | D 용서

| 보기어휘 | 投诉 tóusù 동 신고하다, 고소하다 ★ | 赞许 zànxǔ 동 칭찬하다, 칭찬하고 지지하다 | 监督 jiāndū 동 감독하다 ★ | 原谅 yuánliàng 동 용서하다, 양해하다

| 해설 | 앞뒤의 문장을 해석해서 정답을 유추해야 한다. 만약 소비자들의 '芳心(환심)'을 얻는다면, 평판 향상에 중요한 의미가 있을 것이다라고 했으므로, 의미상 가장 근접한 정답은 '칭찬하다'라는 의미의 B이다.

| 정답 | B

100

最适合做上文标题的是：

A 营销的灵魂
B 口碑的力量
C 品牌成功的秘诀
D 网络是一把双刃剑

윗글의 제목으로 가장 알맞은 것은?

A 마케팅의 핵심요소
B 평판의 힘
C 브랜드 성공의 비결
D 인터넷은 양날의 검

| 보기어휘 | 灵魂 línghún 명 핵심요소, 영혼 ★ | 秘诀 mìjué 명 비결 | 双刃剑 shuāngrènjiàn 명 양날의 검

| 해설 | 첫 번째 단락의 어떤 회사의 이미지 추락 역시 브랜드 평판에서 시작되었고, 소비자의 환심을 사서 브랜드 평판을 높이는 것도 중요하고, 평판이 좋고 나쁨이 하나의 브랜드를 좌우지 할 수 있다는 등 전반적으로 브랜드의 평판의 파급력에 대해 언급하고 있다. 따라서 정답은 B이다.

| 정답 | B

HSK 6급 5회 쓰기

101번 문제는 한 편의 글을 읽고 요약쓰기를 하는 문제입니다.

第101题

（1）仔细阅读下面这篇文章，时间为10分钟，阅读时不能抄写、记录。
（2）10分钟后，监考收回阅读材料，请你将这篇文章缩写成一篇短文，时间为35分钟。
（3）标题自拟。只需复述文章内容，不需加入自己的观点。
（4）字数为400左右。
（5）请把作文直接写在答题卡上。

　　一天，电视上的一个新闻画面吸引了一个6岁小男孩儿瑞恩的视线。某地区数以万计的儿童因缺水而喝泥地里的脏水。瑞恩看完后感到十分惊讶。他没有想到世上竟然还有人喝不上干净的水，为此他伤心极了。这时，电视上的新闻记者说了一句话——"70块钱就可以挖一口井"，这让瑞恩兴奋不已。他心想一定要为他们挖一口井！新闻结束后，瑞恩便急匆匆地向妈妈伸手要70块钱，可妈妈摇摇头拒绝了，瑞恩垂头丧气地走进了自己的房间。可是那些孩子没水喝的新闻画面一直浮现在他的脑海中，让他闷闷不乐。晚上，他再次向父母说起此事。妈妈说："70块钱太少了，根本无法解决他们的困难。何况你自己还是个孩子，以你的微薄之力是无法帮助他们的。"瑞恩用充满期待的双眼望着爸爸。可爸爸却说："这太荒唐了，瑞恩……"还没等爸爸说完，瑞恩就忍不住哭了起来，说："你们刚才没有亲眼看到那个画面，所以你们不了解。那里的孩子没水喝，实在是太可怜了。"

어느 날, TV 속 뉴스의 한 장면이 6살 남자아이 라이언의 눈길을 잡아끌었다. 어떤 지역에서 상당히 많은 어린이가 물이 부족하여 진흙탕 속의 더러운 물을 마시는 것이었다. 라이언은 (이 장면을) 보고 난 뒤 굉장히 놀랐다. 그는 (이) 세상에 아직도 깨끗한 물을 마시지 못하는 사람이 있다고는 생각지도 못했기 때문에 굉장히 슬펐다. 이때 '70위안이면 우물을 하나 팔 수 있습니다'라는 TV 속 뉴스 기자의 한 마디가 라이언을 흥분하게 만들었다. 그는 그들을 위해 우물을 하나 꼭 파 줘야겠다고 마음속으로 생각했다. 뉴스가 끝난 후 라이언은 부리나케 엄마한테 70위안을 달라고 손을 내밀었지만, 엄마는 고개를 저으며 거절했고, 라이언은 풀이 죽어 자신의 방으로 들어갔다. 하지만 마실 물이 없었던 그 아이들의 뉴스 장면이 계속해서 머릿속에 떠오르자 그는 매우 답답하고 우울했다. 저녁에 그는 다시 한번 부모님께 그 일을 언급했다. 그러자 엄마는 '70위안은 너무 적어서 그들의 어려움을 전혀 해결해 줄 수 없단다. 더군다나 너도 아직은 어린애잖니, 너의 작은 힘으로는 그들을 도울 수 없어.'라고 말했다. 라이언은 기대 가득한 눈으로 아빠를 바라보았다. 하지만 아빠는 오히려 '이건 너무 터무니없구나, 라이언……'이라고 했고. 아빠의 말이 채 끝나기도 전에 라이언은 참지 못하고 울음을 터트리면서 말했다. "엄마, 아빠는 방금 전 그 장면을 직접 못 봐서 이해 못 하시는 거예요. 거기 아이들은 마실 물이 없다니까요. 정말 너무 불쌍해요."

从那天起，瑞恩每天都坚持向父母要70块钱。由于瑞恩的坚持，他的父母不得不重新考虑这件事。后来他们想出了一个办法并对瑞恩说："如果你真的需要钱，你可以靠自己的劳动赚钱，比如擦桌子、洗袜子、倒垃圾等等，我们会给你报酬的。"听完后瑞恩高兴得跳了起来。那天瑞恩干了很多力所能及的家务，妈妈检查完以后，给了瑞恩两块钱。从此，瑞恩常常利用课后和周末的时间做家务。瑞恩的爷爷十分心疼孙子便对儿子说："你们不要让他这么辛苦地做家务了，直接给他70块钱吧！"瑞恩的爸爸回答道："他的想法太天真了，是不可能实现的。我们这样做是为了锻炼一下他的动手能力。"

转眼间半年过去了，瑞恩做家务做得越来越熟练了，而且完全没有要放弃的意思。每当父母劝他放弃的时候，瑞恩就会坚定地说："我一定要赚到足够的钱，为那些孩子挖口井，让他们喝上干净的水。"久而久之，邻居们被瑞恩的坚持所感动，也纷纷加入到这个活动中。

过了一段时间，当地最有影响力的报社报道了瑞恩的故事，标题是"瑞恩的井"。之后，很多记者也采访了瑞恩。就这样，瑞恩的故事迅速传遍了全国各地。一个星期后，一封陌生的来信让瑞恩感到非常温暖，信封上写着"瑞恩的井"，里面有一张25万元的支票，还有一行字：希望我能帮到你。在不到一个月的时间里，瑞恩一共收到了将近3千万元的汇款。5年以后，瑞恩的梦想变成了上万人共同为之奋斗的一项慈善事业。

有一位记者问瑞恩："你坚持下去的动力是什么？"瑞恩说："我的梦想很简单，就是想让那里的孩子喝上干净的水。虽然很多人觉得我的梦想可笑，觉得我的力量微不足道，但是我相信只要坚持到底，永不放弃，就能实现心中的梦想"。

그날부터 라이언은 매일 부모님에게 70위안을 달라고 했다. 라이언의 의지 때문에 그의 부모는 어쩔 수 없이 다시금 이 일에 대해 생각해 보게 되었으며 후에 그들은 한 가지 방법을 생각해서 라이언에게 말했다. "만일 네가 정말로 돈이 필요하다면 네가 스스로 일을 해서 돈을 벌으렴! 책상을 닦는 다던지, 양말을 빤 다던지, 쓰레기를 버리거나 해서 말이야. 그럼 엄마, 아빠가 보수를 줄게." (이 말을) 듣고 라이언은 뛸 듯이 기뻐했다. 그날 라이언은 할 수 있는 한 많은 집안일을 했고, 엄마는 검사한 후 라이언에게 2위안을 주었다. 그때부터 라이언은 방과 후와 주말을 이용해서 집안일을 했다. 라이언의 할아버지는 손자를 몹시 아끼셨고 그래서 아들에게 '라이언에게 이렇게 힘들게 집안일을 시키지 말고 그냥 70위안을 주거라'고 말씀하셨다. 라이언의 아빠는 '라이언의 생각이 너무 순진하잖아요, 실현될 수 없어요. 저희가 이렇게 하는 것은 라이언의 실천력을 단련시키기 위함입니다.'라고 대답했다.

눈 깜짝할 사이 반년이 지나갔고, 라이언은 집안일 하는 것이 점점 더 능숙해졌으며 게다가 포기하려는 생각도 전혀 없었다. 매번 부모님이 그에게 포기하라고 할 때면 라이언은 '저는 꼭 충분한 돈을 벌어서 그 아이들에게 우물을 파주고, 그들이 깨끗한 물을 마실 수 있게 할거예요.'라고 확고하게 말했다. 시간이 오래 지나면서 이웃들은 라이언의 의지에 감동을 받아 잇달아 이 활동에 동참했다.

얼마간의 시간이 지나고 그 지역의 영향력 있는 신문사에서 '라이언의 우물'이라는 타이틀로 라이언의 이야기를 보도했다. 그 후로 많은 기자들이 라이언을 취재했고 이렇게 라이언의 이야기는 전국 각지로 빠르게 퍼져 갔다. 일주일 뒤, 낯선 편지 한 통에 라이언은 굉장히 따뜻함을 느꼈다. 봉투에는 '라이언의 우물'이라고 쓰여 있었고 안에는 25만 위안짜리 수표 한 장이 들어 있었으며 '내가 네게 도움이 되기를 희망한다'는 글씨가 한 줄 쓰여 있었다. 한 달이 채 되지 않는 시간 동안 라이언은 거의 3천만 위안에 달하는 돈을 송금받았다. 5년 뒤, 라이언의 (우물 파주기) 꿈은 (이미) 수많은 사람들이 함께 애쓰는 자선사업으로 변했다.

라이언에게 어떤 기자가 '네가 꾸준히 할 수 있었던 원동력이 무엇이니?'라고 묻자, 라이언은 '제 꿈은 매우 간단해요, 그냥 그곳의 아이들이 깨끗한 물을 마실 수 있었으면 했어요. 많은 사람들이 저의 꿈을 우습다고 생각하고 제 힘이 보잘것없다고 여겼지만, 저는 끝까지 포기하지 않고 꾸준히만 한다면 마음속의 꿈을 실현할 수 있다고 믿었답니다.'라고 말했다.

지문 어휘

瑞恩 Ruì'ēn 고유 라이언 | 视线 shìxiàn 명 눈길, 시선 ★ | 地区 dìqū 명 지역, 지구 | 数以万计 shùyǐwànjì 성 상당히 많다 | 缺水 quē shuǐ 물이 부족하다 | 泥地 nídì 명 진흙탕 | 脏 zāng 형 더럽다, 지저분하다 | 惊讶 jīngyà 형 놀라다, 경악하다 ★ | 挖 wā 동 파다 | 口 kǒu 양 개(입구가 있는 것을 세는 단위) | 井 jǐng 명 우물 ★ | 不已 bùyǐ ~해 마지않다 | 急匆匆 jícōngcōng 형 부리나케, 허겁지겁(서두르는 모양) | 伸 shēn 동 (신체의 일부분을) 내밀다, 펴다 | 摇 yáo 동 흔들다 | 摇头 yáo tóu 동 고개를 젓다(부정적 의미) | 垂头丧气 chuítóu sàngqì 성 풀이 죽고 기가 꺾이다 | 浮现 fúxiàn 동 머리 속에 떠오르다 | 脑海 nǎohǎi 명 머리, 뇌리 | 闷闷不乐 mènmènbúlè 성 마음이 답답하고 우울하다 | 根本 gēnběn 부 전혀, 아예 | 何况 hékuàng 접 더군다나, 하물며 | 微薄 wēibó 형 매우 작다, 미약하다 | 荒唐 huāngtáng 형 터무니없다, 황당하다 ★ | 忍不住 rěn bu zhù 참지 못하다, 참을 수 없다 | 靠 kào 동 기대다 | 劳动 láodòng 동 일을 하다, 노동을 하다 | 赚 zhuàn 동 (돈을) 벌다 | 擦 cā 동 닦다 | 倒垃圾 dào lājī 쓰레기를 버리다 | 报酬 bàochou 명 보수, 사례금 ★ | 力所能及 lìsuǒnéngjí 성 할 수 있는 한, 힘이 닿는 데까지 ★ | 家务 jiāwù 명 집안일, 가사 | 心疼 xīnténg 동 몹시 아끼다 ★ | 直接 zhíjiē 부 그냥, 바로 형 직접적인 | 天真 tiānzhēn 형 순진하다, 천진하다 | 实现 shíxiàn 동 실현하다 | 动手 dòngshǒu 동 실천하다, 하다, 착수하다 ★ | 转眼间 zhuǎnyǎnjiān 눈 깜짝할 사이, 어느 새 | 熟练 shúliàn 형 능숙하다, 숙련되다 | 坚定 jiāndìng 형 확고하다 | 久而久之 jiǔ'érjiǔzhī 성 시간이 오래 지나다 | 纷纷 fēnfēn 부 잇달아, 연이어 | 报社 bàoshè 명 신문사 | 标题 biāotí 명 타이틀, 제목 ★ | 迅速 xùnsù 형 빠르다, 신속하다 | 传遍 chuánbiàn (널리) 퍼지다 | 陌生 mòshēng 형 낯설다, 생소하다 | 温暖 wēnnuǎn 형 따뜻함, 포근함 | 支票 zhīpiào 명 수표 | 将近 jiāngjìn 동 거의 ~에 가깝다 ★ | 汇款 huìkuǎn 명 송금한 돈 | 奋斗 fèndòu 동 애쓰다, 분투하다 | 慈善 císhàn 형 자선을 베풀다 ★ | 事业 shìyè 명 사업 ★ | 动力 dònglì 명 원동력 ★ | 可笑 kěxiào 형 우습다 ★ | 微不足道 wēibùzúdào 성 보잘것없다, 하찮아서 말할 만한 가치도 없다 | 到底 dàodǐ 동 끝까지 ~하다 | 永不 yǒngbù 끝까지 ~하지 않다, 영원히 ~하지 않다

해설

★★★
이 이야기는 자신의 꿈을 끝까지 포기하지 않고 노력을 기울인 라이언이라는 아이를 소개한 글로 꿈을 중심으로 꿈을 가지게 된 계기, 꿈을 실현하기 위해 기울인 노력, 노력을 통해 얻은 결과, 마지막에 결론과 이 글의 주제를 중심으로 요약 쓰기를 진행해야 한다.

본문	요약
1단락 (삼) 一天，电视上的一个新闻画面吸引了一个6岁小男孩儿瑞恩的视线。某地区数以万计的儿童因缺水而喝泥地里的脏水。瑞恩看完后感到十分惊讶。他没有想到世上竟然还有人喝不上干净的水，为此他伤心极了。这时，电视上的新闻记者说了一句话——"70块钱就可以挖一口井"，这让瑞恩兴奋不已。他心想一定要为他们挖一口井！	一天，电视上的新闻吸引了一个6岁小男孩儿瑞恩，某地区的儿童因缺水而喝脏水。为此，瑞恩伤心极了。"70块钱就可以挖一口井"的介绍让瑞恩非常兴奋，他决心一定要为他们挖一口井！

어느 날, TV 속 뉴스의 한 장면이 6살 남자아이 라이언의 눈길을 잡아끌었다. 어떤 지역에서 상당히 많은 어린이가 물이 부족하여 진흙탕 속의 더러운 물을 마시는 것이었다. 라이언은 (이 장면을) 보고 난 뒤 굉장히 놀랐다. 그는 (이) 세상에 아직도 깨끗한 물을 마시지 못하는 사람이 있다고는 생각지도 못했기 때문에 굉장히 슬펐다. 이때 '70위안이면 우물을 하나 팔 수 있습니다'라는 TV 속 뉴스 기자의 한 마디가 라이언을 흥분하게 만들었다. 그는 그들을 위해 우물을 하나 꼭 파 줘야겠다고 마음속으로 생각했다.	어느 날 TV 속 뉴스가 6살 남자아이 라이언의 눈길을 잡아끌었다. 어떤 지역에서 어린이들이 물이 부족해서 더러운 물을 마시는 것이었다. 이것 때문에 라이언은 굉장히 슬펐는데, '70위안이면 우물을 하나 팔 수 있습니다'라는 소개가 라이언을 흥분하게 만들었다. 그는 그들을 위해 우물을 하나 꼭 파 줘야겠다고 마음속으로 생각했다.

1단락(상)

[도입] 주인공에 관한 기본적인 소개
 (1) 시간: 一天(어느 날)
 (2) 인물: 瑞恩(라이언)
 (3) 전개포인트:
  ① 电视新闻的画面吸引了瑞恩 (TV 속 뉴스의 한 장면이 라이언의 눈길을 잡아끌다)
  ② 儿童因缺水而喝脏水 (어린이가 물이 부족해서 더러운 물을 마시다)
  ③ 70块钱就能挖一口水井 (70위안이면 우물을 하나 팔 수 있다)
  ④ 下决心挖井 (우물을 파겠다고 결심하다)

본문	➡ 요약
新闻结束后，瑞恩便急匆匆地向妈妈伸手要70块钱，可妈妈摇摇头拒绝了，瑞恩垂头丧气地走进了自己的房间。可是那些孩子没水喝的新闻画面一直浮现在他的脑海中，让他闷闷不乐。晚上，他再次向父母说起此事。妈妈说："70块钱太少了，根本无法解决他们的困难。何况你自己还是个孩子，以你的微薄之力是无法帮助他们的。"瑞恩用充满期待的双眼望着爸爸。可爸爸却说："这太荒唐了，瑞恩……"还没等爸爸说完，瑞恩就忍不住哭了起来，说："你们刚才没有亲眼看到那个画面，所以你们不了解。那里的孩子没水喝，实在是太可怜了。	新闻结束后，瑞恩便向妈妈要70块钱，可妈妈拒绝了。晚上，他再次向父母说起此事，但父母还是觉得瑞恩的想法不可能实现。
뉴스가 끝난 후 라이언은 부리나케 엄마한테 70위안을 달라고 손을 내밀었지만, 엄마는 고개를 저으며 거절했고, 라이언은 풀이 죽어 자신의 방으로 들어갔다. 하지만 마실 물이 없었던 그 아이들의 뉴스 장면이 계속해서 머릿속에 떠오르	뉴스가 끝난 후 라이언은 엄마에게 70위안을 달라고 했지만 엄마는 거절했다. 저녁에 그는 다시 한 번 부모님께 이 일을 언급했지만 부모님은 여전히 라이언의 생각이 실현 불가능하다고 생각했다.

1단락(하)

1 단락 (하)

자 그는 매우 답답하고 우울했다. 저녁에 그는 다시 한번 부모님께 그 일을 언급했다. 그러자 엄마는 '70위안은 너무 적어서 그들의 어려움을 전혀 해결해 줄 수 없단다. 더군다나 너도 아직은 어린애잖니, 너의 작은 힘으로는 그들을 도울 수 없어.'라고 말했다. 라이언은 기대 가득한 눈으로 아빠를 바라보았다. 하지만 아빠는 오히려 '이건 너무 터무니없구나, 라이언……'이라고 했고, 아빠의 말이 채 끝나기도 전에 라이언은 참지 못하고 울음을 터트리면서 말했다. "엄마, 아빠는 방금 전의 그 장면을 직접 못 봐서 이해 못 하시는 거예요. 거기 아이들은 마실 물이 없다니까요, 정말 너무 불쌍해요."

[전개1] 우물 파주기에 관해 부모님과 상의
   (1) 시간: 新闻结束后(뉴스가 끝난 후)、晚上(저녁)
   (2) 인물: 瑞恩(라이언)、妈妈(엄마)、爸爸(아빠)
   (3) 전개포인트:
     ① 向妈妈要70块钱 (엄마에게 70위안을 달라고 하다)
     ② 被妈妈拒绝 (엄마에게 거절당하다)
     ③ 再次向父母要钱 (다시 한번 부모에게 돈을 달라고 하다)
     ④ 妈妈觉得无法解决他们的困难 (엄마는 그들의 어려움을 해결해 줄 수 없다고 생각하다)
     ⑤ 爸爸觉得太荒唐了 (아빠는 너무 터무니없다고 생각하다)

2 단락

본문	요약
从那天起，瑞恩每天都坚持向父母要70块钱。由于瑞恩的坚持，他的父母不得不重新考虑这件事。后来他们想出了一个办法并对瑞恩说："如果你真的需要钱，你可以靠自己的劳动赚钱，比如擦桌子、洗袜子、倒垃圾等等，我们会给你报酬的。"听完后瑞恩高兴得跳了起来。那天瑞恩干了很多力所能及的家务，妈妈检查完以后，给了瑞恩两块钱。从此，瑞恩常常利用课后和周末的时间做家务。瑞恩的爷爷十分心疼孙子便对儿子说："你们不要让他这么辛苦地做家务了，直接给他70块钱吧！"瑞恩的爸爸回答道："他的想法太天真了，是不可能实现的。我们这样做是为了锻炼一下他的动手能力。"	从那天起，瑞恩每天都坚持向父母要70块钱。由于瑞恩的坚持，他的父母想出了一个办法：让瑞恩靠自己的劳动赚钱。从此，瑞恩常常利用课后和周末的时间做家务。但是，瑞恩的爸爸依然觉得瑞恩的想法不可能实现。

그날부터 라이언은 매일 부모님에게 70위안을 달라고 했다. 라이언의 의지 때문에 그의 부모는 어쩔 수 없이 다시금 이 일에 대해 생각해 보게 되었으며 후에 그들은 한 가지 방법을 생각해서 라이언에게 말했다. "만일 네가 정말로 돈이 필요하다면 네가 스스로 일을 해서 돈을 벌으렴! 책상을 닦는 다던지, 양말을 빤 다던지, 쓰레기를 버리거나 해서 말이야. 그럼 엄마, 아빠가 보수를 줄게." (이 말을) 듣고 라이언은 뛸 듯이 기뻐했다. 그날 라이언은 할 수 있는 한 많은 집안일을 했고, 엄마는 검사한 후 라이언에게 2위안을 주었다. 그때부터 라이언은 방과 후와 주말을 이용해서 집안일을 했다. 라이언의 할아버지는 손자를 몹시 아끼셨고 그래서 아들에게 '라이언에게 이렇게 힘들게 집안일을 시키지 말고 그냥 70위안을 주거라'고 말씀하셨다. 라이언의 아빠는 '라이언의 생각이 너무 순진하잖아요, 실현될 수 없어요. 저희가 이렇게 하는 것은 라이언의 실천력을 단련시키기 위함입니다.'라고 대답했다.

2단락

그날부터 라이언은 매일 부모님에게 70위안을 달라고 했다. 라이언의 의지 때문에 그의 부모는 라이언에게 스스로 일을 해서 돈을 벌게 하자는 방법을 생각해 냈다. 그때부터 라이언은 방과 후와 주말을 이용해서 자주 집안일을 했다. 하지만 라이언의 아빠는 여전히 라이언의 생각이 실현 불가능하다고 생각했다.

[전개2] **우물을 파주기 위해 라이언 스스로 돈을 범**
(1) **시간:** 从那天起(그날부터)、课后(방과 후)、周末(주말)
(2) **인물:** 瑞恩(라이언)、 父母(부모)
(3) **전개포인트:**
   ① 每天坚持向父母要70块钱 (매일 부모님에게 70위안을 달라고 하다)
   ② 瑞恩的父母想出了一个好办法 (라이언의 부모는 좋은 방법을 하나 생각해내다)
   ③ 让瑞恩做家务 (라이언에게 집안일을 시키다)
   ④ 爸爸依然觉得瑞恩的想法不可能实现 (아빠는 여전히 라이언의 생각이 실현 불가능하다고 생각하다)

본문	요약
转眼间半年过去了，瑞恩做家务做得越来越熟练了，而且完全没有要放弃的意思。每当父母劝他放弃的时候，瑞恩就会坚定地说："我一定要赚到足够的钱，为那些孩子挖口井，让他们喝上干净的水。"久而久之，邻居们被瑞恩的坚持所感动，也纷纷加入到这个活动中。	转眼间半年过去了，瑞恩完全没有放弃的意思。久而久之，邻居们被瑞恩的坚持所感动，也纷纷加入到这个活动中。
눈 깜짝할 사이 반년이 지나갔고, 라이언은 집안일 하는 것이 점점 더 능숙해졌으며 게다가 포기하려는 생각도 전혀 없었다. 매번 부모님이 그에게 포기하라고 할 때면 라이언은 '저는 꼭 충분한 돈을 벌어서 그 아이들에게 우물을 파주고, 그들이 깨끗한 물을 마실 수 있게 할거예요.'라고 확고하게 말했다. 시간이 오래 지나면서 이웃들은 라이언의 의지에 감동을 받아 잇달아 이 활동에 동참했다.	눈 깜짝할 사이에 반년이 지났지만, 라이언은 전혀 포기할 의사가 없었다. 시간이 오래 지나면서 이웃들은 라이언의 의지에 감동을 받아 잇달아 이 활동에 동참했다.

3단락

[전개3] 이웃들의 감동
(1) 시간: 半年过去了(반년이 지나가다)、久而久之(시간이 오래 지나다)
(2) 인물: 瑞恩(라이언)、 父母(부모)、邻居们(이웃들)
(3) 전개포인트:
    ① 转眼间半年过去了 (눈 깜짝할 사이에 반년이 지나가다)
    ② 瑞恩没有放弃的意思 (라이언은 포기하려는 생각이 없다)
    ③ 邻居们被打动了 (이웃들이 감동하다)
    ④ 纷纷加入了这个活动 (잇달아 이 활동에 동참하다)

본문	요약
过了一段时间，当地最有影响力的报社报道了瑞恩的故事，标题是"瑞恩的井"。之后，很多记者也采访了瑞恩。就这样，瑞恩的故事迅速传遍了全国各地。一个星期后，一封陌生的来信让瑞恩感到非常温暖，信封上写着"瑞恩的井"，里面有一张25万元的支票，还有一行字：希望我能帮到你。在不到一个月的时间里，瑞恩一共收到了将近3千万元的汇款。5年以后，瑞恩的梦想变成了上万人共同为之奋斗的一项慈善事业。	过了一段时间，当地最有影响力的报社报道了瑞恩的故事。因此，他的故事迅速传遍了全国各地。一个星期后，瑞恩收到一张陌生人邮寄来的25万元的支票。不到一个月，瑞恩收到近3千万的汇款。5年后，瑞恩的梦想变成了上万人共同奋斗的慈善事业。
얼마간의 시간이 지나고 그 지역의 영향력 있는 신문사에서 '라이언의 우물'이라는 타이틀로 라이언의 이야기를 보도했다. 그 후로 많은 기자들이 라이언을 취재했고 이렇게 라이언의 이야기는 전국 각지로 빠르게 퍼져 갔다. 일주일 뒤, 낯선 편지 한 통에 라이언은 굉장히 따뜻함을 느꼈다. 봉투에는 '라이언의 우물'이라고 쓰여 있었고 안에는 25만 위안짜리 수표 한 장이 들어 있었으며 '내가 네게 도움이 되기를 희망한다'는 글씨가 한 줄 쓰여 있었다. 한 달이 채 되지 않는 시간 동안 라이언은 거의 3천만 위안에 달하는 돈을 송금받았다. 5년 뒤, 라이언의 (우물 파주기) 꿈은 (이미) 수많은 사람들이 함께 애쓰는 자선사업으로 변했다.	얼마간의 시간이 지나고 그 지역에서 가장 영향력이 있는 신문사에서 라이언의 이야기를 보도했다. 이로 인해 그의 이야기는 전국 각지로 빠르게 퍼져 갔고, 일주일 뒤 라이언은 낯선 사람이 보내온 25만 위안짜리 수표 한 장을 받았다. 한 달이 채 되지 않는 시간 동안 라이언은 거의 3천만 위안에 달하는 돈을 송금받았다. 5년 뒤 라이언의 꿈은 수많은 사람들이 함께 애쓰는 하나의 자선사업으로 변했다.

[전개4] 라이언을 향한 전국적인 도움
    (1) 시간: 过了一段时间(얼마간의 시간이 지나다)、一个星期后(일주일 뒤)、
        不到一个月(한달이 채 되지 않다)、五年后(5년 뒤)
    (2) 인물: 瑞恩(라이언)、陌生人(낯선 사람)、上万人(수많은 사람들)
    (3) 전개포인트:
        ① 最有影响力的报社 (가장 영향력 있는 신문사)
        ② 报道了瑞恩的故事 (라이언의 이야기를 보도하다)
        ③ 收到陌生人的25万支票 (낯선 사람에게서 25만 위안짜리 수표를 받다)
        ④ 收到将近3千万汇款 (3천만 위안에 달하는 돈을 송금받다)
        ⑤ 成为上万人共同奋斗的慈善事业 (수많은 사람들이 함께 애쓰는 자선사업이 되다)

본문	요약
有一位记者问瑞恩："你坚持下去的动力是什么？"瑞恩说："我的梦想很简单，就是想让那里的孩子喝上干净的水。虽然很多人觉得我的梦想可笑，觉得我的力量微不足道，但是我相信只要坚持到底，永不放弃，就能实现心中的梦想"。	有一位记者问瑞恩坚持下去的动力是什么？瑞恩回答："就是让孩子能喝上干净的水。虽然很多人觉得我的梦想可笑，但是我相信只要坚持到底，就能实现心中的梦想。"
라이언에게 어떤 기자가 '네가 꾸준히 할 수 있었던 원동력이 무엇이니?'라고 묻자, 라이언은 '제 꿈은 매우 간단해요. 그냥 그곳의 아이들이 깨끗한 물을 마실 수 있었으면 했어요. 많은 사람들이 저의 꿈을 우습다고 생각하고 제 힘이 보잘것없다고 여겼지만, 저는 끝까지 포기하지 않고 꾸준히만 한다면 마음속의 꿈을 실현할 수 있다고 믿었답니다.'라고 말했다.	라이언에게 어떤 기자가 꾸준히 할 수 있었던 원동력이 무엇이냐고 묻자, 라이언은 '그냥 아이들이 깨끗한 물을 마실 수 있었으면 해요. 많은 사람들이 저의 꿈을 우습다고 생각했지만, 저는 꾸준히만 한다면 마음 속의 꿈을 실현할 수 있다고 믿었답니다.'라고 대답했다.

[결론] 결말
(1) 인물: 记者(기자)、瑞恩(라이언)
(2) 전개포인트:
① 坚持下去的动力是什么？(꾸준히 할 수 있었던 원동력이 무엇인가)
② 就是让孩子能喝上干净的水 (그냥 아이들이 깨끗한 물을 마실 수 있었으면 한다)
③ 很多人觉得他的梦想很可笑 (많은 사람들이 그의 꿈을 매우 우습다고 생각하다)
④ 坚持到底就能实现梦想 (꾸준히만 한다면 꿈을 실현할 수 있다)

모범 답안

　　　　　　瑞恩的井

　　一天，电视上的新闻吸引了一个6岁小男孩儿瑞恩，某地区的儿童因缺水而喝脏水。为此，瑞恩伤心极了。"70块钱就可以挖一口井"的介绍让瑞恩非常兴奋，他决心一定要为他们挖一口井！

　　新闻结束后，瑞恩便向妈妈要70块钱，可妈妈拒绝了。晚上，他再次向父母说起此事，但父母还是觉得瑞恩的想法不可能实现。

从那天起，瑞恩每天都坚持向父母要70块钱。由于瑞恩的坚持，他的父母想出了一个办法：让瑞恩靠自己的劳动赚钱。从此，瑞恩常常利用课后和周末的时间做家务。但是，瑞恩的爸爸依然觉得瑞恩的想法不可能实现。

　　转眼间半年过去了，瑞恩完全没有放弃的意思。久而久之，邻居们被瑞恩的坚持所感动，也纷纷加入到这个活动中。

　　过了一段时间，当地最有影响力的报社报道了瑞恩的故事。因此，他的故事迅速传遍了全国各地。一个星期后，瑞恩收到一张陌生人邮寄来的25万元的支票。不到一个月，瑞恩收到近3千万的汇款。5年后，瑞恩的梦想变成了上万人共同奋斗的慈善事业。

　　有一位记者问瑞恩坚持下去的动力是什么?瑞恩回答："就是让孩子能喝上干净的水。虽然很多人觉得我的梦想可笑，但是我相信只要坚持到底，就能实现心中的梦想。"

파고다 HSK

6급 실전모의고사
문제집

PAGODA Books

모의고사

- 실전모의고사 **1**회 · 3
- 실전모의고사 **2**회 · 25
- 실전모의고사 **3**회 · 47
- 실전모의고사 **4**회 · 69
- 실전모의고사 **5**회 · 91

新汉语水平考试
HSK（六级）模拟试题
第一套

注　意

一、HSK（六级）分三部分：

　　1. 听力（50题，约35分钟）

　　2. 阅读（50题，50分钟）

　　3. 书写（1题，45分钟）

二、听力结束后，有5分钟填写答题卡。

三、全部考试约140分钟（含考生填写个人信息时间5分钟）。

一、听力

第一部分

第1-15题：请选出与所听内容一致的一项。

1. A 摄影技术易掌握
   B 闪光灯会伤害眼睛
   C 拍照时表情不要太严肃
   D 那位摄影师的办法效果显著

2. A 隔夜菜中有很多细菌
   B 一周要清理一次冰箱
   C 保鲜膜没有杀菌的作用
   D 保鲜膜所用材料危害人体健康

3. A 绿萝能净化空气
   B 绿萝的生长周期短
   C 绿萝属于阳性植物
   D 绿萝没有顽强的生命力

4. A 该奖一年评选一次
   B 该奖评选的是小说
   C 该奖只颁给年轻作家
   D 该奖旨在繁荣散文事业

5. A 智力与唱商有关
   B 创作型歌手唱商高
   C 唱商高的歌手层次感差
   D 歌手的情绪能体现唱商

6. A 猎鹰的视力极好
   B 哈萨克人能歌善舞
   C 猎鹰是哈萨克人的好帮手
   D 哈萨克人驯养猎鹰的历史较短

7. A 细节决定成败
   B 要积极创造机遇
   C 做事不要半途而废
   D 人要挖掘自己的潜力

8. A 兴趣能判断教育是否成功
   B 家长要关注孩子的心理问题
   C 家庭教育无法代替学校教育
   D 应试教育遏制了学生的想象力

9. A 古代的官员很廉洁
   B 古代人靠织布维持生活
   C 古时勤劳的人被称为"领袖"
   D "领袖"一词古今意义不同

10. A 动物冬眠是因为疲倦
    B 动物苏醒后会比较迟钝
    C 动物冬眠后会更有食欲
    D 动物冬眠时不易受到袭击

11. A 音响声不宜调大
    B 噪音使人心情烦躁
    C 欣赏音乐时最好用左耳
    D 长期戴耳机听音乐有损听力

12. A 小明是孤儿
    B 主人称赞了小明
    C 小明十分有礼貌
    D 小明把玻璃弄碎了

13. A 不要骄傲自满
    B 要听取他人的意见
    C 交往中要善于倾听
    D 适当地暴露缺点有助于交往

14. A 不要留恋过去
    B 做事要有恒心
    C 治学要讲究效率
    D 要借鉴前人的经验

15. A 要珍惜校园时光
    B 毕业生的压力大
    C 拍毕业照的人很少
    D 毕业照越来越有创意

第二部分

第16-30题：请选出正确答案。

16. A 情节安排的需要
    B 对风景情有独钟
    C 四季风景皆不同
    D 是写作的基本要素

17. A 是一笔财富
    B 是心中的伤痕
    C 是痛苦的回忆
    D 是无法忘记的烦恼

18. A 火箭
    B 宇宙
    C 燃料
    D 发动机

19. A 观察生活
    B 游历世界
    C 发挥想象力
    D 把经历写下来

20. A 他曾经当过翻译
    B 他的学习成绩优异
    C 他获得过国际安徒生奖
    D 他从小的梦想是当一名作家

21. A 鼓励
    B 怀疑
    C 反对
    D 中立

22. A 职员纷纷跳槽
    B 导致倾家荡产
    C 浪费宝贵的青春
    D 失去再创业的信心

23. A 果断决定的能力
    B 善于交际的能力
    C 不断创新的能力
    D 判断是非的能力

24. A 充足的资金
    B 了解客户需求
    C 团结协作的团队
    D 相关行业的人脉

25. A 国家的政策
    B 新产品的研发
    C 新市场的开拓
    D 个人的全面发展

26. A 时间短
    B 很享受
    C 不值得
    D 非常枯燥

27. A 有意义
    B 浪费精力
    C 是一种挑战
    D 为了娱乐观众

28. A 要有节奏感
    B 身体要协调
    C 热爱和专注
    D 要有识乐谱的能力

29. A 建立基金会
    B 到校园办讲座
    C 组建交响乐团
    D 打算设立培训学校

30. A 缺乏大赛经验
    B 热衷于环保事业
    C 曾经拍过电视剧
    D 最重要的部分是音乐

第三部分

第31-50题：请选出正确答案。

31. A 思维灵活
    B 做事谨慎
    C 欺辱百姓
    D 善于画花鸟

32. A 胸有成竹
    B 泪流满面
    C 无从下笔
    D 非常惊喜

33. A 地上的花瓣
    B 飞舞的蝴蝶
    C 飞翔的雄鹰
    D 可爱的小蜜蜂

34. A 容易融化
    B 景色壮观
    C 可持续数月
    D 对人体危害较大

35. A 地形独特
    B 昼夜温差大
    C 强烈的阳光
    D 地壳运动频繁

36. A 庐山游览攻略
    B 如何防御泥石流
    C 小天池瀑布云的成因
    D 如何保护小天池的动植物

37. A 数据
    B 照片
    C 畅销书
    D 纪录片

38. A 男性的瞳孔比女性大
    B 瞳孔变大是疾病的征兆
    C 眼睛反映人的心理活动
    D 大学生善于隐藏内心想法

39. A 摸耳朵
    B 紧握双手
    C 突然打断
    D 回避视线

40. A 种植历史短
    B 没有药用价值
    C 富含营养物质
    D 是历代皇室的贡品

41. A 油腻
    B 有些苦涩
    C 又麻又辣
    D 比较香甜

42. A 经济效益低
    B 土壤不肥沃
    C 生长周期过长
    D 种植技术很难掌握

43. A 铁棍山药容易变质
    B 儿童不宜食用铁棍山药
    C 铁棍山药不可以做成菜肴
    D 铁棍山药的市场逐渐打开

44. A 一场暴雨
    B 浪漫的美景
    C 汽车从天而落
    D 最美味的蛋糕

45. A 交流的过程
    B 挥动翅膀的频率
    C 如何选择攻击对象
    D 被雨滴击中的反应

46. A 奋力抵抗
    B 想方设法躲避雨滴
    C 头部冲下迅速降落
    D 向被击中的一侧倾斜

47. A 体重极轻
    B 以血液为食
    C 喜欢雨天活动
    D 在隐蔽的地方栖息

48. A 已被广泛接受
    B 用户需要付费
    C 图案比较传统
    D 更新速度较慢

49. A 神态优雅
    B 表现出害羞的心理
    C 给人幽默的心理暗示
    D 对眼睛进行了细致刻画

50. A 节约聊天的时间
    B 扩大人的交际范围
    C 营造愉快的聊天氛围
    D 可以增进家人之间的感情

二、阅读

第一部分

第51-60题：请选出有语病的一项。

51. A 富春江两岸景色秀丽，江水清澈见底。
    B 俗话说一天之计在于晨，一年之计在于春。
    C 在当今社会，科学技术是提拔生产力的重要前提。
    D 想要保持身材，健康的饮食习惯和适当的运动是缺一不可的。

52. A 他因没有尽到做儿子的责任而感到内疚。
    B 对舞者来说，每一个肢体语言都是表达思想、抒发情感。
    C 这家银行为世界各地的1300万客户提供服务。
    D 窑洞是生活在中国西北黄土高原上的居民的古老居住形式。

53. A 孩子们之间会把去快餐店的次数当作炫耀的资本。
    B 根据记忆的规律，在情绪低落的情况下学习是记不住东西的。
    C 淡水资源是江河湖泊中的水、高山积雪、冰川以及地下水组成的。
    D 钟表店里挂满了琳琅满目的新式挂钟，有中国制造的，也有外国制造的。

54. A 此次峰会的主题是构建创新、活力、包容的世界经济。
    B 双子座流星雨是北半球三大流星雨，它的特点是持续时间长。
    C 我们不得不承认交通拥堵是一个城市经济高速发展的必然现象。
    D 音乐是反映人类现实生活情感的一种艺术，可分为声乐和器乐两大类型。

55. A 他博士毕业后，在一家外资企业担任高层管理职务。
    B 令人瞩目的春季全国商品交易大会在天津落下了帷幕。
    C 桂林在于广西壮族自治区东北部，这里的山平地拔起，千姿百态。
    D《重庆森林》没有像《春光乍泄》一样，在国际影坛赢得巨大的声誉。

56. A 胃病患者、肝病患者不宜适合饮用葡萄酒。
    B 只要站起来的次数比倒下去的次数多一次，那就是成功。
    C 不管是有氧慢跑还是进行器械训练，开始前最好都做做拉抻运动。
    D 人之所以会觉得"越睡越冷"，是因为人进入睡眠状态后，体温会降低。

57. A 深秋的岳麓山是人们登高、赏红叶的最好时候。
    B 北京四合院的院子比例大小适中，冬天的太阳光可照进室内。
    C 抒发思乡之情是中国古典文学作品中的一个经久不衰的主题。
    D 云锦至今已有1600年的历史，因其色泽鲜艳，美如天上的云霞而得名。

58. A 每一次货币形态的更新，无疑都表明了人类文明的发展进入到一个新的历史时期。
    B 白噪音听上去像下雨声，像波浪拍打岩石的声音，还像微风抚摸树叶时发出的沙沙声。
    C 《清明上河图》以长卷形式，生动地记录了北宋的城市面貌和当时社会各个阶层人民的生活状况。
    D 每个人都有自己的天赋，但如果用是否会飞的标准来评判一头牛有能力，那是极其愚蠢的。

59. A 《世说新语》是中国魏晋南北朝时期"笔记小说"的代表作，是中国最早的一部文言志人的小说集。
    B 今年7月暑期档的电影票房比去年同期的电影票房低尤其多，而且在口碑上引发了广大影迷的争议。
    C 燕子是众所周知的益鸟，在冬天来临之前它们都要进行每年一次的长途旅行——成群结队地由北方飞向南方。
    D 一个健康的成年人一次献血200—400毫升，只占到全身总血液量的5%，献血后身体会自动调节，使血流量很快恢复正常。

60. A 泥石流发生的时间规律与集中降雨的时间规律一致，具有明显的季节性。
    B 红糖变硬时，可以放在碗里把结块儿的红糖，并用湿纸巾覆盖，过一夜糖就会散开。
    C 女儿红属于发酵酒中的黄酒，含有大量人体所需的氨基酸，江南的冬天空气潮湿寒冷，人们常饮用此酒来增强抵抗力。
    D 全世界的科学家正在进行一项空前的合作计划，为所有的海洋生物进行鉴定和编写名录，这项计划预计要花10年时间。

第二部分

第61-70题：选词填空。

61. 美好的事物似乎具有一种_____的力量，它能_____起人们内在的某种情绪。好的摄影作品同样也具有这样的力量，能使欣赏它的人一直站在它的面前，久久_____不愿离开，甚至能让人忘记时间的存在。

    A 可观　　捞　　严峻　　　　B 庄严　　拽　　瞄准
    C 神奇　　唤　　凝视　　　　D 深奥　　瞪　　监督

62. 如今易拉罐的内嵌式拉环要比外掀式拉环的市场占有率更高。这是因为，内嵌式拉环在用户_____上更胜一筹。但它也会产生卫生问题，比如拉开拉环后，铁片就会_____在饮料中，把饮料弄_____。

    A 服务　　暴露　　腥　　　　B 体验　　浸泡　　脏
    C 感觉　　泄露　　折　　　　D 性能　　流露　　碎

63. 一项关于婴幼儿大脑的研究表明：大脑皮层_____与否和手指运动的刺激强度息息相关。如果父母重视孩子动手能力的_____，那么孩子大脑发育得就快。因此，提高大脑两个半球机能的有效_____之一就是加强手指的灵活运动。

    A 智慧　　培育　　政策　　　B 机灵　　培训　　战略
    C 敏捷　　塑造　　手法　　　D 成熟　　培养　　方法

64. 近年来，活性炭饮料逐渐走入人们的视线，已成为一种_____。实际上这种新型饮料也_____光有益处而无害处。因为它虽然可以_____身体吸收有毒物质，但与此同时也会影响人体对重要营养素的吸收。因此，应_____饮用。

    A 趋势　　同时　　干涉　　坚实
    B 潮流　　并非　　阻止　　谨慎
    C 气氛　　进而　　遏制　　清醒
    D 迹象　　从而　　针对　　随意

65. 马斯洛认为，人最主要的_____是自我价值的_____，即为了一个你所认同的目标去努力拼搏，而并非只是简单的平衡，或者说那种不紧张的状态。要是你_____地想消除紧张的状态，那是心理健康上一种既危险又错误的_____。

    A 需求　　实现　　千方百计　　观念
    B 欲望　　表现　　想方设法　　信仰
    C 毅力　　实践　　急于求成　　意识
    D 野心　　爆发　　包罗万象　　信号

66. 一项最近的研究结果_____：狼吞虎咽不利于消化，更不利于节食减肥。这是因为，在摄取量相同的_____下，吃得快的人饭后消耗的_____比较少。咀嚼次数越少，体内的消化和_____越慢，因而消耗的热量也就越少。

  A 阐述 形势 魅力 增进
  B 验证 情节 能源 进化
  C 表明 状况 能量 吸收
  D 声明 格局 资源 摄取

67. 人体在运动后的恢复过程中，体内被_____的能量不仅能恢复到_____的水平，而且在一段时间内可出现超过之前水平的现象，这称为"超量恢复"。因此运动后必须严格控制_____，否则_____的能量越多，体重增加得越快。

  A 消磨 初步 零食 投入
  B 消费 首要 食材 融入
  C 储存 初次 材料 输入
  D 消耗 原来 饮食 摄入

68. 《中国植物志》_____了中国三万多种植物的科学名称、_____特征、地理分布和经济用途等，是世界各国已_____的植物志中种类数量最多的一部巨著之一，它对科研和经济_____都有着重要的价值。

  A 记载 形态 出版 建设
  B 展览 姿态 发行 修建
  C 刊登 状态 发表 维护
  D 编辑 神态 印刷 建立

69. 书信在人类的交流和沟通的历史上_____重要地位。无论是过去还是现在，亲笔给亲戚朋友写信，不仅可以_____自己的思念之情，而且还能给收信人"见字如面"的亲切感。在交通和通讯设备都不发达的古代，收信人在收到书信之前要经历_____漫长的等待，因而古人对时空有_____而漫长的感知。

  A 借鉴 携带 终究 宽敞
  B 占据 传递 相对 遥远
  C 采纳 领悟 统统 辽阔
  D 迟缓 扩散 相互 贫乏

70. 芦画这种传统工艺，_____于宋朝，盛行于康熙年间。人们用赋诗作画这种_____的形式，在葫芦上刻画出了花草虫鱼、名山大川，_____了葫芦鲜活的艺术性，从而使葫芦艺术品具有了一定的_____价值，它一直被人们视为_____之物。

  A 来源 一如既往 予以 考验 繁华
  B 启蒙 博大精深 辅助 投资 和谐
  C 创造 见多识广 给予 采集 和睦
  D 起源 喜闻乐见 赋予 收藏 吉祥

第三部分

第71-80题：选句填空。

71-75.

"不锈钢"一词不是单纯指一种不锈钢，(71)_____。不锈钢以其漂亮的外观、不易损坏等优点，越来越受到人们的喜爱。锅碗瓢盆、城市雕塑、建筑等使用不锈钢的领域逐渐增多。大部分人对不锈钢的认识有个误区，就是会认为不锈钢不会生锈。但其实不锈钢不像大家认为的那样是"金刚不坏之身"，(72)_____。

不锈钢为什么会不容易生锈？原来是因为不锈钢表面在空气或氧化环境中，能自然形成一层稳定而牢固的钝化膜，(73)_____。合格的不锈钢制品不仅要含铬，而且还要含足够的铬。通常情况下，不锈钢制品中铬的含量在13%以上，才能避免生锈腐蚀。劣质不锈钢之所以容易生锈，(74)_____。

那么在生活中我们应该怎样挑选不锈钢制品呢？首先，我们要仔细看材质，不同材质的不锈钢都有自己的代号，我们最好选择代号为304的不锈钢。

其次，(75)_____。因为一般好的不锈钢色泽光亮、表面光滑、厚度适中，千万不要挑选那种表面存在缺陷的不锈钢。

A 铬是钝化膜的重要元素

B 正是因为其中铬的含量不达标

C 而是表示一百多种工业不锈钢

D 我们还可以仔细观察不锈钢制品的"长相"

E 只是相对来说不容易生锈而已

76-80.

"佛跳墙"又名"满坛香、福寿全",是福州的传统名菜。它是用18种主要原料制成的,味道香浓,且营养价值极高,享有"中华第一汤"的美誉。关于"佛跳墙"的由来,(76)_____。

有一天,布政司周莲受到一位钱庄老板的邀请,前去赴宴。(77)_____。这道菜是将鸡、鸭、猪脚、羊肉以及海鲜等10多种原料一并装入绍兴酒的酒坛内煨制而成的。此菜端上桌后,坛盖儿一打开酒香与各种香气扑鼻而来满屋飘香。一直吃到坛底朝天,周莲仍意犹未尽。

回府后,(78)_____,还向府上的厨子郑春发有声有色地描述了此菜的用料和烹调方法。郑春发根据周莲的描述,反复尝试,终于做出了这道美味佳肴。后来,郑春发一有时间就琢磨, 在用料上加以改进的同时,制作方法也因料制宜。做出成品后,周莲觉得这个创新的味道比之前吃过的味道更鲜美。

后来,郑春发离开了周府,自己经营了一家名为"聚春园"的饭店,他继续研究,又充实了这道菜的原料,(79)_____,他还将其作为饭店的招牌菜。

不久,有几位秀才慕名而来点了这道菜。店小二拿出坛子到秀才桌前,坛盖儿揭开,香气袭人,(80)_____。其中一位秀才即兴唱道:"坛启菜香飘四邻,佛闻弃禅跳墙来"。众人异口同声说:"好诗! 好诗!"从此,"佛跳墙"就成了此菜的正名。

A 秀才们纷纷赞叹

B 福建民间流传着这样一个传说

C 钱庄老板娘亲自下厨做了一道拿手菜

D 周莲对这道菜念念不忘

E 制出的菜肴香味更加浓郁

第四部分

第81-100题：请选出正确答案。

81-84.

1957年，在美国的新泽西发生了一件趣事。在一家电影院里，人们正津津有味地看着电影。可是在电影放映的过程中，屏幕上时不时地会出现用柔弱的光线打出的"请喝可口可乐"或"请吃爆米花"的字样。当观众全神贯注地观看电影时，这些隐约出现的广告信息是很难被注意到的，但其实眼睛无意识地"读到"了这些信息。令人感到意外的是，那年整个夏季的可口可乐和爆米花的销量都上升了。其中，可口可乐的销量上升了17%，而爆米花的销量更是骤增了50%。

其实这是著名的调研专家维卡瑞做的一项实验。旨在说明，潜意识视觉广告也能够左右消费者的认知或行为，从而刺激消费。

然而更有意思的是，潜意识听觉广告也在潜移默化地影响着人们的购买行为。

譬如，音乐节奏的快慢会决定消费者在消费场所停留的时间。我们常常会有这样的体验，如果在商场逛街时，商场里播放的音乐舒缓悠扬，那么我们的心情也会变得不急不躁，停留时间长，购物的可能性就大了很多。与此相反，如果音乐紧张急促，我们就会自然而然地加快脚步，迅速结束购买行为。

另外，我们在购买商品时同样也会受到潜意识听觉广告的影响。这个猜想是这样被证实的：两名英国研究人员依次在同一家酒吧播放法国乐曲和德国乐曲。播放法国乐曲时，77%的顾客选择购买法国葡萄酒；而在播放德国乐曲时，大多数顾客选择购买德国酒。

由此可见，消费者总是会轻易地被看到或者听到的东西"催眠"。若商家能够熟知并运用这些商业"催眠术"，肯定会对提高产品销量大有裨益。

81. 根据第1段，下面正确的是：
 A 广告的光线很强　　　　　　　B 影院禁止喝可乐
 C 影院发生了火灾　　　　　　　D 观众捕捉到了广告

82. 维卡瑞的实验说明了：
 A 观众在乎影院的环境　　　　　B 影院靠周边产品盈利
 C 潜意识广告会刺激消费　　　　D 观看电影时请勿大声喧哗

83. 商场怎么做才能让消费者多逗留一段时间？
 A 播放舒缓的音乐　　　　　　　B 放置柔软的沙发
 C 举行大型促销活动　　　　　　D 提供更优良的服务

84. 下列最适合做上文标题的是：
 A 如何做市场调查　　　　　　　B 酒吧的经营秘诀
 C 和银幕广告说再见　　　　　　D 神奇的商业"催眠术"

85-88.

随着社会的发展和生活水平的提高，肥胖人数逐渐增多。人们认为肥胖的根本原因就是体内脂肪过多，因而有人提出减少脂肪的摄入量，坚持素多荤少的原则，可以达到减肥的目的。这就是"低脂饮食"最初的来源。

营养学家指出碳水化合物、脂肪和蛋白质是人体的三大营养物质，能够为新陈代谢提供所需的能量。其中，蛋白质并不是主要的能源物质，但在需要时，蛋白质也可以转化成热量供身体使用。而当身体过多摄入这三种营养物质时，过剩的能量就会变为脂肪储存在体内。这就是所谓的"中心法则"。这个法则启示我们，要想减肥必须要控制总能量的摄入。但是蛋白质在体内是不断代谢与更新的，即蛋白质是每天必备的物质，不能减少其摄入量。因此，我们必须在碳水化合物和脂肪上想办法，于是营养学家提出了以减少主食（因碳水化合物主要在米、面等主食中）为特点的"低碳水化合物饮食"方法。

营养学家在对世界各地日常饮食习惯的调查中发现，地中海地区的居民脂肪摄入的总量与其他国家比起来相差不多，可是心血管疾病的发病率相对来说比较低，而且记忆力减退的风险也较低。营养学家调查后发现，这得益于他们的特殊饮食结构：以蔬菜水果、鱼类、五谷杂粮、豆类为主，而且更多地选择植物油来进行烹调。因此，营养学家提出了"地中海饮食"的概念，即：营养搭配要均衡，食物来源也要健康。

那么，在低脂饮食、低碳水化合物饮食、地中海饮食中哪种方式对减肥更行之有效呢？研究人员对这三种饮食方式进行深入对比分析后发现，虽然三种饮食方式均可以达到减肥的效果，但低碳的饮食方式最为显著。

85. 什么是"低脂饮食"？
 A 只吃荤，不吃素 B 用动物油烹饪食物
 C 倡导食用未加工的食物 D 减少食物中脂肪的摄入量

86. 关于三大营养物质，下列正确的是：
 A 都可以提供能量 B 蛋白质不能转化成热量
 C 脂肪是主要的能源物质 D 碳水化合物可以分解脂肪

87. 地中海地区居民较少得心血管病的原因是：
 A 阳光充沛 B 常吃保健品
 C 饮食结构比较合理 D 饮用水富含多种矿物质

88. 根据上文，下列正确的一项是：
 A 减肥易导致衰老 B 低碳饮食对减肥没有益处
 C 运动减肥容易使体重反弹 D 三种饮食方式都有减肥功效

89-92.

柳琴戏是传统的戏曲剧种之一，起源于清乾隆年间，形成于清代中叶。柳琴戏已被列入第一批国家级非物质文化遗产名录。其主要的演奏乐器是形似柳叶的柳琴，于1953年正式定名为柳琴戏。如今，主要分布在山东、江苏、安徽、河南四省交界的地区。

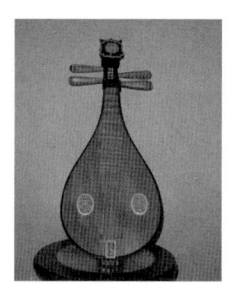

关于它的产生，有两种说法。一种说法是以鲁南民间小调为基础，受当地柳子戏的影响发展起来的。另一种说法是源于江苏海州，受到了"太平歌"、"猎户腔"的影响而形成的。

柳琴戏的产生和发展大致分为四个时期。第一个是最早的说唱时期，单人或者双人在没有弦乐伴奏、也没有专业服装的情况下，以板子或梆子打节拍沿街说唱。第二个是萌芽时期。到了清咸丰年间，柳琴戏有了专业艺人和班社的雏形，此时有了小生、小旦甚至小丑的角色，艺人也有了简单的服装道具。第三个是班社时期。清末民初，柳琴戏已经有了由七八个甚至十多个艺人组成的职业班社，其演出形式也由原来单一的"唱对子"发展出多种形式，角色行当也日益完善。第四个是舞台演出时期。1920年左右，随着班社人员增多，一些班社离开农村，进入城市演出，每日表演剧目多达十台。后来，随着大型剧班的出现，开始在专门的戏院演出，柳琴戏被搬上了舞台。

二十世纪五六十年代，柳琴戏得到了迅速的繁荣和发展，七八十年代柳琴戏的剧目在全国上演，唱响了大江南北，受到了全国人民的瞩目。此时柳琴剧团的成立，使柳琴戏这种地方剧种登上了文艺剧种的大雅之堂。但是自八十年代末开始，柳琴戏却逐渐退出人们的视线。

柳琴戏日渐式微的主要原因在于随着社会的进步，人们的娱乐方式日新月异，因而逐渐失去了年轻人的市场。其次是缺乏创新，柳琴戏并没有跟上时代的步伐，依旧保持着原来的唱腔模式，然而现代人越来越不适应这种慢节奏的戏剧。

89. 第1段的主要内容是：
 A 柳琴的构造　　　　　　　　B 柳琴戏的由来
 C 柳琴戏的文化价值　　　　　D 柳琴戏的历史背景

90. 下列哪项是柳琴戏说唱时期的特点：
 A 无弦乐伴奏　　　　　　　　B 道具种类多样
 C 有专门的班社　　　　　　　D 角色行当完善

91. 与最后一段中划线词语"日渐式微"的意思最相近的是：
 A 生机盎然　　　　　　　　　B 日渐衰落
 C 无微不至　　　　　　　　　D 烟消云散

92. 根据上文，下列哪项正确？
 A 职业班社人数固定不变　　　B 柳琴戏戏院只分布在农村
 C 四五十年代柳琴戏最受瞩目　D 现代人不适应柳琴戏的慢节奏

93-96.

很多人都喜欢百日菊，因为它外形美观，易于种植。如今，在太空中也可以看到它的身影了。据报道，美国宇航员在空间站植物实验室的LED灯箱里培育出了一朵百日菊，它是第一株在外太空开放的花朵，有着重大意义。这朵百日菊生长周期大概在60到80天之间，花叶碧绿，花朵是由黄变红的渐变色，与地球上的差异不大。但遗憾的是因为在零重力的生长环境下，它的花瓣无法呈现出像在地球上那样优美的弧度。

在此之前，美国宇航员在空间站成功完成了多项实验，比如种植了中国的大白菜。为了能做好这个实验，他们搜集了与百日菊有关的资料。他们认为，此次的百日菊的栽培方法与之前其他植物的栽培方法不同，相比之下百日菊种植起来更加困难，因为它对温度、光线等环境有一定的要求。

宇航员刚开始种植百日菊的时候，就遇到了困难。发现百日菊无法吸收水分，水分会通过叶子向外一点一点渗透出来，这是植物吐水的现象。在10天内，这种现象越来越严重，造成其生长环境过于湿润，从而使它的根系受到了影响。为了尽快解决这个问题，宇航员给地球上的工作者打了个求救电话。在地球上的工作人员马上联系了植物学的专家们，他们给宇航员制定了解决方案。宇航员立即按照方案做了：先切掉了百日菊受伤的部分，然后在灯箱里放一个小型的电风扇，这是为了给百日菊一个干燥一些的环境。大概一个星期后，百日菊奇迹般地存活了下来。而且没过多久有了开花的迹象，长出了小花苞，最终开出了美丽的花朵。需要强调的是，这些百日菊是可食用的，可放在沙拉中当做蔬菜吃。

科学家认为，百日菊的培育是植物在极端条件下生长的一次成功尝试。这个实验不仅为宇航员提供了营养物质，而且为研究植物在外太空的生长情况做出了贡献。

接下来，宇航员们还计划在空间站中种植其他的蔬菜，并期望在2018年培育出西红柿。

93. 为什么那朵百日菊的花瓣不如地球上的美？
    A 缺少水分   B 栽培方法不对
    C 空间站无重力   D 缺少阳光照射

94. 关于那朵百日菊，可以知道：
    A 可食用   B 品种少
    C 体积庞大   D 颜色比较暗

95. 为了解决环境过于湿润的问题，植物学专家给宇航员的方案是什么？
    A 减少浇水的次数   B 在灯箱内开风扇
    C 用塑料膜包住根系   D 抑制灯箱温度升高

96. 根据上文，下列哪项正确？
    A 空间站尚未培育出西红柿 B 转基因食物越来越受到关注
    C 宇航员不懂种植蔬菜的方法 D 宇航员在太空站的生活很丰富

97-100.

第五代移动电话行动通信标准，也称第五代移动通信技术，外语缩写为5G。5G不是一个单一的无线接入技术，而是多种新型无线接入技术和现有无线技术集成后解决方案的总称。从2G、3G、4G到5G，移动通信技术正朝着融合化的方向发展。

你可能听说过"物联网"这个当前颇为时尚的名词。所谓的"物联网"是用来形容未来的一个由各种各样的设备组成的网络，如汽车与汽车之间还没有通讯。如果有了5G网络，就能让汽车和汽车、汽车和数据中心、汽车和其他智能设备进行通讯，这样一来一旦有大量汽车进入这个网络，就能实现智能交通。毋庸置疑的是物联网是未来的发展趋势，更高速的5G网络必然是其发展的动力。

与4G相比，5G的传输速度更快，是4G传输速度的数百倍，而且在传输中稳定性高、功耗低。举例来说，对大众用户而言，以前用4G网络下载一部电影，耗时很久，而5G可真正实现用一眨眼的功夫就下载一部高清画质的电影，全面提升用户体验。

中国在2013年由工信部牵头成立了推进组，正式启动了5G标准化研究，投入了约三亿元。国内三大运营商华为、中兴、大唐近几年也一直在不断加大对5G的投入。而全球各大运营商也都在加速进行5G移动技术试验。

5G目前仍处于技术标准的研究阶段，今后几年4G还将保持主导地位。全球各大运营商都预计在2020年5G网络可以投入商用。因为3G和4G分别于2000年和2010年投入商用，那么按照无线通信技术每10年更新一次的规律，5G在2020年投入商用也是符合其发展规律的。

97. 第1段的主要内容是：
   A 4G的应用　　　　　　　　B 2G的规模
   C 5G的含义　　　　　　　　D 互联网的利与弊

98. 举物联网的例子是为了说明什么？
   A 3G已被淘汰　　　　　　　B 研发5G很有必要
   C 全球移动数据激增　　　　D 使用智能手机相当普遍

99. 与4G相比，5G：
   A 成本高　　　　　　　　　B 功耗更大
   C 安全无漏洞　　　　　　　D 传输速度快

100. 根据上文，下列哪项正确？
   A 5G处于研究阶段　　　　　B 4G于2000年投入商用
   C 运营商对5G商用的预期不同　D 华为企业并未加入对5G研究的队伍

三、书写

第101题：缩写。

(1) 仔细阅读下面这篇文章，时间为10分钟，阅读时不能抄写、记录。
(2) 10分钟后，监考收回阅读材料，请你将这篇文章缩写成一篇短文，时间为35分钟。
(3) 标题自拟。只需复述文章内容，不需加入自己的观点。
(4) 字数为400左右。
(5) 请把作文直接写在答题卡上。

　　他出生于辽阔的内蒙古大草原，年幼时特别调皮。母亲望子成龙，为他操碎了心，可是他却一点儿也不明白母亲的良苦用心，经常伤母亲的心。

　　然而，他上小学时幸运之神降临到了他的身上，在他的人生中出现了第一次转折。因为上课不专心听讲，东张西望，过于贪玩儿，有一次考试他居然考了倒数第二名。更让他难过的是，班主任还把全班的成绩单用毛笔写下来，贴在了教室后面的黑板上。每次看到那张成绩单，他心如刀绞，感觉非常没面子。于是，放学后他偷偷地把那张成绩单撕掉了。

　　他的"杰作"被班主任看在了眼里。班主任认为他是可塑之才，便把他叫到了办公室，语重心长地说："你撕掉了成绩单，说明你还想上进。我相信你一定会越挫越勇的。"他问："我跟别人的差距这么大，能赶得上他们吗？"班主任坚定地回答："只要努力，好运总会来敲门的！"班主任的这句鼓励的话语一直萦绕在他的心中。从那以后，他变得爱学习了。

　　他人生的第二次转折是哥哥带给他的。高考后，哥哥考上了梦寐以求的大学。这刺激了他，他希望自己也像哥哥一样成为一名人人羡慕的大学生。

　　然而梦想是美好的，现实却很残酷，以他当时的成绩是考不上大学的。但当他灰心丧气的时候，小学班主任的那句话就会浮现在他的脑海中：只要努力，好运总会来敲门的。于是，他刻苦学习，坚持不懈。果不其然，他的努力并没有付诸东流。最后，他凭优异的成绩考上了北京广播学院新闻系。

　　他人生的第三次转折是在大学的时候出现的。毕业前夕，他选择到国际广播电台实习，希望通过自己的努力，争取到这个工作机会。没想到，电台最后并没有留下他。走投无路之际，他买了张去往广东的火车票，想去那里碰碰运气。临走前一天，他意外地接到了学校的消息："你可以去中央人民广播电台试试，说不定还有机会。"最终，他进入了中央人民广播电台。只不过，他并不是台前的播音员，而只是一名编辑。

　　工作闲暇之时，他常常写文章来表达自己的想法。久而久之，他发表的文章越来越多，并逐渐显露出过人的才华。这为他争取了一个新的机遇。中央电视台要开办一个叫《东方时空》的新栏目，节目组让他去试镜，他轻而易举地通过面试并成为了《东方时空》的主持人。从此，中央电视台就多了一位思想有深度却又不拘泥于形式的节目主持人。

　　随着节目的热播，他的知名度也随之攀升。他就是曾荣获播音界最高奖项"中国金话筒奖"等多个奖项的著名节目主持人白岩松。

　　每当人们问他成功的秘诀时，他总是会心一笑地说："只要努力，好运总会来敲门的。"

HSK（六级）答题卡

汉语水平考试 HSK 答题卡

——— 请填写考生信息 ———

请按照考试证件上的姓名填写：

姓名

如果有中文姓名，请填写：

中文姓名

考生序号
[0][1][2][3][4][5][6][7][8][9]
[0][1][2][3][4][5][6][7][8][9]
[0][1][2][3][4][5][6][7][8][9]
[0][1][2][3][4][5][6][7][8][9]
[0][1][2][3][4][5][6][7][8][9]

——— 请填写考点信息 ———

考点代码
[0][1][2][3][4][5][6][7][8][9]
[0][1][2][3][4][5][6][7][8][9]
[0][1][2][3][4][5][6][7][8][9]
[0][1][2][3][4][5][6][7][8][9]
[0][1][2][3][4][5][6][7][8][9]
[0][1][2][3][4][5][6][7][8][9]
[0][1][2][3][4][5][6][7][8][9]

国籍
[0][1][2][3][4][5][6][7][8][9]
[0][1][2][3][4][5][6][7][8][9]
[0][1][2][3][4][5][6][7][8][9]

年龄
[0][1][2][3][4][5][6][7][8][9]
[0][1][2][3][4][5][6][7][8][9]

性别　男 [1]　　女 [2]

注意　请用2B铅笔这样写：■

一、听力

1. [A][B][C][D]　6. [A][B][C][D]　11. [A][B][C][D]　16. [A][B][C][D]　21. [A][B][C][D]
2. [A][B][C][D]　7. [A][B][C][D]　12. [A][B][C][D]　17. [A][B][C][D]　22. [A][B][C][D]
3. [A][B][C][D]　8. [A][B][C][D]　13. [A][B][C][D]　18. [A][B][C][D]　23. [A][B][C][D]
4. [A][B][C][D]　9. [A][B][C][D]　14. [A][B][C][D]　19. [A][B][C][D]　24. [A][B][C][D]
5. [A][B][C][D]　10. [A][B][C][D]　15. [A][B][C][D]　20. [A][B][C][D]　25. [A][B][C][D]

26. [A][B][C][D]　31. [A][B][C][D]　36. [A][B][C][D]　41. [A][B][C][D]　46. [A][B][C][D]
27. [A][B][C][D]　32. [A][B][C][D]　37. [A][B][C][D]　42. [A][B][C][D]　47. [A][B][C][D]
28. [A][B][C][D]　33. [A][B][C][D]　38. [A][B][C][D]　43. [A][B][C][D]　48. [A][B][C][D]
29. [A][B][C][D]　34. [A][B][C][D]　39. [A][B][C][D]　44. [A][B][C][D]　49. [A][B][C][D]
30. [A][B][C][D]　35. [A][B][C][D]　40. [A][B][C][D]　45. [A][B][C][D]　50. [A][B][C][D]

二、阅读

51. [A][B][C][D]　56. [A][B][C][D]　61. [A][B][C][D]　66. [A][B][C][D]　71. [A][B][C][D][E]
52. [A][B][C][D]　57. [A][B][C][D]　62. [A][B][C][D]　67. [A][B][C][D]　72. [A][B][C][D][E]
53. [A][B][C][D]　58. [A][B][C][D]　63. [A][B][C][D]　68. [A][B][C][D]　73. [A][B][C][D][E]
54. [A][B][C][D]　59. [A][B][C][D]　64. [A][B][C][D]　69. [A][B][C][D]　74. [A][B][C][D][E]
55. [A][B][C][D]　60. [A][B][C][D]　65. [A][B][C][D]　70. [A][B][C][D]　75. [A][B][C][D][E]

76. [A][B][C][D][E]　81. [A][B][C][D]　86. [A][B][C][D]　91. [A][B][C][D]　96. [A][B][C][D]
77. [A][B][C][D][E]　82. [A][B][C][D]　87. [A][B][C][D]　92. [A][B][C][D]　97. [A][B][C][D]
78. [A][B][C][D][E]　83. [A][B][C][D]　88. [A][B][C][D]　93. [A][B][C][D]　98. [A][B][C][D]
79. [A][B][C][D][E]　84. [A][B][C][D]　89. [A][B][C][D]　94. [A][B][C][D]　99. [A][B][C][D]
80. [A][B][C][D][E]　85. [A][B][C][D]　90. [A][B][C][D]　95. [A][B][C][D]　100. [A][B][C][D]

三、书写

101.

不要写到框线以外

不要写到框线以外

新汉语水平考试
HSK（六级）模拟试题
第二套

注　意

一、HSK（六级）分三部分：
　　1. 听力（50题，约35分钟）
　　2. 阅读（50题，50分钟）
　　3. 书写（1题，45分钟）

二、听力结束后，有5分钟填写答题卡。

三、全部考试约140分钟（含考生填写个人信息时间5分钟）。

一、听力

第一部分

第1-15题：请选出与所听内容一致的一项。

1. A 失眠会引发焦虑情绪
   B 浅睡眠会导致智力下降
   C 褪黑素与人的睡眠无关
   D 睡前玩电子产品会影响睡眠

2. A 要淡泊名利
   B 做人要谦逊
   C 要大胆地去做
   D 做事要谨慎

3. A 令堂是对他人奶奶的敬称
   B 令爱是女子对自己的谦称
   C 令尊是对他人父亲的敬称
   D 令郎是男子对自己的谦称

4. A 靠窗的位置最安全
   B 车的后部容易晕车
   C 副驾驶的位置最颠簸
   D 晕车与身体状况息息相关

5. A 学者的腿骨折了
   B 学者化解了尴尬
   C 学生对讲座不满
   D 学者的作品很畅销

6. A 坡芽歌书是傣族民歌集
   B 坡芽歌书记载了18首民歌
   C 坡芽歌书用图画文字记录民歌
   D 坡芽歌书是和舞蹈有关的文献

7. A 书中自有黄金屋
   B 要掌握写作技巧
   C 读书时要做笔记
   D 读万卷书，行万里路

8. A 法官十分公正
   B 证人对法官撒谎了
   C 证人不知道自己的生日
   D 法官让证人讲亲眼见到的事

9. A 百香果果壳坚硬
   B 百香果果汁营养丰富
   C 百香果适合人工培育
   D 百香果栽培于热带地区

10. A 雾灵山气候多样
    B 雾灵山海拔不高
    C 雾灵山动物种类繁多
    D 雾灵山有1000多个景点

11. A 相马师都能选出千里马
    B 马的优劣取决于相马师
    C 伯乐能培养出千里马
    D 骑兵作战导致马的价格升高

12. A 逃避现实不是个办法
    B 要敢于走出舒适区
    C 感到不舒服才能走出去
    D 机会总是留给有准备的人

13. A 姑嫂饼热量很高
    B 姑嫂饼名字来历有趣
    C 姑嫂饼口感不如酥糖
    D 姑嫂饼有100多年历史

14. A 这本期刊形式新颖
    B 这本期刊售价较低
    C 这本期刊采用竖排版
    D 这本期刊很受读者青睐

15. A 静电干扰信号
    B 静电对孕妇有害
    C 梳头发容易产生静电
    D 增大接触面可减小电流

第二部分

第16-30题：请选出正确答案。

16. A 询问专家
    B 提升欣赏能力
    C 去美术学院进修
    D 上网搜集相关资料

17. A 题材以花鸟为主
    B 收藏于北京博物馆
    C 与其生活方式有关
    D 许多人模仿他的作品

18. A 包装精美
    B 色调鲜艳
    C 交易价格高
    D 具有审美价值

19. A 画家的知名度
    B 画家的人生阅历
    C 画家的绘画功底
    D 是否能体现画家思想

20. A 创作方向
    B 创作灵感
    C 创作动机
    D 创作技巧

21. A 告诉老师要爱护学生
    B 告诉孩子要孝敬父母
    C 告诉父母应帮助孩子制定目标
    D 告诉家长教育孩子应讲究方法

22. A 体育锻炼
    B 人生规划
    C 综合实力
    D 心理健康

23. A 不要惩罚孩子
    B 给孩子一些奖励
    C 多与班主任沟通
    D 树立正确的教育观念

24. A 敢于冒险
    B 说话不委婉
    C 做事有条不紊
    D 没有独立生活的能力

25. A 出版了新书
    B 是心理医生
    C 创办了幼儿园
    D 打算出国深造

26. A 高档的
    B 家居风格的
    C 田园风格的
    D 复古典雅的

27. A 款式不统一
    B 摆放不整齐
    C 可回收利用
    D 木材是进口的

28. A 设置了隔断
    B 禁止大声喧哗
    C 播放舒缓的音乐
    D 安装了隔音玻璃

29. A 有乐观的心态
    B 善于与人沟通
    C 是室内设计师
    D 喜欢欧式的装修风格

30. A 餐厅灯光刺眼
    B 餐厅里设有舞台
    C 餐厅有各种优惠活动
    D 餐厅提供免费葡萄酒

第三部分

第31-50题：请选出正确答案。

31. A 一颗钻石
    B 一把猎枪
    C 一座别墅
    D 一个蚂蚁窝

32. A 变得越来越小
    B 散发出臭味儿
    C 是由蚂蚁组成的
    D 可以变成其他颜色

33. A 怎样防治蚂蚁
    B 蚂蚁的团队精神
    C 蚂蚁的分布范围
    D 蚂蚁如何寻找食物

34. A 形状
    B 功能
    C 善用地形
    D 投资者的名字

35. A 装饰桥体
    B 牢固桥身
    C 排泄洪水
    D 起防护作用

36. A 建于唐代
    B 破损严重
    C 是木结构的
    D 建筑构思巧妙

37. A 写作思路不清晰
    B 喜欢用华丽的词汇
    C 把握不好文章的要点
    D 写作时难以发现错别字

38. A 咬文嚼字
    B 查找生僻词
    C 思考文章要表达的思想
    D 找出文章中的语法错误

39. A 读者更注重细节
    B 阅读能增长见识
    C 要挖掘自己的潜力
    D 写作需要丰富的想象力

40. A 风能
    B 太阳能
    C 潮汐能
    D 地热能

41. A 制造成本低
    B 已投入试运行
    C 容易发生故障
    D 由多国联合研发

42. A 没有噪声
    B 无需发电机组
    C 不受天气影响
    D 能控制温室效应

43. A 会引发海啸
    B 占地面积大
    C 产生的能量大
    D 会释放有毒物质

44. A 欺辱百姓
    B 尊重人才
    C 赏罚分明
    D 爱收集各种乐器

45. A 演奏者不够用心
    B 乐师把琴弦弄断了
    C 想起了伤心的往事
    D 发现左侧编钟的音有问题

46. A 废除科举
    B 减少赋税
    C 爱民如子
    D 不必事事躬亲

47. A 很称职
    B 很廉洁
    C 得到了赏赐
    D 有艺术修养

48. A 普及最广
    B 历史最悠久
    C 具有观赏价值
    D 是最磨练意志的项目

49. A 可以忽快忽慢
    B 是最简单的运动
    C 手臂要左右摇摆
    D 过弯道时需要加速

50. A 田径的发展史
    B 肌肉的训练方法
    C 百米短跑的特点
    D 如何改革百米短跑

二、阅读

第一部分

第51-60题：请选出有语病的一项。

51. A 只要你敢向前走，路总会走得通的。
    B 根据他诚恳的态度，让我最终决定原谅他。
    C 这场灾难使人民的生命财产遭受了严重的损失。
    D 比起盲目地相信权威，相信自己的判断力更为重要。

52. A 一批新出土的文物今日在历史博物馆展出了。
    B 这家网站发布了很多与应届毕业生就业有关的信息。
    C 将衣服卷起来放到行李箱里，既然不容易出褶，又节省了空间。
    D 千百年来，科学家们一直在探索宇宙是什么时候、是如何形成的。

53. A《史记》和《资治通鉴》素有中国史学"双璧"的美誉。
    B 漫步在周庄的大街小巷，仿佛置身于一幅江南水乡的美丽画卷之中。
    C 这场比赛异常激烈，我们队终将凭借加时赛拿到的2分进入了决赛。
    D 据考古学家证实，在宁夏发现的人类生活遗迹距今已有三万年的历史。

54. A 超声波是频率高于两万赫兹的声波。
    B 当老师说到这个令人感动的故事时，我想起了很多过去的往事。
    C 青岛海湾大桥亦称胶州湾跨海大桥，全长36.48公里，投资额近100亿。
    D 不同的选择会有不同的结局，好比走的路不同，你所看到的风景也不一样。

55. A 花园里那几朵玫瑰花被人摘走了美丽的。
    B 普洱茶既可以降血脂，又可以抗衰老，被誉为"美容茶"。
    C 独特的方块汉字是中华民族智慧的结晶，有着深厚的文化底蕴和魅力。
    D 山有山的坚强，水有水的温柔，每个人都有自己的优点，没必要相互比较。

56. A 基因序列是辨认身份的重要手段，其精准性比指纹还要极其高。
    B 你走的每一步都会影响你以后的人生，所以行事需谨慎。
    C 小睡可以改善因睡眠不足而引起的警觉降低和压力增加等问题。
    D "趵突泉"中的"趵突"二字实际应写为"爆涤"，它形容泉水流动的声音。

57. A 世界上海拔最高的铁路车站是唐古拉山车站。
    B 时间是一剂良药，可是绝对不是解决问题的。
    C 文明能否被传承下去，取决于民众是否勤俭节约、发愤图强。
    D 如果说友谊是一朵永不凋零的鲜花，那么照耀它的必定是从心中升起的太阳。

58. A 梁启超先生在演讲时饱含深情，因而令人深受感动。
    B 月亮像害羞的少女，时而藏进云里，时而露出笑脸，整个世界都好像变成了浪漫的城堡。
    C 我们小组提出的保守治疗方案被黄医生否定了，他决定尽快给病人做手术，以免不耽误病情。
    D 人们惟有接受、理解和掌握一种观念，并将其转化为整个社会的群体意识，才会把它作为自觉遵守和奉行的准则。

59. A 专家指出，保护圆明园的当务之急是发掘并研究它的废墟价值，而非复建。
    B 所谓中国"老油画"，即一批中国油画家在民国时期创作的不同于中国传统水墨画的作品。
    C 时机并不是成功最重要的因素，只要我们有了目标，就应该积极创造条件，勇敢地迈向成功。
    D 大型情景剧《天安门》以"幻影成像"与舞台真人互动的方式，营造出了远古"北京人"穿越时空向人们跑来的情景呈现在观众眼前。

60. A 目前我们的重点是研发出新产品，至于精致、尖端，那是以后要考虑的问题。
    B 世界上并没有严格意义上的悲喜剧之分，要是你能化悲愤为力量，那就是喜剧。
    C 央视《大国工匠》系列节目反响巨大，工匠们精益求精、无私奉献的精神引发了人们热烈的讨论和思考。
    D 一个人如果不能把自己从某件事中抽离出来，那么很容易变得当局者迷，这就是所谓的"不识庐山真面目，只缘身在此山中"。

第二部分

第61-70题：选词填空。

61. "假如我休息，我将会生锈。"这句铭文是刻在一把古老的钥匙上的。_____的人可以将这句话作为座右铭；对勤奋的人而言也是一种_____。如果我们将自己的才能闲置，那我们就会像那把被_____的铁钥匙一样，逐渐生锈而变得一无是处。

　　A 迟钝　　　诱惑　　　抛弃　　　　B 灵活　　　暗示　　　淘汰
　　C 懒惰　　　警示　　　遗弃　　　　D 狡猾　　　警惕　　　放弃

62. 玉米、小麦、水稻是人们主要的食物_____，这些农作物也是古代先民们曾经种植过的。据统计，古代先民们种植过的农作物多达几千种，而现在却只有约150种还在被栽培。这说明地球上的农作物品种在_____减少，很多农作物已经处于灭绝的_____。

　　A 渠道　　　屡次　　　边境　　　　B 途径　　　陆续　　　极限
　　C 路线　　　纷纷　　　期限　　　　D 来源　　　日益　　　边缘

63. 有一种外形和鹿茸差不多的_____食用菌类，名叫松茸。松茸一般只在_____3500米以上的森林中生长，对环境的要求极高。松茸的生长速度缓慢，大概要五六年时间。至今，仍没有人能成功_____。

　　A 贵重　　　高度　　　培育　　　　B 宝贵　　　位置　　　饲养
　　C 充沛　　　方圆　　　种植　　　　D 珍稀　　　海拔　　　栽培

64. 世界上单块_____最大的玻璃悬崖眺台是重庆武隆的天生三桥观景眺台。这座眺台_____海拔1200米高的悬崖顶端，垂直高度为280米，是由20多位国内外_____专家设计的。目前，天生三桥眺台现已进入最后的_____和调试阶段，预计今年国庆向游客开放。

　　A 面积　　　位于　　　一流　　　安装
　　B 密度　　　落成　　　畅销　　　旋转
　　C 体积　　　覆盖　　　创新　　　防御
　　D 规模　　　在于　　　新颖　　　攀登

65. 青稞酒是热情_____的藏族人招待远方客人的必备品之一。喝青稞酒讲究"三口一杯"，即客人连续喝三口，每喝完一口，主人会唱着祝酒歌给客人_____满一次酒。喝前两杯酒时，可喝完，也可剩一点儿。当喝到第三杯酒时，客人得一饮而尽。_____客人的酒量小或者不能喝酒，可用无名指蘸点儿酒向天空弹三下，然后把酒杯还给主人，这样主人就不再_____客人喝完了。

　　A 严峻　　　宰　　　　尽管　　　强迫
　　B 贤惠　　　啃　　　　难免　　　隐瞒
　　C 好客　　　倒　　　　倘若　　　勉强
　　D 慈祥　　　滴　　　　何况　　　款待

66. 旅途中，如果背着一个很重的包袱，不但没有心思_____沿途的美景，而且还会跟不上别人的_____。包袱重，心情自然沉重。柔弱的身躯背负着双重的压力，如何_____地旅行呢？又如何能用心感受旅行的_____呢？
    A 考察　　　踪迹　　　狼吞虎咽　　　风趣
    B 欣赏　　　步伐　　　自由自在　　　乐趣
    C 鉴别　　　节奏　　　人云亦云　　　品质
    D 辨别　　　脚步　　　爱屋及乌　　　气质

67. 出汗是人体排泄和_____体温的一种生理功能。出汗的种类主要有三种：第一种是温热性出汗，这是由于气候_____而引起的，会让人感到不舒服，使人产生不良_____。第二种是精神性出汗，譬如人在精神紧张时手心会出冷汗。第三种是运动性出汗，它能够使人保持身体能量平衡，加速_____。
    A 调节　　　炎热　　　情绪　　　代谢
    B 调剂　　　湿润　　　心情　　　喘气
    C 协调　　　柔和　　　气势　　　循环
    D 妥协　　　干燥　　　气色　　　恢复

68. 搏击操是一种_____了拳击、跆拳道及太极拳基本动作的有氧运动。它_____了健美操的编排方法，是随着强有力的音乐_____而完成的一套动作。如今，很多人选择这种锻炼方式，是因为简单易学，而且能缓解身心_____。
    A 联络　　　遵守　　　局面　　　障碍
    B 结合　　　遵循　　　节拍　　　疲劳
    C 沟通　　　维持　　　旋律　　　顾虑
    D 夹杂　　　响应　　　元素　　　弊病

69. 3D街头地画源自西方街头文化。它与常规绘画不同，它利用焦点透视和二维透视让人产生身临其境的幻觉。3D街头地画的视觉_____是"近小远大"，以便让_____景物有虚拟的立体视觉效果，而常规绘画却是"近大远小"。创作3D街头地画时，首先要_____且设计出主题，然后用简单的_____画出立体效果，最后再着色。
    A 规则　　　附近　　　预测　　　图案
    B 模型　　　表面　　　思索　　　原理
    C 规律　　　平面　　　构思　　　线条
    D 模式　　　侧面　　　呈现　　　草案

70. 淬火效应是指金属工件加热到一定温度后，放入冷却剂中进行冷却处理，以使其工件的性能更好、更_____。在教育领域也有类似的现象，被称之为"冷处理"。当学生犯了错误，老师_____指责的话，往往会使学生产生_____心理，拒绝接受批评。此时，老师不必大动肝火，将其冷处理，不予_____就可以了。久而久之，他的不良行为就会_____。
    A 顽强　　　深刻　　　违反　　　蔑视　　　毁灭
    B 坚硬　　　严厉　　　反射　　　忽视　　　撤销
    C 坚定　　　彻底　　　背叛　　　在乎　　　灭亡
    D 稳定　　　过度　　　逆反　　　理睬　　　消失

第三部分

第71-80题：选句填空。

71-75.

在一定的温度和湿度下，食品中的细菌和霉菌会以惊人的速度繁殖，造成食品腐败受潮，不能食用。(71)_____，防止食品变质，人们往往在食品袋中放入食品干燥剂。食品干燥剂一般无毒、无味、无接触腐蚀性、无环境污染。

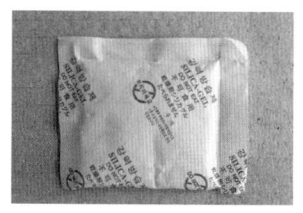

食品干燥剂的种类主要有：生石灰干燥剂、硅胶干燥剂及氯化钙干燥剂。

生石灰的主要成分是氧化钙。氧化钙极易溶于水，而且遇水温度就会升高放热，因此可以吸收水分，干燥空气。(72)_____，生石灰干燥剂都能保持大于自身重量35%的吸湿能力，具有极好的干燥吸湿效果，而且价格低廉。因此以前被广泛用于食品行业。但是，最近几年，它已逐渐被淘汰。因为，它在遇水时虽然可以吸收水分，但也会 (73)_____，甚至可能发生爆炸。此外，如果儿童在吃零食时误食了生石灰干燥剂，(74)_____。

近些年，人们更倾向于使用硅胶干燥剂。因为它不仅无毒、无味、无嗅，化学性质稳定，还具有强烈的吸湿性能。美中不足的是，(75)_____。

A 释放出大量的热量

B 它的成本要比生石灰干燥剂高

C 极有可能造成口腔和食道灼伤

D 不管外界的湿度有多高

E 为了降低食品袋中的湿度

76-80.

乘舟泛游漓江，可观奇峰倒影，看碧水青山，宛如仙境。徜徉于这山水之中，(76)_____。这么美的人间仙境，到底是如何形成的呢？

众所周知，桂林多是喀斯特地貌。而这种地貌形成的根本原因，就是水对石灰岩的溶蚀作用。石灰岩的成分是碳酸钙，碳酸钙能与水中的二氧化碳发生化学反应，最终溶于水中。可是桂林的石灰岩又是从何而来的呢？原来在几万年以前，广西一带被汪洋大海所淹没，大量石灰质沉积于海底，形成了很厚的石灰岩，分布非常广阔。之后因为地壳的运动，(77)_____。陆地上的石灰岩在水的作用下，慢慢被溶蚀，就形成了如今的喀斯特地貌。

与流水对岩石的侵蚀作用不同，石灰岩的溶蚀发生了化学反应。(78)_____，流水就会钻进去，持续不断地冲刷、发生反应。时间久了，裂缝就会被溶蚀成为溶洞。而如果这时裂缝是竖直的，那么这里就会被溶蚀成漏斗状的洼地。(79)_____，就会变成一根根孤立的残柱。

此外，溶蚀作用只是使石灰岩中的碳酸钙溶于水中，(80)_____，因此，漓江的水才会清澈见底。

A 并不会形成大量的泥沙

B 海底逐渐变成了陆地

C 让人流连忘返

D 只要石灰岩有裂缝

E 当它们继续扩大并且彼此相通时

第四部分

第81-100题：请选出正确答案。

81-84.

一提起金庸小说，大家首先想到的就是那些江湖大侠们，他们个个身怀绝技，武功非凡。这些小说还经常被拍成电视剧或者电影，而且一直受到海峡两岸读者乃至海外华人的青睐。说到这些作品中典型形象的创作者——金庸，在他身上发生过一件趣事。

那是1972年，金庸宣布封笔，打算重新修订自己所写的武侠小说。可是在修订《天龙八部》时，金庸遇到了难题。因为在报上连载这部小说时，适逢金庸去欧洲出差，所以他找到好友倪匡，请其为自己代笔一个月。可是金庸后来重新开始修订这部小说时，发现虽然倪匡写的6万字也非常精彩，但和小说的主要内容没有太大的关联。所以他认为还是删去比较好。

于是，金庸仔细琢磨后决定与倪匡面谈。说到此事时，倪匡看起来有点儿气愤。其实倪匡只是故作生气，这让不知所措的金庸一下子平静了下来。原来，倪匡觉得他和金庸是多年好友，金庸来问他的意见是<u>多此一举</u>。这回反而轮到金庸"批评"倪匡了。因为金庸觉得这6万字可是倪匡的心血，如果连询问都不询问而直接删掉，那才是对好友的不尊重。

这个故事后来成了文坛的一段佳话。从这个故事，我们可以了解到：金庸不仅仅做学问时严谨，对待别人也是十分谦卑有礼，这才是真正的武侠大家。

81. 对外宣布封笔以后，金庸：
  A 去欧洲演讲   B 改行做了导演
  C 致力于慈善事业   D 开始修订自己的作品

82. 金庸打算如何处理倪匡代写的部分？
  A 全部删除   B 缩写至4万字
  C 作为附录发表   D 调到小说的高潮

83. 第3段中的划线词语是什么意思？
  A 即将获得成功   B 做多余的事情
  C 模仿他人的一举一动   D 话说多了一定会有失误

84. 根据上文，下列哪项正确？
  A 倪匡对人很苛刻   B 金庸治学态度严谨
  C 武侠小说毫无历史根据   D《天龙八部》原稿已丢失

85-88.

土族是中国人口较少的民族之一，主要分布在青海省。土族有自己的语言，称为土语，使用的文字是自己创制的拼音文字。土族服饰比较独特。妇女一般穿绣花小领斜襟长衫。两袖由红、黄、绿、紫、蓝、白、黑七色彩布圈做成，鲜艳夺目，美观大方。俗称七彩袖，土乡也因此被称为"彩虹的故乡"。

除了引人注目的服饰外，土族的歌舞形式多样，内容丰富，具有观赏性和参与性。其中最著名的要数"安昭"和"轮子秋"了。

"安昭"舞以其舞蹈的基本动作而得名。只要逢年过节或者有庆祝丰收、举行婚礼等喜庆的活动时，土族人民便身着民族服装，聚集于家中庭院或开阔的广场，按照男在前女在后的顺序，结队围成圆圈，由擅长舞蹈的一至两名长者领舞，众人在后载歌载舞。曲调节奏明快，与舞步配合紧密。

"轮子秋"是土族人民在长期劳动中创造出的男女老幼喜闻乐见的传统娱乐活动，刺激而惊险。它展现了土族人民能歌善舞、乐观豁达的民族特性，是土族人民勇敢、智慧、团结的结晶。

据说，土族从游牧民族转向农耕民族后有了木轮车。土族小伙子将木轮车改装成了集秋千、圆盘于一体的吊车，然后在上面起舞。表演时，土族姑娘和小伙子随着圆盘飞快地旋转，并不时地做出"雄鹰展翅"、"孔雀三点头"等各种高难度的动作。后来，土族人对"轮子秋"进行了改造，现在多以钢管为原料焊制而成，上面的圆盘也是钢制的，使用起来更加安全方便。圆盘将钢管分为两个部分，上端放置火炬，下端是底座。圆盘周围装饰着各色彩旗，宛如一道彩虹，再次印证了"彩虹之乡"的美誉。

近几年，轮子秋已被列为民族运动会上的比赛项目，以旋转时间长而头不晕者为胜。

85. 土乡被称为"彩虹之乡"的主要原因是：
A 每个月出现彩虹　　　　　　　B 蕴藏大量彩色矿石
C 当地土壤色彩丰富　　　　　　D 妇女身穿七色花袖的衣裳

86. 关于"安昭"舞，可以知道：
A 没有领舞者　　　　　　　　　B 是一种宗教仪式
C 主要表达喜悦之情　　　　　　D 只是由一对男女表演

87. "轮子秋"舞展现了土族：
A 精湛的唱歌技巧　　　　　　　B 艰苦的生活现状
C 乐观豁达的民族特性　　　　　D 得天独厚的地理优势

88. 根据上文，下列哪项正确？
A 土族妇女勤劳善良　　　　　　B 土族妇女讲究头饰
C 土族舞蹈以男性为主　　　　　D 土族歌舞参与性很强

89-92.

为了将产品推向市场，扩大利润，很多企业往往采取这样一种营销方式：将部分商品的价格压低，甚至以赔本销售来扩大知名度，赢得顾客信赖，获得商业信誉，从而吸引消费者不断购买，最终实现整体利润最大化的目的。这就是所谓的牺牲商法。牺牲商法包括牺牲局部法、牺牲节日法、牺牲样品法和牺牲引导消费法。

一位药店老板为了赢得消费者的信任，将眼药水以低于进价的价格销售。如此听来，我们定会觉得这家店会赔本，甚至倒闭，实则相反。因为尽管眼药水的价格降低了许多，但是却吸引了大量的顾客。而顾客在购买眼药水的同时，往往也会购买其他的药。可是其他的药并不是让利销售的。如此一来，这家药店的整体销量就增加了，生意也越来越红火。药店老板就是利用牺牲局部法——牺牲了眼药水的利润，却提高了整体的利润。

一家面包店专门设立了一个柜台来陈列样品，供人们免费品尝。此举不仅可了解消费者的口味，而且还能避免盲目推出新品的问题。果不其然，面包店根据消费者的品尝结果推出新品后，销售量猛增。事实上这家面包店所利用的就是牺牲样品法。使用这种方法，不仅可以使企业减少风险，还可以增加产品的销售量，可以说是一举两得。我们在超市或商场中经常遇到的免费试用、免费试吃等活动，其实也属于牺牲样品法。

在日益激烈的市场竞争中，如果企业经营者事事把消费者放在首位，根据他们的需求制定相应的销售方案，那么会达到意想不到的效果。

89. 第1段的主要内容是：
A 牺牲商法的含义　　　　　　B 市场竞争十分激烈
C 牺牲局部法的作用　　　　　D 消费者的购物倾向

90. 关于那家药店，可以知道：
A 最后倒闭了　　　　　　　　B 进货渠道多
C 中药比西药多　　　　　　　D 眼药水十分便宜

91. 牺牲样品法能带来什么好处？
A 可降低风险　　　　　　　　B 扩大企业知名度
C 可达到融资的目的　　　　　D 能尽快处理掉滞销商品

92. 根据上文，企业应如何应对激烈的竞争：
A 提升产品质量　　　　　　　B 满足消费者的需求
C 增加广告费用的投入　　　　D 不断设计生产创新产品

93-96.

沙暴和尘暴统称为沙尘暴。沙尘暴是指强风把地面大量沙尘物质吹起并卷入空中，使空气特别混浊，水平能见度小于一千米的严重风沙天气现象。

沙尘暴的形成需要三个条件：一是地面上的沙尘物质，它是形成沙尘暴的物质基础。二是大风，这是沙尘暴形成的动力基础，也是沙尘暴能够长距离运输的动力保证。三是不稳定的空气状态，这是重要的热力条件。

从二十世纪九十年代开始，沙尘暴让人谈之色变，因为它带来的灾害，深深地影响着普通百姓的生活。然而，沙尘暴并不是"猛虎"，并非有百害而无一利。

众所周知，华夏文明的发祥地是黄土高原。而那里的黄土层就是由几百万年的沙尘堆积形成的。沙尘暴也是自然生态系统中所不可或缺的部分。例如澳大利亚的赤色风暴所夹带来的大量铁质，是南极海浮游生物重要的营养来源，而浮游植物又可以消耗大量的二氧化碳，以减缓温室效应的危害。

可是我们不得不面对的一个事实就是，沙尘暴还是弊大于利的。沙尘暴天气造成生态环境恶化。严重时可造成生命财产的巨大损失，影响交通安全，并时刻危害着人体的健康。

沙尘暴也许是大自然对人类的惩罚，这也让我们思考这样一个问题：怎样做才能真正与自然和谐相处，怎样做才能可持续发展。

93. 第1段中，关于沙尘暴，我们可以知道：
    A 沙尘暴发生时有石头　　　　　　　B 灰尘容易进入眼睛里
    C 沙尘暴出现时能见度很高　　　　　D 沙尘暴是沙暴和尘暴的总称

94. 以下各项中不是沙尘暴形成的条件的是：
    A 强风　　　　　　　　　　　　　　B 日照
    C 沙尘物质　　　　　　　　　　　　D 不稳定的空气状态

95. 根据上文，下列哪项是不正确的：
    A 沙尘暴弊大于利　　　　　　　　　B 沙尘暴不会造成重大的损失
    C 沙尘暴的影响也有积极意义　　　　D 沙尘暴是生态系统中不可缺少的部分

96. 根据上文，我们应该怎样做？
    A 与自然和谐相处　　　　　　　　　B 开展填海造地项目
    C 研发新型汽车燃料　　　　　　　　D 借助沙尘暴开发风能

97-100.

据悉，2013年12月嫦娥三号探测器成功在月球表面着陆。该探测器包括着陆器和巡视器。其中，巡视器就是玉兔号月球车，是中国首辆月球车，原本预期服役3个月。2016年7月31日晚，玉兔号停止工作，超期服役了两年多。而嫦娥三号着陆器原本设计的寿命是一年，到目前为止仍坚守岗位，已在月面顺利工作超过三年，创造了人类探测器月面工作时间的最长纪录。

"玉兔号"这个名字是由网友投票选出的，这个名字不仅跟"嫦娥怀抱玉兔奔月"的中国传统神话传说有关，而且玉兔善良、纯洁、敏捷的形象与月球车的构造、使命既形似又神似，反映了中国和平利用太空的立场。月球车的主要任务是能够在月球表面行驶并完成月球探测、考察、收集和分析样品等工作。

玉兔号搭载着一部测月雷达，它完成了人类历史上首幅月球地质剖面图，揭示了月球雨海区域火山演化的历史，也展现了月球表面以下330米深度的地质结构特征，而且还在月球上发现了新的玄武岩类别。

嫦娥三号与玉兔配合，首次发现了月球上没有水的证据。此前，美国哈勃望远镜所观测到月球地表的含水情况比中国此次观测的高两个数量级。而此次观测则直接得出了有史以来的最低值。这是国际首次明确验证月球上没有水。

作为一种在太空特殊环境下执行探测任务的月球车，玉兔号月球车需要面对诸多困难。例如，月球重力是地球的1/6，因此月球车在月球表面行进效率会降低。另外，月球昼夜温差非常大，白昼时温度高达150摄氏度，黑夜时低至零下180摄氏度，昼夜温差高达300摄氏度。因此月球车的轮胎要使用特殊材料，以克服温差。

玉兔号是中国在月球上留下的第一个足迹，意义深远。正是这些作为垫脚石的探测器，为将来进行的载人登月铺平了道路。

97. "玉兔号"这个名字是怎么产生的?
A 是随机产生的   B 是国家机构命名的
C 是网友投票选出的   D 是航天科学家命名的

98. 下列不属于"玉兔号"月球车完成的任务的是：
A 发现了新的玄武岩   B 发现了月球上有水
C 完成了首幅月球地质剖面图   D 揭露了月球雨海区域火山演化的历史

99. 第5段主要讲的是：
A "玉兔号"的特点   B "玉兔号"的作用
C "玉兔号"的主要成就   D "玉兔号"遇到的困难

100. 最后一段中的划线词语最可能的意思是：
A 月球上的岩石   B 自然界中的一种怪石
C 阻挡月球车行进的石头   D 比喻借以向上爬的人或事物

三、书写

第101题： 缩写。

(1) 仔细阅读下面这篇文章，时间为10分钟，阅读时不能抄写、记录。
(2) 10分钟后，监考收回阅读材料，请你将这篇文章缩写成一篇短文，时间为35分钟。
(3) 标题自拟。只需复述文章内容，不需加入自己的观点。
(4) 字数为400左右。
(5) 请把作文直接写在答题卡上。

  有一位画家叫海曼，他在画素描上很有天赋。他为了维持生计常常去街边给人们画头像，可是他画的画并没有受到人们的青睐。因而，他的生活贫困极了，有时甚至连买一块橡皮的钱都没有。可即便如此，海曼依然坚持每天画画。
  一天，海曼正全神贯注地创作，没有意识到手中的橡皮掉了。直到要用时他才发现。于是，他急忙捡起了地上的橡皮。但没想到当他想再次画画时，橡皮又掉了。然而，这次他到处找也没找到。这块橡皮是他唯一的一块橡皮，如果找不到的话，短时间内他就无法继续作画了。最后，海曼费了九牛二虎之力，才在床底下找到了那块宝贵的橡皮。
  这一次，海曼为了不让橡皮再次掉在地上，小心翼翼地将橡皮握在了手心里。忽然，他觉得不能每次作画时都握着橡皮，因为不能集中作画。这时，脑中闪过一道灵光，他想到了一个办法，于是马上行动了起来。他将橡皮用一根细绳绑在了铅笔的一头。这样一来，他再也不用担心橡皮会掉在地上了，也不用四处找橡皮了。
  可是，没过多久，一个新的问题出现了：橡皮虽然不掉了，可在画画时总是在笔周围晃来晃去，非常影响他作画。海曼为了解决这一难题，他的脑子又开始转了起来。他心想：要是把橡皮只固定在铅笔的一端，问题不就解决了吗？于是，他兴高采烈地找来了一片薄铁，将橡皮和铅笔紧紧地固定在了一起。之后，他试着在纸上画了几下，效果棒极了。海曼再也不用因为橡皮掉在地上或者晃来晃去而烦恼了。
  当海曼沉浸于自己的新创意时，他的朋友来他家做客，看到了这个新奇的发明。朋友了解了事情的经过之后，他对海曼说："这项小发明太有创意了，你为何不去申请专利呢？这样既可以方便大家，又能为你带来一笔额外的收入。"朋友的话点醒了海曼，他激动地说："你看我就想着怎么画画方便了，居然没想到这个还可以申请专利。幸亏你提醒我，明天我就去申请。"朋友也笑着对海曼说："期待你的好消息，祝你好运！"
  第二天一早，海曼拿着准备好的各种材料就去申请专利了。不出所料，他申请成功了，并顺利地将此专利卖给了一家专门生产铅笔的公司。正如朋友所说的那样，这项专利为他带来了一笔不菲的收入。海曼恐怕绞尽脑汁也想不到，自己在身无分文的困境中无意间想出的点子，竟然让他成为了百万富翁。

人生就是这样，谁也不知道明天会发生什么，谁也预测不了下一秒要发生什么。也许这就是人生最精彩的地方。在人生的道路上，我们难免会遇到重重困难。当我们遇到困难时，千万不要绝望。如果你的心态绝望了，你的人生就真的绝望了。

HSK（六级）答题卡

汉语水平考试　　HSK　　答题卡

———— 请填写考生信息 ————

请按照考试证件上的姓名填写：

| 姓名 | |

如果有中文姓名，请填写：

| 中文姓名 | |

———— 请填写考点信息 ————

| 考点代码 | [0][1][2][3][4][5][6][7][8][9]
[0][1][2][3][4][5][6][7][8][9]
[0][1][2][3][4][5][6][7][8][9]
[0][1][2][3][4][5][6][7][8][9]
[0][1][2][3][4][5][6][7][8][9]
[0][1][2][3][4][5][6][7][8][9]
[0][1][2][3][4][5][6][7][8][9] |

| 考生序号 | [0][1][2][3][4][5][6][7][8][9]
[0][1][2][3][4][5][6][7][8][9]
[0][1][2][3][4][5][6][7][8][9]
[0][1][2][3][4][5][6][7][8][9]
[0][1][2][3][4][5][6][7][8][9] |

| 国籍 | [0][1][2][3][4][5][6][7][8][9]
[0][1][2][3][4][5][6][7][8][9]
[0][1][2][3][4][5][6][7][8][9] |

| 年龄 | [0][1][2][3][4][5][6][7][8][9]
[0][1][2][3][4][5][6][7][8][9] |

| 性别 | 男　[1]　　　女　[2] |

注意　请用2B铅笔这样写：■

一、听力

1. [A][B][C][D]　　6. [A][B][C][D]　　11. [A][B][C][D]　　16. [A][B][C][D]　　21. [A][B][C][D]
2. [A][B][C][D]　　7. [A][B][C][D]　　12. [A][B][C][D]　　17. [A][B][C][D]　　22. [A][B][C][D]
3. [A][B][C][D]　　8. [A][B][C][D]　　13. [A][B][C][D]　　18. [A][B][C][D]　　23. [A][B][C][D]
4. [A][B][C][D]　　9. [A][B][C][D]　　14. [A][B][C][D]　　19. [A][B][C][D]　　24. [A][B][C][D]
5. [A][B][C][D]　　10. [A][B][C][D]　　15. [A][B][C][D]　　20. [A][B][C][D]　　25. [A][B][C][D]
26. [A][B][C][D]　　31. [A][B][C][D]　　36. [A][B][C][D]　　41. [A][B][C][D]　　46. [A][B][C][D]
27. [A][B][C][D]　　32. [A][B][C][D]　　37. [A][B][C][D]　　42. [A][B][C][D]　　47. [A][B][C][D]
28. [A][B][C][D]　　33. [A][B][C][D]　　38. [A][B][C][D]　　43. [A][B][C][D]　　48. [A][B][C][D]
29. [A][B][C][D]　　34. [A][B][C][D]　　39. [A][B][C][D]　　44. [A][B][C][D]　　49. [A][B][C][D]
30. [A][B][C][D]　　35. [A][B][C][D]　　40. [A][B][C][D]　　45. [A][B][C][D]　　50. [A][B][C][D]

二、阅读

51. [A][B][C][D]　　56. [A][B][C][D]　　61. [A][B][C][D]　　66. [A][B][C][D]　　71. [A][B][C][D][E]
52. [A][B][C][D]　　57. [A][B][C][D]　　62. [A][B][C][D]　　67. [A][B][C][D]　　72. [A][B][C][D][E]
53. [A][B][C][D]　　58. [A][B][C][D]　　63. [A][B][C][D]　　68. [A][B][C][D]　　73. [A][B][C][D][E]
54. [A][B][C][D]　　59. [A][B][C][D]　　64. [A][B][C][D]　　69. [A][B][C][D]　　74. [A][B][C][D][E]
55. [A][B][C][D]　　60. [A][B][C][D]　　65. [A][B][C][D]　　70. [A][B][C][D]　　75. [A][B][C][D][E]
76. [A][B][C][D][E]　　81. [A][B][C][D]　　86. [A][B][C][D]　　91. [A][B][C][D]　　96. [A][B][C][D]
77. [A][B][C][D][E]　　82. [A][B][C][D]　　87. [A][B][C][D]　　92. [A][B][C][D]　　97. [A][B][C][D]
78. [A][B][C][D][E]　　83. [A][B][C][D]　　88. [A][B][C][D]　　93. [A][B][C][D]　　98. [A][B][C][D]
79. [A][B][C][D][E]　　84. [A][B][C][D]　　89. [A][B][C][D]　　94. [A][B][C][D]　　99. [A][B][C][D]
80. [A][B][C][D][E]　　85. [A][B][C][D]　　90. [A][B][C][D]　　95. [A][B][C][D]　　100. [A][B][C][D]

三、书写

101.

不要写到框线以外

不要写到框线以外

新汉语水平考试
HSK（六级）模拟试题
第三套

注 意

一、HSK（六级）分三部分：
    1. 听力（50题，约35分钟）
    2. 阅读（50题，50分钟）
    3. 书写（1题，45分钟）

二、听力结束后，有5分钟填写答题卡。

三、全部考试约140分钟（含考生填写个人信息时间5分钟）。

一、听力

第一部分

第1-15题：请选出与所听内容一致的一项。

1. A 全麦面包不易消化
   B 喝粥会被立即吸收
   C 肚子饿时不宜吃甜食
   D 吃甜食易引发各种疾病

2. A 龙虎山极其陡峭
   B 龙虎山雨量充沛
   C 龙虎山昼夜温差大
   D 龙虎山森林覆盖率低

3. A 人不能自满
   B 要尊老爱幼
   C 要感谢他人的批评
   D 要善于发现自己的缺点

4. A 印章种类繁多
   B 印章材质单一
   C 刻制印章价格昂贵
   D 印章已成为一种艺术品

5. A 热河泉的水味道甘甜
   B 热河泉全长700多米
   C 热河泉用于农业灌溉
   D 热河泉是火山喷发形成的

6. A 杭白菊产自杭州
   B 杭白菊可以促进消化
   C 杭白菊可代替茶叶饮用
   D 杭白菊有悠久的栽培历史

7. A 蜘蛛人要借助绳索
   B 蜘蛛人指建筑工人
   C 蜘蛛人从低往高攀爬
   D 蜘蛛人负责室内装修

8. A 娱乐节目不需要"罐头笑声"
   B "罐头笑声"千变万化
   C "罐头笑声"要提前录制
   D 观众很喜欢"罐头笑声"

9. A 人要学会排解孤独
   B 善于交际的人有人脉
   C 独处是一种重要的能力
   D 喜欢独处的人灵魂空虚

10. A 调查人数极少
    B 调查对象是新职员
    C 少数学生认为赚钱最重要
    D 大部分学生喜欢参加社团活动

11. A 燃放烟花爆竹很危险
    B 节日带动了烟花的销量
    C 节日出行需保管好贵重物品
    D 庆祝春节的方式日趋多样化

12. A 铜镜携带不便
    B 铜镜的制作粗糙
    C 铜镜是吉祥的象征
    D 铜镜是古人的生活用品

13. A 旅行可结识更多人
    B 旅商高的人情商高
    C 旅行前要准备充分
    D 旅商高的人旅途更愉快

14. A 座位选择会透露性格
    B 角落的座位比较清静
    C 久坐不利于骨骼生长
    D 在公共场合要注意礼节

15. A 要让孩子懂得感恩
    B 父母要有正确的育儿观
    C 小学生应多加强体育锻炼
    D 父母要帮助孩子树立信心

第二部分

第16-30题：请选出正确答案。

16. A 反对贿赂
    B 故乡在渤海湾
    C 是候鸟保护者
    D 成立了慈善机构

17. A 思索摄影的意义
    B 感受志愿者的生活
    C 等拍摄的最佳时机
    D 阅读有关候鸟的文献

18. A 用长镜头拍摄
    B 模仿动物的叫声
    C 有敏锐的洞察力
    D 有保护动物的意识

19. A 学识渊博
    B 会多国语言
    C 要敢于挑战
    D 有干预现实的使命

20. A 传授摄影技巧
    B 关注社会矛盾
    C 记录人类情感
    D 向大众传递真相

21. A 进行射击训练
    B 参加同学聚会
    C 在家看比赛视频
    D 去图书馆复习功课

22. A 吃各地美食
    B 找教练倾诉
    C 听舒缓的音乐
    D 做剧烈的运动

23. A 值得尊重
    B 实力较弱
    C 极其挑剔
    D 无法沟通

24. A 漠不关心
    B 极端反对
    C 十分犹豫
    D 表示支持

25. A 颈椎受伤了
    B 心理素质欠佳
    C 母亲是职业运动员
    D 和奥运冠军一起参加过比赛

26. A 故事结构很关键
    B 故事情节要曲折
    C 坚实的基础很重要
    D 作家要有独特的风格

27. A 华丽
    B 简练
    C 犀利
    D 风趣

28. A 报告文学
    B 名人传记
    C 奇闻趣事
    D 亲身经历

29. A 通俗易懂的
    B 揭露现实的
    C 富有启示性的
    D 人物关系复杂的

30. A 从小喜欢写作
    B 刚完成新剧本
    C 很推崇《红楼梦》
    D 认为好小说有固定的标准

第三部分

第31-50题：请选出正确答案。

31. A 复字号掺假
    B 掌柜性格急躁
    C 掌柜服务周到
    D 复字号缺斤短两

32. A 复字号明天停业
    B 复字号招聘售货员
    C 复字号将赔偿客人
    D 要建更多的连锁店

33. A 掌柜离开了复字号
    B 复字号的新产品很受欢迎
    C 百姓对乔致庸失去了信任
    D 复字号胡麻油的销量增加了

34. A 长嘴角纹
    B 皮肤黯淡
    C 脸颊松弛
    D 长双下巴

35. A 反应迟钝
    B 视力下降
    C 新陈代谢慢
    D 皮肤失去弹性

36. A 多做仰头运动
    B 多补充维生素
    C 多呼吸新鲜空气
    D 多和周围的人沟通

37. A 比较厚
    B 形状各异
    C 散发出臭味
    D 颜色不一样

38. A 花期很长
    B 只有主根
    C 一年开五次花
    D 果实又酸又甜

39. A 不要因小失大
    B 不要舍近求远
    C 要为理想而奋斗
    D 要及时抓住机遇

40. A 易发脾气
    B 引起好奇心
    C 导致语迟问题
    D 大脑保持兴奋状态

41. A 通过身体触摸
    B 家长的正确引导
    C 语言系统发育的结果
    D 脑细胞受到反复刺激

42. A 让孩子走进大自然
    B 督促孩子锻炼身体
    C 加强与孩子的直接交流
    D 培养孩子早睡早起的习惯

43. A 婴幼儿母语习得的规律
    B 婴幼儿认知训练的方法
    C 婴幼儿长期看电视的坏处
    D 如何培养父母与孩子之间的感情

44. A 见效快
    B 无副作用
    C 没有异味
    D 价格低廉

45. A 傣族人勤俭节约
    B 淘米水能延缓衰老
    C 淘米水有护发功效
    D 淘米水能防止脱发

46. A 降低血脂
    B 防止皮肤瘙痒
    C 促进血液循环
    D 改善消化不良

47. A 淘米水的妙用
    B 如何保养皮肤
    C 傣族人的习俗
    D 淘米水的主要成分

48. A 正处于夏季
    B 夜晚会降雨
    C 会出现彩虹
    D 次日天气晴朗

49. A 稳定性强
    B 雾霾严重
    C 雨水充沛
    D 昼夜温差大

50. A 沿海地区空气湿润
    B 水滴会吸收星星的光线
    C 气候类型会影响人们的性格
    D 星星的数量和温度变化有关

二、阅读

第一部分

第51-60题：请选出有语病的一项。

51. A 奇迹不过是努力的另一个名字而已。
    B 这些见解是我总结出来的，希望能启发你们。
    C 书籍就是一盏明灯，让我们看得更远、更清晰。
    D 一打开瓶盖儿，空气中就开始飘散着浓郁的香气布满。

52. A 读书可以唤醒你体内沉睡着的"作家"。
    B 近来，多地气温居高不下，医生提醒大家一定要注意避暑。
    C 老虎是可以被驯服的动物，但老虎的攻击性永远也不会可能消失。
    D 在非本人电子设备上登录网银后一定要退出，否则会威胁账户安全。

53. A 人们会选择性地记忆跟自己的兴趣、需要有关的信息。
    B 家人的安慰就如同一碗鸡汤，可以温暖我们脆弱的心灵。
    C 《茉莉花》是江苏民歌，因歌词通俗易懂，旋律优美，然而脍炙人口。
    D 117大厦位于天津市高新技术产业园区，高度达597米，居世界第二。

54. A 节日里的公园到处都洋溢着欢乐的气氛。
    B 三年来，这个县的粮食总产量持续增长。
    C 先进的纺织技术促进了中国丝绸业的繁荣发展。
    D 看着飞流直下的庐山瀑布，对大自然的神奇力量赞不绝口。

55. A 兰花的香气易使人过度兴奋而失眠，因此不要摆放它在房间里。
    B 若能够跟比自己年龄大的人相处并听取他们的忠告，这就意味着你长大了。
    C 澜沧江是中国西南地区的河流之一，流出中国国境以后的河段称为湄公河。
    D 一项研究表明，如果想让员工更有创造力，那么可以让其在休息时间多看搞笑视频。

56. A 一个公司的经营理念往往决定了其未来的发展前途。
    B 这家百年老店在青阶灰瓦的四合院内，格调非常别致极了。
    C 在说书这一行，单田芳可谓出身世家，因为他父母都是评书表演大师。
    D 捐款不是每个公民的法定义务，虽值得提倡，但不宜用强制手段让人们去捐。

57. A 旧货市场里的工艺品琳琅满目，让人目不暇接。
    B 这扇门不论破损严重，可是在木匠的细心修理下，依然能用。
    C 《昆虫记》是富含哲理的文学宝藏，曾对生物学界产生过重大的影响。
    D 从世界范围来看，各国对儿童入学年龄的规定不尽相同，一般为六岁或七岁。

58. A 由于冬天的空气干燥，所以在相同温度的房间里，人们的体感温度还是会比夏天低。
    B "废寝忘食"这个成语的意思是专心努力地做某一件事，以致连睡觉吃饭都顾不上了。
    C 所有从创业的第一天开始，你就要做好心理准备，你每天要面对的不是成功，而是困难和失败。
    D 第六届魔术文化节在中国的魔术之乡——河南省宝丰县拉开了序幕，高规格的魔术竞技比赛及魔术道具展销吸引了来自各地的魔术爱好者和魔术大师。

59. A 电子表是根据电能转换为磁能，再由磁能转换为机械能的物理现象设计而成的。
    B 郝景芳在《北京折叠》中构建了一个不同空间、不同阶层的社会背景，故事多源自她自己的日常生活。
    C 随着时代的进步，电视逐渐被人们遗忘，有些家庭甚至彻底告别了电视，转而使用智能手机、平板电脑等获取信息，他们把称为"零电视家庭"。
    D 酒精在人体内的代谢速度是有限度的，若饮酒过量，酒精就会储存在体内器官里，尤其会储存在肝脏和大脑中，储存到一定程度就会出现酒精中毒的症状。

60. A 出自《荀子》的"流言止于智者"这句话，其含义是捕风捉影的话传到了智者那里就不会再传下去了。
    B 榴莲是热带著名水果之一，被誉为"水果之王"，它的气味浓烈，爱之者赞其香，厌之者怨其臭。
    C 有一座海拔超过3000米的山脉坐落在贡嘎山系和成都平原之间，爬到这座山脉的顶峰便可以欣赏到壮观的景色。
    D 电子商务作为一个全新且迅速发展的行业，不仅在某种程度上改变了人们的生活方式，还对传统的商业模式打击了。

第二部分

第61-70题：选词填空。

61. 发烧时，除药物治疗外，既简便又安全的方法就是用_____为25%-50%的酒精擦拭身体的物理降温法。因为酒精可提高皮肤的散热能力，有助于_____退烧的目的。具体做法是：将纱布或小毛巾用酒精蘸湿，然后轻轻擦拭身体的颈部、手心等_____即可。

  A 浓度   达到   部位   B 质量   抵达   部门
  C 比例   造成   地区   D 程度   导致   区域

62. 猕猴桃的_____独特，是草莓、香蕉、菠萝三者混合在一起的口感，而且营养价值特别高，_____受到了人们的喜爱。在所有水果中，猕猴桃的维生素含量最高。此外，猕猴桃中的纤维素和果胶还可以_____肠胃消化。

  A 滋味   因此   督促   B 风气   便于   阻碍
  C 味道   因而   促进   D 气味   况且   吸取

63. 给六个月以下的婴儿拍照时，最好不要_____闪光灯。这是由于在这个阶段婴儿的眼球尚未_____成熟，视网膜极其娇嫩。若婴儿的眼球受到强烈光线的刺激，容易造成其视网膜受损，距离越近，_____越高，造成的损害也就越大。

  A 掩盖   孕育   厚度   B 解除   生育   幅度
  C 开启   发育   亮度   D 使用   繁殖   宽度

64. 很多职场女性会因为明天穿什么而大伤脑筋。如果你自己拿不定主意穿什么，那就在手机上下载一个服装_____的软件吧。这款软件不仅服饰种类繁多，_____，而且它可以给你搭建一个_____的试衣间，并让模特穿上你所中意的服饰，以便让你看到_____效果，这样比看平面图片好得多。

  A 挑拨   微不足道   广阔   附属
  B 反馈   层出不穷   深厚   清澈
  C 挑剔   与日俱增   浓厚   清晰
  D 搭配   琳琅满目   虚拟   立体

65. "烟晶"_____透亮，是水晶家族的"无名小卒"。由于它含有微量放射性元素镭，颜色呈烟黄色，_____被烟熏过。尽管烟晶并不引人注目，但其特殊的美学价值让它成为了_____的工艺品雕刻材料。除此以外，烟晶还有硬度大、抗风化能力强的_____，研磨之后的粉末可以做成金属抛光剂。

  A 全体   比方   珍惜   症状
  B 全局   类似   卓越   形状
  C 浑身   仿佛   名贵   特征
  D 局部   譬如   杰出   专长

66. 我喜欢荷花，喜欢它出淤泥而不染的_____。每到盛夏我都会去外婆家附近的池塘边赏荷花。站在池边的一角，向远处望去，荷叶布满了池塘，_____盎然的景象呈现在眼前。高高低低的绿色荷叶_____着粉色的荷花，看起来像一幅_____的水彩画。

   A 本能　　　姿势　　　代理　　　日新月异
   B 本性　　　姿态　　　代替　　　饱经沧桑
   C 性质　　　契机　　　沉淀　　　跋山涉水
   D 品质　　　生机　　　衬托　　　美不胜收

67. "出门饺子进门面"是北方民间的传统_____之一。每当亲人要出远门时，长辈就会包一顿饺子为其送行。因为饺子皮儿形圆，有_____的寓意，希望远行者早日平安归来。面条儿细而长，形似一条绳子，_____"长"和"常"。家人希望归来的游子吃完面以后可以把在外漂泊的心收回来，_____不再分离。

   A 规矩　　　永恒　　　蕴藏　　　懊悔
   B 习俗　　　圆满　　　象征　　　期盼
   C 风俗　　　和谐　　　暗示　　　抑制
   D 原则　　　周密　　　警戒　　　拜托

68. 有时妥协不是认输，而是一种豁达，是一种境界。在生活中适当地妥协不仅可以保持平静的_____，而且能够维持_____的人际关系。我们不要在各个方面都争强好胜，不要每件事情都与人一决高下，分出_____。我们要学会以_____之心来对待周围那些好强的朋友。

   A 心态　　　良好　　　胜负　　　宽容
   B 静态　　　高尚　　　软硬　　　安定
   C 情形　　　崇高　　　强弱　　　镇定
   D 情况　　　精湛　　　优劣　　　悠闲

69. 员工的敬业度对企业有着重要影响。那如何提高员工的敬业度呢？一份调查报告_____：员工敬业度的变化70%要看企业的管理人员。也就是说好的管理者能_____员工的活力，有助于提高员工的营业额度，使_____工作更加高效。因此，企业要注意_____自身的实际情况，培养出优秀的管理者。

   A 展示　　　激化　　　集体　　　感受
   B 体现　　　强化　　　协会　　　忍受
   C 表示　　　加强　　　集团　　　感慨
   D 显示　　　激发　　　团队　　　结合

70. 如果在炒菜过程中遇到因油温过高而引起燃烧的险情，大部分人会用_____的生活经验立刻拿起锅盖盖上。然而，一位消防员通过一档科普节目给我们演示了一个_____的处理方法——将食用油倒入起火的锅里。随着冷油的倒入，燃烧的火焰_____变小。消防员解释说这是因为低温油能够_____高温油，能迅速降低锅内的温度，_____使火苗熄灭。另外，他还说油锅起火时千万别用水浇，否则火势会更大。

   A 瞬间　　　不由自主　　　将近　　　占有　　　必定
   B 以往　　　不可思议　　　逐渐　　　覆盖　　　从而
   C 原始　　　不相上下　　　即将　　　搅拌　　　难怪
   D 曾经　　　不言而喻　　　迟早　　　依靠　　　以免

第三部分

第71-80题：选句填空。

71-75.

　　生活中有一些有趣的现象：两人握手时的摆动、挥手告别等，其动作节律要么是3秒钟，要么是3秒钟的倍数；在田径赛场上，从发出预备令到开始的时间间隔大约是3秒钟；莫扎特、贝多芬的音乐也都遵循3秒钟的节奏，所以听起来非常悦耳。不仅如此，(71)_____，比如一次呼吸，持续时间也是3秒钟。这一系列的现象表明，(72)_____。

　　心理学家猜测感知生命的基本单位可能就是三秒钟。(73)_____。

　　你可不要小看这短短的三秒钟。神经生物学家认为，人类自身和社会的进化就是由它决定的。倘若这个时间缩减到10毫秒，那么我们能清晰地看到一颗朝自己呼啸而来的子弹，这会让我们恐惧不已。与之相反，(74)_____，当发生地震时，我们需要一分钟才能反应过来，还没来得及逃跑，命可能就丢了。

　　为什么会有"三秒钟定则"呢？这个秘密就藏在我们的大脑中。科学家认为大脑每隔三秒就会重新调整对外界事物的感知。也就是说，(75)_____，并让它做出反应，大概需要三秒钟，不足三秒钟容易出现差错，超过三秒钟则显得多余。

A 客观事物刺激大脑

B 这个猜测简称为"三秒钟定则"

C 人类行为的"三秒钟节奏"在生活中十分普遍

D 倘若这个时间延长至一分钟

E 我们的很多基本生理活动

76-80.

天气预报看似简单，实际上是一个复杂的系统工程。气象台使用的天气预报方法主要有三种。一种是天气图预报法，它属于"经验性预报"。第二种是数值预报法。第三种是统计预报法。

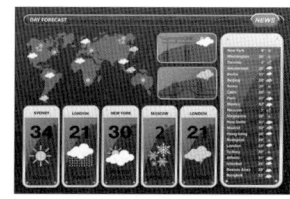

目前气象台发布的天气预报主要是在数值预报和预报员"经验性预报"的基础上，(76)_____。但一般而言，预报员对短期和灾害性天气的预报比数值预报更有优势；而对中长期(3-7天)天气现象的预报，数值预报则更为准确。可是，若时效延长至15天，甚至30天时，(77)_____。

尽管天气预报的方法越来越科学，设备越来越先进，(78)_____。例如，高温、寒潮涉及范围较大、持续时间久，预报时准确率会相对较高。而冰雹、强降雨、龙卷风往往突然发生，(79)_____，预报的准确率就会比较低。

此外，季节也会影响天气预报的准确率。春季冷暖空气接触频繁，天气变化无常，预报员很难准确把握。而夏季由于很容易出现对流天气，可能上午还是艳阳高照，(80)_____，这会让预报员十分头疼。可见，天气预报的种种"疑难杂症"，是很难使预报达到百分之百准确的。

A 数值预报就没有什么太大的价值了。

B 并且有很强的"局地性"特征

C 中午就会下倾盆大雨

D 但不同天气预报的准确率仍有所不同

E 由各气象专家多次商讨后得出的结论

第四部分

第81-100题：请选出正确答案。

81-84.

北宋时期，私人藏书之风盛行，文人士大夫家藏书数千卷的比比皆是。其中，有一位叫宋敏求的人出身书香世家，因父亲曾担任过"掌史"一职，所以家里的藏书也格外多。宋敏求为人慷慨豁达，乐于将书借给别人或者是让他们在自己家里阅读。

很多人为了成为宋敏求的近邻，便在他家附近的春明坊一带买房或是租房，成为邻居后借书、读书都比较方便。人们的这种搬家热潮导致春明坊一带的房价持续飞涨，而且高居不下。

相传，王安石为了编《唐百家诗选》，就曾到宋敏求家查阅过大量相关资料。像王安石这样来借书的名人大家并不在少数。宋敏求不但不介意，还常常拿出私人藏书<u>为他人做嫁衣</u>。不仅如此，宋敏求有时还主动款待那些远道而来的借书人，让他们吃好住好，没有后顾之忧。相传史学家刘恕曾协助过司马光编写《资治通鉴》。由于家中藏书不足，便不远千里来到宋敏求家查阅资料。宋敏求十分敬佩不畏路途遥远而来的刘恕。他为刘恕提供了一个安静舒适的房间，让他安心编书。还吩咐人每天用各种佳肴款待刘恕。宋敏求的细心照顾令刘恕感动不已。

如今细想，宋敏求受欢迎的原因，不仅在于他家藏书多，更在于他的人格魅力。

81. 根据第1段，宋敏求：
   A 有很多徒弟　　　　　　　　B 为人慷慨大方
   C 继承了父亲的遗产　　　　　D 创立了私人图书馆

82. 人们为什么在春明坊一带买房子？
   A 环境优美　　　　　　　　　B 是商业中心
   C 想与宋敏求为邻　　　　　　D 想结交有权有势的人

83. 第3段划线词语的意思是：
   A 刻意讨好别人　　　　　　　B 为好友介绍伴侣
   C 促成别人的好事　　　　　　D 为他人设计婚纱

84. 根据上文，下列正确的一项是：
   A 刘恕家境贫寒　　　　　　　B 王安石崇拜刘恕
   C 王安石为人骄傲自满　　　　D 刘恕受到了宋敏求的款待

85-88.

龙门石窟位于河南省洛阳市南郊的龙门山上。"洛都四郊，山水之胜，龙门首焉。"这是唐代诗人白居易对龙门山美景的赞誉。龙门石窟与莫高窟、云冈石窟和麦积山石窟并称中国四大石窟。

龙门石窟开凿于北魏孝文帝时期，历经东西魏、北齐、北周、隋、唐和宋等朝代，连续大规模雕凿达400年之久。其中，唐代开凿的洞窟最多，达60%，北魏次之，约占30%，其他朝代则相对较少。它南北长达1公里，今存有造像10万余尊，碑刻题记2800余品，它是中国石刻艺术宝库之一。

龙门石窟的造像，最小的只有2厘米，在莲花洞中，被称为"微雕"。而最大的造像据说是按照中国唯一的女皇帝武则天的形象塑造的，叫卢舍那大佛。它总高度为17.14米，头高4米，耳长1.9米，寓意为"光明普照"。

北魏和唐代造像在风格上截然不同。龙门石窟的北魏造像失去了云冈石窟造像粗犷、威严、雄健的特征，而变得坚韧质朴。因为北魏以瘦为美，所以造像通常脸部微长、双肩瘦窄，惯用平直刀法来雕刻。从北魏时期造像风格的不断变化，我们可以看到时代前进的印记。唐代造像在继承北魏造像优点的基础上，还融入了汉民族文化元素，创造了雄健生动而又淳朴自然的写实作风，达到了佛雕艺术的巅峰。唐代佛像与当时的审美一致，是以胖为美，佛像脸部圆润、双肩宽厚，雕刻时采用圆刀法，自然流畅。总之，魏唐时期的龙门石窟，随时代发展而变化丰富。

龙门石窟也是书法艺术史宝藏。著名的书法精品——龙门二十品，就来自于龙门石窟北魏时期的二十方造像题记，其内容不仅记录了当时造像的动机、目的，还为后人判断石窟分期和断代提供了依据，具有研究价值。龙门二十品的书法艺术是在汉隶和晋楷的基础上发展演化的，既有隶书的格调，又有楷书的独特风格。它不仅是北魏时期书法艺术的精华之作，也是魏碑书法的代表之作，而且对后世书法的影响也不容小觑。至今，人们在标语和装潢中也常用魏碑体。另外，褚遂良的《伊阙佛龛之碑》是唐代楷书的艺术典范。

85. 第1段划线部分的意思是：
   A 龙门山地势平坦　　　　　　B 龙门山风光秀丽
   C 洛阳科技实力雄厚　　　　　D 洛阳曾经十分繁华

86. 龙门石窟北魏造像的特点是：
   A 很质朴　　　　　　　　　　B 双肩宽厚
   C 以圆刀法为主　　　　　　　D 融入了汉族文化

87. 关于龙门二十品，我们可以知道：
   A 是白居易所作　　　　　　　B 大部分已被毁坏
   C 记录了造像目的　　　　　　D 被誉为唐楷的典范

88. 根据上文，下列哪项正确？
   A 魏碑体现已失传　　　　　　B 龙门石窟中宋代洞窟最多
   C 卢舍那大佛被称为"微雕"　　D 龙门石窟的雕凿历时很久

89-92.
　　所谓家庭理财，就是学会有效、合理地处理和运用钱财，让自己的花费发挥最大的效用，以达到最大限度地满足日常生活所需的目的。家庭理财要遵循以下几个定律。

　　"4321"定律：合理配置家庭资产。"4321"定律是说家庭资产合理的配置比例应为：家庭收入40%用于供房及其他方面投资；30%用于家庭生活开支；20%用于银行存款以备应急之需；10%用于购买保险。

　　"80"定律：可承受的投资风险。"80"定律可以推算出你能承受多大的投资风险，高风险的投资占总资产的合理比重＝(80－年龄)%。所以，该定律与年龄有很大的关系。年龄越大，投资时越要保证本金，而不是一味地追求收益。比如，30岁时股票可占总资产50%，50岁时则占30%为宜。

　　"双十"定律：合理配置家庭保险。保险是家庭的必需品，为了以较少的投入获得尽可能多的保障，保额和保费的设定比例应为：保险额度为家庭年收入的10倍，总保费支出为家庭年收入的10%。比如一个白领年收入10万元，那么他的养老、医疗、财产保险等的总额度可简单界定在100万元以下，而每年的保险费则不能超过1万元。

　　"31"定律：每月负担的房贷金额。"31"定律想告诉大家，一个家庭每月负担的房贷，通常以不超过家庭当月总收入的三分之一为宜。例如，你的家庭月收入是1万元，那么房贷就不应超过3300元。

　　此外，还有"墨菲"定律、"11"定律等，但无论我们选择哪种理财方法，都要根据自己家庭的实际情况来决定。只有这样，才能既不出大问题，又能保证稳定的收益。

89. 根据第2段，下列哪项正确？
　　A 日常开销占三成　　　　　　B 固定储蓄的比例最高
　　C 市场环境影响家庭收入　　　D 收入越高，幸福指数越高

90. "80"定律主要强调什么？
　　A 投资项目很重要　　　　　　B 不投资就没有风险
　　C 风险愈高收益愈大　　　　　D 高风险投资要考虑年龄

91. 关于"双十"定律，可以知道什么？
　　A 不适用于医疗保险　　　　　B 保险费完全由公司支付
　　C 保险费需要连续缴纳十年　　D 能以最少的钱获得更多的保障

92. 上文的主题是：
　　A 当前的股票市场形势　　　　B 保险公司的生存法则
　　C 家庭理财的基本原则　　　　D 家庭理财方式的优缺点

93-96.

当你察觉到一种情绪时，它已经在影响你的身体了。来自芬兰的科学家观察了人们经历不同情绪时身体所做出的不同反应后，绘制了一幅热度分布图，它描绘了不同情绪在人体哪个部位呈现出最强烈的表征。这幅图被称为"情绪地图"。

第一次实验时，参与者要通过想象自己经历的情绪，对愤怒、恐惧、厌恶、快乐、悲伤及惊讶6种"基本情绪"和焦虑、爱、抑郁、轻蔑、骄傲、羞愧、嫉妒7种"复合情绪"做出反应。当身体出现不同反应时，研究人员就将这些反应在人体模型上用不同颜色进行标记。比如，人们在最开心时，身体所有区域会被激活。此时用红色标记，因为红色代表身体的某些区域被激活，感觉更加灵敏。而人们在极度忧伤时，会伤及肺部，出现气短，呼吸频率会改变。此时用蓝色标记，因为蓝色代表身体被抑制。研究结果显示，无论哪种情绪，胸部和头部区域总是会做出相应的反应，这可能与呼吸、心率以及面部表情的改变有很大的关系。

第二次实验时使用了"唤醒"的方法。主要是让参与者自然地沉浸在一段故事、一部电影或者某些面部表情的图片中，并让参与者尝试绘制情绪地图。研究人员收集了这些图像并进行了对比，发现这次实验的结果与第一次大同小异。

研究的参与者大多来自瑞典和芬兰。为了观察不同文化背景的人们在经历相同情绪时所产生的反应，研究人员还对来自亚洲的人员进行了测试。研究发现，参与者的差异并不显著。也就是说文化差异并不会影响他们对相同情绪做出的反应。

未来该项研究可用于医学领域，医生们可以根据"情绪地图"和脑电图，改进抑郁、焦虑等精神疾病的治疗方法。

93. 科学家根据什么绘制出了"情绪地图"？
　　A 各种面部表情　　　　　　　B 不同情绪出现的频率
　　C 大脑对词汇的联想记忆　　　D 人体对各种情绪的反应

94. 关于第一次实验，下列哪项正确？
　　A 人体模型存在漏洞　　　　　B 抑郁时全身会被激活
　　C 红色区域表示感觉更灵敏　　D 参与者只想象自己经历的"复合情绪"

95. 根据第4段，可以知道：
　　A 参与者年龄相仿　　　　　　B 身体的反应不受文化影响
　　C 实验结果与第一次截然不同　D 职位高低会影响情绪的反应

96. 最后一段主要谈的是：
　　A 要及时发泄不满　　　　　　B 如何绘制"情绪地图"
　　C 情绪波动危害身心健康　　　D "情绪地图"的应用前景

97-100.

在宣纸和绢素上所作的书画，因其墨色的胶质作用，画面多皱折不平，易破碎，不便观赏、流传和收藏。因此，为了保护和美化书画以及碑帖，产生了书画装裱工艺。装裱技术不仅让书画作品的色彩更丰富，还增添了作品的艺术性。

书画装裱艺术历史悠久，魏晋南北朝是萌芽成长期，唐代在书画装裱上运用了挂轴、册页形式，它标志着书画装裱的三大基本形制已基本完成。

宋代因书画繁荣，装裱亦获得空前发展，进入了成熟阶段。宋徽宗对书画和装裱十分重视，在宫廷内设立了翰林图书院，专门装裱书画的作坊也应运而生。此外，丝织技术的发展也使得绢类织物成为装裱材料的主力。但是，书画大家米芾却反对用绢类织物来装裱，因为绢比纸硬，会磨损书画，其观点影响了后世书画的保存方法。

明代的书画兴盛繁荣，出现了一些以地区为中心的名家与流派，此时的装裱艺术也达到了黄金期。以苏州为中心的"苏裱"横空出世并大受欢迎。那时苏州也叫"吴中"，因此当时有书画装裱<u>"普天之下，独逊吴中"</u>的说法。中国历史上第一部书画装裱理论著作——周嘉胄的《装潢志》也在此时出现。

清代，北京地区出现了装裱艺术的另一个主要流派——"京裱"。"京裱"在宫廷的影响下，高贵华丽，质地古朴厚重，又因北方气候干燥，所以更注重防燥、防裂。而"苏裱"则用料精良，讲究防霉、防蛀。它们所用材料基本是一样的，只是手法、做法、工艺上有一些不同。总的来说，"京裱"奔放，气势磅礴；"苏裱"典雅，小巧玲珑，书香味浓厚。

正是因为有了装裱艺术，如今我们才能看到《兰亭集序》、《清明上河图》等传世佳作。

97. 关于宋代的书画装裱，下列哪项正确？
    A 发展缓慢   B 宋徽宗亲自装裱
    C 有专门的书画装裱作坊 D 宣纸被广泛用做装裱材料

98. 第4段中，画线部分说明：
    A 苏州交通闭塞   B 苏州丝绸驰名全国
    C 苏州书画装裱最佳   D 苏州是当时的经济中心

99. "京裱"有什么特点？
    A 防蛀   B 古朴
    C 裱件柔软   D 用料精良

100. 上文主要谈的是：
    A 古代的装裱理论   B 中国书画的艺术特点
    C 历代书画作品的收藏价值 D 中国书画装裱的历史沿革

三、书写

第101题：缩写。

(1) 仔细阅读下面这篇文章，时间为10分钟，阅读时不能抄写、记录。
(2) 10分钟后，监考收回阅读材料，请你将这篇文章缩写成一篇短文，时间为35分钟。
(3) 标题自拟。只需复述文章内容，不需加入自己的观点。
(4) 字数为400左右。
(5) 请把作文直接写在答题卡上。

  周瑜看到诸葛亮很有才干，心里很妒忌，于是想为难诸葛亮。
  有一天，周瑜请诸葛亮商议军事，说："我们就要跟曹军水上交战了，你觉得用什么兵器最好？"诸葛亮说："用弓箭最好。"周瑜说："对，先生跟我想的一样。现在军中缺箭，想请先生负责做十万支箭。"诸葛亮说："都督让我办的事，当然照办。不知道这十万支箭什么时候用。"周瑜问："十天能造完吗？"诸葛亮说："既然马上就要交战，十天造好必然会误了大事。我预计只要三天。"周瑜说："军情紧急，可不能开玩笑。"诸葛亮说："三天造不好，我甘愿接受惩罚。"周瑜很高兴，摆了酒席招待他。诸葛亮："从明天起，到第三天，请派五百个士兵到江边来搬箭。"诸葛亮喝了几杯酒就走了。周瑜马上派了一个叫鲁肃的人跟踪诸葛亮，看看诸葛亮到底有什么计划。
  后来，诸葛亮发现了鲁肃，说道："三天之内要造十万支箭，得请你帮我。"鲁肃说："这是你自己的事情，我帮不了你。"诸葛亮说："你借我二十条船，每条船上要有三十名士兵。船上要放一千多个草垛子，然后把草垛子放在船的两边。第三天保证有十万支箭。不过不能让都督知道。他要是知道了，我的计划就不能完成了。"鲁肃听后觉得是他能力范围内的事，于是答应了。他回来向周瑜报告的时候，没说借船的事，只说诸葛亮不用造箭用的材料，这令周瑜感到很疑惑。
  鲁肃偷偷地准备了二十条快船，每条船上有三十名士兵和一千多个草垛子。第一天，诸葛亮没有什么动静；第二天，诸葛亮仍然没有什么动静；直到第三天四更时，诸葛亮秘密地把鲁肃请到了船上。鲁肃问他："你叫我来做什么？"诸葛亮说："请你一起去取箭。"诸葛亮吩咐把二十条船用绳索连接起来，朝北岸开去。
  这时候大雾漫天，江上的能见度低。天还没亮，船已经靠近了曹军。诸葛亮下令把船头朝西，船尾朝东，一字摆开，又叫船上的士兵一边擂鼓，一边大声呐喊。鲁肃吃惊地说："如果曹兵出来怎么办？"诸葛亮笑着说："雾这么大，曹操一定不敢派兵出来。我们现在痛快地喝酒就可以了，天亮了就回去。"
  曹操听到鼓声和呐喊声，就命令一万多名弓箭手朝他们射箭，箭如雨下。接着，诸葛亮又下令把船掉过来，船头朝东，船尾朝西，仍旧擂鼓呐喊。
  天渐渐亮了，雾还没有散。这时候，船两边的草垛子上都插满了箭。诸葛亮吩咐士兵齐声高喊:"谢谢曹丞相的箭!"曹操知道被骗了,可是这时诸葛亮的船顺风顺水,已经驶出了二十多里,要追也来不及了。

　　二十条船靠岸的时候,周瑜派来的五百个士兵已经来到了江边。每条船大约有五六千支箭,二十条船总共有十万多支。鲁肃见了周瑜,告诉了他借箭的经过。周瑜长叹了一声,说:"诸葛亮神机妙算,我真比不上他啊!"

HSK（六级）答题卡

汉语水平考试　　HSK　　答题卡

―― 请填写考生信息 ――

请按照考试证件上的姓名填写：

姓名

如果有中文姓名，请填写：

中文姓名

考生序号
[0] [1] [2] [3] [4] [5] [6] [7] [8] [9]
[0] [1] [2] [3] [4] [5] [6] [7] [8] [9]
[0] [1] [2] [3] [4] [5] [6] [7] [8] [9]
[0] [1] [2] [3] [4] [5] [6] [7] [8] [9]
[0] [1] [2] [3] [4] [5] [6] [7] [8] [9]

―― 请填写考点信息 ――

考点代码
[0] [1] [2] [3] [4] [5] [6] [7] [8] [9]
[0] [1] [2] [3] [4] [5] [6] [7] [8] [9]
[0] [1] [2] [3] [4] [5] [6] [7] [8] [9]
[0] [1] [2] [3] [4] [5] [6] [7] [8] [9]
[0] [1] [2] [3] [4] [5] [6] [7] [8] [9]
[0] [1] [2] [3] [4] [5] [6] [7] [8] [9]
[0] [1] [2] [3] [4] [5] [6] [7] [8] [9]

国籍
[0] [1] [2] [3] [4] [5] [6] [7] [8] [9]
[0] [1] [2] [3] [4] [5] [6] [7] [8] [9]
[0] [1] [2] [3] [4] [5] [6] [7] [8] [9]

年龄
[0] [1] [2] [3] [4] [5] [6] [7] [8] [9]
[0] [1] [2] [3] [4] [5] [6] [7] [8] [9]

性别　　男 [1]　　女 [2]

注意　请用2B铅笔这样写：■

一、听力

1. [A][B][C][D]　　6. [A][B][C][D]　　11. [A][B][C][D]　　16. [A][B][C][D]　　21. [A][B][C][D]
2. [A][B][C][D]　　7. [A][B][C][D]　　12. [A][B][C][D]　　17. [A][B][C][D]　　22. [A][B][C][D]
3. [A][B][C][D]　　8. [A][B][C][D]　　13. [A][B][C][D]　　18. [A][B][C][D]　　23. [A][B][C][D]
4. [A][B][C][D]　　9. [A][B][C][D]　　14. [A][B][C][D]　　19. [A][B][C][D]　　24. [A][B][C][D]
5. [A][B][C][D]　　10. [A][B][C][D]　　15. [A][B][C][D]　　20. [A][B][C][D]　　25. [A][B][C][D]
26. [A][B][C][D]　　31. [A][B][C][D]　　36. [A][B][C][D]　　41. [A][B][C][D]　　46. [A][B][C][D]
27. [A][B][C][D]　　32. [A][B][C][D]　　37. [A][B][C][D]　　42. [A][B][C][D]　　47. [A][B][C][D]
28. [A][B][C][D]　　33. [A][B][C][D]　　38. [A][B][C][D]　　43. [A][B][C][D]　　48. [A][B][C][D]
29. [A][B][C][D]　　34. [A][B][C][D]　　39. [A][B][C][D]　　44. [A][B][C][D]　　49. [A][B][C][D]
30. [A][B][C][D]　　35. [A][B][C][D]　　40. [A][B][C][D]　　45. [A][B][C][D]　　50. [A][B][C][D]

二、阅读

51. [A][B][C][D]　　56. [A][B][C][D]　　61. [A][B][C][D]　　66. [A][B][C][D]　　71. [A][B][C][D][E]
52. [A][B][C][D]　　57. [A][B][C][D]　　62. [A][B][C][D]　　67. [A][B][C][D]　　72. [A][B][C][D][E]
53. [A][B][C][D]　　58. [A][B][C][D]　　63. [A][B][C][D]　　68. [A][B][C][D]　　73. [A][B][C][D][E]
54. [A][B][C][D]　　59. [A][B][C][D]　　64. [A][B][C][D]　　69. [A][B][C][D]　　74. [A][B][C][D][E]
55. [A][B][C][D]　　60. [A][B][C][D]　　65. [A][B][C][D]　　70. [A][B][C][D]　　75. [A][B][C][D][E]
76. [A][B][C][D][E]　　81. [A][B][C][D]　　86. [A][B][C][D]　　91. [A][B][C][D]　　96. [A][B][C][D]
77. [A][B][C][D][E]　　82. [A][B][C][D]　　87. [A][B][C][D]　　92. [A][B][C][D]　　97. [A][B][C][D]
78. [A][B][C][D][E]　　83. [A][B][C][D]　　88. [A][B][C][D]　　93. [A][B][C][D]　　98. [A][B][C][D]
79. [A][B][C][D][E]　　84. [A][B][C][D]　　89. [A][B][C][D]　　94. [A][B][C][D]　　99. [A][B][C][D]
80. [A][B][C][D][E]　　85. [A][B][C][D]　　90. [A][B][C][D]　　95. [A][B][C][D]　　100. [A][B][C][D]

三、书写

101.

不要写到框线以外

不要写到框线以外

新汉语水平考试
HSK（六级）模拟试题
第四套

注　意

一、HSK（六级）分三部分：
　　1. 听力（50题，约35分钟）
　　2. 阅读（50题，50分钟）
　　3. 书写（1题，45分钟）

二、听力结束后，有5分钟填写答题卡。

三、全部考试约140分钟（含考生填写个人信息时间5分钟）。

一、听力

第一部分

第1-15题：请选出与所听内容一致的一项。

1. A 海洋蓝洞没有生命
   B 海洋蓝洞富含氧气
   C 海洋蓝洞不具研究价值
   D 海洋蓝洞有数千英尺深

2. A 蛋白质对健康有益
   B 矿产资源具有隐蔽性
   C 要合理利用海洋资源
   D 不能忽视海洋污染问题

3. A 香槟酒的味道醇美
   B 香槟酒的瓶塞抗压性极好
   C 香槟酒的瓶塞要留有空隙
   D 香槟酒素有酒中之王的美称

4. A 曲剧接近生活
   B 曲剧濒临消亡
   C 曲剧的内容单一
   D 曲剧的传播范围广

5. A 白头叶猴适应力强
   B 白头叶猴十分凶猛
   C 白头叶猴喜欢群居
   D 白头叶猴数量稀少

6. A 魔方老少皆宜
   B 益智玩具种类繁多
   C 魔方深受人们喜爱
   D 魔方可以调节心情

7. A 焰火来源于火药
   B 焰火被用于军事领域
   C 染色剂提炼方法简易
   D 一线城市禁止燃放焰火

8. A 木筷子不易清洗
   B 筷子要定期消毒
   C 一次性筷子不环保
   D 筷子应该每个星期更换

9. A 环境会分散注意力
   B 应该勇敢地面对挑战
   C 掌握新语言能提升智力
   D 父母要帮助孩子开发智力

10. A 在太空翻跟头非常轻松
    B 在太空中上肢会很僵硬
    C 在太空中很难保证生命安全
    D 航天员要多锻炼腿部肌肉

11. A 微睡眠能改善记忆
    B 压力大会导致失眠
    C 脑细胞的数量有限
    D 人疲惫时思路会中断

12. A 密云水库地势险峻
    B 密云水库风光秀丽
    C 密云水库水位较高
    D 密云水库盛产珍珠

13. A 不要畏惧挫折
    B 要有远大的目标
    C 时刻保持清醒的头脑
    D 遇到挫折不要找借口

14. A 孩子要学会孝顺父母
    B 溺爱会抑制孩子的自由
    C 孩子不应过于依赖父母
    D 儿童要尽早接受学前教育

15. A 氢是环保能源
    B 氢用做燃料代价高
    C 氢不可以循环利用
    D 氮化氢燃烧会产生水

第二部分

第16-30题：请选出正确答案。

16. A 新建筑应尝试不同材料
    B 新建筑要体现传统和创新
    C 建筑师要有敏锐的观察力
    D 建筑师要有丰富的想象力

17. A 是军事防御工程
    B 是最早的贸易场所
    C 保护了丝绸之路的畅通
    D 引来许多有政治抱负的人

18. A 提升审美能力
    B 要经常实地考察
    C 掌握扎实基本功
    D 要借鉴国外的经验

19. A 缺乏资金
    B 无人关注
    C 文物损坏严重
    D 技术传承困难

20. A 具有研究价值
    B 超越了现代建筑
    C 是古人智慧的结晶
    D 可以见证过去的历史

21. A 事先表示道歉
    B 立刻停止采访
    C 转移采访话题
    D 做出无奈表情

22. A 是润滑剂
    B 不可忽视
    C 会激化矛盾
    D 是一种障碍

23. A 积极改造世界
    B 提出解决方案
    C 揭露事情的真相
    D 唤醒人们的安全意识

24. A 要知足常乐
    B 要主动认知
    C 依靠家人的支持
    D 要学会自我暗示

25. A 出版过书
    B 打算跳槽
    C 博士毕业
    D 当过编剧

26. A 奖金丰厚
    B 没有权威性
    C 每年评选一次
    D 只评选一个人

27. A 应急能力
    B 遇事镇定
    C 团队精神
    D 爱心

28. A 亲戚
    B 同事
    C 战友
    D 校友

29. A 理解医生
    B 与家属沟通
    C 勇敢面对病情
    D 签手术同意书

30. A 十分伟大
    B 前途光明
    C 福利待遇好
    D 社会地位高

第三部分

第31-50题：请选出正确答案。

31. A 歪曲事实
    B 做事肤浅
    C 注意力集中
    D 按时完成工作

32. A 功利化
    B 速成化
    C 碎片化
    D 俗浅化

33. A 熟悉写作手法
    B 追求心灵享受
    C 定期写读书笔记
    D 了解作者的创作背景

34. A 可增加个人魅力
    B 能使自己心情舒畅
    C 可以从中获得自信
    D 能了解自己的优缺点

35. A 自己尊敬的长辈
    B 公司的最高领导
    C 经常批评自己的
    D 与自己关系亲密的

36. A 老生常谈的赞扬会贬值
    B 要善于倾听他人的意见
    C 不要过分在意别人的评价
    D 在人际交往中要掩饰自己的短处

37. A 载客量很高
    B 正点率比较高
    C 既舒适又方便
    D 可以上无线网络

38. A 自然灾害
    B 高铁时速
    C 雷雨天气
    D 乘客数量

39. A 覆盖人群广
    B 投资成本高
    C 传输速度快
    D 技术难度大

40. A 耳朵较长
    B 颈部弯曲
    C 嘴巴是红色
    D 眼部无法转动

41. A 水纹的波动
    B 水温的变化
    C 水压的高低
    D 水流的快慢

42. A 嗅觉灵敏
    B 听觉发达
    C 动作缓慢
    D 有双千里眼

43. A 勤能补拙
    B 要学会谦让
    C 做事要斩钉截铁
    D 要善于利用弱点

44. A 在持续上升
    B 昼夜温差大
    C 植被类型少
    D 动物种类繁多

45. A 豆腐营养丰富
    B 岩石大密度大
    C 要勇于表现自己
    D 物体底部承重有限

46. A 地球上没有超过万米的高山
    B 喜马拉雅山脉地势结构不对称
    C 喜马拉雅山脉曾是一片汪洋大海
    D 喜马拉雅山脉的形成源于地质变化

47. A 测量过程不够严谨
    B 地质学家已经勘探了10年
    C 喜马拉雅山脉地震带很活跃
    D 喜马拉雅山脉是否会崩塌是个谜

48. A 分析其自然样本
    B 预测其研究价值
    C 探索其形成过程
    D 了解其具体成因

49. A 辐射大
    B 属于月球陨石
    C 坠落于2014年
    D 经历了高温高压

50. A 以化学成分命名
    B 物理学家的名字
    C 以形态特点命名
    D 陨石坠落的地点

二、阅读

第一部分

第51-60题：请选出有语病的一项。

51. A 教授的讲座使我受益匪浅。
    B 一幕一幕的往事发生在我眼前。
    C 《现代汉语词典》是由中国社会科学院语言研究所编纂的。
    D 碧螺春因产自江苏太湖的洞庭山一带，所以又称"洞庭碧螺春"。

52. A 近日，京津地区的日平均气温持续走高。
    B 诗歌的教学方法来源于对诗歌本质的理解。
    C 地球上有很多物种濒临灭绝，是由于人类贪婪造成的原因。
    D 有关国内飞机托运行李的规定每年都在变化，请留意机场的相关信息。

53. A 建立新秩序往往比打破一个旧秩序更难。
    B 《尔雅》是中国传统文化的核心组成部分。
    C 夏天的太阳像一个大火炉，被油漆马路烤得发烫。
    D 研究显示，和拉伸运动相比，有氧运动更能改善大脑的健康状况。

54. A 今年的国际护士节以"变革的力量"为主题。
    B 红薯不但营养丰富，而且具有减肥、抗癌等功效。
    C 他每次接受采访时都免不了要回答奥运会的目标是什么这个问题。
    D 大部分人认为，理想的工作不在于职位的高低，而在于找到合适的用武之地。

55. A 团队的力量总是大于个人的力量。
    B 专家指出同时食用西兰花和西红柿，可以达到防癌效果会更佳。
    C 驴打滚是以大米面、黄豆面及白砂糖等原料制成的北京传统小吃。
    D 气候是大气物理特征的长期平均状态，它与气温不同，具有稳定性。

56. A 黎明时分，参加马拉松比赛的运动员便陆陆续续地赶到了比赛地点。
    B 硅藻泥是一种以硅藻土为主要原材料的新一代室内装饰材料。
    C 清明节又叫踏青节，始于周代到现在，距今已有两千五百多年的历史。
    D 她为了预防花粉过敏，一到春暖花开的季节，便把自己捂得严严实实的。

57. A 人类文明的发展和社会的进步同金属材料关系十分密切。
    B 罗汉果又称神仙果，主要分布于广西省永福县，被誉为"罗汉果之乡"。
    C 这部科幻电影是同事推荐给我的，好看极了，堪称科幻领域的经典之作。
    D 丰子恺以中西融合画法创作漫画而著名，儿童时期就已表现出对美术的兴趣。

58. A 中山装既吸收了欧美服饰的优点，反倒具有鲜明的民族风格。
    B 早在公元前2800年，中国人便开始栽培大豆，大豆的种植历史已长达5000年。
    C 过去的已经过去，将来的还未来临。如果只是沉湎于过去，会阻碍我们前进的脚步。
    D 随着自然科学的大量涌现，人们对客观世界的认识也不断深化，因而越加发现自然界是一个统一的整体。

59. A 在路面照明条件较好的情况下，应该禁止使用远光灯，因为远光灯容易影响对面司机的视线。
    B 百花山位于北京市门头沟区清水镇，那里拥有丰富的动植物资源，素有华北"天然动植物园"。
    C 艾青是一位现代诗人，他对现代诗的内容和形式审美标准的探讨，大大推动了中国新诗的规范化和现代化进程。
    D 自驾游是有组织、有计划，以自驾车为主要交通手段的旅游形式。它填补了年轻人追求人格独立及心性自由的心理需求。

60. A 羽毛球超级联赛的这种创新求变的赛制还处于摸索阶段，很多方面还有待改进和完善。
    B 由中央电视台、故宫博物院联合拍摄的12集大型纪录片《故宫》荣获了最佳长篇人文类纪录片、最佳摄影两项大奖。
    C 不管什么事情，如果你没有尝试的心，否则你的能力就永远停留在一个位置上。所以，应该前不怕狼，后不怕虎，努力去尝试，这样才会有意想不到的结果。
    D 诺贝尔奖是以瑞典著名化学家诺贝尔的部分遗产为基金设立的，以基金每年的利息或投资收益授予世界上在物理、化学等6个领域做出重大贡献的人。

第二部分

第61-70题：选词填空。

61. 儿童文学作品要求通俗易懂，且要站在"保护儿童"的_____上，遵循儿童思维的发展_____。儿童文学历史悠久，好的作品应该_____古老传统中的善与美。
   A 角度　　秩序　　转达　　　　B 场合　　规定　　继承
   C 视野　　特点　　传授　　　　D 立场　　规律　　传递

62. 秋天，晶莹剔透的葡萄挂在藤条上，每一粒葡萄像一_____紫色的水晶球，_____是那些又大又圆的紫葡萄。剥开_____的葡萄皮，酸甜的汁水就流了出来，令人垂涎欲滴。
   A 艘　　过于　　软软　　　　B 卷　　甚至　　窄窄
   C 颗　　尤其　　薄薄　　　　D 株　　格外　　浓浓

63. 被_____为"国之瑰宝"的东阳木雕因产自浙江东阳而得名，自唐至今已有千余年历史。它最_____的特色是以平面浮雕为主，且保留了原木的天然纹理，格调_____。
   A 夸　　分明　　优雅　　　　B 誉　　鲜明　　高雅
   C 占　　显著　　高档　　　　D 评　　正宗　　灵活

64. 智能家居通过物联网将家中的视频设备、照明系统、窗帘控制等设备_____到一起，为人们提供多种功能。与普通家居相比，智能家居更便于用户_____。此外，它利用网络通信技术、安全_____技术，提升了家居的安全性，从而优化了人们的生活_____。
   A 凝聚　　控制　　预防　　公式
   B 连接　　操作　　防范　　方式
   C 融合　　弥补　　防止　　格式
   D 融化　　宣扬　　停滞　　模式

65. "杀青"一词与古代制作竹简的过程有关。先秦时代人们在竹简上刻字以前为防蛀虫，有一个最重要的_____，就是把竹简用火烤一下，这叫"杀青"。到了秦代，人们要想修改在竹青上写的字，需先_____掉竹青，然后把定稿写在上面，因此"杀青"就_____着定稿。如今"杀青"一词是指影视作品完成了前期的_____工作，开始步入到后期制作阶段的意思。
   A 工序　　削　　意味　　拍摄
   B 战术　　挖　　陶醉　　扮演
   C 状况　　扭　　沉湎　　筹备
   D 手续　　挤　　演变　　摄影

66. "汉桂"又名桂花树,是桂花中的佼佼者,享誉国内外,是历史文化名城汉中市的象征。汉桂的主干＿＿＿达2.32米,高13米,树冠＿＿＿面积达400多平方米。在饱经了两千三百多年的＿＿＿后,每逢花期汉桂依然盛开出朵朵鲜花,随处都可以闻到它的芬芳,吸引＿＿＿游客前来观赏。

A	直径	覆盖	风霜雨雪	无数
B	体积	遮挡	锦上添花	巨大
C	平衡	阻挠	欣欣向荣	广泛
D	平行	揭露	斩钉截铁	众多

67. 最近的选秀节目层出不穷,很多选秀节目中的选手＿＿＿知道自己在唱歌方面没有天赋,却依然不放弃自己的音乐＿＿＿。我认为如果盲目地坚持,可能会适得其反。有时我们走错方向时,＿＿＿一味地坚持,不如先停下来静静地思考,因为此时＿＿＿不走都是一定程度上的进步。

A	偷偷	魄力	幸亏	尚未
B	偏偏	妄想	究竟	除非
C	明明	梦想	与其	哪怕
D	默默	野心	假使	反之

68. 《晏子春秋》是一部＿＿＿春秋时期齐国思想家、外交家晏婴言行的历史典籍。全书由史料和民间的故事＿＿＿。书中有很多生动的情节,用朴实的笔墨＿＿＿了晏婴劝谏君主、爱护百姓、勤俭节约的形象,同时反映了春秋后期齐国的社会历史＿＿＿。由于《晏子春秋》的思想非儒非道,所以自古以来不太被人重视。

A	讲述	合成	照耀	部分
B	记录	组成	塑造	风貌
C	描写	构成	伪造	作风
D	叙述	形成	营造	风俗

69. 众所周知,蚕丝可做成服装、蚕丝被等物品。最近,科学家们发现了它的很多新＿＿＿。＿＿＿蚕丝可以做成杯子,因为蚕丝既可以＿＿＿在生物体内,又可以被自然环境降解。这说明用蚕丝做成的杯子比用聚苯乙烯做成的杯子更＿＿＿于环保。此外,蚕丝还可制成药品、电子制品等。

A	功效	譬如	融洽	擅长
B	用途	比如	消融	有利
C	职能	仿佛	腐蚀	善用
D	劣势	犹如	渗透	优越

70. 草编是以柔韧的草本植物为原料编制成的各种生活＿＿＿。其原料生长地域广泛,制作时往往就地取材。为了使作品流传更久,有的制作者用事先＿＿＿成的各种彩色的草来编织＿＿＿;有的在编好后再印上＿＿＿的花纹。草编既经济实用,又＿＿＿大方,在中国民间十分流行,已被列入国家级非物质文化遗产名录。

A	样品	绣	符号	装潢	壮观
B	用品	染	图案	装饰	美观
C	标本	揉	情形	挑选	清楚
D	造型	熨	轮廓	筛选	舒畅

第三部分

第71-80题：选句填空。

71-75.

中国有句俗话：有眼不识泰山。意思是：虽然有眼睛，却不认识泰山。这里的"泰山"不是指位于山东省的那座"五岳之首"的名山，(71)_____。

相传春秋时代的鲁班是一位有名的木匠，他的技艺巧夺天工，非常人所能及。如今木匠们常使用的刨子、墨斗等，(72)_____。可就是这样伟大的人物，也有看走眼的时候。

鲁班曾收过很多徒弟，他为了维护自己的名誉，所以每隔一段时间，就会淘汰一些"不可雕琢"的人。在他的众多徒弟当中，有一个年轻人叫泰山，看上去笨手笨脚的。他跟鲁班学了数月，(73)_____。因此鲁班经过慎重考虑后将他扫地出了门。

事隔八年后，鲁班逛集市时，偶然发现很多做工精细的家具，甚至很多样式连他自己都没见过。鲁班十分想认识这位能工巧匠，(74)_____。旁边的人告诉鲁班，这正是他的徒弟泰山所做的！鲁班听后猛地想起了当年他亲自淘汰的徒弟泰山，不禁深感惭愧。于是感叹道："我真是有眼不识泰山啊！"

从此，人们就用"有眼不识泰山"来形容自己见识短浅，竟然认不出就在自己眼前的才华横溢的人，(75)_____。

A 技艺居然一点儿进步都没有

B 便去打听这些家具出自谁手

C 而是指古代的一位著名的木匠

D 这是一种比较恭敬的说法

E 据说都是他发明的

76-80.

行走在茂密的树林中，经常会听到"哒哒哒"连续敲打树干的清脆声响，这是啄木鸟在为树木做"身体检查"的声音。啄木鸟用嘴敲打树木时，只要听到空声，(76)_____。于是，它便立即对树进行"外科手术"。

啄木鸟每天敲击树木约为500—600次，它的头部不可避免地要受到非常剧烈的震动。但它不会得脑震荡，因为它的头部结构可以防震。啄木鸟的嘴长而直，末端尖锐，不仅能啄开树皮，而且也能啄开坚硬的木质。它的舌头细长而柔软，而且还有一根很长的舌骨。其舌骨很发达，(77)_____，可以使舌头伸缩自如。舌面布满了一层黏液，能粘住昆虫的幼虫；舌尖有向后倒长的小刺，能准确无误地把树中较大的昆虫钩出来。此外，它给树进行检查的路线极其科学，(78)_____。这个方法避免了出现遗漏的问题。啄木鸟正是凭借着自身拥有的"医疗器材"和独特的治疗方法，保证了树木的健康。

由于啄木鸟过着树栖的生活，很少在空中活动，因此 (79)_____，不能长距离飞翔。但它的四个脚趾强劲有力，可以紧贴着树干，将身体固定在树干的任何位置。另外，它还有坚硬有力的尾巴，(80)_____，增强了身体的稳定性。可以说尾巴是它的"第三条腿"。

A 有特殊的弹簧作用

B 翅膀变得既短又钝

C 可作为身体的支柱

D 就知道树干里面一定有虫

E 总是围绕着树干螺旋式地向上攀登

第四部分

第81-100题：请选出正确答案。

81-84.

魏征是唐朝著名的政治家、思想家和史学家。唐太宗李世民非常重用他。魏征向李世民进谏过五十多次，因此以直言敢谏而闻名。然而，魏征在进谏时总是会让唐太宗下不了台，让他很难堪。

一次，唐太宗兴致勃勃地说想去郊外打猎。魏征却不让唐太宗出游。在场的人不知魏征为何如此反对，都百思不得其解。于是魏征解释道：此时正是万物复苏、禽兽哺幼的时节，不适合狩猎。唐太宗听罢龙颜大怒，在返回宫中后，扬言一定要杀了魏征，才能解心头之恨。而皇后问清事情的原委后，先默默地回到内室穿上礼服，然后面容庄重地来到唐太宗面前，恭敬地叩首。唐太宗不明白皇后为什么突然行大礼，便问皇后原因。皇后柔声细语地说道："臣妾听闻，只有英明的君主，才会有敢于直言进谏的贤臣。现在魏征不惧生死，大胆直言，这说明皇上十分英明，因此我想恭祝您。"唐太宗听后，原来的怒火烟消云散，并且打消了杀魏征的念头。

魏征直言进谏，当然是忠臣所为之事，可是却差点儿惹来杀身之祸，可见其方法有待商榷。而皇后劝谏的方法非常高明，她从另一个角度说明了直言劝谏的臣子与开明的君王之间的关系。这不仅使魏征脱离了困境，还让唐太宗欣然接受了自己的劝谏。由此可见，同样是忠言，但顺耳的话与逆耳的话比起来更容易让人接受。这就如同味道甜的药比味道苦的药更容易让患者接受一样。

81. 魏征为什么阻止唐太宗去狩猎？
    A 财政短缺   B 季节不适宜
    C 突然爆发了战争   D 唐太宗朝政繁忙

82. 皇后是如何解释魏征直言进谏的？
    A 魏征足智多谋   B 魏征知识渊博
    C 唐太宗是位明君   D 唐太宗没有威严

83. 作者对皇后的劝谏方法持什么态度？
    A 认可   B 讽刺
    C 有待商榷   D 半信半疑

84. 最适合做上文标题的是：
    A 忠言未必逆耳   B 唐太宗的治国之道
    C 不以物喜，不以己悲   D 水能载舟，亦能覆舟

85-88.

在自然界中，青蛙属于小型动物，处于弱势的地位。那么它们是如何保护自己的呢？原来，青蛙生存的法宝就是伪装自己。而伪装的方法有很多，比如保护色，就是让自己外表的颜色与周围环境相仿而不易被发现。还有警戒色，这与保护色的隐蔽性相反，主要起警示作用。伪装的最高境界是拟态。所谓拟态，是指一种生物不只是在颜色上，就连在形态、行为上都能成功地模拟另一种生物的现象，是动物在自然界长期演化中形成的行为。

在青蛙的大家族里，就有一个种类的青蛙具有这种神奇的本领。它就是非洲热带稀树草原蛙。这种青蛙体态娇小玲珑，外表拥有艳丽的色彩。热带稀树草原蛙在旱季一般整天都会待在地下巢穴中。之所以这样做，是因为非洲气候常年干旱，在地下不仅可以维持自己皮肤的湿度，还可以保护自己。为了生存它们会频繁地挖洞。可是，草原蛙在挖地下洞时，常常会闯入非洲臭蚁的巢穴中。这种臭蚁十分危险，它们的腹部有毒针，谁来侵犯它们的领地，它们便会用毒针猛烈地攻击入侵者。

可是草原蛙即使误入了臭蚁的巢穴也不会被它们当作入侵者，能够<u>安然无恙</u>，甚至还能够与它们和平相处。这一事实让科学家们感到非常吃惊。究竟是为什么呢？

经过长期观察，科学家发现草原蛙最强大的秘密武器就是其皮肤上的分泌物。蚂蚁是用触角来判断对方身份的，而草原蛙皮肤上的分泌物是含肽的化合物，这种化合物会使臭蚁的触角失去辨别的能力，使臭蚁误认为草原蛙是自己的同伴。因此它们自然就对草原蛙的入侵视而不见了。

85. 热带稀树草原蛙待在地表之下，是为了：
 A 觅食 　　　　　　　　　　B 繁殖后代
 C 维持皮肤湿度 　　　　　　D 躲避非洲臭蚁的攻击

86. 第3段中，划线词语"安然无恙"的意思是：
 A 反应敏捷 　　　　　　　　B 生活安定
 C 没有受到伤害 　　　　　　D 没有自我保护的意识

87. 根据上文，下列哪项正确？
 A 非洲臭蚁的头部有毒针 　　B 蚂蚁用触角辨别对方身份
 C 热带稀树草原蛙没有变色的本领 　　D 热带稀树草原蛙的外表色彩暗淡

88. 最适合做上文标题的是：
 A 合作与共赢 　　　　　　　B 和平共处的秘密
 C 热带动物的生活习性 　　　D 非洲动物大迁徙的特征

89-92.

花轿是传统中式婚礼上使用的一种轿子。花轿在民间也称"大红花轿",因为这种轿子的装饰是以象征着喜庆和吉祥的红色为主的。

据史料记载,花轿的原名叫"舆",到后唐五代,开始称为"轿"。北宋时对轿子的使用有个禁令,只供给皇室使用。后来宋高宗废除了这个禁令,从那以后轿子才逐渐发展到民间,成为人们日常生活中的代步工具。

把轿子运用到娶亲上,最早见于宋代。古代娶亲的花轿选材要求既要轻又能承重。一般选用香樟、银杏等木材。古代花轿的样式繁多,因各地的习俗和主人的身份而略有不同。普通人娶亲用的一般是两人抬的花轿,选用的是红色的大绸子,上面绣有代表富贵的花卉和吉祥图案,以烘托热闹喜庆的气氛。家境比较好的用的是四人抬的大花轿,轿子的装饰与两人抬的相差不大。娶亲那天,新娘梳妆打扮完以后在家里等待新郎来接她。凌晨的时候,新郎就会骑着马,带一些随行人员把新娘娶回家,这些随行人员有的负责抬花轿,有的负责放鞭炮,这叫"赶时辰"。据说当天如果有好几家同时迎娶新娘的话,就互相比谁赶的时间早,如果赶的时间早的话,将来的生活就会过得幸福美满。这一习俗只有现在的泰安市宁阳县还保留着。

在传统的婚礼上除了"赶时辰"这个习俗以外,还有"跨火盆"。新娘乘坐着红色轿子被接到新郎家,新娘下轿后还要过一个火盆,这表示婚后夫妻俩的日子会像火一样红红火火。

89. 装饰花轿为什么以红色为主?
   A 皇帝规定的   B 有喜庆的寓意
   C 看起来更醒目   D 能更好地衬托新娘的美貌

90. 根据第2段,下列哪项正确?
   A 花轿的原名是"轿"   B 宋高宗不喜欢坐轿子
   C 唐五代时轿子就盛行于民间 D 北宋时只有皇室可以使用轿子

91. 关于"赶时辰",可以知道:
   A 多在凌晨开始   B 赶的时间越晚越好
   C 有利于错开迎亲高峰   D 现在这个习俗已经完全消失

92. 根据上文,下列哪项正确?
   A 共有8个人抬花轿   B 新郎一个人去迎娶新娘
   C 新娘上花轿不能露面   D 新娘下轿后要跨一个火盆

93-96.

长期以来，飞机起飞、降落时发出的震耳欲聋的噪音令机场附近的居民不胜其烦。尽管二十世纪六十年代以来，科学家们已经使飞机的噪音减少了80%，但是随着经济的发展，各机场的飞行航班大幅增加，这使得机场的噪音有增无减，成为机场进一步发展的拦路石。

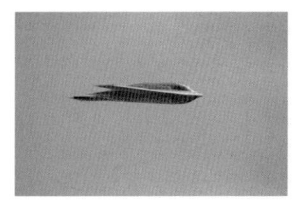

科学家们经过三年的研究，终于初步设计出了一种"无声飞机"，并且将在2030年投入使用。"无声"的意思并不是说完全听不到声音，而是指飞机升降时所发出的噪音会维持在40分贝左右，相当于洗衣机或者其他家电的音量，声音极弱。因此在飞机发动后不会给居住在机场的居民带来困扰。

为了使飞机不再发出巨大的轰鸣声，科学家们对飞机进行了重新设计。其中最关键的改造就是发动机置顶设计。不同于传统飞机，无声飞机的发动机安装在飞机顶部，这样从机翼上方吸入空气，就能有效地降低噪音。其次，它采用的发动机功率是传统飞机的2倍，这意味着它能以较低的初始速度起飞，从而减少了噪音的产生。最后，一般而言，飞机在起飞和降落时，环绕机翼和机身的气流相遇会产生高分贝的噪音。与传统飞机"机身与机翼"的设计模式不同，无声飞机整体就是一个翼形的设计。这种一体化的设计，再加上机翼非常圆滑，不仅减少了气流的产生，而且消除了机翼的抖动，自然大大降低了噪音。有人担心这种设计会减少乘载乘客的数量，这种担心完全是多余的。因为无声飞机机身长44米，机翼长68米，外部成流线型，内部空间十分宽敞，因而能乘载更多的乘客。

无声飞机不仅噪音非常低，而且还降低了温室气体排放量，十分环保。其燃油效率也比目前的客机提高了约25%。科学家们相信在不久的将来就能造福人类。

93. 机场噪音为什么有增无减？
   A 航班增多了　　　　　　　　B 飞机引擎老化
   C 机场客流增多　　　　　　　D 没有防噪音的设施

94. 关于无声飞机的机翼，下面正确的是：
   A 抖动剧烈　　　　　　　　　B 非常圆滑
   C 与传统设计一样　　　　　　D 比普通飞机的功能多

95. 根据上文，下列哪项正确？
   A 无声飞机已投入使用　　　　B 无声飞机内部空间大
   C 无声飞机的发动机在机身底部　D 无声飞机降落时一点儿噪音都没有

96. 下列标题哪个最适合本文？
   A 军用飞机的发展史　　　　　B 对航班延误说"不"
   C 改善机场服务的方案　　　　D 无声飞机：机场噪音的终结者

97-100.

在信息碎片化、文化快餐化的今天，微博、微信、微小说等微文化大行其道，不得不说我们已跨入了"微时代"。而"微电影"作为一种新型视听方式，内容融合了幽默搞怪、时尚潮流、公益教育、商业合作等元素，以其题材丰富、制作精巧、收视方便、互动性强等特点，受到越来越多年轻人的喜爱。

微电影最初兴起于草根阶层，他们用相机、摄像机、手机等拍摄工具把生活中的点点滴滴记录下来，拍成了短片。后来，随着影视技术突飞猛进的发展及专业机构的出现，使微电影从个人的随意拍摄，逐步上升到电影的阶段。

近些年，在微电影类型方面，网民自创的作品不计其数，以推广营销为目的的商业微电影盛行了起来；在制作规模方面，专业团队甚至知名导演都纷纷加入微电影制作的队伍，使得微电影的品质、格调大大提升，因而实现了华丽转身。另外，微电影的影响力逐渐增强，随之产生的微电影大赛、微电影节等活动也不断出现。

微电影的主题包括幽默搞怪、时尚潮流、公益教育、商业定制等等，其内容可以相对独立，也可以成为一个系列。微电影形式简单，短小精悍，人们可以充分利用坐车、等人、排队等闲暇时间，用智能手机或平板电脑看完一部微电影。微电影的篇幅短，但主题仍立意深远，反映了一定的现实问题。譬如关注社会事件、倡导保护环境、热爱自然、关爱空巢老人等等。它在追求艺术形式的同时也担起了社会责任，旨在用艺术的力量发出正能量，影响受众，温暖人心。

微电影的播放渠道从最初的网络新媒体拓展到传统的电视领域。不仅如此，在未来几年，微电影还可能跻身主流院线，进入电影发行体系，以更加成熟的姿态呈现在大众面前。

由此可见，微电影将会逐渐从非主流阶段走向主流阶段，从而掌握市场的主动权。

97. 第2段中画线部分的意思是：
A 中产阶层　　　　　　　　B 普通群众
C 贫困人口　　　　　　　　D 电影协会

98. 微电影为什么能"华丽转身"？
A 专业团队的加入　　　　　B 投入了更多的广告费
C 微电影大赛的成功举办　　D 视频播放的工具逐渐增多

99. 上文中没有提到"微电影"的：
A 电影主题　　　　　　　　B 播放渠道
C 诞生背景　　　　　　　　D 制作规模

100. 关于微电影，下列正确的是：
A 只在网络播放　　　　　　B 起初多比较随性
C 主题多比较肤浅　　　　　D 创作者是知名导演

三、书写

第101题：缩写。

(1) 仔细阅读下面这篇文章，时间为10分钟，阅读时不能抄写、记录。
(2) 10分钟后，监考收回阅读材料，请你将这篇文章缩写成一篇短文，时间为35分钟。
(3) 标题自拟。只需复述文章内容，不需加入自己的观点。
(4) 字数为400左右。
(5) 请把作文直接写在答题卡上。

　　从前，有个孩子叫马良。他父母亲死得早，就靠自己打柴、割草过日子。他从小喜欢画画，可是连一支笔也没有。

　　马良每天都练习画画。他到山上打柴时，就拿一根树枝，在地上画天上的鸟。他到河边割草时，就用草根蘸蘸河水，在岸边的石头上画河里的鱼。晚上回到家里，他拿一块木炭，在墙壁上把白天画过的画重新画一遍。

　　年复一年，马良画画一天都没有间断过。他家的墙壁上，画上叠画，密密麻麻全是画。当然，马良的进步也很快。有一次，他在村口画了一只小母鸡，天上的老鹰总是飞来飞去；他在山后画了一只狼，吓得牛羊不敢在山后吃草。

　　有一天晚上，马良躺在窑洞里，因为他整天到田地里干农活、画画，非常疲倦，一躺下来，就迷迷糊糊地睡着了。突然，窑洞里亮起了一束五彩的光芒，来了个白胡子的老人，把一支笔送给了他，说："这是一支神笔，要好好用它帮助穷人！"马良接过来一看，那支神笔金光灿灿的；拿在手上，沉甸甸的。他高兴地说："谢谢你，老爷爷！"马良说完以后，白胡子老人就消失了。

　　第二天，他用笔画了一只鸟，鸟拍拍翅膀，飞到了天上。他用笔画了一条鱼，鱼摆摆尾巴，游进了水里。马良自言自语："我有神笔了！"他高兴得手舞足蹈。

　　马良有了这支神笔以后，天天替村里的穷人画画。谁家没有斧子，他就给他画斧子；谁家没有牛，他就给他画牛；谁家没有水车，他就给他画水车。

　　可是天下没有不透风的墙，皇帝很快知道了这件事。皇帝下了一道圣旨，派人把马良抓走了。马良听到过许多皇帝欺侮穷人的事，很厌恶皇帝。皇帝叫他画摇钱树，马良什么话也没说，提起神笔一挥，一个无边的大海出现在皇帝的眼前。皇帝看了以后很不高兴，生气地骂道："叫你画摇钱树，谁叫你画海了！"马良在大海中央画了一个小岛，在岛上画了一棵又高又大的摇钱树。皇帝看见那棵摇钱树以后，眼睛马上亮了起来，对马良说："赶快画只船吧！"马良画了一只很大很大的木船，皇帝和几个大臣都上了船。马良又画了几笔，海上马上刮起了海风，掀起了海浪，海浪一个比一个高，大木船在海上摇摇晃晃，皇帝心里害怕极了，向马良摇手，大声地喊道："风够了！风够了！"马良装没有听见，不停地画着风。风更大了，吹来了许多厚厚的乌云，又打雷，又闪电，还下起了暴雨。海水像一堵倒塌的高墙一样，向木船压了过去。船翻了，皇帝和船上的大臣都沉到了海底。

后来大家都不知道马良到什么地方去了。有的说：他回到了自己的家乡，和那些种地的伙伴在一起。有的说：他到处流浪，专门给穷苦的人们画画。

HSK（六级）答题卡

汉语水平考试　　HSK　　答题卡

——请填写考生信息——　　　　——请填写考点信息——

请按照考试证件上的姓名填写：

| 姓名 | |

如果有中文姓名，请填写：

| 中文姓名 | |

考生序号: [0][1][2][3][4][5][6][7][8][9] (×4)

考点代码: [0][1][2][3][4][5][6][7][8][9] (×6)

国籍: [0][1][2][3][4][5][6][7][8][9] (×3)

年龄: [0][1][2][3][4][5][6][7][8][9] (×2)

性别: 男 [1]　　女 [2]

注意　请用2B铅笔这样写：▬

一、听力

1. [A][B][C][D]　6. [A][B][C][D]　11. [A][B][C][D]　16. [A][B][C][D]　21. [A][B][C][D]
2. [A][B][C][D]　7. [A][B][C][D]　12. [A][B][C][D]　17. [A][B][C][D]　22. [A][B][C][D]
3. [A][B][C][D]　8. [A][B][C][D]　13. [A][B][C][D]　18. [A][B][C][D]　23. [A][B][C][D]
4. [A][B][C][D]　9. [A][B][C][D]　14. [A][B][C][D]　19. [A][B][C][D]　24. [A][B][C][D]
5. [A][B][C][D]　10. [A][B][C][D]　15. [A][B][C][D]　20. [A][B][C][D]　25. [A][B][C][D]

26. [A][B][C][D]　31. [A][B][C][D]　36. [A][B][C][D]　41. [A][B][C][D]　46. [A][B][C][D]
27. [A][B][C][D]　32. [A][B][C][D]　37. [A][B][C][D]　42. [A][B][C][D]　47. [A][B][C][D]
28. [A][B][C][D]　33. [A][B][C][D]　38. [A][B][C][D]　43. [A][B][C][D]　48. [A][B][C][D]
29. [A][B][C][D]　34. [A][B][C][D]　39. [A][B][C][D]　44. [A][B][C][D]　49. [A][B][C][D]
30. [A][B][C][D]　35. [A][B][C][D]　40. [A][B][C][D]　45. [A][B][C][D]　50. [A][B][C][D]

二、阅读

51. [A][B][C][D]　56. [A][B][C][D]　61. [A][B][C][D]　66. [A][B][C][D]　71. [A][B][C][D][E]
52. [A][B][C][D]　57. [A][B][C][D]　62. [A][B][C][D]　67. [A][B][C][D]　72. [A][B][C][D][E]
53. [A][B][C][D]　58. [A][B][C][D]　63. [A][B][C][D]　68. [A][B][C][D]　73. [A][B][C][D][E]
54. [A][B][C][D]　59. [A][B][C][D]　64. [A][B][C][D]　69. [A][B][C][D]　74. [A][B][C][D][E]
55. [A][B][C][D]　60. [A][B][C][D]　65. [A][B][C][D]　70. [A][B][C][D]　75. [A][B][C][D][E]

76. [A][B][C][D][E]　81. [A][B][C][D]　86. [A][B][C][D]　91. [A][B][C][D]　96. [A][B][C][D]
77. [A][B][C][D][E]　82. [A][B][C][D]　87. [A][B][C][D]　92. [A][B][C][D]　97. [A][B][C][D]
78. [A][B][C][D][E]　83. [A][B][C][D]　88. [A][B][C][D]　93. [A][B][C][D]　98. [A][B][C][D]
79. [A][B][C][D][E]　84. [A][B][C][D]　89. [A][B][C][D]　94. [A][B][C][D]　99. [A][B][C][D]
80. [A][B][C][D][E]　85. [A][B][C][D]　90. [A][B][C][D]　95. [A][B][C][D]　100. [A][B][C][D]

三、书写

101.

不要写到框线以外

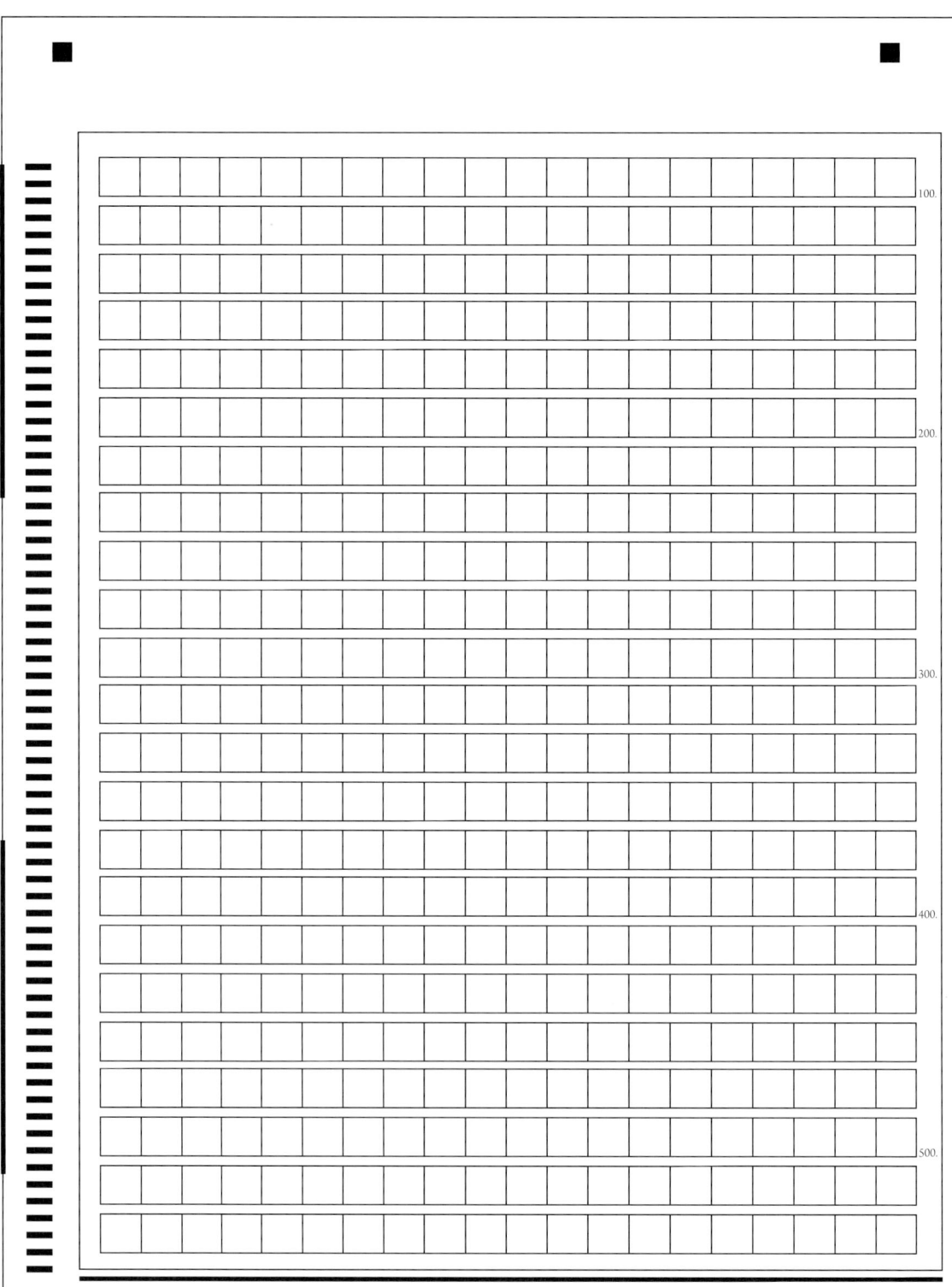

新汉语水平考试
HSK（六级）模拟试题
第五套

注 意

一、HSK（六级）分三部分：
    1. 听力（50题，约35分钟）
    2. 阅读（50题，50分钟）
    3. 书写（1题，45分钟）

二、听力结束后，有5分钟填写答题卡。

三、全部考试约140分钟（含考生填写个人信息时间5分钟）。

一、听力

第一部分

第1-15题：请选出与所听内容一致的一项。

1. A 白领对饭菜很挑剔
   B 外食族烹饪水平低
   C 五星级饭店的菜营养均衡
   D 生活节奏的加快催生了外食族

2. A 葡萄酒的香气很单一
   B 传统的酿造工艺已失传
   C 葡萄酒可以分为三大类
   D 葡萄酒的香气能反映其品质

3. A 失败乃成功之母
   B 学校更注重成绩
   C 课本内容更容易理解
   D 家庭对个人素质的影响更大

4. A 不要嫉妒他人
   B 不要过分在意过程
   C 要拓宽自己的视野
   D 要挖掘自己的潜能

5. A 无锡泥塑容易破损
   B 无锡泥塑盛于唐代
   C 无锡泥塑民俗色彩鲜明
   D 无锡泥塑面临传承困难

6. A 要抓住时机
   B 要有安全意识
   C 要尊重他人的隐私
   D 在磨难面前要坚强

7. A 司母戊鼎重量轻
   B 司母戊鼎造型庄严
   C 司母戊鼎出土于安阳
   D 司母戊鼎藏于国家博物馆

8. A 大红袍口感略苦
   B 喝大红袍可以杀菌
   C 茶区环境雨量充沛
   D 大红袍有抗衰老的功效

9. A《庄子》是孔子的著作
   B 庄子在杏林里讲学
   C "杏坛"是学校的别名
   D 庄子有3000名弟子

10. A 可折叠显示屏已问世
    B 柔性显示屏有防水功能
    C 显示屏最多可折叠一万次
    D 电子产品的前景不容乐观

11. A 杭扇设计非常精美
    B 杭扇制作工艺已失传
    C 杭扇是用丝绸制成的
    D 杭扇在明清时期走向衰弱

12. A 高铁时速达250公里以上
    B 人们把动车和高铁混淆了
    C 国家将减少对高铁的投资
    D 全球高铁里程未来10年将翻番

13. A 冬天不宜吃生姜
    B 徐霞客精通医学
    C 人参比生姜更名贵
    D 吃姜能使人精力旺盛

14. A 昆虫是无脊椎动物
    B 昆虫多在夜间觅食
    C 昆虫飞行时翅膀扇动频率高
    D 昆虫是地球上数量最多的动物群体

15. A 云端廊桥建在悬崖上
    B 龙缸景区商业气息浓厚
    C 云端廊桥的护栏是金属制的
    D 秋季是龙缸景区的旅游旺季

第二部分

第16-30题：请选出正确答案。

16. A 脱离现实生活
    B 夸大社会矛盾
    C 连续5年保持稳步增长
    D 演员要严格按照剧本拍戏

17. A 电影的利润大
    B 电影更能考量手艺
    C 电视剧忠实于原著
    D 电视剧有良好的群众基础

18. A 艺术是充满想象的
    B 只适用于绘画领域
    C 作品不能独立于人而存在
    D 艺术家更了解作品的内涵

19. A 要坚持
    B 要不耻下问
    C 要看重结果
    D 要专注于艺术

20. A 写过小说
    B 获过国际大奖
    C 当过大学教授
    D 即将拍摄新电影

21. A 新民乐的代表人物
    B 舞台经验丰富的歌手
    C 最具影响力的指挥家
    D 研究古典音乐的大师

22. A 没有人关注
    B 不使用乐器
    C 以流行音乐为基础
    D 扩大了民族音乐的表现力

23. A 乐器是进口的
    B 演出场地在室外
    C 与时代结合紧密
    D 表演者多是中老年人

24. A 引起争议
    B 佳作太少
    C 没有赞助商
    D 政策不支持

25. A 鼓励
    B 批判
    C 同情
    D 质疑

26. A 爱熬夜
    B 有焦虑症
    C 没有购买力
    D 饮食习惯不稳定

27. A 果蔬保鲜
    B 售后服务
    C 产品包装
    D 推销方式

28. A 自主研发了新产品
    B 做过计算机培训
    C 计划进军服装行业
    D 学习了国外的网络技术

29. A 儿时的梦想
    B 严谨的作风
    C 坚韧的意志
    D 创新的理念

30. A 家事易支持货到付款
    B 顾客可以无理由退货
    C 家事易将打造社区平价店
    D 家事易的生产规模逐渐缩小

第三部分

第31-50题：请选出正确答案。

31. A 钻入洞里
    B 散发出臭味
    C 身体缩成球
    D 寻求同伴帮助

32. A 十分机械
    B 迟缓盲目
    C 非常灵活
    D 凌乱分散

33. A 学会抵制诱惑
    B 要三思而后行
    C 不能安于现状
    D 要专注核心竞争力

34. A 能自动清洁
    B 可加热食物
    C 能改变人的情绪
    D 可将热能转化为电能

35. A 便于拆解
    B 能收集热量
    C 是用陶瓷做的
    D 可以随着温度的变化而变色

36. A 餐桌造价高昂
    B 餐桌还未面市
    C 餐桌没有使用价值
    D 餐桌会带来负面影响

37. A 原理复杂
    B 有待提高
    C 出现得较晚
    D 逐渐被淘汰

38. A 含糖量高
    B 微生物生长
    C 受高温影响
    D 容器材料不符合标准

39. A 罐装食品不含防腐剂
    B 罐装食品开启后需冷冻
    C 腌制的食品有害人体健康
    D 腌制食品存放时间比罐装食品长

40. A 司机沉着冷静
    B 途中可停车维修
    C 路面突发情况少
    D 乘客对附近环境熟悉

41. A 节省燃料
    B 逃生舱门多
    C 有多台发动机
    D 机翼是三角形

42. A 系好安全带
    B 准备降落伞
    C 打急救电话
    D 身体向前倾斜

43. A 交通工具变革快
    B 伤亡率统计有误
    C 乘客最好购买意外保险
    D 乘坐飞机出行并不危险

44. A 使花期更长
    B 使根系发达
    C 吸引昆虫采蜜
    D 防止细菌滋生

45. A 能产生油细胞
    B 能保护人的皮肤
    C 影响花香散发的速度
    D 可减轻阳光对花的伤害

46. A 心跳加快
    B 增进食欲
    C 保持旺盛的精力
    D 缓解紧张的情绪

47. A 治疗过敏
    B 减轻头痛
    C 增强体质
    D 促进睡眠

48. A 摘了很多果实
    B 带走了两块石头
    C 种了一棵苹果树
    D 在石头上题了一首诗

49. A 很自责
    B 有些恐惧
    C 颇为尴尬
    D 非常镇定

50. A 比较吝啬
    B 穿着朴素
    C 为官清廉
    D 房屋简陋

二、阅读

第一部分

第51-60题：请选出有语病的一项。

51. A 宁愿过着贫苦的生活，也要两袖清风。
    B 每一个时代的文学作品归根到底都是社会生活的写照。
    C 懂得为何而奋斗的人，几乎差不多任何挑战都能面对。
    D 网络时代的到来使人们的交流方式发生了翻天覆地的变化。

52. A 这些年付出的心血终究没有白费。
    B 和谐的家庭关系是孩子身心健康发展的关键因素。
    C 黄河流域是中华民族最主要的发祥地，所以黄河被称为"母亲河"。
    D 专家指出，如果每天散步40分钟可降低患心血管疾病的几率显著。

53. A 美妙的小提琴曲在远处传来了。
    B 激情是工作的灵魂，快乐是生活的动力。
    C 大批的科技创业者聚集在北京的科技中心——中关村。
    D 新京报书评周刊是分享图书资讯的微博账号，每周都会给读者推荐优秀的图书。

54. A 习惯形成性格，性格决定命运。
    B 菊花茶起源于唐朝，是种植最广泛的一种传统名茶。
    C 他的办公桌上摆放着很多可以防辐射的仙人掌。
    D 我最后一次见面他在一家咖啡店里，那里的环境很温馨。

55. A 乘车前饮一杯加有几滴食醋的温开水可以预防晕车。
    B 生活中有很多事我们无法左右，却我们可以左右自己的人生方向。
    C 经过有关部门领导的协调，双方选择各退一步，最后达成了一致的意见。
    D 广绣是粤绣之一，以其绚丽的色彩、多变的针法、形象的构图而闻名于世。

56. A 一个人的智商主要与父母的遗传基因。
    B 世界上最痛苦的事莫过于放弃了不该放弃的。
    C 每年大约有1,000只丹顶鹤选择到盐城自然保护区越冬。
    D 笑容是社交中的一个强有力的武器，能帮助我们迅速与他人打成一片。

57. A 贵州的火龙果基地是集科研、采摘、休闲于一体的生态观光园。
    B 一份研究报告显示，每年全世界约有6.4%—7.9%的鲨鱼被人类捕捞。
    C 西安古城墙位于陕西省西安市中心，是中国现存保存最完好的古代城墙建筑。
    D 保管轮胎时，请将轮胎置于阴暗凉爽的地方，否则会加快轮胎的老化速度。

58. A 按照消费者的目的性，消费需求可分为：初级的物质需求和高级的精神需求。
    B 《全宋文》的出版具有重大意义，对于完善宋代的文献资料、填补宋代文化研究的空白。
    C 面试给公司和应聘者提供了进行双向交流的机会，从而增进了公司和应聘者之间的了解。
    D 倾听不仅仅是要用耳朵来听说话者的言辞，还需要用心去感受对方谈话过程中的言语信息。

59. A 参加过这个比赛以前，他曾在2015年世界游泳锦标赛的男子50米自由泳决赛中，以47秒70的成绩获得了金牌。
    B 台风的最高时速可达200千米，这巨大的能量会直接给人类带来灾难，但也能使地球保持热平衡。
    C 幽默风趣的人在日常生活中有比较好的人缘，能在短时间内缩短人际交往的距离，赢得对方的好感和信赖。
    D 吉林文庙中的每一处建筑都具有深刻的文化内涵，它与南京夫子庙、曲阜孔庙、北京孔庙并称为"中国四大文庙"。

60. A 画眉鸟特别善于打斗，毫不示弱，打起架来抓、爬、滚、啄、插五艺俱全，因此被誉为"英雄鸟"。
    B 从事中药和西药结合研究的屠呦呦出生于宁波，她是第一位获得诺贝尔生理医学奖的华人科学家。
    C 茶卡盐湖与其它盐湖的不同之处在于茶卡盐湖是固液并存的卤水湖，镶嵌在雪山草地间而非戈壁沙漠中。
    D 古琴至少有3000年以上的历史，蕴含着丰富而深刻的文化内涵，千百年来一直是中国古代文人士大夫爱不释手的乐器。

第二部分

第61-70题：选词填空。

61. 货币基金是聚集社会闲散资金。为了保证稳定的_____，它采取了由基金管理人_____，基金托管人保管的投资方式。由于投资时_____小，因而安全性高。并具有高流动性的特征，此流动性还可与活期存款媲美。

    A 益处　　　预料　　　隐患　　　B 利润　　　预期　　　隐私
    C 权益　　　运算　　　损失　　　D 收益　　　运作　　　风险

62. 被誉为"天然氧吧"的梭布垭石林位于湖北省境内，_____达21平方千米。它与云南石林一样都属于_____的喀斯特地貌。整个石林犹如一座海底迷宫，化石古迹随处可见。其中溶纹景观深受游客_____。

    A 面积　　　典型　　　称赞　　　B 边境　　　经典　　　表扬
    C 边疆　　　时期　　　表彰　　　D 界限　　　时光　　　歌颂

63. "细菌灯"的创意很有趣，它并不需要电，而是细菌_____与氧气结合的机会，发生生理反应，从而散发出蓝绿色的_____。这可以说是细菌在_____能量的过程。科学家认为在不久的将来，细菌灯能照亮我们回家的路。

    A 利用　　　光芒　　　释放　　　B 采取　　　光彩　　　转移
    C 取缔　　　光辉　　　迁徙　　　D 散发　　　光荣　　　挖掘

64. 在人生之路上，如果所有事情都一帆风顺，_____，我们便不能体会通过努力奋斗后获得成功的喜悦。反之，当播下的种子没有_____，心中的_____也没有绽放出美丽的花朵时，我们也不必灰心丧气，而应该_____面对人生中的遗憾。

    A 一丝不苟　　　报酬　　　幻想　　　直率
    B 精益求精　　　代价　　　抱负　　　果断
    C 物美价廉　　　贡献　　　灵感　　　犹豫
    D 尽善尽美　　　收获　　　梦想　　　坦然

65. 中国从古至今都有焚香净气的习俗。最初是为了驱虫醒脑，之后又成了祭祀的仪式。后来文人淑女为了营造"红袖添香夜读书"的_____，_____会在书房内焚香。制作香炉的材料在各个朝代有所不同。元末明初，铜香炉逐渐成为_____，明代宣德年间铜香炉的制作工艺达到了_____。

    A 境界　　　一度　　　自主　　　荣誉
    B 情景　　　向来　　　支撑　　　声誉
    C 意图　　　从来　　　支柱　　　高潮
    D 意境　　　通常　　　主流　　　巅峰

66. 月食是一种特殊的天文现象。月食可以分为月偏食、月全食和半影月食三种。月球围绕地球_____的过程中，有时整个月亮都会进入地球的影子里，_____着地球的部分太阳光会被地球_____，便形成了月全食。此时太阳、地球、月球_____在同一直线上。

A	旋转	巧	阻碍	反倒
B	运转	妙	放置	反而
C	飞行	晃	抵制	照常
D	运行	朝	遮挡	恰好

67. 有这样一类人，他们总是害怕暴露自己的缺点，一举一动都_____。他们为了_____犯错，总是会做好万全的准备才去行动，从不做没有把握的事。可是依我看，这样的人_____缺乏创造力，很难取得_____。

A	各抒己见	逃避	依然	进行
B	小心翼翼	避免	往往	进步
C	吞吞吐吐	躲藏	一律	沿途
D	全神贯注	收藏	一致	长途

68. 地震波_____纵波、横波和面波三种类型。纵波传播速度快，最先到达震中，破坏性较弱。与此_____，横波第二个到达震中，破坏性较强。面波只能沿地表面传播。所以当人们_____到纵波时，就会发出警报。换言之，地震警报是无线电波和地震横波的一_____赛跑。

A	包括	相反	监测	场
B	组成	相关	推测	番
C	包裹	相似	考验	枚
D	组织	相对	探索	股

69. 任何食品加工手段都会对食品有一定程度的_____，而紫外线处理食物时则_____安全。紫外线加热食物时，能够保持食物的自然_____。总的来说，紫外线的穿透能力较差，所以要想让固体食物_____地接受紫外线照射，非常有挑战性。

A	遭受	势必	事态	平静
B	保存	未必	事务	公平
C	磨损	千万	形象	均衡
D	破坏	相当	状态	均匀

70. 科学家研究发现，人常与小动物接触能改善心情，而且能使心理上的病症会得到一定程度的_____。因此，以动物代替家人陪伴患者的动物疗法便_____了。这种疗法并不需要药物和医疗_____，只是将_____的治疗与休闲活动相结合，就能达到意想不到的_____效果。

A	废除	相辅相成	仪器	残酷	美妙
B	清除	供不应求	容器	冷漠	巧妙
C	缓解	应运而生	器械	枯燥	神奇
D	溶解	统筹兼顾	机械	沉闷	神圣

第三部分

第71-80题：选句填空。

71-75.

茶树，属灌木或小乔木，常绿植物。很多人会有疑问，(71)_____，那为何还会有绿茶红茶之分呢？绿茶与红茶到底哪里不同呢？其实绿茶和红茶都是由新鲜的茶叶制成的，(72)_____。

绿茶的加工，简单分为杀青、揉捻和干燥三个步骤，其中(73)_____。杀青以后，酶的活性钝化，这可以抑制多酚类物质氧化，从而防止叶子红变；又可以蒸发叶子内部水分，为揉捻创造条件。

红茶则属全发酵茶。和绿茶相比，它的制作工艺相对复杂，包括萎凋、揉捻、发酵、烘焙这几道工序。萎凋是将新鲜茶叶在一定温度、湿度条件下均匀摊放、晾晒，从而促进鲜叶酶的活性。然后 (74)_____，接着再将条状茶叶发酵。发酵是形成红茶色、香、味品质特征的关键性工序，是为了让多酚类物质发生氧化，从而使茶胚产生红变。最后将发酵适度的茶叶进行烘焙即可。

(75)_____，都含有丰富的茶多酚、咖啡碱、脂多糖等元素。若常常饮用能够防衰老、降低心血管疾病的发病几率，因此对身体非常有益。

A 不管绿茶还是红茶

B 既然茶叶都是绿色的

C 只是加工的方法不同罢了

D 将晾好的茶叶揉捻成条状

E 杀青对绿茶品质起着决定性的作用

76-80.

先秦时期，人们为了运送物品和食物，制作了一种盒子。因其上面有对称的横梁，可用手提，所以被称为"提盒"。唐宋时期，提盒已经被普遍使用，那时提盒的形状多种多样。但是到了明代，(76)_____。

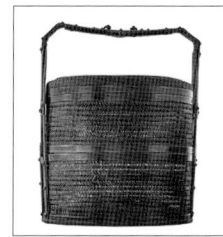

最初，人们多用竹子来制作提盒。因为竹子取材容易，价格低廉，便于携带。那时的提盒，(77)_____，内部用颜料涂成。其主要作用是运送食物，因此也叫食盒。此时食盒以实用为目的，制作简单、造型并不十分美观。后来，文人发现了提盒的美妙之处，就亲自参与了设计。他们不仅对工艺讲究，对提盒材质也非常在意，因而，(78)_____，提盒才变得更加精巧。明清时期，文人使用的提盒多用黄花梨、紫檀和红木等珍贵木材制作。文人们在外出或野外聚会时，常常带上提盒，(79)_____，这样便于进行文学艺术交流。此时，提盒便已不再仅仅是食盒了，它还变成了文房用具。

随着时代的发展，提盒慢慢淡出了人们的视线。因此，(80)_____。只有用于盛放玉石印章、小件文玩的提盒才被保存下来，成为了珍贵的文物。

A 外部用细小的竹片编成

B 能够完好保存下来的提盒非常少

C 在文人审美趣味的影响下

D 长方形提盒的样式基本就被固定下来了

E 提盒里盛放着文房四宝、印章等

第四部分

第81-100题：请选出正确答案。

81-84.

在高原的上空，常常可以看到秃鹫在翱翔。秃鹫又名狗头雕，是高原上体格最大的猛禽。它体长约1.2米，翅膀展开后有2米多长，0.6米宽，体重达7到11公斤。秃鹫多栖息于海拔2000到5000米的高山荒原上，常单独活动，不善于鸣叫，但可在高空翱翔达几小时。

秃鹫一般以食腐肉为生，但偶尔也捕捉活猎物。秃鹫在高空盘旋时，若发现猎物，便会俯冲而下，一举将猎物捕获。有时甚至连凶猛的野狼也会成为它的手下败将。

一次，一个人偶然救助了一只受伤的秃鹫。他将秃鹫放在了一个四周有网的仅几平方米的围栏里。但是令人奇怪的是，虽然围栏的顶部是敞开的，但秃鹫在伤好后也并没有飞离围栏，只是无奈地在围栏里挣扎。

原来，秃鹫若想腾空而起，必须先跑上几米，才能翱翔于天空。可是在这个狭窄的围栏内，并没有可以让秃鹫助跑的空间，所以它只能不情愿地做一个囚徒。

我们做人又何尝不是如此呢？许多年轻人刚步入社会就想一口吃成个胖子，名利双收。这样急于求成，不注重一步一步地积累，是很难飞向蓝天的。我们在生活中不如做个"秃鹫"，给自己搭建一个助跑的平台。这样我们的人生才能飞得更高、飞得更远。

81. 关于秃鹫，我们可以知道：
 A 擅长高空飞翔　　　　　　　B 鸣叫声音很大
 C 体重超过20公斤　　　　　　D 是野狼的手下败将

82. 根据第3段，那个围栏：
 A 十分牢固　　　　　　　　　B 被锁得很严
 C 顶部是敞开的　　　　　　　D 是用铁网围成的

83. 秃鹫为什么飞不出围栏？
 A 翅膀断了　　　　　　　　　B 无法助跑
 C 越来越懒了　　　　　　　　D 舍不得离开小秃鹫

84. 上文主要想告诉我们：
 A 要多积累　　　　　　　　　B 要勇于承认错误
 C 不要做温室中的花朵　　　　D 不能三天打鱼，两天晒网

85-88.

说起文房，其用具可不止笔墨纸砚这么简单。镇纸、香炉、笔架、墨盒等，都在其列。此外还有一个臂搁，被誉为"文房第五宝"。其实臂搁的出现与当时人们的书写工具和书写方式有直接的关系。因为古人用毛笔写字时是从右往左写，而且那时衣袖比较宽松，所以未干的墨迹常常会沾染到衣袖上。可是如果用了臂搁，既可以保持书写洁净，又可使腕部更舒服。

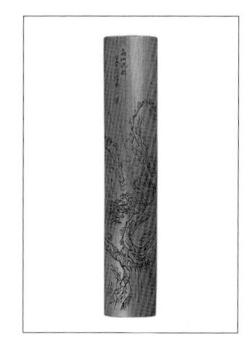

臂搁是文房用品中的奢侈品。因为臂搁是可有可无的，在当时只有具备一定经济能力并且有收藏爱好的人才会使用它，收藏它，不是每位文人都有的。

制成臂搁的材质有很多，包括竹、紫檀、黄杨木、红木、玉、象牙等，其中以竹制的最为常见。竹臂搁一般是将去节后的竹筒分劈成三块制成的，长不超一尺，宽大概是七八厘米。若单从材质上说，竹臂搁并不算价格最昂贵的。但若竹臂搁的雕刻作品出自名家之手，则价值连城。明清时期，竹雕工艺兴盛，雕刻名家喜欢在臂搁上雕刻诗画、座右铭、赠言等，这样更显精致。其中有几位代表人物的作品值得关注。濮仲谦刻的《滚马图》仿佛是用照相机拍摄的瞬间，神态动人，可以说是国宝；名家周子岩本身就有绘画功底，后来师从王原祁等书画大师，在竹刻方面取得了巨大的成就。这些名家在雕刻的过程中，加入了自己的创意和灵感，因此臂搁同时具有了实用价值和艺术价值。

臂搁艺术价值的高低取决于它上面的雕刻是否栩栩如生。因为同样是生活中常见的花鸟题材，雕刻名家的构思、力度、技艺不同，作品往往也截然不同。

85. 臂搁的出现与什么有关？
   A 绘画的发展　　　　　　　　B 纸张的材质
   C 书写工具与方式　　　　　　D 活字印刷术的发明

86. 关于臂搁，下列正确的一项是？
   A 盛行于宋代　　　　　　　　B 能让腕部更舒服
   C 所有文人都使用　　　　　　D 是文房中的必需品

87. 根据第3段，竹臂搁：
   A 尤为常见　　　　　　　　　B 宽约5厘米
   C 上面只雕刻图案　　　　　　D 没有任何收藏价值

88. 最后一段的主要内容是：
   A 臂搁的种类　　　　　　　　B 臂搁的文化内涵
   C 臂搁的创新与发展　　　　　D 如何判断臂搁的艺术价值

89-92.

杨树明原是云南腾冲的一名普通农民，后来逐渐成为一代玉雕大师。他极富开拓创新精神，他的玉雕作品取材广泛、手法多样，让人们叹为观止。

一次，杨先生花高价买了一块翡翠玉料。该玉料晶莹剔透，色彩丰富。他原想用这个玉料雕一个小山子摆件，可是雕着雕着，他却突然停了下来。因为他磨开表皮后发现了一个白点，这个白点让他之前的构思都付诸东流。

完美无瑕的玉石堪称上品，翡翠更是如此。可是这个小小的白点却是这块玉料的"败笔"。"败笔"的出现打破了他先前的设计。如果继续雕刻，很可能达不到原先想要的效果，而且可能会把一块优质的翡翠变成一块廉价的石头。杨先生不得不重新构思。

几经斟酌，他决定改雕成一个"自在罗汉"。经过精雕细刻，"自在罗汉"完成了。自在罗汉侧身而坐，面带微笑，双耳垂肩，右手拂蟾，左手持珠。"自在罗汉"构思巧妙，堪称杰作，是一件难得的玉雕精品。

可是，那个"败笔"又去哪儿了呢？原来，罗汉左手所持的那颗智珠就是原来的白点。在杨先生巧妙的设计下，白点虽说是点缀，但在通身水绿色的罗汉身上，它变成了一颗熠熠生辉的明珠，使作品看起来充满了灵性。杨先生真是独具匠心啊！

把瑕疵当成败笔就一定是败笔，可若换一种角度，把瑕疵当成明珠就一定能创造神奇。

89. 发现白点儿后，杨先生：
  A 找卖方退换　　　　　　B 停止了操作
  C 撕毁了设计图　　　　　D 将玉料转卖给他人

90. 根据第3段，什么样的玉石才堪称上品？
  A 声音清脆　　　　　　　B 色泽明亮
  C 表面光滑　　　　　　　D 没有任何瑕疵

91. 关于"自在罗汉"，可以知道：
  A 构思巧妙　　　　　　　B 形态笨拙
  C 象征权力　　　　　　　D 用废料雕成

92. 上文主要想告诉我们什么？
  A 万事开头难　　　　　　B 吃一堑，长一智
  C 要学会运用"败笔"　　　D 好的开始是成功的一半

93-96.

干细胞是一种未充分分化，尚不成熟的原始细胞，它具有自我复制能力和多向分化潜能。干细胞在特定的微环境中能分化并发育成血液、肌肉、神经、心脏等不同的组织器官，因此也被医学界称为"万用细胞"。

根据干细胞的发育潜能分为三类：第一类是全能干细胞，它能分化成所有组织和器官，即具有形成完整个体分化潜能。用它就可以克隆人类。全能干细胞进一步分化，可形成各种组织干细胞，又称多能干细胞。它具有分化出各种细胞组织的潜能，但不能发育成完整的个体。多能干细胞进一步分化，可形成专能干细胞，专能干细胞只能分化成某一类型的细胞，如某些肝脏细胞、骨髓造血干细胞。

因脊髓损伤而瘫痪的患者，以及患有失明、艾滋病、心肌梗塞和糖尿病等疾病的绝大多数患者，都可以借助干细胞移植手术得到康复。干细胞治疗疾病的基本原理是对组织细胞损伤的修复、替代损伤细胞的功能、刺激机体自身细胞的再生功能。干细胞在治疗疾病时可以选用患者自身的皮肤细胞制成多能干细胞，这与传统的异体间的器官移植不同，不会受到免疫系统的排斥。

造血系统是由造血器官和造血干细胞组成的。在20世纪初，科学家推测血液中存在造血干细胞。直到第二次世界大战后，科学家通过实验证实了人体内和动物体内都存在造血干细胞。造血干细胞主要存在于骨髓和外周血中，含量不多。造血干细胞的移植是治疗血液系统疾病、先天性遗传疾病的最有效方法。

干细胞在治疗帕金森氏症等脑疾病方面也有疗效。此外，科学家们还试图把人体干细胞移植到动物体中进行培育，形成嵌合体，并将这些源自人体干细胞的器官应用于临床移植治疗。

93. 关于干细胞，下列正确的是：
    A 可以再生各种组织器官　　　　　　B 干细胞是成熟的原始细胞
    C 所有干细胞都能克隆人类　　　　　D 多能干细胞能发育成完整个体

94. 第3段主要谈的是：
    A 预防疾病的方法　　　　　　　　　B 干细胞的医学价值
    C 糖尿病的典型症状　　　　　　　　D 器官移植的前提条件

95. 根据第4段，可以知道：
    A 造血干细胞含量极少　　　　　　　B 血液系统疾病无法治愈
    C 造血干细胞存在于毛发中　　　　　D 造血干细胞是人类特有的

96. 最适合做上文标题的是：
    A 可以复制的生命　　　　　　　　　B 帕金森氏症者的福音
    C 万用细胞——干细胞　　　　　　　D 克隆——另一个自己

97-100.

没有人会否认口碑拥有成就或毁灭一个新产品的强大力量。营销专家自然了解口碑的重要性，但从未想到，网络特别是互联网论坛和社交网站的出现，让口碑拥有了惊人的传播速度，它们完全可以让一个产品迅速从巅峰跌落至谷底。一个互联网论坛上的帖子详细说明了怎样用一支圆珠笔撬开一个知名品牌自行车的车锁。谁也没想到，就是这样一个短短的帖子，让拥有50年信誉的品牌遭受了有史以来最大的质疑。尽管这家公司在8个工作日内便推出免费换锁计划，却仍无法阻挡互联网上信息的传播，以至全世界都知道了他们的设计缺陷。

营销大师们一直声称，比起向别人推荐好的产品和服务，消费者可能更容易指责令他们感到不满意之处。然而，研究结果表明，营销大师们的推断毫无根据。该研究小组对2000名消费者进行采访后发现，人们更愿意告诉别人好的消费体验，而不是对产品进行恶意评论。

该研究小组还发现，行业领导者往往拥有最佳口碑，从而在众多竞争对手中占据优势。另外，传播坏口碑的消费者也不会一味地指出产品的缺陷，往往也会传播产品的正面内容。所以对商家来说，如果能赢得这样的消费者的"芳心"的话，那对提升口碑有着十分重要的意义。

这些研究结果包含着行之有效的营销见解，譬如要善于利用不满意的用户等。找出那些进行负面宣传的消费者是值得的，因为他们一旦开始进行负面宣传，就会"传染"给那些甚至从未尝试过某项产品的人，这种力量是巨大的。所以商家应该试图通过意见簿或者数据库，找出这些可能毁灭一个品牌的消费者，并进行良性沟通。

97. 第1段的案例说明互联网出现后：
 A 产品质量快速下降   B 售后服务水平飙升
 C 知名品牌易遭受质疑 D 口碑传播速度更为迅速

98. 根据第2段，消费者：
 A 更倾向于传播好口碑   B 笃信营销大师的说法
 C 对大大小小的产品极其挑剔 D 总是在网上对产品进行恶意评论

99. 下面哪个词可以替换第3段中的画线词语？
 A 投诉   B 赞许
 C 监督   D 原谅

100. 最适合做上文标题的是：
 A 营销的灵魂   B 口碑的力量
 C 品牌成功的秘诀 D 网络是一把双刃剑

三、书写

第101题：缩写。

(1) 仔细阅读下面这篇文章，时间为10分钟，阅读时不能抄写、记录。
(2) 10分钟后，监考收回阅读材料，请你将这篇文章缩写成一篇短文，时间为35分钟。
(3) 标题自拟。只需复述文章内容，不需加入自己的观点。
(4) 字数为400左右。
(5) 请把作文直接写在答题卡上。

　　一天，电视上的一个新闻画面吸引了一个6岁小男孩儿瑞恩的视线。某地区数以万计的儿童因缺水而喝泥地里的脏水。瑞恩看完后感到十分惊讶。他没有想到世上竟然还有人喝不上干净的水，为此他伤心极了。这时，电视上的新闻记者说了一句话——"70块钱就可以挖一口井"，这让瑞恩兴奋不已。他心想一定要为他们挖一口井！新闻结束后，瑞恩便急匆匆地向妈妈伸手要70块钱，可妈妈摇摇头拒绝了，瑞恩垂头丧气地走进了自己的房间。可是那些孩子没水喝的新闻画面一直浮现在他的脑海中，让他闷闷不乐。晚上，他再次向父母说起此事。妈妈说："70块钱太少了，根本无法解决他们的困难。何况你自己还是个孩子，以你的微薄之力是无法帮助他们的。"瑞恩用充满期待的双眼望着爸爸。可爸爸却说："这太荒唐了，瑞恩……"还没等爸爸说完，瑞恩就忍不住哭了起来，说："你们刚才没有亲眼看到那个画面，所以你们不了解。那里的人没水喝，实在是太可怜了。"

　　从那天起，瑞恩每天都坚持向父母要70块钱。由于瑞恩的坚持，他的父母不得不重新考虑这件事。后来他们想出了一个办法并对瑞恩说："如果你真的需要钱，你可以靠自己的劳动赚钱，比如擦桌子、洗袜子、倒垃圾等等，我们会给你报酬的。"听完后瑞恩高兴得跳了起来。那天瑞恩干了很多力所能及的家务，妈妈检查完以后，给了瑞恩两块钱。从此，瑞恩常常利用课后和周末的时间做家务。瑞恩的爷爷十分心疼孙子便对儿子说："你们不要让他这么辛苦地做家务了，直接给他70块钱吧！"瑞恩的爸爸回答道："他的想法太天真了，是不可能实现的。我们这样做是为了锻炼一下他的动手能力。"

　　转眼间半年过去了，瑞恩做家务做得越来越熟练了，而且完全没有要放弃的意思。每当父母劝他放弃的时候，瑞恩就会坚定地说："我一定要赚到足够的钱，为那些孩子挖口井，让他们喝上干净的水。"久而久之，邻居们被瑞恩的坚持所感动，也纷纷加入到这个活动中。

　　过了一段时间，当地最有影响力的报社报道了瑞恩的故事，标题是"瑞恩的井"。之后，很多记者也采访了瑞恩。就这样，瑞恩的故事迅速传遍了全国各地。一个星期后，一封陌生的来信让瑞恩感到非常温暖，信封上写着"瑞恩的井"，里面有一张25万元的支票，还有一行字：希望我能帮到你。在不到一个月的时间里，瑞恩一共收到了将近3千万元的汇款。5年以后，瑞恩的梦想变成了上万人共同为之奋斗的一项慈善事业。

　　有一位记者问瑞恩："你坚持下去的动力是什么？"瑞恩说："我的梦想很简单，就是想让那里的孩子喝上干净的水。虽然很多人觉得我的梦想可笑，觉得我的力量微不足道，但是我相信只要坚持到底，永不放弃，就能实现心中的梦想"。

HSK（六级）答题卡

汉语水平考试　　HSK　　答题卡

― 请填写考生信息 ―

请按照考试证件上的姓名填写：

姓名

如果有中文姓名，请填写：

中文姓名

考生序号: [0] [1] [2] [3] [4] [5] [6] [7] [8] [9]
[0] [1] [2] [3] [4] [5] [6] [7] [8] [9]
[0] [1] [2] [3] [4] [5] [6] [7] [8] [9]
[0] [1] [2] [3] [4] [5] [6] [7] [8] [9]

― 请填写考点信息 ―

考点代码: [0] [1] [2] [3] [4] [5] [6] [7] [8] [9]
[0] [1] [2] [3] [4] [5] [6] [7] [8] [9]
[0] [1] [2] [3] [4] [5] [6] [7] [8] [9]
[0] [1] [2] [3] [4] [5] [6] [7] [8] [9]
[0] [1] [2] [3] [4] [5] [6] [7] [8] [9]
[0] [1] [2] [3] [4] [5] [6] [7] [8] [9]
[0] [1] [2] [3] [4] [5] [6] [7] [8] [9]

国籍: [0] [1] [2] [3] [4] [5] [6] [7] [8] [9]
[0] [1] [2] [3] [4] [5] [6] [7] [8] [9]
[0] [1] [2] [3] [4] [5] [6] [7] [8] [9]

年龄: [0] [1] [2] [3] [4] [5] [6] [7] [8] [9]
[0] [1] [2] [3] [4] [5] [6] [7] [8] [9]

性别: 男 [1]　　女 [2]

注意　请用2B铅笔这样写：■

一、听力

1. [A][B][C][D]　　6. [A][B][C][D]　　11. [A][B][C][D]　　16. [A][B][C][D]　　21. [A][B][C][D]
2. [A][B][C][D]　　7. [A][B][C][D]　　12. [A][B][C][D]　　17. [A][B][C][D]　　22. [A][B][C][D]
3. [A][B][C][D]　　8. [A][B][C][D]　　13. [A][B][C][D]　　18. [A][B][C][D]　　23. [A][B][C][D]
4. [A][B][C][D]　　9. [A][B][C][D]　　14. [A][B][C][D]　　19. [A][B][C][D]　　24. [A][B][C][D]
5. [A][B][C][D]　　10. [A][B][C][D]　　15. [A][B][C][D]　　20. [A][B][C][D]　　25. [A][B][C][D]

26. [A][B][C][D]　　31. [A][B][C][D]　　36. [A][B][C][D]　　41. [A][B][C][D]　　46. [A][B][C][D]
27. [A][B][C][D]　　32. [A][B][C][D]　　37. [A][B][C][D]　　42. [A][B][C][D]　　47. [A][B][C][D]
28. [A][B][C][D]　　33. [A][B][C][D]　　38. [A][B][C][D]　　43. [A][B][C][D]　　48. [A][B][C][D]
29. [A][B][C][D]　　34. [A][B][C][D]　　39. [A][B][C][D]　　44. [A][B][C][D]　　49. [A][B][C][D]
30. [A][B][C][D]　　35. [A][B][C][D]　　40. [A][B][C][D]　　45. [A][B][C][D]　　50. [A][B][C][D]

二、阅读

51. [A][B][C][D]　　56. [A][B][C][D]　　61. [A][B][C][D]　　66. [A][B][C][D]　　71. [A][B][C][D][E]
52. [A][B][C][D]　　57. [A][B][C][D]　　62. [A][B][C][D]　　67. [A][B][C][D]　　72. [A][B][C][D][E]
53. [A][B][C][D]　　58. [A][B][C][D]　　63. [A][B][C][D]　　68. [A][B][C][D]　　73. [A][B][C][D][E]
54. [A][B][C][D]　　59. [A][B][C][D]　　64. [A][B][C][D]　　69. [A][B][C][D]　　74. [A][B][C][D][E]
55. [A][B][C][D]　　60. [A][B][C][D]　　65. [A][B][C][D]　　70. [A][B][C][D]　　75. [A][B][C][D][E]

76. [A][B][C][D][E]　　81. [A][B][C][D]　　86. [A][B][C][D]　　91. [A][B][C][D]　　96. [A][B][C][D]
77. [A][B][C][D][E]　　82. [A][B][C][D]　　87. [A][B][C][D]　　92. [A][B][C][D]　　97. [A][B][C][D]
78. [A][B][C][D][E]　　83. [A][B][C][D]　　88. [A][B][C][D]　　93. [A][B][C][D]　　98. [A][B][C][D]
79. [A][B][C][D][E]　　84. [A][B][C][D]　　89. [A][B][C][D]　　94. [A][B][C][D]　　99. [A][B][C][D]
80. [A][B][C][D][E]　　85. [A][B][C][D]　　90. [A][B][C][D]　　95. [A][B][C][D]　　100. [A][B][C][D]

三、书写

101.

不要写到框线以外

不要写到框线以外

파고다
HSK 문제집
6급 실전모의고사